TOURS. — IMPRIMERIE ROUILLÉ-LADEVÈZE
6, rue Chaude, 6.

MÉMOIRES
DE
LA SOCIÉTÉ ARCHÉOLOGIQUE
DE TOURAINE

TOME XXIX

DICTIONNAIRE

GÉOGRAPHIQUE
HISTORIQUE ET BIOGRAPHIQUE
D'INDRE-ET-LOIRE
ET DE L'ANCIENNE PROVINCE DE TOURAINE

PAR

J.-X. CARRÉ DE BUSSEROLLE

Vice-Président de la Société archéologique de Touraine
membre de la Société des gens de lettres

PUBLIÉ PAR LA SOCIÉTÉ ARCHÉOLOGIQUE DE TOURAINE

TOME III

TOURS
IMPRIMERIE ROUILLÉ-LADEVÈZE
6, rue Chaude, 6

1880

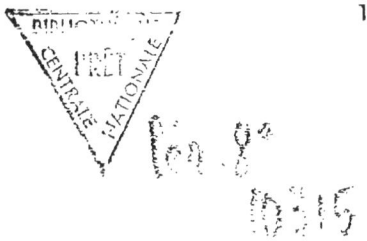

DICTIONNAIRE GÉOGRAPHIQUE

HISTORIQUE ET BIOGRAPHIQUE

D'INDRE-ET-LOIRE

ET DE L'ANCIENNE PROVINCE DE TOURAINE.

EBA

Eaux (chapelle de **Notre-Dame-des-**), c^{ne} de la Membrolle. V. *Membrolle*.

Eaux-Melles (les), paroisse de Roiffé (Vienne). — *Oiseaux-Melles, Oysiaux-Melles*, 1620, 1657. — Ancien fief, relevant du château de Loudun. En 1629, il appartenait à François de Razilly; — en 1654, à Claude de Razilly; — en 1657, à Perrine Gaultier, veuve de Claude de Razilly; — en 1689, à Gabriel de Razilly; — en 1719, à Charles-Amateur Avice; — en 1741, à Blanche-Colombe de Razilly; — en 1785, à Catherine-Ursule-Antonine de la Motte, veuve de Thibault Avice, seigneur de Mougon, lieutenant des maréchaux de France. — (Arch. d'I.-et-L., C, 588, 603; E, 163, 164. — Mém. de la Soc. des antiquaires de l'Ouest (1858-59), p. 535. — Bétancourt, *Noms féodaux*, II, 809. — P. Anselme, *Hist. généal. de la maison de France*, VIII, 917.)

Eaux-Pichard (les). V. *Aireau-Pichard*, c^{ne} de Bossée.

Ébartius, ou **Évartius**, fut évêque de Tours vers 696. Il eut pour successeur Pélage, vers 700. — (*Gallia christiana*, XIV, 30. — Mém. de la Soc. archéol. de Tour., IX, 332. — Chalmel, *Hist. de Tour.*, III, 446. — D. Housseau, XV, 68 bis.)

Ébat (l'), c^{ne} de Charentilly. V. *Lebat*.

Ébatés (les), ham., c^{ne} de Nouans, 16 habit. — *Ébattés*, carte de Cassini. — Il dépendait de la sergenterie royale de Loches, dont le siège était à Loché. — (Arch. d'I.-et-L., E.)

Ébaupin (l'), ou l'**Aubépin**, c^{ne} d'Azay-sur-Indre. — *L'Aubespin, territorium Albe Spine, in parochia de Azayo Captivo*, XIIIe siècle. — (*Cartulaire du Liget*).

Ébaupin (le lieu de l'), près du bourg de Bréhémont.

Ébaupin (l'), ham., c^{ne} de Noyant. — *L'Ébaupin*, carte de Cassini. — Ancienne dépendance de la seigneurie de Brou. — (Arch. d'I.-et-L., E, 319.)

ECH

Ébaupin (l'), f., c^{ne} de Sepmes. — *Ébeaupin*, carte de l'état-major. — *L'Ébaupin*, carte de Cassini. — En 1539, elle appartenait à Jean de Thoix, chev. — (Arch. d'I.-et-L., E, 223.)

Ébaupin (l'), vil., c^{ne} de Sorigny, 16 habit. — *Ébaupin*, cartes de Cassini et de l'état-major.

Ébaupinais (l'), c^{ne} de Ferrière-sur-Beaulieu. V. *Beaupinais*.

Ébaupins (les), f., c^{ne} de Braye-sur-Maulne.

Ebrard, ou **Évrard**, fut nommé abbé de Marmoutier en 1015, en remplacement de Richard. Il eut pour successeur Albert, en 1032. (D. Martène, *Hist. de Marmoutier*, 248-63. — C. Chevalier, *Hist. de l'abbaye de Noyers*. — Bibl. de Tours, fonds Salmon, *titres de Marmoutier*. — Mém. de la Soc. archéol. de Tour., IX, 256; XIII, 275. — *Gallia christiana*, XIV. — D. Housseau, II, 365-66.)

Écaillerie (l'), c^{ne} de Sorigny. V. *Échallerie*.

Écarlate (courance de l'), c^{ne} de Civray-sur-Esves. — Elle passe à la Ratinière et à la Ribellerie.

Ecclesiolæ. V. *l'Encloître*.

Échafaud (l'), f., c^{ne} de Couziers.

Échafaud (le lieu de l'), près de l'Étang, c^{ne} de Saint-Michel-sur-Loire.

Échalier (l'), f., c^{ne} de Lignières.

Échalier (la croix de l'), située au lieu appelé l'Échalier, c^{ne} de Sazilly.

Échaliers (le lieu des), près du Perray, c^{ne} de Rilly.

Échallerie (l'), f., c^{ne} de Sorigny. — *Écaillerie*, carte de l'état-major. — *Les Challeries*, carte de Cassini. — Près du chemin de l'Échallerie aux Giraudières, se trouve une croix paroissiale.

Échandon (l'), f., c^{ne} de Saint-Branchs.

1

— **Échandon**, carte de l'état-major. — Ancien fief. En 1475, il appartenait à Gilles de Brion ; — en 1505, à Andrée de Montbazon, veuve de Jean Morin ; — en 1577, à Marie Jouy, veuve de René Boucher ; — en 1583, à la veuve de René Laucher ; — en 1650, à François de Lichany ; — en 1676, à N. de la Tour ; — en 1683, à Marie Paris ; — en 1732, à Dominique du Casse, conseiller et secrétaire du roi, président du bureau des finances, à Tours, marié à Marie Bouchet ; — en 1760, à Pierre de Lauwernhes ; — en 1786, à Marie-Louise du Casse. — (D. Housseau, XI, 4700 ; XIII, 8056, 8133, 8134. — Lambron de Lignim, *Châteaux et fiefs de Touraine*. — (Arch. d'I.-et-L., E. — Bibl. de Tours, fonds Salmon, *titres de Sainte-Maure*.)

Échandon (le lieu de l'), c^{ne} de Saint-Épain, près du chemin de Sainte-Maure à Thilouze.

Échandon (l'), ruisseau. — *Scandio*, XIIe siècle (*Cartulaire de Cormery*). — *Eschandum*, XIIIe siècle ; *Eschandon*, 1412. — Il prend sa source dans l'étang du Louroux, passe dans les communes de Saint-Baud et de Tauxigny et se jette dans l'Indre, c^{ne} d'Esvres, entre Vauguignier et la Guillotière. Son parcours est de vingt-six kilomètres. Il fait mouvoir dix usines. — (A. Joanne, *Géographie d'Indre-de-Loire*, 24. — C. Chevalier et G. Charlot, *Études sur la Touraine*. — *Cartulaire de Cormery*. — D. Housseau, V, 1940.)

Échanges (les), ham., c^{ne} de Chezelles, 17 habit. — *Échanges*, carte de l'état-major. — Ancien fief. En l'an VI, il fut vendu nationalement sur Madeleine Bouin de Noiré, veuve de N. Ruzé d'Effiat, émigré. — (Arch. d'I.-et-L., *Biens nationaux*.)

Écharderie (l'), f., c^{ne} de Crissé.

Échardon (le lieu de l'), c^{ne} de Bossée, près du chemin de Bossée à Manthelan.

Échardonnerie (l'), f., c^{ne} de Draché.

Échardonnet (maison de l'), située dans le bourg de Neuilly-le-Brignon. — Elle fut vendue nationalement en 1793, sur Pierre Gilbert de Voisins. — (Arch. d'I.-et-L., *Biens nationaux*.)

Écharlottes (les), f., c^{ne} de la Chapelle-Blanche.

Écharneau (l'), paroisse de Vallières-les-Grandes. — En 1260, le Chapitre de Saint-Martin de Tours acheta ce domaine de Hugues Marchand et affecta le revenu à l'entretien de la chapelle de *Notre-Dame-de-la-Gisante*, desservie dans l'église de Saint-Martin. — (Arch. d'I.-et-L., *fabrique de Saint-Martin*.)

Échassier (le gué de l'), sur la Muanne, c^{ne} du Petit-Pressigny.

Échaudé (le lieu de l'), près de Civray, c^{ne} de la Celle-Guenand.

Échaudé (le lieu de l'), près de Sainte-Valière, c^{ne} de Charnizay.

Échaudé (l'), ham., c^{ne} de Saint-Pierre-de-Tournon, 16 habit.

Échaudé-de-l'Agriau (le lieu de l'), c^{ne} de Saint-Pierre-de-Tournon, près du chemin de Launay à Martizay.

Échaudé-de-la-Goguette (le bois de l'), ou **Bois-Alexis**, c^{ne} d'Esves-le-Moutier.

Échaussée (l'), f., c^{ne} de Varennes.

Échelle (l'), f., c^{ne} de Bourgueil.

Échelle (bois de l'), près de Bougendre, c^{ne} d'Épeigné-sur-Dême.

Échellerie (l'), ou les **Échelleries**, f., c^{ne} de Saint-Michel-sur-Loire. — *Échelleries*, carte de l'état-major. — Ancien fief, relevant de Saint-Michel-sur-Loire à foi et hommage lige. André Girault, chev., seigneur de Planchoury, trésorier de France à Tours, rendit aveu pour ce fief les 10 novembre 1742 et 25 novembre 1746. Il avait eu ce domaine en héritage de son père François Girault, trésorier de France à Tours. — (Arch. d'I.-et-L., E. — Bibl. de Tours, fonds Salmon, *titres de Saint-Michel*.)

Échelles (le bois des), près de Bois-Robert, c^{ne} de Ballan.

Échellier (le lieu de l'), près de Boulardin, c^{ne} de Bréhémont.

Écheneau (l'), vil., c^{ne} de Vouvray, 107 habit. — Ancien fief, relevant de Chaumont. En 1315, il appartenait à Guillaume Bourrot ; — vers 1660, à Thomas Bernin de Valentinay ; — en 1778, à Madeleine Bernin, marquise d'Ussé ; — en 1789, à Claude-Pierre Lefebvre de la Falluère. — (Arch. d'I.-et-L., *prévôté d'Oë et Émigrés*. — Bibl. de Tours, manuscrits n°s 1308 et 1420.)

Écheneaux (les), c^{ne} de Vernou. V. *Aître-des-Écheneaux*.

Échine (l'), f., c^{ne} de Chouzé-sur-Loire.

Écho (le lieu de l'), près de Paly, c^{ne} de Chinon.

Écluse (l'), f., c^{ne} d'Abilly, près de la Creuse. — Ancienne propriété du prieuré de Rives. — (Arch. d'I.-et-L., *Biens nationaux*.)

Écluse (l'), f., c^{ne} de Chisseau.

Écluse (l'), f., c^{ne} de Civray-sur-Cher.

Écluses (île des), dans l'Indre, c^{ne} du Bridoré.

Écluses (le lieu des), près de l'Abbaye, c^{ne} de Ligueil.

Écluses (les), f., c^{ne} de Mazières, près du ruisseau de l'Étang-de-Jupilles. — *Exclusæ*,

1237 (*Cartulaire de la Boissière*). — *Les Écluses-de-Langeais*, 1433. — *L'Écluse*, carte de l'état-major. — Ancienne châtellenie, relevant du château de Tours. En 1423, elle appartenait à Jean de Sainte-Maure, qui rendit hommage le 23 octobre. Elle passa ensuite dans la maison de Laval (vers 1430), puis dans celle de Maillé, au cours du XVIIᵉ siècle. Elle fut unie au duché de Luynes. — Le fief de l'Ile-à-Mazières relevait des Écluses à foi et hommage simple et un épervier ayant des lais de soie et une sonnette d'argent. C'est ce qui résulte d'un aveu rendu le 28 novembre 1500, par Antoinette de la Tremoille, femme de Charles de Husson, comte de Tonnerre.

Arch. d'I.-et-L., C, 335, 650; E, 218, 246. — Bibl. nationale, Gaignères, 678. — *Rôle des fiefs de Touraine*. — Bibl. de Tours, manuscrits nᵒˢ 1346 et 1351. — A. Duchesne, *Hist. de la maison de Montmorency*. — De Marolles, *Hist. des comtes d'Anjou* (2ᵉ partie), p. 82. — D. Housseau, VII, 2821. — *Mém. de la Soc. archéol. de Tour.*, X, 236, 238.

Écluses (le lieu des), cⁿᵉ de Nouâtre, près du bourg et de la Vienne.

Écoin (le bois d'), cⁿᵉ de Jaulnay.

Écoins (le lieu des), près de la Loge, cⁿᵉ de Faye-la-Vineuse.

Écoins (les), f., cⁿᵉ de Sazilly. — *Écouins*, carte de Cassini. — Ancien fief, relevant de la châtellenie de l'Ile-Bouchard. — (Bibl. de Tours, fonds Salmon, *titres de l'Ile-Bouchard*.)

Écoirdes (le lieu des), cⁿᵉ de Chaumussay, près du bourg et de la Claise.

Écolage (la maison de l'), à Vallières, cⁿᵉ Fondettes. — Elle appartenait à la fabrique de Vallières, sur laquelle elle fut vendue le 11 messidor an VII. — (Arch. d'I.-et-L., *Biens nationaux*.)

Écomard (l'), f., cⁿᵉ de Vernou. — *Écournarts*, 1732. — *Le Comard*, carte de Cassini. — Elle relevait censivement du fief du Verger. En décembre 1724, Charles Archambault la vendit à Charles de la Martellière, Éc., seigneur de Chançay. — (Arch. d'I.-et-L., E, 89.)

Économie (l'), f., cⁿᵉ de Neuville.

Econsiacus. V. *Sonsay*.

Écorchebœuf (moulin de l'), sur l'Esves, cⁿᵉ de Marcé-sur-Esves.

Écorchebœuf, f., cⁿᵉ de Neuvy-Roy. — Ancien fief. En 1630, il appartenait à Anne de Bueil, femme de Roger, duc de Bellegarde. — (Arch. d'I.-et-L., E, 83.)

Écorchebœuf (le lieu de l'), cⁿᵉ de Pouzay, près du Haut-Moulin et de la Vienne.

Écorcheveau (le lieu de l'), près de Vougnet, cⁿᵉ de Ligré.

Écorcheveau, cⁿᵉ de Saint-Avertin. V. *Conchevau*.

Écotais (l'), rivière. V. *Escotais*.

Écotais (l'), fief. V. *Escotais* et *Roche-Racan*.

Écouin (le lieu de l'), près de la Noue, cⁿᵉ de Savigny.

Écoumard (l'). V. *Écommard*, cⁿᵉ de Vernou.

Écourlée (l'), f., cⁿᵉ de Château-la-Vallière. — Elle a fait partie de l'ancienne paroisse de Chouzé-le-Sec.

Écrignolle (Notre-Dame-de-l'). V. *Tours*.

Écrouettes (le lieu des), près de Vaux, cⁿᵉ de Civray-sur-Cher.

Écrouis (le lieu des), près de Marigny, cⁿᵉ d'Yzeures.

Écu (île de l'), dans la Loire, cⁿᵉ de Bréhémont.

Écueillé, commune et chef-lieu de canton, arrondissement de Châteauroux (Indre). — *Scubiliacus*, 1107, 1150; *parochia de Escueilleio*, 1222; *Excubiliacus*, 1228; *Esculleium*, 1239, 1262, 1327 (*Chartes de l'abbaye de Villeloin et Cartulaire de l'archevêché de Tours*). — *Écueillé*, carte de Cassini.

Population : 1350 habitants.

Avant la Révolution, cette paroisse faisait partie du diocèse de Tours et dépendait du doyenné de Villeloin. L'église est placée sous le vocable de Notre-Dame. L'abbé de Villeloin avait le droit de présentation au titre curial.

Pierre Suzor était curé d'Écueillé lorsqu'il fut nommé évêque constitutionnel d'Indre-et-Loire. V. *Suzor*.

Outre la cure, il y avait à Écueillé un prieuré appartenant à l'abbaye de Villeloin et formant un fief qui relevait du château de Loches. Le dernier prieur fut N. Gautier (1790).

Il existait à Écueillé une maladrerie. Par lettres patentes du 11 juillet 1698, les biens et revenus de cet établissement furent réunis à ceux de l'Hôtel-Dieu de Tours.

Cette paroisse formait une châtellenie, relevant, à foi et hommage lige, du palais archiépiscopal de Tours et qui appartenait, vers 1200, à Robert de Brenne; — en 1239, à Guillaume de Pellevoisin; — vers 1350, à Jean de Pellevoisin; — en 1368, à Jean de Sorbiers, chev.

Par contrat du 12 janvier 1449, Jacques Pot, chev., seigneur de la Roche-de-Nolar, en Bourgogne, vendit la châtellenie d'Écueillé à Étienne Bernard, dit Moreau, qui vivait encore en 1483. Ce domaine vint ensuite aux mains de Charles d'Espinay (1489), qui le vendit, par acte du 7 juillet 1532, à Philippe Chabot.

Philippe Chabot, comte de Charny et de Buzançais, amiral de France, ministre d'État, gouverneur de Bourgogne et de Normandie, mourut le 1ᵉʳ juin 1543, laissant plusieurs enfants de son mariage avec Françoise de Longwy, entre autres, Léonor Chabot, comte de Charny et de Buzançais, seigneur d'Écueillé, grand-écuyer de France et sénéchal du duché de Bourgogne.

Léonor Chabot épousa, en premières noces, Claude Gouffier, fille de Claude Gouffier, duc du Roannez, et de Jacqueline de la Trémoille; et, en secondes noces, Françoise de Rye, fille de Joachim de Rye, colonel-général de la cavalerie légère de Charles-Quint, et d'Antoinette de Longwy. Du premier mariage il eut : Catherine, mariée, le 18 octobre 1576, à Guillaume de Saulx; et Charlotte, femme de Charles Le Veneur. Du second mariage naquirent quatre filles; l'aînée, Marguerite, fut mariée, en février 1583, à Charles de Lorraine, duc d'Elbeuf. — Léonor Chabot mourut au mois d'août 1597.

Jacques Le Veneur, comte de Tillières, devint seigneur d'Écueillé par son mariage avec Charlotte Chabot. Il laissa une fille, Anne Le Veneur, qui épousa N. de Fesques, prince du Saint-Empire, et qui eut en dot la châtellenie d'Écueillé. Jean-Louis-Marie de Fesques, par testament du 12 juin 1708, légua ce domaine à Antoine-François de la Trémoille, duc de Noirmoutier, pair de France, fils de Louis de la Trémoille, duc de Noirmoutier, vicomte de Tours, et de Renée-Julie Aubéry.

Antoine-François de la Trémoille mourut sans laisser d'enfants de deux mariages qu'il avait contractés, le premier (29 février 1688), avec Marguerite de la Grange-Trianon; le second (22 mars 1700), avec Marie-Élisabeth Duret de Chévri, fille de Charles-François de Chévri, président de la Chambre des comptes. Par acte du 30 novembre 1715, il vendit la terre d'Écueillé à Jean-Baptiste Bouteroue d'Aubigny, Éc., seigneur de Chanteloup, de la Roche-Chargé et du Feuillet, grand-maître des eaux et forêts des départements de Touraine, Anjou et Maine, secrétaire du roi et de la reine d'Espagne.

Jean-Baptiste Bouteroue mourut à Chanteloup le 8 avril 1732, à l'âge de soixante-quinze ans. Sa fille, Adélaïde-Jeanne-Françoise, porta la terre d'Écueillé dans la maison de Conflans, par son mariage avec Louis de Conflans, marquis d'Armentières. Celui-ci, au mois de février 1761, vendit ce domaine à Étienne-François, duc de Choiseul, qui, le 21 septembre 1767, la céda, en échange de la terre de Paradis, à Alexis-Auguste Duvau, trésorier de France à Tours.

Écueillé fut ensuite possédé par Charles-Marie de Préaux, comte de Préaux, mestre de camp de dragons, qui comparut, en 1789, à l'assemblée électorale de Touraine.

Au xivᵉ siècle, le seigneur d'Écueillé était tenu d'assister à l'intronisation de l'archevêque de Tours et de remplir les fonctions d'huissier à cette cérémonie.

Arch. d'I.-et-L., C. 336, 603; E, 33, 50, 51, 159; G, 5. — *Cartulaire de l'archevêché de Tours.* — Bibl. nationale, Gaignères, 678. — C. Chevalier, *Inventaire des archives d'Amboise*, 298-99. — *Lib. compos.*, 58. — *Almanach historique de Touraine*, 1790. — *Mémoire pour Victor de Rochechouart*, Paris, imp. P. Dumesnil, 1753. — Bibl. de Tours, manuscrits nᵒˢ 1267, 1308, 1424, 1448, 1491. — D. Housseau, IV, 1273, 1522; V, 1750; VI, 2666; VII, 2846 bis, 3151; XII, 5737. — *Mém. de la Soc. archéol. de Tour.*, IV, 70; X, 87. — *Bulletin* de la même Société (1871), p. 99.

Écueillé (l'), f., cⁿᵉ de Maillé-Lailler. — *Esculium, Esculiacum*, xiiᵉ siècle (*Cartulaire de Noyers*.) — *Le lieu noble d'Escuilly*, 1758. — Ancien fief, relevant de l'abbaye de Noyers à foi et hommage simple et cinq sols de service à chaque mutation d'abbé. Vers 1134, un chevalier nommé Boson, le donna à l'abbaye de Noyers, qui le vendit quelque temps après. En 1289, Pierre de Julligné le donna de nouveau à ce monastère qui, vers 1300, le céda à Colin Fouchier. Vers 1320, Marc Fouchier, dit de Vendôme, fils de Colin, était seigneur d'Écueillé. En 1758, le même fief appartenait à Jean de Maulles. — (*Cartulaire de Noyers.*) — Arch. d'I.-et-L., *Inventaire des cens et rentes de l'abbaye de Noyers.* — Bibl. de Tours, fonds Salmon, *titres de Noyers.*)

Écueillois (l'), ruisseau. V. *Neuillé-Pont-Pierre (ruisseau de).*

Écureuil (l'), f., cⁿᵉ de Cléré.

Écusseau (le lieu de l'), paroisse de Fondettes. — Ancienne propriété du prieuré de Saint-Côme (1450). — (Arch. d'I.-et-L., *prieuré de Saint-Côme.*)

Édemaine (moulin d'), sur l'Esves, cⁿᵉ de Ligueil. — *Moulin du Maine*, 1320. — *Demaine* (titre du 30 novembre 1544). — *Demaine* (plan cadastral). — Ancienne propriété de la collégiale de Saint-Martin de Tours. — (Arch. d'I.-et-L., *G*, 404, 415; *Biens nationaux.*)

Edera. V. *Neuillé-le-Lierre.*

Éés (les), cⁿᵉ de Loches, 13 habit. — *Éés*, cartes de Cassini et de l'état-major.

Éés, ou de Ferrières (ruisseau des). — Il prend sa source dans la commune de Ferrières et se jette dans l'Indre sur les limites de Beaulieu et de Loches.

Effenault (l'), ou les **Effeneaux**, paroisse de Nouans. — Ancien fief. — (*Rôle des fiefs de Touraine.*)

Effes (le lieu des), près de l'étang de la Pertière, cⁿᵉ de Betz.

Effes (les), f. et chât., cⁿᵉ de Cléré-du-Bois (Indre). — *Les Effes*, carte de Cassini. — Ancienne châtellenie. Vers 1470, elle appartenait à

Jean de Fougères, qui, de son mariage avec Françoise d'Aloigny, eut une fille, Françoise-Jeanne, mariée à Bertrand de Château-Châlons, second fils d'Étienne II de Château-Châlons et de Jeanne de Graçay.

Bertrand de Château-Châlons, chev., seigneur des Effes, du Plessis, de la Chatière, de Guindray et de la Folie, rendit hommage au baron de la Haye, pour sa terre de la Chatière, le 10 octobre 1480 et le 8 mars 1496. Il eut trois enfants : Antoine, Anne, mariée, en 1518, à Jacques de la Feuillée, Éc., seigneur de Montray, et Jacquette.

Antoine de Château-Châlons, chev., seigneur des Effes, de la Chatière, de Launay-sur-Fourche, de Bergeresse, de la Normandière et du Plessis, capitaine-gouverneur du château de Brest (1518), eut six enfants de son mariage, contracté le 24 mai 1513, avec Renée de Bidoux. L'aîné, René de Château-Châlons, fut seigneur des Effes, de la Chatière et du Plessis et succéda à son père dans les fonctions de gouverneur du château de Brest (1544). Par contrat du 11 mai 1542, il épousa Claude Cantineau de Commacre, dont il eut : Françoise, mariée, le 15 octobre 1556, à François de Marsay; Claude, femme, en premières noces, de N. de la Marche; et, en secondes noces, de N. de Beauregard. La terre des Effes passa ensuite à Anne, ou Annet de Château-Châlons, second fils d'Antoine, et de Renée de Bidoux.

Annet de Château-Châlons, chev., seigneur des Effes, de Launay-sur-Fourche et de la Chatière, gentilhomme ordinaire de la chambre du roi, gouverneur de Châtillon-sur-Indre, capitaine de cinquante hommes d'armes, fut député par la noblesse de Touraine pour assister aux États de Blois en 1588. Par contrat du 26 novembre 1559, il épousa, en premières noces, Guillemette de Marsay, fille de Bernardin de Marsay, Éc., et de Charlotte du Puy. Il contracta un second mariage, le 13 septembre 1578, avec Avoie de Menou, fille de René de Menou, chev., seigneur de Boussay, et de Claude du Fau de Manthelan. Du premier lit il eut plusieurs enfants, entre autres, Antoine; Charles, seigneur de la Châtellerie, et Méry, seigneur de Châteauvert.

Antoine de Château-Châlons, fils aîné d'Annet, seigneur des Effes, de Cléré-du-Bois et de Saint-Saturnin, maréchal des logis des gendarmes du Dauphin, épousa Charlotte de Varie de l'Ile-Savary, veuve de Jonathas de Thianges et en eut : 1° Antoine II; 2° Louise; 3° Anne, mariée, par contrat du 13 juin 1634, à Charles de Menou, chev., seigneur de Narbonne.

Antoine de Château-Châlons, deuxième du nom, seigneur des Effes, gendarme de la compagnie du roi, épousa Anne Rat, fille de N. Rat, chev., seigneur de Salvert, lieutenant-général en Saintonge. Il mourut le 26 septembre 1641 et fut inhumé dans l'église de Cléré-du-Bois.

La terre des Effes vint, par héritage, en la possession de Louis de Couhé de Lusignan, chev., seigneur de Betz, fils aîné de Paul de Couhé et de Denise de Varie. Par contrat du 13 septembre 1612, Louis de Couhé épousa Louise de Gamaches, fille de Georges, vicomte de Gamaches, et d'Anne des Guerres. Il eut huit enfants : 1° Louis; 2° Charles; 3° Paul, seigneur des Roches; 4° Marie, femme de Antoine François de la Borde, Éc., seigneur des Courtils; 5° Charlotte; 6° Georgette; 7° Louise; 8° Charlotte, religieuse.

Charles de Couhé, second fils de Louis, eut en partage la terre des Effes. Le 31 janvier 1642, il épousa, en premières noces, Anne de Cérisiers, fille de Jean de Cérisiers, avocat du roi au siège royal de Loches, et d'Anne Cabana; et, en secondes noces, Catherine de Nicolas. Anne de Cerisiers mourut le 28 mai 1652; Catherine de Nicolas décéda le 24 novembre 1688. Elles furent inhumées dans l'église de Cléré-du-Bois. Du premier lit, Charles de Couhé eut Louis, seigneur des Effes, lieutenant des gardes du roi en 1668.

Après la mort de ce dernier, la châtellenie des Effes fut possédée par Louis de Couhé de Lusignan, frère de Charles, marié, le 22 janvier 1641, à Élisabeth-Madeleine de Chergé (et non pas de Couhé, comme le dit par erreur Lhermite-Souliers). Louis de Couhé eut plusieurs enfants, entre autres, Jeanne-Thérèse, qui épousa, en 1683, Anne, marquis de Gamaches, comte de Raymond, fils de Claude de Gamaches, comte de Raymond et seigneur de Jussy, et de Renée de Tollet.

Claude de Gamaches eut cinq enfants : 1° 2° Claude et Charles-François, jumeaux, nés au château des Effes le 18 juin 1686; 3° René, né le 18 décembre 1687; 4° Charles-Marie; 5° Jeanne, morte sans avoir été mariée.

Claude de Gamaches, deuxième du nom, comte de Gamaches et seigneur des Effes, épousa, en premières noces, Hélène Le Hayer, et en secondes noces, Madeleine Renard. Du second mariage il eut : 1° Madeleine, décédée à Châtillon-sur-Indre le 4 mai 1760, sans avoir été mariée; 2° Hélène, née le 27 juillet 1738, décédée à Bourges le 18 novembre 1822; 3° Jean-Claude, comte de Gamaches, seigneur de l'Effougeard, marié, à Obterre, le 28 février 1764, à Marie-Anne Robin de Montgenault; 4° Anne-Georges-Alexandre, seigneur de Menabre, d'Avignon, de la Roturière et de Bezançon, qui épousa Marie-Anne de Beauregard, fille de Philippe-Louis de Beauregard, seigneur de Menabre, et de Jeanne-Louise Clément de Beauregard. Il mourut au château de Menabre le 30 janvier 1802; 5° Henri, né au château des Effes, le 30 janvier 1745, officier au régiment d'Orléans. — Hélène Le Hayer mourut aux Effes le 20 août 1715, âgée de trente-quatre ans. Claude de Gamaches décéda au même lieu, le 16 mai 1754, âgé de soixante-sept ans, et fut inhumé dans le chœur de l'église de Cléré-du-Bois.

En 1766, la terre des Effes fut licitée entre les enfants de Claude de Gamaches, et adjugée, par décret du bailliage de Tours, à Arnault-François de Ponthieu. Plus tard elle fut achetée par Jacques Le Souffleur, chev., seigneur de Gaudru, qui comparut à l'assemblée électorale de la noblesse de Touraine, en 1789. Après la mort de Jacques Le Souffleur de Gaudru, le château échut à René-Palamède, son fils, marié à Angélique Le Vaillant de Chaudenay. Celui-ci étant mort sans enfants, ce domaine fut adjugé, vers 1850, à M. Auguste Piquenon, marié à Mlle de Crémille, nièce de Mme de Gaudru, qui le possède encore aujourd'hui.

Lhermite-Souliers, *Inventaire de la noblesse de Touraine*. — Beauchet-Filleau, *Diction. des familles de l'ancien Poitou*, II, 340. — Notes communiquées par M. Camille Rabier, notaire à Angles (Vienne), membre de la Société archéologique de Touraine. — Registres d'état-civil d'Obterre, d'Azay-le-Féron, de Cléré-du-Bois et de Saint-Flovier. — D'Hozier, *Armorial général*, reg. 2e, 2e partie. — *Mém. de la Soc. archéol. de Tour.*, X, 117.

Effes (les), f., cne de Preuilly. — *Aifes, in castelliana de Prulliaco*, 1257. — (Archives de la Vienne, H, 3.)

Effes (les), f., cne de Saint-Pierre-de-Tournon.

Effougeard (l'), f., cne d'Obterre (Indre). — Ancien fief, relevant de la baronnie de Preuilly, à foi et hommage simple, et, pour une partie, de la châtellenie des Effes. Vers 1600, il appartenait à Claude Châteigner, Éc. Marie-Anne Robin de Montgenault, dame de l'Effougeard, veuve de Philippe de Guenand, épousa, en secondes noces, Jean-Claude, comte de Gamaches (contrat du 28 février 1764). Ses enfants, Philippe, Louis et Marie-Anne de Guenand, et Adélaïde de Gamaches, vendirent ce domaine par licitation. Aujourd'hui, la terre de l'Effougeard appartient à M. Charles Navers, propriétaire à la Boussée, commune d'Azay-le-Féron (Indre). — (*Rôle des fiefs de Touraine*. — A. Duchesne, *Hist. de la maison de Chasteigner*. — Notes communiquées par M. Rabier, notaire à Angles (Vienne), membre de la Société archéologique de Touraine.)

Effroys (le lieu des), paroisse de Civray-sur-Esves (1589). — (Arch. d'I.-et-L., *fabrique de Saint-Martin*.)

Éfondrée (l'), f., cne de Veigné. — *Effondrée*, carte de Cassini.

Égacier (l'), f., cne de Larçay. — *L'Égacier*, carte de l'état-major.

Égé, paroisse de Channay. — Ancien fief, relevant de Rillé. — Arch. d'I.-et-L., E, 318.)

Egidius de Collibus (Sanctus). V. *Gilles-des-Coups (Saint-)*, cne de Razines.

Église (le bois de l'), cne de Sepmes, près du chemin de Sepmes à Bournan.

Églises (le lieu des), près des Tabardières, cne de Bournan.

Égrands (les), nom donné à une partie de la forêt de Chinon.

Égrasseau (le lieu de l'), près de la Commanderie, cne de Brizay.

Égratigneaux (le lieu des), près de la Vienne, cne de Panzoult.

Égret. V. *la Voirie*, cne d'Abilly.

Égretière (l'), paroisse de Chemillé-sur-Dême. — Ancien fief, relevant de la Marchère (1738). — (Arch. d'I.-et-L., *titres de Bueil*.)

Égronne (l'), ruisseau. V. *Aigronne*.

Égronnière (l'), f., cne d'Autrèche.

Égronnière (le lieu de l'), près de la Ratrie, cne de Boussay.

Égronnière (l'), f., cne de Cigogné.

Égronnière (l'), cne de Ligré. V. *Hégronnière*.

Éguché (l'), f., cne de Verneuil-sur-Indre.

Égues (le lieu des), près de la Guimarderie, cne de Lémeré.

Éguets (les), f., cne de Maillé-Lailler. — *Les Esguiers*, 1626 ; *Éguet, les Éguées*, 1770. — *Les Hégues*, carte de Cassini. — Elle relevait de l'abbaye de Noyers, suivant des déclarations féodales faites : en 1700, par Louis Pasquier, sieur des Prés ; — en 1704, par Anne-Marie de Monnery, veuve de Philippe de Beauvillain ; — le 5 septembre 1745, par Madeleine Beauvillain, Joseph-Jacques Renaud de la Blonnière et René Tourneporte, conseiller honoraire au grenier à sel de Sainte-Maure ; — le 14 novembre 1770, par Jean-Aimery Tourneporte. — (Arch. d'I.-et-L., *Inventaire des titres de Noyers*.)

Éguets (les), cne de Sainte-Maure. V. *Aiguets*.

Éguignières (le lieu des), près de Fromenteau, cne d'Yzeures.

Éguillers (les), ou **Aiguillées**, vil., cne de Saint-Épain, 24 habit. — *Les Ouillers*, carte de Cassini.

Éguillons (le fief des). V. *Cangé*, cne de Saint-Martin-le-Beau.

Égullerie (l'), f., cne d'Esvres.

Égypte (l'), cne de Verneuil-sur-Indre. — *L'Égypte*, carte de Cassini.

Éjaceau (les bruyères de l'), cne du Petit-Pressigny.

Élie d'Angoulême, ou **Hélie**, abbé de Marmoutier, succéda à Gérard Paute, en 1389. Il était originaire du diocèse de Périgueux. Le 11 mai 1392, il présida un Chapitre général tenu dans son abbaye et dans lequel il termina un différend qui s'était élevé entre plusieurs dignitaires de l'établissement. En 1412, il échangea son abbaye contre celle de Saint-Serge, dont il avait déjà été abbé, et fut remplacé par Gui do Luro. Il mourut le 29 septembre 1418. — (D. Martène, *Hist. de Marmoutier*, II, 305-10. — *Gallia christiana*, XIV. — *Mém. de la Soc. archéol. de Tour.*, XI, 266. — Bibl. de Tours, fonds Salmon, *titres de l'abbaye de Marmoutier*.)

Ellerie (l'aireau de la Petite-), paroisse de Continvoir. — Il est cité dans un titre du 2 décembre 1475. — (Arch. d'I.-et-L., *prévôté de Restigné*.)

Éloi (la maison et grange de **St-**), à Bourgueil. — Elles appartenaient à l'abbaye de Bourgueil. — (*Chron. monast. Burgul.*, 42.)

Éloi (prieuré de **St-**), à Tours. V. *Tours*.

Émard de Paron (Valentin), chanoine de l'église cathédrale de Sens, abbé de la Clarté-Dieu, succéda à Jean de Sazilly, décédé le 18 août 1694. Il prit possession de cette abbaye au mois de mai 1695. Le 27 novembre 1723, il fut remplacé par Henri de Betz. — (Arch. d'I.-et-L. et Bibl. de Tours, fonds Salmon, *titres de la Clarté*. — *Gallia christiana*, XIV. — *Mém. de la Soc. archéol. de Tour.*, IX, 208.)

Ematouses (les), ou **Émotouses**, ham., cⁿᵉ de Cléré, 12 habit. — *Émoteuses*, carte de Cassini.

Ematouses (étang des), ou **Émotouses**, cⁿᵉ de Cléré. — *Écomouses*, carte de l'état-major.

Emblin, cⁿᵉ de Château-la-Vallière. V. *Blin*.

Embûches (le lieu des), près de la Rue, cⁿᵉ de la Chapelle-Blanche.

Émery, ou **Aimery**, abbé de Bourgueil, fut élu en 1150, en remplacement de Robert, décédé. Il mourut le 15 mai 1185. Pendant l'administration de cet abbé, Henri, roi d'Angleterre, tint ses États dans l'abbaye de Bourgueil (1156). — (Bibl. de Tours, fonds Salmon, manuscrit nᵒ 1404. — *Gallia christiana*, XIV.)

Emmonnières (les), f., cⁿᵉ de Chanceaux-sur-Choisille.

Empocherie (l'), f., cⁿᵉ de Brèche.

Énaudière (l'), f., cⁿᵉ d'Athée. — *Les Énaudières*, carte de l'état-major.

Énaults (le lieu des), près de l'Anière, cⁿᵉ de Saint-Épain.

Énaux (les), f., cⁿᵉ de Lignières.

Enchanterie (l'), f., cⁿᵉ de Saint-Benoit.

Encloître (l'), vil., cⁿᵉ de Rouziers, 41 habit. — Ce lieu a été connu primitivement sous les noms de *Calphorniacus, Calfurnius, Calidus furnesius, Chaufornays, Chaufournais*, que l'on donnait également à tout le pays compris entre Beaumont-la-Ronce et Neuillé-Pont-Pierre et à un domaine situé dans cette dernière paroisse. A la suite de la fondation d'un prieuré, il fut appelé indifféremment *Ecclesiolæ, locus Cafurnei; prioratus de Calido Furnesio; domus de Chaufornais; ecclesia B. Dei genitricis Mariæ de Ecclesiolis* (xiᵉ et xiiᵉ siècles). Au milieu du xiiiᵉ, on trouve ces désignations : *Conventus de Chaufornays, S. Maria de Calfurnio*, auxquelles succédèrent celles de *Claustrum* (charte du 30 octobre 1272), *La Cloistre, les nonains de la Cloistre* (1285). Cependant, dans quelques actes postérieurs, on trouve encore la première appellation : *Chaufournais*. Par la suite, le nom de *La Cloistre* fut transformé en celui de *Lencloître, Lencloître-en-Chaufournais* (titres des xvᵉ et xviᵉ siècles). — *L'Encloître*, carte de l'état-major. — *Lancloistre*, carte de Cassini.

Le prieuré dont on vient de parler fut fondé vers 1103, par Léon de Langeais, qui donna, à cet effet, à Robert d'Arbrissel, le lieu de Chaufournais. Voici l'acte de donation :

Sciat ætas tam præsens quam futura quia dominus Leonius de Lengiaco, ignem timens gehennalem, locum illum qui Calidus Furnesius vocatur cum terra sicut ipse metaverat donavit Deo et magistro Roberto ad ecclesiam construendam et congrationem ibi ponendam. Ad quam terram metandam adfuit cum illo Stephanus forestarius ejus et Gauterius Troissellus. Donum istud concesserunt uxor Leonii Barbuta et filii ejus in presentia domni R. discipulorumque ejus : Fulconis de Cocceio, Ruvallonis, Rorgii, Danielis, Judicaelis, Petri, Bucardi et aliorum fratrum. De secularibus interfuerunt Staphanus forestarius, Gauterius Troissellus et alii. Quod donum concessit Drogonus frater Leonii antequam iret in Jherusalem. Donum etiam illud concessit Guido, filius Drogoni, Deo et domno R. ante fores Beati Martini Turonensis, videntibus et audientibus Engelardo de Sancto Egidio, Bartholomeo mutuatore, Radulpho de Bello Monte, Gauterio infirmo.

Après la mort de Léon, Barthélemy, un de ses fils, et sa mère Barbote, prétendirent qu'une certaine quantité de terrain, voisine du couvent, n'avait pas été comprise dans la donation; mais ils finirent par reconnaître l'injustice de leurs contestations et consentirent même à la cession d'une autre propriété en faveur du nouveau monastère. C'est ce qui résulte de la charte suivante :

Notum sit tam presentibus quam futuris fidelibus Leonium militem quemdam Deo et Beate Marie et domno Roberto de Arbressello quamdam partem terre sue apud Ecclesiolas in elemosinam dedisse, concedentibus Barbota uxore sua, Bartholomeo, Leonelle amborum filiis. Post mortem vero Leonii, prefatus Bartholomeus et Barbota mater sua calumpniati sunt donate terræ partem illam quæ est ad crucem, juxta viam que ducit ad Semblanciacum, et illam que juxta boscum ejusdem Bartholomei, terra Guidonis de Sembleciaco confinis est. Postea vero, Dei misericordia compulsus, ipsam calumpniam omnino dimisit, et terram domno Roberto concessit. Insuper etiam bordagium terræ unum ei donavit. Domnus vero Robertus pro hac concessione dedit ei unc caballum album. Cujus rei testes sunt Gosbertus Bardol, Gilus filius Goffredi de Sonziaco et Petronilla mater sua, Bernardus de Alberi, Hardoinus Sevaldi filius, Airaldus de Bello Monte, Stephanus de Calphorniaco; regnante Francorum rege Ludovico, Radulfo Turonorum archiepiscopo, Fulcone Andegavensium comite.

L'église et le cloître, construits du temps de Robert d'Arbrissel, qui avait mis dans ce couvent des religieuses de l'ordre de Fontevrault, furent dévastés et en partie détruits pendant les guerres des Anglais, au XIVᵉ siècle. En 1520, Jean d'Arquené, prieur de l'Encloître, fit rebâtir une partie de l'église et la salle de l'Habit, et répara les charpentes en 1559. En 1579, la maréchale de Souvré donna la somme de 1176 livres pour reconstruire les murs de clôture du couvent. L'année suivante, Astremoine du Bois, seigneur de Fontaine-Rouziers, fit bâtir une infirmerie, à ses frais, pour le prix de 1287 livres, et légua au couvent, pour être employée en réparations, une somme de 400 livres, qui lui était due par Racan. Dix ans après, le cardinal de Bourbon, abbé de Marmoutier, fit don d'une somme assez importante pour réédifier une partie du cloître.

Dans les premières années du XVIIᵉ siècle, l'église était en très-mauvais état. Le couvent étant parvenu à réunir les fonds nécessaires, on en commença la reconstruction, qui fut achevée en 1631. Le 28 avril de cette année, Gilles Boutault, ancien archidiacre de l'église de Tours et évêque d'Aire, consacra le nouvel édifice et le grand autel.

On voit, par un état de situation du prieuré, dressé en 1289, qu'il y avait alors quatre-vingt religieuses, un prieur, trois frères lais et seize serviteurs. En 1460, le personnel de l'établissement se trouvait réduit à une religieuse et un prieur. Au milieu du XVIIᵉ siècle on y comptait trente religieuses.

Le couvent, à la fin du XIIIᵉ siècle, ne possédait, d'après une enquête faite par Jean, prieur de Sainte-Croix, à Nantes, que 475 livres de revenu. Cette somme étant insuffisante pour subvenir aux besoins de la communauté, les religieuses se trouvaient dans la nécessité d'aller mendier dans les environs. Aucun changement ne fut apporté par la suite à cette situation. Le 22 octobre 1759, l'archevêque de Tours prononça la suppression du prieuré et déclara ses biens réunis à la mense abbatiale de Fontevrault.

L'église devint une grange et elle fut vendue nationalement, en 1791. Elle existe encore aujourd'hui.

On y voyait autrefois plusieurs tombeaux, entre autres, celui de Mathurin de Castelnau, seigneur du Rouvre. Sur cette tombe, placée près de l'autel, du côté de l'Évangile, on lisait l'inscription suivante :

CY GIST MESSIRE MATHURIN DE CASTELNAU, CHEVALIER, SEIGNEUR DU ROUVRE, GENTILHOMME ORDINAIRE DE LA CHAMBRE DU ROY, CAPITAINE D'UNE COMPAGNIE AU RÉGIMENT DE SES GARDES, LEQUEL APRÈS L'AVOIR DIGNEMENT EXERCÉ PAR L'ESPACE DE TRENTE ANS, EN TOUTES LES OCCASIONS QUI SE SONT PRÉSENTÉES, A RENDU SON AME A DIEU PAR L'EFFECT D'UN COUP DE LANCE LE 27 SEPTEMBBE 1622, ESTANT AU SIÈGE DE MONTPELLIER ET COMMANDANT LORS COMME PLUS ANCIEN CAPITAINE LE DIT RÉGIMENT DES GARDES DE SA MAJESTÉ.

*Anima ejus in æternum pace et gaudio fruatur.
Amen.*

Sept mois après, Marie Genton, femme de Mathurin de Castelnau, fut inhumée dans le même lieu.

Jeanne de Fortia, fille de Bernard de Fortia, seigneur de la Branchoire et du Paradis, et femme d'Astremoine du Bois, seigneur de Fontaines-Maran et de Sonzay, décédée vers 1560, avait été inhumée dans l'une des chapelles des Cordeliers de Tours. Plus tard, son mari fit transporter le corps à l'église de l'Encloître où il fut inhumé lui-même vers 1570. Astremoine du Bois avait rempli les fonctions de maire de Tours du 2 novembre 1564 au 21 novembre 1565.

Près de la grille du chœur se trouvaient les tombeaux d'Antoine du Bois (fils aîné d'Astremoine), et de Marie Lhuillier de Saint-Mexmin, mère de sa femme, Marie Prudhomme de Fontenay. Marie Lhuillier avait donné aux religieuses, pour être inhumée dans leur église, la somme de six cents livres.

Antoine du Bois était seigneur de Fontaines-Maran. Après la mort de sa femme, il entra dans les ordres et se fit admettre dans la congrégation des prêtres de l'Oratoire. Vers 1625, il fonda une école gratuite dans le bourg de Rouziers. Il mourut à Paris le 29 avril 1627, âgé de quatre-vingt-cinq ans. Suivant ses dernières volontés, son corps, rapporté à l'Encloître, fut inhumé dans l'église prieurale. Pour cet inhumation, il avait légué au couvent une somme de soixante livres. Son cœur fut déposé dans la chapelle seigneuriale de Fontaines-Maran.

Les religieuses de l'Encloître comptaient parmi leurs propriétés les métairies de Sécheresse, de la Grange, de la Guérinière, de la Belottière, du Petit-Boulay, du Fou, des Jards, de Juchepie, de l'Épinière, et la maison de Boisdenier, située dans le bourg de Rouziers. Des rentes leur étaient dues par les seigneurs du Plessis-Aleaume, d'Armilly, du Coudray, de Saint-Antoine-du-Rocher, de la Roche-Bourdeil, du Bois, de Fontaines-Maran et de la Motte-Sonzay. Elles tenaient de la libéralité du roi Henri III une rente de soixante livres à prendre sur la Recette générale de Tours. Cette rente, accordée par lettres du 10 décembre 1580, fut maintenue par lettres du roi Louis XIII, en date du 11 octobre 1629.

Voici les noms de quelques prieurs ou chapelains de l'Encloître : Pierre Ferrand, 1285. — Anselme, 1289. — Étienne, 1302. — Robert de Cœur, 1391. — Michel Lucas, 1446. Il fut inhumé dans l'église. — Pierre Boitard, 1453. — Jacques Morand, 1486. — Pierre Thibault, 1499. — Jean d'Arquené, 1523. Il eut sa sépulture dans l'église. Sa tombe était près de la grande porte. Il avait fait graver ses armoiries sur les deux piliers supportant le pignon de l'ouest, et au-dessus d'une cheminée, dans la salle dite de l'Habit. — Marquis Dasnez, 1548.

PRIEURES DE L'ENCLOÎTRE.

Emma, 1117. — G...., 1220. — Marie de Chatigny, 1289. — Jeanne de Montbazon, 1381-92. — Marie Vallière, 1423. — Thomine de Vausenne, 1430. — Jehanne Bodin, 1441. — Thomine de Vausenne, nommée de nouveau en 1450. — N...., 1460. — Jeanne Tassard, 1466-86. — Marguerite de Mareuil, 1506. — Jeanne de Brecé, 1507. — Catherine Galle, 1525. — Marie d'Avesnes, 1536. — Louise-Nicole Josselin, 1549-58. — Jeanne Gayette, 1561. — Baptiste Le Picard, 1562. — Marguerite Ancelon, 1571. — Madeleine Trotereau, 1577-78. — Anne de Fay, 1582. — Madeleine d'Averton, 1585. — Marguerite Ancelon, nommée de nouveau en 1599. — Marie Lhuillier, 1603. — Renée de Ronsard, sœur du célèbre poète Ronsard, 1607-1615. — Françoise de Préaux, 1616. — Madeleine Barolin, 1617-18. — Madeleine Bochard de Champigny, 1619-20. — Agnès de Drulion, 1621-25. — Anne Milet, 1628. — Anne Le Maître, 1631. — Benigne de Coutances, 1634-35. — Catherine d'Aloigny, 1636. — Anne Milet, nommée de nouveau en 1636. — Françoise Pequineau, 1641-47. — Anne Milet, 1648-50. — Marie de Castelnau, 1651-54. — Françoise Desprez, 1655-57. — Françoise Pequineau, 1658. — Anne de Montifray, 1719. — Anne Billard, 1722-23. — Anne de la Cour, 1737-38. — N. de Montigné, 1740-44. — N. Le Sourd, 1752. — Angélique de Salmon de la Brosse, 1754-59.

Le prieuré de l'Encloître formait une châtellenie, avec prévôté, relevant du roi à cause du château d'Amboise.

Une foire se tient dans un champ, près de l'ancien prieuré, le 21 septembre.

Arch. d'I.-et-L., C, 633; *Biens nationaux.* — *Cartulaire de Fontevrault.* — *Gallia christiana*, II, 1317. — Recueil des historiens des Gaules, XXI, 280; XXIII, 664. — La Chesnaye-des-Bois et Badier, *Diction. de la noblesse*, IV, 820. — C. Port, *Diction. historique de Maine-et-Loire*, II, 58. — Bibl. de Tours, manuscrits n°s 1169, 1494. — *Mém. de la Soc. archéol. de Tour.*, XVII, 178. — D. Housseau, XI, 5606-7-8-9-10.

Encloître (l'), f., c^{ne} de Rouziers. — Ancienne dépendance du prieuré de l'Encloître. — (Arch. d'I.-et-L., *Biens nationaux.*)

Encloîtres (le lieu des), c^{ne} de Noizay. — Nom donné à un plateau, aujourd'hui couvert de vignes, et où l'on remarque des débris de très anciennes constructions. D'après l'abbé Bourassé, ces restes pourraient être ceux d'un monastère qui aurait été détruit pendant les guerres de religion. Peut-être aussi, d'après le même auteur, serait-ce l'emplacement d'une station romaine. Nous ne trouvons aucun titre venant confirmer ces suppositions. — (*Mém. de la Soc. archéol. de Tour.*, II, 206.)

Enclos (l'), f., c^{ne} de Braye-sur-Maulne.

Enclosures (le lieu des), près de la Moquerie, c^{ne} de Ligueil.

Endria. V. *Indre*, rivière.

Enfer (l'), f., paroisse de Beaumont-les-Tours. — Propriété du Chapitre de Saint-Pierre-le-Puellier. Elle fut vendue nationalement en l'an II. — (Arch. d'I.-et-L., *Biens nationaux.*)

Enfer (le lieu de l'), près des Quatre-Murailles, c^{ne} de Bréhémont.

Enfer (le lieu de l'), près de l'Étang-Neuf, c^{ne} de la Chapelle-Blanche.

Enfer (le lieu de l'), près des Plaudières, c^{ne} de Draché.

Enfer (l'), groupe d'habitations dans le bourg de Ferrières-Larçon.

Enfer (l'), f., c^{ne} de Fondettes. — *Bois-d'Enfer*, ou *Beaulieu*, XVIIe siècle. — *L'Enfer*, cartes de Cassini et de l'état-major. — Ancien fief. Il fut vendu nationalement le 1er thermidor an II, sur N. Cane, anglais. — (*Rôle des fiefs de Touraine.* — Arch. d'I.-et-L., *Biens nationaux.*)

Enfer (l'), f., c^{ne} des Hermites.

Enfer (l'), f., c^{ne} de la Haye-Descartes.

Enfer (le lieu de l'), près de la Bordinière, c^{ne} de Mouzay.

Enfer (l'), f., c^{ne} de Pont-de-Ruan. — *L'Enfert*, 1651. — *L'Enfer*, cartes de Cassini et de l'état-major. — Ancien fief. En 1651, il appartenait à Louis Le Picard, sieur de Boisleroy. Le 20 septembre 1661, François Le Picard de Phelippeaux le vendit à Jean Guinier. — (Arch. d'I.-et-L., *prieuré de Relay.*)

Enfer (l'), f., c^{ne} de Rouziers.

Enfer (le lieu de l'), près des Bourgetières, cne de Saint-Jean-Saint-Germain.

Enfer (le lieu de l'), près des Caves-Blanches, cne de Saint-Germain-sur-Vienne.

Enfermau (l'). V. *la Filature*, cne de Vernou.

Enfernière (l'), cne d'Ambillou. V. *Enfesnière*.

Enfers (le lieu des), près de Gaugaine, cne de Noizay.

Enfert (l'), cne de Pont-de-Ruan. V. *Enfer (l')*.

Enferterie (l'), f., cne de Saint-Paterne. — *Enferterie*, carte de l'état-major.

Enfesnière (l'), ou **Enfernière**, f., cne d'Ambillou. — Ancien fief. — (*Rôle des fiefs de Touraine*.)

Enfumé (l'), vil., cne de Benais, 26 habit.

Enfumes (le lieu des), cne de la Chapelle-Blanche, près du chemin de la Durellière à la Chapelle.

Engebaud de Preuilly, archevêque de Tours, remplaça sur ce siège Hugues d'Étampes, en 1148. Il était fils de Geoffroy de Preuilly, dit le Jourdain, et d'Euphrosine de Vendôme. Il mourut en 1175 et eut pour successeur Josse, ou Joscion. — (Maan, *S. et metrop. ecclesia Turonensis*, 118. — M. Marteau, *Le Paradis délicieux de la Touraine*, II, 126. — *Almanach de Touraine*, 1766. — *Gallia christiana*, VIII, 1515. Chalmel, *Hist. de Tour.*, III, 452. — D. Housseau, V, 1774, 1776, 1777; XV, 133. — Bibl. de Tours, fonds Salmon, *archevêché de Tours*.)

Engronne (l'), rivière. V. *Aigronne*.

Enguicherie (l'), cne de Damemarie. V. *Anguicherie*.

Enjorrand, doyen de l'église de Tours, succéda à Geoffroy III, en 1231. Il fut remplacé par Geoffroy IV, en 1236. — (Bibl. de Tours, fonds Salmon, *Archevêché de Tours*. — *Mém. de la Soc. archéol. de Tour.*, IX, 335. — *Gallia christiana*, XIV. — Arch. d'I.-et-L., *charte de l'église de Tours*.)

Enquetrie (l'), f., cne de Ferrières-Larçon.

Enray-de-Faud (le lieu d'), près de la Gilberdière, cne de Rilly.

Entonnoir (le lieu de l'), près des Sautinières, cne du Grand-Pressigny.

Entonnoirs (le lieu des), cne du Petit-Pressigny, près du chemin de Chevarnay à Preuilly.

Entraigues (Alexandre-Pierre-Amédée **Godeau** d'), né le 6 juillet 1785, nommé préfet d'Indre-et-Loire le 2 août 1830, en remplacement d'Antoine-Éléonor-Victor Le Clerc de Juigné, fut admis à la retraite le 4 janvier 1847. Il eut pour successeur François-Auguste Romieu. — (*Journal d'Indre-et-Loire* de 1830 et du 4 janvier 1847. — *Le Moniteur* de janvier 1849.)

Enzans, cne de Noizay. V. *Anzan*.

Épain (St-), commune du canton de Sainte-Maure, arrondissement de Chinon, à 35 kilomètres de Tours, 27 de Chinon et à 9 de Sainte-Maure. — *Brigogalus*, 774; *Bruiogalus*, 857; *Burgagalus*, 852; *villa S. Martini, Brugolium nomine*, 884; *Brugogalus*, 987 (chartes de Saint-Martin). — *S. Spanus*, 1022; *S. Martinus de Sancto Hispano*, 1087 (charte de Hugues de Sainte-Maure). — *S. Spanus, parochia S. Spani* (*Cartulaire de Noyers*). — *Villa S. Spani*, 1090 (charte de Saint-Martin). — *Parochia, burgus S. Spani*, 1104, 1129 (*Cartulaire de Noyers*). — *S. Martinus de Sancto Hispano*, 1150 (Arch.d'I.-et-L.). — *Prepositura de S. Spano*, 1197 (*Cartulaire de l'archevêché de Tours*). — *Sanctus Spanus*, 1256 (charte de l'official de Poitiers). — *Saint-Espain*, 1280 (charte de Saint-Martin). — *Saint-Espaing, Expaing* (*Cartulaire de l'archevêché de Tours*.) — *Ecclesia S. Hispanii*, 1334 (testament de Guillaume de Sainte-Maure). — *Forteresse de Saint-Espain*, 1478 (*titres de Saint-Martin*.)

Elle est bornée, au nord, par les communes de Neuil, de Thilouze et de Villeperdue; à l'ouest, par celles de Crissé et de Crouzilles; au sud, par Trogues, Pouzay, Noyant et Sainte-Maure; à l'est, par Sainte-Catherine-de-Fierbois. Elle est arrosée par la Manse, qui reçoit, au lieu dit les Écluses-du-Porteau, la Manse-de-Mareille; — par le ruisseau de Montgauger, qui prend sa source près de la Couronnière, fait mouvoir les moulins du Sablonnet et de l'Étang, et se jette dans la Manse, près de Saint-Épain; — par le ruisseau de Puchenin, qui forme la limite de Sainte-Catherine; — par le ruisseau de la Fontaine, qui prend sa source à la Fontaine et se jette dans le ruisseau de Montgauger, au-dessous du moulin de Sablonnet; — par le ruisseau de Mongonne, qui forme la limite de la commune, à l'ouest. Elle est traversée par le chemin de grande communication n° 57, de Noyant à Sainte-Maure, et par la ligne du chemin de fer de Paris à Bordeaux.

Les lieux, hameaux et villages suivants dépendent de cette commune : Bourgirault (80 habit.). — La Boue (37 habit.). — La Bourdonnière (12 habit.). — Le Bisset, connu dès le xiie siècle. — Berrué, ancienne propriété du Chapitre de Saint-Martin de Tours. — Le Puits (10 habit.), ancienne dépendance du collège de Saint-Épain. — La Rochette, ancienne dépendance de la chapelle Sainte-Marthe, desservie dans l'église de Saint-Épain. — Savonneau, connu dès le xie siècle; ancien fief, relevant de la baronnie de Sainte-Maure et de l'Ile-Bouchard. — Les Roches (11 habit.), ancien fief, appartenant au Chapitre de Saint-Martin. — Les Renaudières (17 habit.). — La Raudière (12 habit.). — Vrilló, connu dès le XIe siècle. — La Vorinière (18 habit.). — Souvres (36 habit.). — Vaugourdon (11 habit.), ancienne propriété du Chapitre de Saint-Martin, connu dès le XIIe siècle (*Vallegurdum*). — La Poupardière (11 habit.). — Theillé (10 habit.), ancienne propriété de la fabrique de l'église de Tours. — Les Ouches, ancien fief. — La Morinière (17 habit.), ancien fief. — La Jarrie, ancien fief. — La Girardière (16 habit.). — La Lande, ancien fief. — Galisson (53 habit.), ancienne dépendance du château de Noyant et du Chapitre de Saint-Martin. — La Loutière (11 habit.), ancien fief. — Mareille, ancien fief. — Le Moulin-Neuf, ancienne propriété du Chapitre de Saint-Martin. — La Billette (12 habit.). — Les Bougaudières (17 habit.), ancien fief, relevant du château de Sainte-Maure. — Les Bardons (16 habit.). — Les Berthelonnières (15 habit.). — La Feverie (21 habit.). — Épeigné (43 habit.). — La Collerie (13 habit.), ancienne propriété du Chapitre de Saint-Martin. — Les Aiguillers (24 habit.). — Chatres (16 habit.), connu dès l'an 1300. — La Challerie (14 habit.). — Courtineau (90 habit.). — Le Moulin-de-la-Chaise, connu dès le XIIIe siècle (*Chesia*), ancienne propriété du Chapitre de Saint-Martin. — La Couture, ancien fief, relevant de la prévôté de Saint-Épain. — Les Caves-Furet (12 habit.). — Les Quartiers (17 habit.). — La Chenardière, Borget, les Piraudières, Laubrière, les Plaises, Belair, Puchenin, Pont-Neuf, la Cave-Lhermite, la Belle-Cave, Pimont, la Maison-Blanche, la Martinière, la Porte-Neuve, la Bruneterie, la Maison-Rouge, Rennefort, Treilleul, l'Auverdière, la Favetière, les Mauriceries, la Souchonnerie, la Chevalerie, les Manières, l'Archerie, la Buauderie, Clavière, Bouillet, la Cellonnière, les Pesnaux, le Puisard, la Vallée-du-Soc, la Perroterie, la Grossinaye, Souvin, Saint-Martin, Valdingue, la Herpinière, la Boisselière, Mongonne, les Ferrandières, la Cave-du-Moulin-à-Foulon, la Jauneraie, la Cave-Basse, Mareille, Monidée, le Carroi-des-Besnault, la Chauvellière, Bellevue, la Pelonnière, la Milletière, Montaumer, le Petit-Mont, le Clos-Pilette, Lhermitage, la Baudinière, la Grenouille, la Loge, etc.

Avant la Révolution, Saint-Épain était dans le ressort de l'élection de Chinon et faisait partie du doyenné de Sainte-Maure et de l'archidiaconné d'outre-Vienne. En 1793, il dépendait du district de Chinon.

Superficie cadastrale. — 6268 hectares. — Le plan cadastral, dressé par Pallu, a été terminé le 22 décembre 1827.

Population. — 1909 habit. en 1801. — 1956 habit. en 1804. — 1926 ou habit. 1810. — 1986 habit. en 1821. — 2138 habit. en 1831. — 2041 habit. en 1841. — 2010 habit. en 1851. — 1980 habit. en 1861. — 1964 habit. en 1872. — 2020 habit. en 1876.

Foires les deuxièmes lundi de février, juin, septembre et novembre. — *Assemblée* pour location de domestiques, le lundi de Pâques.

Recette de poste. — *Perception* de Sainte-Maure.

Le bourg, appelé aujourd'hui Saint-Épain, était désigné, aux VIIIe, IXe et Xe siècles, sous les différents noms de *Brigogalus*, *Bruiogalus*, *Burgagalus*, *Brugolium*, ou *Brugogalus*. Il est mentionné pour la première fois dans un diplôme de Charlemagne, de 774. L'église, dédiée à saint Épain, un des compagnons de sainte Maure et de sainte Brigitte, est citée dans une charte de juin 857. Elle avait alors pour recteur le nommé Norbert. Celui-ci réclama devant le prévôt du lieu, divers biens dépendant de son église et qui avaient été usurpés, disait-il, par Autbert, Agintrude, sa sœur, et Amalgaire, son beau-frère. Le prévôt, Saramarinus, cita à son tribunal ces trois personnages, et, ayant entendu divers témoins et examiné les chartes sur lesquels les détenteurs fondaient leurs droits de possession, il déclara que ces pièces étaient fausses et que les domaines dont il s'agissait appartenaient réellement à Norbert.

Dans le même siècle, il existait, dans le bourg, une autre église placée sous le double vocable de saint Martial et de saint Martin. C'est ce qui résulte d'une charte de 884. Au XIe siècle, il n'était plus question, dans les chartes, du vocable de saint Martial. Dans une bulle du pape Alexandre III, de 1177, où sont énumérées les possessions de la collégiale de Saint-Martin de Tours, l'église de Saint-Martin, à Saint-Épain, est ainsi désignée : *Ecclesia Sancti Martini de Brugogalo*.

L'église dédiée à saint Épain, plus importante que celle de Saint-Martin, devint l'église paroissiale. L'édifice actuel est une construction du XIIe siècle. Il a été réparé à diverses époques, notamment au XVe siècle et au milieu du XVIIIe. On l'a de nouveau restauré en 1856 et en 1870.

On y comptait plusieurs chapelles, entre autres, celles de Saint-Laurent, de Saint-Nicolas, de Sainte-Marthe, des Dreux, de Saint-Denis et de tous les Saints. Cette dernière eut pour fondateur Pierre de Sainte-Maure, seigneur de Montgauger, vivant en l'an 1300. Elle resta la propriété des seigneurs de Montgauger jusqu'à la Révolution. Il en est fait mention dans un aveu rendu au seigneur de Sainte-Maure par Guillaume de l'Aubespine, baron de Châteauneuf, le 5 juillet 1574.

La chapelle de Sainte-Marthe, appelée aussi chapelle des Herbaults, fut fondée en 1510 par Jean de Puy-Herbault, chanoine de l'église d'Evreux et curé de Saint-Pierre-de-Verneuil. Il fut stipulé dans l'acte de fondation que quatre messes seraient célébrées chaque semaine pour le repos de l'âme du fondateur. Celui-ci, pour assurer le service de la chapelle, donna un domaine appelé la

Rochette et dont l'étendue était de soixante-dix-huit arpents. N. Ferrand, doyen des Roches, en était chapelain en 1789.

On ignore l'époque de la fondation et le nom du fondateur de la chapelle Saint-Laurent. Robert Aucard en était chapelain en 1698; — Pierre Jaille, aumônier des religieuses Viantaises de Beaulieu, en 1766; — Laurent Christiaen, chanoine et grand-pénitencier de l'église de Tours, en 1789.

Dans le bourg, près de la Grande-Rue, se trouvait une petite chapelle dédiée à saint Jean. Elle est mentionnée dans un titre de 1450. Elle fut vendue au profit de la nation, en 1791.

Dans la vallée de Courtineau on voit, creusée dans le roc, une chapelle dédiée à Notre-Dame-de-Lorette. Une croix, en relief, se montre dans toute l'étendue de la voûte. Sur les parois de la grotte on voit quelques sculptures, entre autres deux écussons, l'un chargé de deux hermines et ayant deux anges pour supports, l'autre portant : *de sable, à un croissant d'argent*. L'autel était placé au-dessous de l'unique fenêtre qui éclairait la chapelle. Près de là se trouve une autre grotte qui a dû servir de logement à un hermite.

Le *Pouillé de l'archevêché de Tours* (1648) fait mention d'une chapelle de *Sainte l'Hommaye*, paroisse de Saint-Épain. La collation de ce bénéfice appartenait à l'archevêque de Tours. Nous ignorons sur quel point de la paroisse cette chapelle était située.

Il existait à Mongauger un prieuré de Minimes fondé en 1502, par François de Baraton. V. *Montgauger*.

La chapelle du château de Montgauger est mentionnée dans le *Registre de visite des chapelles du diocèse de Tours*, en 1787.

Des chartes de 1007-22 parlent d'une église appelée *Moreta* et qui était située près de Saint-Épain. Les chanoines de Saint-Martin la concédèrent, avec deux moulins, à titre de main-ferme, à Richard, sous-prévôt, pour lui et deux de ses héritiers, moyennant une rente de dix sous. On ne trouve aujourd'hui aucune trace de cette église.

Comme toutes les localités ayant quelque importance, Saint-Épain avait une léproserie ou maladrerie. Par lettres patentes du 11 juillet 1698, les biens et revenus de cet établissement furent attribués à l'Hôtel-Dieu de Tours.

CURÉS DE SAINT-ÉPAIN. — Nicolas Dupont, 1469. — Antoine Quenaud, 1470. — Philippe Boutillac, 1474. — Pierre Drohays, 1490. — Denis Amory, 1530. — Louis de Boisjourdan, 1559. — Louis Deschelles, 1566. — Louis Roche, 1636. — Jean Chauffour, 1611. — François Duvau, 1698, 1704. — Denis Cartois, 1737. — Louis Bonneau, 1743-72. — Pierre-Jean Rolland, 1784. — François Prenant, curé constitutionnel, 1793. — Mourruau, 1804, 1822. — Charbonneau, 1837. — Rougé, 1839. — François Archambault, 1866, passé à la cure d'Azay-le-Rideau, en novembre 1878. — Augustin Debeaux, novembre 1878, actuellement en fonctions (1879).

Saint-Épain, qualifié de châtellenie et de prévôté, relevait du roi à cause du château de Chinon. Au IXᵉ siècle, le bourg et les églises appartenaient à la collégiale de Saint-Martin de Tours, qui les donna en fief, mais seulement pour sa vie durant, à Hildegaire, vicomte de Limoges, à condition que celui-ci paierait chaque année au Chapitre, le jour de la saint Martin d'hiver, dix sous de cens. Hildegaire étant mort, le Chapitre reprit le fief et en fit une des prévôtés de la collégiale. Le chanoine pourvu de ce bénéfice prenait les qualités de *prévôt et seigneur de la châtellenie de Saint-Épain*.

Au milieu du XIIᵉ siècle, Hugues, seigneur de Sainte-Maure, entreprit de dépouiller les chanoines de Saint-Martin d'une partie des droits qui leur appartenaient comme seigneur de la paroisse. Il voulut notamment percevoir des tailles sur les habitants et astreindre ceux-ci à des corvées. Les chanoines ne pouvant répondre à la force par la force, usèrent d'une coutume autorisée alors par les règlements ecclésiastiques en pareil cas. Ils cessèrent de célébrer le service divin dans l'église, déposèrent le christ et les reliques des saints sur le sol et firent amasser des épines aux portes du temple pour marquer que l'entrée en était interdite. De plus, chaque jour, les prêtres, en présence du Saint-Sacrement, prononçaient des sentences d'excommunication contre le seigneur de Sainte-Maure. Celui-ci, paraissant dédaigner ces mesures, continua encore pendant quelque temps ses exactions; mais enfin, cédant aux observations de ses amis, il finit par se soumettre. En 1155, il se rendit à la collégiale, accompagné de Bouchard de l'Ile, de Geoffroy Borrel et d'un moine nommé Pierre de Joscelin, et reconnut, en présence d'Engebaud, archevêque de Tours, qu'il n'avait aucun droit à imposer des tailles et des corvées sur les domaines des chanoines. Il consentit diverses concessions qui lui étaient réclamées et vint ensuite, pieds nus, et tenant à la main un faisceau de verges, devant le tombeau de saint Martin. Après avoir déposé sur l'autel un couteau et une charte où était consignée l'expression de son repentir, il se soumit à l'humiliation de la discipline qui lui fut donnée en présence d'une foule de témoins.

Dans le siècle suivant, Josbert de Sainte-Maure souleva de nouvelles difficultés. Voyant qu'on refusait de lui donner satisfaction, il envahit la paroisse, commit toute espèce de violences envers les habitants et s'empara de la ville. Au mois de janvier 1224, il renonça à ses prétentions et consentit à quitter le territoire de Saint-Épain à condition que les chanoines lui verseraient trois mille sous et dix livres tournois. L'acte de transaction fut rédigé à cette date par l'official de Tours.

Dans le procès-verbal de la réformation de la coutume de Touraine de 1559, on voit figurer Claude Burgensis avec la qualification de seigneur de Saint-Épain. Ce personnage n'a jamais possédé cette seigneurie. On ignore sur quels titres il pouvait s'appuyer pour prendre cette qualification.

La mairie de Saint-Épain formait une sergenterie fieffée relevant de la prévôté. Le titulaire de cet office résidait au lieu appelé *le Mont* et que l'on nomma par la suite *Mont-au-Maire*, et par corruption de langage *Montaumer*.

Possédée pendant très longtemps par les chanoines-prévôts, cette mairie fut vendue vers le commencement du xve siècle. En 1476, elle appartenait à Jean Mairel, qui la vendit, le 8 septembre, à François Dupuy; — en 1478, à Guillaume Launé, qui rendit aveu le 9 juin; — en 1527, à Achille de Mondion, Éc., seigneur de Seilletière; — en 1631, à Jean Remon; — en 1650, à Pierre Remon, chanoine de Saint-Martin et prévôt de Léré; — en 1678, à Louis Remon; — en 1702, à François Remon, capitaine de grenadiers, qui rendit aveu le 14 septembre; — en 1771, à Charles Renault des Vernières.

L'extrait suivant, d'une déclaration rendue par Jean Mairel vers 1470, fait connaître les devoirs, droits et privilèges attachés, à cette époque, au titre de maire de Saint-Épain :

« Premierement, la mairie de Saint Espain
« dont il doit foy et hommaige à Mons. le pre-
« vost de Saint Espain à cause de sa ditte pre-
« vosté et en doit faire le serment le d. maire au
« Chappitre de Monsieur saint Martin de Tours
« Et s'ensuit la déclaration des droitz de la ditte
« mairie :

« Et premierement le d. maire a droit de
« prendre la tierce partie des amendes, mestives,
« espaves, rachats, forfaictures et aultres chouses,
« excepté ou fié Promptin et ou fié des Quartes et
« ou fié appartenant à la Voirie. Et est tenu le
« dit maire faire diligence et a ses despens de
« assembler les d. amendes et aultres droits
« dessus dits, et aussi de faire les adjournements,
« bans et toutes chouses appartenant à office de
« sergent, et aussi est tenu de les rendre se ils
« lui sont baillés par menu rolle ou estat par
« Mons. le prevost ou ses officiers et aussi de
« rendre les d. rentes quand le d. prevost ou ses
« officiers ont veu les contracts. Et pour faire les
« d. diligences prent la d. tierce partie.

« *Item*, au d. maire appartiennent les hommes
« subjects du terrouer appellé la Quarte au Maire
« et doibvent les d. hommes faire chacun en
« vendange et fenoison charroy au d. maire.

« *Item*, les hommes qui demourent à Galisson
« doivent au d. maire par chacun an charroy et
« corvées en vendanges et fenoisons.

« *Item*, le droit de bournaige du terrouer de la
« Quarte au Maire avec les proffits qui en es-
« choient.

« *Item*, les deux parts de la mestive des esta-
« gers demourant en la d. Quarte, et Mons. le
« Prevost le tiers......

« *Item*, a droit de prendre chacun an une ge-
« line de devoir sur chacun estager de la d.
« prevosté qui a trois gelines et le jau, et le jour
« St Michel passé, sauf en la ville de Saint Es-
« pain et ès Quartes tant seullement; et peut val-
« loir par an de 15 à 16 poulles et environ
« soixante boesseaux d'avoine plus ou moins se-
« lon le nombre des estagers.

« *Item*, tous les laboureurs qui labourent en
« la mairerie de Saint Espain doibvent chacun
« an quatre boisseaux d'avoine et une poulle en
« cas qu'il y a plus de deux gelines et le coq,
« sauf les charpentiers, qui sont francs de cestuy
« devoir; pour ce ils doibvent faire à leurs des-
« pens le gibet; esquelles avoines et poulles le
« maire a la tierce partie pour sa peine de les
« amasser et le prevost les deux parts.

« *Item*, au dit maire appartient de bailler la
« corte à mesnier la buche et le tan et en pren-
« dre de chacun à qui elle sera baillée quatre
« deniers.

« *Item*, au dit maire appartient l'hostel et he-
« bergement appelé le Mont au Maire avec la ga-
« renne à conils touchant au dit hostel du Mont,
« consistant en maisons, vergers, vignes, mazu-
« res, garennes et boys, le tout en ung seul te-
« nant et clous à foussez, joignant au lieu appe-
« lé le Vigneau d'une part, et à la Roche appelée
« la Roche aux Prezeaux d'autre part.

« *Item*, au dit maire appartient le droit de
« sergenterie de Saint Espain lequel est affermé
« de présent à Jehan Rohard, par an 50 sols.

« *Item*, le dit maire a droit de mener es prez
« du terrouer de Mons. saint Martin au gué de
« Maubuys d'une part et le pré au Tibert d'autre
« part, une jument et son poullain ou ung beuf
« ou une vache et son veau ou choys du d. maire
« dès la my mars jusqu'à ce que les d. prez
« soient fauchés, et peut le dit maire cueillir ou
« faire cueillir es dits prez, du long des boyres
« ou foussés tant comme un homme en peut scier
« luy aiant ung des piés en l'eau et l'autre
« dehors ou ung pied et demy du long des d.
« boyres ou foussés tretout cecy ou choys du d.
« maire. Lesquelles chouses feu Geffroy Groslin
« souloit tenir des prédecesseurs du dit maire a
« foy et hommaige simple lesquelles le dit
« maire tient de présent en son domaine et peut
« valloir par an xv sols. »

Au xiiie siècle, les droits de justice dans la ville de Saint-Épain étaient partagés entre le titulaire de la prévôté et l'archevêque de Tours. On voit, par une charte du mois de juillet 1269, que ce dernier, lorsqu'il ne pouvait parvenir à faire verser à son receveur les cens et rentes qui lui étaient dus, pouvait, à son gré, faire saisir et vendre les biens de ses débiteurs ou faire enlever les portes de leurs maisons.

Par la suite, le prévôt devint propriétaire de toute la justice de Saint-Épain. Cette justice était rendue par un sénéchal. En 1642, elle était exercée par Claude de Mutz.

Voici les noms de quelques prévôts de Saint-Épain, que nous avons pu recueillir dans les titres de cette ancienne dépendance de la collégiale de Saint-Martin : Nicolas Delescheval, 1340. — Jehan Hemery, 1443. — Jean Mairel 1471. — Jacques d'Argouges, 1473. — Louis de Mutz, 1518. — Jacques Prevost, 1564. — Jean Remon, 1631. — Charles Remon, 1648. — Gabriel de Launay, 1656. — Jean Aubin, 1690. — Antoine Blancheton, 1748. — Antoine-Joseph-Jean Gepet de Villesecque, clerc tonsuré du diocèse de Narbonne, 1782.

La ville de Saint-Épain était pourvue de fortifications qui furent détruites à la fin du xiv° siècle. Les chanoines de Saint-Martin furent autorisés à les relever, par lettres patentes en date du 18 janvier 1437. Il est dit dans ces lettres que Saint-Épain est « une des plus belles villes champêtres et des plus marchandes du pays de Touraine, bien peuplée et garnie de beaux édifices. »

Les habitants devaient le gîte, une fois par an, au comte d'Anjou et à sa suite. Par sentence donnée à Tours au mois de mars 1219, Terrice de Galardon, sénéchal de Touraine et de Poitou, décida que, dorénavant, cette redevance ne pourrait être exigée d'eux qu'une seule fois pendant la vie du comte et de ses successeurs.

Vers 1636, Louis Roche, curé de Saint-Épain, fonda dans cette paroisse un petit collège auquel il légua une métairie.

Les biens dépendant de la prévôté et de l'ancienne seigneurie de Saint-Épain furent vendus nationalement les 1er août et 3 octobre 1791, au prix de 30,600 livres.

La ville de Saint-Épain portait pour armoiries : *D'azur, à une porte de ville crénelée, d'argent, flanquée de deux tours de même.*

Les registres d'état-civil de cette commune commencent en 1570.

MAIRES DE SAINT-ÉPAIN. — Candide Dreux, 1801. — Jean Granger-Mourruau, 1805. — Collas, 29 décembre 1807. — Pierre Granger, 14 décembre 1812. — Candide Dreux, 6 avril 1819. — Granger, 4 décembre 1834, 18 juin 1837. — Maurice, 1843. — Louis Granger-Souty, 19 août 1846. — Pierre Granger-Mourruau, 10 octobre 1846. — Antoine Gouron-Pinard, 1852, mai 1871, octobre 1876, janvier 1878.

Arch. d'I.-et-L., C, 654; E, 194; G, 404, 405, 496; chartes concernant Saint-Épain ; *Biens nationaux.* — *Cartulaire de l'archevêché de Tours.* — *Défense des privilèges de Saint-Martin*, pièces justificatives, p. 19. — *Rôle des fiefs de Touraine.* — *Recueil des Hist. des Gaules*, VIII. — *Ampliss. collectio*, I. — Monsnier, II, cxxvi. — D. Housseau, I. 79; III, 804; IV, 1774, 1776; VI, 2390, 2365, 2484, 2585, 2598; VII, 3015, 3017, 3022; VIII, 3439, 3444; IX, 3887; XII, 6378; XIII, 8630, 8652, 8713. — E. Mabille, *Notice sur les divisions territoriales de la Touraine*, 86, 87. — *Mém. de la Soc. archéol. de Tour.*, V, 215; VI, 134; VII, 126, 133, 139; *Bulletin* de la même Société (1871), p. 99. — P. Anselme, *Hist. généal. de la maison de France*, II, 382. — Baret, *Coutume de Touraine*, 105. — *Cartulaire de Noyers*, 12, 280, 320, 465. — Baillet, *Topographie des saints*, 287. — E. Mabille, *La pancarte noire*, 374-76, 441-94. — *Pouillé de l'archevêché de Tours* (1648), p. 59. — *Journal d'Indre-et-Loire* du 29 juillet 1876. — C. Chevalier, *Promenades pittoresques en Touraine*, 518. — *La Touraine*, 27. — Bibl. de Tours, manuscrits n°s 1267, 1291, 1314, 1425.

Épaisse (l'), ou **Épesse**, vil. et chât., cne de Saint-Nicolas-de-Bourgueil. — Ancien fief. En 1723, il appartenait à Henri Perrault, lieutenant-général de police à Chinon ; — en 1752, à René-Henri de Caux, chev., fils de Marc-Antoine de Caux de Chassé, lieutenant des maréchaux de France. — (Bibl. de Tours, fonds Salmon, *titres de Bourgueil*. — Registres d'état-civil de Saint-Vincent de Tours, 1752.)

Épan (l'), vil. et chât., cne de Joué, 45 habit. — *L'Espaon*, 1316; *l'Espan, le Paon*, xve siècle (*titres de la prévôté de la Varenne*). — *L'Épend*, carte de l'état-major. — Ancien fief, relevant du château du Plessis-les-Tours. En 1316, il appartenait à Philippe d'Esvres, Éc. ; — en 1469, à Renault Meschin ; — en 1518, à Jacques de Beaune, baron de Semblançay ; — en 1697, à Laurent d'Allard, Éc., seigneur de la Crouzillère, commissaire et lieutenant-provincial de l'artillerie de France, marié, le 27 février de cette même année, à Marie-Charlotte de Rostaing ; — en 1723, à Marc-Antoine-Laurent d'Allard, fils de Laurent, Éc., chevalier de l'ordre du Mont-Carmel ; — en 1749, à Martin Lambron, Éc., seigneur de la Crouzillère, conseiller du roi, contrôleur-général des turcies et levées. — La collégiale de Saint-Martin de Tours possédait dans ce village une closerie qui fut vendue nationalement le 14 septembre 1791, au prix de 15,000 livres.

Arch. d'I.-et-L., C, 585, 603; *prévôté de la Varenne.* — *Rôle des fiefs de Touraine.* — D'Hozier, *Armorial général de France*, reg. 2e, 1re partie. — Bibl. de Tours, fonds Salmon, *titres de Saint-Martin*.

Épargne (l'), f., cne du Grand-Pressigny.

Épars (le fief). — Il s'étendait dans les paroisses de Saint-Philibert-de-la-Pelouse, de Courléon et d'Hommes, et relevait de Gizeux à foi et hommage simple. — En 1779, il appartenait à Gabriel-Joseph Cantineau, chev., seigneur de la Châteigneraie, qui rendit hommage le 27 mai. — (*Rôle des fiefs de Touraine.* — *Titres de Gizeux.*)

Épaule-Fort, ou **Espallefort**, fief et hébergement, paroisse de Saint-Épain. — En 1255, Gilles Milon, chanoine de Saint-Martin de Tours, l'acheta de Renault, Geoffroy et Jean Dagriçay, frères, pour trois cents sous et un vase d'argent du poids d'un marc. — (Arch. d'I.-et-L.,

G, 495, *Inventaire des titres de Saint-Épain.*)

Épaux (les), paroisse de Cravant. — Ancien fief. — Aux XVIIe et XVIIIe siècles, il appartenait à la famille de Pierres. — (Saint-Allais, *Nobiliaire universel de France*, I. — Arch. d'I.-et-L., *prieuré de Pommiers-Aigres*.)

Épaves (le lieu des), près de Bossard, cne de Cussay.

Épegneium. V. *Épeigné-les-Bois.*

Épeigné (l'), f., cne de Langeais. — Ancien fief. Il dépendait d'une chapelle située dans le même lieu et dont le revenu, en 1789, était de 671 livres. N. Ismard en était chapelain à cette époque. — (*Rôle des fiefs de Touraine.* — Arch. d'I.-et-L., *Biens nationaux*.)

Épeigné, vil., cne de Saint-Épain, 43 habitants.

Épeigné, cne de Savonnières. V. *Ruau d'Épeigné.*

Épeigné (l'), ruisseau. — Il prend sa source à la Fontaine-de-l'Érable, cne de Céré, reçoit les ruisseaux de Biard, de Céré et de Courbat, pénètre dans la commune d'Épeigné-les-Bois au lieu appelé le Gué-de-Richemont, passe au bourg d'Épeigné, puis dans la commune de Saint-Georges (Loir-et-Cher) et va se jeter dans le Cher. Il fait mouvoir six usines. Son parcours est de neuf kilomètres. Entre le moulin Brouillon et le moulin Bailly, il porte le nom de Moulin-Brouillon.

Épeigné-les-Bois, commune du canton de Bléré, arrondissement de Tours, à 39 kilomètres de Tours et à 12 de Bléré. — *Spaniacus*, 816 (diplôme de l'empereur Louis). — *Ecclesia S. Aniani de Spaniano*, 859 (charte d'Hérard, archevêque de Tours). — *Villa quæ dicitur Spaniacus*, 1060 (charte de l'abbaye de Villeloin). — *Hispaniacus*, 1156 (charte d'Hervé, comte de Nevers). — *Spengne*, 1193 (Gaignères, 678). — *Espaniacus*, 1216 (charte de Villeloin). — *Espeigne*, 1207 (charte de l'abbaye de Fontaines-les-Blanches). — *Espeigneium*, 1208 (charte de Robert de Perrenay). — *Expegniacus*, 1232 (charte de Juhel, archevêque de Tours). — *Espeigneium*, 1326 (charte d'Étienne, archevêque de Tours).

Elle est bornée, au nord, par la commune de Francueil; au sud, par celles du Liège et de Céré; à l'ouest, par Luzillé; à l'est, par Céré et par Saint-Georges (Loir-et-Cher). Elle est arrosée par le ruisseau d'Épeigné, qui vient de la commune de Céré et passe dans celle de Saint-Georges.

Les lieux, hameaux et villages suivants, dépendent de cette commune: Les Boudinières (17 habit.). — La Boissière (11 habit.). — Les Bergers (35 habit.). — Le Moulin-Godeau (17 habit.). — La Grange-du-Bois (21 habit.). — Les Thibaudières (27 habit.). — Le Village-des-Champs (15 habit.). — La Ranchelais (10 habit.). — Les Rocs (31 habit.). — Le Gué-au-Maître, ancienne propriété du prieuré d'Épeigné. — La Guillaumerie (10 habit.). — La Mulottière (18 habit.), ancienne propriété des Ursulines d'Amboise. — Neuillé (22 habit.). — La Grefferie (18 habit.). — Le Grand-Cimetière (19 habit.). — Chossay (28 habit.), ancien fief. — Le Cormier (19 habit.). — Château-Gaillard (28 habit.). — Les Douméos (28 habit.). — Le Feu (29 habit.). — La Creusotterie, la Ronde, la Salle, la Benettrie, les Roux, la Rondière, les Chouènes, la Freslonnière, la Metaimerie, les Raffoux, Bourdisson, la Buretterie, etc.

Avant la Révolution, Épeigné-les-Bois faisait partie de l'élection d'Amboise, du doyenné de Montrichard et du grand archidiaconé de Tours. En 1793, il dépendait du district d'Amboise.

Superficie cadastrale. — 1453 hectares. — Le plan cadastral, dressé par Trotignon, a été terminé en septembre 1826.

Population. — 50 feux en 1764. — 446 habit. en 1801. — 450 habit. en 1804. — 448 habit. en 1810. — 464 habit. en 1821. — 442 habit. en 1831. — 480 habit. en 1841. — 520 habit. en 1851. — 607 habit. en 1861. — 618 habit. en 1872. — 697 habit. en 1876.

Assemblée pour location de domestiques le dimanche après l'Ascension.

Bureau de poste et *perception* de Luzillé.

L'église, dédiée à saint Aignan, fut donnée, avec toutes ses dépendances, à l'abbaye de Villeloin en 816. Foulques Réchin, comte d'Anjou, en 1070, et le pape Innocent IV, en 1253, confirmèrent cette donation. L'édifice actuel offre un certain intérêt. L'abside et une chapelle paraissent avoir été construites au Xe ou au XIe siècle. La nef et une autre chapelle sont du XIIe ou du XIIIe. Cette église a été classée parmi les monuments historiques.

Le titre curial était à la présentation de l'abbé de Villeloin.

Au XVIIe siècle, une des chapelles était dédiée à Notre-Dame. Charles de Godefroy, fils de Pierre de Godefroy, Éc., seigneur de Chossay, y fut inhumé le 19 juin 1658.

A la même époque un des autels était placé sous le vocable de saint Sébastien. Françoise de Godefroy eut sa sépulture devant cet autel le 3 décembre 1659.

Outre la cure, il y avait, à Épeigné, un prieuré appelé le *prieuré de Saint-Martin* et qui appartenait à l'abbaye de Villeloin. Il était desservi dans l'église paroissiale par un religieux de ce monastère. Catherin Forest était prieur en 1611; — Florimont Forest, en 1647; — Pierre Gilles, en 1727.

Pendant longtemps, les archevêques de Tours prétendirent qu'ils avaient le droit de gîte dans le prieuré d'Épeigné, lorsqu'ils visitaient cette partie de leur diocèse. Mais Étienne, archevêque de Tours, par une charte de 1326, déclara que ce droit ne lui appartenait pas et que l'hospitalité qu'il recevait dans ce lieu n'était qu'un acte de respectueuse bienveillance.

Le prieuré possédait un moulin situé dans le bourg, les métairies du Grand-Cimetière et du Gué-au-Maître et six arpents de bois appelés la Taille-des-Vallées.

Les registres d'état-civil de cette paroisse remontent à 1550. Les actes sont rédigés en latin de 1611 à 1623.

CURÉS D'ÉPEIGNÉ. — Pierre Verton, 1590, 1601. — Jehan Lhomme, 1611. — Pierre Chotin, 1623-33. — Pierre Bonneau, décédé le 5 juin 1635. Il fut inhumé dans l'église, devant le crucifix. — Moroux, 1637. — Massot, 1639. — François Augeron, 1641. — Jean Ramauger, 1657-62. — René Collet, 1662, décédé le 26 juillet 1687. Il fut inhumé dans le chœur de l'église. — François Aubin, 1687, 1730. — François Pottier, 1730, décédé le 28 mars 1772. — François Guy, nommé en avril 1772, décédé le 19 mars 1782. — Jean Desmée, 1782, curé constitutionnel, 1793. — Desmée, 1804. — Bigot, 1830. — Leroy aîné, 1837. — Roger, 1839. — Tirault, 1850. — Chenier, novembre 1869. — Ernest Ferrand, janvier 1873, passe à la cure de Panzoult le 14 juillet 1878. — François Georget, 1878, actuellement en fonctions (1879).

La paroisse formait un fief relevant du château d'Amboise et qui appartenait à l'abbaye de Villeloin. Le prieur portait le titre de seigneur d'Épeigné, comme on le voit par un aveu rendu au château d'Amboise, le 26 mars 1727, par Pierre Gilles, prieur de Saint-Aignan d'Épeigné et de Saint-Pierre de Chezal-Benoît. Le fief avait le droit de haute, moyenne et basse justice.

Par suite d'une transaction passée en 1070 entre l'abbaye de Villeloin et Foulques Réchin, comte d'Anjou, les habitants d'Épeigné étaient tenus de servir dans les troupes de ce dernier, quinze jours par an.

MAIRES D'ÉPEIGNÉ. — Chevallier, 1792. — Desaché, 1801. — Deslandes, 1804. — Louis Richard, 29 décembre 1807. — André Fouassier, 17 janvier 1815. — Louis Richard, 1er août 1821, 27 novembre 1834. — Louis-Auguste Richard, 23 juillet 1846. — Silvain Serreau, 1852, mai 1871, 16 février 1874. — Désiré Delagrange, octobre 1876, 21 janvier 1878.

Arch. d'I.-et-L., C, 564, 603, 633, 651; *titres de l'abbaye de Villeloin, lièves des prieurés; Biens nationaux.* — Archives de la Vienne, H, 3, liasse 503. — Registres d'état-civil d'Épeigné. — *Cartulaire du Liget.* — Monsnier, I, 115-16. — D. Housseau, I, 24, 25, 54; II, 616; IV, 1273; V, 2071, 2236; VII, 2733; VIII, 3522. — *Gallia christiana*, XIV, 47 (*instrum.*). — *Pouillé de l'archevêché de Tours* (1648), p. 70. — *Liber compositionum*, 58. — Bibl. de Tours, fonds Salmon, *titres de Villeloin*. — Expilly, *Diction. des Gaules et de la France*, II, 747. — Bibl. nationale, Gaignères, 678.

Épeigné-sur-Dême, commune du canton de Neuvy-Roi, arrondissement de Tours, à 34 kilomètres de Tours et à 9 de Neuvy-Roi. — *Hispaniacus, in pago Cenomanico*, 1040 (*Cartulaire de la Trinité de Vendôme*). — *Spaniacus*, 1072 (*Ampliss. coll.*, I). — *Épeigné*, carte de Cassini.

Elle est bornée, au nord, par la commune de Beaumont-la-Ronce; au sud, par celle de Neuvy-Roi; à l'est, par Chemillé-sur-Dême; à l'ouest, par Villebourg et Bueil. Elle est arrosée par la Dême et par le ruisseau de Rorthres. On y trouve deux étangs : celui de la Morfondrie et celui de Bongendre. Elle est traversée par le chemin de grande communication n° 29, de Tours à Rouen.

Les lieux, hameaux et villages suivants dépendent de cette commune : Girardet, ancien fief. — Le Noyer, ancien fief, relevant d'Épeigné. — Les Pins (47 habit.), ancienne paroisse. — Rorthres, ancienne paroisse. — La Guionnière (12 habit.). — La Maufardière, ancien fief. — Le Gué-Bordier (13 habit.). — Rennefort, ancien fief. — Ricordaine, ancien fief. — Le Perrin, ancien fief, relevant de la Marchère et du Chapitre de Bueil. — La Rabate, ancien fief. — La Serpinerie, ancien fief, relevant du Chapitre de Bueil. — La Viollière, ancien fief. — Le Grand-Domaine (14 habit.). — Bellevue, le Bournais, la Cave-du-Parc, les Blanchardières, l'Attre-Moiron, Vauperon, l'Hermitage, la Gate, la Maison-Rouge, Bois-Soleil, la Grotterie, la Charpenterie, la Crossonnière, la Quenellerie, la Petite-Maison, les Lizières, l'Acherie, la Proutière, le Jaunay, la Thomasserie, la Roche-Mauger, l'Aître-Fusseau, la Maison-Neuve, les Corbinières, les Assis, la Lignerie, le Ragot, la Reuserie, le Houx, l'Auberderie, les Forges, la Bregeonnière, la Rafinerie, Rennefort, la Vacherie, le Vieux-Château, etc.

Avant la Révolution, Épeigné-sur-Dême faisait partie de l'élection de Château-du-Loir, du doyenné de Troo et de l'archidiaconé de Château-du-Loir, diocèse du Mans. En 1793, il dépendait du district de Châteaurenault. Par ordonnance royale du 2 octobre 1822, les communes de Rorthres et des Pins ont été réunies à celle d'Épeigné.

Superficie cadastrale. — 2107 hectares. — Le plan cadastral, dressé par Lecoy, a été terminé le 26 septembre 1834.

Population. — 125 habit. en 1764. — 146 habit. en 1801. — 150 habit. en 1804. — 211 habit. en 1810. — 262 habit. en 1821. — 525 habit. en 1831. — 485 habit. en 1841. — 451 habit. en 1851. — 466 habit. en 1861. — 437 habit. en 1872. — 411 habit. en 1876.

Assemblée pour location de domestiques le jour de la Pentecôte.

Bureau de poste de Chemillé-sur-Dême. — *Perception* de Neuvy-Roi.

L'église, dédiée à saint Étienne, fut construite en 1040. La façade offre, à la base du pignon, de curieux bas-reliefs représentant des éléphants, des lions, des tigres et divers animaux fantastiques. Cette bizarre ornementation est surmontée d'une corniche découpée en manière d'échiquier.

Le prieuré-cure était à la présentation de l'abbé de Vaas. Il possédait les métairies du Gravier, de la Grongardière et de la Beauvairie, paroisse de Beaumont-la-Chartre. Ce prieuré formait un fief.

PRIEURS-CURÉS D'ÉPEIGNÉ. — Pierre de Baillet, 1559. — Jean Pichard, 1613. — André Jeusnin, 1674. — Jacques Durand, chanoine régulier de Prémontré, 1690. — Denis Tourtay, 1714-52. — Louis Lenormant, 1760, décédé le 4 mai 1761. — L. Legrand, mai 1761. — Louis-Charles Foucher, chanoine de Prémontré, septembre 1761, cesse ses fonctions en mai 1791. — Leconte, 1791, curé constitutionnel, 1793. — Lepine, 1804. — Rondeau, 1810. — Pigeon, 1820. — Venot, 1830. — Portal, 1837. — Venot, 1839. — Subtil, 1862. — Coué, 1867, 1874. — Chesneau, juin 1874, actuellement en fonctions (1879).

Au XI° siècle l'abbaye de la Trinité de Vendôme possédait, dans la paroisse d'Épeigné, des biens qui lui avaient été donnés par Geoffroy, comte d'Anjou.

Le fief d'Épeigné-sur-Dême avait le droit de haute, moyenne et basse justice. Il a été possédé pendant plusieurs siècles par la famille de Bueil. En 1747, il appartenait à N. de Broussel ; — en 1768, à Henri-Renault-Nicolas de Lusignan de Lezay, lieutenant-colonel du régiment de la reine ; — en 1789, à Honoré-Étienne de Martel de Gaillon, Éc., seigneur de Chemillé, fils de Jean-Baptiste-Grégoire de Martel, Éc., seigneur de Saint-Antoine, de Magesse, au Canada, d'Esvres, d'Orçay, conseiller et secrétaire du roi, et de Marie-Anne Gauvereau.

Honoré-Étienne Martel de Gaillon comparut, en 1789, à l'assemblée de la noblesse de Touraine. De son mariage, contracté le 24 janvier 1772, avec Catherine-Christine-Victoire-Martine-Perrine Marchesné il eut : 1° Étienne, commissaire des vivres, décédé en 1813 ; 2° Pierre, seigneur du Plessis-Barbe ; 3° Catherine, décédée le 4 décembre 1774, et qui fut inhumée dans l'église d'Épeigné ; 4° Sophie, mariée au comte de Salmon de Loiré ; 5° Antoine, qui épousa Marie-Marguerite-Frémiot-Chantal Marie.

Au XVIII° siècle, la justice d'Épeigné était réunie à celles de la Marchère et de Chemillé.

En 1844, en faisant des fouilles, à l'Aître-aux-Jalles, près de la route de Tours au Mans, on a découvert, à une profondeur de 40 mètres, des matières combustibles ayant beaucoup de rapport avec la houille. Une souscription fut ouverte, à cette époque, pour continuer les recherches. Abandonnées au bout de quelque temps, ces recherches ont été reprises de nos jours.

MAIRES D'ÉPEIGNÉ. — Louis-François Deslandes, 1790. — Chambaudière, 1801. — Deslandes, 20 décembre 1807, 1er février 1817. — Denis Benevault, 26 septembre 1817. — Vacher-Bertinière, 1er août 1821. — Salmon de Loiré, 10 septembre 1821. — Charles Fourier, 3 décembre 1821, 20 novembre 1822. — Salmon de Loiré, 2 janvier 1826. — Charles Fourier, 17 septembre 1830. — Jean-Baptiste Touchard, 20 octobre 1830. — Charles Vacher, 5 juin 1837, juin 1840, 20 juillet 1846. — Robineau, 1871. — Louis Boucher, 20 février 1874, 21 janvier 1878.

Arch. d'I.-et-L., C. 336 ; G, 251 ; *titres de la cure d'Épeigné*. — *Rôle des fiefs de Touraine*. — Bibl. de Tours, manuscrit n° 1195. — *Ampliss. collectio*, I, 486. — Cauvin, *Géographie ancienne du diocèse du Mans*, 144, 512. — Le Paige, *Diction. topographique du diocèse du Mans*, I, 299. — *Journal d'Indre-et-Loire* du 13 février 1844. — *Tableau de la généralité de Tours* (manuscrit). — La Thaumassière, *Hist. du Berry*, 441. — A. Joanne, *Géographie d'Indre-et-Loire*, 34. — *Annuaire-almanach d'Indre-et-Loire* (1877), p. 96. — *Mém. de la Soc. archéol. de Tour.*, X, 107. — L. de la Roque et E. de Barthélemy, *Catalogue des gentilshommes de Touraine*, 10. — J.-J. Bourassé et C. Chevalier, *Recherches sur les églises romanes en Touraine*, 98, 99. — Registres d'état-civil d'Épeigné.

Épelés (le lieu des), près de la Bagonne, c^{ne} de Saint-Pierre-de-Tournon.

Épesse (l'), c^{ne} de Saint-Nicolas-de-Bourgueil. V. *Épaisse*.

Épiers, ham., c^{ne} de Balesmes, 12 habit. — *Espiez*, 1468. — *Épié*, plan cadastral et carte de l'état-major. — Ancien fief, relevant de la baronnie de la Haye à foi et hommage simple et vingt sous tournois de loyaux aides. En 1460, il appartenait à Jacques de Gueffault, Éc. ; — en 1468, à Guillaume de Gueffault, qui le vendit, par acte du 21 février 1479, à Antoine de Gueffault, son oncle ; — en 1482, à Jacques de Beauvoir et à Charles de la Mothe ; — en 1788, à François-Louis, comte de Bussy. — (D. Housseau, XII, 5965, 5968, 5969, 6039, 6042. — Bibl. de Tours, manuscrit n° 1312.)

Épiez, f., c^{ne} de la Chapelle-Blanche.

Épignoux (le lieu des), c^{ne} de Lignières, près du chemin de Fontenay à la Gilardière.

Épigny, ham. et chât., c^{ne} de Liguell. — *Espaigné*, 1397 (*titres de la baronnie de Liguell*). — *Épigny*, carte de l'état-major. — Ancien fief. En 1560, il appartenait à Pierre de Mons, chev., seigneur de Viannay, qui, de son mariage avec Marie Bougault, eut une fille, Marguerite, mariée, le 28 mars 1565, à Antoine Pierres, chev., seigneur des Gardes, fils de Jean Pierres, chev., seigneur de la Bouinière, de Beaurepaire et de la Bigottière, et de Charlotte Claveurier.

Antoine Pierres, chev., seigneur de Mons, d'Épigny et de Viannay, par suite de son mariage avec Marguerite de Mons, eut un fils, René, seigneur d'Épigny, qui épousa, le 6 juillet 1611, Marguerite du Billard. De ce mariage naquit Antoine Pierres, chev., seigneur d'Épigny et de Viannay, marié, le 23 janvier 1657, à Henriette de Fouchier, dont il eut : 1° Antoine; 2° René; 3° Joachim.

Antoine Pierres, chev., seigneur d'Épigny, mourut sans postérité, vers 1690. La terre d'Épigny passa à son frère René, seigneur de Fontenailles qui, de son mariage, contracté le 11 janvier 1692, avec N. Scot de Coulanges, eut six enfants : 1° René, qui suit; 2° Charles-Constant, marié, vers 1715, à Françoise-Catherine de Marsay; 3° Charlotte; 4° Louise; 5°, 6° Clotilde et Henriette, religieuses.

René Pierres, chev., seigneur d'Épigny et de Fontenailles, épousa, par contrat du 27 octobre 1715, Antoinette Cottereau de Granchamp. Il mourut avant 1732, laissant sept enfants : 1° René-Antoine, qui suit; 2° Joseph-Pascal, capitaine au régiment de Poitou, chevalier de Saint-Louis; 3° Charles-François; 4° François; 5° Henriette; 6°, 7° Louise et Françoise-Marguerite, religieuses.

René-Antoine Pierres, chev., seigneur d'Épigny et de Fontenailles, épousa, le 20 février 1748, Anne-Marguerite d'Harembure, fille de Paul d'Harembure, Éc., seigneur de la Chévrie, et de Marie-Anne de Moussy. De ce mariage sont issus : 1° Antoine-Anne-Joseph, qui suit; 2° Antoine-Alexandre, chevalier de Malte, décédé en 1778; 3° Anne-Henriette, mariée à N. de Vedières, baron de Cordes.

Antoine-Anne-Joseph de Pierres, chev., seigneur d'Épigny et de Fontenailles, officier de cavalerie, comparut à l'assemblée de la noblesse de Touraine, en 1789. Il épousa, en premières noces, N. de Moussonvilliers, et, en secondes noces, N. de Nogerée.

Dans le village d'Épigny se trouvait un autre fief, distinct du précédent, et que l'on trouve désigné dans divers titres sous les noms de *fief* ou *métairie d'Épigny*, ou *de Cherelles*, ou *Cerelles*. En 1595, ce fief appartenait à Andrée de Villiers, veuve de Charles de Byon, Éc. En 1604, il était passé aux mains d'Antoine Baraudin, et, en 1609, en celles de René Baraudin, chanoine de l'église de Loches, qui le céda au Chapitre de Saint-Martin de Tours. Celui-ci, par acte du 5 mars 1622, le donna à rente perpétuelle à René Pierres, qui l'unit à son autre fief d'Épigny.

La chapelle du château d'Épigny est mentionnée dans le *Registre de visite des chapelles du diocèse de Tours* (1787). Une rente de cinquante écus était payée au chapelain.

Arch. d'I.-et-L., G, 14, 404 et *titres de Saint-Quentin*. — Saint-Allais, *Nobiliaire universel de France*, I. — *Armorial général* de 1696. — Lainé, *Archives de la noblesse de France*, VI, généal. de Mons. — Goyet, *Nobiliaire de Touraine*. — *Mém. de la Soc. archéol. de Tour.*, X, 111. — L. de la Roque et E. de Barthélemy, *Catalogue des gentilshommes de Touraine*, 11.

Épi-Grenier (le lieu de l'), près du Gué, c^{ne} de Marcé-sur-Esves.

Épiloies (bois des). V. *Bois-de-Plante*.

Épinat (l'), ou **Lepinat**, c^{ne} de Barrou. — *Domus de Lespinaz*, XIIe siècle. — *Domus militiæ Templi de Spinaceto*, 1220 (Gaignères, 678). — *Hôpital de l'Espinaceric*, 1267 (charte de la Merci-Dieu). — *Lespinart*, 2 septembre 1288 (Lettre de François de Bor, commandeur d'Auvergne). — Ancienne commanderie de l'ordre du Temple. Jean le Berruyer en était titulaire en 1288. Elle passa aux chevaliers de Saint-Jean de Jérusalem au commencement du XIVe siècle. Vers 1600, elle fut annexée à la commanderie du Blison. Des anciens bâtiments de la commanderie il ne restait, en 1791, qu'une petite habitation, une grange, une tour placée au milieu d'un préau, et une petite chapelle tombant en ruines. — Les commandeurs de l'Épinat possédaient dans la ville de la Haye un hôtel appelé la *Commanderie* et qui était situé derrière l'église de la Madeleine. — (Arch. d'I.-et-L., G, 33; *Biens nationaux*. — Bibl. nationale, Gaignères, 678. — Bibl. de Tours, manuscrit n° 1425. — Dufour, *Diction. de l'arrondissement de Loches*, I, 9. — D. Housseau, XII, 5851, 6039; XVIII. — D'Hozier, *Armorial général de France*, reg. 3e.)

Épinat (forêt de l'), paroisse de Barrou. — En 1213, elle appartenait à Geoffroy, vicomte de Châteaudun, qui autorisa les religieuses de Rives à y faire paître leurs troupeaux. — (D. Housseau, XVIII. — Bibl. de Tours, manuscrit n° 1169.)

Épinais (le lieu des), paroisse de Cheillé. — En 1666, il appartenait à Christophe de Gourdault. — (Goyet, *Nobiliaire de Touraine*.)

Épinais (l'), f., c^{ne} de Chinon. — En 1699, elle appartenait à François Gilloire, sénéchal de la châtellenie de Huismes. — (Arch. d'I.-et-L., *titres de Huismes*.)

Épinandes (le lieu des), près du Bois-Rond, c^{ne} de Pussigny.

Épinay (l'), f., c^{ne} de Balesmes.

Épinay (l'), ou **Petit-Épinet**, f., c^{ne} de Cangy, près de la Cisse.

Épinay (ruisseau de l'), c^{ne} de Cangy. — *Espinay*, dans un acte du 12 juin 1531. — (Bibl. de Tours, manuscrit n° 1310.)

Épinay (l'), vil., c^{ne} de Chambourg, 24 habit. — *Épinay*, carte de Cassini. — Ancien fief. Vers 1406, il appartenait à Marie Grenet, femme de Baudouin de Broc; — vers 1666, à Catherine Le Breton. — (Lainé, *Archives de la noblesse de France*, IV. — Bibl. de Tours, fonds Salmon, *titres de Loches*.)

Épinay (l'), vil., c^{ne} de Dolus. — Ancienne châtellenie, relevant de Reignac. — *Lespinay*, 1306 (*Cartulaire du Liget*). — *Épinay-Dolus*, XVIIe siècle (*titres de Loches*). — *Épinay*, carte de Cassini. — Le seigneur avait le droit de haute, moyenne et basse justice, et celui d'*éteuf*, sur les hommes qui se mariaient ou dont on publiait les bans dans la paroisse. Cet éteuf était couru le jour de la Pentecôte. Les métairies de la Girardière, de la Chevallière et de la Baraudière relevaient de l'Épinay. En 1318, cette châtellenie appartenait à Guyon de Précigné. Elle passa ensuite aux familles du Fau, Barberin de Reignac, Thibault de la Rivière et de la Fayette. En 1710, elle fut réunie au marquisat de Reignac. — (Arch. d'I.-et-L., C, 602; — E, 110, 128, 130. — D. Housseau, XVIII. — *Rôle des fiefs de Touraine*. — Dufour, *Diction. de l'arrondissement de Loches*, I, 231. — Registres d'état-civil de Reignac.)

Épinay (forêt de l'), c^{ne} de Dolus. — *Nemus de Epinay, in parochia de Duobus Luciis*, 1308. — (*Cartulaire du Liget*.)

Épinay (l'), ou **Haut-Épinay**, f., c^{ne} de Mazières. — Ancien fief, sans droit de justice, relevant de la châtellenie des Écluses. Le seigneur devait au châtelain des Écluses dix-huit deniers de service annuel et deux houssines de houx lorsqu'il allait à la chasse. En 1751, ce domaine appartenait à Jean-Louis-Abel de Petitjean, qui rendit aveu le 3 juillet; — en 1776, à Jean-Paul Courier, bourgeois de Paris, qui rendit aveu le 17 août; — en 1789, à la famille du Vau. — (*Titres de la baronnie de Saint-Michel*.)

Épinay (l'), ham., c^{ne} de Souvigné, 10 habit. — *Lepinay, l'Espinay*, ou *Souynais*, XVIe siècle. — Ancien fief, relevant de Château-la-Vallière. En 1530, il appartenait à Jehan de l'Espinay; — en 1734, à Henri, marquis d'Illiers d'Entragues; — en 1779, à Charles-Nicolas le Pellerin de Gauville. — (*Rôle des fiefs de Touraine*. — *Mém. de la Soc. archéol. de Tour.*, XIII, 245. — Bibl. de Tours, manuscrit n° 1420.)

Épinay (bois de l'), c^{ne} de Saint-Germain-sur-Vienne.

Épinay (les bruyères de l'), c^{ne} de Vou.

Épinay (l'), f., c^{ne} de Vouvray. — *L'Épinay*, carte de l'état-major.

Épine (l'), f., c^{ne} de Bossay. — Ancienne forge, qui dépendait de la baronnie de Preuilly.

Épine (la Petite-), ou la **Herse**, c^{ne} de Charentilly. — Propriété de quatre arpents qui appartenait en 1729, à l'abbaye de Beaumont. — (Bibl. de Tours, manuscrit n° 738.)

Épine (l'), f., c^{ne} des Hermites. — *Lespine*, 1617. — *L'Épine*, carte de l'état-major. — 1617, elle appartenait à Gilles de Bellanger. — (Arch. d'I.-et-L., E, 82.)

Épine (le lieu de l'), c^{ne} de Louans, près du chemin de Louans à Saint-Bauld.

Épine (l'), ou **Épine-Fleurie**, vil., c^{ne} de Montlouis, 77 habit.

Épine-Dangereuse (l'), paroisse de Saint-Florentin d'Amboise. V. *Spina periculosa*.

Épinerie (l'), c^{ne} d'Auzouer. V. *l'Épinière*.

Épinerie (l'), ou les **Épineries**, f., c^{ne} de la Membrolle.

Épinet (l'), c^{ne} de Cangy. V. *Épinay*.

Épinette (bois de l'), c^{ne} de Bueil.

Épinette (le lieu de l'), ou des **Épinettes**, près de Bossard, c^{ne} de Cussay. — *Spinetta*, 1268. — A cette époque, l'Épinette appartenait à Odet Descheveau, valet. — (Arch. d'I.-et-L., doyenné de Saint-Martin.)

Épinette (l'), f., c^{ne} du Grand-Pressigny. — *Épinette*, carte de Cassini. — Ancien fief, relevant de la baronnie de la Haye. En 1607, il appartenait à Artus de Billard; — en 1629, à Antoine de Billard, Éc., décédé le 16 septembre de cette année; — en 1646, à Philippe des Housseaux; — en 1691, à un autre Philippe des Housseaux, décédé le 2 juillet 1721; — en 1721 à Philippe des Housseaux, décédé le 1er juillet 1764. — (Arch. d'I.-et-L., E, 103. — D. Housseau, XII, 6039. — *Mém. de la Soc. archéol. de Tour.* — *Armorial général*, 1696.)

Épinette (l'), f., c^{ne} de Saint-Branchs.

Épinette (le lieu de l'), c^{ne} de Sainte-Catherine-de-Fierbois, près du chemin de Sainte-Maure à Saint-Branchs.

Épinettes (le lieu des), près de Chignolé, c^{ne} de Braslou.

Épinettes (le lieu des), près de la Boisardrie, c^{ne} de Neuil.

Épinettes (le lieu des), près des Égués, c^{ne} de Sainte-Maure.

Épinettes (la fontaine des), c^{ne} d'Yzeures, près des limites de Néons.

Épinière (l'), f., c^{ne} d'Autrèche, près de l'étang des Têtards. — *Épinière*, carte de l'état-major.

Épinière (l') et la **Petite-Épinière**, f., c^{ne} d'Autrèche. — *Lepinerie, Lespinière*, XVIIe siècle. — *Épinière*, cartes de Cassini et de l'état-major. — Anciens fiefs, relevant de Châteaurenault à foi et hommage lige. En 1625, ils appartenaient à Marguerite Cousinot, veuve de François d'Amboise, qui rendit aveu le 7 septembre; — en 1632, à Nicolas Ruau; — en 1643, à Pierre Moulinet, huissier de salle de la reine, marié à Jeanne Pallu, fille de Gabriel Pallu, juge et lieutenant-général-criminel de la prévôté de Tours, et de Marie Patrix. Ils passèrent ensuite aux familles Guimont, de Crevant et Bergeron de la Goupillère. — (Arch. d'I.-et-L., E, 92; *Inventaire des titres de Saint-Julien*. — *Rôle des fiefs de Touraine*. — Archives du château de Pierrefitte. — Registres d'état-civil de Saint-Saturnin de Tours, 1643.)

Épinière (l'), c^{ne} de Beaumont-la-Ronce.

— Ancienne propriété du prieuré de l'Encloître, qui l'avait achetée en 1634 et qui la conserva jusqu'en 1791. — (Arch. d'I.-et-L., *Biens nationaux*. — Bibl. de Tours, manuscrit n° 1169.)

Épinière (l'), vil., cne de Couesmes, 31 habit. — *Lepinière*, carte de l'état-major. — *L'Épinière*, carte de Cassini.

Épinière (l'), f., cne de Monthodon. — *L'Épinière*, carte de l'état-major.

Épinières (le lieu des), près de Mazerolles, cne de Saché.

Épinon (le lieu de l'), dans la forêt de Preuilly, cne de Charnizay.

Épiots (les), vil., cne de Restigné, 26 habit.

Épiray, vil., cne de Monts, 29 habit. — *Épiray*, carte de l'état-major. — *Épiré*, carte de Cassini.

Épouse (le lieu de l'), près de Petit-Bois, cne de Braslou.

Épronnière (l'), f., cne de Channay.

Épronnière (l'), f., cne de Saunay. — Ancien fief, relevant de Châteaurenault. — En 1538, il appartenait à Jehan Thibault, qui l'avait acheté de Marin de Marçay. — (*Rôle des fiefs de Touraine*. — Archives du château de Pierrefitte.)

Équerre (le lieu de l'), près de la Melletière, cne de Luzé.

Érable (l'), f., cne d'Athée. — *Hôtel-des-Érables*, 1439. — Ancien fief. En 1439, il appartenait à la famille du Puy. — (Bibl. de Tours, manuscrit n° 1440.)

Érable (fontaine de l'), cne de Céré.

Érable (l'), f., cne de Châteaurenault. — *Le Rable*, 1667. — En 1650, elle appartenait à Louis de Fenouillet; — en 1667, à François de Fenouillet; — en 1764, à Emmanuel Pelterau. — (Arch. d'I.-et-L., *Inventaire des titres de la chambrerie de Saint-Julien*.)

Érable (l'), vil., cne de Chemillé-sur-Indrois, 26 habit. — *L'Érable, alias Berongraye*, xviie siècle. — *Lhérable*, 1791. — *Érable*, carte de Cassini. — Ancien fief, relevant du Pont. Au xviiie siècle, il appartenait aux chartreux du Liget. — (Arch. d'I.-et-L., G, 602; *Biens nationaux*. — *Rôle des fiefs de Touraine*.)

Érable (l'), f., cne de Civray-sur-Esves. — *Larrable*, 1335. — *Érable*, cartes de Cassini et de l'état-major. — Ancien fief, relevant de Maulay. En 1335, il appartenait à Guillaume de l'Érable; — en 1782, à Marie Berland de la Louère, fille de René Berland. — (*Cartulaire de l'archevêché de Tours*. — Arch. d'I.-et-L., E, 15.)

Érable (l'), f., cne de Couesmes.

Érable (l'), ou **L'Hérable**, Lherabe, ou **Petit-Bois**, f., cne de Pocé. — *Lhérable*, ou *Fief-du-Vau*, xviie siècle. — *L'Érable*, carte de l'état-major. — Ancien fief, relevant de Pocé, à foi et hommage simple. En 1720, il appartenait à Thomas Delanoue; — en 1750, à Jean-Baptiste Delanoue; — en 1772, à Marie-Anne Delanoue et à la famille Valadon. — (Arch. d'I.-et-L., E, 38. — *Rôle des fiefs de Touraine*.)

Érable (l'), ham., cne de Saint-Ouen, 11 habit. — *L'Érable*, carte de l'état-major.

Érables (les), f., cne d'Artannes. — *Érables*, cartes de Cassini et de l'état-major.

Érables (les), f., cne de Draché. — *Les Arabes*, plan cadastral et carte de l'état-major. — Dans ce lieu on remarque un menhir, connu dans le pays sous le nom de *Pierre-Percée*. — (*Mém. de la Soc. archéol. de Tour.*, I, 56, 57. — *Tablettes chronologiques de l'histoire de Touraine*. — C. Chevalier, *Promenades pittoresques en Touraine*, 521. — A. Joanne, *Géographie d'Indre-et-Loire*, 98.)

Érard, ou **Hérard**, archevêque de Tours, succéda à Amaury au mois d'avril 856. Le 13 novembre 857, il fonda le prieuré de Truyes et présida, l'année suivante, le 16 mai, un concile assemblé à Tours. Le 18 août 866, il présida également un concile tenu à Soissons. Il mourut en 871, et eut pour successeur Actard, évêque de Nantes. — (D. Housseau, I, 80, 81; XV, 82. — *Cartulaire de Cormery*. — *Recueil des historiens des Gaules*, VII, 238. — Maan, *S. et metrop. ecclesia Turonensis*, 60. — Marteau, *Paradis délicieux de la Touraine*, II, 102. — *Gallia christiana*, XIV. — Chalmel, *Hist. de Tour.*, III, 448.)

Erbert, ou **Hubert**, abbé de Fontaines-les-Blanches, 1184-98, fut ensuite évêque de Rennes. Il était originaire de Vendôme. — (D. Housseau, V, 2097. — Bibl. de Tours, fonds Salmon, titres de Fontaines-les-Blanches. — *Gallia christiana*, IV. — *Mém. de la Soc. archéol. de Tour.*, IX, 228.)

Érault (l'), f., cne de Huismes.

Éraults (les), cne de Benais. V. *Aireau*.

Erçay, cne de Souvigny. V. *Arçay*.

Ercé, *Erceius*. V. *Puy-d'Arçay*, cne d'Azay-sur-Cher.

Éreau (l'), ou **Aireau**, vil., cne de Berthenay, 30 habit. — *L'aireau*, carte de l'état-major.

Éreau (le Grand-), ham., cne de Bourgueil, 13 habit.

Éreau-Bréchot (l'), f., cne de Louans. — *Érau-Bréchot*, carte de l'état-major. — *Les Aubrechots*, carte de Cassini.

Éreau-Numier (l'), f., cne du Louroux.

Éreau-Pichard (l'), cne de Bossée. V. *Héreau-Pichard*.

Eremitæ. V. *les Hermites*.

Éridense (l'), ou **Les Ridenses**, f., cne de Saint-Pierre-des-Corps.

Érippes, f., cne d'Artannes. — *L'Érippe*, carte de Cassini.

Ermantayum. V. *Armançay*, cne du Louroux.

Ermet (St-), f., cne de Montlouis.

Ermillé, cne de Neuillé-Pont-Pierre. V. *Armilly*.

Ermitage (l'), ou **Hermitage**, f., cne de Champigny. — *Hermitage*, carte de Cassini.

Ermitage (l'), f., cne de Cormery. — *Ermitage*, carte de l'état-major.

Ermitage (l'), f., cne d'Épeigné-les-Bois.

Ermitage (le lieu de l'), cne de Ferrières-sur-Beaulieu, près du ruisseau de Ferrières.

Ermitage (l'), ou **Hermitage**, f., cne de Huismes, près du ruisseau des Fontaines-d'Auzon.

Ermitage (l'), f., cne de Luynes.

Ermitage (l'), f., cne de Neuville.

Ermitage (l'), ou **Hermitage**, f., cne de Saint-Avertin.

Ermitage (l'), f., cne de Saint-Symphorien.

Ermites (les). V. *les Hermites*, commune.

Ermites (les), cne de Nazelles. V. *Hermites*.

Ermitière (l'), cne d'Ambillou. V. *Hermitière*.

Ermuseries (les), cne de Rochecorbon. V. *Armuseries*.

Érondelés (le lieu des), près de Sérigny, cne de Neuilly-le-Brignon.

Erpenellière (l'), cne de Ciran. V. *Repenellière*.

Erraudière (l'), cne de Loches. V. *Raudière*.

Erreau (l'), f., cne de Cerelles. — *Erreau*, carte de Cassini. — *L'Héreau*, carte de l'état-major.

Erreau-des-Bodins (l'), cne d'Ambillou. V. *Aireau-des-Bodins*.

Erreau-des-Marquets (l'), cne de Saint-Michel. V. *Aireau-des-Marquets*.

Erreau-du-Bois (l'), cne de Saint-Mars. V. *Aireau-du-Bois*.

Erreau-Pierre-Texier (l'), paroisse de la Chapelle-sur-Loire. — Il est cité dans un titre de 1548. — (Arch. d'I.-et-L., *prévôté de Restigné*.)

Errimbal. V. *Château-Galle*, cne de Villandry.

Ervau, ancien fief, paroisse de Saint-Denis-hors. — *Ervault*, 1668. — Il consistait en cens et rentes dus par un certain nombre de maisons d'Amboise et de Saint-Denis. — En 1570, il appartenait à Hardouin Garnier; — en 1577, à René Garnier; — en 1619, à Thomas Le Large, maréchal des logis du roi; — en 1636, à Claude Le Large; — en 1677, à Jacques Le Large, Éc.; — en 1741, à Claude-Joseph Le Large, Éc. Ce fief relevait du château d'Amboise, à foi et hommage lige. — (Arch. d'I.-et-L., C, 555, 603, 633, 651. — Bétancourt, *Noms féodaux*, II, 558. — C. Chevalier, *Inventaire des archives d'Amboise*, 293.)

Ervau, cne de Saint-Martin-le-Beau. V. *Coulaine* et *Mauny*.

Escalopier (L'). V. *L'Escalopier*.

Escaronnerie (l'), closerie, cne de Cangy. — En 1791, elle appartenait à Jacques de Chauvelin. — (Arch. d'I.-et-L., *Biens nationaux*.)

Eschandon, cne d'Athée. V. *Chandon*.

Eschandon, rivière. V. *Échandon*.

Escharderie (l'), f., paroisse de Civray-sur-Esves. — En 1627, elle appartenait à Jean de Marans; — en 1640, à Pierre de Mons. — (Arch. d'I.-et-L., *doyenné de Saint-Martin*.)

Eschargeium. V. *Chargé*.

Eschaux (Bertrand d'), ou **Échaux**, issu d'une noble famille de Bigorre, était parent de Henri IV. Abbé de Saint-Maixent en 1590, évêque de Bayonne en 1594, il fut nommé archevêque de Tours le 25 juin 1617, en remplacement de Sébastien-Dori Galigaï. Il fit bâtir le Palais archiépiscopal en 1626 et établit dans cette ville les Ursulines, les religieuses de la Visitation et du Calvaire, les Minimes et les prêtres de l'Oratoire. Il mourut le 21 mai 1641, âgé de quatre-vingt-cinq ans et fut inhumé dans la cathédrale, près de l'un des murs de la chapelle Sainte-Catherine, au côté droit du chœur. L'épitaphe suivante fut placée sur son tombeau :

HIC JACET BERTRANDUS DE ESCHAUX,
VIRTUTE CLARUS,
DOCTRINA INSIGNIS, PROSAPIA ILLUSTRIS,
QUI REGNUM
HENRICI MAGNI FELICIS MEMORIÆ, ET
LUDOVICI XIII
REGNANTIS PER TOTOS XXXV ANNOS
PRIMUS SACRARUM
LARGITIONUM COMES FUIT. PER ANNOS XXV
BAIONENSIS
ANTISTES ET PER ANNOS XXIII ARCHIEPISCOPUS

TURONENSIS
NEC NON TORQUATI REGII SPIRITUS PRÆFECTUS;
TANDEM QUE
PLENUS GLORIA ET DIEBUS OBIIT ANNO ÆTATIS
SUÆ LXXXV.
XXI MAI. ANNO MDCXLI.

Le prélat était représenté sur son tombeau par une statue de bronze, couchée et revêtue des insignes épiscopaux.

Bibl. nationale, Gaignères. — Moreri, Diction. historique (supplément), I, 391. — Bibl. de Tours, manuscrit n° 1264. — Maan, S. et metrop. ecclesia Turonensis, 207. — Gallia christiana, II, 1263. — Chalmel, Hist. de Tour., III, 464. — Marteau, Paradis délicieux de la Touraine, II, 163. — Musæ Turonenses in morte Rev. et illust. Bertrandi Deschaus, archiep. Turon. mærentes et afflictæ, in adventu illust. et reverend. Victoris Bouthillier, archiep. Turonensis recreatæ, à Petro le Brun, è societate Jesu (sans date), in-4°. — Mém. de la Soc. archéol. de Tour., IV, 178, 179, 180; VI, 20; VIII, 17, 77; X, 204.

Esclopejau. V. Clobjeau, c^{ne} de Neuvy-Roi.

Escotais, seigneurie. V. Roche-des-Escotais.

Escotais (l'), ruisseau. — Scotasius, 1297 (charte du Chapitre de Tours). — Il prend sa source dans l'étang d'Armilly, c^{ne} de Neuillé-Pont-Pierre, passe à Saint-Paterne, à Saint-Christophe, à Dissay-sous-Courcillon (Sarthe), où il reçoit le Gravot, et se jette dans le Loir, en amont de Château-du-Loir. Son parcours est de vingt-cinq kilomètres. Il fait mouvoir sept usines. — (C. Chevalier et G. Charlot, Études sur la Touraine. — A. Joanne, Géographie d'Indre-et-Loire, 30, 31. — Annales de la Société d'agriculture d'Indre-et-Loire (1864), p. 139. — E. Mabille, Notice sur les divisions territoriales de la Touraine, 168. — Arch. d'I.-et-L., charte du Chapitre de Tours.)

Escotais de Chantilly (Louis-Joseph des), chevalier de Malte, commandeur de Ballan (1766), succéda à François-Josias de Brilhac. — (Arch. d'I.-et-L., titres de Ballan. — Bibl. de Tours, fonds Salmon, titres de Ballan.)

Escoubleau (François d'), marquis de Sourdis, capitaine du château d'Amboise (1653), mourut le 31 septembre 1707. Il était fils de Charles d'Escoubleau, marquis de Sourdis et d'Alluye, maréchal des camps et armées du roi, et de Jeanne de Montluc de Foix. — (Étrennes à la noblesse, III, 105. — Beauchet-Filleau, Diction. des familles de l'ancien Poitou, II, 73, 74. — C. Chevalier, Inventaire des archives d'Amboise, 110.)

Escoubleau (Paul d'), marquis d'Alluye, fils du précédent, gouverneur de la ville et du château d'Amboise (1668), mourut le 6 juin 1690. — (C. Chevalier, Inventaire des archives d'Amboise, 305. — Beauchet-Filleau, Diction. des familles de l'ancien Poitou, II, 73.)

Escueille, Escuilleium, Esculium. V. Écueillé.

Esculeio (fons de). V. la Tourmente.

Esculium, Esculiacum, Escullé. V. Écueillé, c^{ne} de Maillé.

Esgrefain, c^{ne} de Saint-Antoine-du-Rocher. V. Aigrefin.

Esgriarius, in vicaria Ambagencensi, in pago Turonico. — Le nom de ce lieu, cité dans une charte de Saint-Florent de Saumur, du xe siècle, est écrit Expiarius, par A. Salmon, et Esgriarius, par E. Mabille. On ne trouve aujourd'hui, du côté d'Amboise, aucun nom répondant à Esgriarius ou Expiarius. — (D. Housseau, I, 190. — Bibl. de Tours, manuscrit n° 1171. — E. Mabille, Notice sur les divisions territoriales de la Touraine.)

Esguillons (le fief des). V. Cangé, c^{ne} de Saint-Martin-le-Beau.

Esguiers (les). V. Éguets, c^{ne} de Maillé-Lailler.

Esmé, f., c^{ne} de Lémeré.

Esnault (Pierre-Rose), procureur-syndic de l'administration du département d'Indre-et-Loire, fut nommé maire de Tours le 30 décembre 1792, en remplacement de Worms de Romicourt. Il eut pour successeur, en 1793, Pierre-Philippe Baignoux. — (Chalmel, Hist. des maires de Tours, 161. — Lambron de Lignim, Armorial des maires de Tours.)

Esnaults (les), vil., c^{ne} de Lignières, 25 habitants.

Esnaults (les), f., c^{ne} de Véretz.

Espaigne, Espaigni. V. Épigny, c^{ne} de Ligueil.

Espain (le lieu de l'), c^{ne} de Pouzay, près du chemin de l'Ile-Bouchard à Sainte-Maure.

Espaniacus. V. Épeigné-les-Bois.

Espaon (l'). V. l'Épan, c^{ne} de Joué-les-Tours.

Especières (le lieu des), près de Sauvaget, c^{ne} de Bossay.

Espérance (l'), f., c^{ne} de Betz.

Espérance (l'), f., c^{ne} de Bossay.

Espérance (l'), f., c^{ne} de Cussay.

Espérance (l'), f., c^{ne} de Marcé-sur-Esves.

Espérance (l'), f., c^{ne} de Neuville.

Espérance (l'), f., c^{ne} de Nouzilly.

Espérance (l'), f., c^{ne} du Petit-Pressigny.

Espérance (l'), f., c^{ne} de Saint-Jean-Saint-Germain.

Espérance (l'), f., cne de Saint-Laurent-en-Gatines.

Espérance (l'), f., cne de Semblançay.

Espérance (l'), f., cne de Sonzay.

Espérance (l'), f., cne de Tauxigny.

Espérance (l'), f., cne de Varennes.

Espérance (l'), f., cne de Villiers-au-Boin.

Esperderie (l'), f., cne de Beaumont-en-Véron.

Espeugné. V. *Épeigné-les-Bois*.

Espiés, Espiez. V. *Épiers*, cne de Balesmes.

Espinaces *(terra de)*, paroisse de Marcé-sur-Esves. — Elle est citée dans un titre de 1283. — (Arch. de la Vienne, H, 3, 503.)

Espinay (l'), cne de Souvigné. V. *Épinay*.

Espinay (Jean d'), abbé d'Aiguevive, succéda à Antoine vers 1463. Il fut nommé évêque de Valence et mourut en 1503. — (Bibl. de Tours, *Titres d'Aiguevive. — Gallia christiana*.)

Espinerie (le lieu de l'), paroisse du Grand-Pressigny. — Il relevait de la baronnie du Grand-Pressigny, suivant une déclaration féodale faite, en 1657, par Henriette de la Gravière, veuve de Philippe des Housseaux, Éc. — (Arch. d'I.-et-L., *titres de Pressigny*. — Lhermite-Souliers, *Hist. de la noblesse de Touraine*, 374.)

Espinoy (Marthe d'), abbesse de Moncé, succéda à Anne Larcher vers 1613. Elle vivait encore en 1652. — (*Gallia christiana*, XIV. — Arch. d'I.-et-L., *titres d'Amboise*. — *Mém. de la Soc. archéol. de Tour.*, IX, 271.)

Esplenta. V. *les Plantes*, cne de Chambray.

Esprit (chapelle du St-). V. *Amboise*, collégiale.

Essardi, Essardorum *capella*. V. *les Essarts*, cne de Saint-Avertin.

Essards, ou **Essarts** (les), commune du canton de Langeais, arrondissement de Chinon, à 34 kilomètres de Tours, 35 de Chinon et à 10 de Langeais. — *Parochia de Essars, sive de Essartis*, XIIIe siècle (*Cartulaire de l'archevêché de Tours* et charte de Saint-Martin.)

Elle est bornée, au nord, par la commune d'Avrillé; au sud, par celle de Saint-Michel; à l'est, par Langeais; à l'ouest, par Continvoir et Saint-Michel. Elle est arrosée par la Roumer, qui la sépare de la commune de Langeais; — et par le ruisseau de l'Étang-des-Gâtées. Sur son territoire se trouvent le bois de la Motte et une partie du bois de la Vauderne.

Les lieux, hameaux et villages suivants dépendent de cette commune : — La Motte, ancien fief. — Le Pot (14 habit.). — Le Poirier (28 habit.). — La Richardière, ancien fief, relevant des Essarts. — Le Ruau (12 habit.). — Le Veau-Gelé (12 habit.). — La Vauderne (19 habit.). — La Ronde, ancien fief, relevant des Essarts. — Le Bourgneuf, la Revaudrie, la Ronde, la Tillotorie, les Huardières, les Boucs, la Basse-Cour, la Rue-des-Madrelles, le Petit-Veau, la Butte, le Pissot, la Billarderie, le Sainfoin, la Richerie, la Charbonnière, etc.

Avant la Révolution, la paroisse des Essarts était dans le ressort de l'élection de Tours et faisait partie du doyenné de Luynes et de l'archidiaconné d'outre-Loire. En 1793, elle dépendait du district de Langeais.

Superficie cadastrale. — 416 hectares. — Le plan cadastral, dressé par Lecoy, a été terminé le 15 novembre 1829.

Population. — 118 habit. en 1762. — 197 habit. en 1801. — 230 habit. en 1804. — 233 habit. en 1810. — 293 habit. en 1821. — 302 habit. en 1831. — 276 habit. en 1841. — 233 habit. en 1851. — 273 habit. en 1861. — 245 habit. en 1872. — 240 habit. en 1876.

Foire le 13 septembre. — *Assemblée* pour location de domestiques le deuxième dimanche d'avril.

Bureau de poste de Langeais. — *Perception* d'Ingrandes.

L'église, placée sous le vocable de Notre-Dame, mérite d'être visitée. La nef et le clocher ont été construits au XIe siècle. L'abside appartient au XIIIe ou au commencement du XIVe. Les chapiteaux présentent des sculptures fort curieuses. Des statues, placées à la naissance des voûtes, offrent également beaucoup d'intérêt. Une chapelle, faisant partie de l'édifice, a été bâtie en 1552. Elle appartenait au seigneur de la paroisse.

D'après une inscription moderne, placée au-dessus de la chaire, la partie la plus ancienne de l'église aurait été bâtie en 1022, par un chevalier nommé Macquel, ou Mackaux, à son retour de la Palestine, où il avait été retenu prisonnier par les Sarrasins. Des chaînes, que l'on voit scellées dans la muraille, près de l'inscription, sont, suivant une tradition conservée dans le pays, celles que ce chevalier avait portées pendant sa longue captivité.

Le droit de présentation au titre curial appartenait à l'archevêque de Tours.

La cure possédait, dans le bourg, une maison appelée *Saint-Fiacre*, et qui fut vendue au profit de la nation en 1791. Primitivement, cette maison dépendait d'une chapelle desservie dans l'église des Essarts.

Les registres d'état-civil de cette paroisse commencent en 1600.

CURÉS DES ESSARTS. — André Taschor, 1559. — Côme Lambert, 1681. — Michel Papin, 1687. — Plot, 1790. — Laroche, curé constitutionnel, 1793. — Pezé, 1809. — Renard, 1852. — David, 1856.

— Glassier, mai 1869. — Tirault, mars 1872, actuellement en fonctions (1879).

Le fief des Essarts était sans importance. Bochard de la Chapelle-Blanche, que l'on voit mentionné dans une charte de la collégiale de Saint-Martin, du 6 avril 1260, en était propriétaire. En 1658, ce fief était possédé par Florent Le Loureux; — vers 1740, par François Girault, trésorier de France à Tours; — en 1746-89, par André Girault, Éc.

MAIRES DES ESSARTS. — Galteau, 1790. — Pierre Coudray, 1801, 29 mars 1807, 14 décembre 1812, décédé en 1830. — Antoine Lemesle, 4 octobre 1830, 27 novembre 1834, 29 juin 1837, 1er août 1843. — Goubard, 1852. — Landry, 1856. — Jacques Maridonneau, 1871, 13 février 1874. — Étienne Galteau, 21 janvier 1878.

Arch. d'I.-et-L., C, 336; E, 79; G., 76, 485; *titres de Huismes et de la prévôté de Restigné; Biens nationaux*, 147. — Bibl. de Tours, manuscrit nos 1171, 1212. — *Cartulaire de l'archevêché de Tours*. — *Pouillé du diocèse de Tours* (1648). — *Mém. de la Soc. archéol. de Tour.*, IX, 224; X, 98. — *Armorial général* (1696). — *Annuaire-Almanach d'Indre-et-Loire* (1877), p. 96, 97. — *Annuaire d'Indre-et-Loire* (1878), p. 59. — A. Joanne, *Géographie d'Indre-et-Loire*, 98. — L. de la Roque et E. Barthélemy, *Catalogue des gentilshommes de Touraine* (1789), p. 9. — Expilly, *Diction. des Gaules et de la France*, II, 775.

Essards (la croix des), cne des Essards, près du chemin des Essards à Restigné.

Essards (les), ou **Essarts**, vil., cne de Mouzay, 30 habit.

Essards (les), ou **Essarts**, f. et chât., cne de Villebourg. — Ancien fief. En 1789, il appartenait à Marc-Antoine Le Pellerin de Gauville, héritier de Louis-Charles. — (Arch. d'I.-et-L., *Biens nationaux*.)

Essards (les), ou **Essarts** (le lieu des), paroisse d'Autrèche. — *Terra quæ vocatur Essars*, 1218 — Propriété de l'abbaye de Fontaines-les-Blanches. — (Arch. d'I.-et-L., charte de Fontaines-les-Blanches.)

Essart (le Grand-), paroisse de Barrou. — Il relevait censivement de la Guittemandière. Le 4 septembre 1516, Pierre Marnay acheta ce domaine du seigneur de la Guerche. — (Arch. d'I.-et-L., E, 103.)

Essart (l'), cne de Bréhémont. V. *Lessert*.

Essart (l'), ou **Lessart**, f., cne de Château-la-Vallière. — Elle a fait partie de l'ancienne commune de Chouzé-le-Sec.

Essart (l'), cne de Saint-Benoît. V. *Lessard*.

Essart (l'), f., cne de Paulmy. — *Lessert*, XVIIe siècle. — Ancien fief, dépendant du château de Paulmy. Il a fait partie de la paroisse de Ferrières-Larçon, dont il fut détaché, par lettres patentes du 2 septembre 1757, pour être réuni à la paroisse de Paulmy, récemment créée. — (Arch. d'I.-et-L., E, 4. — Dufour, *Diction. de l'arrondissement de Loches*, II, 348.)

Essarts (les), cne d'Autrèche. V. *Essars*.

Essarts (les), commune. V. *Essards*.

Essarts (les), f., cne de la Celle-Guenand.

Essarts (le moulin des), paroisse de Chambourg, 1487. — (Arch. d'I.-et-L., *fabrique de Saint-Martin*.)

Essarts (les), f., cne d'Épeigné-sur-Dême.

Essarts (le lieu des), paroisse de Perrusson. — Il relevait de la Charpraye. — (Arch. d'I.-et-L., C, 600.)

Essarts (les), f., cne de Saint-Benoît.

Essarts (les), f., cne de Saint-Avertin. — *Domus Essardi, Essardorum*, XIIIe siècle. — *L'Essart*, 1300. — Ancien fief, dépendant de la chapelle dite des Essarts, desservie dans l'église collégiale de Saint-Martin de Tours. Le chapelain prenait le titre de seigneur des Essarts. Charles de Baupte, chanoine, possédait ce bénéfice en 1688; — François Geuret, en 1698. — (Arch. d'I.-et-L., *fabrique de Saint-Martin; prieuré de Grandmont. — Rituale B. Martini*, 126.)

Essarts (les), cne de Villebourg. V. *Essards*.

Essards (Philippe des), seigneur de Thieux, était capitaine du château de Montils-les-Tours en 1465. Il était fils de Philippe des Essarts et de Jeanne de Soyecourt. — (P. Anselme, *Hist. généal. de la maison de France*, VIII, 557. — Moréri, *Diction. historique* (supplément de 1759), I, 235.)

Essay (l'), cne de Channay. V. *Lessay*.

Essay (l'), f., cne de Fondettes. — Ancien fief. — (*Rôle des fiefs de Touraine*.)

Essay (l'), f., cne de Paulmy.

Essert (l'), f., cne de Loches. — *Lessart*, ou *Chapeau*, XVIIIe siècle. — Ancien fief, appartenant aux religieuses Viantaises de Beaulieu. — (Arch. d'I.-et-L., *terrier de la Roche*.)

Essert (l'), f., cne de Saint-Benoît.

Essert (le lieu de l'), près de Terrefort, cne de Theneuil.

Essert (l'), f., cne de Villeperdue.

Essert-Chailli (le lieu de l'), paroisse de Saint-Épain. — Ancienne dépendance de la prévôté de Saint-Épain. Il est cité dans des titres des 28 septembre 1745 et 21 mai 1770. — (Arch. d'I.-et-L., G, 495.)

Estaing (Jean-Baptiste-Charles-Henri, comte d'), marquis de Saillans et de Châteaurenaut, fit les guerres de l'Inde, en 1759. Tombé aux mains des Anglais, il resta prisonnier pendant quelque temps et fut nommé, à son retour en France, lieutenant-général des armées navales et gouverneur de Saint-Domingue. En 1785, il succéda à Étienne-François, duc de Choiseul-Amboise, dans le gouvernement de la province de Touraine, et remplit ces fonctions jusqu'à leur abolition, en 1790. Traduit devant le tribunal révolutionnaire, il fut condamné à mort et périt sur l'échafaud, le 29 avril 1793. Il était né en 1729 à Ruvel, en Auvergne, et était fils de Charles-François d'Estaing, marquis de Saillans, et de Marie-Henriette Colbert de Maulévrier. En lui s'éteignit la maison d'Estaing, qui était une des plus anciennes et des plus illustres de France. Il était devenu seigneur de Châteaurenault, en Touraine, par suite de son mariage avec Marie de Rousselet, en 1746. V. *Châteaurenault.* — (Roussel, *État militaire de la France* (1787), p. 53. — A. Jal, *Diction. de biographie et d'histoire*, 544. — *Étrennes à la noblesse*, I, 115. — Chalmel, *Hist. de Tour.*, III, 371-72. — Moréri, *Diction. historique.*)

Estepegenest. V. *Triplegenest.*

Estevou (Pierre-Augustin), salpêtrier à Tours, fut nommé maire de cette ville le 12 fructidor an V, et remplit ces fonctions pendant quatorze jours seulement. Son successeur fut Ambroise Gidoin. — (Chalmel, *Hist. des maires de Tours*, 164. — Lambron de Lignim, *Armorial des maires de Tours.*)

Estienne (Charles-François), né à Nancy le 15 novembre 1814, fut nommé sous-préfet de Chinon le 15 juillet 1848 et passa à la sous-préfecture de Dinan le 31 mai 1854. — (*Journal d'Indre-et-Loire*, juillet 1848, mai 1854.)

Estilly. V. *Destilly.*

Estin (François-Xavier), né à Rennes en 1734, fit profession dans l'ordre de Saint-Benoît en 1750 et fut successivement prieur de Noyers (1768), de Vertou (1769), de Saint-Jacut (1778), de Saint-Gildas-des-Bois (1779), de Bourgueil (1783), de Marmoutier (1788). En mars 1789, il fut élu député du clergé de Touraine aux États-généraux. On ignore l'époque de sa mort. (D. Martène, *Hist. de Marmoutier*, II, 587. — *Mém. de la Soc. archéol. de Tour.*, XVII, 587. — Chalmel, *Tablettes chronologiques*, 334. — L. de la Roque et E. de Barthélemy, *Catalogue des gentilshommes de Touraine* (États-généraux), p. 14.)

Estivallum. V. *Étivaux*, c^{ne} de Dolus.

Estivart (*Molendinus de*). V. *Grand-Moulin*, c^{ne} de Reignac.

Estivau, c^{ne} d'Auzouer. V. *Thiveau.*

Estivaux (les), c^{ne} de Dolus. V. *Étivaux.*

Estrades (Godefroy d'), comte d'**Estrades**, conseiller d'État, gouverneur de Dunkerque et chevalier des ordres du roi, eut, en 1653, le commandement des places et gouvernements de Tours, la Rochelle et pays d'Aunis. Trois ans après, il fut nommé gouverneur de Mézières. Il mourut le 26 février 1686. — (P. Anselme, *Hist. généal. de la Maison de France*, VII, 599.)

Estre-des-Graviers (l'), c^{ne} de Vernou. V. *Aître-des-Gauliers.*

Estre-des-Légers (l'), c^{ne} de Villedômer. V. *Aître-des-Ligets.*

Estrées (Gabrielle d'), née au château de la Bourdaisière, en 1565, était fille d'Antoine d'Estrées, marquis de Cœuvres, grand-maître de l'artillerie de France, et de Françoise Babou. A l'âge de dix-sept ans, elle vécut avec un riche financier nommé Sébastien Zamet. Henri IV l'ayant vue chez son père, le marquis de Cœuvres, en 1591, en devint éperdument épris et en fit sa maîtresse. Plus tard, il conçut le dessein de l'épouser. Gabrielle d'Estrées profita de son empire sur le cœur du roi pour amasser des biens considérables. Elle eut en don le marquisat de Monceaux et le duché de Beaufort. Par suite de son influence, sa famille et ses amis furent comblés de richesses et obtinrent les plus hauts emplois. L'austère et intègre ministre Sully, qui gémissait des prodigalités faites pour cette femme, au grand détriment du Trésor public, devint naturellement l'objet de sa haine; mais elle ne put réussir à lui faire perdre l'amitié du roi. Elle eut de Henri IV trois enfants : César, duc de Vendôme et baron de Preuilly; Catherine-Henriette, femme de Charles II de Lorraine, duc d'Elbeuf, et Alexandre, dit le chevalier de Vendôme, grand prieur de France et abbé commendataire de Marmoutier.

Le roi était sur le point de réaliser le projet qu'il avait formé de l'épouser, et déjà dans ce but il avait ordonné des démarches pour obtenir la dissolution de son mariage avec la reine Marguerite, lorsque la mort vint frapper sa maîtresse.

Sur le point de mettre au monde un quatrième enfant, Gabrielle d'Estrées s'était retirée dans la maison de Sébastien Zamet, près de l'Arsenal. Le 10 avril 1599, à la suite d'un repas, elle fut saisie de coliques épouvantables. Elle se fit transporter à l'hôtel de l'une de ses parentes, où l'on fit appeler les plus célèbres médecins. Le lendemain sa situation s'aggrava encore. Des convulsions affreuses se produisirent et elle expira le samedi 10 avril, à sept heures du matin. Cette mort fut attribuée par la rumeur publique à un empoisonnement.

Almanach de Touraine, 1786. — Chalmel, *Hist. de Tour.*, IV, 169 et suiv. — *Mém. de la Soc. archéol. de Tour.*, IX, 135. — Moréri, *Diction. historique*, I, 1188. — Larousse, *Grand diction. universel du xixe siècle*, VII, 986-87. — L. Grégoire, *Diction. encyclopédique*, 706. — O. Craufard, *Notice sur Agnès Sorel, Diane de Poitiers et Gabrielle d'Estrées.* — *Amours de Henri*, IV, Amsterdam, 1764, in-12. — E. L. de Lamothe-Langon, *Mémoires de Gabrielle d'Estrées*, Paris, 1829, in-8°. — Saint-Edme, *Amours et galanteries des rois de France*, Paris, 1829, in-8°. — A. Jal, *Diction. de biographie et* *d'histoire*, 547. — Sainte-Beuve, *Causeries du lundi*, VIII. — Didot, *Nouvelle biographie universelle*, XVI, 572. — P. Anselme, *Hist. généal. de la maison de France*, IV, 84, 85.

Estrées (le lieu des), près de Vonnes, c^{ne} de Saint-Pierre-de-Tournon.

Estrigneul (l'), ruisseau. — *Striniolus*, 1291 (charte de l'église de Tours). — Il prend sa source au lieu appelé les Pauneaux, c^{ne} de Saint-Senoch, est appelé d'abord *ravin de la Michinière*, reçoit le ruisseau de la Fontaine, de la Babinière, passe dans les communes de Varennes, de Ciran et de Ligueil, et se jette dans l'Esves, au lieu nommé les Prés-Fonds. Son parcours est de cinq kilomètres. Il fait mouvoir deux usines. — (Arch. d'I.-et-L., charte de l'église de Tours.) — A. Joanne, *Géographie d'Indre-et-Loire*, 29. — C. Chevalier et G. Charlot, *Études sur la Touraine*. — Chalmel, *Hist. de Tour.*, I, 16.)

Esturqueth *(locus qui vocatur)*, paroisse de Villandry (XIIe siècle). — (Arch. d'I.-et-L., charte de Marmoutier.)

Esves, c^{ne} de Balesme. V. *Esvres*.

Esves (l'), f., c^{ne} d'Esves-le-Moutier.

Esves (le bois d'), f., c^{ne} de Saint-Senoch.

Esves (l'), rivière. — *Evya*, 1199 (charte de Fretay, *prieuré d'Aquitaine*). — *Eyvre*, 1291 (charte du doyenné de Saint-Martin). — *Èvre*, 1600. — Elle prend sa source dans la c^{ne} de Betz, passe dans les communes d'Esves-le-Moutier, de Ligueil, de Civray, de Marcé et de Balesmes, et se jette dans la Creuse, près de Poujard. Son parcours est de trente-neuf kilomètres. Elle fait mouvoir vingt-trois usines. Elle reçoit dans la commune de Ciran, l'Estrigneul; dans la commune de Civray, les eaux de la fontaine d'Aleth, des Fontaines-Blanches et de la Riolle. — (Arch. de la Vienne, *titres du prieuré d'Aquitaine*. — C. Chevalier et G. Charlot, *Études sur la Touraine*. — A. Joanne, *Géographie d'Indre-et-Loire*, 29. — Chalmel, *Hist. de Tour.*, I, 16.)

Esves-le-Moutier, commune du canton de Ligueil, arrondissement de Loches, à 50 kilomètres de Tours, 15 de Loches et à 7 de Ligueil. — *Parochia de Evya*, 1199 (charte de la commanderie de Fretay). — *Esvia*, XIIIe siècle (*Cartulaire de l'archevêché de Tours*).

Elle est bornée, au nord, par les communes de Ciran et de Varenne; à l'est, par celle de Saint-Senoch; au sud, par Betz et Ferrières-Larçon; à l'ouest, par Ligueil. Elle est arrosée par l'Esves, qui reçoit les eaux de la fontaine Hurbaillière, des Fontaines-Rouges et de la fontaine Saint-Martin.

Les lieux, hameaux et villages suivants dépendent de cette commune. — Le Moulin-Nouet (15 habit.). — La Francerie (10 habit.). — La Martinière (10 habit.). — Girodet, ancienne propriété des religieuses Viantaises de Beaulieu. — La Perrerie (10 habit.). — Le Vignon (14 habit.). — Le Petit-Village (19 habit.). — La Chaumalais (10 habit.). — La Cornée (12 habit.), ancien fief, relevant du château de Loches. — Les Borderies (15 habit.). — La Bertetrie, la Maupinerie, la Rouerie, la Fontaine, les Grandineries, les Goncinières, Fondettes, le Pressoir, la Chaumasserie, la Bilorie, les Brandelles, le Gué-Gaultier, le Plessis, la Cave, Pont-Caillou, etc.

Avant la Révolution, Esves-le-Moutier était dans le ressort de l'élection de Loches et faisait partie du doyenné de Ligueil et du grand-archidiaconné de Tours. En 1793, il dépendait du district de Loches.

Superficie cadastrale. — 1056 hectares. — Le plan cadastral, dressé par Gallais, a été terminé le 30 mars 1833.

Population. — 53 feux en 1764. — 282 habit. en 1802. — 271 habit. en 1804. — 273 habit. en 1810. — 301 habit. en 1821. — 306 habit. en 1831. — 329 habit. en 1841. — 327 habit. en 1851. — 319 habit. en 1861. — 328 habit. en 1872. — 327 habit. en 1876.

Bureau de poste et *perception* de Ligueil.

Dufour, dans son *Dictionnaire de l'arrondissement de Loches* (t. Ier, p. 233), constate que l'abbé de Marolles s'est trompé en traduisant, par *Esves-le-Moutier*, l'*Evena* dont parle Grégoire de Tours (*Hist. Franc.*, lib. X); mais il commet lui-même une erreur lorsqu'il prétend que le nom latin d'*Esves*, est *Edera*. (V. *Edera* et *Neuillé-le-Lierre*.)

L'église, dédiée à saint Maurice, paraît avoir été construite au IXe ou au Xe siècle. Le clocher est moins ancien. L'édifice, sur plusieurs points, a été remanié à diverses époques.

Le titre curial était à la présentation du doyen du Chapitre de Québec et non pas de l'abbé de Maubec, comme l'ont dit plusieurs écrivains.

Un monastère existait dans le bourg au IXe siècle; de là est venu le nom de *Moustier*, que l'on a ajouté à celui de la paroisse. Ce monastère devint par la suite un prieuré. Des anciens bâtiments, il reste aujourd'hui deux tours qui ont fait partie d'une enceinte fortifiée aujourd'hui disparue.

En 1525, Robert Fretaud était prieur commendataire d'Esves. Il eut pour successeur, vers 1547, Jean-Marie du Mont, cardinal, du titre de Saint-Vital, archevêque de Siponte, qui fut élu pape sous le nom de Jules III, le 8 février 1550, en remplacement de Paul III. Ce pape mourut le 23 mars 1555. Il était originaire de Monte di Sansovino, au diocèse d'Arezzo.

En 1759, le prieuré était uni au Chapitre de Québec dont le doyen était alors Marie-Joseph de la Corne de Chapt. Plus tard, à la suite de difficultés survenues au sujet de cette union, un arrêt du conseil d'État autorisa Alexandre-Emmanuel de Crussol, bailli et grand-croix de l'ordre de Malte, à jouir, sa vie durant, de ce bénéfice. L'arrêt du Conseil est du 30 décembre 1785. Alexandre-Emmanuel de Crussol fut le dernier prieur (1790).

Dans la paroisse se trouvait une chapelle, dite de *Vauroyer*, dépendant du prieuré d'Esves, et que l'on voit figurer dans un titre du 24 mai 1789.

D'après Dufour, il aurait existé à Esves-le-Moutier un établissement de *Sœurs de Charité*. Cet établissement serait devenu la propriété du comte d'Artois, qui l'aurait aliéné peu d'années avant la Révolution. Nous ignorons où Dufour a pris ces renseignements, qui vraisemblablement s'appliquent à un couvent situé dans une paroisse autre que celle d'Esves-le-Moutier.

Les registres d'état-civil d'Esves-le-Moutier commencent en 1641.

Curés d'Esves-le-Moutier. — Jehan Hubert, 1525. — Philippe Thomas, 1619. — Louis Avril, 1643. — Jacquot, 1646-50. — Laurent Thomas, 1650, 1670. — Pierre Delestang, 1670; il donna sa démission en 1716. — Michel Robin, 1716, 1729. — Antoine Lefebvre, 1729-56. — Gilbert Saulquin, 1756, 1769. — Louis Pasquier, 1769, 1777. — François Lecomte, 1777, 1787. — Arnault, 1787, 1791. — Picard, curé constitutionnel, de mai 1792 au 24 juin 1793. — Goubeau, 1803, 1810. — (De 1811 à 1865, la paroisse est desservie par des curés du voisinage.) — Briolet, 16 juillet 1865. — Desroches, 19 juin 1869, actuellement en fonctions (1879).

La paroisse constituait un fief relevant du château de Loches, et qui appartenait au prieur. En cette qualité, celui-ci jouissait des droits honorifiques dans l'église paroissiale et nommait les officiers de justice.

On voit à Esves des fontaines assez curieuses, appelées les *Fontaines-Rouges*. Leurs eaux ont la propriété de rougir les pierres blanches avec lesquelles elles se trouvent en contact pendant quelque temps.

Maires d'Esves-le-Moutier. — Veneau, 1790, 1801. — Boudin-Veneau, 29 décembre 1807. — Franquelin Veneau, 25 mars 1813. — Jean-Baptiste Allégret, 1820. — Franquelin Veneau, 2 janvier 1826, 4 décembre 1834, 31 juillet 1843, 28 juillet 1846. — Félix Lacault, 1871, 19 février 1874, 21 janvier 1878.

Arch. d'I.-et-L., *cure d'Esves-le-Moutier; titres de Saint-Martin* (Liguell); G, 400, 404; *Biens nationaux*. — *Pouillé de l'archevêché de Tours* (1648). — Expilly, *Diction. des Gaules et de la France*, II, 792. — Archives de la Vienne, *prieuré d'Aquitaine*. — D'Espinay, *L'architecture dans la Touraine méridionale*, 6. — C. Chevalier, *Distribution des eaux en Touraine*, 11. — A. Joanne, *Géographie d'Indre-et-Loire*, 33. — Bibl. de Tours, manuscrit n° 1496. — Notes communiquées par M. l'abbé Baranger, curé de Ligueil. — Registres d'état-civil d'Esves-le-Moutier. — Dufour, *Diction. de l'arrondissement de Loches*, I, 233, 234. — Moréri, *Diction. historique*, II, 307. — *Annuaire-almanach d'Indre-et-Loire* (1877), p. 97. — E. Mabille, *Notice sur les divisions territoriales de l'ancienne province de Touraine*, 191. — J.-J. Bourassé et C. Chevalier, *Recherches sur les églises romanes en Touraine*, 99 (deux planches : n°s XXXIII, XXXIV.)

Esvia. V. *Esves-le-Moutier*.

Esvière (l'), cne de Saint-Cyr. V. *Levière*.

Esvis (le lieu de l'), près de Niollet, cne de Champigny-sur-Veude.

Esvons (le lieu d'), paroisse de Colombiers (Villandry). — Il est cité dans un titre de 1100. — (Arch. d'I.-et-L., *titres de Foncher*.)

Esvres, commune du canton de Montbazon, arrondissement de Tours, à 16 kilomètres de Tours et à 7 de Montbazon. — *Evena*, ve siècle (*Greg. Tur. Hist.*, lib. X, et *vita S. Monegundis*.) — *Evena, vicaria Evenensis*, 834, 844 (*Cartulaire de Cormery*.) — *Evvra*, 1116 (charte de Pierre de Montbazon). — *Evra, Evria*, 1206, 1207 (chartes de Beaumont et de Saint-Jean-du-Grais). — *Evria*, 1232 (charte de Saint-Martin). — *Parœcia de Evria*, 1276, 1338 (*Cartulaire de Cormery*). — *Esvre*, 1504, 1505 (*Cartulaire de Cormery*). — *Paroisse de Saint-Médard d'Esvres* (aveu du 5 mars 1666.) — *Esvre*, carte de Cassini.

Elle est bornée, au nord, par les communes de Larçay, de Véretz et d'Azay-sur-Cher; au sud, par celle de Saint-Branchs; à l'est, par Truyes et Cormery; à l'ouest, par Chambray et Veigné. Elle est arrosée par l'Indre; — par l'Échandon, qui vient de Saint-Branchs et se jette dans l'Indre; — par le ruisseau de Nantilly, qui fait mouvoir le moulin de Vaux et se jette dans l'Indre. Elle est traversée par la route nationale n° 143, de Clermont à Tours, et par le chemin de grande communication n° 45, d'Azay-le-Rideau à Bléré.

Les lieux, hameaux et villages suivants dépendent de cette commune : Le Peu (53 habit.). — La Pabeserie, ancien fief. — Le Croulé (29 habit.). — Les Reçais (28 habit.). — Le Vallon (25 habit.). — Verneuil (104 habit.). — La Rochefarou (12 habit.), ancien fief. — La Villaine, ancien fief. — Le Pavillon (72 habit.). — La Pigerie (11 habit.). — La Pommeraie (22 habit.). — Les Pelouses (12 habit.). — Le Vau (36 habit.). — Vontes (68 habit.), ancien prieuré, connu dès le ixe siècle. — Les Poulineries (15 habit.). — Vaugrignon, ancien fief, relevant de Montbazon. — L'Huremot, connu dès le xiiie siècle. — Le Coin-du-Mur (18 habit.). — Les Forges, ancienne propriété de l'abbaye de Cormery. — L'Hommais (89 habit.), ancien fief. — Le Lochereau (59 habit.). — La Gitourie, ancienne propriété de l'abbaye de Cormery. — La Huaudière (49 habit.). — Montchenin, propriété de l'abbaye de Cormery. — Nantilly (35 habit.), ancien fief. — La Guerinière (33 habit.). — La Brosse (19 habit.). — La Chaume (26 habit.), ancien fief. — La Badellière (15 habit.). — La Championière (13 habit.). — Courty (21 habit.). — Besnoël (24 habit.). — La

Birote (15 habit.). — La Chambrière (14 habit.). — Le Village-d'Abas (26 habit.). — Champgault (105 habit.). — Avon, ancien fief. — La Billette (16 habit.). — La Dorée, ancien fief. — La Hardillière (81 habit.), ancien fief, relevant du château de Montbazon. — Vaux (18 habit.), ancien fief, relevant de la Carte. — La Duporterie, la Pelouse, la Caillaudière, la Douzillerie, la Cathelinière, Porte-Joie, le Fourneau, Raug-du-Bois, les Coudrières, Beaulieu, Saint-Blaise, Vauguignier, la Galerie, Bois-Sicot, la Profilerie, Malaguet, Saulquet, etc.

Avant la Révolution, Esvres était dans le ressort de l'élection de Tours, et faisait partie du doyenné de Montbazon et du grand-archidiaconé de Tours. En 1793, il dépendait du district de Tours.

Superficie cadastrale. — 3585 hectares. — Le plan cadastral, dressé par Delaunay, a été terminé en octobre 1823.

Population. — 486 feux en 1764. — 1588 habit. en 1801. — 1963 habit. en 1804. — 1774 habit. en 1810. — 1751 habit. en 1821. — 1739 habit. en 1831. — 1820 habit. en 1841. — 1833 habit. en 1851. — 1871 habit. en 1861. — 1776 habit. en 1872. — 1867 habit. en 1876.

Foire le dernier lundi de novembre. — *Assemblée* pour location de domestiques le lundi après la Pentecôte.

Station du chemin de fer de Tours à Loches.

Esvres est un des bourgs les plus anciens de la Touraine. Il en est fait mention dès le v° siècle sous le nom d'*Evena*, qui a été appliqué à tort par divers auteurs, à la paroisse d'Avoine, à Saint-Mars et à Veigné (V. *Avoine*). Grégoire de Tours nous apprend qu'une église y fut bâtie par saint Perpet, évêque de Tours (vers 470). Dans la Vie de sainte Monégonde, il rapporte que l'on conservait dans cette localité des reliques de saint Médard, qui est encore aujourd'hui le patron de la paroisse. *(Cum que iter ceptum carperet, venit ad vicum urbis Turonicæ cui nomen est Evena, in quo beati Medardi Suessioni confessoris reliquiæ continentur.)*

Aux VIII°, IX° et X° siècles, Esvres était le chef-lieu d'une viguerie dont la juridiction avait une assez grande étendue. Cette viguerie comprenait, entre autres bourgs, ceux de Veigné, de Truyes, d'Athée et d'Azay-sur-Cher. Elle est citée dans une charte de l'abbé Ithier (791) et dans d'autres chartes de 844, 860 et 906.

Il est fait mention de l'église d'Esvres dans une transaction passée au commencement du XII° siècle, entre l'abbaye de Noyers et Pierre de Montbazon *(dedit alodum quod habebat prope ecclesiam quæ dicitur Evvra)*. De cette époque datent le chœur et le clocher de l'église que nous voyons aujourd'hui. L'abside et la nef sont du XVII° siècle. On remarque au pignon du chœur des sculptures grossièrement exécutées qui, d'après MM. J.-J. Bourassé et C. Chevalier, seraient antérieures au XII° siècle et dans lesquelles il « faudrait voir quelques-unes de ces images « rudimentaires et sans expression qui décorè- « rent, dès l'origine, le front de nos églises. » Près de la porte qui s'ouvre du côté du couchant, une partie de la maçonnerie, en petit appareil, présente le caractère d'une construction qui pourrait être un reste de l'édifice primitif, bâti au v° siècle. Cette église a été restaurée en 1873.

En 1766, Marie-Anne Gauvereau, femme de Jean-Baptiste de Martel, seigneur d'Esvres, y fut inhumée. L'inscription suivante, qui existe encore, fut placée sur la muraille, au-dessus de sa tombe, à gauche du grand autel :

CY GIT
DAME MARIE-ANNE GAUVEREAU, ÉPOUSE DE JEAN-BAPTISTE DE MARTEL, ÉCUYER, SECRÉTAIRE DU ROY, SEIGNEUR D'ESVRES, D'ORSAY ET AUTRES LIEUX, LAQUELLE EST DÉCÉDÉE LE XXIII DE SEPTEMBRE 1766, AGÉE DE 52 ANS ET 4 MOIS, AU GRAND REGRET DE SON ÉPOUX, DE SES TENDRES ENFANTS ET DES PAUVRES, DONT ELLE ÉTAIT LA TRÈS COMPATISSANTE MÈRE, QUI LA PLEURENT ET LA PLEURERONT A JAMAIS.
PRIEZ DIEU POUR ELLE, ELLE PRIERA POUR VOUS.

René Chauveau, curé d'Esvres, par son testament en date du 9 octobre 1670, avait exprimé le désir d'être inhumé dans l'église « sous le crucifix placé dans la muraille du clocher. » Il eut en effet sa sépulture en cet endroit. Voici le texte de son épitaphe, qu'il avait rédigée lui-même, laissant à son successeur le soin d'y ajouter la date de sa mort :

CY GIST UN PASSANT DE CE MONDE FILS DE LA CORRUPTION ET LE FRÈRE DES VERS, JADIS CURÉ EN CETTE PAROISSE, QUI N'A VESCU QU'AUTANT QU'IL A VESCU A DIEU ET VEILLÉ AU SALUT DES AMES. VOYAGEUR, NE TENQUESTE DE SON NOM. LA CENDRE A RETOURNÉ EN CENDRE; PRIE SEULEMENT QU'IL SOIT ESCRIT AU LIVRE DE VIE. ADIEU JUSQUE AU SON DE LA TROMPETTE. LES JOURS DE SON PELERINAGE ONT ÉTÉ DE QUATRE VINGT ANS; IL EST MORT LE NEUF° JOUR DU MOIS DE NOVEMBRE MIL SIX CENT QUATRE VINGT QUATRE. IL A FONDÉ EN CESTE ÉGLISE, A PERPETUITÉ UN ANNIVERSAIRE A TROIS GRANDES MESSES AVEC VIGILE ET LITANIE, UN LIBÉRA A LA FIN; LE JOUR DE SON DÉCÈS UN ESCU A TOUS LES PLUS PAUVRES DE LA PAROISSE; UNE GRANDE MESSE A TOUTES LES FESTES ET UN STABAT MATER LE VENDREDI.

Priez Dieu pour le repos de son âme.

Dans l'église se trouvait une chapelle dédiée à Notre-Dame. Les propriétaires de la Rochefarou y avaient le droit de banc seigneurial.

En 1704, René Saicher, curé d'Esvres, fit élever une grande croix au milieu du cimetière et demanda, par son testament, en date du 26 juillet 1705, à être enterré dans cet endroit. Suivant la volonté qu'il avait exprimée dans ce même testament, une lame de cuivre, portant l'inscription suivante, fut attachée à la croix :

> CY DE VOS CUREZ GYST CELUY
> QUI LE PREMIER M'A MIS ICY.
> *Requiescat.*

Il existait à Esvres une maladrerie ou Hôtel-Dieu, qui avait été fondée par les seigneurs de la paroisse et que l'on voit mentionnée dans un titre de 1338 *(domus Dei de Evria)* et dans un autre titre de 1583. Par lettres patentes du 11 juillet 1698, les biens et revenus de cet établissement furent réunis à ceux de l'Hôtel-Dieu de Tours.

Le droit de présentation au titre curial appartenait au prieur de la Guerche.

Les registres d'état-civil de cette paroisse commencent en 1574.

CURÉS D'ESVRES. — Claude de Moussy, 1559. — Pierre Videlot, 1625. — René Chauveau, décédé le 9 novembre 1684. — Compain, 1691. — René Saicher, décédé en 1706. — Hubert Dutinel de Pensière, 1707, 1741. — Henri de la Motte, 1741, 1765. — Louis-Jean-Gatien Baudry, nommé en décembre 1775, décédé le 21 avril 1783. — Jacques Larousse, 1789, curé constitutionnel, 1793. — Larousse, 1804, décédé en 1807. — Bouvard, 1807-28. — Alexandre Giot, 1828-52. — Alexandre Roze, 1852-62. — Jean-Baptiste-Désiré Dubois, 1862, décédé le 29 mars 1878. — Alphonse Grudé, 1878, actuellement en fonctions (1879).

Outre la cure, il y avait un prieuré constituant un fief qui relevait de Montbazon.

La paroisse d'Esvres formait une châtellenie relevant du château de Montbazon, à foi et hommage lige et quarante jours de garde. On voit, par un aveu de 1514, que le seigneur avait le « droit de porteau et de collier sur la place publique d'Esvres, pour y attacher les blasphémateurs et autres malversants. » Il avait aussi le droit de quintaine, sur l'Indre, dans le voisinage du bourg. Les nouveaux mariés devaient lui présenter, dans son hôtel, un éteuf blanc et neuf. Celui qui épousait une veuve était tenu d'offrir au seigneur « une buie de terre, neuve, avec son couvercle, avant d'avoir frappé leur pelote, laquelle se frappait en un chenevrail situé dans le bourg. »

L'ancien château d'Esvres était fortifié. On y remarquait une haute tour carrée, construite dans les premières années du XIII° siècle et qui est appelée, dans divers titres, la *tour de l'hôtel de Philippe d'Esvres.*

Pendant longtemps, le châtelain n'eut que le droit de moyenne et basse justice. Celui de haute justice lui fut vendu, le 28 mai 1781, par Henri-Louis-Marie et Jules-Hercule de Rohan, ducs de Montbazon.

Auger d'Esvres, qui est cité dans une charte de l'abbaye de Beaumont, de 1207, est le premier seigneur connu de cette localité. Il eut pour successeur Philippe d'Esvres, chev., qui fit bâtir, vers 1220, la tour carrée dont on a parlé plus haut. En 1232, ce seigneur fonda son anniversaire et celui de sa femme, nommé Agathe, dans le prieuré du Grais, et donna à cet établissement la dîme de sa terre de Forges. Son fils, Philippe II, seigneur d'Esvres après lui, fit, au mois de mars 1272, un accord avec Jean de Mareuil et les religieuses de Beaumont-les-Tours, au sujet des bois des Brosses-Sainte-Marie, situés dans la paroisse de Joué.

Vers 1455, Raoul Segaler, chanoine et archiprêtre de Sainte-Maure, seigneur d'Esvres, fonda cinq anniversaires dans l'église de Tours et donna au Chapitre la dîme d'Esvres, évaluée à cent livres de rente, et une somme de 1200 écus d'or qui fut employée à la restauration des verrières de la cathédrale et à la construction de la bibliothèque des chanoines. De plus, il fonda une chapellenie à l'autel Saint-Michel, dans la même église.

En 1463, la seigneurie d'Esvres appartenait à Gilles de Montfort, chev., qui épousa Isabeau de Sazilly. En 1504, il fit remise à l'abbaye de Cormery d'une rente d'un *bussard* de vin qu'il avait droit de prendre sur les vignes du prieuré de Vontes. L'année suivante, il vendit à la même abbaye, pour cinq cents livres tournois, une dîme appelée le *quart d'Esvres.* Son fils, Claude, qui fut aussi seigneur d'Esvres, comparut à la rédaction de la coutume de Touraine en 1559.

Pierre d'Andigné, chev., fils de Jean d'Andigné, seigneur de l'Ile-Bouchard, était seigneur d'Esvres en 1590. Il épousa, en 1601, Marie de Chivray, dont il eut Simon, aussi seigneur d'Esvres, et qui fut père de Charlotte d'Andigné, mariée à Pierre de Madaillan, Éc., seigneur de Chauvigny, en Anjou.

Le fief passa ensuite, par une vente faite vers 1617, à René Robin, secrétaire des commandements et finances de la reine, seigneur de la Rochefarou. Il était encore seigneur d'Esvres en 1623.

En 1624, cette terre devint la propriété de Pierre Camus de Pontcarré. Elle fut ensuite possédée par Nicolas Camus de Pontcarré, marié à Madeleine de Pincé, dont il eut une fille, Jeanne, qui épousa Jean Morineau, secrétaire du roi. Celui-ci fut seigneur d'Esvres du chef de sa femme, et mourut en novembre 1659, laissant un fils, Louis, qui devint, par héritage, propriétaire du même fief et rendit hommage au châtelain de Montbazon le 15 mars 1666.

Pierre le Breton, Éc., seigneur d'Esvres après Louis Morineau, épousa, le 16 juillet 1714, Marie Collin, veuve de Louis Guiet, sieur de la Gravière, et en eut trois enfants : Pierre-Hector-Étienne ; Edmond-César et Marie-Anne-Françoise, mariée, le 26 août 1734, à Joseph le Breton, Éc., seigneur de Langlerie, correcteur à la Chambre des comptes de Paris. Pierre le Breton mourut le

23 octobre 1741. Son fils aîné, Pierre-Hector-Étienne, né à Beaulieu, près Loches, en 1719, est qualifié de seigneur d'Esvres dans un acte de 1742, concernant une transaction faite avec les minimes du Plessis.

Jean-Baptiste-Grégoire Martel de Contrecœur, seigneur de Magesse et de Saint-Antoine, au Canada, conseiller au Parlement de Bordeaux et secrétaire du roi, fils de Jean Martel, gouverneur d'Acadie, et de Marie-Anne Robineau, acheta la terre d'Esvres vers 1750. Il mourut à Tours le 18 mai 1767 et fut enterré dans l'église Saint-Hilaire de cette ville. En 1768, un de ses fils, François-Pierre, et Marie-Françoise-Jacques Daen, sa femme, élevèrent à sa mémoire, dans l'église Saint-Hilaire, un monument funèbre portant cette inscription :

D. O. M.

A la mémoire de Messire Jean-Baptiste-Grégoire de Martel, écuyer, seigneur de Saint-Antoine, de Magesse, au Canada, d'Esvres, d'Orçay et autres lieux, en Touraine, conseiller secrétaire du roi, maison et couronne de France, et de ses finances, décédé le 18 mai 1767, en la 67ᵉ année de son âge, et enterré en la paroisse de Saint-Hilaire, de Tours.

La mort lui avait ravi sa chère épouse, dame Marie-Anne Gauvereau, en son château d'Esvres, le 23 septembre 1766, à l'âge de 52 ans.

La tendresse éplorée de leurs enfants versa des larmes d'amertume sur le dernier de leurs soupirs. Inconsolables de les avoir perdus, le moment qui les réunira à eux verra à peine finir leurs justes regrets. Ils n'oublieront jamais les dignes auteurs de leur existence. Les épouses diront à leurs enfants qu'en les perdant ils perdraient leur soulagement, leur appui et leur consolation.

C'est le monument que la piété, le regret, la religion et la reconnaissance de Messire François-Pierre Martel de Magesse, leur fils aîné, écuyer, ancien officier du régiment de Berry, Languedoc et la Sarre, lieutenant de Nosseigneurs les maréchaux de France, seigneur de cette paroisse, d'Orçay et autres lieux;

C'est dame Marie-Françoise-Jacques Daen, son épouse, qui a érigé ce monument à la mémoire du plus tendre et du plus chéry des pères.

Requiescat in pace.
1768.

Jean-Baptiste-Grégoire Martel eut cinq enfants : 1° François-Pierre Martel, seigneur de Magesse, de Saint-Antoine, de Dolbeau et de Dorsay, officier au régiment de Berry, puis lieutenant des maréchaux de France à Loudun, décédé à Semblançay, en 1780, sans laisser d'enfants de son mariage avec Marie-Françoise-Jacques Daen; 2° Jean-Marie Martel de Rochemont, sous-lieutenant dans la Légion étrangère (Ile-de-France et Bourbon), marié, en premières noces, à Anne Gauvereau, dont il eut Jean-Marie-Philippe Martel, officier de la milice nationale; et, en secondes noces, à Mathurine-Louise Leroux; 3° Honoré-Étienne Martel de Gaillon, Éc., seigneur de Chemillé et d'Épeigné-sur-Dême; 4° Marie-Charlotte Martel de Gaillon, mariée au comte Joseph-Antoine Artis de Thiézac; 5° Pierre Martel, seigneur de Saint-Antoine, au Canada, et de la Martinière, en Touraine, auteur de la branche de Martel de Saint-Antoine.

Par acte du 15 août 1768, les enfants de Jean-Baptiste-Grégoire Martel vendirent la terre d'Esvres à Claude de Sain de Boislecomte, chev., seigneur des Arpentis, de Beaudelière, de Tardivière et de la Rochefarou, qui comparut à l'assemblée électorale de Touraine en 1789.

Par contrat du 25 février 1754, Claude Sain de Boislecomte épousa Françoise-Marie Pellegrain de l'Étang, dont il eut cinq enfants. L'aîné, Claude-Christophe, seigneur des Arpentis, lieutenant des maréchaux de France, a eu deux enfants de son mariage avec Jeanne-Agnès-Amable Boissonnière de Mornay : Charles-Alphonse, officier de dragons de la garde royale, puis conseiller de préfecture d'Indre-et-Loire; et une fille, mariée à Guillaume-Marie-Édouard de Gilibert, chef d'escadron, chevalier de Saint-Louis et de la Légion d'honneur.

D'après M. le vicomte de Ponton d'Amécourt, un atelier monétaire aurait existé à Esvres à l'époque mérovingienne. Il cite, dans ses *Recherches sur les monnaies de Touraine*, trois pièces sur lesquelles on lit *Evira vicus*.

MAIRES D'ESVRES. — Bullot, 1801, 29 décembre 1807, décédé en 1809. — François-Jean-Pierre Augeron, 4 avril 1809, 1ᵉʳ février 1817. — Alexandre Odart, 31 janvier 1819, 1ᵉʳ août 1821. — Joseph Berger, 2 janvier 1826. — Lucien Bullot, 22 novembre 1834, 16 juin 1837. — Le baron de Revel, 1842. — Pierre Bullot, 9 juin 1842, 13 juillet 1846. — André, 1861. — Ausault, 1870. — Joseph Berger, 1871, 11 février 1874. — Paul Touchard, octobre 1876, 21 janvier 1878.

Arch. d'I.-et-L., *titres de Beaumont, de Cormery, de Saint-Jean-du-Grais, de Relay et des Minimes du Plessis*; E, 323; G, 352. — D. Housseau, I, 49; VII, 2715, 2724, 3252; X, 4223; XI, 4700; XII, 7004, 7005. — *Cartulaire de Cormery*, 31, 154, 180, 211, 214, 292-94. — Grégoire de Tours, *Hist.*, lib. X, c. 31, *Vita S. Monegundis*. — *Cartulaire de l'archevêché de Tours*. — *Journal d'Indre-et-Loire* du 29 juillet 1876. — Baillet, *Topographie des saints*, 288, 333. — *Semaine religieuse du diocèse de Tours* (1878). — Lhermite-Souliers, *Hist. de la noblesse de Touraine*, 31. — Expilly, *Diction. des Gaules et de la France*, II, 792. — La Chesnaye-des-Bois et Badier, *Diction. de la noblesse*, IV, 637. — De Ponton d'Amécourt, *Recherches sur les monnaies mérovingiennes de Touraine*, 8, 29, 30. — Maan, *S. et metrop. ecclesia Turonensis*, 27. — *Mém. de la Soc. archéol. de Tour.*, I, 9; IV, 75; IX, 224, 225; X, 84; *Bulletin de la même Société* (1871), p. 99; (1875), p. 298. — J.-J. Bourassé et

C. Chevalier, *Recherches sur les églises romanes en Touraine*, 76. — Bibl. de Tours, fonds Salmon, *titres de Sainte-Maure*. — Registres d'état-civil d'Esvres. — A. Joanne, *Géographie d'Indre-et-Loire*, 93. — Expilly, *Diction. des Gaules et de la France*, II, 772.

Esvres, ou **Esves**, f., c⁽ⁿᵉ⁾ de Balesmes. — *Ayves*, 1499. — Ancien fief, relevant de La Haye, à foi et hommage lige. En 1445, il appartenait à Louis Pouvreau, qui rendit hommage le 15 février; — en 1471, à Jehanne Gouffier, veuve de Louis Pouvreau; — en 1499, à Jehan Pouvreau; — en 1517, à Louis Pouvreau; — en 1545, à Adrien Quinault; — en 1576, à Eustache de Villiers. — (D. Housseau, XII, 5860, 5971, 5974, 6007, 6039.)

Esvres, ou **Esves** (moulin d'), c⁽ⁿᵉ⁾ d'Esves. — *Evya*, 1199. — (charte de Fretay, Archives de la Vienne, *prieuré d'Aquitaine*.)

Étableau, c⁽ⁿᵉ⁾ de Saint-Symphorien. V. *Établerie*.

Étableaux, vill., sur le Remillon, c⁽ⁿᵉ⁾ du Grand-Pressigny, 100 habit. — *Sabulium*, 1250 (charte de Saint-Martin). — *Stabolium*, 1267 (charte de l'abbaye de la Merci-Dieu). — *S. Martinus de Pressegneio*, XIII⁽ᵉ⁾ siècle (*Cartulaire de l'archevêché de Tours*.) — *Saint-Martin d'Étableaux*, XVII⁽ᵉ⁾ siècle.

Étableaux est une ancienne paroisse qui était dans le ressort de l'élection de Chinon et qui dépendait du doyenné du Grand-Pressigny et de l'archidiaconé d'outre-Vienne. En 1793, elle faisait partie du district de Preuilly. Par ordonnance royale du 31 janvier 1821, elle a été réunie à la commune du Grand-Pressigny. Les lieux, hameaux et villages suivants en dépendaient : La Duranderie, Serre, Bezuard, Moulin-Favier, le Moulin-de-la-Forge, Favier, la Boucletterie, Bois-de-Favier, Lourtière, le Verger, le Pain, le Petit-Favier, la Fauvellière, la Bergaudrie, la Guenaudière, Ferpoile, la Charpraie, Bourgogne, la Plaudrie, la Baudinière, Suschène, Valançay, Lancerie, la Liée, Passerée, la Clerjaudière, la Vienne, la Grouaie, les Gimbertières, Faugaudron, la Bourlière, Malessart, Courveaux, Plessis (étang de), la Borde, la Pinettrie, la Villatte, Boussée, le Peu-Renault, la Fontaine, la Bagatellerie, la Delandrie, la Doucettrie, le Grand-Peu-Renault, la Haute-Grange, la Vigueric, la Chauvellière, Moisay, la Providence.

En 1764, on comptait dans Étableaux 116 feux; — en 1801, 566 habit.; — en 1804, 577 habit.; — en 1810, 523 habit.

Autrefois, une foire se tenait dans cette paroisse, le 25 novembre, fête de Sainte-Catherine. Elle avait été établie en 1366, par lettres patentes du roi Charles et sur la demande de Jean le Meingre, dit Boucicault, maréchal de France. Elle a été supprimée à la Révolution.

L'église, dédiée à saint Martin, existe encore. Depuis la Révolution, elle est à usage de servitude. Construite en 1555, sur les fondations d'un édifice plus ancien et qui tombait en ruines, elle fut consacrée le 10 avril 1556, ainsi que le constatait une inscription placée au grand autel. On fit des réparations assez importantes au chœur et au clocher en 1778.

Cette église n'offre rien de remarquable. On y conservait des reliques de saint Martin, de saint Étienne, des Dix mille martyrs et des Onze mille vierges.

La cure possédait un petit domaine appelé la Folie et situé près du Rivau.

Il existait à Étableaux un prieuré appelé le *prieuré de Saint-Martin* ou du *Bourgneuf*, et qui appartenait à l'abbaye de Pontlevoy. Celle-ci avait le droit de présentation au titre curial.

CURÉS D'ÉTABLEAUX. — Jacques Roy, 1579. — Noël Moreau, 1604. — François Auvray, 1638. — Brice Marchand, 1664. — Charles Chauvin, 1692. — Jacques Chévrier, 1705. — Antoine Monsnier, 1733. — Henri de la Motte, 1737. — Charles Barat, 1748. — Pierre Chevalier, 1773. — Louis-Jacques Drouard, 1781.

Étableaux était une châtellenie, relevant du château de Sainte-Julitte à foi et hommage lige. Le château était un des mieux fortifiés de la contrée. On le voyait encore en assez bon état en 1791. Depuis, il a été en grande partie démoli. Ses ruines, qui dominent la vallée de la Claise, présentent un aspect imposant. On présume qu'il fut construit au XII⁽ᵉ⁾ siècle.

Dans l'enceinte des fortifications, se trouvait une chapelle dédiée à sainte Catherine et dont il n'existe aujourd'hui aucune trace. Cette chapelle était le but de nombreux pèlerinages, particulièrement le 25 novembre. Elle est mentionnée dans le *Registre de visite des chapelles du diocèse de Tours*, en 1787. Étienne Valladon en était chapelain en 1638; — N. Agier, en 1789.

Maurice de Craon, sénéchal héréditaire de Touraine, vivant en 1226-50, est le premier seigneur connu d'Étableaux. Son successeur fut Renaud de Pressigny, qui est cité dans une charte de l'abbaye de la Merci-Dieu, du mois de mai 1267. Jeanne, femme de Renaud, donna à cette abbaye soixante arpents de landes situés entre la Claise et la commanderie de l'Épinat.

Elle eut une fille, Marguerite, qui épousa Godemar de Linières, veuf d'Agnès de Sancerre, et eut en dot la terre d'Étableaux. De ce mariage naquirent : Godemar II, seigneur de Mereville; Jean, évêque de Viviers; Isabeau, femme du sieur de Châteauneuf; Florie, mariée à Jean le Meingre, dit Boucicaut, maréchal de France et lieutenant-général au gouvernement de Touraine.

Jean le Meingre devint, par ce mariage, seigneur de la châtellenie d'Étableaux, échue à sa femme dans le partage de la succession de sa mère. Il mourut à Dijon en mars 1368, laissant trois enfants: Jean, comte de Beaufort; Geoffroy et Oudart, maître d'hôtel de la reine.

Geoffroy le Meingre, deuxième fils de Jean, seigneur d'Étableaux, du Bridoré, du Luc, de Roquebrune et de Bulbone, chambellan du roi et gouverneur du Dauphiné, épousa en premières noces Constance de Saluces, et en secondes noces (le 21 février 1421), Isabeau de Poitiers, fille de Louis de Poitiers, seigneur de Saint-Vallier, et de Catherine de Giac. Il eut deux enfants de ce mariage : Louis et Jean, seigneurs du Bridoré (1463).

Vers 1450, André de Villequier, vicomte de la Guerche, seigneur de Montrésor, de Menetou-Salon et de l'Ile-d'Oléron, acheta, de la famille le Meingre, la terre d'Étableaux. Il mourut à Preuilly, le 1ᵉʳ juillet 1454. Antoinette de Maignelais, sa veuve, est qualifiée de dame d'Étableaux, dans un acte du 23 janvier 1465. Il eut deux enfants : Artus et Antoine. Ceux-ci, en 1489, étaient en procès au sujet du partage des biens de la succession paternelle. Un arrêt du parlement, du 24 juillet de cette année, décida qu'Artus, l'aîné, prendrait la moitié des domaines d'Étableaux, de la Guerche et de Montrésor, et qu'Antoine aurait l'autre moitié, mais sans avoir aucun droit sur les manoirs et sur les justices.

Antoine de Villequier, conseiller et chambellan du roi, mourut en 1490, laissant, de son mariage avec Charlotte de Bretagne, un fils unique, François, qui fut comme lui, seigneur d'une partie d'Étableaux et décéda sans postérité.

Artus de Villequier, frère d'Antoine, vivait encore en 1505. De son mariage avec Marie de Monberon, il eut un fils, Jean-Baptiste, qui fut vicomte de la Guerche et seigneur d'Étableaux. Celui-ci épousa en premières noces Jacqueline de Miolans, décédée en 1518 et dont il eut René de Villequier, mort avant 1520. D'un second mariage contracté le 28 mai 1519, avec Anne de Rochechouart, il eut : Claude, René et Jacqueline, femme de Claude Savary, marquis de Lancosme. L'aîné, Claude baron de Villequier, vicomte de la Guerche et seigneur d'Étableaux, gouverneur de Paris, épousa Renée d'Appelvoisin, fille de Guillaume d'Appelvoisin, seigneur de la Rochedumaine, et d'Anastasie de la Béraudière, et en eut Georges, qui mourut avant lui, en 1591.

Par testament du 8 avril 1571, Anne de Rochechouart, veuve de Jean-Baptiste de Villequier, fonda quatre services par an, dans l'église d'Étableaux et légua à la cure, pour cette fondation, une rente de 33 livres.

Claude de Villequier fit son testament le 14 avril 1595 et mourut peu de temps après. La châtellenie d'Étableaux et la vicomté de la Guerche passèrent, par héritage, aux mains de son frère René de Villequier, dit le Jeune, qui épousa, en premières noces, Françoise de la Marck, et en secondes, Louise de Savonnières. Du premier mariage naquit Charlotte-Catherine, femme de François d'O, seigneur de Fresnes; du second, Claude de Villequier, qui mourut à Fontainebleau, en 1604, âgé de 19 ans.

René de Villequier mourut vers 1599. Sa veuve se remaria à Martin du Bellay, prince d'Yvetot, qui est qualifié de seigneur d'Étableaux, dans un titre de 1601. Après sa mort, cette terre et celle de la Guerche échurent, par héritage, à Charlotte-Catherine de Villequier, veuve de François d'O, et qui avait épousé, en secondes noces, Jacques d'Aumont, baron de Chappes. Ce dernier mourut à Paris, le 14 juillet 1614, laissant : 1° César, marquis de Clervaux et vicomte de la Guerche; 2° Antoine, duc d'Aumont, marquis d'Isles, pair et maréchal de France, décédé le 11 janvier 1669; 3° Roger, évêque d'Avranches; 4° Charles, marquis d'Aumont; 5° Jacques-Emmanuel, seigneur d'Aubigny; 6° Anne, mariée, en premières noces, à Antoine Potier, seigneur de Sceaux, et en secondes, à Charles, comte de Lannoy.

Charles, marquis d'Aumont, quatrième fils de René, lieutenant-général des armées du roi, eut Étableaux en partage. Il mourut à Spire, en 1644, d'une blessure qu'il avait reçue au siège de Landau.

La châtellenie d'Étableaux avait été acquise de Charles d'Aumont, vers 1637, par Pierre Brulart, marquis de Sillery et de Puisieux, baron du Grand-Pressigny, secrétaire du roi et ambassadeur en Espagne. Depuis cette époque jusqu'à la Révolution, Étableaux a eu pour seigneurs les barons du Grand-Pressigny (V. *Pressigny* (Le Grand).

On voit, par un aveu rendu le 7 mars 1410 à Florie de Linières, par Gauvain d'Aloigny, que le fief des Rivaux relevait d'Étableaux à foi et hommage plain.

Arch. d'I.-et-L., E, 23, 71, 103, 104; G, 14; cures;. *Biens nationaux.* — D. Housseau, VII, 2995, 3204; VIII, 3656; IX, 4100; X, 4236 bis; XI, 5773; XII, 7437; XVIII. — *Cartulaire de l'archevêché de Tours,* — *Rôle des fiefs de Touraine.* — P. Anselme, *Hist. généal. de la maison de France,* II, 200; VI, 319, 753-54-55; VIII, 315-16. — Registres d'état-civil du Grand-Pressigny. — Dufour, *Dict. historique de l'arrondissement de Loches,* I, 234; II, 367. — La Thaumassière, *Hist. du Berry,* 667. — *Mémoires de Michel de Castelnau,* III, 255. — *Mémoire pour E.-P. Masson de Maisonrouge,* Paris, impr. P. Dumesnil, 1745, in-4°. — C. Chevalier, *Promenades pittoresques en Touraine,* 539. — *Recueil des actes administratifs d'Indre-et-Loire* (1821), p. 52. — *Mém. de la Soc. archéol. de Tour.,* X, 86.

Étableaux (Iles d'), dans la Claise, cⁿᵉ du Grand-Pressigny.

Établerie (l'), closerie, près de la chapelle de Saint-Barthélemy, paroisse de Saint-Symphorien. — L'*Établerie,* l'*Étableau,* ou le *Tableau,* 1604. — Elle est mentionnée dans un titre de 1448. — (Arch. d'I.-et-L., abbaye de Marmoutier, *Mense séparée).*

Étain (l'), ham., cⁿᵉ de Parçay-Meslay, 13 habitants.

Étalliers (le lieu des), cⁿᵉ de Nouans. — Il fut vendu, en 1793, sur N. Lhuillier de la Mardelle, émigré. — (Arch. d'I.-et-L., *Biens nationaux*.)

Étampes (Hugues d'), nommé aussi **Hugues de Chartres** ou de la **Ferté**, archevêque de Tours, succéda à Hildebert, en 1134. Il érigea en abbaye le prieuré de Boisaubry et fut un des fondateurs de l'abbaye de Gastines. Par ses soins, des écoles publiques furent établies à Chinon. Il mourut en 1148. — (*Gallia Christiana*, XIV. — Maan, *S. et Metrop. Ecclesia Turonensis*, III, 114. — Chalmel, *Hist. de Tour.*, II, 21; III, 452. — (*Mém. de la Soc. archéol. de Tour.*, IX, 333. — D. Housseau, XV, 132.)

Étampes (Jean d'), seigneur de Valençay, conseiller au parlement de Paris, conseiller d'État, né à Tours le 7 juillet 1595, fut nommé intendant de Touraine par lettres patentes du 5 juin 1630, en remplacement de Jean Aubery. Il donna sa démission en 1637 et remplit ensuite les fonctions d'ambassadeur en Suisse et en Hollande. Il mourut le 4 février 1671. Il était fils de Jean d'Étampes et de Sarah d'Aplincourt. — (De Courcelles, *Hist. de la noblesse*, I, 245. — P. Anselme, *Hist. généal. de la maison de France*, VII, 549. — *Catalogue des conseillers au parlement de Paris*, 119. — Chalmel, *Hist. de Tour.*, III, 419-20. — Moréri, *Diction. historique*, IV, 245.)

Étampes (Léonor d'), né à Tours, abbé de Bourgueil en 1611, évêque de Chartres en 1620, archevêque de Reims en 1641, mourut le 8 avril 1651, et fut inhumé dans l'église des Carmes déchaussés. Il était fils de Jean d'Étampes, seigneur de Valençay, et de Sarah d'Aplincourt. — (La Chesnaye-des-Bois et Badier, *Diction. de la noblesse*, VII, 482. — P. Anselme, *Hist généal. de la maison de France*, II, 90; VII, 549. — Bibl. de Tours, manuscrit n° 1494. — La Thaumassière, *Hist. du Berry*, 890. — *Les Historiettes de Tallemant des Réaux*, III, 184. — *Chronica monasterii Burguliensis*, 52. — Moréri, *Diction. historique*, IV, 246.)

Étampes (Henri d'), chevalier de Malte, grand-prieur de France, fut nommé abbé de Bourgueil en 1651, en remplacement de Léonor d'Étampes, décédé. Ambassadeur de France à Rome, en 1656, il se retira ensuite à Malte, où il mourut le 8 avril 1678. — (La Thaumassière, *Hist. du Berry*, 891. — Bibl. de Tours, manuscrit n° 1494. — *Chronica monasterii Burguliensis*, 52. — Moréri, *Diction. historique*, IV, 246.)

Étampes (Achille d'), né à Tours, le 5 juillet 1593, fut reçu chevalier de Malte en 1611 et devint grand'croix, puis général de l'armée de cet ordre. Le 14 décembre 1643, le pape Urbain VIII lui donna le chapeau de cardinal, en récompense des services qu'il avait rendus au Saint-Siège dans la guerre soutenue contre le duc de Parme, ainsi que dans des négociations avec l'Espagne et avec la France. Il mourut à Rome le 7 juillet 1646. Il était frère de Jean d'Étampes, intendant de Touraine. — (La Thaumassière, *Hist. du Berry*, 890. — P. Anselme, *Hist. généal. de la maison de France*, VII, 549. — La Chesnaye-des-Bois et Badier, *Diction. de la noblesse*, VII, 482. — *Almanach de Touraine*, 1741. — Chalmel, *Hist. de Tour.*, IV, 167-68. — Moréri, *Diction. historique*, IV, 246.)

Étanché (l'), f., c^{ne} de Lublé. — Ancienne propriété de la cure de Lublé. — (Arch. d'I.-et-L. *Biens nationaux*.)

Étang (le lieu de l'), près des Sevaudières, c^{ne} d'Avon.

Étang (l'), vil., c^{ne} de Betz, 61 habit. — *Étang-les-Betz*, XVIIe siècle. — *L'Étang*, cartes de Cassini et de l'état-major. — Ancien fief. Vers 1400, il appartenait à Jehanne de la Celle, fille de Geoffroy de la Celle-Draon, et femme de N. d'Azay; — en 1401, à Imbault d'Azay; — en 1456, à Adam d'Azay; — en 1619, à Louis de Couhé de Lusignan; — en 1642, à un autre Louis de Couhé de Lusignan; — en 1686, à Louis Robin, Éc. Il passa ensuite à la famille Chaspoux et fit partie du marquisat érigé, en 1746, en faveur de Jacques-Eusèbe Chaspoux de Verneuil. — (Arch. d'I.-et-L., E, 260. — D. Housseau, XI, 4865. — *Bulletin de la Soc. archéol. de Tour.*, 1868, p. 142-43. — *L'Hermite-Souliers, Hist. de la noblesse de Tour.*, 168. — Beauchet-Filleau, *Diction. des familles de l'ancien Poitou*, II. — Registres d'état-civil de Saint-Flovier. — La Chesnaye-des-Bois et Badier, *Diction. de la noblesse*, V, 234. — Dufour, *Diction. de l'arrondissement de Loches*, I, 165.)

Étang (le moulin de l'), sur le Brignon, c^{ne} de Betz.

Étang (l'), ou les **Étangs**, ham., c^{ne} de Dossée, 11 habit. — *L'Étang*, carte de l'état-major. — *Les Étangs*, carte de Cassini. — Ancienne châtellenie appartenant à l'abbaye de Cormery. En 1707, l'abbé Bautru de Vaubrun fut autorisé par le Chapitre général de l'abbaye à démolir le château, qui avait été bâti par l'abbé Jean du Puy, vers 1492. Près de là sont quatre étangs, qui dépendaient de la châtellenie: le Grand-Étang, l'Étang-du-Milieu, l'Étang-Bas et l'Étang-Haut. — *Cartulaire de Cormery*, XCVI, CXXXIV. — (Arch. d'I.-et-L., *Inventaire des titres de Cormery*.)

Étang (l'), ham., c^{ne} de Boussay, 10 habitants.

Étang (l'), ancien fief, près de la Celle-Guenand. — Il relevait du château de Montrésor. — (De Marolles, *Hist. des comtes d'Anjou*.)

Étang (les Grand et Petit), f., c^{ne} de Chambon.

Étang (l'), c^{ne} de Chambourg. V. *Les Étangs*.

Étang (l'), vil., c⁽ⁿᵉ⁾ de Chanceaux, c⁽ᵗᵒⁿ⁾ de Loches, 32 habit. — *L'Étang*, carte de l'état-major.

Étang (l'), f., c⁽ⁿᵉ⁾ de Charnizay. — Ancien fief. — (*Rôle des fiefs de Touraine.*)

Étang (le lieu de l'), près des Caves, c⁽ⁿᵉ⁾ de Ciran.

Étang (le Grand), étang, c⁽ⁿᵉ⁾ de Continvoir.

Étang (l'), f., c⁽ⁿᵉ⁾ de Damemarie. — *L'Étang*, cartes de Cassini et de l'état-major.

Étang (le moulin de l'), près du bourg d'Esves-le-Moutier. — Il relevait d'Esves (1666). — (D. Housseau, XIII, 7005.)

Étang (le lieu de l'), près de la Neuptière, c⁽ⁿᵉ⁾ de Léméré.

Étang (l'), f. et moulin, c⁽ⁿᵉ⁾ de Loches. — *L'Étang*, cartes de Cassini et de l'état-major. — En 1311, ces domaines appartenaient à Guy de Guenand. — (Bibl. de Tours, fonds Salmon, *titres de Notre-Dame de Loches*.)

Étang (le lieu de l'), près de Gray, c⁽ⁿᵉ⁾ de Lussault. — Étang desséché avant 1829.

Étang (le moulin de l'), sur le ruisseau du Breuil, c⁽ⁿᵉ⁾ de Mazières. — *L'Étang*, carte de l'état-major. — *Les Étangs*, carte de Cassini.

Étang (le Petit), étang, près des Belles-Ruries, commune de Monnaie.

Étang (l'), ou les **Étangs**, vil., c⁽ⁿᵉ⁾ d'Orbigny, 22 habit. — *L'Étang*, carte de Cassini. — Ancien fief, relevant de Montrésor. Le 7 novembre 1470, Jeanne d'Argy le vendit à Jean de Sorbiers. En 1512, il appartenait à François de Nouroy; — en 1554, à Jean de Nouroy, marié à Marguerite de Cardonne; — en 1584, à François de Jussac; — en 1764-86, à François-Jean-Louis Pellegrain de l'Étang. — (Arch. d'I.-et-L., E, 131, 133. — *Rôle des fiefs de Touraine*. — Lainé, *Archives de la noblesse de France*, X, 52, 55, 58. — *Mém. de la Soc. archéol. de Tour.*, X, 121. — Dufour, *Dictionnaire de l'arrondissement de Loches*, II, 212.)

Étang (les Grand et Petit), f., c⁽ⁿᵉ⁾ de Restigné.

Étang (le lieu de l'), près des Cornus, c⁽ⁿᵉ⁾ de Rilly.

Étang (le bois de l'), c⁽ⁿᵉ⁾ de Rochecorbon.

Étang (l'), f., c⁽ⁿᵉ⁾ de Saint-Branchs. — *L'Étang*, carte de l'état-major.

Étang (moulin de l'), sur le ruisseau de Montgoger, c⁽ⁿᵉ⁾ de Saint-Épain.

Étang (l'), vil., c⁽ⁿᵉ⁾ de Saint-Michel-sur-Loire, 37 habit. — *L'Étang*, carte de l'état-major. — *Les Étangs*, carte de Cassini.

Étang (l'), f., c⁽ⁿᵉ⁾ de Saint-Nicolas-de-Bourgueil. — *Les Étangs*, carte de Cassini.

Étang (l'), f., c⁽ⁿᵉ⁾ de Saint-Roch.

Étang (l'), f., c⁽ⁿᵉ⁾ de Savigné.

Étang (l'), f., c⁽ⁿᵉ⁾ de Sennevières. — *Étang de Fontaperc*, carte de Cassini.

Étang (le lieu de l'), près de la Ballucre, c⁽ⁿᵉ⁾ de Tauxigny. — Ancien étang, desséché en 1826.

Étang (l'), f. et moulin, sur l'Indrois, c⁽ⁿᵉ⁾ de Villeloin, 16 habit. — *Moulin de Lestan*, 1301 (*Cartulaire du Liget*). — Ancienne propriété de l'abbaye de Villeloin. — (Arch. d'I.-et-L., *Biens nationaux*.)

Étang (ruisseau de l'), c⁽ⁿᵉ⁾ d'Avrillé.

Étang (ruisseau de l'). Il prend sa source à Vernou, c⁽ⁿᵉ⁾ de Langeais, et va dans la commune de Saint-Mars.

Étang (ruisseau de l'), c⁽ⁿᵉ⁾ de Mazières, prend sa source dans l'étang de Jupilles et se jette dans le ruisseau du Breuil, près des Écluses.

Étang (ruisseau de l'). — Il prend sa source près de Vareille, dans la commune de Loches, passe dans les communes de Chanceaux et de Chambourg et se jette dans l'Indre, à Cornillé.

Étang (ruisseau de l'), c⁽ⁿᵉ⁾ d'Orbigny. — Il se jette dans l'Olivet.

Étang (ruisseau de l'), c⁽ⁿᵉ⁾ de Saint-Branchs. — Il prend sa source près de Bihoret et de l'étang Poutière.

Étang (moulin de l'), sur le ruisseau de Montgauger, c⁽ⁿᵉ⁾ de Saint-Épain.

Étang (ruisseau de l'), c⁽ⁿᵉ⁾ de Villedômer. — Il prend sa source dans l'étang de l'Archevêque et passe dans la commune de Neuillé-le-Lierre.

Étang-au-Loup (l'), étang, c⁽ⁿᵉ⁾ de Bossée.

Étangs-Bas (l'), étang, c⁽ⁿᵉ⁾ de Bossée.

Étang-Baudet (l'), étang, paroisse de Chambray. — En 1583, il appartenait au seigneur de Montbazon. — (D. Housseau, XI, 4700).

Étang-Bouchard (le lieu de l'), près de Bouc-à-Banc, c⁽ⁿᵉ⁾ de Saint-Paterne.

Étang-Boudonnière (l'), vil., c⁽ⁿᵉ⁾ de Charnizay, 19 habit.

Étang-Bourdet (le lieu de l'), c⁽ⁿᵉ⁾ de Langeais, près du chemin de la Richardière à la Châteigneraie.

Étang-Brûlé (bois de l'), c⁽ⁿᵉ⁾ de Luzillé.

Étang-Brûlé (le lieu de l'), c⁽ⁿᵉ⁾ de Reugny, près du chemin de Reugny à Amboise.

Étang-Cassé (l'), vil., c⁽ⁿᵉ⁾ de Manthelan, 18 habit. — *L'Étang-Cassé*, cartes de Cassini et de l'état-major.

Étang-Chalois (le lieu de l'), c⁽ⁿᵉ⁾ de

Saint-Laurent-en-Gatines. — *Étang-Dallun*, 1725. — Ancien étang; il fut desséché avant 1825. Il relevait de la châtellenie de la Ferrière, suivant une déclaration féodale faite le 29 mars 1725, par Antoine Salmon, chev., seigneur de la Brosse. Son étendue était de 11 arpents. — (Archives du château de la Ferrière).

Étang-Chéreau (l'), f., c^{ne} de Cléré.

Étang-Chopin (closerie de l'), paroisse de Saint-Aubin. — Ancienne propriété de l'abbaye de la Clarté-Dieu. — (Arch. d'I.-et-L., *titres de la Clarté-Dieu*.)

Étang-Crevé (l'), f. et étang, c^{ne} de Charnizay.

Étang-Damourette (le lieu de l'), près du Petit-Moulin, c^{ne} de Monts.

Étang-d'Avrillé (l'). V. *Avrillé*.

Étang-de-Bierge (l'), c^{ne} de Parçay-Meslay. V. *Bierge*.

Étang-de-Braye (l'), f., c^{ne} de Saint-Paterne.

Étang-de-Brosse (ruisseau de l'), c^{ne} de Francueil. — Il fait mouvoir le Moulin-à-tan et le Moulin-Neuf, passe à Francueil et se divise en deux branches qui vont se réunir au Cher, l'une à la Tuilerie, l'autre en face du château de Chenonceau.

Étang-de-Commacre (ruisseau de l'), c^{ne} de Sainte-Catherine-de-Fierbois. — Il se jette dans le ruisseau de Prévoux.

Étang-de-Cremille (ruisseau de l'). — Il prend sa source dans les étangs de Cremille, c^{ne} de Mazières.

Étang-d'Écoute-S'il-Pleut, c^{ne} de Saint-Mars. — Étang depuis longtemps desséché.

Étang-de-la-Barre (le lieu de l'), près de la Borde, c^{ne} de Bueil.

Étang-de-la-Boursière (l'), près de Chanceaux, paroisse du Grand-Pressigny. — Ancien fief, relevant de Faviers, à foi et hommage lige et un roussin de service du prix de 60 sols à muance de seigneur. — Joseph-François Haranc rendit hommage pour ce fief le 1er décembre 1762. — (*Rôle des fiefs de Touraine*. — Bibl. de Tours, fonds Salmon, *titres de Notre-Dame de Loches*.)

Étang-de-la-Dame (l'), f., c^{ne} de Courcelles. — *L'Étang*, carte de Cassini.

Étang-de-la-Lardière (ruisseau de l'), c^{ne} d'Orbigny.

Étang-de-L'Archevêque (ruisseau de l'), c^{ne} de Reugny, qu'il sépare de la commune de Neuillé-le-Lierre.

Étang-de-la-Morinière (le lieu de l'), c^{ne} de Dierres. — Ancien étang, desséché avant 1824.

Étang-de-la-Rabaudière (le lieu de l'), ancien étang, c^{ne} de Bossay, près du chemin de Preuilly à Loches.

Étang-de-l'Ile (l'), f., c^{ne} de Mazières.

Étang-de-l'Ormeau (le lieu de l'), près des Fourneaux, c^{ne} de Saint-Roch.

Étang-de-Marnay (l'), f., c^{ne} de Braye-sous-Faye.

Étang-de-Pierre-de-Maillé (le lieu de l'), c^{ne} de Sonzay. La Fare y prend sa source.

Étang-de-Narbonne (l'), f., c^{ne} de Joué. — *Terra de Stagno*, XIIIe siècle. — (Arch. d'I.-et-L., *titres de Saint-Jean-du-Grais*.)

Étang-des-Babinières (l'), étang, près des Repenellières, c^{ne} de Ciran.

Étang-des-Bois (l'), f., c^{ne} de Château-la-Vallière.

Étang-des-Gâtés (l'), f., c^{ne} de Saint-Patrice. — *Le Petit-Étang*, carte de l'état-major.

Étang-des-Gâtés (ruisseau de l'), c^{ne} de Saint-Michel-sur-Loire, passe dans la commune des Essarts et se jette dans le Ruau.

Étang-des-Gaillards (l'), ancien fief, paroisse de Beaumont-la-Ronce. — Il dépendait de la collégiale de Bueil. — (Arch. d'I.-et-L., G, 257.)

Étang-des-Mailles (le lieu de l'), c^{ne} de Saint-Laurent-en-Gatines. — Ancien étang, desséché avant 1825.

Étang-des-Roseaux (l'). V. *Le Louroux*.

Étang-de-Tierce (l'), f., c^{ne} de Mazières.

Étang-Dolin (le lieu de l'); c^{ne} de Luzillé. — Ancien étang, desséché avant 1826.

Étang-du-Breuil (le lieu de l'), c^{ne} de Villeloin. — Ancien étang, desséché avant 1826.

Étang-du-Château (l'), étang, près des Repenellières, c^{ne} de Ciran.

Étang-du-Grand-Clos (le lieu de l'), c^{ne} de Bossée, près du chemin de Fay à la Noirasse.

Étang-du-Milieu (l'), étang, c^{ne} de Bossée.

Étang-du-Ponceau (le lieu de l'), près du ruisseau de Saint-Laurent, c^{ne} de Veigné.

Étang-du-Rocher (l'), c^{ne} de Chambray. V. *Rocher*.

Étang-d'Ya (le lieu de l'), près de Cingé, c^{ne} de Bossay. — Ancien étang, desséché depuis longtemps.

Étang-Foireau (le lieu de l'), près de Mathefelon, c^{ne} de Savigny.

Étang-Fonds (l'), paroisse d'Auzouer. — Ancien fief, relevant du Plessis-Auzouer. En 1716, il appartenait à Pierre des Landes. — (Arch. d'I.-et-L., E, 119.)

Étang-Fondu (l'), c^ne de Beaumont-Village, ancien étang, desséché en 1832.

Étang-Fontapert (le lieu de l'), près de la Foulonnerie, c^ne de Saint-Jean-Saint-Germain. — Ancien étang, desséché avant 1826.

Étang-Fourché (le lieu de l'), près de la Motte, c^ne de la Chapelle-Blanche.

Étang-Gargeau (l'). V. *Gargeau*, c^ne de Ciran.

Étang-Gouin (le lieu de l'), c^ne de Candes, près du chemin du Coteau à Fontevrault.

Étang-Guillard, ou **Gaillard** (ruisseau de l'), c^ne de Beaumont-la-Ronce. — Il prend sa source près de la Championnière, et se jette dans la Vendœuvre au lieu appelé le Pont-Champion.

Étang-Guimas (l'), f., c^ne de la Chapelle-Blanche.

Étang-Harpin (l'), f., c^ne de Verneuil-sur-Indre. — *Étang-Arpin*, carte de Cassini.

Étang-Hidou (le lieu de l'), ancien étang, près de la Plessardière, c^ne de Crotelles.

Étang-Huet (l'), étang, c^ne de Bossée.

Étang-L'archevêque (ruisseau de l'), c^ne de Neuillé-le-Lierre.

Étang-les-Betz (l'). V. *Étang (l')*, c^ne de Betz.

Étang-Maillard (l'), paroisse de Souvigny, ancien fief, relevant d'Amboise. En 1683, il appartenait à Louis de la Motte-Villebret. — (Arch. d'I.-et-L., C, 633.)

Étang-Marnay (bois de l'), c^ne de Braye-sous-Faye.

Étang-Marne (l'), étang, c^ne de Saint-Pierre-de-Tournon.

Étang-Marron (le lieu de l'), c^ne du Boulay. — Ancien étang, desséché avant 1835.

Étang-Martin (l'), f., c^ne de Ligré.

Étang-Mitaine (les bruyères de l'), près de Coudray, c^ne de Loché.

Étang-Millon (le lieu de l'), c^ne de Saint-Michel-sur-Loire.

Étang-Naquet (l'), ancien étang, aujourd'hui desséché, situé près de Cingé, c^ne de Bossay. — En 1791, il appartenait au comte de Livenne. — (Arch. d'I.-et-L., *Biens nationaux*.)

Étang-Neuf (le lieu de l'), ancien étang, d'une étendue de 10 arpents, c^ne d'Avrillé.

Étang-Neuf (l'), étang, c^ne de Betz.

Étang-Neuf (l') ou **Petit-Étang-de-Cingé**, étang, c^ne de Bossay.

Étang-Neuf (l'), étang, c^ne de Boussay.

Étang-Neuf (l'), étang, c^ne de la Chapelle-Blanche.

Étang-Neuf (l'), c^ne de Ciran. V. *Piagu*.

Étang-Neuf (l'), étang, c^ne de Charnizay. — *Étang-Neuf*, carte de Cassini.

Étang-Neuf (l'), étang, c^ne de Courcelles.

Étang-Neuf (l'), étang, c^ne du Louroux. — Il fut créé, au XVe siècle, par Guy de Lure, abbé de Marmoutier. — (*Chron. abb. Maj. monast.* 336.)

Étang-Neuf (l'), f. et étang, c^ne de Morand. — Ancien fief. L'étendue de l'étang, en 1793, était de 18 arpents. — (*Rôle des fiefs de Touraine*. — Arch. d'I.-et-L., *Biens nationaux*.)

Étang-Neuf (l'), étang, c^ne de Saint-Étienne-de-Chigny.

Étang-Neuf (l'), étang, c^ne de Saint-Laurent-en-Gatines. — Il relevait de la châtellenie de la Ferrière, suivant une déclaration féodale faite le 29 mars 1725 par Antoine de Salmon de la Brosse. Son étendue était alors de 9 arpents. — (Archives du château de la Ferrière.)

Étang-Neuf (l'), étang, c^ne de Saint-Paterne. — En 1791, il appartenait à l'abbaye de la Clarté-Dieu. Son étendue était alors de 8 arpents. (Arch. d'I.-et-L., *Biens nationaux*.)

Étang-Neuf (le bois de l'), c^ne de Villedômer.

Étang-Perrière (l'), étang, c^ne de Bossay.

Étang-Plat (le lieu de l'), près de la Motte, c^ne de la Chapelle-Blanche.

Étang-Rigollet, ou **Rigole** (l'). V. *Rigollet*.

Étang-Robert (l'), paroisse de Saint-Paterne. V. *Robert*.

Étang-Roseau (l'), étang, c^ne de Charnizay.

Étang-Rouard (l'), c^ne de Tauxigny. — Ancien étang, desséché en 1826.

Étang-Savin (l'), vil., c^ne de Charnizay, 30 habitants.

Étang-Testard (l'), étang, c^ne de Morand.

Étang-Vaillant (l'), étang, c^ne de Charnizay.

Étang-Vigneau (le lieu de l'), près de la Billardière, c^ne de Neuillé-le-Lierre.

Étang-Vignon (le lieu de l'), près du Cassoi, c^ne de Vouvray.

Étangs (le lieu des), près du Moulin-Neuf, cⁿᵉ d'Assay.

Étangs (le lieu des), près de Bossin, cⁿᵉ de Betz.

Étangs (les), cⁿᵉ de la Celle-Guenaud. V. *Étang*.

Étangs (les), ou l'**Étang**, f., cⁿᵉ de Chambourg. — Ancien fief. Au XVIIIᵉ siècle, il appartenait à la famille Haran. — (Arch. d'I.-et-L., *Rôle des 20ᵐˢ*. — *Réfutation pour Pierre Haincquc*, Blois, imp. Masson, 1773.)

Étangs (les), f., cⁿᵉ de Cigogné.

Étangs (le bois des), cⁿᵉ de Couziers.

Étangs (le lieu des), près de la Blinerie, cⁿᵉ de Ferrières-Larçon.

Étangs (les), ham., cⁿᵉ de Joué-les-Tours, 10 habit. — *Les Étangs*, carte de Cassini.

Étangs (les), vil., cⁿᵉ de Langeais, 38 habit. — *Les Étangs*, carte de l'état-major.

Étangs (le lieu des), cⁿᵉ de Ligueil, près du chemin de Ligueil à Paulmy.

Étangs (les), cⁿᵉ de Mazières. V. *Étang*.

Étangs (les), cⁿᵉ d'Orbigny. V. *Étang* (l').

Étangs (le lieu des), près de la Chrétiennerie, cⁿᵉ de Paulmy.

Étangs (les), f., cⁿᵉ de Saché.

Étangs (les), vil., cⁿᵉ de Saint-Mars, 29 habit. — *Les Étangs*, carte de l'état-major.

Étangs (le ruisseau des), cⁿᵉ de Saint-Mars.

Étangs (les), cⁿᵉ de Saint-Michel-sur-Loire. V. *Étang*.

Étangs (les), cⁿᵉ de Saint-Nicolas-de-Bourgueil. V. *Étang*.

Étangs (le lieu des), près de la Bautière, cⁿᵉ de Sorigny.

Étangs (le lieu des), près du Châtellier, cⁿᵉ de Varennes.

Étangs-de-Bossay (les), étangs, cⁿᵉ de Bossay.

Étangs-de-Narbonne (les), ham., cⁿᵉ de Joué-les-Tours, 11 habit. — *Étang-de-Narbonne*, carte de l'état-major.

Étangs-de-Villiers (ruisseau des) cⁿᵉ de Chemillé-sur-Indrois. — Il se jette dans le ruisseau d'Aubigny, au lieu appelé Taille-du-Bois-aux-Bœufs.

Étape (le lieu de l'). — *Estappum, juxta pratum de Odato*, paroisse de Saint-Étienne de Tours. — Il est mentionné dans une charte de Theotolon, archevêque de Tours, du mois d'août 943. — (Bibl. nationale, fonds Baluze, Arm. III.)

Étard (l'), ou l'**Éther**, f., cⁿᵉ de Saint-Michel-sur-Loire. — *Le Tard*, carte de Cassini.

Étéières (les), paroisse de Neuvy-Roy. — Ancien fief. — (Arch. d'I.-et-L., C, 633.)

Étienne (Saint-), ancienne paroisse. V. *Tours*.

Étienne (Saint-), f., cⁿᵉ de Fondettes.

Étienne (la fontaine Saint-), près de Bois-Jacquet, cⁿᵉ d'Épeigné-sur-Dême. Elle jette ses eaux dans le ruisseau de la Fontaine-Saint-Martin.

Étienne-de-Bazille (chapelle Saint-). V. *Cande*.

Étienne-de-Blémars (Saint-). V. *Étienne-des-Guérets* (Saint-).

Étienne-de-Chigny (Saint-), commune du canton de Tours-nord, arrondissement de Tours, à 14 kilomètres de Tours. — *S. Stephanus de Eschigne, sive de Chigneio*, XIIIᵉ siècle. (*Cartulaire de l'archevêché de Tours*.) — *Chigny-les-Bois*, 1793.

Elle est bornée, au nord, par la commune d'Ambillou; au sud, par la Loire; à l'est, par la commune de Luynes; à l'ouest, par celle de Mazières. A l'est, elle est arrosée, par la Bresme, qui se jette dans la Loire au lieu appelé le Jard. Elle est traversée par la route nationale n° 152, d'Angers à Briare, et par le chemin de grande communication n° 32, de Baugé à Tours. Il y existe deux étangs : l'étang Neuf et l'étang des Souches. Une partie de son territoire est occupée par la forêt de Luynes. Dans la Loire, qui passe au sud, sont les îles Buda, du Curé, de Coligny et l'île Belleîlle. Au nord sont des landes, appelées les Landes des Poulaillères.

Les lieux, hameaux et villages suivants dépendent de cette commune : Le Moulin-Glabert (10 habit.). — La Jotterie (11 habit.). — Lournay, ancien fief. — Le Ponceau (71 habit.). — Adigny, ancien fief. — Pont-de-Bresme (187 habit.). — Le Port-Caillau (86 habit.). — Passe-Vite (16 habit.). — Pont-Clouet (15 habit.), ancien fief. — Les Ruaux (28 habit.). — Chappe (17 habit.), ancien fief. — La Brosse (51 habit.). — La Bergerie (32 habit.). — L'Armerie (20 habit.). — Belair (38 habit.). — Bellevue (14 habit.). — La Cantinière (16 habit.). — L'Aubinière (119 habit.). — Le Gravier, les Fougères, la Remellerie, les Verdelets, la Cartonnière, le Portail, Bec-Venier, le Clos, Beauvais, les Carneaux, les Grandes-Maisons, la Frelandière, Boissemé, Pinou, le Perré, Briqueloup, la Fontaine, la Foucaudière, la Rousselière, etc.

Avant la Révolution, Saint-Étienne-de-Chigny faisait partie de l'élection de Tours, du doyenné de Luynes et de l'archidiaconé d'outre-Loire. En 1793, il dépendait du district de Tours.

Superficie cadastrale. — 2062 hectares. — Le plan cadastral, dressé par Paitu, a été terminé le 4 septembre 1813.

Population. — 695 habit. en 1801. — 782 habit. en 1804. — 811 habit. en 1810. — 921 habit.

en 1821. — 977 habit. en 1831. — 990 habit. en 1841. — 1002 habit. en 1851. — 1007 habit. en 1861. — 900 habit. en 1872. — 935 habit. en 1876.

Assemblée pour location de domestiques le jour de l'Ascension.

Bureau de poste et Perception de Luynes.

La commune a été divisée, de nos jours, en deux paroisses : l'une, dite de Saint-Étienne-de-Chigny, l'autre dite du Pont-de-Bresme. L'église de cette dernière, dédiée à saint Étienne, est de construction récente. Elle n'offre aucun intérêt.

L'autre église a été bâtie en 1542-43, par un des seigneurs d'Andigny, fief situé dans la paroisse. Elle fut consacrée le 29 mars 1543, par Antoine de la Barre, archevêque de Tours, qui, le même jour, fit déposer l'acte suivant dans l'intérieur de l'autel, où il a été retrouvé en 1834 :

Anno Domini millesimo quingentesimo quadragesimo tertio die jovis post festum Paschæ existente vicesima nona mensis martii, Ego, Antonius de Labarre, dei et apostolicæ sedis gratia Turonensis archiepiscopus, consecramus ecclesiam et altare hoc in honorem S. Stephanis martyris et reliquias ejusdem S. Stephani in eo inclusi singulis Christi fidelibus hodie unum annum et in die aniversario consecrationis hujusmodi ipsam visitantibus quadraginta dies in forma ecclesiæ consueta concedens in cujus rei testimonium presens scriptum, per secretarium nostrum ordinarium exinde fieri sigillo que nostro sigillari fecimus et mandavimus. Actum in ecclesia parrochiali S. Stephani de Chigneyo nostræ Turonensis diocesis die et anno quibus supra.

Per Dominum Reverendissimum archiepiscopum Turonensem : MEAUTAYS.

Les vitraux de la fenêtre du maître-autel, datant de la fondation de l'église, sont très remarquables. Ils ont pour sujet le crucifiement. On y voit aussi le portrait du donateur et de sa femme. On les a restaurés en 1841, au moyen d'une allocation accordée par le gouvernement, à la suite d'un rapport présenté par la Société Archéologique de Touraine et qui faisait ressortir tout l'intérêt que présentait cette œuvre d'art.

Le baptistaire de cette église mérite également de fixer l'attention. Il est surmonté d'une pyramide ornée de sculptures très habilement exécutées.

Les propriétaires d'Andigny avaient le droit de banc seigneurial dans l'église.

La présentation au titre curial appartenait à l'archidiacre d'outre-Loire.

Les registres d'état-civil de la paroisse commencent en 1538.

CURÉS DE SAINT-ÉTIENNE-DE-CHIGNY. — Gabriel Baugé, 1738, décédé le 23 juin 1747. Il fut inhumé dans l'église. — Pierre de Montreuil, 1747, décédé le 20 janvier 1773. — Jacques Douault, 1773, 1790. — J. Bouglé, curé constitutionnel, 1793. — Jacques Douault, 1801. — Lesourd, 1804. — Petillault, 1830. — Morillon-Dubellay, juillet 1873. — Dupont, juin 1875, actuellement en fonctions (1879).

CURÉ DU PONT-DE-BRESME. — Bert, actuellement en fonctions (1879).

La paroisse formait un fief dépendant de la châtellenie d'Andigny.

MAIRES DE SAINT-ÉTIENNE-DE-CHIGNY. — Béatrix, 1801. — Jean Boureau, 29 décembre 1807. — Philippe de la Beraudière, 22 mars 1816, août 1821, 5 juin 1837, juin 1840. — Jean Ploquin, 1er août 1846. — Gaudin, 1852. — Rougé-Besnard, 1870. — François Berger-Bidault, 9 février 1874, 21 janvier 1878.

Arch. d'I.-et-L., *Cures, Biens nationaux.* — Registres d'état-civil de Saint-Étienne-de-Chigny. — Bibl. de Tours, fonds Lambron de Lignim, *Statistique des paroisses de Touraine.* — *Journal d'Indre-et-Loire* du 29 juillet 1876. — *Mém. de la Soc. archéol. de Tour.,* II, 221-24 ; IX, 321. — *Annuaire du département d'Indre-et-Loire* (1877), p. 172. — *Cartulaire de l'archevêché de Tours.* — A. Joanne, *Géographie d'Indre-et-Loire,* 98. — E. Mabile, *Notice sur les divisions territoriales de l'ancienne province de Touraine,* 198.

Étienne-des-Guérets (Saint-), cne du canton d'Herbault, arrondissement de Blois (Loir-et-Cher). — *S. Stephanus de Blemars,* XIIIe siècle. — Avant la Révolution, cette paroisse faisait partie du doyenné de Châteaurenault et de l'archidiaconé d'outre-Loire, diocèse de Tours. Elle était dans le ressort de l'élection d'Amboise. La cure était à la présentation de l'archidiacre d'outre-Loire. — Population en 1876 : 251 habit.

Arch. d'I.-et-L., C, 236. — *Pouillé de l'archevêché de Tours* (1648), p. 36. — *Almanach de Touraine,* 1789. — *Cartulaire de l'archevêché de Tours.* — *Mém. de la Soc. archéol. de Touraine,* IX, 321.

Étilly, vil., cne de Panzoult, 22 habit.

Étival, châtellenie, paroisse de Saint-Germain-d'Arcé. — Elle relevait de la baronnie de Saint-Mars, à foi et hommage simple et à roussin de service à mutation de seigneur. Vers 1760, elle appartenait à René-François Fauquaire ; — en 1786, à Antoine-François-Théodore Serrurier de la Fuye. — (Bibl. de Tours, *titres de Saint-Mars*).

Étivau, cne de Dolus. V. *Étivaux.*

Étivaux (les), **Tivaux,** ou **Thivaux,** f., cne d'Assay. — *Les Tivaux,* carte de l'état-major. — Ancien prieuré placé sous le vocable de sainte Marie-Madeleine. Il faisait partie du diocèse de Poitiers et dépendait de l'abbaye de Cormery, en Touraine. La chapelle tombait en ruines en 1791. N. Dumay était prieur d'Étivaux en 1694 ; — Charles-François Thubert, en 1790. Le prieuré possédait soixante arpents de terres labourables et bois dans la paroisse d'Assay. — (Arch. d'I.-et-L., G, 280 ; *Biens nationaux.* — Dugast-Matifeux, *État du Poitou sous Louis XIV,* 182.)

Étivaux (le lieu des), paroisse de Beaumont-en-Véron. — Il relevait censivement de Razilly. — (Arch. d'I.-et-L., E, 163).

Étivaux (les), ou **Étivau**, f., c^{ne} de Dolus. — *Estivallum*, 1136 (charte de Dreux de Mello). — Elle relevait de la commanderie de Dolus et appartenait à l'archevêque de Tours. — (Arch. d'I.-et-L., G, 6; *titres de la Commanderie de Ballan; Biens nationaux*. — D. Housseau, IV, 1586).

Étivaux (les), ou l'**Aître-du-Chapon**, paroisse de Saint-Roch. — Il relevait du fief de Saint-Roch, d'après une déclaration féodale faite en 1650. — (Arch. d'I.-et-L., *Inventaire des titres de Saint-Roch*.)

Étoile (le lieu de l'), près de la Drouaire, c^{ne} de Ciran.

Étoile (l'), f., c^{ne} de Neuillé-le-Lierre.

Étoile (l'), ham. et chât., c^{ne} de Vernou, 28 habit. — *L'Étoile*, carte de l'état-major. — Il est de tradition dans le pays que les carrières de l'Étoile ont fourni la plus grande partie des pierres pour la construction de la cathédrale de Tours. La Cisse fut canalisée depuis le Pont-de-Bois jusqu'au lieu appelé le Pont-de-la-Cuve, pour conduire ces pierres à leur destination. En 1777, le domaine de l'Étoile, relevant du fief d'Argouges, appartenait à Joseph Thoisnier. — (Arch. d'I.-et-L., E, 38; *titres du Chapitre de Tours*. — A. Joanne, *Géographie d'Indre-de-Loire*, 33.)

Étourneau (l'), ham., c^{ne} du Boulay, près de la Glaise, 12 habit.

Étrangloir (le lieu de l'), près de Beauchêne, c^{ne} de Sainte-Maure.

Étrape (l'), f., c^{ne} de Genillé.

Être-des-Gautiers (l'), c^{ne} de Vernou. V. *Aître des Gautiers*.

Être-du-Champ (l'), c^{ne} de Parçay-Meslay. V. *Aître-du-Duchamp*.

Êtres (les), f., c^{ne} de Saint-Paterne.

Étui (l'), f., c^{ne} de Huismes. — *L'Étui*, carte de l'état-major.

Éturgeonnerie (l'), f., c^{ne} de Sorigny. — *L'Esturgeonnerie*, carte de l'état-major.

Étus (le lieu des), près des Boissières, c^{ne} de Parçay-Meslay.

Eudes, premier du nom, comte de Tours, de Blois et de Chartres (978-95), était fils de Thibault, dit le Vieux ou le Tricheur. Pendant plusieurs années, il soutint une guerre acharnée contre Foulques-Nerra, comte d'Anjou. De son temps, la Touraine ne cessa d'être un vaste champ de bataille où le sang coulait à flots. Les places, aujourd'hui prises par Foulques, étaient le lendemain reprises par Eudes. De toutes parts régnaient le pillage, l'incendie et le deuil. Ce fut une des plus malheureuses époques pour les habitants de ces contrées. Eudes mourut en 995 et eut sa sépulture dans l'abbaye de Marmoutier. En premières noces, il avait épousé Mahaut, fille de Richard Ier, duc de Normandie; en secondes noces, Berthe, fille de Conrad Ier, roi de la Haute-Bourgogne. Du second mariage naquirent plusieurs enfants, entre autres: Thibaut II, comte de Tours, et Eudes II. — (P. Anselme, *Hist. généal. de la maison de France*, II, 836. — Chalmel, *Hist. de Touraine*, I, 46, 317-18. — Moréri, *Diction. historique*, I, 1197. — D. Martène, *Hist. de Marmoutier*, I. — *Mém. de la Soc. archéol. de Tour.*, III, 41; V, 142; IX, 154; XI, 253. — Mabillon, *Annales Bened.*, IV, 42. — Maan, *S. et Metrop. ecclesia Turonensis*, 72, 76, 77.)

Eudes II, fils puîné de Eudes Ier, comte de Tours, de Chartres et de Blois, après la mort de son frère, Thibault II, décédé sans postérité en 1004, employa, comme son père, une partie de sa vie dans les combats. En 1016, il mit en déroute complète, à Pontlevoy, l'armée du comte d'Anjou. Plus tard, et dans trois occasions, il défit les troupes du roi Robert qui voulait l'empêcher de s'emparer des villes de Troyes et de Meaux. Le 17 septembre 1037, il fut tué dans un combat, près de Bar, par Gauslin le Grand, duc de la Basse-Lorraine. C'est à lui que Tours dut la construction d'un pont de pierre destiné à mettre cette ville en communication avec Saint-Symphorien. Ce pont, qui comptait quinze arches, s'écroula, en partie, en 1677. On voit encore, dans le lit de la Loire, à l'époque des basses eaux, des restes de la maçonnerie qui supportait les piles. — Eudes II eut, de son mariage avec Ermengarde, fille de Robert Ier, comte d'Auvergne, Thibault III, qui fut comte de Tours, et Henri, dit Étienne, comte de Troyes. — (La Thaumassière, *Hist. du Berry*, 412. — Moréri, *Diction. historique*, I, 1197. — Chalmel, *Hist. de Touraine*, I, 46; II, 338, 347-48. — *Mém. de la Soc. arch. de Tour.*, II, 8; III, 89; IX, 273-91. — Maan, *S. et Metrop. ecclesia Turonensis*, IV, V, VI, X.)

Eudes, abbé de Marmoutier. V. *Odon Ier*.

Eudes de Braceoles, abbé de Marmoutier. V. *Braceoles*.

Euphrône ou **Eufrône (Saint-)**, évêque de Tours, succéda à Gontran, en 556. Il était neveu de saint Grégoire, évêque de Langres. Pendant son épiscopat, un incendie détruisit les églises et une grande partie de la ville de Tours. En 566, il présida un concile tenu dans cette ville et auquel assistaient saint Germain, de Paris, et saint Prétextat. Il fit reconstruire deux églises à Tours et y fonda celle de Saint-Vincent. D'autres églises furent bâties, par ses soins, dans diverses localités de son diocèse, notamment à Céré et à Orbigny. En 572, il consacra un oratoire à Sainte-

Maure. Il mourut en 573, âgé de soixante-dix ans. Son successeur fut Grégoire de Tours.

<small>Greg. Tur. Hist. Franc. Lib. X. — A. Baillet, *La Vie de saint Euphrône* (dans le *Recueil des vies des saints*, 4 août). — *De S. Euphronio, Syll. J. B. Sollerii* (dans le *Recueil des Bollandistes*, 4 août.) — A. Dupuy, *Vie de saint Euphrône*, Tours, 1853, in-12 de 36 pages. — *Gallia christiana*, IV, 518. — Maan, *S. et Metrop, ecclesia Turonensis*, 37. — Chalmel, *Hist. de Tour.*, III, 445. — M. Marteau, *Paradis délicieux de la Touraine*, II, 72. — *Almanach de Touraine* 1767, 1775. — *Mém. de la Soc. archéol. de Tour.*, I, 11; IV, 253; XI, 13, 56, 57.)</small>

Eusèbe, évêque de Tours, succéda à Gavien en 765, d'après Chalmel, en 770, d'après Maan. Il eut pour successeur Herling, en 771 (790 d'après Maan). — (Chalmel, *Hist. de Touraine*, III, 447. — Maan, *S. et Metrop. ecclesia Turonensis*, 49. — *Gallia christiana*, XIV, 32. — *Mém. de la Soc. archéol. de Tour.*, IX, 332).

Eustache (Saint-), f., cⁿᵉ de Veigné.

Eustoche (Saint-), évêque de Tours, succéda à saint Brice, en 444 (ou 447). Il fonda plusieurs églises dans son diocèse, notamment celles des Saints-Gervais et Protais, à Tours. En 453, il sacra Tedasius, évêque d'Angers, et présida, dans cette ville, le premier concile de la province ecclésiastique de Touraine. Sous son épiscopat furent découverts les tombeaux de sainte Brigitte et de sainte Maure. Il mourut en 461 (ou 464).

<small>Chalmel, *Hist. de Tour.*, I, 89, 90, 93; III, 444. — J. Bourassé, *Les églises mentionnées par Grégoire de Tours*, 5. — A. Baillet, *Recueil des vies des saints*, 19 sept. et *Topographie des saints*, col. 250. — *Gallia christiana*, II, 7. — Maan, *S. et Metrop. ecclesia Turonensis*, 25. — Martin Marteau, *Le paradis délicieux de la Touraine*, II, 52. — Greg. Turon. hist. Franc. lib. X. — *Almanach de Touraine*, 1766. — *Recueil des Bollandistes*, 19 septembre.</small>

Évangile (la croix de l'), cⁿᵉ de Sennevières, sur le chemin de Loches à Baugerais.

Évardonis (*Portus*). V. *Port-Cordon*.

Évartius, évêque de Tours. V. *Ebartius*.

Évêché (le lieu de l'), près de Belair, cⁿᵉ de Villebourg.

Évêchés (le lieu des), près de l'Ormeau, cⁿᵉ de Saint-Paterne.

Éveillé (le lieu de l'), cⁿᵉ de Chambon, près du chemin de la Haye à Preuilly.

Evena. V. *Esvres*, commune.

Evena, *rivulus*. V. *Esves*.—

Éventard (l'), f., cⁿᵉ de Neuil. — L'*Éventard*, carte de l'état-major. — Elle appartenait au duc de Praslin, en 1791. Huit cents arpents de bois en dépendaient. — (Arch. d'I.-et-L., *Biens nationaux*.)

Évereuil, ou **Évreu** (le lieu de l'), paroisse de Charentilly. — *Evreium*, 1150. — Ancien fief, appartenant à l'abbaye de Beaumont-les-Tours. Il est cité dans une bulle du pape Eugène, de 1150 et dans un titre de l'abbaye de Beaumont. — (Arch. d'I.-et-L., *titres de Beaumont*.)

Évies (le lieu des), près de la Maingottière, cⁿᵉ de Verneuil-le-Château.

Evira. V. *Esvres*.

Évois (les), f., cⁿᵉ de Restigné. — *Évois*, carte de l'état-major.

Evra. V. *Esvres*.

Évrard (Michel-Augustin d'), chev., seigneur de Haiecourt et de Crissé, mestre de camp de cavalerie, était gouverneur des ville et château de Chinon, en 1634. — (P. Anselme, *Hist. généal. de la maison de France*, V, 493. — Bibl. de Tours, fonds Salmon, *titres de Chinon*).

Évrard, abbé de Marmoutier. V. *Ébrard*.

Évre (l'), rivière. V. *Esves*.

Évreau (l'), cⁿᵉ de Gizeux. V. *Aireau-de-Girard*.

Evreium. V. *Évereuil*, paroisse de Charentilly.

Evria. V. *Esvres*.

Evvra. V. *Esves-le-Moutier*.

Excubiliacum. V. *Écueillé*.

Exemples (les), f., cⁿᵉ de Saint-Paterne. Ancienne propriété de la collégiale de Saint-Martin-de-Tours. — (Arch. d'I.-et-L., *Prévôté d'Oë*.)

Expiarius. V. *Esgriarius*.

Explenta *nemus*. V. *Plante* (forêt de).

Eyvre. V. *Evre*.

Éziau (bois d'). — Il fait partie de la forêt de Villandry.

F

Fabrice (la), vil., cⁿᵉ de Saint-Cyr, 28 habitants.

Fabrices (le lieu des), près de la Vallée-Froide, cⁿᵉ de Ligré.

Fabrique (le lieu de la), près de Boisgodeau, cⁿᵉ de Ligueil.

Fafetière (la), f., cⁿᵉ de Saint-Épain. — *Saffetière*, carte de Cassini.

Fagannerie (la), f., c⁰ᵉ de Tauxigny. — *Faguenerie*, carte de Cassini.

Fagia, **Fagie**. V. *Faye-la-Vineuse*.

Fago (fons de), paroisse du Sentier. — Elle est citée dans une charte de 1032. — (Bibl. de Tours, fonds Salmon, *titres de Marmoutier*, II).

Fagotière (la) et la **Petite-Fagotière**, f., cⁿᵉ de Druye. — *Fagotière*, carte de l'état-major.

Faguères (les) et les **Petites-Faguères**, f., cⁿᵉ de Marray. — *Faguères*, cartes de Cassini et de l'état-major. — Elles relevaient censivement de la châtellenie de la Ferrière, suivant une déclaration féodale faite en 1763. — (Archives du château de la Ferrière).

Faia, **Faicum**. V. *Faye-la-Vineuse*.

Faillet (la croix de), cⁿᵉ d'Orbigny, près du chemin de Montrésor à Saint-Aignan.

Faire-Grolle, ou **Pey-de-Grolle**, vil., cⁿᵉ de Saint-Benoît, 19 habit. — *Pelle-Grolle*, carte de Cassini.

Fairie (la), cⁿᵉ de La Croix. V. *Féerie*.

Faisanderie (la), f., cⁿᵉ de Barrou.

Faisanderie (la), f., cⁿᵉ de Betz.

Faisanderie (la), ou **Faisandière**, f., cⁿᵉ de Dierre. — *Faisanderie*, carte de l'état-major.

Faisselles (le lieu des), cⁿᵉ de Marcilly-sur-Vienne. V. *Les Blanchards*.

Faite, f., cⁿᵉ d'Autogny. — *Faite*, carte de l'état-major.

Faitière (la), f., cⁿᵉ de Maillé-Lailler. — *Fetière*, carte de Cassini.

Faitière (la Haute-), f., cⁿᵉ de Savonnières.

Faix (le lieu de), près du Tremble, cⁿᵉ de Ferrières-Larçou.

Faix (le lieu de), près du ruisseau de Bray, cⁿᵉ de Noizay.

Falaise (le Grand-) et le **Petit-Falaise**, vil., cⁿᵉ d'Azay-sur-Cher, 21 habit.

Falaise (le lieu de), cⁿᵉ de Saint-Pierre-de-Tournon, près du chemin d'Yzeures à Tournon.

Falaiseau (Jean), lieutenant-général au bailliage de Chinon, puis lieutenant-général au bailliage et siège présidial de Tours, fut nommé maire de cette ville, en 1490, en remplacement de Guillaume Leclerc. Il eut pour successeur, en 1491, Nicolas Chartier. — (Chalmel, *Hist. des maires de Tours* (manuscrit), p. 92. — (Lambron de Lignim, *Armorial des maires de Tours*).

Falaiseau (Jean), seigneur du Bois-Joli, petit-fils du précédent, fut nommé maire de Tours, en 1554, en remplacement de Guillaume Bohier, et prêta serment, en cette qualité, le premier novembre. En novembre de l'année suivante, il eut pour successeur, Guillaume Habert, sieur de la Couture. — (Chalmel, *Hist. des maires de Tours*, p. 117. — Lambron de Lignim, *Armorial des maires de Tours*.)

Falaiseaux (le lieu des), cⁿᵉ d'Azay-sur-Cher. — Par acte du 29 mars 1597, le Chapitre de Saint-Martin-de-Tours le vendit à Jacques Falaiseau qui le réunit à la métairie de la Motte-Subleau. En 1735, le Chapitre de Saint-Martin en devint de nouveau propriétaire. — (Arch. d'I.-et-L., *châtellenie d'Azay*).

Falaisière (la), f., cⁿᵉ de Luynes.

Falandrie (la), f., cⁿᵉ de Barrou.

Falèche, vil., cⁿᵉ de Saint-Germain-sur-Vienne. — Ancien fief, En 1686, il appartenait à François Veronneau, gentilhomme servant du roi. — (Arch. d'I.-et-L., E.)

Faleize, **Faletz**. V. *la Folie*, cⁿᵉ de Vernou.

Falluère(la) et la **Grande-Falluère**, f., cⁿᵉ de Sainte-Radégonde. — Ancien fief, relevant d'Amboise. En 1665, il appartenait à Pierre Lefebvre, chanoine et prévôt de Saint-Martin de Tours; — en 1671, à René Lefebvre, conseiller au Grand-Conseil; — en 1672, à Nicole Lefebvre, conseiller au parlement de Bretagne; — en 1696, à Claude Lefebvre, trésorier de France, à Tours; — en 1731, à un autre Claude Lefebvre; — en 1758-89, à Claude-Pierre Lefebvre. — (Bétancourt, *Noms féodaux*, I, 406, 407; II, 952. — Arch. d'I.-et-L., C, 633; E, 89. — Bibl. nationale, *Armorial général*. (Touraine.)

Faloterie (la Grande-), f., cⁿᵉ de Saint-Avertin.

Falotière (la), cⁿᵉ de Saint-Mars, près du bourg. — Ancien fief. En 1778, il appartenait à François Deslandes, officier de la maison de Madame la Dauphine. — (Arch. d'I.-et-L., E.)

Falunières (le lieu des), près de la Rétardière, cⁿᵉ de Sepmes.

Fantaisie (la), f., cⁿᵉ de Joué-les-Tours.

Faraudière (la), cⁿᵉ d'Auzouer. V. *Fouraudière*.

Fare (la), rivière. — Elle prend sa source au lieu dit l'Étang-de-Pierre-de-Maillé, cⁿᵉ de Sonzay, passe à la Motte, fait mouvoir le moulin de ce nom et celui de la Varenne, traverse les communes de Souvigné, de Château-la-Vallière et de Villiers-au-Boin, entre dans le département de la Sarthe et se jette dans le Loir. Son parcours est de 25 kilomètres. Elle fait mouvoir quatre usines.

Fare (la Petite-), nom donné au ruisseau de l'Asdillière, qui se jette dans la Fare, après avoir traversé les communes de Brèches, Couesme et Villiers-au-Boin. V. *Asdillière*.

Farence-de-Beauchêne (le lieu de la), c⁻ᵉ de Sainte-Catherine-de-Fierbois, près du chemin de la Tinellière à la Croix-des-Barres.

Farfouillé, f., cⁿᵉ de Courcelles.

Fargault (le bois), près de Bois-Morin, cⁿᵉ de Jaulnay.

Farinerie (la), cⁿᵉ de Saint-Mars. V. *Farinière*.

Farinets (le lieu des), près de la Chardonnière, cⁿᵉ de Vouvray.

Farinière (la), ham., cⁿᵉ de Bréhémont, 11 habit.

Farinière (la), f., cⁿᵉ de Langeais. — En 1790, elle appartenait à André Berthelot de Villeneuve. — (Arch. d'I.-et-L., *Biens nationaux*.)

Farinière (le lieu de la), ou les **Frescheux-de-la-Guerche**, paroisse de Lignières. — Ancien fief. — (Bibl. de Tours, fonds Salmon, *titres de Montbazon*).

Farinière (la), f., cⁿᵉ de Monnaie. — *Farinière*, carte de Cassini.

Farinière (la), f., cⁿᵉ de Nouans. — *Farinière*, carte de l'état-major.

Farinière (la), vil. et chât., cⁿᵉ de Saint-Mars, 50 habit. — *Farinière*, cartes de Cassini et de l'état-major. — En 1613, René Sain, Éc., conseiller du roi, auditeur en la Chambre des comptes de Paris, président-trésorier de France au bureau des finances de la généralité de Tours, maire de cette ville, était qualifié de sieur de la Farinière. Il mourut à Tours, en 1650. — (Arch. d'I.-et-L., *titres de Saint-Martin*. — (Chalmel, *Hist. des maires de Tours*, 131.)

Farnèse (Alexandre), archevêque de Tours, fils de Pierre-Louis Farnèse, duc de Castro, de Parme et de Plaisance, et de Jéronime des Ursins, et petit-fils du pape Paul III, naquit à Rome le 7 octobre 1520. Créé cardinal à l'âge de quatorze ans, puis évêque de Parme, de Spolette et d'Ostie, il fut envoyé en France, en qualité de légat, en 1539, et résida pendant assez longtemps à Avignon. Le 27 avril 1553, il fut nommé archevêque de Tours, en remplacement d'Étienne de Poncher, décédé. Mais l'année suivante, il donna sa démission, par suite des pressantes démarches de Diane de Poitiers, qui voulait faire donner ce siège à Simon de Maillé de Brezé, évêque de Viviers. A la suite de cette démission, le roi lui conféra l'abbaye de Bonport, diocèse de Saint-Brieuc, bénéfice auquel était attaché un important revenu.

Le cardinal Farnèse quitta la France vers 1580, pour retourner à Rome, où il fut le protecteur des lettres et des arts. Il mourut dans cette ville le 2 mars 1589 et eut sa sépulture dans l'église des Jésuites, près du grand-autel. L'épitaphe suivante fut gravée sur sa tombe :

D. O. M.
ALEXANDRII FARNESII CARDIN.
S. R. E. VICE-CANCELLARII
EPISCOPI OSTIENSIS
HUJUS ECCLESIÆ FUNDATORIS

Aubery, *Hist. des cardinaux*, II, 460. — *Gallia christiana*, XIV, 134. — Maan, *S. et Metrop. ecclesia Turonensis*, 195. — Chalmel, *Hist. de Touraine*, III, 463. — Martin-Marteau, *Paradis délicieux de la Touraine*, II, 56. — D. Housseau, XV, 191. — *Mém. de la Soc. archéol. de Touraine*, VI, 20 ; IX, 334. — Moréri, *Diction. historique*, I, 1226.

Faroire (la), f., cⁿᵉ de Thilouze. — *Pharouere*, carte de Cassini.

Faroire (la), ham., cⁿᵉ de Villeperdue, 17 habit. — *Faroire*, carte de l'état-major.

Farouilles, ou **Farouelles** (le lieu des), paroisse de Sainte-Radégonde. — Il relevait de Marmoutier. — (Arch. d'I.-et-L., abbaye de Marmoutier, *mense séparée*.)

Farouserie (le lieu de la), près de Monquinson, cⁿᵉ de Brizay.

Farouserie (la), f., cⁿᵉ de Lemeré, près du bourg.

Faroux (la fosse des), dans les Landes du Ruchard, cⁿᵉ d'Avon.

Farsolle (le lieu de), près du Puchard, cⁿᵉ de Theneuil.

Farvallières (le lieu des), cⁿᵉ de la Celle-Guenand, près du chemin du Petit-Pressigny à Ferrières.

Fascheau, cⁿᵉ de Loches. V. *Feschal*.

Fassonnier, paroisse de Genillé. V. *l'Aireau*.

Fau (le), **Fau-Reignac**. V. *Reignac*.

Faubar (le lieu de), près des Marnières de Tanchoux, cⁿᵉ de Saint-Flovier.

Faubardière (la), f., cⁿᵉ de Joué-les-Tours.

Fauberderie (la), f., cⁿᵉ de Château-la-Vallière. — *Fauberderie*, carte de l'état-major.

Faubon, f., cⁿᵉ de Boussay. — *Faubon*, carte de Cassini.

Faubourg (le), f., cⁿᵉ de Reignac. — Le *Grand-Bourg*, carte de Cassini. — *Faubourg*, carte de l'état-major.

Faubourg (le), f., cⁿᵉ de Souvigné.

Fauché (le lieu de), près de la Brissaudière, cⁿᵉ de Saint-Flovier.

Fauchenées (les), ou **Fauchenay**, ham., cⁿᵉ de Marcilly-sur-Maulne, 14 habit. — *Fauchenay*, (tabl. de recens. de 1872).

Faucheraie (la) et la **Petite-Faucheraie**, f., cⁿᵉ d'Azay-le-Rideau.

Faucherie (la), ham., c^{ne} d'Autrèche, 15 habit. — *Faucherie*, carte de l'état-major.

Faucherie (la), f., c^{ne} d'Avrillé. — *Faucherie*, carte de l'état-major.

Faucherie (la), f., c^{ne} de Cangy.

Faucherie (la), f., c^{ne} de Marcilly-sur-Maulne.

Faucherie (la), f., c^{ne} de Saunay.

Faucherie (la), f., c^{ne} de Sonzay.

Faucillon, c^{ne} d'Autrèche. V. *Fossillon*.

Faucillonnerie (la), f., c^{ne} d'Assay, près du bourg.

Faucillonnière (la), f., c^{ne} de Lemeré.

Fauconnerie (le lieu de la), près du château de Bossay, c^{ne} de Bossay.

Fauconnerie (la), paroisse de Souvigny. V. *Druellerie*.

Faucoude, f., c^{ne} de Cussay.

Fau-de-la-Lande, c^{ne} de Cangy. V. *Lande*.

Faudières (les), f., c^{ne} de Chemillé-sur-Indrois. — *Faudières*, carte de l'état-major.

Faugaudron, f., c^{ne} du Grand-Pressigny. — *Faugaudron*, cartes de Cassini et de l'état-major. — Elle faisait partie autrefois de la commune d'Étableaux. Près de là est une fontaine où prend naissance le ruisseau de Faugaudron, qui se jette dans la Claise.

Faulques, ancien fief, qui s'étendait sur les paroisses de Dolus et de Saint-Bauld et relevait de Sainte-Maure à foi et hommage simple. En 1680, il appartenait à Jeanne de Cocqueborne, veuve de Robert des Jardins; — en 1785, à Pierre Haincque, Éc. — (*Rôle des fiefs de Touraine*. — Bibl. de Tours, fonds Lambron, *Châteaux et fiefs de Touraine*.)

Faulquier (Étienne), ancien prieur de Saint-Étienne de Dijon, puis abbé de Bourgueil, succéda à Louis Rouault de Gamaches, démissionnaire en 1450. Il mourut, en 1455, au prieuré du Plessis-aux-Moines, paroisse de Chouzé et fut inhumé dans l'église prieurale. Quelques années après, son corps fut transporté à l'abbaye de Bourgueil. — (Bibl. de Tours, manuscrit n° 1494. — *Gallia christiana*. — Arch. d'I.-et-L., *titres de Bourgueil*).

Faultray (Jean du), seigneur de la Charpraie, trésorier général de France, à Tours, fut nommé maire de Tours, en 1580, en remplacement de Mathurin d'Avenol. Il eut pour successeur, en 1582, René de Garence. — (Chalmel, *Hist. des maires de Tours*, 122. — *Bulletin de la Soc. archéol. de Touraine* (1871), p. 139).

Faulx (la), vil., c^{ne} de Ballan, 30 habit. — *Faulx*, carte de l'état-major.

Faunaise, f., c^{ne} du Boulay. — *La Faunaise*, cartes de Cassini et de l'état-major.

Faune (le bois de), c^{ne} de Courcoué.

Fauprie (la), f., c^{ne} de Saint-Paterne.

Faure (la), f., c^{ne} de la Chapelle-Blanche.

Faure (Jean), fut nommé maire de Tours, le 31 octobre 1484, en remplacement de Martin d'Argouges. Il eut pour successeur, en 1485, Pierre Burdelot, secrétaire du roi. — (Lambron de Lignim, *Armorial des maires de Tours*. — Chalmel, *Hist. des maires de Tours*.)

Fausse-Église, f., c^{ne} de Montbazon. — *Fausse-Église*, carte de Cassini. — *Fausse-Église*, XIVe siècle. — Elle relevait de l'archevêché de Tours, suivant un aveu rendu en 1358 par Jean de Thaix. — (*Cartul. de l'archev. de Tours*.)

Fausse-More, c^{ne} de Luzillé. V. *Fossemore*.

Fausse-Rousse, c^{ne} de Saint-Quentin. V. *Fosseroux*.

Fausset (moulin de), sur la Manse, c^{ne} de l'Ile-Bouchard. — *Saussay*, carte de Cassini.

Faussetière (la), f., c^{ne} de Château-la-Vallière.

Fautray, ancien fief, paroisse de Lignières. — Il relevait d'Azay-le-Rideau. — (Bibl. de Tours, fonds Salmon, *titres de Colombiers*).

Fauvellière (la), vil., c^{ne} du Grand-Pressigny, 28 habit. — *Fauvellière*, carte de Cassini. — Il faisait partie autrefois de la commune d'Étableaux et relevait censivement du fief des Bordes. — (Arch. d'I.-et-L., *Clergé séculier*.)

Fauvrie (la), paroisse d'Assay. — Ancien fief, relevant de Baché. En 1697, il appartenait à l'abbaye de Fontevrault. — (Arch. d'I.-et-L., C,604).

Faux (étang de), c^{ne} de Manthelan.

Fauxe-Iglise. V. *Fausse-Église*, c^{ne} de Montbazon.

Faux-Girais (le lieu de), près de la Bonnetière, c^{ne} de Mazières.

Faux-Moine (le lieu de la), près de Becheron, c^{ne} de Charnizay.

Favarii. V. *Faviers*, c^{ne} du Grand-Pressigny.

Faverie (la), ham., c^{ne} d'Hommes, 12 habit. — *Faverie*, carte de Cassini.

Faverie (la), f., c^{ne} d'Orbigny. — *Fevrarie*, 1290. — *Feverie*, carte de Cassini. — *Faverie*, carte de l'état-major. — Au XIIIe siècle, elle devait une rente au Chapitre de l'église de Tours. — (*Lib. stat. et juram.*)

Faverie (la), f., c^{ne} de Souvigné. V. *Favrerie*.

Faverie (la), c^{ne} de Villandry. V. *Feveraie*.

Faverolles, commune du canton de Montrichard, arrondissement de Blois (Loir-et-Cher), à 3 kilomètres de Montrichard et 35 de Blois. — *Faveroles*, 1213 (charte de l'abbaye de Villeloin). — *Parochia de Faverolis sive de Faverolles*, 1290 (*Cartulaire de l'archevêché de Tours*). — *Faverolles*, carte de Cassini.

Population : 706 habitants.

Avant la Révolution, cette paroisse faisait partie de l'élection d'Amboise et du doyenné de Montrichard, diocèse de Tours. Le droit de présentation au titre curial, appartenait à l'archevêque de ce diocèse.

La plus grande partie de l'église est du XIIe siècle. Cet édifice a été classé parmi les monuments historiques.

Faverolles formait un fief relevant de Montrichard et qui était possédé, en 1213, par un chevalier nommé Geoffroy Dreux, que nous voyons figurer, à cette date, dans une charte de l'abbaye de Villeloin. En 1391, Pierre Barbe en était seigneur. Il fonda, par son testament, trois messes dans l'église abbatiale d'Aiguevive et donna, pour cette fondation, une somme de 11 livres tournois, à prendre sur les revenus de sa terre de Faverolles. En 1529, ce domaine appartenait à Jean de Faverolles, Éc.; — en 1563, à Gilles de Faverolles, grand-maître des eaux et forêts d'Amboise et de Montrichard; — en 1589, à un autre Gilles de Faverolles; — en 1616, à Charles de Jussac; — en 1670, à Claude Guérin; — en 1789, à Michel-Jean-Christophe Le Vayer de Vandœuvre, grand sénéchal du Maine. Celui-ci rendit hommage au seigneur de Montrichard en 1781.

Le fief de Cicoigne, situé dans cette paroisse, faisait partie des propriétés de l'abbaye d'Aiguevive.

De nos jours, on a trouvé un certain nombre de médailles romaines près du bourg de Faverolles.

Arch. d'I.-et-L., C, 336, 555, 587, 588, 603; E, 133. — D. Housseau, VI, 2357, 2368. — *Pouillé de l'archevêché de Tours* (1648), p. 30. — *Almanach de Touraine*, 1790. — Bibl. de Tours, manuscrits nos 1424, 1494. — *Rôle des fiefs de Touraine*. — Lhermite-Souliers, *Hist. de la noblesse de Touraine*, 234. — Bibl. nationale, Gaignères, 678. — *Mém. de la Soc. archéol. de Touraine*, VIII, 70; X, 119. — C. Chevalier. *Hist. de Chenonceau*, 383. — Anthony-Genevoix, *La chorographie du département de Loir-et-Cher*, 86, 87. — A. Joanne, *Diction. des communes*, 782.

Faverolles (Joseph de), prédicateur, abbé du Plessis, est né dans les environs de Montrichard, vers 1640. On a de lui une Oraison funèbre du maréchal de Turenne (Paris, 1675, in-4°). — (Chalmel, *Hist. de Touraine*, IV, 173. — *Almanach de Touraine*, 1773. — S. Bellanger, *La Touraine ancienne et moderne*, 584).

Favetière (la), f., cne de Saint-Épain.

Faviers (le Grand-), vil., cne du Grand-Pressigny, 23 habit. — *Favarii*, 850. — *Favière* (titre du XVIIe siècle). — *Favier*, carte de Cassini.

— Ancien fief, relevant du château de Loches. Il a fait partie de l'ancienne paroisse d'Étableaux, réunie aujourd'hui à la commune du Grand-Pressigny. En 830, Vivien, abbé de Saint-Martin de Tours, donna ce domaine au monastère de Cormery. Cette donation fut confirmée, dans la même année, par un diplôme de Charles-le-Chauve. — En 1459, le fief de Faviers appartenait à Jean du Bois, Éc.; — en 1498, à Antoine du Bois, Éc.; — en 1544, à Michel Thibault; — en 1581, à Philippe de Créquy; — en 1662, à Anne Phélippeaux, veuve de Jean Bouthillier de Chavigny, héritière de Jean Phélippeaux, secrétaire du roi; — en 1700, à Louise-Françoise-Bouthillier, veuve de Philippe de Clérembault; — en 1712, à Jérôme Phelippeaux, comte de Pontchartrain; — en 1731, à Pauline-Gabrielle Bouthillier, à Charlotte-Victoire Bouthillier et à Adrienne de la Vieuville; — en 1763, à Joseph-Ignace-Côme-Alphonse-Roch de Valbelle, qui rendit aveu le 4 février.

Le fief de l'Étang de la Boursière, situé dans la paroisse de Chanceaux, relevait de Faviers, à foi et hommage-lige et un roussin de service du prix de 60 sols, suivant un aveu rendu le premier décembre 1762, par Joseph-François Haranc.

Il existait à Faviers une chapelle, constituant un bénéfice et qui est mentionnée dans le *Pouillé de l'archevêché de Tours* de 1648. En 1761, Jean-François Nau, abbé de Boisaubry, doyen du Chapitre royal de Loches, possédait ce bénéfice. La chapelle était sous le vocable de sainte Catherine.

Cartulaire de Cormery, charte XVIII. — Bétancourt, *Noms féodaux*, II, 45. — *Pouillé de l'archevêché de Tours*, 63. — *Rôle des fiefs de Touraine*. — Arch. d'I.-et-L., C, 336, 581, 603; E, 103. — Bibl. de Tours, fonds Lambron de Lignim, *Statistique des paroisses de Touraine*. — D. Housseau, I, 68.

Faviers (le moulin), sur l'Égronne, cne du Grand-Pressigny.

Faviers (le Petit-), f., cne du Grand-Pressigny. — Il a fait partie de l'ancienne paroisse d'Étableaux.

Favotte (les landes de), cne de Dolus.

Favotte, f., cne de Mouzay. — *Favotte*, carte de l'état-major.

Favoux (le lieu des), cne de Monts, près du chemin d'Épiray à Longueplaine.

Favrerie (la), ou **Faverie**. — Ancien fief. Il s'étendait sur les paroisses de Sonzay et de Souvigné et relevait du fief de Vallières, à foi et hommage simple et trois sols de service. Des aveux furent rendus: le 13 décembre 1356, par Jehan Bricet; — le 13 août 1489, par Guillaume Le Royer; — le 17 février 1515, par Jean Le Royer, fils du précédent. — (Arch. d'I.-et-L., *Inventaire des titres de Vallières*; D, 6).

Favrie (la), f., cne de Luzé. — *Favrie*, carte de l'état-major. — En 1790, elle appartenait à René Veau de Rivière. (Arch. d'I.-et-L., — *Biens nationaux.*)

Fay (le), ham., c⁰⁰ de Bossée, 10 habit. — *Fey, Phé,* xvᵉ siècle. — *Fay,* cartes de Cassini et de l'état-major. — Ancien fief, avec haute, moyenne et basse justice, relevant de la châtellenie de Cormery, à foi et hommage simple. Le 10 septembre 1771, Balthazar Dangé d'Orsay le vendit à René-François-Constance Dangé d'Orsay. En 1742, la justice du Fay fut réunie à celle de Grillemont. — La mairie du Fay constituait un autre fief relevant de la châtellenie de Cormery. — (D. Housseau, XIV. — Arch. d'I.-et-L., E, 74. — *Cartulaire de Cormery,* civ. — *Mém. de la Soc. archéol. de Tour.,* VII, 289).

Fay (le), f., cⁿᵉ d'Orbigny. — *Fay,* cartes de Cassini et de l'état-major.

Fay (les landes du), cⁿᵉ de Saint-Patrice.

Faya. V. *Faye-la-Vineuse.*

Fayau (moulin de), cⁿᵉ de Neuillé-Pont-Pierre. V. *Feillau.*

Faye, cⁿᵉ de Bléré. V. *Foix.*

Faye (Jean de), archevêque de Tours, succéda à Geoffroy de la Lande, en 1208. Il fut sacré par Hamelin, évêque du Mans. En 1224, il fit à Preuilly la translation des reliques de saint Melaine et posa à Tours la première pierre d'un couvent de Franciscains, fondé et doté par un riche bourgeois nommé Payen Hermenard. Il mourut en 1228 et eut pour successeur François Cassard. — (*Gallia christiana,* XIV, 146. — Maan, *S. et Metrop. ecclesia Turonensis,* 133-34. — Chalmel, *Hist. de Touraine,* II, 110; III, 454. — *Mém. de la Soc. archéol. de Tour,* III, 167; IV, 255; VI, 16; IX, 158, 160, 165, 171, 191, 235, 289, 335, 317, 366; XIII, 191; XXIII, 222. — Bibl. de Tours, fonds Salmon, *titres de l'archevêché de Tours.* — M. Marteau, *Paradis délicieux de la Touraine,* II, 128. — *Almanach de Touraine* de 1767.

Faye-la-Vineuse, commune du canton de Richelieu, arrondissement de Chinon, à 65 kilomètres de Tours, à 29 de Chinon et à 8 de Richelieu. — *Faia,* 925 (charte de Robert, archevêque de Tours). — *Faya,* 987 (*Ex hist. Andeg.*) — *Fagia, Faia, Faicum, Phagia, Phaia, sanctus Georgius, castrum Fagiæ,* xiᵉ siècle (*Cartulaire de Noyers.*) — *Fagia, Fagie, Fahia, Faia,* xiiᵉ siècle (même *Cartulaire*). — *Faye-la-Vineuse,* 1505 (charte de Marmoutier). — *Faye-la-Vineuse,* carte de Cassini.

Elle est bornée, au nord, par la commune de Razines; à l'ouest, par celle de Braye; à l'est, par Jaulnay et par Saint-Christophe (Vienne); au sud, par Sérigny (Vienne). Elle est arrosée, par le ruisseau de la Fontaine-d'Auzon et est traversée par le chemin de grande communication n° 39 de Poitiers à Richelieu.

Les lieux, hameaux et villages suivants dépendent de cette commune : Marnay, ancienne paroisse (53 habit.). — Les Bruères (25 habit.). — Chantereine (11 habit.). — La Grillère, ancien fief, relevant de Faye. — La Goutière, ancien fief, relevant également de Faye. — Les Grand et Petit-Martigny (40 habit.). — La Tour-de-Brou, ancien fief. — Les Genièvres, la Duranderie, la Sellerie, la Jeunesse, la Grenouille, les Timbrelles, le Colombier, les Nérons, la Loge, la Gatillonnière, la Bernacherie, Saugé, le Rivallier, la Chesnaye, la Chalonnie, Port-Seigle, la Bonnette, Beauséjour, etc.

Avant la Révolution, Faye-la-Vineuse était dans le ressort de l'élection de Richelieu, dépendait du diocèse de Poitiers et était le chef-lieu d'un archiprêtré comprenant vingt-huit paroisses : Mondion, Chaveignes, Dercé, Sossay, Notre-Dame de Ceaux, Jaulnay, Bretegon, Princé, Saint-Georges-de-Neuil-sous-Faye, Orches, Saint-Christophe, Courcoué, Nancré, Marnay, Faire, Saint-Jouin, Braslou, Saint-Georges-de-Faye, Notre-Dame d'Avrigny, Saint-Germain-d'Avrigny, Saint-Martin-de-Quenlieu, le Sablon, Razines, Braye-sous-Faye, Assay, Pouant, Sérigny et Savigné. En 1793, Faye faisait partie du district de Chinon.

Superficie cadastrale. — 1755 hectares. — Le plan cadastral, dressé par Delaunay, a été terminé le 28 septembre 1836. Par décision du Conseil des Cinq-Cents, du 28 messidor an VII, les communes de Saint-Jouin et de Marnay furent réunies à celle de Faye. V. *Jouin (Saint-)* et *Marnay.*

Population. — 670 habit. en 1801. — 685 habit. en 1804. — 659 habit. en 1810. — 697 habit. en 1821. — 687 habit. en 1831. — 725 habit. en 1841. — 808 habit. en 1851. — 805 habit. en 1861. — 721 habit. en 1872. — 719 habit. en 1876.

Foires les 1ᵉʳ mars, 1ᵉʳ et 29 juin, 29 septembre, 18 octobre, 25 novembre et 21 décembre. — Avant la Révolution, treize foires se tenaient dans cette localité.

Bureau de poste et *Perception* de Richelieu.

Faye-la-Vineuse est un des bourgs de Touraine les plus anciennement connus. On le trouve mentionné, pour la première fois, dans une charte de Robert, archevêque de Tours, en 925. Situé sur une éminence et dominant de toutes parts le pays, il devait, par sa situation extrêmement favorable à l'établissement de constructions militaires, attirer l'attention du fameux Foulques Nerra, surnommé le Grand-Bâtisseur, qui avait entrepris de couvrir de châteaux les contrées placées sous sa dépendance. Vers 1020, Foulques l'entoura de travaux de défense en fit une redoutable forteresse destinée à arrêter, de ce côté, les invasions du Poitou. Les murailles d'enceinte étaient protégées par quatre tours, qui existaient encore au commencement du xvi° siècle. On entrait dans la ville par quatre portes garnies de pont-levis. Les guerres de religion firent disparaître tous ces ouvrages, à l'exception d'une tour, appelée la Tour-Ménagé, qui fut démolie en 1786.

En 1562, les protestants s'emparèrent de la ville et la livrèrent au pillage. Ils emportèrent tout ce qu'ils purent trouver dans la collégiale, notamment, un morceau de la vraie Croix, enchâssé dans une croix de vermeil, et une châsse en or, contenant une dent de saint Georges.

Dans les derniers jours de janvier 1593, Faye-la-Vineuse fut de nouveau envahie par un corps de troupes de 1200 hommes commandés par les capitaines de Coulanges, Landreau, Chesne-Brulé, la Fontaine, de Gaucourt et la Forest. Une soldatesque effrénée s'abandonna aux derniers excès. Les femmes furent violées; on fit main-basse sur tout le numéraire et l'argenterie que possédaient les habitants et les églises, et on jeta dans les flammes tous les titres de propriétés. Les ornements des églises de Faye et de Saint-Jouin, que l'on avait cachés dans la maison d'un gentilhomme nommé Antoine Guenand de la Rouzière, furent découverts et brûlés. D'un autre côté, les chefs de cette horde de bandits rançonnèrent la ville et exigèrent le versement immédiat de 950 écus. Pour assurer le paiement de cette somme, ils prirent deux otages, nommés Louis Pins et Louis Mars. Une dame du pays, Bricette Champeigné, consentit à prêter aux habitants les 950 écus, qui furent versés au capitaine Le Courbe, logé à Faye, à l'hôtel du Chapeau-Rouge. Les troupes abandonnèrent ensuite cette malheureuse localité réduite à une profonde misère et plongée dans un deuil affreux.

L'église paroissiale, placée sous le vocable de saint Georges, était celle d'une ancienne collégiale fondée par Nivès, dame de Faye, vers 1039. L'édifice, commencé par cette dame, fut achevé en 1057, par son mari et son fils, portant tous deux le nom d'Aimery. Il fut remplacé, au commencement du xii° siècle, par celui que nous voyons aujourd'hui et qui est un des plus remarquables de la Touraine. Il a la forme d'une croix latine.

« Le chœur, dit M. l'abbé Bourassé (*Mém. de la Soc. archéol. de Tour.*, III, p. 174-75), est la partie privilégiée de cette église. Il est entouré de dix piliers carrés, cantonnés de quatre colonnes. Les arcades de communication, les arcs de triforium et les fenêtres supérieures, sont à plein cintre; l'ogive ne se montre que dans les arcs-doubleaux. Rien n'est plus noble que la disposition de l'abside; les lignes architecturales y sont fort nombreuses et employées habilement; l'ensemble produit un bel effet. Les voûtes des nefs mineures sont à vive-arrête et celles des chapelles en demi-coupole. »

On remarque, dans cette église, un petit réduit dont la destination a été signalée par M. de Cougny, dans un ouvrage intitulé *Excursion en Poitou et en Touraine:*

« En entrant du transept droit dans le déambulatoire, dit M. de Cougny, on trouve sur la gauche une arche en cintre surbaissé donnant accès dans un petit réduit large à peine de deux mètres carrés ménagé en partie dans l'épaisseur de la muraille. Cette espèce d'oratoire est muni d'une cheminée; son style et son ornement annoncent la fin du xv° siècle. J'avais cru tout d'abord y reconnaître une chapelle seigneuriale analogue à celle que l'on aperçoit dans l'église de Nantilly, à Saumur. M. le curé de Faye, qui a recueilli avec soin les anciennes traditions de la collégiale me tira de mon erreur. Il m'apprit que les chanoines de Saint-Georges avaient la pieuse coutume de veiller, durant la nuit, les corps de leurs confrères défunts, avant de les descendre dans le caveau sépulchral. Le retrait en question était le lieu destiné à cette veille funèbre, et la petite cheminée leur permettait de se réchauffer durant les froides nuits d'hiver. »

Au-dessous de l'église se trouve une crypte dédiée à sainte Marie-Madeleine et dont la longueur est de 15 mètres et la largeur de 12 mètres. Elle est divisée en trois nefs qui aboutissent à trois chapelles. On remarque, dans cette crypte, un chapiteau où sont représentés des chevaliers croisés, armés de toutes pièces.

Il existe, sous l'intertransept, un caveau où étaient inhumés les chanoines. En 1793, les révolutionnaires y descendirent pour s'emparer des cercueils de plomb. Les ossements, tirés des tombeaux, furent abandonnés sur le sol; on en voyait encore, en assez grande quantité, en 1845.

Par décret du 22 août 1813, les anciennes églises paroissiales de St-Jouin et de Marnay furent vendues, et il fut stipulé que le produit de la vente serait employé à consolider l'église de Faye, qui menaçait ruine.

De 1873 à 1877, cette église a été l'objet d'importantes réparations dues au zèle persévérant et au généreux dévouement de M. l'abbé Bertrand, curé de cette paroisse. Grâce à M. l'abbé Bertrand et aux libéralités des âmes pieuses qui ont répondu à son appel, la vieille collégiale a reconquis aujourd'hui son ancienne splendeur.

Dans le principe, le Chapitre de la collégiale se composait de treize chanoines. Au cours du xvii° siècle, ce nombre fut réduit à onze, en y comprenant trois dignitaires: le chefcier, le chantre et l'aumônier. Deux chanoines avaient la qualité d'*hebdomadaires*; un autre avait le titre de *chapelain des anniversaires*; un troisième était *maître de la Psallette*.

Les derniers chanoines du Chapitre, en 1790, furent: Jean-Christophe Jahan, chefcier, Gabriel-Daniel Bernier, René Nozereau, Philippe-Jacques Hulin, Philippe Lappareillé, Pierre Thibault, Jean-Benjamin Motet, Jean-Jacques-Louis de la

Fouchardière, André-François Girault, Louis Savaton et Jean-Pierre Monnereau.

En 1762, le revenu total des chanoines était évalué à 5000 livres; en 1790, à 8400 livres. Ils possédaient les métairies des Roches et du Petit-Martigny, les dîmes de Narsay, de Ligners, de Monjon, de Neuil et de Mosson. Ils devaient célébrer, par an, 450 messes basses attachées à des fondations qu'ils avaient acceptées, et étaient tenus de faire exécuter, à leurs frais, les réparations que pouvait nécessiter l'église de Neuil, ainsi que le chœur de l'église de Marnay. Ils avaient le droit de présentation au titre curial de ces deux paroisses et à ceux des paroisses de Luzé et de Courcoué.

La collégiale constituait un fief qui relevait du château de Faye-la-Vineuse. Le jour de son installation le premier dignitaire du Chapitre, auquel on donnait le nom de chefcier, recevait, des mains du seigneur de Faye, les insignes de sa dignité. A la suite de cette réception, il déposait sur l'autel, *un couteau à manche blanc et fermé*.

Les chanoines célébraient l'anniversaire de Nivès, fondatrice de leur collégiale. D'après la tradition, le corps de cette dame de Faye reposait dans l'église de Saint-Étienne-de-Sérigny; ses entrailles avaient été déposées dans le cimetière de cette paroisse; son cœur était conservé dans la chapelle de Sainte-Catherine, situé dans le voisinage de la collégiale.

Chaque année, le 22 octobre, tout le clergé de Faye se rendait processionnellement, d'abord à la chapelle de Ste-Catherine, où il faisait une prière, puis à l'église de Sérigny, où trois messes des Morts étaient dites. A la suite de ces offices, on se rendait au cimetière pour y chanter un *Libera*, après lequel l'officiant s'agenouillait et baisait la pierre qui recouvrait les entrailles de Nivès.

Un singulier repas succédait à la cérémonie religieuse. Il est ainsi décrit par une ancienne chronique :

« Tout le clergé va disner aux despens de cer-
« tains tenanciers, sujets à ce service, les quels
« sont tenus de préparer une table couverte de
« trois nappes posées l'une sur l'autre et sous la-
« quelle on met de la paille fraîche. Le clergé
« étant assis autour d'icelle on sert pour douze
« sols et quatre deniers de bœuf et à chacun un
« pain de deux sols, fors une le chefcier en a
« deux; et pour assiettes se doibvent servir de
« leur pain. Après avoir mangé on ôte tout ce qui
« est sur la table avec la première nappe et sur la
« seconde on sert autant de poules rôties, sans
« col ni ailerons, qu'il y a de gens d'église et au-
« tant de pains dessus, pourvu qu'ils n'excèdent
« le nombre de trente deux. Après qu'ils ont pris
« leur réfaction, on ôte la deuxième nape et
« tout ce qui est dessus, et sur la troisième, on
« sert quatre pains renversés, avec des noix que
« l'on espend sur la table autour de laquelle tous
« les gens d'église demeurent assis. Le chanoine
« plus ancien se lève, et, avec le receveur du
« Chapitre commence à chanter la chanson *Au
« joli bois, Madame, au joli bois m'envoye*, à
« laquelle tous les tenanciers des dits héritages
« répondent en chantant, dansant tous ensemble.
« La chanson finie, le chefcier dit les grâces et un
« *De profundis*, et ce fini on distribue aux
« pauvres les restes du diner. »

Un certain nombre de chapelles, formant des bénéfices étaient desservies dans la collégiale. Elles étaient sous les vocables du Saint-Sépulcre et de sainte Marie-Madeleine, de saint Jacques d'Anzable, de Notre-Dame d'Antigny, de saint Blaise, de saint Laurent-le-Grand, de saint Michel-des-Anges, de saint Michel-de-Cantault, de Notre-Dame-l'Ancienne, de saint Michel-du-Pont et de Notre-Dame-du-Plancher ou du Pardon, appelée aussi Notre-Dame-du-Marché.

A ces chapelles il faut ajouter celle dite des *Anniversaires*, dont le revenu, en 1790, était évalué à 380 livres. Jean Rocher en était le titulaire en 1780. Il fut remplacé, en 1783, par René-Louis Tiffeneau, qui eut pour successeur, en 1789, Jean-Pierre Monnereau.

La chapelle placée sous le double vocable du Saint-Sépulcre et de sainte Marie-Madeleine, était desservie dans la crypte dont nous avons parlé plus haut. André-Félix Morry, chanoine de Faye, en était le chapelain en 1776.

Des titres de 1742 et de 1771 font mention de la chapelle de Notre-Dame-d'Anzable, qui avait un modeste revenu de 25 à 30 livres. En 1740, ce bénéfice appartenait à Armand-Jean du Carroy, chefcier du Chapitre, qui donna sa démission le 24 octobre 1742. Son successeur fut Jean-Baptiste Archambault, chanoine.

La chapelle de Notre-Dame-d'Antigny était desservie, en 1771, par un chanoine nommé François Guérin. Son revenu était alors de 50 livres.

En 1767, la chapelle Saint-Blaise était attachée à l'Aumônerie de la Collégiale, dont André-Vincent Normand était titulaire.

Une vingtaine de livres composait le revenu de la chapelle Saint-Laurent-le-Grand, qui était desservie au grand autel de la collégiale. Gilles de Lavau possédait ce modeste bénéfice en 1741.

Le chapelain de Saint-Michel-des-Anges était tenu de dire par an douze messes, pour lesquelles il recevait 48 livres. En 1741, ce bénéfice appartenait à François-Marie de Tourneporte; — en 1771, à Gabriel-Daniel Bernier.

En 1784, Pierre Thibault, chanoine, desservait la chapelle de Saint-Michel-de-Cantault, qui avait alors un revenu de 50 livres.

Sébastien Poisson, curé de Saint-Martin-de-Varennes, était chapelain de Saint-Michel-du-Pont, en 1720. Il mourut en 1723. Ce bénéfice passa ensuite à Charles Martineau, décédé au mois de juin 1780; — à Jean-Eustache Angevin du Lizon (19 juillet 1780), décédé en 1789; — à Jacques

Bluchau, 1789; — à Étienne Michau, ancien curé de Courcoué (1789-90).

La chapelle de Notre-Dame-du-Plancher est citée dans des actes de 1716, 1750, 1756 et 1788. Ce bénéfice a été possédé: en 1716, par Antoine Gilles; — en 1756, par Gilles de la Tourette; — en 1787, par François-Marie de Tourneporte; — en 1788-89, par René-Marc-Louis Babault.

Près du bourg, se trouvait la chapelle de Sainte-Catherine, dont la fondation est attribuée à Nivès, dame de Faye. Le chapelain avait un revenu de 40 livres et était tenu de célébrer une messe par semaine. En 1740, Armand-Jean du Carroy jouissait de ce bénéfice, qui passa, — en 1742, à Bertrand Champeigné, chanoine; — en 1750, à Pierre Gilles; — le 11 septembre 1783, à René Tonnelier.

La chapelle fut détruite pendant la Révolution. Le cimetière qui en dépendait était nommé le *cimetière des Ladres*.

Tous les titulaires des chapelles dont on vient de parler étaient nommés par le Chapitre de Faye.

Il existait, dans cette localité, une maladrerie, ou hôtel-Dieu, qui est mentionné dans un acte de 1623. Aujourd'hui, on n'en trouve aucune trace.

La cure de la paroisse de Faye dépendait de la collégiale. Le curé était nommé par l'évêque de Poitiers; mais le droit de présentation du titulaire appartenait au Chapitre, qui désignait toujours un de ses membres.

CURÉS DE FAYE-LA-VINEUSE. — Auger, cité dans une charte de 1112. — Bureau, 1685. — Durdan, 1686. — Joseph Gilles, 1724. — François-Marie Tourneporte, 1741. — Jean-Jacques-Louis de la Fouchardière, 1790. — Bruslon, curé constitutionnel, 1793. — Thibault, 1804. — Bullot, 1820. — Pierre Baranger, 1840. — Bertrand, 1874, actuellement en fonctions (1880).

Faye constituait une baronnie relevant du château de Saumur à foi et hommage-lige. Landry de Faye, cité dans une charte de 980 est le premier seigneur connu. Son fils, Ebles, mentionné dans une charte de 999, fut père d'Ayrard, seigneur de Faye. Ce dernier eut une fille unique, Nivès, qui épousa Aimery de Loudun.

Nivès figure dans une charte de l'abbaye de Noyers, de 1032, concernant un accord passé entre Évrard, abbé de ce monastère, et un nommé Ébrard, qui contestait la possession d'un moulin dépendant du fief de Faye. Elle mourut avant 1057, laissant un fils, Aimery II, seigneur de Faye, qui donna aux religieux de Noyers le tiers de la terre de Grizay.

D'après ses dernières volontés, Aimery II fut inhumé dans l'abbaye de Noyers (1061). Sa femme se nommait Alsende. Il eut deux enfants : Aimery III et Renaud.

Aimery III de Loudun, dit le Riche, que nous voyons cité, avec sa femme Eustache, dans des chartes de 1069, 1072-82, fit diverses concessions à l'abbaye de Noyers. Vers 1100, au moment où il allait faire un voyage à Rome, il donna à ce monastère un domaine situé près de Faye. Il laissa un fils, Aimery IV, et une fille nommée Niva.

Aimery IV et Mathilde, sa femme, seigneur et dame de Faye, figurent dans des chartes de 1102 et 1107. Ils firent plusieurs dons à la chapelle de Sainte-Marie-Madeleine. Aimery V, leur fils, qualifié de seigneur de Faye, dans un titre de 1131 et décédé vers 1010, fut inhumé dans la collégiale. Raoul, son fils et successeur, mourut vers 1073 et eut sa sépulture dans l'église de Fontevrault. Il laissa deux filles : Sibille, qui épousa Ebles Archambault de Ventadour, et Grescie, femme d'Ours de Mellay de Freteval.

Ce dernier, seigneur de Faye, du chef de sa femme, qui avait eu cette terre en partage, laissa deux fils : Nivelon et Mathieu.

Nivelon, seigneur de Faye, donna à l'abbaye de Noyers une foire qui se tenait à Saint-Gilles-des-Coups. De son mariage avec Alix, que nous voyons citée dans une charte de l'abbaye de Bourgueil, naquirent trois fils : Ours, Richer et Hue.

Ours, seigneur de Faye, laissa une fille unique, Grescie, qui eut cette terre en dot lors de son mariage avec Amaury (ou Aimery) de Coué, fils de Jedouin de Coué, seigneur du Bois. Amaury comparut, comme témoin, en 1203, dans une donation faite par Josselin de Lezay au monastère de la Puye. Il eut six enfants : Guillaume, qui suit; Rogues, seigneur de Boisrogues; Jedouin, prêtre; Rolland, Marguerite et Scolastique.

Guillaume quitta le nom de *Coué* et prit celui de *Faye*, sa seigneurie. Il figure dans un acte de 1228 et y est qualifié de seigneur de Faye.

Après lui, cette terre passa dans la maison de la Haye-Passavant.

Philippe de la Haye, chevalier banneret, seigneur de Faye-la-Vineuse, eut trois enfants de son mariage avec Isabelle de Passavant : Maurice, Barthélemy et Geoffroy. Ce dernier fut archevêque de Tours.

Maurice de la Haye fut seigneur de Faye-la-Vineuse et de Fougereuse. Il est cité dans un acte de 1267.

Barthélemy de la Haye eut la seigneurie de Faye après la mort de son frère vers 1274. Il renonça, par acte du mois de février 1276, au droit d'aubenage qu'il avait sur les hommes de l'abbaye de la Merci-Dieu qui demeuraient alors à la Haye. Il épousa Élise de Lusignan, fille unique de Guillaume de Lusignan, seigneur de Vouvant, et eut un fils : Geoffroy, qui suit, et Isabeau, qui fut mariée à Philippe Isoré.

Geoffroy de la Haye, seigneur de Faye-la-Vineuse, n'eut qu'une fille, Isabelle, de son mariage avec Marie de Maillé. Isabelle épousa Pierre de Marmande, qui devint ainsi seigneur de Faye (1379). De ce mariage naquit une fille unique, Marguerite, femme de Jean, comte de Sancerre, qui laissa deux filles : Jeanne et Marguerite. Cette dernière épousa, en premières noces, Gérard Chabot V, seigneur de Retz ; en secondes noces, Beraud II, comte de Clermont, dauphin d'Auvergne, décédé le 13 janvier 1399 ; en troisièmes noces (1408), Jacques de Montberon, maréchal de France, sénéchal d'Angoulême et chambellan du duc de Bourgogne, mort en 1422. De la seconde alliance elle eut, entre autres enfants, Robert Beraud de Clermont, évêque de Chartres, puis d'Alby, qui, après avoir joui pendant quelque temps de la baronnie de Faye, la céda à sa sœur, Marguerite de Clermont, femme de Jean de Bueil IV, seigneur de Bueil, de Montrésor, Saint-Calais, Sainte-Julitte, Courcelles, grand-maître des arbalêtriers de France, tué à la bataille d'Azincourt en 1415.

Jean de Bueil IV laissa plusieurs enfants, entre autres, Jean V, qui suit, et Pierre, seigneur du Bois et de la Motte-Sonzay.

Jean de Bueil V, comte de Sancerre, seigneur de Faye-la-Vineuse, Montrésor, Saint-Christophe, Châteaux, Vaujours, Chouzé-le-Sec, Saint-Michel-sur-Loire, conseiller et chambellan du roi, amiral de France, mourut au mois de juillet 1477. Il avait épousé, en premières noces, Jeanne de Montejean ; et, en secondes noces, Martine Turpin, fille d'Antoine Turpin, chev., seigneur de Crissé, et d'Anne de la Grézille. Du premier mariage naquit Antoine de Bueil, comte de Sancerre, baron de Saint-Christophe et de Châteaux ; du second mariage, il y eut trois enfants : Louis, Françoise et Edmond. Celui-ci fut seigneur de Marmande et de Faye-la-Vineuse. Il mourut en 1495, laissant deux enfants de son alliance avec Françoise de Laval, fille de Jean de Laval, chev., seigneur de Brée, et de Françoise Gascelin : Louis, baron de Marmande, décédé sans avoir été marié, et Isabeau, dame de Faye-la-Vineuse, qui épousa, le 10 janvier 1509, Joachim Gillier, fils de Pierre Gillier, Éc., seigneur de Puygarreau, et de Rose de la Haye.

Joachim Gillier fut seigneur de Faye-la-Vineuse, de Marmande, de la Roche-Clermault et de Puygarreau. Il eut cinq enfants : 1° Bonaventure, qui suit ; 2° Marc, proto-notaire du Saint-Siège ; 3° René, décédé en 1532 ; 4° Joachim ; 5° Louis, mentionné dans un acte de 1533.

Bonaventure Gillier, chev., baron de Marmande et de Faye-la-Vineuse, maître d'hôtel et pannetier ordinaire du roi, épousa, par contrat du 10 mai 1542, Marie Babou, fille de Philibert Babou, surintendant des finances, et de Marie Gaudin. Il eut neuf enfants : 1° René, qui suit ; 2° Bonaventure, seigneur de Poris, marié à Renée de la Rochefoucaud ; 3° Alexandre, seigneur de Preuilly ; 4° Louis, seigneur de Grandchamp ; 5° Philibert, seigneur de la Tour ; 6° Jean, gentilhomme ordinaire de la chambre du roi ; 7° Anne, mariée, le 1er octobre 1572, à René de la Rochefoucaud ; 8° Bonne, femme de Pierre de la Rochefoucaud, seigneur du Parc-d'Archiac (contrat du 25 août 1576) ; 9° Angélique, mariée, le 30 novembre 1572, à Louis de la Rochefoucaud, seigneur de Bayers.

René Gillier, chev., baron de Marmande et seigneur de Faye-la-Vineuse, gentilhomme ordinaire de la chambre du roi et chevalier de ses ordres, épousa, par contrat du 13 février 1582, Claude de Laval, fille de Pierre de Laval, baron de Lezay, et de Jacqueline de Clérembault. Il mourut vers 1617, laissant sept enfants : 1° Urbain, qui suit ; 2° Emmanuel, chevalier de Malte ; 3° Jean, seigneur de Passau et de la Filletière ; 4° Marc, baron de Seaux ; 5° Marie-Louise, femme de Louis de Bernabé, Éc., seigneur de la Boulaye ; 6° Cyprien, chevalier de Malte ; 7° Isabelle, mentionnée dans un acte de 1635.

Urbain Gillier, chev., baron de Marmande, seigneur de Faye-la-Vineuse et de Puygarreau, capitaine de cinquante hommes d'armes, capitaine-gouverneur de Poitiers, eut sept enfants de son mariage avec Marie Chabot de Saint-Gelais, fille de Léonor Chabot, baron de Jarnac, et de Marie de Rochechouart : 1° Georges, baron de Marmande ; 2° René, marquis de Clérembault ; 3° Bonaventure, chevalier de Malte ; 4° Henri-Bonaventure, prêtre ; 5° Claire ; 6° Marie-Louise, mariée, par contrat du 25 août 1649, à François Levesque de Marconnay ; 7° Angélique.

Par suite d'un partage fait entre les enfants de René Gillier, la seigneurie de Faye fut attribuée à Jean Gillier, seigneur de Passau, et à Jacqueline Gillier, sa sœur, qui la vendirent, en 1626, à Armand-Jean du Plessis de Richelieu, cardinal. Par lettres du mois d'août 1631, Faye-la-Vineuse, l'Ile-Bouchard et Richelieu furent compris dans le duché-pairie érigé en faveur de ce dernier.

Faye-la-Vineuse passa ensuite aux mains d'Armand-Jean Vignerot du Plessis, duc de Richelieu et de Fronsac, pair de France, substitué aux titres et dignités du cardinal de Richelieu, et qui mourut le 10 mai 1715.

Armand-Jean Vignerot du Plessis eut pour successeurs : Louis-François-Armand Vignerot du Plessis, duc de Richelieu et de Fronsac, pair et maréchal de France, membre de l'Académie française, décédé le 8 août 1788 ; — et Louis-Antoine-Sophie Vignerot du Plessis, duc de Richelieu et de Fronsac, pair et maréchal de France, mort en 1791. V. *Richelieu*.

Faye-la-Vineuse avait des capitaines-gouverneurs. En 1229, ces fonctions étaient remplies par Joscelin de Brizay ; — en 1610, par Louis le Bascle.

Plusieurs historiens se sont trompés en disant que Faye-la-Vineuse avait été possédée par les maisons de Vivonne et de Choursas. Ils ont confondu cette seigneurie avec une autre du même nom qui, en effet, a appartenu à ces deux familles.

Saint Grégoire de Tours (*Vitæ patrum*, cap. XV.)

dit que saint Senoch était originaire de *Theiphalia (in pago Pictaviensi)*. Martin Marteau, dans son *Paradis délicieux de la Touraine*, traduit le nom de cette localité par *Faye-la-Vineuse*. Il faut avouer que les deux noms ne se ressemblent guère.

MAIRES DE FAYE-LA-VINEUSE. — N. Poirier, père, 1801. — Virgile-Ambroise Poirier, fils, 21 août 1806, 29 décembre 1807, 14 décembre 1812. — Thinault-Turpin, 10 juin 1816. — Thinault-Poirier, 10 novembre 1816. — Thinault-Turpin, 11 décembre 1818. — Étienne-Fulgence Janin, 20 septembre 1825. — Charles Mestayer de la Rancheraie, 1826. — Naintré-Drouin, 13 septembre 1830. — Pasquier, 22 novembre 1834, 18 juin 1837, juin 1840. — François Fromentin, 10 juillet 1844. — Pasquier, 1871. — Ludovic Colas-Blucheau, 21 février 1874, 21 janvier 1878.

Arch. d'I.-et-L., C, 336, 600, 603, 671; D, 169; E, 146, 156, 169; G, 244, 283, 284, 285, 286, 287, 288, 289, 290; *titres de la cure de Courcoué; Biens nationaux.* — *Cartulaire de Noyers,* chartes 2, 20, 45, 63, 64, 65, 67, 82, 88 bis, 96, 100, 137, 143, 148, 157, 172, 175, 188, 229, 268, 276, 277, 297, 310, 311, 335, 342, 355, 364, 386, 395, 412, 483, 491, 492, 525, 600, 618, 649, 653, 659. — *Panorama pittoresque de la France* (départ. d'Indre-et-Loire), p. 13. — *Tableau de la généralité de Tours* (manuscrit), p. 291. — *Mémoire de Miromesnil* (dans le *Diction. topographique de la province du Maine*), I, 57. — A. Duchesne, *Hist. de la maison de Béthune* (preuves), p. 10. — La Thaumassière, *Hist. du Berry*, 431-32-36-37. — Bibl. de Tours, manuscrits nos 1171, 1265, 1436, 1494. — *La Touraine*, p. 257. — Dugast-Matifeux, *État du Poitou sous Louis XIV*, 182. — Beauchet-Filleau, *Diction. des familles de l'ancien Poitou*, II, 159. — Lhermite-Souliers, *Hist. de la noblesse de Touraine*, 337. — *L'Indépendant d'Indre-et-Loire* du 9 juillet 1877. — Bétancourt, *Noms féodaux*, I, 197, 198, 470. — *Annales de la Société d'agriculture d'Indre-et-Loire* (1863), p. 75. — De Marolles, *Hist. des comtes d'Anjou* (2e partie), p. 26. — A. Duchesne, *Hist. de la maison du Plessis-Richelieu*, 43. — D. Bouquet, *Galliæ script.*, IX, 334. — *Gallia christiana*, II, 1291, 1343. — *Liber de servis*, v. — D. Martène, *Hist. de Marmoutier*, I, 358. — *Livre noir de Saint-Florent de Saumur*. — Lainé, *Archives de la noblesse de France*, X, généal. Pont d'Aubevoye, 8, 9. — C. Chevalier, *Promenades pittoresques en Touraine*, 496. — De Cougny, *Excursion en Poitou et en Touraine*, 295-312. — Monsnier, II, CXLII. — D. Housseau, I, 116, 153; II, 533, V, 2059, 2429; IX, 3964; X, 4145, 4164; XIII, 8377, 19730. — P. Anselme, *Hist. généal. de la maison de France*, II, 852; III, 635; IV, 353; VIII. — A. Duchesne, *Hist. de la maison de Montmorency*, 648. — Chalmel, *Hist. de Tour.*, III, 123, 124, 173, 174. — D. Fonteneau, V, 273. — J.-J. Bourassé, *Notice historique et archéologique sur Faye-la-Vineuse*, Tours, in-8º de 15 pages. — *Mém. de la Soc. archéol. de Tour.*, III, 161; VI, 81; IX, 99, 146; X, 186, 232, 237, 247. — *Bulletin de la Société de statistique des Deux-Sèvres* (février et juin 1873). — *Bulletin monumental* (1874), p. 212.

Fayet, cne de Noyant. V. *Fayette*.

Fayetrie (la), f., cne de Saint-Martin-le-Beau, près de la Loire. — *Fayetrie*, carte de l'état-major.

Fayette, f., cne de Noyant. — *Fayette*, carte de l'état-major. — *Feuilletrie*, carte de Cassini. — Ancien fief, relevant du château de Sainte-Maure, à foi hommage lige. Dans quelques titres du XVIIe siècle, ce nom est écrit *Fayet*. — Le manoir seigneurial était fortifié. Par un aveu de 1553, on voit qu'à cette époque il n'existait plus que quelques vestiges des *chastel et maison-forte*. L'enceinte était défendue par de hautes murailles, garnies de tours, et par un double fossé. Dans cette enceinte se trouvait une chapelle dédiée à saint Jacques. Elle existait encore en 1553.

En 1408, ce fief appartenait à Jean de Laval; — en 1456-70, à Guy de Laval; — en 1505-24, à Pierre de Laval. Il passa ensuite à la famille de Commacre (1536-1672); — à Louis Deschamps, seigneur de Commacre et de la Voûte (1690); — puis à la famille Cantineau de Commacre (1696), qui la posséda jusqu'à la Révolution. Le propriétaire, en 1789, était Félix-Auguste Cantineau de Commacre, capitaine au régiment d'Orléans, chevalier de Saint-Louis, second fils de Jean-Félix Cantineau, seigneur de Commacre, lieutenant des maréchaux de France, et de Louise Cocuel. Félix-Auguste Cantineau comparut, en qualité de seigneur de Fayette, à l'assemblée de la noblesse de Touraine (1789).

Lainé, *Archives de la noblesse de France*, III. — D. Housseau, XIII, 8056, 8065, 8068, 8069, 8070, 8082, 8107, 8108. — Arch. d'I.-et-L., E, 163 et titres de Saint-Épain. — *Rôle des fiefs de Touraine*. — Bibl. de Tours, fonds Salmon, titres de Sainte-Maure. — *Mém. de la Soc. archéol. de Tour.*, X, 101.

Faymau (le fief). V. *Izernay*, cne de Chambray.

Féages (la maison des), située dans le bourg de Saunay. — Elle relevait du fief de Saunay. Elle fut détruite avant 1658. — (Arch. d'I.-et-L., *Inventaire des titres de la chambrerie de Saint-Julien*.)

Féau (Laurent), docteur-médecin, né à Tours en 1599, fit ses études à Montpellier. Il mourut à Tours en 1668. On a de lui un ouvrage intitulé : *Tractatus de epicrasi*, 1644, in-8º. — (*Almanach de Touraine*, 1781. — Chalmel, *Hist. de Tour.*, IV, 173. — D. Housseau, XXIII, 428.)

Febvotte (Jean-Joseph), né à Toul, le 15 avril 1770, fils de Jean-Baptiste Febvotte, avocat au Parlement, fut nommé receveur de l'enregistrement et des domaines à Royaumais, en 1791, puis inspecteur à Coblentz, en 1804, directeur à Osnabruck, en 1811, à Foix, le 21 décembre 1813, à Tours, le 23 septembre 1815. Relevé de son service dans cette dernière ville, le 12 juillet 1830, il obtint sa réintégration le 10 août suivant. Démissionnaire en 1831, il fut admis à la retraite, après plus de quarante années de services. Le 1er janvier 1832, les habitants de

Tours lui offrirent une médaille d'or portant cette inscription :

A J.-J. Febvotte, directeur des domaines d'Indre-et-Loire. — Votée le 5 juin 1830, par ses concitoyens, en réparation d'une destitution arbitraire à cause de l'indépendance de ses opinions. — Offerte le premier janvier 1832.

Nommé conseiller général d'Indre-et-Loire le 22 janvier 1831, maire de Tours le 28 janvier 1832, chevalier de la Légion d'honneur le 27 octobre de cette dernière année, maintenu à la tête de l'administration municipale le 16 décembre 1834, il donna sa démission l'année suivante. Il mourut à Tours le 17 septembre 1853. Il était membre honoraire de la Société d'agriculture d'Indre-et-Loire depuis le 9 mars 1833. — (*Journal d'Indre-et-Loire* du 1ᵉʳ octobre 1853, article nécrologique, signé Ladevèze. — Notes communiquées par M. Nobilleau.)

Febvre (Michel), religieux capucin (en religion P. Justinien), naquit à Neuvy-Roi vers 1630. Il fut envoyé en mission dans le Levant. Pendant un séjour de dix-huit à vingt ans à Alep, il se livra à l'étude de la langue du pays. Le patriarche d'Antioche, qu'il avait ramené au catholicisme, l'envoya à Rome en 1670. Quatre ans après, Febvre composa un ouvrage intitulé *Specchio, overo descrittione della Turquia* (Rome, 1674, in-12). Il donna une traduction de cet ouvrage : *L'État présent de la Turquie* (Paris, 1675, in-12). En 1682-88, il publia sur le même sujet un travail ayant pour titre *Théâtre de la Turquie* (in-4°). Ces publications eurent beaucoup de succès en leur temps. On a de Michel Febvre un autre ouvrage intitulé : *Præcipuæ objectiones muhameticæ legis sectatorum adversus catholicos earumque solutiones*, Rome, 1679, in-12. On ignore l'époque et le lieu de la mort de cet écrivain. — (*Semaine religieuse du diocèse de Tours* du 11 novembre 1876. — Bernard de Bologne, *Bibliotheca scriptorum capucinorum*. — Larousse, *Grand diction. historique du xixᵉ siècle*, VIII, 175. — Didot, *Biographie générale*, XVII, 246.)

Febvrier de la Bellonnière (Louis), commandant du bataillon de Champagne, était capitaine-gouverneur de Chinon en 1737. Il fut remplacé, en 1738, par Jean-Baptiste-André Morlat de Montour, conseiller au Grand-Conseil. — (Arch. d'I.-et-L., G, 61. — Bibl. de Tours, fonds Salmon, *titres de Chinon*.)

Fécellerie (la), paroisse d'Avon. V. *la Pouge*.

Féchal, cⁿᵉ de Loches. V. *Feschal*.

Féerie (la), f., cⁿᵉ de Cangy. — *Félie*, 1730 (Registres d'état-civil de Fleuray). — Elle a fait partie de l'ancienne paroisse de Fleuray.

Féerie (le lieu de la), cⁿᵉ de Civray-sur-Cher, près du chemin de la Roche au May.

Féerie (la), ou **Fairie**, ham., cⁿᵉ de La Croix, 15 habit. — *Ferie*, carte de Cassini.

Féerie (la), f., cⁿᵉ de Saint-Nicolas-des-Motets. — *Fairie*, carte de l'état-major. — *Féric*, carte de Cassini.

Féeries (les), cⁿᵉ de Marray. V. *Férie*.

Féés (les), f., cⁿᵉ de Saint-Quentin.

Feignière (bois de la). — Il fait partie de la forêt de Villandry.

Feillau (moulin de), ou **Fayau**, cⁿᵉ de Neuillé-Pont-Pierre. — Le 30 septembre 1599, Michel et Louis Cormery le vendirent à René de Croyse, valet de chambre de Henri IV. En 1701, Ambroise des Escotais de Chantilly en était propriétaire. — (Arch. d'I.-et-L., E, 82.)

Feland (le lieu de), cⁿᵉ de Sepmes, près du chemin de Sepmes à Sainte-Maure.

Felerie (la), f., cⁿᵉ de Saint-Christophe.

Félicité (hôtel). V. *Ferrière (la)*, commune.

Félie (la), cⁿᵉ de Cangy. V. *Féerie*.

Félines (les). V. *Marchejau*.

Felonnière (la), cⁿᵉ de Beaumont-la-Ronce. V. *Flonnière*.

Felonnière (la), ou **Flonnière**, f., cⁿᵉ de Civray-sur-Esves. — *Felonnière*, cartes de Cassini et de l'état-major. — Ancien fief. Le seigneur avait une haute, moyenne et basse justice, et le droit de pêche dans l'Esve. En 1750, les fiefs d'Orbigny, de la Rimbaudière et de la Pinotière, étaient annexés à cette seigneurie qui, en outre, avait sous sa dépendance les métairies du Pressoir et de la Perruche. Il existait dans le logis seigneurial une chapelle qui était desservie par le curé de Civray et dans laquelle on devait dire treize messes par an. Le curé recevait, pour ces offices, une rente de douze livres. — En 1559, le fief de la Felonnière appartenait à Eustache de Villiers, Éc.; — en 1691, à N. Berland de la Loudre; — en 1750, à François-Balthazar Dangé, secrétaire du roi et fermier général, qui l'avait acheté de François Berard de Montour et de Madeleine-Geneviève-Henriette de Beaurepaire, sa femme. — (Arch. d'I.-et-L., *cure de Civray*. — D. Housseau, XIV. — Bibl. de Tours, fonds Salmon, *titres de Taffonneau*. — *Conférence de la rédaction de la coutume de Touraine, 1559*.)

Femme (l'Ile à la), dans la Loire, cⁿᵉ de Saint-Mars.

Fenaie (le lieu de la), près du Vieux-Cher, cⁿᵉ de Bréhémont.

Fenaillère (la), ham., cⁿᵉ de Villeperdue,

16 habit. — *Fenaillière*, cartes de Cassini et de l'état-major.

Fenestrie (la), f., c^{ne} de Marçay. V. *Fennetrie*.

Fenêtre (la), f., c^{ne} de Saint-Règle. — *Fenestre*, carte de Cassini.

Fenêtre-Bouchard (la), f., c^{ne} d'Avrillé. — *Fenêtre-Bouchard*, carte de l'état-major.

Fenêtres (le fief des), paroisse de Ferrières-Larçon. — *Terroer de Fenestres*, 1335. — Il devait foi et hommage lige et trente sols d'aides à l'archevêque de Tours, à mutation de seigneur. — En 1335, il appartenait à Renault de Voyer, seigneur de Paulmy. — (Arch. d'I.-et-L., G, 5. — *Liber bonarum gentium*.)

Fenêtres (le bois des), c^{ne} de Thizay.

Fenil, f., c^{ne} de Bossay. — *Fenis*, 1149 (charte de Pierre de Preuilly). — Il existait dans ce lieu des forges peu importantes, qui ont cessé de fonctionner depuis une cinquantaine d'années. Elles dépendaient de la terre d'Azay-le-Féron.

Fenillet (le lieu de), près de la courance de la Barbotinière, c^{ne} de Marcé-sur-Esves.

Fennetrie (la), ou **Fennetière**, ham., c^{ne} d'Hommes, 14 habit.

Fennetrie (la), ou **Fenestrie**, f., c^{ne} de Marçay. — *Fenetrie*, carte de Cassini. — Ancien fief, relevant du château de Loudun. En 1678, il appartenait à Anne Dusoul, veuve de Jean Benoit ; — en 1730, à Nicolas de Mondion. — (Arch. d'I.-et-L., C, 336, 587.)

Fer (la croix de), c^{ne} de Charnizay, près de l'Étang-Neuf et du chemin de Preuilly à Châtillon.

Féraudrie (la), c^{ne} d'Autrèche. V. *Ferraudrie*.

Féraudière (la), c^{ne} d'Auzouer. V. *Fouraudière*.

Féraudière (la), f., c^{ne} de Beaumont-en-Véron. — Ancienne dépendance du fief de Coulaines. — (Arch. d'I.-et-L., E.)

Féraudière (la), f., c^{ne} de la Celle-Saint-Avent. — *Ferraudière*, carte de Cassini.

Ferbelot (le lieu de), c^{ne} de Continvoir, près du chemin de Gizeux à Hommes.

Fercé, moulin de Fercé, sur l'Indre, paroisse de Cormery. — Ce moulin, situé dans le bourg, appartenait à l'abbaye de Cormery. Il est désigné sous le nom de *Ferciacus* dans des chartes de 791, de 820 et de 860. Le nom est écrit *Fercé* dans une ordonnance de Guillaume Gonneau, lieutenant du maître des eaux et forêts de Touraine, en date du 1er mars 1485. — (D. Housseau, I, 81. — *Cartulaire de Cormery*, 5, 19, 50, 274.)

Ferchay (moulin de), sur la Luenne, c^{ne} de Saint-Paterne.

Ferciacus. V. *Fercé*, paroisse de Cormery.

Ferciola (le lieu de), paroisse de Rivarennes. — Il est cité dans une charte de 1026. — (*Cartulaire de Cormery*, XXXVIII.)

Ferdinanderie (la), f., c^{ne} de Genillé.

Féré (Octave), pseudonyme de *Moget* (Charles-Octave). V. *Moget*.

Ferendières (le lieu des), près de la Gauteraie, c^{ne} de la Celle-Saint-Avent.

Feret (Claude), né à Loches, maire de cette ville et avocat du roi, a publié, en 1540, un volume in-4°, contenant des harangues qu'il avait prononcées à l'occasion des installations de divers grands fonctionnaires. Ce recueil est devenu très-rare. — (Dufour, *Diction. de l'arrondissement de Loches*, II, 286. — *Almanach de Touraine*, 1779. — Chalmel, *Hist. de Tour.*, IV, 173-74. — S. Bellanger, *la Touraine ancienne et moderne*, 584.)

Fergeau, f., c^{ne} de Saint-Aubin.

Fergeaudrie (le lieu de la), près des Roches, c^{ne} du Grand-Pressigny.

Feriandrie (la), f., c^{ne} de Brèche.

Férie (la), ou **Féeries**, f., c^{ne} de Marray. — *Les Féries*, ou *Fælies*, 1658. — *Féries*, carte de l'état-major. — Elle relevait censivement de la châtellenie de Rouziers. — (Arch. d'I.-et-L., E, 16, 119.)

Fermaletrie (la), f., c^{ne} d'Azay-sur-Cher.

Ferme (la), f., c^{ne} d'Avrillé. — *Ferme*, cartes de Cassini et de l'état-major.

Ferme (la), f., c^{ne} de Bueil. — *Ferme*, carte de l'état-major.

Ferme-de-Bonchamp (la), f., c^{ne} de Ligueil. — *Bonchamp*, carte de l'état-major.

Ferme-de-Fosse-Belle (la). V. *Fosse-Belle-Mellerie*, c^{ne} de Bléré.

Ferme-de-Villeneuve (la), f., c^{ne} de Morand.

Ferme-de-Villiers (la), f., c^{ne} de Véretz. — *Villiers*, carte de l'état-major.

Ferme-du-Château (la), f., c^{ne} de Verneuil-le-Château. — *Le Château*, carte de Cassini.

Ferme-Menou (la), f., c^{ne} de Boussay.

Fermerie (la), f., c^{ne} de Bourgueil, près du Changeon.

Fermerie (la), f., c^{ne} de Courcelles. — *Ferterie*, 1817. — *Fermerie*, carte de l'état-major.

— Elle a fait partie de l'ancienne commune de Chouzé-le-Sec.

Fermerie (la), f., c"° d'Hommes.

Fermier-de-la-Lande (maison du), c"° de Saint-Cyr. V. *la Lande.*

Fermiers (le lieu des), c"° de Charnizay. — Il relevait de l'abbaye de Preuilly, suivant une déclaration féodale du 22 juin 1575. — (Arch. d'I.-et-L., *titres de l'abbaye de Preuilly.*)

Fermonnerie (la), f., c"° de Marçay.

Ferneau (le gué), sur la Démée, c"° de Chemillé-sur-Dôme.

Fero Bosco *(capella de).* V. *Sainte-Catherine-de-Fierbois.*

Ferotterie (la), f., c"° de Saunay. — *Feroterie,* carte de l'état-major.

Ferouarderie (la), f., c"° de Monthodon. — *Ferouarderie,* carte de l'état-major. — *Frouarderie,* carte de Cassini.

Ferpoële, ou **Ferpoile**, f., c"° du Grand-Pressigny. — *Ferpoelle,* carte de Cassini. — Elle a fait partie de l'ancienne paroisse d'Étableaux.

Ferrand (le lieu de), c"° d'Yzeures, près du chemin d'Yzeures à Tournon.

Ferrand (Joseph), né à Limoges en 1827, fut nommé conseiller de Préfecture à Bourg en 1849, sous-préfet de Parthenay en 1852, secrétaire général à Amiens (1855), à Bordeaux (1858), à Marseille (1860), préfet de la Haute-Savoie (1860), préfet de l'Aisne en 1867. Le 4 septembre 1870, il donna sa démission. Mais, sur la demande du Gouvernement, il resta à la tête de l'administration du même département, pour y organiser la défense contre l'invasion prussienne. Il s'acquitta de cette mission avec beaucoup d'énergie et de dévouement. Fait prisonnier par les Prussiens, il fut conduit à la forteresse d'Ehrenbreinstsien, où il resta jusqu'à l'amnistie, qui lui permit de retourner en France. Appelé à la préfecture du Calvados, il passa, en 1874, à celle d'Indre-et-Loire et fut admis à la retraite en 1876. Cet administrateur a publié plusieurs ouvrages, entre autres une *Étude sur la propriété communale en France* (Paris, 1859). — (Larousse, *Grand diction. historique du* XIXᵉ *siècle* (supplém.), p. 812. — *Moniteur universel* et *Journal d'Indre-et-Loire* de 1870, 1874, 1876).

Ferrands (le moulin des), sur la Vienne, près de Chinon. — *Les Ferrands,* ou *Moulin-Liet,* 1585. — (*Comptes de la ville de Chinon*).

Ferrands (le lieu des), près de la Logerie, c"° de Parçay-Meslay.

Ferrariæ. V. *Ferrières.*

Ferrasse (le lieu de la), paroisse de Saint-Laurent-en-Gatines. — Il relevait du fief de Saint-Laurent. — (Arch. d'I.-et-L., *Inventaire des titres de Saint-Laurent.*)

Ferrauderie (la), ou **Ferauderie**, f., c"° d'Autrèche. — *Ferraudière,* 1791. — *Ferrauderie,* carte de l'état-major. — *Ferraudière,* carte de Cassini. — Ancienne propriété de l'abbaye de Fontaine-les-Blanches, sur laquelle elle fut vendue le 28 mars 1791, au prix de 11,000 livres. — (Arch. d'I.-et-L., *Biens nationaux.*)

Ferrauderie (la), f., c"° de Brèche. — *Ferrauderie,* carte de l'état-major.

Ferrauderie (la) et la **Petite-Ferrauderie**, f., c"° de Chambray. — *Ferrauderie,* carte de l'état-major.

Ferrauderie (la), f., c"° de Courçay.

Ferrauderie (la), ou **Maison-Brûlée**, f., c"° de Fondettes.

Ferrauderie (le lieu de la), paroisse de Saunay. — Il relevait du fief de Saunay et devait une rente à l'abbaye de Saint-Julien (1622). — (Arch. d'I.-et-L., *chambrerie de Saint-Julien.*)

Ferrauderie (la), f., c"° de Véretz.

Ferrauderies (les), f., c"° de Souvigné. — *Feriauderies,* carte de l'état-major.

Ferraudière (la), f., c"° d'Anché. — *Ferraudière,* carte de Cassini.

Ferraudière (la), c"° d'Autrèche. V. *Ferrauderie.*

Ferraudière (la), f., c"° de Bréhémont.

Ferraudière (la), f., c"° de Brèche.

Ferraudière (la), f., c"° de Chaveignes.

Ferraudière (la), f., c"° de Nouans.

Ferraudière (la), f., c"° de Nouâtre, près de la Vienne. — Ancien fief, relevant de Nouâtre. — (*Rôle des fiefs de Touraine.* — D. Housseau, XIII.)

Ferraudière (la), f., c"° de Perrusson.

Ferraudière (la), f., c"° de Saint-Laurent-en-Gatines.

Ferraudière (la), paroisse de Saint-Louans. — Ancien fief. En 1764, il appartenait à Charlotte de Fesques. — (Bibl. de Tours, fonds Salmon, *titres de Chinon.*)

Ferraudière (la), f., c"° de Sainte-Maure. — *Ferraudière,* cartes de Cassini et de l'état-major.

Ferraudière (la), f., c"° de Sorigny. — *Ferraudière,* cartes de Cassini et de l'état-major.

Ferraudières (les), f., c"° de Saint-Épain.

Ferraudières (le lieu des), près de Branche-Verte, c"° de Saint-Senoch.

Ferraudrie (la), f., c^ne de Château-la-Vallière.

Ferrauds (les), ou **Ferreaux**, ham., c^ne de Draché, 13 habit. — *Ferrauds*, carte de Cassini.

Ferrauds (les), f., vil., c^ne de Thilouze, 25 habit. — *Ferrauds*, carte de l'état-major.

Ferré (le lieu de), près de la Cayolle, c^ne de Restigné.

Ferré (le lieu de), près de Vaufouinard, c^ne de Rochecorbon.

Ferreau, ou les **Ferreaux**, f., c^ne de Mouzay. — *Ferreau*, carte de l'état-major. — *Ferrans*, carte de Cassini. — Ancien fief, relevant du Verger et de Vou, à foi et hommage simple et un roussin de service. En 1330, il appartenait de Guillaume de Voyer; — en 1467, à Pierre de Voyer, qui rendit aveu le 19 novembre; — en 1672, à Michel Dallonneau. — (Arch. d'I.-et-L., C, 602; E, 74. — Beauchet-Filleau, *Diction. des familles de l'ancien Poitou*, II, 824.)

Ferreault, ham., c^ne de Ciran, 15 habit. — *Ferreau*, carte de l'état-major.

Ferreaux (les). V. *Ferrauds*, c^ne de Draché.

Ferreaux (les). V. *Ferreau*, c^ne de Mouzay.

Ferreriæ. V. *Ferrières-Larçon*.

Ferretrie (la), f., c^ne de Neuillé-Pont-Pierre.

Ferriauderies (les), f., c^ne de Souvigné.

Ferrière (la), commune du canton de Neuvy-Roi, arrondissement de Tours, à 32 kilomètres de Tours et à 13 de Neuvy-Roi. — *Ecclesia de Ferraria*, 1040 (charte de Geoffroy, comte d'Anjou). — *Ferraria*, 1070 (charte de Marmoutier). — *Ferrière*, carte de Cassini.

Elle est bornée, au nord, par la commune des Hermites; à l'est, par celle de Monthodon; à l'ouest, par Marray; au sud, par Saint-Laurent-en-Gatines. La forêt de la Ferrière couvre une partie du territoire de cette commune, de laquelle dépendent les lieux, hameaux et villages suivants :

Les Brunelleries (13 habit.). — Monnaie (11 habit.). — La Fouchardière (10 habit.). — Le Vivier, connu dès le XIe siècle. — Le Bordage, le Jumeau, les Bougeries, la Boismorterie, la Goulelterie, la Sardinerie, la Joulinerie, les Touches, la Houdairie, le Bouillon, la Turterie, la Poterie, la Beauce, Bignolet, la Folie, Rouchoux, la Roberderie, le Mortier, la Roulinière, la Cholardière, Beauvais, la Chapelle, etc.

Avant la Révolution, cette paroisse faisait partie de l'élection de Vendôme, de l'intendance d'Orléans et du diocèse de Blois. En 1793, elle dépendait du district de Châteaurenault.

Superficie cadastrale. — 1576 hectares. — Le plan cadastral, dressé par Collet, a été terminé le 8 novembre 1834.

Population. — 61 feux en 1764. — 599 habit. en 1801. — 580 habit. en 1804. — 587 habit. en 1810. — 517 habit. en 1821. — 494 habit. en 1831. — 489 habit. en 1841. — 401 habit. en 1851. — 366 habit. en 1861. — 377 habit. en 1872. — 381 habit. en 1876.

Assemblée pour location de domestiques le deuxième dimanche de juin.

Bureau de poste et perception de Neuvy-Roi.

L'église, placée sous le vocable de saint Nicolas, n'offre rien d'intéressant. En 1040, Geoffroy, comte d'Anjou, la donna à l'abbaye de la Trinité de Vendôme (*ecclesiam de Ferraria cum tota integritate sua quæ constructa est in honorem S. Nicolai confessoris*). Elle fut reconstruite vers 1733.

Le titre curial était à la présentation de l'abbé de la Trinité de Vendôme.

Les registres d'état-civil de cette paroisse commencent en 1539.

Curés de la Ferrière. — Julien Levasseux, 1648. — Pierre Lefay, 1680. — Jacques Gondard, 1709. — André Haguenier, 1721. — Jacques Debierne, 1737. — Pierre Malespert, 1762. — Sébastien-Nicolas Corneau, 1778, 1804, 1810; — Chesneau, 1821. — Joubert, 1837. — Jupin, jeune, 1852. — Pasquier, 1862. — Bignon, 1863, 1873. — Tiphène, de janvier 1873 à septembre 1875. — Auguste Brocherieux, juin 1874, actuellement en fonctions (1880).

La Ferrière formait une châtellenie relevant de la baronnie de Lavardin à foi et hommage lige.

Mainard de la Ferrière, vivant au milieu du XIe siècle, est le premier seigneur connu. En 1300, ce domaine appartenait à Jean II de Berrie, seigneur d'Amboise, de Bléré, de Chaumont et de Montrichard, qui fonda plusieurs messes dans l'église paroissiale. Par la suite, il passa dans la famille de Daillon.

Jean de Daillon III, comte du Lude, baron d'Illiers et de Briançon, seigneur de la Ferrière, sénéchal d'Anjou (1539), gouverneur du Poitou et lieutenant-général pour le roi dans la province de Guienne, mourut à Bordeaux le 29 août 1557. Par contrat du 30 avril 1528, il avait épousé Anne de Bastarnay, fille de François de Bastarnay, comte du Bouchage, et de Françoise de Maillé. Sept enfants naquirent de ce mariage : 1° Guy, qui suit; 2° René, évêque de Luçon, mort en 1600; 3° François, seigneur de Briançon, décédé le 16 août 1569; 4° François, seigneur du Sauvray; 5° Anne, mariée à Philippe de Volvire, marquis de Ruffec, et décédée le 1er novembre 1618; 6° Françoise, femme de Jean de Chourses, seigneur de Malicorne; 7° Françoise, mariée, par contrat du 2 mai 1558, à Jacques Goyon de Matignon, seigneur de Thorigny.

Guy de Daillon, comte du Lude et seigneur de la Ferrière, gouverneur du Poitou et sénéchal d'Anjou, chevalier des ordres du roi, mourut à Briançon le 11 juillet 1585 et fut inhumé dans l'église du Lude. Il laissa cinq enfants de son mariage, contracté le 11 mars 1558, avec Jacqueline Mottier de la Fayette, fille de Louis Mottier, seigneur de la Fayette, et de Anne de Vienne-Listenois : 1° François, qui suit; 2° Diane, mariée, le 16 mai 1590, à Jean de Levis; 3° Anne, femme de Jean de Bueil, grand-échanson de France; 4° Hélène, mariée, le 2 octobre 1602, à François de Chabannes, comte de Saignes; 5° Antoinette, femme de Philibert de la Guiche, grand-maître de l'artillerie de France.

François de Daillon, comte du Lude, marquis d'Illiers, seigneur de la Ferrière et de Pontgibault, sénéchal d'Anjou et lieutenant-général de la province d'Auvergne, mourut le 27 septembre 1619. De son mariage avec Françoise de Schomberg, fille de Gaspard de Schomberg, comte de Nanteuil, et de Jeanne Chasteigner de la Rochepozay, il eut quatre enfants : 1° Timoléon, comte du Lude; 2° Roger, comte de Pontgibault, décédé en 1626; 3° Érasme, comte de Briançon, mort en 1637; 4° Gaspard, évêque d'Alby, décédé le 24 juillet 1676.

Charles du Plessis, seigneur de Liancourt, conseiller d'État et gouverneur de Paris, fils de Guillaume du Plessis, seigneur de la Perrine, et de Françoise de Ternay, acheta la terre de la Ferrière par acte du 10 juin 1611. Le 17 février 1594, il avait épousé Antoinette de Pons, fille d'Antoine de Pons et de Marie de Montchenu. De ce mariage il eut : 1° Roger du Plessis, duc de la Rocheguyon, pair de France; 2° Gabrielle, mariée, le 19 mars 1611, à François V, duc de la Rochefoucaud, prince de Marcillac, gouverneur du Poitou et pair de France.

Par ce mariage, François de la Rochefoucaud devint seigneur de la châtellenie de la Ferrière, qui était échue en partage à sa femme. Par acte du 10 juillet 1646, il la vendit à René de Toutant, Éc., seigneur de Belair, capitaine-exempt des gardes du roi et gentilhomme servant. Cette vente eut lieu au prix de 29,500 livres.

René de Toutant eut deux enfants de son mariage avec Louise Leblond : 1° François, Éc., seigneur de la Ferrière, mentionné en cette qualité dans un acte de 1669; 2° Louise-Urbane, mariée à René de Rancher, chev., seigneur d'Ermagny, gentilhomme de la chambre du roi, qui devint seigneur de la Ferrière après la mort de Louise Leblond, mère de sa femme.

Paul-François de Rancher, chev., marquis de la Ferrière, seigneur de Marigny et de Lessart, fils de René de Rancher, épousa Antoinette-Parfaite-Constance Xeuillard, dont il eut François-Michel-Antoine de Rancher, marquis de la Ferrière, capitaine de carabiniers, commandeur des ordres de Notre-Dame-du-Mont-Carmel et de Saint-Lazare, qui épousa, par contrat du 20 novembre 1758, Odile-Thérèse-Hélène Testu de Balincourt, fille de François Testu de Balincourt, lieutenant-général des armées du roi, et de Rosalie Cœuret de Nesle.

François-Michel-Antoine de Rancher rendit hommage, pour sa terre de la Ferrière, au baron de Lavardin, le 7 septembre 1750 et le 10 août 1785. Il comparut, en 1789, à l'assemblée électorale de la noblesse de Touraine. De son mariage, il eut deux enfants : 1° Charlotte-Françoise-Félicité-Odile, mariée à Alexandre-César, comte de la Tour-du-Pin ; 2° Rosalie-Marguerite-Marie-Thérèse, qui épousa, en premières noces, le 8 juin 1784, Alexandre-Roger-François du Pouget, marquis de Nadaillac; en secondes noces, en 1797, Jean-François de Perusse, duc d'Escars, lieutenant-général des armées du roi, décédé le 10 septembre 1822, sans laisser de postérité.

Par acte du 21 mai 1827, la duchesse d'Escars fonda dans le bourg de la Ferrière une maison de charité « pour donner des secours gratuits aux « pauvres malades du pays et une éducation « chrétienne aux enfants de la paroisse. » Elle donna pour cette fondation une maison appelée l'*Hôtel-Félicité* et une rente perpétuelle de deux cents francs.

Dans un bois de haute-futaie, appelé le bois d'Escars ou de la Pyramide, se trouve un monument élevé à la mémoire de Jean-François de Perusse, duc d'Escars.

On rencontre, sur le territoire de cette commune, une assez grande quantité de minerai de fer. Sur divers points, on a trouvé des traces d'anciennes forges gauloises. A en juger par les amas de scories que l'on y voit encore, ces forges avaient une certaine importance et ont dû fonctionner pendant longtemps.

MAIRES DE LA FERRIÈRE. — René Mahoudeau, 1801, 29 décembre 1807, 1er août 1821. — François Rouger, 1822. — Narcisse-Auguste Fortin, 10 janvier 1823. — Neveu-Delugré, 2 janvier 1829. — Pierre-Eugène-Achille Siron, 30 août 1830, 17 novembre 1834, 29 mai 1837, 31 mai 1840. — Pierre-René-Michel Courgeau, 13 juillet 1846. — Vetillard, 1852. — Brossay, 1862. — — Jean Gault, mai 1871, 20 février 1874.—Victor Brossillon, 21 janvier 1878.

Arch. d'I.-et-L., cure de la Ferrière; E, 318. — D. Housseau, I, 452; XII, 6706. — Bibl. de Tours, fonds Salmon, *Cartulaire de l'abbaye de Vendôme* (manuscrit 1195). — *Rôle des fiefs de Touraine*. — Saint-Allais, *Nobiliaire de France*, XVI, 34. — Archives du château de la Ferrière. — A. Joanne, *Géographie d'Indre-et-Loire*, 33. — La Chesnaye-des-Bois et Badier, *Diction. de la noblesse*, VI, 655. — P. Anselme, *Hist. généal. de la maison de France*, IV, 428, 756. — Lainé, *Archives de la noblesse de France*, IV (généal. Pouget de Nadaillac), p. 28, XI ; (généal. Testu de Balincourt), p. 23. — Registres d'état-civil de la Ferrière. —Registres d'état-civil de La Croix, 1745. — Expilly, *Diction. des Gaules et de la France*, III, 108. — *Journal d'Indre-et-Loire* du 26 janvier 1837. — *Annuaire-almanach d'Indre-et-Loire* (1877), p. 99. — *Mém. de la Soc. archéol. de Tour.*, X, 83. — L. de la Roque et E. de Barthélemy, *Catalogue des gentilshommes de Touraine*, 5.

Ferrière (la), ou **Ferrières**, f., c^{ne} d'Athée.

Ferrière (la), f., c^{ne} de Neuillé-Pont-Pierre. — *Ferreria*, 1245 (charte de Jean d'Alluye). — Ancien fief, relevant de la prévôté d'Oë, à foi et hommage lige et cinq jours de garde. En 1245, Jean d'Alluye, seigneur de Châteaux, vendit à Gilles, chantre de Saint-Martin de Tours et prévôt de cette église, l'hommage qui lui était dû par le seigneur de la Ferrière. En 1338, ce fief appartenait à Geoffroy de Surcé; — en 1409, à Montguion de la Ferrière, qui rendit hommage le 7 juin. Ce lieu a fourni autrefois une grande quantité de minerai aux forges de Château-la-Vallière. — (*Rôle des fiefs de Touraine*. — Arch. d'I.-et-L., *prévôté d'Oë*. — D. Housseau, VII, 2863. — Jagu, *Topographie géologique et minéralogique du département d'Indre-et-Loire*, 57. — G. Charlot et C. Chevalier, *Études sur la Touraine*, 312.)

Ferrière (étang de la), c^{ne} de Neuillé-Pont-Pierre.

Ferrière (forêt de la). — Elle s'étend dans les communes de la Ferrière et de Marray. La partie située dans la commune de la Ferrière comprend les bois de la Vallée-Septier, des Sergents, de la Garenne, du Clos-du-Houx, de Boisrobert, de la Guinaudière, de la Touche, de Marray ou des Ventes, de la Grande-Malvert, du Carroi-des-Brasilleries, de la Pyramide, de la Petite-Boulière, de Groleau, de Beaumont, des Basses-Houlées, du Gros-Buisson, de Beauregard, des Pins, du Vivier, de la Vallée-Taveneau, du Lacas, des Collins, du Plat-d'Étain, des Tailles-Brûlées, du Chêne-Fortier, des Grandes et Petites-Malplantées, de la Grosse-Borne et du Grand-Rouchon. La partie de la forêt qui se trouve sur la commune de Marray comprend les bois de la Boulière et de la Gloriette.

Ferrières (ruisseau de). V. *Éés*.

Ferrières-Larçon, commune du canton du Grand-Pressigny, arrondissement de Loches, à 51 kilomètres de Tours, à 19 de Loches et 11 du Grand-Pressigny. — *Ferreriæ*, 1100 (charte de l'abbaye de Noyers). — *Parochia de Ferrariis, Ferrière l'Archon*, XIIIe siècle (*Cartulaire de l'archevêché de Tours*). — *Ferrières Arcon*, 1339 (Archives de la Vienne, H, c, 479, n° 695.) — *Ecclesia S. Mandeti de Ferrariis*, 1480 (charte d'Hélie de Bourdeilles, archevêque de Tours). — *Ferrières l'Arçon*, carte de Cassini.

Elle est bornée, au nord, par les communes de Ligueil, de Ciran et d'Esves-le-Moutier; au sud, par la Celle-Guenand; à l'est, par Betz; à l'ouest, par Paulmy. Elle est arrosée par le Brignon, qui vient de la commune de Betz et passe dans celle de Paulmy; — et par le ruisseau des Fontaines-de-Ferrières, qui prend sa source au lieu appelé la Fontaine, ou Grouais-du-Moulinet, passe au bourg et se jette dans le Brignon, du côté du Gué-de-Laleuf. Elle est traversée par les chemins de grande communication n° 50, de Tours au Blanc, n° 59, de Sainte-Maure à Châtillon, et n° 60, de Ligueil à Plumartin. On a constaté l'existence, sur son territoire, de traces d'anciennes forges gauloises. On y trouve, sur divers points, du minerai de fer et des faluns.

Les lieux, hameaux et villages suivants dépendent de cette commune : La Boissière (15 habit.), ancien fief, relevant de la châtellenie de Paulmy. — La Brosse (12 habit.). — La Boisgardière (18 habit.). — Calabre, ancien fief, relevant de la Turmellière. — Châtres, ancien fief. — La Donnelière (10 habit.). — La Compinerie (9 habit.). — La Roche-Potier, ancien fief, relevant de la châtellenie de Sainte-Julitte. — La Placette (11 habit.). — Le Plessis (13 habit.), ancien fief. — Le Tremble (8 habit.). — Le Marchais (11 habit.). — Murat, ancien fief, relevant de la Bertaudière et de la châtellenie de Paulmy. — La Maillère, ancien fief, relevant de la châtellenie de Sainte-Julitte. — Le Grand-Fresne (10 habit.). — La Maugrière, ancien fief, relevant de Betz. — Mouts (10 habit.). — Montaugon, ancien fief, relevant de la seigneurie du Routet. — La Maison-Neuve, le Village-du-Bois, la Guillardière, la Feraudière, l'Enqueterie, la Visinerie, Tronçay, la Chesnaie, la Grande et la Petite-Varenne, la Bouterie, Chantepie, la Chaumette, la Maronnerie, la Lousière, les Loges, la Petite-Maison, la Blinerie, les Mitelleries, Laleu, la Chaloise, la Mignonnière, Beussa, etc.

Avant la Révolution, cette paroisse était dans le ressort de l'élection de Loches et faisait partie du doyenné du Grand-Pressigny et de l'archidiaconé d'outre-Vienne. En 1793, elle dépendait du district de Preuilly.

Superficie cadastrale. — 2058 hectares. — Le plan cadastral, dressé par Trotignon a été terminé le 25 mai 1813. — En 1757, Ferrières-Larçon perdit une assez grande partie de son territoire, avec laquelle on forma la paroisse de Paulmy, créée par lettres patentes du 2 septembre de cette année. On lui enleva le bourg de Paulmy et les hameaux ou fermes de la Valarderie, des Caves-sous-Montaugon, de Lessard, de la Mallère, de la Chrétiennerie, de la Royauté, de Lavau, de la Gachetière, de la Grande-Boissière, de la Cormerie, de la Chauvellière, de Nizereilles, du Haut-Pauvrelay et de la Vironnerie. — Par ordonnance royale du 15 novembre 1826, la ferme de la Grande-Brosse a été détachée de la commune de Betz et réunie à celle de Ferrières-Larçon.

Population. — 190 feux en 1764. — 900 habit. en 1801. — 920 habit. en 1804. — 940 habit. en 1808. — 956 habit. en 1810. — 982 habit. en 1821. — 1010 habit. en 1831. — 1023 habit. en 1841. — 1007 habit. en 1851. — 1021 habit. en 1861. — 933 habit. en 1872. — 916 habit. en 1876.

Foire le 7 mai. — *Assemblée* pour location de domestiques le deuxième dimanche de mai.

Bureau de poste de Ligueil. — *Perception* de Saint-Flovier.

L'église, dédiée à saint Mandet, est une des plus intéressantes de la Touraine. La nef date du xie siècle; le clocher est du xiie. Le chœur, remarquable specimen du style ogival, a été construit au commencement du xiiie siècle.

Le titre curial était à la présentation alternative de l'archevêque de Tours et de l'abbaye de Marmoutier.

Le curé avait le droit de dîme sur le domaine de Montaugon.

Par acte du 27 mai 1635, François de Poirier, seigneur de Lessert, donna à la cure un bâtiment pour en faire un nouveau presbytère. Cette donation fut faite à condition que les curés célébreraient, tous les ans, pour le repos de l'âme du donateur, deux services et vingt-quatre messes basses.

Au xviie siècle, il existait, dans cette paroisse, trois chapelles, qui étaient placées sous les vocables de sainte Catherine, de saint Antoine et de saint Fiacre. Elles sont mentionnées dans le *Pouillé de l'archevêché de Tours* de 1648. On ignore par qui celles de Saint-Antoine et de Saint-Fiacre furent fondées. Celle de Sainte-Catherine, desservie dans l'église paroissiale, eut pour fondateur Hector de la Jaille, Éc., et Raouline d'Azay, sa femme, en 1480. Dans la même année, Hélie de Bourdeilles, archevêque de Tours, confirma cette fondation, et érigea la chapelle en bénéfice ecclésiastique, par une ordonnance dont le texte suit. Dans cette ordonnance se trouve reproduite une grande partie du testament d'Hector de la Jaille :

Helyas miseratione divina archiepiscopus Turonensis universis et singulis presentes litteras inspecturis et audituris salutem in domino. Nobilis vir dominus Petrus de Bez, miles, ut deffuncti nobilis viri Hectoris de la Jaille, scutiferi, executor testamenti seu ultimæ voluntatis ipsius Hectoris de la Jaille nobis exposuit quod dictus Hector deffunctus pro devocionis affectu quam gerebat erga deum omnipotentem ejusque piissimam genitricem beatam que martyrem et virginem Catharinam ad laudem gloriam et honorem ipsius omnipotentis sanctorumque et sanctarum curiæ celestis paradisi ad decus quoque et decorem domus Dei ipsiusque divini cultus augmentum dum viveret in humanis per suum testamentum seu ultimam voluntatem per discretos viros magistros Petrum le Rout, Reginaldum Verrier, presbiteros, et Michaelem Pouleau, notarios, die nona mensis aprilis post Pascha anno infra scripto receptum et passatum et sigillo curiæ nostræ Turonensis sigillatum decreverat et ordinaverat fundari et erigi quamdam capellaniam perpetuam in ecclesia nostra parochiali S. Mandeti de Ferrariis nostræ diocesis Turonensis cujus quidem capellaniæ jus patronatus et presentationem ad ipsum dominum Petrum de Bez militem dominum dicti loci de Betz et suis successoribus domini predicti loci spectare et pertinere voluit et ordinavit, quam quidem capellaniam idem defunctus dotavit ac illius dotem assignavit prout lacius patet in tabulis dicti testamenti coram nobis exibiti lacius continetur, cujus testamenti tenor sequitur et est talis :

« *In nomine Sanctæ et individuæ Trinitatis,*
« *Patris et Filii et Spiritus Sancti, amen.*
« *Quoniam nulla mortalium quam multipli-*
« *cum studiorum, laborum exercet fatum sub*
« *pedibus agit superbum quin fortunæ agit ita*
« *procellis recta et immota subsistere nequiens*
« *rota precipiti demergatur ceterum preponderantis*
« *quia novit paucos secura quies qui*
« *volacis memores cui tempora numquam re-*
« *dituræ tenent, hinc est quod nos Hector de la*
« *Jaille, scutifer, et domicella Roulina d'Azay,*
« *conjuges, divina pietate sani corpore mentis*
« *que compotes animadvertentes consulcius*
« *fore et merito siorius de bonis a Deo collatis*
« *pro suæ animæ salute prompta liberalitate*
« *disponere per se ipsum quam successorum*
« *suorum executioni relinquere, consideratis*
« *igitur amplissimis largicionibus bonorum*
« *per largifluum creatorem nostrum in hac*
« *mortali vita nobis collatis testamentum nos-*
« *trum seu ultimam voluntatem nostram faci-*
« *mus, constituimus et ordinamus prout fa-*
« *cit, constituit et ordinat quilibet nostrum in*
« *modum qui sequitur et formam. In primis*
« *animas nostras commendamus in manus*
« *clementissimis nostri Redemptoris gloriosissimæ*
« *que virginis mariæ Matris ejus atque*
« *totius celestis curiæ civium supernorum nec*
« *non eligimus sepulturas corporibus nostris*
« *dum animæ nostræ ab ipsis egressæ fuerint*
« *videlicet nostri Hectoris in ecclesia parochiali S. Mandeti de Ferrariis Areonnensis,*
« *et nostri Roulina in ecclesia parochiali S.*
« *Flodovei Turonensis diocesis. Item, volumus*
« *et ordinamus servicia divina pro remedio et*
« *salute animarum nostrarum secundum*
« *quod ac prout statui nostro congruit dici et*
« *celebrari videlicet pro quolibet nostrum ducentas*
« *missas terciatim dividendas diebus*
« *videlicet obitus et septimi nostrorum nec non*
« *finis anni ejusdem obitus celebrandas videlicet*
« *in quolibet trium dierum sexaginta septem missas. Item volumus et ordinamus pro*
« *quolibet nostrum habere sexaginta libras*

« ceræ in luminari videlicet in thedis, cereis et
« candelis secundum quod pro servicio pro
« nobis celebrando convertendis videbitur con-
« vertendas. Item, volumus et ordinamus dari
« et erogari per modum elemosinæ atque cari-
« tatis tredecim pauperibus tenentibus seu ten-
« turis tredecim thedas in servicio nostrorum
« obituum et cujuslibet nostrum videlicet cui-
« libet ipsorum duas alnas panni nigri pro
« deprecando pro remedio et salute animarum
« nostrarum. Item damus et legamus datque et
« legat quilibet nostrum jam dictis ecclesiis pa-
« rochialibus de Ferrariis et S. Flodovei tres
« marchas argenti inter fabricas ipsarum ec-
« clesiarum equaliter dividendas pro conver-
« tendo in emptionem calicum et aliorum or-
« namentorum secundum quod videbitur uti-
« lius convertendum ad decus et decorem nec
« non Sanctæ matris ecclesiæ. Item damus et
« legamus picidibus questarum fieri solitarum
« propter reverentiam B. Mariæ virginis et
« commemorationem deffunctorum in eccle-
« siis parochialibus de Ferrariis, S. Flodoveo
« et Charnyzeyo in quarum ecclesiarum qua-
« libet sunt duæ picides questarum predicta-
« rum videlicet cuilibet picidium dimidium
« scutum et pro quolibet nostrum scutum cum
« dimidio.......... Item ego Hector, ante dictus
« de consensu dictæ meæ conjugis volo et ordi-
« no unam capellam seu capellaniam erigi,
« creari et institui in beneficium ecclesiasti-
« cum perpetuum in ecclesia predicti S. Man-
« deti de Ferrariis in honorem Dei nec non
« Beatissimæ Virginis inibique unum altare
« pulcrum et degens construi, illam que omni-
« bus ornamentis cultui divino pro missa
« celebranda necessariis furniri seu muniri, in
« eadem que capella dici et celebrari perpetuis
« temporibus singulis diebus mercurii et vene-
« ris cujuslibet septimanæ unam missam pro
« remedio et salute animæ meæ parentum que
« meorum tam deffunctorum quam supervic-
« turorum ad meæ consciencie exonerationem
« ac peccatorum meorum remissionem; pro
« cujusquidem capellaniæ fundatione et dota-
« tione ordino do et lego meas terram et reve-
« nitus de Montaugon sitas et existentes in
« dicta parochia de Ferrariis........ Item pro
« ipsius fundatione et dotatione do et lego
« summam decem librarum Turonensium
« annui et perpetui redditus sitam et assigna-
« tam in et super meam terram de Boceo Che-
« digneyo et super meas alias terras quas ha-
« beo circa Lochas sitas in parochia de Lochis
« et tribus de Bello loco. Cujusquidem capella-
« niæ jus patronatus et presentationem ex
« nunc concessi et concedo et quociens in
« posterum vaccaverit dommo Petro de Bez,
« nepoti meo, militi, dommo predicti loci de
« Bez et suis successoribus predicti loci de Bez
« et suis successoribus domni predicti loci......

« Item ego Hector antedictus ad mei conscien-
« ciæ exonerationem declaravi et declaro do-
« mum seu manerium de la Roche nason
« Borée, nemora de Montaugon, Vouchmart
« per defunctum dominum Karolum de la
« Jaille, militem meum, et deffuncte Yseul de
« la Jaille sororis meæ fratrem primogenitum
« michi dictæque meæ sororis in partagium
« tradita ad causam successionis defunctæ do-
« minæ Johannæ du Tillay matris nostræ
« una cum pluribus aliis terris et rebus in
« licteris partagii super hæc confectis lacius
« contentis et specificatis quibus ego gavisus
« sum de consensu et concordia dictæ meæ de-
« functæ sororis sine prejudicio divisionis seu
« partagii faciendi inter dictam defunctam
« sororem et me et absque eo quod nos posse-
« mus uti jure prescriptionis unus contra
« alterum in futurum quod inter me et dic-
« tam deffunctam sororem meam nullum fuit
« aut est factum partagium de dicto partagio
« nobis per dictum defunctum fratrem nos-
« trum primogenitum nobis tradito quod que
« illud partagium fuit et est adhuc integrum
« et indivisum, hoc ipsum declarans et declaro
« ad finem exonerandi conscientiam meam
« et quia omnia predicta heredigia dicti par-
« tagii revertantur apud heredes dictæ defunc-
« tæ meæ sororis prout debent tam de jure
« quam consuetudine ubicumque situentur.....
« ..... Supplico venerabili et circumspecto viro
« domino officiali Turonensi quatenus sigil-
« lum curiæ suæ huic presenti testamento ap-
« ponat seu apponi faciat.
« Nos igitur officialis Turonensis prefatus,
« ad requestam dictorum testatorum et ad re-
« lacionem discretorum virorum dominorum
« Petri le Rout parochialis ecclesiæ predictæ de
« Ferrariis rectoris, Reginaldi Bernier pres-
« byterorum capellani dicti loci de Charnizeyo
« curiæ nostræ notarii nec non Michaelis Pou-
« leau ad contractus ineundos de Lochis nota-
« rii super premissa facta fuerunt qui nobis
« eadem fore vera per presentes signis eorum
« manualibus signatus retulerunt quibus in
« premissis fidem indubiam adhibemus sigil-
« lum curiæ nostræ Turonensis hujusmodi
« presenti testamento duximus apponendum.
« Datum et actum apud predictum locum de
« Charnizeyo die nona mensis aprilis post
« Pascha anno Domini millesimo quadragen-
« tesimo octuagesimo. P. LE ROUT, R. BERNIER,
« N. POULEAU. »

Supplicans et requirens prout supplicavit et
requisivit dictus dominus Petrus de Bez, miles,
nomine et qualitate premissis quathenus dictam
dotem spiritualizare et nichilominus dictam capellaniam ut premictitur fundatam in titulum
beneficii ecclesiastici perpetui uni clerico seculari assignandam exigere atque creare ipsius que
deffuncti pium prepositum amplecti nostrum

que pariter et decretum in premissis interponere vellemus ac dignaremur; quibus itaque expositis, nos de dolis et fundationis dictæ capellaniæ valore ad pleniem debitæ informati illam que fundationem et dotationem et competentem pro onere eidem capellaniæ fore comperimus capellaniam jam dictam juxta ejusdem deffuncti et supplicantis pium desiderium in ipsa ecclesia parochiati S. Mandeti de Ferrariis ad altare B. Catharinæ virginis et martiris desserviendam, regendam et gubernandam ut predicitur, instituimus ac in beneficium ecclesiasticum perpetuum uni clerico seculari assignandum et conferendum ereximus et creavimus per presentes ipsius quoque capellaniæ casu vacationis ingruentis jus patronatus seu presentationem ad ipsum dominum Petrum de Bez, militem, et suos successores dominos dicti loci de Bez et ad nos et successores nostros archiepiscopos Turonenses collationem, provisionem, institutionem et quamvis aliam dispositionem spectare et pertinere decrevimus et decernimus in premissis que nostris auctoritatem pariter et decretum interponentes. In quorum premissorum fidem et testimonium has presentes litteras sigillo rotundo cameræ nostræ jussimus sigillari ac signo subscriptione notarii et secretarii nostri infra scripti signari. Acta fuerunt hæc in palacio nostro archiepiscopali Turonensi die vicesima mensi septembris. Anno Domini millesimo quadragintesimo octuagesimo. Reverendissimi Domini mei precepto. : TRIQUART.

On voit, par ce document, que le fondateur, Hector de la Jaille, donna le droit de patronage de la chapelle à Pierre de Betz, son neveu, et aux seigneurs de Betz, ses successeurs. Il mourut dans l'année même où il avait fait cette fondation (1480) et fut inhumé dans l'église de Ferrières-Larçon. Sa femme, Raouline d'Azay, décédée quelques années après, eut sa sépulture dans l'église de Saint-Flovier.

CURÉS DE FERRIÈRES-LARÇON. — Jehan Girard, 1505. — Ocher Pointerel, 1559. — Pierre Lerond, 1565. — Catherin Roussel, 1612. — Étienne Chassepoux, 1645. — Urbain Auvray, 1649. — François Auvray, 1666, 1699. — Jean Cailler, 1711. — Antoine Girard, 1740. — Louis Girard, 1788, curé constitutionnel, 1793. — Jean-Baptiste-Fulgence-Bernard Gallois, 1804, passe à la cure de Betz en 1828. — Louis Bourjuge, 1828. — David, 1837. — Boisnard, 1852. — Chrétien, 1862. — Lesourd, 1870. — Thiphène, septembre 1876, actuellement en fonctions (1880).

Ferrières-Larçon formait une châtellenie relevant du château de Chinon à foi et hommage lige.

SEIGNEURS DE FERRIÈRES-LARÇON.

I. — Barthélemy II de Montbazon, dit Berthelon, fils de Barthélemy de Montbazon, seigneur de Montbazon, de Colombiers, du Brandon, d'Izernay, et de Marie de Dreux, est le premier seigneur connu de Ferrières. Il posséda aussi les seigneuries du Brandon, de Montsoreau, de Colombiers et de Savonnières. Il est mentionné dans des actes de 1350, 1351 et 1362. Il eut trois enfants : Barthélemy, marié à Jeanne de Maulévrier, et décédé sans enfants en 1349; Renaud, qui suit, et Jean.

II. — Renaud de Montbazon, chev., seigneur de Ferrières, de Montbazon, de Savonnières, etc., épousa, en 1350, Eustache d'Anthenaise, veuve de Simon de Vendôme, et en eut une fille unique, Jeanne, mariée à Guillaume de Craon, deuxième du nom. Il fonda une chapelle dans son château de Montbazon.

III. — Guillaume de Craon II, vicomte de Châteaudun, chambellan du roi, devint seigneur de Ferrières, de Sainte-Maure, de Nouâtre, de Verneuil et du Grand-Pressigny, par suite de son mariage avec Jeanne de Montbazon, qui eut ces domaines en dot (1370). De ce mariage naquirent : 1° Guillaume, qui suit; 2° Jean, dont on parlera après son frère; 3° Marie, femme de Maurice Mauvinet (contrat du 4 avril 1396); 4° Marguerite, femme de Guy de la Rochefoucaud; 5° Isabelle, mariée à Guillaume Odard, chev., seigneur de Verrières; 6° Louise, femme de Miles de Hangest, dit Rabache (1404). Jeanne de Montbazon fit son testament en 1394 et eut sa sépulture dans l'église des Cordeliers, à Tours.

IV. — Guillaume de Craon III, vicomte de Châteaudun, seigneur de Ferrières, Nouâtre, Sainte-Maure, Montbazon, etc., mourut en 1386 et fut inhumé près de sa mère, dans l'église des Cordeliers de Tours.

V. — Jean de Craon, grand échanson de France, frère du précédent et seigneur des mêmes lieux, rendit hommage au roi pour la terre de Ferrières le 6 septembre 1407. Il fut tué à la bataille d'Azincourt en 1415. Il avait épousé Jacqueline de Montagu, dont il n'eut pas d'enfants. Sa succession échut à ses sœurs, qui firent leurs partages en 1419.

VI. — Maurice Mauvinet, chev., bailli de Chartres, devint seigneur d'une partie de Ferrières du chef de sa femme, Marie de Craon. Celle-ci, devenue veuve, épousa, en secondes noces, Louis Chabot.

VII. — Guy de la Rochefoucaud, conseiller et chambellan du roi, gouverneur d'Angoumois, fut aussi seigneur d'une partie de la terre de Ferrières, du chef de sa femme, Marguerite de Craon (1419). Il eut sept enfants : Foucaud, seigneur de la Rochefoucaud; Aymar, seigneur de Sainte-Maure, de Montbazon, de Nouâtre et du Brandon, et cinq filles.

VIII. — Louis Chabot, chev., seigneur de la Grève, de Vouvent, de Montcontour, puis de Ferrières, du chef de sa femme, Marie de Craon, veuve de Maurice Mauvinet, mourut en 1422. Il eut quatre enfants : 1° Thibaud, qui suit; 2° Renaud, baron de Jarnac, conseiller et chambellan du roi, décédé vers 1476; 3° Jean; 4° Anne, morte sans alliance.

IX. — Thibaud Chabot, neuvième du nom, seigneur de Ferrières-Larçon, la Grève, Montcontour, etc., rendit hommage au roi pour la terre de Ferrières le 17 mars 1422. Il fut tué à la bataille de Patay en 1428. Le 21 janvier 1422, il avait épousé Brunissende d'Argenton, fille de Guillaume d'Argenton et de Jeanne de Naillac. De ce mariage naquirent : 1° Louis, qui suit; 2° Jeanne, mariée, le 17 mars 1445, à Jean de Chambes, seigneur de Montsoreau; 3° Catherine, qui épousa, par contrat du 6 mars 1445, Charles de Châtillon, seigneur de Marigny et de Survilliers. Brunissende d'Argenton rendit hommage pour la terre de Ferrières le 8 juin 1433.

X. — Louis Chabot, deuxième du nom, seigneur de Ferrières-Larçon, de Villantroys, Gourgé, Brisson, Souvigny, la Vacheresse, etc., fut nommé conseiller et chambellan du roi le 6 avril 1464. En 1468, il assista aux États généraux assemblés à Tours. Il fit son testament le 5 mai 1453 et mourut en 1488. Par contrat du 3 juin 1444, il avait épousé, en premières noces, Jeanne de Courcillon, fille de Guillaume de Courcillon, seigneur de Mauléon, bailli de Chartres, et de Thomine de l'Épine. En secondes noces, il épousa Hesseline Chapperon. Du premier lit il eut : 1° René, seigneur de la Grève; 2° Marie; 3° Madeleine, mariée, par contrat du 4 janvier 1469, à Navarrin d'Angiade. — Vers 1470, Louis Chabot avait vendu la terre de Ferrières à Hardouin de Maillé.

XI. — Hardouin de Maillé, neuvième du nom, baron de Maillé et de la Haye, seigneur de Rochecorbon, de Montils-les-Tours et de Beauçay, vendit la terre de Ferrières à Louis d'Anjou, bâtard du Maine, en 1476, pour 2000 écus.

XII. — Louis d'Anjou, bâtard du Maine, baron de Mézières-en-Brenne, était fils naturel de Charles Ier d'Anjou, comte du Maine. Il épousa, le 26 novembre 1464, Anne de la Trémoille, fille de Louis de la Trémoille, comte de Guines et de Benon, prince de Talmont, baron de l'Ile-Bouchard, de Sully et de Craon, et de Marguerite d'Amboise. Il eut de ce mariage : 1° Louis, né à Mézières en 1482, mort jeune; 2° René, né de Mézières; 3° Anne, née à Mézières le 9 mars 1478; 4° Renée, née le 16 juin 1480. Louis d'Anjou mourut au mois de mai 1480. Après sa mort, la terre de Ferrières-Larçon passa dans la maison de Beauvau.

XIII. — Louis de Beauvau, chev., baron du Grand-Pressigny et seigneur de Ferrières-Larçon, rendit hommage au roi le 1er juin 1489. Il soutint un procès contre son oncle, Charles de Beauvau, auquel il finit par abandonner ces deux terres vers 1500.

XIV. — Charles de Beauvau, chev., baron de Pressigny, seigneur de Ferrières et de Tigny, mourut en 1508, laissant, de son mariage avec Barbe de Falanges : 1° Jacques, seigneur de Tigny; 2° Charles, seigneur de Passavant, marié à Barbe de Choiseul; 3° Jeanne, qui épousa Edmond de Prie; 4° Isabeau, mariée, en 1512, à Jean de Seraucourt, seigneur de Belmont. En 1501, Charles de Beauvau vendit la terre de Ferrières à René de Prie.

XV. — René de Prie, cardinal, évêque de Bayeux, abbé de Notre-Dame-du-Landais, doyen de Saint-Hilaire de Poitiers, était fils d'Antoine de Prie, seigneur de Buzançais, et de Madeleine d'Amboise. Il mourut à l'abbaye de la Prée le 5 septembre 1519. En 1503, il avait cédé sa terre de Ferrières-Larçon à Edmond de Prie, son neveu.

XVI. — Edmond de Prie, baron de Buzançais et seigneur de Ferrières-Larçon, fils de Louis de Prie et de Jeanne de Salazard, épousa, en premières noces, Jeanne de Beauvau, et, en secondes noces, en 1504, Avoie de Chabannes, fille de Jean de Chabannes et de Suzanne de Bourbon-Roussillon. Du premier mariage il eut : 1° Gabriel, qui suit; 2° René, baron de Buzançais.

XVII. — Gabriel de Prie, chev., baron du Grand-Pressigny et seigneur de Ferrières-Larçon, fut tué à la bataille de Pavie, en 1524. Il n'eut pas d'enfants de son mariage avec Jacqueline des Marets. En 1523, il avait vendu la seigneurie de Ferrières à René de Savoie.

XVIII. — René de Savoie, comte de Villars, de Tende et de Sommerive, baron du Grand-Pressigny et seigneur de Ferrières-Larçon, grand-maître de France, gouverneur et grand sénéchal de Provence, était fils naturel de Philippe Ier, duc de Savoie et de N. de Romagnano. Le 18 juillet 1523, il rendit hommage au roi pour sa terre de Ferrières. Par contrat du 10 février 1498, il épousa Anne de Lascaris, issue des Lascaris, empereurs de Constantinople, veuve de Louis de Clermont-Lodève. Il eut cinq enfants : 1° Claude, comte de Tende, né le 27 mars 1507, décédé en avril 1569; 2° Honorat, qui suit; 3° Madeleine, mariée, le 10 janvier 1526, à Anne, duc de Montmorency; 4° Marguerite, femme d'Antoine de Luxembourg II, comte de Brienne (1535); 5° Isabelle, mariée, en 1527, à René de Bastarnay, comte du Bouchage.

XIX. — Honorat de Savoie, marquis de Villars, comte de Tende et de Sommerive, baron du Grand-Pressigny et seigneur de Ferrières-Larçon, maréchal et amiral de France, gouverneur de Provence et de Guienne, capitaine-gouverneur du château de Loches, rendit hommage au roi pour sa terre de Ferrières, le 25 novembre 1544. Il mourut à Paris en 1580. De son mariage avec Jeanne de Foix, il eut une fille, Henriette, qui épousa, en premières noces, le 26 juin 1560, Melchior des Prez, seigneur de Montpezat, maître des eaux et forêts et sénéchal du Poitou, et en secondes noces, le 23 juillet 1576, Charles de Lorraine, duc de Mayenne.

XX. — Charles de Lorraine, duc de Mayenne, pair, amiral et grand chambellan de France, gouverneur de Bourgogne, fut seigneur de Ferrières-Larçon, du chef de sa femme, Henriette de Savoie. Il mourut à Soissons le 3 octobre 1611, laissant quatre enfants : 1° Henri, tué au siège de Montauban en 1621; 2° Charles-Emmanuel, comte de Sommerive, décédé à Naples; 3° Catherine, mariée, en 1599, à Charles de Gonzague, duc de Nevers; 4° Renée, femme de Mario Sforce, duc d'Ognano, décédée à Rome le 23 septembre 1638.

XXI. — Philibert-Emmanuel des Prez de Montpezat, dit de Savoie, marquis de Villars, baron du Grand-Pressigny et seigneur de Ferrières-Larçon, fils de Melchior des Prez et de Henriette de Savoie, devint propriétaire de la châtellenie de Ferrières-Larçon, par héritage de sa mère. Il mourut le 5 septembre 1621, par suite des blessures qu'il avait reçues au siège de Montauban et fut inhumé dans l'église du Grand-Pressigny. Il n'eut pas d'enfants de son mariage avec Éléonore de Thomassin, fille de René de Thomassin, seigneur de Montmartin. Celle-ci donna tous ses biens à Emmanuel d'Averton, son neveu.

XXII. — Emmanuel d'Averton, chev., baron du Grand-Pressigny, seigneur de Ferrières-Larçon et de la Borde, vendit ces domaines à Pierre Brulart, vers 1624.

XXIII. — Pierre Brulart, marquis de Sillery, vicomte de Puisieux, baron du Grand-Pressigny et seigneur de Ferrières-Larçon, secrétaire d'État, ambassadeur en Espagne et commandeur des ordres du roi, épousa, en premières noces, en 1606, Madeleine de Neufville-Villeroy qui mourut sans enfants le 24 novembre 1613; et, en secondes noces, le 11 janvier 1615, Charlotte d'Étampes de Valençay. De ce second mariage naquirent : 1° Louis-Roger, qui suit; 2° Nicolas-François, chanoine de Tours et abbé de Lespau, du Jars et de Saint-Basle; 3° Claude-Charles, chevalier de Malte (1640); 4° Adam-Léonor, abbé de Marines, décédé en 1699; 5° Charlotte, mariée, par contrat du 15 mai 1640, à François d'Étampes, marquis de Mauny; 6° Marie-Éléonore, abbesse d'Avenai, décédée le 3 février 1667; 7° Françoise, religieuse. — Pierre Brulart mourut le 22 avril 1640, âgé de cinquante-sept ans. Sa seconde femme, Charlotte d'Étampes, décéda le 8 septembre 1677.

XXIV. — Louis-Roger Brulart, marquis de Sillery et de Puisieux, baron du Grand-Pressigny et seigneur de Ferrières-Larçon, mestre de camp d'infanterie, gouverneur de Damvilliers, épousa, en mai 1638, Catherine de la Rochefoucaud, dont il eut: 1° Charles-Roger, marquis de Sillery, décédé le 28 mars 1719; 2° Louis, chevalier de Malte, mort le 17 juillet 1664; 3° Charles-Henri, seigneur de Briançon, tué au combat de Saint-Gothard, en Hongrie, le 1er août 1664; 4° Achille, né au Grand-Pressigny le 24 juillet 1655, chevalier de Malte, mort le 3 juillet 1674; 5° Fabio, évêque de Soissons, né au Grand-Pressigny le 25 octobre 1655, mort le 20 novembre 1714; 6° Carloman-Philogène, colonel d'infanterie, né au Grand-Pressigny le 27 novembre 1656, décédé le 27 novembre 1727; 7° Marie-Catherine, qui épousa, le 23 novembre 1664, Jean-Baptiste de Rochefort d'Ailly; 8° Jeanne-Andrée-Charlotte, femme de Gabriel de Langan, marquis de Bois-Fevrier, décédée le 21 octobre 1710; 9° Gabriel-Françoise, mariée à Louis de Thibergeau, marquis de la Mothe, morte le 27 juin 1732; 10° Marie-Françoise, femme de François-Hyacinthe de Gonthery, marquis de Cavaglia, décédée le 31 janvier 1707. — Louis-Roger Brulart vendit les terres de Ferrières-Larçon et du Grand-Pressigny à Macé Bertrand, par acte du 21 juillet 1661.

XXV. — Macé Bertrand, trésorier de l'épargne du roi, baron du Grand-Pressigny, seigneur de Ferrières-Larçon, de la Rabinière, Vouvant, Mervant, Mouilleron, etc., épousa Marguerite de Verthamont, veuve de Daniel Voisin, et en eut un fils unique, Macé II.

XXVI. — Macé Bertrand, deuxième du nom, seigneur des mêmes terres, trésorier de l'épargne du roi et grand-prévôt de ses ordres, eut cinq enfants de son mariage, contracté, le 2 mai 1644, avec Françoise de Barbezières, fille de Geoffroy de Barbezières et de Louise de Marans. Il eut six enfants : 1° Louis, qui suit; 2° Alexis, capitaine de chevau-légers, décédé le 23 décembre 1681; 3° Claude, seigneur de Courcelles; 4° N., prêtre; 5° Madeleine, mariée, le 8 mars 1660, à Antoine-Jean de Mesmes, comte d'Avaux; 6° Marie-Anne, femme de Claude-Dreux de Nancré. — Macé Bertrand fut tué dans le parc d'Étableaux, le 14 novembre 1672, par Mathurin Haran, dit la Prado. Le P. Anselme a commis une erreur en fixant sa mort au 3 novembre 1688.

XXVII. — Louis Bertrand, baron du Grand-Pressigny et seigneur de Ferrières-Larçon, mestre de camp de cavalerie, mourut le 22 décembre 1686, sans avoir été marié. Lors du partage de la succession, la terre de Ferrières échut à sa sœur, Marie-Anne, femme de Claude Dreux de Nancré.

XXVIII. — Claude Dreux de Nancré, marquis de Nancré et de la Flocellière, seigneur de Ferrières-Larçon, conseiller d'État, lieutenant-général des armées du roi, gouverneur d'Arras, du Quesnoy et d'Ath, épousa, en premières noces, le 5 octobre 1658, Aimée-Thérèse de Montgommery; et, en secondes noces, le 20 septembre 1683, Marie-Anne Bertrand. Il n'eut pas d'enfants de ce second mariage. Du premier lit sont issus : 1° Louis-Jacques-Edme-Théodore, marquis de Nancré, décédé sans alliance le 7 juillet 1719; 2° Claude-Antoine, lieutenant-colonel d'infanterie, mort le 6 octobre 1710; 3° Jacques-Joseph, comte de Nancré; 4° Claude-Aimé, décédé le 12 septembre 1729; 5° Aimée-Thérèse, dame de Villers-Canivet. — Claude Dreux de Nancré mourut en 1689.

XXIX. — N. Masson, fermier général, ancien receveur général des finances de la généralité d'Amiens, acheta les terres de Ferrières-Larçon, du Grand-Pressigny et autres, des héritiers de Marie-Anne Bertrand, veuve de Claude Dreux de Nancré. Il eut plusieurs enfants, entre autres, Étienne-Pierre.

XXX. — Étienne-Pierre Masson de Maisonrouge, baron du Grand-Pressigny, seigneur de Ferrières-Larçon, receveur général des finances de la généralité d'Amiens, fit de grandes réparations au château du Grand-Pressigny en 1742. Vers 1753, ses biens furent saisis et mis aux enchères publiques. Les terres du Grand-Pressigny et de Ferrières-Larçon furent adjugées à Pierre-Paul Gilbert de Voisins.

XXXI. — Pierre-Paul Gilbert de Voisins, baron du Grand-Pressigny, seigneur de Ferrières-Larçon, Étableaux, Bessé, Médan, etc., président de la grand'chambre du Parlement de Paris, conseiller d'État, était fils de Pierre Gilbert, seigneur de Voisins, président du Grand-Conseil, et de Anne-Louise de Fieubet. Par contrat du 4 février 1739, il épousa Marie-Marthe de Cotte, fille de Jules-Robert de Cotte, seigneur de Reveillon, intendant des bâtiments du roi, et de Suzanne de Launay. De ce mariage sont issus : 1° Pierre-Paul, qui suit; 2° Marie-Louise, décédée en 1746; 3° Marie-Suzanne, décédée en 1748. — Pierre-Paul Gilbert de Voisins mourut à Soissons le 15 mai 1754.

XXXII. — Pierre-Paul Gilbert de Voisins, deuxième du nom, marquis de Vilennes, baron du Grand-Pressigny et seigneur de Ferrières-Larçon, président à mortier au Parlement de Paris, comparut, par fondé de pouvoir, en 1789, à l'assemblée électorale de la noblesse de Touraine. Par contrat du 27 juin 1768, il épousa Anne-Marie de Merle de Beauchamps, fille Charles-Louis de Merle de Beauchamps, brigadier de cavalerie, et d'Anne-Marie Peirenc de Moras. De ce mariage est issu Pierre-Paul-Alexandre, né le 23 avril 1773.

Dans le bourg de Ferrières-Larçon se trouvait une maison appelée le *Temple*. Dufour, dans son *Dictionnaire de l'arrondissement de Loches* (t. Ier, p. 261), semble vouloir admettre que cette dénomination peut provenir de ce que les protestants s'y rassemblaient autrefois pour leurs cérémonies religieuses. Cette assertion est erronée. La maison du Temple était ainsi appelée parce qu'elle appartenait à l'ordre des Templiers. Après la suppression de cet ordre, elle passa aux mains des chevaliers de Saint-Jean de Jérusalem, et, au XVIIIe siècle, elle fut annexée à la commanderie de Fretay. On voit, par un titre de 1738, qu'elle constituait un fief relevant de la châtellenie de Ferrières.

Foulques l'Oison, comte de Vendôme, mourut à Ferrières-Larçon le 22 novembre 1066.

En 1868, on a trouvé dans cette commune un assez grand nombre de monnaies romaines.

MAIRES DE FERRIÈRES-LARÇON. — Boistard, 1801, 29 décembre 1807. — Dauxerre, 10 décembre 1808, 14 décembre 1812. — Joseph-Augustin Arnault, 10 juin 1816. — Pierre-Noel Arnault, 22 avril 1819. — François Delacroix, 2 janvier 1826. — René Châtelain, 15 novembre 1826. — Fumey, 15 mai 1831. — Pierre-Daniel Picard, 4 décembre 1834. — Jacques Robin, 31 juillet 1843, 22 juillet 1846. — Arnault, 1852. — Benjamin-Jean Dauxerre, 1862, 12 février 1874, 21 janvier 1878.

Arch. d'I.-et-L., E, 71, 103, 104; cure de *Ferrières*. — *Rôle des fiefs de Touraine*.— *Cartulaire de l'archevêché de Tours*. — D. Housseau, IX, 3835, 4060. — A. Duchesne, *Hist. de la maison de Châtillon*, 489. — P. Anselme, *Hist. généal. de la maison de France*, I, 235; IV, 562; VIII, 571. — Ménage, *Hist. de Sablé*, 273. — La Chesnaye-des-Bois et Badier, *Diction. de la noblesse*, IX, 257; XVI, 418. — Expilly, *Diction. des Gaules et de la France*, III, 109. — *La Touraine*, 373. — Archives de la Vienne, H, c 479, n° 695. — Bétancourt, *Noms féodaux*, I, 192. — De Marolles, *Hist. des comtes d'Anjou*, 63. — C. Chevalier, *Promenades pittoresques en Touraine*, 543. — *Pouillé de l'archevêché de Tours* (1648), p. 63. — Chalmel, *Hist. de Tour.*, III, 43, 188. — *Panorama pittoresque de la France* (départ. d'I.-et-L.), p. 15. — Bibl. de Tours, manuscrits n°s 1276, 1308. — *Mém. de la Soc. archéol. de Tour.*, XI, 178. — *Bulletin de la même Société* (1868), 19. — Dufour, *Diction. de l'arrondissement de Loches*, I, 259. — *Annuaire-almanach d'Indre-et-Loire* (1877), p. 99. — A. Joanne, *Géographie d'Indre-et-Loire*, 98.

Ferrières-sur-Beaulieu, commune du canton et de l'arrondissement de Loches, à 4 kilomètres de Loches et à 44 de Tours. — *Ferrariæ*, 1105 (charte de l'abbaye de Villeloin). — *Ferrariæ subtus Bellum locum, Ferrariæ prope Bellum locum*, 1270, 1271 (*Cartulaire du Liget* et charte de Villeloin). — *Parochia B. Mariæ de Ferreriis*, 1290 (*Cartulaire de l'archevêché de Tours*). — *Ferrières-sur-Beaulieu*, 1305 (*Cartulaire du Liget*).

Elle est bornée, au nord, par les communes de Genillé et de Saint-Quentin; à l'ouest, par celles de Chambourg et de Loches; au sud, par Beaulieu et Perrusson; à l'est, par Sennevières. Elle est arrosée par le ruisseau de Ferrières; — par le ruisseau d'Orfonds; — et par le ruisseau des Bretignières. Elle est traversée par les chemins de grande communication n° 36, de Saumur à Bourges, et n° 51, de Loches à Montrichard. Sur son territoire s'étend une grande partie de la forêt de Loches. Cette partie de la forêt est coupée par une allée dite *route Traversine*, où se trouvent des rendez-vous de chasse marqués par des pyramides appelées *pyramides de Genillé, de Montaigu et de Saint-Quentin*. Sur plusieurs points, notamment au lieu nommé les *Minées*, on trouve du minerai de fer.

Les lieux, hameaux et villages suivants dépendent de cette commune : Le Boisclair (17 habit.). — La Bretignière (14 habit.). — Beauregard (9 habit.), ancien fief, propriété de l'abbaye de Beaulieu. — Les Briquions (22 habit.). — La Persillère (12 habit.). — Le Puits-Bertin (23 habit.). — Le Village-des-Éés (10 habit.). — Les Haute et Basse-Galochère (20 habit.). — Les Fourneaux (16 habit.), ancien fief. — La Martinière (12 habit.). — La Montrotterie (12 habit.). — Orfonds, ancien fief, relevant du château de Loches. — Les Minées, le Casse-Cou, l'Hermitage, la Tuilerie-des-Éés, le Clos-Garnier, le Village-des-Éez, la Brossardière, la Ragotterie, Gratte-Chien, la Houssaie, l'Ébeaupinais, les Placiers, les Mouzets, les Trois-Cheminées, etc.

Avant la Révolution, cette paroisse était dans le ressort de l'élection de Loches et faisait partie du doyenné de Loches et du grand-archidiaconé de Tours. En 1793, elle dépendait du district de Loches.

Superficie cadastrale. — 1963 hectares. — Le plan cadastral, dressé par Alizard, a été terminé en octobre 1825.

Population. — 52 feux en 1764. — 306 habit. en 1801. — 300 habit. en 1804. — 248 habit. en 1810. — 242 habit. en 1821. — 258 habit. en 1831. — 280 habit. en 1841. — 276 habit. en 1851. — 272 habit. en 1861. — 291 habit. en 1872. — 286 habit. en 1876.

Bureau de poste et *perception* de Loches.

L'auteur de l'article *Ferrières-sur-Beaulieu*, inséré dans l'*Annuaire du département d'Indre-et-Loire* (année 1838 et suivantes), a commis une erreur en disant que « l'église de cette pa- « roisse fut construite en 1801 et qu'elle n'était « qu'une chapelle rurale dédiée à la Vierge. »

Cette église eut pour fondateur Dreux de Mello, seigneur de Loches et de Châtillon-sur-Indre, qui accompagna le roi saint Louis à son voyage à la Terre-Sainte, en 1248, et mourut peu de temps après dans l'île de Chypre. On voit, par une déclaration féodale de 1529, que la fondation fut faite *à l'honneur de Nostre-Dame-lez-Loches et Beaulieu.* Dès le principe ce fut, non pas une *simple chapelle rurale*, mais un prieuré-cure qui relevait du château de Loches. Dreux de Mello donna au prieur divers terrains avoisinant l'église et lui accorda le droit d'abattre du bois de chauffage dans la partie de la forêt de Loches appelée la *forêt Ogier*, ainsi que le droit de chasse au lièvre et au chevreuil. Il lui concéda également les droits de fief et de justice sur la paroisse et ceux de nommer un bailli, un procureur, un sergent et un greffier, et de tenir ses assises quatre fois l'an. Il lui légua en outre une rente de quarante sols, à prendre le premier jour de l'an sur le domaine de Loches. A raison de ce legs, le prieur-curé était tenu de célébrer plusieurs services pour le repos de l'âme du fondateur et d'Isabeau (ou Élisabeth) de Mayenne, sa femme.

Après la mort de Dreux de Mello, le prieuré continua de relever du château de Loches. Les déclarations féodales qui devaient avoir lieu à chaque changement de prieur furent faites directement au roi en sa qualité de possesseur de ce château.

L'église actuelle n'offre rien d'intéressant. Des travaux d'un goût douteux y ont été effectués sous la Restauration. On a muré les fenêtres de l'abside, qui ont été ensuite masquées par un retable dépourvu de toute valeur artistique. La somme assez ronde que l'on a dû dépenser pour édifier ce retable insignifiant eut assurément été mieux employée à l'établissement de quelques verrières.

Le prieuré-cure dépendait de l'abbaye de Miseray (diocèse de Bourges), monastère appartenant aux chanoines réguliers de Saint-Augustin, ordre de Prémontré. Le titulaire était nommé par l'archevêque de Tours, mais l'abbé de Miseray avait le droit de présentation.

Le prieur possédait, à Châtillon-sur-Indre, le fief de la Thibaudière, suivant un bail passé le 23 juin 1595.

Du prieuré dépendaient deux métairies, l'une, appelée la Vallée-de-Luains et située dans la paroisse de Chambourg; l'autre, nommée la Métairie-de-Ferrières et qui se trouvait dans le bourg, près de l'église.

La métairie de Ferrières-sur-Beaulieu, qualifiée d'*hébergement* dans divers titres du xve siècle, relevait du château d'Azay-sur-Indre à foi et hommage simple et un roussin de service du prix de soixante sols. Son étendue était de trois arpents. En 1439, ce domaine appartenait à Colin Fumelle, qui rendit hommage au châtelain d'Azay le 18 novembre de cette année et le 26 septembre 1463. Le prieuré de Ferrières en devint propriétaire, soit par acquisition, soit par suite d'un legs, vers 1500. Des aveux furent rendus par les prieurs les 7 juillet 1604, 22 juin 1668 et 22 août 1768.

Au même prieuré était attachée la propriété de deux étangs qui se trouvaient au-dessous et à peu de distance de l'église. L'un, appelé le Grand-Étang, avait une étendue de quatre arpents environ. L'autre était beaucoup plus petit. Tous deux furent desséchés à la fin du xviie siècle.

Le prieur possédait aussi des terrains au lieu dit la Galocherie et une partie d'un vaste champ s'étendant à l'ouest de l'église et qu'on appelle encore aujourd'hui la *pièce de Sainte-Monégonde.*

Au bord de ce champ, près d'un chemin conduisant à une fontaine portant le même nom, on voyait une petite chapelle qui a été détruite il y a une soixantaine d'années. Il n'en reste maintenant que quelques traces de fondations. De fort loin on venait en pèlerinage à cette chapelle, dédiée à sainte Monégonde, et non pas à *sainte Radégonde,* comme le prétendent Dufour, A. Joanne et Gayard. Les eaux de la fontaine voisine avaient la réputation de guérir les fièvres. Bien que la chapelle soit détruite, ce lieu est encore visité par des pèlerins. Après avoir fait une prière à l'église paroissiale ils descendent à la fontaine et y puisent de l'eau qu'ils emportent chez eux.

La partie du champ où était placée la chapelle de Sainte-Monégonde constituait un fief relevant du château d'Azay-sur-Indre. La chapelle appartenait au propriétaire du fief. Le propriétaire, en 1764, était Honorat de Baraudin, lieutenant du roi à Loches.

Il existait dans la même paroisse une autre chapelle, d'origine fort ancienne et que l'on appelait la chapelle de Saint-Nicolas-du-Bois. Elle était située dans la forêt de Loches, près d'Orfonds. C'était un prieuré dépendant, comme celui de Ferrières, de l'abbaye de Saint-Nicolas de Miseray. Près de la chapelle était une maison destinée à loger le prieur et qui était complètement détruite au commencement du xvi⁰ siècle. Les deux bâtiments étaient entourés de douves profondes. Dès 1650, la chapelle elle-même était dans le plus triste état. La toiture tombait en lambeaux et l'une des murailles menaçait de s'écrouler. Par suite des réclamations des gardes forestiers et de quelques habitants du voisinage qui, de temps immémorial, avaient l'habitude d'entendre la messe dans cette chapelle, le procureur du roi, à Loches, et le maître des eaux et forêts prirent des mesures pour forcer le chapelain, qui tenait ce bénéfice en commende, à faire les réparations nécessaires. Ces réparations ne furent exécutées qu'en 1735. On voit, par le devis des travaux, que la chapelle avait une longueur de quarante pieds sur vingt-un à vingt-deux de largeur. Les prieurs étaient nommés par le pape, sur la présentation de l'abbé de Miseray. Jean Riaux était prieur en 1489-1510; — N. Thory, en 1682; — Silvain-François Charrault, en 1725; — Étienne Vaudry, chanoine régulier de la maison de Sainte-Croix de Buzançais, en 1726-52; — Louis-Jean Gaillard de la Bouëxière, en 1753; — Nicolas Montjoye, chanoine régulier de Sainte-Croix de la Bretonnerie, 1756; — Philippe-Charles-François Gerault, nommé le 19 août 1757. Vers 1759, ce prieuré fut annexé à la cure de Ferrières. Son revenu, à cette époque, était évalué à deux cents livres. Parmi ses biens se trouvait une petite borderie située au Bas-Hélas-de-la-Chaîne, paroisse de Chambourg. Un bail, passé le 7 novembre 1733, porte que le fermier devait au prieur, outre une certaine somme d'argent, quatre *oies blanches* qui devaient être déposées à la chapelle Saint-Nicolas le jour de la fête des Morts.

Dufour, dans son *Dictionnaire de l'arrondissement de Loches* (t. I⁰ʳ, p. 246), a signalé, dans la partie de la forêt de Loches appelée autrefois la *Taille-Saint-Nicolas,* l'existence d'une motte, dont il donne la description. « Le tertre, dit-il, « a quatre mètres environ d'élévation. Sa figure « est ronde; il est entouré de tous côtés d'un « fossé en talus ayant dix mètres dans sa plus « grande largeur et quatre mètres environ de « profondeur. Ce fossé ne paraît avoir été inter-« rompu que du côté du midi, par lequel il « semble que l'on montait par une pente assez « douce sur la plate-forme de l'éminence, dont « le circuit est de deux cent sept mètres à sa « base et de deux cents mètres au sommet. On « remarque, du côté de l'ouest, une espèce de « puits dont la profondeur n'est que de cinq mè-« tres sur une circonférence de trois mètres cinq « décimètres. Il devait être autrefois beaucoup « plus profond. Bien certainement il n'a point « été creusé pour se procurer de l'eau. Dans la « partie nord-ouest de ce tertre, évidemment « composé de terres rapportées, est une cave « dont l'ouverture a deux mètres dans sa largeur « moyenne sur trois mètres cinq décimètres de « longueur. Cette voûte, dont la pente est roide « et qui va toujours en se rétrécissant, paraît « avoir été fermée autrefois par une porte assez « basse, à en juger par son cintre, laquelle « donne entrée dans une seconde cave, dont la « voûte en ogive, à son ouverture seulement, « s'élargit ou s'étend ensuite un peu sur les « côtés. Cette seconde cave a sept mètres de lon-« gueur et se trouve encore fermée par une porte « qui donne entrée dans une troisième cave au-« jourd'hui bouchée. »

Dufour ne peut s'expliquer la destination de ces souterrains qui ne lui paraissaient pas avoir une grande antiquité, mais il incline à croire que la motte, qui est couverte de bois, était une sorte de monument druidique, un *bois sacré,* où l'on s'assemblait pour des cérémonies religieuses.

Le bois, au milieu duquel cette motte est placée, appartenait au prieuré de Saint-Nicolas.

En 1301, on institua à Loches une procession qui devait se rendre à l'église de Ferrières tous les ans, le lendemain de la Fête-Dieu. Il y eut cette année une si grande sécheresse, que toutes les récoltes, si le fléau continuait encore pendant quelque temps, pouvaient être regardées comme perdues. Des prières publiques eurent lieu dans les églises pour obtenir de la pluie. Les chanoines de Loches, sur la demande des habitants, consentirent à se rendre processionnellement à Ferrières, en portant les reliques de saint Hermeland et de saint Bauld. Une foule considérable de fidèles et les curés des paroisses voisines assistèrent à la cérémonie. Plusieurs messes célébrées dans l'église de Ferrières, et un prédicateur, au nom de toute l'assistance, fit vœu de renouveler chaque année cette procession et d'offrir à la collégiale de Loches une châsse d'argent pour y déposer les reliques de saint Bauld qui, jusque-là, avaient été enfermées dans une châsse de bois. Ce vœu fut renouvelé le 13 juin 1727 et reçut l'approbation de l'archevêque de Tours.

Les curés des trente paroisses suivantes étaient tenus de prendre part à la procession : Azay-sur-Indre, Aubigny, Saint-Bauld de Verneuil, Saint-Pierre, Saint-André et Saint-Laurent de Beaulieu, Chambourg, Chanceaux, Ciran-la-Latte, Chédigny, la Chapelle-Saint-Hippolyte, Chemillé-sur-Indrois, Saint-Martin de Chédigny, le Fau (Reignac), Ferrières-sur-Beaulieu, Genillé, Saint-Quentin, Esves-le-Moutier, Mouzay, Vou, Saint-Senoch, Varennes, le Liège, Perrusson, Saint-Jean-sur-Indre, Saint-Martin-de-Cerçay, Olzay, Saint-Germain, Sennevières, Saint-Ours de Loches.

Plusieurs curés ayant négligé de satisfaire à l'obligation qui leur était imposée, le lieutenant du bailli de Touraine, à la date du 21 mai 1597, rendit une ordonnance portant que tout ecclésiastique qui, sans cause valable, s'abstiendrait de venir à la cérémonie, serait passible d'une amende. Au jour fixé, les curés devaient se trouver réunis pour le départ à huit heures du matin, devant l'église Saint-Ours.

Par un mandement du 28 mai 1777, l'archevêque de Tours décida que la procession, au lieu d'aller jusqu'à l'église de Ferrières, se rendrait désormais jusqu'à l'abbaye de Beaulieu. Les curés des paroisses autres que celles de Saint-Ours de Loches et de Beaulieu, cessèrent, à la même époque, d'être contraints d'y assister.

Dans le cimetière de Ferrières, attenant à l'église, on voit une tombe portant une inscription qui, par l'effet du temps et des dégradations, est devenue en grande partie illisible. Cependant on peut reconnaître qu'elle concerne un des anciens propriétaires de la métairie du Puy-Bertin. Cette tombe n'offre d'ailleurs aucun intérêt.

Il existait dans le même cimetière une autre tombe paraissant beaucoup plus ancienne que celle dont nous venons de parler et qui a été signalée par M. H. Lesourd, dans une *Notice sur la forêt de Loches et ses environs*. On n'y voyait d'autres signes qu'*un fer de lance supportant une croix*. « C'est un croisé, dit M. Lesourd, qui est venu terminer sa carrière dans « ses foyers. Cette tombe doit appartenir au xii « ou au xiii siècle. »

Lorsque nous avons visité Ferrières au mois de mai 1879, un des habitants nous a rapporté que cette pierre tombale avait été employée récemment à réparer le socle de la grande croix du cimetière.

PRIEURS-CURÉS ET CURÉS DE FERRIÈRES-SUR-BEAULIEU. — Philippe Salmon, 1435. — Pierre Davy, 1439. — Jean Bolliau, 1449. — Jean Rivault, 1481, mort en 1510. — Pierre Rivault, 1510. En 1529, il rendit aveu au roi pour son prieuré. Dans cet aveu, il se qualifie d'*escuier, prieur, curé et recteur du prieuré de Ferrières-sur-Beaulieu*. Il vivait encore en 1532. — Lucas de Lage, 1595. — Urbain Beugnet, 1664. Il rendit hommage au châtelain d'Azay-sur-Indre le 7 juillet, pour sa métairie ou hébergement de Ferrières. — Louis Chassereau, 1668. Il rendit hommage le 22 juin pour le même domaine. — Pierre Durand, chanoine régulier de l'ordre de Saint-Augustin, 1698. Dans un acte de cette année, il est qualifié de *prieur-curé et seigneur temporel* de la paroisse de Ferrières. Démissionnaire en mai 1717. — Antoine de Percy, chanoine régulier de l'ordre de Saint-Augustin, de la Congrégation de Sainte-Croix de la Bretonnerie, nommé en juin 1717. — Antoine Duperré, 1726, septembre 1737. Il rendit hommage pour le fief de son prieuré le 14 juin 1726. — Philippe-Claude-François Gérault, religieux profès de l'ordre de Prémontré, nommé le 3 octobre 1737, 1768. En 1761, il rendit hommage au châtelain d'Azay-sur-Indre pour la métairie de Ferrières, appelée alors *hébergement de Collin Fumelle*. Il se qualifie dans cet aveu de *seigneur spirituel et temporel de Ferrières*. — Jean-Pierre Joltrain, 1790. — Plazenelle, 1844, passa à la cure de Neuillé-Pont-Pierre le 14 octobre 1847. — Giot, 1852. — Sibilleau, 1862. — Dufrène, 1873. — Philippe Ligeard, 1878, actuellement en fonctions (1880).

Les registres d'état-civil de Ferrières-sur-Beaulieu commencent en 1545.

MAIRES DE FERRIÈRES. — Champion, 1801. — François Rougé, 29 décembre 1807, 14 décembre 1812. — Jean Fortin, 1825. — Jacques Bardin, 21 juin 1837, 21 juin 1840. — Adolphe Genessaux, 31 juillet 1843, 27 juillet 1846. — Narcisse-François Fortin, 1852, mai 1871, 21 janvier 1878.

Arch. d'I.-et-L., C, 336, 563, 570, 603 ; G, 14 ; *cure de Ferrières; Biens nationaux. — Cartulaires du Liget et de l'archevêché de Tours.* — Bibl. de Tours, fonds Salmon, *titres de Villeloin et de Beaulieu. — Rôle des fiefs de Touraine.* — L'abbé Bardet, *L'église collégiale du château de Loches*, 31, 32. — Archives de la Vienne, H, 3, liasse 476. — *Mém. de la Soc. archéol. de Tour.*, I, 37, 41, 42 ; IX, 227. — Dufour, *Diction. historique de l'arrondissement de Loches*, I, 239 ; II, 278. — A. Joanne, *Géographie d'Indre-et-Loire*, 98. — Expilly, *Diction. des Gaules et de la France*, III, 109.

Ferriers (le lieu des), près de Richelieu, cne de Bossay.

Ferron (le lieu de), cne de Saint-Pierre-de-Tournon, près du chemin de la Pinotière à Preuilly.

Ferrugineuse (la), f., cne de Bossay.

Ferrures (le lieu des), près de la Paqueraie, cne de Thilouze.

Ferrus (les), f., cne du Grand-Pressigny. — *Ferus*, carte de Cassini. — Elle relevait de la baronnie du Grand-Pressigny. — (Arch. d'I.-et-L., E, 103.)

Fers (les), ham., c^{ne} de Cangy, 14 habit. — *Les Fers*, carte de Cassini.

Fertauderie (la), ou **Fertoderie**, f., c^{ne} de Bossay. — Ancien fief. En 1787, il appartenait à la famille de Livenne. — (Arch. d'I.-et-L., *Rôle des 20es*.)

Ferté (la), f., c^{ne} de Montbazon.

Ferté (la), ham., c^{ne} d'Orbigny, 20 habit. — *Ferté*, carte de Cassini. — Ancien fief. En 1740, il appartenait à Louis-Gaëtan de Cigogné. — (Registres d'état-civil d'Épeigné-les-Bois. — Arch. d'I.-et-L., *Rôle des 20es*.)

Ferté (étang de la), c^{ne} d'Orbigny.

Ferté (boire de la), c^{ne} de Rivarennes. — Elle part du lieu appelé Travaillard, descend vers les Grandes-Raies et se joint à l'Indre au lieu appelé Pré-Fait-Pierre.

Ferté (Hugues de la), archevêque de Tours. V. *Étampes (Hugues d')*.

Ferterie (la), f., c^{ne} de Château-la-Vallière. — *Terterie*, carte de Cassini.

Ferterie (la), c^{ne} de Courcelles. V. *Fermerie*.

Fertillière (la), f., c^{ne} de Saint-Avertin.

Fertodrie (la), c^{ne} de Bossay. V. *Fertaudrie*.

Fertonnerie (la), ou **Fertonnière**, f., c^{ne} de Cussay. — *Fertonnerie*, carte de l'état-major. — Ancien fief. En 1689, il appartenait à Gabriel de Lacoux, Éc. — (Arch. d'I.-et-L., E.)

Fertrie (le lieu de la), près de la Baronnerie, c^{ne} de Cléré.

Fertrie (la), f., c^{ne} de Neuillé-Pont-Pierre. — *Ferretrie*, carte de Cassini.

Fervaudière (la), f., c^{ne} de Sainte-Maure. — *Ferraudière*, cartes de Cassini et de l'état-major.

Fervoile, f., c^{ne} du Grand-Pressigny.

Feschal, f., c^{ne} de Loches. — *Feschau*, hébergement de Feschau, XIIIe siècle. — *Feschal*, cartes de Cassini et de l'état-major. — En 1292, Henri de Fescheau, valet, donna à la commanderie de Fretay une rente de sept setiers de froment et sept setiers de seigle à prendre sur son hébergement. En 1787, ce domaine appartenait à Charles-Louis de Maussabré. — (Archives de la Vienne, H 3, liasse 517, n° 1. — Arch. d'I.-et-L., E, 126.)

Feschards (la chapelle des). V. *Amboise, collégiale*.

Feschau (moulin de), sur l'Esves, c^{ne} de Civray-sur-Esves. — En 1336, il dépendait du fief de Maulay. Il est cité dans un aveu rendu le 6 mai 1336, par Aimery Le Lièvre, seigneur de Maulay, à l'archevêque de Tours. — (*Cartulaire de l'archevêché de Tours*.)

Feslard (le bois). — Il faisait partie de la forêt de Bourgueil. — (Arch. d'I.-et-L., *titres de Bourgueil*.)

Feschard (la croix), dans les landes du Ruchard, c^{ne} d'Avon.

Fesnerie (métairie de la), paroisse de Saunay. — Elle relevait du fief de Saunay et appartenait, en 1646, à Louise Desmier, veuve de Gabriel Tergat, Éc., seigneur du Breuil-Fontenay. — (Arch. d'I.-et-L., *titres de la chambrerie de Saint-Julien*.)

Festière (la), c^{ne} de Maillé. V. *Fétière*.

Fesvres (le bois des), près de l'étang de la Fougeraie, c^{ne} de Saint-Paterne.

Fétarderie (la), f., c^{ne} du Boulay.

Fête-Dieu (le lieu de la), près de la Bertellerie, c^{ne} de Saint-Mars.

Feterie (le lieu de la), près des Petits-Champs, c^{ne} de Chanceaux-sur-Choisille.

Fétière (la), ou **Festière**, ham., c^{ne} de Maillé, 17 habit.

Fet-Mau (le fief). V. *Isernay*, c^{ne} de Chambray.

Feu (le Petit-), f., c^{ne} de Chemillé-sur-Indrois.

Feu (le), ou **Fœu**, vil., près du ruisseau d'Épeigné, c^{ne} d'Épeigné-les-Bois, 30 habit.

Feu (le), f., c^{ne} de Francueil, près du bourg. — *Le Feu*, carte de Cassini.

Feu (le Haut-), f., c^{ne} des Hermites. — *Haut-Feu*, carte de l'état-major. — *Petit-Feu*, carte de Cassini.

Feu (la fontaine du), près de la Chabottière, c^{ne} de Marray. — Ses eaux se jettent dans la Dême.

Feuillarde (la dîme de la), paroisse de Bréhémont. — *Dîme de Feularge*, 1484. — Elle constituait un fief relevant de l'Ile-Bouchard. En 1484, elle appartenait à Jean Odart, Éc. — (*Rôle des fiefs de Touraine*. — Bibl. de Tours, fonds Salmon, *titres de l'Ile-Bouchard*.)

Feuillarde (la), ham., c^{ne} de Saint-Pierre-des-Corps, 15 habit. — *Terra de Foslarde*, 1140 (charte de l'abbaye de Saint-Loup). — *Feuillarde*, cartes de Cassini et de l'état-major. — Ancien fief. En 1639, il appartenait au Chapitre de Saint-Pierre-le-Puellier; — en 1789, à Philippe-Jean-Baptiste Mignon de Nitray, Éc. — (Bibl. de Tours, fonds Salmon, *titres de Saint-Loup*. — Arch. d'I.-et-L., *chartes de Saint-Julien*; *Biens nationaux*. — *Rôle des fiefs de Touraine*.)

Feuillarde (la), c^{ne} de Villeloin. V. *Feularde*.

Feuillarderies (le lieu des), près de la Josseraye, cne de Bourgueil.

Feuillards (le lieu des), cne de Luzé, près du chemin de Jaulnay à Nouâtre.

Feuillée (la), f., cne de Luzillé. — *Feuillée*, carte de Cassini.

Feuillée (la), ham., cne de Monnaie, 15 habit. — *Feuillée*, cartes de Cassini et de l'état-major. — Ancien fief, relevant de la Grange-Saint-Jean. Il appartenait, en 1653, à Pierre de Belineau. — (Arch. d'I.-et-L., *abbaye de Marmoutier*.)

Feuillerie (la), f., cne de d'Athée, près du Cher.

Feuillerie (la), vil., cne de Bléré, 27 habitants.

Feuillet (le), vil. et chât., cne de Souvigny. — *Feuillet*, carte de Cassini. — Ancien fief. Il est désigné dans divers titres du XVIIIe siècle sous les noms de *Melun-Feuillet* et *Feuillet-Apremont*. Sa circonscription féodale s'étendait dans les paroisses de Souvigny et de Saint-Règle. Il relevait du château d'Amboise, et, pour une partie, de Montrichard. Vers 1653, il fut érigé en vicomté en faveur de François de la Motte-Villebret. — Ce fief appartenait, en 1379, à N. de Chalence ; — en 1464, à Michel de Chastenet ; — en 1500, à Adrien de Chastenet ; — en 1513, à Jeanne de Chastenet, veuve de Jean Moreau et héritière d'Adrien de Chastenet, son frère ; — en 1523, à François de Mons, chev. ; — en 1567, à Jean Moreau ; — en 1620, à Jean-Baptiste de la Motte-Villebret ; — en 1622, à François de la Motte-d'Aspremont, chev., enseigne au régiment de Normandie ; — en 1653, à François de la Motte-Villebret, fils du précédent ; — en 1675, à Charles de la Motte-Villebret. — Le 21 février 1707, Louis de la Motte-Villebret vendit le Feuillet à Jean-René le Roy. Ce domaine passa ensuite à Jean Bouteroue d'Aubigny, puis à Louis de Conflans, marquis d'Armentières, maréchal de France. En 1764, il fut uni à la baronnie d'Amboise.

Arch. d'I.-et-L., 633, 651 ; E, 26, 30, 31, 35, 42, 49, 51, 53, 54 ; *Biens nationaux*. — *Rôle des fiefs de Touraine*. — Bétancourt, *Noms féodaux*, II, 656, 681, 689. — La Chesnaye-des-Bois et Badier, *Diction. de la noblesse*, IV, 152-53. — C. Chevalier, *Inventaire des archives d'Amboise*, 298. — Lainé, *Archives de la noblesse de France*, X, 50. — Lhermite-Souliers, *Hist. de la noblesse de Touraine*, 498-99. — Registres de Saint-Florentin d'Amboise, 1740.

Feuillet (le), vil., cne de Truyes, 27 habit. — *Feuillé*, carte de Cassini.

Feuilletrie (le lieu de la), près de la Touche, cne d'Avon.

Feuilletrie (la), ham., cne de Souvigny, 10 habit.

Feuilletries (les), f., cne de Saint-Martin-le-Beau.

Feuillette (le lieu de la), près de Baigneux, cne de Cerelles.

Feuillette (le lieu de la), cne de Manthelan, près du chemin de Loches à Manthelan.

Feuillettières (le lieu des), près de la Mibellerie, cne de Saint-Flovier.

Feuilloux (les), f., cne de la Chapelle-sur-Loire.

Feu-Jouan (la fontaine), près de la Marnière, cne de Boussay.

Feularde ou **Feuillarde**, f., paroisse de Monnaie.

Feularde (la), f., cne de Villeloin. — *Feuillarde, Feularge*, 1791. — *Feularde*, carte de Cassini. — Ancienne propriété de l'abbaye de Villeloin. — (Arch. d'I.-et-L., *Biens nationaux*.)

Feularge, cne de Bréhémont. V. *Feuillarde*.

Feurarie (la), cne d'Orbigny. V. *Faverie*.

Feurtière (le lieu de la), près de la Rochelle, cne de Couziers.

Fevellerie (la), f., cne de Saint-Benoît.

Feveraie (la), ou **Faverie**, f., cne de Villandry. — *Faveraie*, carte de l'état-major. — *La Feburay*, carte de Cassini. — Ancien fief. Il a été possédé par l'abbaye de Saint-Julien. — (Arch. d'I.-et-L., *terrier de Saint-Roch*.)

Feverie (la), vil., cne de Saint-Épain, 21 habit. — *Feverie*, carte de l'état-major.

Fevrières (le lieu des), près de la Boire-du-Chêne, cne de Chouzé-sur-Loire.

Fez (le), f., cne d'Orbigny.

Fiacre (chapelle de St-), cne de Bossay. V. *Bossay*.

Fiale, f., cne d'Athée. — *Fiale*, carte de l'état-major.

Fichardière (la), f., cne de Preuilly.

Fichardières (le lieu des), près du Pressoir, cne de Louans.

Fichepain (Robin), seigneur de la Goguerie, fut nommé maire de Tours en 1556, en remplacement de Guillaume Habert. Il eut pour successeur, en 1557, Claude de l'Aubespine, baron de Châteauneuf. — (Chalmel, *Hist. des maires de Tours*, 117. — Lambron de Lignim, *Armorial des maires de Tours*.)

Fichonnerie (le ruisseau de la). — Il prend sa source près de Ports, au lieu appelé les Prés-de-l'Arçonnerie, passe au Vieux-Ports et se jette dans la Vienne, près des Tuileries.

Fief (le), f., cne d'Avoine. — *Fief-Nivar*,

XVIIe siècle. — Ancien fief, avec basse justice, relevant de Destilly. — (Rôle des fiefs de Touraine.)

Fief (le), cne de Chinon. V. *Bouquetcau.*

Fief (la croix du), cne de Pussigny, près du chemin de Ponçay à Libéré.

Fief-à-la-Coutance, ou **Cotance** (le). — Il était formé d'une dîme et de rentes perçues sur des propriétés situées dans les paroisses de la Croix et de Civray, et relevait de la châtellenie de Chenonceau. Au XVIIIe siècle, la cure de Chenonceau possédait la dîme de ce fief. — (Arch. d'I.-et-L., G, 48.)

Fief-à-la-Dame (le), cne de Véretz. V. *les Tartres.*

Fief-au-Chambrier (le). V. *la Roche*, cne de Bléré.

Fief-au-Chat (le), paroisse de Neuillé-Pont-Pierre. — Ancien fief, relevant du Plessis-Barbe. Dans le partage de la succession d'Anne de Bueil, femme de Roger, duc de Bellegarde, ce fief échut à Honorat d'Assigny. Le 6 novembre 1762, le marquis de Rieux le vendit à Charles-Nicolas Le Pellerin de Gauville. En 1789, ce domaine appartenait à Louis-Jacques Rolland des Escotais. — (*Rôle des fiefs de Touraine.* — Arch. d'I.-et-L., E, 82, 83; *Biens nationaux.* — Bibl. nationale, Gaignères, 678.)

Fief-au-Pèlerin (le). V. *Montfouet*, cne de la Chapelle-Blanche.

Fief-Bouju (le), f., cne de Monnaie.

Fief-Commun (le), paroisse de Cheillé. — Ce fief consistait en cens et rentes. — (*Rôle des fiefs de Touraine.*)

Fief-Commun (le), cne de Chouzé-sur-Loire. V. *Commun.*

Fief-Commun (le), paroisse d'Esvres. — Ce fief, formé de cens et de rentes, relevait du château de Montbazon, à foi et hommage simple. — (D. Housseau, XII, 7000. — *Rôle des fiefs de Touraine.*)

Fief-Commun (le), paroisse de Rivarennes. — Ce fief, consistant en cens et rentes, appartenait, en 1529, à Pierre d'Alizon, Éc. — (Bibl. de Tours, manuscrit 1310. — *Rôle des fiefs de Touraine.*)

Fief-d'Ampleman (le), paroisse de Saint-Jean-Saint-Germain. — En 1789, il appartenait à Joseph d'Ampleman de la Cressounière. — (Arch. d'I.-et-L., E.)

Fief-des-Nonains (le). V. *Encloître (l').*

Fief-des-Six-Arpents (le), paroisse de Limeray. V. *Clos-Garnault.*

Fief-du-Chambrier-de-Saint-Julien (le), cne de Limeray. V. *Cottereau.*

Fief-du-Chapitre (le). V. *les Prétrières.*

Fief-du-Roi (le), cne de Nouans. V. *la Forêt.*

Fief-du-Roi (le), dans la ville de Tours. — Il consistait en cens et rentes dus par des maisons situées aux environs du pont de Tours. Il relevait de la vicomté de Tours. — (Bibl. de Tours, *Proclamation des biens à vendre de Jacques de Beaune*, 1527.)

Fief-l'Abbé (le), vil., cne de Saint-Paterne, 30 habit.

Fief-le-Roi (le), paroisse de Cravant. — En 1428, ce fief appartenait à Hardouin de Coutances; — en 1440, à Marc de Coutances. — (Bibl. nationale, Gaignères, 678.)

Fief-Métayer (le), paroisse de Rillé. — Ce fief relevait de Rillé. — (Arch. d'I.-et-L., E, 318.)

Fief-Nivar (le). V. *le Fief*, cne d'Avoine.

Fiefs (les), cne de Theneuil. V. *les Graliens.*

Fiefs-Gelliers (les), f., cne de Bennis.

Fier-de-Pied, f., cne de Véretz.

Figuiers (les), vil., cne de Saint-Étienne-de-Chigny, 25 habit. — En 1793, une closerie, située dans ce village, fut vendue sur N. de Gouges, émigré. — (Arch. d'I.-et-L., *Biens nationaux.*)

Fil (le lieu du), cne de Marigny, près du chemin de Nouâtre au Chillou.

Filandière (la), ou **Filardière**, vil., cne de Montreuil, 23 habit. — *Fillaudière*, carte de l'état-major.

Filandre (le clos de la), près du bourg de Sepmes.

Filature (la), fabrique, cne de Vernou, 32 habit.

Filet (le), ruisseau. — Il arrose les communes de Montlouis, d'Azay-sur-Cher, de Véretz, de Larçay, de la Ville-aux-Dames et de Saint-Pierre-des-Corps et se jette dans le Cher, à la Rochepinard.

Filet (le Petit-), ruisseau, cne de Montlouis. — Il se jette dans le Filet.

Filetières (les), ou **Fitellière**, f., cne de la Roche-Clermault. — En 1514, elle appartenait à Joachim de Mondion. — (Lainé, *Archives de la noblesse de France*, X.)

Fillaudière (la), cne de Montreuil. V. *Filandière.*

Fillaudière (la), f., cne de Sainte-Maure. — *Fillaudière*, cartes de Cassini et de l'état-major.

Filles (le bois des), près de la Piardière, cne des Hermites.

Filles (la croix des), c^{ne} de Saint-Paterne, près du chemin de la Pinaudière à Vaumargot.

Filles-Dieu (les), paroisse de Saint-Pierre-des-Corps. V. *Oyries*.

Filles-Fusées (le lieu des), près de la Farinière, c^{ne} de Langeais.

Fillettes (le lieu des), près de la Vallée-de-Mosvres, c^{ne} de Civray-sur-Cher.

Fillettes (le lieu des), ou les **Ricotières**, paroisse de Saint-Benoît. — Il relevait censivement du prieuré de Pommiers-Aigre. — (Arch. d'I.-et-L., *titres de Pommiers-Aigre*.)

Fillettière (la), f., c^{ne} d'Antogny. — *Filletière*, carte de Cassini. — Ancien fief. En 1643, il appartenait à Jean Gillier, Éc.; — en 1770, à Georges-Florimond de la Chesnaye-des-Pins; — en 1789, à Marie-Victoire de la Chesnaye-des-Pins et à Thérèse-Marguerite de la Chesnaye-des-Pins, veuve de Jean-Baptiste Gaborit, Éc., seigneur de la Brosse. — (Arch.d'I.-et-L., E, 156, 262; *Biens nationaux*.)

Filliberts (le lieu des), près des Archambaults, c^{ne} de Sainte-Maure.

Fillière (la), paroisse d'Esvres. V. *Frillière*.

Fillin (le), paroisse de Loches. V. *les Morinières*.

Fillonnerie (la), vil., c^{ne} de Villandry, 25 habit.

Filonnière (la), f., c^{ne} de Braslou. — *Fillonnière*, cartes de Cassini et de l'état-major.

Filonnière (la), ou **Felonnière**, f., c^{ne} de Cerelles. — *Filonnière*, carte de Cassini. — Elle relevait du fief de Châtenay et appartenait, en 1587, à Nicolas Butard. — (Arch. d'I.-et-L., *chambrerie de Saint-Julien*.)

Filonnière (la), f. et chât., c^{ne} de Luynes. — *Filonnière*, cartes de Cassini et de l'état-major.

Filonnière (la), c^{ne} de Marigny. V. *les Filonnières*.

Filonnière (la), vil., c^{ne} de Pernay, 33 habit. — *Filonnière*, cartes de Cassini et de l'état-major.

Filonnière (la), f., c^{ne} de Villedômer. — *Filonnières*, cartes de Cassini et de l'état-major. — Elle relevait de Châteaurenault et appartenait, en 1843, à Marie Henrard, veuve de Thomas Bedacier, trésorier des turcies et levées de la Loire et du Cher. — (Archives du château de Pierrefitte.)

Filonnières (les), ou la **Filonnière**, f., c^{ne} de Marigny. — *Filonnières*, carte de Cassini. — Elle relevait de Marmande. En 1484, elle appartenait à Antoine de Mondion, qui fit une déclaration féodale le 20 mai; — en 1576, à Eustache de Villiers; — en 1778, à François-Adolphe de Mondion. — (D. Housseau, XII, 6039. — Beauchet-Filleau, *Diction. des familles de l'ancien Poitou*, II, 391.)

Fin, ham., c^{ne} de Cigogné, 12 habit. — *Fins*, Tabl. de recens. de 1872.

Finardière (la), f., c^{ne} des Hermites. — *Pinardière*, carte de l'état-major. — *Finardière*, carte de Cassini.

Finellerie (la), ou **Finetterie**, f., c^{ne} de Souvigny. — *Finetterie*, carte de Cassini.

Fine-Épine, ou **Fine-Épiée**, f., c^{ne} de Genillé.

Fineraye (la), f., c^{ne} d'Yzeures. — Elle relevait du prieuré-fief de la Chaise, appartenant à l'abbaye de Preuilly, suivant une déclaration féodale du 10 mai 1542. — (Arch. d'I.-et-L., *prieuré de la Chaise*.)

Fineries (les), f., c^{ne} de Saint-Branchs.

Finetterie (la), c^{ne} de Souvigny. V. *Finellerie*.

Fioterie (la), f., c^{ne} de Verneuil-sur-Indre. — *Gioterie*, carte de Cassini.

Fiquetrie (le lieu de la), près de la Basse-Carte, c^{ne} de Cerelles.

Firmat (saint Guillaume), né à Tours en 1126 (en 1026 d'après Chalmel), chanoine de Saint-Venant, fit deux fois le voyage de la Terre-Sainte. Dans son premier voyage il fut élu évêque d'un diocèse de l'Orient que ses biographes n'indiquent pas et qu'il abandonna peu de temps après pour retourner en France. A la suite de son second pèlerinage, il se retira à Mortain, diocèse d'Avranches, où il mourut le 24 avril 1157 (1103 d'après Chalmel). Il fut inhumé dans l'église de Saint-Évron. — (*Almanach de Touraine*, 1760. — Chalmel, *Hist. de Tour.*, IV, 174-75. — *Mém. de la Soc. archéol. de Tour.*, IX, 347. — *Recueil des Bollandistes*. — S. Bellanger, *La Touraine ancienne et moderne*.)

Firmiterie (la), f., c^{ne} de Savigné.

Fiselière (la), ou les **Normands**, près de Saint-Côme, paroisse de La Riche. — Ce domaine, cité dans un titre de 1664, appartenait au Chapitre de Saint-Martin de Tours. — (Arch. d'I.-et-L., *titres de Saint-Martin*.)

Fitelière (la), c^{ne} de la Roche-Clermault. V. *Filletières*.

Fitz-Alan (Jean), comte d'Arundel, duc de Touraine, lieutenant-général des armées du roi d'Angleterre en France, était fils de Jean Fitz-Alan, baron de Maltravers, et d'Éléonore Berkeley de Beverston. Par lettres du 8 septembre 1431, Henri VI, roi d'Angleterre, lui donna le duché de Touraine, en récompense de ses services; mais

Fitz-Alan ne jouit jamais de ce duché; il n'en eut que le titre. Il mourut le 12 mai 1434. — (La Chesnaye-des-Bois et Badier, *Diction. de la noblesse*, VIII, 65. — Chalmel, *Hist. de Tour.*, I, 50; II, 192.)

Flagoton (le moulin de), c⁻ᵉ de Charnizay. — *Flacotton*, carte de Cassini.

Flambouse (boire de la), c⁻ᵉ de Cheillé, près des fosses du Grand-Neuil.

Flanchetière (la), f., c⁻ᵉ du Grand-Pressigny. V. *la Blanchetière*.

Flandre (la), f., c⁻ᵉ de Langeais.

Flandre (la), vil., c⁻ᵉ de Nouans.

Flandre (Robert de), prieur de la Celle-en-Brie, fut élu abbé de Marmoutier en 1283, en remplacement d'Étienne, décédé. Le pape l'autorisa à porter la mitre et l'anneau aux processions et aux grandes fêtes, et à conférer à ses religieux la tonsure et les ordres mineurs. Il mourut en 1295 et eut sa sépulture dans la chapelle de Notre-Dame-du-Chevet, attenant à l'église abbatiale. — (D. Martène, *Hist. de Marmoutier*, II, 251 et suiv. — *Gallia christiana*, XIV, 229.)

Flanière (la), et la **Petite-Flanière**, vil., près de la Loire, c⁻ᵉ de Saint-Patrice, 57 habit. — *Flannière*, carte de Cassini.

Flanray, ou **Flaray**, f., c⁻ᵉ de Cerelles. — *Flanray*, carte de l'état-major. — Ancienne propriété de l'abbaye de Saint-Julien. — (Arch. d'I.-et-L., *titres de Châtenay*.)

Flapier (bois du), près de Bois-Turbet, c⁻ᵉ de Marcé-sur-Esves.

Flaterie (la), f., c⁻ᵉ de Monnaie. — *Fletterie*, carte de l'état-major. — Ancien fief, relevant de Châteaurenault. En 1558, il appartenait aux héritiers de Bertrand Proust. — (Archives du château de Pierrefitte.)

Flannière (le lieu de la), près de la Vallée-du-Vau, c⁻ᵉ de Vallères.

Flavigny (Maurice-Adolphe-Charles, comte de), né à Vienne le 3 décembre 1799, chevalier de la Légion d'honneur (1823), attaché aux légations de Berlin et de Copenhague, secrétaire d'ambassade à Madrid, à Lisbonne et à Londres, sous-directeur des affaires politiques au ministère des affaires étrangères (1829), démissionnaire en 1830, membre du Conseil général d'Indre-et-Loire (1833), président de ce Conseil en 1840, pair de France en 1841, membre du Conseil général d'Indre-et-Loire le 10 novembre 1845, officier de la Légion d'honneur en 1847, fut nommé député d'Indre-et-Loire en 1849 (par 31,005 voix) et en 1852-57. S'étant de nouveau présenté à la députation en 1863, dans l'arrondissement de Chinon, il échoua devant M. le marquis de Quinemont, qui obtint 20,003 voix contre 8387 données à son concurrent. En 1870-71, le comte de Flavigny fut un des organisateurs de la Société internationale de secours aux blessés et en devint le président. Nommé commandeur de la Légion d'honneur le 18 novembre 1871, en récompense des services qu'il avait rendus à cette Société, il refusa la distinction qui lui était décernée, « voulant, disait-il, que ses services conservassent le caractère d'un entier désintéressement. » Il mourut en octobre 1873. Il était commandeur de l'ordre de la Conception du Portugal et chevalier de l'ordre de Charles III d'Espagne.

Journal d'Indre-et-Loire des 23 octobre 1837 et 6 juin 1863. — *Biographie des 750 grands hommes composant l'assemblée législative*, 1849-52, Paris, Maistrasse, in-18. — *Annales de la Société d'agriculture d'Indre-et-Loire* (1874), p. 32. — Tisseron, *Le Corps législatif*, t. I⁻ᵉʳ. — Larousse, *Grand diction. universel du XIXᵉ siècle* (supplém.), XVI, p. 821.

Flèche (le lieu de la), près du Petit-Martigny, c⁻ᵉ de Faye-la-Vineuse.

Flecteau, c⁻ᵉ du Boulay. V. *Fleteau*.

Flée, f., c⁻ᵉ de Bossay. — Ancien fief, avec moyenne et basse justice, relevant de la châtellenie de Sainte-Julitte, à foi et hommage lige et un épervier blanc du prix de cinq sols. Vers 1450, il appartenait à Jean Duceps; — vers 1500, à la famille de Préaux; — en 1722, à Roger de Montbel; — en 1747, à Claude de Moussy; — en 1789, au comte de Livenne. — (*Rôle des fiefs de Touraine*. — Arch. d'I.-et-L., E, 23. — Registres d'état-civil de Bossay.)

Fléguier (le lieu de), près du moulin d'Édemaine, c⁻ᵉ de Ligueil.

Fleteau, f., c⁻ᵉ du Boulay. — *Flecteau*, 1484. — *Fleteau*, carte de l'état-major. — *Fleteaux*, carte de Cassini. — Ancien fief, relevant de Châteaurenault. En 1484, il appartenait à Étienne Le Loup, Éc.; — en 1558, à Jacques Breslay. L'abbaye d'Estival possédait à Fleteau une métairie et deux étangs qui furent vendus nationalement, le 2 mars 1791, au prix de 19,200 livres. — (Arch. d'I.-et-L., *fief de la Grange-Saint-Jean; Biens nationaux*. — Archives du château de Pierrefitte.)

Flèteau (bois de), près de l'étang du même nom, c⁻ᵉ du Boulay.

Fletterie (la), c⁻ᵉ de Monnaie. V. *Flaterie*.

Fleuray, vil., c⁻ᵉ de Cangy, 71 habit. — *Fleuray*, carte de l'état-major. — *Fleuraylée*, ou *Fleuray*, carte de Cassini. — Ancienne paroisse. Avant la Révolution, elle faisait partie du diocèse de Blois et était comprise, pour le temporel, dans l'élection d'Amboise. En 1793, elle dépendait du district d'Amboise. Par ordonnance royale du 2 octobre 1822, elle fut réunie à la commune de Cangy. Son église était dédiée à saint Jean-Baptiste.

Le plan cadastral de Fleuray a été dressé en

1809, par Lecoy-Lamarche. Les lieux et hameaux suivants dépendaient de cette commune : Le Plessis, le Haut-Village, les Brionnières, la Chidollière, la Goupillère, Cournillau, Saint-Thomas, le Haut-Bourg, la Bergevinière, le Renoire, la Lande, la Fussetrie, la Guiguardière, le Calais, la Féerie.

Population. — 30 feux en 1773. — 183 habit. en 1801. — 186 habit. en 1804. — 159 habit. en 1808. — 167 habit. en 1821.

Curés de Fleuray. — Hilaire Marié, 1620. Il fit son testament le 22 mars 1622 et fut inhumé dans l'église, devant le grand autel. — Martin Harman, 1658. — Bernard Rayneau, 1664-90. — Michel Bonneau, 1701. — André Lorin, 1722. — Roch-Raoul Marin, 1740. — Claude Benoît, 1766. René Guillon, 1777-83. — Jean-Jacques Jagu, 1783, curé constitutionnel, 1793.

Fleuray formait une châtellenie relevant du roi et qui appartenait au prieuré de Saint-Thomas d'Amboise.

Maires de Fleuray. — Pierre Penilleau, 1791. — Petit, 1801. — Maurisseau, 1804. — Louis Coulière, 24 janvier 1807. — Martin Bienvault, 25 février 1807. — Maurisseau, 24 mars 1807. — René Pinier, 1ᵉʳ août 1821. — Pierre Huguet-Maurisseau, 18 mai 1822.

Arch. d'I.-et-L., C, 336 ; *cure de Fleuray. — Rôle des fiefs de Touraine. — Almanach de Touraine*, 1773. — Registres d'état-civil de Fleuray.

Fleuret (le Grand-), ou **Fleuray**, f., cⁿᵉ de Villiers-au-Boin. — *Grand-Fleurot*, carte de l'état-major. — Ancien fief, relevant de Château-la-Vallière. Par acte du 6 février 1779, le duc de la Vallière le vendit à Marie-Louis-César Roulleau, trésorier de France. La duchesse de Châtillon le racheta le 28 septembre 1792. — (*Journal d'Indre-et-Loire* du 11 janvier 1838.)

Fleuret (le Petit-), f., cⁿᵉ de Villiers-au-Boin. — *Fleuret*, carte de l'état-major. — *Les Grand et Petit-Fleuray*, carte de Cassini. — Ancien fief, relevant de Château-la-Vallière. Il appartenait à l'hôpital de Lublé. Adrienne des Marais, supérieure de cet hôpital, rendit hommage pour ce fief le 8 juillet 1775. — (Arch. d'I.-et-L., E.)

Fleuretterie (la), f., cⁿᵉ d'Avon. — *Fleuretterie*, carte de l'état-major.

Fleuriant, f., cⁿᵉ de Sublaines. — *Fleuriant*, cartes de Cassini et de l'état-major. — Ce domaine est cité dans une charte de Théotolon, de 940, concernant un don de terrains fait par un nommé Fulcufe, à l'abbaye de Saint-Julien de Tours. Ces terrains étaient situés dans la viguerie de Bléré « *in vicaria Bridiacensi* (Bléré), *in villa Florentiaco.* » — (Bibl. de Tours, *titres de l'abbaye de Saint-Julien*.)

Fleuriaux (les), f., cⁿᵉ de Chezelles. — *Fleuriaux*, cartes de Cassini et de l'état-major.

Fleuriaux (moulin des), sur l'Indre, cⁿᵉ de Monts.

Fleurie (la), f., cⁿᵉ de La Croix. — Elle fut vendue nationalement en 1793, sur Louise-Marie-Adélaïde de Bourbon-Penthièvre, veuve de Philippe d'Orléans. — (Arch. d'I.-et-L., *Biens nationaux*.)

Fleuriette (la), cⁿᵉ de Sorigny. V. *Florière*.

Fleuris (clos des), cⁿᵉ de Vallères, près du chemin de Vallères à Mortaise.

Fleurisserie (la), f., cⁿᵉ de Boussay. — *Fleurisserie*, carte de Cassini.

Fleurs-de-Grillemont. V. *Grillemont*.

Fleury (le), f., cⁿᵉ de Vallères, près du bourg.

Flodoveus *(Sanctus)*. V. *Flovier (St-)*.

Flonnière (la), f., cⁿᵉ de Beaumont-la-Ronce. — *Félonnière*, 1716. — *Flonnière*, cartes de Cassini et de l'état-major. — A cette époque, elle appartenait à Joseph Jousseaume. — (Registres d'état-civil de Beaumont.)

Flonnière (la), ou **Felonnière**, f., cⁿᵉ de Cléré. — *Flonnière*, carte de l'état-major.

Florencière (la), vil., cⁿᵉ de la Ville-aux-Dames, 51 habit.

Florent (saint), né à Tours vers 470, fit ses études dans cette ville et y fut ordonné prêtre. Il se rendit à Rome, et, à son retour en France, s'étant arrêté à Orange, il fut nommé, par acclamation, évêque de cette ville, où il mourut en 520. — (*Almanach de Touraine*, 1774. — Chalmel, *Hist. de Tour.*, IV, 176. — *Gallia christiana*, II.)

Florentiaci *villa*. V. *Fleuriant*, cⁿᵉ de Sublaines.

Florentin d'Amboise (St-). V. *Amboise*.

Florière (la), f., cⁿᵉ de Chambray. — *Florière*, carte de l'état-major.

Florière (la), ou **Fleuriette**, f., cⁿᵉ de Sorigny. — *Fleuriette*, cartes de Cassini et de l'état-major.

Floselle (le lieu de la), cⁿᵉ de Chançay, près du chemin de la Vallée-du-Vau à Montfort.

Flosseaux (le lieu des), paroisse de La Riche. — Il relevait de l'abbaye de Beaumont-les-Tours à laquelle le propriétaire devait, le jour de saint Brice, une rente de quatre setiers de seigle, six langues de bœuf et cinquante sols. En 1756, il appartenait à N. de Bridieu. Il fut ensuite possédé par l'hôpital de la Charité, de Tours. — (Arch. d'I.-et-L., *titres de Beaumont*.)

Flottes (les), ham., cⁿᵉ du Petit-Pressigny,

12 habit. — *La Flotte*, 1700, 1736. — *Les Flottes*, carte de Cassini. — Ce hameau devait une rente à la chapelle de Notre-Dame-de-Pitié, desservie dans l'église du Petit-Pressigny. — (Bibl. de Tours, manuscrit n° 1314. — Arch. d'I.-et-L., E, 23.)

Flottière (la), f., c** de Joué-les-Tours. — *Flottière*, carte de l'état-major.

Flouray, c** de Cerelles. V. *Flanray*.

Flovier (St-), commune du canton du Grand-Pressigny, arrondissement de Loches, à 19 kilomètres du Grand-Pressigny, à 20 de Loches et à 61 de Tours. — *Parochia Sancti Flodovei*, 1225 (charte de Saint-Martin). — *Saint-Flover* (sceau du XIIIe siècle). — *Sanctus Flodoveus*, 1230 (charte de l'abbaye de la Merci-Dieu). — *Terra Sancti Flodovei*, 1285 (*Recueil des historiens des Gaules*). — *Parochia S. Flodovei*, 1290 (*Cartulaire de l'archevêché de Tours*). — *Saint-Flovier*, carte de Cassini.

Elle est bornée, au nord, par la commune de Verneuil-sur-Indre ; à l'est, par celles de Fléré-la-Rivière et de Cléré-du-Bois (Indre) ; au sud, par Obterre (Indre) et par Charnizay ; à l'ouest, par Betz. Elle est arrosée par deux petits cours d'eau : le ruisseau appelé le *Ruban-de-Saint-Flovier*, qui vient de la commune de Fléré-la-Rivière, passe au bourg de St-Flovier et fait mouvoir le Moulin-Premier ; le ruisseau du Greffier, ou des Greffiers, qui prend sa source entre l'Ajonc et le Greffier, et reçoit les eaux de la fontaine Martin. On y trouve les étangs de la Simolière et de la Bervasserie, ou Bruasserie. Elle est traversée par les chemins de grande communication n° 41, de Loches à la Roche-Pozay, et n° 50, de Sainte-Maure à Châtillon.

Saint-Flovier a été chef-lieu de canton depuis le 26 janvier 1790 jusqu'en 1802. C'est à cette dernière époque qu'il a été annexé au canton du Grand-Pressigny.

Les lieux, hameaux et villages suivants dépendent de cette commune. — La Cossonnière (11 habit.), ancien fief. — Le Champ-du-Chêne (18 habit.). — Carlouet (22 habit.). — Bois-Mittet (10 habit.), ancien fief. — La Bruasserie (21 habit.). — Les Bedonnières (20 habit.). — La Bergeottière (47 habit.). — La Brissaudière (27 habit.), ancien fief. — Bois-Feraud (100 habit.), ancien fief, relevant de la baronnie de Ligueil. — La Bauchetière (70 habit.). — Sainte-Barbe (25 habit.). — La Fresnaye, connue dès le XIIIe siècle. — La Grenouillère (10 habit.). — Laleuf, ou Alleu (23 habit.), ancien fief. — Lajone (19 habit.). — Germain (20 habit.). — Le Greffier (28 habit.). — Mouline (48 habit.). — Sainte-Julitte (56 habit.), ancienne paroisse, châtellenie relevant de la baronnie de Preuilly. — La Fontaine, ancien fief. — Tanchoux, ancien fief, relevant de la baronnie de Preuilly. — Les Raffoux, ancienne propriété des Ursulines de Châtillon-sur-Indre. — Le Terrier (10 habit.). — Le Roulet (21 habit.), ancien fief, relevant de la baronnie de Preuilly. — La Peraudèrie (52 habit.), ancien fief. — Les Mahuteaux, la Mibellerie, le Moulin-Premier, Laray, Champviroir, la Fortinière, la Gauterie, etc.

Avant la Révolution, Saint-Flovier était dans le ressort de l'élection de Loches et faisait partie du doyenné de Preuilly et de l'archidiaconé d'outre-Vienne. En 1793, il dépendait du district de Preuilly.

Superficie cadastrale. — 2614 hectares. — Le plan cadastral, dressé par Delaunay, a été terminé le 15 juillet 1813.

Population. — 80 feux en 1764. — 834 habit. en 1801. — 830 habit. en 1804. — 813 habit. en 1810. — 993 habit. en 1821. — 1129 habit. en 1831. — 1229 habit. en 1841. — 1325 habit. en 1851. — 1379 habit. en 1861. — 1372 habit. en 1872. — 1316 habit. en 1876.

Foires les 8 janvier, 9 avril, 8 juin et 8 octobre.

Assemblée pour location de domestiques le 3e dimanche de mai.

Recette de poste et chef-lieu de *perception*.

L'église n'offre aucun intérêt. Une partie de l'édifice est du XIIe siècle. Le clocher a été reconstruit en 1747.

Le droit de présentation au titre curial appartenait au seigneur de Saint-Flovier.

Il existe dans les archives communales une espèce de procès-verbal dressé par un curé de cette paroisse et ayant pour titre : *Note des gens issus Huguenots, sacrilèges, assassinateurs, voleurs et meurtriers*. C'est le récit d'une foule d'actions criminelles et de vexations de toute nature dont le curé Laurent Thomas et plusieurs habitants furent victimes de la part de Louis de Thianges et de plusieurs gentilshommes du pays. Ce Louis de Thianges s'était trouvé mêlé aux troubles de la Fronde. Devenu seigneur de Saint-Flovier, vers 1640, il s'établit dans le vieux manoir du Roulet et se livra, dans la contrée, à de véritables actes de brigandages dont le souvenir n'est pas encore effacé. La tradition nous apprend qu'il fut atteint par la justice et jeté en prison.

Outre la cure, il y avait à Saint-Flovier un prieuré dont le titulaire était à la nomination du roi. En 1762, le revenu attaché à ce bénéfice était évalué à cent livres. Nicolas de Brais était prieur de Saint-Flovier en 1582 ; — Pierre Jacquet, en 1619 ; — Jean-Baptiste Lutier, en 1653 ; — Louis-Pierre Audebert, archidiacre d'outre-Loire, en 1757 ; — Pierre-Daniel Le Guernalet de Keransquer, en 1784.

Dans le cimetière de cette paroisse se trouvait une chapelle dédiée à sainte Barbe et qui constituait un bénéfice. Le seigneur de Saint-Flovier présentait le titulaire, qui était nommé ensuite par l'archevêque de Tours. Le chapelain devait foi et hommage au seigneur de Saint-Flovier. Le 3 novembre 1578, Louis Chartier, chanoine de

Châtillon-sur-Indre, chapelain de Sainte-Barbe, rendit hommage à François de Maraffin, seigneur de Saint-Flovier et du Roulet. En 1658, François Rabier était titulaire de ce bénéfice.

CURÉS DE SAINT-FLOVIER. — Simon Pellerin, 1559. — Nicolas Debrays, 1609. — Laurent Thomas, 1632-60. — Émery Pressigny, 1664. — François Pitouret, 1689. — Christophe Deletang, 1705, fit son testament, à Tours, le 20 juillet 1714. — Charles Dumu, 1740. — Charles Corneau, 1745, neveu du précédent. — Jean-Baptiste Fournier, 1776-89. — Fontenau, 1790, curé constitutionnel, 1793. — Brette jeune, 1804. — Prouteau, 1837. — Prévault, 1868, actuellement en fonctions (1880).

Saint-Flovier formait une châtellenie relevant de la baronnie de Preuilly à foi et hommage lige et un roussin de service. C'est ce qui résulte de l'aveu suivant, rendu le 27 octobre 1672, par Marie de Thianges, femme de Regnault Dallonneau :

« De vous mon très honoré seigneur hault et puissant seigneur Louis de Crévant Dhumière chevallier seigneur marquis du dict lieu de Mouchi, vicomte de Brigeuil, baron de Preuilly seigneur Dazay le feron et aultres plasses, capitaine des cent gentilhomme de la maison du roy gouverneur des villes et chasteaux Compiegne et de Lisle en flandre, et mareschal de France, Moy Marie de Thianges femme et espouse de Mᵉ Regnault D'allonneau chevalier, seigneur du Roullet, de Sᵗ Flovier et aultres lieux, tiens et advoue tenir tant pour moy que pour mon mariz absent au païs de Boulonnais en qualité de commandant dans la ville de Sedan et Sᵗ Jean destapre pour Monseigneur le duc Daumont, à cause de vostre ditte baronnye de Preuilly nostre fief seigneurie et chastellenye de Sᵗ Flovier a foy et hommage lige, et roussin de service aboné, loyaux-aides, quant échoient, aussi aboné, et aultres droits seigneuriaux tel que nos predecesseurs ont accoustumés vous rendre, protestant les bailler ci appres par le menu lorsque mon mari sera de retour ou au plustôt qu'il me sera possible.

« En la quelle chatellenye il y a bourg composé de quatre vingt feus dhabitans ou denviron qui nous doibvent plusieurs menus droitz et debvoirs.

« Nous y avons nostre justice chastellenye de Sᵗ Flovier qui est renduë par nostre bailli de quinzaine en quinzaine suyvant la coustume et les ordonnances et décrets requis. Dans le dict bourg de Sᵗ Flovier, il y a église paroissialle, en la quelle nous somme fondateurs seuls avec les droictz de la ditte fondation honorifique et aultres droictz tel et comme ilz sont attribuez par ladite coustume et qui appartiennent aux seigneurs chastellains.

« Dans le quel bourg nous avons four banal avec tous droits de la ditte coustume. Y avons aussy tous droictz de mesures et crochetz pour bolanger et mezures à vin et bled et aultres droictz mesme du boisseau plus grand que du vostre d'un seizième, comme nos predecesseurs ont accoustumé jouyr.

« Avons nostre moulin bancquier, appelé le moulin Premier avec tout droictz de la ditte coustume.

« En nostre dit bourg avons quatre foires par chacun an, savoyr : la première le jour de Sᵗ Vincent le 22 janvier, la seconde le jour de Sᵗᵉ Croix 3 may, la troisiesme le jour de l'Invention de la Sᵗᵉ Croix, la quatriesme le 14 septembre ; et tous les lundys de la semaine les marchez, qui nous ont este accordez ou a nos predecesseurs par les Roys, avec les droictz des dittes foires et marchez.

« Avons aussy de nostre dit bourg droict de bouchery comme nos predecesseurs ont accoustumés jouyr. Avons en la dicte paroisse de Sᵗ flovier droict de dixme de bled de treize gerbes, etc.... »

Autrefois le bourg était entouré de murailles et de douves. Au centre, et non loin de l'église, se trouvait un donjon dont on ne voit aujourd'hui aucune trace. En avril 1746, cette terre fut comprise dans le marquisat de Verneuil, érigé en faveur d'Eusèbe-Jacques Chaspoux, introducteur des ambassadeurs. Le seigneur de Saint-Flovier jouissait des droits honorifiques dans l'église paroissiale et y possédait une chapelle particulière.

Au XIIIᵉ siècle, la dîme de la paroisse était partagée entre le seigneur du lieu et la collégiale de Saint-Martin de Tours. Par la suite, la collégiale vendit sa moitié de dîme, qui devint un fief relevant de la châtellenie du Roulet. Au milieu du XVᵉ siècle, ce fief appartenait à la famille de Guenand des Bordes. Il passa ensuite à Jean de Grasleul, qui rendit hommage au seigneur du Roulet en 1481.

SEIGNEURS DE SAINT-FLOVIER.

I. — Hugues de Saint-Flovier, chev., cité dans des chartes de 1175, de 1211 et de 1229, est le premier seigneur connu de Saint-Flovier. Au mois d'août 1229, il donna à l'abbaye de la Merci-Dieu tout ce qu'il possédait à la Rochepozay et à Pozay-le-Vieil. Cette donation fut approuvée par le baron de Preuilly. Hugues avait deux frères : Airaud et Guillaume, qui sont mentionnés dans la charte de 1229, ci-dessus relatée.

II. — Airaud (ou Éraud) de Saint-Flovier, chev., succéda à son frère dans la possession de ce domaine vers 1240. Son sceau représente un *losangé*, avec cette légende : *S. Ereadi de Sain Flover* †. Après Airaud, la terre de Saint-Flovier passa, on ne sait comment, dans la maison de Preuilly.

III. — Geoffroy V, baron de Preuilly, seigneur de la Rochepozay et de Saint-Flovier, fit son testament en 1285 et fut inhumé dans le chœur de l'abbaye de Preuilly. De son mariage avec Marguerite de N., il eut : 1° Eschivard IV, qui suit; 2° Joubert, seigneur du Bois, près d'Azay-le-Féron; 3° Jehanne, femme de Guillaume Maingot, seigneur de Surgères.

IV. — Eschivard IV, baron de Preuilly, seigneur de Saint-Flovier, de la Rochepozay, de Cingé et d'Azay-le-Féron, mourut en 1320, laissant six enfants de son mariage avec Marguerite Turpin, fille de Guy Turpin et de Marguerite d'Ussé : 1° Eschivard V, baron de Preuilly, chevalier-banneret; 2° Pierre-André, qui suit; 3° Griset; 4° Marguerite, prieure de l'Hôtel-aux-Nonains; 5° Isabeau, religieuse; 6° Jehanne, femme de Bernard Robert.

V. — Pierre-André de Preuilly, chev., seigneur de Saint-Flovier, du Roulet et d'Azay-le-Féron, reçut, en 1331, l'hommage de Guillaume Le Bloy, valet, pour sa terre de Corbet, située dans la paroisse de Fléré-la-Rivière et relevant de Saint-Flovier.

VI. — N. d'Eschelles, chev., seigneur de Saint-Flovier et du Roulet, est cité dans un acte de 1380.

VII. — Tiercelet d'Eschelles, fils du précédent, chev., seigneur de Saint-Flovier et du Roulet, rendit hommage au baron de Preuilly le 29 mars 1434.

VIII. — Pierre d'Eschelles, fils du précédent et seigneur des mêmes lieux, reçut l'hommage de Jean d'Alès, pour sa terre de Corbet, le 13 août 1453.

IX. — Gilles d'Eschelles, chev., fils du précédent et seigneur de Saint-Flovier, est cité dans des titres de 1492 et 1504.

X. — Jean Chenu, chev., devint seigneur de Saint-Flovier par son mariage avec Antoinette d'Eschelles, fille de Gilles (vers 1535).

XI. — Louis de Marafin, deuxième du nom, fils de Louis de Marafin, seigneur de Notz, conseiller et chambellan du roi, et de Perronnelle de Liniers, comparut, en 1559, à la Rédaction du procès-verbal de la coutume de Touraine, en qualité de seigneur de Saint-Flovier, de Notz, de Rochecot et de Terrefronte. De son mariage avec Catherine d'Avaugour, il eut un fils unique, François, qui suit.

XII. — François de Marafin, chev., seigneur de Saint-Flovier, du Roulet, de Notz, de Rochecot, d'Obterre et de Terrefronte, maître d'hôtel du roi (1563), épousa Françoise d'Avaugour, fille de Jacques d'Avaugour, seigneur de Courtalain, et de Catherine de la Baume. De ce mariage naquit Louis, qui suit.

XIII. — Louis de Marafin, chev., seigneur de Saint-Flovier, du Roulet, de Notz et de Rochecot, eut deux enfants de son mariage avec Anne de Maillé : François et Anne.

XIV. — François de Marafin, chev., seigneur des mêmes lieux, mourut sans postérité, vers 1583. Sa succession passa à Anne, sa sœur.

XV. — Anne de Marafin, dame de Saint-Flovier, du Roulet, de Notz et de Rochecot, épousa, en premières noces, vers 1584, Adrien du Fau, et, en secondes noces, Pierre de Conigham, seigneur de Cangé, des Hayes, de Charmeteau et de Rechaussay. Anne de Marafin mourut le 21 novembre 1586.

XVI. — Daniel de Thianges, Éc., acheta les terres de Saint-Flovier et du Roulet, des héritiers Marafin, vers 1600. Dans un acte de 1632, il est qualifié de *baron du Roulet et de Saint-Flovier*. De son mariage avec Françoise Renard, il eut : 1° Louis, qui suit; 2° Marie, née à Saint-Flovier le 19 juin 1619; 3° Françoise, mariée le 13 juin 1650, à Philibert-Emmanuel de la Bouchardière, seigneur de la Vienne et du Cormier; 4° Charlotte, femme d'Antoine de Sanson, Éc., seigneur d'Avignon; 5° Jeanne, mariée à René Sauvage, Éc., seigneur de la Renaudrie.

XVII. — Louis de Thianges, chev., seigneur du Roulet et de Saint-Flovier, mourut sans postérité, vers 1650. Les terres du Roulet et de Saint-Flovier passèrent à sa sœur, Marie, femme de Regnault Dallonneau.

XVIII. — Regnault Dallonneau, Éc., seigneur de Saint-Flovier et du Roulet, du chef de sa femme, rendit aveu à Louis de Crevant d'Humières, baron de Preuilly, pour sa châtellenie de Saint-Flovier, le 27 octobre 1672. Il eut deux enfants : François, qui suit, et Marie-Madeleine, mariée, le 12 mai 1681, à Jacques de Menars, seigneur de la Carrière.

XIX. — François Dallonneau, Éc., seigneur du Roulet et de Saint-Flovier, eut, de son mariage avec Marguerite-Élisabeth Caluze : 1° Marie-Jeanne-Élisabeth, née à Saint-Flovier le 29 mai 1667; 2° Marguerite, née à Saint-Flovier le 3 décembre 1689.

XX. — Jacques Chaspoux, Éc., seigneur de Verneuil et lieutenant des gardes de Monsieur, acheta les terres de Saint-Flovier et du Roulet vers 1690. De Claire Renaudot, il eut, entre autres enfants : Eusèbe-Jacques, qui suit; Jacques, prêtre; Catherine, mariée, le 17 juillet 1706, à François de Barbançois, marquis de Sarzay; Marie-Claire, décédée à l'âge de treize ans et inhumée dans l'église de Saint-Flovier.

XXI. — Eusèbe-Jacques Chaspoux, marquis de Verneuil, seigneur de Saint-Flovier, doyen des secrétaires de la chambre du roi et introducteur des ambassadeurs, mourut le 2 janvier 1747, laissant un fils unique, Eusèbe-Félix, de son mariage avec Louise-Françoise de Bigres.

XXII. — Eusèbe-Félix Chaspoux, marquis de Verneuil, comte de Loches et seigneur de Saint-Flovier, épousa, le 24 juin 1743, Anne-Adélaïde de Harville, dont il eut : 1° Adélaïde-Louise-Félicité, née le 24 avril 1744; 2° Marie-Charlotte-Gabrielle, née le 26 août 1749; 3° Anne-Isabelle-Michelle, mariée, le 31 janvier 1769, à René-

Louis-Charles de Menou, marquis de Menou, seigneur de Boussay.

XXIII. René-Louis-Charles, marquis de Menou, fut seigneur de Saint-Flovier et du Roulet du chef de sa femme, qui eut ces terres en dot. Il mourut le 29 janvier 1822.

MAIRES DE SAINT-FLOVIER. — Assailly, 1801. — Jean Galland, 1804, 29 décembre 1807, 14 décembre 1812, 2 janvier 1826. — Jean-Jacques-Théodore Drouin, 17 janvier 1831. — Assailly, 4 décembre 1834, démissionnaire en 1835. — Jean-Jacques-Théodore Drouin, 10 octobre 1835, 5 juin 1837. — Galland, 1843. — Octave, comte de Menou, 27 août 1846. — Joseph Berthelot, 1862, mai 1871. — Jean Richer, 12 février 1874, 21 janvier 1878.

Arch. d'I.-et-L., E, 4, 104, 260; G, 404; *cure de Saint-Flovier.* — D. Housseau, VI, 2613, 2614, 2615, 2671; VII, 3327-31 ; IX, 4100 bis; XI, 4865, 5272; XII, 6830, 7315. — Goyet, *Nobiliaire de Touraine.* — Registres d'état-civil de Saint-Flovier. — Saint-Allais, *Nobiliaire universel de France*, XI, 239. — *Recueil des historiens des Gaules*, XXIII, 663. — *Preuves de l'histoire de la maison de Menou*, 93. — *Étrennes à la noblesse*, VIII, 86. — D'Hozier, *Armorial général*, reg. 3e, 1re partie. — Bibl. de Tours, *Tableau de la généralité de Tours*, manuscrit n° 1212. — Lhermite-Souliers, *Hist. de la noblesse de Touraine*, 279. — La Chesnaye-des-Bois et Badier, *Diction. de la noblesse*, V, 234. — Lambron de Lignim, *Châteaux et fiefs de Touraine.* — Bibl. de Tours, fonds Salmon, *titres de Saint-Martin*, VII. — *Rôle des fiefs de Touraine.* — *Conférence de la rédaction de la coutume de Touraine* (1559), Tours, Letourmy, 1786. — Expilly, *Diction. des Gaules et de la France.* — P. Anselme, *Hist. génal. de la maison de France*, II, 418. — Dufour, *Diction. de l'arrondissement de Loches*, I, 263. — *Annuaire-almanach d'Indre-et-Loire* (1877), p. 172.

Fœlix. V. *les Félies*, c^{ne} de Marray.

Fœu (le). V. *Feu*, c^{ne} d'Épeigné-les-Bois.

Foi (la), f., c^{ne} d'Azay-sur-Cher.

Foi (la), f., c^{ne} de Bossay.

Foi (le lieu de la), paroisse de Saint-Michel-du-Bois. — Il relevait de l'abbaye de Preuilly, suivant une déclaration féodale faite le 4 janvier 1637. — (Arch. d'I.-et-L., *titres de l'abbaye de Preuilly.*)

Foi (la), f., c^{ne} de Sazilly. — *La Foye*, carte de Cassini.

Foi-Chantelou (le lieu de la), paroisse de Jaulnay. — Ancien fief. — (*Rôle des fiefs de Touraine.*)

Foillos. V. *Fouilloux*.

Foire-de-Saint-Roch (la), f., c^{ne} de Saint-Roch.

Foirerie (la), f., c^{ne} de Betz.

Foirerie (la), f., c^{ne} de Chambray.

Foiretrie (la), f., c^{ne} de Panzoult.

Foi-Ribert (le lieu de), paroisse d'Athée.

— Il relevait du fief d'Athée (1564). — (Arch. d'I.-et-L., G, 12.)

Foix, vil., c^{ne} de Bléré, 30 habit. — *Gaignerie de Faye*, 1358. — *Bois-de-Foix*, 1741. — *Foix-le-Sage*, 1791. — *Foix*, carte de l'état-major. — Ancien fief. Les Ursulines d'Amboise possédaient dans ce village une métairie qui fut vendue nationalement le 19 février 1791. En 1358, cette métairie appartenait à Jehan de Brion. — (*Cartulaire de l'archevêché de Tours.* — Arch. d'I.-et-L., E. 40 ; *Biens nationaux.*)

Foix, f., c^{ne} de Bossay. — *La Foy*, 1585. — *Foix*, carte de Cassini. — Ancienne dépendance de l'abbaye de Preuilly. — (Arch. d'I.-et-L., *abbaye de Preuilly.*)

Foix-le-Sage. V. *Foix*, c^{ne} de Bléré.

Folaine (la), f., c^{ne} d'Azay-sur-Indre. — *La Folaine de Chédigny*, 1535. — *Follaine*, cartes de Cassini et de l'état-major. — Ancien fief, relevant du Chapitre de Loches. En 1450, il appartenait à Fouques Guydas, capitaine du château d'Amboise et maître d'hôtel du roi. Perrette de Moriers, veuve de Fouques, se remaria à Guillaume Marques, qui devint ainsi seigneur de la Folaine. Catherine Marques, fille de Guillaume et dame de la Folaine, épousa François Fumée, Éc., seigneur des Fourneaux. Vers 1515, la terre de la Folaine fut saisie et adjugée à Jean-François de Cardonne. Celui-ci eut pour successeurs : Philibert Tissart, Éc., général de Bretagne (1525-35), marié à Anne de Cardonne ; — Joachim et Claude Tissart (fils du précédent), Jean de Nouroy, marié à Marguerite de Cardonne ; — Michel des Ligneris, écuyer du duc d'Alençon, marié à Claude de Cardonne (1540) ; — René des Ligneris, Éc., échanson de la reine de Navarre (1554) ; — Anne de Nouroy, veuve d'Antoine de Jussac (1575) ; — Jean de Jussac, Éc., marié, le 13 septembre 1576, à Marie du Bois ; — Astremoine-Claude de Jussac, chev., maître d'hôtel du roi et gentilhomme de sa chambre (1618), marié à Claire Nau, fille de Claude Nau, Éc., seigneur de la Boissière, et de Jeanne de Lardy ; — Joseph de Jussac, chev., capitaine d'infanterie (fils du précédent), marié à Catherine Drouin, fille de Charles Drouin, Éc., seigneur de la Couture, et de Catherine Le Secq ; — Claude de Jussac, frère du précédent, qui lui vendit la Folaine par acte du 7 septembre 1665) ; — Dreux le Hayer, Éc., qui acheta la Folaine, de Claude de Jussac, le 26 octobre 1681 ; — Thomas-Dreux le Hayer, fils du précédent, inspecteur général des gabelles au département de Touraine (1737) ; — Philippe-Louis le Hayer, Éc., maître d'hôtel du roi, lieutenant du roi au gouvernement de Toul, décédé vers 1749 ; — Diane-Gabrielle de Jussac, veuve de Michel de Conflans, marquis d'Armentières ; Jeanne de Vienne, veuve de François Chevalier, pensionnaire de l'Académie des sciences, et Marguerite de Vienne, veuve de Pierre Hubert, bourgeois de Paris (1749-50), héritières de Philippe-Louis le Hayer; — René-Joachim Testard des Bournais, Éc., trésorier de France et grand-voyer de la généralité de Tours; il acheta la Folaine, des précédents, vers 1750; — Charles-Yves-Thibault, comte de la Rivière, marquis de Wartigny, seigneur de la Folaine (1751); — Joseph-Paul-Yves-Roch-Gilbert du Mottier, marquis de la Fayette, maréchal des camps et armées du roi, major général au service des États-Unis d'Amérique, et Jacques-Henri-Hugues-Thibault de Lusignan-Lezay, colonel du régiment de Flandre, co-seigneurs de la Folaine (1789).

Arch. d'I.-et-L., C, 602; E, 127, 130, 131, 132, 133, 250; G, 43, 123, 246; *Lettres patentes*, 435; *Biens nationaux*. — Lhermite-Souliers, *Hist. de la noblesse de Touraine*, 207, 298. — Registres d'état-civil de Saint-Pierre de Chédigny, — La Chesnaye-des-Bois et Badier, *Diction. de la noblesse*, XIV, 876. — Bétancourt, *Noms féodaux*, I, 343, 515, 545. — P. Anselme, *Hist. généal. de la maison de France*, VI, 425; VII, 505. — *Mémoires de Michel de Marolles*, 86. — Dufour, *Diction. de l'arrondissement de Loches*, I, 4. — Bardet, *L'église collégiale de Loches*, 26. — C. Chevalier, *Diane de Poitiers au Conseil du roi*, p. vii. — *Rôle des fiefs de Touraine.* — Bibl. de Tours, fonds Salmon, titres de *Notre-Dame de Loches*.

Folaine (moulin de la), c^{ne} d'Azay-sur-Indre. — Il relevait de Chédigny. Il fut vendu nationalement le 13 frimaire an V, sur la Fayette, émigré. — (Arch. d'I.-et-L., E, 127, *Biens nationaux*.)

Foland, f., c^{ne} de Jaulnay.

Foleret, c^{ne} de Bléré. V. *Fontenay*.

Folerez (moulin de), paroisse de Montrésor. — *Moulin à Foulon de Foleres*, 1234; *Molendinus Foles de Monteisor*, 1239; *Molendinus Folerez*, 1250. — *Folleret*, 1284. — Au mois d'avril 1234, Geoffroy de Palluau, seigneur de Montrésor, donna aux religieux du Liget une rente de trente sols tournois à percevoir la veille de la Toussaint sur son moulin de Folerez. C'était alors un moulin à foulon. — (Arch. d'I.-et-L., *Inventaire des titres du Liget.* — *Cartulaire du Liget.* — D. Housseau, VII, 2681, 2767.)

Folerie (la), c^{ne} de Monthodon. V. *Follerie*.

Folet, c^{ne} de Balesmes. V. *Follet*.

Folet (moulin de), c^{ne} de Pussigny. V. *Moulin-Foulon*.

Folet, ou **Follet** (moulin de), sur le ruisseau de Puchenin, c^{ne} de Sainte-Maure. — *Follet*, carte de l'état-major.

Folet. V. *Folleres*, paroisse de Montrésor.

Folie (la), f., c^{ne} d'Azay-sur-Cher.

Folie (la), ou **Coutière**, f., c^{ne} de Beaumont-la-Ronce.

Folie (la), f., c^{ne} de Betz. — *Folie*, cartes de Cassini et de l'état-major.

Folie (la), f., c^{ne} de Bléré. — *Tenementum quod vocatur Folie-Anseaume situm apud Blereium in feodo Roberti Marques, militis*, 1258 (charte de Saint-Julien). — En août 1245, Anselme de Bléré donna ce domaine à l'abbaye de Saint-Julien. Cette donation fut ratifiée en mars 1258, par Jean de Berrie, seigneur d'Amboise. — (Arch. d'I.-et-L., *fief de Bléré*. — D. Housseau, VII, 3105.)

Folie (la), f., c^{ne} de Bossée.

Folie (la), c^{ne} de la Celle-Saint-Avent. — *La Folie*, cartes de Cassini et de l'état-major.

Folie (le lieu de la), paroisse de Chambray. — Il devait une rente au prieur de Bois-Rahier, suivant une déclaration féodale du 13 septembre 1704. — (Arch. d'I.-et-L., G, 24.)

Folie (le lieu de la), c^{ne} de Chançay. — Il dépendait du fief de Picossaye en 1464. — (Arch. d'I.-et-L., G, 81.)

Folie (la), f., c^{ne} de la Chapelle-Blanche.

Folie (la), f., c^{ne} de Charnizay.

Folie (la), f., c^{ne} de Chédigny. — Elle relevait du fief de la Folaine. — (Arch. d'I.-et-L., E, 133.)

Folie (la), f., c^{ne} de Chouzé-sur-Loire. — *La Folie*, carte de Cassini.

Folie (la), f., c^{ne} de Continvoir. — *La Folie*, carte de Cassini.

Folie (la), ham., c^{ne} de Crotelles, 13 habit. — *La Folie*, carte de Cassini. — Ancienne propriété de l'église de Tours, à laquelle elle avait été vendue, au XVIIe siècle, par Michel Thyou, chapelain de la chapelle Sainte-Marthe. — (Arch. d'I.-et-L., G, 110, 113.)

Folie (la), f., c^{ne} de Crouzilles. — *Folie*, cartes de Cassini et de l'état-major.

Folie (la), f., c^{ne} de Cussay. — *La Folie*, carte de Cassini.

Folie (la), ham., c^{ne} de Dolus, 15 habit. — *La Folie*, cartes de Cassini et de l'état-major.

Folie (la), f., c^{ne} de Draché. — *La Folie*, cartes de Cassini et de l'état-major.

Folie (bois de la), près des Loges, c^{ne} de Ferrières-Larçon.

Folie (la), f., c^{ne} de Fondettes.

Folie (la), f., c^{ne} de Genillé.

Folie (la), f., c^{ne} de Gizeux. — *La Folie*, carte de Cassini. — La maison d'habitation a été construite au XVe siècle. Le 1er novembre 1627, ce domaine, qui relevait de Gizeux, fut vendu par Florent Biétrix à Jean Biétrix, avocat et notaire à Gizeux. Andrée, fille de ce dernier et propriétaire de la Folie, épousa, le 18 avril 1643, René Maurays, fermier général de la terre de Gizeux. Cette terre passa ensuite à Michel Maurays de la Davière, — à la famille Marquis, — puis à la famille Guérin. — (Arch. d'I.-et-L., E. — Guérin, *Notice sur Gizeux*, 41.)

Folie (la), f., c^{ne} du Grand-Pressigny. — Ancienne propriété de la cure d'Étableaux, suivant un bail du 15 janvier 1752. — (Arch. d'I.-et-L., G, 182.)

Folie (la), f., c^{ne} de La Croix. — *Folie-Hernon*, XVIe siècle. — *La Folie*, carte de Cassini. — Ancien fief. En 1622-69, il appartenait à la famille Haren. — (Arch. d'I.-et-L., E, 31.)

Folie (la), f., c^{ne} de la Ferrière. — *La Folie*, carte de l'état-major.

Folie (le lieu de la), c^{ne} de la Haye, près de la ville.

Folie (la), f., c^{ne} de Langeais.

Folie (le lieu de la), c^{ne} de Lémeré, près du bourg.

Folie (la), f., c^{ne} de Loches. — *La Folie*, cartes de Cassini et de l'état-major. — En 1598, elle appartenait à Charles d'Aguillon. — (Arch. d'I.-et-L., *Viantaises de Beaulieu*.)

Folie (la), f., c^{ne} du Louroux.

Folie (la), f., c^{ne} de Monnaie.

Folie (la), f., c^{ne} de Montbazon. — *La Folie*, carte de Cassini. — Ancien fief. Vers 1550, il appartenait à Jean de Menou. — (D. Housseau, XII, 7055-56.)

Folie (la), f., c^{ne} de Montlouis. — *La Folie*, carte de l'état-major.

Folie (la), f., c^{ne} de Noizay.

Folie (la), f., c^{ne} de Pernay. — *La Folie*, cartes de Cassini et de l'état-major.

Folie (la), f., c^{ne} de Ports. — *La Folie*, cartes de Cassini et de l'état-major. — Par acte du 21 mars 1542, l'abbaye de Noyers donna ce domaine à rente perpétuelle, à Besnard de la Fontaine. En 1680, René Robin, bailli de la Haye, en était propriétaire. Son fils, René Robin, sieur de la Montraye, fit une déclaration féodale à l'abbaye de Noyers le 31 janvier 1685. — (Arch. d'I.-et-L., *Inventaire des cens et rentes de l'abbaye de Noyers*.)

Folie (la), f., c^{ne} de Preuilly.

Folie (la), f., c^{ne} de Saché.

Folie (le lieu de la), près des Robineaux, c^{ne} de Saint-Épain.

Folie (la), f., c^{ne} de Saint-Flovier.

Folie (la), f., c^{ne} de Saint-Patrice.

Folie (la), f., c^{ne} de Saint-Symphorien. — Elle relevait du fief de Chaumont. Par acte du 23 août 1522, Hamelin de Maulay la vendit à Pierre Thévenin, échevin et controleur du grenier à sel de Tours. — (Archives d'I.-et-L., G, 493.)

Folie (la), f., c^{ne} de Sainte-Maure.

Folie (la), f., c^{ne} de Sainte-Radégonde. — *Les Noyes*, 1601; *la Mauduitière*, 1737; *Folie-Vauberois*, 1780. — Elle relevait censivement du fief de Marmoutier. En 1659, elle appartenait à Nicolas Joubert. — (Arch. d'I.-et-L., *Marmoutier, sommier des rentes et mense séparée*.)

Folie (la), f., c^{ne} de Souvigny. — *La Folie*, carte de Cassini.

Folie (le lieu de la), près de la Croix-Saint-Blaise, c^{ne} de Truyes. — Il fut donné à rente perpétuelle, en 1466, par Pierre, abbé de Cormery. — (Arch. d'I.-et-L., *Inventaire des titres de Cormery*.)

Folie (la), f., c^{ne} de Veigné.

Folie (la), ham., c^{ne} de Vernou, 16 habit. — *Foleise, Faletze*, XIIIe siècle. — *La Folie*, cartes de Cassini et de l'état-major. — Il relevait de la baronnie de Vernou. — (*Cartulaire de l'archevêché de Tours*.)

Folie (la Haute-), f., c^{ne} de Villiers-au-Boin. — *Haute-Folie*, carte de l'état-major.

Folie-Anseaume (la). V. *la Folie*, c^{ne} de Bléré.

Folie-d'Embrun (la maison de la), paroisse de Saint-Cyr, près du chemin de Saint-Cyr au Carroi-de-l'Homme-Noir. Elle est mentionnée dans un acte de 1786. — (Arch. d'I.-et-L., G, 394.)

Folie-d'Étableaux (la). V. *la Folie*, c^{ne} du Grand-Pressigny.

Folie-Gouaude (la), f., c^{ne} de Pernay.

Folie-Hernon (la). V. *la Folie*, c^{ne} de La Croix.

Folie-Massé (la), f., c^{ne} de Saint-Nicolas-de-Bourgueil.

Folies (le lieu des), près de la Croix-Pallu, c^{ne} de Panzoult.

Folies (le lieu des), près de Château-Chevrier, c^{ne} de Rochecorbon.

Folies (les), c^{ne} de Truyes. V. *Varennes-de-Truyes*.

Follerie (la), ou **Foline**, ham., c^{ne} de Monthodon, 12 habit. — *Folerie*, carte de Cassini.

Follet, ou **Folet**, moulin, c^{ne} de Balesmes, sur le ruisseau de Follet. — *Hôtel et hébergement de Follet*, 1439. — *Follet*, carte de l'état-major. — Ancien fief, relevant de la baronnie de la Haye, à foi et hommage simple. — (D. Housseau, XII, 6039.)

Follet (le ruisseau de). — Il vient de la commune de Cussay dans celle de Balesmes, passe à la Glanchère, à la Touche, à Cery, fait mouvoir le moulin de Follet, passe à Ruton, au moulin de Terrelle, et se jette dans la Creuse.

Follet (le lieu de), près de la Loge, c⁰ᵉ de la Celle-Guenand.

Follet (moulin de), c⁰ᵉ de Sainte-Maure. V. *Folet*.

Folletrie (la), ham., c⁰ᵉ de la Chapelle-Blanche, 16 habit. — *Folletrie*, carte de Cassini.

Folletrie (la), f., c⁰ᵉ de Saint-Christophe.

Follière (le lieu de la), près de l'Étoile, c⁰ᵉ de Vernou.

Folton (le lieu de), près de Pilaudri, c⁰ᵉ de Cléré.

Foltz (Adolphe-Zéphir-François-Aimé-Adèle), né à Toulouse le 11 novembre 1802, colonel d'état-major le 10 juillet 1848, général de brigade le 10 mai 1852, général de division le 26 mai 1859, grand-officier de la Légion d'honneur (1864), fut nommé commandant de la dix-huitième division militaire, à Tours, le 3 mai 1871. Le 16 août de la même année, il fut admis dans le cadre de réserve. Il mourut à Paris le 4 juillet 1877. — (*Le Moniteur de l'armée* du 26 juillet 1877. — *Le Moniteur universel* du 7 août 1877.)

Fombeiche, vil., c⁰ᵉ de Saint-Martin-le-Beau, 68 habit. — *Fontbesche*, 1485 ; *Fontbêche*, XVIIᵉ siècle. — *Fombeiche*, carte de l'état-major. — *Fombêche*, carte de Cassini. — Ancien fief, relevant d'Amboise. En 1397, il appartenait à Pierre d'Amboise ; — en 1468, à Jean Berard ; — en 1479-85, à Pierre Marques ; — en 1515, au Chapitre du Plessis-lez-Tours, qui le posséda jusqu'à la Révolution. Le Chapitre rendit hommage au château d'Amboise le 20 novembre 1724. Les port et passage de Chandon dépendaient de ce fief. Fonbeiche fut vendu nationalement les 7 et 8 mars 1791, au prix de 82,565 livres. — (Arch. d'I.-et-L., C, 560, 633, 651 ; *Biens nationaux*. — Bétancourt, *Noms féodaux*, II, 612. — Bibl. de Tours, fonds Lambron de Lignim, *Châteaux et fiefs de Touraine*. — De Marolles, *Hist. des comtes d'Anjou*, II, 6, 52.)

Fonbard (le lieu de), près de la Creuse, c⁰ᵉ de Barrou.

Fonberland, c⁰ᵉ de Charnizay. V. *Fond-Berlan*.

Fonbon, f., c⁰ᵉ de Boussay. — *Fonbon*, carte de Cassini. — Ancien fief. La métairie de la Forge en dépendait. — (Arch. d'I.-et-L., E, 23).

Fonbon, c⁰ᵉ de Rilly. V. *Fondbon*.

Foncelive, f., c⁰ᵉ d'Orbigny. — Ancien fief, relevant de Montrésor. Il a été possédé par la famille Pellegrain de l'Étaug (XVIIIᵉ siècle). — (De Marolles, *Hist. des comtes d'Anjou*). — Arch. d'I.-et-L., E.

Foncher ou **Fontcher**, f., c⁰ᵉ de Villandry. — *Fons Chari*, 1032 ; *Fonscharus*, 1064 ; *Domus S. Martini apud Fonscarium*, 1086 ; *Locus qui dicitur Funcher*, 1096 ; *Locus Fundiscari*, 1202 ; *Fonchier*, 1275 ; *Hébergement de Fonchier*, 1300 (Chartes de l'abbaye de Marmoutier). — *Fonchet*, carte de Cassini. — Ancien fief, relevant du château de Tours. Il s'étendait dans les paroisses de Colombiers (Villandry) et de Berthenay. L'abbaye de Marmoutier en était propriétaire. Au commencement du XIᵉ siècle, elle y fonda un prieuré. La chapelle de Foncher est mentionnée dans divers titres des XIᵉ, XIIᵉ, XIIIᵉ et XVᵉ siècles. Le service religieux y était célébré par un religieux de Marmoutier. Garnier, vivant en 1091, est le premier prieur connu.

La mairie de Foncher constituait un fief qui appartenait, au commencement du XIIIᵉ siècle, au seigneur de Colombiers (Villandry) et relevait de l'abbaye de Marmoutier. Vers 1206, Barthélemy de Colombiers la donna à ce monastère. Cette donation fut confirmée par une charte de Pierre Savary, seigneur de Montbazon et de Colombiers, du mois de mai 1213. Les religieux de Marmoutier, en leur qualité de seigneurs de Foncher, avaient le droit de haute, moyenne et basse justice, sur les habitants de ce domaine. En 1083, Eudes, comte de Blois et de Tours, leur donna le droit de pêche dans le Cher, près de leurs seigneurie et prieuré. Pierre de la Brosse, seigneur de Langeais, vendit, en 1275, pour 60 livres tournois, à l'abbé de Marmoutier, un droit appelé *le bûcher*, qu'il possédait dans les bois de Foncher. En 1791, la propriété de Foncher, vendue nationalement, fut adjugée à Viot des Ormes, au prix de 198,100 livres.

Arch. d'I.-et-L., C, 336 ; *Chartes de Marmoutier ; Inventaire des titres de Foncher ; Biens nationaux*. — *Rôle des fiefs de Touraine*. — D. Housseau, II, 414, 609 685, 915, 932 ; III, 798, 850, 854, 870, 939 ; IV, 1114 ; V, 1733, 1765, 1766 ; VI, 2165, 2165 *bis*, 2221, 2235, 2371 ; VII, 3279 ; VIII, 3414, 3425, 3445 ; IX, 3874 ; XII, 6377, 6379. — D. Martène, *Hist. de Marmoutier*, II, 117. — *Chronicon prior. majoris Monasterii*, 392. — Bibl. de Tours, fonds Salmon, *titres de Marmoutier*, II, III, IV.

Foncher (le Petit-), paroisse de Druyes. — Ancienne propriété de l'abbaye de Marmoutier (1520). — (Arch. d'I.-et-L., *Inventaire des titres de Foncher*.)

Foncluse (les Haut et Bas), f., c⁰ᵉ de la Celle-Guenand. — *Hôtel de Foncluse*, XVᵉ siècle. — Le 19 mai 1438, Imbaut d'Azay vendit ce domaine à Johan Metais. — (*Bulletin de la Soc. archéol. de Touraine* (1868), p. 143).

Foncluse (fontaine de), c⁰ᵉ de la Celle-Guenand. Ses eaux se jettent dans l'Egronne.

Foncurie (la), f., c⁰ᵉ de Berthenay. — *Foncurie*, carte de l'état-major. — *Foncheurie*, carte de Cassini.

Fond (la), f., c⁰ᵉ de Berthenay, près de la Loire. — *La Fond*, carte de Cassini.

Fond (la) et la **Petite-Lafond**, f., c ^{ne} de Marray. — *Le Fond*, cartes de l'état-major et de Cassini.

Fond (le lieu de), paroisse de Saint-Paterne. — Ancien fief, relevant de la prévôté d'Oë, suivant un aveu du 10 octobre 1470. — (Arch. d'I.-et-L., *Prévôté d'Oë*.)

Fondamer, f., c^{ne} de Bossay.

Fondberlan, ou **Fonberlan**, f., c^{ne} de Charnizay. — *Fonbrelant*, carte de Cassini. — Ancien fief, relevant de la baronnie de Preuilly. — (Arch. d'I.-et-L., E.)

Fondbon, ou **Fonbon**, f., c^{ne} de Rilly. — *Fonbon*, carte de l'état-major.

Fondbon (ruisseau de). — Il prend sa source dans la commune de Rilly et passe dans la commune de Marcilly-sur-Vienne.

Fondenière (la), f., paroisse de Bueil. — *Fondenière*, 1251. — Par une charte du mois de février 1251, Barthélemy du Plessis, chev., la donna à l'abbaye de Saint-Julien de Tours. — (Arch. d'I.-et-L., *titres de Bueil*. — *Mém. de la Soc. archéol. de Touraine*, VIII, 205).

Fonderie (le lieu de la), paroisse de Cravant. — En 1707, il appartenait à Côme de Beauvau. — (Arch. d'I.-et-L., *titres de Pommier-Aigre*.)

Fondet, c^{ne} d'Esves-le-Moutier. V. *Fondettes*.

Fondettes, commune du canton de Tours-Nord, arrondissement de Tours, à 8 kilomètres de Tours. — *Ecclesia de Fundeta*, XIe siècle (*Charte de Marmoutier*). — *Ecclesia Sanctæ Mariæ de Fundeta*, 1080 (*Charte de Marmoutier*). — *Ecclesia de Fundetis*, 1149 (*Charte d'Engebaud, archevêque de Tours*). — *Parochia de Fundetis*, 1253 (*Charte de l'abbaye de Beaumont*). — *Fondetes*, 1285 (*Charte d'Hardouin de Maillé*). — *Parochia de Fondetis, seu de Fondetes*, 1290 (*Cartulaire de l'archevêché de Tours*). — *Fondettes*, 1477 (*Charte de Saint-Martin*). — *Fondette*, carte de Cassini.

Elle est bornée, au nord, par les communes de Saint-Roch et de Charentilly; au sud, par la Loire; à l'est, par Mettray et Saint-Cyr; à l'ouest, par Luynes. Elle est arrosée par la Loire, par le ruisseau de Saint-Roch et par la Choisille. Elle est traversée par la route nationale n° 152 de Briare à Angers.

Les lieux, hameaux et villages suivants dépendent de cette commune : Le Chesneau, ancienne propriété du prieuré de Saint-Côme. — Les Cartes, connues dès le XIIIe siècle. — Château-Gaillard, ancien fief, relevant de Martigny. — Criabé, ancienne propriété de l'abbaye de Marmoutier. — Les Cherières, ancien fief, relevant de Bréhémont. — La Chaise, ancien fief, relevant de Martigny. — Charcenay, ancien fief, connu dès le Xe siècle. — Chantelouze (87 habit.). — La Charmoise, ancien fief. — Chatigny, ancien fief, connu dès le IXe siècle, et relevant de Martigny et de Maillé (Luynes). — Le Grand-Barré, ancien fief. — Le Petit-Barré, ancien fief, propriété de la collégiale de Saint-Martin de Tours. — La Bodinière, ancien fief, relevant de Martigny. — Beauchêne, ancienne châtellenie. — La Bruère, ancienne propriété de Saint-Martin de Tours. — La Boucardière, ancien fief, relevant de Maillé et de Bréhémont. — Le Boulay, ancien fief, relevant de Martigny. — Le Plessis-d'Enfer, propriété de Saint-Martin de Tours. — Boisjésus, ancien fief, relevant de Rochecorbon. — La Bruzette (127 habit.). — Le Bois-Farault, ancienne propriété des Minimes de Tours et de la collégiale de Saint-Martin. — Le Plessis, ancienne propriété de Saint-Martin. — Les Tourettes, ancien fief. — Quincampoix, ancienne propriété de l'hôpital de Luynes. — La Pinsonnerie, ancien fief. — Taillé, ancien fief, relevant du château de Tours. — Le Ruisseau, ancienne propriété du prieuré de Saint-Côme. — La Roulière, ancienne propriété des chanoinesses de Luynes et de la collégiale de Saint-Martin. — Villeblanche, ancien fief, relevant de Charcenay et la chapelle Saint-Remi. — Les Roches, ancienne propriété du prieuré de Saint-Côme et de la collégiale de Saint-Martin. — La Petite-Plaine, ancien fief. — Les Trois-Maries, ancienne propriété de Saint-Martin. — Port-Foucault, connu dès le XIe siècle. — Vallières (66 habit.), ancienne paroisse. — Vauliard, ancienne propriété du chapitre de Saint-Venant. — La Guignière (85 habit.). — Martigny, le Haut-Martigny et le Petit-Martigny, anciens fiefs. — Les Guillets, ancienne propriété de l'aumônier de Saint-Martin et de l'hôtel-Dieu de Tours. — Guesne, ancien fief, relevant de Martigny et de Maillé (Luynes). — Gareau, ancien fief. — La Morandière, ancien fief. — Les Mussetries, ancienne propriété de l'hôpital de la Charité, de Tours. — La Fremaudière (48 habit.). — Marsan, ancienne dépendance de la prévôté de la Varenne. — Les Houdries (25 habit.), ancienne propriété des Jacobins de Tours. — La Cheminée-Ronde (27 habit.). — La Laise, ancienne propriété de l'hôpital de la Charité, de Tours. — La Martinière, ancien fief. — Lavaré (26 habit.), ancien fief et prieuré relevant du château de Tours et appartenant à l'abbaye de Marmoutier. — L'Essay, ancien fief. — Tréchet (14 habit.). — La Cave, la Croix-Gadifer, la Croix-Chauffour, la Grande-Cour, les Deux-Croix, le Crucifix, les Cossons, les Chevaleries, la Chaussée, la Coquerie, le Clos-de-Chevalette, la Croix-Boureau, les Aunayes, la Billetrie, la Baste, Bois-Rateau, la Barbarie, la Renardière, la Balancerie, la Bonnelière, les Patouillaux, la Brosse, les Baudes, la Bourdonnière, la Barre, la Bardouzière, la Thibaudière, Bois-Thoreau, Bois-Saulnge, Bourg-Joli, les Aubuis, le Bordeau, le Treuil, les Brosses, les Bordes, la

Burette, les Assis, Belair, Beaumanoir, la Berthellerie, la Petrie, Barcelonne, Beaujardin, la Tremblerie, la Bonde, le Clos-Poulet, le Soreau, la Picardie, les Tombes, la Petite-Viandière, le Tison, le Verger, Roulecrotte, Vaumoron, Tartifume, la Papillerie, les Ronciéres, Rochebise, le Paradis, Rigalon, le Pont-Loché, le Porteau, la Perrée, la Violetterie, les Ruottes, Port-Corbeau, Port-de-Vallières, Puits-Rose, la Pivottière, la Planche, le Portail, les Rabatteries, les Vallées, Toidet, les Roulets, le Roguet, Mareuil, les Fourneaux, le Fourblanc, Ganay, la Moussardière, les Hamardières, Loge-Loup, la Margaudière, le Morier, le Grand-Hérault, la Joncherie, la Forge, les Grand et Petit-Ormeau, la Maison d'Ardoise, les Maisons Rouges, Mazère, Marienne, la Limongère, la Gournay, la Grande-Fosse, la Guignardière, les Hemeris, la Justerie, la Huberdière, le Jardin, la Fortellerie, les Landes-Blanches, les Fontaines, Saint-Étienne, la Folie, l'Enfer, etc.

Avant la Révolution, cette paroisse était dans le ressort de l'élection de Tours, et faisait partie de l'archidiaconé d'Outre-Loire. En 1793, elle dépendait du district de Tours.

Superficie cadastrale. — 3208 hectares. — Le plan cadastral, dressé par Lecoy-Moreau, a été terminé le 4 septembre 1813.

Population. — 486 feux en 1764. — 2116 habit. en 1801. — 2100 habit. en 1804. — 2445 habit. en 1808. — 2400 habit. en 1810. — 2363 habit. en 1821. — 2471 habit. en 1831. — 2423 habit. en 1841. — 2283 habit. en 1851. — 2247 habit. en 1861. — 2258 habit. en 1872. — 2276 habit. en 1876.

Foire le 25 mars. — *Assemblée* pour location de domestiques le 2ᵉ dimanche de juin.

Bureau de poste. — *Perception* de Luynes.

L'église, placée sous le vocable de Saint-Symphorien, est assez remarquable. Elle a trois nefs. Bâtie au XIIᵉ ou au XIIIᵉ siècle, elle a remplacé un autre édifice qui est mentionné dans une charte datant du commencement du XIᵉ siècle. Au XVᵉ siècle, sur plusieurs points, elle a subi des remaniments et d'importantes réparations. Son portail, qui ne manque pas d'élégance, a été construit à cette époque.

Il résulte de deux chartes du XIᵉ siècle, que, primitivement, l'église était sous le vocable de la sainte Vierge.

Vers 1050, un prêtre nommé Garin acheta de Gilduin de Maillé et d'Agnès de Vendôme, sa femme, le *junoragium* de l'église de Fondettes, au prix de 70 sols. En 1084, Hardouin de Maillé, fils aîné de Gilduin, donna cette église à l'abbaye de Marmoutier, qui fut confirmée dans cette possession par Engebault, archevêque de Tours, vers 1149.

Dans la nef principale se trouvaient deux chapelles, l'une dédiée à sainte Anne, l'autre à sainte Barbe. Elles furent démolies au mois d'août 1788, avec l'autorisation de l'archevêque de Tours. Il restait trois autres chapelles qui étaient dédiées : l'une à la sainte Vierge, l'autre à saint Joseph, la troisième à saint Jacques.

Le droit de présentation au titre curial, appartenait à l'archidiacre d'Outre-Loire.

Les chanoinesses du Saint-Sépulcre de Luynes possédaient dans le bourg de Fondettes une maison appelée *Maison de l'Aumône*, pour laquelle elles devaient à la fabrique une rente de cinq setiers de blé et d'un setier de seigle, que l'on employait à faire le pain bénit, pour le jour de Pâques. De plus elles étaient tenues de fournir l'huile et le coton nécessaires pour l'entretien d'une lampe à *trois verres flambants* pendant tous les offices des dimanches et fêtes. Cette lampe était placée devant la chapelle de la sainte Vierge.

La Maison de l'Aumône fut vendue nationalement, le 13 avril 1791, et adjugée au sieur Jean Clisson.

Le *Registre de visite des chapelles du diocèse de Tours*, en 1787, fait mention de diverses chapelles domestiques qui existaient, à cette époque, dans la paroisse de Fondettes. Ces chapelles étaient situées: à la Charmoise, appartenant à l'abbé Dufrementel; — au Châteigner, appartenant à N. du Buisson; — au Boulay, dont le propriétaire était N. Sonnet, docteur-médecin; — aux Hamardières, appartenant à N. Patas; — à la Plaine, appartenant à N. Gouin; — aux Tourelles, appartenant à Mᵐᵉ Letort; — au Paradis (propriétaire, Mˡˡᵉ de Lugré); — à Taillé, appartenant à N. Hubert de Lauberdière; — à la Billetrie, appartenant à N. Chevalier; — à la Morinière (propriétaire, N. Audebert).

Cette dernière, construite en 1761, par François Souchay, trésorier de France, à Tours, fut consacrée, le 29 juillet de la même année, sous le vocable de l'Assomption de la sainte Vierge, par Raymond de Durfort, grand-archidiacre et vicaire général de l'église de Tours. Les abbés de Villeloin et de la Clarté-Dieu assistèrent à cette cérémonie.

La chapelle de Notre-Dame-du-Chevalet, située dans la commune de Fondettes, faisait partie de l'ancienne paroisse de Vallières. On y célébrait une grand'messe, tous les ans, le 8 septembre.

A la Guignière, se trouvait une autre chapelle, constituant un bénéfice et qui appartenait à la collégiale de Saint-Martin. N. Dauphin, chanoine de Saint-Martin, possédait ce bénéfice en 1787.

Les registres d'état-civil de la paroisse de Fondettes commencent en 1539.

CURÉS DE FONDETTES. — Pierre Loison, 1437. — Jean Angibault, 1458, 1462. — Nicolas Briffault, 1512. Le 13 septembre de cette année, il rendit hommage à Gilles de Laval, seigneur de Maillé, pour le fief de la Bourdonnière. — Aimard Delamotte, 1559. — Jean Ragedeau, 1621. — Jean Boureau, 1676-86. — Gourdin, 1736. — François Soudée, 1737, 1740. — Jean Roy, 1746.

— Martin Heurlault, 1788. — Louis Lucas, curé constitutionnel, 1791, 1793. — Raimbault, 1804. — Hoguet, 1831. — Mouju, 1843, actuellement en fonctions (1880).

La paroisse de Fondettes formait un fief peu important, relevant du château de Maillé. En 1248, il appartenait à un chevalier nommé Jean de Clérembault. Par la suite, il fut possédé par les propriétaires du fief de Martigny, qui, en cette qualité, jouissaient des droits honorifiques dans l'église. Vers 1666, il appartenait à Joseph Le Boucher; — en 1724, à Louis-Auguste Le Boucher; — en 1789, à Louis-Ambroise-Étienne Le Boucher, qui comparut à l'assemblée électorale de la noblesse de Touraine.

Les droits honorifiques dans l'église de Fondettes, et ceux de lods et ventes, d'échange et contre-échange, dans la même paroisse, constituaient un fief relevant du roi à foi et hommage-lige, à cause du château de Tours. Catherine Mehée de Lélang, veuve de Louis Le Boucher, seigneur de Martigny, de Fondettes et des Fossés-de-Maillé, rendit hommage pour ce fief le 10 janvier 1777.

En exécutant des travaux de terrassement dans cette commune, en 1846, on a découvert les restes d'une voie romaine.

Il existe, dans les archives de la Préfecture d'Indre-et-Loire, un plan assez curieux de l'ancienne paroisse de Fondettes. Il a été dressé à la fin du XVIIIe siècle. Il se trouve dans la série E, n° 366.

MAIRES DE FONDETTES. — Poirier, 1801. — Morisson, 1804, 29 décembre 1807. — Paul-Julien Jouffray, 20 juin 1812. — Le baron Louis-Marie Auvray, 1818, août 1821, décédé à Fondettes, le 11 novembre 1833. — Mestivier-la-Grandière, 2 janvier 1826. — Eugène Loiseau, premier septembre 1830, 22 novembre 1834. — Anatole-Louis Le Mans, baron Auvray, 20 juillet 1846, décédé à Fondettes, le 8 novembre 1856. — Ripault, 1862. — Gustave Marchant, mai 1871, 9 février 1874, 21 janvier 1878.

Arch. d'I.-et-L., *Chartes de Marmoutier ; Titres de Saint-Côme ; Cure de Fondettes*; C, 588; E, 246, 366; G, 14, 19, 516; *Biens nationaux.* — D. Housseau, II, 301, 545 ; III, 869; IV, 1160; V, 1732; VII, 3342; XII, 6400, 6623, 6751, 6752. — Bibl. nationale, Gaignères, 678. — *Cartulaire de l'archevêché de Tours.* — Bibl. de Tours, manuscrits n°s 1265, 1308; fonds Salmon, *titres de Marmoutier.* — *La Touraine.* — C. Chevalier, *Promenades pittoresques en Touraine*, 164. — D. Marlène, *Hist. de Marmoutier*, I, 444. — *Mém. de la Soc. archéol. de Tour.*, III, XIX ; X, 120 ; XIII, 66, 68. — Registres d'état-civil de Fondettes. — *Annuaire-Almanach d'Indre-et-Loire* (1877), p. 100. — A. Joanne, *Géographie d'Indre-et-Loire*, p. 98. — Expilly, *Diction. des Gaules et de la France*, III, 197.

Fondettes, f., c⁹ᵉ d'Esves-le-Moutier. — *Fondet*, carte de Cassini.

Fondgrouais, f., c⁹ᵉ de Barrou.

Fondgrouais, f., c⁹ᵉ de Chaumussay. — *Fonsegroye*, carte de Cassini.

Fondis (le), vil., c⁹ᵉ de Bourgueil, 134 habit. — *Fondis*, carte de Cassini. — On y voyait autrefois une chapelle, dédiée à Notre-Dame et qui dépendait de l'abbaye de Bourgueil. — (Bibl. de Tours, fonds Salmon, *titres de Bourgueil*. — *Pouillé du diocèse d'Angers*, 1648.)

Fondis (bois de), près de la Mousillère, c⁹ᵉ de Jaulnay.

Fondis (le lieu des), près du Lizon, c⁹ᵉ de Marigny.

Fondis-de-Galerne (les), f., c⁹ᵉ de Luzé.

Fondis-de-la-Salle (le lieu du), près du Grand-Pas, c⁹ᵉ d'Avon.

Fondreaux (le lieu des), près des Graverais, c⁹ᵉ de Chouzé-sur-Loire.

Fondreaux (le lieu des), près de la Ligoire, c⁹ᵉ de Ligueil.

Fondreaux-de-la-Borde (le lieu des), près du Plessis-Regnault, paroisse de Vouvray. — (Arch. d'I.-et-L., *Prévôté d'Oë*.)

Fondrière (la), f., c⁹ᵉ de Cheillé. — *Fondrière*, cartes de l'état-major et de Cassini. — On y voyait une chapelle, indiquée sur la carte de Cassini et qui a été détruite de notre temps. En 1660, la Fondrière appartenait à Louis de Beauvau. Dans le même siècle, elle a été possédée par la famille de Choiseul. — (Arch. d'I.-et-L., B, 170.)

Fonds (le lieu des), près de Mougon, c⁹ᵉ de Crouzilles.

Fonds (les Grand et Petit), ham., c⁹ᵉ de Mouzay, 27 habit. — *Grand-Fond*, carte de Cassini.

Fonds-de-Basse (les), f., c⁹ᵉ de Chinon.

Fonds-de-Guerine (le lieu des), près de Bois-Buret, c⁹ᵉ de Chezelles.

Fongimont (le lieu de), c⁹ᵉ de Dolus, près du chemin de Fossèche aux Guilloteaux.

Fonsalive (le lieu de), près de Larcy, c⁹ᵉ de Neuilly-le-Brignon.

Fons Chari. V. *Fontcher*.

Fons de Valcodre. V. *la Coudre*, c⁹ᵉ de Chambray.

Fons Janvier. V. *Fontaine-Saint-Martin*, c⁹ᵉ de Neuvy-Roy.

Fons Marein, paroisse de Bray (Reignac). Elle est citée dans un jugement de Raoul de Bray, de 1224. — (Bibl. de Tours, fonds Salmon.)

Fons Poillosa. — Cette fontaine, située dans les environs de Noyers, est mentionnée dans une charte du XIe siècle. — (*Cartulaire de Noyers*.)

Fons S. Martini. V. *Fontaine-Saint-Martin*, c^{ne} de Saint-Épain.

Fons Ventalis. V. *la Fontaine*, c^{ne} de Monthodon.

Fontaine (la), f., c^{ne} d'Ambillou. — *La Fontaine*, carte de l'état-major.

Fontaine (la), f., c^{ne} d'Autrèche. — Ancien fief, relevant d'Amboise. — (Arch. d'I.-et-L., C, 603.)

Fontaine (la), f., c^{ne} d'Auzouer. — Ancien fief, relevant de Brouard à foi et hommage simple. En 1494, il appartenait à Guillaume de Prunelé. — (Arch. d'I.-et-L., E, 22.)

Fontaine (la), f., c^{ne} d'Avrillé, près du bourg.

Fontaine (la), f., c^{ne} d'Azay-le-Rideau. — *La Fontaine de Février*, xviie siècle. — (Arch. d'I.-et-L., Trés. de Saint-Martin.)

Fontaine (la), f., c^{ne} du Bridoré, près du bourg. — *La Fontaine*, carte de Cassini.

Fontaine (la), f., c^{ne} de Candes.

Fontaine (la), ou **Fontaine-du-Breuil**, f., c^{ne} de Chambourg. — *La Fontaine*, cartes de Cassini et de l'état-major. — Ancien fief, relevant du château de Loches. En 1650, il appartenait à la famille Frangé; — en 1662, à René Scarron, maréchal des camps et armées du roi, marié à N. Frangé; — en 1717, à Louis-Pierre Barbanson; — en 1747, à Eusèbe-Félix Chaspoux; — en 1766, à Charles-Luc-Hilaire Coullard, chev.; — en 1780, à Louise-Albertine Baignan, qui le vendit à Victor de la Lande, par acte du 2 janvier 1781. — (Arch. d'I.-et-L., C, 336, 582, 603, 639. — Bétancourt, *Noms féodaux*, II, 898. *Mém. de la Soc. archéol. de Tour.*, X, 97.)

Fontaine (le ruisseau de la), c^{ne} de Chambourg. — Il prend sa source au lieu appelé la Fontaine, passe au Petit-Luain et se jette dans l'Indre, au lieu nommé les Prés-de-la-Noué.

Fontaine (la), f., c^{ne} de Chambray. V. *Fontaine-Blanche*.

Fontaine (la), f., c^{ne} de Channay. — *Fontaine-Babinière*, xviie siècle. — *La Fontaine*, carte de Cassini. — Ancien fief, relevant de Rillé. — (Arch. d'I.-et-L., E, 318.)

Fontaine (la), ham., c^{ne} de la Chapelle-Saint-Hippolyte, 13 habit.

Fontaine (la), f., c^{ne} de Château-la-Vallière. — *Bonne-Fontaine*, carte de l'état-major.

Fontaine (la), f., c^{ne} de Chaveignes. — *La Fontaine*, carte de Cassini. — Ancien fief, relevant de Milly. En 1553, il appartenait aux héritiers de Gilles de Razines; — en 1554, à Anne Dalbert; — en 1713, à Samuel Pupin, décédé le 13 août de cette année; — en 1790, aux Missionnaires de Richelieu. — (Arch. d'I.-et-L., C, 600; Biens nationaux. — Registres d'état-civil de Chaveignes).

Fontaine (la), f., c^{ne} de Chemillé-sur-Dême. — *Fontaine-Saint-Martin*, carte de Cassini.

Fontaine (la), f., c^{ne} de Chouzé-sur-Loire.

Fontaine (la), f., c^{ne} de Continvoir.

Fontaine (la), f., c^{ne} d'Esves-le-Moutier. *Les Fontaines*, carte de l'état-major. — *La Fontaine*, carte de Cassini. — En 1791, elle appartenait à Jacques de Ponard et à Marie-Anne de Quinemont, sa mère. — (Arch. d'I.-et-L., Biens nationaux.)

Fontaine (la), f., c^{ne} d'Esvres. — *La Fontaine*, carte de Cassini. — Elle est citée dans une charte d'Archambaud et d'Ingilrade, pour Saint-Martin, en 906. (*Alodum situm in pago Turonico, in vicaria Eveninse, in villa nuncupante Fontanas.*) — (Bibl. de Tours, fonds Salmon, titres de Saint-Martin.)

Fontaine (la), f., c^{ne} de Fondettes. — *Fontaine-Belouze*, 1650; *Fontaine-du-Verger*, 1771. — *Les Fontaines*, cartes de Cassini et de l'état-major. — Elle relevait du fief de Vallières, suivant une déclaration féodale du 8 mars 1650. — (Arch. d'I.-et-L., E, 18; *Inventaire des titres de Saint-Roch et de Vallières*. — Bibl. de Tours, manuscrit n° 1421.)

Fontaine (la), f., c^{ne} du Grand-Pressigny. — Ancien fief, relevant de la baronnie de la Haye. Il faisait partie autrefois de la paroisse d'Étableaux. — (Bibl. de Tours, fonds Salmon, *titres de la Haye*.)

Fontaine (la), vil., c^{ne} d'Ingrandes, 21 habitants.

Fontaine (la), f., c^{ne} de Ligré. — *La Fontaine*, carte de l'état-major. — Elle devait une rente à la collégiale de Champigny, et appartenait, en 1676, à Guillaume Daguindeau. — (Arch. d'I.-et-L., G, 282.)

Fontaine (la), f., c^{ne} de Loches. — Ancien fief, relevant du château de Loches. — En 1433, il appartenait à N. du Bouchet. — (Bibl. nationale, Gaignères, 678.)

Fontaine (la), f., c^{ne} de Louestault, près du bourg. — *Fontaine-Jeanne*, xviie siècle. — *La Fontaine*, carte de l'état-major. — (Arch. d'I.-et-L., Trés. de Saint-Martin.)

Fontaine (la), f., c^{ne} de Luynes.

Fontaine (étang de la), c^{ne} de Luynes.

Fontaine (la), f., c^{ne} de Marcilly-sur-Vienne. — *La Fontaine*, carte de Cassini. — Vers 1127, Thies des Roches donna ce domaine à l'abbaye de Noyers (*Concessit monachis Nuchariensibus molendinum de fonte Marcilliaci*). — (*Cartulaire de Noyers*, 492.)

Fontaine (bois de la), près du ruisseau du Breuil, cne de Mazières.

Fontaine (la), f., cne de Monnaie. — Ancien fief, relevant de Brouard à foi et hommage-simple. Par acte du 14 août 1453, Jean Lequeu le vendit à Pierre Marques et à Martine Bezard, sa femme, veuve en premières noces, de Jacques Charrier. Le 9 décembre 1483, Pierre Marques le céda à l'abbaye de Marmoutier, qui le posséda jusqu'à la Révolution. — (Arch. d'I.-et-L., E, 22; Abbaye de Marmoutier, *Fief de la Grange*; *État des prieurés; Biens nationaux*. — D. Martène, *Hist. de Marmoutier*, II, 562.)

Fontaine (la), f., cne de Monthodon. — *Fons Ventalis*, 1040, 1068. — *La Fontaine*, carte de l'état-major. — Vers 1040, Robert de Marray la vendit aux religieux de Marmoutier. Par la suite, des difficultés s'élevèrent au sujet de la propriété de ce domaine entre l'abbaye de Marmoutier et Hubert, fils de Robert de Marray. Hubert, par une charte rédigée à Saint-Laurent-en-Gatines, en 1068, renonça à ses prétentions. — (D. Housseau, II, 712.)

Fontaine (ruisseau de la), cnes de Montreuil et de Saint-Ouen.

Fontaine (la), paroisse de Nouzilly. — En 1469, l'abbaye de Saint-Julien avait deux rentes sur ce domaine, l'une qui lui avait été donnée par Pierre Crassi, l'autre qu'elle avait achetée de Jean de Poillé, chev. — (Bibl. de Tours, *Martyrol. S. Juliani*.)

Fontaine (la) ou **Fontaine-Jourdain**, faubourg de Preuilly, 100 habit. — *Fontaine*, carte de Cassini.

Fontaine (la), cne de Rillé. V. *Fontaine-Bouillante*.

Fontaine, ou **Fontaines**, ham. et chât., cne de Rouziers, 12 habit. — *Fontaines-Maran, Fontaines-Rouziers*, xvie, xviie et xviiie siècles. — *Fontaine*, cartes de Cassini et de l'état-major. — Ancien fief, dépendant de la terre seigneuriale de Rouziers. Le château fut construit, vers 1450, par Jean du Bois.

SEIGNEURS DE FONTAINE.

I. — Jacques Hamart, Éc., et Isabeau Boursillonne, sa femme, vendirent cette terre à Jean du Bois, par acte du 8 mai 1447.

II. — Jean du Bois, Éc., secrétaire de la reine et maître d'hôtel du roi, épousa Louise de Sillon et eut un fils unique, Jean II, qui suit. Il mourut vers 1490. Sa veuve rendit hommage pour la terre de Fontaine, le 6 novembre 1502.

III. — Jean du Bois, deuxième du nom, chev., seigneur de Fontaine, Bois-Bourdeil, Maran, etc., contrôleur général et secrétaire des finances, épousa, le 6 octobre 1493, Jeanne Bohier, fille d'Astremoine Bohier et d'Anne du Prat. De ce mariage sont issus: 1° François, né à l'hôtel de la Masseguière, à Tours, le 20 mars 1495, mort jeune; 2° Charles, né à Tours, le 23 mai 1496; il eut pour parrains le roi Charles VIII et Thomas Bohier, général des finances de Normandie, et pour marraines, la Reine et Mme de Villequier de la Guerche; 3° Catherine, née à Tours, le 14 juin 1497; 4° Thomas, né à Tours, le 17 février 1499; 5° Antoine, protonotaire du Saint-Siège; 6° Jeanne, qui épousa Jean Tesnière, bailli du Vendômois; 7° Astremoine, qui suit; 8°, 9°, deux enfants, morts en bas âge. — Jean du Bois mourut en 1539, âgé de 87 ans, et fut inhumé dans la chapelle des Cinq-Plaies, dans l'église de Rouziers.

IV. — Astremoine du Bois, chev., seigneur de Fontaine-Maran et de Sonzay, maître d'hôtel du roi, épousa, dans l'église de Saint-Saturnin de Tours, le dernier jour de novembre 1537, Jeanne de Fortia, fille de Bernard de Fortia, seigneur de Paradis et de la Branchoire, et de Jeanne Miron, et eut six enfants: 1° Antoine, qui suit; 2° Jeanne, née le 3 février 1543; 3° Charles, le 8 mai 1544, chevalier de Malte, décédé le 24 octobre 1570; 4° Jean, né à Tours, le 7 décembre 1546; 5° Astremoine, né le 23 octobre 1553; 6° Marie, née à Tours, le jour de Noël 1550. — Astremoine du Bois fut maire de Tours en 1564-65.

V. — Antoine du Bois, chev., seigneur de Fontaine-Maran, né à Tours, le 15 octobre 1541, épousa, au mois d'avril 1571, Marie Prudhomme, fille de Louis Prudhomme, Éc., seigneur de Fontenay, et de Marie Lhuillier, et eut quinze enfants. Devenu veuf, il entra dans les ordres, et fit partie de la congrégation de l'Oratoire. Il mourut à Paris le 29 avril 1627, âgé de 85 ans. Son corps, rapporté en Touraine, fut inhumé dans l'église du prieuré de l'Encloître. Son cœur fut déposé dans la chapelle du château de Fontaine.

VI. — Pierre du Bois, fils aîné du précédent, chev., seigneur de Fontaine-Maran, épousa, le 17 février 1604, Françoise Olivier, fille de Jean Olivier, seigneur de Leuville, et de Suzanne de Chabannes. De ce mariage naquirent plusieurs enfants, entre autres, Jean, qui suit, et Louis, marquis de Givry, grand bailli de Touraine (1662).

VII. — Jean du Bois, troisième du nom, chev., seigneur de Fontaine et de la Roche-Bourdeille, enseigne au régiment de Bellogarde, épousa, par contrat du 6 février 1647, Isidore-Marie de Salins de la Fin, fille de Philippe-Guy de Salins de la Fin, seigneur de la Nocle, et de Charlotte de Saint-Gelais de Lusignan. Il eut plusieurs enfants, entre autres Jean IV.

VIII. — Jean du Bois, quatrième du nom, seigneur de Fontaine. Vers 1670, cette terre passa aux mains d'Angélique-Isidore du Bois.

IX. — Angélique-Isidore du Bois, dame de Fontaine-Rouziers, de la Roche-Bourdeille et du Plessis-Barbe, épousa, en premières noces, Claude Cottereau, Éc., seigneur de la Bédouère. Elle contracta un second mariage, le 2 mai 1695, avec César de Coutance, fils de Hardouin de Coutance, chev., et de Henriette Duen. Ce mariage fut célébré dans la chapelle du château de Fontaine.

X. — Louis-Thomas du Bois, dit Olivier, fils de Louis du Bois, marquis de Leuville et de Givry, seigneur de la Mauvissière et de la Roche-Bourdeille, lieutenant-général des armées du roi, grand-bailli de Touraine en 1699, devint seigneur de Fontaine vers 1725. Il mourut le 3 avril 1742. Il avait épousé, en premières noces, en mai 1708, Louise-Philippe Thomé, et en secondes noces, le 2 juin 1725, Marie Voysin, fille de Daniel-François Voysin, chancelier de France, et de Charlotte Trudaine. Il n'eut pas d'enfants du premier lit. Du second mariage naquit une fille unique, Antoinette - Madeleine, qui épousa, le 8 mars 1745, Charles-Léonard (ou Bernard) de Baylens.

XI. — Charles-Léonard de Baylens, marquis de Poyanne, lieutenant-général des armées du roi, grand-bailli de Touraine (1742), fut seigneur de Fontaine, par suite de son mariage avec Antoinette-Madeleine du Bois. Il eut une fille, Henriette-Rosalie, qui épousa, par contrat du 17 février 1767, Maximilien-Alexis de Béthune.

XII. — Maximilien-Alexis de Béthune, duc de Sully, seigneur de Fontaine, du chef de sa femme, était fils de Maximilien-Antoine-Armand de Béthune, prince d'Enrichemont et de Boisbelle, duc de Sully, pair de France, et de Louise-Gabrielle de Châtillon. Il mourut le 24 juin 1776. Sa femme était décédée le 14 octobre 1772. De leur mariage naquit une fille unique, Maximilienne-Augustine-Henriette.

XIII. — Maximilienne-Augustine-Henriette de Béthune, duchesse de Sully, dame de Fontaine, comparut, par fondé de pouvoir, à l'assemblée électorale de Touraine, en 1789. Elle épousa Armand-Louis-François-Edme de Béthune-Charrost.

Arch. d'I.-et-L., E, 16, 81, 83, 141, 188; G, 14; *Biens nationaux*. — Registres d'état-civil de Rouziers. — *Rôle des fiefs de Tour*. — *Mém. de la Soc. archéol. de Touraine*, XVII, 174. — *Annales de la Soc. d'agriculture d'Indre-et-Loire* (1864), p. 139. — Lainé, *Arch. de la noblesse de France*, I, généal. Fortia, 8. — Bibl. de Tours, manuscrits nos 1169 et 1313. — Bétancourt, *Noms féodaux*, I, 384. — P. Anselme, *Hist. génal. de la maison de France*, VI, 485. — Lhermite-Souliers, *Hist. de la noblesse de Touraine*, 206 et suiv. — La Chesnaye-des-Bois et Badier, *Diction. de la noblesse*.

Fontaine (la), f., cⁿᵉ de Saint-Avertin.

Fontaine (la), vil., cⁿᵉ de Saint-Branchs, 21 habit. — *La Fontaine*, carte de Cassini.

Fontaine (la), paroisse de Saint-Christophe. — Ancien fief. — (*Rôle des fiefs de Touraine*).

Fontaine (la), f., cⁿᵉ de Saint-Épain. — *La Fontaine*, carte de l'état-major.

Fontaine (le ruisseau de la), cⁿᵉ de Saint-Épain. — Il prend sa source au lieu appelé la Fontaine et se jette dans le ruisseau de Montgoger, au-dessous du moulin du Sabloné.

Fontaine (la), ou **Fontaine-Aubert**, f., cⁿᵉ de Saint-Étienne-de-Chigny.

Fontaine (la), f., cⁿᵉ de Saint-Flovier. — *La Fontaine*, carte de Cassini. — Ancien fief, relevant du Roulet. — (*Rôle des fiefs de Touraine*.)

Fontaine (la), f., près de la Glaise, cⁿᵉ de Saint-Laurent-en-Gâtines. — *La Fontaine*, carte de l'état-major.

Fontaine (la), f., cⁿᵉ de Saint-Paterne. — *Fontaine-des-Bains*, carte de Cassini. — Elle relevait de la prévôté d'Oë. — (Arch. d'I.-et-L., *Terrier d'Oë*.)

Fontaine (la), ham., cⁿᵉ de Saint-Senoch. — *Fontaine du Vivier*, 1330. — *Fontaine de la Babinière*, xviiᵉ siècle. — *Les Fontaines*, carte de l'état-major. — *La Fontaine*, carte de Cassini. — Ancien fief, relevant du Châtellier. En 1330, il appartenait à Jean de Teilleul, qui donna trois arpents de vigne à l'église de Loches, pour la fondation d'une chapelle dédiée à saint Mathurin. En 1608, François de l'Étaug, Éc., était seigneur de ce fief, du chef de sa femme, Marguerite de Jussac, fille d'Antoine de Jussac.

Le propriétaire d'un pré, situé dans la circonscription de ce fief, était tenu d'apporter au seigneur du Châtellier, dans l'église de Varennes, le jour de la Pentecôte, entre les deux grand-messes, *un chapeau de roses rouges, liées avec de la soie cramoisie*. — (Bibl. de Tours, fonds Salmon, titres de Notre-Dame de Loches. — Arch. d'I.-et-L., C, 606. — Bétancourt, *Noms féodaux*, I, 390.)

Fontaine (le ruisseau de la), ou de la **Fontaine-de-la-Babinière**, cⁿᵉ de Saint-Senoch. Il prend sa source au lieu appelé le Pré de la Chaise et se jette dans l'Estrigneul, au lieu nommé les Tuffes.

Fontaine (la), f., cⁿᵉ de Sainte-Radégonde. — Elle a fait partie de l'ancienne paroisse de Saint-Georges. Elle relevait du fief de la Salle et appartenait, en 1740, à Claude Cordier, greffier du Bureau des finances de Tours, décédé le 24 mars 1765. — (Arch. d'I.-et-L., G, 91. — Registres d'état-civil de Saint-Georges.)

Fontaine (le moulin de la), cⁿᵉ de Souvigny. — *Fontaine*, carte de Cassini. — Il relevait du Feuillet et appartenait, en 1700, à Louis de la Motte-Villebret, qui le vendit, par acte du 21 février 1707, à Jean-René Le Roy. En 1769, Étienne-François, duc de Choiseul-Ambroise, qui en était devenu propriétaire, vers 1768, le céda à François du Cluzel, intendant de Touraine, pour y établir des moulins à organsin. Vers 1794, il fut vendu nationalement sur Louise-Marie-Adélaïde de Bourbon-Penthièvre, veuve de Philippe d'Orléans. — (Arch. d'I.-et-L., C, 633; E, 30, 49, 54. — *Biens nationaux*.)

Fontaine (le ruisseau de la), cne de Souvigny. — Il fait mouvoir une usine et se jette dans l'Amasse.

Fontaine (la), f., cne de Trogues. — En 1791, elle appartenait à Auguste-Christ Goddes de Varennes. — (Arch. d'I.-et-L., *Biens nationaux*.)

Fontaine (la), f., cne de Verneuil-le-Château, près du bourg. — *La Fontaine*, carte de l'état-major.

Fontaine (la), f., cne de Vernou.

Fontaine (le ruisseau de la), — prend sa source dans la commune de Vouvray et se jette dans la Brenne, cne de Vernou. Il est mentionné dans une charte de Philippe d'Orgepeau, de 1211. — (Bibl. de Tours, fonds Salmon, *titres de Saint-Martin*.)

Fontaine-à-Fer (le lieu de la), cne de Ferrières-sur-Beaulieu.

Fontaine-à-Genest (le ruisseau de la), cne d'Avon. — *Fontaine-à-Genest*, carte de l'état-major. Il prend sa source près du Marchais-Blanc, reçoit les eaux des Grandes-Fosses, des fontaines des Tesnières, de la Fontaine des Geais, prend le nom de ruisseau de la Fontaine des Geais et passe dans la commune de Villaines.

Fontaine-Aubert (la). V. *La Fontaine*, cne de Saint-Étienne-de-Chigny.

Fontaine-au-Berruyer (le lieu de la), paroisse de Chemillé-sur-Indrois. — Il est cité dans un titre de 1452. — *Cartulaire du Liget*).

Fontaine-au-Tessier (la), f., cne de Saint-Antoine-du-Rocher.

Fontaine-aux-Dames (la), nom donné à une partie de la forêt de Chinon.

Fontaine-aux-Gallottes (le lieu de la), près des Viollières, cne de Chaumussay. — Il est cité dans une déclaration féodale du 3 avril 1559. — (Arch. d'I.-et-L., *Inventaire des titres de l'abbaye de Preuilly*.)

Fontaine-aux-Guimats (le lieu de la), cne de Bourgueil. — Il est cité dans des actes des 20 janvier 1577 et 22 juin 1589. — (Arch. d'I.-et-L., H, 17.)

Fontaine-aux-Maçons (le lieu de la), près des Ebatés, cne de Nouans.

Fontaine-aux-Mères (la), f., cne d'Ariannes.

Fontaine-aux-Oiseaux (la), ham., cne de Bléré, 22 habit. — *Fontaine-aux-Oiseaux*, carte de l'état-major.

Fontaine-Bellutée (la), cne de Monnaie. V. *Saunerie (Petite-)*.

Fontaine-Belouze (la), cne de Fondettes. V. *La Fontaine*.

Fontaine-Bénite (le lieu de la), près du ruisseau de Madelon, cne de Neuillé-Pont-Pierre.

Fontaine-Besnon (la), f., cne d'Avon. — *Fontaine-Besnon*, carte de l'état-major. — Ancien fief, relevant d'Oigné. En 1642, il appartenait à Guy-Aldonse Durfort, marquis de Duras. Il a été possédé, dans le même siècle, par la famille de Choiseul. — (Arch. d'I.-et-L., C, 621. — Bibl. de Tours, fonds Lambron de Lignim, *Châteaux et fiefs de Touraine*. — *Rôle des fiefs de Touraine*.)

Fontaine-Blanche ou la **Fontaine**, f., cne de Chambray. — *La Fontaine*, cartes de Cassini et de l'état-major. — En 1461, le prieuré de Bois-Bahier donna le lieu de la Fontaine à rente perpétuelle à Jean Haquet, à condition qu'il y construirait une métairie. — (Arch. d'I.-et-L., *Prieuré de Grandmont*.)

Fontaine-Blanche (la), fontaine, cne de Luzé. — Elle jette ses eaux dans le ruisseau de Bouquigny.

Fontaine-Blanche (le lieu de la), près de Cambray, cne de Marcilly-sur-Vienne.

Fontaine-Blanche (le lieu de la), près de la Vienne, cne de Noyers.

Fontaine-Bouchard (la), f., cne de Chemillé-sur-Dême.

Fontaine-Boudrée (la), f., cne de Vernou.

Fontaine-Bouillante (la), f., cne de Rillé. — *La Fontaine*, carte de l'état-major.

Fontaine-Boursaude (le lieu de la), près de la Cave, cne d'Esves-le-Moutier.

Fontaine-Breton (la), ham., cne de Vernou, 11 habit.

Fontaine-Chaudron (closerie de la), paroisse de Saint-Denis-Hors. — Ancienne propriété de l'hôtel-Dieu d'Amboise. — (Arch. d'I.-et-L., *Hôtel-Dieu d'Amboise*.)

Fontaine-Chaude (le lieu de la), près de la Haute-Jonchère, cne de Veigné.

Fontaine-Chiche (la), f., cne de Villiers-au-Boin.

Fontaine-Comble (le ruisseau de la), cne de Marçay.

Fontaine-d'Aleth (la), fontaine près d'Aleth, cne de Civray-sur-Esves. — Elle jette ses eaux dans l'Esves.

Fontaine-d'Angé (la), ou **Fontaine-en-Dangé**, paroisse de Poizay-le-Joli, en Poitou. — *Terra de Fonte*, 1240 (charte de la Merci-Dieu). — *Fontaine de Benais*, xve siècle. — *Fontaine*, carte de Cassini. — Ancienne châtellenie, relevant de la baronnie de la Haye, à franc-devoir et deux chapeaux de roses, payables, tous les ans, à la recette de la Haye, la veille de la Pentecôte. Jehan de Benais rendit aveu pour ce domaine, le 18 avril 1480. Dans cet aveu il est dit « que l'hostel fort de Fontaine est clos de grousses murailles à mâchicoulis, créneaux, arbalestriers, pont-levis et environné de douves et fousses pleines d'eau. » Aux XVIIe et XVIIIe siècles, la Fontaine-Dangé appartenait à la famille Aubery.

D. Housseau, XII, 6039, 6044, 6819. — Dugast-Matifeux, *État du Poitou sous Louis XIV*, 333. — A. Goujet, *Armorial du Poitou*, 65. — Lalanne, *Hist. de Châtellerault*, II, 493. — D'Hozier, *Armorial général*, reg. 1er. — La Chesnaye-des-Bois et Badier, *Diction. de la noblesse*, I, 918. — Bétencourt, *Noms féodaux*, I, 336. — *Mém. de la Soc. des Antiquaires de l'Ouest* (1858-59, p. 522).

Fontaine-d'Arrêt (le lieu de la), près de Doux, c[ne] de Pussigny.

Fontaine-d'Auvergne (la), fontaine située à la Verrerie, près de Bléré. — Elle est mentionnée dans une sentence arbitrale du 26 août 1679. — (Arch. d'I.-et-L., E).

Fontaine-d'Auzon (le ruisseau de la). — Il prend sa source au lieu appelé Boislentour, c[ne] de Faye-la-Vineuse, sur les limites de Sérigny (Vienne), passe à Chantereine, à Marnay et va dans la commune de Razines. Il fait mouvoir une usine.

Fontaine-d'Auzon (la), c[ne] de Huismes. V. *Fontaines-d'Auzon*.

Fontaine - de - Benais (la), **Fontaine-de-Benais**. V. *Fontaine-Dangé*.

Fontaine-de-Chozac (la), c[ne] d'Abilly. V. *Chozac*.

Fontaine-de-Cingé (la), f., c[ne] de Bossay, près de Cingé. — Anne de Villiers est qualifiée de dame de la Fontaine de Cingé dans un acte de 1627. — (Registres d'état-civil de Bossay).

Fontaine-de-Clotte (la), f., c[ne] de Genillé.

Fontaine-de-Jable (le lieu de la), c[ne] de Lémeré, près du chemin de Lémeré à la Tour-Saint-Gelin.

Fontaine-de-Jallanges (la), vil., c[ne] de Vernou, 28 habit.

Fontaine-de-la-Babinière (ruisseau de la), c[ne] de Saint-Senoch. V. *la Fontaine*.

Fontaine-de-la-Carre (la), c[ne] de Joué. V. *Carre*.

Fontaine-de-l'Aiglon (le lieu de la), c[ne] de Champigny, près du chemin de la Hubertière au moulin d'Alion.

Fontaine-de-l'Aubier (le lieu de la), près des Gaillards, c[ne] de Bossay.

Fontaine-de-l'Aubier (la), four à chaux, c[ne] de Genillé.

Fontaine-de-l'Aubier (le ruisseau de la), c[ne] de Genillé. V. *Aubier*.

Fontaine-de-l'Aunay (ruisseau de la), c[ne] de Mazières. — Il prend sa source près de l'Aunay-aux-Bertins et se jette dans le grand étang de Crémille.

Fontaine-de-Limeray (le ruisseau de la), c[ne] de Charnizay. — Il fait mouvoir une usine et se jette dans l'Egronne.

Fontaine-de-l'Oucherie (ruisseau de la), c[ne] de Mazières. — Il prend sa source au lieu appelé la Consire.

Fontaine-de-Marcilly (la). V. *la Fontaine*, c[ne] de Marcilly-sur-Vienne.

Fontaine-de-Masseron (le lieu de la), près de la Goulerie, c[ne] de Braslou.

Fontaine-de-Neuvy (la). V. *Neuvy-Roy*.

Fontaine-de-Norioux (ruisseau de la). — Il vient de la commune de Saint-Gervais (Vienne) dans celle de Jaulnay, et se jette dans la Veude près du lieu appelé le Pont-du-Chillou.

Fontaine-des-Agneaux (la), c[ne] de Langeais. V. *Agneaux*.

Fontaine-les-Bains (la), f., c[ne] de Saint-Paterne.

Fontaine-des-Bœufs (le lieu de la), près de la Prouterie, c[ne] de Braye-sous-Faye.

Fontaine-des-Fourneaux (le ruisseau de la), c[ne] de Mazières.

Fontaine-des-Geais (le ruisseau de la), c[ne] d'Avon. — *Fontaine-des-Geais*, carte de l'état-major. — Il se jette dans le ruisseau de la Fontaine-à-Genest, c[ne] d'Avon.

Fontaine-des-Gerbeaux (le ruisseau de la). — Il se jette dans la Vienne, près de Trogues.

Fontaine-des-Hauts-Champs (le ruisseau de la). — Il prend sa source près des Hauts-Champs, c[ne] de Theneuil, prend le nom de *ruisseau de Pouillet* et se jette dans la Vienne, sur les limites de Tavant et de l'Ile-Bouchard.

Fontaine-des-Pièces (le lieu de la), près des Gaillards, c[ne] de Bossay.

Fontaine-des-Vallées (le ruisseau de la). — Il prend sa source près de la Morinière, c[ne] de Saint-Aubin, fait mouvoir les moulins de la Fosse et de Rousseau, passe dans la commune de Nogent (Sarthe) et se jette dans le Loir. Son parcours est de 3 kilomètres.

Fontaine-de-Ville (la), à Ligueil. — V. *Fontaine-des-Ladres*.

Fontaine-de-Villegray (la), f., c[ne] de Saint-Roch. — Elle relevait du fief de la Chapelle-Saint-Remy. — (Arch. d'I.-et-L., *fief de Saint-Roch*).

Fontaine-Dorée (la), f., c^{ne} de Neuillé-Pont-Pierre. — *Fontaine-Dorée*, carte de l'état-major.

Fontaine-du-Breuil (la). V. *la Fontaine*, c^{ne} de Chambourg.

Fontaine-du-Ceps (ruisseau de la). — Il prend sa source au Bouchaud, c^{ne} de Marcilly-sur-Vienne, et se jette dans la Vienne, près des Granges.

Fontaine-du-Gras (la), f., près du ruisseau de Madelon, c^{ne} de Crotelles.

Fontaine-du-Gros-Puits (le ruisseau de la), c^{ne} de Lublé. Il se jette dans la Maulne, après avoir fait mouvoir deux usines. Son parcours est de 4 kilomètres 500 mètres.

Fontaine-du-Mont (le lieu de la), près de la Cisse, c^{ne} de Vouvray.

Fontaine-du-Saule (la), f., c^{ne} de Saint-Denis-Hors. — Ancien fief. En 1552, il appartenait à Marie de Villebret, veuve de François Dassy; — en 1762, à Jacques Cormier de la Picardière, lieutenant-général au bailliage et siège présidial de Tours, décédé en 1780. Il fut vendu nationalement en l'an III, sur Louise-Marie-Adélaïde de Bourbon-Penthièvre, veuve de Philippe d'Orléans. — (*Rôle des fiefs de Touraine.* — Arch. d'I.-et-L., E, 48; *Biens nationaux.*)

Fontaine-du-Thé (la), f., c^{ne} de Panzoult. — *Fontaine-du-Thé*, carte de l'état-major.

Fontaine-du-Thon. V. *Pas-d'Ane*, c^{ne} de Joué-les-Tours.

Fontaine-du-Verger (la), c^{ne} de Fondettes. V. *Fontaine*.

Fontaine-du-Vivier (la), vil., c^{ne} de Loches, 38 habit. — *Les Fontaines*, carte de l'état-major. — *La Fontaine*, carte de Cassini.

Fontaine-du-Vivier (la), c^{ne} de Saint-Senoch. V. *Fontaine*.

Fontaine-en-Dangé (la). V. *Fontaine-Dangé*.

Fontaine-Feu-Brin (la), fontaine, près de la Ligoire, c^{ne} de la Chapelle-Blanche. — Elle est mentionnée dans un titre du 15 avril 1486. — (Arch.d'I.-et-L., G, 404.)

Fontaine-Geogin (la), vil., c^{ne} de Langeais, 58 habit.

Fontaine-Godard (ruisseau de la). V. *Villejesus* (ruisseau de).

Fontaine-Godin (la), f., c^{ne} de Benais.

Fontaine-Goubard (le lieu de la), paroisse de Neuvy-Roi. — Il fut constitué en fief, par acte du 10 août 1670. Il relevait de la prévôté d'Oë. — (Arch. d'I.-et-L., *terrier d'Oë.*)

Fontaine-Gourdet (la), f., c^{ne} de Cravant.

Fontaine-Gravoure (la). V. *Gravoure*, c^{ne} de Nazelles.

Fontaine-Jeanne (la), c^{ne} de Louestault. V. *Fontaine*.

Fontaine-Jouan (le lieu de la), près des Retries, c^{ne} de Chanceaux-sur-Choisille.

Fontaine-Jourdain (la), faubourg de Preuilly. V. *Fontaine*.

Fontaine-Maran. V. *la Fontaine*, c^{ne} de Rouziers.

Fontaine-Mardouse (le lieu de la), près de l'Indre, c^{ne} d'Esvres. — Il devait une rente à l'abbaye de Cormery (1670). (Arch. d'I.-et-L., *Lièv des frêches de l'abbaye de Cormery.*)

Fontaine-Menard (le bois de la), c^{ne} de Ballan. Il appartenait à l'abbaye de Beaumont en 1757. — (Arch. d'I.-et-L., *titres de Beaumont.*)

Fontaine-Menard (le ruisseau de la). Il prend sa source près de Pleinchamp, c^{ne} de Ballan, passe au Vausecret, reçoit les courances du Vau et va dans la commune de Savonnières, où il se jette dans le Cher. Il fait mouvoir deux usines. Son parcours est de 4 kilomètres.

Fontaine-Morin (la), fontaine, c^{ne} d'Azay-sur-Cher.

Fontaine-Morveuse (la), fontaine, c^{ne} de La Croix. — Ses eaux se joignent au ruisseau qui descend au moulin de La Croix.

Fontaine-Pantin (ruisseau de la), c^{ne} de Saunay.

Fontaine-Pany (le lieu de la), près de l'ancien moulin de Cléré, c^{ne} de Reignac.

Fontaine-Pinard (le lieu de la), c^{ne} de Joué. — Il relevait de l'Aubraye, suivant une déclaration féodale du 19 juin 1624. — (Arch. d'I.-et-L., *Invent. des titres de Port-Cordon.*)

Fontaine-Pigeon (le ruisseau de la), c^{ne} de Bléré.

Fontaine-Profonde (le lieu de la), près de la Dupondrie, c^{ne} d'Orbigny.

Fontaine-Richard (la), vil., c^{ne} de Rigny, 48 habit.

Fontainerie (la), f., c^{ne} de Vouvray. — En 1684, elle appartenait à René Besnard, conseiller au siège présidial de Tours. — (Arch. d'I.-et-L., E).

Fontaineries (le lieu des), c^{ne} de Neuil, près du bourg.

Fontaine-Rigaud (la), f., c^{ne} de Savigny.

Fontaine - Rouziers. V. *la Fontaine*, c^{ne} de Rouziers.

Fontaine-Saint-Laurent (ruisseau de la), paroisse de Ligueil. — Il est cité dans un acte de 1410. — (Arch. d'I.-et-L., *charte de Marmoutier*).

Fontaine-Saint-Martin (ruisseau de la), c^{ne} de Bléré.

Fontaine-Saint-Martin (la), f., c^{ne} de Chemillé-sur-Dême. — *Fontaine-Saint-Martin*, cartes de Cassini et de l'état-major.

Fontaine-Saint-Martin (la), f., c^{ne} de Neuvy-Roy. — *Fons Janvier*, 1410. — Ancien fief, relevant de la prévôté d'Oë, à foi et hommage simple. Des aveux furent rendus, le 10 octobre 1410, par Jacques de Bueil, à cause de Louise de Fontaines, sa femme; — le 31 octobre 1483, par Pierre Dereux, à cause de Louise de Fontaines, sa femme; — Le 26 juillet 1577, par Honorat de Bueil. En 1788, ce fief appartenait à Maximilienne-Augustine-Henriette de Béthune-Sully, fille d'Alexis-Maximilien de Béthune de Sully. — (Arch. d'I.-et-L., *Terrier d'Oë*.)

Fontaine-Saint-Martin (le lieu de la), près de la Manse, c^{ne} de Saint-Épain. — *Saint-Martin*, carte de l'état-major. — Il est cité dans une charte de Hugues de l'Ile-Bouchard, de 1140 (*Fons S. Martini*). — (D. Housseau, V, 1634.)

Fontaine-Saint-Martin (ruisseau de la). Il prend sa source à la Fontaine-Saint-Martin, c^{ne} de Neuvy-Roi, passe dans la commune de Chemillé-sur-Dême et se jette dans la Dême, au lieu appelé les Prés-Rouget. Il fait mouvoir une usine. Son parcours est de 1500 mètres.

Fontaine-Sainte-Marie (la), f., c^{ne} d'Avon.

Fontaines (les), f., c^{ne} d'Abilly. — *Fontaines*, carte de Cassini.

Fontaines (les), f., c^{ne} d'Assay. — *La Fontaine*, carte de l'état-major. — Ancien fief, relevant de Basché. En 1654, il appartenait à Jean Mereau, Éc.; — en 1660, à Jean d'Argy; — en 1697, à Henri Bidé de Pommeuse. — (Arch. d'I.-et-L., C, 601. — Lainé, *Arch. de la noblesse de France*, X.)

Fontaines (le ruisseau des), c^{ne} d'Assay.

Fontaines (les Petites), f., c^{ne} d'Avrillé.

Fontaines (le ruisseau des Grandes-), c^{ne} de Bléré. Il fait mouvoir le Petit-Moulin de la Touche, les moulins des Haut et Bas Fontenay et se jette dans le Cher.

Fontaines (le ruisseau des). — Il vient de la commune de la Celle-Saint-Avant dans celle de Balesmes et se jette dans l'Esves, près de Grignon.

Fontaines (les), vil., c^{ne} de Bourgueil, 27 habit.

Fontaines (le bois des), c^{ne} d'Épeigné-sur-Dême.

Fontaines (les), f., c^{ne} d'Esves-le-Moutier. — *La Fontaine*, carte de Cassini.

Fontaines (le ruisseau des), c^{ne} de Ferrières-Larçon. — Il prend sa source au lieu appelé les Fontaines ou Grouais-du-Moulinet, passe au bourg de Ferrières et se jette dans le Brignon, près du Gué-de-Laleuf.

Fontaines (les), f., c^{ne} de Fondettes. — *Les Fontaines*, carte de l'état-major.

Fontaines (le ruisseau des), ou **Fontaine-de-Graffin**, c^{ne} de Gizeux. — Il prend sa source au lieu appelé les Besses-des-Motais et se jette dans le ruisseau de Graffin, au lieu nommé les Besses-Sainte-Marie.

Fontaiens (les), f., c^{ne} de Joué. — *La Fontaine*, carte de l'état-major. — Elle dépendait du fief de la prévôté de la Varenne appartenant à la collégiale de Saint-Martin (1591). — (Arch. d'I.-et-L., *Prévôté de la Varenne*.)

Fontaines (les), f., c^{ne} de Luzillé. — *Les Fontaines*, cartes de Cassini et de l'état-major.

Fontaines (les), f., c^{ne} de Perrusson. — *Les Fontaines*, cartes de Cassini et de l'état-major.

Fontaines (les), f., c^{ne} de Rochecorbon.

Fontaines, c^{ne} de Rouziers. V. *Fontaine*.

Fontaines (les), vil., c^{ne} de Saint-Avertin, 63 habit.

Fontaines (les), vil., c^{ne} de Saint-Cyr-sur-Loire, 37 habit.

Fontaines (les), c^{ne} de Saint-Symphorien. V. *Carrée* (la Petite-).

Fontaines (les), vil., c^{ne} de Savonnières, 28 habit. — *Les Fontaines*, cartes de Cassini et de l'état-major.

Fontaines (le lieu des), près de la Bourdonnière, c^{ne} de Varennes.

Fontaines-Blanches (les), f., c^{ne} de Civray-sur-Esves. — *Fontaines-Blanches*, carte de l'état-major.

Fontaines-Blanches (le ruisseau des). Il prend sa source aux Fontaines-Blanches, c^{ne} de Civray-sur-Esves, passe près de la Pierre et se jette dans l'Esves, près du Moulin-Mesnard.

Fontaines-Blanches (le ruisseau des), c^{ne} de Pouzay. — Il prend sa source au lieu appelé Marais-Rabier, fait mouvoir le Moulin-Neuf et se jette dans le ruisseau de Ruau.

Fontaines-Blanches (les), fontaines, près du chemin de Tauxigny à la Luzière.

Fontaines-d'Arche (les), f., c^{ne} de Razines. — Là, se trouve un ruisseau du même nom, qui se rend à la Veude, au Moulin-Neuf.

Fontaines-d'Auzon (les), vil., c⁸ᵉ de Huismes, 31 habit. — *Ausum*, 1209. — *Auson*, xɪᴠᵉ siècle (*Cartul. de l'archev. de Tours*). — *Fontaines d'Ozon*, carte de l'état-major. — Ancien fief. — Il appartenait, indivis, au prévôt d'Huismes et à l'Hôtel-Dieu de Tours. Jean Suart, Éc., possédait, dans la circonscription de ce fief, une maison qu'il donna, le 17 janvier 1436, au prieuré de Pommiers-Aigres. — (Arch. d'I.-et-L., G, 160 et titres de Pommiers-Aigres. — *Rôle des fiefs de Touraine*. — *Cartulaire de l'archevêché de Tours*.)

Fontaines-d'Avon (le ruisseau des), cⁿᵉ d'Esvres. — Il fait mouvoir une usine et se jette dans l'Indre.

Fontaines-de-Ferrières (ruisseau des). V. *Fontaines*, cⁿᵉ de Ferrières-Larçon.

Fontaines-de-Graffin (le ruisseau des). V. *Fontaines*, cⁿᵉ de Gizeux.

Fontaines-de-la-Babinière (les), cⁿᵉ de Saint-Senoch. V. *Fontaine*.

Fontaines-de-Madrolle (le lieu des), cⁿᵉ d'Yzeures, près du chemin de Baratière à Hauterive.

Fontaines-de-Saint-Marc (le ruisseau des). Il vient de la commune de Marcé-sur-Esves, dans la commune de la Celle-Saint-Avent et se jette dans la Creuse.

Fontaines-des-Putés (le lieu des), cⁿᵉ d'Yzeures, près des limites de la commune de Néons.

Fontaines-les-Blanches, f., cⁿᵉ d'Autrèche. — Ancienne abbaye. — *Locus Fontanarum quem indigeni Allodia vocant*, 1127. (Arch. d'I.-et-L., charte de Fontaines.) — *Fontanæ seu Allodium*, vers 1150. — *Ecclesia de Fontanis, abbatia quæ vocatur Fontanæ*, 1162 (Bulles du pape Alexandre). — *Fontanæ albæ*, 1186 (charte de Thibault, comte de Blois). — *Fontaine-des-Blanches*, carte de l'état-major.

L'endroit où fut fondée l'abbaye de Fontaines-les-Blanches se nommait primitivement l'*Alleu* ou les *Alleux*. Peregrin nous apprend que ce lieu était couvert de bois et que l'on y courait de grands dangers, parce qu'il était fréquenté par des malfaiteurs. Cependant un certain nombre de pieux personnages ne craignirent pas de s'y établir pour y consacrer leur vie à Dieu, sous la direction d'un hermite nommé Geoffroy. Parmi eux se trouvait un prêtre nommé Ascelin, le chevalier Lambert, originaire de la Flandre et le fils d'un autre chevalier, seigneur du Coudray, en Touraine. Pour célébrer le service divin, ils construisirent à *Pont-Rune*, appelé aujourd'hui *Pont-de-Fontaine*, une chapelle en bois qu'ils placèrent sous le vocable de Sainte-Marie-Madeleine.

Vers 1125, Renaud d'Aucher, Hugues Villain, Hilduin de Conan, Renaud de Châteaurenault et Ganilon de Beaugency donnèrent aux religieux les terrains sur lesquels ils s'étaient établis. Renault de Châteaurenault, seigneur suzerain de cette contrée, leur concéda, en même temps, le droit de justice et le droit de chasse. De plus, il les autorisa à prendre dans la forêt de Blemars tout le bois qui leur serait nécessaire et à y recueillir des glands pour leurs porcs. Ces donations et concessions furent approuvées par Hildebert, archevêque de Tours, en 1127, et par Thibault, comte de Blois, en 1131.

Un peu plus tard, la division se mit parmi les religieux, qui se partagèrent en deux camps. Les uns manifestaient le désir de faire partie de quelque ordre régulier, tels que ceux de Saint-Benoît et de Cîteaux, tandis que les autres, satisfaits de leur situation, voulaient qu'aucun changement n'y fut apporté. Consulté à ce sujet, Geoffroy, chef de la maison, déclara qu'il laissait chacun de ses frères libres d'agir comme il l'entendrait, se réservant de prendre lui-même, en ce qui le concernait, tel parti qu'il jugerait convenable. En même temps, il autorisa les partisans de l'affiliation à un autre ordre à faire des démarches près de l'abbé de Savigny, en Normandie, dans le but de se placer sous la dépendance de ce monastère, qui suivait la règle de Cîteaux.

L'abbé de Savigny accueillit avec empressement les députés qui lui furent envoyés. Se rendant à leur vœu, il vint au mois de novembre 1134 à Fontaines-les-Blanches, accompagné d'Hildebert, archevêque de Tours, et, d'accord avec ce prélat et avec douze religieux, il décida que ce lieu serait désormais une abbaye. Odon, moine de Savigny, fut nommé abbé du nouveau monastère et reçut la consécration de l'archevêque Hildebert.

Geoffroy, le prêtre Ascelin et plusieurs autres membres de l'ancienne communauté refusèrent de faire partie de la nouvelle congrégation. Ils quittèrent l'abbaye et se dispersèrent dans les environs. Geoffroy mourut peu de temps après au château de Montrichard. Son corps, rapporté à Fontaines-les-Blanches, fut inhumé dans le cimetière des religieux.

Vers 1150, l'abbaye de Savigny, ayant adopté la réforme de saint Bernard, abbé de Clervaux, les moines de Fontaines suivirent cet exemple. A la même époque, leur église, qui jusque-là avait été sous le vocable de Sainte-Marie-Madeleine, fut dédiée à la sainte Vierge.

A son origine, le monastère n'eut que de très-modestes possessions à peine suffisantes à subvenir aux besoins des religieux. Mais bientôt sa situation s'améliora, grâce à la générosité des plus puissants personnages du pays et des environs, qui lui firent des dons importants consistant en rentes, en dîmes et en métairies.

La bulle suivante, du pape Alexandre III, en

date du 11 novembre 1162, nous fait connaître les principales possessions de l'abbaye à cette époque:

Alexander episcopus, servus servorum Dei, dilectis filiis Theobaldo abbati ecclesiæ Sanctæ Mariæ de Fontanis ejusque fratribus tam præsentibus quam futuris regularem vitam professis in perpetuum. Religiosis desideriis dignum est facilem præbere consensum ut fidelis devotio celerem sortiatur effectum. Ea propter, dilecti in domino filii, vestris postulationibus justis clementer annuimus, et præfatam ecclesiam in qua divino mancipati estis obsequio, sub Sancti Petri et nostra protectione suscipimus et presentis scripti privilegio communimus, statuentes ut quascumque possessiones in quibus hæc propriis duximus exprimenda vocabulis; abbatiam scilicet vestram quæ vocatur Fontanæ, cum nemore quod dicitur Theulin, et cum allodiis et cæteris terris circum adjacentibus, quas Rainaldus de Castello et Hugo Lumbart et Reinaldus Ancherii vobis dederunt, et comes Theobaldus et Hildebertus Turonensis archiepiscopus sigillis suis confirmaverunt; terram quam habetis in castris (Chatres, paroisse de Saint-Ouen); *grangiam quæ vocatur Sicca Noa* (Noue-Sèche, paroisse d'Autrèche); *cum terris ad ipsam pertinentibus; terram quæ dicitur Villana* (Villaine, dans le Blésois); *terram quæ dicitur Travailleria* (la Travaillère, paroisse de Damemarie); *Landam, cum appendiciis suis* (la Lande, paroisse de Fleuray); *molendinum, terram, rupem, vineas quas apud Limeriacum habetis* (Limeray); *terram quæ dicitur Princiacum* (Princé, paroisse d'Autrèche); *et terram quæ dicitur Campus Britonis* (Champ-Breton, paroisse d'Auzouer); *grangiam quæ dicitur Purei* (Puré, paroisse de Monteaux); *et Gie* (Gié, paroisse de Santenay); *cum vinea et terris ad ipsam pertinentibus; grangiam quæ vocatur Rogerol* (Rogeriou, paroisse de Pocé); *et terram de Furchetis* (Fourchettes, paroisse de Pocé); *sub Beati Petri et nostra protectione suscipimus. Præsenti quoque decreto sancimus, ut episcopus, in cujus episcopatu ecclesia vestra consistat, nec regularem electionem abbatis vestri unquam impediat, nec de removendo vel deponendo eo qui pro tempore fuerit, contra statuta Cirsterciensis ordinis et auctoritatem privilegiorum suorum se nulla tenus intromittat. Sancimus autem ne quis archiepiscopus aut episcopus sive cujuslibet ordinis persona locum vestrum a divinis interdicat officiis; sed liceat vobis omni tempore, clausis januis, non pulsatis tintinnabulis, exclusis excommunicatis et interdictis, suppressa voce, divina officia celebrare nisi abbatis vel fratum istius loci evidens et manifesta culpa extiterit. Paci quoque et tranquillitati vestræ paterna sollicitudine providentes, auctoritate apostolica prohibemus ut infra clausuras locorum seu grangiarum vestrarum nullus violentiam vel rapinam sive furtum facere vel hominem capere audeat. Et si quis hoc temerario usu presumpserit, sacrilegus judicetur. Nulli ergo omnino hominum liceat, etc.... Datum Turonis per manum Hermanni sanctæ Romanæ ecclesiæ subdiaconi et notarii, XI° novembris, indictione XI, incarnationis Dominicæ anno MCLXII, pontificatus vero Domini Alexandri papæ tertii anno quarto.*

L'extrait suivant, d'une déclaration faite le 2 février 1547, indique les domaines que l'abbaye possédait, à cette époque, dans le bailliage de Touraine :

« Déclaration des fiefs, dommaines cens et rentes, dons et laigs que nous les religieux abbé et couvent de l'abbaye de Notre-Dame de Fontaines les Blanches, diocèse de Tours, de l'ordre de Citeaux, membre médiatement deppendant de Clervaux, tenant au bailliage de Touraine, laquelle nous baillons par devant vous Monsieur le bailly de Touraine commissaire en ceste partie, pour obéir au mandement du roy nostre sire, donné à Fontainebleau le vingtiesme de septembre dernier passé; lesquels fiefs et dommaines, cens, rentes, dons, laigs avons payé finance au roy dernier decedé pour l'admortissement et indemnité d'iceulx, comme appert par les quittance et admortissement dont la coppie est attachée deument collationnée, aux originaux. Depuis lequel admortissement et indampnité n'avons aulcune chose acquis, ne nous a esté fait ni donné aulcuns dons et laigs.

« Et premierement le monastère de Fontaines les Blanches cloz et environné de murailles, coutenant, tant en l'esglize, cloistres, eddifices, courts et jardins, dix arpents ou environ.

« Item, deux cents arpens de boys haulte futaye estant à l'environ du d. monastère avec ung estang.

« Item, une mestairie appelée vulgairement Beaubeuf, située en la paroisse de Saint-Oyn-du-Boys contenant en aistraiges, boys, buissons, terres labourables et non labourables quatre vingt arpents ou environ et oultre, deux arpents de prez assis soubz la chaussée du d. estang et une pièce de boys taillis près la Bousonnière, contenant deux arpents ou environ.

« Item, une autre mestairie dicte Foucillon située en la paroisse d'Austrèche contenant en aistraiges, boys, buissons, estang, terres labourables et pastureaux, cent arpents ou environ.

« Item, une autre mestairie appelée Maupon, située en la dite paroisse d'Autresche contenant aistraiges, terres labourables et pastureau estant à la queue de l'étang du d. Fontaine cinquante arpents ou environ.

« Item, une autre mestairie appelée Champ-de Faim estant en la d. paroisse d'Autresche, contenant en aistraiges, terres labourables et non labourables quarante-cinq arpents ou environ.

« *Item*, une pièce de bois taillis appelé le Breuil, avec une garenne appelée la garenne de la Calounnière, située entre les dessus dites deux dernières mestairies, contenant soixante-cinq arpents ou environ.

« *Item*, une autre pièce de bois taillis, appelée les tailles de Noue-Sèche, située en la dite paroisse, contenant soixante arpents ou environ.

« *Item*, une mestairie appelée le Grand-Prinsay, en la dite paroisse d'Autresche, contenant en aistraiges, boys haulte futaye, taillis, buissons, estang, terres labourables et non labourables, deux cent vingt-cinq arpents ou environ, avec trois arpents et demi de prez situés en la prairie de Nuillé-le-Lierre.

« *Item*, une autre mestairie dicte le Petit-Prinsay, en la ditte paroisse d'Autresche, contenant cinquante arpents ou environ avec un arpent de prez, situés en la paroisse de Nuillé-le-Lierre.

« *Item*, une autre mestairie appelée Bichemorte, située en la paroisse de Monstreuil, contenant en aistraiges, boys taillis, buyssons, terres labourables et non labourables, prez et pastureaux cinquante arpents ou environ.

« *Item*, une pièce de boys taillis appelée les Neuf-Frères, contenant soixante arpents ou environ.

« *Item*, une autre mestairie appelée Villepain, située en la dite paroisse de Monstreuil, contenant en aistraiges, boys taillis, buyssons, terres labourables et non labourables, soixante-dix arpents ou environ, par laquelle mestairie ou partie d'icelle est dû au seigneur de Porcheriou par chacun an une rente de douze boisseaux froment, quatre boisseaux de seigle, douze boisseaux avoyne et au seigneur du dict Monstreuil deux sols.

« *Item*, une autre métairie ditte la Templerie, située en la paroisse de Jussay, près Herbault, contenant en aistraiges, boys taillis, buissons, terres labourables et non labourables, trente arpents ou environ.

« *Item*, une autre mestairie assise en la dite paroisse, nommée Vauvert-le-Poilleux, contenant huit arpents ou environ, située près du dict Fontaines.

« *Item*, cinq quartiers situez au cloz de Vauvert, près du d. Fontaines.

« *Item*, une autre pièce de vigne située au clos de Larrable, paroisse de Saint-Oyn-du-Boys, contenant trois quartiers ou environ....

« *Item*, deux moulins prochains l'un de l'autre situés sur la rivière de Brainne, en la paroisse de Nuilly-le-Lierre, l'un appelé le Grand-Villiers, et l'autre Pomigny.

« *Item*, sont deus au dit lieu de Nuilly-le-Lierre, le jour de Saint-Pierre et Saint-Paul par plusieurs, personnes, des cens et rentes de cent douze sols et ung denier tournois à cause d'un petit fief que nous avons au d. lieu de Nuilly.

« *Item*, sont deubz au lieu de Chasteauregnault, le jour et feste de Saint-André, par plusieurs personnes, la somme de huit livres et huit sols dix deniers tournois de cens et rentes à cause d'un petit fief que nous avons à Chasteauregnault, etc. (suit l'énumération des cens et rentes dus à l'abbaye).

« ... Avons fait signer cette présente déclaration du seing manuel du notaire soubsigné le deuxième jour de febvrier l'an mil cinq cent quarante-sept. »

On voit, par ce document, que l'abbaye, au xvie siècle, possédait 1106 arpents de terrain dans le seul bailliage de Touraine, sans compter les prés et terres dépendant des moulins de Villiers et de Pommigny.

Aux possessions énumérées ci-dessus, il faut encore ajouter les propriétés suivantes, mentionnées dans des titres des xviie et xviiie siècles :

Le moulin de Limeray et une borderie située dans cette paroisse ; — les métairies de Rougeriou, de la Gimarderie, la closerie des Genièvres, paroisse de Saint-Ouen ; — les métairies de la Poifilerie, du Hallier, de la Brunetière et de la Feraudière, paroisse d'Autrèche ; — la métairie de Villemalsin, paroisse de Crucheré ; — la Moinerie, paroisse de Périgny ; — la Fourellerie, la Jousserie, le moulin de Villagon, paroisse de Montreuil ; — Menard, paroisse de Pocé ; — les métairies de Pomigny et de Brouard, paroisse de Neuillé-le-Lierre ; — la Louestière, paroisse de Morand ; — la Moinerie, paroisse de Veuves ; — la Beraudière, paroisse de Pocé ; — la Moinerie, paroisse de Saint-Aubin-des-Landes.

L'abbaye eut, dès son origine, tous les droits de haute, moyenne et basse justice attachés au titre de châtellenie. Ces droits, concédés par Renaud de Châteaurenault, au mois d'août 1127, furent confirmés par une charte de Thibault, comte de Blois, en 1131 et par une autre charte de 1186. Pour le temporel, le monastère relevait des châteaux d'Amboise et de Châteaurenault.

On comptait trois chapelles dans l'église abbatiale : l'une dédiée à saint Hubert, l'autre à sainte Madeleine, la troisième appelée *Chapelle des Infirmes*, placée sous le vocable de saint Michel-Archange. Cette dernière avait été fondée par les seigneurs d'Amboise. Mathilde de Vendôme, femme de Hugues II, seigneur d'Amboise, décédée au mois de janvier 1201, y fut inhumée. Élisabeth, sœur de Sulpice d'Amboise et femme d'Ulgrain Taillefer, comte d'Angoulême, y eut également sa sépulture, vers 1210.

Parmi les autres personnages qui furent inhumés dans cette église, on remarque Agnès, femme de Jean, seigneur de Montoire, décédée en 1202 ; Barthélemy II, archevêque de Tours, mort le 15 octobre 1206, N. Chauvin, seigneur de Pocé (1508), Adrien Tiercelin de Brosses, chambellan du roi, décédé à Blois en 1548, et Robert de Passac, chev., seigneur de Grosbois (1630).

Le tombeau de N. Chauvin, placé sous une arcade, était surmonté d'une statue représentant le défunt, armé de toutes pièces. Sur une plaque de marbre, on lisait l'inscription suivante :

CY GIST
N. CHAUVIN, EN SON VIVANT CHEVALIER,
SEIGNEUR DE POCÉ,
ÉCUYER DE L'ÉCURIE ORDINAIRE DU ROY
NOSTRE SYRE, QUI TRESPASSA LE XXIV DU
MOIS D'AOUT DE L'AN 1508.
PRIEZ DIEU POUR SON AME.
Amen.

A la fin du xviii° siècle, on voyait d'autres monuments funèbres élevés à la mémoire de plusieurs abbés de Fontaines-les-Blanches. Ces monuments ont été complètement détruits à l'époque de la Révolution.

Les bâtiments claustraux et l'église furent vendus nationalement le 17 décembre 1791 pour 22,600 livres.

L'abbaye de Fontaines-les-Blanches portait pour armoiries : *De gueules à trois pals de vair ; au chef d'or.*

ABBÉS DE FONTAINES-LES-BLANCHES.

I. — Odon, religieux de Savigny, nommé abbé de Fontaines en 1134, mourut en 1145 et fut inhumé dans le Chapitre, devant le siège de l'abbé. Pendant son administration, le domaine de Gié, paroisse de Santenay, fut donné au monastère par Thibault, comte de Blois.

II. — Gilbert, élu abbé en 1145, résigna ses fonctions trois ans après et se retira à l'abbaye de Savigny.

III. — Thibault, religieux de Clervaux, succéda à Gilbert à la fin de l'année 1148. Il reçut, comme novice, Peregrin qui plus tard devait devenir lui-même abbé de Fontaines et écrivit quelques pages de l'histoire de ce monastère. En 1170, ses infirmités le contraignirent de donner sa démission. Il se retira à Clervaux. Puis étant venu à Châteaudun, sur la prière d'Alice, femme de Thibault, comte de Blois, il mourut dans cette ville. Son corps, transporté à Fontaines-les-Blanches, fut inhumé dans le cloître. La plume de Peregrin, guidée par la reconnaissance et aussi sans doute par un sentiment de justice envers celui qui l'avait admis au noviciat, nous a laissé, de son protecteur, le portrait suivant : ...*Corde mitis erat, erat et hilari vultu, jucundus aspectu, eloquio facundus, jocosus in sermone, coram cunctis intrans et exiens gratus erat et amabilis valde ; prælati, principes, senatus et judices, principatus et comites venerabantur eum, et quia talis erat, conferebant, inferebant et offerebant consilium et auxilium, et ita divino fultus auxilio et humano beneficio, gubernavit hunc locum.*

IV. — Herbert, originaire de Vouvray-sur-le-Loir, prieur de l'abbaye de Clermont, fut élu abbé de Fontaines en 1170. Démissionnaire en 1173, il se retira à Clermont et fut appelé à l'évêché de Rennes en 1184. Il mourut le 10 décembre 1198 et eut sa sépulture dans le chœur de sa cathédrale.

V. — Robert, prieur de Fontaines, fut élu abbé, en remplacement d'Herbert ; mais l'abbé de Savigny ayant refusé de ratifier cette élection, le choix se porta sur un moine de Savigny, nommé Alexandre, originaire d'Angleterre. Après avoir administré l'abbaye pendant un an et demi, Alexandre résigna ses fonctions et continua cependant de résider à Fontaines. Il mourut en 1178 et fut inhumé dans l'église abbatiale.

VI. — Robert, élu abbé, pour la seconde fois, en 1175, est cité dans une charte de Geoffroy de Brenne, seigneur des Roches, concernant une donation faite par l'abbaye de Fontaines à Guichard, prévôt de Pocé. Il mourut au mois de juin 1188 et fut inhumé dans le Chapitre, près de la tombe d'Odon, premier abbé.

VII. — Peregrin, prieur de Fontaines, fut élu abbé le 29 juin 1188. Il était originaire de Vendôme. On lui doit une intéressante histoire de son abbaye, qu'il a écrite, comme il le dit lui-même, en l'an 1200. Cette histoire a été publiée, en 1854, par André Salmon, dans les *Mémoires de la Société archéologique de Touraine*. Décédé en 1211, il eut sa sépulture dans le Chapitre. En 1197, le monastère avait reçu un singulier présent de Bouchard, comte de Vendôme. Le comte avait donné aux religieux, pour le repos de son âme, un bourgeois de Vendôme, exempt de toute coutume, pour tout le temps qu'il voudrait rester soumis à l'autorité de l'abbaye. Ce bourgeois, nommé Herbert, était le frère de Peregrin.

VIII. — Aelerme, successeur de Peregrin, est cité dans une charte de 1211. Il vivait encore en 1214. Pendant l'administration de cet abbé, Jean, archevêque de Tours, confirma une donation faite aux religieux de Fontaines, par Sulpice d'Amboise, du consentement d'Élisabeth, sa femme, et de Mathilde, sa fille. Voici le texte de la charte :

Johannes Dei gratia Turonensis archiepiscopus, fidelibus universis tam presentibus quam futuris hanc cartulam inspecturis perpetuum in Domino salutem. Universitati vestræ volumus innotescat quod dilectus noster Sulpitius, dominus Ambaziæ totam emptionem quam fecit in parochia Limeriaci ab heredibus scilicet illius qui Colubrosus cognominabatur assensu tamen et voluntate Elizabeth uxoris suæ et Mathildis filiæ suæ dedit et concessit in perpetuam elemosinam Deo et ecclesiæ B. Mariæ de Fontanis pro remedio animæ suæ et pro salute amicorum suorum tam vivorum quam et defunctorum et maxime pro salute animarum videlicet piæ recordationis Mathildis dilectissimæ matris suæ et Elisabeth, comitissæ Engolismensis vocatæ dilectæ sororis suæ tali si quidem conditione quod fratres de Fontanis capellam infirmorum in honore S. Michaelis Archangeli consecratam in qua etiam predictarum matris scilicet et sororis suæ corpora jacent sepulta die ac nocte deluminari servire procurabunt. Quod ut ratum et firmum permaneat litteris fecimus commendari et sigilli nostri auctoritate confirmari. Actum anno gratiæ millesimo ducentesimo tercio decimo, mense aprilis.

IX. — Nicolas, élu abbé en 1216, était originaire du Vendômois.

X. — Luc, cité dans une charte de 1221, mourut vers 1227.

XI. — P.... est désigné par cette seule initiale dans une charte de 1228.

XII. — Simon, au mois de juillet 1245, vendit à l'abbaye de la Clarté-Dieu, pour la somme de 100 livres tournois, des terrains situés dans la paroisse de Brèche, une rente à percevoir dans la paroisse de Saint-Paterne, deux arpents de terre, une dîme perçue à Marçon et une rente à prendre dans la paroisse de Brain.

XIII. — Guillaume, élu après Simon, est mentionné dans une charte de 1250. Il mourut vers 1253 et eut sa sépulture dans le Chapitre.

XIV. — Thierry, abbé en 1254, mourut vers 1262.

XV. — Robert, 1263.

XVI. — N.... mort vers 1280.

XVII. — Michel, 1287.

XVIII. — Guillaume, élu vers 1297, mourut en 1308 et eut sa sépulture dans le Chapitre. Sur sa tombe on lisait l'inscription suivante :

> HIC JACET
> GUILLELMUS QUONDAM ABBAS DE FONTANIS.
> ANIMA EJUS REQUIESCAT IN PACE.
> ANNO MCCCVIII OBIIT.

XIX. — Thomas est cité dans des chartes de 1313, 1337, 1338.

XX. — Guillaume Biard, 1339, 1345.

XXI. — Richard, dit Hélie, élu vers 1347, mourut en 1354.

XXII. — Thomas de Cortmolan, élu en 1355, donna sa démission en 1360 et mourut le 15 juillet 1371. Il fut inhumé dans l'église abbatiale.

XXIII. — Jean du Pont est cité dans des chartes de 1360 et 1366. Il donna sa démission vers 1367 et se retira à l'abbaye de Vaux-de-Cernay, où il mourut peu de temps après. On l'inhuma dans l'église abbatiale. La pierre qui recouvrait son tombeau a été retrouvée, il y a quelques années, à Vieille-Église, à plusieurs kilomètres de l'abbaye de Vaux. On en avait fait un âtre de cheminée. Elle portait encore ce reste d'inscription :

> .... JACET DOMINUS JOHANNES.... QUONDAM ABBAS DE FONTANIS IN TURONIA. REQUIESCAT....

XXIV. — Guillaume Le Lait, 1371, mourut le 10 juillet 1383.

XXV. — Jean Coquau, ou Quocuau, originaire d'Amboise, élu en 1383, mourut le 25 novembre 1421. Son nom est écrit *Quocuau* dans une quittance du 1er février 1400.

XXVI. — Jean Thorodes, né à Orléans, fut élu abbé au mois de janvier 1422. Décédé le 20 juin 1427, il fut inhumé dans l'église de Fontaines-les-Blanches.

XXVII. — Jean Chaillou, élu au mois d'août 1427, fut sacré le 25 novembre suivant dans l'église des Cordeliers de Tours. Il mourut le 10 juillet 1455.

XXVIII. — Mathurin, ou Mathieu Fremin, élu le 19 juillet 1455, fit réparer l'église abbatiale et les bâtiments claustraux en 1470. Il donna sa démission en 1478.

XXIX. — Thomas Leveau, 1478, mort le 6 février 1504.

XXX. — Jean Clocque, élu le 8 février 1504, vit son élection contestée par Gilles Belou, abbé de Savigny, qui prétendait faire revivre les droits de suprématie que ce monastère avait eu autrefois sur l'abbaye de Fontaines-les-Blanches. L'affaire, portée devant le bailli de Touraine, se termina par un jugement rendu en faveur de Jean Clocque et qui fut confirmé par une sentence du Parlement. Cet abbé mourut le 8 décembre 1517.

XXXI. — Jacques Poelon, élu le 29 décembre 1517, fut autorisé, par le pape, à faire usage des insignes épiscopaux. Il mourut en 1534.

XXXII. — Nicolas Chauvin, protonotaire apostolique, premier abbé commendataire de Fontaines-les-Blanches, mourut en 1549.

XXXIII. — Charles Tiercelin de Brosses, 1550. Il était fils d'Adrien Tiercelin, chev., seigneur de Brosses et de Sarcus, chambellan du roi et chevalier de ses ordres, sénéchal de Ponthieu, capitaine-gouverneur du château de Loches, décédé à Blois, en 1548, et de Jeanne de Gourlay.

XXXIV. — Antoine Tiercelin de Brosses, décédé en 1590. Il était fils d'Adrien Tiercelin II, seigneur de Brosses, et de Barbe Rouault de Saveuse.

XXXV. — Antoine de Roquelaure, 1590. Destiné d'abord à l'état ecclésiastique, il adopta ensuite la profession des armes, où il se distingua. Il devint maréchal de France et mourut le 9 juin 1625. Il était fils de Geraud de Roquelaure et de Catherine de Bezolles.

XXXVI. — N. d'Avrilly, 1590-91.

XXXVII. — Jean-Antoine de Bruyères de Chalabre, prévôt de l'église de Toulouse (1591), mourut le 29 juin 1606. Il était fils de François de Bruyères, deuxième du nom, baron de Chalabre, et d'Anne de Joyeuse.

XXXVIII. — Claude Belot, conseiller et aumônier du roi, chanoine de Notre-Dame-de-Paris, chanoine et prévôt de Saint-Martin de Tours, abbé de Fontaines-les-Blanches en 1606, donna sa démission, en 1612, en faveur de son neveu, Claude Hutel-Belot.

XXXIX. — Claude Hutel-Belot, aumônier du roi, chanoine de Paris, mourut en 1620.

XL. — Jean Collon, conseiller clerc au parlement de Paris, abbé de Fontaines-les-Blanches, en 1620, donna sa démission six ans après.

XLI. — Guillaume de Croisilles, conseiller et aumônier du roi, abbé de Fontaines-les-Blanches en 1626, donna sa démission en 1632, en faveur de son frère, Nicolas de Croisilles.

XLII. — Nicolas de Croisilles, conseiller et aumônier du roi, mourut en 1647.

XLIII. — Balthazar Rousselet de Châteaurenault, fils de François Rousselet, marquis de Châteaurenault, et de Louise de Compans, fut nommé abbé de Fontaines-les-Blanches en 1647, et mourut à Châteaurenault le 27 avril 1712, âgé de 63 ans.

XLIV. — Jean Taschereau de Baudrys, chanoine et cellerier de Saint-Martin de Tours, nommé abbé de Fontaines-les-Blanches le 14 mai 1712, prit possession le 13 septembre suivant. Il mourut le 10 octobre 1752, âgé de 74 ans.

XLV. — Louis-Antoine-François de Durfort, grand archidiacre de l'église de Tours et vicaire général de Narbonne, nommé abbé de Fontaines-les-Blanches le 29 janvier 1753, prit possession le 2 avril suivant. Il mourut le 14 octobre 1765.

XLVI. — Jean Caulet, confesseur de feu Madame la Dauphine, nommé abbé de Fontaines-les-Blanches le premier janvier 1766, mourut en 1770.

XLVII. — René-Louis-François-Marie de Caulaincourt, aumônier du roi, vicaire général du diocèse de Reims, fut nommé abbé de Fontaines-les-Blanches au mois d'octobre 1770. Il mourut en 1772. Il était fils de Louis-Henri, comte de Caulaincourt, et de Suzanne-Françoise-Geneviève de Bailleul de Vic.

XLVIII. — Jean-Marie Duchastel, aumônier de Madame la Dauphine, pourvu de l'abbaye de Fontaines-les-Blanches en octobre 1772, jouit de ce bénéfice jusqu'en 1790.

Hist. prælatorum et possessionum B. Mariæ de Fontanis, a Peregrino (d'Achery, *Spicilegium*, X, 367 et suiv.). — A. Salmon, *Chroniques de Touraine*. — *Gallia christiana*, IV, 815; VII, 513; XIV, 321 et suiv. — Maan, *S. et metrop. ecclesia Turonensis*, 132. — G. de Passac, *Vendôme et le Vendômois*, 271. — P. Anselme, *Hist. généal. de la maison de France*, VII, 651. — Bibl. de Tours, manuscrits n°ˢ 1212, 1220, 1324, 1494. — Cartier, *Rectification historique de la généalogie des seigneurs d'Amboise* (dans le *Mém. de la Soc. des antiquaires de France*, t. XXI). — De Guilhermy, *Inscriptions de la France*, III, 448. — Chalmel, *Hist. de Tour.*, III, 504. — *Recueil des armes de plusieurs maisons nobles*, Paris (1633), p. 50. — Bib. nationale, *Gaignères*, 678. — *État de la France* (1727), p. 663. — La Chesnaye-des-Bois et Badier, *Diction. de la noblesse*, IV, 864; XVII, 648. — Arch. d'I.-et-L., titres de *Fontaines-les-Blanches*; C, 603, 651, 877; *Biens nationaux*. — *Bulletin de la Soc. archéol. de Tour.* (1873), p. 506, 507. — D. Housseau, IV, 1069, 1537; V, 1746, 1748, 1830, 1904, 1963, 1979, 2000, 2045, 2047, 2048, 2049, 2050, 2070, 2075, 2093, 2097, 2121; VI, 2155, 2168, 2174, 2249, 2276, 2306, 2333, 2353, 2373, 2541, 2639, 2643; VII, 2878, 2940; XI, 5521, 5522; XVIII, 278; XXIII, 57; XXIV, 83. — *Mém. de la Soc. archéol. de Tour.*, IX, 229.

Fontaines-Maran. V. *Fontaine*, cⁿᵉ de Rouziers.

Fontaines-Rouziers. V. *Fontaine*, cⁿᵉ de Rouziers.

Fontaines-Rouges (les). V. *Esves-le-Moutier*.

Fontana Foio *(terra de)*. V. le *Fou*, paroisse de Marray.

Fontanche-Loché (le lieu de), cⁿᵉ de Loché. — *Fontanche*, ou *Fief-du-roi*, 1728. — Ancien fief, relevant du château de Loches. En 1728, il appartenait à Joseph Perrot de l'Isle, qui rendit aveu le 26 mars; — en 1731, à Rose-Radégonde de Boutillon, veuve de Michel Folleville de Beauficelle; — en 1743, à Benjamin Perrot; — en 1749, à Charles-François Grand; — en 1769, à Jacques-François Baronnière; — en 1780, à N. Amelot et N. de Beauficelle, qui le vendirent, le 11 septembre 1782, à François Guillemot de Lespinasse, qui eut pour héritier, son frère, Jean Guillemot (1789). — (Arch. d'I.-et-L., C, 336; 564, 603).

Fontanellæ. V. *Fontenailles*, cⁿᵉ de Louestault.

Fontaneti *(terra)*. V. *Fontenay*, cⁿᵉ de Bléré.

Fontaniolæ. V. *Fontenay*, paroisse de Saint-Laurent-en-Gatines.

Fontarin (le lieu de), près du Puits-Morin, cⁿᵉ de Courcoué.

Fontbaudry, ham. et chât., cⁿᵉ de Preuilly, 19 habit. — *Fons Balderici*, XIIIᵉ siècle. — *Fonbaudry*, carte de Cassini. — *Faubaudry*, carte de l'état-major. — Ancien fief, relevant de la baronnie de Preuilly à foi et hommage simple et un flacon de vin du prix de six deniers. Avant la Révolution, il faisait partie de la paroisse de Saint-Michel-du-Bois.

SEIGNEURS DE FONTBAUDRY.

I. — Henri Ancelon, Éc., seigneur de Fontbaudry et de Claise, vivant en 1320, eut de Marie de Saint-Gelais deux enfants : Jean I et Regnard.

II. — Jean Ancelon I, épousa Jeanne de Notre-Dame, fille de Pierre de Notre-Dame et de Jeanne de Preuilly, et eut un fils unique, Jean II.

III. — Jean Ancelon II eut cinq enfants : Gilles, Antoine, Gillet, seigneur de Claise, Jean, seigneur de la Groue et du Breuil, paroisse d'Yzeures, et François.

IV. — Antoine Ancelon, seigneur de Fontbaudry, épousa, en 1466, Jeanne d'Azay, dont il eut deux fils : Jean et Louis. Ce dernier eut Fontbaudry en partage.

V. — Louis Ancelon, seigneur de Fontbaudry, de la Forge, de la Groue et de l'Étourneau, chevalier de l'ordre de Saint-Michel, vivant en 1504, épousa Jacquette de Chateigner, fille de Jacques de Chateigner, seigneur du Verger et d'Yzeures, et de Jeanne Guérinet. De ce mariage sont issus : François et Françoise, mariée en 1517, à Mathieu Bouard, seigneur de la Roche d'Enchailles.

VI. — François Ancelon, seigneur de Fontbaudry, épousa, en premières noces, le 6 février 1530, Anne de Voyer de Paulmy, fille de Jean de Voyer, Éc., seigneur de Paulmy et de la Roche-de-Gennes, et de Louise du Puy ; et en secondes noces, Louise de Biars, veuve de Joachim de Razilly, seigneur de Beauchesne. Du premier lit il eut Charles, qui suit.

VII. — Charles Ancelon Ier, laissa, de Madeleine de Razilly, deux enfants : René et Louise, mariée, le 21 août 1601, à Pierre de la Barre.

VIII. — René Ancelon, gentilhomme ordinaire de la chambre du roi, épousa, le 25 janvier 1604, Charlotte de Stavary, dont il eut un fils, Charles.

IX. — Charles Ancelon II, seigneur de Fontbaudry, vivant en 1645, eut six enfants de son mariage avec Marie de Baraudin : Honorat, Anne, Bonne, Louis, Marguerite et Charles.

X. — Honorat Ancelon, Éc., épousa, en 1657, Louise-Marie de Gélinard de Malaville.

XI. — François Ancelon, seigneur de Fontbaudry, fils du précédent, est cité dans plusieurs actes de la fin du dix-septième siècle. Au commencement du dix-huitième, la terre de Fontbaudry passa aux mains de Nicolas-Louis Le Tonnelier de Brétouil, baron de Preuilly, seigneur d'Azay-le-Féron, introducteur des ambassadeurs. Depuis cette époque, elle resta annexée à la baronnie de Preuilly. V. *Preuilly*.

Arch. d'I.-et-L., E, 91, 162, 313, 315. — Goyet, *Nobiliaire de Touraine*. — A. Duchesne, *Hist. de la maison de Chasteigner*, 479, 480. — *Rôle des fiefs de Touraine*. — *Preuves de l'histoire de la maison de Menou*, 137. — P. Anselme, *Hist. généal. de la maison de France*, VI, 596. — Lainé, *Arch. de la noblesse de France*, X. *Généal. Odart*, 39. — La Thaumassière, *Hist. du Berry*, 980. — D'Hozier, *Armorial général*, reg. V[e], 7. — A. Gouget, *Armorial du Poitou*, 13. — Dugast-Matifeux, *État du Poitou sous Louis XIV*, 329. — Dufour, *Diction. de l'arrondissement de Loches*, II, 318. — Lhermite-Souliers, *Hist. de la noblesse de Touraine*, 55, 107, 301, 321, 322. — Registres d'état-civil de Preuilly et de Saint-Michel-du-Bois.

Fontcher. V. *Foncher*.

Fonte (*feodum de*). V. *Fontaine-Dangé*.

Fontenaille (la), f., c[ne] de Charnizay. — *La Fontenaille*, carte de l'état-major.

Fontenailles, f., c[ne] d'Abilly, près de la Poterie. — *Fontenaille*, carte de Cassini. — Au commencement de notre siècle, les bâtiments étaient en ruines.

Fontenailles, f. et chât., c[ne] de Louestault. — *Fontenelles*, XIIIe siècle. — *Fontenailles*, cartes de Cassini et de l'état-major. — Ancienne châtellenie, relevant du trésorier de Saint-Martin de Tours. Les parties les plus anciennes du château paraissent remonter au XIVe siècle. Vers 1700, l'aile occidentale fut démolie. A la même époque, on rebâtit la chapelle seigneuriale, qui fut placée sous le vocable de saint Léonard et consacrée par Jacques Duchamp, chanoine de Saint-Martin de Tours.

Hugues de Fontenailles, chevalier banneret, est le premier seigneur connu de ce domaine. Il est cité dans des chartes de 1215 et de 1217.

Depuis cette époque, jusqu'au commencement du XVIe siècle, on ne trouve aucune trace des seigneurs de Fontenailles.

Charles de Couhé, Éc., propriétaire de cette châtellenie épousa, vers 1500, Jeanne de Clermont-Gallerande, fille de René de Clermont-Gallerande, vice-amiral de France, et de Jeanne de Toulongeon. Il eut trois enfants : 1° Christophe, qui suit ; 2° Anne, femme de Claude de Montfort; 3° N., mariée à N. de la Mothe-Fouquet. Charles de Couhé comparut, en 1507, à l'assemblée réunie pour la réformation de la coutume de Touraine.

Christophe de Couhé, Éc., seigneur de Fontenailles, épousa, vers 1531, Claude de l'Hopital, fille d'Alophe de l'Hopital, chev., seigneur de Choisy, et de Louise de Puisieux. D'après la Croix-du-Maine, il aurait tenu un rang distingué parmi les poètes de son temps.

Antoine de la Chateigneraye, chev., devint seigneur de Fontenailles par son mariage avec Aimée, fille de Christophe de Couhé. Il mourut en 1580.

Fontenailles passa ensuite aux mains de Pierre de Molan, contrôleur et intendant général des finances, qui mourut à Saint-Ouen-lez-Amboise, en 1607.

Nicolas de Molan, fils du précédent, et seigneur de Fontenailles, céda cette terre, par échange, à son frère Pierre, prêtre, docteur de Sorbonne, qui rendit hommage au trésorier de Saint-Martin le 18 novembre 1625.

Pierre de Molan vendit Fontenailles à Roger du Gast en 1627.

Charles du Gast, fils de Roger, rendit hommage au trésorier de Saint-Martin, le 20 mars 1651. Peu de temps après, il vendit la châtellenie à René Bouault, secrétaire du roi, que nous voyons mentionné dans un acte du 16 novembre 1654.

Étienne Bouault, secrétaire du roi, fils du précédent, vendit Fontenailles, en 1703, à Jean Gilles de la Grue, qui mourut en 1705.

René Gilles de la Grue, fils du précédent, seigneur de Fontenailles, mourut en 1741, âgé de 82 ans, et eut sa sépulture dans l'église de Louestault. Sa femme, Marguerite Duchamp, décédée en 1757, fut également inhumée dans cette église.

Hercule-Victor Gilles, chev., aide-major d'artillerie, seigneur de Fontenailles, comparut, en 1789, à l'assemblée électorale de la noblesse de Touraine.

Avant la Révolution, une foire se tenait à Fontenailles, le jour de Sainte-Catherine.

Arch. d'I.-et-L., G, 420. — Goyet, *Nobiliaire de Touraine*. — *Mém. de la Soc. archéol. de Tour.*, X. 123,

186. — Notes communiquées par M. Nobilleau. — *Rôle des fiefs de Touraine.* — La Chesnaye-des-Bois et Badier, *Diction. de la noblesse*, II, 919; V, 907. — État-civil de Neuvy-Roi, 1766. — Registres d'état-civil de Louestault. — Beauchet-Filleau, *Diction. des familles de l'ancien Poitou*, II, 345.

Fontenailles, f., c^{ne} de Luynes.

Fontenailles, f., c^{ne} de Rochecorbon. — En 1741, Jeanne-Catherine Regnault, veuve de Gilles Morel, payeur des rentes de l'hôtel de ville de Paris, la donna à l'hôpital général de Tours. — (Arch. d'I.-et-L., *Reg. des insinuations*, 1741.)

Fontenay (le lieu de), c^{ne} de Beaumont-la-Ronce. — Il faisait partie du marquisat de Beaumont érigé en 1757 en faveur de Jean-Claude de la Bonninière. — (Arch. d'I.-et-L., C, 443.)

Fontenay, vil., chât. et moulin, c^{ne} de Bléré, 96 habit. — *Terra Fontaneti*, xie siècle; *Fontenais*, 1209 (chartes de l'abbaye de Saint-Julien). — *L'Estre des Fonteneaux*, 1350 (*Lib. bon. gentium*). — *Fontenay-L'Arpenty*, 1486, 1523, xviie siècle. — *Fontenay*, cartes de Cassini et de l'état-major. — Le château de Fontenay, qualifié d'*hébergement*, dans un acte de 1350, relevait à cette époque de l'archevêché de Tours, à foi et hommage lige et un roussin de service, à muance de seigneur. En 1350, Margot des Quartes, fille de Jehan des Quartes, rendit hommage, pour ce domaine, à l'archevêque de Tours. Par la suite, ce château devint un fief qui releva, pour une partie, du château d'Amboise, à foi et hommage lige et 15 jours de garde, et pour une autre partie, du fief des Arpentis. En 1486, il appartenait à Étienne Ragueneau; — en 1523, à Étienne de la Loue; — en 1577, à Thomas de la Loue; — en 1678, à Georges Guil; — en 1736, à Lucien Bernard, avocat au parlement; — en 1737, à Gabriel Taschereau. Les moulins des Haut et Bas Fontenay, situés sur le ruisseau des Grandes-Fontaines, dépendaient de ce fief.

Près de Fontenay, on remarque les traces de la voie romaine qui conduisait de Tours à Bourges. On y voit également les restes d'un aqueduc de l'époque gallo-romaine, qui suivait la rive gauche du Cher jusqu'à Saint-Avertin. Dans cette localité, l'aqueduc était connu, il y a une cinquantaine d'années, sous le nom de *canal de Beaune*. Son entrée, à Fontenay, avait un mètre de hauteur sur 50 centimètres de largeur.

Arch. d'I.-et-L., C, 633, 651, 701, 702; E, 123; *chartes de Saint-Julien*. — *Cartulaire de l'archevêché de Tours.* — *Mém. de la Soc. archéol. de Touraine*, III, 176 et suiv. — Chalmel, *Hist. de Tour.*, III, 38.

Fontenay (clôserie de), c^{ne} de Bléré. — En 1737, elle appartenait à Gabriel Taschereau, chev., seigneur de Baudry. — (Arch. d'I.-et-L., E, 163.)

Fontenay (le lieu de), près des Ligneries, c^{ne} de Charentilly.

Fontenay, ancien fief, situé dans la ville de Chinon. — Il relevait de l'archevêque de Tours et appartenait, en 1657, à Claude de Razilly; — en 1699, à Gabriel de Razilly. — (Arch. d'I.-et-L., E, 163; *Baronnie de Chinon*.)

Fontenay, ham., près du ruisseau de la Tabardière, c^{ne} de Cigogné, 10 habit. — *Terra de Fontaneto in parochia de Cygogneio*, 1469-82 (chartes de l'abbaye de Saint-Julien). — *Fontenay de Cigogné*, xviie et xviiie siècles. — *Fontenay*, cartes de l'état-major et de Cassini. — Ancien fief, appartenant à l'abbaye de Saint-Julien. — (*Martyrol. S. Juliani*. — Arch. d'I.-et-L., *Biens nationaux*.)

Fontenay (le lieu de), près de la Goutière, c^{ne} de Faye-la-Vineuse.

Fontenay, vil., c^{ne} d'Ingrandes, 28 habit. — *Fontenay in parochia de Ingrandia*, 1264. — A cette époque, Jacquelin Gallant et Hameline sa femme donnèrent à l'abbaye de Bourgueil une rente à prendre sur les cens de Fontenay. — (D. Housseau, VI, 3177. — (Bibl. de Tours, fonds Salmon, *titres de Bourgueil*, II.)

Fontenay, ham. et chât., c^{ne} de Lignières, 17 habit. — *Fontenay*, cartes de Cassini et de l'état-major. — Ancienne châtellenie relevant de Rillé à foi et hommage lige. En 1509, elle appartenait à Jean Gautier. Par acte du 30 septembre 1658, Pierre Choppin la vendit à André Quantin, Éc^r., seigneur de Launay, trésorier de France, à Tours. — Le château actuel a été bâti au xive siècle; des constructions y ont été ajoutées aux xvie et xviiie siècles. Dans son enceinte on a trouvé les restes d'une villa gallo-romaine. — (Arch. d'I.-et-L., E, 24, 318. — *Rôle des fiefs de Touraine*. — *Mém. de la Soc. archéol. de Tour.*, X, 42.)

Fontenay, paroisse de Manthelan. V. *Fontenay*, c^{ne} de Saint-Bauld.

Fontenay, f., c^{ne} de Marçay. — *Villa quæ vocatur Fontaniacus*, 971 (*Livre noir de Saint-Florent de Saumur*). — *Fontenay*, carte de Cassini. — Ancien fief. Vers 1750, il appartenait à la famille de Marconnay; — en 1787, à Luc Gilbert, conseiller du roi, élu en l'élection de Richelieu. — (Arch. d'I.-et-L., *Reg. des donations*. — *Rôle des fiefs de Touraine*. — Registres d'état-civil de Marçay. — *Mém. de la Soc. des antiquaires de l'Ouest* (1858-59), p. 539.)

Fontenay (le Petit-Puits de), c^{ne} de Marçay. V. *Puits* (le Petit-).

Fontenay, f., c^{ne} de Monnaie. — *Fontenay*, carte de l'état-major. — Au xvie siècle, elle appartenait à François Joret. En 1768, N. Bernin de Valentinay la vendit à Barthélemy Gauffreau, trésorier de France, à Tours. — (Bibl. de Tours, manuscrit n° 1420.)

Fontenay, vil., c^{ne} de Saint-Bauld, 19 habit. — Il dépendait autrefois de la paroisse de Manthelan. — *Fontenay-Isoré*, 1630. — *Fontenay*, carte de l'état-major. —Ancien fief, relevant de la Tour-Isoré et du château de Sennevières. En 1547, il appartenait à François Isoré, chev.; — en 1551, à Antoine Isoré; — en 1580, à François Isoré; — en 1592, à Anne-Diane Isoré, femme de Jean de Commacre, gentilhomme ordinaire de la chambre du roi, et à Louise Isoré, femme de François de Vonnes; — en 1630, à Jean de Vonnes; — en 1663, à François de Vonnes; — en 1702, à René de Vonnes; — en 1708, à Adrien-René Luthier de Saint-Martin; — en 1718, à Louis Barberin, comte de Reignac; — en 1729, à Charles-Yves-Thibault, comte de la Rivière, et à Charles-François de Campet, comte de Saujon; — en 1789, à Paul-Yves-Roche-Gilbert du Mottier, marquis de la Fayette, et à Jacques-Henri-Hugues de Lusignan-Lezay.

Arch. d'I.-et-L., C, 602; E, 127, 128, 130, 131, 132; G, 79; *cure de Doius*. — D. Housseau, XIII, 8394-96. — Dufour, *Diction. de l'arrondissement de Loches*, II, 408. — Registres d'état-civil de Sainte-Catherine de Fierbois, 1604. — Lhermite-Souliers, *Hist. de la noblesse de Touraine*, 85. — D'Hozier, reg. 1er, 360. — *Bulletin de la Soc. archéol. de Tour.* (1872), p. 227. — Bétancourt, *Noms féodaux*, II, 837, 1021. — *Preuves de l'histoire de la maison de Menou*, 60.

Fontenay (le ruisseau du Bas-), cne de Bléré.

Fontenay (le ruisseau de), cne de Saint-Bauld. — Il prend sa source à Fontenay et se jette dans l'Échandon.

Fontenay (le lieu de), paroisse de Saint-Laurent-en-Gâtines. — *Fontaniolæ, in Guastinensi silva*, xie siècle. — En 1300, il appartenait à Habert, Éc.; — en 1331, à Agaice des Haies. — (Arch. d'I.-et-L., E, 119. — D. Housseau, II, 338; XIII, 6698. — Bibl. de Tours, fonds Salmon, *titres de Marmoutier*, II.)

Fontenay, f., cne de Saint-Règle.

Fontenay, paroisse de Villechauve (Loir-et-Cher.) — *Terra de Fonteneto*, 1180, 1212; *Territorium de Fontenais*, 1252 (*Lib. Compos.*). — Ancienne châtellenie. Elle s'étendait sur les paroisses de Villechauve, de Villeporcher et de Saint-Gourgon, et relevait du roi. Elle appartenait au Chapitre de l'église de Tours. Au xviiie siècle, les assises de sa justice se tenaient à Villechauve. La mairie de Fontenay constituait un fief relevant de la châtellenie. Vers 1400, Hubert de Fontenay possédait cette mairie. Il eut pour successeurs, Ambroise de Fontenay, vers 1430; Jean de Fontenay, en 1448. — (Arch. d'I.-et-L., G, 63, 90. — *Lib. Compositionum*, 40, 77, 78, 108. — Bibl. de Tours, fonds Salmon, *titres de l'église de Tours*.)

Fontenay (Pierre de), seigneur de la Bouloise et de Reigny, fils de Pierre, baron de Fontenay, et d'Aremburge des Barres, remplit les fonctions de bailli de Touraine, de 1289 à 1291. Remplacé par Philippe de Beaumanoir, il fut nommé de nouveau bailli de cette province, en 1303. L'année suivante, il eut pour successeur Guyart de la Porte.

La Thaumassière, *Hist. du Berry*, 743-44. — D. Housseau, VIII, 3429. — Chalmel, *Hist. de Tour.*, III, 403-4. — Brussel, *Examen des usages des fiefs*, I, 487.

Fontenay (Henri, comte de), était originaire du Perche, où il possédait la seigneurie de Plainville. Il s'établit en Touraine vers 1780 et fut élu député suppléant de la noblesse de cette province aux États-Généraux en 1789. Membre du Comité provisoire de la ville de Tours en 1790, nommé officier municipal dans la même année et réélu en 1791, il fut, deux ans après, chargé de la surveillance des magasins de subsistances de l'armée de l'Ouest dans la ville de Tours. A la fin de l'année 1793, les terroristes le firent arrêter comme suspect. Traduit, l'année suivante, devant une commission militaire, il fut acquitté. Administrateur du district de Tours, en 1795, puis député d'Indre-et-Loire au Conseil des Anciens, il fut exclu de cette assemblée, jusqu'à sa radiation d'une liste d'émigrés sur laquelle on l'avait porté dans le département d'Eure-et-Loir, où il possédait divers domaines. Peu de temps après, il obtint cette radiation et put reprendre ses fonctions législatives. En 1799 et en 1803, il fit partie du Corps législatif. Il fut ensuite nommé membre de la Légion d'honneur (26 novembre 1803), officier du même ordre et trésorier de la 15e cohorte (5 juillet 1804). Il mourut au mois d'octobre 1834.

Fastes de la Légion d'honneur, II, 536. — Arch. d'I.-et-L., *Registres du district de Tours*. — Arnault et Jay, *Biographie nouvelle des contemporains*, VII, 210-11. — *Moniteur universel*, an IV, 104, 125, 135, 199, 206, 250; an VII, 199. — *Mém. de la Soc. archéol. de Tour.*, X.

Fontenay-de-Cigogné. V. *Fontenay*, cne de Cigogné.

Fontenay-Isoré, cne de Saint-Bauld. V. *Fontenay*.

Fonteneau, ou **Fonteneaux**, f., cne de La Croix. — *Fonteneaux*, 1360. — La dîme de ce domaine constituait un fief relevant de l'archevêque de Tours, à foi et hommage simple et 20 sols pour le tiers d'un roussin de service, à mutation de seigneur. En 1360, une partie de cette dîme appartenait à Nau Pichart. — (Arch. d'I.-et-L., G, 5. — *Cartulaire de l'archevêché de Tours*.)

Fonteneaux (les), f., cne de Champigny-sur-Veude. — *Fonteneaux*, carte de l'état-major. *Fonteneaux*, carte de Cassini.

Fonteneille, ou **Fontenelle**, f., cne de Souzay. — *Fonteneille*, carte de l'état-major. — *Les Fontenelles*, carte de Cassini.

Fontenelle (le lieu de la), près de Mocrate, c⁰ᵉ de Brizay.

Fontenelle, ham., cⁿᵉ de Courçay, 14 habit. — *Fontenelle*, cartes de Cassini et de l'état-major.

Fontenelle (la), vil., cⁿᵉ de Montreuil, 54 habit. — *La Fontenelle*, cartes de Cassini et de l'état-major.

Fontenelle (le lieu de la), près des Ormeaux, cⁿᵉ de Neuvy-Roi.

Fontenelle, cⁿᵉ de Sonzay. V. *Fonteneille*.

Fontenelles (le lieu des), cⁿᵉ d'Avon, près du ruisseau de la Fontaine-aux-Geais.

Fontenelles (les), ham., cⁿᵉ de Céré, 20 habit.

Fontenelles (les), f., cⁿᵉ de Chambon.

Fontenelles (le lieu des), près de Monteneau, cⁿᵉ de Champigny-sur-Veude.

Fontenelles (les), f., cⁿᵉ de Cheillé.

Fontenelles (le lieu des), près de la Chauvellière, cⁿᵉ de Ciran.

Fontenelles (le lieu des), près de la Fosse-Guyon, cⁿᵉ de Ligueil.

Fontenelles (le lieu des), près de la Senerie, cⁿᵉ de Louans.

Fontenille, ham., cⁿᵉ de La Croix, 20 habit. — *Fontenelle*, carte de l'état-major. — Le 23 mars 1648, les héritiers de Jean Hernon, sieur du Chêne, vendirent le domaine de Fontenille à César de Grammont, fondateur et prieur de Notre-Dame des Feuillants, à Tours. — (Arch. d'I.-et-L., E, 30.)

Fontenils (les), f. et chât., cⁿᵉ de Chinon. — *Les Fontenils*, carte de l'état-major.

Fontenils (le ruisseau des), cⁿᵉ de Chinon.

Fontenis (le lieu des), près des Ligneries, cⁿᵉ de Charentilly.

Fontenis (la fontaine des), cⁿᵉ de Verneuil-le-Château, sur les limites de Chezolles.

Fontevrault (forêt de). — Une partie de cette forêt s'étend dans la commune de Couziers.

Fontgaudin (le lieu de), la **Bouchetière**, ou **Chef-du-Bois**, paroisse de Saint-Branchs. — Il relevait de la châtellenie de Saint-Branchs (1598). — (Arch. d'I.-et-L., G, 68.)

Fontiville, f. et chât., cⁿᵉ de Veigné, 20 habit. — *Fontiville*, carte de l'état-major. — Ce lieu était connu autrefois sous le nom de la Moritière ou Mauricière. C'était une dépendance du fief de Couzières. Le château a été construit, en 1845, par M. Voisine de la Fresnaye. — (Bibl. de Tours, fonds Salmon, *titres de Montbazon*.)

Fontvive, ham., cⁿᵉ de Ciran, 11 habit. — *Fontvive*, carte de l'état-major.

Foolers (*terra de*). V. *Fouillé*, cⁿᵉ de Saint-Patrice.

Forandière (la), f., cⁿᵉ de Saint-Laurent-en-Gâtines.

Forcine (la), vil., cⁿᵉ de Saint-Nicolas-de-Bourgueil, 38 habit. — *Forsine*, carte de Cassini.

Forellerie (la), ham., cⁿᵉ de Montreuil, 16 habit.

Forest (la), cⁿᵉ de Vou. V. *Forêt*.

Foresta. V. *Forêt* (la), cⁿᵉ de Nouans.

Foresterie, ou **Forêt** (la), f., cⁿᵉ de Saint-Germain-sur-Vienne. — Ancien fief, relevant de Marmande. Georges Aubert, seigneur du Petit-Thouars, exempt des gardes du corps du roi, fils de Jean Aubert, seigneur de la Normandelière, rendit hommage, le 24 juillet 1638, pour le fief de la Foresterie. Il fut tué, en 1648, à la *journée des barricades*. En 1642, il avait épousé N. de Buisine, dont il eut : Louis, officier au régiment de Picardie, décédé en 1665, et Georges, deuxième du nom, seigneur de la Foresterie, du Petit-Thouars et de Saint-Germain, marié, en premières noces, à Jeanne-Esther-Philiberte de Rochu, et, en secondes noces, à Julie-Catherine de la Haye.

Georges II mourut au mois d'octobre 1720, laissant plusieurs enfants, entre autres, Georges III, qui suit, et Jean-Baptiste-Auguste, seigneur de Rassay.

Georges Aubert, troisième du nom, seigneur de la Foresterie, du Petit-Thouars et de Saint-Germain, major du régiment de Brest, lieutenant du roi, dans les villes, châteaux et pays de Saumur et Haut-Anjou, rendit hommage, pour le fief de la Foresterie, le 30 octobre 1735. Il mourut, en 1762. De son mariage, contracté en 1723, avec Hyacinthe-Céleste Blondé de Messémé, il eut plusieurs enfants, entre autres, Louis-Henri-Georges, maréchal des camps et armées du roi, Hyacinthe-Louis et Marie-Madeleine-Suzanne, chanoinesse du Chapitre noble de Salle-en-Beaujolais.

Hyacinthe-Louis Aubert et Marie-Madeleine-Suzanne possédaient la Foresterie, en 1789. A cette époque, la justice de ce fief était rendue par le sénéchal d'Orval. — (D'Hozier, *Armorial général de France*, reg. Vᵉ. — *Rôle des fiefs de Touraine*. — Beauchet-Filleau, *Diction. des familles de l'ancien Poitou*, I, 124, 125.)

Forestières (les), f., cⁿᵉ de Saint-Laurent-en-Gâtines. — *Forestière*, cartes de Cassini et de l'état-major. Elle a fait partie de l'ancienne paroisse de Chenusson, réunie, en 1823, à celle de Saint-Laurent.

Forêt (la), f., cⁿᵉ de Beaumont-la-Ronce. — *La Forêt*, carte de l'état-major. — *La Forest*, carte de Cassini. — En 1538, elle appartenait à

Victor Barguin, receveur des aides et tailles du Loudunois, et maire de Tours. — (Lambrou de Lignim, *Arm. des maires de Tours*.)

Forêt (la), vil., c^{ne} de Bossée, 33 habit. — *La Forêt*, carte de l'état-major. — *Forest*, carte de Cassini.

Forêt (la), f., c^{ne} de la Colle-Saint-Avent. — *La Forêt*, carte de l'état-major.

Forêt (bois de la), c^{ne} de Chaveignes.

Forêt (bois de la), c^{ne} de Courcoué.

Forêt (la), f., c^{ne} de Cussay. — *La Forêt*, carte de l'état-major. — *Forest*, carte de Cassini.

Forêt (les Haute et Basse), f., c^{ne} de Neuil. — Elles furent vendues nationalement, en 1793, sur le duc de Praslin, émigré. — (Arch. d'I.-et-L., *Biens nationaux*.)

Forêt (la), f., c^{ne} de Nouans. — *Foresta*, 1216, .1279 (*Chartes de l'abbaye de Villeloin*). — *Forêt-Fontanche*, xviiie siècle. — *La Forêt*, carte de Cassini. — Ancien fief, relevant du château de Loches, et, pour une partie, du château de Montrésor. L'hébergement de Bordebure ou la Girauderie, paroisse de Sennevières, relevait de ce fief. Vers le milieu du xviiie siècle, le fief de Fontanche fut annexé, pendant quelques années, au domaine de la Forêt ; de là le nom de *Forêt-Fontanche*, que l'on rencontre dans plusieurs titres.

SEIGNEURS DE LA FORÊT.

I. — Regnault de la Forêt, chev., premier seigneur connu, est cité dans une charte de l'abbaye de Villeloin, de 1279.

II. — Regnault de la Forêt, chev., fils du précédent, figure dans des chartes de 1340-52.

III. — N. de Baillou, Éc., est qualifié de seigneur de la Forêt, dans un acte de 1375.

IV. — Guillaume de Baillou, Éc., fils du précédent, figure dans un acte du 25 janvier 1418. Il eut un fils unique, Jean, qui suit.

V. — Jean de Baillou, Éc., seigneur de la Forêt et de l'Allemandière, eut plusieurs enfants de son mariage avec Françoise Guillebault, entre autres, Jean-Lionnet, qui suit ; François, prêtre ; Guillaume, et Jeanne, femme d'Hervé de Sigongné.

VI. — Jean-Lionnet de Baillou, Éc., partagea la succession de ses père et mère avec ses frères et sœur, le 19 mai 1526. Il fut seigneur de la Forêt et de l'Allemandière. Trois enfants naquirent de son mariage avec Catherine de Fougières : 1° François, qui suit ; 2° Jeanne, mariée le 6 avril 1526, à Louis de Maussabré, Éc., seigneur de la Sabardière ; 3° Julitte, femme de Jacques de Bridiers, Éc., seigneur du Gué.

VII. — François de Baillou, Éc., seigneur de la Forêt et de l'Allemandière, épousa, en premières noces, le 28 mars 1537, Jeanne Le Borgne ; en secondes noces, le 24 novembre 1543, Jeanne Augustin du Courbat ; en troisièmes noces, le 26 janvier 1567, Françoise Le Lièvre, veuve d'Antoine du Breuil. Du premier lit il eut une fille, qui fut religieuse à Notre-Dame de Romorantin ; du second lit naquirent : 1° Antoine, mort sans postérité ; 2° Nicolas, Éc., seigneur de l'Allemandière, marié, le 6 juin 1567, à Marguerite de Jarnage, fille de Valentin de Jarnage, et de Valentine du Val ; 3° Marguerite ; 4° Françoise, qui épousa Jean de Sigongné, Éc., seigneur de la Brenaudière. — Avant 1557, la terre de la Forêt était passée des mains de François de Baillou, dans celles de Louis de Maussabré.

VIII. — Louis de Maussabré, Éc., seigneur de la Forêt, de la Sabardière, la Mardelle, Courcueil, Bois-Douhaut, Chilloué, etc., enseigne dans la compagnie d'Aumont, fut tué à la bataille de Gravelines, en 1557. Il eut quatre enfants de son mariage avec Jeanne de Baillou : 1° Claude, qui suit ; 2° François, dont on parlera plus loin ; 3° Antoinette, mariée à N. de Puy-Girault, Éc. ; 4° Marie, femme de N. de Saint-Yrier, Éc.

IX. — Claude de Maussabré, Éc., seigneur de la Sabardière et de Bussière, et d'une partie du fief de la Forêt, épousa, le 16 octobre 1554, Marguerite de Barbançois, fille de Jean de Barbançois, Éc., seigneur de Charon, et de Bertrande de Cluis. Il eut cinq enfants : 1° Gilbert, dont on parlera plus loin ; 2° Claude ; 3° Louis ; 4° un autre Claude ; 5° Marguerite, mariée le 18 avril 1596 à Nicolas de Salignac, chev., seigneur de Jars.

X. — François de Maussabré, frère de Claude, seigneur de Villablin et de Puy-de-Nais, posséda une partie du fief de la Forêt. Il périt dans les guerres de religion. Il avait épousé, en premières noces, Barbe de Jeu-Maloches, et en secondes, Anne de Maulmont. Du second mariage, il eut plusieurs enfants, entre autres : Rose, femme de Guillaume de Puy-Girault, Éc., seigneur de la Garenne et de la Forêt ; et Rachel, mariée à Thibault de Percy, Éc., seigneur des Genets et de la Gachonnière.

XI. — Gilbert de Maussabré (fils de Claude, ci-dessus nommé), chev., seigneur de la Sabardière, de Bussière et de la Forêt, homme d'armes dans la compagnie de Louis de Chasteigner, épousa, en 1593, Gilberte de Saint-Yrier, fille de Gaspard de Saint-Yrier, et de Françoise de Passac. De ce mariage sont issus : 1° Gaspard, qui suit ; 2° Louis, seigneur de Badeçon et de Bordebure ; 3° Gilbert, seigneur de Chilloué et de Vignol ; 4° Louis ; 5° Antoinette, mariée le 10 octobre 1631 à Gilbert de Ferrières, Éc. ; 6° Marguerite, femme de François Barthon de Montbas, Éc., seigneur de Fayolle (contrat du 25 juillet 1607).

XII. — Gaspard de Maussabré, chev., seigneur de la Forêt, de la Sabardière, de Bussières, du Coudray, d'Argy et de Chambrelain, lieutenant de cent hommes d'armes, eut six enfants de son mariage contracté, en 1627, avec Marie d'Argy, fille de René d'Argy, Éc., seigneur de Pont :

1° René, qui suit; 2° Gaspard; 3° Charles; 4° Louis; 5° Bonne, mariée à N. de Renty, chev., seigneur de la Bulière; 6° Anne, femme d'Étienne Grand, Éc., seigneur de Teihac.

XIII. — René de Maussabré, chev., seigneur de la Forêt, de Bussière, de la Sabardière, des Genets, etc., sous-lieutenant de chevau-légers, épousa, le 14 juin 1664, Rose-Éléonore Drouillon, fille de Pierre Drouillon, Éc., seigneur de la Marigeonnerie, et de Rose Le Beau. Il eut trois enfants : 1° René, seigneur de Bussière, de la Sabardière, des Genets, etc., capitaine au régiment de Piémont, puis aide de camp du maréchal de Tourville (1694); 2° Charles; 3° Rose, mariée à Charles-Silvain de Haro, chev., seigneur de Fontais.

XIV. — Étienne Grand, Éc., seigneur de la Forêt, en 1666, épousa, en premières noces, Mathurine Nabon, et en secondes noces, Anne de Maussabré. Il mourut à la Forêt, le 23 juin 1684.

XV. — Charles-François Grand (fils du précédent), Éc., seigneur de la Forêt, est cité dans des titres de 1749-50.

XVI. — François Jacquet-Baronnière fut le dernier seigneur de la Forêt (1773-89). Il rendit hommage, pour ce fief, en 1773.

Arch. d'I.-et-L., C, 336, 585, 587; E, 126. — D. Housseau, VI, 1421; XIII, 11044 ter. — *Rôle des fiefs de Touraine.* — Bibl. de Tours, fonds Salmon, *titres de Villeloin.* — Goyet, *Nobiliaire de Touraine.* — *Mémoire pour Claude Grand de Luxolière* (imprimé), 1723. — Bétancourt, *Noms féodaux*, II, 1021. — Lhermitte-Souliers, *Hist. de la noblesse de Touraine*, généal. Baillou. — La Chesnaye-des-Bois et Badier, *Diction. de la noblesse*, XIII, 502-3-4.

Forêt (la), f., c^ne de Paulmy. — *Hôtel de la Forêt*, 1722. — Ancien fief, dépendant de la Bourrelière et du Châtelier. Il faisait partie autrefois de la paroisse de Neuilly-le-Brignon, dont il fut détaché, en 1757, pour être réuni à la paroisse de Paulmy, nouvellement créée. — (Arch. d'I.-et-L., E, 23; G, 78. — Dufour, *Diction. de l'arrondissement de Loches*, II, 349.)

Forêt (la), f., c^ne de Reugny.

Forêt (la), c^ne de Saint-Christophe. V. *Forêts*.

Forêt (la), c^ne de Saint-Germain-sur-Vienne. V. *Forestrie*.

Forêt (la), ham., c^ne de Saint-Paterne, 11 habit. — *Forêt-Donné*, 1771. — Ancien fief. Il fut vendu nationalement en 1793, sur Jacques-Louis Rolland des Escotais, émigré. — (Arch. d'I.-et-L., E, 83. — *Biens nationaux.* — *Rôle des fiefs de Touraine*.)

Forêt (la), f., c^ne de Souvigny. — *Aitre de la Forêt*, 1446. — Ancienne propriété du Chapitre de Saint-Florentin d'Amboise, sur lequel elle fut vendue nationalement, le 8 juin 1791, et adjugée au sieur Charlot. Elle relevait censivement du Feuillet. — (Arch. d'I.-et-L., C, 633; G, 345; *Biens nationaux.*)

Forêt (la croix de la), c^ne de Thilouze, près du chemin de Thilouze à Pont-de-Ruan.

Forêt (la), f., c^ne de Veigné.

Forêt (la), f., c^ne de Villeperdue. — *Forêt-Vignau*, 1790. — *La Forêt*, carte de l'état-major. — Son étendue était alors de 57 arpents. Elle relevait censivement du fief de Villeperdue. — (Arch. d'I.-et-L., G, 6.)

Forêt (la), f., c^ne de Vou. — Ancien fief, relevant de la baronnie de Preuilly et de l'archevêché de Tours. Au XVIIIe siècle, il était réuni à la châtellenie du Verger-de-Vou. En 1510, il appartenait à Jacques de Betz, qui rendit hommage à l'archevêque de Tours. Vers 1576, il était passé aux mains de René de Beauregard, qui le vendit à Jacques de Chargé. Celui-ci le revendit à Jean Morin, qui rendit hommage au baron de Preuilly, en 1597. Par acte du 3 septembre 1771, Balthazar Dangé d'Orsay le vendit à René-François-Constance Dangé d'Orsay. — (Arch. d'I.-et-L., E, 74. — Bibl. nationale, Gaignères, 678. — *Rôle des fiefs de Touraine.* — D. Housseau, XII, 5049; XIII, 8325. — Bibl. de Tours, fonds Salmon, *Archev. de Tours*, III.)

Forêt (Guy, comte de), fils de Jean Ier, comte de Forêt, et d'Alix de la Tour, fut nommé lieutenant-général du roi, en Touraine, en 1347. Il eut pour successeur Jehan de Saintré, en 1351. Il mourut en 1360, laissant de Jeanne de Bourbon, qu'il avait épousée le 14 février 1318 : Louis, comte de Forêt, mort le 2 avril 1361; Jean II, décédé en 1368, et Jeanne, mariée à Beraud II, comte de Clermont. — (*Ordonnances des rois de France*, IV, 169. — Moréri, *Diction. historique*, II, 1273. — Chalmel, *Hist. de Tour.*, II, 132; III, 374.)

Forêt-Belier (le bois de la), paroisse de Reugny. — Propriété de l'archevêché de Tours, en 1693. Son étendue était alors de 80 arpents. — (Arch. d'I.-et-L., G, 5. — Bibl. de Tours, fonds Salmon, *Archev. de Tours*.)

Forêt-de-Montifray (la), c^ne de Beaumont-la-Ronce. V. *Montifray*.

Forêt-des-Gués (la), ham., c^ne de Veigné, 18 habit.

Forêt-des-Vingt-Chênes (le lieu de la), c^ne de Pouzay, près du chemin de la Bretonnière à Noyant.

Forêt-des-Trente-Chênes (le lieu de la), près des Fontaines, c^ne d'Esves-le-Moutier.

Forêt-Donné (la), c^ne de Saint-Paterne. V. *la Forêt*.

Forêt-Fontanche (la). V. *la Forêt*, c^ne de Nouans.

Forêt-Impériale (la), nom donné par le plan cadastral à la forêt d'Amboise.

Foretière (la), f., c^ne d'Azay-sur-Cher. — *Foutière*, carte de Cassini.

Foretrie (la), vil., c^ne de Bossay, 20 habitants.

Foretrie (la), f., c^ne de Crissé.

Forêts (terres des). — Nom donné à une partie de la commune de Bourgueil, au sud. Ce lieu était autrefois couvert de bois qui appartenaient à l'abbaye de Bourgueil.

Forêts (les), ou la **Forêt**, f., c^ne de Saint-Christophe. — *La Forest*, carte de Cassini. — Ancien fief, relevant du duché de Château-la-Vallière, suivant un aveu rendu, le 25 janvier 1745, par Marie-Thérèse-Julie de Menon, veuve de Charles-Casimir de Thibergeau, directeur des fortifications du Poitou. Ce dernier avait acheté les Forêts, le 24 janvier 1743, de Georges Bodard, Éc., receveur des tailles d'Angers. — (Bibl. de Tours, fonds Salmon, *titres de Château-la-Vallière.*)

Forêts (le lieu des), près des Rues-Maigres, c^ne de Véretz.

Forge (la), f., c^ne d'Ambillou. — Ancien fief, ou *métairie noble*. — En 1463, ce domaine appartenait à Jean de Saint-Germain; — en 1492, à Hardouin Viau, Éc. — (Arch. d'I.-et-L., C, 598.)

Forge (la), f., c^ne d'Avrillé, près de la Roumer.

Forge (la), ou les **Forges**, f., c^ne de Balesmes, près du ruisseau de Folet. — *Aitre des Forges*, xve siècle. — *La Forge*, carte de l'état-major. — Il relevait de la baronnie de Ligueil, d'après un acte du 28 mars 1478. — (Arch. d'I.-et-L., G, 404.)

Forge (la), f., c^ne de Betz, près du bourg.

Forge (la), f., c^ne de Boussay, près de la Claise. — *Forgia*, 1256 (archives du château de Boussay). — *Hospitium et manerium de Forgia*, 1435. — Ancien fief, relevant de la baronnie de Preuilly. Geoffroy de Payen, vivant en 1223, est le premier seigneur connu. En 1256, Eschivard, baron de Preuilly, lui accorda le droit de chasse sur les terres avoisinant ses domaines. Geoffroy eut pour successeurs : Geoffroy, cité dans un titre de 1291; — Jean de Payen, vivant en 1318; — Nicolas de Menou, marié à Jeanne de Payen, dame de Boussay, de la Forge et de Seunevières. Depuis le xive siècle jusqu'à la Révolution, ce fief fut possédé par la famille de Menou. — Le manoir de la Forge fut fortifié et entouré de douves, par Jean de Menou, qui avait été autorisé, à cet effet, le 19 janvier 1447, par Pierre Frotier, baron de Preuilly. Les fortifications élevées au xve siècle ont aujourd'hui complètement disparu. — (Arch. d'I.-et-L., E, 23. — D'Hozier, *Armorial général*, reg. IIIe, 1re partie. — *Rôle des fiefs de Touraine*. — Preuves de l'histoire de la maison de Menou, 35. — Mémoires de Michel de Marolles, généal. de Menou. — D. Housseau, XII, 5159, 5166, 5263, 5306.)

Forge (la Petite-), f., c^ne de Boussay, près de la Muanne. — Ancien fief. — (*Rôle des fiefs de Touraine.*)

Forge (la), f., c^ne de Chambon. — Ancien fief, relevant de Preuilly. — (*Rôle des fiefs de Touraine.*)

Forge (étang de la), c^ne de Chambon.

Forge (la), ou les **Forges**, f., près du Mable, c^ne de Champigny-sur-Veude. — *Forgiæ*, xiie siècle (*Cartulaire de Noyers*). — *La Forge*, carte de Cassini.

Forge (la), et la **Petite-Forge**, f., c^ne de Chaveignes. — *La Forge*, carte de Cassini.

Forge (le lieu de la), c^ne de Civray-sur-Esves, près du bourg.

Forge (le lieu de la), c^ne de Courçay, près du bourg.

Forge (la), f., c^ne de Fondettes. — *Les Forges*, carte de Cassini.

Forge (la), ham., c^ne de Francueil, près du ruisseau de l'Étang des Brosses, 11 habit. — *La Forge*, carte de Cassini.

Forge (moulin de la), sur la Muanne, c^ne du Grand-Pressigny. — Il relevait censivement de Clairfeuil (1737). — (Arch. d'I.-et-L., E, 103.)

Forge (la), c^ne de Marcilly-sur-Maulne. — *La Forge*, carte de Cassini.

Forge (le lieu de la), c^ne de Marray, près du bourg et de la Dême.

Forge (la), vil., c^ne de Neuillé-le-Lierre, 26 habit. — *Les Grandes-Forges*, 1562. — *La Forge*, cartes de Cassini et de l'état-major. — Ancien fief, relevant de la châtellenie de Rochecorbon, à foi et hommage lige et 8 jours de garde. Le seigneur avait droit de moyenne et basse justice. En 1496, ce fief appartenait à Étienne Le Loup, maître d'hôtel du roi, qui rendit hommage le 14 novembre; — en 1500, à Artuse de Ballan, veuve d'Étienne Le Loup; — en 1540, à Jehan Prevost, avocat du roi à la chambre des comptes de Paris. Par acte du 24 novembre 1562, Jehan Prevost, vendit ce domaine à Raymond Forget, qui eut pour successeur François Dunoyer. Celui-ci, à la date du 8 avril 1646, céda la Forge à Daniel Boileau du Plessis et à Claude Scarron, sa femme. Claude Scarron, par testament du 8 octobre 1668, légua le même fief à Élizabeth Robin, veuve de Hercule de Meules.

Saisie sur la famille Robin, au commencement de l'année 1686, la terre de la Forge fut adjugée à Gervais Angevin, bourgeois de Paris, puis rachetée par N. Boileau du Plessis, intendant des armées du roi, chevalier de l'ordre de Saint-Lazare.

Elle passa ensuite aux mains d'Antoine Bergeron de la Goupillère, puis aux familles de Bridieu et de Chauvelin. Il existait, dans le logis seigneurial, une chapelle, qui est mentionnée dans un acte du XVII° siècle. — (Arch. d'I.-et-L., E, 19, 20, 21; *Biens nationaux.* — *Rôle des fiefs de Touraine.* — Registres d'état-civil de Neuillé-le-Lierre.)

Forge (la), f., c^{ne} du Petit-Pressigny, près de la Muanne.

Forge (la), f., c^{ne} de Saint-Paterne. — *Les Forges*, XIV° siècle. — *Hôtel de la Forge*, 1459. — *La Forge*, cartes de Cassini et de l'état-major. — Ancien fief. En 1335, il appartenait à Gillet de Lauberdière; — en 1394, à Jean Peliçon; — en 1403, à Étienne le Roi; — en 1459, à N. Picard, prévôt d'Oë, qui le vendit à Jean Texier; — en 1601, à la famille de Bueil. — (Arch. d'I.-et-L., *Prévôté d'Oë.* — *Rôle des fiefs de Touraine.*)

Forge (la fontaine de la), près du Puits-Blanc, c^{ne} de Verneuil-le-Château.

Forge (la), f., c^{ne} de Vou. — *La Forge*, cartes de Cassini et de l'état-major. — Elle relevait censivement de la Roche-de-Gennes. — (Arch. d'I.-et-L., E, 223.)

Forge (la), vil., c^{ne} d'Yzeures. — Ancien fief. Vers 1500, il appartenait à Antoine Chasteigner; — vers 1530, à Louis Ancelon, marié à Jacquette Chasteigner; — en 1789, à Charles d'Aloigny de Rochefort. — (Arch. d'I.-et-L., *Biens nationaux.* — A. Duchesne, *Hist. de la maison de Chasteigner.*)

Forge (le ruisseau de la), prend sa source près de Boisbernay, c^{ne} de Bossay, et se jette dans la Claise, près du Haut-Fourneau, dans la même commune.

Forge (François de la). V. *La Forge.*

Forgeais (la), f., c^{ne} de la Celle-Saint-Avent, près du château de la Tourballière. — *Forgerais*, carte de Cassini.

Forgerais, c^{ne} de Couesmes. V. *Forget.*

Forgeais (la), f., c^{ne} de Maillé-Lailler. — *La Forgeais*, carte de l'état-major.

Forgeon (le), f., c^{ne} de Ballan. — *Forgerie*, 1520. — Ancien fief, relevant de la Carte. En 1518, il appartenait à la famille de Beaune. — (D. Housseau, XII, 7008. — *Rôle des fiefs de Touraine.* — Bibl. de Tours, fonds Salmon, *titres de Montbazon.*)

Forgerais, c^{ne} de la Celle-Saint-Avent. V. *Forgeais.*

Forgerie, c^{ne} de Ballan. V. *Forgeon.*

Forgerie (le lieu de la), près de la Rochelle, c^{ne} de Couziers.

Forges (les), f., c^{ne} d'Abilly, près de la Claise.

Forges (les), c^{ne} de Balesmes. V. *La Forge.*

Forges (les), ou la **Forge**, f., c^{ne} d'Azay-sur-Cher. — *Forges*, carte de Cassini.

Forges (le bois de), paroisse d'Azay-sur-Cher. — En 1277, Geoffroy, seigneur de Montbazon, céda, par échange, aux religieux de Saint-Jean du Grais, divers droits qu'il possédait sur les bois de Forges. — (D. Housseau, VII, 3209.)

Forges (étang des), près des anciennes forges de Fenil, c^{ne} de Bossay.

Forges (les), f., c^{ne} de Bournan. — *La Forge*, carte de Cassini.

Forges (le lieu des), près de la Tricherie, c^{ne} de Charnizay.

Forges (les), f., c^{ne} de Cléré. — *Les Forges*, carte de Cassini.

Forges (les), f., c^{ne} d'Épeigné-sur-Dême.

Forges (la fontaine des), près du Vauriau, c^{ne} de Cravant.

Forges (le bois des), c^{ne} de Damemarie.

Forges (les), f., c^{ne} d'Esvres. — *Fabricæ*, 791; *villa quæ dicitur Fabricas*, 860; *Forgiæ, terra de Forgiis*, 1332-38 (*Cartulaire de Cormery*). — *Forge*, carte de l'état-major. — Ancien prieuré appartenant à l'abbaye de Cormery. La chapelle était placée sous le vocable de Saint-Eutrope. Forges constituait un fief qui relevait de la châtellenie de Cormery. — (*Cartulaire de Cormery*, 4, 50, 167, 231-32. — D. Housseau, I, 81; VII, 2705, 3100. — Bibl. de Tours, manuscrit n° 728. — *Rôle des fiefs de Touraine.*)

Forges (le lieu des), près du ruisseau des Petites-Vallées, c^{ne} du Liège.

Forges, c^{ne} de Neuillé-le-Lierre. V. *Forge.*

Forges (les), f., c^{ne} de Restigné, près du bourg.

Forges (le lieu des), c^{ne} de Rillé. — On y voyait autrefois une forge et une tour appelée la *Tour des Armures.*

Forges (les), f., c^{ne} de Saint-Benoît. — *Forges de Chinon*, XV° siècle. — *Les Forges*, cartes de Cassini et de l'état-major. — *Puy de Forges*, 1554. — Ancien fief, relevant du château de Chinon. Le logis seigneurial a été habité, à diverses reprises, par Louis XI, notamment en janvier, février et mars 1479; en novembre 1480 et en février 1481. Un jour, peu d'années avant sa mort, il fut surpris, dans l'église de Saint-Benoît, par une attaque d'apoplexie. Après avoir reçu quelques soins, il put retourner à cheval à Forges. Son historien Mathieu rapporte ainsi cet incident:

« Estant allé ouir la messe à une petite paroisse proche des Forges de Chinon il se trouva mal et tomba en une grande défaillance des forces de l'esprit et du corps, perdit la parole et toute connaissance. Il fut secouru si promptement, par le seigneur du Bouchage, qui estoit son médecin et fut depuis archevêque de Vienne, qu'après avoir pris un clystère l'esprit lui revint, monta à cheval, retourna aux Forges et y disna. Mais la difficulté de parler lui demeura si grande qu'il ne se faisait plus entendre que par signes. Philippe de Commines, qui lui servit de valet de chambre en ceste maladie luy servit aussi de truchement lorsqu'il se confessa à l'Official de Tours. Et parceque estoit surpris de ceste maladie on le porta de la table auprès du feu et qu'on l'empescha de s'approcher des fenestres il se souvint de tout cela, et estant revenu à soy, demanda qui estoient ceux qui l'avoient retenu par force et l'avoient empesché de prendre l'air. Comme on les eut nommés il les chassa et ne les voulust voir, n'ayant jamais trouvé bon que le roy Charles, son père, eust esté contrainct de manger, parceque en nulle chose le subject ne devoit forcer son prince. »

Le fief de Forges appartenait, en 1554, à Jacques Biard, Éc.; — en 1564, à Jean du Faultrey; — en 1618, à Jacob de Girard; — en 1692, à Gabriel-Henri de Beauvau, chev., seigneur de Montgauger, de Crissé, de Savonneau et des Roches-Tranchelion.

D. Housseau, XIV. — *Rôle des fiefs de Touraine.* — La Roque, *Hist. de la maison de Harcourt*, I, 910. — Bétancourt, *Noms féodaux*, I, 472. — Duclos, *Hist. de Louis XI*. — Mathieu, *Hist. de Louis XI*, 390. — C. Chevalier, *Promenades pittoresques en Touraine*, 206. — *Ordonnances des rois de France*, XVIII, 436-38-39, 444-47, 452, 598-99, 605-6.

Forges (les). — Nom donné à une maison qui était située dans le bourg de Saunay, près du cimetière. Cette maison n'existait plus en 1652. — (Arch. d'I.-et-L., *Chambrerie de Saint-Julien*).

Forges (les), ham., c^{ne} de Truyes, 13 habitants.

Forges (les Grandes-), paroisse de Villedômer. — Elles relevaient du fief de Beauvais et appartenaient, en 1715, à Antoine Bergeron de la Goupillère; — en 1736, à N. de Bridieu. — (Arch. d'I.-et-L., *abbaye de Gastines* Sommier des rentes.)

Forges-à-Fer (le lieu des), près de la Doratière, c^{ne} de Saint-Senoch.

Forget (le bois), c^{ne} de la Celle-Saint-Avent, près du chemin de Mané à Port de-Piles.

Forget (le moulin de), ou **Forgeais**, sur l'Asdillière, c^{ne} de Couesmes.

Forget (le lieu de), c^{ne} de Luzé, près du chemin de Luzé à Nouâtre.

Forget (le bois de), près du Vau, c^{ne} de Mazières.

Forget (le Petit-), f., c^{ne} de Neuillé-le-Lierre. — *Petit-Forget*, carte de l'état-major. — *La Petite-Forge*, carte de Cassini.

Forget (le lieu de), ou de **Forges**, près de l'Étang-Neuf, c^{ne} de Saint-Paterne. — *Forges*, 1335. — Il est cité dans une charte de l'abbaye de la Clarté-Dieu, du mois de juillet 1245. Gillet de Lauberdière est qualifié de seigneur de Forges dans un titre de 1335. — (D. Housseau, VII, 2940. — Arch. d'I.-et-L., G, 481.)

Forget (Jean), baron de Maflée, né en Touraine vers 1539, fut nommé conseiller au parlement de Paris, en 1567, président des enquêtes, en 1574, puis président à mortier, le 15 décembre 1590. Le parti de la Ligue le fit jeter dans les cachots de la Bastille; mais on le délivra bientôt, par suite de l'intervention du duc de Mayenne, qui espérait s'attacher ce magistrat, dont l'influence était bien connue. Jean Forget mourut le 19 janvier 1611 et fut inhumé dans l'église de Saint-Eustache. Par son testament, il donnait cent mille livres aux établissements hospitaliers de Paris. Il était fils de Pierre Forget et de Françoise de Fortia. — (Chalmel, *Hist. de Tour.*, IV, 176-77. — Lhermite-Souliers et Blanchard, *Les éloges des premiers présidents du parlement de Paris*, 328. — S. Bellanger, *La Touraine ancienne et moderne*.)

Forget (Pierre), seigneur du Cormier et de la Dorée, receveur des tailles, à Tours, fils de Jean Forget, Éc., seigneur de Lavau, et de Anne de Beaulieu, fut nommé maire de Tours, en novembre 1530, en remplacement de Georges de Vercle. Il eut pour successeur, en 1531, Antoine Bohier. — (Chalmel, *Hist. des maires de Tours* (manuscrit), p. 113. — Lhermite-Souliers et Blanchard, *Les éloges des premiers présidents du parlement de Paris*, 328.)

Forget (Pierre), baron de Véretz et du Fau, seigneur du Fresne, né en Touraine vers 1542, secrétaire d'État sous Henri III et Henri IV, publia, en janvier 1593, une brochure intitulée: LA FLEUR DE LYS, *qui est le discours d'un françois, retenu dans Paris, sur les impiétés et desguisements contenus au manifeste d'Espagne*. Dans cette brochure, l'auteur réfute la déclaration du duc de Mayenne. Il mourut en 1610. Il était fils de Pierre Forget, seigneur de la Branchoire, et de Françoise de Fortia. — (Larousse, *Grand Diction. univ. du XIXe siècle*, VIII, 604. — Chalmel, *Hist. de Touraine*, IV, 177. — Lhermite-Souliers et Blanchard, *Les éloges des premiers présidents du parlement de Paris*, 328. — S. Bellanger, *La Touraine ancienne et moderne*.)

Forget (Pierre), frère du précédent, seigneur de Beauvais et de la Picardière, conseiller d'État, généalogiste de l'Ordre du Saint-Esprit et historiographe de l'ordre de Saint-Michel, est né à Tours, en 1569. Il a publié un recueil de quatrains moraux et philosophiques, sous le titre de *Les sentiments universels de Messire Pierre Forget*, Lyon, 1630, in-4°; Paris, Guill. Citerne, 1630, in-4°; Paris, Toussaint Dubray, 1636, in-4°; Paris, Antoine de Sommaville, 1646, in-12. On a encore de lui d'autres pièces de poésies, notamment un *Hymne à la reine régente, mère du roi* (Paris, Toussaint Dubray, 1613, in-4°). Il mourut en 1638 ou 1640. — Didot, *Biographie générale*, XVIII, 178. — Chalmel, *Hist. de Tour.*, IV, 178-81. — Larousse, *Grand Diction. univ. du XIX° siècle*, VIII, 604. — Viollet-Leduc, *Bibliothèque poétique*, I, 453. — *Almanach de Touraine*, 1783. — D. Housseau, XXIII.)

Forget (César), trésorier de France, à Tours, fut nommé maire de cette ville, en novembre 1592, en remplacement de François Maille. Il eut pour successeur, en 1594, Victor Brodeau. Il était fils de Mathurin Forget et de Anne Galland. — — (Lambron de Lignim, *Armorial des maires de Tours*. — Chalmel, *Hist. des maires de Tours* (manuscrit), p. 126. — Lhermite-Souliers et Blanchard, *Les éloges des premiers présidents du parlement de Paris*, 328.)

Forget (Jean), seigneur de la Tortinière, maître des requêtes de la reine, fils de Mathurin Forget et d'Anne Galland, fut nommé maire de Tours, en 1598, en remplacement de Aule Galland. Il eut pour successeur Jean Tardif, en 1599. — (Chalmel, *Hist. des maires de Tours* (manuscrit), p. 128. — Lambron de Lignim, *Armorial des maires de Tours*. — Lhermite-Souliers et Blanchard, *Les éloges des premiers présidents du parlement de Paris*.)

Forget (Louis), fils du précédent, seigneur de Beauregard, aumônier du roi, chancelier de l'église de Tours, né dans cette ville en 1578, a composé les ouvrages suivants: *Les hautes pratiques des saints*; — *Traité de la miséricorde de Dieu*; — *Exercices pour les âmes dévotes, à se tenir actuellement en la présence de Jésus-Christ et à pratiquer ses conseils*, Paris, Jean Billaine, 1650, in-8°. — *Le Monarque sainct et glorieux, ou Les vertus et les triomphes de saint Louis*, Tours, Jacques Poinsot, 1645, in-8°. Il mourut au mois d'avril 1658 et eut sa sépulture dans la cathédrale de Tours. — (*Almanach de Touraine*, 1781. — Chalmel, *Hist. de Touraine*, IV, 181. — D. Housseau, XXIII. — Lhermite-Souliers et Blanchard, *Les éloges des premiers présidents du parlement de Paris*.)

Forgetrie (la), f., c^{ne} de Chargé, près du bourg.

Forgette (le lieu de), près de la Raguinière, c^{ne} de Cravant.

Formeaux (le lieu des), près de la Tour-de-Brou, c^{ne} de Faye-la-Vineuse.

Formerie (la), f., c^{ne} de Bourgueil.

Formillerie (la), f., c^{ne} de Chinon.

Fort (le lieu de), près de la Mère, c^{ne} de Nouans.

Fortaiserie, ou **Fortaisière** (la), c^{ne} d'Hommes. V. *Forteserie*.

Fortaises (le lieu des), c^{ne} de Bossée, près du bourg.

Fort-Auvé (le lieu de), près des Epiots, c^{ne} de Restigné.

Fort-Bedot (le), ham., c^{ne} de Saint-Germain-sur-Vienne, 17 habit. — *Fort-Bedent* (Tabl. de recens. de 1872). — *Fort-Bedet*, carte de Cassini.

Fort-Bois (le lieu de), près de la Folie, c^{ne} de Preuilly. — *La Garenne de Fort-Bois*, xv° siècle. — Ce lieu est cité dans des titres du 17 avril 1439 et juillet 1467. — (Arch. d'I.-et-L., *abbaye de Preuilly*.)

Fort-Cerisier (le lieu de), c^{ne} de Maillé, près de la route de Bordeaux à Paris.

Fort-Cornet (le lieu de), près de la Perruche, c^{ne} de Liguell.

Fort-d'Artannes (le). V. *la Motte*, c^{ne} d'Artannes.

Fort-des-Anglais (le). — Nom donné à l'un des cantons de la forêt de Chinon. On y voit d'anciens retranchements qui furent établis par les Anglais au xiv° siècle. Ils formaient un camp ayant 150 mètres environ de longueur sur 110 à 120 de largeur. Ce camp était entouré de fossés.

Fort-des-Boires (le). V. *Plessis* (le Petit-).

Fortellerie (la), f., c^{ne} de Fondettes.

Forterie (la), ham., c^{ne} de Mettray, 21 habit. — *Forterie-Mettray*, xvi° siècle. — *Forterie*, carte de Cassini.

Forterie (le lieu de la), c^{ne} de Saint-Michel-sur-Loire. — Ancien fief. Le fief de Moriers en relevait, suivant un aveu rendu le 29 mars 1743, par René Groussin. — (Arch. d'I.-et-L., E.)

Forteserie (la), **Fortaiserie**, ou **Fortaisière**, f., c^{ne} d'Hommes. — Ancien fief, relevant de la baronnie de Rillé. En 1618, Henri Fergon acheta une partie de ce fief, de Jean Prudhomme, Éc., seigneur de la Herpinière. — (Arch. d'I.-et-L., B, 25, 32; E, 318. — *Rôle des fiefs de Touraine*.)

Fortessard (ruisseau de), paroisse de Saint-Nicolas-de-Bourgueil. — Il est cité dans un aveu rendu au xvi° siècle, pour le fief de Buton. — (Bibl. de Tours, fonds Salmon, *titres de Bourgueil*.)

Fortia (Marc de), seigneur de Paradis, gref-

Marmande, par François-Marie Hameau, Éc. — (Arch. d'I.-et-L., E, 156.)

Fosse-aux-Cerfs (le lieu de la), près des Hautes-Haies, c^{ne} de Morand.

Fosse-aux-Chats (le lieu de la), près de la Lande, c^{ne} du Louroux.

Fosse-aux-Chênes (le lieu de la), près de la Chausserie, c^{ne} de Langeais.

Fosse-aux-Chiens (le lieu de la), près des Bizoulières, c^{ne} de Langeais.

Fosse-aux-Ladres (le lieu de la), c^{ne} de Monts, près du chemin de Beaumé à Tours.

Fosse-aux-Lions (la), f., c^{ne} de Saint-Cyr.

Fosse-aux-Loups (le lieu de la), c^{ne} de la Celle-Saint-Avent, près du chemin des Marais.

Fosse-aux-Loups (le lieu de la), près de Mousseaux, c^{ne} de Chambon.

Fosse-aux-Loups (le lieu de la), près du Rouchoux, c^{ne} du Grand-Pressigny.

Fosse-aux-Loups (le lieu de la), c^{ne} de Luzillé.

Fosse-aux-Loups (le lieu de la), près de la Bohardière, c^{ne} de Mazières.

Fosse-aux-Loups (le lieu de la), c^{ne} de Vou, près du chemin de Manthelan à Mouzay.

Fosse-aux-Maçons (le lieu de la), près du Gué-Gautier, c^{ne} d'Esves-le-Moutier.

Fosse-aux-Mêles (la), f., c^{ne} de Mazières.

Fosse-aux-Renards (le lieu de la), près de Bault, c^{ne} de Mazières.

Fosse-aux-Rosiers (la), c^{ne} de Loches. V. *Raterie*.

Fosse-aux-Saules (le lieu de la), près de Bois-Boulet, c^{ne} de Ballan.

Fosse-aux-Saules (ruisseau de la). — Il se trouve sur les limites de Bossay (Indre-et-Loire) et de Martizay (Indre). Il se jette dans la Claise.

Fosse-aux-Vaches (la), ou la **Bousardière**, f., c^{ne} de Genillé. — Ancien fief, appartenant à l'abbaye de Villeloin et attaché à l'office claustral de sacristain. — (Arch. d'I.-et-L., *titres de Villeloin*.)

Fosse-aux-Vieilles (le lieu de la), près de Saint-Jouin, c^{ne} de Faye-la-Vineuse.

Fosse-Bacon (la), c^{ne} de Chambray. V. *Fosse-Sèche*.

Fosse-Baratte (le lieu de la), c^{ne} de Saint-Benoît, près du chemin de Cravant au Tartre.

Fosse-Bardin (le lieu de la), c^{ne} de Saint-Épain, sur les limites de Villeperdue.

Fosse-Barnou (le lieu de la), près de la Raterie, c^{ne} de Boussay.

Fosse-Bastard (le lieu de la), c^{ne} de Neuil, près du chemin de Saint-Épain au Pont.

Fosse-Belair (le lieu de la), c^{ne} de Maillé, près de la route de Bordeaux à Paris.

Fosse-Berton (la), f., c^{ne} de Bosséc. — *Fossebrete*, 1302. — (Arch. d'I.-et-L., *charte de Marmoutier*. — *Fosse-Berton*, carte de l'état-major.

Fosse-Berton (la) f., c^{ne} de Sainte-Maure.

Fosse-Besnier (le lieu de la), près de la Saintrie, c^{ne} de Savonnières.

Fosse-Besse, f., c^{ne} de Bléré. — *Foussebesses*, 1450. — *Fosse-Besses*, ou *Voiturier*, 1470. — *Fossebesse*, cartes de Cassini et de l'état-major. — Ancien fief, relevant du château d'Amboise, à foi et hommage lige, et, pour une partie, du Val-d'Orquaire. En 1470, il appartenait à Jean Voiturier, marchand à Bléré ; — en 1486, à Jean-Charles Voiturier ; — en 1517, à Maurice Rousseau ; — en 1523, à Henri Rousseau ; — en 1534, à Claude Fortier, veuve de Guillaume de Seigne ; — en 1577, à Pierre Rousseau ; — en 1730, à Jacques Peschard, décédé le 8 septembre 1738 ; — en 1745, à Gilles Demuiz, à Adrien Peschard et à Claude Buhourd ; — en 1755, à Claude-François Buhourd. — (Arch. d'I.-et-L., C, 603, 633, 651. — *Rôle des fiefs de Touraine*. — Bétancourt, *Noms féodaux*, II, 851, 1020. — Registres d'état-civil de Bléré. — Bibl. de Tours, fonds Lanbron de Lignim, *Châteaux et fiefs de Touraine*.)

Fosse-Besse (étang de), près d'Orget, c^{ne} de Civray-sur-Cher.

Fosse-Besse (le lieu de), **Fosse-Bouette**, ou **Aubourgelle**, paroisse de Truyes. — Ce domaine, composé de six arpents, relevait censivement de l'abbaye de Cormery, suivant une déclaration féodale du 12 janvier 1789. — (Arch. d'I.-et-L., *Lièves des frèches de l'abbaye de Cormery*.)

Fosse-Besse-Mellerie, f., c^{ne} de Bléré. — Ancien fief, relevant du château d'Amboise. Il appartenait, à la fin du XVIIIe siècle, à l'hôpital de Bléré. — (Arch. d'I.-et-L., *Biens nationaux*.)

Fosse-Billard (le lieu de la), paroisse de Fondettes. — Il relevait du fief de Charcenay, suivant une déclaration féodale du 19 décembre 1705. — (Arch. d'I.-et-L., *Inventaire des titres de Charcenay*.)

Fosse-Binard (le lieu de la), près de Pourra, c^{ne} de Bossay. — Il dépendait de la seigneurie de Bossay (1539). — (Arch. d'I.-et-L., E, 298.)

Fosse-Blanche (le lieu de la), près de la Loutière, c°° d'Avon.

Fosse-Blanche (le lieu de la), près do Bois-Godin, c°° de Saint-Senoch.

Fosse-Blanche (la), c°° de Saint-Laurent-de-Lin. V. *les Fosses.*

Fosse-Boisjoubert (la), c°° de Luzillé. V. *Bois-Joubert.*

Fosse-Bordeaux (le lieu de la), près du bourg d'Autrèche.

Fosse-Bouette, c°° de Truyes. V. *Fosse-Besse.*

Fosse-Bourdin (la), c°° de Perrusson. V. *les Vinettries.*

Fosse-Bourée (le lieu de la), c°° de Saint-Épain.

Fosse-Bouteille (le lieu de la), près des Boissonneries, c°° de Cussay.

Fosse-Bouteille (le lieu de la), près de la Sornière, c°° de Neuilly-le-Brignon.

Fossé-Brard, f., c°° d'Anché.

Fosse-Breton (le lieu de la), près de l'Aître des Courtemanche, c°° de Vernou.

Fosse-Broux (le lieu de la), près de la Faverie, c°° de Saint-Épain.

Fossé-Cailloux (le lieu du), près du Grand-Varnelle, c°° de Louans.

Fosse-Chambellain (la), paroisse de Saint-Christophe. — Ancien fief. — (*Rôle des fiefs de Touraine.*)

Fosse-Chaude (le lieu de la), ou **Chauviers,** paroisse de Rochecorbon. — Il relevait de la Salle-Saint-Georges, 1740. — (Arch. d'I.-et-L., G, 91.)

Fosse-Chicanée (le lieu de la), près de la Rimonerie, c°° de Courcoué.

Fosse-Coupée (le lieu de la), près de la Marchanderie, c°° de Saint-Michel-sur-Loire.

Fossé-Cour-en-Cher (le ravin ou ruisseau du), c°° de Dierre. — Il commence près de la ferme du Ruisseau-Gautier et se réunit au Cher, au lieu appelé les Terres-des-Eperrières.

Fosse-Courtois (la), ou **Fosse-Courtoise,** f., c°° de Loches. — *Fosse-Courtois,* cartes de Cassini et de l'état-major. — Elle relevait du château de Loches et de Fretay. Par acte du 28 avril 1776, Alexandre Gaëtan de Tripsé de Mareuil le vendit à François Lesleu, notaire à Loches. — (Arch. d'I.-et-L., C, 702.)

Fosse-Courtois (la), f., paroisse de Saint-Jean-sur-Indre. — Elle est citée dans un acte du 14 juillet 1765. — (Arch. d'I.-et-L., *Cure de Beaulieu.*)

Fosse-Crotouse (le lieu de la), c°° de Neuilly-le-Brignon, près du chemin de Cussay à Neuilly.

Fosse-d'Ansert (le lieu de la), c°° de Nouâtre, près du chemin de Noyers à Port-de-Piles.

Fosse-d'Argent (le lieu de la), près de Renuaume, c°° de Veigné.

Fosse-de-la-Guillonnière (le lieu de la), près de Candé, c°° de Monts (1588). — Il devait une rente au prieuré de Saint-Côme. — (Arch. d'I.-et-L., *Prieuré de Saint-Côme.*)

Fosse-de-la-Mare (le lieu de la), paroisse de Saint-Cyr. — Il relevait du fief de Chaumont, suivant des déclarations féodales des 20 janvier 1589 et 15 février 1743. — (Arch. d'I.-et-L., G, 394.)

Fossé-de-l'Echeneau (le lieu du), c°° de Ports, près de la Vienne et du Bec-des-Deux-Eaux.

Fosse-des-Bœufs (le lieu de la), c°° de Mouzay, près du chemin de Mouzay à Beaurepaire.

Fosse-des-Camps (le lieu de la), près des Picaults, c°° de Saint-Épain.

Fosse-des-Champs (la), f., c°° de Pont-de-Ruan.

Fosse-des-Champs (le lieu de la), près de Chalenton, c°° de Saché.

Fosse-des-Eés (la), f., c°° de Ferrières-sur-Beaulieu.

Fosse-des-Ilots (le lieu de la), c°° de Saint-Nicolas-des-Motets.

Fosse-des-Joncs (le lieu de la), près de la Boutetrie, paroisse d'Esvres. — Il devait diverses rentes à l'abbaye de Cormery, suivant des actes de 1451, 1630, 22 septembre 1648 et 16 décembre 1712. — (Arch. d'I.-et-L., *abbaye de Cormery.*)

Fosse-des-Romains (le lieu de la), près de l'Aireau des Douauts, c°° de Langeais.

Fosse-des-Trépassés (le lieu de la), près de la Cisse, c°° de Vouvray.

Fosse-Dion (la), f., c°° de Cussay.

Fosse-du-Breuil (la), f., c°° de Montlouis.

Fosse-du-Mortier (la), f., c°° de Monnaie.

Fosse-du-Saint (le lieu de la), près de Bois-Turmeau, c°° de Civray-sur-Esves.

Fossées (le lieu des), près de la Loutière, c°° d'Avon.

Fosse-Feuillarde (le lieu de la), c^ne de Luzillé.

Fossé-Fourier (le lieu du), c^ne de Civray-sur-Cher, près des Rouères de la Charollière.

Fosse-Froidie (le lieu de la), c^ne de Draché, près du chemin de Sepmes à Sainte-Maure.

Fosse-Gachette (le lieu de la), c^ne de Vou, près du chemin de la Chapelle-Blanche à Loches.

Fosse-Gapeau (le lieu de la), près de la Grangerie, c^ne de Ligueil.

Fosse-Gareau (le lieu de la), près de la Farinière, c^ne de Bréhémont.

Fosse-Gateau (le lieu de la), près de la Galardière, c^ne de Neuillé-Pont-Pierre.

Fosse-Gautier (le lieu de la), c^ne de Noyant, près du chemin de Noyant à Brou.

Fosse-Georgettière (le lieu de la), paroisse de Nouzilly.

Fosse-Gibault (le lieu de la), près de Vonnes, c^ne de Saint-Pierre-de-Tournon.

Fosse-Godard (le lieu de la), près des Basses-Chauvelinières, c^ne de Varennes.

Fosse-Guichard (le lieu de la), près de l'Imbaudière, c^ne de Crotelles.

Fosse-Guyot, ou **Guyau** (la), f., c^ne de Ligueil.

Fossé-Hartin (le lieu du), près des Bruères, c^ne de la Tour-Saint-Gelin.

Fosse-Jacob (le lieu de la), c^ne du Bridoré, près des limites de Verneuil.

Fosse-Jouanne (le lieu de la), c^ne de Nouâtre, près du chemin de Nouâtre à Maillé.

Fosse-Jouin (la), c^ne de Chançay. V. *Fosse-Mignot*.

Fosse-Jouin (la), f., c^ne de Vernou. — Ancien fief. — Il a été possédé par Simon Girault, trésorier de France, à Tours, décédé à Vernou en 1694. — (Bibl. de Tours, fonds Lambron de Lignim.)

Fosse-Lépine (le lieu de la), dans la Haute-Forêt de Chinon, c^ne de Rivarennes.

Fosselette (la), f., c^ne de la Celle-Saint-Avent. — *Fosselette*, cartes de Cassini et de l'état-major.

Fosse-Laslin (la), f., c^ne de Cheillé.

Fosse-Laureste (la), f., c^ne de Saint-Senoch. — *Fosse-Loreste* (plan cadastral). — *Les Fosses*, carte de Cassini.

Fosse-Loret (la), f., c^ne de Saint-Avertin.

Fossellière (la), f., c^ne de Château-la-Vallière. — *Fossellière*, carte de Cassini.

Fosselles (les), f., c^ne de Chambourg. — *Fosselles*, cartes de Cassini et de l'état-major.

Fosse-Loup (le lieu de la), près de la Naudais, c^ne de Draché.

Fosse-Madreau (le lieu de la), près de la Giberdière, c^ne de Vallères.

Fosse-Malesse (la), ou **Mialesse**, f., c^ne de Saint-Roch.

Fosse-Marchais (la), f., c^ne de Joué-les-Tours.

Fosse-Marelle (le lieu de la), près de la Chenaye, c^ne d'Esves-le-Moutier.

Fossé-Marmot (le lieu du), c^ne de Crissé, près du chemin de Crissé à la Charbonnière.

Fosse-Martel (la), c^ne de Saint-Quentin. V. *Bordebure*.

Fossembault, f., c^ne de Bléré. — *Fossembo*, ou *Fouchambault*, xviie siècle. — *Fossembo*, carte de l'état-major. — *Fossambeaux*, carte de Cassini. — Ancien fief. En 1577, il appartenait à Antoine de la Bretonnière; — en 1634, à Jacques Nau, Éc., trésorier de l'extraordinaire des guerres du Languedoc et receveur général des finances à Bourges; — en 1690, à Étienne Guillerault; — en 1723, à Étienne-Jacques Guillerault. Le 16 mai 1724, les héritiers de ce dernier vendirent Fossembault à Gabriel Taschereau, chev., seigneur de Baudry et de Linières. Ce fief passa ensuite dans la famille de Malon de Bercy. — (Arch. d'I.-et-L., E, 130. — *Rôle des fiefs de Touraine*. — Bétancourt, *Noms féodaux*, I, 505. — La Chesnaye-des-Bois et Badier, *Diction. de la noblesse*, XIV, 876. — *Almanach de Touraine*, 1764, 1775.)

Fosse-Menard (le lieu de la), près de la Joussinière, c^ne de Charentilly.

Fosse-Mexant (le lieu de la), près de la Bissotière, c^ne de Sorigny.

Fosse-Mialesse (la), c^ne de Saint-Roch. V. *Fosse-Malesse*.

Fosse-Mignot (la), ham., c^ne de Chançay, 18 habit. — Ancien fief. — (*Rôle des fiefs de Touraine*.)

Fosse-Milet (le lieu de la), paroisse d'Azay-sur-Cher. — Il devait une rente à la collégiale de Saint-Martin. — (Arch. d'I.-et-L., *châtellenie d'Azay*.)

Fosse-Mouette (le lieu de la), près de la Tuilerie de Versailles, c^ne du Boulay.

Fosse-Moquée (le lieu de la), près de l'Angelardière, c^ne de Ballan.

Fossemore, vil., c^ne de Luzillé, 64 habit. — *Fossa Maura*, 1190 (charte de Hugues d'Amboise). *Fossa Mora*, 1202, 1207 (chartes de Sulpice, seigneur d'Amboise). — *Foussemore*,

1484. — *Fosse-Maure*, cartes de Cassini et de l'état-major. — Ancien fief, relevant du château d'Amboise, à foi et hommage-lige. En 1207, il appartenait à Guillaume de Fossemore; — en 1380, à Jehan Chevalleau; — en 1515-23, à Christophe Vasselin; — en 1567-77, à Thomas Vasselin; — en 1634, à Pierre Massassis; — en 1670, à Louis de Montigny; — en 1692, à Françoise de Verry, veuve de Louis du Coudray-Montigny, qui rendit aveu le 28 janvier; — en 1704, à Cajetan de Thienne, qui rendit aveu le 30 mai; — en 1744-89, à Louis Gaëtan de Thienne. — (Arch. d'I.-et-L., C, 578, 633, 651; E, 26. — D. Housseau, V, 2048; VI, 2236, 2250. — Bétancourt, *Noms féodaux*, II, 672, 971. — Bibl. nationale, Gaignères, 678. — *Rôle des fiefs de Touraine.* — *Mém. de la Soc. archéol. de Tour.*, X, 85.)

Fosse-Moreau (le lieu de la), près des Machetières, c" de Langeais.

Fosse-Morin (le lieu de la), près du ruisseau de Parçay, c" de Parçay-sur-Vienne.

Fosse-Mortier (la), vil., c" de Bréhémont, 23 habit.

Fosse-Neuve (le lieu de la), près des Tabardières, c" de Bournan.

Fosse-Neuve (le lieu de la), près de la Raterie, c" d'Orbigny.

Fosse-Neuve (le lieu de la), c" de Parçay-Meslay, près du chemin de Parçay à Monnaie.

Fosse-Neuve (la), vil., c" de Vouvray, 20 habit.

Fosse-Noire (le lieu de la), près des Bournais, c" de Chemillé-sur-Dême.

Fosse-Noire (le lieu de la), c" de Jaulnay, près du chemin de Jaulnay à Nouâtre.

Fosse-Noire (le lieu de la), près de la Boulinière, c" de la Ferrière.

Fosse-Noire (le lieu de la), près de la Morellerie, c" de Montreuil.

Fosse-Noire (le lieu de la), près de la Creusandière, c" de Mouzay.

Fosse-Noire (la), f., c" de Thilouze.

Fosse-Noire (le lieu de la), près de la Saulaye, c" de Villeperdue.

Fosse-Noire (le lieu de la), près de la Galanderie, c" de Vou.

Fosse-Noue (la), vil., c" de Chambourg, 35 habit. — *Fosse-Noue*, carte de l'état-major. — *Fossenau*, carte de Cassini.

Fosse-Paveron (le lieu de la), près de la Benardière, c" de Saint-Avertin.

Fosse-Pelier, ou **Pellier** (la), f., c" de Vouvray. — *Fosse-Peler*, carte de Cassini. —

En 1789, elle appartenait au marquis de Vassan. Il y existait, à cette époque, une chapelle que nous voyons mentionnée dans le *Registre de visite des chapelles du diocèse de Tours*. — (Arch. d'I.-et-L., G, 14.)

Fosse-Pendue (le lieu de la), près de la Gautrie, c" de Verneuil-sur-Indre.

Fosse-Perrée (le lieu de la), c" de Monts, près du chemin des Ansaults aux Giraudières.

Fosse-Perret (le lieu de la), près de Tronçay, c" de Montlouis.

Fosse-Pinson (le lieu de la), c" de Saint-Épain, près de la route de Bordeaux à Paris.

Fosse-Plate (le lieu de la), paroisse de Beaumont-la-Ronce. — Ancien fief. — (Arch. d'I.-et-L., C, 443.)

Fosse-Plate, nom donné à une partie de la forêt de Chinon.

Fosse-Plate (le lieu de), près de la Gandardrie, c" de Marray.

Fosse-Plate (le lieu de), c" de Neuillé-Pont-Pierre, près de la route de Tours au Mans.

Fosse-Plate (les landes de), c" de Neuvy-Roi.

Fosse-Plate (le lieu de), c" de Truyes, près du chemin de Tours à Cigogné.

Fosse-Poitevine (le lieu de la), c" de Saint-Avertin, près du chemin de Saint-Avertin au Placier.

Fosse-Poulau (le lieu de la), près de l'Égronne, c" de Charnizay.

Fosse-Profonde (le lieu de la), près du carrefour de la Croix-Robert, c" de Druyes.

Fosse-Raveau (la), c" de Sainte-Radégonde. V. *les Vallées*.

Fosse-Ronde (la), f., c" de Notre-Dame d'Oë.

Fosse-Roue, c" de Saint-Quentin. V. *Fosseroux*.

Fosse-Rouère (le lieu de la), c" de Pont-de-Ruan.

Fosse-Rouge (le lieu de la), près de la Tuilerie, c" de la Celle-Guenand.

Fosse-Rouge (le lieu de la), c" de Cigogné.

Fosse-Rouge (le lieu de la), c" de Lerné, sur les limites de Roiffé (Vienne).

Fosse-Rouge (le lieu de la), près de la Planche, c" de Parçay-sur-Vienne.

Fosse-Rouge (le lieu de la), c" de Reugny.

Fosse-Rouge (la), f., c[ne] de Saint-Aubin.

Fosseroux, ham., c[ne] de Saint-Quentin, 12 habit. — *Fosse-Roue, Fausse-Rousse*, 1518. — *Fosseroux*, carte de l'état-major. — Ancienne propriété de la famille Fumée. — Au XVIe siècle, elle était annexée au fief de la Fuye-de-Champagne. — (Arch. d'I.-et-L., titres de Saint-Quentin. — Lhermite-Souliers, *Hist. de la noblesse de Touraine*, 258.)

Fosse-Rozier (le lieu de la), c[ne] de Loches.

Fosse-Saint-Thomas (le lieu de la), c[ne] de Barrou. — Il relevait censivement du fief de la Guitemandière. — (Arch. d'I.-et-L., E, 103.)

Fosse-Sauloux (le lieu de la), paroisse de Neuillé-Pont-Pierre. — Il est cité dans un titre de 1539. — (Arch. d'I.-et-L., *Prévôté d'Oë*.)

Fosse-Sèche, f., c[ne] de Chambray. — *Locus qui dicitur Fosse Bacon*, 1283, 1306. — *Fosse-Sèche*, carte de Cassini. — En 1283, Jean Fetmau, seigneur d'Izernay, la vendit au prieuré de Bois-Rahier. En 1791, elle appartenait aux religieuses, dites de La Riche, à Tours. — (Arch. d'I.-et-L., *charte de Bois-Rahier*; G, 22. — *Biens nationaux*.)

Fosse-Sèche, f., c[ne] de Cléré. — *Fosse-Séché*, carte de Cassini.

Fosse-Sèche (le lieu de), dans les landes du Ruchard, c[ne] de Cravant.

Fosse-Sèche, f., c[ne] de Dolus. — *Terra de Fossa sicca*, 1244. — *Fosse-Seiche*, 1511. — *Fosse-Sèche*, cartes de Cassini et de l'état-major. — Au XIIIe siècle, elle appartenait à l'ordre du Temple, qui y avait établi un hospice. — (Arch. de la Vienne, H, 3, liasse 476. — Bibl. de Tours, fonds Salmon, *titres de Notre-Dame de Loches*.)

Fosse-Sèche (le lieu de), c[ne] de Loché, près du chemin des Bruères à la Gironnière.

Fosse-Sèche (étang de), c[ne] du Louroux.

Fosse-Sèche (le lieu de), près de la Bruère, c[ne] de Saint-Benoît.

Fosse-Sèche (le lieu de), c[ne] de Sainte-Maure, près du chemin de Bossée à Cormery.

Fosse-Sèche (le lieu de), paroisse de Villebourg. — Il relevait censivement de Villebourg (1728). — (Arch. d'I.-et-L., G, 257.)

Fosse-Sequer (le lieu de la), c[ne] de Saint-Germain-sur-Vienne, près du chemin du Breuil au moulin de Cumelle.

Fosse-Tacher (la), métairie, paroisse de Joué. — Ancienne propriété de l'abbaye de Beaumont-les-Tours, sur laquelle elle fut vendue nationalement le 4 février 1791, au prix de 4050 livres. Son étendue était de 7 arpents. — (Arch. d'I.-et-L., *Biens nationaux*.)

Fosse-Thenotte (le lieu de la), c[ne] de Seuilly, près du chemin de Lerné à Cinais.

Fosse-Trepied (le lieu de la), près de Vaux, c[ne] de Chançay.

Fosse-Tricotte (le lieu de la), près des Plaises, c[ne] de Saint-Épain.

Fosse-Trouvée, c[ne] de Vouvray. V *Fosses-Trouvées*.

Fosse-Vaut-Guère (le lieu de la), près de la Basse-Jaudellerie, c[ne] de Langeais.

Fosses (le lieu des Grandes-), dans les landes du Ruchard, c[ne] d'Avon.

Fosses (le lieu des), près de Maupertuis, c[ne] de Charentilly.

Fosses (le lieu des), c[ne] de Langeais. — *Villa quæ dicitur Fossas super Ligerim*, XIIe siècle. — En 1118, Foulques, comte d'Anjou, donna ce domaine à l'église de Saint-Sauveur de Langeais. — (D. Housseau, IV, 1378-79.)

Fosses (les), f., c[ne] de Limeray.

Fosses (les), ham., c[ne] de Luzillé, 10 habit. — *La Fosse*, carte de Cassini.

Fosses (le lieu des Grandes-), c[ne] de Monts. — Il relevait du fief de la Fresnaye, suivant une déclaration féodale du 23 juin 1743. — (Arch. de la famille Voisine de la Fresnaye.)

*Fosses** (le lieu des), près des Boissières, c[ne] de Parçay-Meslay.

Fosses (le bois des), près des bois de l'Homme-Mort, c[ne] de Reugny.

Fosses (les), ou **Fosses-Blanches**, f., c[ne] de Saint-Laurent-de-Lin.

Fosses (les), ham., c[ne] de Saint-Pierre-de-Tournon, 13 habit. — Ancien fief. Il a été possédé par la famille Piozet des Vignaux. — (D. Housseau, XIX. — *Rôle des fiefs de Touraine*.)

Fosses (les), f., c[ne] de Saint-Senoch. — *Les Fosses*, cartes de Cassini et de l'état-major.

Fossés (les), c[ne] d'Hommes. V. *Fossé*.

Fossés (les), ham., c[ne] de Marcilly-sur-Maulne, 10 habit. — La cure de Marcilly possédait, dans ce hameau, une métairie qui fut vendue nationalement le 15 juin 1791. — (Arch. d'I.-et-L., *Biens nationaux*.)

Fossés (les), f., c[ne] de Monnaie.

Fossés (les) et les **Bas-Fossés**, f., c[ne] de Nouzilly.

Fossés (le bois des), près de la Carauderie, c[ne] de Sonzay.

Fosses-à-Châtre (le lieu des), c[ne] du Grand-Pressigny, près du chemin du Grand-Pressigny à Paulmy.

Fosses-à-Sable (les), f., c⁽ᵉ⁾ de Charentilly.

Fosses-aux-Caves (le lieu des), près de Marchebec, c⁽ᵉ⁾ de Bossay.

Fosses-aux-Girards (le lieu des), c⁽ᵉ⁾ de Sainte-Catherine-de-Fierbois.

Fossés-Babin (le lieu des), c⁽ᵉ⁾ de Chançay, près du chemin de Vernou à Saint-Ouen.

Fosses-Barils (le lieu des), près des Landes, c⁽ᵉ⁾ de Montlouis.

Fosses-Bénites (le lieu des), près de Mazères, c⁽ᵉ⁾ de Reignac.

Fosses-Berthiers (le lieu des), près de Neuville, c⁽ᵉ⁾ d'Yzeures.

Fosses-Bignes (les), f., c⁽ᵉ⁾ de Chambray.

Fosses-Blanchard (le lieu des), près de la Vendeume, c⁽ᵉ⁾ de Bueil.

Fosses-Blanches (le lieu des), c⁽ᵉ⁾ de Chambon.

Fosses-Blanches (les), c⁽ᵉ⁾ de Chambray. V. la *Guignardière*.

Fosses-Blanches (le lieu des), près des Bourreaux, c⁽ᵉ⁾ de Continvoir.

Fosses-Blanches (le lieu des), c⁽ᵉ⁾ de Druyes, près du chemin de la Gatinière à Druyes.

Fosses-Blanches (le lieu des), près du bois de Dorée, c⁽ᵉ⁾ de Parçay-sur-Vienne.

Fosses-Blanches-Meigné (les), vil., c⁽ᵉ⁾ de Channay, 26 habit.

Fossés-Blancs (les), ou la **Hacqueterie**, ou **Hacquetière**, ham., c⁽ᵉ⁾ de Chambray, 13 habit. — Il relevait du fief de Bois-Rahier et appartenait, en 1607, au Chapitre de l'église de Tours. La dîme était perçue par le prieur de Bois-Rahier. — (Arch. d'I.-et-L., G, 24, 26.)

Fossés-Blancs (le lieu des), près de la Grande-Maison, c⁽ᵉ⁾ de Champigny-sur-Veude.

Fossés-Blancs (le lieu des), près de la Barre, c⁽ᵉ⁾ de Montlouis.

Fossés-Blancs (le lieu des), c⁽ᵉ⁾ de Paulmy, près du chemin de Paulmy à Bonchamp.

Fosses-Boué (le lieu des), près des Monjalons, c⁽ᵉ⁾ de Rilly.

Fosses-Bouet (le lieu des), paroisse de Saint-Cyr. — *Locus qui dicitur Fosses Bouet, in parochia S. Ciricii, in feodo B. Mauricii*, 1277. — A cette époque, Jacques et Étienne, frères, et Gatienne, leur sœur, vendirent à Pierre, aumônier de l'Hôtel-Dieu de Tours, une vigne située aux Fosses-Bouet. — (*Bulletin de la Soc. archéol. de Touraine* (1871), p. 131.)

Fosses-Bouteilles (le lieu des), c⁽ᵉ⁾ de Montlouis, près du chemin de Montlouis à la Ville-aux-Dames.

Fosses-César (le lieu des), près de la Guinauderie et de Champbourreau, c⁽ᵉ⁾ de Nouzilly.

Fosses-Chaudes (le lieu des), près de la Genaudière, c⁽ᵉ⁾ de Rochecorbon.

Fosses-Chiens (le lieu des), c⁽ᵉ⁾ de Saint-Germain-sur-Vienne, près du chemin du Coteau de Rouziers au port de Rassé.

Fosses-Conniaux (le lieu des), près de la Gingoterie, c⁽ᵉ⁾ de Noizay.

Fosses-Courtoises (les), c⁽ᵉ⁾ de Loches. V. *Fosse-Courtois*.

Fosses-de-Gilouard (le lieu des), près de la Coupillère, c⁽ᵉ⁾ de Thizay.

Fossés-de-Maillé (le fief des), paroisse de Fondettes. — Il est mentionné sur un plan de cette paroisse, dressé au xviiiᵉ siècle. En 1777, il appartenait à Catherine Mehéo de Létang, veuve de Louis Le Boucher, seigneur de Martigny et de Fondettes. — (Arch. d'I.-et-L., C, 366, 538.)

Fosses-de-Rochecorbon (le lieu des), paroisse de Chanceaux-sur-Choisille. — Il est cité dans des chartes de 1290 et 1299. — (Arch. d'I.-et-L., *Prévôté d'Oë*.)

Fosses-des-Jards (le lieu des), près de l'Aître-Dansault, c⁽ᵉ⁾ de Vernou.

Fosses-d'Hareng (le lieu des), près du Noyer-Marquet, c⁽ᵉ⁾ de Vouvray.

Fosses-Gaudins (le lieu des), c⁽ᵉ⁾ de Saint-Germain-sur-Vienne, près du chemin de Fontevrault à Chinon.

Fosses-Longues (le lieu des), près des Bournais, c⁽ᵉ⁾ de Murray.

Fosses-Maillon (le lieu des), près du Noyer-à-Bouju, c⁽ᵉ⁾ d'Ingrandes.

Fosses-Mercier (les), vil., c⁽ᵉ⁾ de la Chapelle-sur-Loire, 47 habit. — *La Fosse, l'Arbaletière*, ou *les Futaies*, xviiiᵉ siècle. — Ancien fief. En 1627, il appartenait à Jean Allain; — en 1729, à Jacques Aubry. — (Arch. d'I.-et-L., *Prévôté de Restigné*.)

Fossés-Neufs (le lieu des), c⁽ᵉ⁾ de Chaumussay, près du chemin du Grand-Pressigny à Preuilly.

Fosses-Plates (le lieu des), c⁽ᵉ⁾ de Sepmes, près du chemin de Sepmes à Sainte-Maure.

Fosses-Plates (le lieu des), près des Ferrands, c⁽ᵉ⁾ de Thilouze.

Fosses-Rouges (le lieu des), près de l'étang du Château, c⁽ᵉ⁾ de Ciran.

Fosses-Rouges (le lieu des), près de la Pommeraye, cne d'Esvres.

Fosses-Rouges (les), f., cne de Nouzilly. — *Fosses-Rouges*, carte de Cassini. — Ancien fief. Vers 1650, il appartenait à Jean Gaulepied ; — en 1703, à Guillaume Gaulepied ; — en 1740, à François Lambron, intendant général des turcies et levées, décédé le 1er janvier 1749 ; — en 1750, à Boniface-Charles Lamyrault, greffier au Parlement de Paris ; — en 1789, à Gillette-Françoise-Marie-Céleste de Carné de Truesson, veuve de Charles-Augustin-François, comte du Plessis Grenedan. — (Arch. d'I.-et-L., E, 97. — Bibl. de Tours, fonds Lambron de Lignim, *Châteaux et fiefs de Touraine*.)

Fosses-Sèches (le lieu des), cne de Thilouze, près du chemin de Pont-de-Ruan à la Pouzière.

Fosses-Trouvées (le lieu des), ou **Fosse-Trouvée**, cne de Rochecorbon, près du chemin de Vouvray à Monnaie. — *Gaignerie de Fosse-Trouvée*, 1250 ; *locus qui dicitur Fosse-Trouée*, 1270. — Ancienne propriété de la collégiale de Saint-Martin de Tours. En octobre 1250, le Chapitre en donna la jouissance, leur vie durant, à N. de la Herre, vicaire de Saint-Martin, et à son frère. Ce domaine est cité dans une charte d'Hervé, seigneur de Vierzon, datée du mois d'avril 1270, et dans des titres de 1443, 1672 et 1717. — (Arch. d'I.-et-L., *prévôté d'Oë*. — D. Housseau, VII, 3231. — Bibl. de Tours, fonds Salmon, *titres de Saint-Martin*, VIII.)

Fossettes (les), f., cne de Crotelles.

Fossettes (les), f., cne de Saint-Laurent-en-Gatines, près du bourg.

Fossières (les) et les **Petites-Fossières**, ham., cne de Saint-Senoch, 11 habit. — *Fossières*, carte de l'état-major.

Fossillon, ou **Faucillon**, f., cne d'Autrèche. — *Fossillon*, carte de l'état-major. — Ancienne propriété de l'abbaye de Fontaines-les-Blanches, sur laquelle elle fut vendue nationalement, le 27 juin 1791, au prix de 16,909 livres. — (Arch. d'I.-et-L., *Biens nationaux*.)

Fosson (le lieu de), cne de Noyant, près du chemin de Fayette à Brou.

Fou, cne de Chaumussay. V. *Foux*.

Fou (le lieu du), paroisse de Marray. — *Terra de Fontana Foio*, XIIe siècle. — *Le Fou, ou Berthelottière*, XVIe siècle. — *Fou, Fou-de-Jarre*, XVIIe siècle. — Ancien fief. Au XIIe siècle, Garin de Marray le donna au prieuré de l'Encloître. — (Arch. d'I.-et-L., E, 16. — *Rôle des fiefs de Touraine*. — *Cartulaire de Fontevrault*.)

Fou (le), ham., cne du Petit-Pressigny, 19 habit. — *Le Fou*, carte de Cassini. — *Le Foux*, carte de l'état-major.

Fou (le lieu du), près de la Bruère, cne de Saint-Benoît.

Fou (le), f., cne de Saint-Ouen. — En 1545, elle appartenait à Johanne de Degest, veuve de Pierre Forget et dame d'Avisé. — (C. Chevalier, *Inventaire des archives d'Amboise*, 229.)

Fou (Raoul du), dit du Vigean, évêque de Périgueux en 1468, puis d'Angoulême en 1470, fut nommé abbé de Noyers dans cette dernière année, en remplacement de Maurice de Parthenay. Il eut pour successeur Gérard de Mauny, en 1498. Il mourut en 1510. — (C. Chevalier, *Hist. de l'abbaye de Noyers*, 143. — *Gallia christiana*, XIV. — *Mém. de la Soc. archéol. de Tour.*, IX, 285. — Bibl. de Tours, fonds Salmon, *titres de Noyers*.)

Fou (Jean du), chev., seigneur de Montbazon, de Sainte-Maure et de Nouâtre, chambellan du roi, capitaine de Cherbourg, nommé bailli-gouverneur de Touraine en 1480, fut remplacé dans ces fonctions, en 1483, par Yves du Fou, son frère. Nommé de nouveau bailli-gouverneur de Touraine en 1489, il donna sa démission en 1492. Il épousa Jeanne de la Rochefoucaud, fille d'Aymar de la Rochefoucaud et de Jeanne de Mareuil, et en eut une fille unique, mariée, en premières noces, à Louis de Rohan, et, en secondes noces, à Guillaume de la Marck. — *Ordonnances des rois de France*, XIX, 104 ; XX, 597. — P. Anselme, *Hist. généal. de la maison de France*, IV, 60, 425 ; VII, 172 ; VIII, 582. — Moréri, *Diction. historique*, IX, 303. — Chalmel, *Hist. de Tour.*, III, 344. — La Thaumassière, *Hist. du Berry*, 673. — D. Morice, *Mémoire pour servir de preuves à l'histoire de Bretagne*, III, 731. — La Chesnaye-des-Bois et Badier, *Diction. de la noblesse*, XVII, 502. — D. Housseau, XIII, 8282. — Ménage, *Hist. de Sablé*, 273.

Fou (Yves du), seigneur du Fou, près de Vouneuil, en Poitou, conseiller et chambellan du roi, grand-veneur de France, capitaine du château de Lusignan, fut nommé bailli de Touraine le 1er juillet 1484. Il remplit ces fonctions pendant quelques mois seulement et eut pour successeur Louis de Laval. Il mourut le 2 août 1488. — (P. Anselme, *Hist. généal. de la maison de France*, VIII, 703-4. — Chalmel, *Hist. de Tour.*, III, 344.)

Fouacé, ou **Fouassé**, f., cne de Mettray. — *Fouacé*, carte de Cassini. — En 1645, Philippe de la Haye était qualifié de sieur de Fouassé. — (Registres d'état-civil de Mettray.)

Fouasserie (la), f., cne de Monts.

Fouasserie (la), f., cne de Varennes. — *Fossiers*, carte de Cassini.

Fouassiers (les), f., cne de Genillé. — *Les Fouassiers*, cartes de Cassini et de l'état-major.

Foubardière (la), paroisse de Saint-Étienne-lez-Tours. V. *Houbardière*.

Foubelliard, ou **Belard**, f., c^{ne} d'Ambillou.

Foucardière (la), f., c^{ne} de Cangy. — *Foucardière*, carte de Cassini. — *Foucaudière*, carte de l'état-major.

Foucaudière (la Petite-) f., c^{ne} de Vou. — *Foucauderie*, cartes de Cassini et de l'état-major.

Foucauderie (la), c^{ne} de Mouzay. V. *Foucaudrie*.

Foucauderies (les), ou **Foucaudières**, f., c^{ne} du Boulay.

Foucaudière (la), f., c^{ne} de Druyes.

Foucaudière (les Haute et Basse-), ou **Travaille-Coquin**, f., c^{ne} de Langeais.

Foucaudière (la), ham., c^{ne} de Mazières, 16 habit. — *Foucaudière*, cartes de Cassini et de l'état-major.

Foucaudière (la), c^{ne} de Mouzay. V. *Foucaudrie*.

Foucaudière (la), f., c^{ne} de Nouzilly. — Ce domaine fut érigé en fief en 1581. Il relevait de la Roche-d'Ambille à foi et hommage simple. En 1581, il appartenait à Antoine Rancher; — en 1664, à François de Xaintrailles; — en 1717, à Louis-Thomas-Olivier de Fiennes, marquis de Leuville. — (Arch. d'I.-et-L., *titres de la Roche*. — *Rôle des fiefs de Touraine*. — *Les généalogies des maîtres des requêtes de l'hôtel du roi*, 333. — Bétancourt, *Noms féodaux*, II, 795.)

Foucaudière (la), f., c^{ne} de Saint-Étienne-de-Chigny. — *Foucaudière*, carte de l'état-major.

Foucaudière (la Grande-), ham., c^{ne} de Saint-Ouen, 11 habit. — *Foucaudière*, carte de l'état-major. — Ancien fief. — (*Rôle des fiefs de Touraine.*)

Foucaudière (la), f., c^{ne} de Saunay. — *Foucaudière*, cartes de Cassini et de l'état-major. — Vers 1660, elle appartenait à Charles Desmier; — en 1693, à Anne Guesbin, veuve de Charles-Gilles Desmier, Éc.; — en 1764, à Charles Desmier. — (Arch. d'I.-et-L., E, 102. — Registres d'état-civil de Saint-Florentin d'Amboise.)

Foucaudière (la), vil., c^{ne} de Savonnières, 35 habit. — *Foucaudière*, carte de Cassini et de l'état-major.

Foucaudrie (la), **Foucauderie**, ou **Foucaudière**, f., c^{ne} de Mouzay. — *Fouchardière*, 1558. — *Foucauderie*, carte de Cassini. — Ancien fief, relevant de Sainte-Maure. — (D. Housseau, XIII, 8031. — Bibl. de Tours, fonds Salmon, *titres de Sainte-Maure.*)

Foucault (le lieu de), près de la Péchauderie, c^{ne} de Bossée.

Foucault (le lieu de), près des Borderies de Crossay, c^{ne} de Vou.

Foucaults (les), vil., c^{ne} de Bréhémont, 43 habit.

Fouchambault, c^{ne} de Bléré. V. *Fossembault*.

Fouchardière (la), f., c^{ne} de la Ferrière. — *Fouchardière*, cartes de Cassini et de l'état-major.

Fouchardière (la), c^{ne} de Mouzay. V. *Foucaudrie*.

Fouchardière (la), paroisse de Saint-Christophe-sous-Faye. — Ancien fief, relevant de Faye-la-Vineuse. En 1618, il appartenait à Mery de Mosson. — (Arch. d'I.-et-L., B, 17; C, 600.)

Fouchardière (la), ham., c^{ne} de Saint-Ouen, 18 habit.

Foucharé (les Grand et Petit-), vil., c^{ne} de Genillé, 38 habit. — *Foucharay*, carte de Cassini. — *Foucharé*, carte de l'état-major. — Ancien fief. Le 2 juin 1514, Gabriel Dumain le vendit à Michel Dumain. En 1573, il appartenait à Jeanne Dumain qui, le 23 mars, le vendit à Pierre-Lazare Pigelet. Il passa ensuite aux mains d'Antoine Demery et de Marthe Dumain, qui le cédèrent, par acte du 11 avril 1598, à Marie Vallard, veuve de Jean de Machefort, et à Jacques de Machefert. En 1668, il était possédé par Charles de Machefert, Éc., seigneur de la Frillère, capitaine des chasses de la forêt de Loches. Le 16 mars 1700, Jean de Machefert le vendit aux Barnabites de Loches, qui, par acte du 28 mars 1719, le cédèrent aux Chartreux du Liget. — (Arch. d'I.-et-L., *titres du Liget*; E, 9.)

Fouchault, vil., c^{ne} de Vallères, 77 habit. — *Fouchault*, cartes de Cassini et de l'état-major. — Ancien fief, relevant de la châtellenie de Crassay, à foi et hommage lige et cinq sols de service. L'aveu suivant, rendu le 2 avril 1745, au seigneur de Crassay, par Louis de Chauméjan, marquis de Fourilles, fait connaître les droits féodaux attachés à la possession de ce domaine :

« De vous très haut et très puissant seigneur Monseigneur Charles-Philippe d'Albert, duc de Luynes et de Chevreuse, pair de France, comte de Tours, baron de Semblançay, Rochecorbon, St Michel-sur-Loire, seigneur chastelain des chastellenies des Écluses et Crassay, à Langeais, et autres lieux, je, Louis de Chauméjan, marquis de Fourille, abbé comendataire de l'abbaye royale de St Vincent de Senlis, seigneur de Fouchault, l'Archidiacré, le Vau de Vallère, Moncleret, St Gervais, le Chesne, Fourille et autres lieux, tiens et avoue tenir de vous, à cause de votre terre et seigneurie de Crassay, à foy et hommage lige, à cinq sols de service et aux loyaux aides quand elles y arrivent, c'est à scavoir : ma maison forte, domaine, fief, terre et seigneurie de Fouchault, avec les appartenances et dépendances d'icelle en laquelle j'ay fief, justice et juridiction haute, moyenne et basse et tout ce qui en dépend et peut dépendre selon la coutume du pays. Aussi ay droit en ma dite seigneurie de four à ban et rapel ; droit d'assise de quinzaine en quinzaine, présentation de chapelle, droit de prevosté, espaves, sceaux à contrats, moulin à ban, garenne à conils, defaits d'eaux et pescheries, terrages, dixmes de bleds, vins, chanvres, lins, potages ; droit de quintaine, plottes, pots et danses à faire courir à mes sujets nouvellement mariés ; avec droits de boucherie. Aussi ay plusieurs hommes et sujets tenans en ma dite seigneurie plusieurs héritages, foy et hommages, cens, rentes et autres devoirs, censif, tant en deniers, bleds, chapon, poulailles, oyseaux de rivière qu'autres devoirs.

« Et premièrement, je tiens en mon domaine ce qui en suit : Ma maison forte, enceinte de murailles, à fossés taillés d'ancienneté en roc ; ma chapelle étant au dedans des dites murailles crenelées, deux porteaux à pont levis, marchés, coulizes.

« *Item*, ma basse court en laquelle sont situés ma fuye, grange, prisons, étables et autres batiments, contenant le tout un arpent et demy ou environ.

« *Item*, audessus de mon dit chastel et maison forte, mon clos fermé de murailles, contenant dix arpents de terre ou environ, dont il y a sept arpents plantés en vignes, le reste allées et arbres fruitiers.

« *Item*, audevant de ma dite maison est mon jardin clos de murailles, contenant quatre arpents ou environ......

« *Item*, ma garenne à conils en bois et buissons forts et terriers étant dedans, contenant cinq arpents ou environ.

« *Item*, mon defaits et pescherie du dit lieu de Fouchaut, lequel s'étend depuis la maison feu Pierre Raguin qui était jadis vis à vis la rue des Berthelots, laquelle maison a été ruinée par inondation des eaux jusqu'à l'entrée de ma dite seigneurie de Fouchault.

« *Item*, mon moulin situé au cours de l'eau de mon dit deffaits, avec le logis pour loger le meunier du dit moulin......

« *Item*, un autre defaits qui descend en Brehemont, depuis la rivière de Loire jusqu'à la rivière de Boudre.

« *Item*, la gagnerie de ma dite seigneurie de Fouchault, contenant trente-trois arpents de terre labourable...... Pour le fief de Bascher, autrement l'Éreau-aux-Naux, situé dans l'île de Brehemont, au lieu de la Chapelle-aux-Naux, la dite chapelle étant dedans, ensemble le fief de la prévôté qui s'étend au bourg de Vallères, comme pareillement les fiefs des Grippes et du Vau-Souvin ont été réunis à la seigneurie de Fouchault et les rentes et devoirs dus pour et à cause des dits fiefs ainsi réunis, à laquelle prévôté réunie à ma dite seigneurie de Fouchault appartiennent les droits qui s'en suivent, scavoir : le droit de bailler toutes aunes et mesures et les adjuster, et pour chacune qui s'ajuste est dû quatre deniers ou le plan de bled ou de vin ou il s'ajuste.

« *Item*, ay droit d'avoir pour chacune borne mise et assise à la requeste des parties ou autrement, pour la première quatro deniers et pour les autres suivantes deux deniers.

« *Item*, ay droit d'avoir pour chaque bête prise en dommage, baillée et livrée par le dit provost ou ses commis ou parties qui les délivrent, pour chacune beste prise quatre deniers et si plusieurs bestes appartiennent toutes à une personne pareillement ai droit d'avoir quatre deniers.

« *Item*, droit de prendre sur chacune personne qui acquiert choses immeubles douze deniers par chacun contrat d'acquest.

« *Item*, à cause de la dite prevoté y a aussi droit d'avoir le tiers de toutes les amendes qui sont jugées et taxées dans la justice et seigneurie de Fouchault avec charges d'amasser les deux autres tiers.

« *Item*, m'est aussi du foy et hommage simple, à cause de ma dite seigneurie de Fouchault, pour le fief Saumars, appartenant aux héritiers feu maistre Michel Pasquet, procureur à Tours, pour raison duquel m'est dû par le seigneur du dit fief quatre sols de service annuel au jour de la my août, et quatre sols de loyaux aides quand elles y adviennent, avec trois jours et trois nuits de garde en mon dit chastel et forteresse de Fouchault, en habillement d'archer, toutes fois et quantes que les Anglois tiendront les champs entre les rivières de Loire et le Loir, et outre, un jour et une nuit de garde pour garder les prisonniers qui seront mis esdites prisons de Fouchault. Comme aussy m'est du foy et hommage simple, à cause de ma seigneurie de Fouchault, pour raison du fief du Petit Fouchault situé en la paroisse de S¹ Jean de Langest, avec trois sols de service annuel et lequel fief du Petit Fouchault, autrement dit Bagneus, appartient à maistre Baudry, sieur de la Calinière.

« *Item*, m'est aussy dû foy et hommage à cause de ma dite seigneurie de Fouchault, pour raison du fief des Crossonniers séant en l'isle de Brehemont ès paroisses de Lignière et Langeais, entre les rivières, avec neuf sols de service annuel et six sols aux loyaux aides quand elles y adviennent...... M'est dû douze deniers de franc devoir par le sieur Dubois à cause de la seigneurie de Lartivière et des domaines, maisons, roches, et autres appartenances étant à l'entour, contenant seize arpents...... »

En 1459, le fief de Fouchault appartenait à Pierre Godeau. Le 15 juin 1486, Jeanne Verjuste, veuve de Pierre Godeau, fonda, dans le logis seigneurial, une chapelle qui fut dédiée à saint Eutrope et à saint Blaise. Elle réserva aux seigneurs du fief le droit de présentation à ce bénéfice.

Jehan Godeau, Éc., fils de Pierre, est mentionné dans un acte de 1486, avec la qualification de seigneur de Fouchault et de l'Hommaye.

Jehan Prunier, Éc., seigneur de Fouchault, receveur général des finances, épousa Marie Rolland. En 1696, il fonda dans le cimetière de la paroisse de Saint-Saturnin de Tours, une chapelle qui fut placée sous le vocable de sainte Anne. Cette chapelle existait encore en 1662. On voyait, au-dessus du portail, les armes du fondateur : *De gueules, à une tour d'argent*.

Jean Prunier eut trois enfants : Jean, seigneur de Grigny, en Forez; Artus, seigneur de la Buissière, et Anne, mariée, le 3 avril 1521, à Gilbert Filiol, Éc., seigneur de la Fauconnière.

Anne Prunier eut en partage la terre de Fouchault. De son mariage avec Gilbert Filiol elle eut deux fils, Pierre et Gilbert, qui, par acte du 19 avril 1560, vendirent ce domaine à Scipion de Piovenne, chev., premier écuyer du roi, comte de Castel-Gomberte, en Italie.

Par son testament, passé à Blois le 2 avril 1562, Scipion de Piovenne demanda à être inhumé dans sa chapelle de Fouchault. Il mourut vers 1565, laissant, de son mariage avec Claude Robertet, une fille unique, Hippolyte-Louise, dame de Fouchault, mariée, en premières noces, à François de la Rouère, seigneur d'Esclavolles, qui fut tué à la bataille de Senlis, en 1589, et, en secondes noces, le 6 janvier 1596, à Blaise de Chauméjan.

Blaise de Chauméjan, marquis de Fourilles, baron d'Huriel, seigneur de Fouchault, du chef de sa femme, grand-maréchal des logis du roi et conseiller d'État, vivait encore en 1620. Sa femme mourut au château de Montreuil, en Touraine, en octobre 1609, et eut sa sépulture dans la chapelle de Fouchault. Quelque temps après, son corps et celui de Scipion de Piovenne, inhumé dans le même lieu, furent exhumés pour être transportés à l'église paroissiale de Vallères.

Blaise de Chauméjan eut, entre autres enfants, René, marquis de Fourilles et seigneur de Fouchault, capitaine des Gardes et grand-maréchal des logis du roi (1638), René-Michel, gouverneur de Touraine (1636), mort en 1644, et Michel-Denis.

Ce dernier, seigneur de Fouchault après son frère, conseiller d'État et lieutenant-général des armées du roi, mourut en 1667. Il avait épousé, en premières noces, le 12 avril 1632, Geneviève Foulé, veuve de Charles Mesnardeau, seigneur de Beaumont, et fille de Jacques Foulé, maître des requêtes, et de Marie Charron ; et, en secondes noces, le 23 janvier 1644, Anne de Croisille, fille de Nicolas de Croisille, conseiller d'État, et d'Anne de Tuffani. Du premier lit il eut une fille; du second lit, Louis et Henri.

Louis de Chauméjan, marquis de Fourilles et seigneur de Fouchault, lieutenant aux Gardes françaises, puis conseiller d'État, mourut en 1668. La terre de Fouchault passa à son frère, Henri.

Henri de Chauméjan, marquis de Fourilles, brigadier des armées du roi, décédé le 28 février 1718, laissa, entre autres enfants, de son mariage avec Marie-Claire Diedeman, fille de Jean Diedeman, seigneur de la Riandrie, grand-bailli aux États de Lille, Blaise et Louis.

Blaise de Chauméjan, marquis de Fourilles et seigneur de Fouchault, lieutenant aux Gardes françaises, mourut à Spire, le 13 juillet 1734, sans laisser de postérité. Sa succession passa à son frère.

Louis de Chauméjan, marquis de Fourilles, seigneur de Fouchault, abbé de Saint-Vincent de Senlis, mourut le 25 février 1765, âgé de soixante-quinze ans. En lui s'éteignit la maison de Chauméjan.

La terre de Fouchault passa ensuite à Charles-Louis Prévost de Saint-Cyr, ancien colonel du régiment d'Angoumois et chevalier de Saint-Louis (1776), puis à Nicolas-Charles-Claude Prévost de Saint-Cyr (fils de Charles-Louis), maître des requêtes de l'hôtel du roi (1777-89).

L'ancien château de Fouchault a été démoli vers 1830. Sa construction datait du xve siècle.

Arch. d'I.-et-L., C, 654; E, 24; *titres de Lignières et des Minimes du Plessis.* — *Rôle des fiefs de Touraine.* — De Courcelles, *Diction. de la noblesse*, II, 207. — Guy Bretonneau, *Hist. de la maison des Briçonnets*, 19. — *Pouillé de l'archevêché de Tours* (1648), p. 49. — *Mémoires de Michel de Castelnau*, III, 178. — Bibl. de Tours, manuscrit n° 1312. — *Cartulaire de l'archevêché de Tours.* — Chalmel, *Hist. des maires de Tours*, 103. — D'Hozier, *Armorial général*, reg. 2e, 2e partie. — La Chesnaye-des-Bois et Badier, *Diction. de la noblesse*, XVI, 484. — Lhermite-Souliers, *Hist. de la noblesse de Touraine*, 418-22-30. — Notes communiquées par M. Schleiter, membre de la Société archéologique de Touraine. — *Mém. de la Soc. archéol. de Tour.*, X, 44.

Fouchault (le Petit-), ou **Bagneux**, paroisse de Saint-Jean de Langeais. — Ancien fief. Il relevait de Fouchault, paroisse de Vallères, à foi et hommage simple et trois sols de service annuel. En 1745, il appartenait à N. Baudry, sieur de la Colinière. — (Aveu rendu le 2 avril 1745, par Louis de Chauméjan, marquis de Fourilles.) — (*Rôle des fiefs de Touraine.* — Notes communiquées par M. Schleiter, membre de la Société archéologique de Touraine.)

Fouche (la), f., c^{ne} de Seuilly.

Foucher (le lieu de), paroisse d'Autrèche. V. *Fouchet*.

Foucher (Jean), chanoine de l'église de Tours et promoteur de l'officialité, né à Tours vers 1680, mourut dans cette ville vers 1750. Il prononça l'oraison funèbre de Mathieu-Isoré d'Hervault, archevêque de Tours, le 15 février

1717. Cette oraison funèbre a été imprimée. — (Chalmel, *Hist. de Tour.*, IV, 184. — Bibl. de Tours, fonds Salmon, *Mélanges*.)

Foucher (Paul), neveu du précédent, naquit à Tours le 4 avril 1704. Ses parents étaient fabricants de soieries. Il fit ses premières études dans cette ville, chez les Jésuites, et les acheva sous la direction des prêtres de l'Oratoire. Par l'entremise de son oncle, chanoine de l'église métropolitaine, il obtint une chapellenie à laquelle était attaché un revenu d'une centaine de livres. Ses ressources particulières, jointes à cette modeste somme, ne lui permettant pas de vivre convenablement dans sa ville natale, il se rendit à Paris et y fut précepteur des enfants du comte de Châtellux. Un peu plus tard, la duchesse de la Tremoille lui confia l'éducation de son fils. L'Académie des Inscriptions l'accueillit parmi ses membres en 1753. Il mourut à Paris le 4 mai 1778. On a de lui les ouvrages suivants : *Géométrie métaphysique, ou Essai d'analyse sur les éléments de l'étendue bornée*, Paris, 1758, in-8°. — *Traité historique de la religion des Perses.* (Il forme quatorze Mémoires, qui ont été insérés dans les tomes 25, 27, 29, 31 et 39 du *Recueil de l'Académie des Inscriptions*.) — *Recherches sur l'origine et la nature de la religion des Grecs.* (Elles se composent de neuf Mémoires qui se trouvent dans les tomes 34, 35, 36, 38 et 39 du même recueil.) Ces travaux, fruit de longues et patientes études, sont extrêmement curieux. Aujourd'hui, cependant, comme tant d'autres ouvrages de grand intérêt, ils sont tombés dans l'obscurité et dans l'oubli.

Dupuy, *Éloge de l'abbé Foucher* (dans le t. XLII des *Mémoires de l'Académie des inscriptions*). — Quérard, *La France littéraire*, III, 173. — Chalmel, *Hist. de Tour.*, IV, 183. — Didot, *Nouvelle biographie générale*, XVIII, 284-85-86. — Larousse, *Grand diction. universel du xixe siècle*, VIII, 651. — *La Touraine*, 593.

Foucheraie (la), c^{ne} de Saint-Paterne. V. *Fougeraie.*

Foucheraie (la), f., c^{ne} de Thilouze. — *Foucheraye*, cartes de Cassini et de l'état-major.

Foucheraye (la), c^{ne} de Druyes. V. *Fouchers.*

Foucherie (la), c^{ne} d'Autrèche. V. *Fouchet.*

Foucherie (le lieu de la), paroisse de Cerelles. — Il est cité dans des aveux rendus à Rochecorbon en 1530-35. — (Arch. d'I.-et-L., *Chambrerie de Saint-Julien*.)

Foucherie (le lieu de la), c^{ne} de Chaumussay, près du bourg.

Foucherie (la), f., c^{ne} de Genillé. — Au xviie siècle, elle appartenait à la famille Andriansin de Casant. — (Arch. d'I.-et-L., E.)

Foucherie (la), f., c^{ne} d'Orbigny.

Foucherie (la), f., c^{ne} de Sainte-Radégonde. V. *Fouchière.*

Fouchers (les), f., c^{ne} de Druyes. — *Foucheraye*, carte de l'état-major.

Fouchers (les), f., c^{ne} de Luzillé.

Fouchers (les), f., c^{ne} de Souvigné.

Fouchet (le lieu de), ou **Foucherie**, c^{ne} d'Autrèche. — *Foucherie*, carte de Cassini. — Ancien fief, relevant d'Amboise. — (Arch. d'I.-et-L., C, 603.)

Fouchière, ou **Foucherie** (la maison), paroisse de Sainte-Radégonde. — Ancienne propriété de l'abbaye de Marmoutier, sur laquelle elle fut vendue nationalement en 1791. — (Arch. d'I.-et-L., *Biens nationaux*.)

Foucqué (Michel), vicaire de la collégiale de Saint-Martin de Tours, vivant dans la seconde moitié du xvie siècle, est auteur d'un ouvrage rare aujourd'hui et intitulé : *Les faictz, passion, mort, résurrection et ascension de Nostre-Seigneur Jésus Christ, selon les quatre saincts évangélistes, mis en vers françoys héroïques*, Paris, Jean Bienné, 1574, in-8° de 514 pages. — (Catalogue de J. Taschereau, 1451.)

Foucquet (Jehan). V. *Fouquet.*

Foucquetière (la), f., c^{ne} de Bournan. — *Foucquère*, carte de Cassini. — Elle relevait censivement de Bagneux et appartenait, en 1789, à la famille Dangé d'Orsay. — (Arch. d'I.-et-L., E, 74.)

Foucquetière (la), f., paroisse de Genillé. — Ancienne propriété des Chartreux du Liget. — (Arch. d'I.-et-L., *Biens nationaux*.)

Foucteau (le), f., c^{ne} de Villebourg.

Foucunerie (la), vil., c^{ne} de Nouans, 19 habit.

Fou-de-Jarre, paroisse de Neuvy-Roi. V. *Fou.*

Foudreaux (les), f., c^{ne} de la Chapelle-sur-Loire.

Fouennerie (la), f., c^{ne} de Chemillé-sur-Indrois.

Fouettière (la), f., c^{ne} de Chemillé-sur-Indrois. — *Fouettière*, cartes de Cassini et de l'état-major.

Fouger (le lieu de), c^{ne} de Marcé-sur-Esves, près du chemin de la Celle-Saint-Avent à Manthelan.

Fougerai (le), f., c^{ne} de Champigny-sur-Veude. — *La maison du Fougeré*, xviie siècle. — Elle devait une rente à la collégiale de Champigny, suivant une déclaration féodale du 22 mars 1667. — (Arch. d'I.-et-L., G, 282.)

Fougerai, ou **Fougeray** (le bas-), f., c^{ne} de Marigny.

Fougerai (le), c⁰ᵉ de Razines. V. *Fougeray*.

Fougerais (la), ou **Fougeraie**, cⁿᵉ de Saint-Paterne. V. *Fougeray*.

Fougerais (étang de la), cⁿᵉ de Saint-Paterne.

Fougeray (le), ham., cⁿᵉ de Benais, 13 habit. — *La Fougère, Fontaine-des-Fougères*, xvᵉ siècle. — *Fief-Salmon*, ou *Fief-Fougereau*, titre de 1702. — Ancien fief. En 1548, il appartenait à Joubert Thibault; — en 1622, à Urbain Thibault, lieutenant en la Justice de Bourgueil; — en 1690, à Étienne Thibault, greffier à Bourgueil; — en 1700, à Martin Thibault, qui le vendit, par acte du 8 juillet 1702, à l'abbaye de Bourgueil. — Au xvıᵉ siècle, la collégiale de Saint-Martin de Tours possédait une métairie faisant partie de ce hameau et dépendant de la prévôté de Restigné. — (Arch. d'I.-et-L., *prévôté de Restigné; titres de Bourgueil*. — *Rôle des fiefs de Touraine*).

Fougeray (le), ham., cⁿᵉ du Boulay, 10 habit. — *Le Petit et le Grand-Fougeray*, carte de Cassini.

Fougeray (Notre-Dame-du-). V. *Cormery*.

Fougeray (le lieu du), près de Château-Gaillard, cⁿᵉ de Couziers.

Fougeray (le lieu du), près du Breuil, cⁿᵉ de Draché.

Fougeray (le), quartier de la ville de Langeais.

Fougeray (le), cⁿᵉ de Marigny. V. *Fougerai*.

Fougeray (le Haut-), ou **Fougeré**, f., cⁿᵉ de Razines. — *Fougeray*, cartes de Cassini et de l'état-major. — En 1765, elle appartenait à N. Besnard, Éc. Elle fut vendue nationalement le 12 messidor an IV, sur N. de Richemont, émigré. — (Arch. d'I.-et-L., *Rôle des 20ᵉˢ; Biens nationaux*.)

Fougeray (le), la **Fougerais**, ou **Fougeraie**, f. et chât., cⁿᵉ de Saint-Paterne. — *Le Fougeray*, ou *Foucheraye*, 1791; *Fougeret*, 1834. — Ancienne propriété de l'abbaye de la Clarté-Dieu. — (Arch. d'I.-et-L., *Biens nationaux*.)

Fougeray, cⁿᵉ de Savigny. V. *Fougères*.

Fougeray (le), f., cⁿᵉ de Vernou. — *Les Fougères*, 1336. — *Fougerays*, 1374. — Ancien fief, dépendant de la Valinière et relevant de l'archevêché de Tours, à foi et hommage lige. (Aveu de Fouquet de Colleures, seigneur de la Valinière, 1336.) En 1374, il appartenait à Philippe Bonart, à cause de sa femme, fille de feu Guillaume de Fougeray. — (*Cartulaire de l'archevêché de Tours*. — *Rôle des fiefs de Touraine*.)

Fougère (la), cⁿᵉ de Benais. V. *Fougeray*.

Fougère (la), vil., cⁿᵉ de Chambon, 28 habit. — *La Fougère*, carte de l'état-major.

Fougère (la), f., cⁿᵉ de Couesme.

Fougère (la), ou **Fougeray**, ou **Fougères**, vil., cⁿᵉ de Savigny, 181 habit. — *Fougères*, carte de Cassini.

Fougère (la), f., cⁿᵉ de Souvigné.

Fougeré, cⁿᵉ de Razines. V. *Fougeray*.

Fougereau, cⁿᵉ de Benais. V. *Fougeray*.

Fougereau (moulin de), sur le Brignon, cⁿᵉ de Betz. — *Fougereau*, carte de Cassini.

Fougereau, vil., cⁿᵉ de Charnizay, 19 habit. — *Foujeraux*, carte de Cassini. — *Fougereau*, carte de l'état-major. — Une ferme, située dans ce village, fut vendue nationalement, en 1793, sur Henri Viart, émigré. — (Arch. d'I.-et-L., *Biens nationaux*.)

Fougères (les), cⁿᵉ de Benais. V. *Fougeray*.

Fougères (le lieu des), paroisse de Champigny-sur-Veude, près du chemin du Carroi-Bouchard au Carroi-de-la-Bouzillière. Il devait une rente à la collégiale de Champigny. — (Arch. d'I.-et-L., G, 282.)

Fougères (les Hautes et Basses-), vil., cⁿᵉ de Civray-sur-Cher, 35 habit. — *Les Fougères*, cartes de Cassini et de l'état-major.

Fougères (le lieu des), près de Pilaudri, cⁿᵉ de Cléré.

Fougères (le lieu des), près de la Bâtardière, cⁿᵉ de Lerné.

Fougères (le lieu des), près de Fontenay, cⁿᵉ de Lignières.

Fougères (le lieu des), cⁿᵉ de Neuilly-le-Brignon. — Ancien fief, relevant des Bordes-Guenand. En 1431, il appartenait à Jean Faucras; — en 1480, à Pierre de Reffuge, Éc.; — en 1559, à Charles de Villebresme; — en 1575, à Louis de Villebresme; — en 1606, à François de Villebresme; — en 1526, à Antoine de la Rochefoucaud. — (Bibl. nationale, Gaignères, 678.)

Fougères (les), f., cⁿᵉ de Rigny. — *Fougères*, cartes de Cassini et de l'état-major.

Fougères (le lieu des), cⁿᵉ de Saint-Épain, près du chemin de Sainte-Maure à Thilouze.

Fougères (les), f., cⁿᵉ de Saint-Étienne-de-Chigny.

Fougères (les), cⁿᵉ de Savigny. V. *la Fougère*.

Fougères (le lieu des), près des Grandes-Rues, cⁿᵉ de Sazilly.

Fougères, cⁿᵉ de Vernou. V. *Fougeray*.

Fougères (Guillaume de), bailli de Touraine, d'Anjou et du Maine, succéda, dans ces fonctions, à Richard Leclerc en 1230. Il fut remplacé, en 1240, par Josse de Bonnes. — (Brussel, *Nouvel examen de l'usage des fiefs en France*, I, 489. — Chalmel, *Hist. de Tour.*, III, 399.)

Fougerets (les), vil., c⁽ⁿᵉ⁾ de Limeray, près de la Loire, 34 habit. — Ancien fief. Il relevait de Chenonceau à foi et hommage simple et un roussin de service, à muance de seigneur. En 1523-65, il appartenait à Louis du Bois, seigneur des Arpentis; — en 1707-40, à la famille Bergeron de la Goupillère. Une métairie, faisant partie de ce village, appartenait à l'abbaye de Moncé. — (Arch. d'I.-et-L., *Biens nationaux*. — C. Chevalier, *Hist. de Chenonceau*, 39.)

Fougerets (les Petits-), c⁽ⁿᵉ⁾ de Villedômer. V. *Fougerie*.

Fougerie (la), ham., c⁽ⁿᵉ⁾ de Villedômer, 13 habit. — *Petits-Fougerets*, 1736. — *Fougerie*, carte de l'état-major. — Une ferme, située dans ce hameau, appartenait à l'abbaye de Gastines en 1736-91. — (Arch. d'I.-et-L., *Biens nationaux*.)

Fougerolles, vil., c⁽ⁿᵉ⁾ de Restigné, 50 habit. — *Fougerolles*, cartes de Cassini et de l'état-major.

Fougery (le lieu de), c⁽ⁿᵉ⁾ de Charnizay, près du chemin de Preuilly à Loches.

Fougues, c⁽ⁿᵉ⁾ de Beaumont-en-Véron. V. *Besardière*.

Fouillarde (la), c⁽ⁿᵉ⁾ de Saint-Pierre-des-Corps. V. *Feuillarde*.

Fouillé, f., c⁽ⁿᵉ⁾ de Saint-Patrice. — *Terra de Foolers*, xi⁽ᵉ⁾ siècle. — Ancien fief. Au xi⁽ᵉ⁾ siècle, il appartenait à l'abbaye de Noyers. — (*Rôle des fiefs de Touraine*. — *Cartulaire de Noyers*.)

Fouillouse (le lieu de la), c⁽ⁿᵉ⁾ de Neuil, près du chemin de la Croix à Saint-Épain.

Fouilloux, — *Foillos*, xi⁽ᵉ⁾ siècle. — Ancien fief, relevant de Faye-la-Vineuse à foi et hommage simple. En 1553, il appartenait à Joachim de la Touche. — (Arch. d'I.-et-L., C, 600.)

Fouinais (les Grand et Petit-), f., c⁽ⁿᵉ⁾ de Pernay. — *Fouynais*, xv⁽ᵉ⁾ siècle. — *Fouinais*, cartes de Cassini et de l'état-major. — Anciens fiefs, relevant du château de Maillé (Luynes) à foi et hommage simple et deux mois de garde au château du suzerain. En 1458, ils appartenaient à Colas Fouynais, Éc.; — en 1553, à François de Lournay. Par acte du 6 mai 1610, Anne de Lournay, veuve de Louis de Dampierre, Éc., Mathieu Guyot de Montaigu et Julienne de Dampierre, sa femme, vendirent ces deux fiefs à Quentin Petiteau, maître des eaux et forêts de Touraine. En 1775, ces domaines étaient possédés par Marguerite d'Huly de Chérix. — (*Rôle des fiefs de Touraine*. — Arch. d'I.-et-L., *prévôté d'Oë*. — Bibl. de Tours, fonds Lambron de Lignim, *Châteaux et fiefs de Touraine*.)

Foujouin, f., c⁽ⁿᵉ⁾ de Vernou. — *Faujoin*, carte de l'état-major.

Fouldrin (Jean), aumônier du roi, abbé de Notre-Dame de Blois, fut nommé abbé de Noyers en 1597, en remplacement de Charles Martineau de Thuré. Il mourut au mois d'octobre 1615. — (C. Chevalier, *Hist. de l'abbaye de Noyers*, 144. — Bibl. de Tours, fonds Salmon, *titres de Noyers*. — *Gallia christiana*, XIV. — *Mém. de la Soc. archéol. de Tour.*, IX, 285.)

Foulerie (le moulin de la), paroisse de Châteaurenault, près de la ville. — En 1680, il appartenait à François Fourneau, Éc. — (Arch. d'I.-et-L., E, 120.)

Foulleret (moulin). V. *Moulin-Neuf*, c⁽ⁿᵉ⁾ de Chançay.

Foullerets (moulin de), c⁽ⁿᵉ⁾ de Pussigny. V. *Moulin-Foulon*.

Foulon (le), f., c⁽ⁿᵉ⁾ de Paulmy.

Foulon (Louis-François), seigneur de Clènes, conseiller au siège présidial de Tours, fut nommé maire de cette ville en décembre 1646, en remplacement de Jacques Bouet de la Noue. Il eut pour successeur, en 1648, Barthélemy de Burges. Il mourut en 1657. — (Chalmel, *Hist. des maires de Tours* (manuscrit), p. 139. — Lambron, *Armorial des maires de Tours*.)

Foulonnerie (la), ou **Foulonnière**, f., c⁽ⁿᵉ⁾ de Continvoir. — *Foulonnerie*, carte de l'état-major.

Foulonnerie (la), ham., c⁽ⁿᵉ⁾ de Saint-Jean-Saint-Germain, 10 habit.

Foulonnière (la), ou **Foulonnerie**, ham., c⁽ⁿᵉ⁾ de Restigné, 14 habit. — Il relevait de la prévôté de Restigné (1552). — (Arch. d'I.-et-L., *prévôté de Restigné*.)

Foulons (les), f., c⁽ⁿᵉ⁾ de Chédigny, près de l'Indrois. — *Foulons*, carte de l'état-major.

Foulons (les), et les **Grands-Foulons**, vil., c⁽ⁿᵉ⁾ de Ligueil, 23 habit. — *Les Foulons*, carte de l'état-major.

Foulons (le lieu des), près de la Fuye, c⁽ⁿᵉ⁾ du Louroux.

Foulons (le lieu des), c⁽ⁿᵉ⁾ de Rochecorbon, près du chemin de Rochecorbon à Monnaie.

Foulques, dit **Nerra**, fils de Geoffroy-Grisegonelle, comte d'Anjou, et d'Adèle de Vermandois, prit possession du comté d'Anjou, après la mort de son père, en 987. Outre ce comté, il eut, en héritage, plusieurs villes situées sur les limites de la Touraine, entre autres Châtillon-sur-Indre, Buzançais et Loudun. Si l'on a pu faire son éloge en disant qu'il fut un des plus valeureux guerriers de son temps et qu'il est resté comme une des plus grandes figures historiques de son siècle, il faut reconnaître d'autre part que cette prétendue auréole de gloire a été chèrement payée par les populations de la Touraine et de l'Anjou, cruellement éprouvées par les guerres incessantes et meurtrières, par les pillages et les massacres qui remplirent toute la vie de ce personnage. Tours, en particulier, a gardé un affreux souvenir de ses fureurs et de sa férocité. On ne saurait oublier, en effet, qu'en 904, il incendia le bourg de Châteauneuf et vingt-trois églises, parmi lesquelles se trouvait la collégiale de Saint-Martin. Dans la même année, il porta le fer et le feu dans les campagnes avoisinant Preuilly, Montbazon, Sainte-Maure, Langeais et Châteaurenault, et laissa partout derrière lui la ruine, la misère et un épouvantable deuil.

Nous ne sommes pas de ceux qui, méconnaissant la vérité historique, s'illusionnent jusqu'au point de voir des titres de gloire dans de pareils actes. Le passage de Foulques Nerra en Touraine fut un horrible fléau comparable à l'invasion des Vandales. En lisant l'histoire de ces temps malheureux, il nous semble entendre les gémissements et les malédictions de nos ancêtres, succombant sous le joug d'un tyran féroce, d'une sorte d'aventurier qui, n'ayant d'autre but que de satisfaire son ambition, sa cupidité ou ses rancunes personnelles foulait aux pieds, pour accomplir ses desseins, les droits les plus sacrés de l'humanité. Ces gémissements navrants et ces malédictions frappent l'oreille de quiconque veut se donner la peine d'étudier les annales des x° et xi° siècles, et l'on se demande comment des écrivains de nos jours ont pu, dans cette situation, en face de faits certains, irrécusables, commettre l'étrange erreur de présenter comme un héros, un homme dont la célébrité repose uniquement sur des meurtres sans nombre, sur le pillage et l'incendie de toute une province.

Pour soutenir les guerres auxquelles il semblait avoir voué son existence, Foulques Nerra se créa des points d'appui, en fondant sur beaucoup de points de la Touraine, et dans les meilleures positions stratégiques, des châteaux-forts qu'il fit occuper par ses vassaux les plus dévoués. Il construisit des forteresses à Montbazon, Montrésor, Sainte-Maure, Faye-la-Vineuse, Semblançay, Langeais, Maillé, Saint-Mars, Cheramont, le Brandon, Châtillon-sur-Indre et dans beaucoup d'autres localités.

En 1005, il entreprit un pèlerinage à Jérusalem et, à son retour, fonda l'abbaye de Beaulieu, près Loches (1007). Peu de temps après, il ajouta à ses crimes, déjà si nombreux, un nouveau forfait, en faisant assassiner lâchement Hugues de Beauvais, un des favoris du roi. Pour obtenir des évêques le pardon de ce meurtre, il fit un second voyage à la Terre-Sainte, ce qui ne l'empêcha pas, à son retour, de se livrer de nouveau à ses fureurs sanguinaires et de braver les excommunications lancées contre lui, à la suite d'une querelle avec l'archevêque de Tours. En 1016, la guerre éclata entre lui et le comte Eudes, qui fut vaincu dans la bataille de Pontlevoy.

En 1025, nouvelle guerre. Foulques s'empara de Saumur, mit la ville au pillage et incendia le monastère. Oubliant ensuite les sentiments de la nature, il prit les armes contre son propre fils, Geoffroy-Martel.

Un instant interrompue par un troisième voyage de Foulques à Jérusalem, la lutte fut reprise au bout de quelques années, plus vive et plus meurtrière que jamais. Foulques, à la tête d'un nombreux corps d'armée, ravagea une partie de la Touraine et prit les châteaux de Langeais et de Montbazon (1038). Pour racheter ses fautes, il retourna une quatrième fois à la Terre-Sainte, où il séjourna pendant quelques mois. Il retournait dans sa patrie lorsque la mort le surprit, à Metz, le 21 juin 1040. Son corps, rapporté en Touraine, fut inhumé dans l'abbaye de Beaulieu. Thierry de Luxembourg, évêque de Metz, présida la cérémonie des funérailles. Le tombeau de Foulques Nerra a été retrouvé le 17 février 1870. V. *Beaulieu*.

Foulques avait épousé, en premières noces, Élisabeth de Vendôme; en secondes noces, Hildegarde. Du premier lit naquit une fille, Adèle, qui fut mariée à Landry de Nevers. Du second mariage, il eut un fils, Geoffroy-Martel et trois filles : Blanche, Adèle et Ermengarde, cette dernière, femme de Geoffroy de Château-Landon.

Ampliss. collectio, V. — Chalmel, *Hist. de Tour.*, I. — C. Port, *Diction. historique de Maine-et-Loire*, 189 et suiv. — A. de Salies, *Hist. de Foulques Nerra*. — De Marelles, *Hist. des comtes d'Anjou*. — *Bulletin de la Soc. archéol. de Tour.* (1868-69 et 1870). — *Mém.* de la même Société, I, 146; III, 66, 82; IX, 60, 166, 173, 238, 277, 279, 313, 329. — Du Haillan, *Hist. des comtes d'Anjou*. — Larousse, *Grand diction. historique du xix° siècle*, VIII, 660. — A. Thevet, *Vie des hommes illustres*, 229. — Moréri, *Diction. historique*, I, 1276-77.

Foulques I**er****, dit le Réchin**, comte d'Anjou et de Touraine, né à Château-Landon le 14 août 1043, était fils de Geoffroy, comte du Gâtinais et seigneur de Château-Landon, et d'Ermengarde, fille de Foulques Nerra. Il usurpa le comté de Touraine sur son frère, Geoffroy II, dit le Martel, en 1067. Mais ce dernier rentra plus tard en possession de ce comté, qu'il abandonna à son neveu Geoffroy, fils de Foulques le Réchin, en 1096. De son mariage avec Bertrade, fille de Simon de Montfort et d'Agnès d'Évreux, il eut entre autres enfants, Foulques II, dit le Jeune. Il mourut le 14 avril 1109 et fut inhumé dans l'église du prieuré de l'Esvière.

D. Bouquet, XIV. — Du Haillan, *Hist. des comtes et ducs d'Anjou*. — Chalmel, *Hist. de Tour.*, I, 46, 419. — Moréri, *Diction. historique*, I, 1277. — C. Port, *Diction. historique de Maine-et-Loire*, II, 192-93.

Foulques II, dit le **Jeune**, fils du précédent, comte d'Anjou et de Touraine, né en 1090, épousa, en premières noces, Éremburge, fille d'Hélie, comte du Mans, et, en secondes noces, Mélisende, fille de Baudouin II, roi de Jérusalem. Cette dernière eut en dot les villes de Ptolémaïs et de Tyr. Foulques II devint roi de Jérusalem après la mort de Baudouin II, arrivée le 21 août 1131. Il fut couronné le 14 septembre de la même année, dans l'église du Saint-Sépulcre. Tombé de cheval en chassant dans les plaines d'Acre, il se blessa grièvement et mourut des suites de cette chute le 13 novembre 1142. En 1128, il avait cédé le comté de Touraine à son fils Geoffroy IV, dit le Bel, né de son premier mariage. Il laissa de son second mariage deux fils, Baudouin III et Amaury, qui furent rois de Jérusalem.

Du Haillan, *Hist. des comtes d'Anjou*. — Chalmel, *Hist. de Tour.*, I, 46, 47. — Moréri, *Diction. historique*, I, 1277. — C. Port, *Diction. historique de Maine-et-Loire*, II, 193. — Michaud, *Hist. des croisades*, II.

Fouperie. V. *les Buffières*, c^{ne} de Saint-Paterne.

Fouquereau (le fief), à Bourgueil. — Il relevait de la baronnie de Bourgueil à foi et hommage lige et appartenait, en 1548, à Thibault Joubert. — (Arch. d'I.-et-L., *titres de Bourgueil*.)

Fouquerie (la), ham., c^{ne} des Hermites, 13 habit.

Fouquet (Jehan), ou **Foucquet**, peintre, serait né à Tours, vers 1420, d'après Chalmel, vers 1415, d'après Larousse. Sa famille et lui-même sans doute ont habité dans cette ville une maison située près de la tour Foubert et de la rue des Pucelles. C'est ce qui résulte du texte d'un aveu rendu le 8 novembre 1481, par Geoffroy Chiron, chambrier de la collégiale de Saint-Martin au trésorier de cette église. On trouve ce document dans un ancien registre de la collégiale conservé aux archives d'Indre-et-Loire. L'ancienne rue des Pucelles porte aujourd'hui le nom de rue des Fouquets.

Dès l'âge de vingt ans, Jehan Fouquet avait acquis une certaine réputation dans l'art de la peinture. Dans un voyage à Rome, il fit le portrait du pape Eugène IV. Son talent se perfectionna de jour en jour et bientôt il devint un des artistes les plus célèbres de son époque. Il eut une grande vogue à la cour des rois Charles VII et Louis XI. Son pinceau excellait surtout dans les enluminures des manuscrits et dans l'exécution de petits tableaux historiques. On a de lui diverses productions de ce genre, qui font à juste titre l'admiration des connaisseurs. « Jehan Fouquet eut peu d'égaux de son temps, même en « Italie, dit Paul de Saint-Victor. Français par « le caractère de ses types et l'originalité locale de « ses airs de tête, italien par le sentiment de « l'ordonnance et l'exquise élégance du style, il « semble peindre entre le crépuscule du moyen « âge et l'aurore de la Renaissance : ses pein- « tures, empreintes d'un éclat si vif et si doux, « semblent garder ce double reflet. »

Jehan Fouquet mourut avant 1481, laissant deux fils, Louis et François, qui cultivèrent également la peinture et firent preuve d'un remarquable talent.

Vallet de Viriville, *Jehan Fouquet* (dans la *Revue de Paris*, novembre 1857). — P. Viollet, *Jehan Fouquet* (*Gazette des Beaux-Arts*, 1867). — *Almanach de Touraine*, 1782. — Chalmel, *Hist. de Tour.*, IV, 186-87. — Ch.-L. de Grandmaison, *Documents inédits pour servir à l'histoire des Beaux-Arts en Touraine*, 11 et suiv. — A. Vaissière, *Notice biographique sur J. Fouquet*, Saint-Claude, 1868, in-8°. — Le comte de La Borde, *La Renaissance des arts à la cour de France* (on y trouve un travail sur les peintures de J. Fouquet). — Larousse, *Grand diction. historique du XIXe siècle*, VIII, 661-62.

Fouquet (François), abbé de Saint-Julien, succéda à Louis de Lorraine vers 1577. Il fut remplacé, en 1583, par Georges Péricard. — (*Gallia christiana*, XIV, 253. — *Mém. de la Soc. archéol. de Tour.*, IX, 343. — Bibl. de Tours, fonds Salmon, *titres de Saint-Julien*.)

Fouquet (Isaac), conseiller et aumônier du roi, fut nommé doyen de Saint-Martin de Tours en 1602. Il mourut en 1636 et fut inhumé dans une chapelle de la collégiale, chapelle qui, depuis, a été appelée *Chapelle des Fouquets*. L'inscription suivante fut gravée sur sa tombe :

ISAAC FOUQUET
DOMINUS DE COURNEY
REGIS CONSILIARIUS ET ELEMOSINARIUS,
HUJUS ECCLESIÆ THESAURARIUS ET CANONICUS
DECANUS DE FULGOUET ET LOCRISTI PRIOR
HIC JACET
QUOTIDIANUM MISSÆ SACRIFICIUM IN HOC SACELLO
ALIASQUE SOLEMNES PRECES IN ECCLESIA FUNDAVIT.
OBIIT ANNO SALUTIS 1636.
QUISQUIS HOC LEGIS, PRO EJUS ANIMA DEUM PRECARE

FRANCISCUS FOUCQUET
SACRI CONSISTORII COMES
EPISCOPUS BAJONENSIS
HUJUS ECCLESIA NUPER THESAURARIUS
FRANCISCI SACRI CONSISTORII COMITIS
FILIUS FRANCISCI
IN SUPREMO PARISIENSI SENATU CONSILIARII
HUJUS DEFUNCTI FRATRIS NEPOS
MŒRENS POSUIT.

Sur les vitraux de la chapelle on lisait cette inscription :

Cette chapelle a été voûtée et enrichie par messire Isaac Fouquet, conseiller et aumônier du roi et trésorier en l'église de Saint-Martin, l'an 1618.

Chalmel, *Hist. de Saint-Martin de Tours* (manuscrit),

p. 95-96, 217. — C. Port, *Diction. historique de Maine-et-Loire*, II, 349.

Fouquet (François), (neveu du précédent et frère de Nicolas Fouquet, surintendant des finances et secrétaire d'État), conseiller au Grand-Conseil, abbé de Saint-Sever, fut nommé trésorier de Saint-Martin de Tours en 1636, évêque de Bayonne en 1637, évêque d'Agde le 6 juin 1643, archevêque de Narbonne le 18 mars 1659. En 1637, il donna sa démission de trésorier de Saint-Martin en faveur de son frère, Basile. Il mourut à Alençon le 18 novembre 1673. — (La Chesnaye-des-Bois et Badier, *Diction. de la noblesse*, VIII, 491. — Chalmel, *Hist. de Saint-Martin de Tours* (manuscrit), p. 96.)

Fouquet (Basile), frère du précédent, chancelier des ordres du roi, abbé de Barbeaux, au diocèse de Sens, nommé trésorier de Saint-Martin de Tours en 1637, donna sa démission en 1675 et fut remplacé par Pierre de Bernier. Il mourut à Paris le 30 janvier 1680 (et non en 1675, comme le dit Chalmel), et eut sa sépulture dans le couvent des Filles-Sainte-Marie. — (La Chesnaye-des-Bois et Badier, *Diction. de la noblesse*, VIII, 491. — Chalmel, *Hist. de Saint-Martin de Tours* (manuscrit), p. 96. — P. Anselme, *Hist. généal. de la maison de France*, IX, 306. — Moréri, *Diction. historique*, V, 267. — *Gallia christiana*, II, 1246.)

Fouqueteau (N.), né à Saumur le 7 juin 1802, exerça la profession d'avocat à Chinon dès 1826 et fut nommé procureur du roi à Ajaccio en 1830. Ayant donné sa démission six mois après, il revint à Chinon, où, en 1848, le siège de procureur de la République lui fut offert par le gouvernement provisoire. Dans cette même année, le département d'Indre-et-Loire l'élut député à l'Assemblée nationale par 43,656 voix. — (*Biographie des membres de l'Assemblée nationale*, Paris, Krabbe, 1849, in-8°. — G.-M. Lesaulnier, *Biographie des 900 députés*, Paris, Vᵉ Janet, 1848. — *Journal d'Indre-et-Loire*, 1848.)

Fouquetière (le lieu de la), cⁿᵉ de Cléré. — Ancienne dépendance de la terre de Champchévrier. — (Arch. d'I.-et-L., E.)

Fouquetrie (la), vil., cⁿᵉ d'Avon, 34 habitants.

Fouquets (les), ham., cⁿᵉ de Draché, 21 habit. — *Fouquets*, cartes de Cassini et de l'état-major.

Four (le), f., cⁿᵉ de la Celle-Guenand.

Four (le lieu du), cⁿᵉ de Channay. — Ancien fief, relevant de Rillé. — (Arch. d'I.-et-L., E, 318.)

Four (le lieu du), près de Psé, cⁿᵉ de Marigny.

Four-à-Chaux (le lieu du), près de la Poterie, cⁿᵉ de la Celle-Guenand.

Four-à-Chaux (le), cⁿᵉ de Chemillé-sur-Indrois.

Four-à-Chaux (le), cⁿᵉ de Courcelles.

Four-à-Chaux (le lieu du), près de la Petite-Brosse, cⁿᵉ d'Esvres.

Four-à-Chaux (le), ou **Four-à-Chaux-de-Livernière**, f., cⁿᵉ du Grand-Pressigny. — *Four-à-Chaux*, carte de Cassini. — Elle fut vendue nationalement, le 8 thermidor an IV, sur Gilbert de Voisins, émigré. — (Arch. d'I.-et-L., E, 103; *Biens nationaux*.)

Four-à-Chaux (le), ham., cⁿᵉ de La Croix, 12 habit.

Four-à-Chaux (le), f., cⁿᵉ de Loché.

Four-à-Chaux (le lieu du), près des Places, cⁿᵉ de Neuilly-le-Brignon.

Four-à-Chaux (le lieu du), près de l'Étang-Régis, cⁿᵉ de Preuilly.

Four-à-Chaux (le), f., cⁿᵉ de Rochecorbon.

Four-à-Chaux (la fontaine du), près des Places, cⁿᵉ de Saint-Jean-Saint-Germain. — Ses eaux se jettent dans le ruisseau de Sennevières.

Four-à-Chaux-de-Marolles (le), f., cⁿᵉ de Genillé.

Four-à-la-Mort (le lieu de), paroisse de Vernou. — Cette propriété, d'une étendue de sept arpents, relevait de l'archevêque de Tours. — (Arch. d'I.-et-L., G, 6.)

Four-à-Tuile (le), f., cⁿᵉ de Betz.

Fouraudière (la), f., cⁿᵉ d'Auzouer. — *Fraoudère*, 1223 (charte de Saint-Martin). — *Feraudière*, ou *Faraudière*, 1315. — *Feraudière*, ou *Fraudière*, 1494. — *Fouraudière*, carte de l'état-major. — Elle relevait des fiefs de la Guepière et du Plessis-Auzouer et appartenait, en 1315, à Jehan de Saint-Amand. — (Arch. d'I.-et-L., E, 119. — D. Housseau, VI, 2577. — Bibl. de Tours, fonds Salmon, *titres de Saint-Martin*.)

Fouraudière (étang de la), cⁿᵉ d'Auzouer. Il était desséché en 1835.

Four-Bigot (le lieu de), dans les landes du Ruchard, près de la fosse Tesnière, cⁿᵉ d'Avon.

Fourbisserie (la), f., cⁿᵉ de Ballan.

Fourbisserie (la), f., cⁿᵉ de Chambray. — *Fourbisserie*, ou *Carroi-des-Jumeaux*, 1704. — Ce domaine relevait censivement du prieuré de Bois-Rahier, suivant des déclarations féodales du 13 septembre 1704, 1710 et 20 juin 1735. — (Arch. d'I.-et-L., G, 24.)

Fourbisserie (la), f., cⁿᵉ de Joué-les-Tours.

Fourbisserie (la) f., c^{ne} de Neuvy-Roi, près du bourg.

Fourblanc (le), f., c^{ne} de Fondettes. — *Four-Blanc*, carte de l'état-major.

Fourchaux (le lieu des), c^{ne} d'Esvres, près du chemin de Véretz à Cormery.

Fourcheau (le lieu des), près des Ormeaux, c^{ne} de la Roche-Clermault.

Fourcheraie (la), f., c^{ne} de Thilouze. — *Fourcheraie*, carte de l'état-major.

Fourcheries (le lieu des), près de l'Étang-de-la-Forge, c^{ne} de Chambon.

Fourches (le lieu des), près de la Melandière, c^{ne} de Sepmes.

Fourches-Baligant (les), paroisse de Faye-la-Vineuse. — *Terra quæ est ad Furcas Baligand, apud Faiam.* — Au XIIIe siècle, l'abbaye de Fontevrault céda ce domaine à l'église de Luzé. — (*Cartulaire de Fontevrault.*)

Fourchet (le lieu du Petit-), c^{ne} de Vallères, près de l'ancien lit du Cher.

Fourchette, f., c^{ne} de Limeray. — *Vallée-de-Fourchette*, carte de l'état-major.

Fourchette, vil. et chât., c^{ne} de Pocé, 113 habit. — *Locus qui dicitur Furchetes*, 1184 (charte de Hugues d'Amboise). — *Fourchette*, carte de Cassini. — Ancien fief, relevant du château d'Amboise, à une paire de gants blancs du prix de vingt deniers tournois. En 1545, il appartenait à Jean Ardillor de la Brillonnière ; — vers 1700, à Marie-Claude Scarron ; — en 1739, à Marie-Armande-Claude Bergeron de la Goupillère, femme de Charles-Paul-Jacques-Joseph de Bridieu ; — vers 1770, à Charles-Marie-Marthe de Bridieu, chev., seigneur de Saint-Germain, Rouvray, Montreuil, etc. ; — en 1789, à Marie-Catherine Le Boucher de Verdun, veuve de Charles-Marie-Marthe de Bridieu. — (D. Housseau, V, 1970. — Arch. d'I.-et-L., C, 603 ; E, 38, 49, 140 ; *Biens nationaux*. — *Rôle des fiefs de Touraine.* — Bibl. de Tours, fonds Salmon, *titres de Moncé*. — *Mém. de la Soc. archéol. de Tour.*, X, 89. — C. Chevalier, *Hist. de Chenonceau*, 505.)

Fourchette, f., c^{ne} de Pocé. V. *Ménard*.

Four-de-Gibeget (le lieu du), c^{ne} de Barrou, près du chemin de Lésigny à Étableaux.

Fourdière (la Grande-), f., c^{ne} d'Auzouer.

Fourellerie (la), f., c^{ne} de Montreuil. — Ancienne propriété de l'abbaye de Fontaines-les-Blanches, sur laquelle elle fut vendue nationalement le 16 novembre 1791, au prix de 6575 livres. — (Arch. d'I.-et-L., *Biens nationaux*.)

Fourerie (la), f., c^{ne} des Hermites. — *Fourerie*, cartes de Cassini et de l'état-major.

Fourerie (la), ou **Fourrerie**, f., c^{ne} d'Hommes. — *Fourerie*, cartes de Cassini et de l'état-major. — Ancien fief, relevant du duché de Château-la-Vallière, suivant un aveu rendu le 30 août 1775, par Pierre Boucheron. — (Arch. d'I.-et-L., E.)

Fourgonnière (le lieu de la), paroisse de Monts. — Ancien fief, relevant du château de Montbazon. En 1639, il appartenait à Michel Taschereau, chev. — (Bibl. de Tours, fonds Salmon, *titres de Montbazon.*)

Fourmaget. V. *Fromaget*, paroisse de Beaumont-en-Véron.

Fourmelleries-Saint-Roch (le lieu des), c^{ne} de Saint-Roch. — Il relevait de la chapelle Saint-Remi, à Saint-Roch (1672). — (Arch. d'I.-et-L., *titres de Saint-Roch.*)

Fourmentières, c^{ne} de Chinon. V. *Fromentières*.

Fourmillère (la), f., c^{ne} de Souvigny.

Fourmy (le lieu de), paroisse de Saint-Mars. — Ancienne dépendance de la Salle. — (Arch. d'I.-et-L., *titres de la Salle.*)

Fourmy (le clos), c^{ne} de Vallères, près du bourg.

Fournaise (le lieu de la), près de Sainte-Julitte, c^{ne} de Saint-Flovier.

Fournaise (le lieu de la), près des Goderies, c^{ne} de Sorigny.

Fournaises (les), f., c^{ne} de Cangy. — *Fournaises*, carte de Cassini.

Fournaises (le lieu des), près de la Farinière, c^{ne} de Saint-Mars.

Fournaises (le lieu des), c^{ne} de Vou, près de l'ancienne route de Preuilly à Tours.

Fourneau (le), f., c^{ne} d'Autrèche.

Fourneau (le), vil., c^{ne} d'Avrillé, 55 habit. — *Le Fourneau*, carte de Cassini.

Fourneau (le), ham., c^{ne} d'Azay-le-Rideau, 19 habit.

Fourneau (le), f., c^{ne} d'Azay-sur-Cher, près du Cher.

Fourneau (le), ham., c^{ne} de Bléré, 12 habit. — Ancien fief. En 1626, il appartenait à Jean Deodeau ; — en 1666, à Gilles Deodeau. — (Arch. d'I.-et-L., E, 30, 33. — Goyet, *Nobiliaire de Touraine.*)

Fourneau (le), ham., c^{ne} de Bossay, 12 habitants.

Fourneau (le), f., c^{ne} de Braye-sur-Maulne. — *Le Fourneau*, carte de l'état-major. — Ancien fief, relevant de la châtellenie de Braye, suivant un aveu rendu le 14 mai 1778, par Urbain Avril. — (Bibl. de Tours, fonds Salmon, *titres de l'église de Tours.*)

Fourneau (le), f., c"° du Bridoré.

Fourneau (le), f., c"° de Charentilly.

Fourneau (le), f., c"° de Chaveignes. — *Fourneau*, cartes de Cassini et de l'état-major.

Fourneau (le), ham., c"° de Chenonceau, 20 habit. — *Fourneau*, carte de Cassini.

Fourneau (le), f., c"° de Dierres. — *Fourneau*, carte de Cassini. — Elle relevait du fief de Saint-Julien ou de la Secréterie, à Dierres. Le 14 germinal an VI, elle fut vendue nationalement sur Louise-Marie-Adélaïde de Bourbon-Penthièvre, veuve de Philippe d'Orléans. — (Arch. d'I.-et-L., *abbaye de Saint-Julien; Biens nationaux*.)

Fourneau (le lieu du), près du Moulin-Taureau, c"° de Druyes.

Fourneau (le), f., c"° d'Esvres.

Fourneau (le), f., c"° des Hermites.

Fourneau (le), ham., c"° de Joué-les-Tours, 19 habit. — Jacques Perrot, Éc., est qualifié de sieur du Fourneau, dans un titre de 1715. — (Arch. d'I.-et-L., *Inventaire des titres de l'Aubraye*.)

Fourneau (le Petit-), f., c"° de Joué-les-Tours. — *Fourneau*, carte de Cassini. — Ancienne propriété du prieuré de Saint-Sauveur, sur lequel il fut vendu nationalement, le 23 novembre 1791, au prix de 1875 livres. — (Arch. d'I.-et-L., *Biens nationaux*.)

Fourneau (le), f., c"° de Langeais. — *Le Fourneau*, carte de Cassini.

Fourneau (le), f., c"° de Lignières, près de l'ancien lit du Cher.

Fourneau (le lieu du), c"° de Louestault, près de la route de la Chartre à Tours.

Fourneau (le), f., c"° de Marcilly-sur-Maulne. — *Four-à-Chaux*, carte de l'état-major.

Fourneau (le lieu du), près de la Quinière, c"° de Neuillé-le-Lierre.

Fourneau (le), f., c"° de Neuillé-Pont-Pierre.

Fourneau (le), f., c"° de Pernay. — *Four-à-Chaux*, carte de Cassini.

Fourneau (le), f., c"° de Saint-Règle.

Fourneau (le), ham., c"° de Saint-Avertin, 15 habit. — *Les Fourneaux*, carte de l'état-major. — *Le Fourneau*, carte de Cassini.

Fourneau (le), ou les **Fourneaux**, vil., c"° de Saint-Jean-Saint-Germain, 72 habit. — *Le Fourneau, alias Fourniou*, 1745. — *Le Fourneau*, carte de Cassini. — *Les Fourneaux*, carte de l'état-major. — Ancien fief. En 1478, il appartenait à Jean Chenu. — (*Rôle des fiefs de Touraine*. — Bibl. de Tours, fonds Lambron, *Châteaux et fiefs de Touraine*.)

Fourneau (le), f., c"° de Saint-Laurent-de-Lin. — *Le Fourneau*, carte de Cassini.

Fourneau (le), f., c"° de Saint-Paterne. — Ancienne propriété de l'abbaye de la Clarté-Dieu. — (Arch. d'I.-et-L., *Biens nationaux*.)

Fourneau (le), paroisse de Saint-Symphorien. V. *Clos-Libert*.

Fourneau (le), ham., c"° de Savonnières, 14 habit.

Fourneau-de-Lessart (le), f., c"° de Château-la-Vallière.

Fourneau-Papin (le), f., c"° de Channay.

Fourneaux (les), ham., c"° d'Artannes, 18 habit. — *Fourneaux*, carte de l'état-major.

Fourneaux (les), c"° de Bossay. V. *Fourneau*.

Fourneaux (les), f., c"° de Chambray. — *Fourneaux*, carte de l'état-major.

Fourneaux (les), f., c"° de Ciran. — *Les Fourneaux*, carte de Cassini.

Fourneaux (les), ham., c"° de Ferrières-sur-Beaulieu, 16 habit. — *Fourneaux*, cartes de Cassini et de l'état-major. — Ancien fief. Au milieu du XVIe siècle, il appartenait à la famille Fumée. Par la suite, il passa à la famille de Menou. Le propriétaire de ce domaine payait au roi, pour son droit de garenne, une redevance annuelle de cinq sols.

Arch. d'I.-et-L., *titres de Biardeau et des Viantaises de Beaulieu*. — *Rôle des fiefs de Touraine*. — Dufour, *Diction. historique de l'arrondissement de Loches*, I, 259. — Lhermite-Souliers, *Hist. de la noblesse de Touraine*, 373. — *Mém. de la Soc. archéol. de Tour.*, I, 42. — *Preuves de l'histoire de la maison de Menou*, 89. — Lainé, *Archives de la noblesse de France*, II (généal. de Quinemont). — D. Housseau, XIII, 8345.

Fourneaux (les), f., c"° de Fondettes.

Fourneaux (les), f., c"° du Louroux.

Fourneaux (les Grands et Petits-), vil., c"° de Marigny-Marmande, 52 habit. — *Furnols, Furneoli*, XIe siècle (*Cartulaire de Noyers*). — *Fourneaux*, carte de l'état-major.

Fourneaux (le lieu des), c"° de Mazières, près du bourg.

Fourneaux (le lieu des), près de Sérigny, c"° de Neuilly-le-Brignon.

Fourneaux (le lieu des), près de Valentinay, c"° de Neuvy-Roi.

Fourneaux (les), vil., c"° de Saint-Jean-Saint-Germain. V. *Fourneau*.

Fourneaux (le ruisseau des), c"° de Saint-Jean-Saint-Germain. — Il prend sa source près des Denis et se jette dans l'Indre, près du moulin de Saint-Jean.

Fourneaux (le bois des), c^ne de Saint-Patrice. — Il fait partie de la forêt de Rochecotte.

Fourneaux (les), f., c^ne de Saint-Roch. — *Fourneaux-de-Saint-Roch*, 1622. — Elle relevait du fief de la Chapelle-Saint-Remi. — (Arch. d'I.-et-L., *fief de Saint-Roch*.)

Fourneaux (les), f., c^ne de Sainte-Catherine-de-Fierbois.

Fourneaux (le lieu des), près de la Métairie, c^ne de Sorigny.

Fourneaux (le lieu des), près du Bois-Saint-Martin, c^ne de Thilouze.

Fourneaux (le bois des), c^ne de Vou.

Fourneaux-des-Caves (le lieu des), près des Caves, c^ne de Bossay.

Fournelleries (le lieu des), c^ne de Saint-Roch. — Il relevait censivement du fief de Saint-Roch, 1650. — (Arch. d'I.-et-L., *fief de Saint-Roch*.)

Fourneraie (la), f., c^ne d'Abilly. — *Frunière*, ou *Froynière*, 1461. — *Hôtel de la Fournière*, xvie siècle. — Ancien fief, relevant de la baronnie de la Haye, à foi et hommage simple et cinq sols de devoir annuel, payables le jour de saint Michel, à la recette de la Haye. En 1461, il appartenait à Jean Lemaire, Éc., qui rendit hommage le 26 mars; — en 1550, à Georges Thibault; — en 1576, à Jean de Marans; — en 1666, à René Fumée. — (*Rôle des fiefs de Touraine.* — Goyet, *Nobiliaire de Touraine.* — D. Housseau, XII, 6015, 6039.)

Fourneraie (la), f., c^ne de Barrou. — Ancien fief, relevant de la Guerche, à foi et hommage lige, quinze jours de garde et dix sols de loyaux aides. Le 15 octobre 1478, Antoine d'Arnac rendit hommage pour ce fief à Artus de Villequier, vicomte de la Guerche. — (D. Housseau, XII, 5823. — *Rôle des fiefs de Touraine*.)

Fournerie (les Haute et Basse-), f., c^ne de Beaumont-en-Véron.

Fournerie (le lieu de la), paroisse de Céré. — Ancienne propriété de l'abbaye d'Aiguevive. — (Archives de Loir-et-Cher, *titres d'Aiguevive*.)

Fournerie (la), vil., c^ne de Chemillé-sur-Indrois, 29 habit.

Fournerie (la), f., c^ne de Monthodon. — *Fournerie*, carte de l'état-major.

Fournerie (la), f., c^ne de Nouans. — *Fournerie*, carte de Cassini. — Le 14 mars 1676, le Chapitre de Loches la vendit, à réméré, aux Minimes de Saint-Grégoire de Tours. — (Bibl. de Tours, fonds Salmon, *titres de Notre-Dame de Loches*.)

Fournier (Jean), seigneur de Montifault, secrétaire du roi, fut nommé maire de Tours en octobre 1507, en remplacement de Henri Bohier. Il eut pour successeur, en 1508, Guillaume Monager. — (Chalmel, *Hist. des maires de Tours* (manuscrit), p. 100. — Lambron de Lignim, *Armorial des maires de Tours*.)

Fournier (Jean), seigneur des Hermites, receveur général des finances à Tours, fut nommé maire de cette ville en novembre 1547, en remplacement de Jean Lailler. Il eut pour successeur, en 1549, Guillaume Bohier. — (Lambron de Lignim, *Armorial des maires de Tours*. — Chalmel, *Hist. des maires de Tours*, 116.)

Fournier (Henri), maire de Vouvray, membre du Conseil général d'Indre-et-Loire, ambassadeur à Constantinople, grand-officier de la Légion d'honneur, a été élu sénateur dans le département d'Indre-et-Loire le 5 janvier 1878, par 214 voix sur 334 votants. — *(Journal d'Indre-et-Loire*, 1878.)

Fournière (la), c^ne d'Abilly. V. *Fourneraie*.

Fournière, f., c^ne de Charentilly. — *Fournière*, carte de Cassini.

Fournieux, ancien fief, relevant de la Roche-Clermault, à foi et hommage plain. — En 1636, il appartenait à Georges Aubert, Éc.; — en 1666, à Louis Aubert; — en 1669, à Georges Aubert, décédé en 1720; — en 1750, à Georges Aubert, décédé en 1762; — en 1780, à Louis-Henri-Georges Aubert du Petit-Thouars. — (Bétancourt, *Noms féodaux*, I, 33. — D'Hozier, *Armorial général*, reg. 5e. — La Chesnaye-des-Bois et Badier, *Diction. de la noblesse*, I, 924.)

Fournignon (l'île), dans l'Indre, c^ne de Rigny.

Fournil (la maison ou hôtel du), dans le bourg de la Ferrière. — Elle relevait de la châtellenie de la Ferrière, suivant une déclaration féodale du 4 août 1762. — (Archives du château de la Ferrière.)

Fourniou, c^ne de Saint-Jean-Saint-Germain. V. *Fourneaux*.

Fouroux (le lieu de), près de Bellande, c^ne de Charnizay.

Fourrais (le lieu de), c^ne d'Esves-le-Moutier, près du chemin de Ferrières à Châtillon.

Fourrerie (la), c^ne d'Hommes. V. *Fourerie*.

Fourrerie (la), f., c^ne de Villiers-au-Boin. — *Fourerie*, carte de l'état-major.

Fourreries (étang des), paroisse de Chisseaux. — Le 23 février 1556, Adam de Hodon le vendit à Diane de Poitiers. — (C. Chevalier, *Diane de Poitiers au Conseil du roi*, 245.)

Four-Rouge (le lieu du), paroisse de Restigné. — Il est cité dans un acte de 1312. — (Arch. d'I.-et-L., *prévôté de Restigné.*)

Four-Rouge (le), f., c⁰ᵉ de Saint-Antoine-du-Rocher.

Fours (les), f., c⁰ᵉ de Crouzilles.

Fours (le lieu des), près de la Buvinière, c⁰ᵉ de Neuvy-Roi.

Fours (le lieu des), c⁰ᵉ de Sazilly, près du chemin d'Anché à la Pictière.

Fours (les), f., c⁰ᵉ de Vernou.

Fours-à-Chaux (le lieu des), près de Bois-Turmeau, c⁰ᵉ de Cussay.

Fours-à-Chaux (le lieu des), f., c⁰ᵉ de Trogues.

Foursine (le lieu de la), c⁰ᵉ de la Chapelle-aux-Naux, près de l'ancien lit du Cher.

Foussarault (la croix de), c⁰ᵉ de Vallères. — Elle est citée dans un aveu du fief de l'Archidiacré, du 8 février 1670. — (Arch. d'I.-et-L., E.)

Foussardière (la), f., c⁰ᵉ de Villedômer. — *Foussardière*, carte de l'état-major. — *Faussardière*, carte de Cassini. — Elle relevait du fief de Villedômer, au xvɪɪɪᵉ siècle. — (Arch. d'I.-et-L., E, 119.)

Foussebesse, c⁰ᵉ de Bléré. V. *Fosse-Besse.*

Foussemore, c⁰ᵉ de Luzillé. V. *Fossemore.*

Foussier (le lieu de), près de la Foirerie, c⁰ᵉ de Betz.

Fouteau (le), vil., c⁰ᵉ d'Azay-sur-Cher, 28 habit. — *Les Rondières*, 1742. — *Fouteau*, carte de l'état-major. — *Fouteaux*, carte de Cassini. — Les Minimes du Plessis possédaient dans ce village, dès 1670, une métairie qui fut vendue nationalement, le 15 mars 1791, au prix de 18,200 livres. Cette métairie avait alors une étendue de quatorze arpents. — (Arch. d'I.-et-L., *Lièvre des frèches de l'abbaye de Cormery. — Minimes du Plessis; Biens nationaux.*)

Fouteau (le), c⁰ᵉ de Rochecorbon. — Ancienne propriété de l'hôpital de la Charité de Tours. — (Arch. d'I.-et-L., *Biens nationaux.*)

Fouteau (le), ham., c⁰ᵉ de Véretz, 14 habit. — *Le Fouteau*, carte de l'état-major.

Foutière (la), f., c⁰ᵉ d'Azay-sur-Cher. — *Foutière*, carte de Cassini.

Foux, ou **Fou**, f., c⁰ᵉ de Chaumussay. — *Fou*, carte de Cassini.

Foux, paroisse de Neuvy-Roi. V. *Fou.*

Foux (le) et le **Haut-Foux**, f., c⁰ᵉ du Petit-Pressigny.

Fouynais, c⁰ᵉ de Pernay. V. *Fouinais.*

Fraine (le), paroisse de Chemillé-sur-Indrois. V. *le Fresne.*

Frairie (la), c⁰ᵉ de Marray. V. *Féeries.*

Fraisatière (la) ou **Fraisotière**, f., c⁰ᵉ de Saint-Christophe, près du bourg.

Framberd (le lieu de), c⁰ᵉ de Chaumussay. — Il relevait censivement de l'abbaye de Preuilly, suivant une déclaration féodale du 19 décembre 1755. — (Arch. d'I.-et-L., *abbaye de Preuilly.*)

Française (la), f., c⁰ᵉ de Betz. — *Franchesse*, xvɪᵉ siècle. — Le 16 février 1550, Louis Viau, prêtre, légua au Chapitre de Loches une rente assise sur ce domaine. — (Bibl. de Tours, fonds Salmon, *titres de Notre-Dame de Loches.*)

Francardière (la), ou **Francarderie**, f., c⁰ᵉ de Négron, près du bourg. — *Francharderie*, carte de l'état-major. — *Francardie*, carte de Cassini.

France (Philippe de), duc d'Orléans et de Touraine, comte de Valois, né à Vincennes le 1ᵉʳ juillet 1336, était fils du roi Philippe de Valois et de Jeanne de Bourgogne. Il mourut le 1ᵉʳ septembre 1375 et fut inhumé dans l'église de Sainte-Croix d'Orléans. Il n'eut pas d'enfants de son mariage, contracté en 1344, avec Blanche de France, fille de Charles le Bel. — (P. Anselme, *Hist. généal. de la maison de France*, I, 184. — La Chesnaye-des-Bois et Badier, *Diction. de la noblesse*, VIII, 561. — Moréri, *Diction. historique*, II, 832.)

France (Louis de), comte d'Anjou et du Maine, roi de Jérusalem, de Naples et de Sicile, second fils du roi Jean et de Bonne de Luxembourg, né le 23 juillet 1339, fut pourvu de la lieutenance générale de Touraine en 1356, en remplacement de Jean de Clermont. Guillaume de Craon lui succéda dans ces fonctions en 1357. En 1364, le duché de Touraine lui fut donné en apanage. Il mourut le 20 septembre 1384. Quelques historiens pensent qu'il avait été empoisonné. — (*Ordonnances des rois de France*, VII, 252-56. — Moréri, *Diction. historique*, II, 105. — P. Anselme, *Hist. généal. de la maison de France*, I, 227-28. — Chalmel, *Hist. de Tour.*, III, 376.)

France (Louis de), duc d'Orléans, comte de Valois, d'Ast, de Blois et d'Angoulême, fils du roi Charles V et de Jeanne de Bourbon, né le 13 mars 1371, reçut le duché de Touraine en apanage, par lettres du mois de novembre 1386. Jean, duc de Bourgogne, le fit assassiner le 23 novembre 1407, par un gentilhomme normand nommé Raoul d'Octeville. — (P. Anselme, *Hist. généal. de la maison de France*, I, 110. — Moréri, *Diction. historique*, VIII, 107. — Chalmel, *Hist. de Tour.*, I, 49 — La Chesnaye-des-Bois et Badier, *Diction. de la noblesse*, VIII, 569.

France (Jean de), comte de Poitou, quatrième fils du roi Charles VI, né à Paris le 31 août 1398, eut le duché de Touraine en apanage, par lettres du 16 juillet 1401. Il mourut empoisonné à Compiègne, le 5 avril 1416 et fut inhumé dans l'abbaye de Saint-Corneille. — (P. Anselme, *Hist. généal. de la maison de France*, I, 114. — Moréri, *Diction. historique*, II, 234. — N. Vossius, *Annales de Hollande*, liv. XV. — Chalmel, *Hist. de Tour.*, I, 49.)

France (Charles de), cinquième fils du roi Charles VI, né à Paris le 22 février 1403, eut le duché de Touraine en apanage, par lettres du 15 juillet 1416. Depuis, il fut roi de France sous le nom de Charles VII. Il mourut le 22 juillet 1461. — (P. Anselme, *Hist. généal. de la maison de France*, I, 115. — La Chesnaye-des-Bois et Badier, *Diction. de la noblesse*, XIX, 108. — Jean Chartier, *Hist. de Charles VII*. — Chalmel, *Hist. de Tour.*, I, 49.)

France (Charles de), duc de Berry, de Normandie et de Guienne, fils du roi Charles VII et de Marie d'Anjou, naquit au château de Montils-les-Tours le 28 décembre 1446. En 1464, il prit le parti de Charles de Bourgogne, contre son frère Louis, dans la guerre dite du Bien public. Il mourut empoisonné, à Bordeaux, le 12 mai 1472. L'auteur de ce crime était son aumônier, nommé Jean Faure, dit Versois, abbé de Saint-Jean d'Angély. — (P. Anselme, *Hist. généal. de la maison de France*, I, 117-18. — *Almanach de Touraine*, 1774. — Moréri, *Diction. historique*, I, 825. — P. Mathieu, *Hist. de Louis XI*.)

France (Iolande de), fille du roi Charles VII et de Marie d'Anjou, née à Tours le 23 septembre 1434, fut mariée, en 1452, à Aimé IX, duc de Savoie. Elle mourut à Mont-Caprel, en Piémont, le 29 août 1478, et eut sa sépulture dans l'église de Saint-Eusèbe de Verceil. — (P. Anselme, *Hist. généal. de la maison de France*, I, 118.)

France (Madeleine de), sœur de la précédente, née à Tours le 1er décembre 1443, épousa, le 7 mars 1461, Gaston de Foix, prince de Viane, vicomte de Castelbon. Elle mourut à Pampelune, en 1486. — (P. Anselme, *Hist. généal. de la maison de France*, I, 118.)

France (François de), dauphin de Viennois et duc de Bretagne, fils du roi François Ier et de Claude de Bretagne, naquit au château d'Amboise, le 28 février 1517. Il fut couronné duc de Bretagne en 1532. Il mourut le 12 août 1556, empoisonné par Sébastien, comte de Montecuculi. Celui-ci, traduit devant le Grand-Conseil, à Lyon, fut condamné à être écartelé. — (P. Anselme, *Hist. généal. de la maison de France*, I, 131. — Moréri, *Diction. historique*, I, 1288.)

Francelles (métairie de), paroisse de Luzillé. — Le propriétaire devait au seigneur de Chenonceau foi et hommage simple et un roussin de service à muance de seigneur et de vassal, et au seigneur d'Argy un éperon doré de service, abonné à cinq sols. En 1498, elle appartenait à Jehan Gallant, orfèvre du roi. — (C. Chevalier, *Hist. de Chenonceau*, 41, 118.)

Francerie (la), ham., cne d'Esves-le-Moutier, 10 habit. — *Francerie*, carte de Cassini.

Franchet (le lieu de), près de la Fuie, cne de Rivière.

Franchesse, cne de Betz. V. *Française*.

Francilion, évêque de Tours, succéda à Léon, en 527. Il était d'une des plus grandes familles du Poitou. Il avait épousé une dame de cette province, dont il n'eut pas d'enfants. Devenu veuf, il était entré dans les ordres. Il mourut dans la nuit de Noël, en 529, et fut inhumé dans l'église de Saint-Martin, à laquelle il avait légué la plus grande partie de ses biens. Quelques historiens prétendent qu'il avait été empoisonné.

Greg. Tur. Hist. Franc. Lib. X. — *Almanach de Touraine*, 1773. — Chalmel, *Hist. de Tour.*, I, 128; III, 445. — Maan, *S. et metrop. ecclesia Turonensis*, 34. — M. Marteau, *Paradis délicieux de la Touraine*, II, 65. — *Gallia christiana*, XIV. — D. Housseau, XV, 43. — Bibl. de Tours, fonds Salmon, *titres de l'archevêché de Tours*.

Franc-Jeu, f., cne de Tauxigny.

François (St-), vil., cne de La Riche, 30 habit. — Ancien couvent, fondé par saint Françoise de Paule et que l'on trouve désigné sous les noms de couvent de *Jésus-Maria* ou des *Minimes du Plessis*. — Le roi Louis XI voyant sa santé fortement compromise, s'était imaginé que s'il pouvait avoir près de lui saint François de Paule, dont la réputation de sainteté s'était répandue en France comme en Italie, il lui serait possible d'obtenir du ciel, par l'intervention de ce pieux personnage, la prolongation de ses jours. Il chercha donc à l'attirer au Plessis-les-Tours, où il résidait alors, et employa, pour arriver à son but, tous les moyens en son pouvoir. Ses vives instances finirent par triompher des hésitations du saint religieux, qui consentit à quitter l'Italie, au mois d'avril 1482, pour se rendre en France.

En apprenant le débarquement de François de Paule sur les côtes de Provence, le roi manifesta une grande joie. Il reçut à bras ouverts l'envoyé qui était chargé de lui apporter cette nouvelle, et, comme témoignage de son contentement, il promit de lui accorder, quelle qu'elle fût, la grâce qu'il lui demanderait. L'envoyé, un nommé Jean Moreau, originaire de Saint-Pierre-des-Corps, ayant manifesté le désir d'obtenir un évêché pour son frère, Pierre Moreau, chanoine de Tours, le roi s'empressa de lui promettre le premier siège épiscopal qui deviendrait vacant, et de plus, il lui fit remettre, à l'instant même, dix écus d'or.

Arrivé au Plessis, le 24 avril 1482, François de Paule s'établit avec deux de ses disciples, Jean della Rocca et Bernardin de Cropulatu, dans une maison située dans la cour basse du château. Le roi lui donna cette maison et la chapelle de Saint-Mathias.

Après la mort de Louis XI, qui eut lieu le 30 août 1483, il constitua définitivement un couvent de son ordre en faisant venir d'Italie un certain nombre de religieux. Il reçut en don, du roi Charles VIII, le lieu appelé la Bergerie, dépendant du château, et y commença la construction d'une église et de bâtiments claustraux. L'église, bâtie par Pierre Mahy, avait soixante-dix-huit pieds de longueur sur trente de largeur. Achevée à la fin de l'année 1490, elle fut mise sous le vocable de *Jesus-Maria*. Il y avait deux chapelles, l'une dédiée à saint Jean-Baptiste, l'autre à Notre-Dame.

En 1531, Louise de Savoie, duchesse d'Angoulême, fit ajouter une seconde nef à l'église. Celle-ci fut encore agrandie, de 1622 à 1643. On y ajouta une nouvelle chapelle sous le vocable du Trépas de saint François. On reconstruisit, en lui donnant plus de développement, la chapelle de Notre-Dame. On décora cette chapelle d'un groupe exécuté par Antoine Charpentier et représentant le mariage de la sainte Vierge. Après la Révolution, ce groupe fut transporté à l'église de La Riche, où on le voit encore.

Les réparations faites dans l'église furent tellement importantes, que l'archevêque de Tours crut devoir procéder à une nouvelle consécration. L'édifice fut béni le 26 avril 1643 et placé sous le vocable de l'Annonciation de la Sainte Vierge.

La construction du cloître, commencée en 1490, n'avait été terminée qu'en 1492. Elle coûta 7,419 livres.

Saint François de Paule mourut le 2 avril 1507 et fut inhumé le 5 du même mois dans la chapelle de Saint-Jean-Baptiste. Trois jours après, Louise de Savoie fit exhumer le corps, pour le placer dans un tombeau de pierre fermé par une dalle, sur laquelle était gravée la figure du défunt. En 1630, pour le mettre à l'abri des inondations, on éleva ce tombeau de trois à quatre pieds. Il fut recouvert, à la même époque, d'une table de marbre portant cette inscription :

Ad hoc monumentum datum fuit corpus S. Francisci de Paula, 1507, die II aprilis. Concrematum vero, servatis quibusdam reliquiis, ab hæreticis, anno 1562, cujus cineres et ossa hic jacent.

Autour de la tombe on plaça une balustrade de marbre ornée d'une pyramide à chaque angle.

En 1562, le couvent fut ravagé par les protestants. On y comptait alors vingt-cinq religieux. Sachant que les Huguenots avaient formé le dessein d'envahir le cloître et l'église pour les saccager, la plupart des moines s'enfuirent et cherchèrent un refuge à Montgauger. Eustache Avril, ancien correcteur, âgé de quatre-vingt-quatre ans, François Cyret et un autre moine dont le nom est inconnu, restèrent seuls, attendant avec courage et résignation l'exécution des menaces de leurs ennemis. Les protestants, ayant à leur tête Marin Piballeau, sieur de la Bedouère, pénétrèrent dans le couvent, tuèrent le P. Avril en le jetant par une fenêtre et blessèrent grièvement les autres religieux. Se répandant ensuite dans le cloître et dans l'église, ils mutilèrent ou pillèrent tout ce qui se rencontra sous leur main. Le corps de saint François de Paule, arraché de son tombeau, fut traîné à travers les cours, au moyen d'une corde qu'on lui avait attachée au cou, et jeté sur un bûcher composé de débris de croix et de meubles appartenant à la communauté. Dans le même moment, on ouvrit le cercueil de Frédéric d'Aragon, roi de Naples, mort au château du Plessis le 2 avril 1507, et dont le corps avait été déposé dans l'église, près du grand autel. Les pillards s'emparèrent d'une couronne d'or, de bagues et autres ornements royaux, ainsi que du poêle de drap d'or qui recouvrait la bière ; puis, prenant les ossements, ils les portèrent dans la chambre des hôtes, sur le bûcher où se trouvaient déjà ceux de saint François de Paule, et livrèrent ensuite le tout aux flammes. Un cultivateur, René Bedouet, demeurant au Fort-des-Boires, parvint à soustraire au feu une partie des ossements, à demi-calcinés, du saint, et les restitua aux religieux lorsque ceux-ci, quelques mois plus tard, purent rentrer dans leur couvent.

Plusieurs autres tombes, placées dans l'église, entre autres celles de Jean de Beaudricourt, maréchal de France, mort en 1499 ; — de Charles du Soulier, comte de Morette, ambassadeur du duc de Savoie, décédé le 1er mars 1553, — et de Bernard de Verdevin, confesseur de la reine Éléonore, femme de François Ier, furent également violées et pillées par les protestants.

En 1565, Charles IX donna au couvent une somme de 2,000 livres pour réparer les dégâts qui avaient été commis. A la même époque, on plaça dans la chambre des hôtes un tableau représentant le pillage du monastère par les Huguenots. Ce tableau se trouve aujourd'hui au musée de la Société archéologique de Touraine.

Trois ans après, le cardinal de la Rochefoucaud, abbé de Marmoutier, donna aux religieux du Plessis une magnifique châsse pour y déposer les reliques de saint François de Paule, sauvées par René Bedouet. L'inscription suivante fut gravée sur une lame de vermeil attachée à cette châsse :

Dei divique Francisci a Paula honori et cultui, admodum generosus dominus Joannes de la Rochefoucaud, abbas meritissimus Majoris monasterii sua summa et pervulgata pietate me dicavit, anno 1582.

Vers 1630, on creusa dans la chapelle du Trépas de saint François un caveau funéraire où furent inhumées, jusqu'en 1754, une vingtaine de personnes, parmi lesquelles on remarque : Françoise Fouquet de Marsilly, femme de Gilles de Saint-Gelais de Lusignan, décédée le 16 mars 1631; — Gilles de Saint-Gelais de Lusignan, marquis de Balon et de Lansac, seigneur d'Azay-le-Rideau, mari de la précédente, tué au siège de Dole le 30 juillet 1636; — le marquis de Croissy (19 février 1667); — Jacques Delaunay, provincial des Minimes (23 septembre 1717); — Jean Soulas, religieux du Plessis (11 septembre 1729); — Jacques Itier, provincial des Minimes (5 mai 1754).

Dans le cloître se trouvait une chapelle dédiée à la sainte Vierge et à saint François et qui avait été fondée, le 8 août 1534, par Jacquette Maulandrin, femme d'André d'Alesso, neveu de saint François de Paule. Elle devint un but de pèlerinage très fréquenté. Par lettres du 8 juillet 1550, l'archevêque de Tours accorda cent jours d'indulgence aux fidèles qui la visiteraient. André d'Alesso y fut inhumé en 1562. François d'Alesso, vicaire provincial des Minimes, décédé le 20 août 1551, Marin d'Alesso, chanoine de Saint-Martin de Tours, mort en 1580, et Louise Le Clerc de Boisrideau, fille de Jean Le Clerc, maître d'hôtel du roi, y eurent également leur sépulture.

Dans une verrière placée au pignon de la chapelle, la fondatrice et son mari étaient représentés, à genoux, et ayant derrière eux leurs enfants. Les armoiries des d'Alesso et des Maulandrin étaient reproduites sur l'un des vitraux.

Les religieux veillèrent avec un soin tout particulier à la conservation de la chambre qui avait été occupée pendant plusieurs années par saint François de Paule, avant la construction du couvent. En 1652, ils la firent restaurer et la transformèrent en une chapelle qui fut consacrée, le 28 avril 1656, par Joseph du Plessis, provincial de Touraine. Cette chambre existe encore.

La salle dite des hôtes, où le corps de saint François avait été brûlé par les protestants, a été détruite en 1845.

Le revenu des religieux de Saint-François était de 3,000 livres en 1669, de 5,900 livres en 1730, de 8,600 livres en 1790.

Le couvent possédait les domaines suivants : la moitié des fiefs de la Chaumelière, de Rellinière et du Paillé réunis, consistant en cens et rentes perçus dans les paroisses de Saint-Remy, de Leugny et de Buxeuil, et qui relevaient du fief de la Chèze-Saint-Remy. Cette moitié de fiefs leur avait été léguée, le 10 septembre 1534, par Raoul Robert, avocat du roi au siège présidial de Tours; — la métairie du Rouzou, paroisse de Vallères, acquise de Martin Portays, le 23 juillet 1643; — la closerie de Montplaisir, paroisse de Joué, acquise, le 10 février 1714, de Nicolas Babin, avocat à Tours; — la métairie de la Brosse, paroisse d'Esvres; — la métairie des Petits-Moutils, paroisse de la Riche, achetée par les religieux, de Marguerite Aubert, veuve de Jacques Boullaye, le 11 août 1644; — la closerie de la Verdrinière, paroisse de Saint-Cyr, acquise de Pierre du Guéret, le 15 septembre 1653; — la closerie du Fouteau, paroisse d'Azay-sur-Cher, achetée par décret, le 19 février 1613, sur François Couturier, vicaire de Saint-Martin; — la métairie de la Métrasse, paroisse de Saint-Genouph, — la Grange-David, paroisse de La Riche.

Les Minimes étaient aussi propriétaires de la closerie du Petit-Taffoneau, ou la Tremerie, paroisse de Chissay. Ce domaine leur avait été cédé, par échange, le 27 janvier 1635, par Isaac Frozeau. Il était chargé d'une rente qui avait été léguée, le 27 mars 1623, par Mme de Sourdis, pour l'entretien d'une lampe qui devait brûler jour et nuit devant l'autel de saint François de Paule. Par acte du 6 octobre 1646, le marquis de Sourches donna pour l'entretien de la même lampe, une rente de vingt livres.

Charles-Guy Feuillet fut le dernier supérieur de ce couvent (1790).

Le 17 juin 1791, l'église et les bâtiments claustraux, vendus nationalement, furent adjugés au sieur de la Grave pour 40,300 livres. L'église fut démolie peu de temps après. Par acte du 21 juin 1795, la propriété fut achetée par le sieur Goislart de la Droitière. En 1807, elle était passée aux mains de l'abbé Douillard, directeur du Séminaire de Tours, qui la vendit à l'abbé Pierre-Daniel Le Guernalec de Kéransquer, vicaire-général du diocèse. Celui-ci, par son testament du 16 juillet 1813, la légua au Séminaire de Tours, qui la possède encore aujourd'hui.

De 1838 à 1843, il y eut à Saint-François un orphelinat qui avait été fondé par l'abbé Pasquier.

Au commencement de l'année 1877, par l'ordre de Monseigneur l'archevêque de Tours et sous la direction de MM. Guérin, père et fils, des fouilles ont été faites pour rechercher le tombeau de saint François de Paule. Ces fouilles ont amené la découverte de la fosse dans laquelle le corps du saint fondateur des Minimes fut déposé le 5 avril 1507 et où il resta pendant trois jours, comme nous l'avons dit plus haut.

Sur l'emplacement de l'ancienne église, on a commencé, au mois de mai 1877, d'après les plans de MM. Gustave et Charles Guérin, la construction d'une chapelle consacrée à saint François. La première pierre a été posée le 4 mai, par Mgr Colet, archevêque de Tours. On a déposé dans les fondations un tube de verre renfermant des médailles du pape, de saint François et de saint Martin, et un parchemin portant cette inscription :

« *L'an de grâce mil huit cent soixante-dix-sept, le quatre mai, jour anniversaire de la canonisation de saint François de Paule, le Souverain-Pontife Pie IX régnant, Monseigneur Charles-Théodore Colet étant archevêque de Tours, fut posée la première pierre de ce monument élevé sur le tombeau de saint François de Paule, en présence de Monseigneur l'archevêque de Tours, d'un nombreux clergé et des fidèles venus en pèlerinage. »*

Le couvent des Minimes du Plessis portait pour armoiries : *D'azur, au mot* charitas, *d'or; les trois syllabes posées l'une sur l'autre; le tout enfermé dans un cadre ovale, rayonnant, aussi d'or.*

Arch. d'I.-et-L., titres des *Minimes du Plessis; Biens nationaux.* (Un registre, intitulé *Inventaire des titres des Minimes du Plessis,* contient une foule de notes très curieuses, relatives à l'histoire du monastère. On y trouve aussi des plans de l'église, exécutés à diverses époques). — Baillet, *Vie des saints,* 2 avril. — Louis Dony d'Attichy, *Histoire des Minimes,* I, 95, 100, 112, 118, 130-31-32; II, 10, 11. — Franc. Lanovius, *Chronicon generale ordinis Minimorum,* 19, 124, 125, 261, 262. — Moréri, *Diction. historique,* V, 337. — François Victon, *Vita et miracula S. Francisci de Paula.* — *Semaine religieuse du diocèse de Tours,* 10 mars 1877, p. 773 et suivantes; 19 mai 1877, p. 109. — Bibliothèque de la Société archéologique de Touraine, *Notes historiques sur le couvent de Saint-François.* — Bibl. nationale, *Armorial de 1696* (manuscrit). — Giry, *Vie de saint François de Paule,* Paris, 1699. — Rolland, *Histoire de saint François de Paule,* Paris, Poussielgue frères. — Larousse, *Grand diction. historique du XIXᵉ siècle,* VIII, 771. — Didot, *Biographie générale,* XVIII, 483. — Hilarion de Coste, *Le portrait en petit de saint François de Paule,* Paris, Sébastien Cramoisy, 1635. — *Histoire catholique où sont écrites les vies des hommes et dames illustres par leur piété,* 1-20. — *Bulletin de la Société archéologique de Touraine* (1877), p. 132.

François (Isaac), sieur de la Girardie, grand-voyer de Touraine, n'est pas né à Tours, comme le prétend Chalmel. Il était originaire de Saint-Germain-en-Laye. Il s'établit à Tours vers 1585 et mourut en 1649. On lui doit la première carte géographique de la province de Touraine et un ouvrage intitulé : *Description du pays de Touraine, des antiquités de la ville et cité de Tours, des seigneurs qui y ont commandé et de ses évêques,* Tours, Bouguereau, 1592, in-8°. — (*Almanach de Touraine,* 1784. — Chalmel, *Hist. de Tour.,* IV, 184. — D. Housseau, XXIII.)

François (Simon), fils du précédent, peintre, surnommé le Valentin, né à Tours en 1606, eut pour premiers maîtres Michel et Charles Bobrun. En 1625, il s'en alla en Italie avec son protecteur, le duc de Béthune. Il y étudia pendant treize ans les chefs-d'œuvre des illustres artistes de cette contrée et se lia d'amitié avec Le Guide. De retour en France en 1639, il exécuta quelques tableaux d'une remarquable perfection et bientôt il acquit une certaine renommée. Les sujets de ses premiers travaux furent des scènes où la morale recevait parfois des atteintes. Mais, cédant à de bienveillants conseils, il abandonna ce genre, pour se livrer entièrement au portrait et à des ouvrages religieux. L'abbé de Marolles a apprécié son talent en disant que c'était un *peintre considérable.* Il existe encore plusieurs tableaux de dévotion peints par cet artiste et qui lui avaient été commandés pour plusieurs églises de Paris. Parmi les portraits qu'il fit on remarque celui de Louis XIV, enfant, et ceux du duc de Béthune, de l'abbé de Chandenier et de saint Vincent de Paul. Simon François mourut à Paris au mois de mai 1680, d'après Chalmel, en 1671, d'après Moréri et d'autres écrivains.

De Piles, *Abrégé de la vie des peintres,* 500. — *Almanach de Touraine,* 1759, 1776. — Bibl. de Tours, manuscrit n° 1441. — Didot, *Biographie générale,* XVIII, 543. — Chalmel, *Hist. de Tour.,* IV, 184. — D. Housseau, XXIII, 170.

François (Pierre-Alexandre), général de brigade, naquit à Tours le 3 mai 1791. Peu de temps après sa naissance ses parents quittèrent Tours pour aller s'établir à Nantes. Entré à l'école spéciale militaire en 1809, il fut un des élèves les plus distingués de l'établissement. Il en sortit au bout d'une année avec le grade de sous-lieutenant, prit part à la guerre d'Espagne de 1810 à 1813 et revint en France avec les épaulettes de capitaine. Il se trouva à la désastreuse bataille de Waterloo, fit la campagne de 1823 et celles de Morée en 1828-29, et fut nommé chef de bataillon en 1832, lieutenant-colonel du 66ᵉ de ligne en 1835, colonel du 11ᵉ léger en 1840 et maréchal de camp en 1847. En février 1848, il commanda une brigade dans la capitale et reçut une blessure pendant les journées de juin. Il mourut à Paris le 20 avril 1851, âgé de soixante ans. Cet officier-général était commandeur de la Légion d'honneur, chevalier de Saint-Louis, de Saint-Ferdinand d'Espagne et de Saint-Sauveur de Grèce. — (Maurice Cabany, *Nécrologe universel,* VIII, 62. — *Journal d'Indre-et-Loire* des 29 avril et 21 mai 1851. — Tiburce Hiard, *Notice sur P.-A. François,* Paris, 1851, in-8° de 23 pages.)

Françoisière (la), f., cⁿᵉ de Beaumont-la-Ronce.

Francolium. V. *Francueil.*

Françon (le lieu de), cⁿᵉ de Varennes.

Franconnière (le lieu de la), cⁿᵉ de Cerelles. — Il relevait du château de Rochecorbon, suivant des déclarations féodales faites en 1530 et 1535. En 1649, ce domaine appartenait à Amable Bitton, Éc., conseiller du roi et receveur des finances en Poitou. — (Arch. d'I.-et-L., *Inventaire des titres de Saint-Julien;* G, 471.)

Francpalais, f., cⁿᵉ de Joué-les-Tours.

Franc-Palais, ham. et chât., cⁿᵉ de Luzé, 15 habit. — Ancienne châtellenie, relevant de la baronnie de Marmande. Le propriétaire devait deux hommages : l'un simple, l'autre lige et cent sols de loyaux aides. En 1487, cette terre appartenait à Jeanne de Mondion, fille de Jean de Mondion, Éc., seigneur de Mépieds; — en 1528, à Achille de Mondion, Éc., seigneur de la Seilletière; — en 1575, à Jeanne Prévost de Sansac, qui rendit hommage, le 26 octobre de cette année, à Bonaventure Gillier, baron de Marmande. Elle avait épousé, en premières noces, René Duval, Éc.; et, en secondes noces, François de Céris.

En 1613, Robert Allard, marié à Françoise Bellaudeau, était seigneur de Franc-Palais. Il eut pour successeur Jean de Mathefelon, Éc., seigneur de la Charruère, marié à Antoinette de Céris, et qui rendit hommage, le 27 février 1614, à René Gillier, baron de Marmande. Jean de Mathefelon mourut avant 1621.

La terre de Franc-Palais passa ensuite à Jean Gillier, chev., seigneur de Passau, de Saint-Gervais-sur-Mer, fils de René Gillier, baron de Marmande, gentilhomme ordinaire de la chambre du roi, et de Claude de Laval.

Jean Gillier épousa Gabrielle de Beauvau, dont il eut une fille unique, Marie-Louise, qui fut mariée, par contrat du 19 décembre 1663, à Louis de Bernabé, chev., seigneur de la Boulaye, baron de la Haye-Fougereuse, écuyer ordinaire du roi, guidon de la compagnie des gendarmes du duc de Roannois, fils de Claude de Bernabé, seigneur de la Boulaye, et de Louise Descamin.

Le 5 août 1672, Louis de Bernabé rendit hommage, pour la terre de Franc-Palais, à Cyprien Gillier, marquis de Puygareau, baron de Marmande, fils aîné et principal héritier de Georges Gillier. Il eut deux enfants : Joseph, baron de la Haye-Fougereuse, et Marie-Élisabeth, mariée à Guillaume Hameau, Éc., seigneur du Marais. Ce dernier, seigneur de Franc-Palais, du chef de sa femme, qui avait eu cette terre en partage, eut deux filles : Marie-Perrine, qui épousa, vers 1737, François-Marie Hameau, Éc., seigneur du Haut-Plessis, et Louise-Prudence, femme de Pierre-André-Claude-Scévole Pocquet de Livonnière.

François-Marie Hameau, Éc., seigneur de Franc-Palais et du Haut-Plessis, eut une fille, nommée Marie-Perrine, comme sa mère, et qui fut mariée à Charles-Auguste de Ravenel, Chev. Le 8 novembre 1737, il rendit hommage à Marc-Pierre de Voyer de Paulmy, baron de Marmande.

Charles-Auguste de Ravenel, seigneur de Franc-Palais, du chef de sa femme, rendit hommage, pour cette terre, le 21 septembre 1768. Il mourut sans laisser d'enfants. Franc-Palais échut alors par héritage à Louise-Prudence Hameau, femme de Pierre-André-Claude-Scévole Pocquet de Livonnière. Celui-ci eut un fils, Jean-Claude-Marie-Scévole, Éc., seigneur de Franc-Palais, de Luzé et de la Boissière, qui rendit hommage le 2 août 1780 et qui comparut, par fondé de pouvoir, à l'assemblée électorale de la noblesse de Touraine en 1789.

Le fief de la Boissière, paroisse de Marigny, relevait de Franc-Palais à foi et hommage lige et un roussin de service, du prix de soixante sols, à muance de seigneur.

Les droits honorifiques, dans l'église de Luzé, appartenaient au seigneur de Franc-Palais.

Arch. d'I.-et-L., E, 156, 262; G, 123; *Biens nationaux.* — *Rôle des fiefs de Touraine.* — La Chesnaye-des-Bois et Badier, *Diction. de la noblesse,* II, 973-74. — *Mém. de la Soc. archéol. de Tour.,* X, 115. — C. Chevalier, *Hist. de Chenonceau,* 501. — L. de la Roque et E. de Barthélemy, *Catalogue des gentilshommes de Touraine,* p. 10. — Beauchet-Filleau, *Diction. des familles de l'ancien Poitou,* I, 549.

Franc-Rosier, f., cⁿᵉ de Joué-les-Tours. — *Les Rosiers,* carte de Cassini.

Franc-Rosier (le), ham., cⁿᵉ de Rigny, 10 habit. — *Franc-Rosier,* carte de l'état-major.

Francs-Alleux (le lieu des), ou **Francs-Fiefs**, cⁿᵉ de Truyes. — Ancien fief, relevant du château de Loches. En 1768, il appartenait à Pierre Gaudion. — (*Rôle des fiefs de Touraine.* — Arch. d'I.-et-L. C, 603.)

Francs-Alleux (les), paroisse de Montreuil. — Ancien fief, consistant en cens et rentes et relevant de Châteaurenault. — (Arch. d'I.-et-L., E.)

Francs-Fiefs (les), cⁿᵉ de Truyes. V. *Francs-Alleux.*

Francueil, commune du canton de Bléré, arrondissement de Tours, à 34 kilomètres de Tours et à 7 de Bléré. — *Parochia de Francolio,* 1105, 1150. — *Francueil,* 1230 (chartes de l'abbaye de Villeloin). — *Terra de Francullio,* 1240 (Bibl. de Tours, fonds Salmon, *titres d'Amboise*). — *Francolium,* 1290 (*Cartulaire de l'archevêché de Tours.*)

Elle est bornée, au nord, par le Cher, qui la sépare des communes de Chisseaux, de Chenonceau et de Civray; au sud, par les communes de Luzillé et d'Épognè; à l'est par Saint-Georges (Loir-et-Cher); à l'ouest, par Civray. Elle est arrosée par le Cher et par le ruisseau de Francueil, qui prend sa source dans l'étang des Brosses, commune de Luzillé, et se jette dans le Cher, près de la Tuilerie. Elle est traversée par le chemin de grande communication n° 40, de Tours à Saint-Aignan.

Les lieux, hameaux et villages suivants dépendent de cette commune : Les Champs (94 habit.). — Le Carroir (11 habit.). — Le Haut-Coulommiers (86 habit.), ancien fief, relevant de la châtellenie de Montrésor. — Le Bas-Coulommiers (53 habit.), ancien fief, relevant également de Montrésor. — La Bergerie (106 habit.). — La Boudonnière (12 habit.). — La Brevaudière (22 habit.). — La Defais (25 habit.), ancien fief, relevant du château de Montrésor. — La Dolinière (35 habit.). — Les Houdes (10 habit.), ancien fief, relevant d'Amboise. — La Forge (11 habit.). — La Minière (35 habit.), ancien fief, relevant des Houdes. — Montifault (23 habit.). — La Lande (23 habit.). — Le Moulin-Neuf (10 habit.). — Juchepie (105 habit.), ancien fief, relevant du château d'Amboise. — La Goumaudière (20 habit.). — Le Moulin-à-Tan (21 habit.). — Le Pont, ancien fief. — Métairie (51 habit.). — Monchamp (52 habit.). — La Rousselière (51 habit.). — Le Port-Olivier (10 habit.). — Le Temple (28 habit.). — Le Val (43 habit.). — La Pépinière, le Feu, Cambalu, le Moulin-Fort, la Quenarderie, le Chillou, les Fretières, etc.

Avant la Révolution, Francueil était dans le ressort de l'élection d'Amboise et faisait partie du doyenné de Bléré et du grand-archidiaconné. En 1793, il dépendait du district d'Amboise.

Superficie cadastrale. — 1292 hectares. — Le plan cadastral, dressé par Trotignon, a été terminé en octobre 1824.

Population. — 802 habit. en 1801. — 800 habit. en 1804. — 855 habit. en 1810. — 978 habit. en 1821. — 1003 habit. en 1831. — 1203 habit. en 1841. — 1057 habit. en 1851. — 1179 habit. en 1861. — 1172 habit. en 1872. — 1207 habit. en 1876.

Assemblée pour location de domestiques le dimanche après la Trinité.

Bureau de poste de Chenonceau.

L'église, dédiée à saint Thibault, était placée autrefois sous le vocable de Notre-Dame. Elle date de trois époques. La plus grande partie de la nef appartient au XIe siècle; le chœur et le sanctuaire au XVIe; l'ancienne chapelle seigneuriale est du XVe. La nef et le chœur ont été réparés en 1726.

Cette église appartenait, au milieu au XIIe siècle, à l'abbaye de Villeloin, qui fut confirmée dans cette possession par une charte d'Angebault, archevêque de Tours (1150). On la voit figurer encore, comme propriété de ce monastère, dans une bulle du pape Adrien IV, de l'an 1156.

L'abbé de Villeloin avait le droit de présentation au titre curial.

CURÉS DE FRANCUEIL. — Robert Dorléans, 1497, 1508. — Jean de la Rocque, 1545. — Jean Bereau, chapelain de la chapelle du roi, 1559, décédé en 1615. — Toussaint Lego, décédé le 10 août 1628. — André Guillier, 1640, 1652. — Antoine Le Breton, 1670, 1692. — Hilaire Mangeant, 1705, 1710. — Claude Aucher, 1718, décédé le 6 mars 1744. — Jean-Baptiste Lemaistre des Marets, prieur de Sainte-Croix, seigneur de Boisregnier et de Pontchalet, 1744, décédé le 12 février 1772. — Georges-Albert Mahoudeau, 1773, décédé le 27 septembre 1781. — Pierre Gilles, 1782, curé constitutionnel, 1793. — Duvau, 1804. — Joseph-Jean-Baptiste Dronne, 1830. — Renard, 1841. — Buchet, 1861, passe à la cure de Montrésor en juillet 1874. — François-Marie-Alphonse Grudé, août 1874, passe à la cure d'Esvres en 1878. — Boilève, 1878, actuellement en fonctions (1880).

L'abbaye de Villeloin avait à Francueil un prieuré assez important. Une des chapelles de l'église paroissiale en dépendait. Jean était prieur en 1233; — Simon Buret, en 1497; — Jehan Boureau, en 1545; — Claude Mettivier, en 1620; — Charles Boillac, chanoine de la collégiale de Loches, en 1657; — Pierre Leblanc, en 1670; — René du Bois, en 1698.

Ce prieuré constituait un fief, relevant du château d'Amboise.

Les registres d'état civil de la paroisse commencent en 1601.

Vers 1274, le fief de Francueil fut donné aux religieux de Montoussan, par un chevalier nommé Guillaume Marques. Mais, par la suite, il devint une dépendance de Chenonceau, auquel il fut réuni sous les mêmes foi et hommage. Louise-Marie-Madeleine Fontaine, veuve de Claude Dupin, dame de Francueil et de Chenonceau, comparut, par fondé de pouvoir, en 1789, à l'assemblée électorale de la noblesse de Touraine.

Une voie romaine passait à Francueil. En 1864, M. l'abbé Chevalier a découvert, près du chemin qui conduit au Port-Olivier, deux fours à chaux de l'époque gallo-romaine.

MAIRES DE FRANCUEIL. — Pierre Valin, 1792. — Pierre-Alexandre Brochard, 1801, 23 décembre 1807, 1er février 1817, août 1821, 4 décembre 1834, 21 juin 1837, 21 juin 1840 (nommé chevalier de la Légion d'honneur en 1842), 5 août 1846. — Serreau-Bouge, 1857, mai 1871, 16 février 1874, octobre 1876. — Silvain Chollet-Deligeon, 21 janvier 1878.

Arch. d'I.-et-L., C, 633, 651; E, 39; *lièvre des prieurés de l'abbaye de Villeloin; cure de Francueil.* — D. Housseau, V, 1750; VI, 2172 bis; VII, 2733, 2894, 3303; XIII, 10919, 10923. — *Cartulaire de l'archevêché de Tours.* — Registres d'état civil de Francueil. — *Pouillé de l'archevêché de Tours* (1648), p. 69. — Bibl. nationale, Gaignères, 678. — Bibl. de Tours, manuscrits nos 1244, 1425, 1436. — C. Chevalier, *Hist. de Chenonceau,* 25, 49, 50, 73, 117, 123, 166, 189, 395, 440, 566; *Promenades pittoresques en Touraine,* 290; *Diane de Poitiers au Conseil du roi,* 35. — Chalmel, *Hist. de Tour.,* III, 71. — D'Hozier, *Armorial général,* reg. 4e, généal. Bollioud, 5. — *Mém. de la Soc. archéol. de Tour.,* X, 104; XIII, 20, 58, 60, 218. — Waroquier, *Tableau historique de la noblesse,* V, 156. — *Annuaire-almanach d'Indre-et-Loire* (1877), p. 101. — A. Joanne, *Géographie d'Indre-et-Loire,* 98.

Francueil (le ruisseau de), appelé aussi ruisseau de l'Étang-de-Brosses. — Il prend sa source dans l'étang de Brosses, commune de Luzillé, passe dans la commune de Francueil et se divise en deux branches qui vont se réunir au Cher, l'une à la Tuilerie, l'autre en face du château de Chenonceau. Il fait mouvoir six usines. Son parcours est de sept kilomètres.

Frandelais, ou **Fraudelais** (les), f., cne de Truyes.

Frandinières (les), f., cne de Semblançay.

Frangerie, ou **Frangeuse**. V. *la Grange*, ene de Rouziers.

Fraperie (la), cne d'Auzouer. V. *Courtelpee*.

Frarye-de-Boirière (la Grande-), cne de Verneuil-sur-Indre. V. *les Martineaux*.

Frasne, ou **Fresne**, ham., cne de Parçay-Meslay, 12 habit. — *Phresne*, tabl. de recens. de 1872.

Frau, f., cne de Thizay. — Vers 1770, elle appartenait à Gilles Lespagnol de la Plante. — (Arch. d'I.-et-L., *registre des 20es*.)

Fraudelais (la), cne de Truyes. V. *Frandelais*.

Fraudière (la), cne d'Auzouer. V. *Fouraudière*.

Fraxinecum. V. *le Fresne*, paroisse de Saint-Patrice.

Fraxinus. V. *le Fresne*, paroisses de Chemillé-sur-Indrois, de Saint-Cyr et de Saint-Flovier.

Fraynais (la), ou **Fresnaie**, cne de Cléré. V. *Fresnaye*.

Frayne (le), cne de Chambourg. V. *Fresne*.

Frazy (le lieu de), paroisse de Crouzilles. — Il est cité dans un titre de 1642. — (Arch. d'I.-et-L., C, 621.)

Frèche-des-Vingt-Sept-Arpents (la), ancien fief, paroisse de la Ville-aux-Dames. — Il relevait du fief de Narbonne, à foi et hommage simple. Le 27 juin 1781, Henri-Louis-Marie et Jules-Hercule, princes de Rohan, le vendirent à Maurice Abraham, trésorier de France à Tours. — (Arch. d'I.-et-L., E, 323.)

Frèche-sous-le-Jau (la). V. *les Maisons-Blanches*, cne de Saint-Cyr.

Frèches (les), f., cne de Chouzé-sur-Loire.

Frédéric, abbé de Saint-Florent de Saumur, né à Tours, était issu d'une famille de serfs. Il prit l'habit monastique dans l'abbaye de Marmoutier et fut élu abbé de Saint-Florent le 26 août 1021 ou 1022. Le cloître et l'église de Saint-Florent ayant été incendiés, en 1025, il les fit rebâtir. La dédicace du nouveau monastère eut lieu le 15 octobre 1041. Frédéric mourut le 28 octobre 1055. — (D. Martène, *Hist. de Marmoutier*, I, 263 et suivantes. — C. Port. *Diction. historique de Maine-et-Loire*, II, 202. — Rangeard, *Hist. de l'Univer.*, I.)

Fredonnerie (la), f., cne de Marcilly-sur-Maulne.

Fredonnière (la), f., cne de Cheillé. — *Fredonnière*, carte de Cassini.

Fredonnière (la), f., cne de Luynes.

Fredonnière (la), f., cne de Neuillé-Pont-Pierre. — *Fredonnière*, carte de Cassini.

Fredonnière (la), f., cne de Saint-Laurent-en-Gatines. — *Fredonnière*, cartes de Cassini et de l'état-major. — Elle a fait partie de l'ancienne paroisse de Chenusson.

Frelauderies (les), f., cne du Boulay. — *Frelaudières*, 1784. — *Frelauderies*, carte de l'état-major. — Elle relevait du fief des Bruères, suivant une déclaration féodale faite le 15 juillet 1784. — (Arch. d'I.-et-L., abbaye de Gastines.)

Frelaudière (la), f., cne de Saint-Étienne-de-Chigny.

Frelon (le lieu de), près de la Grand'-Maison, cne de Saint-Nicolas-de-Bourgueil.

Frelonnière (la), cne de Ballan. V. *Freslonnière*.

Frelonnière (le lieu de la), près de la Bottière, cne de Cerelles.

Frelonnière (la) ou **Freslonnière**, f., cne d'Épeigné-les-Bois.

Frelonnière (la), f., cne de Montlouis. — En 1630, Gilles Barré était qualifié de sieur de la Frelonnière. Marie Langlois, veuve de Léonard Barré, sieur de la Frelonnière, mourut le 11 juillet 1758. — (Registres d'état-civil de Montlouis et de Saint-Florentin d'Amboise.)

Frelonnière (la), cne de Pernay. V. *Freslonnière*.

Frelonnière (le lieu de la), cne de Pont-de-Ruan. — Il est cité dans un titre de 1645. — (Arch. d'I.-et-L., *prieuré de Relay*.)

Frelonnière (la), f., cne de Thilouze. — *Frelonnière*, cartes de Cassini et de l'état-major.

Fremaré (le lieu de), près de Signolles, cne de Bourgueil.

Fremarin (le lieu de), cne de Channay. — Ancien fief. Vers 1620, Simon de Savonnières, Chev., seigneur de la Roche et des Hayes, l'acheta pour cent vingt livres. — (Arch. d'I.-et-L., B, 32.)

Fremaudière (la), vil., cne de Fondettes, 48 habit. — *Fremaudière*, carte de l'état-major. — *Fremondière*, carte de Cassini. — François Gilles, aumônier de l'hôpital Saint-Gatien, déporté, possédait, dans ce village, une métairie qui fut vendue nationalement en 1793. — (Arch. d'I.-et-L., *Biens nationaux*.)

Fremaudière (la), cne de Saint-Paterne. V. *Fromondière*.

Fremaudières (les), ham., cne de Saunay, 16 habit. — *Haute et Basse-Fourmandière*, xviie siècle. — *Fremondières*, carte de l'état-major. — Il relevait du fief de Saunay et devait des cens et rentes à l'abbaye de Saint-

Julien (1622). — (Arch. d'I.-et-L., *Inventaire des titres de la chambrerie de Saint-Julien*.)

Fremerie (la), f., cⁿᵉ de Saint-Paterne. — *Fermerie*, carte de l'état-major.

Fremier (bois de), cⁿᵉ de Bossay.

Fremillères (les), cⁿᵉ de Fondettes. V. *Belair*.

Fremillères (les), ou la **Fremillère**, f., cⁿᵉ de Sonzay.

Fremin (Mathieu), abbé de Fontaines-les-Blanches, fut élu le 19 juillet 1455, en remplacement de Jean Chaillou, décédé. En 1470, il fit réparer l'église abbatiale et les bâtiments claustraux. Il donna sa démission en 1478 et eut pour successeur Thomas Leveau. — (Arch. d'I.-et-L. et Bibl. de Tours, *titres de Fontaines-les-Blanches*. — *Gallia christiana*, XIV. — *Mém. de la Soc. archéol. de Tour.*, IX, 229.)

Frémoires (le lieu des), cⁿᵉ de Savigny. — Le ruisseau du Bouchet y prend sa source.

Fremondière (la), cⁿᵉ de Saint-Paterne. V. *Fromondière*.

Fremonnière (le lieu de la), cⁿᵉ d'Assay. — Ancienne propriété de la collégiale de Champigny. (Baux du 22 décembre 1665 et 16 avril 1783.) — (Arch. d'I.-et-L., G, 282.)

Fremonnière (la), f., cⁿᵉ de Larçay. — *Fremonière*, carte de Cassini.

Fremonnière (le lieu de la), cⁿᵉ de Luynes. — En 1667, Charles Bouault est qualifié de sieur de la Fremonnière. — (Registres d'état civil de Luynes.)

Frémont (Charles), religieux de l'ordre de Grandmont, né à Tours en 1610 (et non en 1620, comme le dit Chalmel), fut nommé prieur de Bois-Rahier en 1635. Mais, sur la demande du cardinal de Richelieu, il quitta bientôt cette maison, pour entreprendre des réformes dans divers établissements de son ordre, où la discipline s'était beaucoup relâchée. Il mourut à Thiers, en Auvergne, en 1689, âgé de soixante-dix-neuf ans. On a de lui les ouvrages suivants : *Vie, mort et miracles de saint Étienne, fondateur de l'ordre de Grandmont*, Dijon, 1647, in-8°. — *L'esprit de l'ordre de Grandmont, tiré de la doctrine et des instructions de saint Estienne, son premier instituteur*, Clermont, N. Jacquard, 1664, in-8°; Paris, Desprez, 1666, in-8°. — *De la dévotion qu'on doit avoir pour les trois personnes de la Trinité, pour la famille de Jésus*, etc., Paris, 1668, in-8°. — Un manuscrit intitulé : *La vie du R. P. Ch. Frémont, réformateur de l'ordre de Grandmont*, in-4° (par le R. P. J.-B. Rochias), faisait partie de la bibliothèque de J. Taschereau, vendue en 1875. — (*Almanach de Touraine*, 1776. — Chalmel, *Hist. de Tour.*, IV, 187-88.)

Frémont (Alexandre), frère du précédent, né à Tours en 1612, entra dans l'ordre de Grandmont en 1632. Supérieur du couvent de Notre-Dame-du-Parc, à Rouen, en 1643, il fut élu général de son ordre le 5 novembre 1678, en remplacement d'Antoine Chevaroche, décédé. Le roi et les prieurs de Bois-Rahier et de Puy-Chévrier ayant agréé cette élection, il fut consacré par l'évêque de Limoges le 25 mars 1679. Il mourut le 9 juillet 1687. En 1643, il avait publié un recueil intitulé : *Les articles du chapitre général tenu à l'abbaye de Grandmont*. — (*Almanach de Touraine*, 1755. — Chalmel, *Hist. de Tour.*, IV, 188-89.)

Fremyn de Fontenille (Simon), prêtre, docteur de la maison de Navarre, chanoine de l'église de Reims et official du Chapitre, né le 6 novembre 1709, fut nommé abbé de Baugerais en 1773, en remplacement d'Augustin-Armand Frizon de Blamond de Belleval. Il fut le dernier abbé de Baugerais. Il était fils de Pierre Fremyn, Éc., seigneur de Sapicourt, doyen des conseillers du roi au bailliage de Vermandois, et de Jacqueline Cognault. — (D'Hozier, *Armorial général*, reg. 5ᵉ, 1ʳᵉ partie. — La Chesnaye-des-Bois et Badier, *Diction. de la noblesse*, VIII, 630. — *Gallia christiana*, XIV, 335. — Bibl. de Tours, fonds Salmon, *titres de Beaulieu*.)

Frenay, vil., cⁿᵉ d'Hommes, 21 habit. — *Les Fresnayes*, xviiᵉ siècle. — *Frenay*, carte de l'état-major. — Ancien fief, relevant de la baronnie de Rillé, à foi et hommage lige et quarante jours de garde. Au xviiiᵉ siècle, il était réuni au fief des Cartes. Le 16 janvier 1712, Jeanne de Vaux, veuve de Claude Dusèque, rendit aveu pour ce domaine au seigneur de Rillé. — (*Rôle des fiefs de Touraine*. — Arch. d'I.-et-L., B, 37; E, 318.)

Frenay, cⁿᵉ de Marcé-sur-Esves. V. *Fresnay*.

Frenaye (la), ou **Fresnaye**, f., cⁿᵉ de Nouzilly. — *Frenaye*, carte de l'état-major. — En 1789-92, elle appartenait à Gillette-Françoise-Marie-Céleste de Carné de Truesson, veuve de Charles-Auguste-François, comte du Plessis-Grenedan. — (Arch. d'I.-et-L., *Biens nationaux*.)

Frêne (le Petit-), f., cⁿᵉ de Betz. — *Le Fresne*, carte de Cassini.

Frêne (le lieu de), près du Vieux-Cher, cⁿᵉ de Bréhémont.

Frêne (le), ou **Fresne**, vil., cⁿᵉ de Chambourg, 49 habit. — *Locus qui dicitur le Frayne*, xiiiᵉ siècle. — *Les Grand et Petit-Fresne*, carte de Cassini. — Au mois de février 1282, Josbert de Pressigny, Éc., et Jeanne de la Chaine, sa femme, vendirent aux religieux du Liget une rente de dix livres et deux deniers qu'ils possédaient sur la terre du *Frayne*, qui dépendait alors du fief de Guillaume d'Azay. La vente fut certifiée par une charte de Guillaume, archiprêtre de Loches. — (D. Housseau, VII, 3315. — Bibl. de Tours, fonds Salmon, *titres du Liget.*)

Frêne (le), ou **Fresne**, f., cne de Crotelles. — *Fresnerie*, xive siècle. — Guillaume-Jean, chanoine de l'église de Tours, légua cette propriété au Chapitre de la même église vers 1350. — (Bibl. de Tours, fonds Salmon, *titres de l'église de Tours. — Mém. de la Soc. archéol. de Tour.*, XVII, 8.)

Frêne (le), cne de Pussigny. V. *Fresne*.

Frêne (le), f., cne de Saint-Cyr. V. *Fresne*.

Frêne (le), ou **Fresne**, vil., cne de Saint-Nicolas-de-Bourgueil, 38 habit. — *Les Fresnays*, xviie siècle. — *Le Frêne*, carte de l'état-major. — En 1680, Jean Boureau, marchand à la Chapelle-Blanche (aujourd'hui Chapelle-sur-Loire), était qualifié de sieur des Fresnays. — (Registres d'état-civil de la Chapelle-sur-Loire. — Bibl. de Tours, fonds Salmon, *titres de Bourgueil.*)

Frêne (le), ham., cne de Tauxigny, 11 habitants.

Frêne (le), cnes d'Azay-sur-Indre, de Ferrières-Larçon, de Louans, de Monnaie, d'Épeigné-sur-Dême, de Saint-Branchs, de Saint-Cyr, de Saint-Patrice et de Souvigné. V. *Fresne*.

Frênes (le lieu des), près de la Petite-Fagotière, cne de Druyes.

Fresay (les îles), dans l'Indre, près de Cormery. — En 1673, elles appartenaient à l'abbaye de Cormery. — (*Cartulaire de Cormery.*)

Freslon, cne de Savonnières. V. *Bray*.

Freslonnière, ou **Frelonnière** (la), f., cne de Ballan. — *Frelonnière*, carte de Cassini.

Freslonnière, ou **Frelonnière** (la), f., cne de Pernay. — *Freslonnière*, carte de l'état-major.

Freslons (le lieu des), cne de Luzé. — Il relevait de Franc-Palais, suivant une déclaration faite au baron de Marmande, le 8 novembre 1737, par François-Marie Hameau, Éc. — (Arch. d'I.-et-L., E, 156.)

Fresnaie (le lieu de la), près de Recoin, cne de Bréhémont.

Fresnaie (le lieu de la), près du château des Réaux, cne de Chouzé-sur-Loire.

Fresnaie (la), cnes de Cléré et de Saint-Genouph. V. *Fresnaye*.

Fresnay, f., cne de Marçay-sur-Esves. — *Frenay*, plan cadastral. — *Frenaye*, carte de Cassini.

Fresnay, vil., cne de Nouzilly, 20 habit.

— *Frenaie*, carte de l'état-major. — *Frenaye*, carte de Cassini.

Fresnay, f., cne de Sepmes. — *Hôtel de Fresnay*, 1506. — *Fresnai*, carte de l'état-major. — Ancien fief, relevant de Sainte-Maure, à foi et hommage lige et quinze jours de garde. — En 1417, il appartenait à Jean de Thais; — en 1475, à Pierre Gillier, Éc., et à Rose de la Haye, sa femme, qui le vendirent, par acte du 25 juin 1486, à Jacques de Thais; — en 1506, à Méry de Thais; — vers 1520, à Gaucher d'Aloigny; — en 1549, à Louis Brossin, Éc.; — en 1625, à un autre Louis Brossin; — en 1622, à Hercule de Rohan; — en 1771, à Marc-René de Voyer de Paulmy.

Arch. d'I.-et-L., E, 223. — *Rôle des fiefs de Touraine.* — D. Housseau, XIII, 8055, 8090. — Lainé, *Archives de la noblesse de France*, V, généal. Brossin. — Bibl. de Tours, fonds Lambron, *Châteaux et fiefs de Touraine.*

Fresnaye (la), f., cne d'Avrillé. — Ancien fief, relevant de la châtellenie de Gizeux. Il fut vendu nationalement, le 25 pluviôse an VII, sur N. de Cherbon, émigré. — (Arch. d'I.-et-L., *Biens nationaux.*)

Fresnaye (la), ou **Fresnaie**, f. et chât., cne de Cléré. — *Frenaye*, carte de Cassini. — Ancien fief et prieuré. Le fief relevait du château de Tours à foi et hommage lige. — Vers 1400, il appartenait à Jehan le Vayer; — vers 1430, à Mahaud le Vayer, femme de Jean de Laval. — Le prieuré dépendait de l'abbaye de Saint-Sulpice de Rennes. Le chapelain ou prieur était nommé par l'abbesse de Ronceray d'Angers. La chapelle et les bâtiments du prieuré furent vendus nationalement le 18 janvier 1793. Le prieuré de la Fresnaye portait pour armoiries : *D'or, à trois frênes arrachés, de sinople.* — (Arch. d'I.-et-L., C, 603, 653; *Biens nationaux.* — *Pouillé de l'archevêché de Tours* (1648), p. 81. — A. Duchesne, *Hist. de la maison de Montmorency.* — *Armorial de 1696.*)

Fresnaye (la), f. et moulin, cne de Monts. — *Locus de Fresnais, in riparia de Indria*, 1381. — *Hôtel-fort de la Fresnais* (aveu du 30 juin 1508). — *La Fraisnais*, 1720-37. — *Fresnaye*, carte de l'état-major. — *La Frenaye*, carte de Cassini. — Ancien fief, avec droit de haute, moyenne et basse justice. Il relevait de la châtellenie de Gizeux, à foi et hommage simple, cinq sols de service et dix sols de loyaux aides. Le château était situé sur le sommet d'un coteau qui domine la vallée de l'Indre. Il n'en reste aujourd'hui que quelques pans de mur qui, par leur épaisseur, peuvent donner une idée de la solidité de l'édifice dont ils faisaient partie. On voit, par un aveu rendu en 1508, que son ensemble constituait une forteresse. Le logis seigneurial, ayant à son centre un donjon, était entouré de hautes murailles crénelées, défendues elles-mêmes par des douves profondes, sur lesquelles se trouvait un pont-levis.

Un autre aveu, en date du 28 juin 1780, nous apprend que le château et ses fortifications existaient encore à cette époque, à l'exception des douves, qui avaient été récemment comblées. Dans le même temps, on avait construit, au-dessous de l'ancienne forteresse et près du moulin faisant partie du fief, une nouvelle habitation qui existe encore et que l'aveu dont nous venons de parler qualifie de *maison noble*.

Deux moulins bannaux dépendaient de la Fresnaye. L'un d'eux devait à la collégiale de Saint-Martin une rente de six setiers de froment, à la mesure de la vicomté des Ponts-de-Tours. Dans la seconde moitié du XIV° siècle, cette rente appartenait à un chevalier nommé Jamet de Limeray, qui la légua aux chanoines de Saint-Martin par son testament, en date du mardi après la saint Jean-Baptiste de l'an 1381 :

...... Item, do et lego ecclesiæ B. Martini Turonensis sex sextaria frumenti annui et perpetui redditus quos Johannes de la Guespière mihi debet annuatim, sita et assignata super molendinum suum de Fresnaye, in riparia de Indria......

En 1566, Catherine Mesnager, qui possédait alors la terre de la Fresnaye et le moulin, ayant refusé de payer la rente, un long procès s'engagea au bailliage de Tours. Les chanoines de Saint-Martin eurent gain de cause, et, pour obtenir le paiement, ils firent saisir le moulin. Déjà les formalités qui devaient précéder la mise aux enchères publiques avaient été remplies, lorsque la débitrice consentit à payer. Cette procédure, qui dura près de deux ans, entraîna des frais considérables qui, naturellement, tombèrent à la charge de Catherine Mesnager.

Le premier seigneur connu du fief de la Fresnaye est Jean de la Guespière, donateur, envers la collégiale de Saint-Martin, de la rente dont nous venons de parler (1381). Il vivait encore en 1398.

Après lui on trouve Jean de Sainte-Maure, Chev., qui est cité dans un acte de 1458.

A Jean de Sainte-Maure succéda, probablement par suite d'une alliance, Hardouin de la Touche, Éc., seigneur des Roches-Tranchelion et du Plessis, mentionné dans des actes du 20 décembre 1442 et 12 janvier 1449, et qui rendit aveu pour sa seigneurie des Roches le 7 février 1468.

Lancelot de la Touche, fils de Hardouin, Éc., seigneur de la Fresnaye, des Roches-Tranchelion et de Pasdeloup, rendit aveu, le 20 mars 1497, pour divers domaines relevant de l'abbaye de Sainte-Croix de Poitiers. Il rendit également aveu pour sa terre de la Fresnaye à Eustache du Bellay, seigneur de Gizeux, le 30 juin 1508. Il fonda le Chapitre chargé de desservir la chapelle des Roches-Tranchelion. De son mariage avec Charlotte de Maillé, il eut une fille, Isabeau, qui fut mariée à Gabriel de Lorges, comte de Montgommery.

Gabriel de Lorges, comte de Montgommery, capitaine de la garde écossaise du roi, était fils de Jacques de Lorges de Montgommery, colonel de l'infanterie française, et de Claudine de la Boissière. Il devint seigneur de la Fresnaye et des Roches-Tranchelion, par suite de son mariage avec Isabeau de la Touche. Ce personnage s'était acquis une grande réputation d'adresse dans les tournois. Le 30 juin 1559, il assistait à une joute qui avait lieu à Paris, dans la rue Saint-Antoine, à l'occasion de fêtes organisées en l'honneur du mariage d'Élisabeth de France avec Philippe II, roi d'Espagne, lorsque le roi Henri II l'invita à rompre une lance avec lui. Le comte de Montgommery, confiant dans son habileté, eut la crainte d'infliger à son souverain l'humiliation d'une défaite ; il refusa d'abord ; mais le roi ayant insisté de telle façon que son désir équivalait à un ordre, il dut se soumettre. En courant, il rompit le premier sa lance, et, contrairement à l'usage, avant que le roi ne courût sur lui, il conserva à la main le tronçon de son arme. Le bois atteignit la visière de Henri II, la brisa et pénétra dans la tête en crevant l'œil droit. Le roi mourut onze jours après, des suites de cet accident. A son lit de mort, il recommanda à diverses reprises de n'exercer aucune poursuite contre Montgommery, auteur involontaire de sa blessure et pour lequel il avait beaucoup d'affection.

Cependant le comte de Montgommery ne fut point complètement rassuré par les promesses qui furent faites à cet égard au roi. Craignant la vengeance de Catherine de Médicis qui voulait absolument voir dans ce qui s'était passé autre chose qu'un événement tout fortuit, il vendit à la hâte ses domaines de la Fresnaye, des Roches-Tranchelion et autres, et se retira en Angleterre, où il résida pendant trois ou quatre ans. Il se fit protestant et rentra ensuite en France pour prendre part aux guerres de religion. Tandis qu'il combattait en Gascogne, le Parlement de Paris le condamna à mort, par contumace, et le fit exécuter en effigie, sur la place de Grève. Un peu plus tard, alors qu'il défendait la place de Domfront contre le maréchal de Matignon, il tomba au pouvoir de ses adversaires et fut livré à Catherine de Médicis.

Celle-ci forma une commission pour le juger. On l'accusait d'avoir porté les armes contre l'État et d'avoir arboré, à la Rochelle, les couleurs de l'Angleterre. En réalité, Catherine de Médicis voulait venger la mort de Henri II.

Le comte de Montgommery fut condamné à mort. On l'appliqua à la question ordinaire et extraordinaire, et il eut à endurer des souffrances épouvantables. Le questionnaire, stimulé sans doute par l'appât de quelque somme promise par la reine, n'épargna rien pour donner aux douleurs causées par cet affreux supplice, toute l'intensité et les raffinements possibles. Le corps brisé, lorsqu'il fut conduit à l'échafaud, le comte eut pourtant le courage de haranguer la foule. Il fut exécuté le 26 juin 1574.

La terre de la Fresnaye avait été achetée, en 1559, par Catherine Mesnager, fille de Charles Mesnager, seigneur de Candé, de Maudoux et de Meltray, secrétaire du roi, argentier de la reine et maire de Tours, et de Jeanne Briçonnet.

Catherine Mesnager était veuve, en 1558, de François Peguineau. Elle vivait encore en 1574. Son fils, François Peguineau de la Motte, est qualifié de seigneur de la Fresnaye dans un acte du 1ᵉʳ septembre 1608.

Nicolas Peguineau, Éc., fils de François, propriétaire du même domaine, mourut en 1620 et fut inhumé dans l'église Saint-Hilaire de Tours. Il eut, de son mariage avec Françoise Bault : Philibert Peguineau, Éc., seigneur de la Fresnaye, marié à Anne Chabot, et qui était contrôleur général des finances, à Tours, en 1641, — et Charles, Éc., seigneur de Charentais, qui épousa, en février 1622, Catherine Gaultier, fille de Jacques Gaultier, Éc., seigneur de Fontaine, président au siège présidial de Tours, et de Rose Poictras.

En 1665, le fief de la Fresnaye était passé dans la famille Gaultier.

Jacques Gaultier, Éc., seigneur de la Fresnaye, du Bois, de Launay et de la Fontaine (ces deux dernières terres situées en Anjou), colonel du régiment de Launay, était fils de Jean Gaultier, Éc., seigneur de la Vigne, et de Madeleine Bernard de Bray. Il épousa, en premières noces, par contrat du 30 avril 1669, Marie Langlois, fille de Gilles Langlois, Éc., seigneur de Fierville, et, en secondes noces, Marie-Anne de Beaulieu. Il eut plusieurs enfants, entre autres : Jean-François et Charlotte-Marie. Jacques Gaultier mourut à la Fresnaye le 8 octobre 1719, âgé de soixante-douze ans.

Jean-François Gaultier, Éc., seigneur de la Fresnaye et de la Fontaine, commissaire provincial de l'artillerie et chevalier de Saint-Louis, épousa, par contrat du 2 octobre 1719, Madeleine Testu, fille de Claude Testu et de Jeanne Chaloineau. De ce mariage sont issus : Madeleine-Élisabeth, née le 8 août 1722, et Jean-Charles-François, né le 11 mai 1726, décédé le 3 mars 1728.

Le 12 mai 1745, Jean-François Gaultier rendit hommage, pour la terre de la Fresnaye, au seigneur de Gizeux. Il mourut à Monts le 6 septembre 1751. Par acte du 17 juin 1761, Madeleine Testu, sa veuve, vendit les terres de la Fresnaye, du Bois et de la Colinière, à René Bel et à Marie-Madeleine Torterue, sa femme. Elle mourut à Monts le 17 juillet 1773, âgée de quatre-vingt-neuf ans.

René Bel, conseiller du roi, élu en l'élection de Tours, seigneur de la Fresnaye, mourut vers 1779. Le 8 juin 1780, sa veuve rendit hommage, pour sa terre de la Fresnaye, à Louis-Paul de Brancas, marquis de Cereste et seigneur de Gizeux. Il eut une fille, Marie-Madeleine, mariée, le 21 mai 1776, avec Louis-Jean Voisine, Éc., seigneur de la Richardière, officier des chasses du roi, qui, par suite de cette alliance, devint seigneur de la Fresnaye et de Bois-Garnier. De ce mariage sont issus :

1° Louis-Benjamin Voisine de Lafresnaye, marié, le 16 janvier 1808, à Thérèse Contencin, dont il eut : Benjamin-Eugène, marié le 10 août 1840, à Élisabeth-Amélie Étignard de Lafaulotte. De ce mariage sont nés : Louise-Émilie et Jacques-Albert, marié, en janvier 1880, à Jeanne d'Auvergne, fille du général de division d'Auvergne, grand-officier de la Légion d'honneur;

2° Gabriel-Jules Voisine de Lafresnaye, marié, le 9 avril 1817, à Anne-Alexis Poirier des Bournais, dont il a eu Anne-Thérèse et Charles-Eugène;

3° Marie-Madeleine Voisine de Lafresnaye, mariée, en mai 1812, à Louis-Charles Droüin, chevalier de la Légion d'honneur. De ce mariage est née Julie-Madeleine.

Arch. d'I.-et-L., *prévôté de la Varenne*. — *Rôle des fiefs de Touraine*. — D. Housseau, XII, 6973, 7066. — Registres d'état-civil de Saint-Hilaire de Tours, 1620. — Bétancourt, *Noms féodaux*, II, 732. — Registres d'état-civil de Monts. — La Chesnaye-des-Bois et Badier, *Diction. de la noblesse*, IX, 65; XIV, 294. — Notes communiquées par M. Delaville Le Roulx, membre de la Société archéologique de Touraine. — Bibl. de Tours, manuscrits nᵒˢ 1308 et 1313. — Moréri, *Diction. historique*, VII, 657. — Larousse, *Grand diction. historique du xixᵉ siècle*, XI, 510. — Archives de la famille Voisine de Lafresnaye. — Goyet, *Nobiliaire de Touraine*. — Beauchet-Filleau, *Diction. des familles de l'ancien Poitou*, II, 733.

Fresnaye (la), ou **Fresnaie**, f., cⁿᵉ de Saint-Genouph.

Fresnaye (la), ou le **Fresne**, f., cⁿᵉ de Saint-Flovier. — *Fraxinus*, xiiiᵉ siècle. — *La Frenais*, carte de Cassini. — En 1211, Renault de Betz donna à la maison du Temple de Fretay une dîme qu'il possédait sur la terre du Fresne, appartenant alors à André de Limeray. — (Archives de la Vienne, liasse 487, nᵒ 2116.)

Fresnayes (les), cⁿᵉ d'Hommes. V. *Frenay*.

Fresnays (les), cⁿᵉ de Saint-Nicolas-de-Bourgueil. V. *le Frêne*.

Fresne (le), ou **Frêne**, f., cⁿᵉ d'Azay-sur-Indre. — *Frêne*, carte de l'état-major.

Fresne (le), cⁿᵉ de Chambourg. V. *Frêne*.

Fresne (le), cⁿᵉ de Crotelles. V. *Frêne*.

Fresne (le), ou **Frêne**, métairie et moulin, cⁿᵉ de Saint-Cyr. — *Terra Fraxini; molendinus apud Fraxinum in flumine Chausilii*, xiᵉ et xiiᵉ siècles. — En 1070, Adeline, abbesse de Beaumont, donna à l'abbaye de Marmoutier une aire de moulin située au Fresne, à la charge, par les religieux, de payer un cens annuel le jour de saint Brice. Vers 1107, les moines de Marmoutier achetèrent, d'un nommé Guyterne, la métairie joignant le moulin. Le droit de dîme appartenait, en 1367, à Hue d'Amboise, seigneur de la Maisonfort, qui le céda, pour neuf années, à l'abbaye de Marmoutier. Le Fresne a été possédé par ce monastère jusqu'à la Révolution. Il fut vendu nationalement le 6 thermidor an IV. — La collégiale de Saint-Martin de Tours était également propriétaire de divers terrains situés au Fresne et qui lui avaient été donnés, une partie, vers 1100, par le chanoine Gaulbert, l'autre partie, en mai 1243, par Mathieu de Loches. — (Arch. d'I.-et-L., titres de Marmoutier et de Saint-Martin; Biens nationaux. — D. Housseau, II, 733; IV, 1276.)

Fresne (le), c^{ne} de Chemillé-sur-Indrois. V. *Fresneau*.

Fresne (le), ou **Frêne**, f., c^{ne} de Ferrières-Larçon. — *Fresne*, carte de Cassini.

Fresne (les Grand et Petit-), ou **Frêne**, f., c^{ne} de Louans. — *Grand et Petit-Fresne*, cartes de Cassini et de l'état-major. — Ancien fief, relevant, à foi et hommage simple, de l'abbaye de Cormery. — (*Rôle des fiefs de Touraine*. — D. Housseau, XIV. — Arch. d'I.-et-L., titres de Cormery.)

Fresne (le), c^{ne} de Parçay-Meslay. V. *Fresne*.

Fresne (le lieu du), paroisse du Grand-Pressigny. — Il relevait censivement de la baronnie du Grand-Pressigny et appartenait, en 1671, à René de la Gravière, Éc. — (Arch. d'I.-et-L., E, 103; *prieuré de Balesmes*.)

Fresne (le), ou **Frêne**, f., c^{ne} de Monnaie. — *Frêne*, cartes de Cassini et de l'état-major.

Fresne (le lieu du), paroisse de Neuvy-Roi. — Ancien fief, relevant du château d'Amboise. En 1523, il appartenait à Jacques Sauson. — (Arch. d'I.-et-L., C, 634.)

Fresne (le), c^{ne} de Parçay-Meslay. V. *Frasne*.

Fresne (le lieu du), paroisse de Pussigny. — *Villa de Fraxino*, 925; *Fraxinus, villa*, 1050. — Ancien fief. L'abbaye de Noyers y possédait, au XIe siècle, une certaine étendue de bois et de terres labourables. En 1676, le fief appartenait à François Le Bascle, Éc.; — en 1703, à Jean Jaumier, Éc.; — en 1789, à Thérèse-Marguerite de la Chesnaye des Pins, veuve de Jean-Baptiste Gaborit, et à Marie-Victoire de la Chesnaye des Pins. — (D. Housseau, I, 153. — Martène, *Thes. anecd.*, IV, 71. — *Recueil des historiens des Gaules*, IX, 324. — Lainé, *Archives de la noblesse de France*, VI, *généal. de Mons*. — Monsnier, II, CXLII. — Arch. d'I.-et-L., *Émigrés*.)

Fresne (le lieu du), ou **Frêne**, c^{ne} de Rochecorbon. — Ancienne propriété du Chapitre de l'église de Tours auquel il fut légué, en 1449, par Guillaume Viau, pour la fondation d'une messe dans la chapelle de Saint-Chrotbert. — (Arch. d'I.-et-L., G, 90.)

Fresne (le), ou **Frêne**, paroisse de Rorthres. V. *Fresne-Savary*, c^{ne} d'Épeigné-sur-Dême.

Fresne, ou **Frêne** (le lieu du), paroisse de Saint-Branchs. — Ancien fief, relevant de Montbazon. — En 1514, il appartenait à Jean Ernon, vicaire de Saint-Martin; — en 1583, à Jean Boureau, prêtre. — (D. Housseau, XI, 4700; XII, 6983. — *Rôle des fiefs de Touraine*. — Bibl. de Tours, fonds Salmon, *titres de Montbazon*.)

Fresne (le), c^{ne} de Saint-Nicolas-de-Bourgueil. V. *Frêne*.

Fresne (le lieu du), ou **Frêne**, paroisse de Saint-Patrice. — Il est cité dans une charte du XIIe siècle. « *Drogo de Varenna dedit S. Mariæ monachisque Nuchariensibus dimidium arpennum prati quod est juxta pontem S. Patricii, et Fraxinum, quod est situm inter Callem comitis et fluvium qui dicitur Lienus.*) — (*Cartulaire de Noyers*, DXCVII.)

Fresne, ou **Frêne** (le), f., c^{ne} de Souvigné.

Fresne-Brulon (le), f., c^{ne} de Courcelles. — *Frêne-Brulon*, cartes de Cassini et de l'état-major.

Fresne-Couvert (le), c^{ne} d'Auverse (Maine-et-Loire). — Ancien fief, relevant du roi, à cause du château de Tours. Pierre Le Clerc rendit aveu le 3 mai 1726. — (Arch. d'I.-et-L., C, 563.)

Fresneau (le bois), près de la Gousserie, c^{ne} de Chemillé-sur-Dême.

Fresneau, f., c^{ne} de Chemillé-sur-Indrois. — *Domus de Fraxino*, 1222; *Grangia de Fraxino*, 1229; *Locus de Fraxino*, 1242. — (*Cartulaire du Liget*.)

Fresneau (le bois), c^{ne} de Lerné.

Fresne-Savary (le), **Fresne**, ou **Frêne**, c^{ne} d'Épeigné-sur-Dême. — *Le Frêne*, carte de l'état-major. — *Le Fresne*, carte de Cassini. — Ancien fief. Il a fait partie de l'ancienne commune de Rorthres, réunie à celle d'Épeigné, par ordonnance royale du 2 octobre 1822. Au XVe siècle, il relevait de la châtellenie du Bois; par la suite, il releva du château d'Amboise. En 1486, il appartenait à Louis Savary, Éc.; — en 1669, à Claude de la Bounnière de Beaumont, chev., marié, le 10 juillet de cette année, à Anne du Bois, fille de Guillaume du Bois, Éc., seigneur de Laval-Péan, du Plessis-Château et de Courceri ; — en 1691, à Claude de la Bonninière de Beaumont, fils du précédent, né le 28 septembre 1679, seigneur des Chastelliers et de Rorthres, décédé le 9 janvier 1707 ; — en 1715, à Claude-Guillaume de la Bonninière de Beaumont, marié, le 19 février 1703, à Marie-Jeanne-Marguerite-Renée Simon, fille de Jean Simon, Éc., et de Jeanne-Marguerite Angeneau ; — en 1723, à Jean-Baptiste-Claude de la Bonninière de Beaumont ; — en 1742, à Agathe de la Bonninière de Beaumont, mariée à Robert-Antoine du Juglart, décédée le 6 mars 1765 ; elle fut inhumée dans l'église de Rorthres ; — en 1780, à Antoine-François du Juglart, chev., lieutenant au régiment de Vintimille, marié, le 1er décembre 1788, à Anne-Marie-Victoire-Sophie Rangeard, fille de Gatien Rangeard de la Boissière, Éc., procureur-général du roi en la Chambre des comptes de Blois, seigneur de la Guérinière et de Blémars, et de Catherine Coullaud. Il comparut, par fondé de pouvoir, à l'assemblée électorale de la noblesse de Touraine, en 1789.

D'Hozier, *Armorial général de France*, reg. 1er, 1re partie. — Registres d'état-civil de Rorthres, des Pins, de Louestault, de Beaumont et d'Épeigné-sur-Dême. — Lhermite-Souliers, *Hist. de la noblesse de Touraine*, 363. — Bibl. nationale, Gaignères, 678. — *Mém. de la Soc. archéol. de Tour.*, X, 119.

Fressay (le lieu de), cne de Truyes. — Il est cité dans une déclaration féodale faite, en 1741, à l'abbaye de Cormery. — (Arch. d'I.-et-L., *Lièvre des frêches de l'abbaye de Cormery.*)

Fressotière (la), f., cne de St-Christophe.

Frétard (Olivier), chev., seigneur de Turzay, était lieutenant du sire de Gaucourt, au château de Chinon, en 1432. Plus tard, il fut capitaine du château de Mehun. — (A. Duchesne, *Hist. de la maison de Montmorency*, 27. — La Chesnaye-des-Bois et Badier, *Diction. de la noblesse*, VIII, 647.)

Frétaud (Pierre de), chanoine de l'église de Tours et archiprêtre de Sainte-Maure, en 1315, fut nommé archevêque de Tours en 1335, en remplacement d'Étienne de Bourgueil, décédé. Il mourut le 21 mai 1357 et eut pour successeur Philippe Blanche. — (*Gallia christiana*, VIII, 1385 ; XIV. — Maan, *S. et metrop. ecclesia Turonensis*, 148. — P. Rangeard, *Hist. de l'université d'Angers*, publiée par Lemarchand, I, 224. — M. Marteau, *Paradis délicieux de la Touraine*, II, 139. — Chalmel, *Hist. de Tour.*, III, 458. — Bibl. de Tours, fonds Salmon, *archevêché de Tours*.)

Fretay, f. et chât., cne de Loches, 48 habit. — *Domus de Templo de Fracteio*, 1199. — *Fracteium*, 1200. — *Fretay, Freteillio*, 1223. — *Domus Templi de Fretayo*, 1289. — *Maison de la chevalerie du Temple de Fretay*, 1290-92. — *L'hôpital de Fretay*, 1431. — Fretay, cartes de Cassini et de l'état-major. — Ancienne commanderie de l'ordre du Temple, puis de l'ordre de Saint-Jean de Jérusalem. Le commandeur avait le droit de haute, moyenne et basse justice. Il tenait ses plaids de quinzaine en quinzaine. Aux XVIIe et XVIIIe siècles, les anciennes commanderies de Launay-Bidault de Saint-Jean-sur-Indre et de la Châtre-aux-Grolles étaient réunies à celle de Fretay. D'après le *Tableau de la généralité de Tours*, dressé en 1762, le revenu de la commanderie et de ses annexes était, à cette époque, de 6000 livres environ. En 1790, il était évalué à 3256 livres pour le domaine de Fretay seul, qui comprenait alors trois cent trente arpents. Vendue nationalement, le 14 frimaire an II, la vieille demeure des commandeurs a été détruite au commencement de ce siècle. L'habitation actuelle a été restaurée et agrandie par l'architecte Chasteigner. Elle appartient aujourd'hui à M. le comte Boulay de la Meurthe, qui l'a acquise du général de Malroy.

Le moulin de Battereau, paroisse de Perrusson, dépendait de Fretay. Outre une somme annuelle de 230 livres, le fermier, d'après un bail de 1669, devait quatre chapons, deux oies grasses et une fouasse, payable le jour des Rois.

Le fief de la Roche-Breteau relevait du commandeur de Fretay, suivant un aveu rendu, le 9 février 1561, par Méry Gallet, Éc.

La chapelle de la commanderie, dédiée à saint Jean-Baptiste, date de la fin du douzième siècle. Elle était, en dernier lieu, desservie par le vicaire de Perrusson, qui y célébrait la messe une fois par semaine. On voit, par un état de lieux dressé en 1769, qu'à cette époque elle était en bon état. Elle était voûtée et elle mesurait trente-six pieds de longueur sur dix-huit de largeur. Il y a quarante ans environ, le chœur a été démoli ; la nef a été convertie en servitudes. On conserve cependant plusieurs colonnes avec leurs chapiteaux.

Le chartrier de Fretay se trouve aux archives de la Vienne. Il forme la partie la plus considérable du fonds relatif aux Commanderies de Touraine.

COMMANDEURS DE FRETAY.

I. — Hugues, premier commandeur connu, est cité dans des actes de 1200, de 1208 et de 1211.

II. — Jean de Boulay (ou Berlay), 1223.

III. — Jean Le Picquart, 1231.

IV. — Savary de Sonnay, 1246.

V. — Gerbert d'Aubouyn, 1265.

VI. — Jean de Souday, 1272.

VII. — Jean de Nouay, 1292.

VIII. — Geoffroy de Charnay, 1295.

IX. — Audebert de la Porte, 1303.

X. — Jean de Sainte-Gemme, 1317.

XI. — Jean Trotet, 1336-37.

XII. — Jean de Breban, 1339.

XIII. — Pierre de la Forest, 1365-85.

XIV. — Philibert de Naillac, 1391. Il devint grand-prieur d'Aquitaine, puis grand-maître de son ordre et mourut en 1421. Il était fils de Périchon de Naillac, vicomte de Bridiers, seigneur de Blanc.

XV. — Geoffroy Goheau, 1399.

XVI. — Hélion de Naillac, 1424. — Il était fils de Guillaume de Naillac, vicomte de Bridieu, sénéchal de Saintonge, et de Jeanne de Turpin.

XVII. — Nicolas Guérin, 1431.

XVIII. — Bertrand de Cluys, 1444.

XIX. — Jacques Provost, 1446.

XX. — Jean de la Rochefoucaud, 1484.

XXI. — Regnaud Isoré, 1531.

XXII. — François Sejourné, 1547.

XXIII. — Pierre Peloquin, 1559.

XXIV. — Jacques de Brossin de Messars, 1594, 1634. V. *Brossin*.

XXV. — Pierre de Boussay de la Tour, 1634, 1660. — Il était fils de François de Boussay, Éc., seigneur de la Tour-de-Charrais, et de Louise de la Bodinière.

XXVI. — René de Sallo de Semagne, 1660-86.

XXVII. — Jacques de Voyer de Paulmy (1687), capitaine de la galère Santo-Pietro, commandeur de Saint-Lô d'Angers et receveur du trésor commun du grand-prieuré d'Aquitaine.

XXVIII. — Laurent de Martel, 1717, 1724. — Il était fils de Charles de Martel, seigneur de Darcé, en Poitou, et de Suzanne de Landrepouste.

XIX. — Philippe de Lhemery de Choisy, 1724.

XXX. — Léon-Hyacinthe Lingier de Saint-Sulpice (1769-90), commandeur d'Arlins, ancien capitaine des galères et conservateur du trésor de l'ordre.

Archives de la Vienne, H, 3. — Bibl. de Tours, manuscrits n°° 1212, 1317. — Bibl. nationale, Gaignères, 678. — Arch. d'I.-et-L., C, 346; G, 33; *lettres patentes*, 439; *Biens nationaux*. — Lainé, *Archives de la noblesse de France*, V, général. *Brossin*. — D. Housseau, XVIII. — Dufour, *Diction. de l'arrondissement de Loches*, II, 289. — *Rôle des fiefs de Touraine*. — Beauchet-Filleau, *Diction des familles de l'ancien Poitou*, I, 433 ; II, 370, 826. — La Chesnaye-des-Bois et Badier, *Diction. de la noblesse*, XIV, 791. — Vertot, *Hist. des chevaliers de Saint-Jean de Jérusalem*, VII.

Fretay (le Petit-), ou **Aireau-de-la-Barletière**, c⁾ᵉ de Loches. — *Parvus Freteius*, 1373. — Ancienne dépendance de Fretay. Il est cité dans des actes de 1373 et de 1600. — (Archives de la Vienne, H, 3. — Arch. d'I.-et-L., *titres de Fretay*.)

Fretay, ancien fief, situé dans le bourg de Manthelan. — Il est cité dans un acte du XVIIᵉ siècle. — (Arch. d'I.-et-L., *titres du Liget*. — *Rôle des fiefs de Touraine*.)

Fretay, ou **Ferté**, vil., cⁿᵉ d'Orbigny, 20 habit. — *Fretay, apud Orbigne*, 1208 (charte de Villeloin). — *Ferté*, carte de Cassini. — Ancien fief, relevant de Montrésor. En 1205, Geoffroy de Palluau, seigneur de Montrésor, Mathilde, sa femme, et Bouchard, son fils, donnèrent deux tiers du *fief* de la dîme de Fretay à l'abbaye de Villeloin, l'autre tiers à l'abbaye d'Aiguevive. A cette époque, le domaine et la dîme de Fretay appartenaient à Guarin Agulens, qui en avait pris possession après la mort de Renaud Barbillon et de son fils Raoul. L'année suivante, Guarin Agulens et Aalis, sa femme, donnèrent deux tiers de la dîme à l'abbaye de Cormery, l'autre tiers à l'abbaye d'Aiguevive. Cette donation fut approuvée par le seigneur de Montrésor et par l'archevêque de Tours. — En 1590-1606, le fief de Fretay était possédé par Georges de Cigogné, Éc.; — en 1740-78, par Louis-Gaëtan de Cigogné. — (Arch. d'I.-et-L., E, 133, 325; *Rôle des 20⁾⁾*. — D. Housseau, V, 1895; VI, 2201, 2211; XIII, 11044 *bis*. — Archives de Loir-et-Cher, *titres d'Aiguevive*. — Bibl. nationale, Gaignères, 678.)

Fretière (le lieu de la) paroisse de Neuville. — Il est cité dans une charte de 1250. — (Arch. d'I.-et-L., charte de Marmoutier.)

Fretières (les), f., cⁿᵉ de Francueil. — *Fretières*, carte de Cassini.

Fretillère, (la), f., cⁿᵉ de Saint-Avertin.

Fretonnerie (la), f., cⁿᵉ de Cussay. — *Fertonnerie*, carte de l'état-major.

Fretonnière (la), f., cⁿᵉ de Crissé. — *Hôtel de la Fretonnière*, 1367. — *Fretonnière*, carte de Cassini. — Ancien fief, relevant de Crissé. En 1367, il appartenait à Jean Freton, suivant un aveu rendu à l'archevêque de Tours par Guy Turpin, seigneur de Crissé. — (*Cartulaire de l'archevêché de Tours*, 363-70.)

Freuillets (les), ou **Feuillets**, f., cⁿᵉ de Rilly. — *Les Freuillets*, carte de Cassini.

Freurie (la), vil., cⁿᵉ de Nouans.

Friandière (la), f., cⁿᵉ de Ferrières-Larçon. — *Friandière*, carte de l'état-major. — Par ordonnance royale du 15 novembre 1826, elle fut détachée de la commune de Betz pour être réunie à celle de Ferrières-Larçon. Elle relevait de la châtellenie de Sainte-Julitte et appartenait, en 1456, à Adam d'Azay, seigneur de la Celle-Draon ; — au XVIIIᵉ siècle, à la famille de Préville. — (Arch. d'I.-et-L., E, 23. — Plan cadastral. — *Bulletin de la Soc. archéol. de Tour.* (1868), p. 143.)

Friches (les), f., cⁿᵉ de Charentilly. — *Friches*, carte de l'état-major. — Ancien fief, relevant de Poillé. — (Arch. d'I.-et-L., *titres de Charentilly*.)

Friches (les), cⁿᵉ de Chisseaux. V. *Charvière*.

Friches (les), f., cⁿᵉ de Cléré.

Friches (les Grandes et Petites-), f., cⁿᵉ de Saint-Laurent-en-Gâtines.

Friches (le bois des), cⁿᵉ de Vallères.

Fridegise, troisième abbé de Cormery, succéda à Alcuin vers 804. Il obtint de Louis le Pieux et du Chapitre de Saint-Martin, l'autorisation, pour son monastère, d'élire ses abbés. La charte portant cette autorisation fixa à cinquante le nombre des religieux de Cormery. Fridegise eut pour successeur Jacques, vers 831. — (*Gallia christiana*, IV, 297; XIV. — *Cartulaire de Cormery.* — *Mém. de la Soc. archéol. de Tour.*, IX, 213.)

Frigauds (le bois des), cne de Vou.

Frileuze, f., cne de Saint-Cyr-du-Gault (Loir-et-Cher). — *Frileuse*, carte de Cassini. — Ancien fief, relevant du Plessis-Auzouer, à foi et hommage-lige. En 1716, il appartenait à Henri Chateigner; — en 1737, à Jean Chateigner; — en 1779, à André-René Mayaud, Éc., contrôleur ordinaire des guerres. — (Arch. d'I.-et-L., E, 119. — Registres de Saint-Étienne de Tours, 1779. — *Rôle des fiefs de Touraine.*)

Frillière, ou **Fillière** (la), f., paroisse d'Esvres. — Ancien fief, relevant du château de Montbazon. En 1781, il était annexé au fief de la Rochefarou. — (Arch. d'I.-et-L., E, 323.)

Frillière (la), f. et chât., cne de Genillé. — *Frillère*, 1688. — *Frillière*, carte de Cassini. — Ancien fief. En 1580, il appartenait à Jean de Machefert; — en 1598-1627, à Jacques de Machefert; — en 1629, à Jean de Machefert; — en 1645, à Hippolyte de Machefert; — en 1664, à Jérôme de Machefert; — en 1683, à Charles de Machefert, capitaine des chasses de la forêt de Loches; — en 1699, à Jean de Machefert, qui, par acte du 16 mars 1700, vendit ce domaine aux Barnabites de Loches. Ceux-ci, à la date du 28 mars 1719, le cédèrent aux religieux du Liget, sur lesquels il fut vendu nationalement, en 1791, pour 15,200 livres. On voyait dans le logis seigneurial une chapelle qui avait été bénite en 1710, par Nicolas Brinault, curé de Saint-Germain. — (Arch. d'I.-et-L., E, 96, 135, 137, 139; *Biens nationaux*; *titres du Liget.*)

Frillière (la), vil., cne de Vouvray, 33 habit. — *Frillière*, carte de Cassini. — Ancien fief, relevant de la châtellenie et de la prévôté de Vouvray. En 1568, il appartenait à Guillaume du Perray; — vers 1570, à la famille Moreau; — en 1639, à la veuve de Pasquier Marteau et à Denis Marteau; — en 1750, à Mathieu Duchamp, conseiller du roi au bailliage de Tours, qui rendit aveu le 1er juin. La collégiale de Saint-Martin possédait divers terrains dans ce village, au XVIe siècle. — (Arch. d'I.-et-L., *prévôté d'Oë* — *Rôle des fiefs de Touraine.* — Bibl. de Tours, fonds Lambron, *Châteaux et fiefs de Touraine.*)

Frillière (le ruisseau de la). — Il prend sa source près de la Frillière, cne de Genillé et se jette dans l'Indrois, près de la Roche.

Frillouses (le lieu des), près de la Porcherie, cne de la Chapelle-Blanche.

Frimonière (la), f., cne d'Assay.

Fripe (étang de la), cne de Manthelan.

Fripière (la), f., cne de Saint-Paterne. — *Fripière*, cartes de Cassini et de l'état-major.

Friponnière (la), cne de Betz. V. *Philipponière.*

Frippières (les), vil., cne de Chaumussay, 33 habit. — *Philippières*, 1700. — *Phelippière*, carte de Cassini. — Il relevait censivement du fief de Chaumussay. — (Arch. d'I.-et-L., E, 23.)

Friquet (le bois), cne de Paulmy.

Frise (la), cne de Nazelles. V. *Lassefrise.*

Frison (le lieu de), cne de Marcilly-sur-Vienne. — Ancien fief. Il est cité dans une charte du XIe siècle. — (*Cartulaire de Noyers.*)

Frizon de Blamond (Simon-Nicolas), docteur de Sorbonne, chanoine de l'église de Reims, fut nommé abbé de Beaulieu en 1722, en remplacement de Joseph-Jean-Baptiste Quinot, démissionnaire. Il donna sa démission en 1745 et eut pour successeur Nicolas Parchappe de Vinay. — (Arch. d'I.-et-L., *titres de Beaulieu.* — *Gallia christiana*, XIV, 287. — *Mém. de la Soc. archéol. de Tour.*, IX. — *État de la France* (1727), p. 663.)

Frizon de Blamond de Belleval (Augustin-Armand), chanoine de Reims, fut nommé abbé de Baugerais en 1724, en remplacement d'Étienne-Suzanne-Nicolas de la Châteigneraie, décédé. Il eut pour successeur, en 1773, Simon Fremyn de Fontenilles. — (Arch. d'I.-et-L., *titres de Baugerais et de Villeloin.* — *Gallia christiana*, XIV. — *Mém. de la Soc. archéol. de Tour.*, IX.)

Frogeais (les), ham., cne d'Azay-le-Rideau, 13 habit. — *Frogeais*, carte de l'état-major. — Ancien fief. En 1684, il appartenait à Vincent Bastard. — (Arch. d'I.-et-L., E.)

Frogerie (la), ou **Frugerie**, ham., cne de Bossée, 10 habit. — *Frogerie*, cartes de Cassini et de l'état-major.

Frogerie (le lieu de la), paroisse de Crissé. — *Hébergement de la Frogerie*, 1367. — A cette époque, il appartenait à Guy Turpin, seigneur de Crissé. — (Bibl. de Tours, fonds Salmon, *titres de l'archevêché de Tours.*)

Frogerie (la), f., cne de Marcilly-sur-Maulne.

Frogerie (la), et la **Petite-Frogerie**, f., cne de Neuvy-Roi. — *Frogerie*, carte de l'état-major. — Elle relevait censivement de la prévôté d'Oë. — (Arch. d'I.-et-L., *prévôté d'Oë.*)

Frogerie (la), f., cne de Sorigny. — *Frogerie*, carte de Cassini. — Au XVIIe siècle, il y existait une chapelle dont le titulaire, présenté par le seigneur de Montbazon, était nommé par l'archevêque de Tours. — (*Pouillé de l'archevêché de Tours* (1648), p. 48.)

Frogerie (la), f., cne de Veigné. — *Frogerie*, carte de Cassini. — Elle fut vendue nationalement, le 26 messidor an IV, sur les princes de Rohan, émigrés. — (Arch. d'I.-et-L., *Biens nationaux*.)

Frogerie (la), f., cne de Villiers-au-Boin.

Froide-Veaux (le lieu de), près de la Bomellière, cne de Varennes.

Fromagerie (la), f., cne de Marray. — *Fromagerie*, carte de Cassini. — Ancien fief. — (*Rôle des fiefs de Touraine*.)

Fromageou, cne de Pont-de-Ruan. V. *la Fosse*.

Fromaget (le lieu de), ou **Fourmaget**, paroisse de Beaumont-en-Véron. — Ancien fief, relevant de Beaumont, à foi et hommage simple. En 1542, il appartenait à Jean Besnard; — en 1657, à Étienne Vinet, procureur en l'élection de Chinon. — (Arch. d'I.-et-L., E, 164, 165.)

Fromenteau, f., cne de Villiers-en-Brenne (Indre). — Ancien fief, relevant de Châtillon-sur-Indre. En 1408, il appartenait à Geoffroy de la Celle; — en 1452, à Hector de la Jaille, qui le vendit à l'église collégiale de Loches. — (Bibl. nationale, Gaignères, 678. — Arch. d'I.-et-L., C, 603.)

Fromenteau, vil., cne d'Yzeures, 45 habit. — Ancien fief. En 1591, il appartenait à Jean de Menou; — en 1652, à Marie de Menou, veuve de Jean de Meaussé; — en 1653, à Louis Bonamy. Il passa ensuite à la famille de Nesdes. — (*Rôle des fiefs de Touraine*. — Arch. d'I.-et-L., E, 91. — *Preuves de l'histoire de la maison de Menou*, 75.)

Fromenteaux (les), f. et étang, cne de Cangy. — *Fromenteaux*, carte de l'état-major. — *Les Fraumentaux*, carte de Cassini.

Fromenteaux (le lieu de), près de Champchévrier, cne de Cléré.

Fromenteaux (le lieu des), près de l'Herpinière, cne de Savigny.

Fromentière (la), f. et moulin, sur le Douay, cne de Huismes. — *Fromentière*, cartes de Cassini et de l'état-major.

Fromentières, f., cne de Chinon. — *Fromentière*, carte de l'état-major. — Ancien fief, relevant du château de Chinon. Il a fait partie de l'ancienne paroisse de Saint-Louans. En 1408, il appartenait à Jacques de Verneuil, Éc.; — en 1431, à N. de Cocsmes, du chef de sa femme, Isabelle de Verneuil; — en 1436, à Jean du Mas; — en 1623, à Calixte Malherbe, procureur au Parlement; — en 1684, à Félix Deshayes; — en 1715, à Marc-René-Alexis de Valory, chev., seigneur de Destilly. — (Bétancourt, *Noms féodaux*,

II, 600. — D. Housseau, XIV. — Arch. d'I.-et-L., C, 654. — Bibl. de Tours, fonds Lambron de Lignim, *Châteaux et fiefs de Touraine*.)

Fromondière (le lieu de la), ou **Fremondière**, ou **Aître-de-la-Tour**, paroisse de Saint-Paterne. — Il relevait du fief du Chêne. En janvier 1250, Pierre Malet, chev., vendit à l'abbaye de la Clarté-Dieu une rente qui lui était due sur ce domaine par Jean de Nourai. — (Arch. d'I.-et-L., G, 257; chartes de la Clarté-Dieu. — D. Housseau, VII, 2994.)

Fronteaux (les), f., cne du Petit-Pressigny. — *Fronteaux*, carte de Cassini.

Frotaire, Frotier, ou **Fortin**, abbé de Saint-Julien, fut élu archevêque de Tours en 957 (en 959 d'après Maan), en remplacement de Joseph. Il mourut en 960 (en 962 d'après Maan) et eut pour successeur Hardouin. — (Maan, *S. et metrop. ecclesia Turonensis*, 74. — M. Marteau, *Le paradis délicieux de la Touraine*, II, 111. — Bibl. de Tours, manuscrit n° 1224. — Chalmel, *Hist. de Tour.*, III, 449. — *Gallia christiana*, XIV. — *Mém. de la Soc. archéol. de Tour.*, IX. — D. Housseau, XV, 95.)

Frotterie (la), f., cne de Chanceaux-sur-Choisille.

Frou, ou **Fron**, vil., cne de Langeais. — *Le Frou*, carte de Cassini.

Frou (le), cne de Rochecorbon. V. *Champ-Long*.

Frouarderie (la), f., cne de Monthodon. — *Ferouarderie*, carte de l'état-major. — *Frouarderie*, carte de Cassini.

Froüe (le lieu de la), paroisse de Saint-Cyr-sur-Loire. — Il relevait du fief de Chaumont, suivant des déclarations féodales des 24 mars 1510 et 6 décembre 1773. — (Arch. d'I.-et-L., G, 394.)

Frouterie (le lieu de la), paroisse de Saint-Paterne. — Il relevait de la prévôté d'Oë, suivant un bail à rente du 14 juin 1460. — (Arch. d'I.-et-L., *prévôté d'Oë*.)

Frouti (le lieu de), près de la levée du Vieux-Cher, cne de Bréhémont.

Froynière (le lieu de la), ou **Frunière**, paroisse de Civray-sur-Esves. — Il relevait de Maulay et appartenait, en 1335, à Aimery de Rilly; — en 1461, à Jean Le Maire. — (D. Housseau, XII, 5949, 6015. — *Cartulaire de l'archevêché de Tours*.)

Fruchaud (Félix-Pierre), né à Trémentines (Maine-et-Loire), le 30 juillet 1811, fit ses études au collège de Beaupréau et au séminaire d'Angers. Vicaire à Segré, puis à Saint-Maurice d'Angers, en 1837, curé de Saint-Nicolas de Saumur, en 1841, il fut nommé vicaire-général à Angoulême en 1842. Par décret du 30 juillet 1859,

Il fut appelé au siège épiscopal de Limoges, puis, par un autre décret du 30 septembre 1871, à l'archevêché de Tours. Son installation eut lieu le 6 décembre. Il mourut à Tours le 9 novembre 1874 et fut inhumé dans la cathédrale, au pied de l'autel de la chapelle Saint-Lidoire. Son oraison funèbre fut prononcée par Mgr Freppel, évêque d'Angers. Mgr Fruchaud était chevalier de la Légion d'honneur (décret du 29 août 1859), prélat de la maison du pape, comte romain, assistant au trône pontifical, et chanoine d'honneur de Limoges, d'Angers, de Cambrai et d'Angoulême. Excellent administrateur, doué au plus haut degré des vertus sacerdotales, aimé de son clergé auquel il témoignait en toute circonstance la bienveillance la plus affectueuse, ce vénérable prélat a laissé dans le diocèse les plus vifs regrets.

Dans les derniers jours d'octobre 1876, un monument, exécuté par M. Damien, sculpteur à Tours, a été placé sur sa tombe. Ce monument a été sculpté dans un bloc de marbre de Carrare, donné par le gouvernement. Mgr Fruchaud est représenté dans l'attitude de la prière, le visage tourné vers l'autel de la chapelle. Autour de son portrait on lit l'inscription suivante, en caractères du XIIIe siècle :

† *Hic jacet venerabilis in Christo Felix-Petrus Fruchaud, Turonensis ecclesiæ archiepiscopus, olim Lemovicensis episcopus, qui non recusans laborem immaturam mortem obiit IXe die novembris anni* MDCCCLXXIV, *ætatis suæ* LXIV.

Une autre inscription, placée au pied du monument, indique que cette tombe a été élevée par des fidèles des deux diocèses (Tours et Limoges) successivement administrés par Mgr Fruchaud :

BENE MERENTI FILII EX UTRAQUE DIOCŒSI LUGENTES POSUERE.

Sur le même monument on voit les armoiries du défunt : *D'or, à deux branches, l'une de chêne, l'autre de laurier, toutes deux de sinople, posées en sautoir et cantonnées de quatre croisettes de gueules.* — Devise : *Simpliciter et confidenter.*

Le tombeau a été inauguré le 3 novembre 1876, par Mgr Colet, archevêque de Tours.

Mgr Fruchaud a publié soixante-quinze mandements comme évêque de Limoges, — dix-sept lettres pastorales comme archevêque de Tours — et une *allocution prononcée dans l'église de Beaupréau, à l'occasion de la translation des restes de M. U. Loir-Mongazon*, Angers, Barassé, 1866, in-8°.

Journal d'Indre-et-Loire du 10 novembre 1874. — *Semaine religieuse du diocèse de Tours* de novembre 1874 et 4 novembre 1876. — C. Port, *Diction. historique et géographique de Maine-et-Loire*, II, 215. — *Oraison funèbre de Mgr Fruchaud*, par Mgr Freppel, évêque d'Angers, Barassé, Angers, in-8° de 24 pages.

Frugerie (le lieu de la), paroisse de Saint-Étienne-de-Chigny. — Ancien fief, propriété du prieuré de Saint-Côme. Il est cité dans des actes de 1437, 10 mai 1440 et 1585. — (Arch. d'I.-et-L., *prieuré de Saint-Côme.*)

Frugerie (la), ham., cne de Villedômer, 13 habit.

Fuannerie (la), f., cne de Vernou.

Fubiaux (le lieu des), cne de Civray-sur-Cher, près du chemin de la Vallée-de-Mesvres aux Touches.

Fuchard (la), f., cne de Chezelles.

Fuga. V. *la Fuie*, cne de Saint-Avertin.

Fuie (la), ham., cne de Ballan, 11 habit. — *Fuie*, carte de l'état-major. — En 1666, Gabriel Laurenceau était qualifié de sieur de la Fuie. — (Registres d'état-civil de Ballan.)

Fuie (le lieu de la), près de la Commanderie, cne de Brizay.

Fuie, ou **Fuye** (la), f., cne de Chinon. — *La Fuye*, ou *Villiers*, XIIIe siècle. — *La Fuye*, carte de l'état-major. — Ancien fief, relevant du château de Chinon et de l'abbaye de Turpenay. Au commencement du XIIIe siècle, il fut donné à l'abbaye de Turpenay par Mathieu Anguille. Vers 1559, il appartenait à Claude Bottereau, Éc., qui fit fortifier le logis seigneurial ; — en 1666, à Pierre Bottereau ; — en 1753, à Anne de Bonnard, veuve de Joseph Bottereau, Éc. — (Arch. d'I.-et-L., *Rôle des 20es*; *titres de Turpenay et de Pommiers-Aigres*. — Goyet, *Nobiliaire de Touraine.*)

Fuie (la), ou **Fuye**, f., cne de Couesme. — *La Fuye*, cartes de Cassini et de l'état-major.

Fuie (la), ou **Fuye**, f., cne de Courçay. — Manoir de la Fuye, XVIe siècle. — Par testament de 1328, Foulques, dit Graffin, fonda dans l'église de Saint-Martin de Tours la chapelle de Saint-Jacques-la-Catu et donna à la collégiale, pour cette fondation, le domaine de la Fuie. — (Arch. d'I.-et-L., *fabrique de Saint-Martin.*)

Fuie (la), f., cne d'Épeigné-les-Bois.

Fuie (la), f., cne de Francueil. — En 1523, elle appartenait à Thomas Bohier, seigneur de Chenonceau. — (C. Chevalier, *Hist. de Chenonceau*, 76, 168.)

Fuie (la), f., cne de Larçay. — Elle fut vendue nationalement, le 25 brumaire an III, sur le duc d'Aiguillon, émigré. — (Arch. d'I.-et-L., *Biens nationaux.*)

Fuie, ou **Fuye** (la), f., cne de La Riche. — *La Fuye, alias la Poterie*, 1321, 1329, 1508. — *La Fuye*, carte de l'état-major. — Elle fut donnée au Chapitre de Saint-Martin de Tours, en 1429, par Jean Blanchard, un des vicaires de la collégiale. A cette époque, on y fabriquait de la poterie et des tuiles. Elle fut vendue nationalement le 21 décembre 1791, pour 26,000 livres. — (Arch. d'I.-et-L., *prévôté de la Varenne; Biens nationaux.*)

Fuie, ou la **Fuye,** vill., cⁿᵉ de Ligré. — *La Fuye,* carte de Cassini. — Ancien fief. En 1687, il appartenait à Jean David; — en 1763, à Marie-Anne Drouin de Beauvais, veuve de Jacques-Philippe Ragonneau. — (Arch. d'I.-et-L., E, 157. — Registres d'état-civil de Richelieu. — *Rôle des fiefs de Touraine.*)

Fuie, ou **Fuye** (la), f., cⁿᵉ du Louroux.

Fuie (bois de la), cⁿᵉ de Marçay.

Fuie, ou **Fuye** (la), ham., cⁿᵉ de Marigny, 13 habit. — *Domus de la Fuye,* 1442. — *Fuye-de-Nancré,* xviiᵉ et xviiiᵉ siècles. — *La Fuye,* carte de l'état-major. — *Fuye-de-Nancré,* carte de Cassini. — Ancien fief, relevant de la Tour-Ballan, à foi et hommage-lige, une paire de gants blancs et vingt sols de loyaux aides. Aux xivᵉ, xvᵉ et xviᵉ siècles, il appartenait à la famille de la Jaille. Il passa ensuite dans la famille de Remigeoux, qui le posséda jusqu'à la Révolution. Le 16 septembre 1760, Marie Ille, veuve d'Étienne de Remigeoux, Éc., rendit hommage pour ce fief à François de la Motte de Montberard, seigneur de la Tour-Ballan. François de Remigeoux, chev., seigneur de la Fuye-de-Nancré, comparut à l'assemblée électorale de la noblesse du Poitou, en 1789.

Arch. d'I.-et-L., E, 166, 167, 168, 169. — *Mém. de la Société des antiquaires de l'Ouest* (1858-59), p. 525. — Bibl. de Tours, fonds Salmon, *Paroisses et familles de Touraine.* — Lhermite-Souliers, *Hist. de la noblesse de Touraine.* — Goyet, *Nobiliaire de Touraine.*

Fuie (la), f., cⁿᵉ de Monts. — *La Fuye,* carte de l'état-major.

Fuie (la), f., cⁿᵉ de Perrusson. — Le 10 juillet 1680, Madeleine Chaspoux, veuve de Jean Bochart de Champigny, la vendit à Louis de Baraudin. — (Arch. d'I.-et-L., C, 602.)

Fuie (le lieu de la), cⁿᵉ de Rilly. — *Les Fuyes,* carte de Cassini. — Il relevait du fief de Doucé, suivant une déclaration féodale du 31 mars 1732. — (Arch. d'I.-et-L., *Inventaire des cens et rentes de l'abbaye de Noyers.*)

Fuie (la), f., cⁿᵉ de Rivière, près du bourg. — *La Fuie,* carte de l'état-major.

Fuie, ou **Fuye** (la), f., cⁿᵉ de Saché.

Fuie (la), cⁿᵉ de Saint-Benoît. V. *Gatines.*

Fuie (la), ou **Fuye,** ham., cⁿᵉ de Saint-Denis-hors, 18 habit. — *Fuye-en-Chandon,* 1523. — (Arch. d'I.-et-L., C, 634.)

Fuie (la), f., cⁿᵉ de Saint-Pierre-des-Corps.

Fuie (la), f., cⁿᵉ de Saint-Quentin. V. *Fuie-de-Champeigne.*

Fuie (le lieu de la), cⁿᵉ de Saint-Senoch. — Il relevait du Plessis-Savary (1680). — (Arch. d'I.-et-L., C, 602.)

Fuie (la), f., cⁿᵉ de Tauxigny. — *La Fuye,* cartes de Cassini et de l'état-major. — Ancien fief. — (*Rôle des fiefs de Touraine.*)

Fuie (la), ou **Fuye,** ham., cⁿᵉ de Villaines, 15 habit. — *La Fuye,* cartes de Cassini et de l'état-major.

Fuie (la), ou **Fuye,** f., cⁿᵉ de la Ville-aux-Dames.

Fuie (la), ou **Fuye,** vill., cⁿᵉ de Vouvray. — *La Fuye,* carte de l'état-major. — La collégiale de Saint-Martin possédait un domaine dans ce village. — (Arch. d'I.-et-L., *prévôté d'Oë.*)

Fuie-de-Champeigne (la), f., cⁿᵉ de Saint-Quentin. — *Fuye-de-Champeigne,* cartes de Cassini et de l'état-major. — Ancien fief, relevant du Plessis-Savary. En 1529, il appartenait à Guillaume Fortier; — en 1599, à Henri et Charles Fortier; — en 1685, à Henri Piozet. — (Arch. d'I.-et-L., *titres de Saint-Quentin et de la Bourdillière.*)

Fuie-de-Chanteloup (la), f., cⁿᵉ de Jaulnay. — *La Fuye,* carte de Cassini. — Ancien fief. En 1559, il appartenait à René Lhuillier. Par la suite, il a été possédé par les familles de Remigeoux, de Bueil et Bouin de Noiré. — (Archives de la Vienne, E, 37. — Arch. d'I.-et-L., E, 168. — *Conférence de la rédaction de la coutume de Touraine.* — Registres d'état-civil de Jaulnay.)

Fuie-de-Chanteloup (la croix de la), cⁿᵉ de Marigny, près du chemin du Chillou à Leigné.

Fuie-de-Corviers (la), cⁿᵉ de Luzillé. V. *Corviers.*

Fuie-de-Courcelles (la), cⁿᵉ de Courcelles. V. *la Tannerie.*

Fuie-de-la-Houdinière (la), f., cⁿᵉ de Château-la-Vallière. — *La Fuye,* cartes de Cassini et de l'état-major.

Fuie-de-Saint-Blaise (la), ou **Fuye,** f., cⁿᵉ de Courcoué. — *Fuye-de-Saint-Blaise,* carte de l'état-major.

Fuie-de-Saint-Blaise (la), cⁿᵉ de Luzé. V. *Blaise (Saint-).*

Fuie-de-Vaux (la), f., cⁿᵉ de Sainte-Maure.

Fuie-en-Chandon (la), cⁿᵉ de Saint-Denis-hors. V. *Fuie.*

Fuie-Poitevin (la), ou **Fuye,** f., cⁿᵉ de Verneuil-le-Château. — *Fuye-de-Poitevin,* carte de l'état-major. — *La Fuye,* carte de Cassini. — Ancien fief. En 1737, il appartenait à Hélène Le Hayer. Il fut vendu nationalement, en 1793, sur N. Ruzé d'Effiat, émigré. — (Arch. d'I.-et-L., E, 127; *Biens nationaux.*)

Fuie-Vauguérin (la). V. *Vauguérin*, cⁿᵉ de Trogues.

Fuies (les), f., cⁿᵉ de Parçay-sur-Vienne. — *Les Fuyes*, carte de Cassini.

Fumée (Adam), seigneur de Genillé et des Roches-Saint-Quentin, né à Tours vers 1430, était fils de Pierre Fumée, receveur des deniers communs de cette ville. Il étudia la médecine à Montpellier et fut le premier médecin des rois Charles VII et Louis XI. En 1492, il fut nommé garde des sceaux, en remplacement de Guillaume de Rochefort. Il mourut à Lyon au mois de novembre 1494, laissant plusieurs enfants, entre autres Adam, deuxième du nom, maître des requêtes, Hardouin, abbé de Beaulieu, et Antoine, seigneur de Genillé, chanoine de l'église de Tours. — (P. Anselme, *Hist. généal. de la maison de France*, VI, 422. — Chalmel, *Hist. de Tour.*, IV, 189.)

Fumée (Hugues), né à Tours, fut nommé abbé de Beaulieu, le 5 juin 1485, en remplacement de Jean, décédé. Il mourut le 12 août 1494 et fut inhumé dans l'église abbatiale, près du tombeau de Foulques-Nerra. — (Bibl. de Tours, fonds Salmon, *titres de Beaulieu*. — *Gallia christiana*, XIV. — *Mém. de la Soc. archéol. de Tour.*, IX, 175.)

Fumée (Hardouin), chanoine de l'église de Paris, fut nommé abbé de Beaulieu, le 20 août 1494, en remplacement de Hugues Fumée. Il mourut le 7 octobre 1521 et eut pour successeur Jean de Bourdeilles. Il était fils d'Adam Fumée, garde des sceaux, seigneur de Genillé et des Roches-Saint-Quentin, et de Jeanne Pellorde. — (P. Anselme, *Hist. généal. de la maison de France*, VI, 422. — Bibl. de Tours, fonds Salmon, *titres de Beaulieu*. — *Gallia Christiana*, XIV. — *Mém. de la Soc. archéol. de Tour.*, IX, 175.)

Fumée (Antoine), doyen de l'église de Tours, succéda à Jean de Lenoncourt en 1512 et eut pour successeur, en 1513, Martin de Beaune. Il était fils d'Adam Fumée, seigneur de Genillé et des Roches-Saint-Quentin, et de Thomine Ruzé. — (P. Anselme, *Hist. généal. de la maison de France*, VI. — *Mém. de la Soc. archéol. de Tour.*, IX, 336. — Bibl. de Tours, fonds Salmon, *titres de l'église de Tours*.)

Fumée (Antoine), seigneur de Blandé, conseiller au Parlement (1536), second président au Parlement de Bretagne (1563), maître des requêtes (29 mars 1567), naquit en 1511, au château des Roches-Saint-Quentin. Il était fils d'Adam Fumée, deuxième du nom, et de Catherine Burdelot. Il mourut à Lyon en 1587 On a de lui les ouvrages suivants : *Les histoires d'Antoine Fumée, chev., seigneur de Blandé*, Paris, Nicolas Chesneau, 1574, 1588, in-f°. — *Panégyrique pour la bienvenue et retour du très-chrétien Henry, roi de France et de Pologne*, Paris, Nicolas Chesneau, 1584, in-8°. — (P. Anselme, *Hist. généal. de la maison de France*, VI. — Chalmel, *Hist. de Tour.*, IV, 191. — D. Housseau, XXIII, 296, 315.)

Fumée (Nicolas), fut nommé abbé de Beaulieu au mois d'août 1584, en remplacement de Nicolas de Tiercelin d'Appelvoisin, décédé. Il mourut à Chartres le 28 mars 1593. Son corps, transporté aux Roches-Saint-Quentin, en Touraine, fut inhumé dans la chapelle appartenant à sa famille. — (*Mém. de la Soc. archéol. de Tour.*, IX, 175. — *Gallia christiana*, XIV. — Bibl. de Tours, fonds Salmon, *titres de Beaulieu*.)

Fumée (Guy), abbé de Beaulieu en 1593, en remplacement d'Urbain de Rorthays, donna sa démission vers 1612. Il mourut à Loches en 1637. Son successeur fut François de Saint-Pastour de Salern. — (*Mém. de la Soc. archéol. de Tour.*, IX, 175. — *Gallia christiana*, XIV. — Bibl. de Tours, fonds Salmon, *titres de Beaulieu*.)

Fumée (Adam), seigneur des Roches-Saint-Quentin, conseiller au Parlement (1548), fut nommé maître des requêtes le 28 septembre 1553. Il mourut le 17 octobre 1574. La Croix du Maine le représente comme un des hommes les plus savants de son temps. Cependant il ne nous est resté de lui aucun ouvrage. Il était fils de Martin Fumée, seigneur des Roches-Saint-Quentin, conseiller au Parlement, et de Martine d'Alais. — (P. Anselme, *Hist. généal. de la maison de France*, VI. — Chalmel, *Hist. de Tour.*, IV, 193. — La Chesnaye-des-Bois et Badier, *Diction. de la noblesse*, VIII. — D. Housseau, XXIII.)

Fumée (Nicolas), frère du précédent, seigneur de la Touche, chanoine de l'église de Paris, évêque et comte de Beauvais, pair de France (1575), abbé de la Couture, du Mans, mourut à Chartres le 3 mars 1592. Son corps, rapporté en Touraine, fut inhumé dans la chapelle des Roches-Saint-Quentin. — (P. Anselme, *Hist. généal. de la maison de France*, VI. — Chalmel, *Hist. de Tour.*, IV, 194. — *Gallia christiana*.)

Fumée (Antoine), frère du précédent, conseiller au Parlement, puis maître des requêtes et conseiller du conseil privé du roi (1574), mourut en 1583. Il a composé trois traités de jurisprudence intitulés : *De eo quod interest; De substitutionibus; De conjunctionibus*, et qui ont été publiés à Lyon, à Venise, à Cologne et à Spire. On a encore de lui l'ouvrage suivant : *Histoire de la constitution du monde, contenant les interprétations des docteurs ecclésiastiques sur le premier chapitre du premier livre de Moïse*, Lyon, 1574, in-f°. — (P. Anselme, *Hist. généal. de la maison de France*, VI. — Chalmel, *Hist. de Tour.*, IV, 193. — La Chesnaye-des-Bois et Badier, *Diction. de la noblesse*, VIII. — D. Housseau, XXIII.)

Fumée (Martin), seigneur de Genillé et de Marly-le-Chatel, gentilhomme de la chambre du duc d'Anjou, conseiller au Parlement, né vers 1540, était fils de Martin Fumée, seigneur des Roches-Saint-Quentin, et de Martine d'Alais. On ignore l'époque de sa mort. Nous avons de lui les ouvrages suivants : *Histoire générale des Indes occidentales et terres qui jusqu'à présent ont esté découvertes* (traduit de l'espagnol, de François Lopez de Gomara), Paris, Michel Sonnius, 1568, in-8° (première édition, très-rare); Paris, Bernard Turrisan, à la boutique d'Alde, 1569, in-8°; Paris, Michel Sonnius, 1577, 1578, 1580, 1587, in-8°. — *Histoire des guerres faites par l'empereur Justinien contre les Vandales et les Goths* (traduit de Procope et Agathias), Paris, Michel Sonnius, 1587, in-f°. — *Traité pour l'union et concorde entre ceux qui se disent chrétiens*, Tours, M. Lemercier, 1591, in-8°. — *Histoire des troubles de Hongrie, contenant la pitoyable perte et ruine de ce royaume, et les guerres advenues de ce temps entre les chrestiens et les turcs*, Paris, Laurent Sonnius, 1594, in-8°; Paris, Robert Foüet, 1608, 2 tomes in-4°. Le même ouvrage a été publié en anglais : London, F. Kingston, 1600, in-f° — *Du vray et parfaict amour, écrit en grec par Athénagoras, contenant les amours honestes de Théogènes et de Charide, de Pherecydes et de Melangenie*, Paris, Michel Sonnius, 1599, in-12; Paris, Daniel Guillemot, 1612; Paris, veuve M. Guillemot, 1612, in-12. — (P. Anselme, *Hist. généal. de la maison de France*, VI. — Chalmel, *Hist. de Tour.*, IV, 194-95. — La Chesnaye-des-Bois et Badier, *Diction. de la noblesse*, VIII. — Quérard, *Les supercheries littéraires dévoilées*, I, 24. — D. Housseau, XXIII, 315.)

Fumée (Jacques), seigneur de Bourdeille, chevalier de Malte (1607), commandeur de Castres, était fils d'Antoine Fumée, seigneur de Blandé, et de Françoise du Fau. Il a publié les ouvrages suivants : *De l'origine, progrès, institution et ceremonies des chevaliers de l'ordre de Malte*, Paris, Guillaume Auvray, 1604, in-8°. — *L'arcenac de la milice françoise, où est représentée la reformation et graduation de la carte marine du Levant, avec plusieurs instructions aux chefs et conducteurs d'armée pour faire la guerre tant sur terre que sur mer, ensemble ce qui dépend de l'artillerie*, Paris, J. Corrozet, 1607, in-8°. — (P. Anselme, *Hist. généal. de la maison de France*, VI. — Chalmel, *Hist. de Tour.*, IV, 196.)

Fumée (Jean-François-Armand), seigneur des Roches-Saint-Quentin et de Blandé, abbé de Conques, de Figeac et de Saint-Genouph, mourut le 30 janvier 1712, âgé de quatre-vingt-deux ans. Il était fils de François Fumée, seigneur des Roches-Saint-Quentin, mestre de camp de cavalerie, et de Charlotte de Vernou. — (P. Anselme, *Hist. généal. de la maison de France*, VI. — *Gallia christiana*, II, 147.)

Fumerolles, f., c⁻ de Sainte-Maure. — *Fumerolles*, carte de Cassini.

Fumières (le lieu de), paroisse de Chemillé-sur-Dême. — *Fumeres*, 1219; *Fumières*, 1249 (chartes de la Clarté-Dieu). — En 1219, Ebbes de la Chaîne engagea sa dîme de *Fumeres*, à Raoul, curé de Souvigné, pour la somme de quinze livres tournois. Dans la même année, cette dîme passa aux mains d'une dame nommée Mathilde, qui la donna aux religieux de la Clarté-Dieu. — (D. Housseau, VI, 2483, 2985. — Arch. d'I.-et-L., chartes de la Clarté-Dieu.)

Funcher. V. *Fonicher*.

Fundeta. V. *Fondettes*, commune.

Fundus Cari. V. *Fonicher*.

Furchetes. V. *Fourchettes*, cⁿᵉ de Pocé.

Furetrie (la), cⁿᵉ de Cangy. V. *Fusselrie*.

Furjonnière, ou **Furgeonnière** (la). — Ancien fief, relevant du château de Chinon. — En 1605, il appartenait à Jean Le Jeune, du chef de sa femme, Marie Furgeon, héritière de Guillaume Furgeon. Son fils, Pierre Le Jeune, possédait ce domaine en 1665. — (Bétancourt, *Noms féodaux*, I, 538.)

Furneoli. V. *les Fourneaux*, cⁿᵉ de Marigny.

Furneriæ, Fumières, paroisses de Saint-Paterne et de Saint-Christophe. — En 1234, Geoffroy de Brenne engagea, à l'abbaye de Marmoutier, pour vingt livres tournois et vingt setiers de blé, la dîme qu'il possédait sur ce domaine. — (D. Housseau, VII, 2764.)

Fumeriaux (le lieu des), près de l'étang de l'Ile, cⁿᵉ de Mazières.

Fuseau. V. *Aitre-des-Jalles*.

Fuselière (la), f., cⁿᵉ de Bossée.

Fuselières (les), ou **Fusilières**, f., cⁿᵉ d'Ambillou. — *Fusselières*, carte de Cassini. — Ancien fief. — (*Rôle des fiefs de Touraine*.)

Fussetrie (la), f., cⁿᵉ de Cangy. — *Furetrie*, 1700. — *Fesselrie*, carte de l'état-major. — *Fuzetrie*, carte de Cassini. — Elle a fait partie de l'ancienne paroisse de Fleuray. — (Registres d'état-civil de Fleuray et de Cangy.)

Fustière (la), f., cⁿᵉ de Mouzay. — *Fastière*, carte de l'état-major.

Futade (le lieu de la), cⁿᵉ de Chambon, près du chemin de Chambon à Chaumussay.

Futaie (la), f., cⁿᵉ de Monthodon.

Futaies (les). V. *les Fosses-Mercier*, cⁿᵉ de la Chapelle-sur-Loire.

Futaies (les), f., cⁿᵉ de Saint-Branchs.

Futambre (la boire), près des Granges, c^{ne} de Berthenay.

Futeau (le lieu de), c^{ne} d'Esves-le-Moutier, près du chemin de Ligueil à Saint-Flovier.

Fuye (la Haute-), c^{ne} de Braslou. V. *Maisons-Rouges*.

Fuye (la). V. *Fuie*, c^{nes} de Chinon, Couesme, Courçay, Épeigné-les-Bois, Larçay, La Riche, Ligré, du Louroux, de Marigny, Monts, Perrusson, Rivière, Saché, Saint-Denis-hors, Saint-Pierre-des-Corps, Saint-Quentin, Tauxigny, la Ville-aux-Dames, Vouvray.

Fuye-Poitevin (la). V. *Fuie-Poitevin*, c^{ne} de Verneuil-le-Château.

Fuye-de-Champeigne (la), c^{ne} de Saint-Quentin. V. *Fuie-de-Champeigne*.

Fuye-de-Nancré (la), c^{ne} de Marigny. V. *Fuie-de-Nancré*.

Fuye-Saint-Blaise (la), c^{ne} de Courcoué. V. *Fuie-de-Saint-Blaise*.

Fuye-Vauguérin (la), c^{ne} de Trogues. V. *Vauguérin*.

Fuzetrie (la), c^{ne} de Cangy. V. *Fusselrie*.

G

Gaatello *(terra de)*. V. *la Gatée*, c^{ne} de Rilly.

Gabeleurs (le lieu des), c^{ne} de Rilly, près du chemin de Vinay aux Mariaux.

Gabellerie (la), f., c^{ne} de Saint-Laurent-de-Lin.

Gaberie (la), paroisse de Luzillé. — Ancien fief. — (*Rôle des fiefs de Touraine*).

Gaberot (Louis), avocat au présidial de Tours, originaire de Bléré, naquit dans cette ville à la fin du xvie siècle et y remplit les fonctions de bailli. On a de lui une traduction des odes d'Horace et *les Triomphes du roy Louis le Juste, sur son heureux retour de la Rochelle*, Paris, P. Rocolet, 1628, in-8° de 8 pages. — (Chalmel, *Hist. de Tour.*, IV, 197. — *Almanach de Touraine*, 1773. — S. Bellanger, *La Touraine ancienne et moderne*, 586.)

Gaberot (Jean, ou François), neveu du précédent, né à Bléré vers 1620, était chapelain de la chapelle Saint-Jean, desservie de l'église de Bléré. Il est qualifié de *poëte excellent* par l'abbé de Marolles. On a de lui trois tragédies : *Le martyre des saints Innocents, Caton et la Mort de César*, qui n'ont jamais été représentées. Il mourut en 1695, d'après l'abbé de Marolles, en 1692, d'après Chalmel. — (Chalmel, *Hist. de Tour.*, IV, 197. — *Mémoires de l'abbé de Marolles*. — *Almanach de Touraine*, 1773. — D. Housseau, XXIII, 376. — S. Bellanger, *La Touraine ancienne et moderne*, 586.)

Gabielles (les), f., c^{ne} de Sorigny. — *Gabielles*, carte de l'état-major.

Gabillère (la), f., c^{ne} de Brizay. — Les bâtiments étaient en ruines en 1831.

Gabillouse (la), f., paroisse de Boussay. — Elle relevait censivement de l'abbaye de Preuilly, suivant une déclaration féodale de 1484. A cette époque, les bâtiments étaient en ruines. — (Arch. d'I.-et-L., *Inventaire des titres de l'abbaye de Preuilly*.)

Gabinerie (la), f., c^{ne} de Neuvy-Roi, près du bourg.

Gabis (le lieu des), près de la Tour-de-Brou, c^{ne} de Faye-la-Vineuse.

Gabletterie (la), f., c^{ne} d'Azay-sur-Cher.

Gablinerie (la), ham., c^{ne} du Petit-Pressigny, 14 habit. — *Glabinerie*, carte de Cassini.

Gablinière (la), ham., c^{ne} de la Celle-Guenand, 13 habit. — *Gablinière*, carte de Cassini.

Gablinière (la), f., c^{ne} de la Chapelle-Blanche.

Gabloterie (la), f., c^{ne} de Truyes.

Gablottières (les), ou **Galbotières**, ham., c^{ne} de Vou, 10 habit. — *Gablottières*, carte de Cassini.

Gabotte (le lieu de la), c^{ne} d'Yzeures, près du chemin d'Yzeures à Tournon.

Gabrais (le lieu des), près de la Ganneraie, c^{ne} de la Celle-Saint-Avent.

Gabriel (Jacques et Louis), frères, architectes, seraient nés à Saint-Paterne à la fin du xvie siècle, d'après Chalmel. Ils acquirent dans leur profession une certaine célébrité. Jacques eut un fils portant le même prénom, et qui suivit la même carrière, où il se distingua. Le château de Choisy-le-Roi et le Pont-Royal de Paris furent construits sous sa direction. Jacques, deuxième du nom, mourut en 1686, laissant un fils, né en 1667, et qui fut architecte du roi. — (Didot, *Biographie générale*, XIX, 108. — Chalmel, *Hist. de Tour.*, IV, 197-98. — Larousse, *Grand diction. universel du xixe siècle*, VIII, 909. — Quatremère de Quincy, *Dictionnaire d'architecture*.)

Gabriel de Chinon, capucin, né à Chinon vers 1610, fut envoyé en mission dans la Perse. Il s'établit à Ispahan vers 1640 et fonda, peu de temps après, un couvent de son ordre à Tauris, capitale de l'Aderbidjan. En 1670, il partit pour le Malabar, où il mourut de la dyssenterie le 27 juin. Il est auteur d'un excellent ouvrage intitulé *Relations nouvelles du Levant, ou Traité de la religion, du gouvernement et des coutumes des Perses, des Arméniens et des Gaures.* Ce travail fut publié à Lyon, en 1671, par les soins de Louis Moréri. — (Dellon, *Traité des maladies relatives aux pays orientaux.* — Larousse, *Grand diction. universel du* XIX⁰ *siècle*, VIII, 909. — Chalmel, *Hist. de Tour.*, IV, 198-99. — Nicéron, *Mémoires pour servir à l'histoire des hommes illustres*, XXVII, 311. — Didot, *Biographie générale*, XIX, 109.)

Gabrielle d'Estrées. V. *Estrées.*

Gabronnes (le lieu des), près de la Forge, cⁿᵉ de Chambon.

Gaby (Jean-Baptiste), né à Loches en 1620, entra dans l'ordre de l'Observance et fut envoyé en mission dans la Sénégambie. Il s'embarqua au Hâvre le 11 mars 1666. On a de lui un ouvrage ayant pour titre : *Relation de la Nigritie, contenant une exacte description de ses royaumes, avec la découverte de la rivière du Sénégal*, Paris, 1689, in-12. Ce missionnaire mourut en 1710. — (Didot, *Biographie générale*, XIX, 118.)

Gabye (le lieu de la), cⁿᵉ de Montlouis, près du chemin de Montlouis à la Ville-aux-Dames.

Gacerie (la), cⁿᵉ d'Auzouer. V. *Gasserie.*

Gachaux (les), ham., cⁿᵉ de Draché, 14 habit. — *Gachaux*, cartes de Cassini et de l'état-major.

Gache (la), f., cⁿᵉ d'Athée. — *Gache*, carte de Cassini.

Gachelière (le lieu de la), près de la Millétière, cⁿᵉ de Bossée.

Gachère (la), f., cⁿᵉ de la Celle-Guenand. — *Gacherie*, 1581. — *Gachère*, carte de Cassini. — Ancien fief. En 1581, il appartenait à François de la Noue. — (D. Housseau, XII, 7332.)

Gachet, f., cⁿᵉ de Saint-Germain-sur-Vienne.

Gachetière (la), f., cⁿᵉ de Paulmy. — *Gachetière*, carte de Cassini. — Elle faisait partie, autrefois, de la paroisse de Ferrières-Larçon, dont elle fut détachée, par lettres patentes du 2 septembre 1757, pour être réunie à celle de Paulmy, nouvellement créée. — (Arch. d'I.-et-L., G, 78. — Dufour, *Diction. de l'arrondissement de Loches*, II, 348.)

Gachetière (la), f., cⁿᵉ de Saint-Christophe. — *Gachetière*, carte de l'état-major.

Gachetière (la), ou **Gacheterie**, f., cⁿᵉ de Verneuil-le-Château. — *Gachetière*, cartes de Cassini et de l'état-major. — Ancien fief. En 1725, il appartenait à Alexis-Joseph Tusseau de Maisontiers, chev., lieutenant-colonel du régiment de cavalerie d'Oriac, marié à Anne-Françoise Godefrin ; — en 1726, à Gabriel le Brun de la Brosse ; — en 1766, à Jean-Louis-François Bouin de Noiré. Il fut vendu nationalement, en 1793, sur N. Ruzé d'Efflat, émigré. — (Arch. d'I.-et-L., *Biens nationaux.* — Beauchet-Filleau, *Diction. des familles de l'ancien Poitou.*)

Gachets (le lieu des), ou la **Laurinerie**, paroisse de Saint-Avertin. — Il relevait du prieuré de Bois-Rahier. — (Arch. d'I.-et-L., *prieuré de Grandmont.*)

Gachonnières (le lieu des), près de Beauvais, cⁿᵉ de la Celle-Guenand.

Gaconneries (les), ou **Gacongneries**, f., cⁿᵉ de Continvoir. — *Gacongneries*, carte de l'état-major.

Gadafré, ou **Gondafré** (le lieu de), paroisse de Joué. Il est cité dans un titre de 1539. Il relevait de la prévôté de la Varenne. — (Arch. d'I.-et-L., G, *prévôté de la Varenne.*)

Gadalle, f., cⁿᵉ de Truyes.

Gadins (les), cⁿᵉ de Luzé. V. *Godinais.*

Gadoue (bois de la), cⁿᵉ de Nouzilly.

Gadouillère (la), cⁿᵉ de Cheillé. V. *Cadouillère.*

Gadrière (la), f., cⁿᵉ de Saint-Christophe. — *Gadrière*, carte de l'état-major.

Gafferie (la), ou **Gaffrée**, ham., cⁿᵉ de Mouzay, 11 habit. — *Gaffeire*, carte de Cassini.

Gafichers (les), f., cⁿᵉ de Restigné.

Gagenetterie (la), f., cⁿᵉ de Bossay.

Gagnaicum. V. *Guenay*, cⁿᵉ de Jaulnay.

Gagnée (la), ou **Baigneux**, paroisse de Barrou. — Ancien fief. Propriété de l'abbaye de Beaulieu. — (Nobiliau, *Notice sur l'abbaye de Beaulieu*, 34.)

Gagneraie (la), cⁿᵉ de Joué-les-Tours. V. *Aître-des-Touches.*

Gagneraie (la), f., cⁿᵉ de Neuil, 31 habit. — *Gagneraye*, carte de Cassini.

Gagneraie (la), f., cⁿᵉ de Monts. — *Gagneraye*, cartes de Cassini et de l'état-major. — Ancien fief, relevant du château de Montbazon. En 1639, il appartenait à François Porcher, Éc. ; — en 1660, à Gabriel Dubois ; — en 1697, à Louis Dubois ; — en 1731, à Louis-Jean Dubois ; — en 1737, à Jean Cordier, conseiller du roi, élu en l'élection de Tours ; — en 1789, à Pierre-Armand Vallet de Villeneuve, Éc., trésorier général des domaines de la ville de Paris. — (Arch. d'I.-et-L., G, *clergé séculier.* — Registres d'état-civil. de Monts. — *Mém. de la Soc. archéol. de Tour.*, X, 85.)

Gagnerie (la), f., cne d'Athée. — *Hébergement de la Gangnerie*, 1426. — *Gagnerie*, carte de Cassini. — Ancien fief, relevant du fief de Saint-Julien, à Bléré, à foi et hommage simple et dix sols de service. Il appartenait, en 1444, à Jaquet Anseaume, qui rendit hommage le 10 octobre; — en 1566, à N. Bohier, évêque de Saint-Malo, qui le vendit, le 11 mars de l'année suivante, à Denis Tramin, sieur de Beauregard, pour 2,500 livres; — en 1604, à Mathurin du Hamel, sieur de Chenaye; — en 1680, à Charles Bouchard; — en 1772, à Lucien-François Daen, chev., seigneur de Chenaye-Athée. — (Arch. d'I.-et-L., G, 12; *Inventaire des titres de Bléré* (abbaye de Saint-Julien); *trésorerie de Saint-Martin*. — Bétancourt, *Noms féodaux*, II, 808.)

Gagnerie (la), f., cne de Braye-sous-Faye.

Gagnerie (la), ou les **Gagneries**, ham., cne de Braye-sur-Maulne, 13 habit.

Gagnerie (la), f., cne de Continvoir. — *Gagnerie-du-Prieuré*, XVIIe siècle. — Elle fut incendiée le 5 mars 1757. — Elle appartenait au prieuré de Benais. — (Arch. d'I.-et-L., *titres de Benais*.)

Gagnerie (la), f., cne de Courçay, près du bourg. — *Gaigneria*, 1338. — *Gagnerie*, cartes de Cassini et de l'état-major. — Ancienne propriété de la collégiale de Saint-Martin. Au XVIIIe siècle, elle formait un des bénéfices des vicaires de cette église. On y voyait une chapelle appelée chapelle de Notre-Dame, *alias* des Bouis, ou de la Cirasserie. Par testament du 15 mars 1588, Guillaume Billonneau, chanoine de Saint-Venant, la dota de la métairie de la Cirasserie (ou Sciasserie). Elle fut réparée en 1671. On la démolit en 1768 et on transporta dans l'église de Cormery le service qui y était attaché. La métairie de la Gagnerie fut vendue nationalement, en 1791, au prix de 27,000 livres. — (Arch. d'I.-et-L., G, 525; *fabrique de Saint-Martin; Biens nationaux*.)

Gagnerie (la). V. *Puy-Gibault*, cne de Loches.

Gagnerie (la), f., cne de Lublé. — Ancien fief, relevant de Château-la-Vallière. Marie-Augustine de Vaugirault, veuve de Louis Legoux, chev., seigneur du Plessis-le-Vicomte, rendit aveu le 26 août 1748. — (Bibl. de Tours, fonds Salmon, *titres de Château-la-Vallière*.)

Gagnerie (la), f., cne de Mettray. — *Gagnerie de Saint-Martin*, XIVe siècle. — *Gagnerie*, cartes de Cassini et de l'état-major. — Elle devait une rente à la collégiale de Saint-Martin. En 1652, N. Solier était qualifié de sieur de la Gagnerie. — (Arch. d'I.-et-L., *titres de Charentilly*. — Registres d'état-civil de Mettray.)

Gagnerie (la), f., paroisse de Reignac. — *Domus quæ vocatur Gaengnerie, in parochia de Brais*, 1273. Elle appartenait, à cette époque, à Rideau, seigneur de Bray (aujourd'hui Reignac). — (Archives nationales, J. J. 30 A.)

Gagnerie (la), f., cne de Saint-Cyr. — *Gagnerie*, cartes de Cassini et de l'état-major. — Elle relevait censivement de l'abbaye de Marmoutier et appartenait, en 1758, à la veuve de N. de Thibergeau. — (Arch. d'I.-et-L., *abbaye de Marmoutier, pitancerie*.)

Gagnerie (la), f., cne de Saint-Ouen. — Ancienne propriété de l'abbaye de Fontaines-les-Blanches. — (Arch. d'I.-et-L., *Biens nationaux*.)

Gagnerie (la), f., cne de Saint-Pierre-des-Corps. — Ancien fief. Il fut réuni, vers 1267, au fief de Boisrideau. — (Arch. d'I.-et-L., G, 82.)

Gagnerie (la), f. et chât., cne de Semblançay, 14 habit. — *Gagnerie*, cartes de Cassini et de l'état-major. — Ancien fief, relevant de la Roche-Behuart, à foi et hommage simple et un cheval de service estimé vingt sols. Gilles Lefebbre-Thoinier, négociant à Tours, sieur de la Gagnerie, rendit hommage le 21 novembre 1774. Précédemment ce fief appartenait aux familles Pregent du Breuil et de la Forge. — (Bibl. de Tours, fonds Salmon, *titres de Semblançay*.)

Gagnerie (la), ou **Ganerie**, f., cne de Véretz. — Ancien fief, relevant du château de Véretz. Il fut vendu nationalement sur le duc d'Aiguillon, émigré, en 1793. — (Arch. d'I.-et-L., E, 147; *Biens nationaux*.)

Gagnerie (la), f., cne de Villebourg. — *Gagnerie*, carte de Cassini. — Ancienne propriété du Chapitre de Bueil. — (Arch. d'I.-et-L., *titres de Bueil*.)

Gagneries (les), f., cne de Braye-sur-Maulne. V. *Gagnerie*.

Gagneries (le lieu des), près des Brisaciers, cne de la Chapelle-aux-Naux.

Gagneries (les), f., cne de Rillé. — *Ganerie*, carte de l'état-major. — Ancien fief, relevant de Rillé. — (Arch. d'I.-et-L., *Biens nationaux*.)

Gagneterie (la), f., cne de Bossay.

Gagneux (les), f., cne de la Celle-Guenand. — *Gagneux*, carte de Cassini.

Gagnié, f., cne de Sainte-Maure. — *Gasnier*, carte de Cassini.

Gahtnaïcum. V. *Guenay*, cne de Jaulnay.

Gaieté (la), vil., cne de Loches, 23 habit.

Gaieté (la), ham., cne de Nazelles, 14 habit.

Gaieté (la), f., cne de Sorigny.

Gaignerie (la), paroisse de Parilly. V. *Vauguyon*, cne de Chinon.

Gaillage (le), f., cne de la Haye, près du bourg.

Gaillard (le), f., cⁿᵉ du Louroux.

Gaillard (Michel), chev., seigneur de Chailly et de Longjumeau, conseiller au Parlement de Paris (1484), recevour général des finances, fut nommé maire de Tours, en octobre 1493, en remplacement de Nicolas Charetier. L'année suivante, il eut pour successeur Jean Bernard. — (Lambron de Lignim, *Armorial des maires de Tours.* — Chalmel, *Hist. des maires de Tours* (manuscrit), p. 93.)

Gaillard (Michel), seigneur de la Menaudière, fut nommé maire de Tours en 1682 et prêta serment le 11 novembre. En 1686, il eut pour successeur François Hubert de Lauberdière, trésorier de France au bureau des finances de Tours. — (Chalmel, *Hist. des maires de Tours* (manuscrit), p. 146. — Lambron de Lignim, *Armorial des maires de Tours.* — Archives municipales de Tours, *registres des délibérations.*)

Gaillard de Cornac, abbé de Villeloin, succéda à Achille de Harlay, en 1608. Il fut remplacé, en 1626, par Michel de Marolles. — (Bibl. de Tours, fonds Salmon, *titres de Villeloin.* — *Gallia christiana*, XIV. — *Mém. de la Soc. archéol. de Tour.*, IX, 361. — Arch. d'I.-et-L., E, 102.)

Gaillarderie (la), f., cⁿᵉ de Cheillé. — *Gaillarderie*, carte de Cassini.

Gaillarderie (la), ham., cⁿᵉ de Dolus, 11 habit. — *Gaillarderie*, carte de l'état-major.

Gaillardière (la), vil., cⁿᵉ de Berthenay, 33 habit. — *Baillardière*, carte de l'état-major.

Gaillardière (la), f., cⁿᵉ de Chambray.

Gaillardière (les Haute et Basse-), f., cⁿᵉ de Chanceaux-sur-Choisille. — *Gaillardière*, carte de l'état-major.

Gaillardière (la), f., cⁿᵉ de Charnizay. — *Gaillardière*, carte de Cassini. — Ancien fief. — (*Rôle des fiefs de Touraine.*)

Gaillardière (la), f., cⁿᵉ de Chemillé-sur-Indrois. — *Gaillardière*, carte de Cassini. — Le 28 septembre 1432, Jean Barre la vendit à Pierre Cormier, à Jean Gaillard et autres. En 1454, Catherine du Breuil la céda aux Chartreux du Liget, sur lesquels elle fut vendue nationalement, en 1791, pour 10,000 livres. — (Arch. d'I.-et-L., *Inventaire des titres du Liget; Biens nationaux.*)

Gaillardière (la), ham., cⁿᵉ de la Croix-de-Bléré, 20 habit. — *Gaillardière*, cartes de Cassini et de l'état-major. — Une métairie, faisant partie de ce hameau, appartenait à Jean-François Martineau, avocat au Parlement, juge au siège présidial de Tours et administrateur de l'hôpital de la même ville, décédé à la Gaillardière, le 9 décembre 1784. — (Registres de la Croix. — Archives d'I.-et-L., *titres de Bléré.*)

Gaillardière (la), f., cⁿᵉ de Marray.

Gaillardière (la), f., cⁿᵉ de Mettray. — *Gaillardière*, carte de Cassini.

Gaillardière (la), f., cⁿᵉ de Monthodon. — *Gaillardière*, cartes de Cassini et de l'état-major.

Gaillardière (la), f., cⁿᵉ de Rochecorbon. — Ancienne propriété du Chapitre de Saint-Gatien de Tours, sur lequel elle fut vendue nationalement, le 19 septembre 1791, pour 10,300 livres. — (Arch. d'I.-et-L., *Biens nationaux.*)

Gaillardière (le lieu de la), près de la Dargeraie, cⁿᵉ de Saché.

Gaillardière (la), f., cⁿᵉ de Saint-Avertin.

Gaillardière (le lieu de la), près de la Folie, cⁿᵉ de Saint-Patrice.

Gaillardière (la), vil., près de la Masse, cⁿᵉ de Saint-Règle, 38 habit.

Gaillardière (la), f., cⁿᵉ de Semblançay.

Gaillardière (la), f., cⁿᵉ de Sonzay. — *Gaillardière*, carte de l'état-major.

Gaillardonnière (la), paroisse de Saint-Cyr-du-Gault (Loir-et-Cher). — Ancien fief, relevant de Châteaurenault. Les héritiers de Jacques Malon en étaient seigneurs en 1558. — (Archives du château de Pierrefitte.)

Gaillardrie (la), f., cⁿᵉ de Mettray. — *Gaillardière*, carte de Cassini.

Gaillards (les), f., cⁿᵉ de Bossay.

Gaillards (les), f., cⁿᵉ de Boussay. — *Gaillards*, carte de Cassini.

Gaillennerie (la), vil., cⁿᵉ de Bossay, 18 habit. — Il relevait censivement de l'abbaye de Preuilly (1550). — (Arch. d'I.-et-L., *abbaye de Preuilly.*)

Gaillennerie (fontaine de la), cⁿᵉ de Bossay. — Elle est située près du village de la Gaillennerie. Elle forme un ruisseau qui fait mouvoir le moulin de Volette et se jette dans la Claise.

Gaillerie (la), f., cⁿᵉ de Razines. — *Gaillerie*, carte de Cassini.

Gailletries (bois des), près des Échelleries, cⁿᵉ de Saint-Michel-sur-Loire.

Gaillocherie (la), f., cⁿᵉ de Monnaie.

Gaillon, vil., cⁿᵉ de Langeais, 28 habit.

Gaillon, f., près du bourg du Petit-Pressigny.

Gailloterie (la), f., cⁿᵉ de Chanceaux-sur-Choisille.

Gaillotière (la), f., cⁿᵉ d'Athée.

Gaimont, vil., c^ne de Vouvray, 44 habit.

Gaïson, gouverneur, comte de Tours et de Touraine vers 561, succéda à Alpin. Son administration fut marquée par des vexations de toute nature à l'égard des habitants de Tours. Il voulut, notamment, les contraindre à payer des taxes dont le roi les avait déchargés depuis longtemps. L'évêque de Tours, Euphrône, prit avec énergie la défense de la ville. Il fit saisir le rôle de contributions qui avait été dressé par l'ordre du gouverneur et le livra aux flammes. Il alla ensuite trouver le roi et obtint de lui la destitution immédiate de Gaïson. — (Chalmel, *Hist. de Tour.*, I. 142. — Greg. Turon. hist. Franc.)

Gaissier (le), c^ne de Véretz. V. *Guessier*.

Gaissiers (les), ou **Gaissières**, vil., c^ne de Chanceaux-sur-Choisille, 33 habit. — *Gaissières*, carte de l'état-major.

Gaitberville (métairie de), paroisse de Semblançay. — En 1789, elle appartenait à l'église de Tours, à laquelle elle avait été léguée par N. Hubert, en 1585. — (Arch. d'I.-et-L., G, 90.)

Gaitrie (la), f., c^ne de Maillé.

Galaichère (la), c^ne de Courcelles. V. *Galichère*.

Galais (le), ruisseau. V. *Calais*.

Galaisie (le lieu de la), près de la Jaille, c^ne de Saint-Senoch.

Galaisière (la), vil., c^ne d'Artannes, 15 habit. — *Galesière*, carte de Cassini. — *Galaisière*, carte de l'état-major. — Ancien fief, relevant du château d'Artannes. En 1467, il appartenait à Jean d'Artannes, Éc. ; — en 1577, à Thomas Le Coustelier ; — en 1596, à François Damours, Éc. ; — en 1605, à Jean Porcher, Éc. ; — en 1659, à Anne Le Coustelier ; — en 1772, à Claude-François Jahan, Éc., contrôleur ordinaire des guerres. — (Arch. d'I.-et-L., *prieuré de Relay* ; G, 19. — Bibl. de Tours, fonds Lambron de Lignim, *Châteaux et fiefs de Touraine*.)

Galanchère (la), f., c^ne de Nouzilly.

Galande (le lieu de la), près de la Marnière, c^ne de Boussay.

Galanderie (la), f., c^ne de Chambray. — Ancienne propriété du couvent des Ursulines de Tours, sur lequel elle fut vendue nationalement, le 8 février 1791, pour 18,900 livres. — (Arch. d'I.-et-L., *Biens nationaux*.)

Galanderie (la), f., c^ne de Monnaie. — *Galandrie*, carte de l'état-major.

Galanderie (étang de la), c^ne de Monnaie. — Il était desséché en 1818.

Galanderie (la), vil., c^ne de Saint-Cyr, 29 habit. — Ancien fief, relevant de Marmoutier. Vers 1600, il appartenait à Jacob Baret, procureur du roi à la prévôté royale de Tours ; — en 1621, à Jacques Baret, référendaire à la chancellerie de France ; — en 1681, à Michel Taschereau ; — en 1728, à Joseph Taschereau, trésorier de France à Tours. Ce dernier, en sa qualité de seigneur de la Galanderie, avait le droit de banc dans la chapelle Saint-Michel de l'église de Saint-Cyr. — (Arch. d'I.-et-L., *titres de Marmoutier ; Minimes du Plessis*. — Registres d'état-civil de Saint-Cyr. — *Almanach de Touraine*, 1781.)

Galanderie (la), vil., c^ne de la Chapelle-Blanche, 19 habit. — *Galanderie*, carte de Cassini.

Galanderie (la), f., c^ne de Vou. — *Galanderie*, carte de Cassini.

Galandes (le lieu des), près des Renaudries, c^ne de Saint-Épain.

Galandière (la), f., c^ne de Villaines. — *Gallandière*, carte de Cassini. — Ancien fief. — (*Rôle des fiefs de Touraine*.)

Galarderie (la), f., c^ne de Notre-Dame-d'Oë.

Galardière (la), f., c^ne de Marray.

Galardière (la), f., c^ne de Neuillé-Pont-Pierre. — *Gaillardière*, carte de l'état-major.

Galardière (la), f., c^ne de Semblançay.

Galardière (la), f., c^ne de Sonzay. — *Gaillardière*, carte de l'état-major.

Galardon, f., c^ne de Chambray.

Galardon (le lieu de la), près de la Venerie, c^ne de Neuillé-le-Lierre.

Galardon (Thierry de), sénéchal et bailli de Touraine et de Poitou, succéda à Robert des Loges, en 1219. Dans le cours de cette année, il rendit un jugement en faveur de l'abbaye de Marmoutier. On le voit figurer avec la qualification de bailli de Touraine, dans une charte d'Aimery, vicomte de Thouars, du mois d'avril 1220. On le trouve encore mentionné dans un titre de 1223, avec Jean, archevêque de Tours, et Hugues de Sainte-Maure, chanoine de Tours et prieur de Loches. Il fut remplacé, en 1227, par Richard Leclerc. Chalmel a donné, à tort, à ce personnage, le prénom de Geoffroy. — (Lainé, *Archives de la noblesse de France*, V, généal. de Maillé, 13. — Brussel, *Nouvel examen de l'usage des fiefs en France*, I, 489. — *Recueil des historiens des Gaules*, XVII, 305. — P. Anselme, *Hist. génal. de la maison de France*, V, 8. — Chalmel, *Hist. de Tour.*, III, 399.)

Galatières (les), vil., c^ne de Seuilly, 36 habit.

Galboisière (le lieu de la), c^ne de Saint-Pierre-des-Corps. — Ancienne propriété du Chapitre de Saint-Pierre-le-Puellier. — (Arch. d'I.-et-L., *Biens nationaux*.)

Galboisières (le lieu des), cne de Saint-Genouph. — Il relevait du fief de Nouy. — (Arch. d'I.-et-L., abbaye de Saint-Julien, *fief de Nouy*.)

Galbotière (la), cne de Vou. V. *Gablottière*.

Galbrune (le lieu de la), cne de Saché. — Ancien fief. Il appartenait aux chanoines de Saint-Mexme de Chinon, qui le cédèrent, par échange, en 1682, à N. de Valentinay d'Ussé. — (Arch. d'I.-et-L., C, 654; *titres de Turpenay*.)

Galbrunerie (la), f., cne de Reugny.

Galbrunes (les), f., cne de Ballan.

Galbruns (le lieu des), cne de Bueil, près du chemin de la Chartre à Neuvy.

Galechère, ou **Galochère**, ou **Galichère** (la), vil., cne d'Ingrandes, 18 habit.

Galechère (la), f., cne de Saint-Christophe.

Galefrais (le lieu de), ou **Galefroi**, paroisse de Genillé. — Il est cité dans une charte de 1270. — (*Cartulaire du Liget*).

Galenière (la), ou **Galinière**, f., cne du Boulay. — *Galinière*, carte de Cassini. — *Galénière*, carte de l'état-major.

Galenière (la), ou **Galinière**, f., cne de Saint-Paterne. — *Galinière*, carte de Cassini.

Galerie (la), f., cne de la Celle-Guenand. — *Gallerie*, carte de Cassini.

Galerie (la), cne de Channay. V. *Gallerie*.

Galerie (la), f., cne d'Esvres. — Elle relevait censivement des fiefs de Montbazon, la Dorée, la Branchoire et Thorigny. Par acte du 10 août 1720, Madeleine Sauvillain la vendit à René Cuisnier, procureur au grenier à sel de Tours. — (Arch. d'I.-et-L., E, 73.)

Galerie (la), cne de Genillé. V. *Gallerie*.

Galerie (la), f., cne de Luynes.

Galerie (la), paroisse de Neuillé-le-Lierre. — Ancien fief, relevant de la Graffardière à foi et hommage simple et neuf sols quatre deniers de service annuel. En 1685, il appartenait à Julien de Morillon, Éc.; — en 1688, à Gilles Belin; — en 1696, à Ambroise Belin, qui rendit hommage, le 1er mars, à Roland Papillon, Éc., seigneur de la Graffardière. — (Arch. d'I.-et-L., E, 22, 119. — Archives du château de Pierrefitte.)

Galerie (la), cne de Reugny. V. *Gallerie*.

Galerie (la), ham., cne de Saint-Michel-sur-Loire, 10 habit.

Galerne (la), f., cne de Luzé.

Galerne (la), f., cne cne de Pussigny. — *Galerne*, carte de Cassini.

Galetière (la), cne d'Artannes. V. *Galaisière*.

Galetrie (la), f., près de la Cisse, cne de Limeray. — *Galetrie*, carte de Cassini.

Galette (le lieu de la), près de la Petite-Barre et de la Rauderie, cne de Druyes.

Galeux (le lieu de), cne de Continvoir, près du chemin de Continvoir à Raimbeuf.

Galgerius mons. V. *Montgauger*.

Galice, vil., cne de Sepmes, 17 habit. — *La Gallice*, carte de Cassini. — *Galice*, carte de l'état-major.

Galichère, ou **Gallechère** (la), ham., cne de Courcelles, 15 habit. — *Galaichère*, carte de Cassini.

Galichère (la), cne d'Ingrandes. V. *Galechère*.

Galicherie (la), vil., cne de la Chapelle-Saint-Hippolyte, 34 habit.

Galichés (les), vil., cne de Restigné, 20 habitants.

Galifernière (la), f., cne de Brèches.

Galigaï (Sébastien-Dori), frère de Léonor Galigaï, maréchale d'Ancre, favorite de Marie de Médicis, naquit à Florence vers 1580. Il n'était encore que sous-diacre lorsque le roi lui donna, le 8 juillet 1610, l'abbaye de Marmoutier; mais on lui imposa l'obligation de se faire prêtre avant l'expiration de l'année. Il chargea Guillaume du Peyrat de prendre possession pour lui de riche bénéfice, ce qui eut lieu le 22 octobre. Le 9 mars 1617, il fut nommé archevêque de Tours, en remplacement de François de la Guesle. Cette nomination précéda de quelques jours la mort du marquis d'Ancre, son beau-frère, qui fut assassiné sur le pont du Louvre, et l'exécution de Léonor Galigaï, femme du maréchal. Craignant lui-même d'être arrêté et ensuite poursuivi devant le Parlement, il prit la fuite avant d'avoir été installé sur le siège de Tours et donna sa démission. Il se réfugia, non pas en Italie, comme le dit Maan, mais à Notonville, où il passa le reste de ses jours. Son successeur, à l'archevêché de Tours, fut Bertrand d'Eschaux. L'abbaye de Marmoutier fut donnée à Alexandre de Vendôme, grand prieur de France. — (A. Jal, *Diction. de biographie et d'histoire*, 416-17. — *Gallia christiana*, XIV, 137, 225. — D. Martène, *Hist. de Marmoutier*, II, 467. — M. Marteau, *Paradis délicieux de la Touraine*, II, 163. — Maan, *S. et metrop. ecclesia Turonensis*. — Chalmel, *Hist. de Tour.*, III, 464. — D. Housseau, XV, 195. — *Mém. de la Soc. archéol. de Tour.*, II, 12; IV, 77; XI, 271.)

Galignonne (la), vil., cne de Dierre, 17 habitants.

Galinière (la), cne du Boulay. V. *Galenière*.

Galinière (bois de la), cne de Chançay.

Galinière (la), c^{ne} de Marcilly-sur-Maulne. V. *Gallinière*.

Galinière (la), f., c^{ne} de Nouzilly. — *Galinière*, carte de l'état-major. — Au XVe siècle, elle appartenait à l'abbaye de Marmoutier. — (Arch. d'I.-et-L., *titres de Marmoutier*.)

Galinière (la), f., c^{ne} de Saint-Paterne.

Galinière (la), f., c^{ne} de Sonzay. — *Galinière*, cartes de Cassini et de l'état-major. — Elle relevait de la commanderie du Gast (1528). — (Arch. d'I.-et-L., *terrier de la commanderie de Ballan*.)

Galinière (la), f., c^{ne} de Vernou. — Ancien fief, relevant du château d'Amboise à foi et hommage lige. Il fut compris dans la châtellenie de Jallanges, de Rochereau et de Villemereau, en octobre 1631. En 1485, il appartenait à Thomas le Breton; — en 1523, à François le Breton; — en 1554, à Claude le Breton; — en 1576, à Guillaume le Breton; — en 1634, à Robert de Meurdrac; — en 1672, à Nicolas Le Febvre, conseiller au Parlement de Bretagne; — en 1731, à Claude Le Febvre; — en 1742, à Claude Le Febvre, fils du précédent; — en 1789, à Claude-Pierre Le Febvre, chev., seigneur de la Falluère et de Jallanges, sur lequel il fut vendu nationalement, le 6 floréal an VI. Dans le manuscrit n° 1200 de la bibliothèque de Tours se trouve un plan de ce fief. — (Arch. d'I.-et-L., C, 633, 651; E, 355; *Biens nationaux*. — *Rôle des fiefs de Touraine*. — Bétancourt, *Noms féodaux*, I, 406, 407. — Bibl. nationale, Gaignères, 678.)

Galippe (la), f., c^{ne} de Panzoult.

Galippes (le lieu des), près de la Touche, c^{ne} d'Avon.

Galippes (le lieu des), près de la Reignère, c^{ne} de Sazilly.

Galipses (le lieu des), c^{ne} de Saint-Germain-sur-Vienne, près du chemin de la Cour à la Chaussée.

Galisson et le **Petit-Galisson**, vil., c^{ne} de Saint-Épain, 53 habit. — *Aireau de Galeçon*, 1410. — *Galisson*, cartes de Cassini et de l'état-major. — Au XVe siècle, le lieu de Galisson appartenait au Chapitre de Saint-Martin. Par la suite, il devint une dépendance du château de Noyant. — (Arch. d'I.-et-L., E, 319; *Inventaire des titres de Saint-Épain*.)

Galland (Aule), seigneur de Bezay, de Montoran et de Bouchillon, fut nommé maire de Tours en 1597, en remplacement de Jacques Bouet de la Noue. Il eut pour successeur, en 1598, Jean Forget, seigneur de la Turmelière, maître des requêtes de la reine. — (Chalmel, *Hist. des maires de Tours* (manuscrit), p. 128. — Lambron de Lignim, *Armorial des maires de Tours*.)

Gallechère (la), c^{ne} de Courcelles. V. *Galichère*.

Galleçon, c^{ne} de Saint-Épain. V. *Galisson*.

Gallepières (les), ou **Galles-Pierres**, f., c^{ne} de Ciran-la-Latte. — *Galles-Pierres*, carte de l'état-major.

Gallerie, ou **Galerie** (la), f., c^{ne} de Channay.

Gallerie, ou **Galerie** (la), f., c^{ne} de Genillé. — *Gallerie*, carte de Cassini. — Ancien fief, avec droit de moyenne et basse justice. En 1767, il appartenait à Louis-Honorat de Baraudin, Éc. — (*Rôle des fiefs de Touraine*. — Bibl. de Tours, fonds Salmon, *titres de Notre-Dame de Loches*.)

Gallerie, ou **Galerie** (la), f., c^{ne} de Rouigny. — *Gallerie*, carte de l'état-major. — *Galérie*, carte de Cassini. — Ancien fief. En 1714, il appartenait à Ambroise Belin, fils de Gilles Belin, sieur de la Bourgeoiserie. — (Arch. d'I.-et-L., E, 22.)

Galles-Pierres, c^{ne} de Ciran. V. *Gallepierres*.

Gallet (N.), célèbre joueur, vivant du temps du poëte Regnier, était originaire de Chinon. D'après Ménage, ce personnage serait de la famille d'Ulrich Gallet, que Rabelais fait figurer avec la qualification de maître des requêtes de Grand-Gousier, dans son premier livre de *Gargantua*. — (*Almanach de Touraine*, 1776. — Moréri, *Diction. historique*, G, 36. — Chalmel, *Hist. de Tour.*, IV, 202, 203.)

Galletrie (le lieu de la), c^{ne} de Savigny. — Il relevait de Mathefelon, suivant un aveu du 17 septembre 1584. — (Arch. d'I.-et-L., E, 163.)

Gallichères (le lieu des), c^{ne} de Beaulieu, près du chemin de Vau-Bertrand à Linières.

Gallichés (les). V. *les Galuches*, c^{ne} de Bourgueil.

Galliczon (Gatien), né à Angers le 27 octobre 1658, entra dans les ordres et fut reçu docteur en théologie en 1688. Nommé chanoine et chantre, puis official de l'église de Saint-Martin de Tours, il recueillit dans les archives de la collégiale divers documents qu'il publia sous ce titre : *Quædam epistolæ summorum pontificum Leonis VII, Alexandri III et Innocentii III, aliaque monumenta*, Tours, Ch. Flosceau, 1694, in-12. Évêque d'Agathocle et coadjuteur de l'évêque de Babylone en 1707, il mourut à Ispahan le 22 ou le 27 septembre 1712. — (*Journal des savants* (1695), p. 263. — Didot. *Biographie générale*, XIX, 237. — C. Port, *Diction. géographique et historique de Maine-et-Loire*, II, 223. — Moréri, *Diction. historique*.)

Gallière (la), paroisse de Jaulnay. — Ancien fief, relevant de Faye-la-Vineuse. En 1550, il appartenait à Guy le Roy; — en 1553, à Louis du Plessis. — (Arch. d'I.-et-L., C, 600.)

Gallinière (la), ou **Galinière**, f., cⁿᵉ de Marcilly-sur-Maulne.

Galloire (la), f., cⁿᵉ de Brêches. — *Galloire*, cartes de Cassini et de l'état-major.

Galluère (la), f., cⁿᵉ d'Azay-le-Rideau.

Galluère (la), f., cⁿᵉ de Tauxigny. — Le 17 janvier 1542, Guillaume Sauvage, abbé de Baugerais, donna, pour la fondation de la chapelle Notre-Dame-de-Lorette, une rente de douze setiers de froment et de deux setiers d'avoine, assise sur ce domaine. — (D. Housseau, X, 4233.)

Galmagne (le lieu de la), cⁿᵉ de Huismes, près du chemin des Maupas au Petit-Carroi.

Galmain (le Haut-), ham., cⁿᵉ de Panzoult, 10 habit. — *Vaugalmin*, carte de Cassini.

Galocheau (Jean), fut nommé maire de Tours en 1470, en remplacement de Jean Briçonnet, seigneur de Chanfreau, et prêta serment le 1ᵉʳ novembre. En 1471, il eut pour successeur Jean de Beaune, argentier des rois Louis XI et Charles VIII. — (Chalmel, *Hist. des maires de Tours* (manuscrit), p. 87. — Lambron de Lignim, *Armorial des maires de Tours*.)

Galocheau (Jean), fils du précédent, fut nommé maire de Tours en 1512, en remplacement de Jean de Cueillette, seigneur de Freschines, contrôleur général des finances, et prêta serment le 1ᵉʳ novembre. En 1513, il eut pour successeur Jean Ragueneau, lieutenant particulier au bailliage de Touraine. — (Chalmel, *Hist. des maires de Tours* (manuscrit), p. 102. — Lambron de Lignim, *Armorial des maires de Tours*.)

Galochère (les Haute et Basse-), vil., cⁿᵉ de Ferrières-sur-Beaulieu, 20 habit. — *Galocherie*, carte de Cassini.

Galochère (la), cⁿᵉ d'Ingrandes. V. *Galechère*.

Galochères (les), vil., cⁿᵉ de Villedômer, 18 habit. — *Galochères*, carte de Cassini.

Galocherie (le lieu de la), près de la Mignonnière, cⁿᵉ de Ferrières-Larçon.

Galocherie (la), cⁿᵉ de Ferrières-sur-Beaulieu. V. *Brossardière*.

Galoisière (la), f., cⁿᵉ de Villiers-au-Boin. — *Galoisière*, carte de l'état-major.

Galoppe (la), cⁿᵉ de Loches. V. *Petite-Maison*.

Galopperie (la), f., cⁿᵉ de Neuvy-Roi.

Galottière (la), ham., cⁿᵉ d'Ingrandes, 11 habit. — Ancien fief. En 1552, il appartenait à Denise de Farineau; — en 1666, à Pierre Bour-

reau. Par la suite, il devint une dépendance de Rochecot. — (*Rôle des fiefs de Touraine*. — Registres d'état-civil de Restigné. — Arch. d'I.-et-L., *titres de Bourgueil*.)

Galottière (closerie de la), près de Marmoutier. — Ancienne propriété de l'abbaye de Marmoutier qui la vendit, en 1632, à la charge, par l'acquéreur, de payer tous les ans un poinçon de vin, neuf boisseaux de froment et dix-neuf sols. — (Arch. d'I.-et-L., *titres de Marmoutier*.)

Galottinière (le lieu de la), près de Mouchault, cⁿᵉ de Huismes.

Galouettes (le lieu des), cⁿᵉ de Theneuil, près du bourg.

Galtereia. V. *la Gautraye*, cⁿᵉ d'Anché.

Galtière (le lieu de la), paroisse de Pont-de-Ruan. — Il est cité dans un titre de 1780. — (Arch. d'I.-et-L., E, 117.)

Galtières (le lieu des), près de Saint-Gilles, cⁿᵉ de Razines.

Galuchère (la), cⁿᵉ d'Ingrandes. V. *Galechère*.

Galuches (les), f., cⁿᵉ de Bourgueil, près du Changeon. — *Gallichés*, XVIᵉ siècle. — Elle devait une rente à la prévôté de Restigné. — (Arch. d'I.-et-L., *prévôté de Restigné*.)

Galuches (le lieu des), près de Fuchard, cⁿᵉ de Chezelles.

Galuches (le lieu des), près de Pierrefitte, cⁿᵉ de Marçay.

Galuches (le lieu des), près de Bois-Turbet, cⁿᵉ de Marcé-sur-Esves.

Galuches (les), f., cⁿᵉ de Savigny.

Galuches (le lieu des), près des Roberts, cⁿᵉ de Trogues.

Galvauderie (la), f., cⁿᵉ de Rivière. — *Galvaudrie*, cartes de Cassini et de l'état-major.

Gamaches (Philippe de), savant théologien, né à Tours en 1568, fut reçu docteur en 1598 et occupa la chaire de théologie à la Sorbonne pendant vingt-cinq ans. Nommé abbé de Saint-Julien de Tours en 1624, en remplacement de Charles d'O, il mourut le 21 juillet de l'année suivante. On a de lui un ouvrage intitulé : *Theologia scolastica, speculatio practica, sive commentarii in tres partes Summæ D. Thomæ*, Paris, 1627, 2 vol. in-f°. — (Pierre Bayle, *Diction. historique et critique*, II, 1235. — Crevier, *Hist. de l'Université*. — Goujet, *Mém. sur le collège royal de France*. — Moréri, *Diction. historique*, V, 2ᵉ partie, 51. — *Gallia christiana*, XIV. — Didot, *Biographie générale*, XIX, 380. — *Mém. de la Soc. archéol. de Tour.*, IX, 344. — Michaud, *Biographie universelle*, XVI, 409.)

Gamains (les), f., cne de Chambourg.

Gamalte (le lieu de la), près de la Creuse, cne d'Yzeures.

Gammorais (fontaine de la), ou de la **Pommeras**, cne de la Ferrière.

Ganache, cne de Beaumont-Village. V. *Grenache*.

Ganachère (la), f., cne de Beaumont-la-Ronce. — *Ganachère*, cartes de Cassini et de l'état-major.

Ganachère (la), f., cne de Continvoir. — *Ganachère*, carte de Cassini. — En 1789, elle appartenait aux chapelles réunies de Saint-René et de Saint-Martin, desservies en l'église de Gizeux. — (Arch. d'I.-et-L., *Biens nationaux*.)

Ganaudries (les), f., cne du Louroux.

Ganay, f., cne de Fondettes.

Ganay (île). V. *Gasnay*, cne de Saint-Mars.

Gandellerie (la), f., cne de Saint-Laurent-de-Lin.

Gandière (la), f., cne de Saint-Laurent-en-Gatines. — *Gandière*, cartes de Cassini et de l'état-major.

Gandoin (le moulin), sur la Veude, cne de Braye-sous-Faye. — *Gandoin*, carte de l'état-major.

Gandonnière (la), f., cne des Hermites. — *Gaudonnière*, carte de l'état-major.

Gandoubert (les Haut et Bas-), f., cne de Monthodon. — *Gaudoubard*, 1789. — *Gandoubard*, carte de l'état-major. — *Gandoubert*, carte de Cassini. — Elle a fait partie de l'ancienne paroisse du Sentier.

Gandouet, ou **Gandoit**, f., cne d'Athée. — *Gandoit*, carte de l'état-major. — Ancien fief, relevant de Montbazon (1388). — (D. Housseau, XII, 6988.)

Ganeau (île), dans la Loire, cne de Langeais.

Ganeraie (la), ou **Gasneraye**, f., cne d'Azay-le-Rideau. — *Ganneraie*, cartes de Cassini et de l'état-major.

Ganeraie (la), f., cne de Druyes. — *Gannerie*, 1669. — *Ganneraye*, carte de Cassini. — François de la Forge est qualifié de sieur de la Gannerie dans un acte de 1669. — (Registres d'état-civil de Cormery.)

Ganerelle (le lieu de la), cne de Nouâtre, près de la Vienne.

Ganerie (la), f., cne de Braye-sur-Maulne. — *Ganerie*, carte de Cassini. — En 1668, Urbain du Vivier était qualifié de sieur de la Ganerie. — (Registres d'état-civil de Channay.)

Ganerie (le lieu de la), ou le **Temple**, dans le bourg de Château-la-Vallière. — (Arch. d'I.-et-L., E, 334.)

Ganeries (le lieu des), près de la Vallée-Pécard, cne de Vallères.

Ganetrie (le lieu de la), paroisse de Chanceaux-sur-Choisille. Il relevait de la seigneurie de Chanceaux à franc devoir noble, suivant un aveu rendu, le 15 septembre 1756, par Philippe Taboureau, veuve de Gabriel Taschereau de Baudry. Il appartenait, en 1757, à Nicolas-Charles de Malon de Bercy. — (Arch. d'I.-et-L., *Chambrerie de Saint-Julien*. — *Inventaire des titres de Châtenay*.)

Gangé (le), f., cne de Couziers.

Gangilon (le lieu de), paroisse de Saint-Laurent-en-Gatines. — Il relevait du fief de Saint-Laurent et appartenait, en 1680, à François Fourneau, Éc. — (Arch. d'I.-et-L., E, 120.)

Gangnerie (la), cne de Neuillé-Pont-Pierre. V. *Marcilly*.

Gangnerie (la), cne de Semblançay. V. *Gagnerie*.

Ganier (le), cne de Château-la-Vallière. V. *Gasnier*.

Ganier (le), f., cne de Saint-Laurent-de-Lin. — *Le Gagné*, carte de Cassini.

Ganière (le lieu de la), près de Jaulrou, cne d'Avon.

Ganne (moulin de), sur le Négron, cne de la Roche-Clermault.

Ganneraie (la), f., cne de Chezelles. — *Gueneraie*, 1483. — *Gasneraye*, xviiie siècle. — Ancien fief. — Au xviiie siècle, il appartenait à la famille de Rosel. — (*Rôle des fiefs de Touraine*. — D. Housseau, XIII, 8279.)

Ganneraie (la), ham., cne de Joué, 14 habit. — Ancien fief, relevant de Montbazon. En 1495, il appartenait à Nicolas Joubert; — en 1560, à Renée Hubert, veuve Vaugrignon; — en 1583, à François Regnart; — en 1682, à Madeleine Dubois. — (*Rôle des fiefs de Touraine*. — D. Housseau, XI, 4700; XII, 6972.)

Gannerais (la), f., cne de la Celle-Saint-Avent. — Ancien fief, relevant du château de Nouâtre, à un chapeau de roses de service annuel. En 1407, il appartenait à Jean Gannes; — en 1448, à Charles Gannes, valet; — en 1534-40, à René Gannes, Éc. — (D. Housseau, XII, 7145; XIII, 8242, 8263, 8265.)

Gannerie (la), f., cne de Marray. — *Gannerie*, carte de l'état-major.

Gannerie (la), cne de Monnaie. V. *Gasnerie*.

Gannerie (la), f., cne de Mouzay.

Gannerie (la), f., cne de Nouans. — *Gannerie* carte de Cassini.

Ganneries (le lieu des), près de la Brossardière, cne de Charnizay.

Gannes. V. *Crassay*.

Ganoches, cne de Fondettes. V. *Cherières*.

Ganoire (la), f., cne de Chanceaux-sur-Choisille.

Ganolière (la), f., cne du Louroux. — *Ganoillère*, carte de Cassini.

Gans (Aimery de), bailli de Touraine, succéda à Geoffroy Bruère en 1252, et non pas en 1254, comme le dit Chalmel. Au mois de mai 1252, il rendit un jugement relatif à des dommages que Barthélemy de l'Ile-Bouchard avait causés dans la prévôté de Saint-Épain. On le voit figurer dans un autre acte de 1255. Il fut remplacé, en 1256, par Raoul de Magny. — (D. Housseau, VII, 3015. — Brussel, *Nouvel examen de l'usage des fiefs en France*, I, 489. — Chalmel, *Hist. de Tour.*, III, 400. — Beauchet-Filleau, *Diction. des familles de l'ancien Poitou*, I, 237.)

Gantellerie (la), ou **Gautellerie**, f., cne de Continvoir. — *Gantellerie*, carte de l'état-major.

Gantellerie (la), f., cne de Saunay. — *Gantellerie*, carte de l'état-major.

Gantiers (les), f., cne du Bridoré.

Gaona, nom donné à un fief situé près de Relay, dans la paroisse de Pont-de-Ruan, et qui fut vendu, vers 1110, par Aubert Piro, à l'abbaye de Fontevrault. — (*Cartulaire de Fontevrault*.)

Gapiaux, ou **Gapeaux** (les), f., cne de Marigny. — *Gapiaux*, carte de Cassini.

Gapiaux (les), f., cne de Pussigny. — *Gapiaux*, cartes de Cassini et de l'état-major.

Gapière (la), cne de Cerelles. V. *Gaspière*.

Gapière (la), f., cne de Courcoué.

Gapière (la), f., cne de Louestault. — *Gapière*, carte de l'état-major. — *Gaspière*, carte de Cassini.

Gapière (la), f., cne de Nouzilly. — *Gapière*, carte de l'état-major. — *Gaspière*, carte de Cassini.

Gapillère (le lieu de la), paroisse de Ligueil. — Il relevait de la baronnie de Ligueil, suivant un acte du 10 septembre 1502. — (Arch. d'I.-et-L., G, 404.)

Gapillière (la), ham., cne de Pussigny, 11 habit. — *Gapillière*, cartes de Cassini et de l'état-major.

Gappière (la), ou **Gaptière**, f., cne de Courcoué. — Ancien fief. En 1698, il appartenait à la famille Lebrun. — (Beauchet-Filleau, *Diction. des familles de l'ancien Poitou*, I.)

Garancerie (la), ou **Garancière**, f., cne de Neuvy-Roi. — Elle dépendait de la chapelle du château du Bois, dont le curé de Neuvy était desservant en 1789. Elle fut vendue nationalement en 1791. — (Arch. d'I.-et-L., *Biens nationaux*.)

Garaud (île), dans la Loire, cne de Saint-Patrice.

Garaude (le lieu de), cne d'Ambillou. — Ancien fief. Il est cité dans un titre de 1662. — (Arch. d'I.-et-L., *cure d'Ambillou*.)

Garaude (le ruisseau de). — Il prend sa source dans la commune d'Ambillou et se jette dans la Brenne, près du Grand-Cimetière, cne de Pernay.

Garauderie (les Haute et Basse-), f., cne de la Chapelle-Blanche. — *Garauderie*, carte de l'état-major. — En 1705, René Bonneau était qualifié de sieur de la Garauderie. — (Arch. d'I.-et-L., E, 71, 223.)

Garaude-Thilouze, vil., cne de Pernay, 25 habit. — Ancien fief. — (*Rôle des fiefs de Touraine*.)

Garaudières (le lieu des), près des Basses-Benardières, cne de Rilly.

Garauds (les), ou **Garrauds**, f., cne de Bréhémont.

Garbouillère (la), f., cne d'Yzeures.

Garçois (le), cne de Charentilly. V. *Garsois*.

Gard (le lieu du), près de la Cressaudière, cne de Vouvray.

Garde (la), f., cne d'Abilly. — Ancienne propriété de l'abbaye de Fontevrault. — (Arch. d'I.-et-L., *Biens nationaux*.)

Garde (la), f., cne d'Anché. — *La Garde, ou le Pont*, 1538. — *Pont-de-la-Garde*, XVIIe siècle. — *La Garde*, cartes de Cassini et de l'état-major. — Ancien fief. En 1538, il appartenait à Gabriel Mirault, docteur en médecine; — en 1635, à noble homme René Philbert; — en 1684, à Pierre Martineau; — en 1747, à Michel-Étienne Turgot, marquis de Sousmons, conseiller d'État, marié à Madeleine-Françoise Martineau, et qui mourut avant 1764. — (Arch. d'I.-et-L., E, 219, 220; *titres de Saint-Étienne de Chinon*. — *Rôle des fiefs de Touraine*.)

Garde (la), ou les **Gardes**, f., cne de Ligueil. — *La Garde*, carte de Cassini. — En 1565, elle appartenait à Antoine Pierres, chev. En 1793, elle fut vendue nationalement sur François Drouet-Chalus, ancien curé de Perrusson, déporté. — (Arch. d'I.-et-L., *Biens nationaux*. — Saint-Allais, *Nobiliaire de France*, I. — Lainé, *Archives de la noblesse de France*, VI.)

Garde (la), f., cne de Marcilly-sur-Vienne. — *La Garde*, carte de l'état-major. — Ancien fief. En 1483, il appartenait à Hector André, Éc.; — en 1607, à René de la Jaille; — en 1628, à Jean d'Armagnac, chev., seigneur de la Motte-de-Nouâtre, de Marcilly, d'Isoré, etc., conseiller d'État, maître d'hôtel ordinaire du roi, capitaine des chasses et maître des eaux et forêts au ressort de Chinon, gouverneur de Loudun, marié, en premières noces, en 1592, à Anne Hamelin, dont il n'eut pas d'enfants; en secondes noces, en 1628, à Louise d'Aviau, fille de Louis d'Aviau, chev., seigneur de Piolant, et de Jeanne de Martel. De ce mariage sont issus : Jean, qui suit, et Charles.

Jean d'Armagnac, chev., seigneur de la Garde et de Piolant, rendit hommage au château de Châtellerault, le 4 février 1682. La Garde passa ensuite aux mains de son frère Charles, chev., seigneur d'Isoré, de Pouligny et de Signé, sous-lieutenant aux gardes, marié à Marguerite Letellier.

Jean-Joseph-Louis-Bernard d'Armagnac, chev., seigneur de la Garde, de Salvert et d'Isoré, lieutenant des maréchaux de France, mourut le 25 avril 1722 et fut inhumé dans l'église des Jacobins de Poitiers. Sa femme, Marie-Thérèse Hue de Miromesnil, était décédée le 25 juillet 1718.

Mathieu-Pierre d'Armagnac, chev., seigneur de la Garde et de la Motte-Pressigny, fils du précédent, mourut en 1753. Ses héritiers, Jean-René Rabault des Rollands et Charlotte-Thérèse-Françoise de Ruzé, vendirent la Garde, vers 1764, à Anne Perrine de Gréaulme, veuve d'Armand-Philippe Gazeau de la Bouère. — (Arch. d'I.-et-L., E, 98, 223. — *Rôle des fiefs de Touraine.* — D. Houssaau, XII, 7135; XIII, 8247. — Beauchet-Filleau, *Diction. des familles de l'ancien Poitou,* I.)

Garde (la), f., c^{ne} d'Orbigny. — *La Garde,* carte de Cassini.

Garde (la), f., c^{ne} de Ports. — *La Grande-Garde,* 1782. — Ancien fief, relevant du château de Nouâtre. — Il a été possédé, au XVIIe siècle, par la famille d'Armagnac, qui déjà était propriétaire d'un fief du même nom, paroisse de Marcilly-sur-Vienne. — (Bibl. de Tours, fonds Salmon, *titres de Nouâtre.* — *Rôle des fiefs de Touraine.* — D. Houssaau, XIII.)

Garderie (la), f., c^{ne} de Louestault. — *Garderie,* carte de l'état-major.

Garderies (closerie des), ou des **Creneaux,** paroisse de Saint-Symphorien. — Elle relevait de l'abbaye de Marmoutier et appartenait, en 1696, à Albert du Breil. — (Arch. d'I.-et-L., G, 147; *cure de Saint-Symphorien.*)

Gardes (les), c^{ne} de Ligueil. V. *la Garde.*

Gardes (les), c^{ne} de Limeray. V. *Ile-Barbe.*

Gardes (les), c^{ne} d'Orbigny. V. *la Garde.*

Gardes (le lieu des), près de Saint-Martin, c^{ne} de Saint-Épain.

Gardes (le fief des), situé dans la paroisse de Saint-Ours, de Loches. — Il relevait du roi, à cause du château de Loches. En 1483, il appartenait à Lidoire Berruyer, Éc.; — en 1541, à Claude Berruyer; — en 1644, à Louis Berruyer; — en 1676, à François Forcadel; — en 1677, à Charles Isoré, marquis d'Hervault; — en 1681, à Nicolas Clavetière; — en 1688, à Pierre Fabre, prévôt de la maréchaussée de Loches; — en 1732, à Charles-Paul-Jacques-Joseph de Bridieu; — en 1780, à Charles-Marie-Marthe de Bridieu; — (Arch. d'I.-et-L., C, 555, 587, 603; E, 140. — *Rôle des fiefs de Touraine.* — Bibl. nationale, Gaignères, 678. — Bibl. de Tours, fonds Salmon, *titres de Loches.*)

Gardette (René), seigneur de Varennes, conseiller au présidial de Tours, fut nommé maire de cette ville en 1559 et prêta serment le 2 novembre. Il eut pour successeur, en 1561, Claude Dupleix, seigneur de Lormaye. — (Chalmel, *Hist. des maires de Tours* (manuscrit), p. 118. — Lambron de Lignim, *Armorial des maires de Tours.*)

Gardien (Jean-François-Marie), avocat, né à Châteaurenault en 1751, fut nommé procureur-syndic de cette commune en 1791, puis député à la Convention nationale en 1792. Après avoir siégé pendant quelque temps sur les bancs de la Montagne, il s'attacha au parti des Girondins. Lors du jugement de Louis XVI, il rejeta l'appel au peuple; mais il se prononça contre la peine de mort, et répondit affirmativement sur la question : *Sera-t-il sursis à l'exécution de Louis Capet ?* Voici comment il motiva son vote sur la troisième question.

« Si, sur la troisième question, *Quelle peine* « *Louis, ci-devant roi des Français a-t-il en-* « *courue ?* je votais pour la mort de Louis, et que « mon avis fut adopté par la majorité, le juge- « ment de la Convention serait irréparable et dé- « finitif. Le peuple n'exercerait sa souveraineté « que par théorie, et je veux qu'il la mette « en pratique. *Je ne crains ni les factions ni* « *les brigands, et leurs mesures ne m'en impo-* « *seront jamais.* Je me crois libre, parce que je « n'ai pas peur. Voici donc mon opinion : Louis « doit être détenu jusqu'à la paix, et ensuite « banni du territoire de la République. »

Les menaces dont Gardien voulait parler dans cette explication de son vote, provenaient des députés Jacobins qui n'épargnaient aucun moyen d'intimidation pour entraîner leurs collègues aux mesures extrêmes et les déterminer à voter la peine de mort contre le roi.

Nommé membre de la *Commission des douze,* présidée par Rabaut-Saint-Étienne, il insista fortement pour qu'on traduisît au tribunal révolutionnaire, les principaux factieux qui se réunissaient à l'Évêché, et principalement Hébert et Chaumette. Mais lui et ses amis politiques devaient succomber eux-mêmes sous les efforts des Montagnards. Dans les journées des 31 mai et 2 juin 1793, le parti de la Gironde fut renversé, et vingt et un députés, parmi lesquels était Gardien, furent jetés en prison. Madame Gardien demanda à la Convention et obtint d'être enfermée, ainsi que ses quatre enfants, avec son mari. Après plusieurs mois de captivité, les vaincus du 31 mai comparurent devant le tribunal révolutionnaire, comme accusés de conspiration contre la République, et contre la liberté et la sûreté du peuple français.

Condamné à mort, avec vingt autres Girondins, Gardien périt sur l'échafaud le 31 octobre 1793. Il était âgé de quarante-deux ans.

En l'an IV, il fut question, au Conseil des Cinq-Cents, d'accorder une pension de deux mille livres à la veuve de Gardien, mort victime, disait le projet de loi, présenté par Bailleul, de son dévouement à la patrie; mais il ne fut pas donné suite à ce projet. — (*Petite biographie conventionnelle*, Paris, A. Eymery, 1815, in-12. — *Biographie des contemporains*, par Arnault, Jay et Jouy, p. 450-51. — *Moniteur universel*, janvier 1792.)

Gardière (la), f., c^{ne} de Louestault.

Gardière (la), vil., c^{ne} de Saint-Nicolas-de-Bourgueil, 100 habitants.

Gardières (les), ou la **Gardière**, f., c^{ne} de Paulmy. — *Basses-Gardières*, 1757. — *Les Gardières*, carte de Cassini. — Ancien fief, relevant de la baronnie de la Haye. Il faisait partie, autrefois, de la paroisse de Neuilly-le-Brignon, dont il fut détaché, pour être compris dans le territoire de la paroisse de Paulmy, érigée, par lettres patentes du 2 mars 1757, enregistrées à la chambre des comptes le 8 mars 1759. Jean de Voyer rendit aveu pour ce domaine, le 25 août 1539. — (Arch. d'I.-et-L., E, 4 ; G, 78.)

Gardoir (le lieu du), près de Ligueil.

Gardois (le lieu du), près de Champ-Derouet, c^{ne} de Cussay.

Gards (les), c^{ne} de Luzillé. V. *Gars*.

Gare (la), ham., c^{ne} de Chisseaux, 16 habitants.

Gare (la), ham., c^{ne} de Limeray, 15 habitants.

Gare (la), station du chemin de fer, commune de Mettray.

Gare (la), station du chemin de fer, c^{ne} de Notre-Dame-d'Oë.

Gare (la), station du chemin de fer, c^{ne} de Noyant.

Gare (la), station du chemin de fer et ham., c^{ne} de Saint-Antoine-du-Rocher, 24 habitants.

Gareau (le lieu de), près des Bregeons, c^{ne} de Betz.

Gareau, f., c^{ne} de Fondettes. — *Garo*, XVIIe siècle. — *Gareau*, carte de Cassini. — Ancien fief, appartenant à l'abbaye de Marmoutier. Il fut vendu nationalement, en 1791. — (Arch. d'I.-et-L., *titres de Marmoutier*. — *Rôle des fiefs de Touraine*.)

Gareau (le lieu de), près de Cussé, c^{ne} de Notre-Dame-d'Oë.

Gareillères (le lieu des), près des Caves-du-Vau-Renou, c^{ne} de Saint-Nicolas-de-Bourgueil.

Garellerie (la), f., c^{ne} de Pernay. — *Garlerie*, *Galerie*, dans les anciens titres. — Ancienne dépendance de la terre de la Herissaudière et du Harrouard. — (Note communiquée par M. Gatian de Clérambault.)

Garellière (la), f., c^{ne} de Razines. — *Garlière*, cartes de Cassini et de l'état-major.

Garence (René de), seigneur du Pavillon, fut nommé maire de Tours, en 1582, en remplacement de Jean du Faultray. Il eut pour successeur, en 1583, Pierre Cochu, seigneur de Trizay. — (Chalmel, *Hist. des maires de Tours* (manuscrit), p. 122. — Lambron de Lignim, *Armorial des maires de Tours*.)

Garenne (la), f., c^{ne} d'Antogny.

Garenne (la), f., c^{ne} d'Azay-sur-Indre. — *La Garenne*, alias *le Petit Bergeresse*, 1700. — *Garenne*, cartes de Cassini et de l'état-major. — Ancien fief, relevant de Reignac, à un roussin de service et quinze jours de garde. En 1664, il appartenait à Jacques-Edmond Theret ; — en 1727, à Jean-Isaac du Chêne, Éc. ; — en 1789, à Pierre Périllault de Chambeaudrie. — (Arch. d'I.-et-L., E, 131. — Bétancourt, *Noms féodaux*, II, 911. — Dufour, *Diction. de l'arrondissement de Loches*, I, 4. — D. Housseau, XIV.)

Garenne (la), f., c^{ne} de Balesmes.

Garenne (la), f., c^{ne} de Bléré.

Garenne (la), f., c^{ne} de la Celle-Guenand, près du bourg.

Garenne (la), f. et chât., c^{ne} de Chambon.

Garenne (la), f., c^{ne} de Channay. — Ancien fief. — (*Rôle des fiefs de Touraine*.)

Garenne (la), f., c^{ne} de Courcelles. — *Les Garennes*, carte de Cassini.

Garenne (la), f., c^{ne} de Crouzilles.

Garenne (le lieu de la), c^{ne} de Ferrières-sur-Beaulieu. — Ancienne propriété des seigneurs des Fourneaux, pour laquelle cinq sols de rente étaient dus au roi. On y remarque une grotte qui était autrefois ornée de peintures à fresque et servait de retraite à des ermites. Par la suite, on construisit, près de la grotte, une petite maison qui fut habitée par des religieux. Cette maison est depuis longtemps en ruines. — (*Mém. de la Soc. archéol. de Touraine*, I, 42.)

Garenne (la), f., cne de Huismes.

Garenne (bois de la), cne de la Ferrière. — Il fait partie de la forêt de la Ferrière.

Garenne (la), f., cne de Louans.

Garenne (le lieu de la), cne de Preuilly, près de la ville. — Ancienne dépendance du château de Preuilly.

Garenne (le lieu de la), cne de Saint-Cyr-sur-Loire. — *Aitre de la Garenne*, xve siècle. — Ancienne propriété de la collégiale de Saint-Martin, à laquelle elle fut léguée vers 1460, par Jean Confolant, prêtre. Elle est citée dans des baux des 7 décembre 1474, 25 janvier 1493 et 9 février 1565. — (Arch. d'I.-et-L., G, 393.)

Garenne (la), f., cne de Saint-Paterne.

Garenne (le lieu de la), cne de Verneuil-sur-Indre. — Il est cité dans un titre de 1739. — (Arch. d'I.-et-L., E, 108.)

Garenne (la), f., cne de Villeloin. — *Métairie des Gautiers*, 1677. — (Arch. d'I.-et-L., titres de Villeloin.)

Garenne-de-l'Entonnoir (le lieu de la), près de Bois-Guenand, cne de Charnizay.

Garenne-de-Mauny (le bois de la), paroisse de Marray. — Ancienne propriété de l'église de Tours. — (Arch. d'I.-et-L., G, 63.)

Garenne-de-Naigrefin (le lieu de la), près de la Cave, cne de Theneuil.

Garenne-et-Morennerie (le lieu de la), paroisse de Saint-Roch, près du bourg. — Il relevait du fief de la Chapelle-Saint-Remi. — (Arch. d'I.-et-L., *Fief de Saint-Roch.*)

Garenne-Gaudrue (le lieu de la), près de la Paquoraye, cne de Chezelles.

Garennerie (la), f., cne de Champigny-sur-Veude, près du Mable.

Garennes (le lieu des), près des Cornus, cne de Razines.

Gareuil, f., cne de Parçay-sur-Vienne.

Gargaudière (la), f., cne d'Athée.

Gargeau (étang), cne de Ciran-la-Latte. — Cet étang, qui était desséché en 1791, avait été ainsi nommé, par Jean Gargeau, chanoine de Saint-Martin de Tours, qui en était propriétaire, en 1347. Au centre, on remarquait, en 1762, une île mouvante, qui se haussait ou s'abaissait suivant les variations du niveau des eaux. Elle avait de douze à quinze pieds de diamètre. En 1793, cet étang appartenait à Gilbert des Voisins, baron du Grand-Pressigny, émigré, sur lequel il fut vendu nationalement. — (Arch. d'I.-et-L., *titres de Saint-Martin et Biens nationaux. — Almanach de Touraine*, 1762.)

Gargeay, ou **Garget**, f., cne d'Ambillou.

Garget, f., cne de Pernay. — *Garget*, carte de l'état-major. — *Gargi*, carte de Cassini. — Ancien fief. En 1700, on y voyait une chapelle, dite de Garget ou de Saint-Julien, qui avait été dotée d'une rente de cent livres, en 1675, par Étienne Moriet, maître d'hôtel du roi. — (Arch. d'I.-et-L., *titres de Saint-Julien.*)

Gargilère (la), f., cne d'Yzeures. — Elle fut vendue nationalement, en 1793, sur Charles d'Aloigny de Rochefort. — (Arch. d'I.-et-L., *Biens nationaux.*)

Gargouille (le lieu de la), cne de Civray-sur-Cher, près du chemin des Fougères à Thoré.

Gargouille (le lieu de la), cne de Neuillé-le-Lierre, près du ruisseau de Madelon.

Gargouillère (le lieu de la), près de Crémille, cne de Mazières.

Garguesalle (Jean de), chev., seigneur de Coulaines et de Pocé, grand-écuyer de France, fut nommé capitaine-gouverneur du château de Chinon, en 1461. Il eut pour successeur, en 1463, Charles de Gaucourt, maréchal de France; mais en 1467, cette charge lui fut de nouveau donnée. Il la conserva jusqu'en 1470. A cette époque, elle passa à Tanneguy du Châtel, vicomte de la Bellière, grand-écuyer de France. — (P. Anselme, *Hist. généal. de la maison de France*, VIII, 490. — Bibl. de Tours, fonds Salmon, *titres de Chinon.*)

Garlande (Robert de), anglais, seigneur de Tourneham, accompagna le roi Richard en Palestine et se trouva à la prise de l'île de Chypre dont il fut nommé vice-roi en 1191. De retour en France, l'année suivante, il remplit les fonctions de sénéchal de Touraine, en remplacement de Payen de Rochefort. En 1197, il promulgua la charte d'un échange fait entre les religieux de Marmoutier et le roi d'Angleterre. Il eut pour successeur, en 1199, Aimery de Thouars. — (P. Anselme, *Hist. généal. de la maison de France*, VI, 34. — Chalmel, *Hist. de Tour.*, III, 332. — D. Housseau, V, 2016.)

Garlière (la), f., cne de Ligré.

Garlière (la), cne de Razines. V. *Garellière.*

Garmonnière (la), f., cne de Mosnes. — *Garmonnière*, carte de Cassini.

Garmouzière (la), vil., cne de Chemillé-sur-Indrois. — *Garmouzière*, carte de Cassini. — Les religieux du Liget possédaient, dans ce village, une métairie qui fut vendue nationalement, en 1791, pour 16,000 livres. (Arch. d'I.-et-L., *titres du Liget; Biens nationaux.*)

Garnache (la), cne de Beaumont-Village. V. *Grenache.*

Garnaichère (le fief de la), paroisse de Gizeux. — Il relevait de la seigneurie de Gizeux à foi et hommage lige et quinze jours de garde. Son étendue était de deux cents arpents environ. Au xvᵉ siècle, il appartenait à Guillaume et Louis de Mareil. Il passa ensuite à Jean de Guinefolle, marié à Cécile de Hodon, veuve de Marc Lecomte, seigneur des Coudrais. Par acte du 23 octobre 1713, N. de Lospinay, seigneur de Courléon et de Chapaux, le vendit à Claude-Jean de Ver. Aujourd'hui, il ne reste aucune trace de l'ancien logis seigneurial. — (J. Guérin, *Notice historique sur Gizeux*, 70.)

Garnauderie (le lieu de la), paroisse de Luzé. — Il relevait de la seigneurie de Franc-Palais, suivant un aveu rendu, le 5 août 1672, par Louis de Bernabé. — (Arch. d'I.-et-L., E, 156.)

Garnauderie, ou **Garnaudière** (le lieu de la), paroisse de Nouzilly. — *Guarnoderia, in parochia de Nosilleyo*, 1469. — Ancienne propriété de l'abbaye de Saint-Julien. — (*Martyrol. S. Juliani.*)

Garnauderie (la), vil., cᵑᵉ de Panzoult, 15 habit. — *Garnauderie*, cartes de Cassini et de l'état-major. — Ancien fief. En 1691, il appartenait à René Torterue. — (Archives de la famille Torterue de Sazilly.)

Garnauderie (la), f., cᵑᵉ de Sainte-Maure. — *Garnauderie*, cartes de Cassini et de l'état-major.

Garnaudière (la), cᵑᵉ de Nouzilly. V. *Garnauderie*.

Garnier (le moulin), cᵑᵉ de Vernou, sur la Brenne.

Garnier, prieur de Notre-Dame-de-Rameru et de Saint-Thomas d'Épernon, fut élu abbé de Marmoutier en 1137, en remplacement de Eudes. Il mourut en 1155, et eut sa sépulture dans le Chapitre. Son successeur fut Robert Megueri. — (D. Martène, *Hist. de Marmoutier*, II, 90, 115. *Gallia christiana*, XIV. — *Mém. de la Soc. archéol. de Tour.*, IX, 256. — D. Housseau, V, 1729, 1732, 1736.)

Garnier, abbé de Saint-Julien de Tours, fut élu, en 1157, en remplacement d'Aimery, décédé. Il eut pour successeur, vers 1161, Pierre, premier du nom. — (Bibl. de Tours, fonds Salmon, *titres de Saint-Julien*. — *Gallia christiana*, XIV. — *Mém. de la Soc. archéol. de Tour.*, IX, 343.)

Garochère (la), f., cᵑᵉ de Nouzilly. — *Garochère*, carte de Cassini.

Garonnerie (la), f., cᵑᵉ de Villedômer.

Garosse (la), f., cᵑᵉ de Saint-Symphorien.

Garot (le lieu de), cᵑᵉ de Parçay-Meslay, près du chemin de Parçay à Monnaie.

Garot (moulin de), cᵑᵉ de Saint-Cyr-sur-Loire. — Ancienne propriété de l'abbaye de Marmoutier. Elle fut vendue, le 6 thermidor an IV, et adjugée à la veuve Chalmel. — (Arch. d'I.-et-L., *Biens nationaux.*)

Garrauds (les), f., cᵑᵉ de Bréhémont. V. *Garauds*.

Garreau (île). V. *Simon (île)*.

Garria. V. *la Jarrie*, cᵑᵉ d'Athée.

Garrois (le lieu des), près des Bonneaux, cᵑᵉ de Chaumussay.

Garrot (moulin de), cᵑᵉ de Rochecorbon. V. *Gravot*.

Gars (les Grands et Petits-), vil., cᵑᵉ de Luzillé, 54 habit. — *La Huchonnière, alias les Gats*, 1460, 1477. — *Huchelonnière*, 1480. — *La Huchonnière, alias l'Abbaye, ou les Gars*, 1680, 1722, 1746. — *Les Gats, Gasts, ou les Gars*, fin du xviiiᵉ siècle. — Ancien fief, relevant du château d'Amboise, à foi et hommage lige. En 1460, il appartenait à Bertrand du Pont, Éc.; — en 1477, à James Bosoël; — en 1515, à Thomas Bohier; — en 1516, à Jacques Bérard; — en 1523, à Philippe Gaudoin; — en 1537, à Jacques Bernonville, sommelier de la reine; — en 1560, à N. de Lindehœuf, Éc.; — en 1577, à Nicolas de Bonnette; — en 1578, à François du Teil; — en 1670-72, à Jacques de la Croix; — en 1680-1722, à François Dubois de Villiers. Il rendit hommage pour ce fief en 1722; — en 1741, à Gilles-César de Trémaux; — en 1746, à Jeanne-Angélique Guionneau, veuve du précédent, qui rendit hommage le 25 février; — en 1747-82, à Jacques Lhomme de la Pinsonnière. — (Arch. d'I.-et-L., C, 556, 559, 603, 633, 634, 651; E, 26, 39; G, 570. — *Rôle des fiefs de Touraine*. — Bibl. nationale, Gaignères, 678. — Saint-Allais, *Nobiliaire de France*, VII. — C. Chevalier, *Diane de Poitiers au Conseil du roi*, IX.)

Gars (étang des), cᵑᵉ de Luzillé.

Garsois (le), vil., cᵑᵉ de Charentilly, 18 habit. — *Gate-soie*, xviiiᵉ et xixᵉ siècles. — *Garsoir*, carte de Cassini. — Ancien fief. En 1422, il appartenait à la collégiale de Saint-Martin; — en 1604, à Thomas Bonneau, seigneur de la Goguerie, maire de Tours; — en 1704, à Urbain Coudreau, échevin de Tours, administrateur de l'Hôtel-Dieu de cette ville. En 1793, il fut vendu nationalement sur Marie-Louise-Adélaïde-Jacquette de Robien, veuve de N. de Riquetti de Mirabeau, émigré. — (Arch. d'I.-et-L., G, 16; *titres de Charentilly; Biens nationaux*. — Bibl. de Tours, manuscrits nᵒˢ 1420 et 1496. — Chalmel, *Hist. des maires de Tours*, 129.)

Gartempe (la), rivière. — *Guratemple, fluvius*, 1177 (charte de l'abbaye de la Merci-Dieu. — *Gartinple*, 1235. — *Gartemple*, 1260 (charte d'Eschivard, seigneur de Preuilly et de la Rochepozay). — Elle prend sa source dans le département de la Creuse, passe dans la Haute-

Vienne et dans la Vienne, et forme la limite, dans une étendue de cinq à six kilomètres, de ce dernier département et de l'Indre-et-Loire. Elle se jette dans la Creuse à un kilomètre environ au-dessus de la Rochepozay. Son parcours total est de cent soixante-dix kilomètres. — (Lalanne, *Hist. de Châtellerault*, I, 574, 576. — A. Du-Hist. *de la maison de Chasteigner* (preuves, 183). — A. Joanne, *Géographie d'Indre-et-Loire*, 28.)

Gas (le lieu des), c⁹ᵉ de Charnizay, près du chemin du Petit-Pressigny à Saint-Flovier.

Gascard (le lieu de), cⁿᵉ du Grand-Pressigny, près de la route du Grand-Pressigny à Preuilly.

Gaschetière (la), cⁿᵉ de Verneuil-le-Château. V. *Gachetière*.

Gascogne, f., cⁿᵉ de Marçay.

Gascogne (Pierre de), abbé de Marmoutier, succéda à Robert de Blois en 1176. Il mourut l'année suivante au prieuré de Tavant. Son corps, rapporté à Marmoutier, fut inhumé dans l'église abbatiale, devant l'autel du Crucifix. — (D. Martène, *Hist. de Marmoutier*, II, 140. — Bibl. de Tours, fonds Salmon, *titres de Marmoutier*. — *Mém. de la Soc. archéol. de Tour.*, IX, 256.)

Gascogneries (les), ham., cⁿᵉ de Continvoir, 16 habit. — *Gascogneries*, carte de l'état-major.

Gascongne, ou **Gascongnerie**, paroisse de Saint-Benoît. V. *Gouelerie*.

Gasconnerie (le lieu de la), cⁿᵉ de Saint-Pierre-des-Corps. — Il relevait des fiefs des Bains et de Saint-Loup. — (Arch. d'I.-et-L., G, 85.)

Gasnay, ou **Ganay** (île), dans la Loire, paroisse de Saint-Mars. — *Insula quæ vocatur île Laprosie*, 1251. — (Arch. d'I.-et-L., charte de Saint-Julien.)

Gasnay (Charles de), conseiller au présidial de Tours, fut nommé maire de cette ville, en 1639, en remplacement de Nicolas Leroux, seigneur de Rochefuret. Il eut pour successeur, en 1641, César Cottereau. — (Chalmel, *Hist. des maires de Tours*, 137. — Lambron de Lignim, *Armorial des maires de Tours*.)

Gasneraies (les), f., cⁿᵉ de Sorigny. — *Gagneraie*, carte de Cassini.

Gasneraye (la), cⁿᵉ d'Azay-le-Rideau. V. *Ganeraye*.

Gasneraye (la), cⁿᵉ de Chezelles. V. *Ganneraie*.

Gasnerie (la), f., cⁿᵉ de Monnaie. *Aître de la Gasnerie*, 1453. — *Gasnerie*, carte de l'état-major. — Il relevait du fief de la Grange-Saint-Jean. Par acte du 14 août 1453, Jacques Charrier, sieur de Bourdigal, l'acheta de Jean Lequen. En 1789, il appartenait à l'abbaye de Marmoutier. — (Arch. d'I.-et-L.), *fief de la Grange-Saint-Jean*.)

Gasnier, ou **Ganier**, f., cⁿᵉ de Château-la-Vallière. — *Gagné*, carte de Cassini. — Elle a fait partie de l'ancienne paroisse de Chouzé-le-Sec.

Gasnier, ou les **Gasniers**, f., cⁿᵉ de Sainte-Maure, près de la Manse-de-Marcilie. — *Gasnier*, carte de Cassini.

Gasnier (Jean), prêtre, né à Tours en 1639, a publié les ouvrages suivants : *Défense de la foy de l'église catholique contre les ministres de la Butte, à une lieue de Tours*, Tours, Flosseau, 1685, in-8°; — *Triomphe de Louis le Grand sur l'hérésie, par la justice et la sainteté de ses lois, contre les prétendus réformés, prouvées par saint Augustin*, Tours, Flosseau, 1687, in-8°. On ignore l'époque de sa mort. Il résidait dans la paroisse de Saint-Saturnin. — (*Almanach de Touraine*, 1777. — Chalmel, *Hist. de Tour.*, IV, 203-4. — D. Housseau, XXIII, 496.)

Gasnières (le lieu des), paroisse de Saint-Branchs. — Il relevait censivement du fief de Saint-Branchs, suivant une déclaration féodale du 18 mars 1688. — (Arch. d'I.-et-L., G, 68.)

Gasniers (les), f., cⁿᵉ de Druye. — *Gasniers*, carte de l'état-major.

Gasniers (les), f., cⁿᵉ de Monts.

Gasniers (les), cⁿᵉ de Sainte-Maure. *Gasnier*.

Gaspiau (le lieu de), paroisse de Cigogné. — Ancien fief. — (*Rôle des fiefs de Touraine*.)

Gaspière (la), f., cⁿᵉ de Cerelles. — *Gapière*, carte de l'état-major.

Gassellerie (la), f., cⁿᵉ de Saint-Antoine-du-Rocher.

Gasserie (la), f., cⁿᵉ d'Auzouer, près de la Brenne. — *Gasserie*, carte de Cassini. — Ancien fief, relevant de Brouard, à foi et hommage simple. En 1535, il appartenait à Jean le Blanc; — en 1569, à Jacques Adam, conseiller du roi, maître d'hôtel de la reine-mère; — en 1582, à Laurent le Blanc, Éc., seigneur de la Vallière; — en 1647, à Jean de la Baume le Blanc, Éc.; — 1652, à Isaac Touchelée, Éc., président au siège présidial de Tours; — en 1702, à Pierre Besnard, sieur de Repinsard. — (Arch. d'I.-et-L., E, 22. — Lhermite-Souliers, *Hist. de la noblesse de Touraine*, 70. — P. Anselme, *Hist. généal. de la maison de France*, V, 490. — Chalmel, *Hist. des maires de Tours*, 140. — Moréri, *Diction. historique*, II, 279.)

Gassion (Jean de), maréchal de France, né à Pau, le 23 août 1609, fils de Jacques de Gassion, président au Parlement de Béarn, et de Marie d'Esclaux, fut un des plus grands capitaines de son époque. Il servit sous les ordres du prince de Piémont, puis dans les troupes de Gustave, roi de Suède. Par lettres du 4 septembre 1640, le roi Louis XIII lui conféra la charge de lieutenant-général au gouvernement de Touraine, en remplacement de François de l'Aubépine. Le 17 novembre 1643, il fut nommé maréchal de France. L'année suivante, il donna sa démission de lieutenant-général de Touraine en faveur de Georges Isoré, seigneur de Plumartin et marquis d'Hervaut. Il mourut à Arras, le 2 octobre 1647, par suite des blessures qu'il avait reçues au siège de Lens. — (De Pure, *Vie de M. de Gassion*. — La Chesnaye-des-Bois et Badier, *Diction. de la noblesse*, II, 176. — P. Anselme, *Hist. généal. de la maison de France*, VII, 536. — *Extrait raisonné des registres du Parlement de Paris*, II, 496-97. — Chalmel, *Hist. de Tour.*, III, 388.)

Gast (le), ham., c^{ne} de Sonzay, 11 habit. — *Domus de Vasto*, 1270. — *Hôpital de Saint-Nicolas-du-Gast*, 1280. — *Le Gats*, carte de l'état-major. — Ancienne commanderie de l'ordre du Temple, puis de l'ordre de Saint-Jean de Jérusalem. Les biens qui en dépendaient étaient peu importants. Dès le XIVe siècle, ils étaient réunis à la commanderie de Ballan. Ils furent vendus nationalement, le 28 messidor an IV. La chapelle, dédiée à saint Nicolas, est mentionnée dans un un acte de 1508. Cette commanderie constituait un fief ayant droit de haute, moyenne et basse justice. — (Arch. de la Vienne, *prieuré d'Aquitaine*. — Arch. d'I.-et-L., *État des prieurés de Marmoutier*. — Bibl. de Tours, fonds Salmon, *titres de la commanderie de Ballan*.)

Gast d'Artigny (Michel de), abbé de Gastines, succéda à Michel de la Hillière vers 1650. En mars 1678, il donna sa démission en faveur de Achille-Louis-Thomas de Gast. — (Arch. d'I.-et-L., *titres de Gastines*. — *Gallia christiana*, XIV, 320. — *Mém. de la Soc. archéol. de Tour.*, IX, 232. — Bibl. de Tours, fonds Salmon, *titres de Gastines*.)

Gast (Achille-Louis-Thomas de), prieur de Montsoreau, nommé abbé de Gastines, le 8 avril 1678, eut pour successeur, en 1725, Bertrand-César Taschereau de Lignières. — (*Gallia christiana*, XIV, 320. — Arch. d'I.-et-L., *titres de Gastines*. — *Mém. de la Soc. archéol. de Tour.*, IX, 232. — Bibl. de Tours, fonds Salmon, *titres de Gastines*.)

Gastacier, c^{ne} de Truyes. V. *Gate-Acier*.

Gastanetus. V. *Chaligny*, c^{ne} de Fondettes.

Gastault, c^{ne} du Grand-Pressigny. V. *Gateau*.

Gasté (Léonard-Fulchran), docteur-médecin, né à Mettray, le 3 mars 1791, fit ses humanités à Tours et étudia la médecine à Paris. Il servit dans les armées en qualité de chirurgien-aide-major et se trouva à la bataille de Waterloo. Par la suite, il quitta la chirurgie pour la médecine et obtint, par voix de concours, la chaire de professeur à l'hôpital d'instruction de Metz. Vers 1844, il fut appelé aux fonctions de médecin en chef de l'armée d'Afrique. Il mourut dans cette contrée le 22 juillet 1846. On a de lui divers ouvrages, entre autres : un *Mémoire sur le calcul appliqué à la médecine*, et une *Esquisse sur les principaux changements qui surviennent dans le physique et le moral de la femme, depuis la naissance jusqu'à la décrépitude*. (Ce travail a été inséré dans les *Annales de l'Académie royale de Metz*); — des *Mélanges de médecine* et un *Abrégé de l'histoire de la médecine* (1835). Le docteur Gasté était membre titulaire de la Société des sciences de Strasbourg; membre correspondant de la Société médicale d'émulation de Paris; membre de l'Académie royale de médecine et des Sociétés de médecine d'Indre-et-Loire, de Marseille, de Niort, de Toulouse et de Lyon. — (*Journal d'Indre-et-Loire* du 12 septembre 1846. — *Annales de la Société d'agriculture d'Indre-et-Loire* (1847), p. 131. — Gazalas, *Éloge du docteur Gasté* (dans les *Mémoires de l'Académie de Metz*).

Gasteau, c^{ne} de Cravant. V. *Gateau*.

Gasteau, c^{ne} de Mouzay. V. *la Varenne*.

Gasteau, c^{ne} du Grand-Pressigny. V. *Gateau*.

Gaste-aux-Marteaux (la), c^{ne} de Villiers-au-Boin. V. *Gate*.

Gaste-aux-Truchons (la), f., c^{ne} de Villiers-au-Boin. — *La Gâte*, carte de l'état-major.

Gastée (la), c^{ne} de Billy. V. *Gatée*.

Gastelinière (la), ou **Gatelinière**, f., paroisse de Pozay-le-Vieil, en Poitou. — Ancien fief, relevant de la baronnie de Preuilly, à une lance ferrée, peinte aux armes du seigneur. En 1392, il appartenait à Hector de Marconnay, seigneur de Châteauneuf, un des neuf écuyers de Jean de Lezay, chev.; — en 1414-47, à Gilles de Marconnay, fils du précédent, seigneur de Chailly, Neuilly-le-Noble, Rochebourreau, marié à Jeanne Foureteau, dont il eut : 1° Gillette, qui épousa, le 15 juillet 1456, Colas de Karaleu, seigneur de Montenaut; 2° Françoise, mariée à Guillaume d'Oyron. Cette dernière eut la Gastelinière en dot. Gilles de Marconnay rendit hommage au baron de Preuilly, le 6 février 1447. En 1597, la Gastelinière était possédée par Françoise de Maillé, veuve de Bernard de la Carnaye. — (A. Duchesne, *Hist. de la maison des Chasteigner*, 63. — D. Housseau, XII, 5890. — Bibl. nationale, Gaignères, 678. — Beauchet-Filleau, *Diction. des familles de l'ancien Poitou*, II, 355.)

Gastelinière (la), fief, situé dans la ville de Preuilly. — Il relevait de la Gastelinière, en Poitou, et appartenait, en 1533, à René de Menou, chev., seigneur de Boussay. — (*Preuves de l'histoire de la maison de Menou.*)

Gastellerie (la), f., cⁿᵉ de Saint-Avertin.

Gastepierre (la métairie de), paroisse de Cerelles. — Ancienne propriété de la collégiale de Saint-Martin. — (Arch. d'I.-et-L., *prévôté d'Oë.*)

Gastière (la), ou **Gatière**, f., cⁿᵉ de Chambray. — *Gaignerie de la Gastière*, 1329. — *Gastière*, carte de l'état-major. — *Gatière*, carte de Cassini. — Ancien fief, relevant de Montbazon. Vendu nationalement, le 15 pluviôse an II, sur Jacques-François-Henri des Essards, chev., seigneur de Trizay, officier au régiment de Bourgogne, il fut adjugé à N. Lesuire. Une chapelle, qui a été démolie après la Révolution, dépendait du logis seigneurial. Elle est mentionnée comme étant une chapelle publique, dans le *Registre de visite du diocèse de Tours*, de 1787. On y célébrait la messe une fois par semaine. Elle avait vingt-deux pieds de longueur sur dix de largeur et était surmontée d'un clocher. — (Arch. d'I.-et-L., *titres de la prévôté de la Varenne; Biens nationaux*; G, 14. — L. de la Roque et E. de Barthélemy, *Catalogue des gentilshommes de Touraine*.)

Gastignonière (la), paroisse de Brizay. — Ancien fief, relevant de Faye-la-Vineuse, à foi et hommage simple. En 1554, il appartenait aux héritiers de Simon Dreux. — (Arch. d'I.-et-L., C, 600.)

Gastine (la). V. *Gatine*.

Gastineau, ou **Gatineau**, ham. et moulin, cⁿᵉ de Chemillé-sur-Dême, 16 habit. — *Gastinellus*, 1145-60. — *Gatineau*, carte de l'état-major. — Ancien prieuré-baronnie qui est qualifié de *première baronnie de la sénéchaussée de Baugé* dans un acte de 1678. Ce prieuré fut fondé vers 1135. Il dépendait de l'abbaye des Bénédictins de Vendôme. La chapelle prieurale, placée sous le vocable de saint Siméon-Stylite, existait encore en 1870. Son revenu, à la fin du XVIIIᵉ siècle, était de cinq cents livres. On y célébrait la messe une fois par mois et aux jours des Rogations. Il n'existe aujourd'hui aucune trace de l'ancien logis seigneurial. Guillaume-Bernard de Rezé était prieur-baron de Gastineau en 1666; — Charles Huet, clerc tonsuré, du diocèse de Paris, en 1678. Au XVIIIᵉ siècle, le Chapitre de Bueil possédait, dans la circonscription de cette baronnie, un fief appelé le Petit-Gastineau. — (*Pouillé du diocèse du Mans* (1648), p. 39. — Le Paige, *Diction. du diocèse du Mans*, I, 195. — Cauvin, *Géographie ancienne du diocèse du Mans*, 220. — Arch. d'I.-et-L., B, 9; *titres de Bueil; Biens nationaux*. — *Novus thes. anecd.*, 445.)

Gastineau (le Petit-), cⁿᵉ de Chemillé-sur-Dême. V. l'article précédent.

Gastineau (Péan), chanoine de Saint-Martin de Tours, appartenait à une famille noble de Touraine, qui possédait la terre de Chaumussay. Des chartes de 1225 et de 1240 font mention de deux de ses parents, Jean et Guillaume Gastineau, chevaliers. En 1227, il fonda un anniversaire dans l'église de Saint-Martin de Tours. Quelques écrivains croient que la *Grande chronique de Touraine* a été écrite par ce chanoine. On lui attribue également une *Vie de saint Martin*. — (*Chronique de Touraine*, XVIII, XIX. — *Mém. de la Soc. archéol. de Tour.*, XII, LXXII. — D. Housseau, XII, 6825, 6829.)

Gastineau (Jean), abbé de Villeloin, succéda à Hugues de Notz, vers 1339. Il fut remplacé, vers 1354, par Philippe Rigault de Luc. — (*Gallia christiana*, XIV. — *Mém. de la Soc. archéol. de Tour.*, IX, 360. — Bibl. de Tours, fonds Salmon, *titres de Villeloin*).

Gastinellerie (la), cⁿᵉ de Huismes. V. *Rivières (les Hautes-)*.

Gastines (la forêt de), cⁿᵉ des Hermites.

Gastines, ou **Gatine**, f., cⁿᵉ de Saint-Benoît. — *Gastine*, ou *la Fuye*, 1641. — *Gatine*, carte de l'état-major. — *Catinerie*, carte de Cassini. — Ancien fief. Vers 1510, il appartenait à Jean Fils-de-Femme. Celui-ci laissa une fille, Marie, qui épousa Antoine de Macé et eut en dot la terre de Gastines. Après avoir été possédé pendant longtemps par la famille de Macé, ce fief passa à la famille de Gain (XVIIIᵉ siècle). — (Arch. d'I.-et-L., *titres de Pommiers-Aigre*. — Saint-Allais, *Nobiliaire universel de France*, XV, 231. — A. de Maulde, *Essai sur l'Armorial du diocèse du Mans*, 219. — D'Hozier, *Armorial de France*, reg. 5ᵉ. — Borel d'Hauterive, *Annuaire de la pairie et de la noblesse* (1851), p. 215.)

Gastines, ou **Gatine**, f., cⁿᵉ de Saint-Jean-Saint-Germain. — Elle relevait du fief de Saint-Germain et appartenait, en 1770, à Charles-Paul-Jacques-Joseph de Bridieu. — (Arch. d'I.-et-L., E, 94.)

Gastines (la croix de), cⁿᵉ de Saint-Jean-Saint-Germain, près de Gastines et du chemin de Loches.

Gastines (le lieu de), paroisse de Saint-Symphorien. — Ancien fief, relevant du château de Tours. En 1682, il appartenait à la collégiale de Saint-Martin. — (Arch. d'I.-et-L., C, 656.)

Gastines (le fief de), situé dans la ville de Tours. — Il relevait du château de Tours et appartenait, au XVIIIᵉ siècle, à la collégiale de Saint-Martin. — (Arch. d'I.-et-L., C, 336. — *Rôle des fiefs de Touraine*.)

Gastines, vil., c⁰ᵉ de Villedômer, 22 habit. — Ancienne abbaye, de l'ordre de Saint-Augustin. — *Ecclesia de Gastineta, Beata Maria de Gastinis, abbatia de Gastinelis, seu de Gastinella*, xııᵉ et xıııᵉ siècles. — *Gâtines*, cartes de Cassini et de l'état-major. — Le lieu où fut bâti le monastère avait été habité, pendant assez longtemps, par des ermites qui, en 1137, prièrent Hugues, archevêque de Tours, d'ériger ce lieu en abbaye. Gastines se trouvant dans un fief appartenant au Chapitre de la cathédrale, l'archevêque ne pouvait, de sa propre autorité, accueillir favorablement cette requête. Les chanoines, qu'il consulta à ce sujet, donnèrent leur consentement, mais à condition que tous ceux d'entre eux qui voudraient aller passer quelques jours à l'abbaye seraient hébergés sans frais. De son côté, l'archevêque ne voulut donner son approbation qu'autant que les religieux adopteraient la règle de saint Augustin.

Ces conditions ayant été acceptées, le monastère fut fondé (1138).

A la fin du xııᵉ siècle, l'église et les bâtiments claustraux furent entièrement détruits par un incendie. Thibault de Champagne, comte de Blois et de Chartres, les fit reconstruire. Geoffroy de la Lande, archevêque de Tours, consacra la nouvelle église le 29 avril 1207. Mutilé par les protestants, en 1562, l'édifice fut réparé en 1564 et 1565. D'autres travaux de restauration eurent lieu en 1630, 1727 et 1767-68-69. En 1737, la maison conventuelle, tombant de vétusté, les religieux l'abandonnèrent pour en construire une autre sur un emplacement voisin de l'ancien bâtiment. Commencé le 3 février 1737, le cloître fut achevé le 1ᵉʳ novembre de l'année suivante.

L'abbaye fut unie à la Congrégation des chanoines réguliers le 30 décembre 1668.

En 1789, son revenu était évalué à 7,400 livres. Il n'y avait alors que cinq chanoines. Elle possédait les domaines suivants :

Les fiefs de la Guerie, de la Cloutière, de la Sangle et de Brosserie, paroisses d'Authon et de Monthodon;

Le fief du Gué-du-Roi, paroisse de Villebourg;

Les métairies de Beauvais et d'Aubigny et le moulin de la Blutière, paroisse d'Auzouer;

Le fief de la Travaillère, paroisse de Damemarie;

La métairie de la Liennerie, paroisse de Saint-Laurent-en-Gastines;

Le quart du moulin du Moulinet, à Châteaurenault;

La métairie de la Verderie, paroisse de Neuvy-Roi;

Les métairies de la Charbonnerie et de la Solâtrerie, *alias* Redonnière, paroisse de Chemillé;

Les métairies de la Guinaudrie, des Larderies et des Petits-Fougerets, le lieu des Frelauderies, paroisse du Boulay;

Le moulin de la Blanchère, les métairies des Bruères, des Houx, de la Vieillerie, de la Coutardrie, de la Morillonnière, de la Huberdière, de la Veronnerie, de l'Attre-des-Loges, le lieu des Viages et le Jardin-aux-Caves, paroisse de Villedômer;

Le fief de la Touche-à-la-Borde, paroisse de Chemillé;

Le fief de la Guillonnière et la Brosselerie, paroisse d'Épeigné;

Les dîmes du Pichon et du Poirier-Maloiseau, près d'Auzouer;

La métairie d'Herseux et le moulin de Moncellereux, dans le Blésois;

La dîme de la Guerrière (paroisse de Neuville), qui lui avait été vendue en 1226, par Michel Ronflan;

L'aître de Boessay, paroisse de Monnaie;

Quatre étangs et cinq cents arpents de bois.

On voit, par un aveu rendu, le 16 octobre 1683, par Achille-Louis-Thomas de Gast, abbé de Gastines, que le monastère avait à prendre, sur la recette de Montoire, une rente de sept livres dix sols, à la charge, pour les chanoines, de dire une messe et de réciter l'oraison *Deus veniat largitor*, pour le seigneur de cette châtellenie et de mettre ses armes aux principales vitres de l'abbaye.

En vertu du concordat du 23 mai 1668, les chanoines de Gastines avaient le droit de conférer les bénéfices suivants :

Le bénéfice simple de Saint-Jean-de-la-Bourdinière, paroisse de Poivillette, au diocèse de Chartres;

La chapelle de Saint-Laurent-de-Lauré, paroisse de Santenay, diocèse de Blois;

Le prieuré de l'Hermitage, paroisse de Saint-Nicolas, près de Blois (Ce prieuré fut fondé vers 1190, sous le vocable de sainte Marie-Madeleine, par Thibaud, comte de Blois);

La chapelle de la Prée, paroisse de Fontaine, diocèse d'Orléans;

La chapelle de Saint-Pierre-d'Aillon au diocèse de Rennes ;

La chapelle de Monsureau, paroisse de Vaast, diocèse du Mans.

ABBÉS DE GASTINES.

I. — Alain, 1138, décédé en 1173.

II. — Geoffroy, 1173, 1206.

III. — Guillaume, 1207, 1216. A cette dernière époque, Guillaume des Roches, sénéchal d'Anjou, donna à l'abbaye un moulin situé près de Châteaudun.

IV. — S...., 1220.

V. — Jean, 1225, 1242. En mars 1229, Agathe, femme de Ruhel de Galonges, donna à l'abbaye la métairie de la Varenne, située dans la paroisse de Noizay.

(Lacune d'un siècle).

VI. — Gervais, est cité dans une *charte de* 1342. Il vivait encore en 1364.

VII. — Guillaume, prieur de Montsoreau, nommé en mai 1365.
VIII. — Clément Ferrent, décédé en 1403.
IX. — Olivier, 1406.
X. — Étienne, 1415.
XI. — Regnault de Rorthais, 1418.
XII. — Jean Hubert, ou Imbert, 1419.
XIII. — Jean, figure dans une quittance du 18 février 1436 et dans une charte de 1441.
XIV. — Hardy Marvilleau, 1452.
XV. — Jean Hubert, déjà nommé, abbé pour la seconde fois, donna sa démission en avril 1462 et mourut dans le mois suivant.
XVI. — Olivier Ferrand, élu le 6 avril 1462, mourut le 15 juillet 1473.
XVII. — Pothon de Coué, abbé commendataire, 1474, mourut en 1490.
XVIII. — Alexandre Goury, 1501, mourut en 1535.
XIX. — Guillaume Goury, neveu du précédent, 1535-60.
XX. — Jean de Troyes, nommé en 1560, fut tué par les protestants, à Orléans, en 1562.
XXI — Louis Cartier, 1562.
XXII. — Philippe Collineau, 1603.
XXIII. — Claude de Bossut d'Escry, conseiller et aumônier du roi, abbé de Saint-Crépin de Soissons (1620), céda son abbaye, par échange, au suivant, en 1625.
XXIV. — André Courtin, chanoine de la Sainte-Chapelle de Paris et abbé de Saint-Crépin de Soissons, céda l'abbaye de Gastines au suivant, en 1632.
XXV. — Ambroise Courtin, neveu du précédent, 1632.
XXVI. — Séraphin de Mauroy, abbé du Landais, donna sa démission en faveur du suivant, en 1636.
XXVII. — Michel de la Hillière, 1649-50.
XXVIII. — Michel de Gast d'Artigny, conseiller et aumônier du duc d'Orléans, donna sa démission en mars 1678, en faveur du suivant.
XXIX. — Achille-Louis-Thomas de Gast, prieur de Montsoreau, nommé le 8 avril 1678.
XXX. — Bertrand-César Taschereau de Lignières, 1725-65.
XXXI. — Charles Noizet de Barat de Beine, 1765, chanoine de l'église de Saint-Quentin et chapelain ordinaire du roi, décédé à Versailles le 21 novembre 1772.
XXXII. — Pierre Pourteiron, conseiller du roi, chanoine de la Sainte-Chapelle de Paris, 1772-1790.

PRIEURS DE L'ABBAYE DE GASTINES.

Mathurin Jallière, 1612. — Louis Duplais, 1664. Jacques Lombart, 1692. — Pierre Le Brun, 1695. — Jacques Cadot, 1699. — René Bonnette, 1707. — Jacques de Launoy, 1720. — Pierre-Joseph Girardet, 1731. — Gaston-Jean-Baptiste Bouillette, 1735. — Nicolas Modaine, 1737. — Jacques Flament, 1748. — Guillaume Mopinot, 1753. — Claude-François Dupont, 1763. — Paul-Jules Clicquot, 1767. — Alphonse-Jacques-Nicolas Perrinet, 1770. — Pierre Boulanger, 1772. — César-Charles-Philippe de la Force, 1780. — André Rollat, 1780-1790.

Une chapelle, dépendant de l'église abbatiale et dédiée à saint Jean, constituait un bénéfice dont Jacques Blanchecotte était titulaire en 1584.

L'église et la maison conventuelle furent vendus nationalement, le 11 juillet 1791, pour 32,000 livres.

L'abbaye de Gastines portait pour armoiries : *D'azur, à une annonciation de la Sainte Vierge, d'argent, et un lis, aussi d'argent, placé entre l'ange et la sainte Vierge; en pointe, une crosse d'or accostée de deux écussons de même.* — Ou, d'après l'*Armorial général* (1696) : *D'azur, à une fasce d'argent; écartelé d'argent à la bande d'azur.*

Arch. d'I.-et-L., *chartes de Gastines*; C, 877; E, 38; *Biens nationaux*. — *Gallia christiana*, VII, 803; XIV, 85, 317-19. — *État de la France* (1727), p. 663. — Bibl. de Tours, manuscrits n°° 1195, 1220, 1327, 1346, 1494. — Chalmel, *Hist. de Tour.*, III, 506. — C. Chevalier, *Inventaire des archives d'Amboise*, 305. — Le Paige, *Topographie de la province du Maine*, I, 26. — *Mémoires de Condé*, I, 100. — *Mém. de la Soc. archéol. de Tour.*, IX, 232. — D. Housseau, IV, 1605. — *Chroniques de Touraine*, 374.

Gastines (le grand étang de). — Une partie se trouve sur la commune des Hermites, le reste sur la commune des Hayes (Loir-et-Cher).

Gastines (étang de), c°° de Villedômer.

Gastines (forêt de), *Wastina silva*, 1064 (*Liber de servis*). — *Foresta de Gastina nigra*, 1195 (chartes de Bouchaud, comte de Vendôme). — *Guastinisensis silva*, XIII° siècle. — Cette forêt s'étendait sur les paroisses de Villedômer, Saint-Laurent, le Boulay, la Ferrière, Marray, les Hermites, Monthodon, Chemillé, Montrouveau, les Hayes, Saint-Martin-des-Bois, Saint-Arnoud, Authon, Prunay, Montoire, etc. Les bois de la Ferrière en faisaient partie. Aux XI° et XII° siècles, la forêt de Gastines appartenait aux comtes de Vendôme. Par la suite, les abbayes de la Trinité de Vendôme et de Gastines en possédèrent une partie. — (Arch. d'I.-et-L., chartes de Marmoutier, de Saint-Julien et de Gastines. — D. Housseau, IV, 1157, 1291; V, 2075; VI, 2353; VII, 3394. — Mabille, *Divisions territoriales de l'ancienne Touraine*, 159.)

Gastinières (les), c°° de Nazelles. V. *Gatinières*.

Gatauderie (la), ham., c°° de Bossay.

Gatault, c°° du Grand-Pressigny. V. *Gateau*.

Gate (la), f., c°° d'Épeigné-sur-Dême. — *Gate*, carte de l'état-major. — *Gaste*, carte de Cassini.

Gate (la), f., c^ne de Lublé. — *Gate*, cartes de Cassini et de l'état-major.

Gate (la Grande-), f., c^ne de Villiers-au-Boin. — *Gate*, carte de l'état-major.

Gate-Acier, ou **Gastacier**, f., c^ne de Truyes. — *Clos de Gatassier*, 1673. — *Gate-Assiette*, 1700. — Ancien fief, propriété de l'abbaye de Cormery, suivant un bail du 25 septembre 1671. — (*Rôle des fiefs de Touraine. — Cartulaire de Cormery*, xcvi. — Arch. d'I.-et-L., *Inventaire des titres de l'abbaye de Cormery*.)

Gate-aux-Marteaux (la), ham., c^ne de Villiers-au-Boin, 13 habit.

Gateau (le bois), près de Touchaulard, c^ne de Bossay.

Gateau (gué du), sur la Ligoire, c^ne de la Chapelle-Blanche.

Gateau, ou **Gasteau** et le **Petit-Gateau**, f., c^ne de Cravant. — *Gateau*, carte de l'état-major. — Ancien fief, relevant de Cravant, à foi et hommage lige. En 1482, il appartenait à Marc de Coutances; — en 1484, à Pierre du Puy; — en 1554, à Charles Drouin; — en 1681, à Charlotte Proust, veuve de Henri-François d'Espinay; — en 1688, à N. de la Fontaine-Follin. — (Arch. d'I.-et-L., E, 146; *prieuré d'Avon*. — Bibl. nationale, Gaignères, 678.)

Gateau, ou **Gastault**, f., c^ne du Grand-Pressigny, près de l'Égronne. — *Tastenay*, xve et xvie siècles. — *Gateau*, carte de Cassini. — Ancien fief, relevant du fief des Halles et du Palais, au Grand-Pressigny. Il appartenait, en 1490-1511, à Perrine Garreau, veuve de Jean Gaudion. Par acte du 27 avril 1566, Jean Chevalier le vendit à Claude Benoît, qui le céda, peu de temps après, à René Brochard, conseiller au Grand-Conseil. Celui-ci, le 16 mars 1568, le vendit à Honorat de Savoie, baron du Grand-Pressigny. En 1793, ce fief fut vendu nationalement sur Pierre Gilbert de Voisins, émigré. — (Arch. d'I.-et-L., E, 103, 104. — *Rôle des fiefs de Touraine*.)

Gateau (le lieu de), c^ne de Varennes.

Gateau (le lieu de), près de Gallotières, c^ne de Vou.

Gateblé, f., c^ne de Bueil. — *Gadebled*, 1766. — *Gate-Blé*, carte de l'état-major. — Elle relevait du Plessis-Barbe et appartenait, en 1766, à Michel-Rolland des Escotais. — (Arch. d'I.-et-L., E, 81.)

Gatebois (le lieu de), près de Fougères, c^ne de Civray-sur-Cher.

Gatebois (le lieu de), près de la Cantinière, c^ne de Noyant.

Gatebourse (le lieu de), c^ne de Bossay. — Il relevait de l'abbaye de Preuilly, suivant une déclaration féodale du 12 septembre 1526. — (Arch. d'I.-et-L., *abbaye de Preuilly*.)

Gatebourse, f., c^ne de Braye-sous-Faye. — *Gate-Bourse*, carte de Cassini.

Gatebourse, f., c^ne de Maillé-Lailler.

Gatebourse (le lieu de), près de Doucé, c^ne de Pouzay.

Gatée (la), ou le **Gasté**, f., c^ne de Rilly. — *Terra de Gastello*, 1144 (*Cartulaire de Noyers*). — *La Gatée*, cartes de Cassini et de l'état-major.

Gate-Faux (le lieu de), c^ne de Saint-Épain, près du chemin de Sainte-Maure à Thilouze.

Gate-Fer (le lieu de), près des Roberdières, c^ne de Sainte-Maure.

Gate-Fers (le lieu des), près de la Gimpière, c^ne du Petit-Pressigny.

Gatellerie (le lieu de la), c^ne de Chinon. — Le 28 juillet 1768, N. Bernin de Valentinay le vendit à François Berger. — (Bibl. de Tours, manuscrit n° 1420.)

Gatellière (la), f., c^ne de Rillé. — *Gatellière*, cartes de Cassini et de l'état-major.

Gatelonnière (la), f., c^ne de Faye-la-Vineuse. V. *Gatillonnière*.

Gatepierres, f., c^ne de Ciran-la-Latte. — *Galles-Pierres*, carte de l'état-major.

Gatés (étang des), c^ne de Saint-Patrice.

Gates-Fer (le lieu des), près de Neuville, c^ne d'Yzeures.

Gate-Soie, c^ne de Charentilly. V. *Garsois*.

Gathnaicum. V. *Guenay*, c^ne de Jaulnay.

Gatian (Jacques), conseiller au présidial, fut nommé maire de Tours en 1659, en remplacement de René Carré, sieur d'Aligny. Il eut pour successeur, en 1660, Charles Bigot. — (Chalmel, *Hist. des maires de Tours* (manuscrit), p. 142. — Lambron de Lignim, *Armorial des maires de Tours*.)

Gaticherie (la), f., c^ne de la Chapelle-Saint-Hippolyte. — *Galicherie*, carte de Cassini.

Gatien (chapelle de St-). V. *Chinon*, collégiale de Saint-Mexme.

Gatien (prairie de St-), c^ne de Reignac, au confluent du ruisseau de Villepays et de l'Indre.

Gatien (saint), évêque de Tours, né à Rome, fut envoyé dans les Gaules pour y prêcher le christianisme, au milieu du iiie siècle. Il fit de nombreuses conversions à Tours et dans les pays voisins. Persécuté au sujet de ses prédications et contraint de se cacher, il chercha un asile dans une grotte, où il établit un oratoire dédié à la sainte Vierge. Cette grotte était située dans le coteau qui borde la Loire au nord de Tours où, par la suite, on construisit l'abbaye de Marmoutier. D'après le martyrologe romain, il mourut à Tours le 20 décembre 301. Il eut sa sépulture dans le cimetière des pauvres, situé en dehors de la ville, à l'endroit où l'on a construit depuis l'église de Notre-Dame-de-la-Riche. Plus tard, ses restes mortels furent transportés dans le monastère de Saint-Médard ; puis, exhumés de nouveau, vers le XIIe siècle, ils furent déposés dans l'église de La Riche.

Greg. Tur. Hist. Lib. X. — J.-J. Bourassé, Églises mentionnées par Grégoire de Tours. — Almanach de Touraine, 1763. — A. Baillet, Recueil des vies des saints, 18 décembre. — Chalmel, Hist. de Tour., I, 76, 77; III, 444. — Annales de la Société d'agriculture d'Indre-et-Loire (1870), p. 67. — Maan, S. et metrop. ecclesia Turonensis, 7. — Didot, Biographie universelle, XIX, 618. — Larousse, Grand diction. universel du XIXe siècle, VIII, 1071. — Martin Marteau, Paradis délicieux de la Touraine, II, 10. — Mém. de la Soc. archéol. de Tour., II, 127, 149 ; III, 184, 211, 224, 228, 241 ; IV, 35 ; VII, 45, 47, 84, 95 ; VIII, 12 ; IX, 265 ; XI, 248.

Gatienneries (les), f., c[ne] de Saint-Michel-sur-Loire.

Gatière (la), c[ne] de Chambray. V. *Gastière*.

Gatière (fontaine de la), près des Aunays, c[ne] de Saché.

Gatillon (le lieu de), c[ne] de Saint-Germain-sur-Vienne.

Gatillonnière (la), ou **Gatelonière**, f., c[ne] de Faye-la-Vineuse. — *Gatillonnière*, carte de Cassini.

Gatine (la), ou **Gastine**. — Nom donné à une partie du Bas-Vendômois, dans laquelle étaient comprises quatorze paroisses environ, parmi lesquelles figurent celles de Chemillé, des Hermites et de Monthodon, qui dépendent aujourd'hui du département d'Indre-et-Loire. — (Cauvin, *Géographie ancienne du diocèse du Mans*, 329-30.

Gatine, c[ne] de Saint-Benoit. V. *Gastine*.

Gatine, c[ne] de Saint-Jean-Saint-Germain. V. *Gastines*.

Gatine (la), f., c[ne] de la Ville-aux-Dames.

Gatineau, f., c[ne] de Brèches, — *Gatineau*, cartes de Cassini et de l'état-major. — Ancien fief. En 1754, il appartenait à Michel-Roland des Escotais. — (Arch. d'I.-et-L., E, 82.)

Gatineau, c[ne] de Chemillé-sur-Dême. V. *Gastineau*.

Gatinelle, vil., c[ne] d'Athée. 41 habit. — *Gatinelle*, cartes de Cassini et de l'état-major.

Gatinelles (le lieu des), c[ne] de Bueil. — Il relevait du fief de Bueil, suivant une déclaration féodale de 1737. — (Arch. d'I.-et-L., G, 257.)

Gatines, c[ne] de Saint-Jean-Saint-Germain. V. *Gastines*.

Gatines, ancienne abbaye, c[ne] de Villedômer. V. *Gastines*.

Gatines (forêt de). V. *Gastines*.

Gatinière (la), f., c[ne] de Bossay. — *Gatine*, carte de Cassini.

Gatinière (le lieu de la), paroisse de Druye. — En 1459-1511, le droit de dîme sur ce domaine appartenait au prieuré de Saint-Côme. — (Arch. d'I.-et-L., *Inventaire des titres de Saint-Côme*.)

Gatinière (le lieu de la), paroisse de Monnaie. — Par acte du 25 avril 1458, l'abbaye de Marmoutier le céda à bail à perpétuité. — (Arch. d'I.-et-L., *Inventaire des titres de Saint-Laurent*.)

Gatinière (la), vil., c[ne] de Rochecorbon, 35 habit. — *Haute-Gatinière*, carte de l'état-major.

Gatinière (la), ham., c[ne] de Saint-Cyr-sur-Loire, 17 habit. — *Gastignière*, 1515. — *Gatinière*, carte de Cassini. — Ancien fief, relevant de Chaumont. En 1515, il appartenait à Jean Galochau; — en 1653, à Simon Galland, qui le vendit à Robert Thuré, contrôleur des rentes sur le clergé; — en 1659, à l'abbé de Jaucourt, archidiacre de Tours. — (Arch. d'I.-et-L., G, 393; *Minimes du Plessis*. — Bétancourt, *Noms féodaux*, I, 448.)

Gatinière (le lieu de la), près de Galice, c[ne] de Sepmes.

Gatinière (la), f., c[ne] de Villandry. — *La Motte-de-la-Grande-Gatinière*, alias *Sazillé*, 1629. — Ancien fief. Au XVIIe siècle, il était annexé à la châtellenie de Villandry. — (*Rôle des fiefs de Touraine*. — Arch. d'I.-et-L., *titres de Saint-Côme*.)

Gatinières, ou **Gastinières** (les), f., c[ne] de Nazelles. — *Gatinières*, carte de l'état-major.

Gatnaicum, Gatnaica *ecclesia*, **Gatnaicum**. V. *Guenay*, c[ne] de Jaulnay.

Gatraie (la), f., c[ne] de Luzé.

Gats (les Grands et Petits-), fiefs situés à Francueil. — En 1515, Jacques Bérard, seigneur de Chissé, les vendit à Thomas Bohier. — (*Mém. de la Soc. archéol. de Tour.*, IX, 113.)

Gats (les), f., c[ne] de Montreuil, près du bourg. — *Gats*, cartes de Cassini et de l'état-major.

Gats (les), vil., c[ne] de Saint-Ouen, 20 habit.

Gauberdière (la), et la **Haute-Gauberdière**, f., c[ne] de la Membrolle. — *Goberdière*, carte de Cassini.

Gauberge, vil., c[ne] de Bueil, 18 habit. —

Goberge, carte de l'état-major. — *Gauberge*, carte de Cassini.

Gaubernière (la), f., c⁻ᵉ de la Celle-Guenand. — *Gobernière*, carte de Cassini.

Gaubertelle, ou **Gaubretelle** (la), vil., cⁿᵉ de Monnaie, 42 habit. — *Goubertelle*, carte de l'état-major.

Gaubertelle (la), f., cⁿᵉ de Parçay-Meslay.

Gaubertière (la), cⁿᵉ de Mazières. V. *Goubaudière*.

Gaubeterie (la), f., cⁿᵉ de Villebourg.

Gaubourg, f., cⁿˢ de Villebourg. — *Gaubourg*, carte de l'état-major.

Gaubretelle, cⁿᵉ de Monnaie. V. *Gaubertelle*.

Gaucher (le lieu de), près de la Loire, cⁿᵉ de Montlouis.

Gaucheraie (le lieu de la), ou les **Gaucherais**, paroisse d'Azay-le-Rideau. — Ancien fief, propriété de l'abbaye de Fontevrault. — (Arch. d'I.-et-L., *prieuré de Relay; Biens nationaux*.)

Gaucheraie (le lieu de la), paroisse de Saint-Laurent-en-Gatines. — Au XVᵉ siècle, il appartenait à l'abbaye de Marmoutier. — (Arch. d'I.-et-L., *Inventaire des titres de Saint-Laurent*.)

Gaucheraie (la), cⁿᵉ de Balesmes. V. *Glanchère*.

Gaucherie (la), f., cⁿᵉ d'Ambillou.

Gaucherie (la), f., cⁿᵉ de Dolus. — *Gaucherie*, carte de l'état-major.

Gaucherie (la), f., cⁿᵉ d'Ingrandes. — Ancien fief. — (*Rôle des fiefs de Touraine*.)

Gaucherie (la), f., cⁿᵉ de Monnaie. — *Gaucherie*, carte de l'état-major.

Gaucherie (les Grande et Petite-), ham., cⁿᵉ de Restigné.

Gaucourt (Raoul de), chambellan du roi, fut nommé capitaine-gouverneur de Chinon en 1432. Il eut pour successeur, vers 1450, François du Chesneau. — (La Thaumassière, *Hist. du Berry*, 569. — Arch. d'I.-et-L., *titres de Chinon*.)

Gaucourt (Charles de), maréchal de France, fut nommé capitaine-gouverneur de Chinon par lettres du 10 décembre 1463, en remplacement de Jean de Garguesalle. Ses gages étaient de 1200 livres par an. — (La Thaumassière, *Hist du Berry*, 598. — Bibl. de Tours, fonds Salmon, *titres de Chinon*.)

Gaudaiserie (la), f., cⁿᵉ de Rillé.

Gaudasserie (le lieu de la), près de la fontaine du Pont, paroisse de Saunay. — Il relevait du fief de Saunay, suivant une déclaration féodale faite, le 26 décembre 1622, par Rolland de Lestang, Éc., seigneur de la Cressonnière. — (Arch. d'I.-et-L., *Inventaire des titres de Saint-Julien*.)

Gaudeberts (les), f., cⁿᵉ de Pouzay. — *Les Godeberts, alias la Crossonnière*, 1626. — *Gaudeberts*, cartes de Cassini et de l'état-major. — Elle relevait de l'abbaye de Noyers, suivant une déclaration féodale faite le 25 novembre 1626. En 1793, elle fut vendue nationalement sur Gabriel d'Arsac, marquis de Ternay, et Marie-Victoire-Adélaïde-Henriette Cantineau de Commacre, sa femme. — (Arch. d'I.-et-L., *Inventaire des titres de Noyers; Biens nationaux*.)

Gaudeberts (le ruisseau des). — Il prend sa source au lieu appelé les Girondes, commune de Maillé-Lailler, passe aux Gaudeberts, va dans les communes de Pouzay et de Nouâtre et se jette dans la Vienne. Son parcours est de deux kilomètres. Il fait mouvoir une usine.

Gaudellerie (la), vil., cⁿᵉ de Montlouis, 19 habit. — *Gaudellerie*, cartes de Cassini et de l'état-major.

Gaudellerie (la), f. et étang, cⁿᵉ de Semblançay. — *Gaudellerie*, carte de l'état-major.

Gaudelles (le lieu des), près de la Cour-Neuve, cⁿᵉ de Huismes.

Gaudereau (le lieu de), près de Roussay, cⁿᵉ de Semblançay.

Gaudères (le lieu des), près de Travaille-Coquin, cⁿᵉ de Langeais.

Gauderie (la), paroisse de Luzillé. V. *Caudrie*.

Gauderie (le), cⁿᵉ de Neuilly-le-Brignon. V. *Gaudière*.

Gauderies (les), cⁿᵉ de Sorigny. — *Gauldrys*, XVIIᵉ siècle. — *La Goderie*, 1741. — *Goderies*, carte de Cassini. — Ancienne propriété du Chapitre de l'église de Tours, sur lequel elle fut vendue nationalement, le 5 mars 1791, pour 17,500 livres. Son étendue était de cinquante-neuf arpents. — (Arch. d'I.-et-L., G, 79; *Biens nationaux*.)

Gaudets (les), cⁿᵉ de Barrou. V. *Godets*.

Gaudetterie, ou **Godetterie** (la), f., cⁿᵉ de la Celle-Guenand. — *Tapisquinerie*, XVIᵉ siècle. — *Godetterie*, carte de Cassini. — Ancien fief, relevant de la châtellenie de Sainte-Julitte. En 1548, il appartenait à Michel de Bellère, Éc.; — en 1611, à Julienne de Bellère; — en 1634-41, à Urbain de Bellère, Éc., qui eut une fille, Françoise, mariée, le 3 avril 1641, à Emmanuel de Lestenou, Éc., seigneur de Bouferré. Celui-ci, par suite de son mariage, devint seigneur de la Gaudetterie. Il mourut le 22 janvier 1684. Ce fief passa ensuite : à Urbain-René de Lestenou, 1685 ; — René-Emmanuel de Lestenou, Éc., 1700 ; — Joseph de Lestenou, 1725, décédé le 27 juillet 1728 ; — Joseph de Lestenou, Éc., mort le 26 juin 1782 ; — Joseph-Isaac-Louis de Lestenou, Éc., seigneur de Bouferré, marié, le 17 octobre 1788, à Anne-Hélène Odard de Parigny, et décédé le 3 juillet 1807. — (Arch. d'I.-et-L., E, 223 ; G, 404. — Registres d'état-civil du Grand-Pressigny et de Saint-Flovier. — La Chesnaye-des-Bois et Badier, *Diction. de la noblesse*, XVI, 385. — *Mém. de la Soc. archéol. de Tour.*, XVII, 212. — *Bulletin de la même Société* (1875), p. 299.)

Gaudetterie, c^{ne} de Monnaie. V. *Godetterie*.

Gaudettrie (la), f., c^{ne} de Perrusson. — *Gaudetterie*, carte de Cassini.

Gaudiacus. V. *Joué-les-Tours*.

Gaudiannerie (la), c^{ne} de Civray-sur-Cher. V. *Gaudionnerie*.

Gaudiau, c^{ne} de Barrou. V. *Gaudiot*.

Gaudier (le), ou **Gaudière**, f., c^{ne} de Braye-sur-Maulne. — *Godier*, tabl. de recens. de 1872. — *Gaudinière*, carte de Cassini.

Gaudière (la), vil., c^{ne} de Barrou, 27 habit. — Ancien fief. — (*Rôle des fiefs de Touraine*.)

Gaudière (la) c^{ne} de Chanceaux-sur-Choisille. V. *Gaudières*.

Gaudière, ou **Bellevue** (la), f., c^{ne} de Joué-les-Tours.

Gaudière (la), vil., c^{ne} de Marçay, 32 habit. — Ancien fief. Au XVIIe siècle, il appartenait aux familles de Losendière et Grizay de Pontpierre ; — en 1790, aux dames de l'Union-Chrétienne, de Chinon — (Arch. d'I.-et-L., *rôle des 20es* ; *Biens nationaux*.)

Gaudière (la), f., c^{ne} de Mazières. — *Gaudrière*, carte l'état-major. — *Gandière*, carte de Cassini. — En 17.9, elle appartenait à la famille Duvau. — (Arch. d'I.-et-L., E.)

Gaudière (la), ou **Gauderie**, f., c^{ne} de Neuilly-le-Brignon. — Ancien fief, relevant de la Guerche, à foi et hommage-lige et trente sols d'aides. — (D. Housseau, XII, 5829.)

Gaudière (la), f., c^{ne} de Paulmy. — *Gaudière*, carte de Cassini.

Gaudière (la), c^{ne} de Ports. V. *Gaudinière*.

Gaudière (la), f., c^{ne} de Saint-Laurent-en-Gatines. — *Gaudière*, cartes de Cassini et de l'état-major.

Gaudière (la Petite-), paroisse de Sonzay. V. *Petite-Girardière*.

Gaudières (les), ou la **Gaudière**, f., c^{ne} de Chanceaux-sur-Choisille. — *Gaudonyère*, 1370. — Ancien fief. Au XIVe siècle, il relevait de l'archevêché de Tours. Par la suite, il releva du Plessis-les-Tours. En 1370, il appartenait à Jacquelin d'Andigné ; — en 1686, à Antoine-Henri La Hullière. — (Arch. d'I.-et-L., C, 603. — *Cartulaire de l'archevêché de Tours*.)

Gaudières (les), vil., c^{ne} de Mettray, 23 habit. — *Gaudières*, cartes de l'état-major.

Gaudières (les), vil., c^{ne} de Saint-Paterne, 18 habit. — Il relevait de la prévôté d'Oë. — (Arch. d'I.-et-L., *terrier d'Oë*.)

Gaudin (le), f., c^{ne} d'Azay-le-Rideau.

Gaudin (Jean), fut nommé maire de Tours, en 1473, en remplacement de Jean Saintier. Il eut pour successeur, en 1474, Jean Godeau. — (Chalmel, *Hist. des maires de Tours* (manuscrit), p. 88. — Lambron de Lignim, *Armorial des maires de Tours*.)

Gaudin (Nicolas), conseiller et secrétaire du roi, receveur des Tailles à Loudun, puis argentier de la reine, fut nommé maire de Tours en 1504, en remplacement de Guillaume Sireau, et prêta serment le 1er novembre. Il eut pour successeur, en 1506, Henri Bohier, baron de Saint-Cyergue. — (Chalmel, *Hist. des maires de Tours* (manuscrit), p. 98. — Lambron de Lignim, *Armorial des maires de Tours*.)

Gaudin (Jacques), docteur de Sorbonne, chanoine et chantre de l'église de Paris, prieur de Saint-Maximin-lez-Beauvais, né à Saint-Epain en 1613, fut pendant quelque temps secrétaire du cardinal de Richelieu. Le 4 février 1671, il prononça l'oraison funèbre de Péréfixe, archevêque de Paris (Paris, 1671, in-4). Il mourut à Paris, le 18 juillet 1695. — (*Hist. abrégée de Touraine* (dans l'*Almanach de Touraine* de 1773). — Chalmel, *Hist. de Tour.*, IV, 204. — D. Housseau, XXIV, 271. — S. Bellanger, *La Touraine ancienne et moderne*, 586.)

Gaudin de Poent, abbé de Noyers, succéda à Étienne en 1111. Il eut pour successeur, en 1132, Hugues Bernier. — (Bibl. de Tours, fonds Salmon, *titres de Noyers*. — C. Chevalier, *Hist. de l'abbaye de Noyers*, 137. — *Mém. de la Soc. archéol. de Tour.*, IX, 285.)

Gaudine (la), ou **Grande-Gaudine**, ham., c^{ne} de Saint-Paterne, 11 habit. - *Gaudine*, cartes de Cassini et de l'état-major.

Gaudinellerie (la), f., c^{ne} de Saint-Ouen.

Gaudines (le lieu des), près de la Jalletière, c^{ne} de Noyant.

Gaudinière (la), c^{ne} de Braye-sur-Maulne. V. *Gaudier*.

Gaudinière (la), ou les **Gaudinières**, ou **Godinière**, f., c^{ne} de Bueil. — Elle relevait de la prévôté d'Oë et du Plessis-Barbe. Au XVᵉ siècle, elle appartenait à Jehan Mauclerc. Elle fut vendue nationalement, le 11 prairial an II, sur Rolland des Escotais. — (Arch. d'I.-et-L., E, 81; *terrier d'Oë*; *Biens nationaux*. — Bibl. de Tours, manuscrit n° 1359.)

Gaudinière (la), f., cⁿᵉ de Channay. — *Gaudinière*, cartes de Cassini et de l'état-major.

Gaudinière (la), f., cⁿᵉ de Crotelles. — *Gaudinière*, carte de Cassini. — Ancienne propriété de la fabrique de l'église de Tours, à laquelle elle avait été léguée, en 1466, par Jean Bouteroue, chanoine, pour la fondation de la chapelle de Sainte-Marthe, desservie dans cette église. — (Arch. d'I.-et-L., G, 90.)

Gaudinière (la), et la **Basse-Gaudinière**, f., cⁿᵉ de Langeais. — *Les Gaudinières*, carte de Cassini et de l'état-major.

Gaudinière, ou **Godinière** (la), vil., cⁿᵉ de Lignières, 22 habit.

Gaudinière (la), f., cⁿᵉ de Loches. — *Gaudinière*, cartes de Cassini et de l'état-major.

Gaudinière (la), f., cⁿᵉ de Maillé-Lailler. — *Gaudinière*, carte de Cassini.

Gaudinière (la), ham., cⁿᵉ de Mouzay, 12 habit. — *Gaudinière*, cartes de Cassini et de l'état-major. — Louis de Marsay, Éc., était qualifié de seigneur de la Gaudinière en 1596. — (Arch. d'I.-et-L., E, 103.)

Gaudinière (la), f., cⁿᵉ de Neuil.

Gaudinière (la), f., cⁿᵉ de Ports. — *Roche-Gaudinière*, ou *Godinière*, XVᵉ siècle. — *Gaudinière*, carte de l'état-major. — En 1499, elle appartenait à l'église de Tours; — en 1661, à Charles Amirault, procureur au présidial de Tours. — (Arch. d'I.-et-L., E, 228; G, 79.)

Gaudinière (la), cⁿᵉ de Restigné. V. *les Gaudinières*.

Gaudinière (les Haute et Basse-), f., cⁿᵉ de Reugny. — *Gaudinière*, carte de l'état-major.

Gaudinière (la), f., paroisse de Rilly. — En 1666, elle appartenait à Martin Martel, Éc. — (Goyet, *Nobiliaire de Touraine*.)

Gaudinière (la), f., cⁿᵉ de Saché. — *Gaudinière*, carte de l'état-major.

Gaudinière (la), f., cⁿᵉ de Saint-Cyr-sur-Loire. — Elle relevait de l'abbaye de Marmoutier et devait une rente au prieuré de Saint-Côme, d'après un acte du 11 juin 1496. — (Arch. d'I.-et-L., Marmoutier, *mense séparée*; *titres de Saint-Côme*.)

Gaudinière (la), f., cⁿᵉ de Saint-Genouph. *Godinière*, carte de Cassini.

Gaudinière (île de la), dans la Loire, paroisse de Saint-Genouph. — Elle est mentionnée dans un acte de 1785. — (Arch. d'I.-et-L., G, 84.)

Gaudinière (la), f., cⁿᵉ de Saint-Mauro.

Gaudinière (la), paroisse de Saint-Règle. — Ancien fief, dépendant des Arpentis et relevant du château d'Amboise. — (Arch. d'I.-et-L., C, 633.)

Gaudinière (la), f., cⁿᵉ de Sainte-Radégonde.

Gaudinière (la), cⁿᵉ de Saint-Symphorien. V. *Gaudinière*.

Gaudinière (la), vil., cⁿᵉ de Tauxigny, 36 habit. — *Grange-de-la-Gaudinière*, 1673. — *Gaudinière*, cartes de Cassini et de l'état-major. — Ancienne propriété de l'abbaye de Cormery. — (*Cartulaire de Cormery*.)

Gaudinière (la), ham., cⁿᵉ de Vallères, 10 habit. — *Gaudinière*, carte de l'état-major.

Gaudinieres (les), ham., cⁿᵉ de Chemillé-sur-Dême, 11 habit.

Gaudinières (les), f., cⁿᵉ de Lublé. — *Gaudinières*, carte de l'état-major.

Gaudinières (bois des), cⁿᵉ de Nouzilly.

Gaudinières (les), f., cⁿᵉ de Restigné. — En 1765, N. Villeneuve était qualifié de seigneur des Gaudinières. — (Arch. d'I.-et-L., *Rôle des 20ᵉˢ*.)

Gaudinières, ou **Godinières** (les), f., cⁿᵉ de Saint-Laurent-en-Gatines. — Ancien fief. Il a fait partie de l'ancienne commune de Chenusson, réunie, en 1823, à celle de Saint-Laurent.

Gaudinières (les), f., cⁿᵉ de Villiers-au-Boin. — *Gaudinières*, carte de l'état-major.

Gaudins (les), f., cⁿᵉ de Couziers.

Gaudins (les), f., cⁿᵉ de Ligré. — *Gaudins*, carte de Cassini.

Gaudionnerie (la), ou **Gaudiannerie**, f., cⁿᵉ de Civray-sur-Cher. — *Gaudionnerie*, carte de l'état-major. — Ancienne propriété des Feuillants de Tours, sur lesquels elle fut vendue nationalement, le 2 mai 1791. — (Arch. d'I.-et-L., *Biens nationaux*.)

Gaudiot, Gaudiau, ou **Godiot** (les Grand et Petit-), f., cⁿᵉ de Barrou. — Ces domaines relevaient du fief de la Guittemandière. Il y existait, en 1737, une chapelle dédiée à Sainte-Catherine et qui était connue sous le nom de *Chapelle-des-Gaudiots*. En 1790, elle était desservie dans l'église de Barrou. — (Arch. d'I.-et-L., E, 103; *Biens nationaux*.)

Gaudis, f., cⁿᵉ de Beaumont-la-Ronce. — *Graudis*, carte de l'état-major.

Gaudonnerie (la), f., cⁿᵉ de Reugny.

Gaudonnière (la), f., cⁿᵉ des Hermites. — *Gaudonnière*, carte de l'état-major.

Gaudonnière (la), f., c^{ne} d'Yzeures.

Gaudosairie (la), f., c^{ne} de Rillé.

Gaudouyère, c^{ne} de Chanceaux-sur-Choisille. V. *Gaudière*.

Gaudraye (la), f., c^{ne} de Joué. — Elle relevait du fief de Narbonne. — (Arch. d'I.-et-L., E, 69.)

Gaudreau, f., c^{ne} de Mettray.

Gaudrée (la), c^{ne} de Léméré. V. *Gaudrées*.

Gaudrée (la Petite-), f., c^{ne} de Lerné. — *Godrée*, carte de Cassini. — Ancien fief. En 1618, il appartenait à Jacques de Rouville, seigneur de Chavigny ; — en 1665, à Armand-Léon Bouthillier, seigneur de Chavigny et de Cessigny, maître des requêtes ; — en 1727, à François le Maitre. — (Arch. d'I.-et-L., E, 250; *terrier de l'abbaye de Seuilly*.)

Gaudrée (la), vil., c^{ne} de Saint-Germain-sur-Vienne, 34 habit.

Gaudrée (la Grande-) ham., c^{ne} de Thizay, 10 habit. — *Godrée*, carte de Cassini.

Gaudrées (les), ou **Gaudries**, ou la **Gaudrée**, f., c^{ne} de Léméré, près du bourg. — Ancien fief. En 1621, il appartenait à Jacques de Beauvau, chev., seigneur du Rivau. — (Arch. d'I.-et-L., E.)

Gaudrelle (la), f., c^{ne} de Vouvray. — *Godrelle*, carte de Cassini. — En 1537, elle appartenait à Jean Dubissier, dit d'Auvergne, qualifié de seigneur de la Gaudrelle. En 1580, Guillaume Colinet et Jean Marchais la vendirent à Jean Lasneau, seigneur de Cohabert. Il y existait une chapelle qui est mentionnée dans le *Registre de visite des chapelles du diocèse de Tours*, en 1787. Elle appartenait, à cette époque, à N. Mayaud, négociant à Tours. — (Arch. d'I.-et-L., G, 14. — Archives du château de Pierrefitte.)

Gaudrie (la), ou **Gauderie**, paroisse de Luzillé. — Ancien fief, relevant du château d'Amboise. Louise de Prix, veuve de Philippe de la Motte-Houdancourt, maréchal de France, rendit aveu le 16 avril 1704. — (Arch. d'I.-et-L., C, 633.)

Gaudrie (la), c^{ne} de Neuilly-le-Brignon, V. *Gaudière*.

Gaudrière (la), et la **Petite-Gaudrière**, f., c^{ne} de Mazières. — *Gaudière*, carte de l'état-major. — *Gaudière*, carte de Cassini.

Gaudries (les), c^{ne} de Léméré. V. *Gaudrées*.

Gaudrons (bois des), c^{ne} de Monnaie.

Gaudru, f. et chât., partie sur la c^{ne} de Saint-Pierre-de-Tournon, partie sur celle d'Yzeures, 11 habit. — Ancien fief. Dès le milieu du XVe siècle, il appartenait à la famille Le Souffleur de Gaudru. Jean Le Souffleur, Éc., est cité dans des titres de 1455-75. Les registres d'état-civil de la paroisse de Saint-Pierre-de-Tournon font mention d'Antoine Le Souffleur, Éc., mort le 9 janvier 1690 ; — de Gilles Le Souffleur, Éc., décédé le 26 décembre 1729 ; — d'Antoine-Auguste Le Souffleur, aussi seigneur de Gaudru, vivant en 1754 ; — et de Gilles Le Souffleur, Éc., aussi seigneur de Gaudru, décédé le 27 juillet 1776. Le 7 février 1786, ce fief, mis aux enchères publiques, fut adjugé à Hubert Pressigny. Il passa ensuite, vers 1789, aux mains de Stephanopoli-Démétrius de Comnène, chev., issu des Comnène, qui ont donné six empereurs de Constantinople et dix empereurs de Trébisonde. Le seigneur de Gaudru avait le droit de chapelle et de banc seigneurial dans l'église de Saint-Pierre-de-Tournon. — Un puits artésien a été creusé à Gaudru en 1858.

Arch. d'I.-et-L., *Biens nationaux*. — Registres d'état-civil de Saint-Pierre-de-Tournon, de Preuilly et d'Yzeures. — *Rôle des fiefs de Touraine*. — A. Duchesne, *Hist. de la maison de Chasteigner*, 97. — La Chesnaye-des-Bois et Badier, *Diction. de la noblesse*, XVI, 602 — C. Chevalier et G. Charlot, *Études sur la Touraine*, 177. — Beauchet-Filleau, *Diction. des familles de l'ancien Poitou*, II, 460. — *Mém. de la Soc. archéol. de Tour.*, X, 214.

Gaufray, paroisse de Neuville. — Ancien fief, réuni au marquisat de Châteaurenault, au XVIIIe siècle. Précédemment, il dépendait du Plessis-Auzouer. — (Arch. d'I.-et-L., E, 119.)

Gauffray (le Petit-), f., c^{ne} de Draché.

Gaugaine, f., c^{ne} de Noizay. — *Gaugaine*, carte de l'état-major.

Gaugé (le), f., c^{ne} de Couziers.

Gauger (bois de), c^{ne} de Chisseaux.

Gauguet, c^{ne} de Beaumont-en-Véron. V. *Gogué*.

Gauguin, ou **Goguin**, paroisse de Sorigny. — Ancien fief, relevant de Montbazon, à foi et hommage simple. En 1389, il appartenait à Jean Gauguin. — Le 6 février 1488, Jean Travers, bourgeois de Tours, le vendit à Alexis Guiot. Après ce dernier, on trouve Pierre Forget, 1536 ; — Jacques Voisin, 1574. Le Chapitre de l'église de Tours acheta ce fief le 23 mars 1599, et le revendit plus tard à Jean Guimier (1722). — (Arch. d'I.-et-L., G, 79. — *Rôle des fiefs de Touraine*. — D. Housseau, XI, 4700 ; XII, 6936-40-59.)

Gauja (Jean-Raymond-Prosper), né à Renneville (Haute-Garonne) le 29 juillet 1801, était gérant du *National*, à l'époque de la Révolution de juillet 1830. Il entra dans l'administration et fut successivement préfet de l'Ariège, des Hautes-Alpes, de Maine-et-Loire, du Pas-de-Calais et de la Vendée. Nommé préfet d'Indre-et-Loire, le 31 octobre 1848, il passa, le 31 décembre de la même année, à la préfecture de la Loire-Inférieure. Mis à la retraite en 1873, il se fixa à

Tours, où il mourut, le 24 décembre 1875, âgé de soixante-quinze ans. Il était officier de la Légion d'honneur. — (*Recueil des actes administratifs d'Indre-et-Loire*, 1875, n° 3. — *Journal d'Indre-et-Loire*, 1876. — *Biographies politiques*, 1842, in-12.)

Gaulcherie (la), c^{ne} de Restigné. V. *Gaucherie*.

Gaulepied (le bois), c^{ne} de Bléré. — Le 16 mai 1724, les héritiers d'Étienne-Jacques Guillerault le vendirent à Gabriel Taschereau, chev., seigneur de Baudry et de Linières. — (Arch. d'I.-et-L., E, 133.)

Gaullepied (Jean-Baptiste), seigneur de Boisleroy, lieutenant particulier au bailliage de Touraine, fut nommé maire de Tours en 1677, en remplacement de François de la Barre. Il eut pour successeur, en 1678, Jean Taschereau de Baudry. — (Chalmel, *Hist. des maires de Tours* (manuscrit), p. 145. — Lambron de Lignim, *Armorial des maires de Tours*.)

Gaulerie (la), f., c^{ne} de Balesmes. — *Gaulerie*, carte de Cassini.

Gaulerie (la), ham., c^{ne} de Neuilly-le-Brignon, 12 habit. — *Gaulerie*, cartes de Cassini et de l'état-major.

Gaulière (la), f., c^{ne} d'Auzouer. — *Gaulière*, carte de l'état-major. — *Gaullière*, carte de Cassini.

Gaulières (le lieu des), près de la Touche, c^{ne} de Barrou.

Gaullier (île), dans la Loire, c^{ne} de Saint-Patrice.

Gaulpied (le bois), c^{ne} de Sublaines.

Gault (le), ruisseau. V. *Grenet*.

Gault (Eustache), seigneur de la Brillaudière, fut nommé maire de Tours, en 1595, en remplacement de Victor Brodeau. Il eut pour successeur, en 1596, Jacques Bouet de la Noue. — (Lambron de Lignim, *Armorial des maires de Tours*. — Chalmel, *Hist. des maires de Tours* (manuscrit), p. 127.)

Gault (Jean), seigneur de Boisdenier, fut nommé maire de Tours, en 1606, en remplacement de Jacques Houdry. Michel Maldent, seigneur du Mortier et de Pontcher, lui succéda en 1607. — (Chalmel, *Hist. des maires de Tours* (manuscrit), p. 130. — Lambron de Lignim, *Armorial des maires de Tours*.)

Gault (Eustache), né à Tours en 1590, commença ses études dans sa ville natale, fit sa philosophie au collège de la Flèche et étudia la théologie à Paris. Entré dans la congrégation de l'Oratoire en 1618, il fut nommé, quelques années après, directeur du séminaire de Bordeaux. Désigné pour l'évêché de Marseille en février 1639, il mourut à Bazas, le 13 mars suivant, avant d'avoir reçu ses bulles. On a de lui un *Discours de l'Estat de la couronne de Suède, divisé en deux parties, la première contenant une description géographique très particulière de toutes les provinces qui en dépendent, la seconde, un abrégé de l'histoire de tous les roys de Suède jusqu'à présent*, Paris, A. Courbé, 1633, in-8°; le Mans, Hierosme Olivier, 1656, in-8°. — (*Almanach de Touraine*, 1756. — Chalmel, *Hist. de Tour.*, IV, 205. — D. Housseau, XXIII.)

Gault (Jean-Baptiste), frère du précédent, né à Tours le 29 décembre 1595, entra dans les ordres, puis dans la congrégation de l'Oratoire. Il fut successivement supérieur du séminaire de Langres et des maisons de l'Oratoire de Dijon et du Mans. Nommé curé de la paroisse de Sainte-Eulalie de Bordeaux, il fut appelé à l'évêché de Marseille, en 1642, en remplacement de son frère, décédé. Pendant la courte durée de son épiscopat, il déploya les vertus évangéliques dans toute leur perfection et se signala par des œuvres de bienfaisance dont le souvenir existe encore dans ces contrées. En faisant des prédications dans le bagne, il contracta une maladie contagieuse dont il mourut le 23 mai 1643. L'inscription suivante fut mise sur son tombeau :

Cy-git le vénérable serviteur de Dieu Mgr Jean-Baptiste Gault, évêque de Marseille, mort en odeur de sainteté le 23 mai 1643. Son corps a été mis ici le 26 du mois de juillet 1724.

De la Serre, *La vie et la mort du bienheureux J.-B. Gault*, Paris, J. de la Caille, 1649, in-8°. — Ricard, *Vie de Mgr J.-B. Gault, évêque de Marseille*, 1864, in-8°. — Didot, *Biographie universelle*, XIX, 608. — D. Housseau, XXIII. — Senault, *Vie de J.-B. Gault*. — *Almanach de Touraine*, 1756. — Larousse, *Grand diction. univ. sel du XIXe siècle*, VIII, 1085. — Chalmel, *Hist. de Tour.*, IV, 207.

Gaultier (le bois), c^{ne} de Saint-Michel-sur-Loire.

Gaultier (Adrien), religieux bénédictin, docteur de Sorbonne, neveu de Mathieu Gaultier, abbé de Marmoutier et évêque de Négrepont, naquit à Tours vers 1505. Bailli et sacristain de l'abbaye de Marmoutier en 1535, il fut nommé, l'année suivante, abbé de Notre-Dame-de-l'Absie, au diocèse de Maillezais, puis prieur de Villebelfort, où il mourut le 16 septembre 1548. On a de lui un ouvrage intitulé : *Æquilibrum virtutum summæ perfectionis sanctorum Pauli et Martini*, Turonis, M. Chercèle, 1635, in-12. Il a composé également deux homélies pour la fête de l'Assomption et un Traité de la primatie de saint Pierre et de saint Paul. — (D. Martène, *Hist. de Marmoutier*, II, 365. — Chalmel, *Hist. de Tour.*, IV, 208. — D. Housseau, XXIII, 108, 303.)

Gaultier (Jacques), seigneur de la Crouillère et de la Fontaine, fut nommé maire de Tours en 1619, en remplacement de Jean de la Baume le Blanc. Il eut pour successeur, en 1621, Richard de Fleury, seigneur de Villetrun. Il mourut à Tours le 11 février 1623, et fut inhumé dans l'église des Carmes. — (Chalmel, *Hist. des maires de Tours* (manuscrit), p. 133. — Lambron de Lignim, *Armorial des maires de Tours*.)

Gaultier (Urbain-Adam-Louis-François), né à Tours, paroisse de Saint-Pierre-du-Boile, le 30 octobre 1740, reçu avocat au Parlement le 18 août 1767, succéda à son père, en 1768, dans les fonctions d'avocat du roi au bailliage et siège présidial de Tours et fut élu député du tiers-état aux États-généraux, en 1789. Arrêté comme suspect en 1793, par l'ordre du Comité révolutionnaire de Tours, il répondit à ceux qui lui demandaient quelle était son opinion sur la condamnation de Louis XVI : « Ma vie et mes actions sont publi-
« ques, vous pouvez les juger; mais mon opi-
« nion est à moi, je n'en dois compte qu'à ma
« conscience. » Élu membre du Conseil des anciens le 1er prairial an V, il fut nommé, trois ans après, président du tribunal de Tours (28 floréal an VIII). Il mourut le 14 octobre 1817. Voici en quels termes le *Journal d'Indre-et-Loire* rendit hommage à sa mémoire : « Peu d'hommes firent
« sentir avec plus de dignité l'accord des deux
« mérites qui constituent le véritable magistrat :
« une connaissance profonde des lois et cette
« raison supérieure qui sait en faire la plus juste
« application sous les auspices d'un cœur inté-
« gre et de la plus scrupuleuse probité. La na-
« ture l'avait doué d'un jugement aussi exquis
« que solide; il y joignait une pénétration vive
« et sûre qui lui présentaient tout à coup les
« affaires les plus compliquées sous leur véri-
« table point de vue; et cette précision que ses
« lumières acquises perfectionnaient encore, por-
« tait dans ses discussions ce caractère de saga-
« cité, cet esprit d'analyse qui étonne, mais qui
« persuade et atteint toujours le but qu'il se pro-
« pose. Il a parcouru dans l'ordre judiciaire une
« carrière longue et pénible, et, quoiqu'il eut pu
« prétendre à la supériorité dans les places les
« plus éminentes de la magistrature, il n'eut
« jamais d'autre ambition que celle d'obtenir le
« poste modeste qu'il a tant honoré et qui était
« inférieur aux services qu'il aurait pu rendre. »
— (*Journal d'Indre-et-Loire* des 1er et 29 novembre 1817. — *Le Moniteur universel*.)

Gaultier de la Ferrière (Philippe), né à Loches en 1688, d'après Chalmel, en 1668, d'après l'*Almanach de Touraine*, entra dans la congrégation des Barnabites. Il mourut le 13 décembre 1760. Il est auteur d'un ouvrage intitulé : *Essay sur la perfection chrétienne*, Paris, 1748, in-8°. — (*Hist. abrégée de Touraine* (dans l'*Almanach de Touraine de 1777*). — Chalmel, *Hist. de Tour.*, IV, 209. — S. Bellanger, *La Touraine ancienne et moderne*, 587.)

Gaultiers (les bois), cne de Pernay.

Gaultiers (les), f., cne de Verneuil-sur-Indre.

Gaultraye (la), cne de la Celle-Saint-Avent. V. *Gautraye*.

Gaumarote (le lieu de), près de la Manse, cne de Noyant.

Gaumère (la), f., cne de Saint-Branchs. — *Gomère*, carte de Cassini.

Gauronnière (la), f., cne d'Avrillé. — *Gauronnière*, carte de l'état-major. — *Garonnière*, carte de Cassini.

Gauronnière (la), f., cne d'Hommes. — *Goronnerie*, carte de l'état-major. — *Garonnière*, carte de Cassini.

Gausbert, premier abbé de Bourgueil et en même temps de Marmoutier (991-1005), était parent d'Eudes, comte de Champagne et de Blois, et d'Emma, fondatrice de ce monastère. Il mourut à Bourgueil, le 15 octobre 1005 (1007, d'après D. Martène), et fut inhumé dans le Chapitre. Avant d'être appelé à administrer l'abbaye de Bourgueil, il avait été abbé de Saint-Julien de Tours et de Maillezais. — (Bibl. de Tours, fonds Salmon, *titres de Bourgueil*. — *Recueil des chroniques de Touraine*. — D. Martène, *Hist. de Marmoutier*, 235-41.)

Gausson (île), dans la Vienne, cne de Saint-Germain-sur-Vienne.

Gautellerie (la), ou **Gothellerie**, ham., cne d'Avrillé, 12 habit.

Gautellerie (la), cne des Hermites. — *Gautellerie*, cartes de Cassini et de l'état-major.

Gautellerie (la), f., cne de Saint-Laurent-de-Lin.

Gautellerie (la), vil., cne de Saint-Mars, 21 habit.

Gautellerie (la), f., cne de Saunay. — *Gautellerie*, carte de l'état-major. — Elle relevait du fief de Saunay et appartenait, en 1671, à Anne Gilbert, veuve de Nicolas Le Fort, sieur de la Pigeonnière. — (Arch. d'I.-et-L., *Inventaire des titres de la chambrerie de Saint-Julien*.)

Gautellerie (la), f., cne de Savigné. Ancien fief, relevant de Rillé. — (Arch. d'I.-et-L., E, 318.)

Gautellerie (la), f., cne de Truyes. — *Gaultrie*, 1685. — *Gautellerie*, carte de Cassini. — Elle fut créée au milieu du XVIe siècle, par un bourgeois de Tours, auquel l'abbaye de Cormery avait vendu, moyennant une rente annuelle, une certaine quantité de terrain couvert de bois. Elle dépendait de la seigneurie de Vaugrignon et appartenait, en 1685, à Pierre Tournier, trésorier de France à Tours. — (Arch. d'I.-et-L., *Inventaire des titres de Cormery*.)

Gautellière (la), cne de Villedômer, près de l'étang de l'Archevêque. — *Gautellière*, cartes de Cassini et de l'état-major.

Gauteraye (la), cne de Sonzay. V. *Gautraye*.

Gauterie (la), f., cne de Saint-Flovier. — *Gautrie*, cartes de Cassini et de l'état-major.

Gauterie (la), cne de Verneuil-sur-Indre. V. *Gautrie*.

Gauthier (Mathieu), originaire de Limoges, fut élu abbé de Bourgueil, en 1371, en remplacement de Pierre le Voyer, et prêta serment de fidélité au roi le 8 juin 1372. Il mourut le 1er décembre 1384. Son successeur fut Guillaume le Dan. — (Bibl. de Tours, fonds Salmon, *titres de Bourgueil*.)

Gauthière, ou **Galtière** (le lieu de la), cne de Marcilly-sur-Vienne. — *Galtereia*, 1185. — A cette époque, elle appartenait à Pierre Savary. — (D. Housseau, V, 1986.)

Gauthiererie (la), f., cne de Luynes. — *Gautraye*, xviie siècle. — *Gaultiererie*, carte de l'état-major. — Ancien fief. — (*Rôle des fiefs de Touraine*.)

Gautier (Mathieu), religieux bénédictin, fit profession dans l'abbaye de Marmoutier, le 9 novembre 1494. Prieur de Saint-Martin-au-Val, vers 1500, il fut élu abbé de Marmoutier en 1512, en remplacement de François Sforce, décédé. Le 16 novembre 1537, nommé évêque de Négrepont par le pape Paul III, il fut consacré à Bourgueil par François Bohier, évêque de Saint-Malo, le 7 avril 1538. Il mourut au Loroux en 1552. Son corps, rapporté à Marmoutier, fut inhumé dans la chapelle de Saint-Anne avec cette épitaphe :

Cy-gist reverent père en Dieu Mathieu Gautier, évêque de Negrepont, jadis abbé de céans, lequel décéda le 15 juillet de l'an 1552, agé de 85 ans.

Le dessin du tombeau de cet abbé se trouve dans l'un des volumes de la collection Gaignères. — (D. Martène, *Hist. de Marmoutier*, II, 359-65. — *Gallia christiana*, XIV. — Bibl. de Tours, fonds Salmon, *titres de Marmoutier*. — *Mém. de la Soc. archéol. de Tour.*, IX, 257.)

Gautiers (les), f., cne de Verneuil-sur-Indre. — *Gautiers*, carte de Cassini.

Gautoux (les), ham., cne de Brèches, 14 habit. — *Gouloux*, carte de Cassini.

Gautraie (la), vil., cne de Draché, 34 habit. — *Gautraie*, carte de l'état-major. — *Gautraye*, carte de Cassini.

Gautraie (la), cne de Druyes. V. *Gautraye*.

Gautraie (la), f., cne de Joué-les-Tours. — *Gaulteraye*, 1541. — (Arch. d'I.-et-L., *titres de Saint-Clément de Tours*.)

Gautraie (la), f., cne de Saint-Paterne.

Gautraie (la), ou **Gauteraye**, f., cne de Sonzay. — *Gautray*, carte de Cassini. — Elle relevait de la prévôté d'Oë (1789). — (Arch. d'I.-et-L., *prévôté d'Oë*.)

Gautraye (la), f., cne d'Azay-le-Rideau.

Gautraye (les Basse et Haute-) f., cne d'Anché. — *Gautraye*, ou *les Paradisières*, 1650. — *Gautraye*, carte de Cassini. — (Arch. d'I.-et-L., *titres de Saint-Jacques de Chinon*.)

Gautraye (la), ou **Gautraie**, f., cne de la Celle-Saint-Avent. — *Gaulteraye*, 1483. — *Gruteraye*, plan cadastral. — *Gautraye*, carte de l'état-major. — *Gautrie*, carte de Cassini. — Ancien fief, relevant du château de Nouâtre, à foi et hommage simple. — (D. Housseau, XIII, 8277. — *Rôle des fiefs de Touraine*.)

Gautraye, ou **Gautraie** (la), f., cne de Druyes. — *Gancheraie*, 1623. — *Gautraie*, carte de l'état-major. — *Gautrais*, carte de Cassini. — Ancien fief, relevant d'Azay-le-Rideau. En 1576, il appartenait à René Lemoyne. — (Arch. d'I.-et-L., *prieuré de Relay*.)

Gautraye (la), cne de Luynes. V. *Gauthiererie*.

Gautrèches (le lieu des Grandes et Petites-), cne de Fondettes. — Il est cité dans des titres de 1425-1736. — (Arch. d'I.-et-L., *prévôté de la Varenne*.)

Gautrie (la), vil., cne d'Orbigny, 19 habit. — *Gautrie*, carte de Cassini. — Ancien fief. En 1692, il appartenait à Gaspard Lasneau, procureur du roi en l'Hôtel-de-Ville de Loches. — (Arch. d'I.-et-L., E, 135.)

Gautrie (la), f., cne de Saint-Flovier. — *Gautrie*, cartes de Cassini et de l'état-major. — Propriété des Ursulines de Châtillon-sur-Indre, au xviiie siècle. — (Arch. d'I.-et-L., *Biens nationaux*.)

Gautrie (la), paroisse de Saint-Hippolyte. — *Gautrie*, ou *Baigneux*, 1725, 1743. — *Gautraye*, 1760. — Ancien fief, relevant du château de Loches. En 1726, il appartenait à Paul-Guillaume de Garsaulan, chanoine de Soissons, et à Madeleine Compain, veuve de René Briffault, greffier au bailliage de Tours, héritiers de René Rocher ; — en 1743, à Jacques Briffault. — (Arch. d'I.-et-L., C, 563, 603. — *Rôle des fiefs de Touraine*.)

Gautrie (le lieu de la), cne de Sainte-Radégonde. — Il relevait de l'abbaye de Marmoutier (1737). — (Arch. d'I.-et-L., Marmoutier, *Sommier des rentes*.)

Gautrie (la), **Gauterie**, ou **Gautrye**, vil., cne de Verneuil-sur-Indre, 21 habit.

— *Gautrie*, carte de l'état-major. — Ancien fief, relevant du château de Loches. Par acte du 15 mai 1418, Jean Galteau fonda une messe à l'autel de Saint-Jean-Baptiste, dans la collégiale de Loches et donna, pour cette fondation, une rente assise sur la Gautrie. En 1663, le fief appartenait à Gaillard de Ceriziers, président au grenier à sel de Loches, qui, par acte du 24 avril de cette année, fit un don à l'église de Saint-Jean-sur-Indre. En 1746, il était possédé par Marie-Anne-Jeanne Bizet de la Madeleine, femme, séparée de biens, de Claude d'Agneaux, ancien maître d'hôtel de la reine. Elle rendit hommage, au château de Loches, le 28 février de cette année. En 1749, Eusèbe-Jacques Chaspoux de Verneuil était propriétaire de la Gautrie. — (Arch. d'I.-et-L., C, 570, 603; *titres de Saint-Jean-Saint-Germain*. — *Rôle des fiefs de Touraine*.)

Gavachère (le lieu de la), paroisse de Beaumont-la-Ronce. — Il relevait de Saint-Antoine-du-Rocher et appartenait, en 1359, à Martin d'Alès. — (*Cartulaire de l'archevêché de Tours*.)

Gavellerie (la), f., c^{ne} de Monts.

Gaverie (la), f., c^{ne} de Parçay-Meslay.

Gaveroie (le lieu de), paroisse de Crissé. — Macé du Poez en était propriétaire en 1367. — (*Cartulaire de l'archevêché de Tours*.)

Gavien, évêque de Tours, succéda à Ostald, et occupa ce siège de 760 à 765, d'après Chalmel, et de 768 à 769, d'après Maan. — (*Gallia christiana*, IV, 526. — Maan, *S. et metrop. ecclesia Turonensis*, 48. — Chalmel, *Hist. de Tour.*, III, 447. — D. Housseau, XV, 74 bis. — *Mém. de la Soc. archéol. de Tour.*, IX.)

Gavot, c^{ne} de Rochecorbon. V. *Gravot*.

Gavot (le), ruisseau, c^{ne} de Saint-Paterne. — Il se jette dans l'Escotais. Son parcours est de trois kilomètres. Il fait mouvoir six usines.

Gavotte (la), f., c^{ne} de Monnaie. — *Cavotte*, carte de l'état-major.

Gay, c^{ne} de Mazières. V. *Geay*.

Gayen (Étienne), bailli de Touraine, succéda, dans ces fonctions, à Jean de Maillé, chev., seigneur de Chançay, en 1353. Il fut remplacé, en 1354, par Guillaume Mauvinet. — (Chalmel, *Hist. de Tour.*, III, 405.)

Gaynière (la), c^{ne} de Neuville. V. *Guenière*.

Gazil (Raoul de), doyen de Saint-Martin de Tours, succéda à Victor Moreau de Bellisle, en 1614. Le 3 mai 1618, il donna sa démission en faveur d'Almery de Bragelongne. — (*Gallia christiana*, XIV, 184. — Bibl. de Tours, fonds Salmon, *titres de Saint-Martin*.)

Gazillère (la), vil., c^{ne} de Chédigny, 24 habit. — *Gazillère*, carte de l'état-major.

Gé, c^{ne} de Courçay. V. *Geay*.

Geai (le moulin du), sur la Bresme, c^{ne} de Luynes.

Geais (la fontaine des), c^{ne} d'Avon. — Ses eaux se jettent dans le ruisseau de la Fontaine-à-Genest. V. *Fontaine-à-Genest*.

Géardière (la), paroisse de Monnaie. V. *l'Aujardière*.

Geay (le), ou **Gé**, vil., c^{ne} de Courçay. — *Village du Grand-Geay*, ou *Mairie de Gé*, xviie siècle. — *Geay*, cartes de Cassini et de l'état-major. — Ancienne dépendance de la prévôté de Courçay. — (Arch. d'I.-et-L., *titres de Saint-Martin*.)

Geay (le), ou **Gay**, f., c^{ne} de Mazières.

Gebriacus. V. *Gévrioux*.

Gedraye (le lieu de la), paroisse de Luzé. — Il relevait du fief de Franc-Palais (1672). — (Arch. d'I.-et-L., E, 156.)

Geillaumes (les), f., c^{ne} de Parçay-sur-Vienne. — *Les Jeliaumes*, carte de l'état-major. *Geleaumes*, carte de Cassini.

Gelerie (la), f., c^{ne} de Reugny. — *Gallerie*, carte de l'état-major.

Gelerie (la), f., c^{ne} de Semblançay.

Geleries (les), f., c^{ne} de Bourgueil.

Gelif (le bois), c^{ne} de Chinon, près de la route de Chinon à Tours.

Gelinière (la), f., c^{ne} de Cerelles. — *Gelinière*, carte de Cassini. — Ancienne propriété de l'abbaye de Saint-Julien. — (Arch. d'I.-et-L., *Biens nationaux*.)

Gelins (les bois), près de la Cauchoise, c^{ne} de Manthelan.

Gelu (Jacques), né à Yvoy, diocèse de Trèves, vers 1371, fut reçu maître-ès-arts à l'Université de Paris, en 1391, et licencié-ès-lois, à l'Université d'Orléans, le 11 mars 1401. Maître des requêtes de l'hôtel de Louis, duc d'Orléans (1402), conseiller au Parlement de Paris (26 avril 1405), président au Parlement de Dauphiné (juin 1407), général des finances (5 octobre 1414), il fut nommé archevêque de Tours, le 7 novembre de cette dernière année, et reçut la consécration, le 13 janvier suivant, en présence du roi, dans l'hôtel Saint-Paul, à Paris. Son entrée solennelle à Tours eut lieu le 8 avril 1415. Dans la même année, il assista au concile de Constance, et fut employé ensuite par le roi dans diverses négociations avec le roi de Castille et la reine de Sicile. En 1426, il fut transféré du siège de Tours à l'archevêché d'Embrun, où il mourut le 7 septembre 1432. Il a écrit lui-même les principaux incidents de sa vie dans une sorte de journal qui a été publié par D. Martène, dans le *Thesaurus anecdotorum*. — (*Gallia christiana*, III, 1090;

XIV, 125. — *Thes. anecdotorum*, III, 1947. — Maan, *S. et metrop. ecclesia Turonensis*, 163. — Chalmel, *Hist. de Tour.*, III, 459. — *Bulletin de la Soc. archéol. de Tour.* (1868), p. 133, 164 ; (1875), p. 267, 275. — Didot, *Biographie universelle*, XIX, 843. — D. Housseau, XV, 173.)

Gemées (le lieu des), c^{ne} de Sainte-Catherine-de-Fierbois, près du chemin de Sainte-Maure à Manthelan.

Gemme (Ste-), prieuré-fief, en Berry. — Il relevait du château de Loches. — (Arch. d'I.-et-L., C, 336.)

Gemmetrie (la), f., c^{ne} de Saint-Michel-sur-Loire.

Genardière (le lieu de la), c^{ne} de Rilly. — Ancien fief, relevant de l'Ile-Bouchard. — En 1754, il appartenait à Marie-Anne de Rigné, veuve de Hilaire-René Boivin. — (Arch. d'I.-et-L., C, 600.)

Genardière (le lieu de la), paroisse de Saint-Germain-sur-Vienne. — Il relevait du Petit-Thouars et appartenait, en 1539, à François d'Allemaigne ; — en 1669, à Georges Aubert. — (Arch. d'I.-et-L., C, 654. — D. Housseau, XIII, 8238.)

Genassés (le lieu des), c^{ne} de Saint-Senoch, près du chemin de Sainte-Julitte à Châtillon.

Genaudière (la), c^{ne} de Charnizay. — Ancien fief, relevant de la baronnie de Preuilly. En 1639, il appartenait à Nicolas Artault ; — en 1656, à Louis de Périon. — (Arch. d'I.-et-L., E, 338. — Bibl. nationale, Gaignères, 678. — *Rôle des fiefs de Touraine*.)

Genaudière (la), c^{ne} de Luzé. V. *Guenaudière*.

Genaudière (la), f., c^{ne} de Rochecorbon.

Genault, ou **Geneau**, vil., c^{ne} de Betz, 26 habit. — *Genault*, ou la *Cicadelle*, 1793. — *Geneau*, carte de l'état-major. — Ancien fief. En 1580, il appartenait à Pierre Maullard, Éc. ; — en 1696, à Claude Benoit, assesseur à l'hôtel-de-ville de Loches ; — en 1740, à un autre Claude Benoit ; — en 1790, à Gabriel d'Arsac. — (Arch. d'I.-et-L., E, 129 ; G, 404 ; *Biens nationaux ; lettres patentes*, 426.)

Genault (étang de), c^{ne} de Betz. — Ses eaux recouvrent d'une couche calcaire les objets qui y sont déposés. L'étendue de cet étang était de trois arpents environ, en 1761. — (*Almanach de Touraine*, 1761. — Jagu, *Topographie géologique et minéralogique du département d'Indre-et-Loire*, 75.]

Genauries (le lieu des), près de Paris-Buton, c^{ne} de Bourgueil.

Gencinières, ou **Jencinières** (les Grandes et Petites-), f., c^{ne} d'Esves-le-Moutier.

Gendarmerie (la), f., c^{ne} de Vouvray.

Gendraux (les), f., c^{ne} de Marigny — *Gendreaux*, cartes de Cassini et de l'état-major.

Gendrie (la), f., c^{ne} de Marcilly-sur-Maulne. — *Gendrie*, cartes de Cassini et de l'état-major.

Gendron (Louis), religieux carme, né à Sonzay, vers 1535, se distingua dans la prédication, dans laquelle il s'attacha particulièrement à combattre les doctrines du protestantisme. La vigueur de ses attaques contre les hérétiques mit plus d'une fois sa vie en péril, surtout à Tours, où il prêchait dans l'église des Carmes. Un jour, à la suite d'un de ses sermons, il fut poursuivi par des Huguenots qui voulaient le massacrer, et il ne leur échappa que grâce au capitaine-gouverneur de Tours, qui lui procura une barque, sur laquelle il se sauva vers Nantes. En 1593, il fut nommé provincial de son ordre en Touraine. Il mourut à Vannes, le 9 février 1604. On a de lui un ouvrage intitulé : *Traité du saint sacrifice de la messe et du Saint-Sacrement du corps et du sang de Jésus-Christ*, Limoges, 1591, in-12. — (*Almanach de Touraine*, 1761. — Chalmel, *Hist. de Tour.*, IV, 209-10. — D. Housseau, XXIII, 130.)

Gendron (Pierre-André), médecin, né à Bueil, en 1765, était fils d'un notaire de cette localité. Il fit ses humanités à l'école royale-militaire de Vendôme et étudia la médecine à Paris, où il fut reçu docteur en 1787. Il s'établit à la Chartre, qu'il quitta au bout de quelques années, pour être attaché, comme médecin, au collège de Vendôme, qui avait alors une grande et juste renommée. Il mourut dans cette ville en 1814. Il était membre des Sociétés de médecine de Tours, de Paris, d'Orléans et de Montpellier. On a de lui des *Observations sur l'usage de l'opium à grande dose dans la colique des peintres* (Recueil de la Société de médecine de Paris, II) ; — des *Observations sur une hémorrhagie intérieure guérie par vomissement* (même recueil) ; — et un *Mémoire* inséré dans la 1re série des *Annales de Montpellier* et concernant la propriété vomitive du faux acacia Robinia. Les deux premiers ouvrages ont obtenu des mentions honorables, décernées par la Société de médecine de Paris. — (Bibl. de Tours, manuscrit n° 1441. — Chalmel, *Hist. de Tour.*, IV, 493-94.)

Gendronnière (la), f., c^{ne} de Saint-Laurent-de-Lin. — En 1749, Léonard de la Montagne était qualifié de seigneur de la Gendronnière. — (Arch. d'I.-et-L., *titres de Saint-Côme*.)

Gendry (le bois), c^{ne} de Saint-Michel-sur-Loire.

Gêne, ou **Genne** (le lieu de la), c^{ne} de Berthenay. — En 1462, il appartenait à Jacques de Saint-Père. — (Arch. d'I.-et-L., *fief de Ber-*

thenay et *inventaire des titres de Saint-Julien.*)

Geneau, c^{ne} de Betz. V. *Genault.*

Genebert, f., c^{ne} de Langeais.

Genèbre, paroisse de Bléré. V. *Genièvre.*

Générateau (le), f., c^{ne} de Verneuil-sur-Indre. — *Les Générateaux,* carte de Cassini.

Generie (la), f., c^{ne} des Essarts.

Gênes (bois de), c^{ne} d'Épeigné-sur-Dême.

Gênes, ou **Gennes**, f. et chât., c^{ne} de Saint-Christophe. — *Jesna,* XVIIe siècle. — *Gêne,* carte de l'état-major. — *Gesnes,* carte de Cassini. — Ancien fief. Vers 1170, Geoffroy le Bel donna à l'abbaye de Saint-Florent de Saumur la dîme de ce domaine. En 1769, Jean du Noyer était seigneur de Gênes. Il mourut le 28 mai de cette année. Son successeur fut N. Bourgault. Il existait, dans le logis seigneurial, une chapelle qui est mentionnée dans le *Registre de visite des chapelles du diocèse de Tours,* en 1787. — (Registres d'état civil de Saint-Christophe. — Arch. d'I.-et-L., G, 14. — *Livre noir de Saint-Florent de Saumur.* — *Rôle des fiefs de Touraine.*)

Gênes, f., c^{ne} de Villebourg. — *Gênes,* carte de l'état-major. — *Gesnes,* carte de Cassini.

Genest (la fontaine), c^{ne} d'Avon. V. *Fontaine-à-Genest.*

Genest (le Petit-). — Ancien fief, s'étendant sur les paroisses d'Abilly et de Balesmes. Il relevait de la châtellenie de Sainte-Julitte, à foi et hommage lige et quinze jours de garde. Claude de la Roche-Céry en était propriétaire en 1722. — (Arch. d'I.-et-L., E, 23. — *Rôle des fiefs de Touraine.*)

Genest (le lieu de), près de la Petite-Caillère, c^{ne} de Chaumussay.

Genestre (le), f., c^{ne} de Saunay. V. *Genêtres.*

Genestrole (le lieu de la), près de la Gringoterie, c^{ne} de Saint-Paterne.

Genêt (le), ou les **Genêts**, f., c^{ne} de la Celle-Guenand. — *Genêt,* carte de Cassini. — Ancien fief, relevant de Betz et de la Celle-Draon. Jehan Fougereau rendit aveu le 22 mars 1427. Une chapelle, bâtie dans ce lieu, au XVe siècle, par les seigneurs de la Celle-Guenand, existe encore aujourd'hui. — (Arch. d'I.-et-L., *titres de la Celle.* — *Rôle des fiefs de Touraine.* — *Bulletin de la Soc. archéol. de Tour.* (1868), p. 143.

Genêt (bois de), près des Fosselles, c^{ne} de Chambourg.

Genêt (le lieu de la Fosse-à-), dans les bois de la Duporterie, c^{ne} d'Esvres.

Genêt (le), f. et chât., c^{ne} de Joué-les-Tours.

Genetaire (la), nom donné à une partie de la forêt de Chinon.

Genetay (les Grand et Petit-), f., c^{ne} de Paulmy. — En 1750, ces domaines appartenaient à Marc-Pierre de Voyer de Paulmy. — (Arch. d'I.-et-L., G, 78.)

Geneté (la), vil., c^{ne} de Thilouze, 24 habit. — *Geneté,* cartes de Cassini et de l'état-major.

Geneteil-aux-Maréchaux (le). V. *Maintrie,* c^{ne} de Charentilly.

Genetelle (la), f., c^{ne} de Villeperdue. — *La Genetelle,* carte de Cassini.

Genetets (les), f., c^{ne} de Manthelan.

Genetière (les Grande et Petite-), f., c^{ne} de Montreuil. — *Genetière,* cartes de Cassini et de l'état-major.

Genetouzière (la), f., c^{ne} de Saint-Laurent-en-Gatines. — *Genetouzière,* cartes de Cassini et de l'état-major.

Genetrés (la lieu des), près de Monjallon, c^{ne} de Rilly.

Genêtres, ou **Genestres** (les), f., c^{ne} de Saunay. — *Genestres,* cartes de Cassini et de l'état-major. — Ancien fief, relevant de Châteaurenault. — En 1558, il appartenait à Louis Thibault. — (*Aveu rendu par le seigneur de Châteaurenault au comte de Blois,* 1558. — Arch. d'I.-et-L., *Biens nationaux.*)

Genetrie (le lieu de la), c^{ne} de Saint-Pierre-de-Tournon, près du chemin d'Yzeures à Tournon.

Genetrières (les), c^{ne} de Saint-Cyr-sur-Loire. V. *la Gobinière.*

Genetries (les), f., c^{ne} du Boulay. — *Geneteries,* carte de l'état-major. — *La Genetterie,* carte de Cassini.

Genetrolle (le lieu de), près de Crouilles, c^{ne} de Chemillé-sur-Dême.

Genêts (le bois des), c^{ne} de Bournan.

Genêts (les), f., c^{ne} de Charnizay.

Genêts (les), f., c^{ne} de Courcoué. — *Genets,* cartes de Cassini et de l'état-major.

Genêts (le lieu des), près de la Mazère, c^{ne} du Louroux.

Genêts (le bois des), près du Petit-Coudreau, c^{ne} de Reugny.

Genêts (les), f., c^{ne} de Thilouze. — *Genets,* carte de l'état-major.

Genêts (les), f. et chât., c^{ne} de Villeloin. — *Genets,* carte de Cassini. — Ancien fief, relevant de Coulommiers. Il avait droit de haute, moyenne et basse justice. Tous ceux qui devaient des cens ou rentes au propriétaire du fief, étaient tenus de lui offrir, outre l'argent donné en paiement, une chandelle évaluée trois deniers et un pain de trois deniers. En 1503, il appartenait à André de Percy; — en 1560, à René de Percy, Éc., — en 1590, à

Thibault de Percy, Éc., marié à Rachel de Maussabré, fille de François de Maussabré, seigneur de Villablin, et de Anne de Maulmont; — en 1600, à René de Percy; — en 1616, à Jean de Ronsard, seigneur de Glatigny, par suite de son mariage avec Hélène, fille de René de Percy; — en 1625, à Gaspard de Maussabré, chev., seigneur de la Forêt et de la Sabardière; — en 1664, à René de Maussabré, chev., sous-lieutenant de chevau-légers; — en 1678, à Louis de Maussabré; — en 1694, à René de Maussabré, deuxième du nom, capitaine au régiment de Piémont, puis aide-de-camp du maréchal de Tourville; — en 1720, à Jacques de Maussabré, fils du précédent; — en 1731, à Antoine de Maussabré, chevalier de Saint-Louis, marié à Henriette de Cottereau, fille de Pascal-Joseph de Cottereau de Grandchamp, et décédé sans postérité, en 1762; — en 1775, à François Guillemot, Éc.; — en 1789, à Jean Guillemot de l'Espinasse, frère de François.

Il existait, dans le logis seigneurial, une chapelle, que nous voyons mentionnée dans un acte du 22 mars 1687.

Le fief du Coudray, paroisse de Coulangé, relevait des Genêts, à foi et hommage simple et une demi livre de cire.

Arch. d'I.-et-L., titres de Saint-André de Beaulieu, de la Bourdillière, des Viantaises de Beaulieu et de la cure de Coulangé; E, 134. — Lainé, Archives de la noblesse de France, X, 37. — D'Hozier, Armorial général de France; reg. 1er, 1re partie, 373. — La Chesnaye-des-Bois et Badier, Diction. de la noblesse, XIII, 502. — Rôle des fiefs de Touraine. — Dufour, Diction. historique de l'arrondissement de Loches, I, 350. — C. Chevalier, Hist. de Chenonceau, 42, 43; Diane de Poitiers au Conseil du roi, 110.

Geneteuil, Genetuel. V. *Genneteuil*, cne de Neuillé-Pont-Pierre.

Genette (la), cne de Monnaie. V. *les Chesneaux.*

Genetuls (le lieu des), près de la Ferrugineuse, cne de Bossay.

Geneviève (chapelle de **Ste-**). V. *Panzoult*.

Genevraie (le lieu de la), ou des **Genevrais**, paroisse de Fondettes. — Il relevait censivement de Maillé, suivant un bail à rente du 11 février 1442. — (Arch. d'I.-et-L., G, 519.)

Genevraie (la), vil., cne de Marigny, 20 habit. — *Terra quæ Viniperia, id est Genevria appellatur*, xiie siècle. — *Genevraie*, cartes de Cassini et de l'état-major. — Ancien fief. Vers 1109, un nommé Herbert de la Motte donna ce domaine à l'abbaye de Noyers. En 1602, Charles Turpin de Crissé en était propriétaire. — (Archives de la Vienne, D, 169. — *Cartulaire de Noyers*. — D. Housseau, XIII, 8275.)

Genevraie (la), f., cne de Saint-Épain. — *Genièves, alias Lanbertinais*, xviiie siècle. — *La Chennevraie*, carte de l'état-major. — *Genevraye*, carte de Cassini. — Ancienne propriété de la collégiale de Saint-Martin. — (Arch. d'I.-et-L., *Inventaire des titres de Saint-Épain*.)

Genevrais (les), paroisse de Fondettes. V. *Genevraie*.

Genevray, f., cne de Sorigny. — *Genevre, in parochia de Sorigneio* (charte de 1271). — *Genevray*, cartes de Cassini et de l'état-major. — Ce domaine dépendait du Chapitre de l'église de Tours. — (Arch. d'I.-et-L., G, 79.)

Genevré, cne de Sorigny. V. *Genevray*.

Genevria, cne de Marigny. V. *Genevraie*.

Genevrier (le lieu du), cne de Chaumussay, près de la Claise et du bourg.

Genicotière (le lieu de), paroisse de Nouâtre. — Ancien fief. En 1684, il appartenait à François des Lamberts. — (Arch. d'I.-et-L., E.)

Geniébres, paroisse de Saint-Ouen. V. *Genièvres*.

Genière (la), cne de Bueil. V. *Gesnière*.

Genière (la), f., cne de la Chapelle-Blanche. — *La Gesnière*, carte de Cassini.

Genièvre (le lieu de), près du Val-d'Orquaire, paroisse de Bléré. — *Genèbre*, 1577. — Ancien fief, relevant du château d'Amboise. — Au xvie siècle, il appartenait au Chapitre de Saint-Martin et à la famille de Fortia. — (Arch. d'I.-et-L., G, 633, 651.)

Genièvre (le), f., cne de Druyes. — *Geniève*, carte de l'état-major. — En 1733, elle appartenait à Robert Jahan; — en 1745, aux Ursulines de Tours. — (Arch. d'I.-et-L., *Prieurés de Saint-Côme et de Relay*.)

Genièvre, f., cne de Saint-Ouen. — *Closerie des Genièbres*, 1672. — *Genièvres*, 1791. — Elle a fait partie de l'ancienne paroisse de Fleuray. L'abbaye de Fontaines-les-Blanches en était propriétaire. — (Arch. d'I.-et-L., *titres de Fontaines-les-Blanches; Biens nationaux*.)

Genièvres (le lieu des), près de la Bournée, cne de Candes.

Genièvres (le lieu des), près de Maulay, cne de Civray-sur-Esves.

Genièvres (les), f., cne de Draché. — *Genièvres*, cartes de Cassini et de l'état-major.

Genièvres (les), f., cne de Faye-la-Vineuse. — *Genièvres*, carte de Cassini.

Genièvres (le lieu des), cne de Neuil, près du chemin de Saint-Épain à Pont-de-Ruan.

Genièvres (le lieu des), cne de Parçay-Meslay, près du chemin de la Thomassière à Couleurs.

Genièvres (le lieu des), près de la Bergeaudrie, cne de Sainte-Maure.

Genièvres (le lieu des), près de la Jugeraie, c^{ne} de Sainte-Maure.

Genillé, commune du canton de Montrésor, arrondissement de Loches, à 52 kilomètres de Tours, 12 de Loches et 9 de Montrésor. — *Geniliacus vicus*, VIIe siècle (monnaies mérovingiennes). — *Vicaria Geniliacensis*, 894 (chartes du comte Robert et de Radobius). — *Geniliacus*, 1136. — *Ginilleium*, 1140 (charte de l'abbaye de Marmoutier). — *Ecclesia Geniliaca*, 1200 (charte de l'abbaye de Villeloin). — *Genileium*, 1211 (charte de Sulpice, seigneur d'Amboise). — *Parochia de Genille*, 1213 (charte de l'abbaye de Villeloin). — *Ecclesia de Genilleyo*, XIVe siècle (charte du Liget).

Elle est bornée, au nord, par les communes de Luzillé et de Céré; à l'ouest, par celle de Saint-Quentin; à l'est, par Chemillé et Beaumont-Village; au sud, par Ferrières et Beaulieu. Elle est arrosée par l'Indrois, qui fait mouvoir les moulins du Pont, du Mottage, de la Roche, le Moulin-Neuf, et les moulins de Méréans et de la Chaume ; — par le ruisseau de Marolles, qui prend sa source près des Hauts-Benoîts, fait mouvoir le moulin de Marolles, passe à Genillé, et se jette dans l'Indrois, près des Ouches; — par le ruisseau de la Frillière, qui prend sa source près de la Frillière, et se jette dans l'Indrois, près de la Roche; — par le ruisseau d'Hys, qui vient de la commune du Liège, et se jette dans l'Indrois, au lieu appelé les Secherins; — par le ruisseau de Perouzin, qui reçoit les eaux de la fontaine de la Lande, et se jette dans l'Indrois, près de la Davière; — par le ruisseau de Montagu, qui prend sa source à Montagu, et se jette dans l'Indrois. Elle est traversée par les chemins de grande comunication n° 51, de Loches à Montrichard, et n° 52, de Bléré à Buzançais. Une partie de la forêt de Loches s'étend sur son territoire.

Les lieux, hameaux et villages suivants dépendent de cette commune : Les Caves-de-la-Roche (17 habit.). — Les Caves-des-Blavetières (41 habit.). — Courchamp (88 habit.), ancien fief. — La Davière (11 habit.), ancien fief. — Les Chênes (15 habit.). — Le Coudray (41 habit.); le prieuré de la Bourdillière y possédait une métairie. — Le Carroir-à-Pion (11 habit.). — La Chaume (14 habit.), ancien fief, relevant du château de Loches, de Courçay et de Saint-Quentin. — La Charrière (11 habit.). — La Bourdillière (28 habit.), ancien prieuré. — Les Billots (28 habit.), *Villa Billot*, en 1316. — La Berloque (27 habit.). — La Bergerie (28 habit.), ancienne dépendance du fief du Pont. — La Beaugerie (13 habit.). — La Blonnerie, ancienne propriété des Chartreux du Liget. — Le Pont (64 habit.), ancien fief, relevant du château de Loches. — Pentange (15 habit.), ancienne propriété des Ursulines de Tours. — Riguy (19 habit.), ancien fief, relevant du château de Loches. — La Puchère (22 habit.), ancienne propriété du prieuré de la Bourdillière et de l'abbaye de Beaumont. — La Réaudière, ancien fief. — Rassay (17 habit.), ancien fief. — La Trillonnière (36 habit.). — Les Pins (13 habit.). — La Venerie (11 habit.), ancien fief, relevant du Pont, propriété des Filles de la mère de Dieu, de Beaulieu, au XVIIIe siècle. — La Peaudière (38 habit.). — La Gallerie, ancien fief. — Les Hauts-Millets (13 habit.). — La Fosse-aux-Vaches, ancien fief, propriété de l'abbaye de Villeloin. — Marolles, ancien fief. — La Girardière (9 habit.). — La Marcaderie (10 habit.). — La Maison-Neuve (12 habit.). — Le Grand-Marsain (77 habit.), ancien fief, relevant du château de Montrésor. — Le Petit-Marsain, ancien fief, relevant du Grand-Marsain. — La Gittonnière (12 habit.), ancienne propriété du prieuré de la Bourdillière et de l'abbaye de Beaumont-les-Tours. — La Giraudière (17 habit.), ancien fief. — Les Hauts-Benoîts (31 habit.). — La Miltière (21 habit.). — Le Mottage (13 habit.), ancienne propriété des Barnabites de Loches et des Chartreux du Liget. — Les Iles (19 habit.). — Mertier (20 habit.), ancienne propriété du Chapitre de Loches et des Minimes de Saint-Grégoire de Tours. — Maupertuis (24 habit.). — Logny (90 habit.), ancien fief. — Merrins (39 habit.). — Les Ouches (10 habit.), ancienne propriété de l'abbaye de la Bourdillière et de l'abbaye de Beaumont-les-Tours. — La Hutière (37 habit.). — La Petite-Hutière (11 habit.). — Hys (29 habit.), ancien prieuré, appartenant à l'abbaye de Villeloin. — Foucharé (38 habit.), ancien fief, propriété des Barnabites de Loches et des Chartreux du Liget, au XVIIIe siècle. — La Frillière, ancien fief. — Montaigu (11 habit.), ancien fief, relevant d'Azay-sur-Indre, propriété des Ursulines de Tours, au XVIIIe siècle. — Le Long-du-Bois (48 habit.). — La Lande (44 habit.). — Le Grand-Couasnay (28 habit.), ancien fief, relevant du château de Loches. — Le Petit-Couasnay (10 habit.), ancien fief, relevant aussi du château de Loches. — La Crepinière (21 habit.). — La Clemencerie (62 habit.). — Les Bruyères (13 habit.). — Bourdin, ancien fief, relevant du Pont. — Les Bournais, ancien fief. — Brouillard, ancien fief, relevant du château de Loches. — L'Abbaye, ou l'Abbée (13 habit.). — La Valinière (18 habit.). — Le Pressoir, Saint-Pierre, le Moulin-de-la-Roche, la Croix, la Ferdinandrie, Fine-Épicé, la Migeonnerie, le Poteau, la Méchante-Maison, la Pyramide-de-Montaigu, le Moulin-Neuf, Juspie, la Bergerie-de-Rassay, la Morandière, le Clos, les Bourdes, la Pichonnière, le Pavillon, la Dominerie, la Foucherie, l'Atrappe, la Verdonnerie, la Cadoise, la Thibaudière, Baulaire, la Grande-Métairie, la Folie, le Four-à-Chaux-de-Marolles, les Fouassiers, la Pyramide-des-Chartreux, la Naudinière, etc.

Avant la Révolution, Genillé était dans le ressort de l'élection de Loches et faisait partie du doyenné de Loches et du grand-archidiaconné de Tours. En 1793, il dépendait du district de Loches.

Superficie cadastrale. — 6312 hectares. — Le plan cadastral, dressé par Delaunay, a été terminé le 30 juillet 1831.

Population. — 315 feux en 1764. — 1906 habit. en 1801. — 1900 habit. en 1804. — 1930 habit. en 1810. — 1988 habit. en 1821. — 1954 habit. en 1831. — 1912 habit. en 1841. — 2063 habit. en 1851. — 2043 habit. en 1861. — 2087 habit. en 1872. — 2242 habit. en 1876.

Foires le 8 mai et le 20 octobre. — *Assemblée* pour location de domestiques le jour de l'Ascension.

Recette de Poste. — *Perception* de Montrésor.

Genillé est cité pour la première fois dans une charte de Robert, abbé de Saint-Martin, en date du mois de juin 894. Il était alors le chef-lieu d'une viguerie, dans laquelle étaient compris Brencçay, Hys, appelé *Ivis*, au IXᵉ siècle, Chédigny, Chemillé et Orbigny. On possède des monnaies qui y ont été frappées à l'époque mérovingienne et sur lesquelles on lit : *Geniliacus vicus.*

En 1870, on a trouvé, dans les environs du bourg, une grande quantité de médailles d'empereurs romains, qui ont été données au musée de la Société archéologique de Touraine, par un de ses membres, M. Pécard.

L'église est placée sous le vocable de sainte Eulalie. Le clocher, avec flèche en pierre, appartient au XIᵉ siècle; d'autres parties de l'édifice sont du siècle suivant et du XVᵉ. Une des fenêtres de la nef, établie à la fin de ce dernier siècle ou au commencement du XVIᵉ, porte les armes de la famille Fumée; les autres ont été faites de nos jours. Derrière le maître-autel on voit le siège des abbesses de la Bourdillière, qui fut acheté, en 1780, par Tessier de Sainte-Marie, curé de Genillé.

Par acte du 4 mai 1486, Adam Fumée, seigneur de Genillé et de la Bourdillière, fonda, à l'autel de la Sainte-Vierge, une chapellenie qui fut érigée en bénéfice et que l'on appela par la suite chapelle de la Bourdillière.

La chapelle, dite du Rosaire, a été construite en 1660. Les propriétaires de la terre de Genillé y avaient droit de banc seigneurial et de sépulture.

Près de l'entrée de l'église se trouve un bénitier de marbre blanc portant la date de 1494 et un écusson sur lequel on voit *un rameau posé en bande et accompagné de deux glands*. Les couleurs ne sont pas indiquées.

Sur les bords de la coupe on lit cette inscription :

Qui a donné ce bénitier
En paradis est son chantier.

Parmi les tombeaux que l'on voyait autrefois dans l'église et qui ont été détruits à la Révolution, on remarquait celui de Madeleine de Tripsé, veuve d'Alexandre-Gaëtan de Thienne, inhumée le 3 août 1765.

Primitivement, le droit de présentation au titre curial de Genillé appartenait à l'archevêque de Tours. En 1208, l'archevêque Jean de Faye céda ce droit au Chapitre de son église.

Dans l'enclos du prieuré de la Bourdillière se trouvait une chapelle placée sous le vocable de Notre-Dame-de-Pitié et dont Louis Garnier était chapelain en 1768. Son revenu était de 500 livres. Le titulaire était tenu d'y célébrer trois messes par semaine. Par ordonnance de l'archevêque de Tours, du 30 octobre 1778, cette chapelle fut interdite. A partir de cette date, les offices dus par le desservant eurent lieu dans l'église de Genillé; le droit de présenter le titulaire fut exercé par le seigneur de la paroisse. Le chapelain devait résider à Genillé, sous peine de perdre son bénéfice.

On comptait dans la paroisse de Genillé sept autres chapelles. Celle d'Hys appartenait à un prieuré (V. *Hys*); celle de Saint-Pierre est mentionnée dans une charte du XIVᵉ siècle. La chapelle de Marsain existait dès le XIIᵉ siècle. En exécution d'une transaction passée, en 1318, le curé de Genillé était dans l'obligation d'y célébrer ou d'y faire célébrer une messe tous les dimanches, le jour de saint Jean-Baptiste et aux fêtes de Noël, de la Pentecôte et de la Toussaint. Il devait aussi y dire deux messes par semaine pendant le Carême. Cette chapelle est qualifiée d'*église* dans un titre du 2 novembre 1598. A la suite d'un grand scandale qui s'y produisit, elle fut déclarée polluée, par l'archevêque de Tours, et on la bénit de nouveau le 5 août 1701. Cette bénédiction fut donnée par Louis Potier, curé de Saint-Pierre de Perrusson, désigné à cet effet par l'archevêque. Le bâtiment était en ruines en 1787.

Les chapelles du château de Marolles, de Rassay, du Pont et de Mortier sont mentionnées dans le *Registre de visite des chapelles du diocèse de Tours*, en 1787.

Les registres d'état civil de Genillé commencent le 25 janvier 1571.

CURÉS DE GENILLÉ. — Bernard Dumont, 1420. — Jehan Sauvage, décédé en 1508. — Antoine Fumée, 1559. — Desroches, 1571. — Christophe Fumée, 1580. — Mathias Marteau, 1600. — Jean Imbert, 1614, décédé vers 1647. — Michel-Simon Ballanger, chanoine de l'église de Tours, 1647. — Pierre Bellanger, frère du précédent, 1650-91. — François Legay, 19 novembre 1691, mort vers 1742. — François Gourdin, 27 février 1742, décédé le 7 novembre 1764; il fut inhumé dans l'église. — Jean Tessier de Sainte-Marie, 1765-90. — Jean-Baptiste Petitbeau, 1791, curé constitutionnel, 1792, nommé de nouveau curé, le 6 avril 1804, démissionnaire en mai 1831, mort le 30 mars 1833. — Aguilas Bonnin, mai

1831, 1839. — Édouard Huré, du 20 septembre 1839 au 28 mai 1842. — Fulgence Boué, jésuite, du 29 mai 1842 au 2 novembre 1847. — Alexandre Millet, du 3 novembre 1847 au 19 mai 1861. — Lucien Moreau, du 20 juin 1861 au 15 juillet 1874. — Eugène-Adolphe Maurice, 15 juillet 1874, actuellement en fonctions (1880).

Genillé, d'abord simple fief, relevant de Montrichard, fut érigé en châtellenie, en 1515, avec union de la terre des Roches-Saint-Quentin. Le fief de la dîme de Logny relevait de cette châtellenie à foi et hommage simple.

Seigneurs de Genillé.

I. — Adam Fumée est le premier seigneur connu. Il était fils aîné de Pierre Fumée, receveur des deniers communs de la ville de Tours. Il étudia la médecine à l'Université de Montpellier et fut médecin des rois Charles VII et Louis XI. Le 3 octobre 1483, il rendit hommage pour sa terre de Genillé. Il fut maître des requêtes puis garde des sceaux de France, en remplacement de Guillaume de Rochefort. Il mourut à Lyon au mois de novembre 1494. En premières noces, il avait épousé Jeanne Pellorde; en secondes, Thomine Ruzé, veuve de Jean Burdelot et fille de Jean Ruzé, seigneur de Beaulieu, et de Gillonne Berthelot. Du premier mariage il eut: 1° Adam, dont on parlera plus loin; 2° Hardouin, chanoine de Paris, abbé de Beaulieu; 3° François, seigneur des Fourneaux, marié à Catherine Marques, fille de Guillaume Marques, seigneur de la Folaine et de Chédigny; 4° Jeanne, mariée, le 17 juillet 1493, à Pierre Bonnin, Éc., seigneur de Nourion et du Corpoy, procureur-général au Grand-Conseil; 5° Marguerite, femme de Jean Goyet, Éc., seigneur de Montenault, secrétaire du roi (contrat du 12 septembre 1481). — Du second mariage sont issus: 1° Louis, mort sans postérité; 2° Antoine, qui suit; 3° Jean, chanoine de Saint-Martin de Tours, décédé vers 1531. — Thomine Ruzé fit son testament le 29 septembre 1494 et mourut quelques jours après, à Lyon. Elle fut inhumée dans l'église Sainte-Croix de cette ville.

II. — Antoine Fumée, seigneur de Genillé, chanoine de l'église de Tours, figure dans un acte de 1523. Après sa mort, la terre de Genillé revint à son frère, Adam Fumée.

III. — Adam Fumée, deuxième du nom, seigneur de Genillé et des Roches-Saint-Quentin, conseiller au Parlement de Paris et maître des requêtes, fut commis pour tenir les sceaux aux grands jours de Poitiers, en 1531-33. Il épousa Catherine Burdelot. De ce mariage sont issus: 1° Martin, dont on parlera plus loin; 2° Adam, décédé sans postérité; 3° Antoine, qui suit; 4° Louis, notaire et secrétaire du roi, conseiller au Parlement de Paris (19 décembre 1528), mort le 23 août 1532; 5° Hardouin, prieur de Saint-Nicolas d'Auneau, décédé vers 1554; 6° Louise, mariée, en premières noces, en 1518, à Pierre Angemont, conseiller au Parlement; en secondes noces, à François Lefevre, seigneur de Beaulieu, avocat du roi à la Cour des comptes; 7° Catherine, femme de Louis de Fromentières, Éc., seigneur des Étangs; 8° Gaillarde, mariée, à Loches, le 2 janvier 1523, à Louis Trousseau, Éc., seigneur de Chambon, vicomte de Bourges.

IV. — Antoine Fumée, seigneur de Genillé (en partie) et de Blandé, conseiller au Parlement de Paris (13 novembre 1536), fut ensuite président du Parlement de Bretagne. Il épousa Françoise du Fau, fille de Hardouin, seigneur du Fau, et d'Antoinette de Menou. De ce mariage naquirent: 1° Adam, seigneur de la Grassière; 2° Louis, seigneur des Bourdelles; 3° Jacques, chevalier de Malte, commandeur de Castres; 4° Madeleine; 5° Renée, mariée à Gabriel de Beauregard, Éc., seigneur du Verger; 6° Marguerite, femme d'Antoine Prevost, Éc., seigneur du Chatelier-Portault.

V. — Martin Fumée, frère du précédent, seigneur de Genillé et des Roches-Saint-Quentin, maître des requêtes, mourut en 1562. Il avait épousé, en premières noces, Martine d'Alais, fille de François d'Alais, seigneur de la Roche-d'Alais, médecin du roi, et de Martine Le Gaultier. Il eut, de ce mariage: 1° Adam, conseiller au Parlement de Paris, décédé le 17 octobre 1574, sans avoir été marié; 2° Antoine, seigneur de Blandé et des Roches-Saint-Quentin, conseiller au Conseil privé du roi, mort en 1583; 3° François, conseiller au présidial de Poitiers; 4° Nicolas, évêque et comte de Beauvais, pair de France, abbé de la Couture, mort à Chartres, le 3 mars 1592. Son corps, rapporté en Touraine, fut inhumé au château des Roches-Saint-Quentin; 5° Jacques, mort sans postérité; 6° Claude, conseiller au Parlement de Paris; 7° François; 8° Pierre; 9° Martin, qui suit.

VI. — Martin Fumée, chev., seigneur de Genillé et de Marly-le-Chatel, gentilhomme de la chambre du duc d'Anjou et chevalier de l'ordre du roi, rendit hommage pour sa terre de Genillé le 30 mai 1573. Par contrat du 19 juin de cette même année, il épousa Marie Louet, fille de Clément Louet, maître des requêtes, et de Marguerite de Querlavoine. Il eut, de ce mariage, trois filles: Marie, Françoise et Madeleine, cette dernière, mariée, le 21 juin 1591, à Jean de Menou, seigneur de Boussay.

VII. — Jean de Menou, chev., seigneur de Genillé (du chef de sa femme), de Boussay, Rilly, Méré, la Forge, Marray, gouverneur du Blanc, en Berry (6 juillet 1591), capitaine du château d'Angles, eut, de son mariage avec Madeleine Fumée, un fils, René, qui suit. D'un second mariage, avec Anne de Bloys, il eut neuf enfants, entre autres, Jean, qui forma la branche de Rilly, et Charles, auteur de la branche de Narbonne. Il mourut en 1633.

VIII. — René de Menou, chev., seigneur de Genillé, Boussay, la Forge, la Roche-d'Alais, Baratoire, la Penissière, baron de Courgain, gentilhomme ordinaire de la chambre du roi et maître des eaux et forêts du comté de Loches, épousa, en premières noces, par contrat du 18 juin 1618, Madeleine Fumée, sa cousine, fille de Martin Fumée, maître des requêtes ordinaires de l'hôtel, et de Madeleine de Crevant. En secondes noces il épousa, le 16 avril 1644, Louise de Montfaucon, fille de François de Montfaucon et de Françoise de Mondain. Du premier mariage naquirent dix-neuf enfants, entre autres, Louis, qui suit; François, seigneur de la Roche-d'Alais; René, chevalier de Malte, commandeur de la Guerche, et Edmond, prieur de l'abbaye de Preuilly. Du second mariage sont issus quatorze enfants, qui, presque tous, moururent en bas âge. René de Menou décéda au mois de septembre 1661.

IX. — Louis de Menou, chev., seigneur de Genillé, Boussay, la Forge, colonel du régiment de Touraine, fonda le couvent de la Bourdillière en 1662. En 1668, il rendit aveu pour sa terre de Genillé. Il épousa Catherine Perrot, fille de Claude Perrot, chev., seigneur du Plessis, grand-maître des eaux et forêts de France, au département de Touraine, Anjou et Maine, et d'Anne du Breuil. Il eut huit enfants : René, qui suit; Roger, lieutenant de cavalerie; Louis; Charles, vicaire général de Pamiers et doyen de Saint-Aignan; Catherine, prieure de la Bourdillière; Anne, Marie et Agathe, religieuses dans ce même prieuré. Devenu veuf, à l'âge de trente ans, Louis de Menou entra dans les ordres. Il mourut en 1698.

X. — René de Menou, chev., seigneur de Genillé, Boussay, Chambon, Rigny, etc., épousa, par contrat du 21 avril 1668, Dorothée Châteigner, fille de Louis Châteigner, chev., seigneur de Lussais et d'Andonville, maréchal des camps et armées du roi, et de Théodore de Trégouin. Dorothée Châteigner mourut dans le mois qui suivit son mariage. René de Menou épousa, en secondes noces, le 5 février 1670, Claude-Marie Leaud, fille de Pierre Leaud, Éc., secrétaire du roi, et de Claude Morisse. De ce mariage il eut : 1° René-Charles, qui suit; 2° Louis, abbé de Bonny-sur-Loire et prieur de Saint-Christophe, au diocèse de Beauvais; 3° Roger, tué au siège de Denia, en Espagne, en 1710; 4° Edmond, abbé de Saint-Pierre de Preuilly, décédé le 20 octobre 1758; 5° Marie, morte en 1752; 6° Louise; 7°, 8° Dorothée et Antonine, jumelles, mortes en bas âge; 9°, 10°, 11° Élisabeth, Claude et Françoise-Madeleine, religieuses à la Bourdillière; 12° Catherine, abbesse de la Bourdillière; 13° Geneviève morte en bas âge. René de Menou mourut en 1710.

XI. — René-Charles de Menou, chev., seigneur de Genillé, Boussay, Méré, la Forge, baron de Beaucay, brigadier des armées du roi, rendit hommage pour sa terre de Genillé en 1740. Il mourut à Boussay le 13 décembre 1744. De son mariage, contracté le 8 août 1715, avec Louise Léaud de Lignières, il avait eu deux filles, l'une, morte en bas âge, l'autre, Louis-Marie-Charlotte, qui fut mariée, le 3 janvier 1746, à René-François de Menou, son cousin.

XII. — René-François de Menou, chev., marquis de Menou, maréchal de camp, gouverneur de la citadelle d'Arras, fut seigneur de Genillé, par suite de son mariage avec Louise-Marie-Charlotte de Menou. Il mourut le 30 septembre 1765, laissant plusieurs enfants, entre autres, René-Louis-Charles, qui suit, et Jacques-François, député de la noblesse de Touraine aux États-généraux, en 1789, général de division, mort le 11 août 1810.

XIII. — René-Louis-Charles de Menou, chev., marquis de Genillé, seigneur de Genillé, Boussay, Chambon, Chaumussay, mourut à Boussay le 29 janvier 1822. Il avait épousé, le 31 janvier 1769, Anne-Michelle-Isabelle Chaspoux de Verneuil, fille d'Eusèbe-Jacques Chaspoux, marquis de Verneuil, comte de Loches, et d'Anne-Adélaïde de Harville. De ce mariage sont issus : René-Louis-François, marquis de Menou, mort le 9 octobre 1841; René, décédé le 17 juillet 1808, et Anne-Denise-Félicité, mariée à Alphonse Savary, marquis de Lancosme.

MAIRES DE GENILLÉ. — Hercule-Silvain Jousselin, 1791. — Jussi, 1802. — Jousselin, 29 décembre 1807, 14 décembre 1812. — Le Gardeur de Repentigny, 3 mai 1816. — Étienne Meunier, 1er août 1821. — Hercule Sellier, 29 octobre 1821. — Roy-Jousselin, 10 janvier 1823. — Urbain-Charles, comte de Barbançois, 17 août 1827. — Roy, 1837. — De Marseuil, 1841. — Meunier, 1852. — Anthyme Vénier, 21 janvier 1874, 21 janvier 1878.

Arch. d'I.-et-L., C, 555, 603; E, 22; G, 14, 92; *titres de la Bourdillière, du Liget, de Beaugerais, des Barnabites de Loches.* — *Rôle des fiefs de Touraine.* — D. Housseau, I, 120, 121; IV, 1586; VI, 2315, 2349; VII, 2870, 3005, 3048, 3302; IX, 4856; XII, 5291, 5313; XIII, 8307; XXI. — Expilly, *Diction. des Gaules et de la France*, III, 589. — *Cartulaire du Liget et de l'archevêché de Tours.* — Bibl. de Tours, manuscrits nos 1265, 1267, 1313. — P. Anselme, *Hist. généal. de la maison de France*, VI. — La Chesnaye-des-Bois et Badier, *Diction. de la noblesse*, VIII, 726. — *Procès-verbal de la Société archéologique de Touraine* du 28 janvier 1863. — De Ponton d'Amécourt, *Recherches sur les monnaies mérovingiennes de Touraine*, 6. — *Bulletin de la Société archéologique de Touraine* (1870), p. 318. — *Preuves de l'histoire de la maison de Menou*, 87. — Lhermite-Souliers, *Hist. de la noblesse de Touraine*, 257. — De Marelles, *Hist. des comtes d'Anjou*, 193. — Bétancourt, *Noms féodaux*, II, 634. — E. Mabille, *Notice sur les divisions territoriales de la Touraine*, 85. — Dufour, *Diction. de l'arrondissement de Loches*, I, 265 et suiv. — *Mém. de la Soc. archéol. de Tour.*, IX, 232.

Genillés (le lieu des), près du Lane, cne de la Chapelle-sur-Loire.

Gennebert, f., c^{ne} de Langeais.

Gennebré, f., c^{ne} d'Hommes.

Gennegées (le lieu des), près de la Bréchotière, c^{ne} de Louans.

Genneraie (bois de la), c^{ne} d'Esves-le-Moutier.

Gennes, paroisse de Berthenay. V. *Gênes*.

Gennes, paroisse de Saint-Christophe. V. *Gênes*.

Genneteuil, f., c^{ne} de Neuillé-Pont-Pierre. — *Geneteuil, Genetuel*, 1285, 1580; *Geneteil*, 1600. — *Genneteuil*, cartes de Cassini et de l'état-major. — Ancien fief. En 1637, il appartenait à Louise le Blanc, veuve de Gilles des Roches; — en 1651, à Gilbert des Roches; — en 1660, à Nicolas Gatien; — en 1745, à Louis Durand, chev.; — en 1763-79, à Charles-Nicolas Le Pellerin de Gauville. — (Arch. d'I.-et-L., E, 83, 147; *prévôté d'Oë. — Rôle des fiefs de Touraine.*)

Gennetière (la), f., c^{ne} de Luzé.

Gennetière (la), f., c^{ne} de Saint-Denis-hors.

Gennetrie (la), f., c^{ne} de Saint-Michel-sur-Loire. — *Gennetrie*, carte de l'état-major. — *Jametrie*, carte de Cassini.

Genotrie (la), f., c^{ne} d'Avrillé, près de la Roumer.

Genouph (St-), commune du canton de Tours-sud, arrondissement de Tours, à 7 kilomètres de Tours. — *Saint-Genoulf*, carte de Cassini. — Elle est bornée, au nord, par la Loire; à l'est, par la commune de La Riche; au sud, par celle de Savonnières; à l'ouest, par Berthenay. Elle est traversée par le chemin de fer de Tours à Nantes.

Les lieux, hameaux et villages suivants dépendent de cette commune : Le Bas-Chemin (110 habit.). — La Bise (21 habit.). — La Gaudinière (22 habit.). — La Roche (15 habit.). — Nouis, ancien fief, relevant du château de Tours, et propriété de l'abbaye de Saint-Julien. — Le Grand-Moulin (19 habit.). — Les Montils (18 habit.), ancienne propriété des Minimes du Plessis. — Marçay (22 habit.), connu dès le xe siècle. — Touche-Ronde, la Vergerie, la Robinière, Château-Gaillard, etc.

Avant la Révolution, Saint-Genouph était dans le ressort de l'élection de Tours et faisait partie du doyenné d'Azay-le-Rideau et du grand-archidiaconé de Tours. En 1793, il dépendait du district de Tours.

Superficie cadastrale. — 486 hectares. — Le plan cadastral a été dressé par Bruzon, vers 1825.

Population. — 320 habit. en 1801. — 300 habit. en 1804. — 376 habit. en 1808. — 344 habit. en 1810. — 330 habit. en 1821. — 375 habit. en 1831. — 393 habit. en 1841. — 389 habit. en 1851. — 372 habit. en 1861. — 367 habit. en 1872. — 363 habit. en 1876.

Assemblée pour location de domestiques le premier dimanche de mai.

Bureau de poste de Tours. — *Perception* de La Riche.

L'église n'offre rien d'intéressant. Elle est qualifiée de chapelle, fillette ou succursale de Berthenay, dans des titres de 1730 et 1758. Ce fut vers cette dernière époque que Saint-Genouph fut érigé en paroisse. Le titre de desservant était à la présentation de l'archevêque.

DESSERVANTS ET CURÉS DE SAINT-GENOUPH. — Thimothée Moreau, 1730, 1758. — Silvestre Forgete, 1767. — Jacquet, 1768. — Michel-Thomas Deschamps, 1777-82. — Saulquin, 1804. — Delamolère, 1810. — Berge, 1821. — Rabiet, 1831. — Fremont, 1840, actuellement en fonctions (1880).

En 1846, en exécutant des travaux de terrassement dans cette commune pour l'établissement du chemin de fer de Tours à Nantes, on a découvert, renfermés dans un vase de terre cuite, divers objets antiques en bronze : haches, javelots, fibules, fragments de poignards, etc. Ces objets sont aujourd'hui conservés au musée de la Société archéologique de Touraine.

Saint-Genouph a été cruellement éprouvé par l'inondation de 1856. La perte, pour cette commune, fut évaluée à 211,600 francs.

MAIRES DE SAINT-GENOUPH. — Dupont, 1792. — Pierre Caillard, 1804, 29 décembre 1821. — Gatien Leroux, 21 juin 1830. — Caillard-Mazery, 17 septembre 1830. — Dupont-Joubert, 1852, 13 février 1874. — Louis Picou-Ribot, 21 janvier 1878.

Arch. d'I.-et-L., abbaye de Saint-Julien, fief de Nouy; titres de la cure de Saint-Genouph. — *Mém. de la Soc. archéol. de Tour.*, III, 335; IX, 232-33; *Bulletin* de la même Société, (1868), p. 51. — Rouillé-Courbe, *Les inondations dans le département d'Indre-et-Loire*, 432. — E. Mabille, *Notice sur les divisions territoriales de la Touraine*, 188. — *Annuaire-almanach d'Indre-et-Loire* (1877), p. 173.

Genouph (St-), abbaye, en Berry. — Le fief de cette abbaye relevait du château de Loches. — (Arch. d'I.-et-L., C, 603.)

Genouph (St-), alias la **Chaise-St-Genoux**, c^{ne} de la Chapelle-Saint-Hippolyte. — Ancien fief, relevant de Sennevières. En 1710, il appartenait à François Luthier. Par acte du 11 septembre 1723, Michel Luthier de Montouvrain et Marie Luthier, femme de Grégoire Boillac de la Doratière, le vendirent à Guillaume Gaulepied, baron de Sennevières. — (Arch. d'I.-et-L., C, 602; E, 130, 135.)

Genoux (le lieu de), près du Rouchoux, c^{ne} du Grand-Pressigny.

Gentil (le fief), ou **Fief-Jean-Marques**, situé dans la ville de Bléré. — Il relevait du château d'Amboise. En 1514, il fut uni à la châtellenie de Chenonceau. En 1520, il appartenait à Robert Marques; — en 1431, à Jehan Marques; — en 1460, à Pierre Marques; — en 1469, à Guillaume Marques, qui le vendit, à réméré, à Pierre de Montplacé, abbé de Saint-Julien, pour cent vingt écus d'or. Retiré, en 1475, il fut vendu, le 3 juin 1496, à Thomas Bohier. Il revint ensuite à Catherine Marques (1502), puis à Thomas Bohier, qui le fit réunir à la châtellenie de Chenonceau. — Au XIII° siècle, le moulin de Culoison relevait du fief Gentil à foi et hommage simple et un roussin de service abonné à vingt-cinq sols, à muance de seigneur. Boisramé relevait également de ce fief à foi et hommage simple et un denier de franc-devoir. — (Arch. d'I.-et-L., C, 633, 634, 651. — *Rôle des fiefs de Touraine*. — *Mém. de la Soc. archéol. de Tour.*, IX, 112. — C. Chevalier, *Hist. de Chenonceau*, 39, 40, 41, 49, 58, 59, 63, 66, 69, 73, 75, 78, 79, 85, 120, 122, 169; *Diane de Poitiers au Conseil du roi*, 87.)

Gentilhommerie (la), f., c^{ne} de Saint-Roch. — Elle relevait du fief de la Chapelle-Saint-Remi. — (Arch. d'I.-et-L., *fief de Saint-Roch*.)

Gentillerie (le lieu de la), c^{ne} de Saint-Senoch, près du chemin de Barbeneuve au Carroi-des-Contenls.

Gentillier (la fontaine du), près de Châteaupin, c^{ne} de Ligueil.

Gentillier (le lieu du Puits-de-), c^{ne} de Ligueil. V. *Puits-de-Gentillier*.

Gentillière (la), vil., c^{ne} de Restigné, 26 habitants.

Gentinière (la), ham., c^{ne} de Souvigny, 15 habit. — *l'Argentinière*, 1575. — *Gentinière*, carte de Cassini. — Ancien fief, relevant du château d'Amboise, à soixante sols de franc-devoir. — En 1575, il appartenait à Robert Gentin; — en 1606, à Æneas Marchant. — (Arch. d'I.-et-L., C, 603, 633, 651. — Bétancourt, *Noms féodaux*, II, 604. — *Rôle des fiefs de Touraine*. — *Livre de recettes d'Amboise*, 1575.)

Genty (la fosse), c^{ne} de Druye, près du carrefour de la Croix-Robert.

Genulphus *(Sanctus)*. V. *Genouph (Saint-)*.

Geoffroy Ier, dit le **Martel**, comte d'Anjou, fils de Foulques-Nerra et d'Hildegarde, s'empara de la ville de Tours après un long siège, en 1043, battit les troupes de Thibault, comte de Tours, et d'Étienne, comte de Champagne, près du village de Nouis et devint, par suite de cette victoire, maître de toute la Touraine, qu'il réunit à son comté d'Anjou. Il fit ensuite la guerre à Guillaume VI, comte de Guienne et de Poitou, puis au comte du Maine. Deux fois il incendia la ville du Mans. Il était sur le point de s'emparer du comté du Maine, lorsqu'il mourut à Angers, le 14 novembre 1060. On lisait cette inscription sur le tombeau qui lui fut élevé dans l'église de Saint-Nicolas de cette ville :

Dum viguit, tua dum valuit, Martelle, potestas,
Fraus latuit, pax magna fuit, regnavit honestas.

En premières noces, il avait épousé Agnès de Bourgogne, veuve de Guillaume le Grand, comte de Poitiers; en secondes noces, Grescia, veuve de Berlay II, seigneur de Montreuil; en troisièmes noces, Adelaïs, d'origine allemande. Il n'eut pas d'enfants de ces trois mariages. Sa succession passa à Geoffroy le Barbu et à Foulques-Réchin, ses neveux. — (Moréri, *Diction. historique*, II, 36. — Du Haillan et Bourdigné, *Hist. d'Anjou*. *Mém. de la Soc. archéol. de Tour.*, IX, 264. — Chalmel, *Hist. de Tour.*, I, 46, 353-65. — Auteuil, *Hist. des ministres d'État*. — *Spicileg.*, X, 474.)

Geoffroy II, dit le **Barbu**, neveu du précédent, comte d'Anjou et de Touraine (1060), fut fait prisonnier par son frère, Foulques-Réchin, en 1068, et resta enfermé dans le château de Chinon pendant vingt-huit ans. Délivré de cette captivité, par suite de l'intervention du pape Urbain II, au mois d'avril 1096, il mourut en 1097, d'après quelques historiens, en 1103, d'après Orderic Vital. Tous ses biens passèrent à son neveu Geoffroy III, dit le Martel. — (Moréri, *Diction. historique*, II, 36. — Chalmel, *Hist. de Tour.*, I, 46, 380 et suiv. — Du Haillan et Bourdigné, *Hist. d'Anjou*.)

Geoffroy III, dit le **Martel**, fils de Foulques-Réchin, comte d'Anjou et de Touraine (1103), eut à soutenir une guerre acharnée contre son propre père, qui lui-même était poussé à ces tristes extrémités par Bertrade, sa femme. En 1105, il porta secours à Henri Ier, roi d'Angleterre, qui combattait contre son frère, Robert, duc de Normandie, et s'empara de la ville de Lisieux. L'année suivante, tandis qu'il faisait le siège de Candé, en Anjou, il fut atteint par une flèche empoisonnée. Il mourut le 18 mai 1106 et fut inhumé dans l'église de Saint-Nicolas d'Angers, près de son parent, Geoffroy Martel, premier du nom. — (Chalmel, *Hist. de Tour.*, I, 46, 416. — C. Port, *Diction. historique et géographique de Maine-et-Loire*, II, 253.)

Geoffroy IV, dit le **Bel**, comte d'Anjou et de Touraine, fils de Foulques le Jeune et de Sibylle de la Flèche, épousa, au mois d'août 1128, Mathilde d'Angleterre, qui eut le comté du Maine en dot. Il fit la guerre à Thibault IV, comte de Blois, et à Rotrou, comte du Perche (1131), et fit rentrer sous son obéissance plusieurs de ses vassaux qui s'étaient révoltés, entre autres, les seigneurs de Thouars, de Parthenay, d'Amboise, de l'Ile-Bouchard, de Pressigny, de Sablé et de Laval. Après la mort de Henri Ier, roi d'Angleterre, il s'empara de la Normandie, qu'il céda, en 1149, à son fils aîné, Henri. Il mourut à Château-du-Loir, le 7 septembre 1151, et fut inhumé dans l'église de Saint-Julien du Mans. De son mariage avec Mathilde d'Angleterre, il eut trois enfants : Henri, roi d'Angleterre et duc de Normandie; Geoffroy, comte d'Anjou, de Touraine et du Maine, et Guillaume, dit Longue-Épée, comte de Mortain. — (Orderic Vital, *Hist. ecclés.*, 389. — Roger, *Hist. d'Anjou*. — Benoît, *Chronique des ducs de Normandie*, III. — Chalmel, *Hist. de Tour.*, I, 47; II, 22. — C. Port, *Diction. historique et géographique de Maine-et-Loire*, II, 254-55.)

Geoffroy V, dit **Plantagenet**, fils du précédent, comte d'Anjou, de Touraine et du Maine, se brouilla avec son frère Henri qui, après une guerre meurtrière, le dépouilla de tous ses biens. S'étant réfugié à Nantes, il fut proclamé comte par les habitants. Il mourut dans cette ville le 27 juillet 1158. — (Roger, *Hist. d'Anjou*. — D. Housseau, V, 1725. — *Mém. de la Soc. archéol. de Tour.*, IV, 68. — Chalmel, *Hist. de Tour.*, I, 47; II, 29. — Orderic Vital, *Hist. ecclés.* — Moréri, *Diction. historique*, II, 36. — C. Port, *Diction. historique et géographique de Maine-et-Loire*, II, 255.)

Geoffroy, abbé de Noyers, succéda à André, en 1062. L'église du prieuré de Saint-Gilles de l'Ile-Bouchard fut fondée par suite de ses démarches. Barthélemy, archevêque de Tours, posa la première pierre, vers 1067. Geoffroy fut remplacé par Renier, vers 1073. — (*Cartulaire de Noyers*. — *Gallia christiana*, XIV. — Bibl. de Tours, fonds Salmon, *titres de Noyers*. — *Mém. de la Soc. archéol. de Tour.*, IX, 285. — D. Housseau, II, 468.)

Geoffroy II, baron de Preuilly et seigneur de la Rochepozay, fils de Geoffroy Ier, dit le Martel, et d'Almode, naquit à Preuilly, vers 1030. Il prit une part active à la guerre allumée entre Geoffroy le Barbu, devenu comte d'Anjou et de Touraine, par la mort de Geoffroy le Martel, qui l'avait fait son légataire universel, et Foulques le Réchin. Ce dernier, jaloux des avantages faits à son frère, lui avait juré une haine mortelle. Il enveloppa de sourdes menées et s'assura, parmi ses vassaux, de défections importantes, entre lesquelles compta particulièrement celle de Geoffroy de Preuilly. Sur ces entrefaites, Geoffroy le Barbu, à la suite de quelques légères usurpations qu'il avait commises sur les biens de la cathédrale de Tours, fut excommunié par le cardinal Étienne, légat du Saint-Siège en France. On confisqua ses biens, pour les adjuger ensuite à Foulques le Réchin, dont les machinations, et peut-être aussi les conseils de son ami, le célèbre archidiacre Bérenger, n'avaient pas peu contribué à cette spoliation scandaleuse. Pour consommer l'usurpation, il fut résolu qu'on s'emparerait de Geoffroy le Barbu, pour le détenir prisonnier jusqu'à la fin de ses jours. Geoffroy de Preuilly, Renaut de Château-Gonthier, Gerard de Montreuil, Robert de Bourgueil et plusieurs autres seigneurs, entièrement dévoués aux intérêts de Foulques, pénétrèrent, par surprise, dans la ville d'Angers, le 5 avril 1067, et s'assurèrent de la personne du malheureux prince. Mais la nouvelle de cette infâme trahison s'étant rapidement répandue, les habitants prirent les armes pour délivrer leur comte, dont ils aimaient l'administration, assaillirent les auteurs de l'entreprise et les massacrèrent.

Geoffroy de Preuilly eut deux enfants de son mariage avec Ameline de Blois : Geoffroy III, dit le Jourdain, baron de Preuilly et comte de Vendôme, et Geoffroy, qui est cité dans une charte de 1092. — (P. Anselme, *Hist. généal. de la maison de France*, VIII, 720. — *Chronique de Hugues de Fleury* (collection Guizot), VII, 78, 78. — Chalmel, *Hist. de Tour.*, IV, 210. — D. Housseau, II, 499.)

Geoffroy, premier du nom, abbé de Saint-Julien de Tours, succéda à Pierre, vers 1165. Il eut pour successeur, Guillaume, en 1171. — (*Gallia Christiana*, XIV, 247. — *Mém. de la Soc. archéol. de Tour.*, IX, 343. — Bibl. de Tours, fonds Salmon, *titres de Saint-Julien*.)

Geoffroy II, abbé de Saint-Julien de Tours, remplaça Guillaume Ier, vers 1176. Son successeur fut Philippe, vers 1194. — (*Gallia christiana*, XIV, 247. — Arch. d'I.-et-L., *titres de Saint-Julien*. — *Mém. de la Soc. archéol. de Tour.*, IX, 343.)

Geoffroy Ier, abbé de Bourgueil, fut élu en 1238, en remplacement de Guy, décédé le 13 juin de cette même année. Il fit réparer l'église abbatiale en 1246 et mourut le 19 juin 1257. — (Bibl. de Tours, fonds Salmon, *titres de Bourgueil*.)

Geoffroy II, abbé de Bourgueil, élu au mois de novembre 1301, en remplacement de Hugues, décédé, mourut le 28 août 1303. Il eut pour successeur, Gillebert de Vernou. — (Bibl. de Tours, fonds Salmon, *titres de Bourgueil*.)

Geoffroy de Coursol, vingt-unième abbé de Marmoutier. V. *Coursol*.

Geoffroy de la Lande, ou **du Lude**, chanoine de l'église du Mans, puis archidiacre de Paris, fut nommé archevêque de Tours, en 1207, en remplacement de Barthélemy de Vendôme. Il mourut à Tours, le 19 avril 1208, et eut sa sépulture sous le maître-autel de la cathédrale. Son successeur fut Jean de Faye. — (P. Marchegay et E. Mabille, *Chron. S. Albini Andegavensis*, 57. — *Maan, S. et metrop. ecclesia Turonensis*, 132. — *Gallia christiana*, XIV. — Chalmel, *Hist. de Tour.*, III, 453. — *Mém. de la Soc. archéol. de Tour.*, IX, 333. — D. Housseau, XV, 142.)

Geoffroy de Poitiers, abbé de Saint-Julien de Tours, succéda à Jean, vers 1259. Il mourut en 1298 ou 1299 et eut pour successeur Pierre de Châteaurenault. — (*Gallia christiana*, XIV. — *Mém. de la Soc. archéol. de Tour.*, IV, 73; IX, 156, 249, 327, 343.)

Georgère (la), f., c^{ne} d'Hommes.

Georgère (la Petite-), ham., c^{ne} de Langeais, 12 habit.

Georgerie (la) et la **Basse-Georgerie**, f., c^{ne} de Rouziers. — *Georgerie*, carte de l'état-major.

Georges (St-), paroisses. V. *Saint-Georges-sur-Cher* et *Saint-Georges-sur-Loire*.

Georges (le lieu de), près de la Gontière, c^{ne} de Faye-la-Vineuse.

Georges (le lieu de St-), près de la Vallée-Germain, c^{ne} des Hermites.

Georges (île St-), dans la Loire, partie sur le territoire de Rochecorbon, partie sur la commune de Saint-Pierre-des-Corps.

Georges (chapelle de St-). V. *la Grange-Saint-Martin*.

Georges (Claude de St-), appartenait à une famille noble et ancienne, originaire du Poitou. Il était fils de Claude de Saint-Georges, chev., seigneur de Monceaux et de Verdelle, et de Marie de Cremaux d'Entragues. Évêque de Mâcon en 1682, puis de Clermont en 1684, il fut appelé au siège archiépiscopal de Tours, en 1687, en remplacement de Michel Amelot de Gournay; mais il ne put parvenir à obtenir ses bulles. Le 5 septembre 1693, il fut nommé archevêque de Lyon, où il mourut en 1715. Il eut pour successeur, à Tours, Mathieu Isoré d'Hervaut. — (Beauchet-Filleau, *Diction. des familles de l'ancien Poitou*, II, 649. — Chalmel, *Hist. de Tour.*, III, 465. — La Chesnaye-des-Bois et Badier, *Diction. de la noblesse*, XVIII, 104. — *Gallia christiana*, XIV. — *Mém. de la Soc. archéol. de Tour.*, IX, 334.)

Georges-du-Petit-Rocher. V. *Georges (Saint-)*, c^{ne} de Rochecorbon.

Georges-sur-Cher (St-), commune du canton de Montrichard, arrondissement de Blois (Loir-et-Cher). — *Parochia S. Georgii super Carum*; *S. Georgius de Chesa*, XIIIe siècle (charte de l'abbaye de Saint-Julien et *Cartulaire de l'archevêché de Tours*). — *Saint-Georges de Bléré*, 1507.

Autrefois, cette paroisse faisait partie de la Touraine. Elle dépendait du doyenné de Montrichard et du grand-archidiaconné de Tours. Le titre curial était à la présentation alternative de l'archevêque de Tours et des abbés de Saint-Julien et de Marmoutier. Les droits honorifiques, dans l'église, appartenaient au seigneur de Bléré.

Le logis seigneurial du fief ou hébergement de Cornilleau, ou Saint-Georges, était situé près de l'église. Il fut détruit avant 1561. Il a été possédé, en 1507, par Adam Fumée; — en 1550, par Jean Trochard, Éc., à cause d'Antoinette Burdelot, sa femme. En 1561, Nicole Louetière était propriétaire de l'emplacement où s'élevaient autrefois les bâtiments du fief. En 1789, Louis-Gaëtan de Thienne, capitaine-gouverneur des ville et bailliage de Sens, était qualifié de seigneur de Saint-Georges-sur-Cher.

Les seigneurs de Bléré avaient les droits de foire et de boucherie à Saint-Georges.

Au château de la Chaise, il existait une chapelle qui est mentionnée dans le *Registre de visite du diocèse de Tours*, en 1787.

En 1860, on a découvert dans cette commune les restes d'une voie romaine.

Arch. d'I.-et-L., chartes de Saint-Julien; G, 14. — Bibl. de Tours, fonds Salmon, *titres de Saint-Julien*; Lambron de Lignim, *Châteaux et fiefs de Touraine*. — *Almanach de Touraine*, 1790. — *Pouillé de l'archevêché de Tours* (1648), p. 30. — *Mém. de la Soc. archéol. de Tour.*, IX, 233; X, 85; XI, 16; XIII, 58, 60. — E. Mabille, *Notice sur les divisions territoriales de la Touraine*, 187. — C. Chevalier, *Hist. de Chenonceau*, 40, 86, 165, 189, 292, 507, 530.

Georges-sur-Loire (St-), vil., c^{ne} de Rochecorbon, 133 habit. — *Parochia S. Georgii*, 1256 (charte de Marmoutier). — *Parochia S. Georgii super Ligerim*, XIIIe siècle (*Cartulaire de l'archevêché de Tours*). — *Saint-Georges-sur-Loire-lez-Marmoutier*, 1536. — *Georges-du-Petit-Rocher*, 1793. — *Saint-Georges*, carte de l'état-major. — Ancienne commune, qui fut réunie à celle de Rochecorbon, par décret du 2 février 1808.

Population. — 278 habit. en 1801. — 270 habit. en 1808.

Avant la Révolution, la paroisse de Saint-Georges était dans le ressort de l'élection de Tours et faisait partie de l'archidiaconé d'outre-Loire. En 1793, elle dépendait du district de Tours.

L'ancienne église paroissiale n'existe plus.

La chapelle de Saint-Germain, située dans cette paroisse, est citée dans une charte de Geoffroy de Brenne, seigneur de Rochecorbon, en date du mois de mars 1221 et dans un titre de 1740.

Le droit de présentation au titre curial appartenait à l'archevêque de Tours.

CURÉS DE SAINT-GEORGES. — Pierre Martineau, 1536. — V. Roy, 1737. — François Harouard, 1753, décédé le 18 novembre 1782. — Le Bert, janvier 1783. — Louis-François-Denis Raboteau, juin 1783, décédé le 20 août suivant. — Joubert, novembre, 1783. — Barbier, de décembre 1783 au mois d'avril 1791. — Gatien, 1791, curé constitutionnel, 1793. — Baulé, 1804.

Cette paroisse constituait un fief relevant de l'archevêché de Tours, à foi et hommage simple et six deniers de service annuel. Le seigneur devait en outre une livre de poivre, qu'il était tenu d'offrir, tous les ans, à l'archevêque de Tours, ou à son représentant, dans le cimetière de Saint-Georges. Le logis seigneurial était taillé dans le roc.

En 1256, ce fief appartenait à Philippe Patry, Éc.; — en 1392, à Jean Patry; — en 1411-34, à Jean Dupuy; — en 1456, à Jean Bonnenfant; — en 1475, à Aliénor Dupuy, femme de Raoulin Le Boucher; — vers 1480, à Jean Toreau, bourgeois de Tours; — en 1506-21, à Raymond Garnier; — en 1528, à Jeannot Le Lièvre, Mathieu et Michel Bonnenfant; — en 1540, à François de Bonigalle; — en 1548, à Jean de Cingy; — en 1562-66, à Pierre Martineau, seigneur de la Tour; — en 1700, à Claude-Marie Bouet; — en 1737, à Claude Fermon; — en 1771, à Jacques-Nicolas Lambron de Maudoux, Éc., ancien mousquetaire de la garde ordinaire du roi, capitaine de la grande Fauconnerie de France, marié à Gilles-Marguerite Testard des Bournais.

On remarque, à Saint-Georges, un gigantesque escalier qui dépendait de l'ancien logis seigneurial. Il se compose de cent vingt-deux marches, partagées en six paliers. Les deux premiers paliers sont taillés dans le roc.

En 1851, on a découvert, dans cette commune, une tombe paraissant appartenir à l'époque mérovingienne et qui contenait des perles, un anneau en cuivre et un bracelet. Ces objets se trouvent aujourd'hui au musée de la Société archéologique de Touraine.

MAIRES DE SAINT-GEORGES. — Gautier, 1792. — Duchamp de la Frillière, 1801. — Legras, 15 juillet 1806. — Brault, 7 novembre 1807.

Arch. d'I.-et-L., chartes de Marmoutier; G, 5, 91, 102; Biens nationaux. — Rôle des fiefs de Touraine. — D. Housseau, VI, 2529; XIII, 8359. — Panorama pittoresque de la France (Indre-et-Loire), p. 9. — A. Noël, Souvenirs pittoresques de la Touraine (description et dessin de l'escalier de Saint-Georges). — R. de Croy, Études statistiques sur le département d'Indre-et-Loire, 231. — Registres d'état-civil de Saint-Saturnin de Tours, 1700-37. — Lambron de Lignim, Châteaux et fiefs de Touraine (manuscrit). — Correspondance administrative du département d'Indre-et-Loire (1808), p. 53. — Cartulaire de l'archevêché de Tours. — Registres d'état civil de Saint-Georges. — Annuaire-almanach d'Indre-et-Loire (1877), p. 164. — Mém. de la Soc. archéol. de Tour., IV, 36; IX, 233; X, 216.

Georget (le lieu de), près de la Berangerie, cⁿᵉ de Saint-Jean-Saint-Germain.

Georget (Étienne-Jean), médecin, né à Vernou, le 9 avril 1795, fit ses études médicales à Paris et fut reçu docteur à l'âge de 24 ans. Sa situation d'interne, à l'hôpital de la Salpêtrière, lui avait permis de faire des observations importantes sur l'aliénation mentale. Il obtint un prix fondé par le docteur Esquirol sur cette question : Établir l'existence des altérations cadavériques dans les aliénés. En 1820, il publia un Traité sur la folie, Paris, Migneret, 1820, in-8°. Nous avons de lui un autre travail intitulé : Physiologie du système nerveux et spécialement du cerveau, suivie de recherches sur les maladies nerveuses en général et en particulier sur le siège, la nature et le traitement de l'épilepsie, de l'hystérie, de l'hypocondrie et de l'asthme convulsif, Paris, Baillière, 1821, in-8°. Il créa un recueil ayant pour titre : Archives générales de la médecine. Il mourut au mois d'avril 1828, âgé de trente-trois ans. — (Chalmel, Hist. de Tour., IV, 212. — S. Bellanger, La Touraine ancienne et moderne, 587.)

Georgetterie (le lieu de la), près de la Pinsonnière, cⁿᵉ de Parçay-Meslay.

Georgettière (la) f., cⁿᵉ de Chemillé-sur-Dême.

Georgettière (la), ou **Georgetterie**, paroisse de Nouzilly. — Ancienne dépendance du fief de la Roche-d'Ambille. — (Arch. d'I.-et-L., titre de la Roche.)

Georgettière (la), f., cⁿᵉ de Villiers-au-Boin.

Georgettières (les), cⁿᵉ de Loches. V. Jolletières.

Geraldeia. V. la Giraudellière, cⁿᵉ de Sorigny.

Gerandellière, ou **Girandellière** (le fief de la). — Il s'étendait dans les paroisses de Sorigny et de Villeperdue et relevait du château de Sainte-Maure et de Thaïs. Le 6 octobre 1742, il fut vendu par le Chapitre de l'église de Tours au seigneur de Thaïs, pour une rente de soixante boisseaux de froment. Primitivement, on l'appelait fief des Belots. — (Arch. d'I.-et-L., G, 79. — Rôle des fiefs de Touraine. — D. Housseau, XIII, 8031, 8056.)

Gérardières (métairie des), paroisse de Perrusson. — Elle est citée dans un titre de 1720. — (Bibl. de Tours, fonds Salmon, titres de Notre-Dame de Loches.)

Gerauderie (la), f., cⁿᵉ de Parçay-Meslay.

Geraudière (la), cⁿᵉ de Marcé-sur-Esves. V. Giraudière.

Geraudière (la), f., cⁿᵉ de Saint-Paterne. — En 1793, elle fut vendue nationalement sur Jacques-Louis-Roland des Escotais. — (Arch. d'I.-et-L., Biens nationaux.)

Gerbaudières (les), f., cⁿᵉ de Souvigny. — En 1727, elle appartenait à Antoine-Guillaume Sestier, trésorier de France à Tours. — (Arch. d'I.-et-L., titres de Saint-Venant.)

Gerbault (le lieu de), paroisse de Saint-Symphorien. — Il relevait de l'abbaye de Marmoutier et appartenait, en 1733, à Jean Croix. — (Arch. d'I.-et-L., Marmoutier, mense séparée.)

Gerbault, ham., cne de Saint-Ouen, 11 habit. — *Gerbault,* cartes de Cassini et de l'état-major.

Gerbault, f., cne de Vou. — *Gerbault,* carte de l'état-major. — Elle dépendait du fief de la Roche-de-Gennes. — (Arch. d'I.-et-L., E, 223.)

Gerbauts (les), ou **Gerbeaux**, f., cne de Céré.

Gerbelots (le lieu des), cne de Ligré, près du chemin de Touraine à Ligré.

Gerberie (les Grande et Petite-), cne de Neuillé-le-Lierre, près du ruisseau de Madelon.

Gerberons (le lieu des), paroisse de Saint-Mars. — Ancienne dépendance du fief de la Salle-César. — (Arch. d'I.-et-L., *titres de la Salle-César.*)

Gerbiers (les), ou **Village-des-Gerbiers**, vil., cne d'Athée, 17 habit. — *Gerbiers,* carte de l'état-major.

Gerbilière (la), vil., cne de Balesmes, 13 habit. — *Gerbillière,* carte de l'état-major.

Gerce (le lieu de la), cne de Druye, près de la Petite-Barre.

Gerfault, ou **Gerfaux**, f., cne d'Azay-le-Rideau. — *Bourg-de-Bruère,* xvie siècle. — Ancien fief, relevant de Vauguérin. En 1629, il appartenait à Pierre Odespung ; — en 1670, à François Castillon ; — en 1720, à Étienne Castillon. — (Arch. d'I.-et-L., *prieuré de Relay.*)

Gergiottières (le lieu des), cne d'Yzeures, près du chemin de Cirande à Marigny.

Germain (le moulin de **St-**), alias **Pissot**, à Bourgueil. — Il fut vendu nationalement sur l'abbaye de Bourgueil, le 28 février 1791, pour 13,000 livres. — (Arch. d'I.-et-L., *Biens nationaux.*)

Germain (St-), f., cne de Saint-Avertin.

Germain, f., cne de Saint-Flovier.

Germain (moulin de **St-**), sur l'Indre, cne de Saint-Jean-Saint-Germain.

Germain (île de **St-**), dans la Vienne, cne de Saint-Germain-sur-Vienne.

Germain-d'Arcé (St-), commune du canton du Lude, arrondissement de la Flèche (Sarthe), 769 habit. — Cette paroisse dépendait autrefois de l'archiprêtré du Lude, diocèse d'Angers. La présentation au titre curial appartenait au prévôt d'Anjou, de l'église Saint-Martin de Tours. Dans l'église, il existait trois chapelles : une, dédiée à sainte Barbe, et qui avait été fondée par N. de l'Espinay ; l'autre, placée sous le vocable de saint Julien, et qui avait eu pour fondateur Jean Fournier ; la troisième, appelée chapelle du Perray. La châtellenie de Saint-Germain relevait de Château-la-Vallière et faisait partie du duché de ce nom.

Antoine de Savonnières, chev., seigneur de la Troche, possédait la châtellenie de Saint-Germain. Il mourut en 1580 et eut sa sépulture dans l'église de cette paroisse. En 1561, il avait épousé Charlotte de Saint-Germain, fille de René de Saint-Germain et de Madeleine de Rivaude. Charlotte eut en dot les terres de Saint-Germain et des Hayes. De ce mariage sont issus : 1° Charles, qui suit ; 2° Jean, seigneur des Hayes, décédé le 25 septembre 1612 ; il fut inhumé dans l'église de Channay ; 3° Mathurin, qui fut tué au siège de Castillon, en 1586 ; 4° Louis, capitaine au régiment de Saint-Paul, décédé en 1590 ; 5° Antoine, lieutenant d'une compagnie de gendarmes, marié à Anne de la Tremoille ; 6° Louis, seigneur de la Gaillardière ; 7° Antoine, capitaine au régiment de la Troche, tué au combat de Châteaubriand, en 1596 ; 8° Jacques, abbé de Bourgueil ; 9° René, prieur de Saint-Aubin d'Angers ; 10° César, qui prit l'habit religieux à l'abbaye de la Trinité de Vendôme ; 11° Olive, qui épousa, par contrat du 22 août 1581, Jean de Meaulne, Éc., seigneur de Meigné-le-Vicomte ; 12° Françoise, mariée à Jean de Petitjean, Éc., seigneur de Linières ; 13° Antoinette, femme de Jacques de Maubert, Éc., seigneur de la Touche ; 14° Marie, qui épousa René d'Espagne, Éc. ; 15° Renée, religieuse à Fontevrault.

Charles de Savonnières, Éc., seigneur de Saint-Germain et de la Troche, capitaine de cinquante hommes d'armes, mourut à Paris, le 12 février 1606. Son corps, rapporté à Saint-Germain, fut inhumé dans l'église paroissiale. De son mariage avec Gabrielle le Gay, fille de François le Gay, vicomte de Forges, et de Marquise du Bois des Arpentis, Charles de Savonnières eut quatre enfants : 1° Simon, qui suit ; 2° Gabriel ; 3° Charles, abbé de la Roë ; 4° Jeanne, religieuse à Fontevrault.

Simon de Savonnières, Éc., seigneur de Saint-Germain, guidon de la compagnie de gendarmes du Bellay, fit son testament le 20 février 1621 et mourut quelques jours après, laissant deux enfants de son mariage avec Jeanne Raoul, fille d'Étienne Raoul, seigneur du Clos, conseiller au Parlement de Bretagne, et d'Hélène de la Tour-d'Évié : 1° Martin, qui suit ; 2° Françoise, qui épousa Martin de Savonnières, marquis de la Bretesche, seigneur de Machecoul.

Martin de Savonnières, marquis de la Troche, conseiller au Parlement de Bretagne, épousa, le 28 novembre 1641, Marie Goddes de Varennes, fille de Charles Goddes de Varennes, seigneur de la Perrière, conseiller au Parlement de Bretagne, et de Marie Daguet. De ce mariage naquit un fils unique, Martin, maréchal des camps et armées du roi, qui fut tué au combat de Louze, le 15 septembre 1591.

La terre de Saint-Germain passa ensuite dans la maison Le Vacher. Timoléon Le Vacher rendit hommage pour ce domaine, le 10 septembre 1684.

— Joseph-Louis-Victor Le Vacher rendit également hommage le 3 juillet 1749.

Pouillé du diocèse d'Angers (1648), p. 44, 51. — D. Housseau, XIII, 10770. — La Chesnaye-des-Bois et Badier, *Diction. de la noblesse*, XVIII, 382-83. — D'Hozier, *Armorial général de France*, reg. 1er et 4e. — Arch. d'I.-et-L., G, 38. — Bibl. de Tours, manuscrit n° 1346. — A. Joanne, *Diction. des communes de la France*, 882.

Germain-de-Bourgueil (St-). V. *Bourgueil.*

Germain-des-Prés-les-Candes (St-). V. *Germain-sur-Vienne (Saint-).*

Germain-sur-Indre (St-), vil., cne de Saint-Jean-Saint-Germain, 200 habit. — *S. Germanus, parochia S. Germani de Pratis*, XIIIe siècle. — *S. Germanus prope Lochas*, XIVe siècle. — *Saint-Germain-sur-Aindre*, 1336. — Ancienne paroisse et commune, réunie, en 1833, à celle de Saint-Jean, sous le nom de *Saint-Jean-Saint-Germain.*

Le plan cadastral, dressé par Alizard, a été terminé en juillet 1826.

Population. — 50 feux en 1764. — 194 habit. en 1801. — 207 habit. en 1810. — 207 habit. en 1821. — 209 habit. en 1831.

Avant la Révolution, Saint-Germain était dans le ressort de l'élection de Loches et faisait partie du doyenné de Loches et du grand-archidiaconé de Tours. En 1793, il dépendait du district de Loches.

L'ancienne église paroissiale n'offre rien d'intéressant. Elle a été réparée au XVIIe siècle. Aux voûtes de la chapelle seigneuriale se trouvent les armoiries de la famille Berruyer.

Une chapellenie, dite *chapelle du Crucifix*, fut fondée dans cette église en 1420, par Philippe Guerrier, curé de la paroisse. Marc Poullin en était desservant en 1755.

CURÉS DE SAINT-GERMAIN. — Philippe Guerrier 1420. — Jean Barret, 1445. — Marc Perier, 1550. — Étienne Mariau, 1561. — Catherin Picard, 1594. — Jehan Picard, 1598-1606. — Jean Bled, 1607. — Jean Furet, 1617. — René de Malvaut, 1652. — Gilles Hellye, 1656. — Nicolas Briffault, 1675-1710. — Marc Poullin, 1755. — Jean-Baptiste Rollandin, 1790. — Bussière, curé constitutionnel, 1792.

Saint-Germain formait une châtellenie relevant de l'archevêché de Tours, à foi et hommage lige et cent sols d'aides à muance de seigneur. L'aveu suivant, rendu en 1358, par Pierre de Mornay, indique les droits et les dépendances féodales de ce domaine :

« De vous........ je, Pierre de Mournay, chevalier, seigneur de St Germain à cause de Jehanne de St Germain ma fame, advoe tenir à foy et homaige lige à cent soulx de devoir à muance de seigneur mon habergement de Saint Germain et toutes les rentes, terres, vignes, prez, moulins et aultres choses que je ay en la paroisse de St Germain, de Senevères, de la Chapelle St Ypolite, c'est a assavoir, le dit habergement comme il se poursiet, mes moulins de St Germain qui vallent par an dix muis de mosturango avec le destroit et obeyssans de mes masnans qu'ils sont tenus de moudre a bani a mesdiz molins, et la prise de la farine, et sur les vauchères le cheval et le pain cuit en laucet quant le cas y eschet tant en ma terre de St Germain comme en la terre de Senevères.

« *Item*, ma disme de St Germain qui vaut an par autre un mui de blé par quart.

« *Item*, la touche de la Pierre de la Brandelle, contenant cent arpents de bois ou environ.

« *Item*, le deffois que je y ay en l'esve dont meulent mes dits molins dedans certaines bornes, dont le proffit que je y prans, avec la taille de mes hommes vaut 12 livres an par autre ou environ.

« *Item*, mon four à ban, la juridiction et destroit et proffit de mes homes valant par an 4 livres ou environ.

« *Item*, mes bois d'Iverneau comprenans trois cents arpens ou environ.

« *Item*, le droit de patronage de l'église de St Germain.

« *Item*, sept arpens de vigne en la paroisse de St Germain et toutes les autres chouses que j'y ay domaine, et toutes autres chouses que je tiens en la dite paroisse et en celle de Senevères, excepté seulement quatre arpents de préz et une moée de terre que je tiens dou seigneur de Pons.

« *Item*, toute voerie grande et petite, haute et basse justice en tous les lieux que j'ay advoe tenir de vous.

« *Item*, je advoe a tenir de vous deux molins en la ville d'Escuillé, avec les appartenances tant en terre qu'en ayve, lesquels molins valent bien huit muids de blé par quard ou environ, et aussy le four que je ay en la dite ville, à banc et à la juridiction et le proffit, lequel vaut quinze livres de rente ou environ.

« *Item*, l'estang de Codray qui vaut bien cent soulx de rente.

« *Item*, tiens à mon domaine la terre de Courtré que feu Pierre d'Azay souloit tenir de mes prédecesseurs a foy et homaige, laquelles mesdiz predecesseurs ont acquis, c'est assavoir, huict arpens et un quartier de prez séans au dict lieu de Courtré en la rivière d'Aindroys.

« *Item*, l'estang de Courtré ou la bonde et apartenances qui vallent bien cent soulx de rente.

« *Item*, huict sextiers de froment de rente que plusieurs personnes me doibvent au dit lieu de Courtré et de Codray, et dix chiefs de poulaille sur certaines choses a declarer.

« *Item*, vingt et six souls, tant que cens que tailles que plusieurs personnes me doivent chacun an a la St Michel et a la St Morice par moitié, avecques la voerie jusqu'à soixante souls, avec ce quy s'en despent, en la manière que le dict Pierre d'Azay le tenoit de mes prédécesseurs, et se resortent les dittes choses à S¹ Germain en souveraineté.

« Item, à mon domaine certains terrages en la paroisse de Tauxigné vallent environ quatre sextiers de blé par quart.

« Item, a domaine neuf quartiers de prez et saulayes que je ay en la paroisse de Bleré en la rivière de Chier, et treize souls de menus cens en la ville de Bleré, deuz par plusieurs festes de l'an de plusieurs personnes sur plusieurs choses qu'ils tiennent de moy.

« Item, Jehan Patry tient de moy en fié à foy et homaige son herbergement de Villecuir, les bois, la garenne et six arpents de vigne, quatre arpens de prez, la justice, jusques à sept sols six deniers, et les choses qui en despendent et aussy en ses domaines appartenant au dit herbergement.

« Item, des choses que le dit Jehan Patri tient de moy, se despend le fié que Beraud et Guillaume de la Roche tiennent de celuy, lequel fief est tenu ancienment de Villecuir.

« Item, les dismes et terrages, le molin, les cens et coustume appartenant au dit herbergement de Villecuir, excepté que si le dit Jehan Patri ou autre de ses prédécesseurs avoient acquis ou tems passé aucuns domaines hors de mon fié de vous, monseigneur, ou d'aulcuns de vos subgietz qui tenissent de voz et eussent adjoint ycelles acquisitions au dit herbergement qu'il en pourroit dire que seroient des appartenances du dit herbergement et tous les proffits, emolumens et devoirs qui à moy peuvent appartenir avec la justice et obeissance es choses dessus dites que le dit Jehan Patri tient de moy tant en ce qu'il tient à domaine comme en ce que ses subgietz tiennent de luy du dit fié.

« Item, mil arpens de bois ou environ appelés les bois de Ballon que le dit Jehan Patri tient de moy.

« Item, Jehan de Seneveres tient de moy les deux parts de la disme aux Recreus, les deux parts de la disme de la terre S¹ᵉ Marie, la tierce partie de la moitié des terrages as recreus et cens de la Borde, les deux pars de la disme aux Renaudins, la musnerie de Quiquempoist et de Grouteau que les musniers tiennent du dit Jehan, dont je advoe de vous, Monseigneur, tous les devoirs, la justice et les obeissances que je y ay et puis avoir et les proffits qui s'en despendent.

« Item, Jehan de Bois-Simon tient du dit Jehan de Seneveres en parage en fié que le dit Jehan tient de moy, la tierce partie de la disme aux Recreus, la tierce partie de la disme S¹ᵉ Marie et trois soulx de taille, la tierce partie des terrages aux Recreus.

« Item, le fils feu Allion tient de Jehan de Brion cent sols de rente ou environ ou fié que le dit Brion tient de moy.

« Item, Jehan de Garnay tient de moy et du seigneur de Seneveres environ soixante soulx de rente es paroisses de S¹ Germain, de Senevères et ès lieux voisins.

« Item, toutes les choses que Jehan de Sorbiers, sire d'Escuillé, tient de moi en parage en la ville et paroisse d'Escuillé qui se despendent des fiés que je tiens mon tres chier seigneur de vous.

« Item, trente sextiers de froment, six sextiers de seigle à la mesure de Loches et que feu Rabeau de Chabris tient et poursuit sur la Gaignerie de Crien qui est l'abbé et couvent de Beaulieu se dependent des fiés que je tiens de vous; si advoe tous les devoirs, les rentes, services, obeissance que je ay sur tous mes homes dessus diz et sur les choses qu'ils tiennent de moy, et toute telle justice comme moy et mes predecesseurs avons explecté es choses dessus dites, quar je ne puis advoer le domaine de mes homes.

« Item, Monseigneur Guillaume Gastineau advoe a tenir de moy a foy et homaige lige deux arpents et demy de prez en la rivière d'Aindre, sous Ballon, appelez lez prez de la Boyre, jouxte les prez Ginon Gastineau, aux loyaux aydes.

« Item, Guyon Gastineau, escuier, tient de moy a foy et homaige lige dix arpents de prez soubz Ballon en la ditte ryvière, appelés les prés de la Boyre, lesquelles chouses tant du dit chevalier comme du dit Guyon s'en despendent de ce que je tiens de vous.

« Item, Monseigneur Hue de Vallaines, chevalier, à cause de sa femme tient de moy à foy et homaige à deux sols de services rendus à S¹ Germain le jour de la S¹ Germain, à trente sols d'aydes tant solement quant le cas y advient, la moitié du hebergement de Bussières, excepté le mur et la maugevère de la grant marechascie jusques le chief de la Grange au Fain, exceptés apentis qui y sont des la première porte jusques à la grange; la moitié du plesseis darrière le hebergement qui est cloz à murs, si comme les viez fossez en eimanent et la moitié de la vigne qui se tient au dict hebergement close à mur, si comme l'on vait de l'uis de la vigne par une sente près du Columbier, devers la maison Raoul Topeau.

« Item, le petit estang qui est audessous la vigne du hebergement qui vaut an par autre cent sous.

« Item, diz oict deniers de cens que les Razelés li doibvent de quatre arpents demy de terre seans a Marchesnoir et la moitié de dix oict deniers que les Razelés doivent de terres seant environ la Roche Iigné, et l'usage es bois de Bois Gurt au dict hebergement de Bussières à toutes choses nécessitées et la moitié du dict hebergement de Bussières.

« Item, tient de moy son hebergement de l'Arcaudière, la Garenne, le Colombier, les terres d'environ le dit hébergement, c'est assavoir gaignerie à trois beufs, excepté un quartier de terre, les saulaies qui sont soubz le dit hebergement, environ cinq arpents, poi plus moins, un demi arpent de terre au Martray et l'usage es bois de Bois Gart à l'entour du dict hebergement de l'Arcaudière et la justice qu'il a au dict hebergement et un arpent de prez es prez de la Voiture de Loches et six sols quatre deniers de cens et de taille qu'il a en Vau de Ballon.

« *Item*, l'ereau aux Letars de quoy l'on tire trois sols de taille, une minée d'avoine, un chappon et sa segance, et une minée de seigle de mestive pour l'usaige de Bois Gart, et diz oict deniers de cens.

« *Item*, il tient de moy ce que Geoffroy Ribaut tient de luy à Bauvoer qui vaut environ 40 sols de rente, que en cens, que en terraiges, de quoy le dit Geffroy rend au dit chevalier deux sols et une livre de service.

« *Item*, il tient de moy le hebergement de la Bouchardière, avec la Garenne, le Colombier, la vigne et les terres qu'ils tiennent au dit hebergement à gaignages de deux beufs, excepté une pièce de terre jouxte la meison feu Geffroy Renart et une autre pièce qui est a mesure d'icelle devers Buxières, et demi arpent de vigne qui sied à la meison du dit Geffroy, et un quartier de vigne vers Maupertus, et demi arpent de vigne que le Retif tient de lui à quatre sols de cens et sept quartiers de terre tenant à la dite vigne, et demi arpent de pré à Mauvières et un arpent de prez ès prez Leroy et le quart des cens communs au dit chevalier et au Temple, rendus à Loches le jour de St Morice, qui vallent 20 sols de rente ou environ, et la moitié des chiers cens qui sont deuz à Loches au jour de la St Michau, qui vallent environ 35 sols, et 15 sols de cens de Maupertus rendus au dit jour de la St Michel.

« *Item*, il tient l'aireau aux Lisabeaux et la justice des dits heraux, de quoy 20 sols de taille sont deuz par chacun an au dit chevalier et trois gelines et trois rées d'avoine, deux setiers de froment de rente, une mine de seigle de mestive et oict deniers de cens, une mine d'avoine, un chappon et la sequence de ceulx des Nonnains et environ sept sols de cens rendus à la Toussaint et a Noël, et la moitié de la taille des hommes de Rigné, qui vaut sept livres de rente par an, et la mestive des bois de Bois Gart qui vaut environ demi mui de seigle que les diz homes doibvent, et la moitié de soixante six gelines que doibvent les diz homes, et la moitié des feurres qui vallent environ onze sextiers d'avoine, et doze deniers, et la quarte partie des terrages qui partent o le commandeur de Fretay, qui vallent environ trois sextiers de bled, et la quarte partie des terrages du Puy des coustumes, qui vallent par deux sextiers de blé, et la moitié de la justice du terroer de Rigné et de tous ceux qui doivent la taille, et la justice de la Bouchardière et des appartenances, et la quarte partie des bruères qui partent o le commandeur de Fretay devers la meison Laurent Paonneau et la moitié des landes qui sont à la meson Triboureau et Perier, et la moitié de l'ereau Triboureau et Cornu et la moitié du Bornage des terres de Bussières et de la Bouchardière.

« *Item*, telle partie, comme monsieur mon père avait ès bois de Bois Gart, et la moitié de l'usaige que les homes du terroer du Bucher et de la Bouchardière ont ès bois de Bois Gart, et la moitié du cherroy de buche que les hommes doibvent une fois l'an au dit chevalier; et lesquelles choses sont tenues de moy et sont et se despendent des fiés que je, mon très chier seigneur, tiens et advoe tenir de vous.

« *Item*, Jehan Artus tient de moy et du sire de Senevères a foy et homaige et cinq sols aux loyaux aides, premierement : son terraige ès paroisses de St Germain, de Senevères et de la Chapelle St Hippolyte, au lieu appelé la Pepinière, la Metairie, la Motte St Germain et de Rigné, lequel terraige vaut bien six sextiers de blé par tiers, seigle, orge et avoine.

« *Item*, une mine d'avoine, deux gelines, deux sols en deniers que les hoies feu Laurent Pener et Bricon Tailleau li doibvent au jour de l'an neuf.

« *Item*, demi arpent de terre seant au Puiz.

« *Item*, Guillaume Guerr, comme baail du filz feu Regnaut Guérin tient de moy à foi simple à cinq sols d'aide quatre arpents de prés seans en grans prés qui vallent quatre livres de rente au, par autre.

« *Item*, les esves de Rouray, qui vallent 20 sols, ou environ.

« *Item*, l'auberaye de la Fontaine et le vivier qui vaut bien par an par autre cinq sols.

« *Item*, un quartier de vigne seant au Champ-Chenu.

« *Item*, un quartier et demi de vigne seant à Monte-en-Pot.

« *Item*, la dime de Cembonne qui vaut six sextiers de bled par quart et demi pipe de vin.

« *Item*, le sire de Jeu Maloches tient de moy en la paroisse de Senevères, à foy et homaige simple une disme qui vaut un sextier de blé par quart.

« *Item*, Jehan Menault tient de moy a foy simple une métairie appelée Vallières, en la paroisse de Sennevères, a gagnage de deux beufs, un arpent de vigne ou environ.

« *Item*, une disme appelée la dime de Cembonnes en la paroisse de St Jehan sur Aindre et de St Pierre de Peruçon, qui vaut par six sextiers de blé par quart et une pipe de vin.

« *Item*, Jehan de Teillon tient de moy et du sire de Sennevères a foy et homaige le fié de la Metaerie, et toutefois qu'ils vendent le bois d'icelle métaerie cinq sols, avec la basse vaerie et ce qui en despend et six sextiers d'avoine, deux sextiers mine de seigle que plusieurs personnes li doibvent en pointe cinq sols à muance de seigneur et loiaux aides.

« *Item*, Jehan de Brion tient de moy a foy et homaige une gaignerie appelée Faye, séant vers Sublaines, gagnage à quatre beufs, avec la garenne comprenant environ doze arpents de bois ou environ et autres appartenances à la basse vaerie et ce qui s'en despend.

« *Item*, Monsieur Heudes de Fougères, à cause de Dorée, sa femme, tient de moy a foy et homaige lige et a leaux aydes une disme en la paroisse St Hippolyte, qui vaut bien trois mines de blé par quart ou environ.

« *Item*, Macé Regnier tient de moy à foy simple, à cinq sols de devoir à muance de seigneur quarante cinq arpents de terres ou environ en la paroisse de Tauxigné et de Doluz et droits de cens rendus à Tauxigné à la St Martin d'hyver que plusieurs personnes tiennent de luy.

« *Item*, Simon de Vendome tient de moy à foy lige, à cinq sols a muance de seigneur et a leaux aydes, ès paroisses de Genillé et de St Quentin, cinquante neuf sols de taille, diz oict souls de cens, diz oict poulles et un sextier de froment, rendus chacun an à la St Morice.

« *Item*, Jehan de Seneveres, seigneur de Loché, tient de moy à foy et homaige lige le village de la Verrière ses homes et soubgiez sur lesquels il a haute justice, moyenne et basse, et les devoirs que les dits homes li doivent chacun an, et les cens, rentes, dismes et terrages, et telle partie comme il a es boys de Gastines et toutes et chacune les choses que le dit sire et ses prédecesseurs tiennent de moy et ont accoustumé a tenir de mes prédecesseurs à la foy et homaige dessus dits.

« *Item*, Monseigneur Raoul de Preaux tient de moy a foy et homaige lige, à un roucin de service à muance de seigneur et aux leaux aydes le hebergement de la gagnerie de Moquentaut et les appartenances et six arpents de bois ou environ joignant à la dite gagnerie.

« Lesquelles choses, en ma ville et terre de St Germain, je advoe toute justice haute moyenne et basse et les trois grands cas et le droit de bannyr et appetir et toutes les choses qui en deppendent et justice telle comme en ce que je tiens a domaine, comme en ce que mes hommes de foy et subgiez tiennent de moy, si comme moy et mes prédecesseurs avons accoustumé et vous en doys, mon très chier seigneur, honneur, reverence..... Donné soubz mon séel le lundi avant la feste de Tous Saints l'an de grâce mil trois cent cinquante oict. »

Marc de Saint-Germain, cité dans une charte de Dreux de Mello de 1208, avec Geoffroy de Palluau, seigneur de Montrésor, Girard, abbé de Villeloin, et Geoffroy d'Aubigny, est le premier seigneur connu de la châtellenie de Saint-Germain. Il eut pour successeur Bouchard de Saint-Germain, premier du nom, chev., que nous voyons mentionné dans des chartes de l'abbaye de Moncé, de 1239 et 1242, et dans une charte de la commanderie de Fretay, de 1250.

Archambauld de Saint-Germain, chev., fils de Bouchard, était seigneur de Saint-Germain en 1285.

Bouchard de Saint-Germain, deuxième du nom, dit de Vendôme, fils d'Archambauld, eut une fille, Jeanne, dame de Saint-Germain, qui épousa, vers 1345, Pierre de Mornay, chev., seigneur de la Ferté-Nabert, conseiller et chambellan du roi, sénéchal de Périgord, de Quercy et de Saintonge.

Bouchard de Mornay, issu de ce mariage, est qualifié de seigneur de Saint-Germain, de la Ferté-Nabert, des Roches et de la Chalemaison, écuyer du duc d'Orléans, dans un acte du 21 février 1404. Il épousa Jeanne des Essarts, fille de Julien des Essarts, seigneur d'Ambleville, de Bouville et de Farcheville, et d'Isabeau de Vendôme, et eut un fils, Charles.

Charles de Mornay, chev., seigneur de Saint-Germain, de Villiers et d'Acheri, eut, entre autres enfants, de son mariage avec Bonne de la Viefville, dame de Vaux, André de Mornay, qui eut lui-même trois filles, dont une fut mariée au seigneur de Feugrin.

Julien Berruyer, Éc., devint propriétaire de la terre de Saint-Germain vers 1460. Il était fils de Henri Berruyer, chev., et avait pour frère Martin Berruyer, évêque du Mans, mort le 24 avril 1465. Il épousa Perrette de Voyer.

Lidoire Berruyer, Éc., fils du précédent, seigneur de Saint-Germain-sur-Indre, grand échanson de France, eut, de son mariage avec Françoise d'Outrelavoye : 1° Pierre, qui suit ; 2° Jeanne, qui épousa, en premières noces, Jean de Villebresme, Éc., seigneur de Fougères, et, en secondes noces, Jacques de Maillé, chev., seigneur de Benehart ; 3° Jean, Éc., seigneur de Taffonneau et de Courvalin, marié à Suzanne de Coningham ; 4° Anne. Lidoire Berruyer fit son testament le 20 juillet 1500.

Pierre Berruyer, Éc., seigneur de Saint-Germain, comparut, en 1507, à la Réformation de la coutume de Touraine. Il épousa Élisabeth de Crevant, fille de Jean de Crevant, chev., seigneur de Bauché, et de Catherine de la Jaille, dame de la Motte, et eut cinq enfants : 1° Louis, qui suit ; 2° Martin, seigneur de Bussy, en Champagne ; 3° Claude, décédé sans postérité ; 4° Jeanne, dame de Cottereau, femme de Jean de Masselles, Éc., seigneur de la Fontaine-Milon ; 5° Diane, mariée à Louis Bongrand, Éc., seigneur de Bessé et du Breuil.

Louis Berruyer, premier du nom, Éc., seigneur de Saint-Germain, épousa, vers 1540, Marie de Larçay, dont il eut : 1° Pierre, seigneur de Saint-Germain, tué au combat d'Étampes ; 2° Louis, qui suit ; 3° Charlotte, mariée à René Levrault, Éc., seigneur de la Citière.

Louis Berruyer, deuxième du nom, Éc., seigneur de Saint-Germain, eut deux enfants de son mariage avec Suzanne de la Vignole : 1° Louis, qui fut seigneur de Saint-Germain, après son père, vers 1650, et Françoise, qui épousa René de Percy, Éc., seigneur de la Hamelinière.

La terre de Saint-Germain fut ensuite possédée par Claude Luthier, vers 1666 ; Pierre Clavetier, vers 1688 ; — Charles-Paul-Jacques-Joseph de Bridieu (1734) ; — Charles-Marie-Marthe de Bridieu (1768) ; — Marie-Catherine le Boucher de Verdun, veuve du précédent. Elle comparut, par fondé de pouvoir, à l'assemblée de la noblesse de Touraine, en 1789.

MAIRES DE SAINT-GERMAIN. — Fouchardière, 1801. — Charles Durand, 1804, 29 décembre 1807. — Pillault-Sabardière, 14 décembre 1812. —Charles Durand, 20 juillet 1816-26. — Fissour, 18 août 1830.

Cartulaire de l'archevêché de Tours. — Cartulaire du Liget. — Arch. d'I.-et-L., C, 603 ; E, 94, 134, 140 ; G, 5. — *Rôle des fiefs de Touraine.* — Saint-Allais, *Nobiliaire universel de France*, VI, XII. — *Almanach de Touraine*, 1790. — Archives de la Vienne, H, 3, liasses 476, 503. — *Recueil des historiens des Gaules*, XXIII, 663. — *Greg. Tur. Hist. Lib. X.* — La Chesnaye-des-Bois et Badier, *Diction. de la noblesse*, XIV, 591. — La Thaumassière, *Hist. du Berry*, 553. — *Conférence de la Rédaction de la coutume de Touraine* (1559). — P. Anselme, *Hist. généal. de la maison de France*, IV, 382 ; VII, 512. — Lainé, *Archives de la noblesse de France*, X, 34. — *Mém. de la Soc. archéol. de Tour.*, IX, 234 ; X, 89, 247. — Lhermite-Souliers, *Hist. de la noblesse de Touraine*, 83, 84, 145. — Bibl. de Tours, manuscrit n° 1494. — Goyet, *Nobiliaire de Touraine.* — Dufour, *Diction. de l'arrondissement de Loches.* — Expilly, *Diction. des Gaules et de la France.* — Bibl. nationale, Gaignères, 678.

Germain-sur-Vienne (St-), commune du canton et de l'arrondissement de Chinon, à 60 kilomètres de Tours et à 14 de Chinon. — *Basilica S. Germani*, VI° siècle (*Greg. Tur. Hist.*, lib. X). — *Ecclesia S. Germani juxta Candatum*, 1229. — *Saint-Germain-des-Prés*, 1314 (*Cartulaire de l'archevêché de Tours*). — *Saint-Germain-des-Prés-lez-Candes*, 1663.

Elle est bornée, au nord, par la commune de Savigny ; à l'est, par celle de Thizay ; à l'ouest, par Candes et Couziers ; au sud, par Lerné. Elle est arrosée par la Vienne et par le ruisseau du Grand-Courant, qui prend sa source dans les marais de la Boire-Bouchard et se jette dans la Vienne, près du Bardeau. Elle est traversée par le chemin de grande communication n° 36, de Saumur à Bourges. Une partie de la forêt de Fontevrault se trouve sur son territoire, au sud.

Les hameaux et villages suivants dépendent de cette commune : Le Coteau-de-Cumel (23 habit.). — Le Haut-d'Avril (19 habit.). — Le Bardeau (21 habit.). — La Vallée-de-Crotte (81 habit.). — La Vallée-des-Vaux (65 habit.). — La Chaussée (70 habit.). — La Barre (19 habit.). — Le Port-Bedent (17 habit.). — Le Ballet (23 habit.). — La Gaudrée (34 habit.). — Le Coteau-de-la-Chaussée (76 habit.). — Rassay (21 habit.), ancien fief. — Le Port-Guyot (85 habit.). — Le Perron (23 habit.). — Le Petit-Thouars, ancien fief, relevant du château de Chinon. — Le Peuil (15 habit.). — La Tiraudière (11 habit.). — La Moutonnerie, la Vacherie, les Tours-Baton, Falèche, les Riaumes, les Caves-Blanches, la Guernerie, etc.

Avant la Révolution, Saint-Germain était dans le ressort de l'élection de Chinon et faisait partie du doyenné de Beaumont-en-Véron et de l'archidiaconé d'outre-Vienne. En 1793, il dépendait du district de Chinon.

Superficie cadastrale. — 1337 hectares. — Le plan cadastral, dressé par Alizon, a été terminé le 21 octobre 1837.

Population. — 600 habit. en 1801. — 604 habit. en 1804. — 630 habit. en 1810. — 650 habit. en 1821. — 700 habit. en 1831. — 807 habit. en 1841. — 772 habit. en 1851. — 723 habit. en 1861. — 647 habit. en 1872. — 619 habit. en 1876.

Assemblée pour location de domestiques le quatrième dimanche d'août.

Recette de poste de Fontevrault (Maine-et-Loire).

Au VI° siècle, une église fut fondée dans cette localité par l'évêque de Tours, Injuriosus. Après avoir été possédée, pendant plusieurs siècles, par les archevêques de Tours, elle fut unie, par la charte suivante, à la chevecerie de la collégiale de Candes :

In nomine S. Trinitatis, ego Juhellus divina miseratione Turonensis archiepiscopus, divino nutu motus, ad augmentum capicerie Candatensis qui nimis tenuis diu extitit, ecclesiam S. Germani juxta Candatum, ad meam donationem pertinentem adjungo in perpetuum et annecto cum assensu capituli Turonensis et voluntate ejusdem, salvo tamen jure archidiaconi et archipresbyteris ejusdem loci. Ego iterum statuo et ordino, cum assensu capituli Candatensis, quod omnes canonici ecclesie Candatensis tam presentes quam futuri jurent fidelitatem ecclesie Turonensis et ecclesie Candatensis servaturos..... Datum anno MCCXXIX.

L'église actuelle offre, dans sa muraille septentrionale, des restes assez curieux de l'édifice bâti, au VI° siècle, par Injuriosus. « Au milieu du « petit appareil dont cette muraille est formée, « lisons-nous dans l'ouvrage intitulé *Recherches* « *sur les églises romanes en Touraine* (p. 79), « on remarque avec curiosité, sur des pierres « d'appareil moyen, des sculptures d'une forme « et d'un style caractéristiques, dont les similaires « ne se retrouvent plus à partir du XI° siècle ; « ce sont des entrelacs d'un type mérovingien, « des palmes, des arbres, des hommes, des lions,

« évidement imités des étoffes orientales, le
« tout d'un relief tellement bas, qu'il serait très
« facile de les estamper sur papier, comme les
« pierres tombales. Nous avons là encore un pré-
« cieux spécimen des premiers tâtonnements de
« la sculpture, et un nouvel exemplaire des des-
« sins grossiers qui ornaient la porte de nos
« églises primitives. A la vue de ces curieux dé-
« bris, le congrès archéologique de Saumur, en
« 1862, n'hésita pas à reconnaître un édifice an-
« térieur à l'an 1000. »

L'abside et le clocher sont de la seconde moitié du XIIe siècle.

Georges Aubert du Petit-Thouars, chev., mort en 1720, et Georges Aubert, chev., décédé en 1762, furent inhumés dans cette église.

La cure possédait le lieu des Chambrons, qui relevait de la seigneurie d'Orval, suivant une déclaration féodale du 5 mars 1787.

Il existait trois chapelles domestiques dans la paroisse : celle du château du Petit-Thouars; celle du château de Saint-Germain, et la chapelle Saint-Ignace. Cette dernière est mentionnée dans le *Pouillé de l'archevêché de Tours*, de 1648. La collation de ce bénéfice appartenait à l'archevêque de Tours.

CURÉS DE SAINT-GERMAIN. — N. Auger, 1723. — Charles Ferrand, 1760. — Nicolas Desmé, 1776-90, curé constitutionnel, 1793. — Prigniau, 1804, 1831. — Hurtault, 1841. — Leblois, 1860. — Douin, octobre 1871, actuellement en fonctions (1880).

La paroisse et le château de Saint-Germain constituaient un fief relevant de l'archevêque de Tours. En 1304, ce fief appartenait à Aimery d'Archiac, chev., troisième fils d'Aymery d'Archiac II et de Marguerite de Rochechouart.

Aymery d'Archiac épousa, en premières noces, Alix de Vivonne, et, en secondes noces, Marie Chastéiguier, dame de la Châteigneraie, de la Guerche et du Patis, et veuve de Savary de Vivonne. Du premier mariage naquit Jean d'Archiac, chev., seigneur de Saint-Germain et de Vivonne, qui eut deux filles : 1° Marguerite, femme de Louis Feydeau, chev.; 2° Jeanne, dame de Vivonne et de Saint-Germain, mariée à Aymery de Rochechouart, deuxième du nom, seigneur de Mortemart, et décédée au château de Vérac, en 1378.

Vers 1470, le fief de Saint-Germain passa aux mains de Gauthier de Pérusse, fils puîné d'Audouin de Pérusse et d'Hélène de Roquefeuille, chambellan du roi Charles VIII, gouverneur de la Haute et Basse-Marche et de Poitiers, sénéchal du Périgord, seigneur de la Vauguyon, de la Coussière, du Repaire et de la Tour-de-Baz.

Gauthier de Pérusse épousa, au mois d'octobre 1498, Marie de Montbron, fille de Louis de Montbron, seigneur de Fontaine-Chalendray, et de Radégonde de Rochechouart. Il eut un fils, François de Pérusse, qui fut seigneur de Saint-Germain, de la Tour-de-Baz et de la Vauguyon, capitaine de cinquante hommes d'armes, gouverneur du Lyonnais, du Dauphiné, de la Savoie et du Piémont.

François de Pérusse rendit hommage, pour son fief de Saint-Germain, le 21 mars 1538. De son mariage, contracté le 22 février 1516, avec Isabeau de Bourbon, fille de Charles de Bourbon, prince de Carency, et de Catherine d'Alègre, il eut : 1° Jean, qui suit; 2° Suzanne, mariée, par contrat du 1er octobre 1536, à Geoffroy de Pompadour, vicomte de Comborn; 3° Marguerite, abbesse de Ligueux, morte en 1589; 4° Anne, morte sans avoir été mariée; 5° Anne, qui épousa, le 26 juin 1563, Jean de la Queille, chev., gouverneur de l'Auvergne.

Jean de Pérusse, prince de Carency, comte de la Vauguyon, seigneur de Saint-Germain, de Vendac et d'Albret, lieutenant général des armées du roi et sénéchal du Bourbonnais, mourut le 21 décembre 1595. Il avait épousé, le 1er octobre 1561, Anne de Clermont, fille d'Antoine de Clermont et de Françoise de Poitiers. Il eut cinq enfants : 1° Claude, prince de Carency, mort sans enfants, en 1586; 2° Henri, marié à Anne de Caumont, marquise de Fronsac, et décédé sans postérité, en 1590; 3° Louise, abbesse de Ligneux (1576); 4° Diane, mariée, en premières noces, en 1573, à Charles, comte de Maure, et, en secondes noces, à Louis d'Estuer de Caussade; 5° Isabeau, femme de Jean d'Amanzé, chev. (contrat du 10 septembre 1595).

En 1617, Florent de Brouilly, receveur des tailles à l'élection de Saumur, possédait le fief de Saint-Germain, qui passa ensuite à Georges Aubert, chev., seigneur du Petit-Thouars, de la Forestrie, de Fournieux et de Rassay, exempt des gardes du corps du roi, qui mourut en 1648, laissant, de son mariage avec N. de Buisine : 1° Louis, enseigne-colonel du régiment de Picardie, mort en 1665; 2° Georges, chev., seigneur du Petit-Thouars et de Saint-Germain, lieutenant de la grande-fauconnerie de France, marié, en premières noces, à Jeanne-Esther-Philiberte de Rochu, et, en secondes noces, à Julie-Catherine de la Haye. Il mourut en 1720, laissant plusieurs enfants, entre autres, Georges III, qui suit, et Jean-Baptiste-Auguste, seigneur de Rassay, lieutenant-colonel du régiment de Vaubécourt, marié à N. Calmel du Gazel.

Georges Aubert III, chev., seigneur du Petit-Thouars, de Saint-Germain et de la Forestrie, major du régiment de Brest, lieutenant du roi dans les villes, châteaux et pays de Saumur et Haut-Anjou, fut blessé aux combats de Chiari et de Verceil, et au siège de Turin (1701-4-6). Le 20 octobre 1735, il rendit hommage au baron de Marmande, pour son fief de la Forestrie. Il mourut en 1762. En 1723, il avait épousé Hyacinthe-Céleste Blondé de Messémé, dont il eut plusieurs enfants, entre autres, Louis-Henri-Georges, maréchal des camps et armées du roi, Hyacinthe-Louis et Marie-Madeleine-Suzanne, chanoinesse du Chapitre noble de Salle-en-Beaujolais, co-seigneurs de Saint-Germain et qui comparurent, par fondés de pouvoir, à l'assemblée électorale de la noblesse de Touraine, en 1789.

Le château de Saint-Germain passa ensuite à Anatole de Puizieux et à Marie-Charlotte-Louise de la Porte de Vezins, veuve de Fidèle-Armand-Marie-Constant Denis, comte de Keredern. Le 4 juillet 1842, Léon-Philippe-Victor Cuny et Camille-Sophie Brocard, sa femme, le vendirent à Jean-Émile Proust, avocat à Saumur, et à Marie-Euphrasie Lambert, sa femme.

La dîme de la paroisse de Saint-Germain formait un fief, dont un quart appartenait, en 1337, à Jean Bessonneau, valet, un autre quart à l'archevêque de Tours. Le reste était possédé par l'abbé de Seuilly et Regnaut de Pouant, Éc. En 1370, Guillaume Maydon était possesseur de la moitié de cette dîme.

La justice, dans le même temps, était partagée entre Perrot de Luains, Éc., et Jean Bessonneau. Elle relevait de l'archevêché de Tours.

Vers la même époque, le seigneur de l'Abysme était propriétaire de la voirie de Saint-Germain, formant un fief, et qui relevait de l'archevêque de Tours à foi et hommage simple et un roussin de service.

Maires de Saint-Germain. — Joseph Loré, 1801, 29 décembre 1807, 14 décembre 1812, remplit ces fonctions jusqu'au 17 octobre 1830. — Chevalier-Couléon, 22 novembre 1830. — Boisselier, 1841. — Babouard, 1852. — Jean-Baptiste Vacher-Boutet, 17 février 1874, 21 janvier 1878.

Arch. d'I.-et-L., C, 654; G, 4, 259. — *Cartulaire de l'archevêché de Tours.* — *Rôle des fiefs de Touraine.* — La Chesnaye-des-Bois et Badier, *Diction. de la noblesse*, I, 681, 924. — D'Hozier, *Armorial général de France*, reg. 5e, général. Aubert. — *Mém. de la Société des antiquaires de l'ouest* (1856-58), p. 139. — Beauchet-Filleau, *Diction. des familles de l'ancien Poitou*. I, 81, 124; II, 515. — *Pouillé de l'archevêché de Tours* (1648), p. 40. — *Congrès archéologique de France*, xxvi, p. 199. — C. Chevalier, *Promenades pittoresques en Touraine*, 484. — A. Longnon, *Géographie de la France au vie siècle*, 289. — Bétancourt, *Noms féodaux*, I, 192. — *Mém. de la Soc. archéol. de Tour.*, I, 10; X, 110, 112. — *Annuaire-almanach d'Indre-et-Loire* (1877), p. 173. — Bibl. de Tours, manuscrit no 1267. — *Journal d'Indre-et-Loire* du 1er septembre 1842. — A. Joanne, *Géographie d'Indre-et-Loire*, 98. — J.-J. Bourassé et C. Chevalier, *Recherches sur les églises romanes en Touraine*, p. 79, 80.

Germains (les), ham., cne de Sennevières, 14 habit. — *Germains*, carte de Cassini.

Germanerie (la), f., cne de Saint-Benoît.

Germaniacus. V. *Germigny*, cne de Braye-sous-Faye.

Germigny, vil., cne de Braye-sous-Faye, 53 habit. — *Germaniacus*, xie siècle. — *Germigny*, carte de Cassini. — Vers 1090, Airaud du Pont donna à l'abbaye de Noyers deux arpents de vignes situés à Germigny. — (*Cartulaire de Noyers*).

Germinière, ou **Germinerie** (la), f., cne de Saint-Laurent-en-Gatines. — *Jaminière*, carte de l'état-major.

Germonerie (la), vil., cne de Monnaie, 18 habit. — *Germonnerie*, carte de l'état-major.

Germonerie (la), f., cne de Monthodon. — *Germenerie*, carte de l'état-major.

Germonnerie (la), f., cne de Neuillé-le-Lierre. — *Germonnerie*, carte de l'état-major.

Gernaicus. V. *Guenay*, cne de Jaulnay.

Géron, f., cne de la Chapelle-Blanche. — *Géron*, cartes de Cassini et de l'état-major.

Gertrud, ou **Gertru**, f., cne de Bossée. — *Gertrud*, carte de Cassini.

Gertuzette (le lieu de), près de Belair, cne de Reugny.

Gervais (le lieu de St-), cne d'Esves-le-Moutier, près du chemin d'Esves à Ferrière.

Gervais (chapelle de St-). V. *Ciran*.

Gervais, abbé de Bourgueil, fut élu en avril 1316, en remplacement de Guibert, décédé. Il mourut le 2 novembre 1355 et eut pour successeur Bertrand de Vignac. — (Bibl. de Tours, manuscrit no 1494. — *Chronica monasterii Burguliensis*, 49. — *Gallia christiana*, XIV.)

Geslet (le), vil., cne de Bourgueil, 37 habit. — *Geslier*, 1548. — Ancien fief, relevant de l'abbaye de Bourgueil à foi et hommage lige. En 1548, il appartenait à Gilles de Laval. — (Arch. d'I.-et-L., *titres de Bourgueil*.)

Gesnière, ou **Genière** (la), vil., cne de Bueil, 17 habit. — *Gesnière*, carte de l'état-major. — *Génière*, carte de Cassini. — Il relevait du Plessis-Barbe. — (Bibl. de Tours, manuscrit no 1357.)

Gespière (la), cne d'Auzouer. V. *Guepière*.

Gestière (la), f., cne du Louroux. — *Gestière*, carte de l'état-major.

Geteries (le lieu des), près des Pretrereaux, cne de Charnizay.

Getières (les), f., cne de Vouvray.

Getrie (la), f., cne de Saint-Antoine-du-Rocher.

Gevardière (le lieu de la), cne du Louroux, près du chemin du Carroi à Bossée.

Gevêques (le lieu des), près de la Bastiennerie, cne de Thilouze.

Gévrioux, f., cne de La Riche, près de la Loire. — *Gebriacus seu Nus*, ixe siècle. — *Givro*, 1340. — *Givrioux*, 1547. — *Gevrieux*, carte de l'état-major. — *Giverieux*, carte de Cassini. — Ce domaine figure parmi les possessions des chanoines de Saint-Martin de Tours, mentionnées dans une charte de Charles le Chauve, de 862. Au XVe siècle, il dépendait du fief des Bordes, dans la circonscription de la prévôté de la Varenne. — (Recueil des historiens des Gaules, VIII. — Arch. d'I.-et-L., prévôté de la Varenne.)

Gévrioux (île de), dans la Loire, cne de La Riche. — Givro, XIIIe siècle. — Jean Beurier la vendit à la collégiale de Saint-Martin, en 1340. En 1400, elle était devenue la propriété de N. Le Meignan, chanoine de Saint-Martin, qui la légua aux vicaires de cette église. Ceux-ci, par acte du 11 juin 1430, la vendirent à Jean Chauvin. En 1562, cette île fut le théâtre d'un crime épouvantable. Le 14 novembre, les autorités de Tours avaient fait arrêter un certain nombre d'habitants soupçonnés d'intelligences avec les Huguenots et parmi lesquels se trouvait Jean Bourgeau, président du présidial. Bourgeau, tandis qu'on le conduisait à la prison, parvint à rompre ses liens et à se sauver. Il s'enfuit du côté de Saint-Côme et se jeta dans un bateau conduit par deux hommes qui lui étaient dévoués. Mais plusieurs individus de La Riche se mirent à sa poursuite, et, étant parvenus à le rejoindre au moment où il abordait à l'île de Gévrioux, ils le tuèrent à coups de bâton. On le croyait porteur d'une certaine somme en or ; ne l'ayant pas trouvée dans ses poches, ces misérables supposèrent qu'il l'avait avalée ; ils la recherchèrent en ouvrant l'estomac et les entrailles de leur victime. Ils pendirent ensuite à un saule le cadavre horriblement mutilé. Ce crime resta impuni. Comme tant d'autres forfaits commis à cette époque, on eut le tort de le considérer comme de justes représailles des excès dont les protestants s'étaient rendus coupables. — (Arch. d'I.-et-L., titres de Saint-Martin; prévôté de la Varenne. — Bibl. de Tours, fonds Salmon, titres de Saint-Martin.)

Gibauderie (le lieu de la), près de la Michaudrie, cne de Neuilly-le-Brignon.

Gibauderie (la), cne de Sorigny. V. Gibaudière.

Gibaudière (la), f., cne de Chambourg. — Gibaudière, cartes de Cassini et de l'état-major. — Ancien fief. En 1426, il appartenait à Jean Barbin, conseiller au Parlement de Paris, marié à Françoise Gillier, fille d'Étienne Gillier, seigneur des Rouziers, et d'Andrée Andrault ; — en 1450, à Blanc Barbin ; — en 1470, à Mathurin Barbin ; — en 1488, à Jean d'Argy, Éc. Il mourut le 3 avril 1505 et fut inhumé dans l'église des Franciscains, à Loches ; — en 1506, à François d'Argy, décédé le 28 avril 1527 ; — en 1545, à François d'Argy ; — en 1583, à Amblard de Chadieu, capitaine des gardes de la reine-mère, seigneur d'Azay-sur-Indre ; — en 1675, à Claude Benoit ; — en 1705, à François de la Borde. — (Arch. d'I.-et-L., E, 132, 135. — Lainé, Archives de la noblesse de France, X. — Bibl. de Tours, manuscrit n° 1311.)

Gibaudière (la), ham., cne de Cléré, 14 habitants.

Gibaudière (la), f., cne de Mazières.

Gibaudière (la), f., cne de la Membrolle. — Gibaudière, carte de l'état-major. — En 1623, Jean Felon était qualifié de sieur de la Gibaudière. — (Registres d'état-civil de Mettray.)

Gibaudière (la), f., cne de Neuillé-Pont-Pierre.

Gibaudière (moulin de la), sur le ruisseau de Saulay, cne de Saint-Antoine-du-Rocher. — Langibaudière, dans un titre de 1785. — Ancien fief. — En 1785, il appartenait à Jeanne Mollet, veuve de Denis-François Brousse de Gersigny, Éc., greffier en chef du bureau des finances de Tours. — (Arch. d'I.-et-L., E.)

Gibaudière (la), ou **Gibauderie**, vil., cne de Sorigny, 30 habit. — Gaignerie de la Gibaudière, XIVe siècle. — Gibaudière, carte de l'état-major. — En 1365, le domaine de la Gibaudière appartenait à Jean de Thais. — (Cartulaire de l'archevêché de Tours.)

Gibaudières (la croix des), cne de Marray, près du chemin de Marray à Beaumont.

Gibaudrie (la), f., cne de Bossay.

Gibault (le), f., cne de Monthodon.

Gibaults (le lieu des), cne d'Yzeures, près de la Creuse et de Puizay.

Gibellerie (la), f., cne de Parçay-Meslay. — Gibellerie, carte de l'état-major.

Giberdière, ou **Gilberdière** (la), ham., cne d'Ambillou, 12 habit. — Giberdière, carte de l'état-major. — Gilberdière, carte de Cassini.

Giberdière (la), cne de Manthelan. V. la Marche.

Giberdière (la), vil., cne de Vallères, 24 habit. — Gilberdière, carte de Cassini.

Giberdières (le lieu des), près du Gros-Chêne, cne de Rigny.

Giberies (les), f., cne de Chanceaux-sur-Choisille.

Gibertière (la), cne de Loché. V. Juberdière.

Gibet (le lieu du), près de Planchoury, cne de Langeais.

Gibet (la croix du), cne de Ligré, près du chemin des Plaudières à la Morlière.

Gibet-de-la-Coupeline (le lieu du), cne de Saint-Patrice, près du chemin d'Ingrandes aux Échelleries.

Gibets (le lieu des), près de la Carrière, cne de Charentilly.

Gibets (le lieu des), près de la Bourdonnière, cne de Saint-Épain.

Giborgère (la), f., cne de Bournan.

Gibottière (la), f., cne de Marcé-sur-Esves. — Ancien fief, relevant de Bagneux. En 1509, il appartenait à Jehan des Housseaux, Éc.; — en 1639, à Jacques des Housseaux; — en 1682, à Jacques des Housseaux; — en 1755, à Pierre-François Perrault, chev.; — en 1782, à Jean-Baptiste Fey de la Grange; — en 1788, à Jean-Luc, baron de Préaux. — (Bibl. de Tours, fonds Salmon, *titres de Nouâtre et de Sainte-Maure*. — Archives de la Vienne, E, 153. — D. Housseau, XII, 4935, 5973. — *Rôle des fiefs de Touraine*.)

Gibours (le lieu des), près de Brouard, cne de Neuillé-le-Lierre.

Gibrault (le lieu de), cne de Thilouze, près du chemin de Thilouze à la Guenetterie.

Gicornes (le lieu des), cne de Tavant, près du chemin de Tavant à la Guerre-des-Bois.

Gicton (le), f., cne de Céré.

Gidairon (le moulin de), sur le ruisseau de Chantereine, cne de Chambourg.

Gidaudière (la), cne de Courcelles. V. *Gigaudière*.

Gidoin (Ambroise), négociant, fut nommé quatre fois maire de Tours : 1° le 6 septembre 1794, en remplacement de François-Michel-Jean Perré; il exerça ces fonctions pendant quatre mois. Il eut pour successeur Henri Goüin; 2° le 25 fructidor an V, en remplacement de Pierre-Augustin Estevou. Louis Guérin lui succéda le 29 pluviôse an VII; 3° le 1er floréal an VII, en remplacement de Louis Guérin. Léonor Drouin lui succéda le 23 du même mois; 4° le 19 messidor de la même année, en remplacement de Léonor Drouin. Étienne-Marie Cassin lui succéda le 22 prairial an VIII. — (Registres des délibérations du Conseil municipal de Tours. — Chalmel, *Hist. des maires de Tours* (manuscrit).

Gié, ou **Gyé**, ancien fief, relevant de Reignac. — On voit, par un titre de 1432, que ce fief, consistant en bâtiments et en cens et rentes, était situé dans l'enceinte du château de Loches. En 1432, il appartenait à Jean du Ru; — en 1486, à Louis le Maye; — en 1547, à François le Breton; — en 1576, à Adrien le Breton; — en 1739, à Marie-Marguerite de la Vallée de Pimodan, veuve de Louis Barberin de Reignac. —(Arch. d'I.-et-L., C, 602. — Bibl. nationale, Gaignères, 678. — Bibl. de Tours, fonds Salmon, *titres de Notre-Dame de Loches*.)

Gié-en-Chanceaux. V. *Marray (Petit-)*, cne de Chambourg.

Gigaudière (la), f., cne de Barrou. — *Gigaudière*, carte de Cassini.

Gigaudière (la), f., cne de Courcelles. — *Gidaudière*, 1750. — *Gigaudière*, cartes de Cassini et de l'état-major. — Ancien fief, relevant de la baronnie de Rillé, à foi et hommage simple et deux sols de service. Il appartenait à la cure d'Hommes. Jean Andreux, curé de cette paroisse, rendit aveu le 3 août 1750; Jean-Nicolas Renard, aussi curé d'Hommes, le 8 juillet 1775. — (Arch. d'I.-et-L., E, 83, 318; *Biens nationaux*.)

Gigault (le moulin), cne de Perrusson.

Gigault (Jean), abbé de Baugerais, succéda à Guillaume Sauvage, en 1513. Il donna sa démission en 1517 et mourut en 1524. Il était conseiller au Parlement de Paris. — (*Gallia christiana*, XIV, 333. — Bibl. nationale, Gaignères, 678. — Arch. d'I.-et-L., *titres de Baugerais*. — Bibl. de Tours, fonds Salmon, *abbaye de Baugerais*.)

Gigonelles (les), f., cne de Beaulieu.

Gigots (les), f., cne du Grand-Pressigny.

Gigoulières (le lieu des), près de la Limettrie, cne de Gizeux.

Gigoulières (le lieu des), près du Rochereau, cne d'Ingrandes.

Gigourie (le lieu de la), cne de Saint-Symphorien. — Il relevait du fief de Bezay (1740). — (Arch. d'I.-et-L., G, 91.)

Gilain (la croix), cne de Saint-Jean-Saint-Germain, près de la route de Tours à Châteauroux.

Gilbardière, ou **Giberdière**, f., cne de Savigné. — *Guilleberdière*, xviie siècle. — *Gilberdière*, cartes de Cassini et de l'état-major. — Ancien fief, relevant de la baronnie de Rillé. Au xviiie siècle, il appartenait à la cure de Savigné. — (Arch. d'I.-et-L., E, 318; *Biens nationaux*. — *Rôle des fiefs de Touraine*.)

Gilberderie, ou **Gillebarderie**, f., cne de Braye-sous-Faye. — *Gilberderie*, carte de l'état-major. — En 1703, Guillaume Poirier était qualifié de sieur de la Gilberderie. — (Arch. d'I.-et-L., E, 157. — Registres d'état-civil de Richelieu.)

Gilberdière (la), cne d'Ambillou. V. *Giberdière*.

Gilberdière (la), cne de Loché. V. *Jubardière*.

Gilberdière (la), f., cne de Rilly. — *Gilleberdière*, carte de l'état-major. — *Gilberdière*, carte de Cassini.

Gilberdière (la), f., cne de la Roche-Clermault. — Elle fut vendue nationalement, en 1793, sur N. Le Breton de la Bonnelière. — (Arch. d'I.-et-L., *Biens nationaux*.)

Gilberdière (la), c^{ne} de Savigné. V. *Gilbardière*.

Gilberdière (la), f., c^{ne} de Savigny. — *Gilberdière* ou *Cour-Gasnier*, xviiie siècle. — *Gilberdière*, carte de Cassini. — Elle relevait de Mathefelon et appartenait, en 1667, à René Rabault de Jazeneuil. — (Arch. d'I.-et-L., E, 163.)

Gilberdière (la), f., c^{ne} de Semblançay. — *Gilleberdière*, cartes de Cassini et de l'état-major. — Ancien fief. En 1774, il appartenait à Gilles Lefebvre-Thoinier, négociant à Tours. — (Arch. d'I.-et-L., E.)

Gilberdière (la), c^{ne} de Vallères. V. *Giberdière*.

Gilberdière (la), f., c^{ne} de Villiers-au-Boin.

Gilbert, ancien fief, près de La Croix-de-Bléré. — *Gilbert, Gillebert*, ou *Bonnardière*, xve siècle. — Ce fief relevait d'Amboise, à foi et hommage lige et sept sols de service. En 1460, il appartenait à Jean Bonnard; — en 1471, à Pierre Bouvart, qui rendit aveu le 19 décembre; — en 1483, à Baudouin de Guitteboust, marié à Jeanne Briçonnet. Celle-ci épousa, en secondes noces, vers 1514, Jean Galochau, élu à Tours. Elle rendit aveu au roi, à cause du château d'Amboise, le 23 avril 1504 et le 15 décembre 1536; — en 1554-56, à François Testu de la Grange, François Ruzé et Marie Ruzé, veuve de Joachim de Corlieu ; — en 1560, à Marie Ruzé, qui rendit hommage le 24 septembre ; — en 1564, à Denise Redon, veuve de Charles Prevost; — en 1577, à Élie Deodeau, qui le vendit, le 9 juin 1581, à René Berard; — en 1704, à Charles de Morais; — en 1711, à Étienne-Jacques Guillerault; — en 1737, à Gabriel Taschereau; — en 1766, à Nicolas-Charles Malon de Bercy, qui le vendit, le 21 mars, à Étienne-François, duc de Choiseul-Amboise.

Arch. d'I.-et-L., C, 603, 651; E, 26, 30, 31, 123. — Bétancourt, *Noms féodaux*, I, 448. — P. Anselme, *Hist. généal. de la maison de France*, VI. — La Roque, *Hist. de la maison de Harcourt*, I, 439. — *Rôle des fiefs de Touraine*.

Gilbert (la fosse), près de la Giberdière, c^{ne} de Vallères.

Gilbert, ou **Gilbert de Maillé**, fut élu archevêque de Tours, en 1117, en remplacement de Raoul II, son oncle. Il assista au concile tenu à Reims par le pape Calixte II, le 20 novembre 1119, et fit un voyage à Rome, pour défendre les droits de son église, qui étaient contestés par l'évêque de Dol. Il mourut à la fin de l'année 1124. — (*Livre noir de Saint-Florent de Saumur*. — Saint-Allais, *Nobiliaire universel de France*, IX. — Monsnier, II, cxlix. — *Gallia christiana*, II, 48; XIV. — Maan, *S. et metrop. ecclesia Turonensis*, 102. — Chalmel, *Hist. de Tour.*, I, 432-33; III, 451. — M. Marteau, *Paradis délicieux de la Touraine*, II, 123.)

Gilberts (les), vil., c^{ne} de Beaumont-la-Ronce, 17 habit.

Gilbourgeon, f., c^{ne} de Souvigny.

Gildais. V. *Guilday*, c^{ne} de Montreuil.

Gilettière (le lieu de la), c^{ne} de la Celle-Guenand. — En 1282, Guillaume de la Celle-Draon céda à Guillaume Gilet et à Ozanne, sa femme, ce qu'il possédait à la Branlardière, et reçut, en échange, ce que ceux-ci possédaient à la Gilettière. — (*Bulletin de la Soc. archéol. de Tour.* (1848), p. 141.)

Giletterie (la), c^{ne} d'Athée. V. *Gilletterie*.

Gillairie (le lieu de la), à Bourgueil. — Il relevait du fief de l'abbaye de Bourgueil (1599). — (Bibl. de Tours, manuscrit n° 1338.)

Gille (la gaignerie de), paroisse de Sorigny. — Elle est citée dans un titre de 1365. — (*Cartulaire de l'archevêché de Tours*.)

Gilleberdière (la), ou **Gilberdière**, f., c^{ne} de Marcilly.

Gillebert (le fief). V. *Gilbert*, près de La Croix.

Gillebert, ou **Guitbert**, abbé de Marmoutier, succéda, en 986, à saint Mayeul, qui avait donné sa démission. Pendant son administration, il reçut, pour son monastère, de Thibault de l'Ile, un don important, consistant dans le prieuré de Tavant et dans un domaine affranchi de tous droits. L'acte de donation fut passé en 987. Gillebert fut remplacé par l'abbé Bernier, en 991. — (D. Martène, *Hist. de Marmoutier*, I, 218. — Bibl. de Tours, fonds Salmon, *titres de Marmoutier*. — *Gallia christiana*, XIV. — *Mém. de la Soc. archéol. de Tour.*, IX.)

Gille-Compain, f., c^{ne} de Vernou.

Gilles (St-), vil., c^{ne} de Benais, 18 habit. — *Hôtel-fort de Saint-Gilles*, 1690. — Ancien fief, appartenant à l'abbaye de Bourgueil. Dans le logis seigneurial se trouvait une chapelle, qui est mentionnée dans des titres de 1493 et 1718. — (Arch. d'I.-et-L., *titres de Bourgueil; Biens nationaux*.)

Gilles (bois de St-), c^{ne} de Benais.

Gilles (moulin de St-), c^{ne} de Crouzilles. — *Saint-Gilles*, carte de Cassini.

Gilles (le lieu de St-), près du Clos-Garnier, c^{ne} de Dolus.

Gilles (moulin de St-), sur la Manse, c^{ne} de l'Ile-Bouchard.

Gilles (St-), c^{ne} de Razines. V. *Gilles-des-Coups (Saint-)*.

Gilles (St-), f., c^{ne} de Saint-Christophe. — *Saint-Gilles*, cartes de Cassini et de l'état-major. — Ancienne propriété de l'abbaye de Saint-Florent de Saumur. On y voit une chapelle dédiée à saint Gilles et qui a été fondée, au XII° siècle, par un seigneur de Saint-Christophe. La voûte a été refaite à l'époque de la Renaissance. Cette chapelle était desservie autrefois par un moine de Saint-Florent. Le 1er septembre, elle est visitée par un grand nombre de pèlerins. Près de là était un cimetière qui est mentionné dans un titre de 1499. — (Arch. d'I.-et-L., *prieuré de Saint-Christophe. — Semaine religieuse du diocèse de Tours* du 8 septembre 1877. — *Journal d'Indre-et-Loire* du 16 mars 1873.)

Gilles (le ruisseau de **St-**). — Il prend sa source dans le Grand-Étang, c^{ne} de Continvoir, passe aux Trois-Paillons, à la Basse-Mercerie, aux Caves-Bodelles, va dans la commune de Benais et se jette dans le Changeon.

Gilles-des-Cols (St-), f., c^{ne} de Razines. — *Capella S. Egidii, Capella de Colle S. Egidii*, XI° siècle. — *Capella S. Egidii de Collibus, seu de Collis*, XII° siècle. — *Saint-Gilles-des-Cols*, XIII° siècle. — *Saint-Gilles-des-Coups*, XVIII° siècle. — *Saint-Gilles*, carte de l'état-major. — *Saint-Gilles-des-Cols*, carte de Cassini. — Ancien prieuré, appartenant à l'abbaye de Noyers. La chapelle, fondée au XI° siècle, fut reconstruite au commencement du XIII°. La dédicace eut lieu en 1203. Gautier en était prieur vers 1100 ; — Louis de Chergé, en 1649. Avant la Révolution, une foire se tenait à Saint-Gilles le jour de la dédicace de l'église. Elle avait été concédée à l'abbaye de Noyers, vers 1180, par un chevalier nommé Nivelon. Cette concession fut confirmée, en 1216, par Ours, seigneur de Faye. Le prieuré de Saint-Gilles constituait un fief qui relevait du château de Saumur.

Arch. d'I.-et-L., C, 603 ; G, 336. — *Cartulaire de Noyers*, 252, 258, 276, 450, 618, 652, 659, 660. — D. Housseau, V, 1888, 2429 ; VII, 8380. — Beauchet-Filleau, *Diction. des familles de l'ancien Poitou*, I, 642. — Lainé, *Archives de la noblesse de France, généal. de Pont-d'Aubevoye*, 9.

Gilles de la Tourette (Joseph-Charles), médecin, né à Faye-la-Vineuse en 1758, membre de l'école pratique de chirurgie de Paris, démonstrateur royal des accouchements à Loudun, mourut dans cette ville le 10 janvier 1798. On a de lui plusieurs ouvrages, entre autres *L'art des accouchements, propre aux instructions élémentaires des élèves en chirurgie, nécessaire aux sages-femmes*, etc., Angers, Pavie, 1787, 2 vol. in-12. — (C. Port, *Diction. historique et biographique de Maine-et-Loire*, II, 262.)

Gillet (la), f., c^{ne} d'Avrillé. — *Gillet*, carte de l'état-major. — *Gillette*, carte de Cassini.

Gillet (le), f., c^{ne} de Marray. — *Gillet*, carte de l'état-major.

Gillets (les), f., c^{ne} de Sorigny.

Gillette (croix de la), c^{ne} de Boussay, près de la route de la Haye à Preuilly.

Gilletterie (la), f., c^{ne} d'Athée, près du Cher.

Gilletterie (la), f., c^{ne} de Bossay.

Gilletterie (la), f., c^{ne} de Braye-sur-Maulne. — *Pilletterie*, carte de l'état-major.

Gillettière (la), f., c^{ne} de Neuillé-Pont-Pierre. — *Gilletière*, carte de l'état-major.

Gillettrie (la), f., c^{ne} de Channay.

Gillettrie (la), f., c^{ne} d'Orbigny. — *Gilletterie*, carte de Cassini.

Gillettries (le lieu des), près de la Hacherie, c^{ne} de Noyant.

Gillettries (les), vil., c^{ne} de Truyes, 22 habit. — *Gilleteries*, carte de Cassini.

Gillier (le fief), à Benais. — En 1765, il appartenait au prince de Robec. — (Arch. d'I.-et-L., *titres de Bourgueil*.)

Gillot (Laurent), fut nommé abbé de Marmoutier, par le pape, en 1582 ; mais il n'était, en réalité, que le prête-nom et le fondé de pouvoir de Jean de Montluc, qui tenait ce bénéfice du roi et en touchait les revenus. La bulle qui le nommait abbé de Bourgueil existait encore dans les archives de ce monastère en 1789. — (Bibl. de Tours, fonds Salmon, *titres de Bourgueil*.)

Gilmenotière (la), f., c^{ne} de Neuillé-Pont-Pierre.

Gilonnerie (la), f., c^{ne} de Villeperdue. — *Gitonnerie*, carte de Cassini.

Giloterie (la), f., c^{ne} de Marigny.

Gilottière (la), f., c^{ne} de Saint-Paterne.

Gilouards (les), f., c^{ne} du Petit-Pressigny.

Gils-d'Azay (le lieu des), c^{ne} de Manthelan, près du chemin de la Niverdière à l'Étang-Cassé.

Gimbertières (les), ou **Ginbertières**, f., c^{ne} du Grand-Pressigny. — Elle a fait partie de l'ancienne paroisse d'Étableaux.

Gimondrie (la), ou **Ginondrie**, f., c^{ne} d'Avoine. — *Gimondrie*, carte de Cassini.

Gimont, ham., c^{ne} de Bléré, 11 habit. — Gabriel Taschereau, chev., seigneur de Bléré, était qualifié de seigneur de Gimont en 1737. — (Arch. d'I.-et-L., E, 123.)

Ginaldus, ou **Giralde**, évêque de Tours, succéda à Aigeric, en 618, d'après Chalmel, en 619, d'après Maan. Il eut pour successeur Valarius ou Walacus. — (Maan, *S. et metrop. ecclesia Turonensis*, 42. — Chalmel, *Hist. de Tour.*, III, 446. — D. Housseau, XV, 61 bis. — *Gallia christiana*, XIV. — *Mém. de la Soc. archéol.*

de Tour., IX, 332. — *Almanach de Touraine*, 1777.)

Ginardière (le lieu de la), c^{ne} d'Autrèche. — Propriété de l'abbaye de Fontaines-les-Blanches, en 1672. — (Arch. d'I.-et-L., *titres de Fontaines-les-Blanches*.)

Ginbertières (les), c^{ne} du Grand-Pressigny. V. *Gimbertières*.

Gingolerie, ou **Gingotterie** (la), f., c^{ne} de Noizay.

Ginilleium. V. *Genillé*.

Girandellière (le), f., c^{ne} de Sorigny.

Girard, f., c^{ne} d'Autrèche. — *Girard*, carte de Cassini.

Girard (Pierre), chanoine et cellerier de Saint-Martin de Tours, mourut le 1er août 1556 et fut inhumé dans la collégiale. On lisait sur son tombeau l'épitaphe suivante :

Cy gist Pierre Girard, jadis en cette église
Chanoine et celerier, au cercueil estendu.
Terre, dis-je, du corps qui en terre est remise
Mais au ciel son esprit céleste il a rendu,
Ayant par testament, en ce très noble temple
En septembre fondé, le jour de Nostre Dame
Un sancta solennel, *en imitant l'exemple*
De son oncle inhumé sous la prochaine lame.
Lequel entretenu acquist dès sa jeunesse
Science et bonnes mœurs et bon fruit en tout lieu.
Puis vivant sobrement, départit sa richesse
Et aux siens et au Temple et aux membres de Dieu.
Et ce jusques à tant que oultre sexagénaire
Cinq cent cinquante six et d'aoust le premier jour
De mort prémédité, en estat ordinaire
Dieu le tira du monde au céleste sejour.

Pierre Girard était neveu de Louis de Breslay, chanoine et officiel de Saint-Martin, qui mourut en 1559. — (Chalmel, *Hist. de Saint-Martin de Tours* (manuscrit), p. 233-34.)

Girard-Aunay. V. *les Girards*, c^{ne} de Saint-Michel.

Girard d'Athée, né en Touraine, vers 1155, aurait appartenu, d'après Guillaume le Breton, à une famille de serfs. Mais cette assertion a été combattue par M. Lambron de Lignim, qui en a parfaitement démontré la fausseté. Ce personnage était noble, et, selon toute vraisemblance, il possédait la seigneurie dont il portait le nom. En 1198, on le voit figurer dans des chartes de Richard Cœur de Lion et en compagnie des plus hauts barons de la Touraine et de l'Anjou. Après la mort de Richard Cœur de Lion, en 1199, il s'attacha au parti de Jean sans Terre et combattit pour lui sous les ordres de Robert de Tournehem, sénéchal de Touraine. La qualification de lieutenant de Robert de Tournehem, lui est donnée dans une charte du mois de mars 1201. L'année suivante, il fut lui-même appelé aux fonctions de sénéchal et nommé capitaine de Tours, dont il s'était emparé. En 1205, renfermé dans le château de Loches, il soutint un long siège contre les troupes du roi Philippe-Auguste. Mais, forcé de se rendre, avec cent vingt chevaliers et hommes d'armes qu'il commandait, il fut emmené prisonnier au château de Compiègne, où le vainqueur le garda pendant deux ans et demi. A la fin de l'année 1207, après avoir fait verser au Trésor royal une rançon de 2,000 marcs d'argent qui lui avaient été fournis par le roi Jean, il passa en Angleterre et y mourut vers 1215. Il était capitaine-gouverneur des châteaux de Glocester et de Bristol.

Lambron de Lignim, *Recherches historiques sur Girard d'Athée* (*Mém. de la Soc. archéol. de Tour.*, VII, 172). — A. Salmon, *Nouveaux documents sur Girard d'Athée* (*Mém. de la Soc. archéol. de Tour.*, XIII, 193). — D. Housseau, VI, 2015, 2100, 2153, 2454. — *Recueil des historiens des Gaules*, XVII. — Bry de la Clergerie, *Hist. des Comtes d'Alençon et du Perche*. — *Chron. Tur. magnum*. — Ménage, *Hist. de Sablé*, 191. — *Liber compositionum*, 49. — Bibl. nationale, Gaignères, 678. — Du Tillet, *Recueil des traités entre les rois de France et d'Angleterre*, 32. — C. Chevalier, *Promenades pittoresques en Touraine*, 285-86.

Girarderie (la), f., c^{ne} d'Auzouer.

Girarderie (la), f., c^{ne} de Cerelles. — *Girarderie*, carte de Cassini. — *Girardière*, carte de l'état-major.

Girarderie (le lieu de la), paroisse de Cléré. — Il relevait de Cléré, suivant une déclaration féodale du 18 juillet 1776. — (Arch. d'I.-et-L., *titres de Cléré*.)

Girarderie (la), f., c^{ne} de Courçay.

Girarderie (la), f., c^{ne} de Druyes. — *Girardière*, carte de Cassini. — *Girardière*, carte de l'état-major.

Girarderie (la), f., c^{ne} de Joué-les-Tours. — *Girardière*, carte de Cassini. — *Girardières*, carte de l'état-major.

Girardet, f. et chât., c^{ne} d'Épeigné-sur-Dême. — *Girardet*, cartes de Cassini et de l'état-major. — Ancien fief, relevant de la baronnie de Villedieu, qui dépendait de l'abbaye de Vendôme. En 1461, il appartenait à Jean de Bueil, qui rendit hommage le 20 avril. — (Arch. d'I.-et-L., G, 46. — *Rôle des fiefs de Touraine*.)

Girardet (le fief de), distinct du précédent et situé également dans la paroisse d'Épeigné-sur-Dême. — Il relevait de la Marchère. En 1595, il appartenait à Louis de Foureateau, Éc. ; — en 1666, à Louis de Foureateau ; — en 1698, à Aubert-François de Foureateau ; — en 1745, à Joseph de Foureateau ; — vers 1750, à N. Mandat, maître des requêtes. — (Arch. d'I.-et-L., E, 120 ; G, 46. — A. de Maulde, *Essai sur l'armorial du Vendômois*, 21. — Goyet, *Nobiliaire de Touraine*. — *Rôle des fiefs de Touraine*. — Registres d'état-civil de Châteaurenault, 1745. — Lhermite-Souliers, *Hist. de la noblesse de Touraine*, 238.)

Girardet, c⁻ⁿᵉ d'Esves-le-Moutier. V. *Giraudière*.

Girardière (la), vil., cⁿᵉ d'Ambillou, 31 habit. — *Girardière*, cartes de Cassini et de l'état-major. — Ancien fief. — (*Rôle des fiefs de Touraine.*)

Girardière, ou **Girardière-des-Landes** (la), f., cⁿᵉ d'Ambillou.

Girardière (la), paroisse d'Assay. V. *Jaulnay*.

Girardière (la), paroisse d'Azay-sur-Cher. V. *Perraudière*.

Girardière (la), ham., cⁿᵉ de Barrou, 11 habit. — *Girardière*, carte de Cassini. — Ancien fief, dépendant du fief des Courtils. Il relevait de la baronnie de Preuilly et appartenait, en 1597, à Charles de Bizac, Éc. — (Bibl. nationale, Gaignères, 678. — Archives de la famille des Courtils.)

Girardière (le lieu de la), paroisse de Beaumont-les-Tours. — Il relevait du fief de Beaumont, suivant une déclaration féodale du 8 juillet 1734. — (Arch. d'I.-et-L., *fief de Beaumont*.)

Girardière (la), cⁿᵉ de Betz. V. *Girardières*.

Girardière (la), vil., cⁿᵉ de la Chapelle-Blanche, 21 habit. — *Girardière*, carte de l'état-major.

Girardière (la), ham., cⁿᵉ de Chargé, 11 habit. — Ancien fief. Il fut vendu nationalement, le 27 frimaire an III, sur Louise-Marie-Adélaïde de Bourbon-Penthièvre, veuve de Philippe d'Orléans. — (Arch. d'I.-et-L., *Biens nationaux*.)

Girardière (la), cⁿᵉ de Druyes. V. *Girarderie*.

Girardière (la), f., cⁿᵉ de Courcoué. — Ancien fief. En 1689, il appartenait à Charles du Sillas, Éc. — (*Rôle des fiefs de Touraine*.)

Girardière (la), f., cⁿᵉ d'Épeigné-les-Bois.

Girardière (la), ham., cⁿᵉ de Genillé, 10 habit. — *La Girardière*, ou *les Bas-Brouillards*, 1668. — *Giraudière*, carte de Cassini. — (Arch. d'I.-et-L., E, 10.)

Girardière (la), cⁿᵉ de Joué-les-Tours. V. *Girarderie*.

Girardière (la), f., cⁿᵉ de Langeais.

Girardière (la), f., paroisse de Ligré. — *Maison seigneuriale de la Girardière*, 1721. — En 1697, elle appartenait à Henriette Bidé, femme d'Armand-Louis de Ruzé, chev., seigneur de Chancelée (bail du 27 juillet 1697). — (Arch. d'I.-et-L., E, 219.)

Girardière (la), f., paroisse de Luzé. — *Hébergement de la Girardière*, 1672. — Ancien fief, relevant de Franc-Palais. Ce domaine porte, depuis le xviiiᵉ siècle, le nom de *Petite-Binellière*. — (Arch. d'I.-et-L., E, 156.)

Girardière (la), cⁿᵉ de Monts. V. *Girardières*.

Girardière (le lieu de la), près de la Rue-de-Fortune, cⁿᵉ de Pouzay.

Girardière (la), paroisse de Rivière. — *Maison noble de la Girardière*, 1725. — Elle relevait du fief de la Rajace et appartenait, en 1624, à François de Sassay, Éc.; — en 1650, aux religieuses de Bonne-Espérance, de Champigny, qui la vendirent, le 21 juin, à Pierre de Baignan; — en 1725, à la famille Turgot de Sousmons. — (Arch. d'I.-et-L., E, 166, 219, 232; *titres de Champigny*.)

Girardière (la), f., cⁿᵉ de Saint-Avertin.

Girardière (la), vil., cⁿᵉ de Saint-Branchs, 24 habit. — *Girardière*, carte de l'état-major.

Girardière (la), ham., cⁿᵉ de Saint-Épain, 16 habit.

Girardière (la), ham., cⁿᵉ de Savonnières, 13 habit. — *Girardière*, carte de Cassini.

Girardière, ou **Petite-Gaudière** (le lieu de la), paroisse de Sonzay. — Il relevait censivement de la prévôté d'Oë (1786). — (Arch. d'I.-et-L., *terrier d'Oë*.)

Girardière (la), f., cⁿᵉ de Sorigny.

Girardière (la), cⁿᵉ de Verneuil-le-Château. V. *Binellière*.

Girardière (la), vil., cⁿᵉ de Verneuil-sur-Indre, 35 habit. — *L'Ézerardière*, carte de Cassini. — Une ferme, située dans ce village, fut vendue nationalement, en 1793, sur N. de Grasteul, émigré. — (Arch. d'I.-et-L., *Biens nationaux*.)

Girardière-des-Landes (la), cⁿᵉ d'Ambillou. V. *Girardière*.

Girardières (les), f., cⁿᵉ d'Artannes.

Girardières (les Grandes-), f., cⁿᵉ de Betz. — *Girardières*, carte de Cassini. — Ancienne propriété des Ursulines de Loches, qui l'avaient achetée, vers 1680, de N. de Lanche. — (Arch. d'I.-et-L., G, 404; *Biens nationaux*.)

Girardières (les Petites-), f., cⁿᵉ de Betz. — Propriété des Viantaises de Beaulieu, 1790. — (Arch. d'I.-et-L., G, 400; *Biens nationaux*.)

Girardières (les), f., cⁿᵉ de Betz. — Elle fut vendue nationalement, le 15 ventôse an VII, sur N. de Fontenilles, émigré. — (Arch. d'I.-et-L., *Biens nationaux*.)

Girardières (les), f., cⁿᵉ de Ciran-la-Latte. — Ancienne propriété des Viantaises de

Beaulieu. — (Arch. d'I.-et-L., *Biens nationaux.*)

Girardières (les), f., cne de Civray-sur-Esves.

Girardières (les), f., cne d'Esves-le-Moutier.

Girardières (les Grandes et Basses-), f., cne d'Hommes.

Girardières (les), f., cne de Joué-les-Tours. — *Girardière*, carte de Cassini.

Girardières (les), f., cne du Louroux. — *Girardières*, carte de Cassini.

Girardières (les), vil., cne de Monts, 37 habit. — Ancien fief. Au xive siècle, il relevait de l'archevêché de Tours, à foi et hommage simple. Vers 1350, il appartenait à Guillaume Girard ; — en 1662, à Claude Brosseau, Éc. Près du logis seigneurial se trouvait une chapelle, qui existait encore en 1791. — (*Cartulaire de l'archevêché de Tours.* — *Biens nationaux.*)

Girardières (les), f., cne de Saint-Épain.

Girardières (les), ham., cne de Sorigny, 19 habit. — Ancien fief, relevant du château de Sainte-Maure. En 1558, il appartenait à Claude Corbin, Éc. — (Bibl. de Tours, fonds Salmon, *titres de Sainte-Maure.*)

Girardières (les), f. et chât., cne de Vouvray. — *Giraudières*, xvie siècle. — Ancien fief, relevant de la prévôté d'Oë. — (Arch. d'I.-et-L., *prévôté d'Oë.*)

Girardins (le lieu des), paroisse de Ciran. — Il relevait censivement du fief de Ciran et appartenait, en 1662, à François Gagnepain. — (Arch. d'I.-et-L., E, 223.)

Girardrie (la), f., cne de Chezelles.

Girards (le lieu des), cne de Marigny, près de Nancré. — Il est cité dans un acte du 6 janvier 1782. — (Arch. d'I.-et-L., E, 168.)

Girards (les), ou **Girard-Aunay**, vil., cne de Saint-Michel-sur-Loire, 28 habit. — Ancien fief. Il fut uni à la terre de Rochecot, érigée en marquisat, en janvier 1767, en faveur de Fortuné Guillon. — (*Titres de Saint-Michel-sur-Loire.*)

Giraudeau, cne de Souvigné. V. *Champart.*

Giraudeau (Étienne-Louis), né à Tours, paroisse de Saint-Pierre-le-Puellier, le 6 janvier 1776, membre, puis président du Tribunal de Commerce de Tours, fut nommé maire de cette ville le 16 février 1828, en remplacement de René Legras. Sous son administration, des travaux de voirie fort importants furent exécutés ; il perfectionna l'éclairage et apporta de grandes améliorations dans la distribution des eaux destinées aux habitants. En 1829, il soumit au Conseil municipal divers projets, parmi lesquels figuraient l'établissement d'une rue qui devait longer le mail, du côté sud, depuis Saint-Éloi jusqu'au canal, et la construction d'une halle au blé. Le Conseil approuva l'ensemble des projets, ainsi que la proposition d'un emprunt de 360,000 francs nécessaires pour l'exécution ; mais le Gouvernement refusa d'autoriser cet emprunt. Aux journées de juillet 1830, Étienne Giraudeau montra une grande énergie. On savait qu'une révolution avait éclaté à Paris, mais on était sans nouvelles précises sur les faits politiques qui l'avaient suivie. Une grande inquiétude et aussi une certaine effervescence régnaient dans la ville. Des groupes tumultueux parcouraient les rues et jetaient l'alarme et la panique. Le maire fit afficher deux proclamations empreintes d'autant de fermeté que de sagesse, et, avec le concours de la garde nationale, il parvint à maintenir l'ordre. Le 1er août, quelques individus exaltés s'étant emparés, pour le traîner dans la boue, du drapeau blanc qui flottait encore au-dessus de la porte de la mairie, Giraudeau le leur arracha de ses propres mains ; puis, passant au milieu d'une foule évidemment hostile, mais pleine d'admiration pour cette courageuse manifestation de son attachement à la cause des Bourbons qu'il avait servie jusqu'à la dernière heure avec le plus entier dévouement, il se rendit à la préfecture et y déposa cet emblème de la royauté. Deux jours après, il donna sa démission. Il mourut à Tours, le 17 mars 1866, âgé de quatre-vingt-dix ans. Ses concitoyens ont rendu un juste hommage à sa mémoire, en donnant son nom à l'une des rues de Tours nouvellement créées. — (*Mém. de la Société d'agriculture d'Indre-et-Loire* (1866), p. 260. — *Journal d'Indre-et-Loire* des 2 et 5 août 1830 et 18 mars 1866. — Chalmel, *Hist. des maires de Tours* (manuscrit), p. 173.)

Giraudellerie (la), f., cne de Sorigny.

Giraudellière, ou **Geraudellière** (la), f., cne de Sorigny. — *Villa quæ dicitur Geraldeia*, xie siècle. — *Geraudellière*, carte de l'état-major. — En 1089, ce domaine fut donné à l'abbaye de Noyers, par Guillaume des Aubris. Cette donation fut ratifiée par Pierre, fils de Geoffroy de Montbazon. — (*Cartulaire de Noyers.*)

Giraudellière (la), paroisse de Villeperdue. V. *Géraudellière.*

Girauderie (la), f., cne d'Avrillé, près de la Roumer. — *Girauderie*, carte de l'état-major.

Girauderie (le lieu de la), paroisse de La Riche. — Propriété du prieuré de Saint-Côme en 1588. — (Arch. d'I.-et-L., *prieuré de Saint-Côme.*)

Girauderie (la), f., cne de Saint-Benoît.

Girauderie (la), paroisse de Sennevières. V. *Bordebure.*

Girauderie (la), f., cne de Vernou.

Girauderies (les), f., cne d'Ambillou. — *Girauderie*, carte de l'état-major.

Giraudet, f., cne d'Esves-le-Moutier. V. *Girodet*.

Giraudet (Alexandre-Amédée), docteur en médecine, né à Paris, le 11 novembre 1798, appartenait à une ancienne famille, originaire de Moulins. A l'âge de seize ans, il était chirurgien-sous-aide au Val-de-Grâce. L'année suivante, il faisait partie de la maison du roi. Il prit ensuite du service dans l'armée, comme chirurgien, et remplit ces fonctions jusqu'en 1827. Fixé à Tours, vers 1838, il fut un des organisateurs et fondateurs de la Société archéologique de Touraine, qui le nomma secrétaire-général. Il fut aussi membre de la Société d'agriculture, sciences, arts et belles-lettres du département d'Indre-et-Loire. Il mourut à Tours le 25 mars 1863. Nous avons de lui les ouvrages suivants. Trois de ces publications ont été couronnées par l'Institut :

Thérapeutique des maladies des enfants, Montpellier, Gabon, 1827, in-8°. — *Topographie physique et médicale de Cusset* (Allier), Montpellier, Gabon, in-8°. — *Mémoire sur l'angine couenneuse* (compte rendu à l'Académie de médecine), juillet 1829, in-8°. — *Mémoire sur le rouissage du chanvre, considéré sous le rapport de l'hygiène publique*, Paris, Crochard, in-8°. Ce mémoire qui a d'abord paru dans les *Annales d'hygiène publique et de médecine légale* (t. VII, 2° partie), fait partie du travail de Parent du Châtelet, intitulé *Le rouissage du chanvre, considéré sous le rapport de l'hygiène publique*; ouvrage couronné par l'Institut (prix Monthyon). — *Mémoire sur la paléontologie des bassins d'Auvergne* (en collaboration avec Geoffroy Saint-Hilaire); compte rendu à l'Académie des sciences, dans la *Revue encyclopédique*, 1834. — *Recherches sur les antiquités de Vichy-les-Bains*, Paris, Duverger, 1838 (ouvrage couronné par l'Académie des inscriptions et belles-lettres). — *Essai sur les terrains de la Touraine, considérés aux points de vue géognostique et agricole*, Tours, Mame, in-8°. (Ce travail a paru dans les *Annales de la Société d'agriculture d'Indre-et-Loire*, 1838, p. 210.) — *De la magnanerie de Chenonceau*, Tours, Mame, in-8°. (Ce travail a paru dans les *Annales de la Société d'agriculture d'Indre-et-Loire*, 1838, p. 161.) — *Description géognostique des environs de Vichy*, Tours, Mame, 1839, in-8°. (Cet ouvrage a paru dans les *Annales* de la même Société, 1839, p. 25, 61.) — *De la culture du domaine de la Sourderie* (dans les mêmes *Annales*, 1839, p. 182.) — *Mémoire sur de prétendus ossements humains, trouvés dans la formation crétacée du sol de Tours* (dans les mêmes *Annales*, 1839). — *Du calcul des probabilités appliqué à la médecine*, Tours, Mame, 1840, in-8°. (Ce travail a paru dans les mêmes *Annales*, 1840.) — *Nouveaux éléments de géologie*, Tours, Mame, in-8°, 1843. (Tirage à 5000 exemplaires; l'édition était épuisée en 1848. — *Les verrières de Saint-Étienne-de-Chigny*, rapport inséré dans le tome II des *Mémoires de la Société archéologique de Touraine*, p. 221. — *Éloge de Dutrochet, de l'Institut*, Tours, imp. Lecesne et Laurent, 1847, in-8°. (Ce travail a paru dans les *Annales de la Société d'agriculture d'Indre-et-Loire*, 1847.) — *Tours, ses monuments, son industrie, ses grands hommes*, Tours, imp. Lecesne, 1845, in-18. — *Des lois physiologiques de l'innéité et de l'hérédité* (dans les mêmes *Annales*, 1848.) — *Recherches historiques et statistiques sur l'hygiène de Tours et le mouvement de sa population, depuis 1632 jusqu'à 1851*, Tours, Imp. Ladevèze, 1851. (Une mention honorable a été décernée à l'auteur, pour cet ouvrage, par l'Académie des sciences.) — *Statistique des épidémies de choléra de 1832 et de 1849, dans le département d'Indre-et-Loire*, rédigée d'après le programme du ministère de l'agriculture et du commerce, 1851. — *Des faluns de la Touraine*, Tours, imp. Ladevèze, in-8°, 1854. — *Histoire des anciennes pestes de Tours, de 540 à 1649*, Tours, imp. Ladevèze, in-8°, 1855.

Outre ces ouvrages, le docteur Giraudet a publié un grand nombre d'articles dans diverses Revues scientifiques.

Giraudière (la), f., cne d'Abilly. — Elle relevait du fief de la Chatière. — (Arch. d'I.-et-L., E, 103.)

Giraudière (la), f., cne de Balesmes. — *Giraudière*, cartes de Cassini et de l'état-major.

Giraudière (la), vil., cne de Beaumont-en-Véron, 27 habit. — *Giraudière*, carte de Cassini. — Ancien fief. En 1298, Josbert de la Mort et Isabelle, sa femme, donnèrent au prieuré de Pommiers-Aigres six sols de rente à prendre annuellement sur leur domaine de la Giraudière. — (*Rôle des fiefs de Touraine*. — D. Housseau, XXXI.)

Giraudière (les Grande et Petite-), f., cne de Chambray. — *Giraudière*, cartes de Cassini et de l'état-major.

Giraudière (la), f., cne de Cinais. — *Giraudière*, carte de Cassini. — Ancien fief. En 1666, il appartenait à Eustache des Jardins, Éc; — en 1689, à Horace des Jardins, Éc., qui comparut, cette même année, au ban de la noblesse du bailliage de Chinon. — (Goyet, *Nobiliaire de Touraine*. — *Rôle des nobles du bailliage de Chinon*.)

Giraudière (la), f., paroisse de Cléré-du-Bois (Indre). — Ancien fief, relevant de la Charpraye, paroisse de Perrusson, à foi et hommage simple et une paire de gants blancs. En 1670, il appartenait à Gilles de Beauregard, Éc. — (Arch. d'I.-et-L., C, 602.)

Giraudière (la), f., c^{ne} de Dolus. — *Giraudière*, cartes de Cassini et de l'état-major. — Ancien fief, relevant de la châtellenie de l'Épinay, à une paire de gants blancs et quatre deniers de franc devoir. Il appartenait au prieuré de Beaulertre. Le prieur, en sa qualité de seigneur de la Giraudière, était tenu de se rendre, la veille de Noël, au château de l'Épinay, pour mettre le feu à *l'être-fouau*. — (Arch. d'I.-et-L., *Biens nationaux*. — Aveu rendu à Reignac le 10 juillet 1742.)

Giraudière (la), vil., c^{ne} de Genillé, 17 habit. — *Giraudière*, carte de Cassini. — Ancien fief. En 1089, son étendue était de quatre-vingt-huit arpents. Il devait une rente à l'abbaye de Beaulieu. — (Arch. d'I.-et-L., *titres de Beaulieu*. — *Rôle des fiefs de Touraine*.)

Giraudière (la), f., c^{ne} d'Hommes. — *Giraudière*, carte de Cassini — *Girauderie*, carte de l'état-major. — Ancien fief, relevant de la baronnie de Rillé. En 1674-77, il appartenait à Donatien de Lugré ; — en 1789, à René-Alexandre de Sarcé. — (Arch. d'I.-et-L., E, 318. — Registres d'état-civil de Rillé. — *Journal de Maine-et-Loire* du 10 février 1862.)

Giraudière (le lieu de la), paroisse de Jaulnay. — Ancien fief, relevant de Faye-la-Vineuse. — (Arch. d'I.-et-L., C, 600.)

Giraudière (la), f., c^{ne} de La Croix. — *Giraudière*, carte de l'état-major. — Elle relevait de Paradis. Par acte du 17 avril 1740, Marie-Jeanne Denis, veuve de Jean Châteigner, la vendit à Guillaume de la Mardelle, secrétaire du roi. — (Arch. d'I.-et-L., E, 33.)

Giraudière (la), f., c^{ne} de Marcé-sur-Esves. — *Geraudière*, 1483. — *Giraudière*, carte de l'état-major. — Ancien fief, relevant de Nouâtre et de la châtellenie de la Louère. En 1483, il appartenait à Émar de la Jaille, Éc. ; — en 1782, à Jacques-Urbain Guérin et à Georges Pirault. — (Arch. d'I.-et-L., E, 15. — D. Housseau, XIII, 8043. — *Rôle des fiefs de Touraine*. — Bibl. de Tours, fonds Salmon, *titres de Nouâtre*.)

Giraudière (la), f., c^{ne} de Neuilly-le-Brignon.

Giraudière (la), f., c^{ne} de Neuillé-Pont-Pierre. — *Giraudière*, carte de l'état-major. — Ancien fief, relevant de la prévôté d'Oë. En 1754, il appartenait à Michel-Roland des Escotais. — (Arch. d'I.-et-L., E, 82, 83 ; *titres d'Oë*.)

Giraudière (la), f., c^{ne} de Rivarennes. — *Giraudière*, carte de Cassini.

Giraudière (la), f., paroisse de Saint-Louans. — Ancien fief. Il appartenait aux chanoines de Saint-Louis de Champigny. — (Arch. d'I.-et-L., G, 281 ; *Biens nationaux*.)

Giraudière (la), f., c^{ne} de Sorigny.

Giraudière (la), f., c^{ne} de Veigné.

Giraudière (la), ham., c^{ne} de Véretz, 10 habitants.

Giraudière (la), c^{ne} de Verneuil-le-Château. V. *Tour-du-Raynier*.

Giraudière (la), f., c^{ne} de Villandry. — *Giraudière*, carte de Cassini. — *Girauderie*, carte de l'état-major. — Ancienne propriété des religieuses de la Visitation, de Tours, sur lesquelles elle fut vendue nationalement, le 3 janvier 1791, pour 41,100 livres. Son étendue était de soixante arpents. — (Arch. d'I.-et-L., *Biens nationaux*.)

Giraudière (la), ham., c^{ne} de Villiers-au-Boin, 13 habit. — *Giraudière*, carte de Cassini.

Giraudières (les), c^{ne} de Vouvray. V. *Girardières*.

Giraudrie (la), f., c^{ne} d'Ambillou. — *Giraudrie*, cartes de Cassini et de l'état-major.

Girault (le moulin), sur l'Égronne, c^{ne} de Charnizay.

Girault (le moulin), sur la Manse, c^{ne} de l'Ile-Bouchard. — *Moulin-de-Girault*, carte de l'état-major.

Girault (le moulin), sur la Veude, c^{ne} de Razines.

Girault, paroisse de Restigné. V. *Giroust*.

Giraults (le lieu des), près de la Fosse-Guyau, c^{ne} de Ligueil.

Giraux (les), f., c^{ne} de Marigny.

Girod (Amédée), né à Gex (Ain), le 18 octobre 1781, reçu avocat à l'âge de dix-sept ans, exerça jusqu'en 1806, époque à laquelle il fut nommé substitut du procureur impérial à Turin. Substitut du procureur impérial à Alexandrie, en 1807, substitut du procureur général à Lyon, en 1809, auditeur au conseil d'État, en 1810, avocat à la cour impériale de Paris, en 1811, président du tribunal de la Seine pendant les Cent-Jours, puis député de Gex, il défendit le général Drouot devant un conseil de guerre et obtint son acquittement. Il fut ensuite député de l'arrondissement de Chinon (1827), vice-président de la chambre en 1829, puis préfet de police. Réélu député d'Indre-et-Loire en 1830, appelé à la présidence de la chambre des députés le 1er août 1831, il eut le portefeuille de ministre de l'instruction publique et des cultes le 30 avril 1832. Dans la même année, le roi le nomma pair de France et président au conseil d'État. Il remplit ces dernières fonctions pendant quinze ans. Il mourut à Paris le 27 décembre 1847. Il était grand'croix de la Légion d'honneur. — (*Moniteur universel*, 4 décembre 1827, 28 décembre 1847. — J. Dourille, *Biographie des députés de la nouvelle chambre*, Paris, Daubrée, 1829, in-8°. — Didot, *Biographie universelle*, XX, 727. — Larousse,

Grand diction. universel du xix° siècle, VIII, 1274.)

Girodet, ou **Giraudet**, f., c^{ne} d'Esves-le-Moutier. — *Giraudette*, carte de Cassini. — *Girodet*, carte de l'état-major. — Ancienne propriété des Viantaises de Beaulieu. — (Arch. d'I.-et-L., *Biens nationaux*.)

Giroir (le lieu de), près de Combles, c^{ne} de Boussay.

Giron (Mathieu, ou Mathurin), religieux bénédictin, né à Bourgueil (d'après Chalmel), à Tours (d'après l'*Almanach de Touraine*), vers 1530, remplissait à Marmoutier l'office de sacristain en 1594. Il eut mission, avec deux autres religieux de son abbaye, Jacques d'Huisseau et Isaïe Jaunay, de porter la sainte ampoule à Chartres, pour le sacre du roi Henri IV. Nous avons de lui une *Lettre écrite au roi sur le sacre de Sa Majesté* et qui fut imprimée à Chartres (1594, in-4°). On ignore l'époque de sa mort. — (D. Martène, *Hist. de Marmoutier*, II, 406. — Chalmel, *Hist. de Tour.*, IV, 214. — *Almanach de Touraine*, 1782.

Gironde (la), f., c^{ne} de Courcelles.

Gironde (ravin ou courance de la), c^{ne} de Larçay.

Gironde (le lieu de la), près de la Jacquerie, c^{ne} de Ports.

Gironde, f., c^{ne} de Sonzay.

Gironde (le lieu de la), paroisse de Vallières-Fondettes (dans le bourg de Vallières). — Il relevait du fief de Vallières, suivant une déclaration féodale faite, le 21 janvier 1443, par Macé Potet. — (Arch. d'I.-et-L., *terrier de Saint-Roch*.)

Gironde-Buisson (le lieu de), paroisse de Saint-Mars. — Il relevait du fief de la Salle, appartenant à la collégiale de Saint-Martin. — (Arch. d'I.-et-L., *titres de la Salle*.)

Girondellerie (la), f., c^{ne} de Maillé-Lailler.

Girondelleries (les), f., c^{ne} de Sorigny.

Girondes (le lieu des), près des Doucets, c^{ne} de Maillé.

Gironnerie (la), f., c^{ne} de Bossay.

Gironnerie (la), ham., et chât., c^{ne} de Loché, 31 habit.

Gironnerie (la), c^{ne} de Perrusson. V. *les Hérardières*.

Gironnière (la), f., c^{ne} de la Ville-aux-Dames.

Gironnet, ou la **Gironnette**, f., c^{ne} de Saint-Aubin.

Gironnière (la), f., c^{ne} d'Hommes.

Girons (le lieu des), près du ruisseau de Fontbon, c^{ne} de Rilly.

Giroreille, c^{ne} de Brizay. V. *Vire-Oreille*.

Girouarderie (la), f., c^{ne} de Marigny. — *Rupes Giroardi*, xii° siècle. — (*Cartulaire de Noyers*.)

Girouardière (la), f. et chât., c^{ne} d'Obterre (Indre). — Ancien fief, relevant de la châtellenie des Effes et de la baronnie de Preuilly. En 1525, il appartenait à François de Bizac, Éc.; — en 1569, à Charles de Bizac, Éc.; — en 1687, à Marie-Charlotte Robin, fille de Louis Robin, Éc., seigneur de Montgenaud, près Palluau, prévôt des maréchaux de France, et femme de Louis de Guenand, seigneur de Vitray et de Saint-Paul; — en 1698, à Jean Robin, Éc., seigneur de Lambre, conseiller du roi et prévôt provincial de Châtillon-sur-Indre. Aujourd'hui, la Girouardière appartient à M. le docteur Mascurel, de Châtelrault, du chef de Mlle Faulcon, sa femme. — (D'Hozier, *Armorial général*, reg. IIIe, 1re partie, généal. *d'Alès*. — Registres d'état-civil de Saint-Flovier et d'Azay-le-Féron. — Notes communiquées par M. Rabier, membre de la Société archéologique de Touraine.)

Girouards (les), f., c^{ne} du Petit-Pressigny.

Girouets (les), vil., c^{ne} de Nazelles, 17 habitants.

Girouette (la), f., c^{ne} de Saint-Pierre-des-Corps.

Girouettes (les), f., c^{ne} de Panzoult.

Giroust (le lieu de), paroisse de Restigné. — *Girault*, 1573. — *Champotier*, 1735. — (Arch. d'I.-et-L., *prévôté de Restigné*.)

Giroux, f., c^{ne} d'Avrillé, près du ruisseau de Cremille. — *Giroux*, cartes de Cassini et de l'état-major.

Giroye, ou **Giroir**, sénéchal de Touraine, succéda dans ces fonctions à Pierre, en 1083. Il figure, en cette qualité, dans une charte de l'abbaye de Marmoutier. Son successeur fut Payen de Maugé, vers 1089. — (Chalmel, *Hist. de Tour.*, III, 329.)

Giry de Saint-Cyr (Odet-Joseph), docteur en théologie, chanoine, puis vicaire-général et officiai de l'église de Tours, fut nommé abbé de la Clarté-Dieu, en remplacement de Henri de Betz de la Hartelloire, et prit possession le 27 avril 1733. Il donna sa démission au mois de mai 1749, et mourut à Versailles le 13 janvier 1761. Son successeur fut Nicolas Navarre, évêque de Sydon. — (Arch. d'I.-et-L., G, 123; *titres de la Clarté-Dieu*. — *Gallia christiana*, XIV. — *Mém. de la Soc. archéol. de Tour.*, IX, 208.)

Giterie (la), f., c^{ne} de Monnaie.

Gitgotterie (la), f., c^ne de Saint-Mars.

Gitière (la), f., c^ne de Savigné. — *Gitière*, cartes de Cassini et de l'état-major.

Gitollière (la), f., c^ne de Marcé-sur-Esves. — *Gitlalière*, carte de l'état-major.

Gitonnerie (la), c^ne de Genillé. V. *Gitonnière*.

Gitonnerie (la), c^ne de Mouzay. V. *Gitonnière*.

Gitonnerie (la), f., c^ne de Villeperdue. — *Gitonnerie*, cartes de Cassini et de l'état-major.

Gitonnière (le lieu de la), près d'Amboise. — Ancien fief, relevant du château d'Amboise, à foi et hommage-lige. — En 1688, il appartenait à Marie Bruneau. — (Arch. d'I.-et-L., C, 633.)

Gitonnière (la), f. et chât., c^ne d'Azay-sur-Cher, 14 habit. — *Gitonnière, alias Guerinière*, xve et xvie siècles. — *Gitonnière*, carte de Cassini. — Ancien fief, relevant du château d'Azay-sur-Cher, à foi et hommage simple et deux sols de service. En 1446, il appartenait à Jean de Montbazon; — en 1500, à Jean Petit, bourgeois de Tours; — en 1510, à Renée Burdelot, veuve de Jean Fournier, secrétaire du roi; — en 1522, à Charles Fournier; — vers 1540, à Léonard Rancher; — en 1576, à Antoine Rancher, chev., maître des requêtes de l'hôtel du roi; — en 1626, à François Chevalier; — en 1630-42, à Claude Compain, greffier au bureau des finances de Tours; — en 1665, à Charlotte Chollet, veuve du précédent; — en 1706-11, à André d'Arcy; — en 1716, à N. de Malherbe; — en 1718, à la veuve d'Antoine Bouault; — en 1728, à Laurent d'Arcy; — en 1738, à Marie Michelet, veuve de François Noirais, capitaine de cavalerie; elle rendit aveu le 27 décembre; — vers 1760, à Jean Gasnier; — en 1771, à Madeleine Girollet, qui vendit ce fief, par acte du 30 mars, à Antoine-Louis Houdin. — Le 7 février 1784, Jean-Alexandre Chaillou, Éc., garde de la porte du comte d'Artois, se rendit adjudicataire, pour 40,000 livres, de la terre de la Gitonnière, vendue aux enchères, au Châtelet de Paris. Il avait épousé Marie-Louise-Jacqueline Dubourg. Par acte du 11 novembre 1791, il vendit ce même domaine, pour 65,000 livres, à René-Pierre de Renusson d'Hauteville, ancien mousquetaire du roi, et à Amable-Victoire Robin, sa femme. — (Arch. d'I.-et-L., B, 3; châtellenie d'Azay. — *Rôle des fiefs de Touraine*. — Registres d'état-civil d'Azay-sur-Cher et de Véretz. — Bibl. de Tours, manuscrits n°s 1446, 1448. — *Bulletin de la Soc. archéol. de Tour.* (1873), p. 432. — *Les généalogies des maîtres des requêtes de l'hôtel du roi*, 333.)

Gitonnière (la), vil., c^ne de Bourgueil, 48 habit. — *Gitonnière*, carte de Cassini.

Gitonnière (le lieu de la), c^ne de Cerelles.

— *Gytonnière*, xvie siècle. — Ancienne propriété de la collégiale de Saint-Martin. — (Arch. d'I.-et-L., *prévôté d'Oë*.)

Gitonnière (la Petite-), c^ne de Charnizay. V. *le Buisson*.

Gitonnière (la), f., c^ne de Civray-sur-Esves.

Gitonnière (la), c^ne de Genillé. V. *Gitonnière*.

Gitonnière (la), f., c^ne de Joué-les-Tours. — *Gitonnière*, carte de l'état-major.

Gitonnière (la), f., c^ne de Loché. — *Gitonnière*, carte de Cassini. — Elle dépendait de la sergenterie royale de Loches, dont le siège était à Loché. — (Arch. d'I.-et-L., E, 112.)

Gitonnière (la), vil., c^ne du Louroux, 19 habit. — *Gitonnière*, cartes de Cassini et de l'état-major.

Gitonnière (la), f., c^ne de Marcilly-sur-Maulne. — *Gitonnière*, carte de l'état-major.

Gitonnière, ou **Gitonnerie** (la), ham., c^ne de Mouzay, 11 habit. — *Gitonnière*, cartes de Cassini et de l'état-major.

Gitonnière (les Haute et Basse-), f., c^ne de Neuvy-Roi. — *Gitonnière*, carte de l'état-major. — Anciens fiefs, ayant droit de moyenne et basse justice. En 1608, ils appartenaient à N. Dupuy; — en 1621, à Jacques Paris; — en 1629, à Jeanne Tournereau, sa veuve; — en 1745, à Antoine-Pierre, comte de Bueil; — en 1758, à Michel-Roland des Escotais de Chantilly; — en 1789, à Anne-Jean Legras, marquis du Luart. — (Arch. d'I.-et-L., E, 81, 82; *titres de la prévôté d'Oë; Biens nationaux*. — *Rôle des fiefs de Touraine*.)

Gitonnière (la), f., c^ne de Varennes. — *Gitonnière*, cartes de Cassini et de l'état-major.

Gitons (les), f., c^ne de Tauxigny.

Gitourie (la), f., c^ne d'Esvres. — Propriété de l'abbaye de Cormery. — (Arch. d'I.-et-L., *titres de Cormery; Biens nationaux*.)

Gitray. — Ce nom se trouve dans l'*Hist. de Marmoutier*, par D. Martène (I, p. 192). — Dans la charte du xe siècle, qu'il a consultée, D. Martène a lu *Gitriacus*, alors qu'il devait lire *Vitriacus*. — V. *Ad illas mansiones*.

Gittière (le lieu de la), c^ne de la Chapelle-aux-Naux, près des Yutiers et de la Loire.

Gittonnière (la), **Gitonnière**, ou **Gitonnerie**, ham., c^ne de Genillé. — *Gitonnière*, carte de Cassini. — Il relevait censivement du Grand-Meursain. Il a été possédé par les religieuses de la Bourdillière, puis par l'abbaye de Beaumont (1790). — (Arch. d'I.-et-L., E, 99; *Biens nationaux*.)

Gittrie (la), f., cne de Braye-sur-Maulne. — *Giltrie*, carte de Cassini.

Giveigne (le lieu de), paroisse de la Celle-Guenand. — *Hébergement de Giveigne*, XIIIe et XIVe siècles. — En 1282, il appartenait à Philippe Jacqueline, femme de Guillaume de la Celle-Draon; — en 1363, à Geoffroy de la Celle-Draon. — (*Bulletin de la Soc. archéol. de Tour*, (1868), p. 142.)

Givraizay, vil., cne de Thilouze, 16 habit. — *Givraisay*, cartes de Cassini et de l'état major.

Givray, cne d'Athée. V. *Givry*.

Givray, cne de Cravant. V. *Givré*.

Givray (le lieu de), paroisse de Montlouis. — Ancien fief, relevant du château d'Amboise. — (Arch. d'I.-et-L., C, 336, 633.)

Givray, ou **Givry**, f. et moulin, sur la Masse, cne de Saint-Règle. — *Givri*, carte de l'état-major. — Ancien fief, relevant du château d'Amboise. En 1431, il appartenait à Louis Dubois, Éc.; — en 1476, à Jean Dubois; — en 1523-42, à Louis Dubois; — en 1562, à Jean Dubois. — (Arch. d'I.-et-L., C, 556, 633. — (Bibl. de Tours, fonds Lambron de Lignim, *Châteaux et fiefs de Touraine*.)

Givray, ou **Givré**, f., cne de Vou. — *Givrais*, carte de l'état-major. — Ancien fief, relevant du Grand-Clos. En 1272, Archambaud d'Argy donna à Pierre de la Brosse, seigneur de Langeais, l'hommage et les redevances que le seigneur de Bray tenait de lui à cause du fief de Givré. Au XVIIe siècle, ce fief appartenait aux Chartreux du Liget. — (Arch. d'I.-et-L., C, 615. — Archives nationales, J. 728.)

Givré, ou **Givray**, f., cne de Cravant. — *Givré*, 1343; *Givré-sous-Basse*, 1686; *Guivray*, 1687. — Ancien fief, relevant du château de Cravant. En 1290, il appartenait à Jean de Bascop, qui donna une rente au prieuré de Pommiers-Aigre; — en 1343, à Jean de Neuil; — en 1554, à Jean Potet; — en 1639, à Jean Jamart; — en 1677-1707, à Côme de Beauvau. Dans la circonscription de ce fief se trouvait une métairie appelée également Givré, et dont l'abbaye de Turpenay était propriétaire. — (Arch. d'I.-et-L., *titres de Turpenay et de Pommiers-Aigre*; E, 146; G, 7. — *Rôle des fiefs de Touraine*.)

Givriacus. V. *Givry*, cne d'Athée.

Givrioux, **Givro**, cne de La Riche. V. *Gévrioux*.

Givronnière (la), f., cne d'Hommes. — *Givronnière*, carte de l'état-major.

Givry (les Grand et Petit-), f., cne d'Ambillou. — On y voyait une chapelle dédiée à saint Jean-Baptiste et qui avait été fondée en 1272. Le desservant était nommé par l'archevêque de Tours. Elle a été détruite avant la Révolution. — (*Pouillé de l'archevêché de Tours* (1648), p. 54. — Arch. d'I.-et-L., *titres d'Ambillou*.)

Givry (étang de), cne d'Ambillou.

Givry, ou **Givray** (le lieu de), cne d'Athée. — *Givriacus*, IXe siècle. — Ce lieu est cité dans une charte d'Hérard, archevêque de Tours, relative à l'abbaye de Cormery. — (*Cartulaire de Cormery*, XXIII.)

Givry, cne de Saint-Règle. V. *Givray*.

Gizeux, commune du canton de Langeais, arrondissement de Chinon, à 21 kilomètres de Langeais, 30 de Chinon et 45 de Tours. — *Gisons*, 1136. — *Gisos*, *Gisous*, XIIIe siècle (chartes de l'abbaye de Bourgueil). — *Gizeux*, XVe siècle (aveu de Jehan du Bellay, du 13 février 1452.)

Elle est bornée, au nord, par les communes de Parçay et de Rillé; à l'est et au sud, par celle de Continvoir; à l'ouest, par Courléon et Bourgueil. Elle est arrosée par le Changeon, qui vient de l'étang du Mur, fait mouvoir les moulins du Mur, de la Besse et de Rouget, et va dans la commune de Bourgueil; — par le ruisseau de Graffin, qui vient de Maine-et-Loire, traverse l'étang du Gué, et se jette dans le Changeon, près du moulin de Raimbeuf, au lieu appelé les Aunais; — par le ruisseau des Fontaines, qui prend sa source au lieu appelé les Besses-des-Mottais, et se jette dans le ruisseau de Graffin, au lieu appelé les Besses-de-Sainte-Marie. Elle est traversée par le chemin de grande comunication n° 38, de Chinon à Château-du-Loir.

Les lieux, hameaux et villages suivants dépendent de cette commune : Les Goupillaux (34 habit.). — La Croix-Rouge (21 habit.). — La Barre, ancien fief. — La Bouteillerie (23 habit.). — La Bluterie (31 habit.). — La Fossardière (12 habit.). — La Davellerie (22 habit.). — La Cardinière (19 habit.). — La Petite-Couture, ancien fief, relevant du Mur-au-Prieur. — La Chaubruère, ancien fief, relevant de la châtellenie de Gizeux et du Mur-au-Prieur. — La Guichardière (30 habit.). — La Cave-Vaudelet (20 habit.). — Saint-Philbert, ancienne paroisse (13 habit.). — Le Souchau (17 habit.). — La Renaudière, ancien fief, relevant du Mur-au-Prieur. — Les Fortineries (40 habit.). — La Bodrie (12 habit.). — Le Moulin-Rouget (11 habit.). — La Prouterie, Chaumont, la Frichetière, le Gué, la Besse, l'Aunaye, le Mortier, la Pictière, Pied-Fourier, la Chuchrie, la Delugrie, la Chasselevrie, la Joulinière, la Thibaudière, la Loriotterie, la Bourdaiserie, les Raimbaudières, les Mottus, la Baugerie, la Bouchardière, la Marcillerie, la Boilevrie, la Renaudrie, le Moulin-du-Mur, la Hacquetrie, le Vieux-Mur, la Rivière, la Chaudellerie, le Pré-Cottin, la Varenne, la Renaudrie, la Butte, la Limètrie, le Moulin-Sec, la Loge, le Trocheteau, etc.

Avant la Révolution, Gizeux était dans le ressort de l'élection de Saumur et faisait partie de l'archiprêtré de Bourgueil, diocèse d'Angers. En 1793, il dépendait du district de Langeais.

Superficie cadastrale. — 2110 hectares. — Le plan cadastral, dressé par Collet, a été terminé le 30 mai 1829. — La commune de Saint-Philibert a été réunie à celle de Gizeux en 1817.

Population. — 110 feux en 1764. — 515 habit. en 1801. — 500 habit. en 1804. — 562 habit. en 1810. — 761 habit. en 1821. — 821 habit. en 1831. — 559 habit. en 1841. — 817 habit. en 1851. — 871 habit. en 1861. — 864 habit. en 1872. — 827 habit. en 1876.

Foires le premier lundi de Carême, le 8 mai et le 2 novembre. — *Assemblée* pour location de domestiques le dimanche après le 30 août.

Recette de Poste. — *Perception* d'Ingrandes.

L'église actuelle, dédiée à Notre-Dame, en a remplacé une autre plus petite, et qui était sous le vocable de saint Hermeland. L'abside et le chœur datent du XII° siècle. L'édifice a été agrandi en 1840. On a bâti le clocher à cette même époque. Les deux chapelles latérales appartiennent au XVI° siècle.

Quatre statues en terre cuite, que l'on voit dans le chœur, ont été exécutées par Avisseau père, de Tours, en 1826.

Dans la chapelle de Saint-Jean, bâtie en 1608, on remarque les tombeaux de René du Bellay, mort en 1611, et de sa femme, Marie du Bellay, princesse d'Yvetot, sa cousine. Ces deux personnages sont représentés par des statues de marbre blanc, placées dans l'attitude de la prière. L'inscription qui accompagne les statues est en partie effacée; mais on en trouve la copie suivante dans les registres de l'état-civil :

« *Sous ce pieux monument gisent et reposent les cendres de haut et puissant seigneur messire René du Bellay, seigneur du Bellay-Gizeux, baron des baronnies de la Lande, Thouarcé, Commequiers, la Forêt-sur-Sèvre, la Haye-Jousselin, le Plessis-Macé, Avrillé, prince souverain d'Yvetot, chevalier de l'ordre du roi, député aux États-généraux de 1588. Eustache du Bellay, son oncle, évêque de Paris, lui donna ses biens avec clause de substitution au profit de ses enfants mâles. Il mourut en 1611. Et de dame Marie du Bellay, princesse d'Yvetot, sa cousine, dame de Langey. Desquels la vie sage et vertueuse continuée plusieurs années dans les liens sacrés du mariage, dans une union parfaite d'esprit et de sentiments, donne à espérer que leurs âmes jouissent au ciel d'un bonheur éternel. Leurs dépouilles mortelles, recueillies sous ce monument par les soins de Martin, leur fils. Passants, priez Dieu pour qu'ils soient bénis et que leur mémoire soit immortalisée.*

Le cœur de Claude de Villequier, fils de René de Villequier, vicomte de la Guerche, décédé le 20 avril 1607, à l'âge de dix-huit ans, fut déposé dans la même chapelle, avec l'inscription dont nous donnons le texte. Son corps avait été inhumé à Clervaux :

D. O. M.

SACRUM ET MEMORIÆ ÆTERNÆ CLAUDII VILLEQUERII, GUERCHIÆ VICE-COMITIS, CLAREVALLIS, REMENEVILLII, ESTABLŒII, FAIÆ ET ALBINI IN PICTAVIBUS, BARONIS RENATI UTRIUSQUE ORDINIS EQUITIS TORQUATI, PRIMICERII SACRI CUBILI SACRIQUE GALLIARUM CONSITORII, TURMÆ CENTUM EQUITUM CATAPHRACTORUM PRÆFECTI, AC URBI LUTECIÆ PARISIORUM ET INSULÆ FRANCIÆ PRÆSIDIS, FILII, ADOLESCENTIS NOBILISSIMI AC ULTIMI, EX ANTIQUA VILLEQUIORUM FAMILIA, LITTERIS GRÆCIS ET LATINIS, MATHEMATICAS DISCIPLINIS, HISTORIARUM COGNITIONE, ITALICÆ ET HISPANICÆ LINGUARUM PÆRITIÆ, OMNIBUS MILITARIBUS STUDIIS ET VIRTUTIBUS EXCELENTISSIMI, QUI IN PRIMA ADOLESCENTIA PEREGRATA OMNI ITALIA, POSTQUAM AD SUOS REDIIT ET IN AULAM REGIS HENRICI IIII SE CONTULIT, GRAVI MORBO CORREPTUS, SUORUM OMNIUM MŒRORE AC INCREDIBILI DESIDERIO SUI OB INGENIUM COMITATUM ET ANTE ANNOS PRUDENTIAM, RELICTO AD FONTIS-BELLAQUIÆ REGIAM EXTINCTUS EST. CORPUS EJUS AD CLAREVALLUM DELATUM EST JUXTA PATREM. COR AUTEM JACET IN AC ÆDE SACRA GIZOLII BELLACORUM DITIONIS ARCIS. LUDOVICA DE SAPVENIÈRES MATER, SECUNDIS NUPTIIS BELLAIO TOPARCHÆ, YVETOTI PRINCIPI CONJUNCTA, FILIO DULCISSIMO ET ERGA SE PIISSIMO, TUMULUM FIERI JUSSIT.

VIXIT ANNOS XVIII, MENSES X, DIES VI. OBIIT ANNO MVICVII, X KAL. MAII.

Dans la chapelle de la Vierge se trouve le tombeau de Martin du Bellay et de sa femme, Louise de Sapvenières. Il est orné de deux statues de grandeur naturelle et porte l'inscription suivante, accompagnée des armoiries des défunts :

Ci gisent et reposent le corps de haut et puissant seigneur messire Martin du Bellay, capitaine de cent hommes d'armes, maréchal des camps et armées, chevalier des deux ordres du roi, prince d'Yvetot, marquis de Touarcé, baron de la baronnie de la Haye-Jouslin et du Plessis-Macé, seigneur des châtellenies de Gizeux, Benets, Montbusson, Molé, Remesnil, Puy-de-Serre, le Chastelier, Ribelière, Glatigny, Boisvinet, le Bouchet et Touteville-Valanaise, qui décéda en 1627; et de dame Louise de Sapvenières, fille de la Bretêche, veuve de feu messire de Villequier, en son vivant chevalier des ordres et gentilhomme de la chambre du roi, gouverneur de Paris et de l'Ile-de-France, femme, en secondes noces, du dit seigneur du Bellay, laquelle décéda le 23 décembre 1625. Desquels la vie vertueuse et illustre, continuée plusieurs années dans les liens sacrés du mariage, dans une union parfaite d'esprit et de sentiments, donne à espérer que leurs âmes jouissent au ciel d'un bonheur éternel.

Les tombeaux de René et de Martin du Bellay, terminés en 1630, ont été exécutés par un artiste originaire de Tours, Simon Guilain, dit de Cambray, directeur de l'Académie de sculpture de Paris.

Dans un caveau, creusé sous la chapelle de la Vierge, reposent les corps de Louis-Gabriel-Marie de Contades-Gizeux et de Perrine-Julie Constantin de la Lorie, son épouse. On lit les inscriptions suivantes, sur des plaques de marbre placées près de l'autel :

DANS CETTE CHAPELLE REPOSENT LES CORPS DE LOUIS-GABRIEL-MARIE, MARQUIS DE CONTADES-GIZEUX, NÉ LE 11 OCTOBRE 1759, MARIÉ, LE 17 OCTOBRE 1786, A JULIE-PERRINE CONSTANTIN DE LA LORIE, CHEVALIER DE St LOUIS ET DE St JEAN DE JÉRUSALEM, LIEUTENANT-GÉNÉRAL DES ARMÉES DU ROI, MEMBRE DU CONSEIL GÉNÉRAL DU DÉPARTEMENT D'INDRE-ET-LOIRE ET MAIRE DE LA COMMUNE DE GIZEUX, DÉCÉDÉ A SON CHATEAU DE GIZEUX LE 18 JUIN 1825. DIGNE PETIT-FILS DU MARÉCHAL DE CONTADES, IL SERVIT FIDÈLEMENT SON DIEU ET SON ROI, ET AYANT CONSTAMENT SUIVI LES CHEMINS DE L'HONNEUR ET DE LA RELIGION CHRÉTIENNE, IL LAISSE A SA FAMILLE LE SOUVENIR DE SES VERTUS, A TOUS DES REGRETS SINCÈRES ET L'ESPOIR QU'IL JOUIT AU CIEL D'UN BONHEUR ÉTERNEL.

PASSANT, JOINS TES PRIÈRES AUX NÔTRES.

—

ICI, PRÈS DE SON ÉPOUX, REPOSE DAME JULIE-PERINE CONSTANTIN DE LA LORIE, MARQUISE DE CONTADES.

CE MONUMENT DE LA PIÉTÉ FILIALE LUI FUT ÉLEVÉ PAR SES ENFANTS.

CAMILLE-AUGte, MARQUIS DE CONTADES.

ISABELLE-MARIE DE MAILLÉ, MARQUISE DE CONTADES.

JULIE DE CONTADES, BARONNE DE CHAMPCHEVRIER.

RENÉ DE LA RUE, Bon DE CHAMPCHEVRIER.

HENRIETTE-CHARLOTTE DE CONTADES, COMTESSE DE MONBRUN.

ALEXANDRE DE BUNAULT, Cte DE MONBRUN.

Fidèles, priez pour elle.

Il existait à Gizeux trois chapelles: une, dédiée à saint Martin, l'autre, à saint René, la troisième, à saint Nicolas.

La chapelle de Saint-René fut bâtie, le 11 décembre 1607, par Marie du Bellay, qui fonda en même temps un collège. Elle était desservie par le directeur de cet établissement. Par la suite, elle fut réunie à celle de Saint-Martin, qui eut pour fondateur, le 3 novembre 1626, Martin du Bellay. En 1790, ces deux chapelles possédaient les métairies de la Bourdaiserie (paroisse de Gizeux) et de la Ganachère (paroisse de Continvoir). Le dernier chapelain fut Urbain Quincé (1790).

La chapelle Saint-Nicolas était située dans le château de Gizeux. On ignore l'époque de sa fondation. Antoine Leblond en était titulaire en 1727; — Claude-Thomas de Lambertin, vicaire de Saint-Sulpice de Paris, en 1782; — Pierre Lemaître de Puygirard, en 1785.

Le droit de présentation à ces trois chapelles appartenait au seigneur de Gizeux.

Le prieuré-cure de Gizeux possédait la moitié du moulin de Jauneau.

Les registres d'état civil de la paroisse remontent à 1630.

CURÉS DE GIZEUX. — Philippe Douard, 1450. — Guillaume du Vau, 1470-92. — René Bertin, 1530-37. — Grégoire Thérode, 1540. — Claude Bernardeau, 1545. — Pierre Graveau, 1546. — Florent Thérode, 1560-82. — Guillaume Douard, 1582-1601. — Michel Lamy, 1628. — Jacques Daveau, 1650. — Pierre Forgel, 1669. — René Boreau, 1671-93. — Charles Courtault, 1694-96. — Jean Fronteau, 1696. — Michel Lizée, 1711-28. — Louis Simon, 1728-30. — Valet, 1730. — Andrieux, 1731. — Pierre Jozé, 1740. — Laurent-Mathieu Tallecourt, 1751, décédé le 8 juillet 1785. — Jacques Texier, 1786-90. — Montjallon, 1802. — Barrault, 1822. — François-Paul Goupil de Bouillé, 1829. — Simon Thibault, 1870. — Aristide-Louis-Clément Raimbault, 1870. — Auguste Rencaume, octobre 1879, actuellement en fonctions (1880).

Gizeux constituait une châtellenie relevant du château de Montsoreau, à foi et hommage lige. Les fiefs de la Poitevinière, de Continvoir, de la Douce, de la Fresnaye, de Courléon, de la Brunetière, du Pré-en-Vallée, de la Garnaichère, de la Châteigneraie, des Mortiers, des Coudrays, de la Mort et du Breuil, relevaient de Gizeux. Ceux de Courléon, de la Garnaichère et de la Brunetière, devaient quarante jours de garde, par an, au château du suzerain ; ceux du fief Quentin, de la Châteigneraie et du Pré-en-Vallée, quinze jours.

Les seigneurs de Gizeux possédaient dans le bourg un hôtel qui fut vendu par Eustache du Bellay, le 9 décembre 1470, pour une rente de cinquante sols six deniers. Eustache du Bellay aliéna en même temps son droit de vendre vin, au détail, sur des tables, devant sa maison, depuis le 15 mars jusqu'au 25 avril.

Le château, situé à l'extrémité du territoire de la châtellenie, près du Mur-au-Prieur, paraît avoir été commencé au milieu du XIVe siècle. Achevé vers 1415, il fut restauré par Jacques du Bellay vers 1559. Un aveu, rendu en 1473, fait mention « d'une grosse tour avec machicoulis et barbacane. » Dans un autre aveu, de 1605, cité par M. Guérin, dans sa *Notice sur Gizeux*, l'édifice est ainsi décrit : « Notre chastel de Gizeux, con-« sistant en hautes salles, caves dessous, corps « de logis joignant ces salles du côté du midi, « tour, grande montée pour aller aux salles, « vieilles cuisines où était anciennement la cha-

« pelle, fuye, grange, étables, haute et basse
« cour, le tout clos de hautes murailles, flan-
« quées de tours, tourelles et cannonières, por-
« tail avec pont-levis et planchette basse, haut et
« bas jardin, clos de murailles... » Les communs
ont été construits vers 1741, par René Grandhomme, seigneur de Gizeux.

Seigneurs de Gizeux.

I. — Escot de Gizeux, chev., cité dans une charte de 1136, est le premier seigneur connu.

II. — Guy de Gizeux, chev., se rendit à Jérusalem, vers 1190. Avant de partir, il fit à l'abbaye du Louroux divers dons qui sont relatés dans la charte suivante, délivrée par Barthélemy II, dit de Vendôme, archevêque de Tours.

Ego Bartholomeus, Dei gratia Turonensis archiepiscopus, omnibus tam futuris quam præsentibus notum fatio quod nobilis vir Guido de Gisos, parrochianus noster, quando iter arripuit Jerosolimam profecturus pro remedio animæ suæ et parentum suorum, dedit perpetuam elemosinam Johanni abbati et fratribus de Oratorio triginta et unum arpennum pratorum in loco qui dicitur Chapil et decem libras annui redditus apud villam quæ appellatur Benaes, quam dedit ei, pro servitio suo, illustris rex Angliæ Ricardus dominus ejus: centum videlicet solidos in annona decime sue in festo Nativitatis Domini, et reliquos centum in annona molendinorum suorum in medio Quadragesime. Insuper dedit eis triginta solidos annui redditus in censibus suis de Curtleum, cum assensu fratris sui Roberti, reddendos in festo S. Thomæ apostoli. Quod ut ratum et illibatum permaneat hoc ita factum ad precem ipsius Guidonis conscribi fecimus et sigilli nostri munimine roborari. Testes sunt Johannes abbas Baugezei, Hamo, prior S. Cosme, Johannes Mathi, miles, Girardus de Curtleum et multi alii.

III. — Mathieu de la Jaille, chev., succéda à Guy de Gizeux. Vers 1212, il figura dans un accord fait entre Hubert, abbé de Bourgueil, et Alix de Courléon, au sujet de divers biens situés à Bourgueil et provenant de la succession d'Aimery Graffin, seigneur de la Graffinière.

IV. — André de Doué, chev., était seigneur de Gizeux, en 1277. Il eut un fils, Hugues, qui suit.

V. — Hugues de Doué, chev., seigneur de Gizeux, épousa Philippe de Pecquigné. En 1315, il vendit au Chapitre de Loches une rente à prendre sur les dîmes de Gizeux, de Continvoir et d'Avrillé. Il eut une fille unique, Aliénor, qui porta la terre de Gizeux dans la maison du Bellay, par son mariage avec Hugues VI du Bellay, fils de Hugues, seigneur de la Brosse-d'Alonnes.

VI. — Hugues du Bellay, chev., seigneur de Gizeux, vivant en 1362, eut deux enfants : 1° Jean, qui suit; 2° Jean.

VII. — Jean du Bellay, premier du nom, seigneur de Gizeux et du Bellay, mourut en 1382. Il avait épousé, en 1361, Jeanne de Souvains, fille de Pierre de Souvains et de Jeanne d'Ancenis, dont il eut : 1° Hugues, qui suit; 2° Olivier, prieur de Doué; 3° Jean, abbé de Saint-Florent de Saumur, puis évêque de Poitiers, décédé en 1434; 4° Jean, seigneur de Bréhabert; 5° Jeanne, femme de Louis Carion, Éc., seigneur de la Grise; 6° Isabeau, marié à Jean, seigneur de Goulaines et de la Possonnière, 7° Marguerite, qui épousa, en premières noces, Jean de Bugle, seigneur de Vernay; en secondes noces, Pierre d'Aigret; en troisièmes, Guillaume de la Bellière; 8° Marie, femme de Jean de l'Oisellière.

VIII. — Hugues du Bellay, seigneur de Gizeux, fut tué à la bataille d'Azincourt, en 1415, laissant, de son mariage avec Isabeau de Montigny, dame de Langey, près Châteaudun : 1° Jean II, qui suit, seigneur du Bellay, chambellan du roi Charles VII, mort sans postérité; 2° Bertrand, tué à la bataille d'Azincourt; 3° Pierre, mort à la bataille de Verneuil; 4° Jean III, qui suit; 5° Jean, évêque de Poitiers; 6° Philippe, abbesse du Roncerai; 7° Jeanne, mariée à Jean Rouault de Boismonart; 8° Catherine, femme de Louis de Fremagon.

IX. — Jean du Bellay, troisième du nom seigneur du Bellay et de Gizeux, chambellan du roi Charles VII, mourut en 1481. De son mariage avec Jeanne de Logé, dame de Boisthibault, il eut : 1° Eustache qui suit; 2° Jean, seigneur de la Flotte, capitaine de cent hommes d'armes, mort en 1522; 3° René, abbé de Notre-Dame-la-Grande, de Poitiers; 4° Louis, abbé de Saint-Florent de Saumur; 5° Martin, prieur de Saint-Michel de Thouars; 6° Louis, seigneur de Langey, décédé le 9 janvier 1543; 7° Jacqueline, femme de Jean, seigneur d'Ancerville; 8° Jeanne; 9° Françoise, abbesse de la Trinité, de Caen; 10° Philippe, mariée, le 26 août 1456, à Jean d'Angennes II, seigneur de Rambouillet, gouverneur de Mantes.

X. — Eustache du Bellay, chev., seigneur de Gizeux et du Bellay, conseiller et chambellan de René, duc d'Anjou et roi de Sicile, épousa, en 1470, Catherine de Beaumont, fille de Louis de Beaumont, seigneur de la Forêt, gouverneur du Maine, et de Jeanne Jousseaume. De ce mariage sont issus : 1° René, qui suit; 2° Louis, conseiller-clerc au Parlement de Paris, docteur de Sorbonne ; 3° Thibault, religieux bénédictin ; 4° Louise, mariée, en 1491, à Olivier de Merichon, gouverneur de l'Aunis; 5° Jean, seigneur de Gonnor; 6° Michelle; 7° Jeanne. — Eustache du Bellay se fit prêtre après la mort de sa femme.

XI. — René du Bellay, chev., seigneur de Gizeux, eut, de son mariage avec Marquise de Laval, fille de Pierre de Laval, chev., seigneur de Loué, et de Philippe de Beaumont : 1° Gilles, qui suit; 2° François, dont on parlera plus loin ; 3° Louis, baron de Commequiers; 4° Pierre, mort en bas âge; 5° Eustache, évêque du Mans, puis de Paris ; 6° François, mort jeune; 7° Jacques; 8° René, conseiller au Parlement de Paris ; 9° Marguerite, abbesse de Nioiseau; 10° Anne, abbesse d'Estival; 11° Catherine, femme de Jacques Turpin, seigneur de Crissé ; 12° Jeanne, mariée, en premières noces, à Tristan de Châtillon, et, en secondes noces, à Jean du Bouchet, seigneur du Puygreffier; 13° Jeanne ; 14° Philippe, morte en bas âge.

XII. — Gilles du Bellay, chev., seigneur de Gizeux, mourut sans laisser d'enfants, en 1535. La terre de Gizeux passa à François, son frère.

XIII. — François du Bellay, chev., seigneur du Bellay et de Gizeux, baron du Plessis-Macé, mourut en 1553, laissant deux fils de son mariage avec Louise de Clermont-Tonnerre : François-Henri et Jacques.

XIV. — François-Henri du Bellay, chev., seigneur de Gizeux, mourut peu de temps après son père.

XV. — Jacques du Bellay, frère du précédent, comte de Tonnerre, baron de Thouarcé, seigneur de Gizeux et du Bellay, lieutenant du roi en Anjou (1575-76), épousa Antoinette de la Pallu, dont il eut René, qui suit.

XVI. — René du Bellay, chev., baron de la Lande, seigneur de Gizeux, député aux États-généraux, en 1588, chevalier de l'ordre du roi, mourut en 1611, laissant neuf enfants, de son mariage avec Marie du Bellay, princesse d'Yvetot, fille aînée de Martin du Bellay, seigneur de Langey, et d'Isabelle Chêne : 1° Pierre, baron de Thouarcé, marié à Madeleine d'Angennes, et décédé avant son père; 2° Jacques, mort en bas âge; 3° Martin, qui suit; 4° Claude, abbé de Savigny, décédé en 1609; 5° Marie, femme de Georges Babou, seigneur de la Bourdaisière; 6° Anne, mariée à Antoine d'Appelvoisin, chev., seigneur de la Châteigneraie; 7° Anne, abbesse de Nioiseau; 8° Renée, femme de Gilbert de la Haye, Éc.; 9° Isabelle, prieure de Beaulieu.

XVII. — Martin du Bellay, chev., seigneur de Gizeux, prince d'Yvetot, maréchal des camps et armées du roi, lieutenant du roi, en Anjou, fit son testament le 25 novembre 1627 et mourut quelques jours après. En premières noces, il avait épousé Louise de Savonnières, fille de Jean de Savonnières, seigneur de la Bretesche, et de Guyonne de Beauvau du Rivau; en secondes noces, Louise de la Châtre. Il n'eut pas d'enfants de ce second mariage. Du premier lit sont issus : 1° René, marquis de Thouarcé, décédé en 1627; 2° Marie; 3° Louise; 4° Martin, mort en bas âge; 5° Charles, qui suit.

XVIII. — Charles du Bellay, chev., seigneur de Gizeux, prince d'Yvetot, épousa, en 1623, Claude-Hélène de Rieux, dont il n'eut pas d'enfants. Il mourut le 8 juillet 1661. Par suite d'une substitution qui avait été imposée par Hugues du Bellay, évêque de Paris, les biens de Charles du Bellay passèrent à la famille d'Anglure-Savigny.

XIX. — Antoine-Saladin d'Anglure-Savigny, comte d'Estoges, marquis du Bellay, fils aîné de Charles-Saladin d'Anglure, et de Marie Babou de la Bourdaisière, épousa, en 1640, Louise-Angélique de Braux, baronne d'Anglure, fille de Côme de Braux, président au bureau des finances de Champagne, et d'Hélène de Cardonne. De ce mariage sont issus : Marc-Antoine-Saladin, marquis d'Anglure et du Bellay, mort en 1688 ; 2° Charles-Nicolas, capitaine au régiment des gardes; 3° Claude-François, chevalier de Malte; 4° Louise-Marie, femme de Charles de Genicour, comte d'Autry; 5° Anne-Angélique; 6° Gabrielle-Françoise, religieuse à Andecies. — Le 13 décembre 1663, la terre de Gizeux fut vendue par décret et achetée par Henri-Emmanuel Hurault, pour 60,000 livres.

XX. — Henri-Emmanuel Hurault, marquis de Vibraye, seigneur de Gizeux et de la Roche-des-Aubiers, capitaine de chevau-légers, était fils de Jacques Hurault, comte d'Onzain, et d'Augustine Le Roux. Par contrat du 19 mars 1658, il épousa Polixène Le Coigneux, fille de Jacques Le Coigneux, président au Parlement de Paris, et d'Éléonore de Chaumont de Quitry. Il eut un fils, Henri-Éléonor, marquis de Vibraye, qui mourut le 1er janvier 1728.

XXI. — Antoine-Saladin d'Anglure-Savigny, ci-dessus nommé, rentra en possession, par retrait féodal, de la terre de Gizeux, en 1665. Il mourut en 1675.

XXII. — Marc-Antoine-Saladin d'Anglure, comte d'Estoges et marquis du Bellay, seigneur de Gizeux, vendit cette seigneurie à Anne de Frezeau, par acte du 1er février 1677, pour 60,000 livres.

XXIII. — Anne Frezeau, dame de Gizeux, comtesse de la Roche-Millet, fille d'Isaac Frezeau, seigneur de la Frezelière, de Taffonneau, d'Amaillou, etc., et de Madeleine de Savonnières, épousa René de Rouxellé, baron de Saché et de la Roche-Millet, fils de René de Rouxellé, baron de Saché, et de Marguerite de Montmorency. Elle mourut à Gizeux le 7 mars 1705, âgée de soixante-douze ans. La terre de Gizeux passa à son petit-fils, Henri-Anne-René.

XXIV. — Henri-Anne-René de Rouxellé, chev., vendit la terre de Gizeux au suivant, par acte du 4 août 1723, moyennant une rente viagère de 24,500 livres.

XXV. — René de Grandhomme, secrétaire du roi, seigneur de Gizeux, d'Avrillé, la Cour-Isoré, Hommes, etc., mourut en 1741, laissant un fils unique, Simon-René.

XXVI. — Simon-René de Grandhomme, seigneur des mêmes terres, maître des cérémonies de France, mourut en 1767. Il laissa, de son mariage avec Marie-Anne de la Motte, une fille unique, Marie-Anne-Renée-Jacqueline, qui épousa, le 9 mars 1747, Louis-Paul de Brancas.

XXVII. — Louis-Paul de Brancas, né le 25 mai 1718, fils de Louis de Brancas, marquis de Céreste, et d'Élisabeth-Charlotte-Candide de Brancas, maréchal des camps et armées du roi, gouverneur de Nantes, eut deux enfants : N., prince de Nisaro, et Françoise-Marie-Candide, qui mourut en bas âge. Par la suite, M⁽ᵐᵉ⁾ de Brancas donna la terre de Gizeux à Louis-Gabriel-Marie, marquis de Contades, en faveur de son mariage avec sa filleule, Perrine-Julie Constantin de la Lorie. Lieutenant-général, chevalier de Saint-Louis et de Saint-Jean de Jérusalem, président du Conseil général d'Indre-et-Loire et maire de Gizeux, le marquis de Contades mourut le 18 juin 1825.

MAIRES DE GIZEUX. — Pierre Mercier, 1790. — Vincent Marquis, 1793. — Louis-Gabriel-Marie de Contades-Gizeux, 1800, 14 décembre 1812, décédé en 1825. — Camille-Auguste de Contades-Gizeux, 20 juillet 1825. — Louis Sirotteau, 1831. — Cosnard, 18 février 1834. — Denis-Ferdinand Tulasne, 1837. — Hippolyte Lechêne, 1840. — Louis-René Laurendeau, 1846. — Pierre Hubé, 1864. — Ferdinand Tulasne, 13 février 1874. — François Léger, 21 janvier 1878.

Arch. d'I.-et-L., B, 39; C, 337, 603; E, 113, 114, 603; G, 28, 513, 517; *cure de Gizeux; Biens nationaux*. — Bétancourt, *Noms féodaux*, I, 486. — Expilly, *Diction. des Gaules et de la France*, III, 609. — Lainé, *Archives de la noblesse de France*, VIII, généal. Brizay. — Marchegay, *Archives de l'Anjou*, 33, 38, 46. — *Pouillé de l'évêché d'Angers* (1648), p. 63. — *Panorama pittoresque de la France* (Indre-et-Loire), p. 13. — C. Port, *Diction. historique de Maine-et-Loire*, I, 780; II, 69. — D. Housseau, VI, 2535, XII, 4095, 6982, 7066. — La Chesnaye-des-Bois et Badier, *Diction. de la noblesse*, III 982-83; X, 192; XVIII, 367. — Moréri, *Diction. historique*, I, 80; II, 318, 322; V, 376. — P. Anselme, *Hist. généal. de la maison de France*, II, 424. — *La Touraine*, 194. — C. Chevalier, *Promenades pittoresques en Touraine*, 442-43. — Bibl. de Tours, manuscrits nᵒˢ 1265, 1308, 1424. — *Mém. de la Soc. archéol. de Tour.*, IV, 32; XI, 300; XX, 231-32. — Bulletin de la même Société (1877), p. 118. — A. Joanne, *Géographie d'Indre-et-Loire*, 98, 99. — *Annuaire-almanach d'Indre-et-Loire* (1877), p. 102, 103. — Bodin, *Hist. de l'arrondissement de Saumur*. — J. Guérin, *Notice historique sur Gizeux et sur les communes environnantes*, Tours, imp. Mazereau, 1872, in-8º de 136 pages. — L. de la Roque et E. de Barthélemy, *Catalogue des gentilshommes de Touraine*, 7. — *Journal de Maine-et-Loire* du 3 février 1872, *La noblesse d'Anjou* en 1789.

Glacière (le lieu de la), près de Chemilly, cⁿᵉ de Langeais.

Glaise (la), rivière. — *Glandesa*, 1050. — *Glandesia*, XIVᵉ siècle. — Elle forme la limite entre les communes du Boulay, de Monthodon et de Saint-Laurent-en-Gatines et se jette dans la Brenne, au moulin du Haut-Villé, commune du Boulay. — (*Liber de servis*, 134. — D. Housseau, II, 550. — *Narratio de commend. Tur.*, 293.)

Glaiterie (la), f., cⁿᵉ de Marcilly-sur-Vienne.

Glamenerie (la), f., cⁿᵉ de Sepmes, près du bourg.

Glanchère (la), f., cⁿᵉ de Balesmes, près du ruisseau de Follet. — *Gauchère*, 1576. — *Glanchère*, carte de l'état-major. — Ancien fief, relevant de la baronnie de la Haye, à foi et hommage simple et vingt sols d'aides. Le logis seigneurial était fortifié au XVIᵉ siècle. En 1777, ce fief appartenait à César-Victor de Pierres de Fontenailles, curé de Dierre. — (Arch. d'I.-et-L., E, 144. — *Rôle des fiefs de Touraine*. — D. Housseau, XII, 6039, 6044.)

Glandains (les), ou le **Glandin**, f., cⁿᵉ de Mettray. — Ancien fief. — (*Rôle des fiefs de Touraine*.)

Glanders. V. *Glandier*.

Glandier (le), f., cⁿᵉ de Vernou. — *Tenementum de Glanders*, 1242. — *Hereilleium de Glandiers, in parochia de Vernoto*, XIVᵉ siècle. — Ancien fief, relevant de l'archevêché de Tours, auquel il devait dix sols de service, payables le dimanche qui suivait la fête de saint Maurice. Le propriétaire de ce fief était tenu d'accompagner l'archevêque de Tours lorsqu'il se rendait à Rome. En 1242, il appartenait à Pierre de Granders; — vers 1340, à Hugues de Glanders. Au XIVᵉ siècle, le logis seigneurial était fortifié et entouré de fossés. — (*Cartulaire de l'archevêché de Tours. — Mém. de la Soc. archéol. de Tour.*, IV, 71.)

Glandier (le), ou les **Glandiers**, f., cⁿᵉ de Vouvray. — *Glandier*, carte de l'état-major. — Elle fut vendue nationalement, le 29 pluviôse an II, sur Pierre-Adrien, comte de Passac, émigré. — (Arch. d'I.-et-L., *Biens nationaux*.)

Glandière (la), ham., cⁿᵉ de Charnizay, 11 habit.

Glandière (la), cⁿᵉ de Neuilly-le-Brignon. V. *Glaumière*.

Glandière (la), f., cⁿᵉ de Saint-Christophe. — *Glondière*, 1737. — Ancien fief, relevant de la Cuinière. — (Arch. d'I.-et-L., *Chapitre de Bueil*.)

Glandin (le), cⁿᵉ de Mettray. V. *Glandains*.

Glandinerie (la), f., cⁿᵉ de Ligré, près du bourg.

Glands (les), f., cⁿᵉ de Villedômain.

Glardière (la), ou **Glaudière**, f., cⁿᵉ de Continvoir. — *Glardière*, carte de Cassini.

Glardonnière (la), f., cne de Thilouse. — *Glardonnière*, carte de l'état-major.

Glatinet, ou **Glatinay**, ou **Glatigny**, f., cne de Joué. — *Glatigny*, 1483. — *Glastiné*, 1640. — *Glatiné*, carte de Cassini. — Ancien fief, relevant de l'Aumônerie de Saint-Martin de Tours, à foi et hommage simple et cinq sols de service, suivant un aveu rendu le 12 février 1483. Au XVe siècle, son étendue était de soixante arpents. En 1640, il appartenait à Élio Lohoux. — (Arch. d'I.-et-L., G, 423.)

Glaume, ham., cne d'Ambillou, 13 habit. — *La Glaume*, carte de l'état-major. — *La Glannie*, carte de Cassini.

Glaumeau (Jehan), né à Nouans, le 27 décembre 1517, entra dans les ordres et eut une semi-prébende dans l'église de Moutier-Moyen, à Bourges. En 1562, il se fit protestant et se retira à Genève. Il est auteur d'un *journal* dans lequel on trouve quelques faits qui concernent la Touraine. Ce journal a été publié à Bourges, en 1868. — (*Bulletin de la Soc. archéol. de Tour.*, t. III, 346.)

Glaumeaux (les), ou **Glaunaux**, ham., cne de Chaumussay, 13 habit. — *Glonneaux*, 1780. — *Glomeaux*, carte de Cassini. — Il dépendait autrefois de la paroisse d'Étableaux. — (Arch. d'I.-et-L., E, 103.)

Glaumettrie (la), cne de Saint-Senoch. V. *Glomettrie*.

Glaumière (la Petite-), f., cne d'Abilly. — *Glaumière*, carte de Cassini. — En 1793, les bâtiments étaient en ruines. Cette propriété fut vendue nationalement sur Pierre Gilbert de Voisins, émigré. — (Arch. d'I.-et-L., *Biens nationaux*.)

Glaumière (la), f., cne de Neuilly-le-Brignon. — *Glaudière*, ou la *Borde*, XVe siècle. — Ancien fief, relevant de la Guerche, à foi et hommage plain. En 1793, il fut vendu nationalement sur Pierre Gilbert des Voisins, émigré. — (Arch. d'I.-et-L., *Biens nationaux*. — D. Housseau, XII, 5829, 6018. — *Rôle des fiefs de Touraine*. — Bibl. de Tours, fonds Salmon, *titres de la Guerche*.)

Glemeterie (la), cne de Saint-Senoch. V. *Glomettrie*.

Glenardière (la), f., cne de Sorigny.

Glenetterie (la), cne de Saint-Senoch. V. *Glomettrie*.

Gléterie (la), f., cne de Luzé. — *Guetterie*, carte de Cassini.

Gléterie (la), f., cne de Rilly.

Gliterie, cne de Saint-Senoch. V. *Glomettrie*.

Gloisière (la), f., cne de Neuillé-le-Lierre.

— Ancien fief, relevant de l'abbaye de Fontaines-les-Blanches, à foi et hommage simple et seize deniers tournois de service annuel. Mathurin Morillon, écuyer de la cuisine du roi, rendit aveu, le 16 octobre 1556, pour ce fief, qui lui était échu, par héritage, de Renée Cousture, sa mère, et de Jehan Cousture, son oncle. — (*Rôle des fiefs de Touraine*. — Arch. d'I.-et-L., E, 38; *titres de Fontaines-les-Blanches*.)

Glomenerie (la), vil., cne de Sepmes, 19 habitants.

Glomettrie (la), ham., cne de Saint-Senoch, 11 habit. — *Glitterie*, 1462. — *Glenetterie*, *Glemetterie*, ou *Glaumettrie*, 1600. — *Glomettrie*, cartes de Cassini et de l'état-major. — Il relevait censivement du fief du Plessis-Savary. — (Arch. d'I.-et-L., C, 602. — Bibl. de Tours, fonds Salmon, *titres de Notre-Dame de Loches*.)

Glondière (la), cne de Saint-Christophe. V. *Glandière*.

Glondière (la), cne de Villebourg. V. *Glandière*.

Glonneaux (les), cne de Chaumussay. V. *Glaumeaux*.

Gloriette (la), f., cne de Luynes.

Gloriette f., cne de Saint-Aubin, près du bourg.

Gloriette (prés de la), près Tours. — *Gloriet*, XIIe siècle. — Ces prés furent donnés à la collégiale de Saint-Martin de Tours, vers 1170, par le roi d'Angleterre. Par la suite, ils constituèrent un fief relevant du château de Montbazon, à foi et hommage simple et un éperon d'or à muance de seigneur. En 1558, leur étendue était de sept arpents. — En 1434, ce fief appartenait à Jamet Chamblais; — en 1506, à Denise Le Boucher, veuve Briçonnet. — (D. Housseau, XIII. — Bibl. de Tours, fonds Salmon, *titres de Saint-Martin*.)

Glorieuse (la), f., cne de Saint-Avertin. — *Closerie Glorieux*, 1453, 1723. — Elle relevait censivement du fief de Bréchenay et appartenait à Jean de Préaux, qui la donna à rente, le 9 juin 1453, à Raoul Glorieux et à sa femme. Plus tard, elle fut possédée par N. Feau, docteur en médecine, puis par le prieuré de Saint-Côme. — (Arch. d'I.-et-L., *titres de Saint-Côme*; G, 517.)

Glotière (la), ham., cne d'Ambillou, 13 habitants.

Goard (le lieu de), cne de Mazières, près du bourg.

Gobellevilles (les Basses-), f., cne de Semblançay. — *Basses-Gobellevilles*, carte de l'état-major.

Gobinière (la), f., cne de Saint-Cyr-sur-Loire. — *Les Gobinières*, ou les *Maisons-Blanches*, ou les *Genetrières*, XVIe, XVIIe et XVIIIe siècles. — Elle relevait censivement de l'abbaye de Marmoutier et de Chaumont, suivant des déclarations féodales rendues, le 12 avril 1504, par Jean Renard; en 1629, par la veuve Falaiseau; le 9 février 1703 ; le 18 juillet 1786, par François Viot, trésorier de France à Tours. Le nom de Genetrières était également donné à la propriété de la Grande-Cour, située dans la même paroisse. — (Arch. d'I.-et-L., terrier de Saint-Cyr ; abbaye de Marmoutier, mense séparée ; G, 393, 394.)

Gobletterie (la), f., c^{ne} d'Azay-sur-Cher.

Godard, f., c^{ne} de Faye-la-Vineuse.

Godard (la fosse), près des Loges, c^{ne} de Tauxigny.

Godard (le), f., c^{ne} de Thilouze.

Godarderie (la), f., c^{ne} de Marray. — Gaudardrie, cartes de Cassini et de l'état-major.

Godarderie (la), f., c^{ne} de Vernou.

Godardière (la), f., c^{ne} de Neuillé-Pont-Pierre. — Godardière, carte de l'état-major. — Près de là est une fontaine portant le même nom.

Godardières (les), f., c^{ne} de Restigné.

Godeau (île). V. Jacques (île Saint-).

Godeau (Jean), fut nommé maire de Tours en 1474, en remplacement de Jean Gaudin. Il eut pour successeur, en 1475, Jehan Lopin. — (Chalmel, Hist. des maires de Tours (manuscrit), p. 88. — Lambron de Lignim, Armorial des maires de Tours.)

Godeau d'Entraigues (Alexandre-Pierre-Amédée), né le 6 juillet 1785, était fils de Jean-Baptiste-Alexandre Godeau d'Entraigues, conseiller au Parlement de Dijon, et d'Alexandrine-Philippine-Sophie-Adélaïde de Nesdes. Son aïeul, Toussaint-Pierre Godeau, sieur de la Douve, était greffier du grenier à sel de Neuvy. Il fut nommé préfet d'Indre-et-Loire le 2 août 1830 et remplit ces fonctions pendant seize ans. Admis à la retraite à la fin de l'année 1846, il mourut dix ans après. Il était officier de la Légion d'honneur. — (Recueil des actes administratifs (1830), p. 201. — Bibl. de Tours, manuscrits n°s 1440, 1447. — Journal d'Indre-et-Loire du 5 août 1830).

Godeaux (les), ham., c^{ne} de Monthodon, 13 habit.

Godeberts (les), c^{ne} de Pouzay. V. Gaudeberts.

Godefroy (la), f., c^{ne} de Sainte-Catherine-de-Fierbois. — Godefroi, carte de l'état-major.

Godefroy (Joseph-Claude), docteur en médecine, chevalier de la Légion d'honneur, chirurgien-major du 4e régiment de sapeurs (1809), a publié un Essai sur le tétanos traumatique. Cet ouvrage est dédié au baron Heurteloup. — (Bibl. de Tours, manuscrit n° 1440. — Annales de la Société d'agriculture d'Indre-et-Loire (1809), p. 76, 77.)

Goneillères (le lieu des), près des Lieubardières, c^{ne} de Villaines.

Godelinère (l'aireau de la), paroisse de Parçay-Meslay. — Il est cité dans une charte de l'abbaye de Marmoutier, de 1277. — (Arch. d'I.-et-L., charte de Marmoutier.)

Godenaudrie (la), f., c^{ne} de Dolus. — Godenauderie, carte de Cassini.

Godenet (le lieu de), paroisse d'Athée. — En 1511, il dépendait du Chapitre de Saint-Martin de Tours. — (Arch. d'I.-et-L., titres de Saint-Martin.)

Godereau (Martin), prêtre, né à Noizay, vers 1685, d'une pauvre famille de cultivateurs, fut instruit par un ecclésiastique de Tours, qui avait remarqué ses heureuses dispositions pour l'étude. Ordonné prêtre, il entra dans les Missions étrangères et fut envoyé en Perse. A son retour en France, nommé chanoine de la collégiale d'Amboise, il remplit plus tard les fonctions d'interprète du roi pour les langues orientales. Il mourut à Paris en 1760. On a de lui une Oraison funèbre du grand Dauphin, publiée à Paris en 1712. — (Chalmel, Hist. de Tour., IV, 215.)

Goderie (la), c^{ne} de Sorigny. V. Gauderies.

Godet (le), ham., c^{ne} du Louroux, 15 habit.

Godet (le lieu du), c^{ne} de Saint-Flovier, près du bourg.

Godets (les), ou **Gaudets**, f., c^{ne} de Barrou.

Godetterie (la), c^{ne} de la Celle-Guenand. V. Gaudetterie.

Godetterie (la), **Gaudetterie**, ou **Godetière**, c^{ne} de Monnaie. — Ancien fief. Il est cité dans un acte de 1613. — (Arch. d'I.-et-L., abbaye de Marmoutier. — Rôle des fiefs de Touraine.)

Godetterie (le lieu de la), c^{ne} de Monthodon. — Il relevait censivement de la châtellenie de la Ferrière, suivant une déclaration féodale du 3 mai 1765. — (Archives du château de la Ferrière.)

Godfrairie (la), f., c^{ne} de Chemillé-sur-Dême.

Godier (le), c^{ne} de Braye-sur-Maulne. V. Gaudier.

Godière (la), f., c^{ne} de Marcé-sur-Esves.

Godière (la), f., c^{ne} de Paulmy. — Gaudière, carte de Cassini.

Godin (la fontaine), près de la ferme appelée Fontaine-Godin, c^{ne} de Renais.

Godin (le), f., cne de Neuil. — *Godin*, cartes de Cassini et de l'état-major.

Godinais (les), f., cne de Luzé. — *Godins*, 1672. — *Gadins*, 1793. — *Godins*, carte de l'état-major. — *Godinets*, carte de Cassini. — Elle relevait du fief de Franc-Palais, suivant une déclaration faite, le 6 août 1672, par Louis de Bernabé. Elle fut vendue nationalement, en 1793, sur N. Pocquet de Livonnière, émigré. — (Arch. d'I.-et-L., E, 156; *Biens nationaux*.)

Godineau (île), dans la Loire, cne de Fondettes et de Saint-Genouph.

Godineaux (les), cne de Bourgueil. V. *Ouche-des-Godineaux*.

Godinière (la), cne de Bueil. V. *Gaudinière*.

Godinière (la), cne de Lignières. V. *Gaudinière*.

Godinière (la), f., cne de Maillé-Lailler. — *Gaudinière*, carte de Cassini.

Godinière (le lieu de la), près des Brillons, cne de Marcilly-sur-Vienne.

Godinière (la), ou les **Godinières**, f., cne de Mosnes. — *Thomeaux-Godinière*, 1677. — *Gaudinière*, carte de Cassini. — Ancien fief, relevant du château d'Amboise. En 1677, il appartenait à François Nau. — (*Rôle des fiefs de Touraine*. — Arch. d'I.-et-L., C, 555; E, 342.)

Godinière (fontaine de la), près de la Godinière, cne de Mosnes.

Godinière (la), f., cne de Villeperdue. — *Gaudinière*, carte de Cassini.

Godinières (les), cne de Mosnes. V. *Godinière*.

Godinières (les), cne de Saint-Laurent-de-Lin. V. *Gaudinières*.

Godins (le lieu des), ou la **Perruche**, cne de Fondettes. — Il relevait censivement du fief de Charcenay (1696). — (Arch. d'I.-et-L., *fief de Charcenay*.)

Godins (les), cne de Luzé. — V. *Godinais*.

Godins (les), f., cne de Maillé-Lailler.

Godiot, cne de Barrou. V. *Gaudiot*.

Godon, ou **Gaudon** (Silvain), né à Mézières-en-Brenne, vers 1625, fut chanoine de l'église de Rouen. Il mourut à Paris en 1699. Il a donné une traduction des lettres d'Auger-Gislen de Busbech, ambassadeur de l'empereur Ferdinand II, près du sultan Soliman II (Paris, 1649, in-8°). — (Chalmel, *Hist. de Tour.*, IV, 215-16.)

Goeslerie (la), paroisse de Saint-Benoît. V. *Gouelerie*.

Goffier (le bois), paroisse d'Athée. — En 1263, il appartenait à Jean de la Brosse. — (Archives nationales, J, 726.)

Gogant (le clos), près de l'Artivière, cne de Vallères.

Gogard (Geoffroy), docteur régent de l'Université d'Angers, chanoine de ce diocèse (1372-89), fut ensuite doyen de l'église de Tours (1396). — (P. Rangeard, *Hist. de l'Université d'Angers*, I, 373. — *Gallia christiana*, XIV, 149.)

Goglu, f., cne de Sainte-Radégonde. — *Goguelu*, 1737. — Elle relevait censivement de l'abbaye de Marmoutier. — (Arch. d'I.-et-L., abbaye de Marmoutier, *sommier des rentes*.)

Gogonnière (la), cne de Dierre. V. *Gongonnière*.

Gogué, ou **Gauguet**, vil., cne de Beaumont-en-Véron, 23 habit.

Goguelu, cne de Sainte-Radégonde. V. *Goglu*.

Goguenne, ou **Gaugaine**, vil., cne de Noizay, 37 habit. — *Gaugaine*, carte de l'état-major.

Goguerie (la), ham., cne de Charentilly, 23 habit. — Ancien fief, relevant du château de Tours. Le château, bâti vers 1659, par Charles Cherbonnier, ancien échevin de Tours, fut reconstruit vers 1773. Ce domaine appartenait, en 1557, à Robin Fichepain, maire de Tours; — en 1572, à Adam de Longuemort, valet de chambre du roi; — en 1604, à Thomas Bonneau, seigneur du Gursois, maire de Tours; — en 1659, à Charles Cherbonnier; — en 1677, à N. Coudreau; — vers 1700, à Marie-Marguerite Quentin du Vau; — en 1750, à N. le Boucher de Saint-Sauveur, lieutenant particulier des eaux et forêts de Tours, qui le vendit, en 1766, à Claude le Bas du Plessis, chev., ancien garde des rôles et offices de France. Marie-Angélique d'Amboise, veuve de ce dernier, mourut à la Goguerie le 17 septembre 1785. Claude le Bas du Plessis vendit la Goguerie, par acte du 17 janvier 1787, à Marie-Louise-Adélaïde-Jacquette de Robien, chanoinesse-comtesse de l'Argentière. Ce fief passa ensuite à N. de Riquetti de Mirabeau, sur lequel il fut vendu nationalement le 5 germinal an II. — (Bétancourt, *Noms féodaux*, I, 139. — Arch. d'I.-et-L., C, 639; G, 398; *titres de Charentilly; Biens nationaux*. — Registres d'état civil de Charentilly et de Mettray. — Chalmel, *Hist. des maires de Tours* (manuscrit), p. 117, 129. — Biblioth. de Tours, n° 4783. — *Rôle des fiefs de Touraine*.)

Gohier (Louis-Jérôme), n'est pas originaire du département d'Ille-et-Vilaine, comme le dit Larousse dans son *Dictionnaire*, ni de Rouziers, comme le prétendent d'autres ouvrages. Il est né à Semblançay, en Touraine, au mois de février 1746. Voici, du reste, le texte de son acte de baptème, extrait des registres de la paroisse de Semblançay :

« Le 27 février 1746, a été par nous, curé soussigné, baptizé Louis-Hyerôme, fils de Mᵉ Louis Gohier, praticien, et de Anne Moreau, sa légitime épouse. A été son parrain, Mᵉ Louis-Hyerôme Delanoye, vicaire de cette paroisse, avec la permission de monsieur Dampierre, vicairegénéral, en date du 27 février, signé Dampierre, vicaire-général ; la marraine, damoiselle Marguerite Petit, qui ont signé avec nous et le père de l'enfant. Signé : M. PETIT, DELANOYE, GOHIER, HOUILLÉ, curé. »

Gohier fit ses études au collège de Tours, tenu par les Jésuites. Avocat à Rennes, à l'époque de la suppression des parlements, il fut nommé membre de la cour supérieure de Bretagne (1789), puis député à l'Assemblée législative (1791). Le 15 août 1792, il lut un rapport, à la suite duquel fut prononcée la déchéance de Louis XVI. Il fit un autre rapport, le 16 septembre de la même année, sur les papiers découverts au Tuileries après la journée du 10 août. Successivement secrétaire-général du ministère de la justice en 1793, président du tribunal révolutionnaire en l'an IV, puis du tribunal criminel et du tribunal de cassation, il fut élu membre du Directoire, le 18 juin 1799, en remplacement de Treilhard. Il se montra favorable au retour des émigrés et fut un des plus énergiques défenseurs des libertés de la presse. A la suite du 18 brumaire, il vécut pendant quelque temps dans la retraite, à Eaubonne. Sous l'Empire, il remplit les fonctions de commissaire-général en Hollande. Il mourut le 29 mai 1830. Il avait composé lui-même l'épitaphe qui devait être placée sur sa tombe :

Tendre épouse, parents, amis, fille chérie,
Vous tous à qui je dois le bonheur de ma vie,
Autour de ces cyprès voyez croître les fleurs.
Jetez sur mon tombeau quelques feuilles de rose.
Gardez-vous d'arroser ma cendre de vos pleurs,
Mon ombre en gémirait. Libre enfin, je repose.

Gohier a publié les ouvrages suivants : *Le couronnement d'un roi* (pièce de théâtre), composée à l'occasion de l'avènement de Louis XVI (1775) ; elle a été réimprimée en 1825. — *Mémoire pour le tiers-état de Bretagne*, 1789, in-8° de 185 pages. — *Mémoire au roi, remis aux ministres le 5 avril 1789*, in-8° de 3 pages. — *Mémoires de Louis-Jérôme Gohier*, Paris, Bossange, 1824, 2 vol. in-8°. — *Le procès intenté par la famille La Chalotais au journal l'Étoile*, Paris, Lachevardière, 1825, in-8° de 40 pages. — En 1794, il refit le dénouement d'une tragédie de Voltaire, *la Mort de César*. On a aussi de lui un certain nombre de plaidoyers.

Notice sur L.-J. Gohier, Paris, 1830, in-8°. — Bibl. de Tours, manuscrit n° 1441. — Larousse, Grand diction. universel du XIXᵉ siècle, VIII, 1350. — Registres d'état civil de Semblançay. — Arnault, Jay et Jouy, Biographie des contemporains. — Le Bas, Diction. encyclopédique de la France — Rabbe, Biographie portative des contemporains. — Quérard, La France littéraire, III, 398. — Didot, Biographie générale, XXI, 76-82. — Le Moniteur universel. — L. Grégoire, Diction. encyclopédique, 869.

Goilandière (aitre de la), ou les **Goubaux**, paroisse de Saint-Cyr. — Il est cité dans un acte de 1551. — (Arch. d'I.-et-L., *abbaye de Marmoutier*.)

Goini (le bois de), paroisse de Sonzay. — Il est cité dans une charte de l'abbaye de Noyers, de 1117. — (*Cartulaire de Noyers*.)

Goizerie (la), vil., cⁿᵉ de Cléré, 18 habit. — *Gouaiserie*, carte de Cassini.

Golanchère (la), f., cⁿᵉ de Nouzilly. — *Golanchère*, carte de l'état-major.

Golettrie (la), f., cⁿᵉ d'Azay-sur-Cher, près du Cher. — *Folettrie*, carte de Cassini.

Golinières (le lieu des), cⁿᵉ de Louans, près du chemin de la Séguinière à la Croix.

Gombarderie (la), f., cⁿᵉ de Druyes.

Gombaudière (la), cⁿᵉ de Saint-Bauld. V. *Coubaudière*.

Gommerelles (les), f., cⁿᵉ de Bourgueil.

Gomolidum, *in vicaria Subnasse* (viguerie de Saunay, *in pago Turonico*). — Il est cité dans une charte de l'abbaye de Cormery, de 851. On ne trouve, aujourd'hui, dans la commune de Saunay ni dans les environs, aucun nom de lieu répondant à celui de *Gomolidum*. — (*Cartulaire de Cormery*, 39. — D. Housseau, I, 74.)

Gonard, cⁿᵉ de Chemillé-sur-Indrois. V. *Gouard*.

Gonaudière (la), f., cⁿᵉ du Louroux.

Gondins (bois des), près de la Perauderie, cⁿᵉ de Parçay-Meslay.

Gondonnière (la), f., cⁿᵉ de Panzoult. — En 1557, Marie Brosset, femme de Jean Sapin, était qualifiée de dame de la Gondonnière. — (*Mémoires de Condé*, I.)

Gondonnière (la), vil., cⁿᵉ de Sepmes, près de la Manse, 21 habit. — *Gondonnière*, carte de l'état-major.

Gondron (île), dans le Cher, cⁿᵉ de Véretz.

Gongonnière (la), f., cⁿᵉ de Dierre. — *Gogonnière*, 1779. — Ancien fief. En 1665, il appartenait à Louis-François Jouslin ; — en 1764, à François et à Jean Jouslin. — (*Rôle des fiefs de Touraine*. — Arch. d'I.-et-L., *fief de la secreterie de Saint-Julien*.)

Gongonnière (étang de la), cⁿᵉ de Dierre. — *Gongonnière*, carte de l'état-major.

Gongrenière (la), f., cⁿᵉ de Louans.

Gonnelle (le lieu de la), près de Malessart, c^ne du Grand-Pressigny. — Il a fait partie de l'ancienne paroisse d'Étableaux.

Gonnerie (la), f., c^ne de la Celle-Saint-Avent.

Gonnichon (le lieu de), c^ne de Courcoué, près du chemin de Courcoué à Verneuil.

Gonsardières (les), f., c^ne de Marigny.

Gonthier, évêque de Tours. V. *Gontran*.

Gontierreries (les), f., c^ne de Chouzé-sur-Loire.

Gontran, ou **Gonthier**, premier du nom, évêque de Tours, succéda à saint Baud, en 552, d'après Chalmel, en 544, d'après Maan. Précédemment, il était abbé de Saint-Venant. Il mourut en 555 (on 557, d'après Marteau). Il fut remplacé par Euphrône. — (Chalmel, *Hist. de Tour.*, I, 132; III, 445. — Marteau, *Le paradis délicieux de la Touraine*, II, 92. — D. Housseau, XV, 46. — Greg. Tur. hist. Franc., lib. X. — *Almanach de Touraine*, 1774. — Maan, *S. et metrop. ecclesia Turonensis*, 37. — *Gallia christiana*, II, 241. — *Mém. de la Soc. archéol. de Tour.*, IX, 332.)

Gontran, deuxième du nom, évêque de Tours, succéda à Ibbon en 724 (en 727, d'après Maan). Il confirma les privilèges de Saint-Martin, dont il avait été abbé. Il mourut en 732 (en 742, d'après Maan) et fut remplacé par Didon. — (Marteau, *Le paradis délicieux de la Touraine*, II, 91. — Chalmel, *Hist. de Tour.*, I, 214; III, 447. — Maan, *S. et metrop. ecclesia Turonensis*, 48. — *Mém. de la Soc. archéol. de Tour.*, IX, 332. — D. Housseau, XV, 72. — *Gallia christiana*, XIV.)

Gopillère (la), c^ne de Ballan. V. *Goupillère*.

Goret, f., c^ne de Sorigny. — *Le Goret*, cartes de Cassini et de l'état-major.

Gorgonaut, c^ue de Rivarennes. V. *Gourdonnerie*.

Gorgonius (*Sanctus*). V. *Gourgon* (*Saint-*).

Gorgosseau (le lieu de), près de la Ceuille-Boutet, c^ne de Saint-Michel-sur-Loire.

Gorguellerie (le lieu de la), paroisse d'Esvres. — Il devait une rente à l'abbaye de Cormery (1741). — (Arch. d'I.-et-L., *Lièves des frèches de l'abbaye de Cormery*.)

Gorinière (le lieu de la), c^ne de Luzé. — Il relevait du fief de Franc-Palais. — (Arch. d'I.-et-L., E, 156.)

Gorion, ou **Gorionides** (Joseph-Ben), d'origine juive, serait né en Touraine, d'après Scaliger et Papyre Masson. Mais on n'est pas d'accord sur l'époque à laquelle il a vécu. Plusieurs auteurs disent qu'il vivait au VIIe siècle, tandis que d'autres prétendent qu'il est du IXe. On a de lui une *Histoire des Juifs*, publiée en hébreu, à Constantinople, en 1520, et qui a eu plusieurs éditions. La dernière est de 1707. Cet ouvrage est rempli d'anachronismes. Il a été traduit en allemand (1546, 1561, 1613) et en français (1760). — (*Almanach de Touraine* 1777. — De Rossi, *Disionnario storico degliantori Ebrei*. — Chalmel, *Hist. de Tour.*, IV, 216-17. — Wolflus, *Bibl. Hebræa*, I. — Larousse, *Grand diction. historique du XIXe siècle*, VIII, 1377. — *Biographie universelle*, XXI, 298.)

Gornèches (le lieu des), près de la Landrie, c^ne de Bossée.

Gornière (bois de la), c^ne de la Roche-Clermault.

Goron (le bois), c^ne de Cravant.

Goronnerie (la), f., c^ne de Cléré. — *Goronnerie*, carte de l'état-major.

Goronnières (les), vil., c^ne de Cléré, 25 habit. — *Goronnières*, carte de l'état-major.

Gorourdière (la), f., c^ne d'Antogny.

Gosleni (*molendinus*), paroisse de la Roche-Clermault. — Vers 1128, Aimery, surnommé Boslard, donna ce moulin à l'abbaye de Noyers. — (*Cartulaire de Noyers*, 463.)

Gosselin, seigneur de Fontaine-Milon, fut nommé sénéchal de Touraine en 1158. Il eut pour successeur Guy des Moulins, en 1164. — (Chalmel, *Hist. de Tour.*, III, 330. — *Recueil des historiens des Gaules*, XVI, 98.)

Gotterie (la), f., c^ne de Bléré. — Ancienne propriété de l'hôpital de Bléré. — (Arch. d'I.-et-L., *Biens nationaux*.)

Gouard (les Grand et Petit-), f., c^ne de Chemillé-sur-Indrois. — *Gonard*, carte de Gayard. — Anciennes propriétés des Chartreux du Liget, sur lesquels elles furent vendues nationalement, en 1791, pour 9025 livres. — (Arch. d'I.-et-L., *Biens nationaux*.)

Gouarderie (la), f., c^ne de Saint-Senoch.

Gouarderie (étang de la), c^ne de Saint-Senoch.

Gouairie (la), ham., c^ne de Bossay, 15 habitants.

Gouaudières (les), f., paroisse de Saint-Paterne. — Ancien fief. En 1418, il appartenait à Jean Helyot. — (Arch. d'I.-et-L., *prévôté d'Oë*.)

Gouault (le moulin), paroisse de Nouzilly. — En 1528, il appartenait à Philibert Bault, seigneur de Charentais. (Arch. d'I.-et-L., *titres de la Roche*.)

Goubardière (la), f., c^ne de Druyes.

Goubardière (le lieu de la), c^ne de Rillé.

— Vers 1565, il appartenait à Gervais Tulasne. — (Arch. d'I.-et-L., B, 25.)

Goubards (bois des), cne de Bourgueil.

Goubaux (les), cne de Saint-Cyr-sur-Loire. V. *Goilaudière*.

Goubeau de la Bilennerie (Jacques-François), né à Loches vers 1772, reçu avocat en 1805, procureur impérial à Ceva, département de Montenotte, puis juge à la cour d'appel de Florence, président de la cour criminelle de l'Ombronne, conseiller à la cour impériale de Paris (1810), président du tribunal civil de Marennes (1819). Il a publié les ouvrages suivants : *De la calomnie*, Poitiers, 1817, in-8° de 48 pages. — *Traité sur les successions*, Florence, 1819. — *Histoire abrégée des Jésuites*, Paris, Delaunay, 1819, 2 vol. in-8°. — *Dissertation sur les huîtres vertes de Marennes*, Rochefort, imp. Goulard, 1821, in-8°. — *Traité des exceptions en matière de procédure civile*, Paris, Bavoux, 1823, in-8°. — *Traité général de l'arbitrage en matière civile et commerciale*, Paris, Renard, 1827, 2 vol. in-8°. — (Bibl. de Tours, manuscrit n° 1441. — Quérard, *La France littéraire*, III, 417. — Larousse, *Grand diction. historique du XIXe siècle*, VIII, 1386.)

Goubec (moulin), cne de Noizay. V. *Goubert*.

Goubernière (la), ham., cne de la Celle-Guenand, 14 habit.

Goubert (le moulin), sur la Cisse, cne de Noizay. — *Molendinus de Goubec*, 1206. — *Goubert*, carte l'état-major. — *Gouberle*, carte de Cassini. — Il relevait du fief de Maulaville. En 1206, Maurice Raimbaud en donna la moitié à l'abbaye de Villeloin. En 1595, il appartenait à Jeanne de Vercle, dame de Noizay. — (D. Housseau, XIII, 10890. — Bibl. de Tours, fonds Salmon, *titres de Villeloin*.)

Goubinerie (la), f., cne d'Athée.

Goubins (les), f., cne de Monts.

Goudafré, f., paroisse de Joué. V. *Gadafré*.

Goudardière (la), f., cne de Neuillé-Pont-Pierre. — Ancienne propriété du poëte Racan et de la famille Le Pellerin de Gauville. — (*Journal d'Indre-et-Loire* du 21 septembre 1879.)

Goubauderie (la), f., cne de Saint-Symphorien.

Gouelande, vil., cne de Thilouze, près du ruisseau de Pont-Thibault, 27 habit. — *Gouelande*, carte de l'état-major.

Goulerie (la), f., cne de Saint-Benoît. — *Goeslerie, Gascongne, Gascognerie*, ou *Naudinière*, XVe et XVIIe siècles. — Ancien fief, propriété du prieuré de Pommiers-Aigres. Les bâtiments furent reconstruits en 1496. — (Arch. d'I.-et-L., *titres de Pommiers-Aigres*.)

Goueterie (la), f., cne de Cléré.

Gouetière (la), f., cne de Saint-Christophe. — *Gouetière*, carte de l'état-major.

Gouey de la Besnardière. V. *Besnardière*.

Gouffier (Aimery), seigneur de Bonnivet, gouverneur de Touraine après Guillaume d'Avaugour (1450), était fils de Jean Gouffier, chev., et de Jeanne d'Aloigny. Il eut pour successeur, au gouvernement de Touraine, Antoine d'Aubusson (1451). — (Waroquier, *Tablettes généalogiques*, III. — Beauchet-Filleau, *Diction. des familles de l'ancien Poitou*, II, 163. — Moréri, *Diction. historique*, III.)

Gouffier (Guillaume), chev., seigneur de Boissy, de Champigny-le-Sec et de Sonnay, baron de Roannez, bailli-gouverneur de Touraine et de Languedoc, mourut à Amboise le 23 mai 1495, et fut inhumé dans l'église des Cordeliers de cette ville. Il était fils d'Aimery Gouffier. En premières noces, il avait épousé Louise d'Amboise, et, en secondes noces, Philippe de Montmorency, veuve de Charles de Melun, grand-maître de France. De son premier mariage il eut, entre autres enfants, Madeleine, qui fut mariée, le 16 mai 1481, à René le Roy, seigneur de Chavigny. Du second mariage naquirent huit enfants, entre autres, Adrien, cardinal, évêque de Coutances. — (P. Anselme, *Hist. généal. de la maison de France*, V, 605. — Beauchet-Filleau, *Diction. des familles de l'ancien Poitou*, II, 163. — *Étrennes à la noblesse*, IV, 167.)

Gouffier (Adrien), cardinal, évêque de Coutances, grand-aumônier de France, ministre d'État, légat du Saint-Siège, fut nommé abbé de Bourgueil en 1481 et administra ce monastère pendant trente-trois ans. Il donna sa démission en 1513. Décédé le 24 juillet 1523, il eut sa sépulture dans l'église de Bourgueil, à l'entrée de la chapelle de la Vierge. — (Bibl. de Tours, manuscrit n° 1494. — P. Anselme, *Hist. généal. de la maison de France*, IV, 608 ; VIII, 252. — La Chesnaye-des-Bois et Badier, *Diction. de la noblesse*, IX, 489. — Beauchet-Filleau, *Diction. des familles de l'ancien Poitou*, II, 163.)

Gouffier (Artus), duc de Roannez, seigneur de Boissy, de Maulévrier et de Bonnivet, grand-maître de France, fut nommé capitaine-gouverneur de Chinon le 15 juin 1514 et mourut en mai 1519. Il était fils de Guillaume Gouffier, baron de Roannez, et de Philippe de Montmorency. — (P. Anselme, *Hist. généal. de la maison de France*, VIII, 384, 505. — Beauchet-Filleau, *Diction. des familles de l'ancien Poitou*, II, 163-64.)

Gouffier (Claude), fils du précédent, duc de Roannez, marquis de Boissy, comte de Maulévrier et de Caravas, seigneur d'Oyron, grand-écuyer de France, fut nommé capitaine-gouverneur de Chinon le 3 novembre 1519, en remplacement de son père, décédé. — (P. Anselme, *Hist. généal. de la maison de France*, VIII. — Beauchet-Filleau, *Diction. des familles de l'ancien Poitou*, II, 164. — Arch. d'I.-et-L., *baronnie de Chinon*.)

Gouffier (Artus), troisième fils du précédent, comte de Caravas et de Passavant, né le 11 novembre 1555, eut, le 22 décembre 1567, la charge de gouverneur de Chinon, bien qu'il ne fût âgé que de douze ans. Il n'eut pas d'enfants de son mariage avec Catherine de Mars, fille de Mathurin de Mars, seigneur de Sainte-Agathe, et de Perronnelle de Cambou. — (Beauchet-Filleau, *Diction. des familles de l'ancien Poitou*, II, 184. — Bibl. de Tours, fonds Salmon, *titres de Chinon*.)

Gouffier (Louis), abbé de Cormery, en 1627, donna sa démission en 1630, en faveur de Armand-Jean du Plessis, cardinal de Richelieu. Il était fils de Louis Gouffier, duc de Roannez, gouverneur de Poitiers, et d'Éléonore de Lorraine. — (*Cartulaire de Cormery*. — Beauchet-Filleau, *Diction. des familles de l'ancien Poitou*, II, 164. — *Gallia christiana*, XIV.)

Gouffier (Henri), marquis de Boissy, comte de Maulévrier, né en 1603, à Sonnay, près Chinon, était fils de Louis Gouffier, duc de Roannez, et d'Éléonore de Lorraine. Il fut tué au combat de Saint-Herkerque, le 24 août 1639. Son corps, rapporté à Amboise, fut inhumé dans l'église des Cordeliers. On lisait sur son tombeau l'épitaphe suivante :

Dedans cette petite espace
Est le cœur d'un jeune guerrier
Qui par une immortelle audace
Alla chercher la mort à l'ombre d'un laurier.
Passant, s'il te prend quelque envie
De savoir quelle fut sa vie,
Apprends qu'il vit toujours le danger sans ef-
[*froy ;*
Qu'il fut si généreux et digne de mémoire
Que, s'étant empêché de mourir pour la gloire,
Il a voulu mourir pour celle de son roy.
1639. DUVERDIER.

Waroquier, *Tablettes généalogiques*, III, 73. — Chalmel, *Hist. de Tour.*, IV, 218. — Beauchet-Filleau, *Diction. des familles de l'ancien Poitou*, II, 164. — Bibl. de Tours, fonds Salmon, *titres d'Amboise*.

Gouffinière (la), f., c^{ne} de Sublaines, 10 habit. — Propriété de la famille de Faverolles, vers 1650 ; — de Claude de Rigué, Éc., en 1660 ; — et d'Étienne-Jacques Guillerault, seigneur de Bléré, en 1720. — (Arch. d'I.-et-L., E, 123. — Bibl. de Tours, manuscrit n° 1436.)

Gouffre (le lieu du), près d'Aubigny, c^{ne} de Brizay.

Gouffre (le), f., c^{ne} de Chanceaux, c^{ton} de Loches.

Gouffre (le lieu du), c^{ne} de Marigny, près du chemin de Richelieu à Marigny.

Gouffre (le lieu du), près de la Barillère, c^{ne} du Petit-Pressigny.

Gouffre (le lieu du), près de la Fuie, c^{ne} de Rivière.

Gouffre (le lieu du), c^{ne} de Saint-Christophe. — Il relevait censivement du fief de la Cuinière. — (Arch. d'I.-et-L., *Chapitre de Bueil*.)

Gouffres (le lieu des), près de la Chardonnerie, c^{ne} de Bournan.

Gouffres (le lieu des), près des Ormeaux, c^{ne} de Saint-Paterne.

Gouffres (les), ou le **Petit-Moulin**, c^{ne} de Saunay. — *Petit-Moulin*, carte de Cassini. — On y voit des traces d'anciennes forges. — (C. Chevalier et G. Charlot, *Études sur la Touraine*, 343.)

Gougeonnière (la), ou **Goujonnière**, f., c^{ne} d'Azay-le-Rideau, près du ruisseau de la Lautière. — *Gougeonnière*, carte de l'état-major. — Ancien fief, relevant de la Rivière, à foi et hommage simple, suivant un aveu rendu, en 1719, par Françoise Nau, veuve de Claude Ledoux, baron de Melleville. — (Arch. d'I.-et-L., E, 24.

Gougeonnière (la), f., c^{ne} de Châteaurenault.

Gougeonnière (la), f., c^{ne} de Neuvy-Roi. — *Gougeonnière*, cartes de Cassini et de l'état-major. — Ancien fief. En 1789-90, il appartenait à Marc-Antoine Le Pellerin de Gauville. — (Arch. d'I.-et-L., *Biens nationaux*.)

Gougeonnière (la), f., c^{ne} de Rouziers. — *Gougeonnière*, cartes de Cassini et de l'état-major.

Gouget (le Grand-), f., c^{ne} de Saint-Avertin. — *Les Gougettes*, carte de Cassini.

Gougnaux (les), f., c^{ne} de Bossay.

Gouignières (le lieu des), près de la Lieubardière, c^{ne} de Villaines.

Gouiller (île), ou **Goulier**, dans la Loire, partie sur la commune de Bréhémont, partie sur celle de Saint-Patrice. Elle est près de l'île Chevrou.

Gouiller, ou **Goulier** (les trois îles du Bas-), dans la Loire, c^{ne} de Bréhémont et près de l'île Gouiller.

Goüin (Henry-Jacques-Marie), négociant, né à Tours, paroisse de Saint-Saturnin, le 14 février 1758, secrétaire-greffier du Point-d'honneur au département de Langeais (1789), fut nommé maire de Tours, par le représentant Pocholle, le 13 avril 1795, et remplit ces fonctions jusqu'au 14 novembre suivant. Membre du Conseil municipal, juge, puis président du tribunal de Commerce, il fut élu député d'Indre-et-Loire en 1815. Ses concitoyens lui renouvelèrent deux fois ce mandat. Plus tard il reçut la croix de la Légion d'honneur. Il mourut à Tours le 5 avril 1823. — (Lambron de Lignim, *Armorial des maires de Tours*, 74, 75. — *Moniteur* du 30 août 1815. — Chalmel, *Hist. des maires de Tours* (manuscrit), p. 162. — Registres d'état-civil de Tours.)

Goüin (Henry), fils du précédent, né à Tours, paroisse de Saint-Pierre-le-Puellier, le 5 octobre 1782, fut un des fondateurs de la Société archéologique de Touraine, créée en 1840, et en fut le premier président. Appelé de nouveau à diriger cette société par l'élection du 31 janvier 1844, il donna sa démission en 1845, en raison du mauvais état de sa santé, et fut nommé président honoraire. Il mourut à Tours le 11 janvier 1861.

Dans une notice nécrologique publiée en 1871, le secrétaire-général de la Société archéologique de Touraine, M. Ladevèze, interprète des sentiments de ses collègues, rendit hommage à la mémoire de M. Henry Goüin. Nous extrayons de cette notice les passages suivants :

« M. Henry Goüin fut le premier de nos présidents; c'est vous dire combien son nom est intimement lié à l'histoire de notre Compagnie; quelle part lui revient dans sa prospérité présente. Pour les sociétés comme la nôtre, c'est une rare bonne fortune d'avoir tout d'abord à leur tête un de ces hommes considérables par leur situation, par la haute et universelle estime qui les entoure, dont le concours, à lui seul, est une efficace recommandation, une puissante garantie.

« M. Goüin ne nous apporta pas seulement le patronage d'un nom vénéré; il était aussi doué de toutes les qualités nécessaires pour imprimer à nos travaux une direction vraiment utile, pour créer parmi nous ces sentiments de discipline et de dignité dont la trace ne s'efface jamais. Malgré le vif intérêt qu'il portait aux recherches archéologiques, M. Goüin ne s'y mêlait pas de la plume; mais personne ne s'y montra plus attentif, ne mit plus de zèle à signaler aux travailleurs les faits de nature à attirer leur attention, à appeler leurs investigations, à stimuler leur ardeur. Aussi de sa présidence datent quelques-uns des actes qui font le plus grand honneur à notre initiative : la restauration de la Pile de Saint-Mars et l'acquisition de ses abords; l'achat et le projet de restauration de l'église Saint-Julien; la souscription qui eut pour résultat l'érection de la statue de Descartes sur la place de l'Hôtel-de-Ville; enfin les fouilles productives effectuées sur l'emplacement du Palais-de-Justice et dans les terrains du domaine de la Verge. Ce sont là des titres d'honneur pour notre Société et pour celui qui en était alors le président.

« Il n'est aucun de nous qui ne se rappelle avec un affectueux sentiment M. Henry Goüin. Si ce fut un jour de sincères et universels regrets que celui où une cruelle infirmité le détermina à une retraite prématurée, ce fut aussi un jour de deuil profond que celui où il nous fallut nous séparer de lui pour toujours. »

Mém. de la Soc. archéol. de Tour., I, 27; II, 16; III. 5. — *Bulletin* de la même Société (1871), t. II, p. 58, 59. — Registres d'état-civil de Tours. — *Journal d'Indre-et-Loire* de 1861.

Goüin (Alexandre-Henri), né à Tours, le 26 janvier 1792, fils d'Alexandre Goüin et de Marie-Madeleine Benoist de la Grandière, négociant, président du tribunal de Commerce de Tours, membre du Conseil général (30 novembre 1830), fut nommé député d'Indre-et-Loire en 1831. Il montra, à la chambre, une remarquable compétence dans toutes les questions financières. Après avoir voté pendant plusieurs années avec la majorité ministérielle, il fit partie de l'opposition. Le 5 novembre 1837, le premier collège d'Indre-et-Loire l'envoya de nouveau à la chambre par 341 voix, contre 117 données à M. Viot-Prudhomme et 25 à M. Taschereau. Nommé ministre du commerce, en mars 1841, alors que M. Thiers était le chef du cabinet, il se retira le 29 octobre de la même année. Aux élections du 10 juillet 1842, il obtint 337 voix, contre 76 données à Étienne Giraudeau et 22 à Lamartine. Deux ans après, il prit la direction de la caisse commerciale qui avait été fondée par Jacques Laffitte. Réélu député en 1848, par 43,010 voix, il soutint énergiquement l'administration de Cavaignac, puis celle du prince Napoléon. Son mandat lui continué en 1852, en 1857 et en 1863. Dans cette dernière élection, il eut 11,169 suffrages contre 4,543 donnés à M. Houssard et 4,082 à M. Rivière. Nommé sénateur le 17 novembre 1867, il mourut à Tours le 27 mai 1872. Il était commandeur de la Légion d'honneur. En 1857, il avait publié un travail intitulé : *Quelques réflexions à l'occasion de la question relative à l'établissement d'un nouvel impôt sur les valeurs mobilières*, Paris, in-8°.

Journal d'Indre-et-Loire. — *Le Moniteur universel*. — Vapereau, *Diction. des contemporains*, 766. — *Biographie universelle*, XXI, 392. — Larousse, *Grand diction. historique du XIXᵉ siècle*, VIII, 1390. — *Diction. de la conversation*. — *Biographie des 750 grands hommes composant l'assemblée législative* (1849), Paris, Maistrasse, 1849. — *Recueil des actes administratifs d'Indre-et-Loire* (1830). — C.-M. Lesaulnier, *Biographie des 900 députés à l'assemblée nationale*, Paris, v° Janet. 1848.

Goüin (Eugène), fils du précédent, né à Saint-Symphorien, près Tours, le 18 septembre 1818, maire de Tours (par décret du 28 novembre 1866), fut élu député du département d'Indre-et-Loire le 8 février 1871, par 57,934 voix, puis conseiller général, le 8 octobre de la même année, pour le canton de Tours-nord. En janvier 1871, pendant l'occupation prussienne, il défendit avec une grande énergie et un entier dévouement les intérêts de la ville de Tours. Il fut nommé sénateur le 15 décembre 1875. M. Goüin est chevalier de la Légion d'honneur. — (Vapereau, *Diction. des contemporains*, 766. — Larousse, *Grand diction. historique du* xix* siècle, VIII, 1390. — *Journal d'Indre-et-Loire* 1866, 1871, 1875.)

Gouinaux (les), f., c^{ne} de Marigny. — *Gouineaux*, carte de l'état-major.

Goujonnerie (la), f., c^{ne} de Chemillé-sur-Indrois.

Goujonnerie (la), f., c^{ne} de Saint-Avertin.

Goujonnerie (la), f., c^{ne} de Saint-Benoît.

Goujonnière (la), f., c^{ne} de Couziers. — *Goujonnière*, cartes de Cassini et de l'état-major. — En 1550, elle appartenait à Michel de Chavigny, Éc., archer de la garde du roi qui, de son mariage avec Perrine de Champeaux, eut une fille, Florence, mariée à René de Hellaut, Éc., seigneur de Vallières, archer des gardes du corps du roi. — (La Chesnaye-des-Bois et Badier, *Diction. de la noblesse*, X, 522.)

Goujonnière (les Grande et Petite-), f., c^{ne} des Hermites. — *Goujonnière*, cartes de Cassini et de l'état-major.

Goularderie (la), c^{ne} du Grand-Pressigny. — *Goularderie*, carte de Cassini. — Elle relevait censivement de la baronnie du Grand-Pressigny. Par acte du 4 décembre 1627, Honorat-François de la Borde, Éc., seigneur des Courtis, la vendit à Pierre Brulard, baron du Grand-Pressigny. — (Arch. d'I.-et-L., E, 103.)

Goularderie (la), f., c^{ne} du Petit-Pressigny.

Goulardière (la), f., c^{ne} de Betz.

Goulardières (le lieu des), près de Roux, c^{ne} de Boussay.

Goulerie (la), f., c^{ne} de Barrou.

Goulesmes (le lieu de), c^{ne} de Sazilly, près du chemin de la Queue-du-Bois à Tavant.

Goulet (île du), dans le Cher, près de l'île Perron, c^{ne} de Saint-Avertin. — En 1370, elle appartenait à Jacquelin d'Andigné, Éc. — (*Cartulaire de l'archevêché de Tours.*)

Gouleton, ou **Goulton** (le fief de), paroisse de Vouvray. — Au xve siècle, il appartenait à la collégiale de Saint-Martin et dépendait de la prévôté d'Oë. — (Arch. d'I.-et-L., *prévôté d'Oë*; G, 481.)

Goulettrie (la), ham., c^{ne} de Joué-les-Tours, 11 habit.

Goulettrie (la), vil., f., c^{ne} des Hermites, 18 habit. — *Goulotterie*, carte de l'état-major.

Goulettrie (la), f., c^{ne} de La Ferrière.

Goulevent, f., c^{ne} de Marray. — *Goulevent*, carte de l'état-major.

Goulier (île), c^{ne} de Bréhémont. V. *Gouiller*.

Gouloux (les), c^{ne} de Brèches. V. *Goussils*.

Goulurie, ou **Mauvais-Marché** (le lieu de la), c^{ne} de Saint-Cyr. — Il relevait censivement du fief de Ludetesse, suivant des déclarations féodales faites les 27 janvier 1521, 13 septembre 1613, 27 décembre 1730. — (Arch. d'I.-et-L., G, 394.)

Goumandière (la), vil., c^{ne} de Francueil, 20 habit.

Gounière (la), f., c^{ne} de Chambon.

Goupillaux (les), vil., c^{ne} de Gizeux, 34 habit. — *Goupillaux*, carte de Cassini.

Goupillère (la), ham., c^{ne} de Ballan, 18 habit. — *Gaignerie de la Gopillère*, 1400. — *Goupiller*, carte de Cassini. — (Arch. d'I.-et-L., *titres de Beaumont.*)

Goupillère (étang de la), c^{ne} de Ballan.

Goupillère (la), f., c^{ne} de Cangy. — *Goupillère*, 1700. — *Goupillère*, carte de l'état-major. — Elle a fait partie de l'ancienne paroisse de Flouray.

Goupillère (la), ou **Blanlac**, paroisse de Dierre. — *Hébergement de Blanlac*, 1322. — *Gaigneria de Albo lacu*, 1323. — *Blanlac, alias Goupillère*, 1628. — En 1322, Jean Le Coustelier, prêtre d'Amboise, vendit ce domaine, pour 100 livres, à Jean le Rétif, religieux de Saint-Julien, qui le donna ensuite à son monastère. Plus tard, la Goupillère fut attachée à l'office de sacristain. D'après un titre du 26 février 1635, les terres qui en dépendaient avaient une étendue de huit arpents. — (Arch. d'I.-et-L., *titres de l'office de sacristain de Saint-Julien.*)

Goupillère (la), f., paroisse de Montreuil. — *Goupillère*, carte de l'état-major. — Ancien fief, relevant de Brouard, à foi et hommage simple. En 1484, il appartenait à Jean Forget, marchand à Amboise, — en 1694, à Antoine Bergeron, intendant de la province d'Alsace; — en 1696, à Jean Bergeron, — en 1768, à Charles-Marie-Marthe de Bridieu. — (Arch. d'I.-et-L., E, 22, 23, 38. — *Rôle des fiefs de Touraine.* — Registres d'état-civil de Saint-Florentin d'Amboise. — D'Hozier, *Armorial général.*)

Goupillère (la), paroisse de Saint-Denis-hors. — Elle est citée dans une charte de 1305. — (*Cartulaire du Liget.*)

Goupillère (la), ou la **Grange-Saint-Côme**, f., paroisse de Sainte-Geneviève de Luynes. Ancienne propriété du prieuré de Saint-Côme — (Arch. d'I.-et-L., *Prieuré de Saint-Côme.*)

Goupillères (le ruisseau ou ravin des), f., c⁰ᵉ d'Azay-le-Rideau.

Goupillères (les Grandes et Petites-) f., c⁰ᵉ de Bossay. — *Grande-Goupillère,* carte de Cassini. — *Goupillère,* carte de l'état-major.

Goupillères (les), c⁰ᵉ du Bridoré. V. *Coupillières.*

Goupillères (les), f., c⁰ᵉ d'Esvres. — *Goupillères,* carte de l'état-major. — Elle relevait du château de Montbazon et appartenait, en 1583, à René Cyret, chirurgien à Tours; — en 1747, à Pierre-Hector-Étienne Lebreton. — (D. Housseau, XI, 4700; XII, 7003. — Bibl. de Tours, fonds Salmon, *titres de Montbazon.*)

Goupillière (la), f., c⁰ᵉ d'Avrillé. — *La Goupillère,* cartes de Cassini et de l'état-major.

Goupillière (la), f., c⁰ᵉ de Monthodon. — *Goupillière,* cartes de Cassini et de l'état-major.

Goupillière (la), ham., c⁰ᵉ de Saint-Christophe, 13 habit. — *Goupillière,* carte de l'état-major. — Ancien fief, propriété de l'abbaye de la Clarté-Dieu. — (Arch. d'I.-et-L., *titres de la Clarté. — Rôle des fiefs de Touraine.*)

Goupillière (la), ham., c⁰ᵉ de Saint-Laurent-en-Gatines, 12 habit. — *Goupillière,* carte de l'état-major. — Ancien fief. — (*Rôle des fiefs de Touraine.*)

Goupillière (moulin de la), c⁰ᵉ de Saint-Mars. — *La Goupillère,* carte de l'état-major.

Goupillères (les), f., c⁰ᵉ d'Azay-le-Rideau. — *Les Goupillières,* carte de Cassini.

Gouraudière (le lieu de la), paroisse de Cravant. — Ancien fief, relevant de Cravant. En 1687, il appartenait à François Bridonneau, président en l'élection de Chinon. — (Arch. d'I.-et-L., E, 146.)

Gouraudrie (le lieu de la), près du Bas-Monteil, c⁰ᵉ de Luzé.

Gourbier (le), f., près de la Veude, c⁰ᵉ de Ligré. — *Gourbier,* carte de l'état-major.

Gourbillonnière (la), f., c⁰ᵉ de Beaumont-en-Véron. — Ancien fief. En 1714, il appartenait à Marc-René-Alexis de Valory, chev. — (D. Housseau, XIV. — *Rôle des fiefs de Touraine.*)

Gourde (la), f., c⁰ᵉ de Tours. — Elle a fait partie de l'ancienne paroisse de Beaumont-les-Tours.

Gourdins (le lieu des) c⁰ᵉ de Saint-Mars.

— Il dépendait de la Salle-César (1574). — (Arch. d'I.-et-L., *titres de la Salle-César.*)

Gourdonnerie (la), ou **Gourgonaut**, f., c⁰ᵉ de Rivarennes. — *Terragia de Gourgonaut,* 1211. — *Gourdonnerie,* cartes de Cassini et de l'état-major. — En 1211, elle appartenait à Hugues de Rilly. — (D. Housseau, VI, 2317.)

Gourellerie (la), f., c⁰ᵉ de Reugny.

Gouret (le), f., c⁰ᵉ de Sorigny. — *Goret,* cartes de Cassini et de l'état-major.

Gourgauderie (la), vil., c⁰ᵉ de Bourgueil, 30 habit.

Gourgaudière (la), f., c⁰ᵉ d'Athée. — *Gargaudière,* carte de l'état-major. — *Grégaudière,* carte de Cassini.

Gourgon (St-), commune du canton de Saint-Amand, arrondissement de Vendôme (Loiret-Cher), à 28 kilomètres de Blois. — *Parochia S. Gorgonii,* xiiiᵉ siècle. — Avant la Révolution, cette paroisse faisait partie du doyenné de Châteaurenault et de l'archidiaconné d'outre-Loire, diocèse de Tours. La présentation au titre curial appartenait au doyen de l'église de Tours. La paroisse constituait une châtellenie dont le Chapitre de la même église était propriétaire. — (Arch. d'I.-et-L., C, 336. — *Pouillé de l'archevéché de Tours* (1648), p. 37. — *Almanach de Touraine,* 1790. — *Cartulaire de l'archevéché de Tours. — Mém. de la Soc. archéol. de Tour.,* IX, 234, 235. — A. Joanne, *Diction. des communes,* 914.)

Gourgon (chapelle de St-), près de Marmoutier. — *Ecclesia S. Gorgonii,* xiᵉ siècle. — *Capella S. Gorgonii,* 1148 (chartes de l'abbaye de Marmoutier). — Elle fut bâtie, au milieu du ixᵉ siècle, à l'occasion de la translation, de Rome à Marmoutier, des reliques de saint Gourgon. D. Martène rapporte que cette translation donna lieu à plusieurs miracles. La chapelle était située hors de l'enceinte de l'abbaye de Marmoutier. On la trouve mentionnée dans une charte d'Engebault, archevêque de Tours, qui confirma les possessions de ce monastère. — (D. Martène. *Hist. de Marmoutier,* I, 172. — *Dedicatio ecclesiæ Majoris monasterii* (dans les *Chroniques de Touraine*), p. 341. — D. Housseau, V, 1733).

Gourie (la), f., c⁰ᵉ de Bossay.

Gourmois (moulin de), c⁰ᵉ d'Hommes. — *Gourmois,* carte de l'état-major. — Ancien fief, relevant de la baronnie de Rillé et appartenant au prieur de Saint-Loup. Le prieur, devait au baron de Rillé un chapeau de roses de service annuel. Louis Chauveau, prieur, rendit hommage le 3 septembre 1711. — (Arch. d'I.-et-L., B. 37.)

Gourmois (étang de), c⁰ᵉ d'Hommes. — Il constituait un fief relevant du château de Rillé.

Vers 1620, il fut réuni à cette baronnie. — (Arch. d'I.-et-Loire, E, 318.)

Gourmond (les caves de), cne de Crouzilles, près du chemin de Crouzilles à Saint-Épain.

Gourmond (le lieu de), près de la Cerisaie, cne de Saint-Germain-sur-Vienne.

Gournay, f., cne de Fondettes. — *Le Gournay*, carte de l'état-major.

Gouron (le fief). V. *la Gouronnière*, cne de Marigny.

Gouron (la croix), près de Tancu, cne de Marigny.

Gouron (la croix), cne de Ports, près du chemin de Richelieu à Ports.

Gouronnerie (la), f., cne de Louans. — *Gouronnerie*, carte de l'état-major.

Gouronnerie (la), f., cne du Louroux. — *Gouronnerie*, carte de l'état-major.

Gouronnière (la), f., cne de Marigny. — *Fief-Gouron, Petite-Gouronnière*, XVIIe siècle. — *Gouronnière*, carte de Cassini. — Ce fief relevait du château de Nouâtre. En 1444, il appartenait à Guion de la Touche, Éc.; — en 1474, à Marguerite Huberde; — vers 1760, à Georges-Florimond de la Chesnaye-des-Pins; — en 1789, à Thérèse-Marguerite de la Chesnaye-des-Pins, veuve de Jean-Baptiste Gaborit de la Brosse, et à Marie-Victoire de la Chesnaye-des-Pins. — (Arch. d'I.-et-L., E, 262. — *Rôle des fiefs de Touraine.* — D. Housseau, XIII, 8242, 8258, 8260. — Bibl. de Tours, fonds Salmon, *titres de Nouâtre.*)

Gourre (la), f., cne de Chançay.

Goury (les Grand et Petit-), f., cne de Brizay. — *Goury*, carte de l'état-major.

Goury (Alexandre), abbé de Gastines, succéda à Pothon de Coué, vers 1501, et mourut en 1535. Il fut remplacé par Guillaume Goury, son neveu. — (*Gallia christiana*, XIV, 319. — (Arch. d'I.-et-L., *titres de Gastines.* — *Mém. de la Soc. archéol. de Tour.*, IX, 231.)

Goury (Guillaume), abbé de Gastines, succéda à son oncle, Alexandre Goury, en 1535. Il fut remplacé, en 1560, par Jean de Troyes. — (*Gallia christiana*, XIV, 319. — *Mém. de la Soc. archéol. de Tour.*, IX, 231. — Bibl. de Tours, fonds Salmon, *titres de Gastines.*)

Gousils (le lieu des), cne de Brèches, près du chemin des Césars et d'un lieu appelé le Carroi-du-Trésor.

Goussard, f., cne de Ligueil.

Goussarderie (le lieu de la), cne de Tauxigny. — Il est cité dans un titre de 1715. — (Arch. d'I.-et-L., *Lièvε des frêches de l'abbaye de Cormery.*)

Goussarderie (la), f., cne de Vernou.

Goussardière (la), f., cne d'Azay-le-Rideau. — *Goussardière*, ou *Maison-Neuve*, XVIIIe siècle. — *Gousardière*, carte de l'état-major. — Les bâtiments étaient en ruines en 1708. — Ancien fief, relevant du prieuré de Relay. En 1513, il appartenait à Alexandre Fréolé, archer de la garde du roi; — en 1516, à David Craffort, Éc.; — en 1572, à Balthazar le Breton, seigneur de Colombiers; — en 1762, à Balthazar le Breton. — (Arch. d'I.-et-L., *prieuré de Relay.* — *Rôle des fiefs de Touraine.*)

Goussardière (le bois de la), cne de Druyes. — Il fait partie de la forêt de Villandry.

Goussardière (fontaine de la), paroisse de Lièze. — Elle est citée dans un acte du 23 octobre 1580. — (Arch. d'I.-et-L., *prieuré de Lièze.*)

Goussardière (la), f., cne de Marigny. — *Goussardière*, carte de l'état-major.

Goussart (île). V. *Aucard (île).*

Gousse (le lieu de la), cne de Saint-Senoch. — Il relevait du Plessis-Savary. — (Arch. d'I.-et-L., C, 602.)

Gousserie (la), f., cne de Chemillé-sur-Dême. — *Gouverie*, carte de Cassini.

Gousset (étang du), cne du Louroux. — *Goussec, Gousses*, 1791. — Propriété de l'archevêché de Tours. Il fut vendu nationalement en 1791. — (Arch. d'I.-et-L., *Biens nationaux.*)

Goussils (les), **Gouzils**, ou **Gouloux**, f., cne de Brèches.

Gouteau (moulin), cne de Marcé-sur-Esves. V. *Gruteau.*

Goutets (le lieu des), près de Ligueil. — Il est cité dans un acte du 20 décembre 1577. Plus tard, il fut appelé les Préaux. — (Arch. d'I.-et-L., G, 404.)

Goutière (la), ham., cne de Faye-la-Vineuse. — Ancien fief, relevant du château de Faye-la-Vineuse. — (Arch. d'I.-et-L., C, 600.)

Goutillerie (la), f., cne de Neuvy-Roi, près du bourg.

Gouttes (le lieu des), près des Pins, cne de Jaulnay.

Gouverne (la), ruisseau. V. *Barbelange.*

Gouy (Philippe de), né en Touraine, prit part aux guerres du XVIe siècle. On a de lui un petit ouvrage intitulé : *Discours sur l'arrivée de Monseigneur le duc de Nemours, avec un poème ou prière pour la prospérité du dit seigneur et de toute la sainte union des princes catholiques*, Paris, Michel Jouin, in-8° de 14 pages. — (Chalmel, *Hist. de Tour.*, IV, 219. — *Catalogue de la bibliothèque de J. Taschereau,*

71. — S. Bellanger, *La Touraine ancienne et moderne*, 587.)

Gouzardière (la), f., c^{ne} de Neuillé-Pont-Pierre. — *Louzardière*, carte de Cassini.

Gouzets (les), ou **Gouzay**, vil., c^{ne} de Luynes, 19 habit.

Gouzillerie (la), f., c^{ne} de Cheillé.

Gouzils (les), c^{ne} de Brèches. V. *Goussils*.

Goyaudière (la), f., c^{ne} de Thilouze. — *Goyaudière*, cartes de Cassini et de l'état-major. — Ancien fief. — (*Rôle des fiefs de Touraine*.)

Goyet (Gervais), seigneur de la Raturière, maître des requêtes de l'hôtel du roi, fut nommé maire de Tours en 1476, en remplacement de Jean Lopin. Il eut pour successeur, en 1477, Louis de la Maizière. — (Lambron de Lignim, *Armorial des maires de Tours*. — Chalmel, *Hist. des maires de Tours* (manuscrit) p. 89.)

Goyet (Alexis), seigneur de la Dorée, fut nommé maire de Tours en 1514, en remplacement de Jean Ragueneau. Jean Prunier, seigneur de Fouchault, lui succéda en 1515. — (Chalmel, *Hist. des maires de Tours* (manuscrit), p. 103. — Lambron de Lignim, *Armorial des maires de Tours*.)

Grabollière (la), c^{ne} de Chambon. V. *Grobellière*.

Graffard, f. et moulin, c^{ne} du Boulay. — *Hébergement de Graffard*, XIIIe siècle. — *Graffart*, carte de Cassini. — En 1290, Macé de Chanteloup et Jeanne du Sentier, sa femme, vendirent ces domaines à l'abbaye de Marmoutier, qui les posséda jusqu'à la Révolution. Une métairie, située au même lieu et portant le même nom, appartenait à la famille de Reméon, au XVIIIe siècle. — (Arch. d'I.-et-L., titres de Saint-Laurent; Biens nationaux.)

Graffardière (la), f., c^{ne} d'Auzouer. — *Grafardère*, XIIIe siècle. — *Granfardière*, plan cadastral et carte de l'état-major. — *Grafardière*, carte de Cassini. — Ancien fief, relevant du fief Bernier et de l'archevêché de Tours, à foi et hommage simple et un roussin de service. Vers 1300, il appartenait à Pierre de Vernou; — en 1335, à Jehan de Buchay; — en 1631, à Pierre Papillon; — en 1640, à Denis de Longueil; — on 1696, à Rolland Papillon; — en 1716, à N. de Longueil; — en 1733, à la famille de Dodun. Le fief de la Galerie, paroisse de Neuillé-le-Lierre, relevait de la Graffardière, à foi et hommage simple et neuf sols quatre deniers de service annuel, suivant un aveu rendu le 1er mars 1696, par Ambroise Belin. — (Arch. d'I.-et-L., E, 22, 119, 120. — *Cartulaire de l'archevêché de Tours*.)

Graffin (le lieu de), près de la Bluterie, c^{ne} de Gizeux.

Graffin (le lieu de), c^{ne} de Saint-Cyr-sur-Loire. — En 1653, il appartenait à Étienne le Pelletier, Éc. — (Arch. d'I.-et-L., *titres de Saint-Julien*.)

Graffin (le lieu de), ou **Greffin**, paroisse de Veigné. — Ancien fief, relevant de Thorigny, à foi et hommage simple. En 1394, il appartenait à Jehan Baudet, valet, qui rendit hommage le 15 mars; — en 1500, à Jehan Thorin; — en 1520, à Jacques de Beaune; — en 1583; à Jacques de Nossay. — (D. Housseau, XI, 1700; XII, 6993, 7008, 7074; XIII, 8031. — Bibl. de Tours, fonds Salmon, *titres de Montbazon*.)

Graffin (le ruisseau de), c^{ne} de Gizeux. — Il traverse l'étang du Gué, fait mouvoir le moulin du même nom, et se jette dans le Changeon, près du moulin de Raimbœuf, au lieu appelé les Aunais.

Graffinière (la), ham., c^{ne} de Chemillé-sur-Dême, 12 habit. — *Graffinière*, cartes de Cassini et de l'état-major.

Graffinière (la), c^{ne} de Chissé. — Ancien fief, relevant de Chissé, à foi et hommage simple et deux sols six deniers tournois. Le 22 octobre 1496, Gilles de Hollefeuille, Éc., le vendit à René de Nouveau, receveur des tailles et aides. — (Arch. d'I.-et-L., E, 267. — Bibl. de Tours, manuscrit n° 1448.)

Graffinière (le lieu de la), paroisse de Saint-Antoine-du-Rocher. — En 1212, il appartenait à Aimery Graffin. — (D. Housseau, VI, 2335. — C. Chevalier, *Promenades pittoresques en Touraine*, 442.)

Graham (Jean-Robert), fut nommé préfet d'Indre-et-Loire le 18 mai 1800. Il montra beaucoup de zèle dans les recherches qui eurent pour objet de découvrir les auteurs de l'enlèvement et de la séquestration du sénateur Dominique Clément de Ris. Il fut remplacé, le 30 novembre de la même année, par le général Pommereul. — (*Biographie des préfets*, Paris, 1826 (p. 240). — Bibl. de Tours, manuscrit n° 1440.)

Grailla. V. *la Grille*, c^{ne} d'Antogny.

Grainetières (les), f., c^{ne} Civray-sur-Esves.

Grais, f., c^{ne} d'Azay-sur-Cher. — Ancien prieuré, de l'ordre de Saint-Augustin, placé sous le vocable de saint Jean-Baptiste. — *Prioratus S. Joannis de Grees*, 1017. — *Ecclesia de Gressu*, 1046. — *Monasterium de Gressio*, 1205. — *Conventus de Gressu*, 1234. — *Couvent de Saint-Jean-dou-Gres*, 1277. — *Prioratus S. Joannis de Gressio*, 1396. — *Grais*, cartes de Cassini et de l'état-major. — *Saint-Jean-du-Grec*, carte de Cassini. — Ce prieuré fut fondé en 1017, par Foulques Nerra; mais si l'on en croit la *Grande chronique de Touraine*, l'église aurait été bâtie par un nommé Joscelin (et non pas

Jousseaume, comme le dit Chalmel), qui mourut en 1146. (*Anno Domini MCXLVI et Conradi imperatoris IX et Ludovici regis IX, obiit Joscelinus fundator ecclesiæ de Gressu in Turonia sitæ* (*Chronicon Tur. Magnum*, 134). Dans le principe, le Grais fut possédé par la collégiale de Saint-Martin de Tours. En 1163, il fut érigé en prieuré par Barthélemy, doyen de la collégiale, qui le donna ensuite à des ermites établis dans le voisinage, près de la chapelle de Paissonneau, sous la direction d'un nommé Étienne. Ce don eut lieu à la condition qu'Étienne et ses compagnons resteraient dans la dépendance du Chapitre et qu'ils paieraient tous les ans, le lendemain de la Saint-Martin d'hiver, deux sols de cens.

Par l'acte de fondation, Foulques dota de divers biens le nouvel établissement, notamment d'une partie de la forêt de Bréchenay. A cet acte de libéralité vinrent s'ajouter des dons assez importants, faits par les plus riches propriétaires du pays. Un chevalier, nommé Philippe de Ramefort, donna aux religieux une chapellenie qui avait été fondée par son père dans l'église de Vou. Ces religieux prirent l'engagement de dire une messe, chaque année, pour le repos de l'âme du donateur.

Sulpice, seigneur d'Amboise, du consentement de sa femme, et de ses frères Hugues, Jean et Guillaume, fit don à l'église du Grais de sept arpents de vigne, à la condition que les religieux prieraient pour le repos des âmes de Hugues, son père, et de Mathilde, sa mère. L'acte de donation fut passé à Amboise le 17 février 1199.

En 1207, Hugues, maire du Perray de Cormery, donna aux mêmes religieux tout ce qu'il possédait à Leugny (*apud Luciniacum*).

En 1212, le Grais reçut d'Ebbes de la Chaine, en pure aumône, une partie d'un moulin, situé sur le Cher, entre Azay et Leugny.

Sept ans après, Geoffroy Isoré, chev., fit don de toute la dîme qu'il possédait à Azay. Cette donation fut certifiée par une charte d'Étienne, archidiacre de Tours, en date du mois de juillet 1219.

Déjà, à cette époque, les religieux se trouvaient dans une certaine aisance, puisqu'on les voit prêter de l'argent à un nommé Archambaud Freaust, qui leur offrit en gage sa dîme de la Fraudère et celle qu'il possédait dans la paroisse de Saint-Quentin. Le prêt et l'engagement des deux dîmes furent constatés par une charte de Jean, archevêque de Tours, de 1223.

En 1225, Pétronille, dame d'Ersay, donna à l'église du Grais la dîme de son fief, ce qui fut confirmé par ses héritiers, André David et sa femme, en présence d'Enjourand, archidiacre de Tours.

En 1228, nouvelle libéralité de Gervais Coron, chev., seigneur de Véretz, qui fit don à la même église d'une île située dans le Cher, paroisse d'Azay, et des cens qu'il percevait à Tours et dans les environs.

Parmi les autres bienfaiteurs du Grais, on remarque Philippe d'Esvres, chev., qui fit don de sa dîme de Forges; — Laurence, veuve d'Étienne de Croix; — Guillaume Fromond et Odeline, sa femme, qui donnèrent leur dîme de Ris, située dans la paroisse de Saint-Quentin-des-Prés, et relevant du fief de Simon Baudry, chev.; — Jeanne, femme de Guillaume du Plessis, chev., résidant dans la paroisse de Mettray; — Isambert de Mauny (1252); — Aimery Savary, frère de Pierre Savary, chev., seigneur de Montbazon; — Jean de Thaïs, chev. (1260); — Geoffroy, seigneur de Montbazon (1277); — André de Chauvigny, chev. (1290).

En 1603, le Grais devint la propriété des chanoines réguliers de Saint-Augustin. Le 24 décembre 1701, il fut uni aux biens du collège royal de Tours, pour l'entretien d'une chaire de théologie. Son revenu était évalué, en 1670, à 1200 livres; en 1762, à 3000 livres. Deux cents arpents de terre en dépendaient.

Voici les noms des prieurs que nous avons pu recueillir : Alain, 1182. — Regnaud, 1205. — Guillaume, 1225. — Philippe 1244. — N. Pernac, 1435. — Philippe d'Argouges, 1473-1508. — Jacques Chambellan, 1528. — Jean Miron, 1534. — Claude Belot, 1591. — Roger de Coningham, 1620-30. — Le Bouthillier, archevêque de Tours, 1664. — Christophe Roulin, 1670, chevalier des ordres de Saint-Lazare et de Notre-Dame-du-Mont-Carmel.

Le prieuré constituait un fief relevant des châteaux de Larçay et de Montbazon. Au XIIIe siècle, il n'avait que le droit de basse justice, qui lui avait été concédé par André Dain, seigneur de Larçay, à la charge de lui payer une livre de cire de franc-devoir à la fête de saint Jean-Baptiste; mais par la suite il eut aussi le droit de haute justice.

Une foire se tenait près du prieuré à la fête de saint Jean-Baptiste. Le seigneur de Montbazon avait le droit « de contraindre tous les vendeurs « de vin, étrangers ou non à la localité, de pren- « dre, pour le dit jour, la mesure de vin em- « ployée dans la seigneurie de Montbazon. Ces « marchands devaient au seigneur dix deniers « ou une pinte de vin, à leur choix. »

Le même jour, la police était exercée sur le champ de foire par les officiers du seigneur de Montbazon.

Si un jeu de quilles y était établi, les quilles devaient être relevées par l'exécuteur de la haute justice, qui, pour cet office, recevait de chacun des joueurs une certaine somme et payait lui-même, au seigneur de Montbazon, une redevance de cinq sols tournois.

L'église prieurale et les bâtiments conventuels tombaient en ruines au milieu du XVIIIe siècle. Les constructions qui restent aujourd'hui paraissent dater de la fondation du prieuré. Le clocher, surmonté d'une flèche octogone en pierre, n'offre rien de remarquable. Une grande salle voûtée, du XII° siècle, mérite de fixer l'attention. Les voûtes s'appuient sur des colonnes dont quelques-unes sont monolithes et ornées de très-beaux chapiteaux. On présume que les pierres ont été fournies par les carrières de Belleroche, situées près du Cher.

On trouve dans *la Touraine* et dans les *Promenades pittoresques en Touraine*, un dessin représentant la tour romane de Saint-Jean du Grais et une partie de l'ancien prieuré.

Arch. d'I.-et-L., C, 603, 633; D, 1; *prieuré du Grais; Biens nationaux.* — *Chronicon Turonense magnum,* 134. — D. Housseau, IV, 1123, 1589; V, 1854, 1955, 2038, 2113; VI, 2220, 2241, 2322, 2477, 2608, 2664 *bis*; VII, 2715, 2724, 2756, 2772, 2918, 2976, 3000, 3013, 3064, 3123, 3135, 3299; VIII, 3749; XI, 4700. — *État de la France* (1727), p. 663. — P. Tarbé, *Examen de diverses chartes relatives à la Touraine* (Revue rétrospective, janvier 1837). — *Pouillé de l'archevêché de Tours* (1648), p. 71. — *Tableau de la généralité de Tours* (manuscrit). — Chalmel, *Hist. de Tour.,* I, 444; III, 514. — C. Chevalier, *Promenades pittoresques en Touraine,* 275-76. — *La Touraine,* p. 306. — Bibl. de Tours, manuscrits n°° 728, 1424, 1494. — Chalmel, *Hist. de Saint Martin de Tours* (manuscrit), p. 125. — Registres d'état civil d'Azay-sur-Cher. — *Mém. de la Soc. archéol. de Tour.,* XI, 225-26. — *Rituale B. Martini, auctore P. Gastineau,* 124. — *Généralité de Tours* (Bibl. de Rouen, coll. Leber), n° 5793. — Le Paige, *Diction. topographique de la province du Maine,* I, 28. — *Annuaire-almanach d'Indre-et-Loire* (1877), p. 48.

Grais (le Petit-), vil., c^{ne} d'Azay-sur-Cher, 20 habit. — *Domus parvi Gressi,* 1231. — *Le Grais, ou la Palluerie,* 1626. — *Petit-Grais,* carte de l'état-major. — Ancien fief, relevant de Montbazon. En 1656, il appartenait à Pierre Palluau. En 1780, Henri-Louis-Marie et Jules-Hercule, princes de Rohan, cédèrent le droit de haute justice sur ce domaine à Louis-Barbe Juchereau de Saint-Denis. — (Arch. d'I.-et-L., *châtellenie d'Azay; prieuré du Grais;* C, 356. — *Cartulaire de l'archevêché de Tours.*)

Grais (le), vil., c^{ne} d'Azay-sur-Cher, 34 habit. — *Grais,* carte de l'état-major.

Grais (le fief du), paroisse de Lussault. — Ancienne propriété du prieuré du Grais, puis du Séminaire de Tours. — (Arch. d'I.-et-L., *Biens nationaux.*)

Grais (le), ham., c^{ne} de Monthodon, 11 habit. — *Le Gréez,* cartes de Cassini et de l'état-major.

Grais (le lieu du), c^{ne} de Saint-Paterne, près du bourg. — Il relevait de la prévôté d'Oé (1786). — (Arch. d'I.-et-L., *prévôté d'Oé.*)

Graletière (la), f., c^{ne} de la Chapelle-Saint-Hippolyte.

Gralineries (le lieu des), près de la Davière, c^{ne} de Bournan.

Gralineries (les), f., c^{ne} de Truyes. — *Gralineries,* carte de Cassini.

Gralleries (le lieu des), près du Grand-Vairin, c^{ne} de Neuilly-le-Brignon.

Gramdson, f., c^{ne} de Courcelles. — *Grandson,* carte de l'état-major.

Grammont, c^{ne} de Benais. V. *Grandmont.*

Grammont, c^{ne} de Chinon. V. *Grandmont.*

Grammont, c^{ne} du Grand-Pressigny. V. *Grandmont.*

Grammont, c^{ne} de Saint-Benoît. V. *Pommiers-Aigres.*

Grammont, près Tours. V. *Bois-Rahier.*

Grand-Aigrefin (le), c^{ne} de Saint-Antoine-du-Rocher. V. *Aigrefin.*

Grand-Aireau (le), c^{ne} de Souvigny. V. *Aireau.*

Grand-Alleu (métairie du), paroisse de Ferrières-Larçon. — Propriété de l'abbaye de Preuilly (1763). — (Arch. d'I.-et-L., *titres de l'abbaye de Preuilly.*)

Grand-Alleu (le ruisseau de), c^{ne} de Manthelan. — Il est cité dans un acte de 1691. — (Arch. d'I.-et-L., C, 615).

Grand-Aubry (le), c^{ne} de Saint-Christophe. V. *Aubry.*

Grand-Balai (le), f., c^{ne} de Chinon. — *Grand-Balet,* carte de Cassini.

Grand-Beauregard (le), f., c^{ne} de Saint-Symphorien.

Grand'Berais (le lieu de la), c^{ne} de Bossée. — Il devait une rente à l'abbaye de Cormery, suivant une déclaration faite par N. Delon, le 11 avril 1712. — (Arch. d'I-et-L., *titres de Cormery.*)

Grand-Berchenay (le lieu du), près de la Caillaudière, c^{ne} d'Esvres.

Grand-Berry (le), c^{ne} de Saint-Paterne. V. *Berry.*

Grand-Biard (le bois du), c^{ne} du Liège.

Grand-Bois (le), bois, c^{ne} de Dolus.

Grand-Bois (le lieu de), ou **Grande-Touche**, paroisse de Manthelan. — Il relevait du fief du Grand-Clos et appartenait aux religieux du Liget (1691). — (Arch. d'I.-et-L., C, 615.)

Grand-Bois-d'Yon (le), c^{ne} de Neuville. V. *Bois-Yon.*

Grand-Bourgeon (le lieu du), près du Plessis, c^{ne} de Vouvray.

Grand-Bourreau (le), f., c^{ne} de Joué-les-Tours. — *Grand-Boureau,* cartes de Cassini et de l'état-major.

Grand-Bray (le), f., cne du Louroux. — *Grand-Bray*, cartes de Cassini et de l'état-major.

Grand-Breuil (le), f., cne de Luynes. — *Le Breuil*, cartes de Cassini et de l'état-major.

Grand-Brimaure (le), cne de Mazières. V. *Brimaure*.

Grand-Canal (le lieu du), cne de Gizeux. — Un canal part du château de Gizeux et va aboutir au chemin du moulin de la Besse à Continvoir.

Grand-Carroi (le), cne de Langeais. — *Le Carroi*, carte de l'état-major.

Grand-Carroi (le), f., cne de La Riche.

Grand-Carroir (le), f., cne de Bourgueil.

Grand-Cartadeau (le), f., cne de Rillé. V. *Cartadeau*.

Grand-Cerf (le), f., cne de Nouans.

Grandchamp, f., cne d'Autrèche.

Grandchamp, f., cne de Bourgueil. — Elle relevait du fief du Colombier (1691). — (Bibl. de Tours, manuscrit n° 1311.)

Grandchamp, f., cne de Chanceaux-sur-Choisille. V. *Grands-Champs*.

Grandchamp, f., cne de Cléré.

Grandchamp, f., cne de Continvoir.

Grand-Champ (le lieu du), cne de Luzé. — Il relevait de la seigneurie de Franc-Palais. — (Arch. d'I.-et-L., E, 156.)

Grand-Champ, ou les **Grands-Champs**, ham., cne de Manthelan. — *Grandchamp*, carte de l'état-major. — Il relevait censivement de la commanderie de Dolus. — (Arch. d'I.-et-L., *commanderie de Ballan*.)

Grand-Champ, f., cne de Restigné.

Grandchamps, cne d'Orches (Vienne). — Ancien fief, relevant de Faye-la-Vineuse (1553). — En 1658, il appartenait à François des Monts, Éc. — (Arch. d'I.-et-L., C, 600. — Registres d'état civil de Jaulnay.)

Grand-Charme (le lieu du), cne de Saint-Épain, près du chemin de la Morinière aux Berthelonnières.

Grand-Chemin (le), vil., cne de Rouziers, 38 habit.

Grand-Chemin (le), vil., cne de Saint-Quentin, 21 habit.

Grand-Chêne-au-Loup (le). V. *Chêne-au-Loup*, paroisse de Saint-Denis-hors.

Grand-Cimetière (le), f., cne d'Anché.

Grand-Cimetière (le), f., cne du Briloré.

Grand-Cimetière (le), f., cne de Chaunay.

Grand-Cimetière (le), f., cne de Charentilly.

Grand-Cimetière (le), f., cne de Courcelles.

Grand-Cimetière (le), ham., cne d'Épeigné-les-Bois, 19 habit. — *Grand-Cimetière*, carte de Cassini. — Le prieuré d'Épeigné y possédait une métairie en 1789. — (Arch. d'I.-et-L., *Biens nationaux*.)

Grand-Cimetière (le lieu du), près de la Grande-Guerrie, cne de Monthodon.

Grand-Cimetière (le), f., cne de Pernay. — *Grand-Cimetière*, carte de l'état-major.

Grand-Cimetière (le), f., cne de Perrusson, près du bourg. — *Grand-Cimetière*, carte de Cassini.

Grand-Cimetière (le), f., cne de Rouziers.

Grand-Cimetière (le), f., cne de Sazilly.

Grand-Clos (le), vil., cne de Bourgueil, 31 habit.

Grand-Clos (le), f., cne de Brèches. — *Le Grand-Clou*, carte de Cassini. — *Grand-Clos*, carte de l'état-major.

Grand-Clos (étang du), cne de la Chapelle-Blanche.

Grand-Clos (le), cne de Manthelan. V. *Clos (Grand-)*

Grand-Clos (le lieu du), près de Chaslet, cne de Mazières.

Grand-Clos (le lieu du), près de la Roche, cne de Rochecorbon.

Grand-Conseil (le), f., cne de Monnaie. — *Grand-Conseil*, carte de l'état-major.

Grand-Cormier (le), cne de Perrusson. V. *Cormier*.

Grand-Cottereau (le), cne de Limeray. V. *Cottereau*.

Grand-Courant (le), petit bras de la Vienne, qui se détache à Châtillon, passe à la Chaussée, reçoit les eaux de la fontaine Coquart et rejoint la Vienne au Pont de Rassé, cne de Saint-Germain-sur-Vienne.

Grand-Domaine (le), ham., cne d'Épeigné-sur-Dême, 14 habit.

Grand-Duit (le lieu de), cne de Bréhémont, près de l'Indre.

Grand-Étang (le), étang, cne d'Auzouer. — Il dépendait du prieuré d'Autrèche et était desséché en 1790. Son étendue était de huit arpents. — (Arch. d'I.-et-L., *Biens nationaux*.)

Grand-Étang (le lieu du), près des Cinq-Frères, c⁻ᵉ de Bueil.

Grand-Étang (le lieu du), près de Pallu, c⁻ᵉ de Cigogné. — Ancien étang; il était desséché en 1823.

Grand-Étang (le), c⁻ᵉ du Louroux. V. *Louroux*.

Grand-Falaise (le), c⁻ᵉ d'Azay-sur-Cher. V. *Falaise*.

Grand-Fossé (le), f., c⁻ᵉ de Loché.

Grand-Geay, c⁻ᵉ de Courçay. V. *Geay*.

Grand-Gibet (le), f., c⁻ᵉ de Bourgueil.

Grand-Gouard (le), c⁻ᵉ de Chemillé-sur-Indrois. V. *Gouard*.

Grand-Gué (le), f., c⁻ᵉ de Manthelan.

Grand-Guet (le bois de), c⁻ᵉ de Sazilly.

Grand-Hérault (le), c⁻ᵉ de Souvigny. V. *Aireau*.

Grand-Hôtel-de-Mosnes (le), c⁻ᵉ de Mosnes. V. *Thommeaux*.

Grand-Hôtel-de-Thommeaux (le). V. *Thommeaux*.

Grand-Jardin (le), f., c⁻ᵉ de Bléré.

Grand-Jeu (le). V. *Randonnière*, c⁻ᵉ d'Azay-sur-Cher.

Grand'Jument (l'étang de la), c⁻ᵉ de Saint-Benoit, près de la route de Chinon à Azay.

Grand-Levier (le lieu du), près de la Trochetière, c⁻ᵉ de Cléré.

Grand-Logis (le), manoir construit dans la ville de Bléré, au XVᵉ siècle, par Pierre Berard. — (Mém. de la Soc. archéol. de Tour., XI, 102.)

Grand-Logis (le), f., c⁻ᵉ de Château-la-Vallière.

Grand-Louage (le lieu du), c⁻ᵉ de Nouans. — Il fut vendu nationalement, en 1793, sur N. Lhuillier de la Mardelle, émigré. — (Arch. d'I.-et-L., *Biens nationaux*.)

Grand-Marray (le), c⁻ᵉ de Chambourg. V. *Marray*.

Grand-Mauny (le), c⁻ᵉ de Rochecorbon. V. *Mauny*.

Grand-Mesnil (le), c⁻ᵉ de Neuville. V. *Mesnil*.

Grand-Mortier (le), f., c⁻ᵉ de Courcelles. — *Mortier*, carte de Cassini.

Grand-Mortier (le), c⁻ᵉ de Neuvy-Roy. V. *Mortier*.

Grand-Mortier (le), vil., c⁻ᵉ de Saint-Nicolas-de-Bourgueil, 42 habit.

Grand-Moulin (le), moulin, sur le Cher, c⁻ᵉ de Ballan. — *Molendinus Macrei*, 1157 (charte de Saint-Julien.) — *Inventaire des titres de Port-Cordon*. — *Grand-Moulin*, carte de l'état-major.

Grand-Moulin (île du), dans le Cher, c⁻ᵉ de Ballan.

Grand-Moulin (le), moulin, sur le Changeon, c⁻ᵉ de Benais.

Grand-Moulin (le), moulin, sur la Manse, c⁻ᵉ de Crissé. — *Grand-Moulin*, carte de l'état-major.

Grand-Moulin (le), moulin, sur la Creuse, c⁻ᵉ de la Guerche.

Grand-Moulin (le), moulin, sur la Brenne, c⁻ᵉ de Luynes.

Grand-Moulin (le), moulin, c⁻ᵉ de Montbazon.

Grand-Moulin (le), moulin, c⁻ᵉ de Pernay. — *Grand-Moulin*, carte de l'état-major.

Grand-Moulin (le), moulin, c⁻ᵉ de Reignac. — Il est désigné sous le nom d'Estivart, dans une charte de 1255 (*Molendinus d'Estivart, in parochia de Brains, in feodo Gaufridi de Bergeresse*). — (Archives de la Vienne, charte de Fretay, *prieuré d'Aquitaine*, H, 3ᵉ liasse, 503.)

Grand-Moulin (le), vil., c⁻ᵉ de La Riche-extra, 48 habit.

Grand-Moulin (le), vil., c⁻ᵉ de Saint-Genouph, 19 habit.

Grand-Moulin, f., c⁻ᵉ de Saunay. — *Grand-Moulin*, cartes de Cassini et de l'état-major.

Grand-Moulin (le), f., c⁻ᵉ de Semblançay.

Grand-Naye (le), c⁻ᵉ d'Avon. V. *Naie*.

Grand-Ormeau (le), f., c⁻ᵉ de Cléré. — *Clos-de-l'Ormeau*, carte de Cassini.

Grand-Ormeau (le), f., c⁻ᵉ de Lerné. — *Grand-Ormeau*, carte de Cassini.

Grand-Ormeau (le), f., c⁻ᵉ de Loché. — *Grand-Ormeau*, carte de l'état-major.

Grand-Ormeau (le), f., c⁻ᵉ de Sublaines.

Grand-Ormeau (le), f., c⁻ᵉ de Vouvray. — *Grand-Ormeau*, carte de l'état-major.

Grand-Paché (le), f., c⁻ᵉ de Villiers-au-Boin. — *Paché*, carte de l'état-major.

Grand-Parc (le lieu du), vaste étendue de terrain, où se trouve la métairie du Parc, c⁻ᵉ de Chaveignes.

Grand-Parc (le lieu du), c⁻ᵉ de Pont-de-Ruan. — Il relevait de Relay (1568). — (Arch. d'I.-et-L., *prieuré de Relay*.)

Grand-Pas (le), f., c⁻ᵉ d'Avon. — *Grand-Pas*, cartes de Cassini et de l'état-major.

Grand-Pas (le lieu du), près des Fronteaux, cne du Petit-Pressigny.

Grand-Passage (le lieu du), près du chemin de la Vallée-de-Vaux à Chalentier, cne de Chançay.

Grand-Passage (le lieu du), près des Gatienneries, cne de Saint-Michel-sur-Loire.

Grand-Passoir (le lieu du), dans les landes du Ruchard, cne de Cravant.

Grand-Piagu (le), cne de Ballan. V. *Piagu.*

Grand-Pignon (le), f., cne de Saint-Laurent-de-Lin.

Grand-Pin (le), f., cne de Rillé. V. *Pin.*

Grand-Pont (le), f., cne de Louans. — *Grand-Pont,* carte de Cassini.

Grand-Pré (le), f., cne de Chouzé-sur-Loire. — En 1658, elle appartenait à Jacques Amirault ; — en 1666-80, à Jacques Boureau. — (Arch. d'I.-et-L., E, 228. — Registres d'état civil de Restigné.)

Grand-Pressigny (le). V. *Pressigny (le Grand-).*

Grand-Pressoir (le), f., cne de Joué-les-Tours. — *Le Pressoir,* carte de Cassini.

Grand-Prinsay (le), cne d'Autrèche. V. *Princé.*

Grand-Puits (le), f., cne de Beaumont-en-Véron.

Grand-Salé (le), cne de Montreuil. V. *Salé.*

Grand-Vau (le Bas-), vil., cne de Loches, 25 habit. — *La Rastellerie,* xvie siècle. — *Granvaux, le Bas-Grandvaux,* dans un titre de 1662. — *Grandvau,* cartes de Cassini et de l'état-major. — Par lettres de mars 1588, le roi Henri III permit de clore de fossés la maison de Grandvaux et de la fortifier. Elle relevait des fiefs de May et de Loigny. Anne d'Anglerais était qualifiée de dame de Grandvaux en 1662 ; — N. Touchard, Éc., était sieur de Grandvaux en 1712 ; — Jacques Odart, en 1735 ; — Jacques-Jean-Baptiste Odart, en 1768. — (Arch. d'I.-et-L., E, 223. — Registres d'état civil de Saint-Flovier, 1712. — Lainé, *Archives de la noblesse de France,* X, généal. Odart.)

Grand-Vau (le), vil., cne de Sainte-Maure, 38 habit. — *Vaux,* carte de Cassini.

Grand-Vau-d'Avril (le), paroisse de Luynes. — Ancien fief, relevant du château de Luynes. — (Arch. d'I.-et-L., E, 365.)

Grand-Vau-de-Verneuil (le). V. *Vau,* cne de Verneuil-le-Château.

Grand-Vaudour (le). V. *Vaudour,* cne de Sainte-Radégonde.

Grand-Vauvien (le lieu du), près des Rustaudries, cne de Cravant.

Grand-Village (le), f., cne d'Abilly. — *Grand-Village,* carte de Cassini.

Grand-Village (le), vil., cne d'Athée, 17 habit. — *Grand-Village,* cartes de Cassini et de l'état-major.

Grand-Village (le), cne de Barrou. — V. *Village (le Grand-).*

Grand-Village (le), f., cne de Betz. — *Grand-Village,* carte de Cassini.

Grand-Village (le), vil., cne de la Chapelle-Saint-Hippolyte, 26 habit. — *Grand-Village,* cartes de Cassini et de l'état-major.

Grand-Village (le), f., cne de Loché. — *Grand-Village,* carte de Cassini.

Grand-Village (le), f., cne de Louans. — *Grand-Village,* cartes de Cassini et de l'état-major.

Grand-Village (le), vil., cne de Mosnes, 103 habit. — *Grand-Village,* carte de Cassini.

Grand-Village (le), f., cne de Nouans. — *Grand-Village,* carte de l'état-major.

Grand-Village (le), f., cne de Vou. — *Grand-Village,* carte de Cassini. — Ancien fief. Il fut vendu nationalement, en 1793, sur N. de Pierres de Fontenailles, émigré. — (Arch. d'I.-et-L., *Biens nationaux.*)

Grand-Villiers (le), cne de Dierres. V. *Villiers.*

Grand-Villiers (le), cne de Neuillé-le-Lierre. V. *Villiers.*

Grand-Vilpain (le), cne de Montreuil. V. *Vilpain.*

Grande-Baille (le lieu de la), cne de Mouzay, près du chemin de Mouzay à Beaurepaire.

Grande-Baillée (la), cne de Chambourg. V. *Baillée.*

Grande-Basse (la), f., cne de Savonnières.

Grande-Bergerie (la), cne de Larçay. V. *Bergerie.*

Grande-Boissière (la), cne des Hermites. V. *Boissière.*

Grande-Borde (la), cne de Saint-Symphorien. V. *Borde.*

Grande-Borne (le lieu de la), près de l'Ouche-des-Brunels, cne de Bréhémont.

Grande-Borne (le lieu de la), cne de Villebourg, près du chemin de Villebourg à Saint-Christophe.

Grande-Boutraye (la), cne de Saint-Paterne. V. *Boutraye.*

Grande-Bruère (la), cne de Neuillé-Pont-Pierre. V. *Bruyère*.

Grande-Chaume-de-Bray (la), cne de Sennevières. V. *Bray*.

Grande-Cheminée (la), f., cne de Lerné. — *Grande-Cheminée*, carte de Cassini.

Grande-Cheminée (la), f., cne de Ligré.

Grande-Cour (la), cne d'Abilly. — *Gratte-Cour*, carte de l'état-major. — En 1864, on y a trouvé des éclats nombreux de silex travaillés pour façon d'instruments de l'âge de pierre. — (Procès-verbal de la Société archéologique de Touraine du 29 juin 1864.)

Grande-Cour (la), f., cne de Benais.

Grande-Cour (la), f., cne de Betz. — Ancienne propriété des religieuses Viantaises de Beaulieu. — (Arch. d'I.-et-L., *Biens nationaux*.)

Grande-Cour (la), vil., cne de Saint-Pierre-des-Corps, 45 habit.

Grande-Cour (la), f., cne de Seuilly. — *Grande-Cour*, carte de l'état-major.

Grande-Cour (la), f., cne de Vouvray.

Grande-Croix (la), f., cne de Crissé, près de la Manse. — *Grande-Croix*, carte de Cassini.

Grande-Croix (la), f., cne de Saint-Laurent-de-Lin. — *Les Croix*, carte de Cassini.

Grande-Dime (la), cne de Civray-sur-Cher. V. *Cartes (les)*.

Grande-Dime (le lieu de la), cne de Marcilly-sur-Vienne, près du chemin d'Avrigny à Marcilly. Dans ce lieu se trouve une fontaine.

Grande-Fosse (le lieu de la), cne de Sepmes, près du chemin de Sepmes à Bournan.

Grande-Frarye-de-Boirière (la), cne de Verneuil-sur-Indre. V. *les Martineaux*.

Grande-Froy (la), cne du Petit-Pressigny. V. *la Chevrollière*.

Grande-Gagnerie (la), f., cne de Rillé.

Grande-Garde (la), cne de Ports. V *Garde*.

Grande-Genetière (la), cne de Montreuil. V. *Genetière*.

Grande-Grange (la), f., cne de Cheillé.

Grande-Grange (la), f., cne de Neuvy-Roi, près du bourg.

Grande-Laize (la), cne de Fondettes. V *Laise*.

Grande-Loge (la), cne de Cravant. V. *Loge*.

Grande-Maison (la), f., cne d'Assay.

Grande-Maison (la), dans le bourg de Balesmes. — Elle relevait du fief du prieuré de Balesmes, suivant une déclaration féodale du 11 juillet 1643. A cette époque, elle appartenait à René de Guenand, Éc., seigneur de Saint-Paul, et à Louise du Puy, sa femme, fille de François du Puy, Éc., seigneur de la Chevallerie. — (Arch. d'I.-et-L., *prieuré de Balesmes*.)

Grande-Maison (la), f., cne de Ballan, près du bourg.

Grande-Maison (la), vil., cne de Benais, 62 habit. — *Grande-Maison*, carte de Cassini.

Grande-Maison (la), vil., cne de Bréhémont, 17 habit. — Ancien fief. En 1657, il appartenait à René Harpaillé, Éc.; — en 1780, à Nicolas Bunault de Rigny; — en 1793, à Charles-Louis Bunault de Montbrun, émigré, sur lequel il fut vendu nationalement. — (Arch. d'I.-et-L., E, 164, 223; *Biens nationaux*.)

Grande-Maison (la), située dans le bourg de Cerelles et près de l'église. — Elle relevait censivement du fief de Châtenay, suivant des déclarations féodales de 1641, 1673 et 13 avril 1741. En 1641, elle appartenait à Michel Porthays; — en 1673, à Pierre Ferregeau, échevin de Tours; — en 1756, à Jean-François Fremin, Éc., seigneur des Grandes-Brosses, ancien chef de fruiterie du roi, marié à Jeanne Domilliers. Par acte du 16 octobre 1760, Jean-François Fremin la vendit à Geneviève-Thérèse Perrot, femme, non commune en biens, de Justin Bethmont-Denizy. — (Arch. d'I.-et-L., *titres de Châtenay*.)

Grande-Maison (la), f., cne de Champigny-sur-Veude. — Ancienne propriété des Minimes de Champigny.

Grande-Maison (la), f., cne de Chaunay. — *Grande-Maison*, carte de Cassini. — Ancien fief, relevant de Rillé. En 1577, il appartenait à Madeleine de Rynaulde; — en 1682, à Jacques Saully. — (Arch. d'I.-et-L., B, 26, 35.)

Grande-Maison (la), f., cne de la Chapelle-sur-Loire.

Grande-Maison (la), f., cne de Chaveignes. — *Grande-Maison*, carte de Cassini.

Grande-Maison (la), dans le bourg de Chouzé-le-Sec. — Par testament du 10 juillet 1702, Madeleine et Hélène Dain, demeurant à Vaujours, léguèrent cette propriété à la cure de Chouzé. — (Arch. d'I.-et-L., *titres de Chouzé*.)

Grande-Maison (la), f., cne de Cinais. — Elle relevait de l'abbaye de Seuilly. — (Bibl. de Tours, fonds Salmon, *Extrait du terrier de Seuilly*.)

Grande-Maison (la), f., cne de Cravant. — Elle dépendait du prieuré de la Madeleine de Cravant. — (Arch. d'I.-et-L., *Biens nationaux*.)

Grande-Maison (la), f., cne de Dolus.

— *Grande-Maison*, cartes de Cassini et de l'état-major.

Grande-Maison (la), f., cne de Huismes.

Grande-Maison (la), f., cne de Jaulnay.

Grande-Maison (la), f., cne de La Riche, près du Cher. — *Grande-Maison, ou Grange-Houtereau*, 1791. — Ancienne propriété de l'hôpital Saint-Gatien. — (Arch. d'I.-et-L., *Biens nationaux*.)

Grande-Maison (la), f., cne de Lémeré, près du bourg.

Grande-Maison (la), f., cne de Limeray, près de la Loire.

Grande-Maison (la), cne de Luzé. V. *Grandes-Maisons*.

Grande-Maison (la), f., cne de Manthelan. — Elle relevait du fief du Bois-Guy-d'Azay. Les bâtiments n'existaient plus en 1765. — (Arch. d'I.-et-L., E, 130.)

Grande-Maison (la), f., cne de Monthodon. — Elle a fait partie de l'ancienne paroisse du Sentier. Jean-Baptiste Pingault, Éc., capitaine au régiment de la Vieille-Marine, est qualifié de seigneur de la Grande-Maison, dans un acte de 1723. — (Archives du château de la Ferrière. — Registres d'état civil du Sentier.)

Grande-Maison (la), f., cne de Monts.

Grande-Maison (la), f., cne de Morand. — *Grande-Maison*, carte de Cassini. — En 1612, elle appartenait à René Dobure; — vers 1700, à René Peltereau; — en 1717, à Pierre Peltereau; — en 1760, à Catherine Ledoux de Melleville, veuve de Nicolas Leclerc. — (Archives du château de Pierrefitte. — Registres d'état civil d'Auzouer.)

Grande-Maison (la), ham., cne de Négron, 14 habit.

Grande-Maison (la), f., cne de Neuvy-Roi. — *Les Grandes-Maisons*, 1450. — Elle relevait de la seigneurie du Bois et appartenait, au xve siècle, au prieuré de l'Enclottre. — (*Cartulaire de Fontevrault*. — Arch. d'I.-et-L., E. — Bibl. de Tours, manuscrit n° 1169.)

Grande-Maison (la), paroisse de Noyers. — Vers 1660, elle appartenait à Marc Bouthet; — en 1713, à Marguerite Ladmiraud. — (Arch. d'I.-et-L., E, 228.)

Grande-Maison (la), f., cne de Parçay-Meslay, près du bourg.

Grande-Maison (la), dans le bourg de Pont-de-Ruan. — Elle dépendait du fief de Pont-de-Ruan (1780). — (Arch. d'I.-et-L., E, 117.)

Grande-Maison (la), f., cne de Rillé. — *Grande-Maison*, cartes de Cassini et de l'état-major. — Ancien fief. En 1686, il appartenait à François-Martin de Savonnières, chev., seigneur de la Troche, de la Roche-Hubert, de la Lucasière, de Champeigné, de la Ploquinière et des Haies, lieutenant des gardes du corps du roi. — (Arch. d'I.-et-L., G, 38.)

Grande-Maison (la), vil., cne de Saint-Épain. — *Grande-Maison*, cartes de Cassini et de l'état-major.

Grande-Maison (la), f., cne de Saint-Laurent-de-Lin. — *Grande-Maison*, carte de Cassini.

Grande-Maison (la), f., cne de Saint-Laurent-en-Gatines. — Ancienne maison seigneuriale de l'abbé de Marmoutier. Elle paraît dater du xve siècle. Autrefois elle était entourée de douves et protégée par une forte enceinte de murailles. De nos jours elle a été transformée en église. — (*Mém. de la Soc. archéol. de Tour.*, XIII, 273. — *Annuaire-almanach d'Indre-et-Loire* (1877), p. 175.)

Grande-Maison (la), f., cne de Saint-Martin-le-Beau.

Grande-Maison (la), f., cne de Saint-Nicolas-de-Bourgueil. — *Grande-Maison*, carte de l'état-major.

Grande-Maison (la), f., cne de Sazilly. — *Grande-Maison*, carte de Cassini.

Grande-Maison (la), f., cne de Verneuil-sur-Indre. — Philippe Verrier est qualifié de seigneur de la Grande-Maison en 1678. — (Registres d'état civil de Saint-Flovier.)

Grande-Maison (la), ham., cne de Vouvray, 11 habit. — *Grande-Maison*, carte de Cassini.

Grande-Maison-de-Mendray (la), cne de Luynes. — V. *Maindret*.

Grande-Maison-de-Vernou (la), à Vernou. — Ancien fief. En 1522, Philibert Babou céda à François de Blanchefort les droits féodaux qu'il avait sur cette propriété. — (Arch. d'I.-et-L., E, 60.)

Grande-Malvert (bois de la), cne de la Ferrière. — Il fait partie de la forêt de la Ferrière.

Grande-Marche (la), f., cne de Manthelan. — *La Marche*, carte de l'état-major.

Grande-Métairie (la), f., cne de Bossay.

Grande-Métairie (la), f., cne d'Hommes. — *Grande-Métairie*, carte de l'état-major.

Grande-Métairie (la), f., cne de Noizay. — *Grande-Métairie*, cartes de Cassini et de l'état-major.

Grande-Métairie (la), f., cne de Paulmy.

Grande-Métairie (la), cne de Saint-Laurent-en-Gatines. V. *Métairie*.

Grande-Métairie (la), vil., c^{ne} d'Yzeures, 74 habit.

Grande-Motte (le lieu de la), près du Vieux Cher, c^{ne} de Bréhémont.

Grande-Noue (la), f., c^{ne} d'Auzouer. — *Grande-Noue*, carte de Cassini.

Grande-Noue (la), c^{ne} de Saunay. V. *Noue*.

Grande-Ouche (la), f., c^{ne} de Chouzé-sur-Loire.

Grande-Pierre (le lieu de la), près de la Vieillerie, c^{ne} de Chaveignes.

Grande-Planche (la), f., c^{ne} de Saint-Pierre-des-Corps. — *Grande-Planche*, carte de l'état-major.

Grande-Roche (la), c^{ne} de Bléré. V. *Roche*.

Grande-Prairie (boire de la), c^{ne} d'Artannes.

Grande-Roue (la), moulin sur l'Égronne, c^{ne} de Charnizay.

Grande-Rue (la), f., c^{ne} de Chouzé-sur-Loire.

Grande-Rue (la), f., c^{ne} de Rochecorbon.

Grande-Rue (la), vil., c^{ne} de Sazilly. 63 habit.

Grande-Russaudière (la), c^{ne} de Civray-sur-Esves. V. *Russaudière*.

Grande-Saunerie (la), c^{ne} de Monnaie. V. *Saunerie*.

Grande-Touche (la), c^{ne} de Manthelan. V. *Grandbois*.

Grande-Touche (la), c^{ne} de Villebourg. V. *Touche*.

Grande-Trappe (le lieu de la), près de la Poterie, c^{ne} de Bossay.

Grande-Tuilerie (la), f., c^{ne} de Boussay.

Grande-Vache (le lieu de la), près de la Grange, c^{ne} de Mazières.

Grande-Vallée (la), f., c^{ne} de Marray. — *Grande-Vallée*, carte de Cassini.

Grande-Vallée (le lieu de la), près de la Gautellerie, c^{ne} de Truyes.

Grande-Vérité (le lieu de la), près de Fouillé, c^{ne} de Saint-Patrice.

Grande-Vigne (le lieu de la), près de la Lande, c^{ne} de Panzoult.

Grande-Vigne (la), ou les **Grandes-Vignes**, ham., c^{ne} de Restigné, 10 habit. — Il relevait censivement du fief du Colombier. — (Bibl. de Tours, manuscrit n° 1311.)

Grande-Voirie (moulin de la), paroisse de Neuvy-Roi. V. *Voirie*.

Grandelle (le lieu de la), paroisse de Vouvray. — Il est cité dans un acte de 1714. — (Arch. d'I.-et-L., *prévôté d'Oë*.)

Granderie (la), paroisse de Saint-Hippolyte. V. *Gautrie*.

Granderies (les), ham., c^{ne} de Beaumont-en-Véron, 16 habit.

Grandes-Bertinières (les), ham., c^{ne} de Saint-Aubin. — *Bertinières*, carte de Cassini.

Grandes-Boires (les), f., c^{ne} de la Chapelle-sur-Loire.

Grandes-Bordes (les). V. *Bordes*, c^{ne} de Pontlevoy.

Grandes-Bossées (le lieu des), près de la Poterie, c^{ne} de la Celle-Guenand.

Grandes-Buffières (les), c^{ne} de Saint-Paterne. V. *Buffières*.

Grandes-Charbonnières (les), c^{ne} de Noyant. V. *Charbonnières*.

Grandes-Chaumes (les fontaines des), près de la Gargilère, c^{ne} d'Yzeures.

Grandes-Cheminées (le lieu des), c^{ne} de La Croix, près du bourg.

Grandes-Fontaines (moulin des), c^{ne} de Bléré. V. *Fontenay*.

Grandes-Forges (les), c^{ne} de Villedômer. V. *Forges*.

Grandes-Fosses (le lieu des), c^{ne} d'Avon. — Le ruisseau de la Fontaine-à-Genest y prend sa source.

Grandes-Hayes (le lieu des), près du bourg de Verneuil-le-Château.

Grandes-Maisons (les), vil., c^{ne} de Chambray, 25 habit.

Grandes-Maisons (les), f., c^{ne} de Chemillé-sur-Dême. — *Grandes-Maisons*, cartes de Cassini et de l'état-major.

Grandes-Maisons (les), **Grande-Maison**, ou la **Sorinière**, f., c^{ne} de Luzé. — Elle relevait de la seigneurie de Franc-Palais, suivant un aveu rendu le 6 août 1672, par Louis de Bernabé. — (Arch. d'I.-et-L., E, 156.)

Grandes-Maisons (les), c^{ne} de Monnaie. V. *le Boulay*.

Grandes-Maisons (les), c^{ne} de Neuvy-Roi. V. *Grande-Maison*.

Grandes-Maisons (les), ham., c^{ne} de Paulmy, 12 habit. — Il a fait partie de la paroisse de Neuilly-le-Noble. Par lettres patentes du 2 septembre 1757, il fut distrait de cette paroisse pour être réuni à celle de Paulmy, nouvellement créée. — (Dufour, *Diction. de l'arrondissement de Loches*, II, 348.)

Grandes-Maisons (les), f., cne de la Roche-Clermault. — *Grandes-Maisons-de-Launay*, 1663. — Ancien fief, relevant de la Roche-Clermault, à foi et hommage plain. Il a été possédé, au XVIIe siècle, par Pierre Hubert, seigneur de Bresne. — (Arch. d'I.-et-L., *baronnie de Chinon*.)

Grandes-Maisons (les), f., cne de Saint-Cyr-sur-Loire.

Grandes-Maisons (les), f., cne de Saint-Étienne-de-Chigny.

Grandes-Maisons (les), f., cne de Trogues.

Grandes-Maisons (les), f., cne de Truyes.

Grandes-Maisons (le lieu des), cne de Vallères. — Là se trouvait, avant 1670, la maison seigneuriale du fief de l'Archidiacré. — (Arch. d'I.-et-L., E.)

Grandes-Noues (les), fosses, près de la Grange-de-Naie, cne d'Avon.

Grandes-Planches (le lieu des), près de la Martinière, cne de Chemillé-sur-Dême.

Grandes-Rottes (les), ham., cne de Restigné, 13 habit.

Grandes-Rues (les), f., cne de Sazilly.

Grandes-Vallées (le lieu des), cne de la Chapelle-Blanche, près du chemin de Manthelan à Ligueil.

Grandes-Vallées (le lieu des), près du Grand-Étang, cne de Continvoir.

Grandes-Vallées (le lieu des), près de la Raudière, cne du Louroux.

Grandes-Vignes (le lieu des), cne de Louans, près du bourg.

Grandet (le lieu de), paroisse de Saché. — En 1777, Françoise-Élisabeth Briochet, veuve de Pierre-René Péan de Livaudière, était qualifiée de dame de Grandet. — (Bibl. de Tours, manuscrit n° 1315.)

Grandfond, vil., cne de Mouzay, 21 habit. — Gabriel Dalonneau était qualifié de seigneur de Grandfond en 1697. — (Arch. d'I.-et-L., *titres de Beaulieu*.)

Grandière (la), f., cne de Betz. — Elle fut vendue nationalement sur Gabriel d'Arsac, émigré, en 1793. — (Arch. d'I.-et-L., *Biens nationaux*.)

Grandières (les), ham., cne de Cravant, 12 habit.

Grandin (le lieu de), près de la Houchinière, cne de Saint-Branchs.

Grandineries (les), f., cne d'Esves-le-Moutier. — *Grandineries*, carte de l'état-major.

Grandinière (la), f., cne de Cigogné. — *Grandinière*, carte de l'état-major.

Grandinière (la), f., cne de Saint-Christophe. — *Grandinière*, cartes de Cassini et de l'état-major.

Grandins (les), f., cne d'Esves-le-Moutier. — *Grandins*, carte de l'état-major.

Grandlay, vil., cne de Bléré, 132 habit. — *Grandlay*, carte de l'état-major. — *Granlay*, carte de Cassini. — Ancien fief. En 1676-1700, il appartenait à Guillaume Belluot, chef d'échansonnerie du roi. — (D'Hozier, *Armorial général*. — Registres d'état civil de Saint-Florentin d'Amboise.)

Grandlay, cne d'Athée. V. *Granlay*.

Grandmond, ham., cne de Benais, 12 habit. — *Grammont*, XVIe siècle. — Ancien fief, relevant de Benais. — En 1582, il appartenait à Mathurin de la Brunetière. — (Bétancourt, *Noms féodaux*, I, 114. — Bibl. de Tours, fonds Salmon, *titres de Benais*.)

Grandmont (le lieu de), près de l'Étang, cne de Boussay.

Grandmont, f., cne de Chaveignes. — *Grammont*, carte de Cassini.

Grandmont, f., cne de Chinon. — *Grammont*, carte de l'état-major.

Grandmont, ou **Grammont**, f., cne du Grand-Pressigny. — *Gramont*, carte de Cassini. — Ancien fief, relevant de la baronnie de Preuilly. En 1483, il appartenait à Antoine du Bois, Éc.; — en 1544, à Michel Thibault; — en 1547, à François du Puy; — en 1579, à Honorat de Savoie, qui rendit hommage le 23 juillet. Depuis cette époque jusqu'à la Révolution, il fit partie de la baronnie du Grand-Pressigny. — (Arch. d'I.-et-L., E, 103. — *Rôle des fiefs de Touraine*.)

Grandmont, cne de la Roche-Clermault. V. *Aunay*.

Grandmont, **Grandmont-lez-Chinon**. V. *Pommiers-Aigres*.

Grandmont (prieuré de), près Tours. V. *Bois-Rahier*.

Grandrée (la), ou **Grandrie**, vil., cne de Saint-Germain-sur-Vienne. — Auguste-Jean Desmé de Chavigny était qualifié de seigneur de la Grandrie en 1781. — (Arch. d'I.-et-L., E, 79.)

Grands-Babeaux (les), cne du Petit-Pressigny. V. *Babeaux*.

Grands-Bournais (les), cne de Loches. V. *Jolictères*.

Grands-Champs (les), f., cne d'Autrèche. — *Grands-Champs*, carte de Cassini.

Grands-Champs (le lieu des), paroisse

de Beaumont-les-Tours. — Il relevait censivement de l'abbaye de Beaumont (1736). L'étendue de cette propriété était de onze arpents. — (Arch. d'I.-et-L., titres de Beaumont.)

Grands-Champs (les), f., cne de Chanceaux-sur-Choisille. — Ancienne propriété du Chapitre de l'église de Tours, auquel elle avait été léguée par Guillaume Binet, chanoine. — (Arch. d'I.-et-L., G, 90. — Liber compos., 240.)

Grands-Champs (le lieu des), près de la Pichellerie, cne de Civray-sur-Cher.

Grands-Champs (les), cne de Manthelan. V. Grandchamp.

Grands-Champs (le lieu des), paroisse de Perrusson. — Il relevait censivement de la Charpraye (1670). — (Arch. d'I.-et-L., C, 602.)

Grands-Champs (le lieu des), paroisse de Saint-Laurent-en-Gâtines. — Il relevait censivement du fief de Saint-Laurent (1459). — (Arch. d'I.-et-L., titres de Saint-Laurent.)

Grands-Champs (les), f., cne de la Ville-aux-Dames.

Grands-Champs (les), f., cne de Villedômer. — Grands-Champs, carte de l'état-major.

Grands-Champs-de-la-Croix (le lieu des), près de la Séguinière, cne de Nouans.

Grands-Essarts (le lieu des), paroisse de Marcilly-sur-Vienne. — Il relevait du fief de Doucé, suivant une déclaration féodale du 13 février 1631. — (Arch. d'I.-et-L., Inventaire des titres de Noyers.)

Grands-Gats (les), paroisse de Luzillé. V. la Huchonnière.

Grands-Greniers (le lieu des), près de la Gafrie, cne de Mouzay.

Grands-Moulins (les), moulins, cne du Grand-Pressigny.

Grands-Moulins (les), cne de Saint-Christophe.

Grands-Ormeaux (le lieu des), cne de Marcilly-sur-Vienne. — Il relevait du fief de Doucé, suivant une déclaration féodale du 18 mai 1610. — (Arch. d'I.-et-L., Inventaire des titres de Noyers.)

Grands-Ormeaux (les), f., cne de Saint-Michel-sur-Loire.

Grands-Ormeaux (les), cne de Thilouze. V. Ormeaux.

Grands-Ponts (le lieu des), cne de Louans, près du chemin de Louans au Louroux.

Grands-Taillis (les), f., cne de Pernay.

Grange (la), f., cne d'Ambillou. — Grange, carte de l'état-major.

Grange (la), f., cne d'Assay, près du ruisseau de la Veude de Basché. — Grange, carte de Cassini.

Grange (la), paroisse d'Azay-sur-Indre. V. Grange-Emery.

Grange (la), f., cne de Ballan. — Grange, carte de l'état-major. — Elle relevait censivement du fief de Port-Cordon, suivant une déclaration féodale de 1701. — (Arch. d'I.-et-L., titres de Port-Cordon.)

Grange (le lieu de la), paroisse de Beaumont, près Tours. — Il relevait censivement du fief de Beaumont, suivant une déclaration féodale du 9 février 1610. — (Arch. d'I.-et-L., titres de Beaumont.)

Grange (la), f., cne de Beaumont-la-Ronce.

Grange (la), vil., cne de Bléré, 26 habit. — Grange-Saint-Julien, carte de Cassini.

Grange (la), cne de Bossay. V. Grange-Saint-Leoffort.

Grange (la), f., cne du Boulay, près de la Brenne. — Ancienne propriété de l'abbaye d'Estival, sur laquelle elle fut vendue nationalement, le 26 janvier 1791, pour 8050 livres. — (Arch. d'I.-et-L., Biens nationaux.)

Grange (tuilerie de la), cne du Boulay.

Grange (la), f., cne de Braye-sous-Faye. — La Grange, carte de Cassini.

Grange (la), f., cne de Cangy. — Les Granges, carte de Cassini. — Jean Guettrote était qualifié de seigneur de la Grange en 1686. — (Arch. d'I.-et-L., E, 51.)

Grange (le fief de la), paroisse de la Celle-Saint-Avent. — Il est mentionné dans un acte de 1685. — (Arch. d'I.-et-L., Inventaire des cens et rentes de l'abbaye de Noyers.)

Grange (la), f., cne de Chambray. — Les Granges, carte de Cassini. — Grange, carte de l'état-major. — Ancienne propriété de l'archevêché de Tours. Elle fut vendue nationalement, le 27 mai 1791, pour 17,600 livres. — (Arch. d'I.-et-L., Biens nationaux.)

Grange (la), f., cne de Champigny-sur-Veude. — La Grange, cartes de Cassini et de l'état-major. — Elle devait une rente à la collégiale de Champigny, suivant des déclarations féodales des 13 août 1654 et 15 novembre 1758. — (Arch. d'I.-et-L., G, 282.)

Grange (bois de la), cne de Charnizay.

Grange (la), f., cne de Cigogné. — Ancienne propriété du collège de Tours (1791). — (Arch. d'I.-et-L., Biens nationaux.)

Grange (la), cne de Cravant. V. Grange-Lambert.

Grange (la), f., cne de Crissé. — *Grange*, carte de Cassini.

Grange (la Haute-), f., cne du Grand-Pressigny. — Elle a fait partie de l'ancienne paroisse d'Étableaux.

Grange (la), f. et chât., cne des Hermites, 11 habit. — *La Grange*, cartes de Cassini et de l'état-major.

Grange (la), f., cne de Huismes. — *Les Granges*, carte de Cassini. — Elle relevait censivement de la seigneurie de Huismes, suivant une déclaration féodale faite, le 16 novembre 1644, par René Rancher, Éc. — (Arch. d'I.-et-L., G, 42.)

Grange (la Petite-), f., cne de l'Ile-Bouchard, près de la ville. — *La Grange*, carte de Cassini.

Grange (la), ham., cne de Joué-les-Tours. — *Grange-Godeau*, 1527. — *Grange*, carte de l'état-major. — Ancien fief, relevant de l'Épan. Vers 1500, il appartenait à Hardouin Monmousseau; — vers 1520, à Jacques de Beaune; — en 1539, à Antoine Burgensis. De nos jours, ce domaine a été possédé par la famille Bardonin de Sansac et par Guillaume-Louis, marquis de Miramon. Ce dernier, par acte du 2 septembre 1837, le vendit à César-Gaëtan-Eulalie, comte de Thienne. — (*Proclamation des biens à vendre de Jacques de Beaune.* — *Journal d'Indre-et-Loire* des 6 novembre 1837 et 22 décembre 1875.)

Grange (la), f., cne de Langeais.

Grange (la), f., cne de la Riche-extra. — Ancienne propriété de l'Hôtel-Dieu de Tours. Avant 1526, on l'appelait *les Bordes*. — (*Bulletin de la Soc. archéol. de Tour.* (1871), p. 156. — Arch. d'I.-et-L., G, 496, 519.)

Grange (la), f., cne de Larçay. — *La Grange*, carte de Cassini.

Grange (île de la), dans la Loire, cne de Lussault. V. *Grange-et-du-Jard*.

Grange (la), cne de Lussault. V. *Grange-Molard*.

Grange (la), vil., cne de Luzillé, 27 habit. — *Tusca Apvril*, *la Touche-Avril*, *Touche de la Grange-Aubry*, xiiie siècle. — *Grange-Maître-Aubry*, 1746-89. — *La Grange*, cartes de Cassini et de l'état-major. — Une métairie, située dans ce village, appartenait au Chapitre de l'église de Tours, auquel elle avait été donnée, en mars 1232, par Hugues de Noiré. Elle fut vendue nationalement le 4 juin 1791. — (Arch. d'I.-et-L., G, 81; *Biens nationaux.* — *Liber compos.*)

Grange (la), f., cne de Marray. — *Grange*, carte de Cassini.

Grange (la), f., cne de Mazières. — *Les Granges*, carte de Cassini.

Grange (le lieu de la), près de la Gasnerie, cne de Monnaie.

Grange (la), f., cne de Neuil. — Elle fut vendue nationalement, en 1793, sur le duc de Praslin, émigré. — (Arch. d'I.-et-L., *Biens nationaux.*)

Grange (la Grande-), f., cne de Neuvy-Roi. — *Grange-Rouge*, cartes de Cassini et de l'état-major.

Grange (le lieu de la), près de la Vacherie, cne de Panzoult.

Grange (la), cne de Paulmy. V. *Grange-Neuve*.

Grange (la), ou **Petite-Grange**, f., cne de Perrusson. — *La Grange*, cartes de Cassini et de l'état-major. — Par acte du 10 juillet 1680, Madeleine Chaspoux, veuve de Jean Bochard de Champigny, la vendit à Louis de Baraudin. — (Arch. d'I.-et-L., C, 602.)

Grange (la), paroisse de Poizay-le-Joli, en Poitou. — Ancien fief, relevant de la baronnie de la Haye. — (D. Housseau, XII, 6039.)

Grange (bois de la), près de la Chamardière, cne de Rilly.

Grange (la), f., cne de la Roche-Clermault. — *Grange-Guerine*, carte de Cassini.

Grange (la), f., cne de Rouziers. — *Grange-de-l'Encloître*, — 1452. *La Frangerie, Frangeuse*, 1577. — *Grange-Milon*, xviiie siècle. — *Grange*, carte de Cassini. — Ancien fief. En 1452, il appartenait au prieuré de l'Encloître; vers 1770, à Pierre-Claude Lenoir, bourgeois de Tours, qui le vendit à Pierre Martel de Magesse, lieutenant des maréchaux de France à Loudun. — (Bibl. de Tours, manuscrit no 1169. — Archives de la famille de Martel.)

Grange (la), f., cne de Saint-Avertin. — *Grange-Galland*, xviiie siècle. — *Les Granges*, cartes de Cassini et de l'état-major. — En 1568, elle appartenait à François Testu, marié à Claude d'Argouges. — (Arch. d'I.-et-L., *titres de Saint-Martin.*)

Grange (la), f., cne de Saint-Benoit. — Ancienne propriété de l'abbaye de Turpenay. — (Arch. d'I.-et-L., *Biens nationaux.*)

Grange (la), cne de Saint-Michel-sur-Loire. V. *Grange-de-l'Ile*.

Grange (la), f., cne de Tours. — Elle a fait partie de l'ancienne paroisse de Saint-Étienne.

Grange (la), ou **Grange-Saint-Martin**, ham., cne de Saint-Paterne. V. *Grange-Saint-Martin*.

Grange (la), f., cne de Saint-Senoch. — *Grange-Saint-Senoch*, carte de l'état-major.

Grange (la), cne de Savigné. V. *les Granges*.

Grange (la), f., cne de Savonnières.

Grange (la), f., c⁻ᵉ de Sonzay. — *La Grange*, cartes de Cassini et de l'état-major.

Grange (la), ham., c⁻ᵉ de Theneuil, 13 habit. — *La Grange*, carte de l'état-major. — Ancien fief. — (*Rôle des fiefs de Touraine.*)

Grange (la), f., c⁻ᵉ de Thilouze.

Grange (la), ham., c⁻ᵉ de Villeloin, 14 habit. — *La Grange*, cartes de Cassini et de l'état-major.

Grange (François de la), abbé de Seuilly, succéda à Jean d'Availloles, vers 1580. Il fut remplacé, vers 1600, par un autre François de la Grange. — (*Gallia christiana*, XIV, 310. — Bibl. de Tours, fonds Salmon, *titres de Seuilly*. — *Mém. de la Soc. archéol. de Tour.*, IX, 323.)

Grange (François de la), deuxième du nom, abbé de Seuilly, succéda à François de la Grange 1ᵉʳ, vers 1600. Il fut remplacé par Joachim de Villedonné. — (*Mém. de la Soc. archéol. de Tour.*, IX, 323. — Bibl. de Tours, fonds Salmon, *titres de Seuilly*. — *Gallia christiana*, XIV, 310.)

Grange-au-Bois (la), f., c⁻ᵉ de Villandry. — *Grange-aux-Bois*, carte de l'état-major.

Grange-Aubry (la). V. *la Grange*, c⁻ᵉ de Luzillé.

Grange-au-Châtelain (la), f., paroisse de Saint-Florentin d'Amboise. — *Mazères, ou la Baudouynière*, xvᵉ siècle. — Ancien fief, relevant du château d'Amboise. En 1475, il appartenait à Macé des Cartes, qui rendit aveu le 25 avril; — en 1523, à Philibert Babou. — (Arch. d'I.-et-L., C, 633. — Bibl. nationale, Gaignères, 678. — *Rôle des fiefs de Touraine*. — Bibl. de Tours, manuscrit n° 1436.)

Granges-aux-Brethes (la), c⁻ᵉ d'Azay-le-Rideau. V. *les Granges*.

Grange-aux-Dames (la), f., c⁻ᵉ de Luynes. — *Les Granges*, carte de l'état-major.

Grange-aux-Dîmes (la), f., c⁻ᵉ de Luynes. — Ancien fief. En 1700, il appartenait à Jacques-Alexandre Guillon, juge-garde de la Monnaie de Tours, qui eut un fils, Jean Guillon, après lui seigneur de la Grange, et qui mourut au mois d'août 1727. — (Arch. d'I.-et-L., E.)

Grange-aux-Lombards (la), près d'Amboise. — Par acte du 26 octobre 1460, Macé Rabouin céda ce domaine à noble homme Pierre du Perche, seigneur du Breuil, et reçut en échange le lieu des Cloux. — (Arch. d'I.-et-L., G, 345.)

Grange-aux-Martin (la), f., c⁻ᵉ de Tours. — Ancien fief. Il a fait partie de l'ancienne paroisse de Saint-Étienne. — *Rôle des fiefs de Touraine*.)

Grange-aux-Moines (la), vil., c⁻ᵉ de Berthenay, près de la Loire, 24 habit. — *Grange-aux-Moines*, carte de Cassini. — *Les Granges*, carte de l'état-major.

Grange-aux-Moines (la), f., c⁻ᵉ de Panzoult. — En 1430, elle appartenait à Jean du Pont, chev. Elle fut ensuite possédée par le prieuré de Tavant. — (Arch. d'I.-et-L., *Biens nationaux*. — Saint-Allais, *Nobiliaire universel de France*, VII. — La Chesnaye-des-Bois et Badier, *Diction. de la noblesse*, XVI, 98.)

Grange-aux-Moines (la), vil., c⁻ᵉ de Preuilly, 21 habit. — Ancienne propriété de l'abbaye de Preuilly. On voit, par un acte du 22 avril 1521, qu'il existait dans ce lieu un étang, appelé le Vieil-Étang. — (Arch. d'I.-et-L., *abbaye de Preuilly*.)

Grange-Barillère (la). V. *les Granges*, paroisse du Petit-Pressigny.

Grange-Baudet (la), f., c⁻ᵉ de La Croix.

Grange-Billard (la), f., paroisse de Cravant. — En 1763, elle appartenait à Alexandre de Romans, archidiacre de Saintes. — (Bibl. de Tours, *commanderie de l'Ile-Bouchard*.)

Grange-Bottereau (la), c⁻ᵉ de Ligré. V. *les Treilles*.

Grange-Bourdin (le lieu de la), c⁻ᵉ de Continvoir. — Il dépendait de la prévôté de Restigné (1536). — (Arch. d'I.-et-L., *prévôté de Restigné.*)

Grange-Brûlée (la), c⁻ᵉ d'Avoine. V. *le Bouchet*.

Grange-Brûlée (le lieu de la), près de la Vienne, c⁻ᵉ de Saint-Germain-sur-Vienne.

Grange-Brûlée (la), f., c⁻ᵉ de Savigny. — Elle relevait censivement du fief de Mathefelon (1669). — (Arch. d'I.-et-L., E, 163.)

Grange-Chambellain (la). V. *la Grange-Guillet*, c⁻ᵉ de Saint-Pierre-des-Corps.

Grange-Champion (la), c⁻ᵉ de Négron. V. *l'Aître-des-Piniers*.

Grange-Chapelle-Saint-Jean (la), paroisse de Monnaie, dans le bourg. — Ancien fief, appartenant à l'abbaye de Marmoutier. — (Arch. d'I.-et-L., *fief de la Grange.*)

Grange-Chardon (le lieu de la), paroisse du Liège. — En 1726, Louis Rousseau était qualifié de sieur de la Grange-Chardon. — (Arch. d'I.-et-L., B, 174.)

Grange-Châtelain (la), V. *les Granges*, c⁻ᵉ de Cangy.

Grange-Courtalon (la), f., c⁻ᵉ de Chinon. — *Grange-Courtalon*, carte de Cassini.

Grange-d'Arçay (le lieu de la), paroisse d'Azay-sur-Cher. — Il relevait censivement du prieuré du Grais. — (Arch. d'I.-et-L., *prieuré du Grais.*)

Grange-d'Asse (la), ham., c"° de Cerelles, 16 habit.

Grange-Dave (la), f., c"° de Luynes. — *Grange-d'Ave*, carte de Cassini. — Ancien fief. — (*Rôle des fiefs de Touraine.*)

Grange-David (la), ham., c"° de La Riche, 11 habit., près du Cher. — *La Grange, ou les Assis,* ou *Assises,* 1614. — *Grange-David-Brûlée,* 1624. — *Grange-David,* 1633; — carte de Cassini. — Ce domaine dépendait du fief des Bordes et appartenait, en 1614, à Jacques Boultz. Par la suite, il fut possédé par les Minimes du Plessis. Il fut vendu nationalement, le 30 septembre 1791, pour 4,375 livres. — (Arch. d'I.-et-L., *prévôté de la Varenne; Biens nationaux.*)

Grange-de-Bréhémont (la). V. *Bréhémont,* c"° de Luynes.

Grange-de-l'Encloître (la). V. *la Grange,* c"° de Rouziers.

Grange-de-l'Ile (la), f., c"° de Saint-Michel-sur-Loire, près de la Loire. — *La Grange,* carte de l'état-major.

Grange-de-Lournay (la), f., c"° de Luynes, près de la Loire. — *Lournay,* carte de l'état-major.

Grange-de-Lournay (les îles de la), dans la Loire, c"° de Luynes.

Grange-de-Méré (la), c"° d'Artannes. V. *Méré.*

Grange-de-Naie (la), f., c"° d'Avon. — *Nay,* carte de Cassini. — Elle relevait censivement du fief d'Oigné (1642). — (Arch. d'I.-et-L., C, 621.)

Grange-de-Saint-Côme (la), V. *la Goupillère,* paroisse de Sainte-Geneviève de Luynes.

Grange-des-Bourdes (la), c"° de Cravant. V. *Bourdes.*

Grange-des-Canches (la), f., c"° de Chinon.

Grange-des-Champs (la), f., c"° d'Azay-sur-Indre, près de l'Indre.

Grange-des-Dimes (la), f., c"° de Reugny, près du bourg.

Grange-des-Dimes (la), f., c"° de Saint-Épain. — *Grange-des-Dimes,* carte de Cassini.

Grange-des-Dimes (la), f., c"° de Thilouze. — *Grange-Dimeresse,* carte de Cassini.

Grange-des-Maures (la), f., c"° de Tours. — Elle a fait partie de l'ancienne paroisse de Saint-Étienne. Elle relevait du fief de Rigny, suivant des déclarations féodales faites les 6 juillet 1615, 15 juin 1646, 3 novembre 1657 et 29 janvier 1704. — (Arch. d'I.-et-L., G, 517.)

Grange-des-Maures (le lieu de la), paroisse de Saint-Pierre-des-Corps. — Il relevait du fief de Saint-Loup (1775). — (Arch. d'I.-et-L., *abbaye de Saint-Julien.*)

Grange-des-Prés (la), f., c"° de Cinais, près de la Vienne.

Grange-de-Thouars (la), paroisse de Saint-Germain-sur-Vienne. — Ancien fief, relevant de la Roche-Clermault, à foi et hommage plain. — (Arch. d'I.-et-L., *baronnie de Chinon.*)

Grange-du-Bois (la), vil., c"° d'Épeigné-les-Bois, 21 habit. — *Grange-du-Bois,* carte de l'état-major. — Il relevait censivement du fief de la Tour-d'Argy. — (Arch. d'I.-et-L., E, 42.)

Grange-du-Bois (la), vil., c"° de Luzillé, 23 habit. — *La Grange,* carte de l'état-major.

Grange-du-Bois-Saint-Maurice (la), c"° de Saint-Branchs. V. *les Granges.*

Grange-du-Breuil (la), c"° de Sorigny. V. *le Breuil.*

Grange-du-Perray (la), f., c"° de Tours. — *Grange-du-Perray,* carte de l'état-major.

Grange-du-Vigneau (la), paroisse de Sorigny. V. *Vigneau.*

Grange-Émery (la), ou la **Grange**, paroisse d'Azay-sur-Indre. — En 1659, ce domaine appartenait à Pierre Goussé. — (Arch. d'I.-et-L., E, 131; *châtellenie d'Azay.*)

Grange-et-du-Jard (île de la), dans la Loire, c"° de Lussault. — En 1790, elle appartenait à Louise-Marie-Adélaïde de Bourbon-Penthièvre, veuve de Philippe d'Orléans. — (Arch. d'I.-et-L., *Biens nationaux.*)

Grange-Feu-Farineau (la), f., c"° de Cangy. V. *les Granges.*

Grange-Folle (le lieu de), c"° de Cravant. — Au XVIe siècle, elle appartenait à Louis d'Espinay. — (Arch. d'I.-et-L., E, 146.)

Grange-Glenard (la), f., c"° de Chinon.

Grange-Habert (le lieu de la), ou les **Bournais**, c"° de Loches.

Grange-Hocquet (la), f., c"° de Sepmes. — *Grand-Hocquet,* carte de l'état-major. — Ancien fief, relevant de Sainte-Maure, à foi et hommage lige. — Par acte du 29 mars 1429, Marguerite de Craon, dame de Montbazon, le donna à Jean Barbin, avocat, seigneur de la Tour-Sybille. Il fut ensuite possédé par Mathurin Barbin, 1450. — Jean d'Argy, Éc., 1500; — François d'Argy, décédé le 28 avril 1527; — René d'Argy, mort vers 1556; — Renée de Quincampoix, 1557; —

Jean Chauveau, 1570 ; — Pierre de Morais, 1571 ; — Mathurin Chauveau, 1600 ; — Pierre de la Porte, 1650 ; — N. de Caumartin, 1666 ; — Daniel Barrault, Éc., qui, par acte du 8 novembre 1709, le vendit à Jacques-Charles Bigot, Éc., seigneur du Puy-de-Sepmes, vivant encore en 1758. Ce fief passa ensuite à Balthazar Dangé d'Orsay, qui le vendit, le 3 septembre 1771, à René-François-Constance Dangé d'Orsay.

D'Hozier, *Armorial général*, reg. 5e. — Lainé, *Archives de la noblesse de France*, X. — Michel de Marolles, *Hist. des comtes d'Anjou, généal. de Craon*, 2e partie, 17. — La Chesnaye-des-Bois et Badier, *Diction. de la noblesse*, III, 253. — *Rôle des fiefs de Touraine*. — Arch. d'I.-et-L., E, 74. — D. Housseau, XIII, 8031, 8056, 8084.

Grange-Houtereau (la), cne de La Riche. V. *Grande-Maison*.

Grange-Jacquemin (la), cne de Preuilly. V. *le Pouët*.

Grange-Julienne (la), cne de Savigné. V. *les Granges*.

Grange-Lambert (la), f., cne de Cravant. — *Grange-Folle, Grange-Linard*, xviie siècle. — Ancien fief, relevant de Cravant, à foi et hommage simple. En 1554, il appartenait à Louis de Mauléon ; — en 1581, à Pierre de Guineuf ; — en 1626, à Antoine de Guineuf ; — en 1677, à Côme de Beauvau, qui rendit aveu le 26 janvier ; — en 1687, à Pierre de Guineuf. — (Arch. d'I.-et-L., E, 146. — *Rôle des fiefs de Touraine*. — *Inventaire des titres de Pommiers-Aigres*.)

Grange-Lesourd (la), f., cne de Luynes.

Grange-Linard (la), cne de Cravant. V. *Grange-Lambert*.

Grangellerie (la), f., cne de Reugny.

Grange-Maître-Aubry (la), cne de Luzillé. V. *la Grange*.

Grange-Milon (la), cne de Rouziers. V. *la Grange*.

Grange-Molard (la), ou la **Grange**, vil., cne de Lussault, près du bourg, 20 habit. — En 1630, Nicolas Brochet était qualifié de sieur de la Grange. — (Registres d'état civil de Montlouis.)

Grange-Neuve (la), f., cne de Charnizay. — *Grange-Neuve*, cartes de Cassini et de l'état-major.

Grange-Neuve (la), ham., cne de Dolus. — *Grange-Neuve*, carte de l'état-major. — Ancien fief, propriété des religieux du Liget. — (Arch. d'I.-et-L., *Biens nationaux*.)

Grange-Neuve, vil., cne de Luzé, 21 habit. — *Grange-Neuve*, carte de l'état-major.

Grange-Neuve (la), f., cne de Manthelan. — Ancienne propriété des Chartreux du Liget, relevant du Grand-Clos et de Fontenay. — (Arch. d'I.-et-L., C, 615.)

Grange-Neuve (la), ou la **Grange**, f., cne de Paulmy. — *Grange-Neuve*, carte de Cassini. — Ancien fief. Autrefois, il faisait partie de la paroisse de Neuilly-le-Brignon. Il fut compris dans la paroisse de Paulmy, érigée par lettres patentes du 2 septembre 1757. Il relevait de la baronnie de la Haye. En 1573, le prince de Guéméné décida que cette terre et celles du Rivau, du Puy-d'Abilly et de Barge, seraient réunies sous un même hommage envers lui, seigneur de la Haye. En 1680, ce fief appartenait à la comtesse d'Uzès. — (Arch. d'I.-et-L., E, 4 ; G, 78. — *Rôle des fiefs de Touraine*. — D. Housseau, XII, 5888. — Dufour, *Diction. de l'arrondissement de Loches*, II, 349.)

Grange-Neuve (la), f., cne de Sainte-Catherine de Fierbois. — En 1563, elle relevait du fief de la Voirie, et appartenait à la famille de Commacre. — (Arch. d'I.-et-L., E, 255.)

Grange-Périon (la), cne de Preuilly. V. *le Pouët*.

Grange-Quillet (la), f., cne de Saint-Pierre-des-Corps. — *Grange-Chambellain*, 1596. — (Archives de la fabrique de la Ville-aux-Dames.)

Grange-Rave (la), ham., cne de Luynes.

Grange-Renart (le lieu de la), paroisse de Restigné. Il est cité dans un titre de 1312. — (Arch. d'I.-et-L., *titres de Restigné*.)

Grange-René (la), f., cne d'Yzeures.

Grangerie, cne de Mouzay. V. *Grange-Rouge*.

Grange-Rouge (la), f., cne d'Artannes.

Grange-Rouge (la), f., cne d'Auzouer. — *Grange-Rouge*, carte de Cassini. — En 1634, César Seillatz était qualifié de sieur de la Grange-Rouge. — (Archives du château de Pierrefitte.)

Grange-Rouge (la), f., cne d'Azay-sur-Cher.

Grange-Rouge (la), f., cne de Louestault. — *Grange-Rouge*, ou *la Vacherie*, xviie siècle. — Elle dépendait de la châtellenie de Louestault et appartenait, en 1650, à Anne de Menou. — (Arch. d'I.-et-L., *trésorerie de Saint-Martin*.)

Grange-Rouge (la), f., cne de Montbazon. — En 1750, elle appartenait à Jean-Martin Guimier, valet de chambre du roi. — (Arch. d'I.-et-L., *titres de Saint-Julien*.)

Grange-Rouge (la), f., cne de Montrésor. — *Grange-Rouge*, cartes de Cassini et de l'état-major. — Au xviie siècle, elle appartenait aux Chartreux du Liget. — (Arch. d'I.-et-L., *Inventaire des titres du Liget*.)

Grange-Rouge (la), ou **Grangerie**, f., cne de Mouzay. — *Grangerie*, carte de Cassini. — Elle relevait censivement de Mouzay. — (Arch. d'I.-et-L., E, 74.)

Grange-Rouge (la), f., cne de Nazelles. — *Grange-Rouge*, carte de Cassini.

Grange-Rouge (la), cne de Neuvy-Roi. V. *la Grange.*

Grange-Rouge (la), f., cne de Saunay. — En 1789, elle faisait partie du marquisat de Châteaurenault. — (Arch. d'I.-et-L., *Biens nationaux.*)

Grange-Saint-Jean (le fief de la), ou fief de l'**Aumônerie**, situé dans le bourg de Monnaie. Il fut donné, en 1073, par deux nobles dames, Segarde et Marie, à l'abbaye de Marmoutier, qui le posséda jusqu'à la Révolution. — (Arch. d'I.-et-L., *fief de la Grange-Saint-Jean.*)

Grange-Saint-Julien (la), paroisse de Bléré. — Propriété de l'abbaye de Saint-Julien, en 1585. (Arch. d'I.-et-L., *fief de Bléré.*)

Grange-Saint-Léoffort (la), ou la **Grange**, f., cne de Bossay. — Ancien fief, relevant de la baronnie de Preuilly. — Il appartenait, en 1480, à Méry Grajon, Éc., qui eut une fille, Louise, mariée, le 8 octobre 1484, à Jean, bâtard d'Aloigny ; — en 1527, à Louis de Vaillant, Éc. ; — en 1789, au comte de Livenne. — (*Rôle des fiefs de Touraine.* — Bibl. nationale, Gaignères, 678. — Arch. d'I.-et-L., *Biens nationaux.* — Beauchet-Filleau, *Diction. des familles de l'ancien Poitou*, I, 41.)

Grange-Saint-Martin (la), f., cne de Saint-Paterne. — *Grange-Saint-Martin*, carte de Cassini. — Ancienne châtellenie, relevant de la prévôté d'Oë. Une chapelle y fut fondée au commencement du XVIe siècle, par Jehan Le Picard, conseiller au Parlement, chanoine de Paris et prévôt d'Oë. Cette fondation est constatée dans l'acte suivant :

« Sachent tous présens et à venir comme feu de bonne mémoire, vénérable et discret messire Jean Le picard, en son vivant conseiller du roi nostre sire en sa cour du parlement de Paris, chanoine du dit Paris et aussi chanoine et prévôt d'Oë en l'église de monsieur saint Martin de Tours, par son testament et ordonnance de dernière volonté, meu de dévotion à la dite église monsieur saint Martin et en reconnaissance des biens qu'il a prins et perceus à cause d'icelle, voulant pourvoir au salut de son âme et de ses amis, bienfaicteurs, dit, entre autres choses contenues et déclarées en son dit testament, voulu et ordonné estre fondé et érigé en l'honneur de mon dit sieur saint Martin, pour et au nom de luy, une chapelle ou chapellenie, de laquelle chapelle la présentation en appartiendrait après luy à ses successeurs prevosts de la dite prévosté d'Oë, et la collation à messieurs du Chapitre de mon dit sieur St Martin et dont le chapelain serait tenu dire ou faire dire chacune semaine de l'an une messe en certaine chapelle que le dit deffunt et ses prédécesseurs auroient fait faire en la paroisse de St Pater, en la maison de la Grange St Martin, appartenant à la dite prévosté ; et pour exécuter et accomplir iceluy testament a nommé et ordonné vénérable et discret messire Jean Aimery, aussi chanoine de la dite église de Paris, curé, archiprêtre de la Madeleine en la cité du dit Paris, comme ces choses et autres sont plus à plein contenues et déclarées au dit testament du dit deffunt. Pour ce est-il que aujourd'huy en la cour du roy nostre sire, à Tours, en droit par devant nous personnellement etably le dit venerable messire Jean Aimery, au nom et comme exécuteur du dit testament d'iceluy messire Jean le Picard, soumettant au dit nom et en vertu du dit testament du dit deffunt les biens et choses d'iceluy dependant present et a venir en la juridiction de la dite cour quant à ce qui s'en suit, lequel au dit nom et en vertu d'icelluy testament, voullant et desirant à son pouvoir le dit testament et la volonté du dit deffunt accomplir et pour la fondation et dottation de la dite chapelle et chapellenye a cedé, délaissé et transporté et par ces présentes cedde, quitte, delaisse et transporte dès à présent, à toujours mais, perpetuellement a heritage à venerables et discrets les doyen, tresorier et chapitre de la dite église mon dit sieur saint Martin, au profit et utilité de la dite chapelle et chapellenye es personnes de vénérables et discrets Me Jean Guernadon, celerier, Jacques Rouhail, prevost de Blaslay, Pierre Bauduin, prevost de Chably, et Jacques Cocherel, prevost de St Espain, chanoines de la dite église, commis pour les dits sieurs du chapitre, à ce présent, stipulant et acceptant à gré au profit et utilité du dessus les choses qui s'ensuyvent, savoir est : le nombre et quantité de quatre septiers de froment et quatre poullets de rente annuelle et perpetuelle, payable au terme de St Michel mesure de St Pater, en Touraine, acquis par le dit deffunt de Jean et Michel des Héliots, assis et assignés sur un aistre vulgairement appelé l'aistre de Berault, seant en la dite paroisse de St Pater.

« *Item*, un septier de froment aussi de rente, mesure de St Christophe, en Touraine, aussy acquis par le dit defunt de Gilles Lesleu, de la paroisse de Neuillé-Pont-Pierre, payable au dit terme de St Michel.....

« *Item*, un arpent de pré ou environ le tout faisant quatre treizièmes partie et demie d'une métairie et appartenances d'icelle, vulgairement appelée la Pure allée, seant en la dite paroisse de Neuillé Pont Pierre au fief de Genneteuil.

« *Item*, un autre septier de froment de rente acquis par le dit deffunt, de la fabrique de Vouvray-sur-Loire, assigné sur trois quartiers de terre, une maison séant dedans, séant en la paroisse de Vouvray, au fief de la dite prevosté d'Oë.

« *Item*, la somme de 70 sols tournois aussi de rente annuelle acquis par le dit deffunt de Juliette Barillette, assigné sur une maison et appartenances d'icelle, séant en la dite paroisse de S¹ Pater devant l'église du dit lieu, au fief de la Roche aux Moynes.

« *Item*, la somme de 20 sols tournois de rente acquis par le dit defunt de feu Jehan Rainton en son vivant demerant au faubourg de S¹ Simple de cette ville de Tours.

« *Item*, la somme de 40 sols de rente acquis par le dit deffunt, de Maurice Vallée demerant au dit bourg de S¹ Pater.

« *Item*, 15 sols tournois de rente acquis par le dit defunt du dit Jehan Heliot assis sur les lieu des Jouaudières, seant es paroisses de S¹ Pater et de Sonzay.

« *Item*, plus la somme de 12 escus d'or de rente acquis par le dit defunt de noble homme N. de Gaillon, seigneur de Macy.

« *Item*, outre les dites rentes le dit vénérable executeur a baillé et nombré comptant la somme de huit vingt quinze livres tournois, valant 100 escus d'or pour convertir, mettre et employer en acquest de rentes ou autres héritages au profit et utilité de la dite chapelle, de laquelle chapelle ou chapellenie est dit expressément par ces présentes que la présentation sera et appartiendra toujours au prévôt d'Oë et la collation et toutes autres dispositions au dit chapitre de la dite église mon dit sieur S¹ Martin, en ensuivant la volonté du dit defunt.

« Et est fait ce present delais, cession et transport par le dit vénérable Mᵉ Jean Aimery au dit nom, aux dits vénérables du chapitre, au profit et utilité de la dite chapelle pour les causes dessus, et à la charge de dire et celebrer ou faire dire et célébrer doresnavant à tous jours mais perpetuellement par le chapelain de la dite chapelle et ses successeurs deux messes par chacune semaine de l'an à la manière que s'ensuit : c'est a savoir, l'une un jour de dimanche qui sera dite à l'heure de six heures en la dite chapelle de la dite prevosté d'Oë seant en la dite paroisse de S¹ Pater au lieu de la Grange S¹ Martin et l'autre un vendredy, laquelle sera dite en la dite église mon dit sieur S¹ Martin à l'austel de S¹ Georges estant au costé destre de la dite église, et à la dite messe le dit chapelain fera une collecte des trespassés pour l'âme du dit deffunt, excepté toutefois que sy en aucune semaine se trouvait la feste nostre Dame ou la feste de Monsieur S¹ Martin en quelque jour que les dites festes se trouvent de soit feste chommable du diocèze de Touraine, le dit chapelain sera tenu aller dire ou faire dire la dite messe du vendredy en la dite chapelle de la Grange S¹ Martin, selon l'exigence de la feste qui adviendra, auquel cas le dit chapelain ne sera tenu dire ne faire dire la dite messe de vendredi

on la dite esglise mon dit sieur S¹ Martin, et les semaines esquelles aucunes des dittes festes de Notre Dame et de mon dit sieur de S¹ Martin ne adviendroit, outre la messe dominicale que le dit chapelain sera tenu dire et celebrer ou faire celebrer en la dite chapelle de la Grange S¹ Martin, icelluy chapelain sera tenu dire l'autre messe en la dite église mon dit sieur S¹ Martin. Et quant à tout ce que dessus est dit tenir et accomplir sans jamais faire ne venir en contre le dit venerable Mᵉ Jean Aimery, au dit nom a obligé et oblige, en vertu du dit testament les biens et choses du dit defunt. Ce fut fait au dit Tours et jugé à tenir par le jugement de la dite cour, le dit venerable establissant au dit nom présent et consentant, promettant au dit nom par la foy et serment de son corps sur ce baillé corporellement en nostre main, de non jamais ne venir en contre et scellé en sa requeste du scel royal estably et dont l'on use aux conctractz de la ville, chastellenie et ressort de Tours en tesmoignage de verité. Donné, présent Messire Étienne Mérillon, Martin Compère, Guillaume Du Moullin, prostre, et autres à ce acquis et appelés, le 26ᵉ jour d'octobre l'an mil cinq cent trois. Ainsi signé : Bourdais, et sur le repli : Fournier. »

L'étang de la Grange, dépendant de la châtellenie, fut créé en 1453. — (Arch. d'I.-et-L., *lettres patentes*, 443; *titres de la prévôté d'Oë*. — Bibl. de Tours, fonds Salmon, *titres de Saint-Martin*, IX.)

Grange-Saint-Martin (la), f., cⁿᵉ de Tours. — Ancien fief, relevant du château de Tours. — (*Rôle des fiefs de Touraine*.)

Grange-Saint-Senoch (la), f., cⁿᵉ de Saint-Senoch.

Grange-Tiphaine (la), ham., cⁿᵉ de Saint-Denis-hors, 14 habit.

Grange-Toureau (la), f., cⁿᵉ de Ligueil, près du bourg.

Grangerie (la), f., cⁿᵉ du Louroux.

Grangerie (la), cⁿᵉ de Neuillé-Pont-Pierre. V. *Marcilly*.

Grangerie (la), f., cⁿᵉ de Pocé.

Grangerie (le lieu de la), près de la Pinotière, cⁿᵉ de Saint-Pierre-de-Tournon.

Grangerie (la), f., cⁿᵉ de Vou. — Elle relevait censivement du fief de Mouzay. — (Arch. d'I.-et-L., E, 74.)

Grangeries (le lieu des), près de Juchepoule, cⁿᵉ de Manthelan.

Grangers (les), f., cⁿᵉ de Bossée. — *Les Granges*, plan cadastral.

Grangers (les), f., cⁿᵉ de Monts.

Granges (les), f., cⁿᵉ d'Artannes. — Par acte du 8 novembre 1777, Jean-Maurice Marchand la vendit à Jean-Marie Landriève des Bordes. Après la Révolution, elle fut attribuée à la dotation de la sénatorerie d'Orléans, puis, en vertu de la loi de 1814, qui restituait aux émigrés les biens non vendus, elle fut rendue à la famille Landriève des Bordes. — (Arch. d'I.-et-L., E, 117. — *Journal d'Indre-et-Loire* du 10 septembre 1841.)

Granges (les), c^{ne} d'Autrèche. V. *la Noue*.

Granges (les), f., c^{ne} d'Azay-le-Rideau. — *Grange-aux-Brettes*, XVIIe siècle. — *Les Granges*, carte de Cassini. — Ancien fief. — (*Rôle des fiefs de Touraine*.)

Granges (les), f., c^{ne} de Balesmes. — *Hôtel-des-Granges*, 1505. — *Les Granges*, carte de Cassini. — Ancien fief, relevant de Nouâtre. En 1505, il appartenait à François d'Arcy, Éc. La famille de Voyer d'Argenson en devint propriétaire en 1707. — (D. Housseau, XII; XIII, 8237.)

Granges (les), f., c^{ne} de Ballan, près du Cher. — *Les Granges*, cartes de Cassini et de l'état-major.

Granges (les), f., c^{ne} de Berthenay. — *Les Granges*, carte de l'état-major. — *Grange-au-Moine*, carte de Cassini.

Granges (les), c^{ne} de Bossée. V. *Grangers*.

Granges (les), f., c^{ne} de Cangy, près de la Loire. — *Grange-Feu-Farineau*, 1431. — *Grange-Châtelain*, 1483. — *Le Sauvage*, 1600. — *Granges-Saujon*, 1751. — *Granges*, carte de Cassini. — Ancien fief, relevant d'Amboise, à foi et hommage simple. En 1430, il appartenait à Pierre Farineau; — en 1431, à Berthelot Lopin, marié à Gillette de Pontlevoy; — en 1473, à Jean de Voisines; — en 1482, à Jean-Simon de Voisines; — en 1483, à François Sauvage, contrôleur de l'écurie du roi; — en 1507, à René et François Sauvage, frères; — en 1518, à François de Voisines, marié à Charlotte de Marcheville; — en 1520, à Pierre de Voisines; — en 1550, à François Sauvage; — en 1555, à Anne de Château-Châlons, veuve de Renaud de Marolles; — en 1634, à Renée-Madeleine Boireau, veuve de Louis Trezin, qui rendit hommage le 19 avril; — en 1670, à François Orillard; — en 1700, à Marc Trezin; — en 1751, à Louis-Marie Trezin de Cangy. — (Bétancourt, *Noms féodaux*, II, 605, 895, 951, 1022. — Arch. d'I.-et-L., C, 336, 556, 582, 603, 633, 634.)

Granges (le lieu des), paroisse de la Chapelle-Blanche. — En 1506, il appartenait à Macé de la Brocelaye. — (Arch. d'I.-et-L., G, 404.)

Granges (les), vil., c^{ne} de Cinais, 23 habit. — *Granges*, carte de Cassini.

Granges (les), f., c^{ne} de Cravant.

Granges (les), f., c^{ne} de Huismes. — *Les Granges*, carte de Cassini.

Granges (les), ham., c^{ne} de la Guerche, 10 habitants.

Granges (bruyères des), près de la Châtaigneraie, c^{ne} de Langeais.

Granges (les), f., c^{ne} de Larçay. — *Les Granges*, carte de Cassini.

Granges (les), ham., c^{ne} de Ligueil, 11 habit. — *Grandes-Granges*, 1771. — *Les Granges*, cartes de Cassini et de l'état-major. — Ancien fief. En 1443, il appartenait à Yves de Belloceraye; — en 1506, à Macé de la Belloceraye. Par acte du 3 septembre 1771, Balthazar Dangé d'Orsay le vendit à René-François-Constance Dangé d'Orsay. — (Arch. d'I.-et-L., E, 74; *titres de Ligueil*. — D. Housseau, XII, 5715.)

Granges (les Petites-), c^{ne} de Ligueil. — Ancien fief. En 1722, il appartenait à Louis Brissard. — (*Rôle des fiefs de Touraine*. — Registres d'état civil de Saint-Flovier.)

Granges (les), f., c^{ne} de Luynes.

Granges (les), f., c^{ne} de Marcilly-sur-Vienne, près du ruisseau de la Fontaine-du-Cep. — Ancienne propriété de l'abbaye de Noyers. Elle fut vendue nationalement, le 30 mai 1791, pour 24,000 livres. — (Arch. d'I.-et-L., *Biens nationaux*.)

Granges (les), vil., c^{ne} de Monts, 40 habit. — *Les Granges*, cartes de Cassini et de l'état-major.

Granges (le lieu des), c^{ne} de Panzoult. — Ancienne propriété du prieuré de Tavant. — (Arch. d'I.-et-L., *Biens nationaux*.)

Granges (les), c^{ne} de Parçay-Meslay.

Granges (les), f., c^{ne} de Parçay-sur-Vienne — *Vieilles-Granges*, 1484, 1752. — *Les Granges*, cartes de Cassini et de l'état-major. — Ancien fief. En 1752, il appartenait à Charles Drouin. — (Arch. d'I.-et-L., C, 600. — Bibl. de Tours, fonds Salmon, *titres de l'Ile-Bouchard*.)

Granges (les), paroisse du Petit-Pressigny. — *Grange-Barillère*, ou *Grange-Besnard*, 1700. — Ancien fief, relevant de la châtellenie de Sainte-Julitte, à foi et hommage lige et un épervier tout prêt à voler, garni de gets et compans. Il avait droit de haute, moyenne et basse justice. Au XVIIIe siècle, il appartenait à la famille Bouthillier de Chavigny. — (Arch. d'I.-et-L., E, 23. — *Rôle des fiefs de Touraine*.)

Granges (bois des), c^{ne} du Petit-Pressigny.

Granges (les), c^{ne} de Pocé. V. *Sauvage*.

Granges (les), f., c^{ne} de Saint-Avertin. — *Les Petites-Granges*, 1521. — *Les Granges*, carte de Cassini. — Ancienne dépendance du fief de Brechenay. — (Arch. d'I.-et-L., *prévôté de la Varenne*.)

Granges (les), f., c^{ne} de Saint-Branchs. —

Grange-du-Bois-Saint-Maurice, 1789. — *Les Granges*, carte de l'état-major. — Ancien fief, relevant de la châtellenie de Saint-Branchs, suivant une déclaration féodale du 17 juin 1728. Il appartenait au Chapitre de l'église de Tours. — (Arch. d'I.-et-L., G, 68, 90; *Biens nationaux*.)

Granges (bois des), c^{ne} de Saint-Branchs.

Granges (les), f., c^{ne} de Saint-Christophe. *Les Granges*, carte de Cassini.

Granges (le fief des), paroisse de Saint-Denis-hors. — *Terra de Varenna*, charte de 1244. — *Le fief des Granges, alias la Varanne, modo le Sauvage* (dans un acte de 1683). — Il relevait du château d'Amboise, à foi et hommage lige. En 1244, il appartenait à Isabelle, comtesse de Chartres; — en 1577, à Marie Tardif, veuve de Laurent Brissel; — en 1595, à Mathurin Boisgaultier; — en 1678, à Gabriel Ferrand, qui rendit aveu le 20 mai; — en 1742, à François Guymard; — en 1760, à Jean-Baptiste Berlut de Perrussy. — (Arch. d'I.-et-L., C, 603, 633, 651. — *Rôle des fiefs de Touraine*. — Bibl. de Tours, fonds Salmon, *titres d'Amboise*, I.)

Granges (les landes des), c^{ne} de Saint-Michel-sur-Loire.

Granges (les), f., c^{ne} de Savigné. — *Grange-Julienne*, XVIIe siècle. — Ancien fief, relevant de Rillé. Vers 1629, il fut réuni à cette baronnie par le marquis d'Effiat. — (Arch. d'I.-et-L., E, 318.)

Granges (les), f., c^{ne} de Thilouze. — *Les Granges*, carte de l'état-major.

Granges (les landes des), près de Verrières, c^{ne} de Thizay.

Granges, c^{ne} d'Yzeures. V. *Harembure*.

Granges (le Petit-), f., c^{ne} d'Yzeures. — Par acte du 9 avril 1593, Pierre Poizay la vendit à Jean Sain, contrôleur des aides et tailles à Châtellerault, et à Claude Sain, sa sœur, veuve de Pierre Brochard, seigneur de la Borde et de Marigny. En 1793, elle fut vendue nationalement sur Charles-François d'Aloigny de Rochefort, émigré. — (Arch. d'I.-et-L., E, 91; *Biens nationaux*.)

Granges-Coëlier (les), f., c^{ne} de Joué-les-Tours.

Granges-Galland (les), f., c^{ne} de Saint-Avertin. — *Granges-Galland*, carte de l'état-major. — Ancienne propriété des Ursulines de Tours. — (Arch. d'I.-et-L., *fabrique de Saint-Martin*.)

Granges-Levées (le lieu des), près de l'étang de la Gravière, c^{ne} de Mouzay.

Granges-Marcilly (les), c^{ne} de Marcilly-sur-Vienne. V. *Granges*.

Granges-Saint-Martin (les). V. *Grange-Saint-Martin*.

Granges-Rouges (les), f., c^{ne} d'Azay-sur-Cher. — *Granges-Rouges*, carte de Cassini.

Granges-Rouges (les), c^{ne} de Dolus. V. *Maisons-Rouges*.

Granges-Rouges (les), f., c^{ne} de Truyes. — *Granges-Rouges*, carte de l'état-major.

Granges-Saujon (les), c^{ne} de Cangy. V. *Granges*.

Grangette (la), f., c^{ne} de Chemillé-sur-Indrois. — Ancienne propriété des Chartreux du Liget. Elle fut vendue nationalement, en 1791, pour 8150 livres. — (Arch. d'I.-et-L., *Biens nationaux*.)

Grangetteries (les), f., c^{ne} de Saint-Branchs.

Grangia *(locus qui dicitur)*. — Il est cité dans une charte de l'abbaye de Noyers de 1089. — Il était situé près de la Giraudellière et des Ruaux, paroisse de Sorigny. — (*Cartulaire de Noyers*.)

Grangeonnière (étang de la), c^{ne} du Bridoré. — Propriété des religieuses Viantaises de Beaulieu (1789). — Il relevait censivement du Bridoré. Son étendue était de quatre arpents. — (Arch. d'I.-et-L., *Biens nationaux*.)

Granhardière (la), f., c^{ne} de Saint-Ouen.

Granlay, ou **Grandlay**, vil., c^{ne} d'Athée, 43 habit. — *Granlay*, carte de Cassini.

Granlay, c^{ne} de Bléré. V. *Granlay*.

Grandlay, ou **Grand-Lay**, f., paroisse de Vallières-les-Grandes. — Elle relevait de la prévôté de Vallières en l'église de Saint-Martin de Tours. Le 28 mars 1557, Hugues d'Assy la vendit à Philibert Babou, évêque d'Angoulême. — (Arch. d'I.-et-L., E, 48.)

Grantineries (les), vil., c^{ne} de Truyes, 25 habit. — *Gratineries*, carte de Cassini.

Grapheteau (le moulin de), sur le Doué, c^{ne} de Huismes. V. *Graveteau*.

Grapilles (le lieu des), près de Château-Ferreau, c^{ne} de Bournan.

Grapineau, f., c^{ne} d'Antogny. — *Grapineau*, cartes de Cassini et de l'état-major.

Gras (la fontaine de), c^{ne} de Crotelles.

Graslin (Jean-Joseph-Louis), né à Tours, le 13 décembre 1728, était fils d'un greffier en chef du bureau des finances, fonctions qui conféraient la noblesse. Il fit ses études au collège de Juilly, près Paris, fut reçu avocat au Parlement, et acheta, ensuite, la charge de receveur-général des fermes à Nantes. Il contribua à l'embellissement et au développement de cette ville par la construction, à ses frais, de tout un quartier. Il mourut à Nantes, le 11 mars 1790. Il était membre des sociétés d'agriculture de Tours et de Limoges, et de l'Académie impériale de Saint-Pétersbourg. On a de lui les ouvrages suivants : *Essai analytique sur la richesse et sur l'impôt*, Londres (Nantes), 1767, in-8°. — *Réflexions d'un citoyen sur la construction d'une salle de spectacle à Nantes*, in-4°. — *Réponse de l'anonyme aux remarques sur la nécessité de construire une salle de spectacle à Nantes*, in-4°. — *Observations sur les additions très-remarquables à faire au quartier neuf de Nantes*, in-4. — *Observations de M. Graslin sur un mémoire concernant le café de la Comédie*, in-4°. — *A MM. les officiers municipaux de la ville de Nantes*, in-4°. — *Mémoire pour écuyer Jean-Joseph-Louis Graslin, avocat au Parlement, receveur des fermes du roi, servant de réponse à un libelle anonyme*, in-4°. — *Observations de M. Graslin au sujet de trois libelles anonymes qui ont été successivement publiés contre lui*, in-4°. — *Souscription très modique pour le soutien et l'entretien d'un très bon spectacle dans cette ville*, in-4°. — *Mémoire du sieur Graslin au sujet de sa possession sur la place Saint-Nicolas*, in-4°. — *Mémoire justificatif du sieur Graslin sur la suppression des travaux de la salle de spectacle et peut-être son entier abandon*, in-4°. — *Réflexions indispensables de M. Graslin sur une brochure qui a pour titre : Réponse au mémoire que M. Graslin a adressé aux officiers municipaux*, in-4°. — *Dernière requête présentée par le sieur Graslin à MM. les officiers municipaux de la ville de Nantes, au sujet des embellissements du quartier neuf.* — *Correspondance contradictoire avec l'abbé Beaudeau, sur un des principes fondamentaux de la doctrine des économistes*, Londres (Paris), Onfray, 1779, in-8°.

Annales de la Société d'agriculture d'Indre-et-Loire (1862), p. 125. — *Le lycée armoricain*, IV. — J.-C. Renoul, *Graslin et le quartier de Nantes qui porte son nom*, Nantes, veuve Mellinet, 1860, in-4°. — R.-M. Luminais, *Recherches sur la vie, les doctrines économiques et les travaux de J.-J.-Louis Graslin*, Nantes, veuve Mellinet, 1862, in-8° de 76 pages. — Chandon et Delandine, *Diction. universel.* — Quérard, *La France littéraire*, III, 452. — Larousse, *Grand diction. universel du xixe siècle*, VIII, 1465. — Chalmel, *Hist. de Tour.*, IV, 220. — *Biographie générale*, XXI, 704.

Grasse-Coue (la), f., cne d'Abilly. — *Grace-Coure* (Annuaire d'Indre-et-Loire de 1874).

Grasse-Pois, vil., cne de Nazelles, 25 habit. — *Groslepois*, carte de Cassini.

Grasserie (la), f., cne de Bréhémont.

Gratay, ou **Cratay**, **Cretay** (le fief de), paroisse de Cussay. — Ancienne propriété du Chapitre de Saint-Martin de Tours, qui l'avait achetée, en 1429, de Jean Davy. Au xvie siècle, elle était réunie au fief de Nizerailles. — (Arch. d'I.-et-L., G, 404.)

Gratellière (la), f., cne de Rouziers. V. *Croutellière*.

Graterie (la), f., cne de Saint-Michel-sur-Loire.

Gratiens (les), vil., cne de Theneuil, 17 habit. — *Gratte-Chien, ou les Fiefs*, 1663. — *Gratiens*, carte de Cassini. — Il relevait du fief du prieuré de Lièze. — (Arch. d'I.-et-L., *prieuré de Lièze*.)

Grattebec, f., cne de Boussay.

Gratte-Chat (la croix de), près du chemin de Lairé à la Noraye, cne de Saint-Paterne.

Gratte-Chien, ou la **Mitronnerie**, ou **Village-du-Bois**, f., cne de Ferrières-sur-Beaulieu. — *Grattechien*, carte de Cassini. — Elle relevait censivement du château de Loches. — (Arch. d'I.-et-L., C, 336.)

Gratte-Chien (le lieu de), près de Jarcy, cne de Marcé-sur-Esves.

Gratte-Chien, vil., cne de Montlouis, 41 habit. — *Gratechien*, 1305. — *Grattechien*, carte de l'état-major. — (Arch. d'I.-et-L., *titres du Chapitre de Tours*.)

Gratte-Chien (le fief de), paroisse de Saint-Patrice. — Il relevait de la Varenne. — (*Rôle des fiefs de Touraine*.)

Gratte-Chien, f., cne de Saint-Cyr. — *Grattechien*, 1256. — Ce domaine relevait du fief de Chaumont, suivant une déclaration féodale faite en 1785. Par acte du 6 novembre 1747, Jacques Augeoit, maître d'hôtel du duc d'Orléans, le vendit à Joseph Pezeron, qui le céda, le 28 février 1749, à Jean Tabareau. Ce dernier, le 18 avril 1768, le vendit à Louis Bellanger. Jean-André Coudreau l'acheta par acte du 3 septembre 1779. — (Arch. d'I.-et-L., *terrier de Saint-Cyr*.)

Gratte-Chien (le lieu de), alias la **Jacopinière**, cne de Saint-Ouen. — Il relevait de l'abbaye de Marmoutier (1459). — (Arch. d'I.-et-L., abbaye de Marmoutier, *mense séparée*.)

Gratte-Chien, f., cne de Sennevières. — *Gratechien*, xiiie siècle. — *Gratechien*, carte de Cassini. — Ancien fief, relevant du château de Loches. Il appartenait aux Chartreux du Liget. — (Arch. d'I.-et-L., C, 336, 562; E, 94; *Biens nationaux*.)

Gratte-Chien, cne de Theneuil. V. *les Gratiens*.

Gratte-Paille, f., cne de Loché.

Gratte-Puits, f., cne de Preuilly. — *Gratepuis*, carte de Cassini. — Elle relevait censivement du fief du Pouët. — (Arch. d'I.-et-L., E, 313, 315.)

Gratterie (la), f., c^{ne} de Saint-Nicolas-des-Motets. — *Graterie*, carte de l'état-major.

Gratte-Semelle, f., c^{ne} de Chanceaux-sur-Choisille.

Grautel (moulin de). V. *Gruteau*, c^{ne} de Marcé-sur-Esves.

Graveau (le), ruisseau. V. *Gravot*.

Gravelle (moulin de la), sur la Petite-Choisille, c^{ne} de Cerelles. — Il relevait du fief de Châtenay, suivant une déclaration féodale faite, le 30 juillet 1745, par Albert Deporte, procureur à Tours. Par acte du 11 novembre 1480, l'abbé de Saint-Julien vendit à rente perpétuelle, à Maurice Breveau, deux arpents de terrain, situés à la Gravelle. Maurice Breveau établit un moulin en cet endroit. Cette propriété devait à l'abbaye de Saint-Julien une rente de cinq livres et de quatre chapons. En 1517, elle appartenait à Benoît Roche; — en 1740, à François Belot, huissier. — (Arch. d'I.-et-L., *titres de Châtenay et de la chambrerie de Saint-Julien*.)

Gravelle (la), vil., c^{ne} de Montlouis, 30 habitants.

Gravelle (le lieu de la), près des Vernières, c^{ne} de Pouzay.

Gravelle (le marais de la), près du ruisseau de Chavenay, c^{ne} de Seuilly.

Gravelle (la), vil., c^{ne} de Souvigny, 29 habitants.

Gravelles (le lieu des), près de l'Estrigneul, c^{ne} de Ligueil.

Graverais (les), f., c^{ne} de Chouzé-sur-Loire.

Graverie (la), vil., c^{ne} de Chargé, 30 habitants.

Graveteau (moulin de), ou **Grapheteau**, c^{ne} de Huismes. — *Grapheteau*, carte de l'état-major. — *Graveteau*, carte de Cassini. — Il appartenait au doyen de l'église de Tours. — (*Bulletin de la Soc. archéol. de Tour.* (1871), p. 114.)

Gravets (le lieu des), près du Chêne, c^{ne} de Noizay.

Gravier (le), f., c^{ne} du Boulay.

Gravier (le lieu du), c^{ne} de Francueil. — Il appartenait au curé de cette paroisse, suivant un aveu rendu en 1777. — (Arch. d'I.-et-L., *curé de Francueil*.)

Gravier (le), vil., c^{ne} de Joué-les-Tours, 20 habit.

Gravier (le), ham., c^{ne} de Neuville, près de la Brenne, 12 habit. — *Moulin-du-Gravier*, cartes de Cassini et de l'état-major.

Gravier (le lieu du), près de la Fontaine-du-Vivier, c^{ne} de Rigny.

Gravier (le), f., c^{ne} de Saint-Christophe.

Gravier (le lieu du), près de la Collerie, c^{ne} de Saint-Épain.

Gravier (le), f., c^{ne} de Saint-Étienne-de-Chigny.

Gravier (le), f., c^{ne} de Saint-Mars. — *Le Gravier*, cartes de Cassini et de l'état-major.

Gravier (le), f., c^{ne} de Saint-Paterne. — *Le Gravier*, carte de Cassini. — Ancienne propriété de la collégiale de Saint-Martin (1350). Elle dépendait de la prévôté d'Oë, suivant un aveu rendu par Hardouin Danin, le 21 avril 1408. Près de ce domaine se trouvait une closerie appelée également le Gravier et qui appartenait, en 1771, à la chapelle de Sainte-Barbe, desservie au château de Vernoil, paroisse de Dissay-sous-Courcillon. — (Arch. d'I.-et-L., *fabrique de Saint-Martin. — Biens nationaux*.)

Gravier (le), f., c^{ne} de Saint-Pierre-des-Corps. — Ancienne propriété de l'église de Tours. Elle fut vendue nationalement, le 17 juin 1791, pour 8,500 livres. Son étendue était alors de neuf arpents. — (Arch. d'I.-et-L., *Biens nationaux*.)

Gravier (le lieu du), près de la Bourouse, c^{ne} de Theneuil.

Gravier (le), f., c^{ne} de Thilouze. — *Le Clavier*, carte de l'état-major. — *Le Gravier*, carte de Cassini. — Par acte du 1er septembre 1470, le Chapitre de Saint-Martin de Tours vendit à René Doislé trente-huit arpents de terrain inculte situés au Gravier. René Doislé mit ces terres en culture et fit construire des bâtiments d'exploitation. — (Arch. d'I.-et-L., G, 495.)

Gravière (borderie de la), dans le bourg de Balesmes. — En 1726, elle appartenait à N. de Mauléon; — en 1764, à René-Nicolas Haincque, curé de Balesmes. — (Arch. d'I.-et-L., *prieuré de Balesmes. —* Bibl. de Tours, fonds Salmon, *titres de la Haye*.)

Gravière (la), f., c^{ne} de Chouzé-sur-Loire.

Gravière (la), f., c^{ne} de Mouzay, — *Gravière*, cartes de Cassini et de l'état-major.

Gravière (étang de la), c^{ne} de Mouzay.

Gravière (la), f., c^{ne} de Sainte-Maure. — *Gravière*, carte de Cassini. — En 1711-14, elle appartenait à Louis Guiet, receveur au grenier à sel de Sainte-Maure, puis grenetier au grenier à sel de Loches. — (D'Hozier, *Armorial général de France*, reg. 2e, 1re partie, *général. Le Breton*; reg. 5e, *général. Bigot*.)

Gravollière (le lieu de la), près de Boucheau, c^{ne} de Manthelan.

Gravot (ruisseau de), c^{ne} de Brèches. V. *Grivau*.

Gravot, vil., cⁿᵉ de Bourgueil, 60 habit. — D'après la tradition, une maison, située dans ce village, aurait été habitée par Rabelais. Une métairie, appelée Beauregard ou *Gravot*, située dans ce même lieu, appartenait à l'abbaye de Bourgueil. Elle était attachée à l'office de sous-chantre. Son étendue était de quatre-vingts arpents. L'abbaye la vendit en 1690. Dans les environs, on remarque un emplacement que l'on présume avoir été un camp romain. Non loin de là, se trouvent des traces d'une voie romaine. — (Arch. d'I.-et-L., G, 17; H, 39; *Biens nationaux.* — Bibl. de Tours, fonds Salmon, *titres de Bourgueil*.)

Gravot (ruisseau de), cⁿᵉ de Bourgueil. — Il fait mouvoir deux usines et se jette dans le Changeon. Son parcours est de trois kilomètres cinq cents mètres.

Gravot (ruisseau de), cⁿᵉ de Brèches.

Gravot (moulin de), cⁿᵉ de Rochecorbon. — *Gavot*, 1592. — *Gravot*, ou *Gravotte*, 1744. — Il appartenait à l'abbaye de Marmoutier. — (Arch. d'I.-et-L., abbaye de Marmoutier; *État des prieurés*.)

Gravot (moulin de), cⁿᵉ de Saint-Paterne. — En 1231, il appartenait à Guillaume du Moulinet. Il relevait de la prévôté d'Oë. — (Arch. d'I.-et-L., G, 81.)

Gravot (ruisseau de), cⁿᵉ de Saint-Paterne. V. *Gavot*.

Gravoteau, f., cⁿᵉ de Continvoir.

Gravotte, cⁿᵉ de Rochecorbon. V. *Gravot*.

Gravoure, ou **Gravouze**, f., cⁿᵉ de Nazelles.

Gravoure, ou **Gravouze** (fontaine de), cⁿᵉ de Nazelles. — *Fontaine-de-Gravouze*, carte de Cassini. — Elle donne naissance à un ruisseau qui fait mouvoir les moulins de Bodé et d'Andigny.

Grazay, ham., cⁿᵉ d'Assay, 13 habit. — *Grazai*, XIIᵉ siècle (*Cartulaire de Noyers*.) — *Grazay*, carte de Cassini. — Ancienne paroisse, réunie à la commune d'Assay, par ordonnance royale du 30 juillet 1823. Avant la Révolution, Grazay était dans le ressort de l'élection de Loudun et faisait partie de l'archiprêtré de Faye-la-Vineuse. En 1793, il dépendait du district de Chinon.

Population. — 91 habit. en 1804. — 109 habit. en 1810. — 141 habit. en 1821.

L'église était placée sous le vocable de saint Pierre.

Le prieuré-curé dépendait de l'abbaye de Mauléon, diocèse de Maillezais. Il constituait un fief relevant de Faye-la-Vineuse à foi et hommage simple et cinq sols tournois de service à muance de seigneur. Il avait droit de moyenne et basse justice.

Les seigneurs de Faye-la-Vineuse étaient patrons-fondateurs de l'église de Grazay et y possédaient, en cette qualité, les droits de litre funèbre et de sépulture. Ils étaient tenus d'exécuter, à leurs frais, les réparations que pouvaient réclamer le chœur et l'abside.

Le prieur-curé devait faire des prières pour l'âme de Raoul de Montfort, seigneur du Petit-Jaulnay, chaque dimanche avant la saint Julien, et de célébrer un service le jour de cette fête. De plus, il était redevable envers les successeurs de Raoul de Montfort, de six deniers de cens, payables au château du Petit-Jaulnay, le jour de l'Annonciation.

La paroisse de Grazay formait un fief relevant, comme celui du prieuré, de Faye-la-Vineuse, et qui appartenait au prieur.

PRIEURS-CURÉS DE GRAZAY. — Louis Rouhault, 1529. Le 4 mai, il rendit hommage à Louis de Bueil, seigneur de Faye-la-Vineuse, baron de Marmande. — Pierre Sicard, 1595. — Michel Lucas, 1642. — Charles Aubineau, 1675. Le 12 mai, il rendit hommage au duc de Richelieu, seigneur de Faye-la-Vineuse. — Emmanuel Léger, 1685. — Pierre Cordier, 1716. Il rendit hommage au duc de Richelieu, le 11 août 1717 et le 16 avril 1723. — Pierre-Jacob Bodin, chanoine régulier de l'ordre de Saint-Augustin, 1754. Il rendit hommage le 29 avril. — Pierre Oudinot, 1763. Il rendit hommage le 11 avril. — Pierre-Étienne Legry, 1791. — Courtiller, curé constitutionnel, 1793.

MAIRES DE GRAZAY. — Louis-René Perronneau, 1792. — René Métayer-Blanchard, 1804, 29 décembre 1807, 14 décembre 1812, 1823.

Arch. d'I.-et-L., C, 336, 600; E, 219; *titres de la cure d'Assay et de Saint-Étienne de Chinon.* — *Recueil des actes administratifs d'Indre-et-Loire* (1822), p. 210. — *Cartulaire de Noyers*, charte CCCLXI. — Registres de la cure d'Assay. — Dugast-Matifeux, *État du Poitou sous Louis XIV.* — *Annuaire d'Indre-et-Loire* (1874), p. 22.

Grazelle, cⁿᵉ de Balesmes. V. *Gruzelle*.

Grea. V. *Grais*, cⁿᵉ d'Azay-sur-Cher.

Greauldière (la), cⁿᵉ de Savigné. V. *Grenouillère*.

Grécourt (Jean-Baptiste WILLART de), poète, né à Tours, vers 1684, était encore très jeune lorsqu'il perdit son père. Il fit ses études à Paris, sous la direction de son oncle, Germain Willart. Étant entré dans les ordres, il s'occupa de prédication et obtint, dans ce genre, un certain succès. Mais bientôt, oubliant ses vœux, il se jeta dans les plaisirs mondains et tomba dans le libertinage. Se trouvant sans d'autres moyens d'existence que les secours que lui donnait sa mère, directrice des postes, à Tours, il sollicita un canonicat de Saint-Martin et finit par obtenir d'être nommé en remplacement d'un de ses parents, M. Rouillé, démissionnaire en sa faveur. Il se mit ensuite à voyager et devint le commensal et l'ami du duc d'Estrées, avec lequel il fit un assez long séjour en Bretagne. Plus tard, il devint un des hôtes assidus du château de Véretz, où résidait le duc d'Aiguillon, en compagnie d'une jeunesse qui menait joyeuse et bruyante vie. Au milieu d'une existence de festins incessants et de distractions de toutes sortes donnés dans ce château qu'il appelait son *Paradis terrestre*, il trouvait le temps de se livrer à ses goûts pour la poésie. Il composait avec une très grande facilité, sans s'occuper des incorrections que présentait parfois son travail, et aussi sans se soucier des atteintes qu'il portait à la morale et à la religion. Perdant toute pudeur, sa plume, fidèle écho des mœurs dissolues de l'auteur, s'abandonnait aux peintures les plus licencieuses et qui inspiraient le dégoût. Dépourvu de jugement et de sens moral, il accueillait, comme étant sincères, les félicitations et les applaudissements qu'on lui adressait dans les sociétés où il allait donner lecture de ses compositions. Il ne s'apercevait pas, qu'au fond, on méprisait ce prêtre qui déshonorait son caractère par ses ignobles plaisanteries et ses obscénités. Son orgueil lui empêchait de comprendre qu'il accomplissait une œuvre infâme et hideuse en déversant l'outrage sur une religion dont il était lui-même le ministre et à laquelle il devait le revenu qui le faisait vivre.

Vers la fin de ses jours, il fit amende honorable et se réconcilia avec Dieu. Atteint d'une maladie grave au mois de février 1743, il fit venir à son chevet un de ses confrères, se confessa et reçut la communion. Le 21 mars de la même année, il adressa à un de ses amis, M. Déon, à Paris, la lettre suivante, écrite sous sa dictée, une attaque de paralysie l'empêchant d'écrire lui-même :

« Depuis que j'ai reçu les sacrements, je me
« trouve dans une tranquillité parfaite. Tes ré-
« flexions étaient vraies et j'en éprouve l'effet.
« J'aurai la force pour soutenir le pansement de
« sept plaies, je compte guérir par la patience et
« le courage. Plût à Dieu que nous puissions un
« jour accomplir le projet d'une petite retraite
« qui nous ramenât à la vraie religion. Pour
« moi, je le jure, je me métamorphoserais et je
« ferois succéder des occupations sérieuses aux
« frivoles amusements dont j'ai toujours eu l'es-
« prit rempli. J'ai des obligations infinies à Dieu ;
« il m'a enlevé aujourd'hui l'esprit de poète
« pour me laisser parler en philosophe chrétien.
« Adieu, cher ami intime; adieu, véritable et
« sincère ami, je t'embrasse tendrement. La pre-
« mière fois j'espère t'écrire de ma main quoique
« (je l'avoue franchement) j'aye une peste de
« pressentiment que je serai la dupe de tout ceci;
« mes doigts allongés et chancelants désignent
« que je suis tout mourant. Adieu, cher Déon,
« j'en ai trop fait. »

Grécourt mourut à Tours, le 2 avril 1743, âgé de cinquante-neuf ans et fut inhumé dans le chœur de la collégiale de Saint-Martin.

Ses poésies complètes n'ont pas été imprimées de son vivant. Elles furent rassemblées et publiées pour la première fois en 1716 (Lausanne et Genève, Marc-Michel Bousquet, 2 vol. in-12). Par la suite on les réédita, mais en y ajoutant une foule de pièces empruntées à Piron, à Voltaire, à Rousseau et auutres ateurs. Parmi les compositions appartenant réellement à Grécourt, on remarque le poème de *Philotanus* et un apologue *le Solitaire et la Fortune*.

Le poème de *Philotanus* fut imprimé, seul, en 1730 (Paris, Louis-Antoine Le Gond, in-8°). Une deuxième édition parut en 1721 (Amsterdam, David Mortier, in-8° de 48 pages).

On a aussi de Grécourt un ouvrage intitulé : *Maranzakiniana* (de l'imprimerie de Voust, l'an 1730; se vend chez Coroco, in-24 de 56 pages). Cet ouvrage contient les bons mots ou plutôt les bêtises d'un sieur Maranzac, officier de chasse du Dauphin, fils de Louis XIV et qui remplissait à la cour les fonctions de *bouffon*. La duchesse de Bourbon l'imprima elle-même, avec Grécourt, à son imprimerie du Palais-Bourbon.

Quérard, *La France littéraire*, III. 458-59. — L. Grégoire, *Diction. encyclopédique*, 895. — Dessessarts, *Siècles littéraires*. — Moréri, *Diction. historique*, V, 357. — *Biographie générale*, XXI. — Chalmel, *Hist. de Tour.*, IV, 220. — Larousse, *Grand dict. hist. du XIXe siècle*, VIII, 1494.

Grécousse, f., c^{ne} de Céré.

Grédinerie (la), f., c^{ne} de Chançay, près du bourg.

Gréez (les), f., c^{ne} de Monthodon. — *Greez*, carte de l'état-major.

Grefferie (la), vil., c^{ne} d'Épeigné-les-Bois, 18 habit.

Greffier (le), vil., c^{ne} de Saint-Flovier, 28 habitants.

Greffiers (ruisseau des), c^{ne} de Saint-Flovier. — Il prend sa source entre l'Ajonc et le Greffier et reçoit les eaux de la fontaine Martin.

Greffin (le lieu de), autrefois la **Lombrechière**, paroisse de Saint-Antoine-du-Rocher. — Ancien fief. Il relevait de l'archevêché de Tours, à foi et hommage lige et un demi marc d'argent à muance de seigneur. — (Arch. d'I.-et-L., G, 5.)

Grégoire (saint Georges-Florent), évêque de Tours, né en Auvergne, en 539, appartenait à une famille noble. Son père se nommait Florentius et sa mère Armentaria. Un de ses parents, saint Gallus, était évêque de Clermont. Il étudia sous la direction de saint Avit, de Vienne. Élu évêque de Tours en 573 (en 565, d'après Maan), en remplacement d'Euphrône, Grégoire fut un des plus illustres prélats de cette église. Il fit reconstruire sa cathédrale, incendiée sous son prédécesseur et fonda dans son diocèse plusieurs églises, entre autres, celle de Saint-Saturnin et celle de Saint-Julien, qui devint par la suite une abbaye de l'ordre de Saint-Benoit. Il occupa le siège de Tours pendant vingt et un ans et trois mois. Décédé le 17 novembre 595, âgé de cinquante-deux ans, il eut pour successeur Pelage. On l'a surnommé avec raison le Père de l'histoire de France. Il est certain, en effet, que sans lui une foule de faits qui se sont passés dans les premiers siècles de la monarchie française seraient restés ignorés. On a de lui les ouvrages suivants : *Historia Francorum*, *De gloria martyrum*, *De miraculis S. Martini*, *Vitæ Patrum*, *De miraculis S. Andreæ*.

A. Thevet, *Vie des hommes illustres*, 118-19. — *Vita Gregorii ab Odone monacho* (dans l'édition de Ruinart). — Cave, *Scrip. ecclesiast.*, I, 585. — *Vie de saint Grégoire*, par Levêque de la Ravallière (dans les *Mémoires de l'Académie des inscriptions et belles-lettres*, XXVI, 598, 637). — Fabricius, *Bibl. med. lat.*, III, 292. — Quérard, *La France littéraire*, III, 460. — Baillet, *Topographie des saints*, 250. — Antoine Rivet, *Hist. de la vie et des écrits de Grégoire de Tours* (dans l'*Histoire littéraire de France*, III, 372). — Maan, *S. et metrop. ecclesia Turonensis*, 39. — Chalmel, *Hist. de Tour.*, III, 573-95. — Martin Marteau, *Paradis délicieux de la Touraine*, II, 76. — Ceillier, *Hist. des auteurs ecclésiastiques*. — *Almanach de Touraine*, 1776. — L. Grégoire, *Diction. encyclopédique*, 848. — Oudin, *Comment. de script. ecclesiast.*, I, 1454. — *Vita S. Gregorii per clericos Turonenses descripta* (dans le Recueil de Surius, 17 novembre). — *Biographie générale*, XXI, 863. — L.-F. Jehan (de Saint-Clavien), *Les légendes vengées, ou Saint Grégoire de Tours historien des traditions apostiques de nos églises*, Tours, J. Bouserez, 1870, in-12. — C. Chevalier, *Défense de saint Grégoire de Tours*, Tours, 1869, in-8°. — Olivier Cherreau, *Hist. des illustrissimes archevêques de Tours*. — C.-G. Kries, *De Gregorii Turonensis episcopi vita et scriptis*, Vratislaviæ, F, Huet, 1830, in-8°. — A. Dupuy, *Saint Grégoire*, Paris, Louis Vivès, 1854, in-8°. — J.-W. Loebell, *Grégorius V. Tours, und Seine Zeit*, 1835, in-8°. — *Mém. de la Soc. archéol. de Tour.*, I, 11, 12; III, 201, 238; VII, 94, 268; IX, 339-40; XI, 61, 68. — D. Housseau, XV, 51; XIX, 32; XXVI. — *Semaine religieuse du diocèse de Tours* du 15 novembre 1879. — Moréri, *Diction. historique*, V, 365. — *Gallia christiana*, I, 739.

Grégoire (Martin), né à Tours, au commencement du xvi° siècle, exerça la médecine à Paris et y acquit une certaine célébrité. On ignore la date de sa mort. Il a laissé plusieurs ouvrages, entre autres, des *Opuscules de divers médecins, avec un traité des poids et mesures employés en médecine*, Lyon, Jean de Tournes, 1552, in-16, et un livre intitulé : *Claudii Galeni libri III de alimentorum facultatibus*, Parisiis, 1558, in-f°. — (*Almanach de Touraine*, 1777. — Chalmel, *Hist. de Tour.*, IV, 224. — *Bibliothèque* de la Croix du Maine, p. 315. — D. Housseau, XXIII, 286.)

Gregossières (les), et les **Hautes-Gregossières**, vil., cⁿᵉ de Langeais, 28 hab.

— *Grégossières*, cartes de Cassini et de l'état-major.

Grêle-Harée (le lieu de), près de la Brosse, cⁿᵉ de Vouvray.

Grêles-Rivières (les), f., cⁿᵉ de Souvigné.

Grelet (le bois de), près de la Malgagne, cⁿᵉ de Perrusson.

Grelets (le lieu des), près de la Mitonnerie, cⁿᵉ de Faye-la-Vineuse.

Grelets (le lieu des), cⁿᵉ de Nouâtre, près bourg.

Grelets (les), cⁿᵉ de Richelieu. V. *Grelletteries*.

Grelette (la), ham., cⁿᵉ de Chambon, 13 habitants.

Grelletterie, ou **Grelotterie** (la), f., cⁿᵉ de Damemarie. — *Grelotterie*, carte de l'état-major.

Grelletteries (les), f., cⁿᵉ de Richelieu. — *Les Grelets*, carte de l'état-major.

Grellettière (le lieu de la), cⁿᵉ de Civray-sur-Cher, près de Thoré et du Ravin-des-Joncs.

Grelière (la), cⁿᵉ de Faye-la-Vineuse. V. *Grillère*.

Grelotterie (la), cⁿᵉ de Damemarie. V. *Grelletterie*.

Grelusets (le lieu des), près de Vaux, cⁿᵉ de Chançay.

Grenache (la), ham., cⁿᵉ de Beaumont-Village, 14 habit. — *Ganache, seu Ganarchia, in parochia de Bello monte*, 1255. — *Grenade*, 1751. — Ancien fief. En avril 1255, Odon de Mary le vendit à l'abbaye de Villeloin, qui le posséda jusqu'à la Révolution. Il relevait de l'abbaye de Villeloin à foi et hommage lige. — (Arch. d'I.-et-L., chartes de Villeloin et *registres capitulaires*. — D. Housseau, XIII, 11060. — Bibl. nationale, Gaignères, 678. — Bibl. de Tours, fonds Salmon, *titres de Villeloin*.)

Grenade, cⁿᵉ de Villeloin. V. *Grenache*.

Grenadière (la), ham., cⁿᵉ de Saint-Cyr, 15 habit. — Il relevait du fief de Chaumont, suivant des déclarations féodales faites, le 5 mars 1651, par Michel Chartier; — le 30 mars 1690, par Michel Belon; — le 20 juin 1786, par François Renard. La maison de la Grenadière a été habitée pendant un certain temps par Honoré de Balzac. — (Arch. d'I.-et-L., G, 394, 395, 396. — C. Chevalier, *Promenades pittoresques en Touraines*, 160.)

Grenanda, ou **Grenaude**, f., cⁿᵉ d'Artannes, près du bourg.

Grenassia. V. *Grenet*, ruisseau.

Grenaude, cⁿᵉ d'Artannes. V. *Grenanda*.

Greneraie (la), c⁽ⁿᵉ⁾ de Joué-les-Tours. V. *Guenneraye*.

Grenerie (la), ou **Grenoissière**, c⁽ⁿᵉ⁾ de Bournan. — Elle dépendait de l'abbaye de Cormery, suivant des actes des 15 juillet 1579, 16 janvier 1624 et 31 mai 1713. — (Arch. d'I.-et-L., *Inventaire des titres de Cormery*.)

Grenet, ou **Grené** (moulin de), sur le Gault, ou Grenet, c⁽ⁿᵉ⁾ de Saunay. — *Moulin-de-Grêné*, cartes de Cassini et de l'état-major. — Ancien fief, relevant de Châteaurenault. En 1523, il appartenait à Louis Thibault, Éc., gentilhomme de la vénerie du roi et maître des eaux et forêts d'Amboise et de Montrichard; — en 1606, à Aimée Thibault, femme de N. Scot de Chavigny, qui le vendit, le 24 septembre de cette année, à Antoine Maslau, sieur du Plessis. En 1614, ce domaine était passé aux mains de Claude Voisine et de Lancelonne d'Argy, sa femme, qui le vendirent, le 25 juillet, à Jacques de Rigné, seigneur de la Guerinière. — (Arch. d'I.-et-L., *Inventaire des titres de la chambrerie de Saint-Julien; Biens nationaux. — Rôle des fiefs de Touraine*.)

Grenet (ruisseau de), ou le **Gault**. — *Rivulus Grenassiæ, seu Grenussiæ*, 946 (charte de Joseph, archevêque de Tours, concernant des biens de l'abbaye de Saint-Julien). — C'est à tort que M. Prosper Tarbé a traduit le mot *Grenussia* par l'Égronne. (*Examen de diverses chartes relatives à la Touraine*, dans la *Revue rétrospective* de janvier 1837, p. 11.) — Ce ruisseau prend sa source dans la commune de Saint-Cyr-du-Gault, passe dans celle de Saunay, fait mouvoir le Grand-Moulin, le moulin de Grenet et le moulin de Méré, va dans la commune de Châteaurenault et se jette dans la Brenne. — (*Gallia christiana*, IV. — Bibl. de Tours, manuscrit n° 1224. — E. Mabille, *Notice sur les divisions territoriales de la Touraine*, 166. — A. Joanne, *Géographie d'Indre-et-Loire*, 21.)

Greneterie (la), c⁽ⁿᵉ⁾ de Vallères, près de l'ancien lit du Cher, 17 habit. — *Grenetières*, XVIIᵉ siècle. — Ancien fief. On y voyait, en 1787, une chapelle creusée dans le roc et qui appartenait aux Cordeliers de Tours. — (Arch. d'I.-et-L., G, 14. — *Rôle des fiefs de Touraine*.)

Grenière (la), f., c⁽ⁿᵉ⁾ de Bournan. — *Grenière*, carte de Cassini.

Greniers-de-Césars (les). V. *Amboise*, couvent des Minimes.

Grenils (le lieu des), c⁽ⁿᵉ⁾ de Chançay, près du chemin de Vernou à Saint-Ouen.

Grenils (le lieu des), près de la Crapaudière, c⁽ⁿᵉ⁾ de Noizay.

Grenne-Bourse (le lieu de), près de la Cosnelle, c⁽ⁿᵉ⁾ de Saint-Benoît.

Grennetière (la), f., c⁽ⁿᵉ⁾ de Draché. — *Grenettière*, carte de Cassini. — Elle relevait de la baronnie de Ligueil (1600). — (Arch. d'I.-et-L., G, 404.)

Grennetière (le lieu de la), près de Saint-Philbert, c⁽ⁿᵉ⁾ de Gizeux.

Grenoisière (la), c⁽ⁿᵉ⁾ de Bournan. V. *Grenerie*.

Grenoisière (le lieu de la), près d'Humeaux, c⁽ⁿᵉ⁾ de Ligueil.

Grenouille (la), f., c⁽ⁿᵉ⁾ de Faye-la-Vineuse. — *Grenouille*, carte de Cassini.

Grenouille (moulin de), sur la Brenne, c⁽ⁿᵉ⁾ de Luynes.

Grenouillé, c⁽ⁿᵉ⁾ de Luynes. V. *Grenouiller*.

Grenouille (la), f., c⁽ⁿᵉ⁾ de Saint-Épain.

Grenouille, vil., c⁽ⁿᵉ⁾ de Sainte-Maure, 23 habitants.

Grenouilleau (moulin de), sur la Brenne, c⁽ⁿᵉ⁾ d'Auzouer. — *Grenouilleau*, carte de Cassini.

Grenouilleau (bois de), c⁽ⁿᵉ⁾ de Chemillé-sur-Dême.

Grenouilleau, f. et étang, c⁽ⁿᵉ⁾ de Marray. — *Le Grenouilleau*, carte de l'état-major.

Grenouilleau (moulin de), c⁽ⁿᵉ⁾ de Neuillé-le-Lierre. — *Cohabert*, ou *Grenouilleau*, 1537, 1571. — *Cohabert*, ou *la Tronce*, 1580. — *Moulin-de-Grenouilleau*, cartes de Cassini et de l'état-major. — Il relevait, pour une partie, de la Roche-de-Neuillé. En 1537, il appartenait à Jean Dubissier, dit d'Auvergne. Plus tard, il fut divisé en trois parts, que Jehan Lasneau, marchand à Châteaurenault, acheta successivement de Jean Menard (1563), de François de Herse, huissier de chambre du duc de Longueville (1566), et d'Étiennette Blanchard, veuve de Robert de Lestang (1584). En 1793, il fut vendu nationalement sur Didier-François Mesnard de Chouzy, émigré. — (Arch. d'I.-et-L., *Biens nationaux*. — Archives du château de Pierrefitte.)

Grenouilleau (le), f., près de l'étang l'Archevêque, c⁽ⁿᵉ⁾ de Villedômer.

Grenouillées (le lieu des), c⁽ⁿᵉ⁾ des Hermites. — Il relevait censivement de la châtellenie de la Ferrière, suivant une déclaration féodale du 23 février 1763. — (Archives du château de la Ferrière.)

Grenouiller (la), ou **Grenouillé**, f., c⁽ⁿᵉ⁾ de Luynes. — *Grenouillé*, ou *Petit-Vau-d'Avril*, XVIIᵉ siècle. — *Grenouiller*, carte de l'état-major. — *Grenouille*, carte de Cassini. — Ancien fief, relevant du Grand-Vau-d'Avril. — (Arch. d'I.-et-L., E, 372.)

Grenouillère (la), f., c⁽ⁿᵉ⁾ de Ballan. — *Grande-Grenouillère*, carte de l'état-major.

Grenouillère (la), ou les **Grenouillères**, ham., cne de Betz, 10 habit. — *Grenouillère*, carte de Cassini.

Grenouillère (la), vil., cne de Chambray, 25 habit.

Grenouillère (la), f., cne de Chaveignes.

Grenouillère (le lieu de la), près de Grange-Neuve, cne de Luzé.

Grenouillère (la), f., cne de Neuillé-Pont-Pierre. — *Grenouillère*, cartes de Cassini et de l'état-major. — En 1295, le prévôt d'Oë vendit ce domaine à N. de la Gesse, maître-école. — (Arch. d'I.-et-L., *prévôté d'Oë*.)

Grenouillère (la), f., cne de Perrusson. — *Grenouillère*, carte de Cassini.

Grenouillère (la Haute-), ham., cne de Perrusson, 13 habit. — Ancienne propriété des religieuses Viantaises de Beaulieu. — (Arch. d'I.-et-L., *titres des Viantaises; Biens nationaux.*)

Grenouillère (la), f., cne de Preuilly.

Grenouillère (la), f., cne de Rochecorbon.

Grenouillère (la), f., cne de Saché.

Grenouillère (la), f., cne de Saint-Antoine-du-Rocher.

Grenouillère (la), ou les **Grenouillères**, ham., cne de Saint-Flovier, 10 habit. — *Les Grenouillères*, cartes de Cassini et de l'état-major.

Grenouillère (la), vil., cne de Saint-Patrice, près de la Loire, 24 habit.

Grenouillère (le fief de la), paroisse de Saint-Quentin-sur-Indrois. — En 1584, il appartenait à Claude Rousseau; — en 1590, à Nicolas Rousseau. Jeanne, fille de ce dernier, épousa Antoine de Baraudin, qui fut, par suite de ce mariage, seigneur de la Grenouillère. Ce fief passa ensuite à René de Baraudin (1643) et fut possédé par cette famille jusqu'à la Révolution. — (Arch. d'I.-et-L., *titres de Saint-Quentin; E, 95; titres des Viantaises de Beaulieu.*)

Grenouillère (la), f., cne de St-Symphorien. — *Grenouillère*, carte de Cassini. — En 1667, elle appartenait à Pierre Bordier; — en 1732, à Louis Banchereau. — (Arch. d'I.-et-L., *Inventaire des titres de Saint-Julien.*)

Grenouillère (la), f., cne de Savigné. — *Grenouillère*, ou *Greauldière*, XVIIe siècle. — *Grenouillère*, carte de Cassini. — Ancien fief. — (*Rôle des fiefs de Touraine.*)

Grenouillère (la), f., cne de Savonnières.

Grenouillère (le lieu de la), cne de Sazilly, près du bourg.

Grenouillère (la Petite-), paroisse de Saint-Étienne de Tours. — Propriété de l'hôpital de Saint-Gatien. — (Arch. d'I.-et-L., *Biens nationaux.* — *Bulletin de la Soc. archéol. de Tour.* (1871), p. 155.)

Grenouillère (la), f., cne de Veigné.

Grenouillère (la), f., cne de Vouvray. — *Grenouillère*, carte de l'état-major.

Grenouillères (les), f., cne de Betz. V. *Grenouillère*.

Grenouillères (les), f., cne de Saint-Flovier. V. *Grenouillère*.

Grenouillet, cne de Luynes. V. *Grenouiller*.

Grenouillon, f., cne de d'Assay. — Elle relevait censivement du fief de Bascher. — (Arch. d'I.-et-L., C, 600.)

Grenouillon (le lieu de), près du Grand-Nembon, cne de Marcé-sur-Esves.

Grenssin. V. *Grenet*.

Grès (Saint-Jean-du-), cne d'Azay-sur-Cher. V. *Grais*.

Grès (le lieu du), près de la Chaussée, cne de Saint-Branchs.

Gresigny (le bois de), cne de Lémeré.

Gresille, cne de Beaumont-en-Véron. V. *Gresille*.

Gresles-Nouet, cne de Monnaie. V. *Heurrières*.

Greslon (bois de), cne de Bourgueil. — Il faisait partie de la forêt de Bourgueil, appartenant à l'abbaye du même nom. — (Arch. d'I.-et-L., *titres de Bourgueil.*)

Gresonnerie (la), f., cne de Paulmy. V. *Grisonnerie*.

Gressignère (le lieu de la), près du bourg de Charnizay.

Gressinerie, ou **Grossinerie** (le lieu de la), cne de Trogues. — Il fut vendu nationalement sur N. de Sassay, émigré, en 1793. — (Arch. d'I.-et-L., *Biens nationaux.*)

Gressu, Gresseio, Gressio (S. Johannes de), V. *Grais*, cne d'Azay-sur-Cher.

Gresves (les) cne de Sain.-Pierre-de-Tournon. V. *Grèves*.

Greux, vil., cne de Montlouis, 118 habit. — *Villa Grussio in pago Turonico in condita monte Laudiacensi*, 818 (Donation d'Haganon). — *Villa Grusso in vicaria Laudaciensi*, 916 (charte de Saint-Martin). — *Grusacum*, 943 (diplôme de Louis d'Outremer). — *Terra de Grois*, 1283 (charte du prieuré de Bois-Rahier). — *Grois*, 1336 (*Cartulaire de l'archevêché de Tours*). — *Groys*, 1469 (*Martyrol. S. Juliani*). — *Greux*, carte de Cassini. — Ancien fief, relevant d'Amboise. Au Xe siècle, il appartenait à l'abbaye de Saint-Julien; — en 1500, à Guillaume

Bernard, qui eut une fille, Françoise, mariée à Martin Travers. Françoise Bernard vendit ce fief, par acte du 21 octobre 1517, à Philibert Babou. Plus tard, il passa à Saladin d'Anglure. Après la mort de ce dernier, il fut vendu par décret et adjugé, le 24 mars 1629, à Jeanne Hennequin, femme de Gilbert Filhet de la Curée. Par acte du 24 mai 1683, Madeleine Bibault, veuve de Georges Pelissary, le vendit à Philippe de Courcillon, marquis de Dangeau, qui le réunit au marquisat de la Bourdaisière érigé en sa faveur en juin 1717. Depuis cette époque jusqu'à la Révolution, Greux a été une dépendance de la Bourdaisière.

Arch. d'I.-et-L., C, C03; E, 5, 65; *prieuré de Grandmont.* — Bibl. de Tours, manuscrit n° 1280. — D. Martène, *Thes. anecd.*, I, 71. — *Recueil des historiens des Gaules*, IV, 593. — Monsnier, *Hist. S. Martini Tur.*, cxx. — *Cartulaire de l'archevêché de Tours.* — J. Quicherat, *De la formation française des anciens noms de lieu*, 31. — E. Mabille, *La Pancarte noire*, 400, 401; *Notice sur les divisions territoriales de la Touraine*, 86.

Grève (la), f., c^{ne} de Larçay.

Greveirère (le lieu de la), près des Mées, c^{ne} de Bossay.

Grèves (les), ou **Gresves**, ham., c^{ne} de Saint-Pierre-de-Tournon, 10 habit. — Ancien fief. En 1505, il appartenait à Méry de Belz, Éc.; — en 1538, à Antoine de Neddes, Éc., marié à Isabeau d'Alès. — (D'Hozier, *Armorial général*, reg. 3e, 1re partie. — Lainé, *Archives de la noblesse de France*, X, généal. de Mauvise. — *Rôle des fiefs de Touraine*.)

Greviers, f., c^{ne} de Sonzay.

Grezelle, c^{ne} de Balesmes. V. *Gruzelles*.

Greziacum. V. *Grisay*, c^{ne} de Pussigny.

Grezille (la), vil., c^{ne} de Beaumont-en-Véron, 37 habit. — *Le Gresil*, ou *la Gresille*, 1700. — Ancien fief. En 1538, il appartenait à René d'Espinay; — en 1683, à Louis Berniu. Il a été compris dans le marquisat d'Ussé, érigé en 1692. — (Arch. d'I.-et-L., C, 654; E, 163; *collégiale d'Ussé*. — D. Housseau, XIV, XVIII.)

Griardière (la), ou **Griarderie**, f., c^{ne} de Neuillé-le-Lierre.

Grièves (les), vil., c^{ne} de la Chapelle-sur-Loire, 45 habit.

Griffonnière (le lieu de la), près de la Soultière, c^{ne} de Bournan.

Griffonnière (la), f., c^{ne} de Chambray.

Griffonnière (la), f., c^{ne} de Nouillé-Pont-Pierre. — Elle relevait censivement d'Armilly, suivant un bail du 23 juin 1754 et appartenait, à cette époque, à Michel-Roland des Escotais. — (Arch. d'I.-et-L., E, 82.)

Grignon, vil., c^{ne} de Balesmes, près de l'Esves, 33 habit. — *Mongrignon*, 1526-58. — *Grignon*, carte de l'état-major. — Ancien fief, relevant du château de Nouâtre, à foi et hommage simple. Il est qualifié de *fief noble* dans un titre de 1703. En 1526, il appartenait à Nicolas Raymond, Éc., qui rendit hommage le 15 novembre; — en 1558, à Pierre Raymond. Au XVIIIe siècle, la famille de Voyer d'Argenson en était propriétaire. — (D. Housseau, XII, 8031, 8243. — Bibl. de Tours, fonds Salmon, *titres de Sainte-Maure*.)

Grignon (les landes de), c^{ne} de la Celle-Guenand.

Grignon, f., c^{ne} du Grand-Pressigny. — *Grignon*, carte de Cassini. — Ancien fief. — (*Rôle des fiefs de Touraine*.)

Grignonnière (la), c^{ne} de Saint-Denis-hors. V. *Guillonnière*.

Grigny, vil., c^{ne} de Chinon. — *Grigny*, carte de Cassini. — Le Chapitre du Plessis-les-Tours y possédait une métairie qui fut vendue nationalement en 1791. — (Arch. d'I.-et-L., *Biens nationaux*.)

Grihonne (bois de), près du moulin de Corisiers, c^{ne} de Langeais.

Grille (les Grande et Petite-), f., c^{ne} d'Autogny. — *Grailla*, XIe siècle. — *La Grille*, cartes de Cassini et de l'état-major. — Vers 1083, Renaud Freslon de la Haye donna à l'abbaye de Noyers le droit de dîme qu'il avait sur ces domaines. — (*Cartulaire de Noyers*.)

Grille (la), ham., c^{ne} de Benais, 15 habit.

Grille (le lieu de la), près de Vaumorin, c^{ne} de Chançay.

Grille (le lieu de la), c^{ne} de Chançay, près du bourg et de la Breune.

Grille (la), f. et chât., c^{ne} de Chinon. — *La Grille*, cartes de Cassini de l'état-major. — En 1689, Guillaume Daguindeau était qualifié de sieur de la Grille. — (Arch. d'I.-et-L., *titres de Saint-Jacques de Chinon*.)

Grille (le bois de la), c^{ne} de Chinon.

Grille (le lieu de la), près du chemin des Réaux, c^{ne} de Chouzé-sur-Loire.

Grille (la), f., c^{ne} de Crouzilles.

Grille (la), f., c^{ne} de Saint-Cyr.

Grille (le lieu de la), à Ussé, c^{ne} de Rigny. — Dépendance de la terre d'Ussé. — (Arch. d'I.-et L., *Biens nationaux*. — Bibl. de Tours, *Inventaire d'Ussé* (manuscrit, n° 1420.)

Grillé (le bois), près de Chaslet, c^{ne} de Mazières.

Grille-Midi, f., c^{ne} d'Orbigny.

Grillemont, f. et chât., c^{ne} de la Chapelle-Blanche. — *Grislomons*, 1064 (charte de Saint-Martin). — *Grislum mons*, 1095 (charte de Hubert de Durestal). — *Fortelicia de Grislemont*,

1205 (Archives nationales, J, 622). — *Grilemont, Grilo mons, Domus de Grillemont, Grilmont, Grillement*, xiii° siècle (chartes du Liget et de Baugerais). — *Ville de Grillemont*, 1464. — *Grillemont*, cartes de Cassini et de l'état-major. — Ancienne châtellenie, relevant de la baronnie de Ligueil à foi et hommage lige et un roussin de service. Le jour de saint Laurent, le châtelain devait fournir à l'église de Ligueil un homme d'armes *pour la garde de la vigile*.

On voit, par un acte de 1443, que le seigneur de Betz était tenu de payer une livre de poivre au seigneur de Grillemont, le jour de la mi-août ou le dimanche d'après.

Le seigneur de Grillemont possédait un droit appelé *fleurs de Grillemont* et qui consistait en une redevance qu'il percevait sur les bœufs existant dans le ressort de sa justice : trois sols un denier pour deux bœufs labourant dix arpents de terre; six sols deux deniers pour quatre bœufs labourant vingt arpents de terre, etc.

D'après D. Housseau, le château actuel aurait été bâti entre 1465 et 1470, par Bertrand de Lescoet. « Cette place, dit-il, parut importante à
« M. de Lescoet, il résolut d'en faire une bonne
« forteresse. Pour la décorer, il amplifia le bourg,
« bâtit des maisons, forma plusieurs rues et for-
« tifia cette petite ville de portes et de murs. Le
« château attira son attention, il le fit bâtir sur
« une éminence qui domine la ville; quatre
« grosses tours en font la base et, pour en rendre
« l'entrée plus difficile, il fit des caves spacieuses,
« sur lesquelles il éleva les salles, les cours et
« autres appartements du château. La profon-
« deur des douves, la proximité des étangs, con-
« courent à le rendre d'un difficile accès; en peu
« de temps on pourrait environner d'eau le châ-
« teau de Grillemont. »

Comme le dit avec raison D. Housseau, la tradition se trompe lorsqu'elle attribue la construction de ce château à Tristan Lhermite, grand prévôt de l'hôtel, sous Louis XI. Cette tradition est démentie par l'existence des armoiries de la maison de Lescoet au-dessus de la porte et dans la chapelle dépendant du vieux manoir. De son côté, Dufour, dans son *Dictionnaire de l'arrondissement de Loches*, a commis une erreur manifeste en disant que Tristan Lhermite a été un des propriétaires de ce château.

La chapelle de Grillemont, contemporaine du château, était appelée *chapelle de Saint-Solbœuf*. Elle constituait un bénéfice dont la présentation appartenait au seigneur de Grillemont. L'archevêque de Tours avait le droit de collation. On la trouve mentionnée comme étant en bon état dans le *Registre de visite des chapelles du diocèse de Tours*, en 1787.

Les seigneurs de Grillemont étaient patrons et fondateurs de l'église de la Chapelle-Blanche. A ce titre, ils y avaient le droit de litre funèbre et de sépulture. En raison de leur qualité de patrons-fondateurs, ils étaient tenus de faire les réparations au clocher et au chœur.

Par lettres patentes de novembre 1740, la justice de Grillemont fut réunie à celle de la Chapelle-Blanche.

SEIGNEURS DE GRILLEMONT.

I. — Geoffroy de Grillemont, chev., vivant en 1050, est le premier seigneur connu de ce fief. Il est cité dans une charte de Saint-Martin de Tours, relative à un différend qui s'était élevé entre le trésorier et le Chapitre de cette collégiale.

II. — Raoul de Grillemont, probablement fils du précédent, figure dans une charte du mois de mai 1086. Il était maire de Ligueil, fonctions qui constituaient un fief relevant du doyen de Saint-Martin. Toutes les personnes qui voulaient se marier dans l'étendue du territoire de Ligueil étaient tenues de le prévenir de leur mariage et, en lui donnant cet avis, de lui offrir un porc.

III. — Jean de Grillemont est cité dans des chartes de la collégiale de Saint-Martin, de 1130 et 1135.

IV. — Hélie de Grillemont, premier du nom, vivait en 1175.

V. — Barthélemy de Payen, chevalier-banneret, fils de Renaud de Payen, seigneur de la Chapelle, de la Bruère et de Grillemont, vendit au Chapitre de Saint-Martin de Tours, en 1210, le fief de Preuilly, situé près de la basilique de Saint-Martin. Au mois de juillet 1211, au moment de partir pour la croisade, il donna au même Chapitre une dîme qu'il possédait dans la baronnie de Ligueil. A son retour de la Terre Sainte, en 1213, il vendit au doyen de Saint-Martin la mairie de Ligueil et le logis seigneurial qui en dépendait. De son mariage avec Eustoche, il eut un fils unique, Geoffroy, qui suit.

VI. — Geoffroy de Payen, chev., seigneur de Grillemont, de Boussay, de la Forge, de Sennevières, figure dans une charte de Dreux de Mello, seigneur de Loches, en 1223. L'année suivante, il donna à l'abbaye de la Merci-Dieu, pour le repos de son âme, des terres et des bois situés près de Chantemerle, paroisse de Boussay. Mabille, sa première femme, approuva cette donation. Geoffroy de Payen n'eut pas d'enfants de son premier mariage. En secondes noces, il épousa Isabeau de Preuilly, fille de Geoffroy, baron de Preuilly, et de Luce de N. De ce mariage sont issus : Geoffroy, qui suit, et Jean, marié à Isabeau de Palluau.

VII. — Geoffroy de Payen, chev., seigneur de Grillemont, de Boussay, de la Forge et de Sennevières, est mentionné dans un acte de 1291.

VIII. — Jean de Payen, frère du précédent et seigneur des mêmes lieux, fit une transaction avec l'abbé de Preuilly, en 1318. On le voit figurer dans une charte de 1326, concernant l'abbaye de Villeloin. D'Isabeau de Palluau il eut une fille, Jeanne, qui épousa Nicolas de Menou, chev., seigneur de Boussay.

IX. — Barthélemy de Montbazon, seigneur de Grillemont, de Montbazon, de Bois-Robert, d'Isernay et de Colombiers, mourut en 1347. Il avait épousé Jeanne Barbe, dont il eut une fille, Isabeau, qui fut mariée, en 1337, à Jean de l'Ile, chev., seigneur de Sainte-Maure, — et un fils, Jean, qui suit.

X. — Jean de Montbazon, chev., seigneur de Grillemont, est cité dans des actes de 1358 et 1363. Au mois de décembre de cette dernière année, il vendit à Pierre Beaucousin la métairie de Neuville, paroisse de Saint-Ours de Loches, pour vingt-quatre florins d'or, en se réservant six deniers de franc-devoir.

XI. — Hugues de Villaines, chev., devint seigneur de Grillemont, par suite de son mariage avec Jeanne Barbe, veuve de Barthélemy de Montbazon. Il mourut en 1365.

XII. — Jean de la Mesurière, chev., fut seigneur de Grillemont après Hugues de Villaines. On ne sait si cette terre lui était venue par héritage ou s'il l'avait achetée. On a de lui un sceau portant la date de 1371.

XIII. — Guillaume de Naillac, chev., seigneur de Grillemont, céda cette châtellenie, vers 1375, à Ingelger d'Amboise.

XIV. — Ingelger d'Amboise, chev., seigneur de Grillemont, de Rochecorbon, de Marans, des Montils, fils d'Ingelger d'Amboise et d'Isabeau de Thouars, prit part à l'expédition faite en Afrique, par le duc de Bourbon, en 1390. Il mourut en 1410, laissant cinq enfants de son mariage avec Jeanne de Craon, fille de Pierre de Craon, seigneur de la Suze, et de Catherine de Machecoul : 1° Louis, seigneur d'Amboise, vicomte de Thouars et prince de Talmont; 2° Marie, qui épousa, le 14 janvier 1409, Amaury de Craon; 3° Jacquette, femme de Jean de la Tremoille, seigneur de Jonvelle (contrat du 17 juillet 1424); 4° Perronnelle, dame de Rochecorbon, mariée, le 12 juin 1412, à Hardouin, seigneur de Maillé; 5° Isabelle, femme de Jean d'Ancenis, chev., seigneur de Martigné-Ferchault. — Vers 1400, Ingelger d'Amboise avait donné la terre de Grillemont à Perronnelle, sa sœur.

XV. — Perronnelle d'Amboise, dame de Grillemont, épousa Olivier du Guesclin, comte de Longueville, frère du connétable. Par acte du 19 octobre 1402, elle transigea avec les religieux de Bois-Rahier, au sujet d'une rente qui leur était due par la châtellenie de Grillemont. Olivier du Guesclin mourut au commencement de l'année 1403. Sa veuve contracta un second mariage avec Guillaume de la Belloceraye. Elle mourut en 1405.

XVI. — Guillaume de la Belloceraye, chev., seigneur de Grillemont, du chef de sa femme, figure dans des actes des 7 mars 1406 et 12 juillet 1421.

XVII. — Yves de Belloceraye, fils du précédent, chev., seigneur de Grillemont, chambellan du roi, donna à bail, par acte du 6 juillet 1428, à Étienne et Guillaume Raouleau, un emplacement de maisons situé dans la basse-cour du château de Grillemont. Il épousa, vers 1430, Jeanne de Linières, veuve d'Antoine de Preuilly, seigneur de la Rochepozay, dont il eut une fille, Guilloche, femme de Henri Laurent, Éc. En 1454, il voulut empêcher, en ayant recours à la force armée, le doyen de Saint-Martin de Tours, baron de Ligueil, de tenir ses assises. Cette affaire donna lieu à un procès qui se termina par une transaction, le 8 novembre de la même année. Yves de la Belloceraye vivait encore en 1464.

XVIII. — Roland de Lescoet, chev., acheta Grillemont de Yves de la Belloceraye ou de ses héritiers. Il était conseiller et chambellan du roi, grand veneur de France (1457), capitaine-gouverneur du château de Loches. Il épousa, en premières noces, Thomine Péan, et, en secondes, Marguerite Le Borgne, fille de Robert Le Borgne, Éc., et de Thiphaine de Kerenrais. De ce mariage naquirent trois enfants : 1° Bertrand, qui suit; 2° Louis, qui est mentionné dans un acte de 1463; 3° Jean, vivant en 1464. — Roland de Lescoet mourut le 10 décembre 1467 et fut inhumé dans l'église collégiale de Loches, près de l'entrée du chœur. Vers 1778, le Chapitre fit enlever ce tombeau qui était recouvert d'une plaque de cuivre rouge portant cette inscription :

Sous ce piteux édifice dolent
Ce gyst le corps de M° Rolant
De l'Iscouet, très féal chevalier,
En son vivant chambellan, conseiller
Du roy des Francs, et grand veneur de France,
De Montargis bailly de grand'prudance,
Maistre des eaux et forêts de Touraine,
A Loches fut général cappitaine
Et de Bourguoin, moult vaillant et expert,
Seigneur estoit aussi de Kerypert
De Kembellek, voire de Grillemont;
Qui trespassa, comme tout vivant font
Le jour mortel dixiesme de décembre
L'an mil quatre cent, de ce suis-je remembre
LXVII, fut mis sous ceste lame
Priez Dieu qu'il en veuille avoir l'ame.

Marguerite Le Borgne, veuve de Roland de Lescoet, donna, en 1468, à la collégiale de Loches, la somme de cent écus pour la fondation de l'anniversaire de son mari. L'acte de donation portait que cette somme serait convertie en rente, et que tous les ans, le 29 octobre, jour de l'anniversaire, soixante-trois sols seraient distribués, sur le tombeau même de Jean de Lescoet, aux ecclésiastiques présents à la cérémonie. Marguerite Le Borgne épousa, en secondes noces, Philippe de Rohan-Montauban, chev., vicomte du Bois-de-la-Roche, baron de Grenonville, chancelier de Bretagne.

XIX. — Bertrand de Lescoet, chev., seigneur de Grillemont, capitaine-gouverneur de Loches, mourut vers 1486, laissant deux enfants : Jean, qui suit, et Jeanne. Ceux-ci eurent pour tuteur d'abord Guillaume de Sully, seigneur de Wallon, et ensuite Lubin, dit l'Anglais, nommé par arrêt judiciaire du 13 janvier 1497.

XX. — Jean de Lescoet, chev., seigneur de Grillemont, est cité dans des actes des 2 février 1506 et 20 septembre 1517. Il mourut en 1524, laissant un fils, Roland, qui eut pour tuteur Roland Barton, abbé de Solignac.

XXI. — Roland de Lescoet, chev., épousa Charlotte de la Chapelle, fille de Julien de la Chapelle, Éc., seigneur de Cordouan, et de Françoise de Signy. Il mourut en 1557, laissant une fille unique, Jeanne, mariée, le 21 août 1576, à René de Vaucelles. Charlotte de la Chapelle épousa, en secondes noces, le 30 août 1559, Pierre de Vaucelles.

XXII. — Pierre de Vaucelles, chev., seigneur de Grillemont (du chef de sa femme Jeanne de Lescoet), de Rouvray, de la Guespière et de la Voûte, homme d'armes de la compagnie du duc de Montpensier, avait épousé, en premières noces, le 13 décembre 1553, Renée de Bidoux, fille de Louis de Bidoux, Éc., seigneur du Coudray, et de Catherine Aussard. De ce mariage il eut René, qui suit; de son second mariage avec Jeanne de Lescoet, naquit François, seigneur des Hayes et de Cordouan, chevalier de l'ordre du roi, marié à Anne Baillet, fille de René Baillet, seigneur des Hayes.

XXIII. — René de Vaucelles, chev., seigneur de Grillemont, de Massilly et du Petit-Boussay, rendit aveu, pour sa terre de Grillemont, en 1580. De Jeanne de Lescoet, il eut un fils, Roland, qui est cité dans un acte de 1615. En 1614, René de Vaucelles et sa femme vendirent Grillemont à Jean-Gabriel de la Hillière.

XXIV. — Jean-Gabriel de la Hillière, chev , seigneur de Grillemont et du Clos-Lucé, sergent-major au régiment des gardes du roi, capitaine-gouverneur de Loches et de Beaulieu, mourut le dernier jour d'août 1630 et fut inhumé dans l'église des Minimes de Montgoger. Son cœur fut déposé dans l'église collégiale de Loches, dans la nef, près de la chapelle de Sainte-Barbe. Il avait épousé Louise de Gast (et non pas Anne, comme le dit Lambron de Lignim), dame d'honneur de la reine-mère, fille de Michel de Gast, seigneur de Montgoger, et d'Antoinette de Montmorency. De ce mariage sont issus : Louis, dont on parlera plus loin, et Anne, née à Amboise, le 22 septembre 1614. En 1633, Louise de Gast constitua une rente de 437 livres 10 sols au profit du Chapitre de Notre-Dame de Loches.

XXV. — Louis de la Hillière, chev., seigneur de Grillemont (1630), mourut vers 1687. En 1686, la terre de Grillemont avait été saisie sur lui et donnée à bail judiciaire.

XXVI. — Louis, Charles, Gilles, Guillaume et Antoine d'Amboise, héritiers de Louis et de Anne de la Hillière et de Louise de Gast, veuve de Jean-Gabriel de la Hillière, possédaient Grillemont en 1689. Peu de temps après, cette terre fut achetée par Louis Rouillé de la Chesnaye et Claude-Mathieu Espiard.

XXVII. — Louis Reuillé de la Chesnaye, bourgeois de Paris, acheta, le 1er août 1697, de Charles-Mathieu Espiard et de Marie-Thérèse Boullard, sa femme, leur part de la terre de Grillemont et vendit ce domaine, par acte du 14 avril 1699, à Charles Le Noble.

XXVIII. — Charles Le Noble, bourgeois de Paris, seigneur de Grillemont, vendit cette terre à René-François Boutin, par acte du 11 avril 1720.

XXIX. — René-François Boutin, conseiller au Parlement de Paris, seigneur de Grillemont (1720-1735).

XXX. — Claude de Monnerac, Éc., propriétaire de Grillemont, en 1736, rendit aveu au roi, pour cette terre, le 13 février.

XXXI. — François-Balthazar Dangé d'Orsay, conseiller et secrétaire du roi et fermier général, se rendit adjudicataire, le 13 février 1739, de la terre de Grillemont, vendue, par décret, sur François du Buisson, curateur de la succession vacante de Charles Le Noble qui, nous ne savons comment, était rentré en possession de ce domaine après 1736. Ce seigneur dépensa quatre cent mille livres pour la restauration du château dont il modifia le caractère et dont il supprima le donjon pour ouvrir la cour. Il détruisit également ce qui subsistait de l'ancienne ville de Grillemont, pour agrandir son parc et ses jardins, qu'il fit dessiner dans le goût de Lenôtre. La terre de Grillemont passa, en 1777, aux mains de son neveu.

XXXII. — René-François-Constance Dangé d'Orsay, maréchal des camps et armées du roi, chevalier de Saint-Louis, seigneur de Grillemont, de Manthelan, du Puy-de-Sepmes, de Taffonneau, de Vou, de Civray et de la Roche-Saint-Jean, avait épousé Louise-Madeleine Charpentier. Il comparut, par fondé de pouvoir, à l'assemblée électorale de la noblesse de Touraine, en 1789. Il mourut le 6 thermidor an III, laissant le château et la terre de Grillemont à son fils, Balthazar-Constance Dangé d'Orsay, marié à dame Marie-Rose-Blanche Leboullanger. Ceux-ci vendirent le 28 floréal an VI, à Hippolyte Collineau, armateur à Nantes.

Aujourd'hui le château appartient à M. Lecointre, qui en a confié la restauration à M. Guérin, architecte à Tours.

Arch. d'I.-et-L., C. 336; E. 15, 31, 74; G, 14, 24, 404, 415; *Inventaire des titres de Bois-Rahier.* — Archives de la Vienne, H, 3, liasse 486. — D. Housseau, II, 203; III, 885; VI, 2339, 2580, 2592; VII, 2606, 2775; VIII, 3737 *bis*; XII, 5710, 5711, 5712, 5713, 5715, 5716, 5723, 5724, 5725, 5726, 5727, 5729, 5731, 5734, 5735, 5736-37; XIV;

XVIII. — C. Chevalier, *Inventaire des archives d'Amboise*, 272, 293. — L'abbé Bardet, *L'église collégiale du château de Loches*, 56, 57. — La Chesnaye-des-Bois et Badier, *Diction. de la noblesse*, XIX, 536. — D'Hozier, *Armorial général*, reg. 5e, généal. de Vaucelles, — P. Anselme, *Hist. généal. de la maison de France*, VIII, 71, 702, 837. — *La Touraine*. 499. — *Cartulaire du Liget*. — *Rôle des fiefs de Touraine*. — *Journal d'Indre-et-Loire* du 10 messidor an VI. — *Historiens de France*, V. 264. — *Preuves de l'histoire de la maison de Menou*, 19. — *Cartulaire de l'archevêché de Tours*. — La Thaumassière, *Hist. du Berry*, 639. — Dufour, *Diction. de l'arrondissement de Loches*, 201. — Chalmel, *Hist. de Tour.*, III, 150. — Beauchet-Filleau, *Diction. des familles de l'ancien Poitou*, II, 777. — *Mém. de la Soc. archéol. de Tour.*, VII, 270 ; X, 97, 189; XII, 104. — *Annuaire-almanach d'Indre-et-Loire* (1877), p. 70. — Bibl. de Tours, manuscrit nos 1308, 1352, 1366. — *Étrennes à la noblesse*, VI, 195. — C. Chevalier, *Promenades pittoresques en Touraine*, 552. — Douët d'Arc, *Collection de sceaux*, I, 668. — Archives nationales, J, 622, n° 1. — *Conférence de la Rédaction de la coutume de Touraine*, 486.

Grillemont, vil., cne de Saint-Mars, 40 habit. — *Grislomons*, XIIe et XIIIe siècles (chartes de l'abbaye de Saint-Julien et de Saint-Martin). — Ancien fief. En 1501, il appartenait à Olivier de Braye, Éc. ; — en 1540, à Mathurin de Broc, Éc., seigneur de Lizardière, mestre des camps et armées du roi, gouverneur de Carentan, qui épousa Louise de Lavardin. De ce mariage naquit François de Broc, Éc., seigneur de Saint-Mars, de Grillemont, de Lizardière, de Chemiré et du Perray, marié, le 11 mars 1596, à Françoise de Montmorency, fille de Pierre de Montmorency, marquis de Thury, et de Jacqueline d'Avaugour.

François de Broc eut six enfants : 1° Jacques, qui suit ; 2° Pierre, seigneur de Lizardière; 3° François, chevalier de Malte, 4° Catherine, femme de François des Loges, Éc., seigneur de la Charbonnière ; 5° Antoinette; 6° Anne.

Jacques de Broc, chev., seigneur de Saint-Mars et de Grillemont, épousa, le 1er juillet 1624, Marguerite de Bourdeilles, fille de Claude de Bourdeilles, baron de Matas, et de Marguerite du Breuil. De ce mariage sont issus : 1° Pierre, mort sans postérité; 2° Michel, marié, le 2 août 1666, à Élisabeth Prudhommeau, fille d'Antoine Prudhommeau, seigneur de Darrou, et de Renée Fautras ; 3° Jacques; 4° Louis.

En 1630, Grillemont était passé aux mains d'Antoine Ruzé, marquis d'Effiat, baron de Saint-Mars. Depuis cette époque jusqu'à la Révolution, il a été possédé par les seigneurs de cette dernière terre. — (Arch. d'I.-et-L., *prieuré de Saint-Mars*. — A. Duchesne, *Hist. de la maison de Montmorency*, 304. — Bibl. de Tours, manuscrit n° 1278. — La Chesnaye-des-Bois et Badier, *Diction. de la noblesse*, IV, 211. — Lainé, *Archives de la noblesse de France*, IV. — *Rôle des fiefs de Touraine*. — *Mém. de la Soc. archéol. de Tour.*, VII, 274.)

Grillère (la), f. et chât., cne de Faye-la-Vineuse. — *Grelière*, 1468, 1518, 1622. — *Grillère*, carte de Cassini. — Ancien fief, relevant de Faye-la-Vineuse, à foi et hommage lige et un éperon doré. En 1468, il appartenait à Jean Luillier; — en 1553, à Nicolas de Remefort, Éc. ; — en 1618-22, à Jean de Remefort; — en 1732, à Mathieu d'Armagnac, lieutenant des maréchaux de France ; — en 1775, à Barthélemy-Olivier Gauffereau, trésorier de France à Tours. Jean de Remefort et Élisabeth de Machecot, sa femme, eurent leur sépulture dans une chapelle dépendant du logis seigneurial. L'inscription suivante fut placée sur leur tombe :

CY GISSENT JEAN DE REMEFORT ESCUIER Sr DE LA GRELIERE, VIVANT CONSEILLER DU ROY EN SON GRAND CONSEIL, LEQUEL DECEDA A PARIS LE XXV DEC. DE L'ANNÉE 1622 ET DAMOISELLE ÉLIZABETH DE MACHECOT, SA FEMME, LAQUELLE DÉCEDA DANS LA DICTE MAISON DE LA GRELIERE LE 26 DE SEPT. DE L'ANNÉE 1626. LEURS VERTUS ET MERITES ET LA VRAYE ET BÔNE REPUTATION QU'ILS ONT ACQUIS SONT MIEULX GRAVÉS DANS LA MÉMOIRE DE CEULX QUI LES ONT COGNEUES QU'ILS NE POUVAIENT ESTRE SUR CE MARBRE. ET AUSSI QU'ILS N'ONT POINT EU D'AULTRE OBJET DE LEUR BÔNE VIE QUE L'AMOUR DE DIEU, LE DESIR DE SA GRACE ET L'ESPÉRANCE DE LA SECONDE ET BIENHEUREUSE VIE.

Arch. d'I.-et-L., B, 17; C, 600; E, 323; *cure de Crouzilles*; *Rôle des 20es*. — *Rôle des fiefs de Touraine*. — Bibl. de Tours, fonds Lambron, *Châteaux et fiefs de Touraine*. — Note communiquée par M. Nobilleau.

Grillère (la), f., cne de Rilly. — *Grierres*, carte de Cassini.

Grillerie (la), f., cne de Couesmes. — *Guillerie*, carte de Cassini.

Grilles (le lieu des), près de Richebourg, cne de Vernou.

Grillon (le gué de), sur le ruisseau de l'étang de Villiers, cne de Chemillé-sur-Indrois.

Grillon (le), f., cne de Cinais.

Grillon (le lieu du), près de la Roulinière, cne de la Ferrière.

Grillon (le lieu du), près de l'Indre, cne de Saché.

Grillonnière (la), vil., cne de Chemillé-sur-Indrois, 18 habit.

Grillonnière (la), f., cne de Civray-sur-Cher.

Grillonnière (la), cne de Saint-Denis-hors. V. *Guillonnière*.

Grillonnière (le lieu de la), cne de Veigné. — Il relevait censivement du fief du Temple, près de Montbazon. — (Arch. d'I.-et-L., *commanderie de Ballan*.)

Grillonnières (le lieu des), près de Bazonneau, cne de Montbazon.

Grillons (les), f., c^{ne} de Lussault.

Grimace (la), f., c^{ne} de Marcé-sur-Esvres, près du bourg.

Grimaud, f., c^{ne} de Chambourg.

Grimauderie (la), f., c^{ne} de Couesmes.

Grimauderie (la), c^{ne} de Ligueil. V. *Grimaudrie.*

Grimaudière (la), c^{ne} de Neuillé-Pont-Pierre. — *Nimaudière,* carte de l'état-major. — Elle relevait du fief d'Armilly. — (Arch. d'I.-et-L., G, 257.)

Grimaudière (le lieu de la), près de la Tour-Sibylle, c^{ne} de Sepmes.

Grimaudières (le lieu des), près des Bâtiments, c^{ne} de Chouzé-sur-Loire.

Grimaudières (le lieu des), près des Sermères, c^{ne} de Rilly.

Grimaudières (le lieu des), paroisse de Sainte-Julitte. — En 1660, il appartenait à Pierre de la Vallière. — (Registres d'état civil de Saint-Flovier.)

Grimaudières (le lieu des), près de la Péchotière, c^{ne} de Vallères.

Grimaudrie (la), f., c^{ne} de Ligueil. — *Grimauderie,* carte de Cassini.

Grimaux (le lieu des), près des Girardières, c^{ne} du Louroux.

Grimbel, f., c^{ne} de Faye-la-Vineuse.

Grimoires (le lieu des), c^{ne} de la Roche-Clermault, près du chemin de Chinon à Marçay.

Grimonne (le lieu de la), près de Vonnes, c^{ne} de Saint-Pierre-de-Tournon.

Gringolerie (la), vil., c^{ne} de Saint-Paterne, 26 habit. — *Gringolerie,* carte de l'état-major.

Grioches, vil., c^{ne} de Restigné, 28 habit.

Gripault (le lieu de), près du moulin de la Besse, c^{ne} de Gizeux.

Gripault (le lieu de), près du Perron, c^{ne} de Lignières.

Gripault, f., c^{ne} de Mazières.

Gripaux (le lieu de), près de la Fortilière, c^{ne} de Reugny.

Gripeignes (le lieu des), c^{ne} de la Celle-Saint-Avent, près du chemin de la Rivaudière à la Fosse.

Griperie (le lieu de la), à Bléré. — Il relevait du fief de Saint-Julien de Bléré, suivant une déclaration féodale du 4 août 1653. — (Arch. d'I.-et-L., fief de Bléré.)

Griperie (la), f., c^{ne} de Ceré.

Griperie (le lieu de la), paroisse de Civray-sur-Cher. — Le 20 avril 1740, Claude Dupin et Louise-Madelaine-Guillemine de Fontaine, sa femme, l'achetèrent de Marie Bacon. Il relevait du château d'Amboise. — (Arch. d'I.-et-L., E, 39.)

Griperie (le bois de la), c^{ne} de Monthodon.

Gripins (le lieu des), près de la Loire, c^{ne} de Bréhémont.

Gripon (Charles), né à Tours vers 1640, a publié un ouvrage ayant pour titre : *L'Arithmétique nouvelle tirée de ses obscurités,* Tours, 1678, in-8°. On ignore l'époque de sa mort. — (*Almanach de Touraine,* 1778. — Chalmel, *Hist. de Tour.,* IV, 244. — D. Housseau, XXIII, 376.)

Grippe-de-Noyers (le lieu de), paroisse de Noyers. — Il relevait de l'abbaye de Noyers, suivant une déclaration féodale du 24 juin 1764. — (Arch. d'I.-et-L., *Inventaire des cens et rentes de l'abbaye de Noyers.*)

Grippes (les), f., c^{ne} de Courcoué. — *Grippes,* carte de Cassini. — Ancien fief. Au XVIe siècle, il appartenait à la famille de Chergé. — (*Rôle des fiefs de Touraine.* — Beauchet-Filleau, *Diction. des familles de l'ancien Poitou,* I, 646.)

Grisaïcum. V. *Grizay,* c^{ne} de Pussigny.

Grisardière (la), ou **Grizardière**, ham., c^{ne} de Saint-Christophe, 17 habit. — *Grizardière,* carte de Cassini. — Ancien fief, relevant de Saint-Christophe, à foi et hommage lige. En 1402, il appartenait à Jeanne de Thais, veuve de Jean de Courcillon ; — en 1639, à Jacques de Fromentières. — (*Rôle des fiefs de Touraine.* — D. Housseau, XIII, 10809. — Bibl. de Tours, fonds Salmon, *titres de Saint-Christophe.*)

Grisardière (la Basse-), ou **Grizardière**, f., c^{ne} de Saint-Christophe. — Ancienne propriété de l'abbaye de Beaulieu. Les bois qui en dépendaient furent abattus en 1730. — (Arch. d'I.-et-L., *prieuré de Saint-Christophe.*)

Grisay, ou **Grizay**, f. et moulin, sur la Veude, c^{ne} de Pussigny. — *Terra quæ vocatur Grizaicus, Griziacum,* XIe siècle. — *Grisaium, Grisaicum,* XIIe siècle. — Vers 1060, l'abbé de Noyers acheta à Grisay l'emplacement nécessaire pour la construction d'un moulin. A la même époque, Aimery de Faye donna à l'abbaye de Noyers des terrains et des bâtiments situés au même lieu. Dans le siècle suivant, Grizay fut possédé par un chevalier nommé Nivelon. — (*Cartulaire de Noyers.* — D. Housseau, V, 2059.)

Grislum Mons. V. *Grillemont.*

Grisonnerie (la), vil., c^{ne} de Paulmy, 18 habit. — *Gresonnerie,* 1757. — Il faisait partie, autrefois, de la paroisse de Neuilly-le-Briguon, dont il fut détaché, en 1757, pour être compris dans la paroisse de Paulmy, nouvellement créée. Il relevait censivement du fief de la Bonnelière. — (Arch. d'I.-et-L., E, 23. — Dufour, Diction. de l'arrondissement de Loches, II.)

Grisonnière (le lieu de la), paroisse de Bueil. — Il relevait censivement du Plessis-Barbe (1754). — (Arch. d'I.-et-L., E, 82.)

Grisonnière (la), f., c⁰ᵉ de Civray-sur-Cher. — Grilonnière, carte de l'état-major.

Grivau, f., c⁰ᵉ de Brèches.

Grivau (le), **Griveau**, ou **Gravot**, ruisseau. — Il prend sa source près du Grivau, c⁰ᵉ de Brèches et se jette dans l'Asdillière. Son parcours est de deux kilomètres. Il fait mouvoir une usine.

Grivaux (le lieu de), paroisse de Chambray. — Il relevait du fief de Bois-Rahier, suivant des déclarations féodales de février 1735 et du 2 juin 1761. — (Arch. d'I.-et-L., G, 24, 26.)

Grivellerie (le lieu de la), près de la Pile, c⁰ᵉ de Saint-Mars.

Grivellière (la), f., c⁰ᵉ de Rouziers.

Grivodennes (le lieu des), près de la Mansellière, c⁰ᵉ de Sainte-Catherine.

Grizardière (la), c⁰ᵉ de Saint-Christophe, V. Grisardière.

Grizay, Grizaicum. V. Grisay, c⁰ᵉ de Pussigny.

Groais, ham., c⁰ᵉ de Balesmes, 10 habit.

Grobelle (le lieu de la), près de Fromenteau, c⁰ᵉ d'Yzeures.

Grobellière (la), vil., c⁰ᵉ de Chambon, 16 habitants.

Grode (la), f., c⁰ᵉ de Chemillé-sur-Indrois.

Groes. V. Greux, c⁰ᵉ de Montlouis.

Groetum, c⁰ᵉ de Pussigny. V. Grouët.

Grois (les), c⁰ᵉ de Marcilly-sur-Vienne. V. Groye.

Groison, f., c⁰ᵉ de Saint-Symphorien. — Groison, 1207. — Hôtel de Grouaison, 1480. — Closerie de Grouaison, alias les Bodineaux, 1627. — Grouaison, 1740. — Il relevait du fief du Péage, du féage et commandise de Tours, à 33 sols six deniers de devoir et deux chapons par an. En 1207, Jean Lairie et sa femme donnèrent à la collégiale de Saint-Martin une pièce de terre située à Groison. Au XVIᵉ siècle, ce domaine a été possédé par Jean Briçonnet. En 1627, il appartenait à Jean Bodineau; — en 1788, à N. Morlet, négociant. On y voit une chapelle, dans laquelle on célébrait la messe en 1787-89, et qui est mentionnée dans le Registre de visite du diocèse de Tours (1787). — (Arch. d'I.-et-L., G, 14, 364; abbaye de Marmoutier, mense séparée; bail du 1ᵉʳ mai 1480; titres de Saint-Clément de Tours.)

Groison (ruisseau de), c⁰ᵉ de Saint-Symphorien. — Il prend sa source dans la propriété de Groison, passe à Boisdenier et se jette dans la Loire, près de l'ancien hôtel de Luynes.

Groitière (la), ou **Groiestière**, vil., c⁰ᵉ du Grand-Pressigny, 17 habit. — Ancien fief. Il a fait partie de la paroisse d'Étableaux. Il relevait de la baronnie du Grand-Pressigny à foi et hommage simple. En 1434, il appartenait à Jean de Vernay; — en 1458, à Étienne Ondet, qui le vendit, le 12 mai, à Bertrand de Beauvau; — en 1525, à Isaac Maran, qui rendit hommage le 8 octobre; — en 1582, à André Rousseau, qui rendit hommage le 5 mars; — en 1609, à Charles de Lorraine. — (Arch. d'I.-et-L., E, 103; cure d'Étableaux.)

Grois, Groix, c⁰ᵉ de Montlouis. V. Greux.

Groix-des-Martineaux (le lieu de la), paroisse de Barrou. — Il relevait censivement du fief de la Guittemaudière (1737). — (Arch. d'I.-et-L., E, 103.)

Grolay, ou **Grollay**, ham., c⁰ᵉ de Saint-Nicolas-de-Bourgueil, 13 habit.

Groleau (bois de), c⁰ᵉ de la Ferrière. — Il fait partie de la forêt de la Ferrière.

Groleaux (le lieu des), c⁰ᵉ de Rochecorbon, près du chemin de Rochecorbon à Reugny.

Grolerie (la), f., c⁰ᵉ de Manthelan.

Grolettière (la), f., c⁰ᵉ de Brèches.

Grolettière (la), f., c⁰ᵉ de Perrusson. — Groltière, carte de Cassini. — Jacques Gaigneux, Éc., sieur de la Grolettière, mourut vers 1569. — (Arch. d'I.-et-L., E.)

Grollay, c⁰ᵉ de Saint-Nicolas-de-Bourgueil. V. Grolay.

Grolleau (le), f., c⁰ᵉ de Chouzé-sur-Loire.

Grolleau (l'île), f., c⁰ᵉ de Saint-Nicolas-de-Bourgueil. — Elle est entourée par la boire des Genettes et par le Changeon.

Grolleau (le moulin), sur la Brenne, c⁰ᵉ de Souzay.

Grollerie (la), ou **Grollière**, f., c⁰ᵉ de Chaunay. — Grolerie, cartes de Cassini et de l'état-major. — Ancien fief, relevant du duché de Château-la-Vallière, suivant un aveu rendu, le 26 août 1743, par Catherine Maudron. — (Arch. d'I.-et-L., E.)

Grollerie (la), f., c⁰ᵉ de Courcelles. — Grolerie, carte de Cassini. — Grollerie, carte de l'état-major.

Grollerie (la), f., c⁰ᵉ d'Épeigné-sur-Dême. — Grolerie, carte de Cassini. — Grollerie, carte de l'état-major. — Elle a fait partie de l'ancienne paroisse de Rorthres, réunie à celle d'Épeigné en 1823.

Grolleries (le lieu des), cne de Luzé, près du bourg.

Grollette (le lieu de la), près de Chargé, cne de Razines.

Grollettière (le lieu de la), cne de la Chapelle-Saint-Hippolyte. — Il fut vendu nationalement, en 1793, sur N. de Grasleul, émigré. (Arch. d'I.-et-L., *Biens nationaux*.)

Grollier, cne de Bréhémont. V. *la Caille*.

Grollière (la), cne de Channay. V. *Grollerie*.

Grollière (la), f., cne de Courcoué, dans le bourg.

Grollière (la), f., cne de Draché. — *Grollière*, carte de l'état-major.

Grolliers (le lieu des), près des Grands-Moulins, cne du Grand-Pressigny.

Grolliettière (la), f., cne de Betz.

Grolochon (bois de), près de la Gagnetterie, cne de Bossay.

Grongardière (le lieu de la), paroisse de Neuvy-Roi. — Ancienne propriété de la cure d'Épeigné-sur-Dême, suivant des baux des 27 septembre 1761 et 30 mai 1769. — (Arch. d'I.-et-L., *cure d'Épeigné*.)

Gronium. V. *Grouin*.

Grosbois, f., cne de Brizay. — *Grosbois*, cartes de Cassini et de l'état-major.

Grosbois (Perronnelle de), prieure de Moncé, fut nommée en 1563, en remplacement de Françoise de Lavardin. Marthe Larcher lui succéda en 1570. — (*Gallia christiana*, XIV, 337. *Mém. de la Soc. archéol. de Tour.*, IX, 271.)

Grosboiserie (la), f., cne de Villaines, près du bourg.

Gros-Buisson (le lieu du), près de la Touche, cne d'Avon.

Gros-Buisson (le), f., cne de Saint-Épain. — *Gros-Buisson*, carte de Cassini.

Gros-Buisson (le), vil., cne de Saint-Martin-le-Beau, 30 habit. — *Gros-Buisson*, carte de l'état-major. — Ancienne dépendance de la seigneurie de la Bourdaisière. — (Arch. d'I.-et-L., E, 65.)

Gros-Buisson (le), f., cne de Saint-Pierre-des-Corps.

Gros-Buisson (le), f., cne de Saint-Règle. — Ancienne dépendance de la terre de Chanteloup. — (Arch. d'I.-et-L., *Biens nationaux*.)

Gros-Caillou (le lieu du), près du Rouvre, cne de Ciran.

Gros-Caillou (le lieu du), près des Genièvres, cne de Draché.

Gros-Caillou (le), f., cne du Grand-Pressigny. — *Groschilloux*, carte de Cassini.

Gros-Caillou (le lieu du), près du chemin de la Raimbaudière, cne de Mouzay.

Gros-Caillou (le), ham., cne de St-Nicolas-de-Bourgueil, 10 habit.

Gros-Caillou (le lieu du), près de Brissac, cne de Sepmes.

Gros-Cailloux (le lieu des), près de la Vienne et de la ferme du Port-de-Nouâtre, cne de Marcilly-sur-Vienne.

Gros-Chêne (le), f., cne de Channay. — *Hôtel-de-Gros-Chêne*, 1411. — Il devait une rente au prieur de Courcelles. — (Bibl. de Tours, manuscrit n° 1171.)

Gros-Chêne (le), f., cne de Chemillé-sur-Indrois. — *Groschêne*, carte de l'état-major. — Ancienne propriété des Chartreux du Liget. Elle fut vendue nationalement, en 1791, pour 9725 livres. — (Arch. d'I.-et-L., *Biens nationaux*.)

Gros-Chêne (le), f., cne de Continvoir. — Ancienne dépendance de la prévôté de Restigné (1725). — (Arch. d'I.-et-L., *prévôté de Restigné*.)

Gros-Chêne (le lieu du), cne de la Ferrière. — Il relevait de la châtellenie de la Ferrière, suivant une déclaration féodale faite, le 20 avril 1634, par Jacques Savare, avocat au Parlement, et Marie et Éléonore Savare, héritiers de Constant Savare, secrétaire de la reine Louise. — (Archives du château de la Ferrière.)

Gros-Chêne (le), f., cne du Liège. — *Gros-Chêne*, carte de Cassini. — Ancien fief, relevant de Montpoupon. — En 1683, il appartenait à Bernard Lemaire. — (Arch. d'I.-et-L., E, 39, 599.)

Gros-Chêne (le), f., cne de Rigny. — *Gros-Chêne*, carte de Cassini.

Gros-Chêne (le), f., cne de la Ville-aux-Dames. — *Gros-Chesne*, cartes de Cassini et de l'état-major.

Gros-Chillou (le lieu du), près du Chêne, cne de Ceré.

Gros-Chillou (le lieu du), cne de Charnizay, près du chemin de Charnizay à Sainte-Julitte.

Gros-Chillou (le lieu du), près de la fosse de Saint, cne de Civray-sur-Esves.

Gros-Chillou (le), cne du Grand-Pressigny. V. *Gros-Caillou*.

Gros-Chillou (le lieu du), cne de Maillé, près du chemin de Maillé à Villiers.

Gros-Chillou (le), f., cne de Mettray.

Gros-Chillou (le lieu du), c^{ne} de Nouâtre, près du chemin de Noyers à Sainte-Maure. — Il relevait de l'abbaye de Noyers, suivant une déclaration féodale du 24 juin 1754. — (Arch. d'I.-et-L., *Inventaire des cens et rentes de l'abbaye de Noyers.*)

Gros-Chillou (le), f., c^{ne} de Rigny. — *Gros-Chillou*, carte de Cassini.

Gros-Chillou (le lieu du), c^{ne} de Saint-Senoch, près du chemin de Ferrières à Loches.

Gros-Chillou (le lieu du), c^{ne} de Sorigny, près du chemin de Longueplaine à Sorigny.

Gros-Chillou (le lieu du), près de la Pinardière, c^{ne} de Thilouze.

Gros-Chilloux (le lieu des), près de Briançon, c^{ne} de Cravant.

Gros-Chilloux (le lieu des), c^{ne} de Ports.

Gros-Chilloux (les), f., c^{ne} de Saint-Patrice.

Groseille (la), f., c^{ne} de Saint-Cyr-sur-Loire. — Elle relevait du fief de Chaumont, suivant des déclarations féodales des 20 mai 1523, 8 septembre 1572 et 7 octobre 1785. — (Arch. d'I.-et-L., G, 394.)

Groseillère (la), f., c^{ne} de la Chapelle-Blanche.

Groserie (la), f., c^{ne} de Sepmes.

Gros-Larots (le lieu des), près de la Jaunaie, c^{ne} de Marcé-sur-Esves.

Gros-Mauvoisin (le lieu de), c^{ne} de la Chapelle-sur-Loire. — Ancienne propriété du Chapitre de Saint-Martin de Tours. — (Arch. d'I.-et-L., *titres de Saint-Martin.*)

Gros-Morets (le lieu des), près du ruisseau de la Riolle, c^{ne} de Sepmes.

Gros-Ormeau (le lieu du), dans les environs de Chinon. — Il existait dans ce lieu, en 1725, une chapelle dédiée à saint Thibault. — (Arch. d'I.-et-L., *titres de Saint-Étienne de Chinon.*)

Gros-Ormeau (le), vil., c^{ne} de Cléré, 19 habitants.

Gros-Ormeau (île du), dans la Loire, c^{ne} de Montlouis.

Gros-Ormeau (le), f., c^{ne} de Noizay. — *Gros-Ormeau*, carte de Cassini.

Gros-Ormeau (île du), dans la Loire, c^{ne} de Noizay.

Gros-Ormeau (le), f., c^{ne} de Saint-Branchs, près du bourg.

Gros-Panet, f., paroisse de Saint-Gilles de l'Ile-Bouchard. — Les bâtiments étaient détruits en 1642. — (Arch. d'I.-et-L., C, 621.)

Grosparmy de Piris (Raoul de), doyen de Saint-Martin de Tours (1254), trésorier de l'église de Saint-Frambault, de Senlis, évêque d'Évreux (1256), cardinal, puis légat du Saint-Siège, garde des sceaux de France, mourut en 1270. Il était originaire de Paris. — (Roy, *Hist. des cardinaux français*, III, 6. — P. Anselme, *Hist. généal. de la maison de France*, VI, 272. — F. Duchesne, *Hist. des chanceliers de France.*)

Gros-Puits (la fontaine du), c^{ne} de Luzé.

Gros-Saule (le ravin ou la courance du), près de la Haute-Bureau, c^{ne} d'Avon.

Grossay, c^{ne} de Vou. V. *Crossay.*

Grosse-Borne (le lieu de la), près de Crèze, c^{ne} de Brizay.

Grosse-Borne (le lieu de la), près du Temple, c^{ne} de Manthelan.

Grosse-Borne (le lieu de la), près de Louy, c^{ne} de Mazières.

Grosse-Borne (les bruyères de la), c^{ne} de Mouzay.

Grosse-Borne (le lieu de la), c^{ne} de Parçay-Meslay, près du chemin de Parçay à Monnaie.

Grosse-Borne (le lieu de la), près de Vinet, c^{ne} de Parçay-sur-Vienne.

Grosse-Borne (le lieu de la), près de la Poste, c^{ne} de Saint-Épain.

Grosse-Borne (le lieu de la), c^{ne} de Saint-Flovier, près du chemin de la Folie à Germain.

Grosse-Borne (le lieu de la), près de Baudiment, c^{ne} de Saint-Germain-sur-Vienne.

Grosse-Borne (la), f., c^{ne} de Saint-Mars. — *Grosse-Borne*, cartes de Cassini et de l'état-major.

Grosse-Borne (le lieu de la), c^{ne} de Sorigny, près du chemin de l'Oclinière à la Couarde. — *Grosse-Borne*, carte de Cassini.

Grosse-Bourde (la), c^{ne} de Sorigny. V. *Bourde.*

Grosse-Coue (la), vil., c^{ne} d'Abilly, 19 habit. — *Grosse-Cour*, carte de Cassini.

Grosse-Lasnerie (la), c^{ne} de Saint-Cyr. V. *Portillon.*

Grosse-Motte (le lieu de la), près de la Creuse, c^{ne} de la Haye. (N°s 693-94 du plan cadastral.)

Grosse-Pierre (le lieu de la), près de la Maçonnière, c^{ne} de Beaumont-en-Véron.

Grosse-Pierre (le lieu de la), près de Rolville, c^{ne} de Cerelles.

Grosse-Pierre (le lieu de la), c^{ne} de

Continvoir. — Ancienne dépendance de la prévôté de Restigné. — (Arch. d'I.-et-L., *prévôté de Restigné.*)

Grosse-Pierre (le lieu de la), près de la Barrerie, cne de Courçay.

Grosse-Pierre (le lieu de la), cne d'Esvres. — Il est cité dans un acte de 1561. — (Arch. d'I.-et-L., *titres de Cormery.*)

Grosse-Pierre (le lieu de la), près des Limonnières, cne du Grand-Pressigny.

Grosse-Pierre (la), cne de Loches. V. *Petite-Maison.*

Grosse-Pierre (le lieu de la), près de Saint-Pierre, cne de Marcé-sur-Esvres.

Grosse-Pierre (le lieu de la), près de Gaugaine, cne de Noizay.

Grosse-Pierre (le lieu de la), près de l'Espérance, cne du Petit-Pressigny.

Grosse-Pierre (le lieu de la), près de la Couarde, cne de Saint-Branchs.

Grosse-Pierre (la), cne de Saint-Cyr. V. *Noiraye.*

Grosse-Raye (la), f., cne de Braslou.

Grosse-Tour, f., dans le bourg de Faye-la-Vineuse. — Ancienne propriété de la collégiale de Faye. — (Arch. d'I.-et-L., *Biens nationaux.*)

Grosserie (le lieu de la), paroisse de Bréhémont. — Il relevait de Milly (1782). — (Arch. d'I.-et-L., *Chanoinesses de Luynes.*)

Grosses-Bornes (le lieu des), près du Vieux-Château, cne de Chemillé-sur-Dême.

Grosses-Pierres (la croix des), cne de Morand, près du chemin de Fontenay à Châteaurenault.

Grosses-Pierres (le lieu des), cne de Villebourg, près du bourg.

Grossonnière (le lieu de la), près de la Biletière, cne de Pernay.

Gros-Tremble (le), f., cne de Montreuil. — *Gros-Tremble*, carte de l'état-major.

Grostrie (la), f., cne de Sepmes.

Groteau, ou **Gruteau** (le moulin de), paroisse de Ballan. — Il est cité dans des actes de 1357 et de 1403. Il dépendait du prieuré de Miré. — (Arch. d'I.-et-L., *titres de Beaumont.*)

Grotellière (la), cne de Rouziers. V. *Croutellière.*

Grotte (la), f., cne de Candes. — *Crotte*, carte de Cassini. Elle dépendait de la chapelle de la Coudraye (1673, 1715, 1764). — (Arch. d'I.-et-L., G, 268.)

Grotte (le lieu de la), près du Petit-Sault, cne de Chouzé-sur-Loire.

Grotte (le prieuré de la). V. *Cigogné.*

Grotte (la), f., cne du Grand-Pressigny.

Grotte (la), f., cne d'Ingrandes.

Grotte (le lieu de la), cne de Loché, près du chemin de la Haute-Rairie à Aubigny.

Grotte (le lieu de la), près de Fontbaudry, cne de Preuilly.

Grotte (la), f., cne de Reugny.

Grotte (la), f., cne de Sainte-Radégonde. — *La Grotte*, ou *la Maladrie*, 1676. — *Grotte-Brouard*, 1737. — *La Grotte*, ou *Pied-Gris*, 1716. — Elle relevait de l'abbaye de Marmoutier. (Arch. d'I.-et-L., *sommier des rentes.*)

Grotte-à-Boumard (le lieu de la), près du Mortier-de-la-Haye, cne de Continvoir.

Grotte-aux-Fées (la), cne de Saint-Antoine-du-Rocher. V. *Antoine-du-Rocher* (St-).

Grotte-Brouard (la), cne de Sainte-Radégonde. V. *la Grotte.*

Grotte-de-Cheday (la), f., cne de Villedômer.

Grouaie (la), ou **Grouais**, f., cne de Bossay.

Grouaie (la), ham., cne du Grand-Pressigny, 10 habit. — Il a fait partie de l'ancienne paroisse d'Étableaux.

Grouaie (la), cne de Marcilly-sur-Vienne. V. *Groye.*

Grouais (la), f., cne de Balesmes, près de l'Esves. — *Grouaie*, carte de l'état-major.

Grouais, ou **Gruais**, fabrique de limes, cne de la Membrolle.

Grouais-du-Moulinet (le lieu de), cne de Ferrières-Larçon. — Le ruisseau des Fontaines y prend sa source.

Grouaison, **Grouaizon**, cne de Saint-Symphorien. V. *Groison.*

Groüe (la), f., cne d'Yzeures. — Ancien fief, relevant de la baronnie de Preuilly. En 1487, il appartenait à Jacques Châteigner; — vers 1500, à Louis Ancelon; — en 1636, à Louis Ancelon; — en 1684, à Louis de Montbel; — en 1686, à Jacques-Roger de Montbel; — en 1776, à Benjamin Perrot des Roches; — en 1790, à Charles d'Aloigny de Rochefort. — (Arch. d'I.-et-L., E, 91; *Biens nationaux.* — Registres d'état civil d'Yzeures, de Preuilly et de Saint-Pierre-de-Tournon. — A. Duchesne, *Hist. de la maison de Chasteigner.*)

Grouet, f., cne de Pussigny. — *Grouet*, cartes de Cassini et de l'état-major. — Ce lieu est mentionné sous les noms de *Groetum*, *Gruetum*, dans deux chartes de l'abbaye de Noyers, du XIIe siècle. — (*Cartulaire de Noyers.*)

Grouin (le fief de la dîme de), ou l'**Étourneau**, paroisse de Charnizay. — (*Rôle des fiefs de Touraine.*)

Grouin (le lieu de), au confluent de la Vienne et de la Creuse, paroisse de Pussigny. — *Gronium, villa de Gronio*, xi⁰ siècle. — *Motte-Grouin*, 1721. — *Motte-Grouin, ou Bié-des-Deux-Eaux*, 1771. — *Grouin*, carte de l'état-major. — Ancien fief, relevant primitivement de Châtillon-sur-Indre, à foi et hommage plain. Il releva du roi, à cause du château de Tours, à partir de 1747. On voit, par une charte de l'abbaye de Noyers, qu'un château fut construit à Grouin, par Hugues de Sainte-Maure, vers le milieu du xi⁰ siècle. (*Hugo de Sancta Maura, tempore Gauffridi comitis Andegavensis novum castellum construxit ex ipsius loci Gronnium nominatum, in quo levavit pedagium sicut in aliis locis habere consueverat.*) Des titres de 1637 et 1682 donnent à ce domaine la qualification de vicomté. En 1483, Grouin appartenait à Pierre Gillier, Éc., seigneur de Puygarreau, marié à Rose de la Haye ; — en 1506, à Joachim Gillier, seigneur de Puygarreau, de Marmande, de Faye-la-Vineuse et de la Roche-Clermault, qui épousa Isabeau de Bueil ; — en 1637, à Philippe de Périon, vicomte de Grouin ; — en 1670, à Louis de Périon ; — en 1676, à N. Pussort, conseiller au Conseil royal des finances ; — en 1682, à Jean de Périon ; — en 1704, à Charles de Chambellain ; — en 1721, à Pierre Boutet de Marivast, chev., baron des Ormes-Saint-Martin, qui rendit aveu au roi le 17 janvier ; — en 1734, à Marc-Pierre de Voyer de Paulmy, comte de Vueil-Argenson, baron des Ormes, ministre de la guerre, décédé en 1764 ; — en 1765, à Marc-René de Voyer de Paulmy, comte d'Argenson, vicomte de la Guerche, baron des Ormes et de Marmande, grand-bailli de Touraine, lieutenant-général des armées du roi. Il rendit hommage au roi le 3 mars 1773 et mourut le 18 septembre 1782 ; — en 1782-89, à Marc-René-Marie de Voyer d'Argenson, grand-bailli de Touraine, décédé à Paris le 1ᵉʳ août 1842.

Arch. d'I.-et-L., C, 336, 388, 560, 585, 603, 653. — Bétancourt, *Noms féodaux*, II, 727. — D. Housseau, V, 1727 ; XIII, 8266, 8276, 8277. — Bibl. de Tours, manuscrit n° 1314. — *Cartulaire de Noyers*. — Bibl. nationale, Gaignères, 678. — *Rôle des fiefs de Touraine*. — Beauchet-Filleau, *Diction. des familles de l'ancien Poitou*, II.

Grouins (le lieu des), c⁰ᵉ d'Yzeures, au confluent de la Creuse et de la Gartempe.

Groujon (l'étang), c⁰ᵉ de Neuillé-le-Lierre.

Grousard (le lieu de), près du Petit-Bas-Mortier, c⁰ᵉ de Saint-Nicolas-de-Bourgueil.

Grouse (la) nom donné à une maison située près du prieuré de Pommier-Aigre, paroisse de Saint-Benoît (charte de 1287). — (D. Housseau, XXXI.)

Grousellières (les), f., c⁰ᵉ de Saint-Épain.

Groussins (les), f., c⁰ᵉ de Chinon.

Grouteau, c⁰ᵉ de Ballan. V. *Gruteau*.

Grouys, c⁰ᵉ de Montlouis. V. *Greux*.

Grouzelle (la), c⁰ᵉ de Balesmes. V. *Gruzelle*.

Grouzellière (le lieu de la), paroisse de Cerelles. — En 1672-91, il appartenait à Julien Gabeau, maître ouvrier en soie, à Tours ; — en 1703, à N. de Baudry. — (Arch. d'I.-et-L., *Inventaire des titres de Saint-Julien.*)

Groye (la), **Grois**, ou **Grouaie**, f., c⁰ᵉ de Marcilly-sur-Vienne. — Elle devait une rente à l'abbaye de Noyers (1768). — (Arch. d'I.-et-L., *Inventaire des cens et rentes de l'abbaye de Noyers.*)

Groye (la), c⁰ᵉ d'Yzeures. V. *la Groüe.*

Groys, c⁰ᵉ de Montlouis. V. *Greux*.

Gruais (le Haut-), f. et moulin, sur la Roumer, c⁰ᵉ d'Avrillé. — Ancien fief, relevant de Crassay. En 1657, il appartenait à François Millon, qui rendit aveu le 9 février ; — en 1746, à André Girault, Éc., trésorier de France à Tours. — (*Rôle des fiefs de Touraine*. — *Titres de Saint-Michel-sur-Loire.*)

Gruais, ham., c⁰ᵉ de Langeais, 14 habit. — *Gruais*, carte de l'état-major. — Ancien fief, relevant de Crassay. — (*Rôle des fiefs de Touraine.*)

Gruais, f., c⁰ᵉ de Mettray. — Ancien fief, relevant de Mettray. En 1691, il appartenait à Charles Augeard, capitaine au régiment de Navarre ; — en 1768, à Louis-Claude de Cop, Éc., et à Élisabeth Royer, veuve de Pierre de Cop, lieutenant particulier au siège présidial de Tours, qui le vendirent, le 2 novembre de cette année, à Louise-Renée de Fescan, veuve de Charles-Bernard Briçonnet, marquis d'Oysonville. Le propriétaire de ce fief avait droit de pêche sur la Choisille, depuis le moulin de Maillé jusqu'aux Arches de la Membrolle. — (Arch. d'I.-et-L., E, 113. — Registres d'état civil de Mettray.)

Gruais (le), c⁰ᵉ de Saint-Antoine-du-Rocher. V. *Gruèche.*

Gruau, ou **Gruault**, f., c⁰ᵉ de Cléré.

Gruau (bois de), c⁰ᵉ de Druyes. — Il fait partie de la forêt de Villandry.

Gruau, métairie noble, paroisse de Vallères. — Elle dépendait, en 1629, de la châtellenie du Colombiers (aujourd'hui Villandry). — (Bibl. de Tours, fonds Salmon, *titres de Colombiers.*)

Gruau (bois et landes de), c⁰ᵉ de Vallères.

Gruaudière (la), f., c⁰ᵉ de Luynes.

Grue (la), f., cne de La Riche. — *La Grue*, carte de l'état-major.

Grue (la), f., cne de Neuvy-Roi.

Grue (la), f., cne de Truyes. — *Grue*, carte de l'état-major.

Grué (St-), f., cne de Neuvy-Roi. — *Saint-Grué*, carte de l'état-major.

Gruèche (la), **Gruais** ou **Gruaize**, f., cne de Saint-Antoine-du-Rocher. — *Gruèche*, cartes de Cassini et de l'état-major. — Ancien fief. En 1600, il appartenait à Anne Goury. — (*Rôle des fiefs de Touraine.* — Arch. d'I.-et-L., E.)

Gruelle (le fief de la), paroisse de Liguell. — Il est cité dans un acte du 28 mars 1478. — (Arch. d'I.-et-L., G, 404.)

Gruet, Gruetum, cne de Pussigny. V. *Grouët*.

Gruette (la), f., cne de Saint-Cyr-sur-Loire. — *Villa Gruslia*, ou *Gruolia*, 943. — *Les Gruettes*, 1740. — Elle relevait du fief de Chaumont, suivant des déclarations féodales des 9 septembre 1511 et 16 janvier 1731. — (Arch. d'I.-et-L., G, 91, 394.)

Gruges (le lieu de), près de la Bonnette, cne de Faye-la-Vineuse.

Gruget (François), conseiller du roi et référendaire à la chancellerie de France, né à Loches en 1511, a publié un ouvrage intitulé : *Recueil des prophéties et révélations, tant anciennes que modernes, lequel contient un sommaire des révélations de sainte Brigide, saint Cyrille et plusieurs autres saints et religieux personnages*, Paris, R. Le Mangnier, 1561, in-8°. Ce recueil a été publié de nouveau en 1563 (Paris, V. Norment et Jehanne Bruneau, in-16); en 1575 (Venise, in-8°); vers 1580 (Troyes, Pierre du Ruau, in-8°); en 1611 (Troyes, Pierre Chevillot, in-8°). — François Gruget avait rassemblé des notes relatives à l'histoire de Loches et qui n'ont jamais été imprimées. Belleforest paraît s'en être servi dans sa *Cosmographie universelle*. — (*Bibliothèque de la Croix du Maine. — Almanach de Touraine*, 1775. — Dufour, *Diction. de l'arrondissement de Loches*, II, 286. — Chalmel, *Hist. de Tour.*, IV, 224. — D. Housseau, XXIII.)

Grugettière (le lieu de la), cne de Rillé. — Ancien fief, relevant de la baronnie de Rillé. — (Arch. d'I.-et-L., E, 318.)

Gruotia. V. *Gruette*, cne de Saint-Cyr.

Gruseaux (les), f., cne de Marigny.

Grutot (le lieu de), près du Clos, cne de Marcilly-sur-Vienne.

Grussacum, Grusso. V. *Greux*, cne de Montlouis.

Gruteau (moulin de), sur la Manse, cne de Crissé. — *Gruteau*, carte de l'état-major. — Il relevait des Roches-Tranchelion. — (Arch. d'I.-et-L., G, 621.)

Gruteau (moulin de), cne de Liguell. — *Gruteau*, carte de l'état-major.

Gruteau (moulin de), sur l'Esves, cne de Marcé-sur-Esves. — *Grautel*, XIe siècle. — *Gouteau*, 1560. — *Gruteau*, carte de l'état-major. — Il relevait de la baronnie de Liguell. Vers 1062, Archambaud le Long le donna à l'abbaye de Noyers. — (Arch. d'I.-et-L., G, 404. — *Cartulaire de Noyers*.)

Gruteraie (la), cne de la Celle-Saint-Avent. V. *Gautraye*.

Grutière (la), f., cne de Sainte-Maure.

Gruzeau (le lieu de), cne de Pouzay, près du bourg.

Gruzeaux (le lieu des), cne de Parçay-sur-Vienne, près du bourg.

Gruzelle, ham., cne de Balesmes, 10 habit. — *Grazelle*, ou *Grouzelle*, XVIe siècle. — *Gruselle*, carte de Cassini. — *Gouselle*, carte de l'état-major. — Ancien fief, relevant de la baronnie de la Haye, à foi et hommage simple. En 1539, il appartenait à la famille Maurice de la Barre. — (Arch. d'I.-et-L., E, 4. — D. Housseau, XII, 6037. — *Rôle des fiefs de Touraine*.)

Gryère, vil., cne de Rigny, 26 habit.

Guadagne (Thomas de), abbé de Turpenay, succéda à Jean de Selve, vers 1554. Il fut remplacé, vers 1560, par Jean-Baptiste de Guadagne. — (*Gallia christiana*, XIV, 301. — Bibl. de Tours, fonds Salmon, *titres de Turpenay*. — *Mém. de la Soc. archéol. de Tour.*, IX, 349.)

Guadagne (Jean-Baptiste de), nommé abbé de Turpenay vers 1560, mourut en 1594 et eut pour successeur Louis Durand. — (*Gallia christiana*, XIV, 301. — Bibl. de Tours, fonds Salmon, *titres de Turpenay*. — *Mém. de la Soc. archéol. de Tour.*, IX, 349.)

Guarnaicus. V. *Guenay*.

Guarnoderia. V. *Garnauderie*, cne de Nouzilly.

Guastina, Guastinensis *silva*. V. *Gatines*.

Gubernessa. V. *Barbelange*.

Gubert (le fief), paroisse de la Croix. V. *Gilbert*.

Guchée (la), f., cne de Villeperdue.

Guchepie (les landes de), cne d'Orbigny.

Guchepie, paroisse de Saint-Antoine-du-Rocher. V. *Juchepie*.

Guchespie, cne de Saunay. V. *Juchepie*.

Guchettrie (le lieu de la), c^ne de Sepmes, près du chemin de Sepmes à Sainte-Maure.

Gué (le), f., c^ne d'Auzouer. — *Le Gué*, carte de l'état-major.

Gué (le), f., c^ne de Balesmes, près du ruisseau de Follet. — *Le Gué*, carte de l'état-major.

Gué (la fontaine du), c^ne de Chambon, près du chemin de la Haye à Preuilly.

Gué (le), f., c^ne de Chezelles. — *Gué-de-Chezelles*, 1483. — *Le Gué*, carte de Cassini. — Ancien fief, relevant du château de Nouâtre. En 1758, il appartenait à Louis Bouin de Noiré, Éc., secrétaire du roi, lieutenant-général au bailliage et siège royal de Chinon. En l'an VI, il fut vendu nationalement sur Madeleine Bouin de Noiré, femme de N. Ruzé d'Effiat, émigré. — (Arch. d'I.-et-L., *Biens nationaux*. — D. Housseau, XIII, 8279).

Gué (le), c^ne de Courcelles. V. *Gué-de-l'Aumône*.

Gué (étang et moulin du), c^ne de Gizeux.

Gué (le), f., c^ne de Marcé-sur-Esvres. — *Vadum de Marchiaco*, 1110. — *Gué-de-Marcé*, 1444. — *Le Gué*, cartes de Cassini et de l'état-major. — Ancien fief, relevant du château de Nouâtre et de la Louère. En 1474, il appartenait à une dame nommée Huberde; — en 1498, à Maurice Philippe, qui rendit hommage le 26 mars; — vers 1500, à Jean Philippe. Une chapelle, dépendant du logis seigneurial et dédiée à saint Julien, y existait en 1791. Le dernier chapelain fut N. Bouin de Noiré. — (D. Housseau, XIII, 8209, 8242, 8257, 8261. — *Cartulaire de Fontevrault*. — *Rôle des fiefs de Touraine*. — Arch. d'I.-et-L., *Biens nationaux*.)

Gué (le), f., c^ne de Mazières.

Gué (le moulin du), sur la Vendeume, c^ne de Neuvy-Roi. — *Le Gué*, ou *Limagne*, XVIIe siècle. — *Le Gué*, carte de l'état-major. — Il relevait de la châtellenie du Bois. — (Arch. d'I.-et-L., E, 16; G, 481.)

Gué (la croix du), c^ne de Ports, près du chemin de Noyers à Ports.

Gué (le), f., c^ne de Saint-Jean-Saint-Germain. — *Gué*, cartes de Cassini et de l'état-major. — Ancien fief. — (*Rôle des fiefs de Touraine*.)

Gué (le lieu du), près de la Cressaudière, c^ne de Vouvray.

Gué (le fief du), paroisse d'Yzeures. — En 1569, il appartenait à Jean de Menou, seigneur de Boussay, suivant une déclaration féodale du 22 mars. — (*Rôle des fiefs de Touraine*. — *Preuves de l'histoire de la maison de Menou*, p. 66.)

Gué-Andrault (le), f., c^ne de Mettray.

Gué-au-Maitre (le), f., c^ne d'Épeigné-les-Bois. — *Gué-au-Maître*, carte de l'état-major. — Ancienne propriété du prieuré d'Épeigné. — (Arch. d'I.-et-L., *Biens nationaux*.)

Gué-au-Moine (le moulin du), sur la Veude, c^ne de Braye-sous-Faye. — *Gué-aux-Moines*, carte de l'état-major.

Gué-au-Moine (fontaine du), c^ne de Charnizay. — Elle jette ses eaux dans l'Égronne, au-dessous du Moulin-Girault.

Gué-Besnard (le), f., c^ne de Semblançay. — *Le Gué*, carte de l'état-major.

Gué-Birault (le fief du). V. *Larcy*, c^ne de Neuilly-le-Brignon.

Gué-Blandin, c^ne de Sainte-Maure. V. *Guilblandin*.

Gué-Bordier (le), ham., c^ne d'Épeigné-sur-Dême, 13 habit.

Gué-Brun (le lieu du), près de Crène, c^ne de Noizay.

Gué-Chapelle (le), f., c^ne de Nouzilly.

Gué-Chapelle (le ruisseau de). — Il prend sa source près du Clos, c^ne de Nouzilly, au lieu appelé la Petite-Fontaine, passe à Nouzilly, et se jette dans le ruisseau de la Petite-Choisille, près de la Petite-Simonnière.

Gué-Couvert, f., c^ne de Saint-Christophe.

Gué-David (le lieu du), près du ruisseau de Montant, c^ne de Saint-Baud.

Gué-de-Baigneux (le), f., c^ne d'Athée, près du Cher. — *Gué-de-Baigneux*, carte de l'état-major.

Gué-de-Bonneville (le lieu de) près des Benestières, c^ne de Charnizay.

Gué-de-Bresme (le), c^ne de Semblançay.

Gué-de-Breuil (le lieu de), près de la Creuse, c^ne d'Yzeures.

Gué-de-Chezelles (le), c^ne de Chezelles. V. *Gué*.

Gué-de-Forêt (le), f., c^ne d'Avrillé.

Gué-de-Grez, ou *Gré* (le), f., c^ne d'Hommes.

Gué-de-la-Berthe (le), f., c^ne de Sonzay. — *Gué-de-la-Berte*, carte de Cassini. — Ancien fief. En 1639, il appartenait à Denise Mathurin. — (Arch. d'I.-et-L., E. — *Rôle des fiefs de Touraine*.)

Gué-de-l'Air (le), four à chaux, c^ne d'Avrillé.

Gué-de-l'Air (le), f., c^ne de Langeais, près du ruisseau de l'Étang-de-Cremille. — *Gué-de-l'Air*, carte de Cassini. — Ancien fief. — (*Rôle des fiefs de Touraine*.)

Gué-de-l'Arche (le), c^{ne} de Ligueil. V. *Dielte*.

Gué-de-l'Aumône (le), f., c^{ne} de Courcelles. — *Gué*, carte de Cassini.

Gué-de-la-Cour (le), f., c^{ne} de Thilouze. — *Gué-de-la-Cour*, carte de l'état-major.

Gué-de-la-Maisonnette (le), f., c^{ne} de la Celle-Saint-Avent.

Gué-de-la-Perrée (le lieu du), paroisse d'Esvres. — Il est cité dans un acte de 1671. — (Arch. d'I.-et-L., *Inventaire des cens et rentes de l'abbaye de Cormery*.)

Gué-de-la-Vie (le lieu du), c^{ne} de Bossay, près du chemin de Preuilly à Azay-le-Féron.

Gué-de-l'Eau-Morte (le lieu du), c^{ne} de Braslou, près du chemin de Faye à Braslou.

Gué-de-l'Étra (le), sur l'Indre, près du moulin de Lège, c^{ne} de la Chapelle-Saint-Hippolyte.

Gué-de-Maldin (le), f., c^{ne} de Loches.

Gué-de-Marcé (le). V. *Gué*, c^{ne} de Marcé-sur-Esves.

Gué-de-Mille-Fouasses (le lieu du), c^{ne} de Braye-sous-Faye, près du chemin de Neuil à Richelieu.

Gué-de-Mosson (le), f., c^{ne} de Braye-sous-Faye. — *Vadum Mauseonis*, 1100 (*Cartulaire de Noyers*.)

Gué-de-Pierre-Lambert (le lieu du), c^{ne} de Sainte-Maure. — Le ruisseau de la Jugeraie y prend sa source.

Gué-de-Pré (le), f., c^{ne} de Cerelles. — *Gué-des-Prés*, carte de l'état-major.

Gué-de-Pré, vil., c^{ne} de Saint-Antoine-du-Rocher, 28 habit. — *Gué-de-Pray*, 1487. — *Gué-des-Prés*, carte de l'état-major. — Ancien fief, relevant de la Roche-Behuart. En 1482-87, il appartenait à Jean Hullot, valet de chambre du roi; — en 1497, à Guillelmine, veuve du précédent; — en 1575, à Jehan Besnard; — en 1618, à Anne Besnard; — en 1634, à Charles Drouin; — en 1785, à Jeanne Mollet, veuve de Denis-François Brousse de Gersigny, greffier en chef du bureau des finances de Tours. — (Goyet, *Nobiliaire de Touraine*. — Archives de la Société archéologique de Touraine.)

Gué-de-Ré (le lieu de), près du Buisson, c^{ne} de Chançay.

Gué-de-Ré (le), f., c^{ne} de Chanceaux-sur-Choisille. — Elle relevait de Chanceaux, suivant une déclaration faite, le 15 septembre 1756, par Philippe Taboureau, veuve de Gabriel Taschereau de Baudry. — (Arch. d'I.-et-L., *Inventaire des titres de Châtenay*.)

Gué-de-Rechesne (le). V. *Requeugne*.

Gué-de-Roi (le), c^{ne} de Villebourg. V. *Gué-du-Roi*.

Gué-de-Rouable (le), sur l'Indre, c^{ne} du Bridoré.

Guèdes (le lieu de), près des Forges, c^{ne} de Saint-Benoît.

Gué-des-Bois (le), f., c^{ne} de Saint-Antoine-du-Rocher.

Gué-des-Vaches (le), vil., c^{ne} de Loches.

Gué-Douillet (le), f., c^{ne} de Semblançay. — *Gué-Douillet*, carte de l'état-major.

Gué-Droit (le), f., c^{ne} de Saché.

Gué-Droit (ruisseau de). — Il traverse la commune de Villaines et se jette dans l'Indre, près des Moulins-Neufs, c^{ne} de Saché.

Gué-des-Besnards (le lieu du), près de la Ligoire, c^{ne} de la Chapelle-Blanche.

Gué-des-Chatres (le lieu du), près de l'Esves, c^{ne} de Sepmes.

Gué-des-Dames (ravin ou courance du), c^{ne} de Saint-Jean-Saint-Germain. — Il aboutit à l'Indre.

Gué-des-Mers (le lieu du), c^{ne} de Sepmes, près du chemin de Marcé à Bournan.

Gué-des-Mottes (le), sur l'Indre, c^{ne} de Huismes.

Gué-des-Pendus (le lieu du), près du moulin d'Armentières, c^{ne} de Rivarennes.

Gué-des-Terriers (île du), dans la Creuse, c^{ne} d'Yzeures.

Gué-du-Douai (le lieu du), c^{ne} de Charnizay, près du chemin de Bossay à la Celle-Guenand.

Gué-du-Gré (le). V. *Gué-de-Grez*, c^{ne} d'Hommes.

Gué-du-Lavoir (le), f., c^{ne} d'Abilly.

Gué-du-Moine (le), f., c^{ne} de Charnizay.

Gué-du-Port-aux-Raies (le), sur la Creuse, c^{ne} d'Abilly.

Gué-du-Roi (le), f. et chât., c^{ne} de Villebourg. — *Gué-de-Roi*, 1791. — *Gué-du-Roi*, cartes de Cassini et de l'état-major. — Ancien fief. Dès le XVe siècle, il appartenait à l'abbaye de Gastines. Il avait le droit de haute, moyenne et basse justice. — (Arch. d'I.-et-L., *titres de l'abbaye de Gastines; Biens nationaux. — Rôle des fiefs de Touraine*. — Martin Marteau, *Le paradis délicieux de la Touraine*, 70.)

Gué-Ferré (le lieu du), c^{ne} de Sainte-Maure, près de la Manse.

Gué-Gallanger (le), sur l'Indre, près de Chemallé, c^{ne} de Reignac.

Gué-Gatier (le), sur la Claise, c⁽ⁿᵉ⁾ d'Abilly.

Gué-Gibert (le lieu du), près du ruisseau de la Glaize, cⁿᵉ du Boulay.

Gué-Grantier (le), ou **Gué-Gaultier**, f., cⁿᵉ d'Esves-le-Moutier. — *Gué-Gautier*, carte de Cassini. — Elle fut vendue nationalement, en 1793, sur les marquis de la Fayette et de Lusignan, émigrés. — (Arch. d'I.-et-L., *Biens nationaux*.)

Gué-Guenand (le), près de Sainte-Barbe, cⁿᵉ de Beaulieu.

Gué-Guinart (le), paroisse d'Orbigny. — *Gué-Guinart, terra Vadi Ginardi*, 1290. — (*Cartulaire de l'archevêché de Tours*.)

Gué-Lambert (le), f., cⁿᵉ de Château-la-Vallière.

Guélan. V. *Lassefrise*, cⁿᵉ de Nazelles.

Guelandière (la), f., cⁿᵉ de La Croix. — *Guelandrie*, carte de l'état-major.

Gué-Launay (le), ham., cⁿᵉ de Sonzay, 10 habit.

Gué-Louis (le), f., cⁿᵉ de Manthelan.

Gué-Luneau (le), cⁿᵉ de Bueil. V. *Caves-de-Gué-Luneau*.

Gué-Menier (le), vil., cⁿᵉ de Ciran, 27 habit. — *Gué-Menier*, carte de l'état-major. — *Quay-Meunier*, carte de Cassini. — Ancien fief. Vers 1540, il appartenait à Guillaume de Grellet, Éc., marié à Charlotte de la Rochefoucaud, fille de René de la Rochefoucaud, chev., seigneur de Neuilly-le-Noble, et de Françoise de Chergé. En 1679, Gabriel Quentin en était propriétaire. — (Arch. d'I.-et-L., G, 404. — P. Anselme, *Hist. généal. de la maison de France*, IV, 458. — *Rôle des fiefs de Touraine*.)

Gué-Moreau (le lieu du), près de Beauvais et de l'Égronne, cⁿᵉ de Charnizay.

Gué-Moteau (le lieu de), près d'Ussé, cⁿᵉ de Rigny.

Gué-Nillet (le lieu du), près de Roncée-Bigot, cⁿᵉ de Chezelles.

Gué-Perroux (le fief du), paroisse de Villiers-au-Boin. — Il relevait du duché de Château-la-Vallière, suivant un aveu rendu, le 9 juillet 1745, par Paul Monoury. — (Arch. d'I.-et-L., E.)

Gué-Plessard (ruisseau du), cⁿᵉ de Fondettes. — Il est mentionné dans un titre de 1502. — (Arch. d'I.-et-L., *titres de Saint-Martin*.)

Gué-Poncet (le moulin de), sur la Ramberge, cⁿᵉ de Pocé. — *Gué-Poussot*, ou *Buisson-Dennerie*, 1763. — (Arch. d'I.-et-L., E, 38.)

Gué-Saint-Jean (le), sur la Creuse, cⁿᵉ d'Abilly.

Gué-Souris (le bois de), cⁿᵉ de Nouzilly.

Gué-Valais (le lieu de), près de l'Échandon, cⁿᵉ de Tauxigny.

Guébrie (le lieu de la), près de Saint-Maurice, cⁿᵉ de l'Ile-Bouchard.

Guée (la), f., cⁿᵉ de Nouzilly.

Guefaudière (la). V. *Guiffaudière*, cⁿᵉ de Saint-Jean-Saint-Germain.

Gueffaut, f., cⁿᵉ de Varennes. — Ancien fief, relevant du château de Loches. En 1752, il appartenait à Alexandre Haincque, Éc.; — en 1782, à Bernard Haincque, Éc., qui rendit hommage le 3 juin. — (Arch. d'I.-et-L., C, 588. — *Rôle des fiefs de Touraine*. — D'Hozier, *Armorial général*, reg. 5ᵉ.)

Guegne. V. *Guigné*, cⁿᵉ de Beaulieu.

Guelin (île), dans le Cher, cⁿᵉ de Saint-Avertin.

Guenanchère (le lieu de la), près des Landes, cⁿᵉ de Chanceaux-sur-Choisille.

Guenand (le fief), V. *Vauvert*, cⁿᵉ de Sainte-Maure.

Guenand des Bordes (Guillaume), chev., chambellan du roi et son lieutenant en Champagne, en 1368, fut nommé lieutenant du roi en Touraine, en 1369, capitaine de Montereau, en 1370, et porte-oriflamme de France, en 1392. Il fut tué en Hongrie, à la bataille de Nicopolis, en 1396. Il avait épousé, vers 1374, Marguerite de Bruyères, dame de Cayeu et de Boulencourt. — (*Ordonnances des rois de France*, VII, 518. — P. Anselme, *Hist. généal. de la maison de France*, VIII, 206.)

Guenand des Bordes (Pierre), chev., seigneur des Bordes et de la Vernoisière, chambellan du roi, était capitaine du château d'Amboise en 1498. Il fut remplacé par N. de Saint-Quentin. — (D. Housseau, XII, 6046. — Bibl. de Tours, fonds Salmon, *titres d'Amboise*.)

Guenand (Jeanne de), abbesse de Moncé, succéda à Olive Le Guay, en 1518. Elle fut remplacée, vers 1550, par Françoise de Lavardin. — (Arch. d'I.-et-L., *titres de Moncé*. — *Mém. de la Soc. archéol. de Tour.*, IX, 271. — *Gallia christiana*, XIV, 336.)

Guenaudière (la), f., cⁿᵉ de Luzé. — *Genaudière*, 1557. — Ancien fief, relevant du château de Nouâtre. En 1557, il appartenait à René de la Jaille. — (D. Housseau, XIII, 8239. — *Rôle des fiefs de Touraine*.)

Guenaudière (la), f., cⁿᵉ du Grand-Pressigny. — Ancien fief, relevant de la baronnie de Preuilly. Il faisait partie, autrefois, de la paroisse d'Étableaux. — (Arch. d'I.-et-L., E, 103. — *Rôle des fiefs de Touraine*.)

Guenaudrie (la), f., cⁿᵉ de Monts.

Guenaudrie (le lieu de la), paroisse de Morand. — Ancien fief, relevant du Plessis-Auzouer. En 1716, il appartenait à N. de Razé. — (Arch. d'I.-et-L., E, 119.)

Guenay, f., c⁸ᵉ de Jaulnay. — *Gathnaicum, Gagnaicum, Gunayum*, xıᵉ et xıɪᵉ siècles. — *Guenay*, carte de Cassini. — Ancien prieuré, dépendant de l'abbaye de Noyers. La chapelle était dédiée à saint Jean l'Évangéliste. Aimery Chinart était prieur de Guenay en 1139; — Jean en 1145; — Aimery, en 1176; — Annet, en 1187; — Claude Grosbois, Éc., en 1628; — François-Laurent-Gabriel Tailbouis, vicaire de Saint-Pierre d'Augers, en 1789.
Le domaine de Guenay avait été donné, vers 1070, à l'abbaye de Noyers, par le nommé Hubert. Il constituait un fief qui relevait de Faye-la-Vineuse à foi et hommage simple.

Arch. d'I.-et-L., C, 600; *prieuré de Guenay; titres de l'abbaye de Noyers; Biens nationaux.* — Cartulaire de Cormery, 64, 65, 127, 171, 469, 513, 514, 525, 549, 556, 599, 600, 618, 635, 647, 652. — Bibl. de Tours, fonds Salmon, *titres de Noyers*.

Guenaye (maison de la), à Champigny. — Elle dépendait de la collégiale de Champigny. — (Arch. d'I.-et-L., G, 282.)

Guené, c⁸ᵉ de Cinais. V. *Guenest*.

Gueneau-de-Belair, f., c⁸ᵉ de Mettray.

Guenée (la), f., c⁸ᵉ de Brizay. — *Guenée*, carte de l'état-major. — *La Guiené*, carte de Cassini.

Gueneraie (la), c⁸ᵉ de Chezelles. V. *Ganneraie*.

Guénerie (la), f., c⁸ᵉ de Mouzay. — *Guenerie*, carte de l'état-major. — Ancien fief. Depuis le milieu du xvɪɪᵉ siècle jusqu'à la Révolution, il a été possédé par la famille de Quinemont. — (Arch. d'I.-et-L., E, 72, 108; *Biens nationaux*. — D'Hozier, *Armorial général de France*, reg. 1ᵉʳ, 440. — Lainé, *Archives de la noblesse de France*, I, généal. de Quinemont; X, généal. Odard, p. 40. — De Courcelles, *Diction. de la noblesse de France*, II, 217. — La Chesnaye-des-Bois et Badier, *Diction. de la noblesse*, XVI, 636-37.)

Guenèse (le lieu de la), près de la Bourdillère, c⁸ᵉ de Cinais.

Guenest, ou **Guené**, ham., c⁸ᵉ de Cinais, 12 habit. — *Guenay*, carte de Cassini.

Guenetrie (la), f., c⁸ᵉ de Thilouze.

Guenezard (le lieu de), près de Juchepie, c⁸ᵉ de Panzoult.

Gueniere (les Haute et Basse-), f., c⁸ᵉ de Neuville. — *Gainière*, 1558. — *Guenière*, carte de l'état-major. — Ancien fief, relevant de Châteaurenault. En 1558, il appartenait à Georges Boubart. Au xvɪɪɪᵉ siècle, il faisait partie du marquisat de Châteaurenault. — (Archives du château de Pierrefitte. — Arch. d'I.-et-L., *Biens nationaux*.)

Guenil (étang de), c⁸ᵉ des Hermites. — *Étang-de-Gueni*, carte de l'état-major.

Guenillon, f., c⁸ᵉ de Chaveignes, près de la Veude.

Gueniviers (les), f., c⁸ᵉ de Luynes. — *Gueniviers*, carte de l'état-major. — *Le Guenivier*, carte de Cassini.

Guenneraye (la), f., c⁸ᵉ de Joué-les-Tours. — *Grenneraye*, 1664. — Elle relevait censivement du fief de l'Aubraye, suivant une déclaration féodale faite le 8 septembre 1664. — (Arch. d'I.-et-L., *Inventaire des titres de l'Aubraye*.)

Guenoches (le lieu des), paroisse de Parçay-Meslay. — En 1478, l'abbaye de Marmoutier le concéda à perpétuité, moyennant une rente, à la famille Guenoche. Son étendue était de vingt arpents. — (Arch. d'I.-et-L., abbaye de Marmoutier, *mense séparée*.)

Guenon (le Grand-), f., c⁸ᵉ de Marcilly-sur-Maulne.

Guenoust, paroisse d'Auzouer. V. *Borde (la Petite-)*.

Guenucherie (la), f., c⁸ᵉ de Pernay.

Guepière (la) ou **Guespière**, f., c⁸ᵉ d'Auzouer. — *Gespière*, 1785. — *Guespierre*, carte de Cassini. — Ancien fief, relevant de Châteaurenault, à foi et hommage lige. En 1331, il appartenait à Jehan de Cormeray; — en 1383, à Hubert de Fontenay; — en 1494, à Jean de Fontenay; — en 1558, à un autre Jean de Fontenay; — en 1620, à Mathurin Forget; — en 1624, à César Forget; — en 1681, à Nicolas Guimont; — en 1785, à René-Didier-François Mesnard, comte de Chouzy. — (Arch. d'I.-et-L., E, 118, 119, 315; *Biens nationaux*. — Archives du château de Pierrefitte. — *Rôle des fiefs de Touraine*. — Registres d'état civil d'Auzouer.)

Guepière (ruisseau de la), c⁸ᵉ d'Auzouer. — Il prend sa source à la Chaise, reçoit les eaux de la fontaine de Boubilles, au lieu appelé Clopâtre, et se jette dans la Brenne, au moulin de Grenouilleau.

Guepière (la), f., c⁸ᵉ de Nazelles. — *Guesperia*, 1225. — *Guepière*, carte de Cassini. — Ancien fief, relevant du château d'Amboise. En 1431-58, il appartenait à Guillaume du Pont, Éc., marié à Jeanne de Neuvy; — en 1518-23, à François Tissard, Éc., contrôleur général de l'artillerie et à Charles de Bonnigal; — en 1527, à Françoise de Villebresme, veuve de François Tissard; — en 1530, à Philibert Tissard; — en 1540, à Claude Tissard; — en 1574-79, à René du Bois, Éc.; — en 1606, à Valeran du Bois; —

en 1660, à Madeleine Scarron, veuve de Charles Robin, trésorier de France à Tours, qui le vendit à Pierre Le Febvre; — en 1752, à Alexandre-Louis-Marie-Joseph Ouvrard de Martigny; — en 1786, à Denis-Charité-Joseph Ouvrard de Martigny. — (Arch. d'I.-et-L., C, 603, 633, 651; E, 26 31, 36. — *Rôle des fiefs de Touraine*. — Bétancourt, *Noms féodaux*, I, 406; II, 939, 1012. — *Mémoires* de Michel de Marolles, *généal. d'Erian*. — Lainé, *Archives de la noblesse de France*, X, 55.)

Guepière (la tour), ou **Guespière**, ou **Tour-de-la-Bazoche** (1439). — Elle était située près de la Tour-Feu-Hugon, à Tours, et constituait un fief qui appartenait, en 1435, à Philibert de Brecy, Éc.; — en 1526, à Jacques de Beaune. — (Bibl. nationale, Gaignères, 678. — *Proclamation des biens à vendre de Jacques de Beaune*, 1529.)

Guepière (le lieu de la), paroisse de Vallières (Fondettes). — Il est cité dans une charte de 1259. — (Arch. d'I.-et-L., *titres de Vallières et Saint-Roch*.)

Guéraudière (la), f., c^{ne} de Nouzilly. — *Guiraudrie*, carte de l'état-major. — *Guéraudière*, carte de Cassini.

Guerche (la), commune du canton du Grand-Pressigny, arrondissement de Loches, à 11 kilomètres du Grand-Pressigny, à 42 de Loches et 74 de Tours. — *Guirchia, castrum Wirchiæ*, 1077, 1095, 1099 (chartes de l'abbaye de Preuilly). — *Guircha*, 1110 (*Cartulaire de Noyers*). — *Guirchia, Quirchia*, 1126, 1152 (*Cartulaire de Fontevrault*). — *Gurchia*, 1175 (charte de l'abbaye de la Merci-Dieu). — *Guerchia, Guierchia*, 1208 (charte de Pierre de Montrabé).

Elle est bornée, au nord, par la commune d'Abilly; à l'ouest, par la Creuse, qui la sépare des communes de Leugny et de Méré (Vienne); au sud, par Barrou; à l'est, par le Grand-Pressigny. Elle est traversée par le chemin de grande communication n° 56, de la Haye au Blanc.

Les lieux, hameaux et villages suivants dépendent de cette commune : Les Granges (10 habit.). — Les Loges, ancien fief, relevant de la Guerche. — Les Mouchetières (14 habit.). — Le Moulin (11 habit.). — Villeplate (36 habit.). — Le Pré (12 habit.), ancien fief. — Bellevue, les Bardonnières, etc., etc.

Avant la Révolution, la Guerche était dans le ressort de l'élection de Loches et faisait partie du doyenné du Grand-Pressigny et de l'archidiaconé d'outre-Vienne. En 1793, il dépendait du district de Preuilly.

Superficie cadastrale. — 528 hectares. — Le plan cadastral, dressé par Thoniel, a été terminé le 12 septembre 1811. Primitivement, cette commune avait une plus grande étendue. En 1796, l'administration du district de Preuilly céda, au département de la Vienne, toute la partie de l'ancienne paroisse qui se trouvait sur la rive gauche de la Creuse. La Guerche reçut en échange le hameau de Villeplate et ses dépendances, situés sur la rive droite de la même rivière et qui dépendaient de la commune de Leugny.

Population. — 312 habit. en 1697. — 106 feux en 1764. — 498 habit. en 1801. — 550 habit. en 1810. — 525 habit. en 1821. — 540 habit. en 1831. — 542 habit. en 1841. — 526 habit. en 1851. — 513 habit. en 1861. — 447 habit. en 1872. — 464 habit. en 1876.

Assemblée pour location de domestiques le troisième dimanche de mai.

Bureau de poste et *perception* du Grand-Pressigny.

L'église, dédiée à saint Marcellin, paraît avoir été fondée par Regnaud de la Guerche, ou par son prédécesseur (1050-1100). Elle offre les caractères propres au style romano-byzantin secondaire; le plan est celui de la croix latine. On voyait autrefois, dans l'une des chapelles, à l'extrémité du transsept, un tombeau qui a longtemps passé pour être celui d'Agnès Sorel. Depuis, on a reconnu qu'il avait été élevé à la mémoire de Jacqueline de Miolans, première femme de Jean-Baptiste de Villequier, morte en 1518. Par son testament, daté du 17 septembre 1518, cette dame de la Guerche avait choisi l'église de Saint-Marcellin pour lieu de sépulture, et ordonné qu'il serait dit pour le repos de son âme *douze mille messes*, d'une part, et qu'il serait célébré perpétuellement, dans le même but, *sept messes par chacune sepmaine*.

De nos jours, le tombeau de Jacqueline de Miolans a été transporté dans une ancienne chapelle du vieux manoir.

Non loin du tombeau de Jacqueline de Miolans se trouvait celui d'un saint prêtre, nommé Charles Gautier, décédé à la Guerche, dans le courant du mois de décembre 1536, et qui, par son testament, daté du 17 septembre 1530, avait fondé une chapellenie dans l'église de Saint-Marcellin.

Il existait dans cette église deux chapelles : l'une, dédiée à saint Nicolas et dont le dernier titulaire fut Pierre Percevault, curé de Barrou (1790); l'autre, appelée la chapelle de la Patrie-aux-Jaux. Ce bénéfice appartenait, en 1790, à Donatien Lecoq, curé des Ormes.

De temps immémorial, l'abbaye de Saint-Pierre de Preuilly jouit du droit de présentation au prieuré-cure de la Guerche. Elle fut confirmée dans la possession de ce privilège par bulles des papes Urbain II et Alexandre III et par lettres des archevêques de Tours, Hugues d'Étampes (1147), Engebaud de Preuilly (1149) et Barthélemy II de Vendôme (1184).

Au moyen âge, un saint personnage, nommé Rigomier, était honoré, à la Guerche, comme un des patrons de la paroisse. L'existence de ce saint, dont les reliques furent profanées et détruites par les protestants en 1562, ne nous est guère révélée que par la tradition populaire. On montre encore, dans l'un des jardins du château, une porte que l'on dit avoir été celle de l'ermitage de saint Rigomier. La même tradition désigne aussi l'endroit où le patron de la Guerche, saint Marcellin, l'un des sept fils d'une femme nommée Maure, issue d'une famille distinguée parmi les Goths, eut la tête tranchée par ordre du roi de ces barbares.

Au bord de la forêt de la Guerche se trouvent les ruines d'une autre chapelle dite Notre-Dame-de-Prélong, et à laquelle se rattache la légende suivante :

Un jour, sous le règne de Charles VII, un jeune fauconnier et sa fiancée, cherchant ensemble dans la forêt des nids de tourterelles, furent attaqués par un loup. L'animal se jeta avec fureur sur la compagne du fauconnier et la mordit si cruellement, qu'elle mourut peu de jours après des suites de ses blessures.

Agnès Sorel et le roi Charles VII, qui se trouvaient alors à la Guerche, eurent connaissance de ce triste accident et furent touchés du désespoir du fauconnier. Ils firent bâtir la chapelle de Prélong, c'était le nom de l'endroit où le malheur était arrivé, et voulurent que le corps de la jeune fille y fut enterré. Un peu plus tard, la guerre ayant éclaté entre la France et l'Angleterre, le fauconnier s'enrôla sous la bannière royale et bientôt, par le courage dont il fit preuve dans plusieurs rencontres, il mérita d'être armé chevalier de la main même de Charles VII, qui l'avait pris en grande affection.

Peu de temps après sa fondation, la chapelle de Notre-Dame-de-Prélong fut érigée en prieuré et placée sous la dépendance de l'abbaye de Saint-Pierre de Preuilly. Dans le courant du XVIIe siècle, on réunit ce bénéfice à la cure de la Guerche.

CURÉS DE LA GUERCHE. — Vincent Guylet, 1692. — René-Louis-Joseph Pirault, 1782. — N. de Lherbaudière, 1789. — Nabon, curé constitutionnel, 1793. — Cartier, 1804. — Blaive, 1831. — Métayer, juin 1871, actuellement en fonctions (1880).

Le château actuel, bâti sous le règne de Charles VII, en a remplacé un autre dont il est parlé dans une charte de 1095, à l'occasion d'une donation qu'un nommé Guarin fit à l'abbaye de Saint-Pierre de Preuilly ; l'acte fut passé dans le château de la Guerche (*in castro Wirchiæ*), le jour de la fête de saint Marcellin, avec le consentement de Regnaud et de son fils, suzerains du donateur.

Chalmel prétend, mais sans fournir aucune preuve à l'appui de son assertion, que cette forteresse était peu considérable. Elle avait cependant assez d'importance pour que Jean Sans Terre, roi d'Angleterre, qui s'était emparé, en 1203, d'une partie de la Touraine, se soit préoccupé de la conserver sous sa dépendance.

Robert III, comte d'Alençon et de Séez, qui en était alors propriétaire, du chef de sa femme, Jeanne de la Guerche, fille et héritière de Josbert de la Guerche, avait quitté le parti des Anglais et suivi Philippe-Auguste dans son expédition de Normandie. Mécontent de cette défection, Jean Sans Terre, par lettres expédiées du Mans, le 23 janvier 1203, ordonna à Gérard de Létang, à Chalon de la Roche et autres chevaliers qui gardaient la Guerche, de remettre la forteresse aux mains d'un gouverneur que désigneraient Girard d'Athée et Eschivard de Preuilly. Suivant ces mêmes lettres, le nouveau gouverneur devait fournir une caution et empêcher le comte d'Alençon, ainsi que sa femme, d'exercer aucune autorité dans le château, tant qu'ils resteraient dans le parti de Philippe-Auguste.

(*Rex..... Gerardo de Stagno, Johanni de Stagno et Chaloni de Rupe et aliis militibus custodientibus castrum de Guirchia, salutem. Mandamus vobis quod per consilium G. de Athies et Eschiwardi de Pruilly, castrum de Guirchia in tali manu custodiendum committatis unde dampnum vel dispendium nobis non possit evenire, accepta bona securitate ab illo qui per consilium ipsorum illud custodierit, quod illud salvo custodietur. Ita quod comes R. Sagiensis nec uxor sua aliquam potestatem habeant in castro illo, quamdiu idem comes nos werraverit. Teste me ipso, apud Cenomanis* XIII *die januarii.* (Rot. Norm. litt. pat.)

Ce fut Geoffroy III, vicomte de Châteaudun, qui fut investi des fonctions de gouverneur. Quelques jours après, ce seigneur ayant été fait prisonnier par Philippe-Auguste, de nouvelles lettres de Jean Sans Terre ordonnèrent la remise de la forteresse à Girard d'Athée, gouverneur de Loches, qui, un peu plus tard, la rendit à Geoffroy de Châteaudun.

(*Rex..... militibus custodientibus castrum de Guirchia..... mandamus vobis quod statim visis litteris istis liberetis dilecto et fideli nostro G. de Atheis castrum de Guierchia custodiendum. Scimus enim quod dominus vicecomes Castri-Duni quod moleste ferimus captus est; sed in proximo per gratiam Dei liberabitur et tunc ei inde faciemus quod facere deberimus dilecto et fideli homini nostro. Teste P. de Rupibus, apud Rhotomagum* XXXI *die martii.* (Rot. norm. litt. pat.)

Dans ces temps de troubles et de guerre civile, les propriétés féodales changeaient souvent de maîtres, suivant que la fortune des armes en décidait. Vingt ans après les faits que l'on vient de lire et qui sont empruntés au *Rôle des Normands*, la Guerche tomba aux mains de Pierre de Dreux I, dit Mauclerc, allié des Anglais. Dans le même moment, Louis VIII, roi de France, qui venait de succéder à son père, Philippe-Auguste, rassemblait une armée considérable pour tenter une expédition en Poitou et en Limousin. A la nouvelle de la prise de la Guerche, ce prince dépêcha un fort détachement de ses troupes dans la partie méridionale de la Touraine, avec ordre de reprendre cette place. Amaury de Craon, chargé de commander le détachement, vint assiéger la Guerche, et, l'ayant emportée d'assaut, fit prisonnier Pierre de Dreux, qui dut payer une grosse somme pour obtenir sa liberté (1223).

Les familles de Preuilly, d'Amboise, de l'Ile-Ogier, de Maillé, de Rougé, de Thalensac, de Châteaugiron, de Frotier et de Malestroit, possédèrent la Guerche après Geoffroy de Châteaudun, seigneur de ce domaine, à cause de sa femme, Jeanne de la Guerche, veuve de Robert III, comte d'Alençon. Cette succession chronologique nous conduit, sans nous fournir aucun fait intéressant, jusqu'au XVe siècle, qui vit construire le château actuel de la Guerche.

Si l'on s'en rapportait à l'*Histoire de Touraine*, de Chalmel, Charles VII et Agnès Sorel, celle-ci par suite d'une donation royale, auraient possédé le domaine dont nous retraçons l'histoire. « Ce fut probablement Jean de Châteaugi-« ron, dit-il, qui vendit à Charles VII le domaine « de la Guerche. » — Et plus loin il ajoute : « Agnès Sorel, dame de la Guerche, par conces-« sion de Charles VII, consentit sans doute à « s'en démettre en faveur de sa cousine Antoi-« nette de Maignelais, lors de son mariage avec « le sire de Villequier. »

Quelle que soit la source à laquelle ces documents aient été pris, on peut affirmer qu'ils constituent autant d'erreurs. Pour le prouver, il nous suffit de dire, avec Dom Housseau : 1° Qu'avant d'appartenir à Nicole Chambes (1448), la terre de la Guerche était, depuis 1400 au moins, la propriété des Châteaugiron, des Frotier et des Malestroit ; 2° que, par acte du 21 mai 1448, Jehan de Malestroit et Geoffroy, son père, vendirent la Guerche non à Charles VII, comme l'avance Chalmel, mais à Nicole Chambes, gentilhomme originaire d'Écosse, et ce, au prix de 1100 écus d'or ; 3° que ce même Nicole Chambes revendit la Guerche, par contrat du 19 octobre 1450, et moyennant 1000 écus d'or, à André de Villequier ; 4° que, longtemps après la mort de Charles VII, ce domaine appartenait encore aux de Villequier.

La production de ces dates, qui ne laissent aucune place à la prétendue possession de Charles VII et d'Agnès Sorel, nous dispense de toute discussion.

On pourrait même aller plus loin et affirmer que, si le château de la Guerche, comme l'ont écrit Chalmel, Dufour et autres, a été bâti par Charles VII, cette construction a eu lieu en faveur d'Antoinette de Maignelais ou d'André de Villequier, et non en faveur d'Agnès Sorel.

Malgré tout ce qu'on a pu dire de la passion de Charles VII pour la *belle des belles*, il est certain qu'il se consola très facilement et très promptement de sa mort. Les cendres d'Agnès étaient à peine refroidies, que l'insouciant monarque revenait à ses anciennes amours. Si la mémoire de ce prince avait droit à quelque considération, ce ne serait pas, à coup sûr, en raison de la pureté de ses mœurs. Avant de connaître Agnès Sorel, il avait beaucoup aimé Antoinette de Maignelais, dont la beauté, au dire de la chronique, ne le cédait en rien à celle de sa cousine.

Antoinette ayant amené Agnès à la cour, elle fut bientôt supplantée par celle-ci dans le cœur du roi, qui, ébloui par les charmes de la demoiselle de Fromenteau, s'abandonna à sa nouvelle affection de façon à négliger, jusqu'à les compromettre, les intérêts de son royaume ; sa folle passion s'éteignit avec la vie d'Agnès, et peu de quelques mois après qu'il se remit sous l'empire d'Antoinette, courtisane adroite et insinuante, qu'André de Villequier, peu scrupuleux, à ce qu'il paraît, ou peut-être aussi trop dévoué, consentit à prendre pour épouse. Le roi, présumant que ce seigneur pourrait montrer quelque répugnance à accepter cette position équivoque, lui avait fait don, *en considération de son mariage*, des îles d'Oléron, de Marennes, d'Arvert, de la vicomté de Saint-Sauveur et la baronnie de Neahou (1450).

A cette époque semble remonter la construction du château de la Guerche, qui eut lieu, suivant la tradition, aux dépens du Trésor royal. Si ce nouveau témoignage de la générosité de Charles VII n'est pas établi par des documents certains, il n'en est pas de même de la question de savoir par qui et en faveur de qui le château fut édifié. La présence des armoiries des Villequier au dedans et en dehors des appartements, au haut des portes et aux clés de voûtes, prouve évidemment que le château de la Guerche a été bâti pour ou par un membre de cette famille.

Nous ne chercherons point à soulever davantage le rideau qui cache cette partie de la chronique du vieux manoir de la Guerche, qu'un écrivain contemporain a qualifié, à juste titre, de boudoir mystérieux du XVe siècle. Cependant, dans l'intérêt de l'histoire, et aussi peut-être de la mémoire d'André de Villequier, nous croyons devoir faire observer que ce seigneur ne paraît pas avoir résidé dans son château en même temps que Charles VII et Antoinette de Maignelais. Nous voyons, en effet, qu'en 1453, c'est-à-dire trois ans après l'acquisition qu'il avait faite de Nicole Chambes, André de Villequier, subissant forcément les conséquences du rôle auquel il s'était soumis, n'avait pas encore songé à habiter ni à connaître son nouveau domaine. Dans le courant du mois d'avril de cette année, il demanda au roi un délai pour lui *bailler le dénombrement et adveu* de la vicomté de la Guerche, sous prétexte, dit un document que nous avons sous les yeux, qu'il n'avait pas la *vraye cognoissance des droicts et tenements de l'étendue d'icelle terre*. Charles VII était trop bien disposé en sa faveur pour repousser sa demande : des lettres patentes du 14 mai 1453 firent droit à la requête. Voici le texte de ces lettres :

« Charles, par la grâce de Dieu, roi de France, à nos amés et féaulx les gens de nos comptes et trésoriers, au bailli de Touraine et à nos procureurs et receveurs au dit bailliage ou à leurs lieutenants ou commis, salut et dilection.

« Notre amé et féal conseiller et chambellan André, seigneur de Villequier, vicomte de la Guierche, nous a fait exposer que naguères il nous a fait les foy et hommage qu'il nous devait et estoit tenu de faire pour raison de la dite vicomté de la Guierche et ses appartenances ; mais pour ce qu'il n'a naguères acquise et n'a pas encore la vraye cognoissance des droits et tenements de l'étendue d'icelle, il n'en porait, quant à présent, bailler le dénombrement et adveu, humblement requérant que sur ce nous plaise lui impartir notre grâce.

« Pour ce est-il que nous ce considère, au dit exposant avons donné et octroyons de grâce espéciale par ces présentes, terme, répit, délay et souffrance du jourd'uy jusques à ung an prochain de bailler par escript son dit adveu et dénombrement de la dite vicomté et seigneurie de la Guierche et de ses dites appartenances, si vous mandons et à chacun de vous si comme à lui appartiendra que de nos présens grâce et octroy vous le ferez ou souffrez joir et user plainement et paisiblement, car ainsi nous plaist-il estre fait, pourveu que cependant il fera et payera les autres droits et devoirs pour ce deus, se fais et payés ne les a donné. A Jazeneuil, le quatorzième jour de may l'an de grâce 1456 et de notre règne le trente-unième.

« Par le roy à la relation du conseil.

« ROLANT. »

Un an après, André de Villequier décédait au château de Preuilly, et sa femme, Antoinette de Maignelais, fidèle à son passé, devenait publiquement la maîtresse de François II, duc de Bretagne, duquel elle eut deux fils et deux filles.

A la fin du XVIe siècle, la terre de la Guerche appartenait encore à la famille de Villequier, représentée alors par Claude de Villequier et Georges, son fils.

Claude et Georges avaient embrassé le parti de la Ligue et entretenaient l'agitation dans la partie méridionale de la Touraine et dans le Haut-Poitou. Ils s'étaient emparés des principales forteresses du pays, entre autres de celles du Grand-Pressigny, d'Étableaux, de Cléoffy, des Bordes, paroisse du Petit-Pressigny, du Roulet, paroisse de Saint-Flovier, et des Étangs, près d'Orbigny. Une soldatesque effrénée, composée de reistres et de vagabonds, commettaient dans le pays des désordres de toute espèce.

Ému des plaintes incessantes des populations, Arnaud de Saint-Lary, seigneur de Salers, gouverneur pour le roi du château de Loches et de la partie méridionale de la Touraine, résolut de mettre fin à cet état de choses en s'emparant de la Guerche, qui était le principal refuge des ligueurs. Les détails de l'expédition qu'il entreprit dans ce but, de concert avec Louis Chateigner, baron de Preuilly, ont été consignés dans un manuscrit intitulé *Annales de Touraine*, et qui a appartenu au Chapitre de Saint-Gatien de Tours. Chalmel parait en avoir ignoré l'existence, et nous ne pensons pas qu'ils aient été jamais publiés. Voici en quels termes s'exprime le manuscrit :

« M. d'Abain (Louis Chateigner, baron de Preuilly et de la Rocheposay), étant à Preuilly, reçut une lettre d'Arnaud de Saint-Lary, sieur de Salers, par laquelle il le suppliait de l'aider à exécuter un dessein qu'il avait formé de s'emparer du château de la Guerche, qui servait de retraite aux ennemis, et de là faisaient des courses en la province. Le sieur d'Abain lui fît réponse qu'il y contribuerait de toutes ses forces. Sur cette assurance, M. de Salers part de Loches le 4 février 1592, avec le régiment de Vatan, conduit par le sieur de Sainte-Anne, et avec la compagnie de chevau-légers du sieur Dubois de la Vigne, la compagnie du jeune Campagnol et celle de Grastelou ; il surprit, avec ces troupes, la ville de la Guerche, qu'il trouva faible et sans garde, puis il investit le château, où était Claude de Villequier, qui d'abord voulut traiter afin de gagner du temps et d'avoir à son secours, de Poitiers, Georges de Villequier, vicomte de la Guerche, son fils.

« En effet, le vicomte partit avec huit cents hommes de pied et deux cents chevaux, et une pièce de campagne ; mais le passage de la Vienne fut cause qu'il arriva trop tard d'un jour. Étant arrivé devant la Guerche le jeudi matin fin février, trois heures avant jour, avec sa pièce de campagne, il fit quitter, par cette petite batterie, au régiment de Vatan, les barricades qu'ils avaient faites au faubourg de la Petite-Guerche, le défit, tua deux cents hommes, fit prisonnier le sieur de Sainte-Anne, qui le commandait, et enleva les drapeaux. Il poussa ses conquêtes jusqu'au pont, dont il força une barricade.

« A la nouvelle de l'approche du vicomte de la Guerche, M. d'Abain marcha vers ce château et logea ses troupes à Barrou, afin d'être à portée de secourir M. de Salers, qui gardait la Guerche. Ces troupes étaient composées de soixante-dix maistres et trois compagnies d'arquebusiers à cheval, d'environ deux cents hommes, commandés par le baron de la Rocheposay (Jean

Chateigner III), fils de M. d'Abain. Ce seigneur, de là se rendit à la Guerche, le soir du 5 février, et attendant le jour avec impatience pour combattre le vicomte, il manda au baron de le venir trouver avec ses gens. A leur arrivée, ils entendirent le grand bruit de feu que les ennemis faisaient sur le régiment de Vatan, dont la défaite empêcha M. de Salers d'être d'avis de combattre le vicomte. De plus, il avait besoin de ses troupes pour garder le château et Claude de Villequier, qui était prisonnier; enfin, tous résolurent de poursuivre le vicomte, qui avait poussé jusque sur le pont dont il avait forcé une seconde barricade; il fut obligé de se retirer à cause du feu que l'on faisait du château sur les troupes, ce qui lui fit comprendre qu'il était pris.

« M. d'Abain et le baron, son fils, suivirent le vicomte Georges de Villequier, qui s'était retiré dès le point du jour. Pour l'amuser, MM. de la Rocheposay envoyèrent des coureurs, au nombre de trente maistres, et autant d'arquebusiers à cheval. Ce détachement rencontra à la Fouchardière l'arrière-garde des ennemis, qu'il poussa avec force. Le vicomte, incommodé des gouttes, avait gagné le château de Beauvais, près Montoiron, et avait logé sa cavalerie et son corps d'infanterie au bourg d'Availles, près la Tour-d'Oiré; mais, comme il ne s'attendait à rien moins qu'à être suivi, il fut contraint de s'aller remettre dans le corps de ses troupes, pendant qu'il envoya le sieur de Mortagne avec cinquante maistres pour reconnaître ceux qui le suivaient. Cet officier, se présentant sur une colline, découvrit les troupes de M. d'Abain sur le bord de la rivière d'Auzon, et, voyant que l'on dépêchait des coureurs vers lui, il se retira et fit son rapport à Georges de Villequier, qui résolut de s'en aller vers le château de l'Isle, où était son passage de la Vienne, distant d'une demi-lieue d'Availles. En même temps, M. d'Abain envoya promptement à Châtellerault pour prier le gouverneur, René de Préaux, de le venir trouver avec le plus de soldats qu'il pourrait. Ce seigneur amena six vingt hommes.

« Le vicomte voyait bien qu'il ne pouvait éviter de combattre; pour s'y disposer, il plaça son champ de bataille en une prairie bordée de fossés de tous côtés; l'entrée était à un moulin, où il plaça son corps de six vingt espagnols, qui se retranchèrent par des barricades à l'épreuve du canon, de sorte qu'il ne restait que deux avenues au long de la Vienne, et que l'on ne pouvait gagner sans forcer l'infanterie qui gardait les retranchements. La cavalerie était au milieu de la prairie, pour soutenir ceux qui seraient forcés. Ces dispositions obligèrent M. d'Abain, qui n'avait pas assez de monde pour faire une attaque générale, de tenter, sur les quatre heures du soir, s'il y avait moyen d'ébranler les ennemis par des escarmouches. Il fit faire la première par l'infanterie venue de Châtellerault, qui approcha des ennemis de trente pas, et, après avoir fait leur décharge, ils se retirèrent sous des noyers, comme pour recharger.

« M. d'Abain, craignant que les ennemis ne tirassent avantage de leur retraite, envoya dans le même instant six vingt arquebusiers à cheval, lesquels, mettant pied à terre, firent leur décharge et se jetèrent en même temps, l'épée à la main, dans les retranchements des ennemis, et tout aussitôt furent suivis de quarante hommes d'armes conduits par le baron de la Rocheposay et par le seigneur du Bois de la Vigne, lesquels, après avoir essuyé le feu de ceux qui bordaient les retranchements de la prairie, gagnèrent l'avenue qui était sur le bord de la Vienne; par cette entrée, ils se mêlèrent au milieu des ennemis. Les autres troupes, disposées en trois escadrons de cavalerie en forme de croissant, flanqués d'arquebusiers, avancèrent ensuite et suivirent ceux qui avaient gagné les retranchements, et achevèrent de mettre en désordre les soldats du vicomte de la Guerche, qui, épouvantés, se contentèrent de faire leur décharge, sans oser tenir ferme, et gagnèrent la rivière avec tant de confusion, qu'ils se précipitèrent dans l'eau les uns sur les autres.

« Le vicomte de la Guerche avait fait réserver deux bateaux pour servir en cas de besoin; il se jeta dans un pour se sauver; mais plusieurs s'y jetèrent avec lui; d'autres s'attachèrent au bateau sans qu'on les en pût empêcher, et cette multitude le fit renverser. Le vicomte fut noyé avec plusieurs autres gentilshommes. Les ligueurs perdirent deux cents hommes, et il y en eut près de quatre cent cinquante de noyés. Le combat fut si considérable que, si l'on en croit le continuateur de Serres, il y mourut autant de noblesse qu'à la bataille de Coutras. La mort du vicomte de la Guerche donna quelque repos à la Touraine, qui fut dès lors assujettie complètement au roi. »

Ici se termine le récit que nous avons emprunté au manuscrit de Saint-Gatien. La prise du château de la Guerche et la défaite des ligueurs, qui en fut la conséquence, sont les seuls faits importants que nous ayons à relever jusqu'à la fin du XVIIIe siècle.

La Guerche était autrefois entourée de murs et de fossés qui disparurent au commencement du XVIIe siècle. La description de son château a été faite trop souvent pour que nous ne nous dispensions pas de revenir sur ce sujet. Nous nous bornerons à faire connaître les principaux droits et usages féodaux de la vicomté, et à jeter un coup d'œil sur les établissements intéressants qui en dépendaient.

Ce fief a porté le titre de vicomté dès le commencement du XIVe siècle. Jean de l'Ile-Ogier est le premier seigneur qui se soit qualifié de vicomte de la Guerche, en 1336. Chalmel s'est donc trompé en disant que ce domaine fut érigé en vicomté en faveur d'André de Villequier, par le roi Charles VII. Le titre existant déjà, il n'y avait pas de motif pour en créer un nouveau; on remarquera, d'ailleurs, qu'aucun document n'a été produit à l'appui de cette assertion, dont, selon nous, on ne doit tenir aucun compte.

La Guerche releva primitivement des archevêques de Tours, et ensuite des barons de Preuilly, envers lesquels le vicomte était redevable des foi et hommage-lige, de douze livres dix sols aux loyaux aides, et de douze jours de garde dans le château de Preuilly. Le roi Charles VII, qui ne laissait passer aucune occasion d'être agréable à André de Villequier, fit, avec Pierre Frotier et son fils, barons de Preuilly, une transaction par laquelle ces derniers consentirent à ce que la Guerche relevât désormais du roi, à cause de son château de Tours. Cette transaction eut lieu à Chissé, en Touraine, au mois de juin 1452. Par réciprocité, Charles VII, par lettres délivrées au Bridoré, le 18 septembre 1452, accorda à Pierre Frotier le droit de haute justice pour sa terre de Melzéart, en Poitou, ce qui fut confirmé par Charles, comte du Maine et seigneur de Melle, suzerain de la terre de Melzéart. A cette concession le roi joignit le don d'une somme de six mille écus d'or. Il ne résulta de là aucun changement dans la nature des devoirs féodaux des seigneurs de la Guerche, qui furent, vis-à-vis du château de Tours, ce qu'ils avaient été vis-à-vis du château de Preuilly jusqu'à la transaction de 1452.

Des aveux du xv° et du xvii° siècles nous apprennent que les vicomtes de la Guerche jouissaient, entre autres droits, de ceux de haute, moyenne et basse justice, de péage sur toute l'étendue du fief, tant par eau que par terre, de prévôté et de sceaux à contrats. Ils avaient également la faculté de tenir cinq foires par an dans la ville de la Guerche, aux fêtes de saint Venant, de saint Brice, de saint Marcellin (d'été), de saint Mathieu et de sainte Marguerite.

Outre les autres droits d'aubaine, de la taille, de corvées, de banvin, de tonlieu, de guet, de gîte, d'épaves, etc., qui étaient communs à tous les fiefs de quelque importance, le seigneur de la Guerche en possédait un qui mérite d'être signalé, en raison de sa bizarrerie. Nous le trouvons indiqué dans les termes suivants, par un aveu rendu au roi en 1682, par Anne d'Aumont, vicomtesse de la Guerche : « Tous ceux qui prennent femme en la terre de la Guerche, terre et seigneurie, fiefs et arrières-fiefs, et qui sont mariés dans le mois qui précède la feste de la Trinité, sont tenus de se trouver en personne, sans assignation, le dit jour au dit lieu de la Guerche, et de courir trois fois sur ma rivière de Creuse à force de nacelle ou de chalan, et faire la même chose que les meusniers contre le pouteau ou quintaine (c'est-à-dire briser une perche contre le poteau), et à défaut de se rendre le dit jour, doivent chacun une amende d'une livre de cire ou la valeur. »

Cette coutume existait encore en 1789; mais depuis longtemps, les personnes qu'elle concernait ne manquaient pas d'user de la latitude qui leur était laissée de s'en affranchir par une contribution.

Tous les ans, aux xiii° et xiv° siècles, les seigneurs étaient tenus d'offrir un cierge à l'archevêque de Tours.

Il y avait à la Guerche, avant la Révolution, un collège dont la fondation était due à Charlotte de Villequier, vicomtesse de la Guerche. Voici le texte de l'acte de fondation de cet établissement :

« Saichent tous que le dernier jour de septem-
« bre 1616, en droit en la cour de la vicomté de
« la Guerche, en Touraine, pardevant nous fut
« présente, establye et soubmise haute et puis-
« sante dame Charlotte-Catherine de Villequier,
« comtesse de Clervaux, vicomtesse de la Guer-
« che, dame des baronnies d'Elry, en Brie, Au-
« bigny et Faye, en Poitou, veuve de deffunct
« haut et puissant seigneur messire Jacques
« d'Aumont, vivant chevalier, baron de Chappes
« et de Dun le Patteau, laquelle désirant autant
« qu'il lui est possible l'accroissement de ses
« subjects de la dite vicomté de la Guerche, et
« sachant qu'il n'y a plus beau moyen que par
« l'érudition de la jeunesse aux bonnes lettres,
« seul moyen pour leur donner entrée et leur
« frayer le chemin de la vertu; pour ces causes
« et autres bonnes et justes considérations, a
« donné et donne à perpétuité, pour la fondation
« d'ung collége en la ville dudit lieu de la Guer-
« che, la somme de 52 livres de rente annuelle
« et perpétuelle, payable par chacun quartier de
« l'année, et à icelle rente prendre et recepvoir
« par notre fermier du four à ban dudit lieu, ou
« fermier général, au lieu de la mesme somme
« qu'estoit payée pour pension viagère à deffunte
« Jehanne Rousseau, et ce par le régent ou pré-
« cepteur qui sera à ce institué ou choisi tant par
« ladite dame et ses successeurs, que par le
« corps desdits subjects et habitans pour ce as-
« semblés, aux fins de donner moyen audit pré-
« cepteur de s'entretenir honnestement, selon sa
« qualité, et enseigner la jeunesse aux bonnes
« lettres et à la vertu, à la charge aussi de con-
« duire ses enfants et écoliers en l'église de la-
« dite ville trois fois par chacune sepmaine, pour
« dire et chanter au salut en l'honneur de la
« Vierge, avec aultres suffrages de dévotion en
« faveur et pour la santé et prospérité de madite
« dame et ses successeurs; lequel don a été ac-
« cepté par messire Jean Lambert, exerçant la-
« dite charge de régent, de la capacité de prud-
« hommie duquel ladite dame a dit estre deue-
« ment acertainée; et pour insinuer les présentes
« où besoing sera, les parties ont constitué leur
« procureur le porteur d'icelles. Et laquelle rente
« de 52 livres ladite dame a promis garantir à
« perpétuité vers et contre tous troubles et em-
« peschements quelsconques, renonçant à toutes

« choses à ce contraires, obligeant tous ses biens,
« dont l'avons jugé par le jugement et condam-
« nation de ladite cour, le scel d'icelle y apposé.
« Fait et passé au chastel du dit lieu de la Guerche,
« les jour et an que dessus. Ainsi signé en la mi-
« nute des présentes : CHARLOTTE DE VILLEQUIER;
« LAMBERT DE FROMENTEL, notaire et tabellion; et
« de nous, notaire soussigné : RAGUIN. »

Le 6 novembre 1623, César d'Aumont, fils de Catherine-Charlotte de Villequier, approuva et ratifia une disposition de l'acte précédent, relative à la perception de la rente de cinquante-deux livres :

« Nous César d'Aumont, chevalier, marquis de
« Clairvaux, vicomte de la Guerche, baron de
« Chappes, sçavoir faisons à tous qu'il appar-
« tiendra, que nous voulons et entendons que
« Monsieur Aimé Nicolay, régent et précepteur
« du collégo fondé en notre ville du dit lieu de
« la Guierche, par deffuncte dame Charlotte de
« Villequior, dame de Chappes, vicomtesse dudit
« lieu, notre mère, jouisse, prenne et reçoive la
« somme de 52 livres chacun an sur notre fer-
« mier du four à ban du dit lieu, suivant et au
« désir du titre de ladite fondation, passé par
« Raguin, notaire, le dernier jour de septembre
« 1616, que nous voulons sortir effect selon sa
« teneur, et rapportant acquit, par le dit fermier
« du four à ban, ou fermiers généraux de notre
« dicte vicomté, promettons leur allouer sur le
« prix de leur ferme; en témoing de quoi nous
« avons signé le présent mandement, à nostre
« chastel du dit lieu de la Guerche, le 6 novem-
« bre 1623. — C. D'AUMONT. »

Le premier régent du collége de la Guerche fut Jean Lambert; le second, Aimé Nicolay.

SEIGNEURS DE LA GUERCHE.

I. — Pierre, seigneur de la Guerche, vivait au milieu du xie siècle. Il figure dans une charte par laquelle Berlais de Montsoreau donne à l'abbaye de Bourgueil une colliberte nommée Gosberte, femme de Foulques de Vallère (1040).

II. — Thibaud de la Guerche, seigneur de la Guerche, comparait comme témoin de la donation faite par Robert Bourguignon à l'abbaye de la Trinité de Vendôme du droit de glandée, pour cent porcs, dans la forêt de Brioux, le 30 novembre 1077.

III. — Regnaud, seigneur de la Guerche, est cité, ainsi que son fils Maurice, dans une charte de la fin du xie siècle, relative à l'abbaye de Preuilly. Par cette charte, un nommé Guarin cède aux religieux de Preuilly la moitié de ses droits de sépulture dans l'église de Barrou, qu'il tient en fief de Regnaud de la Guerche, et de Maurice, son fils.

In nomine summæ et individuæ Trinitatis, Patris, et Filii, et Spiritus Sancti, ego Guarinus cernens mundi terminum et propinquantem et..... centibus demonstrantem sicuti dominus in Evangelio dicit quod « junget gens contra gentem et regnum adversus regnum et signa magna in cœlo et in terra apparebunt, » et cætera quæ sequuntur; consideransque gravitatem meorum peccatorum quæ per suggestionem inimici culpabilis perago, ut mihi dominus veniam faciat ab ipsis delictis et pro remedio animæ patris mei Mauricii et matris meæ Agnetis, concedo Ecclesiæ Prulliacensi, constructæ in honore summi salvatoris mundi et veneratione xii apostolorum, præcipue que sancti Petri, principis apostolorum, abbati Othoni, et omnibus fratribus sibi subjectis tam præsentibus quam futuris deo servientibus, medietatem sepulturæ ecclesiæ Barraïs quam teneo de domino meo Raginaldo la Wirchia, et Mauricio filio suo, sicut habeo de ipsis, ita ut perpetuo habeant illam monachi servientes Deo et sancto Petro in hoc monasterio, quasi alodum proprium. Si quis vero fuerit, quod credo, ex hæredibus meis qui contra hanc donationem repetere et rapere Deo voluerit, in primis iram Dei omnipotentis incurrat et una Tartara possideat; sed hoc donum maneat inviolatum. — Signum Guarini, qui dat, — S. Reginaldi la Guerchia; qui auctorisat; — S. Mauricii; — S. Maingoti. Facta est hæc donatio Deo et sancto Petro Prulliaci in festivitate sancti Marcelliani, in castro Wirchiæ; et donum accepit abbas, videntibus fratribus suis.

IV. — Maurice, seigneur de la Guerche, fils et héritier du précédent, comparait dans une charte de l'an 1100, relative à l'abbaye de Villeloin. Quelques années après, le domaine de la Guerche passa, soit par alliance, soit au moyen d'une vente, dans la maison de Preuilly, représentée alors par Pierre de Montrabel, seigneur de Preuilly.

V. — Pierre I, dit de Montrabel, ou Montrabé, *de Monterabis*, baron de Preuilly, seigneur de la Guerche, de la Rocheposay et d'Yzeures, combattit vaillamment sous la bannière du duc d'Anjou, à la journée de Séez (1116). Il fut un des fondateurs de l'abbaye de la Merci-Dieu. Ses enfants furent : Pierre II, baron de Preuilly; Josbert, qui suit; Jourdain, seigneur d'Autrèche, et Gaultier.

VI. — Josbert de Preuilly, dit de la Guerche, eut en partage la terre de la Guerche après la mort de Pierre I, son frère. En 1152, il constitua, en faveur du couvent de Rives, une rente de sept setiers de blé, à percevoir dans la terre de la Guerche. Il est cité comme témoin dans une charté délivrée, en 1175, par Pierre II, baron de Preuilly, son frère, au profit de l'abbaye de la Merci-Dieu :

. . . . . Hæc acta sunt anno ab Incarnatione Domini M. C. LXXV, *apud Pruliacum, in ecclesia sancti Melanii; actionis hujus sic habitæ testes sunt hii :* JOSBERTUS DE GUERCHIA, *Jor-*

danus et Wallerius, fratres mei, Gaufridus de Cella, Hugo de sancto Flodoveo, Bernardus Rois, Hugo pater, Philippus frater ejus, Wilhelmus de Mirica, Humbertus Rufus, Silvester de Rocha, Petrus Achardi, Wilhelmus et Petrus filii ejus, Bernardus de Ponte, Marcus prior de Pozay.

Par l'acte suivant, daté de 1201, il céda aux religieux de Beaugerais son droit de péage sur la terre de la Guerche :

Ego Josbertus, dominus Guerchiæ, notum facio presentibus et futuris me monachis de Beaugerais, pro remedio animæ meæ et uxoris meæ et omnium parentum meorum defunctorum, peagium per totam terram meam de rebus propriis sine aliquo,..... et consuetudinis de necessariis vendentis et emendis ad me pertinentes libere in eleemosinam concessisse; et ut hoc firmum et ratum permaneat sigilli mei munimime confirmasse. Abbas autem Beaugerais et monachi in societatem omnium bonorum suorum temporalium et spiritualium et totius ordinis me receperunt et se pro me facturos et in vita et in morte sicut pro fratre suo promiserunt. Actum publice anno Incarnati Verbi M. CCI. *Hoc audierunt et viderunt Gauterius capellanus meus; Girardus de Stagno, Hugo et plures alii.*

Nous voyons encore Josbert de la Guerche figurer dans une donation faite, en 1204, à l'abbaye de la Merci-Dieu, par Pierre II, baron de Preuilly. Voici le texte de cette donation :

Noverint præsentes et futuri quod ego Petrus de Monterabis, miles (Pierre II, baron de Preuilly), *consilio fratris mei Josberti et uxoris et filiorum meorum, dedi in eleemosinam abbati Misericordiæ Dei, pro redemptione animæ meæ, et patris et matris, et uxoris, et filiorum et omnium parentum nostrorum tam prædecessorum quam futurorum, centum solidos Andegavensis monetæ in pedagio Rochæ* (Rochepozay) *sive sit in ponte, sive in aqua, in perpetuum reddendos per manus illorum qui prædictum pedagium recipient; tali vero modo singulis annis prædictæ abbatiæ persolvantur : in Natali Domini* XXV *solidos; in Pascha* XXV *solidos; in Pentecoste* XXV *solidos; in........* XXV *solidos. Hoc vero concessit dictus Josberbus de Guerchia, frater meus; Aanor, uxor mea; filii mei Eschivardus et Goffridus. Hæc autem eleemosina facta fuit in manu domini G. de Rajacea tunc abbatis Misericordiæ Dei; et ut hæc eleemosina firmior haberetur et melius teneretur præcipi illam cartam fieri et illam sigilli mei munimine confirmari; et ipsi testes sunt qui interfuerunt : P. Petrus, prior; Marchus, monachus de Racha, Johannes de Mirmanda, Marchus junior, Willelmus de Pictavis, P. de Charnize, Jodoinus subprior, et ipsi omnes monachi prædictæ abbatiæ.*

De militibus vero : Giraudus, vice-comes de Brocea, nepos meus qui prædictam eleemosinam suscepit manu tenendam et custodiendam; Josbertus de Podio et Josbertus filius ejus; V. Boceanus; V. Achard et Elyas frater ejus; Emericus de Rochechouart. De servientibus : Josbertus Basyn; Johannes de Pictavis, Brito, Alaïde et multi alii. Hoc autem factum fuit anno ab Incarnatione Domini M. CC. IIIJ, *pontificatus domini Innocentis anno* 6°, *regnante apud Francos rege Philippo; apud Anglos rege Johanne; enittente Turonorum archiepiscopo Bartholomæo et Mauricio episcopo Pictavensi in cujus manu prædictus Petrus de Monterabia supradictam fecit eleemosinam abbatiæ Misericordiæ Dei et in eadem abbatia se sepeliendum esse concessit.*

Josbert de la Guerche mourut avant 1205, et laissa deux enfants : Jeanne, femme de Robert III, comte d'Alençon, et Guillaume de la Guerche. Vers 1220, ce dernier et Geoffroy de Ponce, son fils, prêtèrent serment de fidélité au roi Philippe-Auguste et promirent de ne jamais embrasser le parti du roi d'Angleterre. Joscelin de Blo, seigneur de Champigny, Girard du Bellay, seigneur de Passavant, Guy de Sennebaud, seigneur du Bouchet (en Brenne), et Geoffroy de Preuilly, se portèrent garants de la promesse, et donnèrent leurs terres pour gages ou pleiges.

VII. — Robert III, comte d'Alençon et de Séez, fils de Jean Ier, comte d'Alençon, et de Béatrix d'Anjou, devint seigneur de la Guerche par son mariage avec Jeanne, fille de Josbert de la Guerche. De ce mariage sont issus : Jean III, comte d'Alençon, mort le 8 janvier 1212; Mahaud, femme de Thibaud, dit le Jeune, comte de Blois, et Alice, qui épousa, en premières noces, Robert Malet de Graville; et, en secondes, Aimery, vicomte de Châtellerault. Robert d'Alençon mourut à Morteville, près Laval, le 8 septembre 1217, et fut inhumé dans l'abbaye de Perseigne. Jeanne de la Guerche, devenue veuve, contracta un second mariage avec Geoffroy III de Châteaudun.

VIII. — Geoffroy III de Châteaudun, vicomte de Châteaudun et de la Guerche, à cause de sa femme, Jeanne de la Guerche, était fils de Hugues V de Châteaudun et de N. de Preuilly. En 1211, Jeanne de la Guerche donna acte d'un don fait par Josbert, son père, à l'abbaye de la Merci-Dieu; dans la même année, elle signifia cet acte à l'archevêque de Tours :

Omnibus ad quos præsens scriptum pervenerit, Johanna, comitissa Alençonii et dominæ Wirchiæ, salutem. Noverit universitas vestra quod dominus Josbertus Wirchiæ pater meus, cum assensu et voluntate mea, pro remedio animæ suæ et uxoris ejus, dedit et concessit in puram eleemosinam abbatiæ Misericordiæ Dei et fratribus ibidem Deo servientibus tria sextaria bladi in mediataria de Varenna annua-

tim percipienda, antequam Girardus de Stagno in eadem meditaria aliquid perciperet; et ut hoc donum ratum habeatur præsentem cartam sigilli mei munimine confirmavi. — G. Dei gratia Turonensi archiepiscopo venerabili patri ac domino et officiali ejus, Johanna, comitissa Alençonii et domina Guerchiæ, salutem. Noverit paternitas vestra quod bonæ memoriæ pater meus Josbertus, dominus Guerchiæ, dedit domui de la Merci-Dieu tria sextaria bladi annuatim percipienda in meditaria de Varenna sicut didici a multis hominibus qui audierunt; inde est quod vos exoro attentius quatenus pro amore Dei dictam eleemosinam teneri et ab his qui dictam medictariam possident reddi faciatis. Valete.

Par les lettres suivantes, données à la Guerche en 1212, Geoffroy de Châteaudun, avec le consentement de ses enfants, Geoffroy, Isabelle, Adeline, Jeanne et Agnès, ajouta au don dont on vient de parler celui de trois setiers de froment, à prendre dans la métairie de la Varenne :

Notum sit omnibus presentes litteras inspecturis quod dominus Jobertus de Guerchiæ, avus meus, et Johanna uxor mea, filia ipsius, comitissa Alençonii, dederunt et concesserunt pro remedio animarum suarum abbatiæ Misericordiæ Dei, in puram eleemosinam, tria sextaria hordei in meditaria e Varenna a quocumque illam meditariam tenente annuatim percipienda a festum sancti Michaelis. Ego G. comes Castri-Duni et uxor mea dedimus et concessimus abbatiæ prædictæ et fratribus ibidem Deo servientibus pro remedio animarum nostrarum et omnium parentum nostrorum, in augmentum prædictæ eleemosinæ, tria sextaria frumenti, in supradicta meditaria ad supradictum festum annuatim percipienda, laudantibus et concedentibus Gaufrido filio nostro et Ysabella, Adelicia, Johanna, Agneta, filiabus nostris. Hujus rei testes sunt : Radulfus Bar, sacerdos magister Michaël; Lucaus, Jobertus, Poupaut, clerici; Rainaudus, Villeius de Haia; Hugo furnerius, Guillelmus de Juçay, Helyas Achard de Rupe, milites, et plures alii. Quod ut ratum habeatur et stabile, sigillis nostris dignum duximus roborandum. Abbas vero et conventus prædictæ abbatiæ concesserunt facere anniversaria nostra in prædicta abbatia. Factum est hoc apud Guerchiam, anno ab Incarnatione Domini M. CCXII.

En 1213, Geoffroy de Châteaudun accorda aux religieuses de Rives le droit de faire paître leurs bestiaux dans la forêt de l'Épinat (*de Spinantia*).

Par une charte de 1217, il confirma l'exemption de péage accordée aux religieux de la Merci-Dieu, sur tout le domaine de la Guerche, à condition que son anniversaire et celui de sa femme seraient célébrés tous les ans dans l'abbaye de la Merci-Dieu :

Noverint universi tam præsentes quam futuri quod defunctus Jobertus, dominus Guerchiæ, bonæ memoriæ, dedit et concessit pro remedio animæ suæ et antecessorum suorum in puram et perpetuam eleemosinam, Deo et fratribus abbatiæ Misericordiæ Dei quictantiam pedagii sui in toto dominio Guirchiæ de omnibus his quæ duxerint tam in aqua quam in terra, tantum ad proprios usus prædictæ domus pertinentibus ita scilicet ut monachus qui res ipsas duxerit vel reduxerit fatebitur super ordinem suum nihil ex omnibus rebus ipsius fuisse venditum gratia lucrandi. Si laicus fuerit qui res ipsas duxerit vel reduxerit fide confirmabit et de residuo ab ipsis empto in ore mercatorum quæ ad proprios usus supradictæ domus non pertinent reddatur pedagium. Postea vero, ego Gaufridus vice-comes Castri-Duni et Aalicia uxor mea, pro remedio animarum et parentum nolentes disturbare donum istud vel minuere, voluimus et laudavimus et concessimus, ita tamen quod in eadem abbatia anniversarium nostrum annuatim celebretur. Hoc idem donum voluit et concessit Gaufridus filius et filiæ Ysaballa, Aalicia, Johanna et Agnes. Quod ut eisdem fratribus sit magis ratum et ut in concessum et stabile perseveret presentis scripti testimoniis et sigillorum nostrorum appositione fecimus communiri. Anno ab Incarnatione Domini MCC *septimo decimo.*

Jeanne de la Guerche étant morte vers 1213, Geoffroy de Châteaudun épousa, en secondes noces, Alice de N., dont il n'eut pas d'enfants. Du premier lit sont issus : Geoffroy IV, vicomte de Châteaudun, seigneur de Montdoubleau et de Château-du-Loir, marié à Clémence des Roches ; — Isabelle, femme de Jean d'Estouteville ; — Adeline, mariée à Hervé de Gallardon ; — Jehanne et Agnès.

IX. — Eschivard II de Preuilly, baron de Preuilly et seigneur de la Rocheposay, posséda le domaine de la Guerche après Geoffroy de Châteaudun. En 1218, lui et son fils Geoffroy concédèrent aux moines de Noyers le franc-passage et l'exemption de tout droit d'achat et de vente sur le territoire de la Guerche, de même que sur leurs autres domaines de Preuilly et de la Rocheposay. C'est ce que nous apprend le titre suivant :

Noscant præsentes inspecturi quod Eschivardus de Pruillé et Goffredus filius ejus concesserunt monachis Nuchariensibus ut super omnem terram suam eant vendentes et ementes, et quicquid voluerint ducentes sive per terram, sive per aquam, nihil omnino nullam consuetudinem reddant, scilicet apud Pruille, apud Querchiam, apud rupem de Poizai; et ex hoc abbatem Bernerium in testimonium fidei osculaverunt, videntibus et audientibus Hugone, proconsule Castri-Araldi, Petro Bru-

no, Guillelmo Corbet, Guillelmo, nepote abbatis, Yviso.

Eschivard II laissa, de Mathilde de N., son épouse, sept enfants : Geoffroy IV, Gosbert, seigneur de la Rochepousay, Henri, Jourdain, Gautier, Pierre et Jehanne. Il fut enterré dans l'abbaye de Preuilly.

X. — Geoffroy IV, baron de Preuilly, seigneur de la Guerche, chevalier-banneret, gouverneur du château du Bouchet en Brenne, délivra un grand nombre de chartes au profit des abbayes de la Merci-Dieu, de Preuilly et des Chartreux de Saint-Jean du Liget. En 1222, il sanctionna, par l'acte suivant, un don que Jean du Pont, seigneur de Barrou, fief relevant de la Guerche, avait fait aux religieux de la Merci-Dieu :

Universis presentes litteras inspecturis Gaufridus dominus Prulliaci salutem. Sciant omnes presentes litteras inspecturis quod Johannes de Ponte dedit et concessit ecclesiæ de Misericordia Dei unum sextarium siliginis in terragio suo de Barro, ad festum B. Michælis annuatim habendum. Et ut hoc firmius haberetur, ad petitionem prædicti Johannis, presentem paginam sigilli mei munimine roboravi in testimonium et munimen. Actum anno Domini. M. CC. vicesimo secundo.

Une note extraite par M. Salmon, d'un cartulaire de l'archevêché de Tours, conservé au British Museum (coll. Landsdowne, n° 342), nous apprend que Geoffroy de Preuilly était homme lige de l'archevêque, sauve la foi qu'il devait au roi. « Il reconnaît, dit le cartulaire, tenir de lui la châtellenie de la Guerche avec ses dépendances, et à la Haye, la rue de Preuilly et ce qui est sur cette rue. Il doit assister à la consécration de l'archevêque, le porter avec les autres barons et le fournir de pain pour le jour de l'intronisation. Il recevra ses gages pour ses loyaux dépens et aura les nappes et le reste du pain apporté dans la salle. »

Geoffroy IV de Preuilly laissa, de Luce de N., cinq enfants : Eschivard III, Jourdain, Pierre, Ysabeau, femme de Geoffroy Payen, seigneur de Boussay, et Jeanne. Il eut aussi un enfant naturel, Geoffroy, qui est cité dans un acte de 1263.

XI. — Eschivard III, baron de Preuilly, seigneur de la Rochepousay et de la Guerche, fut convoqué au ban du roi en 1242. Il fit son testament en 1263 et mourut en 1265, laissant, d'Alix de Perey, sa seconde femme, Geoffroy V et Eschivard, qui se distingua dans les guerres de Flandre en 1302.

XII. — Jean de Beaumont, chev., était seigneur de la Guerche en 1300. Appelé à l'ost de Foix en 1271, il confessa devoir service au roi pendant quarante jours. Il était de la maison de Beaumont-Bressuire.

XIII. — Geoffroy de la Guerche, chev., seigneur de la Guerche, vivait en 1301. Nous ignorons s'il était de la maison de Preuilly et comment la seigneurie de la Guerche vint en sa possession. Il avait un frère nommé Guillaume, qui fut religieux et procureur-général de l'abbaye de Preuilly. Ce dernier figure dans un acte du 20 juin 1358, par lequel les religieux de Preuilly cèdent à Guillaume Marin quatre sous de rente à prendre sur la maison de Trenezay, située devant le pont de la Guerche. Guillaume Marin abandonne, en échange, le droit qu'il peut avoir à la possession de l'hébergement de la Bourgonnière, commune de Bossay.

Geoffroy de la Guerche eut trois filles : Jehanne, qui épousa Thibaut Chateigner; Isabeau, femme d'Hardouin de la Porte, valet, et Letice de la Guerche.

XIV. — Jean d'Amboise II était seigneur de la Guerche en 1325, et possédait en outre les terres d'Amboise, de Bléré, Chaumont, Montrichard, Bueil, etc. On suppose qu'il devint propriétaire de la Guerche par le mariage qu'il avait contracté avec Letice, fille de Geoffroy de la Guerche. Il est mentionné dans des titres de l'abbaye de Marmoutier, en 1275-92. Ses enfants furent : Pierre I, seigneur d'Amboise, Hugues, seigneur de Chaumont, et Gilbert, dit Guy d'Amboise, chantre de l'église de Tours, cité dans un compte de Pierre Chauvel, clerc des arbalétriers du roi, en 1347.

XV. — Jean de l'Ile-Ogier, chev., possédait la châtellenie de la Guerche dès 1336. Il était fils de Barthélemy III, seigneur de l'Ile-Bouchard, et d'Eustache de Gençay. En 1327, il épousa Jeanne de Montbazon, fille de Barthélemy de Montbazon, et en eut deux filles : Ysabeau, femme de Jean de Maillé, seigneur de Clervaux et de la Guerche, Jeanne, qui fut mariée à Bonabes de Rougé, et Eustache.

Dans le courant d'avril 1336, Jean de l'Ile-Ogier constitua une rente de quatre muids de froment au Chapitre de Tours. En 1345, il reçut l'hommage de Macé du Chesne, Éc., pour la terre du Chesne, relevant de la Guerche. D'autres actes de 1340-44-54, font mention de ce seigneur.

XVI. — Jean de Maillé, seigneur de Clervaux, fut propriétaire de la terre de la Guerche, du chef de sa femme, Ysabeau de l'Ile-Ogier. Il mourut sans enfants, avant 1368. En 1364 et 1365, Jean Fornier lui rendit hommage pour son hébergement de Buxeuil, relevant du château de la Guerche.

XVII. — Ysabeau de l'Ile-Ogier, après la mort de Jean de Maillé, son mari, prit le titre de dame et vicomtesse de la Guerche. Par une transaction dont la date nous est inconnue, elle avait cédé une partie de cette terre à sa sœur Jeanne, femme de Bonabes de Rougé. Elle reçut les aveux de Guy Guenant, seigneur des Murcins, le 1er septembre 1368, de Jean Fornier, seigneur de Buxeuil, en 1376, et de Perot des Courtils, pour la dîme de Barrou, le 3 juin 1382. Nous la voyons figurer en dernier lieu dans un acte du 16 décembre 1397.

XVIII. — Bonabes de Rougé IV, chev., seigneur de Derval, Nouville, Rochediré, devint possesseur d'une partie du domaine de la Guerche, en raison de son mariage avec Jeanne de l'Ile-Ogier. Il fut fait prisonnier en 1956, à la bataille de Poitiers, en même temps que le roi Jean. S'étant racheté, il fut renvoyé en Angleterre pour être un des trente otages du roi. Bonabes de Rougé mourut en 1377, laissant, de Jeanne de l'Ile-Ogier, qu'il avait épousée en premières noces : Jean de Rougé I, Galhot, Jeanne et Eustache. D'un second mariage avec Jeanne de Maillé, dame de Clervaux, il eut Mahaut, qui épousa Briand de la Haie-Jouslain, seigneur de Moncontour.

XIX. — Jean de Rougé I, chev., seigneur de la Guerche, en partie, étant mort sans enfants vers 1380, sa succession échut à son frère Galhot.

XX. — Galhot de Rougé, chev., seigneur de la Guerche, en partie, Derval, Rochediré, Guemené-Penfant, épousa Marguerite de Beaumanoir, dont il eut : 1° Jean II, de Rougé, seigneur de la Guerche; 2° Jeanne, femme d'Armel de Châteaugiron; 3° Olive, mariée à Jean du Perrier, seigneur du Plessis-Balisson. Galhot de Rougé mourut avant 1388.

XXI. — René de Thalensac, chev., était seigneur de la Guerche en 1388. L'origine de cette possession nous est inconnue. Le 30 octobre 1388, il céda (le document que nous avons consulté ne dit pas à qui) « le droit d'un hommage plain d'icelui que Pierre d'Escoubleau et ses auteurs avaient coutume de rendre au seigneur de la Guerche pour les terres de la Bruère, la Roche-Ravarit, la Denisière, la Ripaudière et la Roullière. »

XXII. — Jean de Rougé II, seigneur de la Guerche, Derval, Guemené, etc., mourut le 8 février 1415, sans laisser d'enfants de son mariage avec Béatrix de Rieux, fille de Jean II, sire de Rieux et de Rochefort, maréchal de France, et de Jeanne de Rochefort. Il est cité avec le titre de vicomte de la Guerche dans un acte du 22 juin 1405.

XXIII. — Patry de Châteaugiron, chev., fils aîné d'Armel de Châteaugiron et de Jeanne de Rougé dont il a été parlé ci-dessus, hérita de la châtellenie de la Guerche et des autres biens de son oncle, Jean II de Rougé, en 1415. Il mourut vers 1426, sans laisser d'enfants de Louise de Rohan, qu'il avait épousée en 1398.

XXIV. — Pierre Frotier, baron de Preuilly, vicomte de Montbast, seigneur d'Azay-le-Féron, le Blanc, Miserey, etc., aurait possédé la Guerche, d'après un titre du 29 juillet 1428. Dans ce titre, il prend les qualités de *seigneur et vicomte de la Guerche*, à cause de dame *Marguerite Pille*, sa femme. Il y a là évidemment une erreur de nom. La femme de Pierre Frotier se nommait Marguerite de Preuilly, et non Marguerite Pille. Elle contracta mariage avec Pierre Frotier, le 6 août 1421, et mourut le 13 août 1445. On ignore d'où pouvaient provenir ses droits sur la terre de la Guerche.

XXV. — Geoffroy de Malestroit, chev., seigneur de Malestroit et de Combourg, cousin de Patry de Châteaugiron, fut propriétaire du domaine de la Guerche, du chef de sa femme, Valence, sœur et héritière de Patry. Il mourut en 1440; ses enfants furent : Jean, qui suit; Marguerite et Gillette. Valence, sa femme, était décédée le 7 septembre 1435. Geoffroy de Malestroit est cité dans des actes de 1440, du 10 juillet 1444, du 28 janvier et du 18 juin 1445.

XXVI. — Jean de Malestroit, chev., seigneur de Derval et d'une partie de la vicomté de la Guerche en même temps que son père, rendit hommage au baron de Preuilly, pour sa terre de la Guerche, les 10 juillet 1444 et 28 janvier 1445. Voici le texte du dernier hommage :

« De vous, très noble et puissant seigneur, « monseigneur de Preuilly, je, Jehan de Males- « troit, chevalier, seigneur de Derval et de la « vicomté de la Guerche, en Touraine, tiens et « advoue tenir de vostre dit chastel et chastel- « lenie de Preuilly à foy et hommage lige, et « 12 l. 10 s. aux loyaux aides, et 12 jours de « garde, mon dit lieu de la Guerche, chastel, « ville, vicomté et chastellenie, ce 28 janvier « 1445. »

Par acte du 21 mai 1448, Jehan de Malestroit et son père vendirent la terre de la Guerche à Nicole de Chambes, au prix de 1,100 écus d'or.

XXVII. — Nicole de Chambes, chev., écuyer d'écurie du roi, seigneur de la Guerche, était originaire d'Écosse. Par contrat du 19 octobre 1450, il revendit, moyennant 1,000 écus d'or, les *ville, vicomté, chastel, chastellenie, terre et seigneurie de la Guerche, et ses appartenances* à André de Villequier, seigneur de Saint-Sauveur-le-Vicomte.

XXVIII. — André de Villequier, chev., vicomte de la Guerche, seigneur de Saint-Sauveur-le-Vicomte, Montrésor, Étableaux, Menetou-Salon et de l'Ile-d'Oléron, fit son testament le 15 juin 1454, et mourut à Preuilly le 1er juillet suivant, laissant, de son mariage avec Antoinette de Maignelais, fille de Jean de Maignelais II et de Marie de Jouy, deux enfants, Artus et Antoine de Villequier.

Par acte passé à Chissé, en juin 1450, et dans lequel est mentionné André de Villequier, Pierre Frotier, baron de Preuilly, et Prégent, son fils, cédèrent au roi Charles VII, pour être réuni au duché de Touraine, l'hommage des devoirs seigneuriaux de la Guerche. En échange, le roi accorda à Frotier le droit de haute, moyenne et basse justice pour la terre de Melzéart. Les lettres suivantes, délivrées par Charles VII, au Bridoré, le 17 septembre 1454, confirmèrent les dispositions de l'acte de juin 1450, qui ne fut enregistré à Tours que le 26 mars 1452 :

« Charles, par la grâce de Dieu, roi de France, à tous ceulx qui ses présentes lettres verront, salut. Comme nostre amé et féal conseiller, et chambellan, Pierre Frotier, seigneur de Preuilly et de Melzéart, tant en son propre et privé nom, que comme ayant le bail, garde, gouvernement et administration de Prégent Frotier, son fils, et de feue Marguerite de Preuilly, damoiselle jadis sa femme, et iceluy Prégent avec l'autorité de son dict père, nous ayant cédé, transporté, quitté, delaissé et remis à perpétuité pour eulx et chacun d'eulx, et pour leurs hoirs, et qui d'eulx et chacun d'eulx auront cause tout le droit d'hommaige, serment de feaulté, ressort, justice et jurisdiction, exige, droit de fief, avec tous les hommes, services, logences et aultres droits, devoirs et redevances quelconques que les dits Pierre Frotier et Prégent, son fils, et chacun d'eulx avaient et avoir pouvaient, et debvoient, et qui pour le temps à venir leur peut ou compéter et appartenir à cause de la seigneurie de Preuilly ou aultrement, en et sur les vicomté, terre et seigneurie, ville, chastel et chastellenie de la Guerche, en Touraine, par avant tenue à foy et hommage de la dite seigneurie de Preuilly, sans rien y réserver ne retenir à eulx, aulcun d'eulx, à leurs hoirs ne à la dite seigneurie de Preuilly, en quelque manière que ce soit; et s'en sont devestis et dessaisis en nos mains, et nous en ayant vestu, et saisi, et voulu, et consenti expressément que le dit hommage et aultres droits et redevances quelconques qu'ils avaient sur la vicomté de la Guierche fussent et soyent perpetuellement unis et consolidez à nostre domaine et directe seigneurie du duché de Touraine, tant par la considération de plusieurs bienfaits et adventages que nous avons fait au dit Pierre Frotier et aultres prédécesseurs du dit Prégent, et qu'ils espéraient encore que leur ferions mesmement au dict Prégent pour le temps advenir que aussi par ce et afin que avons donné et octroyé au dit Pierre Frotier et Prégent, son fils, et aulx leurs droits, puissance et auctorité d'avoir tenir et exercer perpétuellement la haulte justice et juridiction moyenne et basse en la dicte terre de Melzéart, appartenant au dict Pierre Frotier, tenue de nostre très cher et très aimé frère, et cousin Charles, comte du Maine, à cause de sa seigneurie de Melle, en laquelle la dicte terre de Melzéart est assise.

« Nous, considérant que l'acquisition des dicts hommaige, droicts et devoirs seigneuriaux et féodaux de la vicomté de la Guierche sont bien seans et prospères à nous et à nos successeurs de nostre duché de Touraine, ainsi que en ce les droicts seigneuriaux de la d. terre et baronnie de Preuilly sont diminués et amoindris, voulant descharger le scrupule de conscience que en ce nous et nos successeurs y pourrions faire, ayant mesmement regard à ce que les dicts Pierre Frotier et Prégent, son fils, nous ont libéralement transporté le dict hommaige pour nous complaire en espérance des bienfaits que leur ferions pour le temps advenir; afin que qu'ils ne soient deffraudés de leur intention et pour toujours mieux les récompenser des d. droits et hommaiges à nous transportés, en deschargeant nostre conscience, à iceulx Pierre Frottier et Pregent, son fils, avons promis et promettons par ces présentes leur faire payer et bailler des deniers de nos finances la somme de six mille escus d'or en troys années; c'est à savoir deux mille escus sur nos finances de l'année qui commencera le premier jour d'octobre prochain venant, autres deux mil escus sur nos finances de l'année commençant au dit mois d'octobre de l'an MCCCCLV, et les autres deux mil escus sur nos finances de l'année qui commencera à semblable mois d'octobre MCCCCLVI, en accroissement, recompensation et apchat du dict hommaige, pour tant qu'ils n'en auraient esté bien et dument récompensez, pour icelle somme de 6000 escus d'or employés et convertis en accroissement et amélioration de la dicte terre et seigneurie de Preuilly et des appartenances d'icelle ou aultrement, en accroissement des terres, seigneurie et revenu du dict Prégent Frotier, et tout ce que de la dicte somme de 6000 escus serait acquis sera le propre domaine et héritage du dict Prégent, sans que le dict Pierre Frotier en puisse par testament simple, ordonnance faicte entre vifs, ou aultrement ordonner ni disposer. En tesmoing de ce nous avons ces présentes signées de nostre main, et faict sceller de nostre scel. — Donné au Breuil-Doré, le xviii⁰ jour de septembre, l'an de grâce mil quatre cent cinquante et quatre, et de notre règne le 32⁰. — Ainsi signé : CHARLES. Par le roy : S. DE LA LOUÈRE. »

XXIX. — Artus de Villequier hérita de la terre de la Guerche. A la suite de difficultés qu'il eut avec Antoine, son frère, un arrêt du Parlement, du 24 juillet 1459, décida qu'Artus de Villequier, l'aîné, prendrait la moitié des domaines de la Guerche, d'Étableaux et de Montrésor, *avec les manoirs principaux*, et qu'Antoine aurait l'autre moitié, mais sans aucun droit sur les manoirs. Il résultait de là qu'Artus de Villequier, étant seul seigneur châtelain, avait seul qualité pour recevoir les hommages féodaux. Pendant la minorité d'Artus et d'Antoine, leur mère, Antoinette de Maignelais, eut l'administration de la terre de la Guerche. Le 25 septembre 1455, elle reçut l'hommage de N. d'Aloigny pour son hôtel de Mainvial, situé paroisse d'Oiré, en Poitou. En 1461, le 13 janvier, elle-même, comme ayant le bail et garde-noble de ses enfants, rendit aveu au roi, en la personne du duc de Bretagne, pour la terre de la Guerche et ses dépendances.

Dans un titre du 23 janvier 1465, Antoinette de Maignelais est qualifiée de vicomtesse de la Guerche et de Saint-Sauveur, dame de Montrésor, d'Étableaux et de Maignelais.

Artus de Villequier figure, avec le titre de vicomte de la Guerche, dans des actes des 15 octobre et 15 décembre 1478, 1484, 28 juillet 1493, 19 décembre 1501, et 22 août 1505. De son mariage avec Marie de Montberon naquit un fils, Jean-Baptiste, qui posséda après lui la vicomté de la Guerche.

XXX. — Antoine de Villequier, chev., seigneur de la Guerche, en partie, de Menetou-Salon, vicomte de Saint-Sauveur, conseiller et chambellan du roi, mourut en 1490, laissant, de son mariage avec Charlotte de Bretagne, un fils unique, François de Villequier.

XXXI. — François de Villequier, chev., seigneur de la Guerche, en partie, de Montrésor, Escoubleau, Reschou, etc., est mentionné dans un arrêt du Parlement, du 4 septembre 1490; il mourut en bas âge, et sa succession échut à Jean-Baptiste de Villequier.

XXXII. — Jean-Baptiste de Villequier, chev., vicomte de la Guerche, seigneur de Saint-Sauveur, Étableaux, Chanceaux, Oléron, etc., épousa, en premières noces, Jacqueline de Miolans, qui décéda à la fin de l'année 1518, et fut enterrée dans l'église paroissiale de Saint-Marcellin de la Guerche, devant le grand-autel. Son testament, dont nous allons donner le texte, est daté du 17 septembre 1518 :

« *In nomine Patris et Filii et Spiritus sancti, amen.* — Jésus, je, Jacqueline de Myolans, « après avoir demandé congié à mon mary de « faire mon testament, saine d'entendement, dé- « tenue de maladie, considérant les calamités de « ce monde, fait et ordonne mon testament en la « forme et manière qui s'ensuit : Primo, je re- « commande mon âme à Dieu et à Nostre-Dame, « et à toute la cour célestienne du Paradis; et « quand ma dicte âme sera séparée de mon « corps, que mon dict corps soit en l'église de la « Guerche, devant le grand-autel de monsieur « saint Marcellin.

« *Item*, je veux et ordonne qu'il soit dit et cé- « lébré pour mon âme et de mes amis trespassés « douze mille messes; *Item*, je veulx et ordonne « qu'il soit dit et célébré perpétuellement sept « messes par chacune sepmaine en la dit église « du dit lieu de la Guerche, sçavoir, en le di- « manche du jour, le lundi, mardi, mercredi « des trespassés, le jeudi de saint Jean-Baptiste, « le vendredi des Cinq Plaies de Nostre-Seigneur, « et le samedi de la Conception de Nostre-Dame, « lesquelles messes je ordonne estre dites à la « discrétion de mes exécuteurs, par telles per- « sonnes qu'ils verront estre à faire, et de ce « faire les supplie et requiers qu'ils en veuillent « faire les fondations nécessaires à ce que en « l'avenir mon intention soit accomplie. *Item*,

« je veux et ordonne qu'il soit baillé à Claude « Goulard, pour ses services, cent escus, et pour « demye année qu'il reste de ses services, dix « escus. *Item*, je donne à Mademoiselle de la « Cherrière la somme de cent escus pour les ser- « vices qu'elle m'a faits, en ce comprins les ser- « vices que je luy devays. *Item*, je veux qu'il « soit baillé à monsieur de la Cherrière son « espoux, la somme de 20 livres tournois, que je « lui dois du reste de ses services; *Item*, je veux « et ordonne que ma robe de damas, fourrée de « martres, soit baillée à la dite dame Cherrière, « les dites martres ôtées.

« *Item*, Je donne à Claudine ma robe de........, « qui est fourrée de martres, les dites martres « ôtées; aussi à la dite Claudine ma robe de ve- « lours tanné et la somme de cent escus une fois « baillés. *Item*, je donne à Guyanne ma robe de « satin tanné, fourrée de martres, en ostant les « dites martres; aussi donne à la dite Guyanne « la somme de 300 escus une fois baillés. *Item*, « je dois à Morin, mon serviteur, la somme de « 25 livres qu'il m'a prêtés, et 25 escus que je « ordonne lui estre baillés; *Item*, je donne à « Guillaume de la Mardelle, serviteur de M. de « Saint-Sauveur, mon espoux, trois escus pour « les services qu'il m'a fait; *Item*, je veux et « ordonne qu'il soit payé à messire Charles Gaul- « tier la somme de 78 escus, qu'il m'a prêtés « pour mes affaires et pour un diamant qu'il a « engaigé de moy soit retiré. *Item*, je veulx et « ordonne qu'il soit dit et célébré, au lieu où « sont enterrés ma feue mère et monsieur du Pé- « rier, quatre messes par chacune sepmaine, « chacun deux messes perpétuellement, et sera « prins l'argent de la fondation des dites quatre « messes sur les arrérages de 300 l. de rente que « monsieur de Laval me doit.

« *Item*, je donne une cotte de satin broché, et « une robe qui était à ma feue mère, pour faire « des ornements à l'autel auquel sera la dite « fondation; aussi donne un icel brochet au dit « autel, pour le parer. *Item*, je veux qu'il soit « payé à messire Antoine Bailleteau, prestre, six « escus sols qu'il m'a presté, et à Jeanne Baudé « six escus sols, et à Julian Bouteiller quatre « escus, qu'ils m'ont presté. *Item*, tout ce present « mon testament je ratifie et approuve l'appointe- « ment faist avec messieurs mon beau-père et « belle-mère, et mon mary par cy devant, et veux « que le dit appointement estre son effect. *Item*, « je veux et ordonne les choses susdites, et ce « présent mon testament estre payées, exécutées « et accomplies sur la somme de douze mille « livres restant des deniers que j'ai reçus de mes- « sire Jacques de Beaune, depuis mon mariage, « pour ce que la dite somme n'a encore esté con- « vertie en acquest et héritages, et icelle veux « estre censée et réputée pour meuble, en faveur « de l'accomplissement de ce présent mon testa- « ment et autrement, selon ma disposition et

« deptes payées, si aucunes sont trouvées estre
« par moy deues, et le dit testament accompli, le
« reste si aucun y a, je le donne à mon dit mary
« perpétuellement, si mon fils René allait de vie
« à trespas devant lui.

« *Item*, je eslis mes exécuteurs madame ma
« belle-mère et monsieur mon mary, auxquels
« je baille mes terres pour faire et parfaire mon
« dit testament, fait es présences de nobles
« hommes Gilles de la Broïse, Estienne Morin et
« maistre Baptiste, médecin, et plusieurs autres,
« le 17e jour de septembre, l'an 1518. En tes-
« moing de vérité j'ay fait signer mon dit pré-
« sent testament et dernière volonté aux notaires
« ci-dessous escripts, les jour et an que dessus. »

En 1519, Jean-Baptiste de Villequier désigna un grand nombre de prêtres pour la célébration des messes fondées par Jacqueline de Miolans; et cinq ans après, il leur assigna cinquante livres de rente sur les greffe et tabellionnage de la vicomté de la Guerche.

D'un premier mariage, contracté avec Jacqueline de Miolans, Jean-Baptiste de Villequier eut un fils, René, qui mourut avant 1520.

Jean-Baptiste de Villequier épousa, en secondes noces, suivant contrat passé le 28 mai 1519, Anne de Rochechouart, dame d'Étableaux, dont il eut Claude, baron de Villequier et vicomte de la Guerche; René, qui posséda aussi plus tard ces mêmes terres, et Jacqueline, femme de Claude Savary, seigneur de Lancosme.

XXXIII. — Claude de Villequier, baron de Villequier, vicomte de la Guerche, seigneur d'Aubigny et d'Eury, chevalier de l'ordre du Saint-Esprit, gouverneur de Paris, fit son testament le 14 avril 1595. De son mariage avec Renée d'Appelvoisin, fille de Guillaume d'Appelvoisin, seigneur de la Rochedumaine, et d'Anastasie de la Béraudière, il eut Georges, qui jouit de la vicomté de la Guerche du vivant de son père.

XXXIV. — Georges de Villequier, vicomte de la Guerche, chevalier des ordres du roi, mourut en 1591, sans laisser d'enfants de son mariage avec Louise Jay, dame de Boisseguin. Sa succession échut à René de Villequier, son oncle.

On attribue à Georges de Villequier le meurtre commis à Bourgueil, en 1571, sur la personne de Philibert de Voyer, seigneur de Lignerolles, près Séez, en Normandie, favori du duc d'Anjou. Si l'on en croit l'auteur des *Pièces fugitives de l'Histoire de France* (t. I, part. 1re, 1759), Philibert de Voyer aurait été tué pour avoir divulgué le secret de la Saint-Barthélemy.

XXXV. — René de Villequier, dit le Jeune et le Gros, chev., vicomte de la Guerche, seigneur de Clervaux, Eury, Aubigny, etc., épousa, en premières noces, Françoise de la Marck, et, en secondes, Louise de Savonnières. Du premier lit vint Charlotte-Catherine, femme de François d'O, seigneur de Fresne, et, du second, Claude de Villequier. Louise de Savonnières, après la mort de René de Villequier, se remaria à Martin, seigneur du Bellay et prince d'Yvetot.

XXXVI. — Claude de Villequier, chev., vicomte de la Guerche et baron de Villequier, mourut en 1604, à Fontainebleau, à l'âge de dix-neuf ans. Toutes ses propriétés, y compris celle de la Guerche, passèrent aux mains de Charlotte-Catherine, sa sœur, alors veuve de François d'O.

XXXVII. — Jacques d'Aumont, baron de Chappes, seigneur de Cors, en Berry, et de Clervaux, en Poitou, fils de Jean d'Aumont, quatrième du nom, comte de Châteauroux, maréchal de France, et d'Antoinette Chabot, devint vicomte de la Guerche par son mariage avec Charlotte-Catherine de Villequier, veuve de François d'O. Il mourut à Paris, le 14 juillet 1614, laissant : 1° César, qui suit; 2° Antoine, duc d'Aumont, marquis d'Isles, pair et maréchal de France, gouverneur et lieutenant-général de Paris, mort dans cette ville, le 11 janvier 1669; 3° Roger, évêque d'Avranches, mort en 1652,; 4° Charles, marquis d'Aumont, lieutenant-général des armées du roi, mort à Spire, d'une blessure qu'il avait reçue au siège de Landau (1644); 5° Jacques-Emmanuel, seigneur d'Aubigny et de Faye, mort en 1643; 6° Anne, mariée, en premières noces, à Antoine Potier, seigneur de Sceaux, secrétaire d'État, et, en secondes, à Charles, comte de Lannoy, chevalier des ordres du roi.

Jacques d'Aumont obtint des lettres patentes d'Henri IV, par lesquelles ce prince lui fit remise des rachats et profits de la terre de la Guerche, le 31 mai 1607; ces lettres furent confirmées par Louis XIII, le 28 août 1610. Un procès-verbal de cette année, dressé par le lieutenant-général de Touraine, nous apprend que la vicomté de la Guerche rapportait alors, toutes charges payées, 3,000 livres de rente.

XXXVIII. — César d'Aumont, baron de Chappes, marquis d'Aumont et de Clervaux, vicomte de la Guerche, seigneur d'Ivry-les-Châteaux, conseiller du roi et chevalier de ses ordres, fut pourvu de gouvernement de Touraine après la démission de Charles de l'Aubespine, marquis de Châteauneuf, en juin 1650. Il mourut à Paris, le 20 avril 1661. En premières noces, il avait épousé Renée Aux-Espaules, dite du Chastel, fille de René Aux-Espaules, marquis de Nesle ; et, en secondes, Marie Amelot, fille de Jacques Amelot, seigneur de Carnetin, président ès-requêtes du palais. Il n'eut pas d'enfants du premier lit; du second sont issus : 1° Jean-Jacques, mort le 10 avril 1657; 2° N., mort jeune ; 3° Anne, religieuse; 4° Anne, dite la Jeune, femme de Gilles Fouquet, écuyer de la grande écurie du roi; 5° Marie, religieuse; 6° Élisabeth, morte le 28 novembre 1668; 7° Charlotte, décédée le 7 novembre 1723; 8° Radégonde.

En 1624, César d'Aumont obtint une ordonnance royale qui le déchargeait des frais auxquels il était obligé pour l'achèvement du pont de la Guerche, et qui prescrivait la mise en adjudication des ouvrages restant à faire. Voici le texte de cette ordonnance :

« Louis, par la grâce de Dieu, roi de France
« et de Navarre, à nos amez et féaulx conseillers
« les présidents et trésoriers généraux de France,
« au bureau de nos finances estably à Tours, sa-
« lut : suivant aveu, dont l'extrait est cy attaché
« soubz le contre-scel de nostre chancellerie, ce
« jourdhuy donné en nostre conseil d'Estat sur la
« requeste à nous présentée en iceluy par nostre
« cher et bien amé Cezard d'Aumont, chevalier,
« baron de Chappes, mestre de camp d'un régi-
« ment par nous entretenu de gens de guerre à
« pied français, pour le décharger des frais dont
« est obligé pour l'adjudication du pont de la
« Guerche, attendu la grande despense qu'il faut
« faire pour achever la construction du dit pont.
« A ces causes nous vous mandons et ordonnons
« procéder au bail au rabais et moings disant des
« ouvrages qui restent à faire pour la construc-
« tion du dit pont de la Guerche, pour, sur votre
« procès-verbal d'adjudication rapporté en nostre
« conseil y estre par nous faict droit ainsi que de
« raison, de ce faire nous vous donnons pouvoir,
« authorité et commission, car tel est notre plai-
« sir. Donné au camp devant la Rochesle, le
« 9ᵉ jour d'août, l'an de grâce 1624, et de nostre
« règne le 19ᵉ. — Par le roy en son conseil,
« signé : JOUANNE. »

XXXIX. — Gilles Fouquet, marquis de Mézières, premier écuyer de la grande écurie du roi, devint seigneur et vicomte de la Guerche par son mariage avec Anne d'Aumont, dite la Jeune. Celle-ci, le 8 juin 1680, rendit hommage au roi pour le domaine de la Guerche ; voici un extrait de l'acte qui fut dressé à cette occasion :

« Du roy mon souverain seigneur, nous, Anne
« d'Aumont, épouse séparée de biens, et procé-
« dant sous l'authorité de maistre Gilles Fouc-
« quet, chevalier, cy-devant premier escuyer de
« la grande escurie de Sa Majesté, marquis de
« Clervaux et vicomte de la Guerche, reconnais-
« sons et avouons tenir à foy et hommage lige,
« au devoir de 12 livres 10 sols de loyaux aides,
« de 12 jours de garde au chastel de Tours,
« quand le cas y eschoit ; c'est assavoir, mon
« lieu, chastel, forteresse, ville, vicomté, chas-
« tellenye de la Guerche, situé sur ma rivière de
« Creuse, avec tous les domaines y tenus, droits
« à cause de son dit chastel et duché de Touraine,
« consistant mon dit chastel en plusieurs édi-
« fices, salles, chapelles.
« Plus ma dite ville de la Guerche entourée de
« murs et fossés, et les droits y attribués avec
« trois faubourgs de la Petite-Guerche, du cime-
« tière et du dit toute justice, haute, moyenne
« et basse, ... avec la connaissance
« des cas concernants les eaux et forests de ma-
« dite vicomté et ses dépendances, mes foires
« dudit lieu de la Guerche, qui se tiennent

« chacun an les jours de Sᵗ Vincent, Sᵗ Bry, Sᵗ Mar-
« cellin d'été, Sᵗ Mathieu et Sᵗᵉ Marguerite, avec
« les droits qui m'en sont passés pour estalage,
« plassage, aulnage, mesures, entrée et forchée.
« Plus mes marchés, chacun mardi de l'année.
« Mon droit de billotte et de péage de la
« Guerche que je lève à Barrou, au port de Lési-
« gny et ailleurs, branches de madite péagerie
« de madite ville, vicomté et seigneurie, tant par
« eau que par terre.
« Plus ma prévôté et sceaulx à contracts, dont
« il m'est payé pour chacun 2 sols 6 deniers.
« Plus ma boucherie jurée dudit lieu, ville,
« vicomté, chastellenie de la Guerche ; tous ceux
« qui prennent femme en ma dite ville, terre et
« seigneurie, fiefs et arrière-fiefs, et sont mariés
« dans le mois qui précède la feste de la Trinité,
« sont tenus de se trouver en personne, sans
« assignation, ledit jour audit lieu de la Guer-
« che, et de courir trois fois sur ma rivière de
« Creuse à force de nacelle ou de chalan, et faire
« la même chose que les meusniers contre le
« pouteau ou quientaine, et à deffaut de se ren-
« dre ledit jour doivent chacun d'eux l'amende
« d'une livre de cire ou la valeur. Les ports de
« la Guerche, Meré-le-Gaullier, de Leugny-sur-
« Creuse et de Rives appartiennent au seigneur
« de la Guerche.
« Plus la forest de la Guerche, laquelle était
« anciennement d'une lieue de long, et demie
« de large, et à présent seulement une lieue et
« demie de circuit.
« Les églises paroissiales de la Guerche, Bar-
« rou, Meré-le-Gaullier et Buxeuil ; plus le prieuré
« de Sᵗ-Marcellin de la Guerche est tenu de ma
« dite vicomté en franche aumône et au divin
« service, qui est de dire en l'église de la Guer-
« che l'office et la grande messe aux quatre festes
« solennelles, la messe matutinale et assister au
« service du jour.
« Plus le prieuré de Sᵗ-Maurice de Barrou, tenu
« en franche aumosne, et au même service que
« celui de la Guerche, en l'église dudit lieu de
« Barrou.
« Le prieuré de Sᵗ-Silvain de Meré-le-Gaul-
« lier, tenu en franche aumosne et au service
« divin.
« Le prieuré de Nostre-Dame de Prélong, si-
« tué près de la ville de la Guerche, en la pa-
« roisse de Leugny-sur-Creuse, sujet au service
« divin d'une messe chacune semaine, et les
« jours et festes de Nostre-Dame.
« Le prieuré de Marchais-Rond, en la paroisse
« de Sᵗ-Remi, aussi tenu en franche aumosne et
« divin service de madite vicomté, consistant en
« chapelle, maisons.
« Le prieuré de Nostre-Dame de Vaugibaut, en
« la paroisse de Buxeuil, aussi tenu de moi au
« divin service, et dépendant de madite vicomté
« par moyen et sous l'hommage qui m'est fait à
« cause du fief et seigneurie de Buxeuil.

« Tous lesquels prieurés étaient anciennement conventuels, et la collation en appartient à mesdits prédécesseurs, qui l'ont depuis donnée, sçavoir : les quatre premiers au sieur abbé de Preuilly, et des deux autres au sieur abbé de Maillezais, et n'ont aucun des prieurs desdits prieurés sur leurs domaines, ni sur ceux tenus à leurs rentes, aucun fief, ni juridiction, ni autres droits seigneuriaux.

« La fondation, droits de patronnage et de collation des chapelles fondées en madite église de la Guerche par Artus de Villequier et Jacqueline de Miolans, femme de Baptiste de Villequier.

« La fondation et droit de patronnage et collation de la chapelle de Nostre-Dame fondée en ladite église par messire Charles Gaultier, prêtre; plus mon collége de ma ville de la Guerche, fondée par dame Charlotte-Catherine de Villequier, mon ayeule, et veuve de Jacques d'Aumont, chevalier, et confirmée par M. César d'Aumont, mon père. »

En 1691, Gilles Fouquet et sa femme vendirent la Guerche à Charlotte d'Aumont, leur belle-sœur et sœur. Gilles Fouquet mourut le 9 juin 1694, sans laisser d'enfants. Il était fils de François Fouquet, maître des requêtes, et de Marie de Maupeou.

XL. — Charlotte d'Aumont, vicomtesse de la Guerche, fille de César d'Aumont, marquis de Clervaux, et de Marie Amelot de Carnetin, était née en 1655. En 1709, elle vendit la terre de la Guerche à Georges du Theil de Marigny, et mourut sans s'être mariée, le 7 octobre 1723.

XLI. — Georges du Theil de Marigny, chev., vicomte de la Guerche, eut un fils, Jean-André, qui lui succéda vers 1720.

XLII. — Jean-André du Theil de Marigny, chev., vicomte de la Guerche, vendit cette terre, vers 1725, à François-Hélie de Voyer d'Argenson, archevêque de Bordeaux.

XLIII. — François-Hélie de Voyer d'Argenson, archevêque de Bordeaux, abbé de Saint-Pierre de Preuilly et de Relecq, conseiller d'État, vicomte de la Guerche, était né le 22 septembre 1656; il mourut le 25 novembre 1728, laissant, par testament, à Marc-Pierre de Voyer, comte de Vueil-Argenson, son neveu, la terre de la Guerche et ses dépendances. François-Hélie de Voyer était fils de René de Voyer, seigneur d'Argenson, et de Marguerite Houlier de la Poyade.

XLIV. — Marc-Pierre de Voyer, comte de Vueil-Argenson, vicomte de la Guerche, baron des Ormes-Saint-Martin et de Marmande, seigneur de Villantrois, né le 16 août 1696, fut fait intendant de Tours le 18 février 1721; chancelier garde-des-sceaux et grand-croix de l'ordre de Saint-Louis, au mois de juin suivant; lieutenant-général de police de Paris, le 26 avril 1722, et ministre de la guerre en janvier 1743. Il mourut à Paris, en 1765. Le 24 mai 1719, il avait épousé Jeanne Larcher, fille de Pierre Larcher, chev., seigneur de Pocancy, conseiller au Parlement de Paris, et d'Anne-Thérèse Hubert du Buc, dont il eut : 1° Marc-René, qui suit; 2° Louis-Auguste, né le 13 février 1725, mort dans la guerre d'Allemagne.

XLV. — Marc-René de Voyer de Paulmy, marquis de Voyer, comte d'Argenson, vicomte de la Guerche et de Saralbe, baron des Ormes-Saint-Martin et de Marmande, naquit le 20 septembre 1722. D'abord brigadier du régiment royal de Berri-cavalerie (1745), il se distingua, l'année suivante, à la bataille de Fontenoy. Il devint, un peu plus tard, lieutenant-général du gouvernement d'Alsace, maréchal-de-camp, inspecteur de cavalerie, directeur des haras, lieutenant-général des armées du roi et gouverneur des châteaux de Vincennes et de Loches.

Le marquis de Voyer, mort le 18 septembre 1782, avait épousé, le 10 janvier 1747, Jeanne-Marie-Constance de Mailly-d'Haucourt, fille de Joseph-Auguste, comte de Mailly, maréchal de France, et de Constance Colbert de Torcy. De ce mariage sont issus : 1° Marc-René-Marie, qui suit; 2° Marie-Marc-Aline, née le 14 juillet 1764, mariée à Paul, comte de Murat, et décédée le 17 janvier 1812; 3° Pauline, femme de Guy-Anne-Louis, comte de Laval-Montmorency; 4° Marie-Joséphine-Constance, mariée au comte Frédéric de Chabannes-Curton.

XLVI. — Marc-René-Marie de Voyer d'Argenson, dernier seigneur de la Guerche, comte d'Argenson, vicomte de Saralbe, grand-bailli de Touraine, baron de l'Empire, officier de la Légion-d'honneur, préfet des Deux-Nèthes (1809), mourut à Paris le 1er août 1842. Il avait épousé, en 1795, Sophie de Rosen-Kleinroop, veuve du prince de Broglie et fille d'Eugène-Octave-Augustin, comte de Rosen, et de Marie-Antoinette d'Harville des Ursins de Tresnel. De ce mariage sont issus :

1° Charles-Marc-René de Voyer, marquis d'Argenson, ancien membre du Conseil général du département de la Vienne, membre de la Société archéologique de Touraine et de la Société des antiquaires de l'Ouest, né le 20 avril 1796, a épousé, en 1821, Anne-Marie, fille de Mathieu Faure, député de la Charente-Inférieure, et d'Anne Delamain. De ce mariage sont issus : 1° René, né le 2 juin 1836; 2° Laure, femme de M. Enguerrand, vicomte Randon de Pully, morte le 23 septembre 1852; 3° Élisabeth-Aline, née à Paris, le 25 juillet 1826 et mariée le 16 juin 1845, à Rodolphe-Auguste-Louis-Maurice, comte d'Ornano, ancien préfet de l'Yonne, premier maître des cérémonies de l'Empereur; 4° Marie; 5° Amélie, mariée, le 6 juillet 1852, à M. Auguste-Benjamin, comte de Clervaux.

2° Pauline, morte le 2 avril 1806, à l'âge de seize ans;

3° Sophie, femme de M. Fortuné Reynaud, baron de Lascours, général de division ;

4° Victorine, mariée à M. André-Rodolphe-Claude-François-Siméon, comte de Croy;

5° Élisabeth, mariée, le 6 septembre 1827, à M. Pierre-René-Gustave Fournier de Boizerault d'Oyron, et décédée le 16 octobre 1847.

Les fiefs suivants relevaient de la Guerche :

Availles, paroisse de Coussay-les-Bois; — foi et hommage lige, au devoir d'un cheval de service évalué soixante sols, à mutation de seigneur, et au tiers de soixante sols aux loyaux aides.

Barrou (grande dîme de); — foi et hommage simple et un demi roussin de service du prix de 13 sols, et deux sols aux loyaux aides. (Aveu rendu par Perrot des Courtils à Ysabeau de l'Ile-Ogier, dame de la Guerche, le 3 juin 1382.)

Barrou (droit de banc dans l'église de); — fief créé par César d'Aumont, vicomte de la Guerche, qui permit au seigneur des Courtils d'avoir un banc seigneurial dans le chœur de l'église de Barrou, à condition que lui et ses successeurs devraient foi et hommage lige au château de la Guerche, à mutation de seigneur et d'homme.

Baudiments (les), paroisse de Coussay-les-Bois; — foi et hommage lige. Ce fief a été, pendant plusieurs siècles, la propriété de la maison de Chateigner.

Borde (la), paroisse de Neuilly-le-Noble; — foi et hommage simple et vingt sols de loyaux aides.

Bordes (les), paroisse de Coussay-les-Bois; — foi et hommage lige, au devoir d'un cheval de service évalué soixante sols, à mutation de seigneur et au tiers de soixante sols aux loyaux aides.

Boutelaye (la); — foi et hommage lige.

Brosse (la), paroisse de Neuilly-le-Noble et de Saint-Gervais de Pressigny; — foi et hommage plain, un roussin de service du prix de soixante sols à muance d'homme, et un sol aux loyaux aides.

Buxeuil (hébergement de); — foi et hommage lige, soixante sols aux loyaux aides et quarante jours de garde au château de la Guerche.

Chaligné. — Le 13 novembre 1455, Jacques d'Appelvoisin, seigneur de Chaligné, rendit aveu pour des portions de cette terre, au seigneur de la Guerche. Le fief de Chaligné passa, en 1504, dans la maison d'Eschallard, par le mariage de Hardouine d'Appelvoisin avec Antoine Eschallard, seigneur de la Boulaye.

Chaumes (les), paroisse de Chaumussay; — foi et hommage lige et trente sols aux loyaux aides.

Chesne (le); — foi et hommage lige et huit sols aux loyaux aides. (Aveu rendu, en 1345, à Jean de l'Ile-Ogier, seigneur de la Guerche, par Macé, seigneur de Chesne.)

Complans (les); — foi et hommage simple, à mutation de seigneur.

Courance (la), paroisse de Neuilly-le-Noble; — foi et hommage simple et quinze sols à mutation de seigneur. (Aveu rendu, le 9 mai 1452, à André de Villequier, par Jean Gallois, seigneur de la Courance.)

Fief Boiceau; — foi et hommage lige, un épervier de cinq sols à mutation d'homme.

Fontaine (la); — foi et hommage simple. (Aveu rendu à Artus de Villequier, le 22 août 1505, par Antoine de Château-Châlons, chev.)

Fourneraie (la), — foi et hommage lige, quinze jours de garde en la ville de la Guerche et dix sols aux loyaux aides. (Aveu rendu, le 15 octobre 1478, à Artus de Villequier, par Antoine d'Arsac.)

Gauderie (la), paroisse de Neuilly-le-Noble; — foi et hommage lige et trente sols aux loyaux aides.

Jean-Neveu (fief de); — foi et hommage lige, vingt sols aux loyaux aides, quarante jours de garde en la ville de la Guerche, et à un *manger*, le jour de la Saint-Maurice, à quatre personnes des gens du seigneur de la Guerche (pain, vin, chair bouillie et rôtie, au choix des personnes), et cinq sols pour chacun des gens du dit seigneur.

Lavardinière, paroisse de la Celle-Saint-Avent; — foi et hommage lige. (Aveu rendu au vicomte de la Guerche, le 17 juin 1408, par Pierre de Bagneux, valet, Pierre, son fils, et Jeanne Hasbert, sa femme.)

Mercellière (la), *alias* la Judassière; — foi et hommage simple et dix sols de loyaux aides.

Mercins (les); — foi et hommage lige. (Aveu rendu, le 1er septembre 1368, à Ysabeau de l'Ile-Ogier, par Guy Guenand.)

Méré-le-Gaullier, ou Aliaux (*Meriacum*). — Foi et hommage lige et quarante jours de garde dans la forteresse du suzerain.

Notre-Dame-de-Vaugibault, ou Saint-Martin-de-Marchais-le-Rond (le prieuré de), ordre de Saint-Benoît, paroisse de Buxeuil; — foi et hommage simple, au divin service et à un souper annuel pour sept personnes. Ce prieuré existait dès le xiiie siècle. Peu de temps avant la Révolution, il fut uni à la cure de Notre-Dame de la Haye.

Painviel (hôtel et gaignerie de), paroisse d'Oiré; — foi et hommage lige à devoir de rachat. (Aveu rendu, le 25 septembre 1455, par N. d'Aloiguy, à Antoinette de Maignelais, vicomtesse de la Guerche.)

Pasturaille (la), paroisse de Coussay; — foi et hommage lige, au devoir d'un cheval de service évalué soixante sols, à mutation de seigneur, et au tiers de soixante sols aux loyaux aides.

Pin, ou Pain (hébergement du), paroisse de Méré; — foi et hommage lige, quarante jours de garde en la ville de la Guerche, et cinq livres de loyaux aides. (Aveu rendu par N., en 1340, à Jean de l'Ile-Ogier.)

Prélong (prieuré de Notre-Dame de), paroisse de Leugny; — foi et hommage simple, au devoir du service divin d'une messe chaque semaine, et les jour et fête de Notre-Dame.

Saint-Marcellin de la Guerche (prieuré de); — franche aumône et au divin service qui est de dire l'office et la grand'messe aux quatre fêtes de Notre-Dame et fêtes solennelles, la messe matutinale, etc.

Saint-Maurice de Barrou (prieuré de); — franche aumône et au même service que le prieuré de Saint-Marcellin.

Saint-Silvain de Méré (prieuré de); — franche aumône et service. Il était à la nomination de l'abbé de Saint-Pierre de Preuilly.

Soulangé, paroisse de Barrou (hôtel et hébergement de); — foi et hommage simple et vingt sols aux loyaux aides. (Aveu rendu, le 29 octobre 1514, à Artus de Villequier, vicomte de la Guerche, par Antoine d'Aloigny, seigneur de Péré. — Aveu rendu, le 28 janvier 1569, à Claude de Villequier, par René de Beauval, seigneur des Courtils et de Soulangé.)

Tresmond, paroisse de Chaumussay; — foi et hommage lige et vingt sols aux loyaux aides.

Vacherie (la), paroisse de Conssay-le-Bois (Vienne); — foi et hommage simple et cinq sols de devoir à muance de seigneur et d'homme. (Aveu rendu, le 31 mai 1499, par Paulet Fumée.)

Vaumerle; — foi et hommage simple.

La ville de la Guerche portait pour armoiries : *De gueules, à la croix pattée, d'argent.*

MAIRES DE LA GUERCHE. — Jean-François de la Fouchardière, 1801, 29 décembre 1807, 14 décembre 1812. — René-François Brun, 14 février 1816. — Jean-Antoine Bodin, 1816. — René-François Brun, 2 janvier 1826. — Jean Millet-Terrassin, 11 août 1828. — De Croy-d'Argenson, 6 avril 1830, 1841. — Millet, 1859. — Narcisse-Alfred Courtaud, 1871, 12 février 1874, 21 janvier 1878.

Arch. d'I.-et-L., C, 336, 587, 598, 650, 653; E, 156, 296; *prieuré de Balesmes et titres de l'abbaye de Preuilly*. — D. Housseau, III, 792, 962, 1033; V, 1911, 1982; VI, 2143, 2159, 2175, 2193, 2194, 2341, 2351, 2352, 2440; IX, 3803, 3822, 4100; XI, 4044; XII, 5771, 5772, 5774, 5776, 5783, 5784, 5786 bis, 5787, 5789, 5795, 5801, 5804, 5806, 5809, 5810, 5811, 5812, 5815, 5820, 5821, 5826, 5827, 5828, 5829, 5830; XIII, 10818; XVIII. — P. Anselme, *Hist. généal. de la maison de France*, III, 293, 316; IV, 862; VI, 765; VIII, 480. — Bétancourt, *Noms féodaux*, I, 42; II, 1013. — *Almanach de Touraine*, 1778. — Bruzen de la Martinière, *Diction. géographique*, III, 230. — Archives de la Vienne, *prieuré d'Aquitaine*. — Lhermite-Souliers, *Hist. de la noblesse de Touraine*, 511. — D'Hozier, *Armorial général de France*, reg. 1er, 2e partie, 643; reg. 5e, généal. Aubert. — Chalmel, *Hist. de Tour.*, 114. — *Cartulaire de l'archevêché de Tours*. — *Mém. de Miromesnil*, dans le *Diction. topographique du diocèse du Mans*, par Le Paige, I, xix. — Lalanne, *Hist. de Châtellerault*, I, 499, 556. — *La Touraine*, 60. — *Table des manuscrits de D. Fonteneau*, I, 427. — A. Duchesne, *Hist. de la maison de Châtillon*, 270. — La Thaumassière, *Hist. du Berry*, 559. — *Panorama pittoresque de la France* (département d'Indre-et-Loire), 15. — *Mémoires de Michel de Castelnau*, III, 255. — Bibl. de Tours, manuscrits nos 1405, 1406. — De Marelles, *Hist. des comtes d'Anjou*, 2e partie, 28. — *Chronologie novenaire de P.* Cayet (1591), dans la collection Michaud, XII, 303. — C. Chevalier, *Promenades pittoresques en Touraine*, 525. — *Tableau de la généralité de Tours* (manuscrit), p. 279. — La Chesnaye-des-Bois et Badier, *Diction. de la noblesse*, I, 636; II, 651; XVII, 299. — *Liber juramentum*, p. 121. — *Généralité de Tours* (Bibl. de Rouen, coll. Leber), n° 5793. — A. Duchesne. *Hist. de la maison de Montmorency*. — Lainé, *Archives de la noblesse de France*, V, généal. Brossin, p. 18. — Moréri, *Diction. historique*. — Dufour, *Diction. de l'arrondissement de Loches*, I, 271 et suiv. — Boulainvilliers, *État de la France*, VI, 9. — Martin Marteau, *Paradis délicieux de la Touraine*, 61. — D'Aubigné, *Hist. universelle*, III, 249. — *Annuaire-almanach d'Indre-et-Loire* (1877), p. 103. — Mezeray, *Hist. de France*, III, 974. — Expilly, *Diction. des Gaules et de la France*. — Maan, *S. et metrop. ecclesia Turonensis*, 131. — *Mém. de la Soc. archéol. de Tour.*, IX, 235. — A. Joanne, *Géographie d'Indre-et-Loire*, 99. — A. Galland, *Généalogies des principales maisons de France*, 454.

Guerche (la), f., cne de Château-la-Vallière. — *Guierche*, carte de Cassini. — Elle a fait partie de l'ancienne paroisse de Chouzé-le-Sec.

Guerche (la Petite-), vil., cne de Langeais, 23 habit.

Guerche (la), f., cne de Saint-Antoine-du-Rocher. — *Guierche*, plan cadastral et cartes de Cassini et de l'état-major.

Guerche (la Grande-), vil., cne de Saint-Michel-sur-Loire, 20 habit. — *Guerche*, carte de Cassini. — Ancien fief. La métairie fieffée de la Chauvelière, paroisse de Savigné, en relevait. En 1747, il appartenait à Charles-Philippe d'Albert, duc de Luynes. — (*Rôle des fiefs de Touraine.* — Arch. d'I.-et-L., E.)

Guerche (la Petite-), vil., cne de Saint-Michel-sur-Loire, 32 habit.

Guerche (le moulin de la), sur le Roumer, cne de Saint-Michel-sur-Loire.

Guerche (la), alias **Saint-Michel-de-la-Guerche**. — Ancien fief, situé dans la ville de Tours, paroisse de Saint-Pierre-du-Chardonnet. Il s'étendait sur trente-deux maisons. En 1639, il appartenait au prieur de Saint-Pierre-du-Chardonnet; — en 1789, aux pères de l'Oratoire. — (Arch. d'I.-et-L., C, 336. — *Rôle des fiefs de Touraine.*)

Gueret (le), ham. et moulin, sur la Choisille, cne de la Membrolle, 14 habit. — *Gueret*, carte de l'état-major. — *Les Guerettes*, carte de Cassini. — Ancien fief, relevant du fief de Chaumont et du fief des Prêtrières, suivant des déclarations féodales faites en 1266, 1480, le 23 janvier 1538, le 20 novembre 1700 et le 11 décembre 1786. Vers 1550, il appartenait à Pierre de Bernezay; — en 1700, à Antoine Langeais, receveur du grenier à sel de Loches; — en 1740, à Robert de Menou, qui le vendit, le 11 janvier 1741, à Jean Mercier; — en 1787, à N. Bailly, procureur au bailliage de Tours; — en 1789, à Louis-Auguste de Jousseaume. Dans le logis seigneurial se trouvait une chapelle qui est mentionnée dans le *Registre de visite du diocèse de Tours*, en 1787. — (Arch. d'I.-et-L., E, 115; G, 14, 394. — *Rôle des fiefs de Touraine*.)

Gueret (étang du), paroisse de Fondettes. — Le 17 avril 1480, il fut donné à cens, par le Chapitre de Saint-Martin de Tours, à Macé Chaumier et à Martin de Mercans. En 1786, il était desséché. Son étendue était de six arpents. Il appartenait, en 1786, à Pierre Couronneau. — (Arch. d'I.-et-L., G, 394.)

Gueretinière (la), f., c⁽ᵉ⁾ de Neuvy-Roi. — *Guertinière*, carte de l'état-major.

Gueretrie (la), ou **Gueritoie**, f., c⁽ᵉ⁾ du Grand-Pressigny. — Elle a fait partie de l'ancienne paroisse d'Étableaux. Elle dépendait de la baronnie du Grand-Pressigny. — (Arch. d'I.-et-L., E, 103.)

Guérets (le lieu des), c⁽ᵉ⁾ de Saint-Roch. — Il relevait censivement du fief de la Chapelle-Saint-Remi (1672). — (Arch. d'I.-et-L., *fief de Saint-Roch*.)

Guerette (le fief de la), paroisse de Saint-Patrice. — Il consistait en cens et rentes. — (*Rôle des fiefs de Touraine*.)

Guériaudière (la), f., c⁽ᵉ⁾ de Luynes. — Ancien fief. — (*Rôle des fiefs de Touraine*.)

Guérie (les Grande et Petite-), f., c⁽ᵉ⁾ de Monthodon. — *Guerie*, carte de l'état-major. — *Guererie*, carte de Cassini.

Guérie (la), f., c⁽ᵉ⁾ de Monts. — *Guererie*, carte de Cassini. — Christophe Le Roux de Rassay, mari d'Élisabeth Gautier, est qualifié de seigneur des deux tiers de la Guérie, dans son acte de décès, du 24 juillet 1730. — (Registres d'état civil de Monts.)

Guérin (le fief), ou **Guillaume-Guérin**, paroisse de Lignières. — Il relevait de la seigneurie de Lignières, à foi et hommage simple. En 1510, il appartenait à Eustache Victour, qui rendit hommage le 6 mai; — en 1516, à Jean Songeveut; — en 1701, au Chapitre de Saint-Martin. — (Arch. d'I.-et-L., *titres de Lignières*.)

Guérin, abbé de Marmoutier, succéda à Geoffroy II, en 1229. Il fut remplacé, en 1232, par Hugues II. — (D. Martène, *Hist. de Marmoutier*, II, 205. — *Mém. de la Soc. archéol. de Tour.*, IX, 256. — Bibl. de Tours, fonds Salmon, *titres de Marmoutier*.)

Guérin (Martin), prêtre, né à Loches, vers 1450, se signala par un grand nombre d'œuvres de charité. La Croix du Maine nous apprend que l'on voyait dans l'église cathédrale de Tours un écrit sur parchemin, composé par Martin Guérin et intitulé : *La manière de la Paix, impétrée de la Reine du ciel, révélée en l'an de salut* 1500. Chalmel ajoute que cet écrit était en vers français. — (*Bibliothèque de la Croix du Maine*, 315. — Chalmel, *Hist. de Tour.*, IV, 225. — *Almanach de Touraine*, 1757. — Dufour, *Diction. de l'arrondissement de Loches*, II, 286. — D. Housseau, XXIII, 317.)

Guérin (François), professeur au collège de Beauvais, à Paris, né à Loches en 1681, publia, en 1716, des *Réflexions critiques sur l'éloge funèbre du roi, prononcé par le P. Porée*. Il composa plusieurs pièces de poésie latine qui ne manquent pas de mérite et qui furent insérées dans l'ouvrage ayant pour titre : *Selecta carmina professorum universitatis Parisiensis, Parisiis,* 1727, in-12. Il traduisit avec succès les œuvres de Tite-Live (Paris, 1739, 6 vol. in-12). On lui doit également une traduction de Tacite (Paris, Dupuis, 1742, 3 vol. in-12). Il mourut à Paris le 29 mai 1751. — (Dufour, *Diction. de l'arrondissement de Loches*, II, 287. — *Almanach de Touraine* de 1772. — Chalmel, *Hist. de Tour.*, IV, 225. — Quérard, *La France littéraire*, III, 507. — Didot, *Biographie générale*, XXII, 410.)

Guérin (Jean), fils d'un notaire de Cléré et petit-fils de Jean, notaire seigneurial de l'ancienne châtellenie d'Hommes, a exercé lui-même les fonctions de notaire à Gizeux, de 1821 à 1856. Il mourut à Gizeux au mois de septembre 1872. Il était membre de la Société archéologique de Touraine. On a de lui un ouvrage intitulé : *Notices historiques sur Gizeux et les communes environnantes*, Tours, imp. Mazereau, 1872, in-8° de 136 pages. Ce travail, fruit de longues recherches dans les archives de Gizeux et des localités voisines, contient des détails fort curieux et entièrement inédits.

Guérin (Louis), homme de loi, fut nommé maire de Tours, le 29 pluviôse an VII, en remplacement d'Ambroise Gidoin. Il eut pour successeur, le 1ᵉʳ floréal de la même année, Ambroise Gidoin. Il mourut à Tours en 182... — (Chalmel, *Hist. des maires de Tours* (manuscrit), p. 164.)

Guérineau, f., c⁽ᵉ⁾ de Courcelles. — *Guerineau*, carte de l'état-major.

Guérineau (le lieu de), c⁽ᵉ⁾ de Pouzay, près du bourg.

Guérinerie (la), ham., c⁽ᵉ⁾ d'Hommes, 17 habitants.

Guérinerie (la), f., c⁽ᵉ⁾ de Saint-Symphorien.

Guérinière (la), c⁽ᵉ⁾ d'Azay-sur-Cher. V. *Gitonnière*.

Guérinière (la), f., c⁽ᵉ⁾ de Bréhémont. — Les bâtiments étaient en ruines en 1813.

Guérinière (bois de la). — Ils faisaient partie de la forêt de Bourgueil appartenant à l'abbaye du même nom. — (Arch. d'I.-et-L., *titres de Bourgueil*.)

Guérinière (la), f., cne de Chanceaux-sur-Choisille. — *Guerinière*, cartes de Cassini et de l'état-major. — Elle relevait de la châtellenie de Chanceaux, dépendant de la mense abbatiale de Saint-Julien de Tours. En 1491, elle appartenait à Patrix Vinet; — en 1595, à Michel Tarteret; — en 1623, à Michel Tarteret, bourgeois de Tours; — en 1690, à François Tarteret. Vers 1780, Michel-Pierre Martel, commissaire de marine, l'acheta de Catherine-Élisabeth Royer, veuve de Pierre de Cop, trésorier de France à Tours. — (Arch. d'I.-et-L., *abbaye de Saint-Julien*.)

Guérinière (la), f., cne de Channay. — En 1582, elle appartenait à François Juston. — (Arch. d'I.-et-L., B, 29.)

Guérinière (la), f., cne de Château-la-Vallière. — *Guerinière*, carte de l'état-major. — Elle a fait partie de l'ancienne paroisse de Chouzé-le-Sec.

Guérinière (la), f., cne de Crotelles.

Guérinière (la), vil., et chât., cne de Damemarie, 28 habit. — *Guerinière*, cartes de Cassini et de l'état-major. — Ancienne châtellenie, relevant de Châteaurenault. L'ancien manoir était fortifié. Il ne reste plus, du bâtiment primitif, qu'une tour et divers vestiges près desquels a été construit le château actuel. La Guérinière a été possédée, en 1246, par Jean de Châtillon, comte de Blois. Elle passa plus tard à Louis, duc d'Orléans; — à Louis XII, roi de France, puis à Claude, sa fille, depuis femme de François Ier. La famille Robertet en fut ensuite propriétaire. — Florentin de Rigné, Éc., seigneur de la Guérinière après les Robertet (1570), eut un fils, Jacques, qui épousa Esther Forget, fille de Raymond Forget, secrétaire du roi, et d'Olive de Teligois. De ce mariage naquirent plusieurs enfants, entre autres, Barthélemy de Rigné et Claude, femme de Joseph de Faverolles, seigneur de Bléré, gentilhomme ordinaire de la chambre du roi.

Barthélemy de Rigné, Éc., seigneur de la Guérinière, maître d'hôtel ordinaire du roi (1654), eut un fils, Antoine de Rigné, qui épousa Françoise Prevost. Celle-ci était décédée en 1697.

Vers 1700, Jean-Baptiste Guillard, chev., seigneur d'Arnoy, acheta la Guérinière. Il la revendit, par acte du 17 mars 1727, à Nicolas-Jean-Baptiste Ravot d'Ombreval, qui fit bâtir le château actuel. Le 20 septembre 1730, les héritiers de ce dernier, Thérèse-Gabrielle Breault, sa femme, Jean-Baptiste Ravot, seigneur de Bonnejoie, et François-Nicolas Ravot, le vendirent à Marie Mathié, femme, non commune en biens, de Joseph de Villeneuve-Trans, marquis de Villeneuve.

Devenu propriétaire de cette châtellenie, Gatien Rangeard de la Boissière, procureur du roi à la Chambre des comptes de Blois, rendit hommage au seigneur de Châteaurenault le 21 avril 1760.

Par lettres patentes du 18 juin 1828, enregistrées le 25 novembre 1829, la Guérinière fut constituée en majorat, avec le titre de vicomté, en faveur d'Auguste Herry de Maupas.

Arch. d'I.-et-L., *titres de la cure de Damemarie.* — Lhermite-Souliers, *Hist. de la noblesse de Touraine*, 246, 462. — Bétancourt, *Noms féodaux*, II, 814. — Bibl. de Tours, manuscrit n° 1436. — Moréri, *Diction. historique* (supplém.), II, 120. — *Rôle des fiefs de Touraine.*

Guérinière (la), vil., cne d'Esvres, 33 habit. — *Guerinière*, carte de l'état-major.

Guérinière, ou **Guerinerie** (la), vil., cne de Langeais, 30 habit. — Ancien fief, relevant, à foi et hommage simple, de la baronnie de Saint-Michel-sur-Loire, suivant un aveu rendu, le 2 juillet 1753, par Jean-Baptiste de Remigioux, Éc. — (Arch. d'I.-et-L., E.)

Guérinière (la), cne de Neuvy-Roi. V. *la Borde.*

Guérinière (le lieu de la), paroisse de Rilly. — Il relevait du fief de Doucé, suivant une déclaration féodale faite le 9 novembre 1565. — (Arch. d'I.-et-L., *Inventaire des cens et rentes de l'abbaye de Noyers*.)

Guérinière (la), f., cne de Rouziers. — *Guerinière*, cartes de Cassini et de l'état-major. — Ancien fief, relevant de la châtellenie de Rouziers. Il appartenait au prieuré de l'Encloître. — (Arch. d'I.-et-L., *Biens nationaux*. — *Cartulaire de Fontevrault*.)

Guérinière (la), paroisse de Saint-Germain d'Arcé. — Ancien fief, relevant du duché de Château-la-Vallière. Henri Le Vacher, Éc., vivant en 1670, l'acheta de Pierre Dreux, conseiller au Parlement de Bretagne. Son fils, Timoléon Le Vacher, Éc., rendit hommage au duché de Château-la-Vallière, le 10 septembre 1684. — (D'Hozier, *Armorial général*, reg. 4e.)

Guérinière (le lieu de la), près de la Menardière, cne de la Tour-Saint-Gelin.

Guérinière (la), f., cne de Sonzay. — *Guerinière*, cartes de Cassini et de l'état-major.

Guérinière (la), f., cne de Véretz.

Guérinière (la), f., cne d'Yzeures. — En 1658, Gabriel Villeret était qualifié de sieur de la Guérinière. — (Registres d'état civil d'Yzeures.)

Guérins (les), f., cne de Lignières.

Guéritaude (la), f., cne de la Celle-Saint-Avent. — *Gueriteaude*, carte de l'état-major. — Ancien fief. En 1522, il appartenait à Antoine Huilier; — à la fin du xviiie siècle, à la famille de Thubert. — (Arch. d'I.-et-L., *Rôle des 20es*; G, 525.)

Guéritaude (la), f. et chât., près du ruisseau de Bourdin, cne de Veigné. — *Gueritaude*, cartes de Cassini et de l'état-major. — Ancien fief, relevant du château de Montbazon, à foi et hommage lige. Dans le logis seigneurial se trouvait une chapelle qui est mentionnée dans le

Pouillé de l'archevêché de Tours, de 1648. Yvon de Maillé y fut inhumé en 1491.

Seigneurs de la Guéritaude.

I. — Guy de Maillé, chev., seigneur de la Guéritaude et de l'Islette, du chef de sa femme, Jeanne de Sazilly, rendit hommage au châtelain de Montbazon, en 1353. Sa veuve épousa, en secondes noces, Guillaume Turpin.

II. — Guillaume Turpin, chev., seigneur de la Guéritaude, du chef de sa femme, mourut avant 1372. A cette époque, Jeanne de Sazilly fonda quatre anniversaires dans l'abbaye de Cormery.

III. — Juhez de Maillé, chev., seigneur de la Guéritaude, de Fromenteau, de Villeromain et de l'Islette, deuxième fils d'Hardouin de Maillé et de Perronnelle d'Amboise, épousa, vers 1389, Isabeau de Châteaubriant, fille de Geoffroy de Châteaubriant, dit Brideau, seigneur du Lion-d'Angers, et de Marguerite de Parthenay. De ce mariage il eut : 1° Jean, qui suit; 2° Guy, seigneur de Latan; 3° Imbaud, seigneur de la Touche et de la Jonchère; 4° Pierre, marié à Jeanne de Targé; 5° Eustache, prêtre; 6° Marie, femme de Jean Artault, Éc., seigneur du Puy-de-Montbazon; 7° Jeanne, mariée à Jean, seigneur du Bailleul. — Isabeau de Châteaubriant rendit hommage, pour le fief de la Guéritaude, le 21 septembre 1406. Elle fit son testament le 14 juillet 1417 et fut inhumée avec son mari, décédé vers 1416, dans l'église des Cordeliers de Tours.

IV. — Jean de Maillé, chev., seigneur des mêmes lieux, épousa, en 1403, Anne du Puy-du-Fou, fille de Pierre du Puy-du-Fou, Éc., seigneur de Saint-Georges, et de Marthe Orry. De ce mariage sont issus : 1° Hardouin, dont on parlera plus loin; 2° Gilles, qui suit; 3° Yves; 4° Andrée, mariée, en 1436, à Guillaume de Sainte-Maure, seigneur de Valennes.

V. — Gilles de Maillé, chev., seigneur de la Guéritaude et de la Jonchère, mourut sans alliance, vers 1450.

VI. — Yvon de Maillé, frère du précédent, seigneur de la Guéritaude, fit son testament le 16 septembre 1491 et mourut peu de jours après. Sa succession passa à Hardouin, son frère.

VII. — Hardouin de Maillé, chev., seigneur de la Guéritaude, de l'Islette et de Villeromain (1464), épousa Agnès de la Roche-Rabasté, dame de Cessigny, fille de Jean de la Roche-Rabasté, Éc., et d'Anne de Cessigny. Il eut quatre enfants : 1° Abel, seigneur de l'Islette et de Villeromain; 2° Jeannon, qui suit; 3° Louise, femme de Damien de Rillé, Éc., seigneur d'Azay; 4° Perronnelle, qui fut mariée à François de Rasiné, seigneur de la Bulle-Charpentier, capitaine-gouverneur de Nantes.

VIII. — Jeannon de Maillé, chev., seigneur de la Guéritaude, épousa, en premières noces, par contrat du 7 janvier 1490, Anne Paumart, fille de Philippe Paumart, Éc., seigneur de l'Olive, et de Jeanne d'Aubigné; et, en secondes noces, en 1518, Charlotte de Salignac, dame de Saint-Martin. Du premier lit il eut deux enfants : René, qui suit, et Françoise, femme de Georges d'Anglore, Éc., seigneur de Beauregard, en Savoie. Du second mariage, naquit Françoise, femme de Guy d'Ausseure.

IX. — René de Maillé, chev., seigneur de la Guéritaude, de l'Olive et de Verrières, épousa, en premières noces, Catherine, fille de Charles d'Avaugour, chev., seigneur de Cherville, et de Catherine de Bernezay; et, en secondes noces, Anne de la Vove, fille de Louis de la Vove, Éc., seigneur de la Pierre, et de Jeanne Le Picard. Il n'eut pas d'enfants de son premier mariage. Du second lit sont issus : 1° Juhez, qui suit; 2° Hélie, dont on parlera plus loin; 3° René, 4° Jeanne.

X. — Juhez (ou Yves) de Maillé, chev., seigneur de la Guéritaude et de l'Olive (1572), mourut jeune. Il avait été fiancé à Anne de Chambes de Montsoreau.

XI. — Hélie de Maillé, chev., seigneur de la Guéritaude, après la mort de son frère, épousa, en première noces, Marguerite de Ceps, fille de Pierre de Ceps, seigneur de la Ferrière, et de Charlotte le Cirier; et, en secondes noces, Madeleine de Cherité, fille de François de Cherité, Éc., et de Madeleine de Durant. De ce second mariage sont issus : 1° Hercule, qui suit; 2° François, décédé en 1638; 3° Françoise, mariée, le 8 août 1623, à René de la Barre, Éc., seigneur de Saunay et d'Onglée; 4° Anne, mariée, en 1729, à Guillaume Berziau, Éc., seigneur de Champgrimont; 5° Madeleine, religieuse à l'abbaye du Ronceray d'Angers.

XII. — Hercule de Maillé, chev., seigneur de la Guéritaude, épousa, en premières noces, Antoinette Filleul, fille de N. Filleul, Éc., seigneur des Gasts, et de Françoise de Baignan; et, en secondes noces, Charlotte de la Barre, fille de Louis de la Barre, seigneur des Brosses et des Hayes, en Anjou, et de Marguerite de Chambes.

XIII. — François de la Barre, conseiller au présidial de Tours, maire de cette ville en 1676, fut seigneur de la Guéritaude après la mort d'Hercule de Maillé. Il mourut avant 1695. Il avait épousé Louise-Renée Aubry, qui rendit hommage, pour le fief de la Guéritaude, le 31 mai 1701.

XIV. — Jean-François Roussel était seigneur de la Guéritaude en 1780.

Arch. d'I.-et-L., *Biens nationaux*. — D. Housseau, XI, 4700; XII, 7081, 7082; XIV. — Lhermite-Souliers, *Hist. de la noblesse de Touraine*, 300, 456. — Bétancourt, *Noms féodaux*, II, 837. — Chalmel, *Hist. de Tour.*, III, 162; *Hist. des maires de Tours*, 145 — *Pouillé de l'archevêché de Tours* (1648), p. 48. — P. Anselme, *Hist. génél. de la maison de France*, VII, 505. — Lainé, *Archives de la noblesse de France*, V, *généal. de Maillé*, 22. — Bibl. de Tours, manuscrit n° 1348. — *Cartulaire de Cormery*, 240. — Moréri, *Diction. historique*, VII, 72. —

La Thaumassière, *Hist. de Berry*, 548, 550. — La Chesnaye-des-Bois et Badier, *Diction. de la noblesse*, XII, 823.

Gueritoie (la), c^{ne} du Grand-Pressigny. V. *Gueretrie*.

Gueriverie (la), f., c^{ne} de Saint-Michel-sur-Loire.

Guerives, vil., c^{ne} de Saint-Michel-sur-Loire, 17 habit.

Guerivière (la), ham., c^{ne} de Draché, 15 habit. — *Guerivière*, carte de l'état-major. — *Gueriuière*, carte de Cassini. — Ancien fief, relevant du château de Sainte-Maure, à foi et hommage lige et quinze jours de garde. En 1350, il appartenait à Jean Guerry ; — en 1365, à Aimery Guerry ; — en 1459, à Jean Vigier, Éc.; — en 1480, à Guillaume Vigier, Éc.; — en 1529, à Joachim Vigier ; — en 1566, à Pierre de Raymond ; — en 1645, à Jacques de Raymond ; — en 1650, à Louis de Raymond ; — en 1666, à Jacques de Raymond. Il a été possédé, ensuite, par la famille de Voyer d'Argenson. — (D. Housseau, XII. 7012 ; XIII, 8031, 8056, 8137, 8185.

Guerivière (la), f., c^{ne} de Pussigny. — *Guerivière*, cartes de Cassini et de l'état-major. — Ancien fief. — (*Rôle des fiefs de Touraine*.)

Guerluches (le lieu des), près de la Fosse, c^{ne} de Neuil.

Guernaux (étang des), paroisse de Neuillé-Pont-Pierre (1670). — (Arch. d'I.-et-L., *prévôté d'Oé*.)

Guernèche (le lieu de), près de la Hardonnière, c^{ne} de Neuvy-Roi.

Guernottières (le lieu des), près de la Forge, c^{ne} d'Yzeures.

Gué-Robert (le lieu du), près de la Riolle et de Bagneux, c^{ne} de Bournan.

Guéroide (île de), dans la Gartempe, c^{ne} d'Yzeures.

Guerrande (Jacques de), doyen de l'église de Tours, succéda à Rahier vers 1248 et fut ensuite évêque de Nantes. Il mourut en 1267. — (Moréri, *Diction. historique* (supplém. de 1725), t. II. — *Gallia christiana*, XIV. — *Mém. de la Soc. archéol. de Tour.*, IX, 335).

Guerre (la), f., c^{ne} de Sonzay. — *Guerre*, carte de l'état-major.

Guerrerie (la), f., c^{ne} de Cléré. — *Guerrie*, carte de l'état-major.

Guerrie (la), c^{ne} de Neuillé-le-Lierre. V. *Bruyères*.

Guerrière (la), f., c^{ne} de Nouilly-le-Brignon. — *Guerrière*, carte de Cassini. — Ancien fief, relevant de la baronnie de la Haye, à foi et hommage simple et un gant blanc à muance de seigneur. En 1537, il appartenait à Joachim de Fougères, Éc. ; — en 1666, à René de Rougemont, Éc. — (D. Housseau, XII, 5939, 6039. — *Rôle des fiefs de Touraine*. — Goyet, *Nobiliaire de Touraine*.)

Guerrière (le lieu de la), c^{ne} de Neuville. — En 1226, Michel Roflan vendit la dîme de ce domaine à l'abbaye de Gastines. — (Arch. d'I.-et-L., *titres de Gastines*.)

Guerrière (la), f., c^{ne} de Saint-Germain-sur-Vienne. — *Guerrière*, carte de Cassini.

Guerrière (la) et la **Petite-Guerrière**, f., c^{ne} de Saint-Nicolas-de-Bourgueil. — *Hôtel de la Guerrière* (aveu du 25 avril 1493). — Propriété de l'abbaye de Bourgueil, sur laquelle elle fut vendue nationalement, le 14 février 1791, pour 9100 livres. — (Arch. d'I.-et-L., *titres de Bourgueil ; Biens nationaux*.)

Guerry (le bois), c^{ne} de Beaumont-la-Ronce.

Guerry (le bois), c^{ne} de Cléré.

Guerry (André-Michel), né à Tours en 1802, fit ses études au collège de cette ville et étudia le droit à Poitiers. On a de lui les ouvrages suivants : *Mémoires sur les anciens chants populaires du Poitou* (dans le *Recueil de la Société des antiquaires de France*). — *Statistique comparée de l'état de l'instruction et du nombre des crimes dans les divers arrondissements des cours royales et des académies universitaires de France*, 1829 (en collaboration avec Balbi). — *Mémoire sur le rapport des phénomènes météorologiques avec la mortalité pour différentes maladies* (dans les *Annales d'hygiène*, 1831). — *Mémoire sur la fréquence du pouls chez les aliénés*, 1832 (en collaboration avec Leuret et Mitidié). — *Recherches statistiques sur l'influence de l'instruction sur la criminalité*, 1833. — *Essai sur la statistique morale de la France* (ouvrage couronné par l'Académie des sciences). — *Recherches statistiques sur les dimensions du crâne de l'homme sain, de l'aliéné et du criminel*, 1845. — *Statistique morale de l'Angleterre comparée avec la statistique morale de la France*, Baillière, 1860, in-f°, avec 17 planches. — Il a inventé l'*Ordonnateur statistique*, instrument destiné à faciliter les calculs. Il mourut le 25 août 1849, il avait été nommé chevalier de la Légion d'honneur. — (Larousse, *Grand diction. historique du XIXe siècle*, VIII, 1604. — Vapereau, *Diction. des contemporains*, 795-96. — O. Lorenz, *Catalogue de la librairie française*, II, 525.)

Guerrys, ou **Guerries** (le lieu des), paroisse de Saint-Roch. — Il relevait du fief de la Chapelle-Saint-Rémi (1770). — (Arch. d'I.-et-L., *fief de Saint-Roch*.)

Guertière (le lieu de la), paroisse de Luzé, près du chemin de Champigny-le-Sec à

Rondet. Il relevait de Franc-Palais, suivant un aveu rendu à Marmande, le 8 décembre 1737, par François-Marie Hameau. — (Arch. d'I.-et-L., E, 156.)

Guertinière (la), ou **Buisson-la-Rajace**, c^{ne} de Panzoult. — Ancien fief, relevant de la baronnie de l'Ile-Bouchard, à foi et hommage simple. Voici quelques extraits d'un aveu rendu, pour cette terre, vers 1626, par Alexis Barjot, abbé de Moussy :

« De vous très hault et très puissant seigneur Monseigneur Armand-Jean du Plessis, duc de Richelieu, pair de France et baron de la baronnye de l'Ile Bouchard, je, Alexis Barjot, abbé de Moussy, seigneur de la terre et seigneurie du Pressoir-Cendrier et la Guertinière, aultrement le Buisson de la Rajasse, tiens et advoue tenir de vous mon dit seigneur et à cause de vostre dite baronnye de l'Ile Bouchard, à foy et hommage simple et à un cheval de service à muance de seigneur et aux loyaux aides quand elles y adviennent, ma maison terre et seigneuryo de la Guertinière aultrement le Buisson de la Rajasse ainsy qu'elle se poursuit et comporte, située en la paroisse de Panzoult tant de ce qui se tient en mon domaine que de ce quy est tenu de moy, le tout en un tenant contenant huit cents arpents tant en bois et taillis, terres labourables, friches, que bruères,...... dans lequel pourpris j'ay droit de faire et construire fuye à pigeons, garenne à poil et à plumes et à toutes autres sortes de gibiers tant lièvres, bestes rousses et noires, sans que quy que ce soit puisse chasser dans mon dit buisson sans mon congé et licence....,

« La veufve René Gaslard me doibt par chacun an le censif coustumier pour raison de sa mestairie de l'Arpentil.....

« Mre René Barjot, chevalier, me doibt par chacun an, à cause de son chasteau de Panzoult douze deniers à cause de son clos de Harlival estant à présent en terre labourable, contenant deux arpents et demy.....

« Plus le dit sieur me doibt à cause de son chasteau de Coulaine par chacun an, au terme de saint Michel huit deniers de cens pour une pièce de terre autrefois en vigne dans laquelle il y a caves et caverneaux.....

« ... Et sur lesquels hommes et subjects, j'avoue droit de fief, basse et moyenne justice, garenne défensable à toutes sortes de bestes, tant grandes bestes, fauves, rousses, noires, lievres, faizans, perdrix et lapins et à toute autre sorte de gibier.....

« Et lesquels hommes et subjects et estagiers demeurant en mon dit fief sont tenus de faire les hayes et closture à chasser et garder les dites hayes durant que je chasse ou fais chasser en mon dit Buisson, par l'espace de huit jours.

« Et aussi sont tenus les dits hommes de garder le feu quand il sera aux bois voisins de mon dit Buisson qu'il ne prenne et sorte en iceluy et l'esteindre quand il y est pris.

« J'ay puissance de tout temps et d'ancienneté, tant moy que mes prédécesseurs, de contraindre mes dicts hommes et subjets à faire les dites hayes et aultres choses susdites quelques affaires ou occupation qu'ils ayent ailleurs et au temps qu'il leur est mandé.

« Et à deffault de mes dicts subjects ne viennent es dittes chasses comme dit est, j'ai puissance et m'est permis de lever sur chacun d'eux par chacun deffault, la somme de cinq sols.

« Et à cause desquels privilèges, charges, servitudes et subjections, mes dicts hommes, subjets et estagiers sont francs quiltes et exempts de guet, garde-porte et moulage sans estre contraints par vostre cour et seigneurie de l'Isle, ne autres quelconques, fors à mon moulin dont ils sont subjects.

« Et puis avoir et tenir lars, retz, pièges et charnois pour l'exercice de mon dit droit de chasse et mon dit buisson.....

« J'advoue toutes grandes et basses voyries et tout ce qui en despend, tant mesures à bled, vin, qu'autres choses concernant et regardant les dits voiries et mesmes m'est permis d'avoir et tenir prison dans mon dit Buisson pour les hommes qui seront pris en forfaiture, et aussi les bestes quy seront prises en dommage dans mes dits domaines..... etc. » — (Arch. d'I.-et-L., E, 146.)

Guertis (le lieu des), près de la Loire, c^{ne} de Huismes.

Guesdonnière (le lieu de la), paroisse de Fondettes. — Ancienne dépendance du fief de Taillé. — (Arch. d'I.-et-L., terrier de Saint-Julien.)

Guesle (François de la), chanoine de Paris, fut nommé archevêque de Tours en 1597, en remplacement de Simon de Maillé de Brezé, décédé. Il mourut à Paris le 30 octobre 1614. Il était fils de Jean de la Guesle, premier président au Parlement de Paris, conseiller d'État, et de Marie Poiret du Laureau. On a de lui un discours qui a été publié sous le titre de *Remonstrance du clergé de France devant le roi*, Paris, J. Richer, 1598, in-8° de 8 pages. — (Maan, *S. et metrop. ecclesia Turonensis*, 203. — A. Galland, *Généalogie des familles de Paris*, II, 286. — *Gallia christiana*, II, 489. — Chalmel, *Hist. de Tour.*, III, 464. — Martin Marteau, *Le paradis délicieux de la Touraine*, II, 101. — Bibl. de Tours, fonds Salmon, *titres de l'église de Tours*. — D. Housseau, XV, 193. Moréri, *Diction. historique*, V, 431.)

Guesnes, f., c^{ne} de Fondettes. — *Gesna*, 1150. *Gennes*, XVIIe siècle. — *Guesne*, cartes de Cassini et de l'état-major. — Ancien fief, relevant de Martigny et de Maillé. En 1626, il appartenait à Jean Falaiseau ; — en 1685, à Jean Dunoyer; — en 1742, à N. Bourassé. — (Arch. d'I.-et-L., E, 18; *Inventaire des titres de Vallières; prévôté d'Oë.* — Bibl. de Tours, manuscrit n° 1346.)

Guespière (la), c⁻ᵉ d'Auzouer. V. *Guepière.*

Guespière (la), c⁻ᵉ de Nazelles. V. *Guepière.*

Guessier (le), ou **Gaissier**, ham., c⁻ᵉ de Vérctz, 14 habit.

Guet (le lieu du), paroisse de la Chapelle-Saint-Hippolyte.

Guetaudière (la), ham., c⁻ᵉ de la Croix, 13 habit.

Guetière (la), f., c⁻ᵉ de Sonzay. — *Goetière*, carte de l'état-major. — Ancien fief. — (*Rôle des fiefs de Touraine*.)

Guetineaux (les), c⁻ᵉ de Senneviéres. V. *les Bineaux.*

Guetinière (la), f., c⁻ᵉ de Vouvray. — *Guetinière*, carte de l'état-major.

Guetjay, c⁻ᵉ de Chanceaux. V. *Gueljay.*

Guet-Poncé, vil., c⁻ᵉ de Pocé.

Guetrie (la), f., c⁻ᵉ de Luzé. — *Guetrie*, carte de Cassini.

Guetrie (la), f., c⁻ᵉ de Montreuil. — *Guttra*, 1190. — *Guelteterie*, ou *Guellerie*, 1763. — *Guétrie*, carte de l'état-major. — En 1190, Philippe Lancelin la donna aux religieuses de Fontaines-les-Blanches. — (Arch. d'I.-et-L., E, 38. — *Hist. monast. de Fontanis albis*.)

Guetrie (bois de la), c⁻ᵉ de Parçay-Meslay.

Guétries (les), f., c⁻ᵉ de Saint-Pierre-des-Corps. — *Guetterie-Boutetière*, 1775. — Ancien fief, relevant de Narbonne, paroisse de Joué. Le 24 février 1598, un des membres de la famille de Rohan l'acheta de Charles de la Neuville, baron d'Alincourt. Par acte du 27 juin 1781, Henri-Louis-Marie et Jules-Hercule, princes de Rohan, le vendirent à Maurice Abraham, trésorier de France à Tours. — (Arch. d'I.-et-L., E, 223.)

Guétries (les), f., c⁻ᵉ de Tours.

Guétrotière (la), f., c⁻ᵉ de Monthodon. — *Guetrolière*, carte de l'état-major. — *Gaitrotière*, carte de Cassini.

Guette-Biche, f., c⁻ᵉ de Cléré.

Guette-Loup (bois de). — Il faisait partie de la forêt de Bourgueil.

Guette-Poussière, ou la **Croix-Barbot**, f., dans le village de Vernay, c⁻ᵉ de Courcoué. — En 1775, elle appartenait à N. de Vandel. Elle devait une rente à la collégiale de Champigny, suivant des actes des 19 août 1715 et 19 juillet 1751. — (Arch. d'I.-et-L., G. 282.)

Guetterie (la), f., c⁻ᵉ de Chemillé-sur-Dême.

Guetterie (la), f., c⁻ᵉ de Maillé-Lailler.

Guetterie (la), c⁻ᵉ de Montreuil. V. *Guetrie.*

Guetterie (le lieu de la), c⁻ᵉ de Neuil, près du chemin d'Azay aux Touches.

Guetterie (la), f., dans le bourg de l'Encloître, paroisse de Rouziers. — Propriété du prieuré de l'Encloître. — (*Cartulaire de Fontevrault*.)

Guetterie (la), paroisse de Savigné. — Ancien fief, relevant de Rillé. — (Arch. d'I.-et-L., E, 318.)

Guetterie-Boutetière (la), c⁻ᵉ de Saint-Pierre-des-Corps. V. *Guetrie.*

Guetteries (les), c⁻ᵉ de Tours.

Gueule-d'Enfer (le lieu de la), près du ravin des Joncs, c⁻ᵉ de Civray-sur-Cher.

Gueule-Noire (la), f., c⁻ᵉ de Panzoult.

Gueules (le bois des), c⁻ᵉ de Nouans.

Guèvres (le lieu des), près du Petit-Bois et de la Vienne, c⁻ᵉ de Sazilly.

Guevrys (les), ou **Métairie-de-Saint-Roch**; paroisse de Saint-Roch. — En 1451, elle appartenait à l'abbaye de Saint-Julien. — (Arch. d'I.-et-L., *Inventaire des titres de Saint-Julien*.)

Guianguère (la), f., c⁻ᵉ de Neuvy-Roi. — *Guyaudière*, XVIᵉ siècle. — Elle relevait de la châtellenie du Bois. — (Arch. d'I.-et-L., E.)

Guiard, f., c⁻ᵉ de Marray. — *Guiard*, carte de Cassini.

Guiardière (la), c⁻ᵉ de Saint-Antoine-du-Rocher. V. *Guillardière.*

Guiardière (le lieu de la), paroisse de Saint-Germain-sur-Vienne. — *Maison noble de la Guiardière*, 1788. — Elle relevait de la Forêt à foi et hommage simple et cinq sols de service annuel, suivant un aveu rendu le 21 avril 1788. A cette époque, il appartenait à la famille Le Vacher. — (Arch. d'I.-et-L., E.)

Guiart (le moulin), paroisse de Rouziers. — Propriété du prieuré de l'Encloître en 1514. — (*Cartulaire de Fontevrault*.)

Guibardière (la), c⁻ᵉ de Civray-sur-Cher. V. *Guilberdrie.*

Guibards (le bois des), c⁻ᵉ de Thilouze, près du chemin de Pont-de-Ruan à Pouzières.

Guibardière (la), c⁻ᵉ de Manthelan. V. *la Marche.*

Guiberdière (la), f., c⁻ᵉ de Neuillé-Pont-Pierre. — *Guillebardière*, 1601. — *Guilleber-*

37

dière, carte de Cassini. — *Guiberdière*, carte de l'état-major. — En 1601, Anne de Reffuge la vendit à Nicolas Bazoges, bourgeois de Tours. En 1670, elle appartenait à Jean Pellé; — en 1754, à Michel-Roland des Escotais. — (Arch. d'I.-et-L., E, 82, 182. — Bétancourt, *Noms féodaux*, II, 881.)

Guibert, abbé de Bourgueil, fut élu en 1107, en remplacement de Baudry. Il mourut le 30 août 1123 et eut pour successeur Bernard. — (*Gallia christiana*. — *Chronica monasterii Burguliensis*, 45. — Bibl. de Tours, manuscrit n° 1494.)

Guibert (Joseph-Hippolyte), cardinal, archevêque de Paris, né à Aix, le 13 décembre 1802, entra dans la Congrégation des missionnaires dits Oblats de Marie, qui avait pour supérieur l'abbé de Mazenod, depuis évêque de Marseille. Après avoir dirigé l'église de Notre-Dame-de-Laus, appartenant à cette congrégation, il fut nommé supérieur du Grand-Séminaire d'Ajaccio, puis vicaire-général de ce diocèse. Appelé au siège épiscopal de Viviers en 1842, à l'archevêché de Tours le 4 février 1857, il fut préconisé le 19 mars et installé le 28 avril de la même année. Le 19 juillet 1871, il passa au siège archiépiscopal de Paris et fut nommé cardinal le 22 décembre 1873. Une partie de ses œuvres pastorales a été publiée en 1868; Tours, A. Mame, 2 vol. in-8° avec portrait. — (Larousse, *Grand diction. historique du* xix° *siècle*, VIII, 1611; supplém., 929. — *Annuaire d'Indre-et-Loire*, 1874. — *Journal d'Indre-et-Loire*, 1857-71.)

Guiberts (le lieu des), c°° de Neuil, près du chemin de Saint-Épain au Pont.

Guibloteau (le lieu de), c°° de Thilouze, près du ruisseau de Port-Thibault.

Guibourgs (les), f., c°° de Chinon. — *Guibourg*, carte de Cassini.

Guichard (Pierre), né à Tours vers 1580, entra dans l'ordre des Bénédictins, à Marmoutier, et passa ensuite à l'abbaye de Saint-Ouen, à Rouen. On ignore l'époque de sa mort. Il a publié un ouvrage intitulé : *Le guide des arpenteurs, contenant les quatre règles d'arithmétique, avec un traité pour l'arpentage*, Rouen, 1625, in-8°. — (Chalmel, *Hist. de Tour.*, IV, 226-27. — S. Bellanger, *La Touraine ancienne et moderne*, 588.)

Guichardière (la), f., c°° de Crotelles. — *Guisardrie*, carte de l'état-major. — Propriété du Chapitre de l'église de Tours, auquel elle fut léguée, en 1543, par Bertrand Guichard. — (Arch. d'I.-et-L., G, 63, 74, 90, 145; *Biens nationaux*.)

Guichardière (la), vil., c°° de Gizeux, 30 habit.

Guichardière (la), f., c°° de Sublaines. — *Guichardière*, cartes de Cassini et de l'état-major.

Guiche (Jeanne-Baptiste de la), abbesse de Beaumont-les-Tours, succéda, en 1772, à Henriette-Louise-Marie-Françoise-Gabrielle de Bourbon-Condé. En 1786, elle fut transférée à l'abbaye de Saint-Amand de Rouen. — (Bibl. de Tours, fonds Salmon, *titres de Beaumont*. — La Chesnaye-des-Bois et Badier, *Diction. de la noblesse*, X, 83. — *Gazette de France*, octobre 1772, n° 81.)

Guicheraie (la), f., c°° de Lémeré. — *Guicheraye*, carte de Cassini.

Guicherais (le lieu de la), paroisse de Saint-Branchs. — Il devait une rente à l'abbaye de Cormery, suivant des déclarations féodales des 15 novembre 1518, 18 avril 1577, 18 septembre 1590 et 24 avril 1592. — (Arch. d'I.-et-L., *titres de Cormery*.)

Guicherie (la), vil., c°° de Céré, 40 habitants.

Guichet (le lieu du), près de Chasseigne, c°° de Pussigny.

Guichetterie (la), f., c°° de la Chapelle-Blanche.

Guictaillère (la), paroisse de Marcé-sur-Esves. — Fief relevant du château de Nouâtre à foi et hommage lige et quinze jours de garde. — En 1407, il appartenait à N. de Baigneux; — en 1447, à Étienne de Baigneux, qui rendit hommage le 13 avril; — en 1471, à un autre Étienne de Baigneux. — (D. Housseau, XIII, 8226, 8227, 8228.)

Guiette (la Grande-), c°° de Joué-les-Tours. V. *Mauclergerie*.

Guiette (la Petite-), paroisse de Joué. — Elle dépendait de la prévôté de la Varenne (1612). — (Arch. d'I.-et-L., *prévôté de la Varenne*.)

Guiffardière (la), c°° de Bourgueil. — Ancien fief, relevant du Colombier, à foi et hommage simple et deux sols de service, suivant un bail du 2 août 1542. A cette époque, les bâtiments étaient en ruines. — (Arch. d'I.-et-L., G, 16. — Bibl. de Tours, manuscrit n° 1311.)

Guiffardière (la), f., c°° de Thizay. — Jean-Baptiste Hervé, procureur du roi en la maîtrise des eaux et forêts de Chinon, était qualifié de seigneur de la Guiffardière vers 1700. — (Arch. d'I.-et-L., *lettres patentes*, 439.)

Guiffaudière (la), f., c°° de Saint-Jean-Saint-Germain. — *Guiffaudière*, carte de Cassini. — Ancien fief, relevant du château de Loches, à foi et hommage lige. En 1319, il appartenait à Simonne, veuve de Huguet Gueffault; — en 1560, à Jean de Nouroy, Éc.; — en 1575, à Anne de Nouroy; — en 1623, à Marguerite de Jussac, veuve de François de l'Étang; — en 1644, à

Louis de Bridieu, Éc; — en 1670, à Jacques Chaspoux de Verneuil; — en 1677, à Marie-Madeleine Chaspoux, femme de Jean Bochard de Champigny, qui le vendit, le 10 juillet 1680, à Louis de Baraudin; — en 1776, à Michel Robin, marchand, à Marie-Louise Gallicher, sa femme, et à Anne Lucas, veuve de Gilles Corset. Michel Robin rendit hommage au roi, pour ce fief, le 21 décembre 1776. — (Arch. d'I.-et-L., C, 336, 587, 588, 602, 603. — Bétancourt, *Noms féodaux*, I, 498. — Bibl. nationale, Gaignères, 678. — *Rôle des fiefs de Touraine*. — Bibl. de Tours, fonds Salmon, *titres de Notre-Dame de Loches*.)

Guignard (étang de), ou des **Guignards**, près de Saint-Hubert, c^{ne} de Beaumont-la-Ronce.

Guignardière (la), paroisse de Balesmes. — Ancien fief, relevant de la Barbotinière. En 1498, il appartenait à Louis du Puy. — (D. Housseau, XII, 6045.)

Guignardière (la), ham., c^{ne} du Boulay, 12 habit. — *Guinaudrie, Guignaudrie*, XVIIe siècle. — *Guinaudière*, 1791. — *Guignardière*, carte de l'état-major. — Ancien fief, appartenant à l'abbaye de Gastines. Il fut vendu nationalement, le 31 janvier 1791, pour 3,500 livres. — (Arch. d'I.-et-L., *abbaye de Gastines; Biens nationaux*. — *Rôle des fiefs de Touraine*.)

Guignardière (la), ham., c^{ne} de Cangy, 12 habit. — Il a fait partie de l'ancienne paroisse de Flouray.

Guignardière (la), f., c^{ne} de Céré. — *Guignardière*, carte de Cassini.

Guignardière (la), vil., c^{ne} de Chambon, 27 habit. — Ancien fief. En 1593, il appartenait à Jean de Menou, chev., seigneur de Boussay. — (*Preuves de l'histoire de la maison de Menou*, 75.)

Guignardière (la), f., c^{ne} de Chambray. — *Guignardière*, ou les *Fosses-Blanches*, 1576. — Ancien fief, relevant de Bois-Rahier. En 1570, il appartenait à Marguerite Bourguignon; — en 1576, à Lucas des Perriers; — en 1631, à Jean Gondron. — (Arch. d'I.-et-L., G, 24; *titres du prieuré de Bois-Rahier*.)

Guignardière (la), f., c^{ne} de Fondettes.

Guignardière (la), vil., c^{ne} de Loché, 22 habit. — *Guinardière*, carte de Cassini. — Il relevait de la sergenterie royale de Loches, dont le siège était à Loché. — (Arch. d'I.-et-L., E, 112.)

Guignardière (la), f., c^{ne} de Maillé-Lailler. — *Guinardière*, carte de Cassini. — Ancien fief. En 1684, il appartenait à Jean Daguindeau. — (*Rôle des fiefs de Touraine*. — Arch. d'I.-et-L., E.)

Guignardière (la Petite-), f., c^{ne} de Marray. — *Guinaudière*, cartes de Cassini et de l'état-major. — Elle fut vendue nationalement, le 14 thermidor an VII, sur N. Rancher de la Ferrière, émigré. — (Arch. d'I.-et-L., *Biens nationaux*.)

Guignardière (la), f., c^{ne} de Rillé. — *Guignardière*, carte de l'état-major.

Guignardière (la), f., c^{ne} de Saint-Aubin. — *Guignardière*, cartes de Cassini et de l'état-major. — Ancien fief. Il fut vendu nationalement, en 1793, sur N. Grimont, comte de Moyon, émigré. — (Arch. d'I.-et-L., *Biens nationaux*.)

Guignardière (la), paroisse de Saint-Cyr-du-Gault. — Ancien fief, relevant de Villemaille, qui appartenait au Chapitre de l'église de Tours. — (*Terrier de Villemaille*.)

Guignardière (la), f., c^{ne} de Saint-Épain. — *Guignardière*, carte de l'état-major. — En 1771, elle appartenait à Jean-Jacques-Ours de Quinemont, chev. — (Arch. d'I.-et-L., G, 495.)

Guignardière (ruisseau de la), c^{ne} de Reignac. — Il se jette dans l'Indre et donne son nom à de vastes prairies situées au bord de l'Indre, même commune.

Guignards (le lieu des), près de la Folie, c^{ne} de la Celle-Saint-Avent.

Guignards (le lieu des), près de Vonnes, c^{ne} de Saint-Pierre-de-Tournon.

Guignauderie (la), c^{ne} du Boulay. V. *Guignardière*.

Guignauderie (la), f., c^{ne} de Charentilly. — *Guignaudière*, 1715. — (Arch. d'I.-et-L., *titres de Charentilly*.)

Guignauderie (la), ham., c^{ne} de Cigogné, 10 habit. — *Guignauderie*, carte de l'état-major.

Guignaudière (la), f., c^{ne} de Chemillé-sur-Indrois. — *Guignaudière*, carte de Cassini. — Ancienne propriété des Chartreux du Liget. — (Arch. d'I.-et-L., *Biens nationaux*.)

Guigne, f., c^{ne} de Neuillé-le-Lierre. — *Guigne*, carte de l'état-major. — Elle relevait censivement de Brouard et appartenait, en 1702, à Pierre Lebeau, sieur de la Vannerie. — (Arch. d'I.-et-L., E, 22.)

Guigne (la croix de), c^{ne} de Villeloin, près du chemin de Montrésor à la Lande.

Guigné, faubourg de la commune de Beaulieu. — *Burgus de Guegne*, 1231. — *Burgus qui dicitur Gucignei, apud Bellum locum*, 1235. — *Gueigneium, feodus de Gunigneio*, 1273. — Ce faubourg constituait un fief assez important qui fut vendu par l'abbaye de Villeloin, au Chapitre de l'église de Tours, en 1232, pour quatre cents livres tournois. En 1234, il passa aux mains des religieux de Beaulieu et fut possédé ensuite par la collégiale de Saint-Martin de Tours, qui l'attacha à la dignité d'Aumônier. Il releva, pendant plusieurs siècles, du château de Loches, et ensuite de la baronnie de Châteauneuf, suivant un aveu rendu, le 12 février 1483, par Jean de Courbefosse, aumônier de Saint-Martin, qui se qualifie, dans cet acte, de seigneur de Guigné. — (Liber compos., 53. — Bibl. de Tours, manuscrit n° 1424. — Archives de la Vienne, H, 3, liasse 503. — (Arch. d'I.-et-L., E, 22; G, 423. — D. Housseau, VII, 2733, 2793.)

Guigné, c⁰ᵉ de Saint-Paterne. V. *Guignier*.

Guignefolle, ou **Guinefolle**, f., c⁰ᵉ de Montreuil. — *Guignefolle*, carte de Cassini. — Ancien fief. — (*Rôle des fiefs de Touraine*.)

Guignelières (le lieu des), près de la Grange, c⁰ᵉ de Crissé.

Guigner, f., c⁰ᵉ d'Artannes.

Guignerie (la), ou **Guinerie**, f., c⁰ᵉ de Saint-Laurent-de-Lin. — *Guinerie*, carte de Cassini. — Ancien fief, relevant d'abord de Rillé et ensuite du duché de Château-la-Vallière. En 1523, il appartenait à Pierre Gaultier, seigneur de l'Andouille, de la Courtinière, de la Dubinière et de Mesnil-Maulay. En 1629, le marquis d'Effiat, gouverneur de Touraine et maréchal de France, en devint propriétaire, du chef de sa mère, Charlotte Gaultier. En 1789, N. Pays de Lathan en était propriétaire. — (Arch. d'I.-et-L., E, 318; *Biens nationaux*.)

Guignetière (la), f., c⁰ᵉ de Sonzay. — *Guignetière*, carte de l'état-major. — *Guinetière*, carte de Cassini. — Ancien fief, relevant du duché de Château-la-Vallière, suivant un aveu rendu, le 2 juin 1749, par Michel-Denis de la Rüe du Can. — (Arch. d'I.-et-L., E.)

Guignetières (le lieu des), près des Gaillards, c⁰ᵉ de Bossay.

Guignier (le bois), près de la Hérissonnière, c⁰ᵉ de Mazières.

Guignier, ou **Guigné** (le), ham., c⁰ᵉ de Saint-Paterne, 13 habit. — *Guignier*, carte de l'état-major. — Il relevait de la prévôté d'Oë. — (Arch. d'I.-et-L., *terrier d'Oë*.)

Guignière (la), ou **Guinière**, f., c⁰ᵉ d'Ambillou.

Guignière (la), vil., c⁰ᵉ de Fondettes. — *Guignetière*, 1481. — *Guinière*, 1516. — Ancien fief, relevant de la collégiale de Saint-Martin de Tours. En 1448, il appartenait à Jacques Binet, gouverneur de Tours; — en 1481, à Geoffroy Chinon, qui rendit hommage le 8 novembre. — Une chapelle, dédiée à saint Sébastien, dépendait du logis seigneurial. Le chapelain était nommé par l'archevêque de Tours. N. ᵈDauphin en était titulaire en 1787. Près de la chapelle se trouvait un cimetière (1679). La collégiale de Saint-Martin possédait, dans la circonscription de ce fief, un domaine appelé l'Hôtellerie-de-la-Guignière et qui fut vendu nationalement, le 10 septembre 1791, pour 17,900 livres. — (Arch. d'I.-et-L., G, 14, 423, 428, 511; *Biens nationaux*. — *Pouillé de l'archevêché de Tours* (1648), p. 54. — D. Martène, *Hist. de Marmoutier*, II, 339. — Lhermite-Souliers, *Hist. de la noblesse de Touraine*, 92.)

Guignière (la), f., c⁰ᵉ de Sainte-Maure.

Guignoire (la), f., c⁰ᵉ du Grand-Pressigny. — *Grignouère*, 1553. — *Guignoire*, carte de Cassini. — Ancien fief, relevant des Bordes, et, pour une partie, de Mézières-en-Brenne. Il fut vendu nationalement, en 1793, sur Pierre Gilbert de Voisins, baron du Grand-Pressigny. — (*Rôle des fiefs de Touraine*. — D. Housseau, X, 4286 bis. — (Arch. d'I.-et-L., E, 104; *Biens nationaux*.)

Guignolet (la boire de), c⁰ᵉ de Bourgueil et de Restigné.

Guignonnière (la), c⁰ᵉ de Saint-Denishors. V. *Guillonnière*.

Guigny (le lieu de), dépendance du marquisat de Beaumont-la-Ronce. — (Arch. d'I.-et-L., G, 443.)

Guilbardière (la), c⁰ᵉ de Manthelan. V. *la Marche*.

Guilbauderie (la), f., c⁰ᵉ de Villedômer. — *Guilbauderie*, carte de l'état-major. — *Guibaudière*, carte de Cassini.

Guilberderie, ou **Guilleberdrie** (la), f., c⁰ᵉ de Civray-sur-Cher. — *Guibardière*, 1791. — Ancienne propriété des Minimes d'Amboise. — (Arch. d'I.-et-L., *Biens nationaux*.)

Guilberdière (le lieu de la), près de la Saunerie, c⁰ᵉ d'Avon.

Guilberdière (la), f., c⁰ᵉ de Neuillé-Pont-Pierre. — *Guiberdière*, carte de l'état-major. — Elle dépendait d'Armilly. Elle fut vendue nationalement, le 11 prairial an II, sur Rolland des Escotais, émigré. — (Arch. d'I.-et-L., E, 83; *Biens nationaux*.)

Guilberdière (la), f., c⁰ᵉ de Saint-Aubin. — *Guilleberdière*, cartes de Cassini et de l'état-major.

Guilbertière (la), vil., c⁰ᵉ de Couesmes, 33 habit. — Il relevait censivement de l'abbaye de la Clarté-Dieu. — (Arch. d'I.-et-L., *titres de la Clarté-Dieu*.)

Guilblandin, vil., c⁰ᵉ de Sainte-Maure, 21 habit. — *Blandin, alias Guillebolière*, 1543. — *Gué-Blandin*, carte de Cassini. — En 1543, il appartenait à Gilles de Commacre, maître d'hôtel du duc de Bretagne et du duc d'Orléans. — (Arch. d'I.-et-L., E, 255.)

Guilbonnerie (la), f., c⁰ᵉ de Semblançay. — *Guilbonnerie*, carte de l'état-major. — *Guillonnerie*, carte de Cassini.

Guilbotière (la), f., cne de Saint-Germain-sur-Vienne.

Guilday, f., cne de Montreuil. — *Medietaria de Aguilledoys*, XIIIe siècle. — *Gildais*, 1485. — *Guildays*, 1491. — *Guildoys*, 1532. — *Guildais, Guilday*, 1787. — *Guilday*, cartes de Cassini et de l'état-major. — Ancien fief, relevant du Haut-Pocé. Au XIIIe siècle, il devait à l'archevêque de Tours une rente de neuf chapons et une poule. En 1475, il appartenait à Jacques Savatier, qui le vendit, en 1480, aux religieuses de Moncé. Celles-ci le cédèrent, à bail perpétuel, par acte du 21 mars 1485, à Pierre d'Avesnes, archer de la garde du roi, moyennant une rente de huit setiers de froment et de quarante sols d'argent. Par la suite, l'abbaye de Moncé rentra en possession de ce domaine et le conserva jusqu'à la Révolution. — (Arch. d'I.-et-L., *titres de Moncé*; *Biens nationaux.* — Bibl. nationale, Gaignères, 678. — *Cartulaire de l'archevêché de Tours*).

Guillains (les bois), cne de Louestault.

Guillard, f., cne de Neuillé-Pont-Pierre. — *Guillard*, cartes de Cassini et de l'état-major.

Guillard (l'étang), cne de Neuillé-Pont-Pierre. — Il formait un fief relevant de Saint-Christophe. Guy de Laval rendit aveu pour ce fief le 18 janvier 1466. Vers 1470, il le vendit à Jean de Bueil, qui le donna au Chapitre de Bueil. — (Arch. d'I.-et-L., *titres de Bueil*. — Bibl. de Tours, manuscrit n° 1494.)

Guillardet (le lieu de), près de la Loire, cne de Bréhémont.

Guillardière (la), f., cne de Chanceaux-sur-Choisille.

Guillardière (la), f., cne de Ferrières-Larçon. — *Guillardière*, cartes de Cassini et de l'état-major. — Elle relevait censivement du Grand-Pressigny et appartenait, en 1758, à Eusèbe-Félix Chaspoux de Verneuil. — (Arch. d'I.-et-L., E, 260.)

Guillardière (la), f., cne de la Croix.

Guillardière (la), f., cne de Neuillé-Pont-Pierre.

Guillardière (la), f., cne de Saint-Antoine-du-Rocher. — *Guiardière*, 1723. — *Guillardière*, carte de l'état-major. — Elle relevait de la châtellenie de Saint-Antoine-du-Rocher et appartenait, en 1723, à Louis Chenard. — (Arch. d'I.-et-L., *clergé séculier*.)

Guillardière (la), f., cne de Saint-Nicolas-des-Mottets. — *Guillaudière*, 1685. — A cette époque, elle appartenait à Nicolas Guimont. — (Archives du château de Pierrefitte.)

Guillardin, vil., cne de Villaines, 21 habitants.

Guillards (étang des), cne de Beaumont-la-Ronce. — Son étendue est de vingt-deux arpents.

Guillaudière (la), f., cne de Saint-Nicolas-des-Mottets. V. *Guillardière*.

Guillaume (le mortier), pièce d'eau, cne de Saint-Mars.

Guillaume, ou **Guillaume-Louis**, frère de Robert des Roches, né à Rochecorbon vers 1060, prit l'habit religieux dans l'abbaye de Cormery et partit peu de temps après pour l'Orient. Il visita Constantinople, voyagea dans l'Asie-Mineure et vint ensuite à Jérusalem. A son retour en Europe il alla résider dans la Pouille, où il fut élu évêque de Salpia. Il revint à Cormery en 1103, rapportant de précieuses reliques dont il fit don à l'abbaye. On ignore l'époque précise de sa mort. — (*Cartulaire de Cormery*, LXVI. — Maan, *S. et metrop. ecclesia Turonensis*, 99. — *Hist. littéraire de la France*, VII, 56.)

Guillaume, abbé de Saint-Julien de Tours, succéda à Richer en 1058. Il fut remplacé, dans la même année, par Robert, premier du nom. — (*Gallia christiana*, XIV. — Bibl. de Tours, fonds Salmon, *titres de Saint-Julien*. — *Mém. de la Soc. archéol. de Tour.*, IX, 342.)

Guillaume, sénéchal de Touraine et d'Anjou, est mentionné dans une lettre adressée au roi par Guillaume, évêque du Mans, en 1170. Il avait succédé à Guy des Moulins. Il fut remplacé, en 1172, par Étienne de Marçay. — (*Recueil des historiens des Gaules*, XVI, 98, 637. — Chalmel, *Hist. de Tour.*, III, 330.)

Guillaume, abbé de Saint-Julien de Tours, succéda à Geoffroy en 1171. Il eut pour successeur, en 1176, Geoffroy, deuxième du nom. — (*Gallia christiana*, XIV. — Bibl. de Tours, fonds Salmon, *titres de Saint-Julien*. — *Mém. de la Soc. archéol. de Tour.*, IX, 343.)

Guillaume, comte du Perche, évêque de Châlons, était trésorier de Saint-Martin de Tours en 1217. — (G. Bry, *Hist. du pays et comté du Perche*, 219.)

Guillaume, abbé de Bourgueil, nommé au mois de juin 1257, en remplacement de Geoffroy, décédé, mourut le 16 juillet 1274, et fut inhumé dans l'église abbatiale. Il eut pour successeur Hugues. — (Bibl. de Tours, manuscrit n° 1494. — D. Housseau, VII, 3160.)

Guillaume, abbé de Saint-Julien de Tours, succéda, en 1305, à Pierre de Châteaurenault. Il fut remplacé, en 1308, par Pierre. — (*Gallia christiana*, XIV. — *Mém. de la Soc. archéol. de Tour.*, IX, 343. — Bibl. de Tours, fonds Salmon, *titres de Saint-Julien*.)

Guillaume-Loteau, cne d'Athée. V. *Guillotière*.

Guillaumerie (la), ham., c^{ne} d'Épeigné-les-Bois, 18 habit. — *Guillaumerie,* carte de Cassini.

Guillaumerie (la), f., c^{ne} de Louestault, près du bourg.

Guillaumerie (la), vil., c^{ne} de Nouzilly, 16 habit. — *Guillaumerie,* cartes de Cassini et de l'état-major. — L'abbaye de Saint-Julien y possédait une métairie en 1789. — (Arch. d'I.-et-L., *Biens nationaux*)

Guillay, c^{ne} de Fondettes. V. *les Guillets*.

Guilleberdières (les), c^{ne} de Savigné. V. *Gilberdière*.

Guillebert, évêque de Châlons-sur-Marne, né en Touraine, au milieu du IXe siècle, fut d'abord employé à la recette des impôts dans cette province. Étant entré ensuite dans l'état ecclésiastique, il se rendit dans le diocèse de Châlons, où il fut élu évêque en 868, en remplacement d'Erchaudus. — (*Hist. littéraire de la France,* V. — Chalmel, *Hist. de Tour.*, IV, 228. — S. Bellanger, *La Touraine ancienne et moderne*.)

Guillebotière (la). V. *Guilblandin*, c^{ne} de Sainte-Maure.

Guillemandière (la), f., c^{ne} de Barrou. — Ancien fief. Les Grand et Petit-Gaudiot en relevaient. — (Arch. d'I.-et-L., E, 103.)

Guillemellerie (la), f., c^{ne} de Saint-Germain-sur-Vienne.

Guillemennerie (la), f., c^{ne} de Bréhémont.

Guille-Midi, f., c^{ne} de Noyant. — *Guillemidy,* carte de Cassini.

Guillemets (le lieu des), c^{ne} de Louans, près du chemin de Saint-Branchs à Manthelan.

Guillemmerie (le lieu de la), paroisse de Saint-Michel-du-Bois. — Il relevait de l'abbaye de Saint-Pierre de Preuilly, suivant une déclaration féodale du 15 janvier 1536. — (Arch. d'I.-et-L., *Inventaire des titres de l'abbaye de Preuilly.*)

Guilleraie (la), f., c^{ne} de Sepmes. — *Guilleraye,* carte de Cassini. — *Guilleraie,* carte de l'état-major.

Guilleraies (le lieu des), près des Bigotières, c^{ne} de Neuil.

Guillerie (la), f., c^{ne} de Couesmes. — *Guillerie,* cartes de Cassini et de l'état-major.

Guillery, f., c^{ne} de Preuilly. — *L'Héritage de Guillery,* ou *Guillery-Grattepuits,* 1627 — Il relevait, à cette époque, de la Grange-Jacquemin, aujourd'hui le Pouët. — (Arch. d'I.-et-L., E, 313.)

Guilletrie (la), ham., c^{ne} des Hermites, 12 habit.

Guilletrie (la), f., c^{ne} de Saint-Nicolas-des-Mottets.

Guilletrie (le lieu de la), dans le bourg de Saunay, près de l'église. — Il relevait du fief de Saunay, suivant une déclaration féodale faite, le 26 décembre 1622, par Rolland de l'Étang, Éc., seigneur de la Cressonnière. En 1646, Jules de l'Étang était qualifié de seigneur de la Guilletrie. — (Arch. d'I.-et-L., *Inventaire des titres de la chambrerie de Saint-Julien.*)

Guillets (les), f., c^{ne} de Fondettes. — *Guillay, l'Éguillay,* 1483. — *Guillay,* ou *l'Hôtel-Dieu,* XVIIIe siècle. — Elle relevait de la mairie de Martigny et appartenait, en 1483, à l'aumônier de la collégiale de Saint-Martin, suivant un aveu rendu par Jean de Courhefosse, le 12 février. Plus tard, elle fut possédée par l'Hôtel-Dieu, de Tours. Son étendue était de dix-huit arpents. — (Arch. d'I.-et-L., E, 18; G, 420, 423, 500.)

Guillette (la fontaine de), c^{ne} de Cigogné. — Ses eaux se jettent dans le ruisseau des Tabardières, près de Fontenay.

Guillière (la), ou **Guitière**, f., c^{ne} de Draché. — Elle relevait censivement de Sainte-Maure et appartenait, en 1680, à Georges Trochet. — (Bibl. de Tours, fonds Salmon, *titres de Sainte-Maure.*)

Guillon de Rochecotte (Fortuné), né au château de Rochecotte en 1769, entra à l'école militaire à l'âge de onze ans. Il en sortit en 1786 et fut nommé officier au régiment du Roi-infanterie. Il émigra en 1791, servit dans l'armée de Condé et rentra en France en 1795. Nommé maréchal des camps et armées du roi et commandant en chef des royalistes du Maine, du Perche et du Pays chartrain, il montra beaucoup de courage, fut blessé au combat de Saligné et refusa de déposer les armes après la campagne dirigée par le général Hoche. Réfugié à Paris, à la suite de la pacification de la Vendée, il contribua à l'évasion de Sidney-Smith, qui était détenu dans la prison du Temple. Trahi par un homme dont il avait été le bienfaiteur, il fut arrêté le 29 juin 1798. Ses amis, Arthur de la Poterie, des Lauriers, de Gueffontaine et autres, essayèrent inutilement de le sauver. Traduit devant une commission militaire et condamné à mort comme émigré, il fut fusillé sur la place de Grenelle.

Chalmel, dans son *Histoire de Touraine* (t. IV, p. 436), raconte qu'en 1788, Guillon de Rochecotte et quatre ou cinq autres officiers assassinèrent à Tours, sous l'apparence d'un duel, le jeune Bruley (fils d'un ancien trésorier de France) qui eut l'imprudence d'aller seul au rendez-vous. « La révolution qui suivit bientôt, « ajoute-t-il, et l'émigration de la plupart des « auteurs de ce meurtre, éteignirent les pour- « suites criminelles qui avaient déjà frappé « quelques-uns des complices. »

Ce récit de Chalmel est erroné sur plusieurs points. Il y eut, en effet, un duel, **près de Beaumont-les-Tours**, entre le jeune Bruley et un officier auquel il avait donné un soufflet; mais Guillon de Rochecotte ne prit aucune part à cette affaire. Bruley, atteint d'une balle dans le ventre, déclara d'ailleurs avant de mourir que le duel s'était passé très régulièrement. Les combattants étaient assistés de quatre témoins qui comparurent, quelque temps après, avec l'auteur de la blessure, devant le Parlement de Paris, pour avoir contrevenu aux ordonnances royales sur les duels. Tous cinq furent condamnés à de fortes amendes.

Alphonse de Beauchamps a publié, en 1818, les *Mémoires du comte Fortuné Guillon de Rochecotte* (Paris, A. Eymery, in-8°). On trouve, dans cet ouvrage, des détails fort utiles pour l'histoire de la guerre de Vendée. — (Larousse, *Grand diction. universel du XIX° siècle*, XIII, 1275. — Pièces manuscrites.)

Guillondière (le lieu et chapelle de la), paroisse de Villebourg. — Six arpents de terrain dépendaient de la chapelle de la Guillondière, qui est mentionnée dans une déclaration féodale du 5 mars 1768. A cette époque, la chapelle était desservie par René-Jacques Allain-Dupré. — (Arch. d'I.-et-L., *titres de Gastines*.)

Guillonnière (la), f., c⁴ de Beaumont-la-Ronce. — *Guillonnière*, cartes de Cassini et de l'état-major.

Guillonnière (la), c⁴ de Channay. V. *Guillonnières*.

Guillonnière (la), f. et chât., c⁴ de Civray-sur-Cher.

Guillonnière (la), f., c⁴ de Crouzilles.

Guillonnière (le lieu de la), paroisse d'Épeigné-sur-Dême. — *Guillonnière*, carte de Cassini. — Ancien fief, relevant de Lavardin et appartenant à l'abbaye de Gastines. — (Arch. d'I.-et-L., *titres de Gastines*.)

Guillonnière (la), f., c⁴ de Marray. — *Guillonnière*, carte de l'état-major. — Ancien fief. En 1534, il appartenait à Geoffroy de Marray, Éc., — (Bibl. nationale, Gaignères, 678.)

Guillonnière (le lieu de la), c⁴ de Nouzilly. — Il dépendait du prieuré de Nouzilly (1790). — (Arch. d'I.-et-L., *Biens nationaux*.)

Guillonnière (la), vil., c⁴ de Parçay-Meslay, 21 habit. — *Guillonnière*, carte de l'état-major.

Guillonnière (la), f., c⁴ de Saint-Denishors. — *Guignonnière*, 1359. — *Grillonnière*, 1700. — *Guilonière*, carte de Cassini. — Ancien fief, relevant du château d'Amboise. En 1523, il appartenait à François des Cartes; — en 1577, à Louis Déodeau; — en 1587, à Martin de Houdan dès Landes, Éc., par suite de son mariage avec Claude de Montdoucet, fille de Robert de Montdoucet, Éc.; il rendit hommage le 31 juillet; — en 1668, à Gabriel Gaillard; — en 1680, à Adrien Bruneau, lavandier et pannetier de la bouche du roi, et à Louise de Mousseaux, sa mère, veuve de Blaise Bruneau; — en 1683, à Marie Bricet, veuve de Henri Bruneau; — en 1701, à Antoine Bonnette; — en 1743, à François Bonnette. — (Bétancourt, *Noms féodaux*, I, 194; II, 788. — Arch. d'I.-et-L., C, 336, 603, 633, 651. — Registres de Saint-Florentin d'Amboise. — *Rôle des fiefs de Touraine*.)

Guillonnière (la), vil., c⁴ de Savonnières, 23 habit. — *Guillonnière*, cartes de Cassini et de l'état-major.

Guillonnière (la), f., c⁴ de Semblançay. *Guillonnerie*, carte de Cassini.

Guillonnières (les), ou la **Guillonnière**, f., c⁴ de Channay. — Ancien fief. En 1630, il appartenait à Antoine de Savonnières, Éc.; — en 1652, à Louis de Savonnières, Éc., seigneur de la Troche; — en 1686, à François-Martin de Savonnières, chev., marquis de la Troche, lieutenant des gardes du corps du roi. — (Arch. d'I.-et-L., G, 38.)

Guilloteaux (les), vil., c⁴ de Chanceaux-sur-Choisille, 15 habit.

Guilloterie (la), f., c⁴ d'Auzouer, près de la Brenne.

Guilloterie (la), f., c⁴ de Châteaurenault.

Guilloterie (la), f., c⁴ de Manthelan. — *Guillotière*, carte de Cassini. — Elle relevait du Grand-Clos (1691). — (Arch. d'I.-et-L., C, 615.)

Guilloterie (la), ou **Guillotière**, ham., c⁴ de Saint-Pierre-de-Tournon, 14 habit. — Ancien fief, relevant de l'abbaye de Preuilly (1419). — (*Rôle des fiefs de Touraine*. — Arch. d'I.-et-L., *titres de l'abbaye de Preuilly*.)

Guilloterie (le lieu de la), c⁴ de Tauxigny. — Il devait une rente à l'abbaye de Cormery (1715). — (Arch. d'I.-et-L., *lièves des frêches de l'abbaye de Cormery*.)

Guillotière (la), f., c⁴ d'Ambillou. — *Guillotière*, carte de l'état-major.

Guillotière (la), f., c⁴ d'Athée. — *Guillaume-Lotteau*, 1684. — (Arch. d'I.-et-L., E.)

Guillotière (la), f., c⁴ de Chinon. — *Guillotière*, cartes de Cassini et de l'état-major. — Ancien fief. Il dépendait de la paroisse de Saint-Mexme. En 1631, il appartenait à noble homme Louis Maurice, valet de chambre ordinaire du roi. — (Arch. d'I.-et-L., G, 53; *titres de Saint-Étienne de Chinon*.)

Guillotière (la), vil., c⁴ de Joué-les-Tours, 24 habit. — *Guiotière*, 1715. — *Guyo-*

ière, tabl. de recens. de 1872. — *Guillotière*, carte de l'état-major. — Ce domaine relevait du fief de l'Aubraye, suivant une déclaration féodale faite, le 11 décembre 1715, par Jacques Perrot, Éc., seigneur du Fourneau. En 1709, il appartenait à Honoré Perrot, Éc. — (Arch. d'I.-et-L., *Inventaire des titres de l'Aubraye*. — Registres d'état civil de Monts, 1709.)

Guillotière (la), f., cne de Marray.

Guillotière (la), f., cne de Monnaie. — *Guillotière, ou la Brosserie*, 1569. — *Guillotière*, carte de l'état-major. — Elle relevait du fief de Bourdigal. — (Arch. d'I.-et-L., *fief de la Grange-Saint-Jean*.)

Guillotière (la), f., cne de Neuvy-Roi.

Guillotière (le lieu de la), cne de Restigné. — En 1582, il appartenait à Madeleine Bodier, veuve de Hardouin Le Maire, seigneur des Minières. — (Arch. d'I.-et-L., *prévôté de Restigné*.)

Guillotière (la), f., cne de Saint-Paterne.

Guillotière (le lieu de la), ou **Pichotière**, paroisse de Saint-Symphorien. — Il relevait de l'abbaye de Marmoutier (1650). — (Arch. d'I.-et-L., abbaye de Marmoutier, *mense séparée*.)

Guillouette (le lieu de), près de la Chasseigne, cne de Marigny.

Guillouette (le lieu de), près de Boissimon, cne de Pussigny.

Guimarderie (la), vil., cne de Lémeré, 25 habit. — *Guimarderie*, carte de Cassini.

Guimont, f., cne de Saint-Paterne.

Guimpière (la), f., cne du Petit-Pressigny.

Guimpion (le bois), cne du Petit-Pressigny.

Guinauderie (la), cne du Boulay. V. *Guignardière*.

Guinaudière (bois de la), cne d'Avon.

Guinaudière (le lieu de la), ou **Puy-de-la-Guinaudière**, paroisse de Luzé. — Il relevait de Franc-Palais. — (Arch. d'I.-et-L., E, 156.)

Guinaudière (les Grande et Petite-), f., cne de Marray. — *Guinaudière*, carte de Cassini. — Ancien fief. En 1725, il appartenait à Antoine de Salmon, chev. — (Archives du château de la Ferrière).

Guinaudières (les), f., cne du Boulay. — *Guinauderie*, carte de l'état-major.

Guinaudrie (la), f., cne de Nouzilly. — *Guinaudrie*, carte de l'état-major.

Guincendrie (la) et la **Petite-Guincendrie**, vil., cnes des Hermites, 24 habit. — *Guincendrie*, carte de l'état-major.

Guindellerie (le lieu de la), cne d'Épeigné-sur-Dême. — Il relevait censivement du fief du prieuré d'Épeigné, suivant une déclaration féodale faite, le 18 février 1777, par Mathurin Lhomme. — (Arch. d'I.-et-L., *cure d'Épeigné*.)

Guinderies (les), f., cne de Verneuil-le-Château.

Guindorié, f., cne de Beaumont-en-Véron.

Guindrault (le), vil., cne de Mettray, 20 habitants.

Guinefolle, cne de Montreuil. V. *Guigne-Folle*.

Guineloutre (le lieu de), cne de Bossay. — Propriété de l'abbaye de Preuilly, suivant un acte du 2 décembre 1420. — (Arch. d'I.-et-L., *Inventaire des titres de l'abbaye de Preuilly*.)

Guinerie (la), cne de Saint-Laurent-de-Lin. V. *Guignerie*.

Guinetière (le fief de la), paroisse de Monts. — Réuni à ceux de la Vasselière et de Breviande, il relevait, avec eux, en un seul hommage, du château de Montbazon, auquel il devait huit jours de garde (1443). — (D. Housseau, XII, 6969.)

Guinetière (le lieu de la), paroisse de Souvigné. — Il relevait du duché de Château-la-Vallière, suivant un aveu rendu, le 2 juin 1749, par Michel-Denis de la Rüe du Can. — (Arch. d'I.-et-L., E.)

Guinière (la), f., cne d'Ambillou. — *Guignière*, carte de l'état-major.

Guinière (le lieu de la), paroisse de Louans. — Il est cité dans un acte du 27 mars 1591. — (Arch. d'I.-et-L., *Inventaire des titres de l'abbaye de Cormery*.)

Guinot (Charles), sénateur, maire d'Amboise, est né dans cette ville, le 17 octobre 1827. Nommé maire d'Amboise en septembre 1870, il fut élu député le 2 juillet 1871 par 35,265 voix, et conseiller général pour le canton d'Amboise le 8 octobre suivant. Cette dernière assemblée le choisit pour président. Le mandat de député lui fut continué, pour la deuxième circonscription de Tours, le 20 février 1876, par 17,370 voix. Par la suite, il fut de nouveau réélu, dans la même circonscription, par 15,246 suffrages, contre 6,543 donnés à M. Houssard. Le 5 janvier 1878, il a été nommé sénateur par 221 voix sur 344 votants. M. Guinot a fait preuve d'un grand dévouement pendant les inondations de la Loire. Une médaille d'or lui a été décernée. — (Vapereau, *Diction. des contemporains*, supplém., 13. — Larousse, *Grand diction. historique du XIXᵉ siècle*, supplém., 932. — *Journal d'Indre-et-Loire*, 1870, 1871, 1876, janvier 1878.)

Guinotrie (la), f., cne d'Épeigné-sur-Dême.

Guionne (le lieu de la), près de la Riffoise, cⁿᵉ de Charnizay.

Guionneraie (la), f., cⁿᵉ de Saint-Paterne. — *Guionneraie*, carte de l'état-major.

Guionnière (la), ham., cⁿᵉ d'Épeigné-sur-Dême, 12 habit.

Guionnière (la), f., cⁿᵉ des Hermites. — *Guionnière*, carte de l'état-major.

Guionnière (le lieu de la), cⁿᵉ de Lorné. — En 1625, il appartenait à Jacques de Maillé. — (Arch. d'I.-et-L., E, 255.)

Guionnière (la), f., cⁿᵉ de Savigné.

Guiraudière (la), cⁿᵉ de Marray. V. *Guinaudière*.

Guiraudrie (la), f., cⁿᵉ de Nouzilly.

Guirchia. V. *la Guerche*.

Guiroiets (les), f., cⁿᵉ de Noizay. — *Guilouet*, carte de Cassini.

Guiroir (le lieu de), près du ruisseau de Baignoux, cⁿᵉ de Restigné.

Guissardière (le lieu de la), paroisse de Courcoué. — En 1649, il appartenait à François Remollard. — (Arch. d'I.-et-L., E.)

Guitardière (la), f., cⁿᵉ de Verneuil-sur-Indre. — *Guitardière*, cartes de Cassini et de l'état-major. — Ancien fief. En 1675, il appartenait à Antoine de Mallineau, Éc. — (Arch. d'I.-et-L., E, 109. — Goyet, *Nobiliaire de Touraine*. — Bétancourt, *Noms féodaux*, I, 122. — D'Hozier, *Armorial général*.)

Guitière (la), cⁿᵉ de Braye-sur-Maulne. V. *Guittière*.

Guitière (la), cⁿᵉ de Draché. V. *Guillière*.

Guitière (la), ham., cⁿᵉ de Neuilly-le-Brignon, 17 habit. — *Guitière*, carte de Cassini.

Guitonne (le lieu de la), près de la Couterie, cⁿᵉ de Marcé-sur-Esves.

Guitonnière (le lieu de la), paroisse de Bueil. — Ancien fief, relevant du Plessis-Barbe. — (Arch. d'I.-et-L., *Chapitre de Bueil*.)

Guitonnière (le lieu de la), paroisse de Neuvy-Roi. — Ancien fief. — (*Rôle des fiefs de Touraine*.)

Guitonnière (la), f., cⁿᵉ de Seuilly. — *Guytonnière*, 1315. — (*Terrier de Seuilly*.)

Guitterie (la), vil., cⁿᵉ de Saint-Épain. — *Guellerie*, carte de l'état-major.

Guitteterie (la), cⁿᵉ de Montreuil. V. *Guetrie*.

Guittière (la), f., cⁿᵉ d'Avon. — Elle relevait censivement du fief de la Touche (1677). — (Arch. d'I.-et-L., E, 146.)

Guittière, ou **Guitière** (la), f., cⁿᵉ de Braye-sur-Maulne.

Guivray, cⁿᵉ de Cravant. V. *Givré*.

Guizarderie (la), f., cⁿᵉ de Crotelles. — *Guizardrie*, carte de l'état-major.

Guizardière (la), ham., cⁿᵉ de Saint-Antoine-du-Rocher, 11 habit.

Gula, *nemus*. — Ce bois, situé dans les environs de Tours, entre la Loire et le Cher, est mentionné dans un document du XIIIᵉ siècle. — (*Narratio de commend. Tur. provinciæ*, 295.)

Guldoris *vallis*. — Cette vallée, située du côté de Sainte-Maure, est citée dans une charte de 1087. — (*Cartulaire de Noyers*.)

Guneau (île), dans la Loire, cⁿᵉ de Langeais.

Gunthus *boscus*, paroisse de Sonzay. — Ce bois est cité dans une charte de 1117. — (*Cartulaire de Noyers*.)

Guoderie (la), cⁿᵉ de Sorigny. V. *Goderies*.

Guratemple, *fluvius*. V. *la Gartempe*.

Gusterie (le lieu de la), cⁿᵉ de Crouzilles, près de Mougon et de la Vienne.

Guta. V. *Guetrie*, cⁿᵉ de Montreuil.

Gutière (le lieu de la), paroisse de Genillé. — Il relevait censivement de Pont. — (Arch. d'I.-et-L., E, 112.)

Gutta. V. *Carament*.

Guy, évêque du Puy, fils de Foulques le Bon, comte d'Anjou, né en Touraine, vers 913, prit l'habit religieux dans l'abbaye de Cormery. Nommé abbé de Villeloin en 973, puis de Cormery en 975, il fut appelé, dans cette dernière année, au siège épiscopal du Puy. Il mourut dans cette ville en 996. — (Mabillon, *Acta sanctorum*, VII. — Moréri, *Diction. historique*, V, 434. — *Hist. littéraire de la France*, VI. — *Gallia christiana*, IV. — *Almanach de Touraine*, 1777. — Chalmel, *Hist. de Tour.*, IV, 228.)

Guy, abbé de Bourgueil, succéda à Hubert, en 1235. Il mourut le 13 juin 1238 et fut inhumé dans le Chapitre de ce monastère. Il eut pour successeur Guillaume. — (Bibl. de Tours, manuscrit n° 1494. — *Gallia christiana*.)

Guy (Jean), cardinal, archevêque de Lyon, était doyen de Saint-Martin de Tours en 1352. Il mourut à Lerida le 25 novembre 1373. Il était fils de Robert VIII, comte d'Auvergne, et de Marie de Flandre. — (Moréri, *Diction. historique*, V, 435. — Bibl. de Tours, fonds Salmon, *titres de Saint-Martin*.)

Guy (Michel), dit *de Tours*, né à Tours en 1551, était fils d'un procureur au présidial. On a de lui des poésies qui ont été imprimées sous le titre de : *Les premières œuvres poétiques et soupirs amoureux*, Paris, Nicolas de Louvain, 1598, in-12. Quelques pièces ne manquent pas d'élégance; d'autres n'ont aucun mérite. Il publia, en 1600, *la Sainte Semaine* (Tours, in-8°), et, en 1604, un recueil de poésies intitulé *les Muses incognenes, ou la Seille au bourriers* (Rouen, Jean Petit, in-8°). Ce sous-titre de *la Seille aux bourriers* convient parfaitement au livre, qui est, en effet, rempli d'ordures. Les œuvres de Guy, à l'exception des *Muses incogneues*, ont été réimprimées en 1879, avec une préface et des notes de Prosper Blanchemain (Paris, L. Wilhem, 2 vol. in-18). On ignore l'époque précise de la mort de ce poète.

Almanach de Touraine, 1769. — Viollet-Leduc, *Bibliothèque poétique*, I, 316. — Goujet, *Bibliothèque française*, XIII, 421. — *Annales poétiques*, X, 113. — Larousse, *Grand diction. universel du XIXe siècle*, VIII, 1650. — Didot, *Biographie générale*, XXII, 924. — Chalmel, *Hist. de Tour.*, IV, 228. — D. Housseau, XIII, 216, 314.

Guyard de Chezeray (Jean), avocat, né à Tours vers 1555, mourut à Lucé, au Maine, vers 1600. Il exerça la profession d'avocat au Mans et publia les ouvrages suivants : *De l'origine, vérité et usance de la loi salique fondamentale et conservatrice de la monarchie française*, Tours, Claude de Montr'œil et Jean Richer, 1590, in-4°. — *Traité de l'origine, ancienne noblesse et droits royaux de Hugues Capet, roi de France, souche de nos rois de la maison de Bourbon*, Tours, Claude de Montr'œil et Jean Richer, 1592, in-4°. Un autre ouvrage, intitulé *Les paradoxes de l'histoire française*, est resté manuscrit. — *Almanach de Touraine*, 1784. — *Mémoires* d'Amelot de la Houssaie. — Chalmel, *Hist. de Tour.*, IV, 232. — D. Housseau, XXIII, 130. — Didot, *Biographie générale*, XXII, 927.)

Guyart (Marie), en religion *Marie de l'Incarnation*, naquit à Tours, paroisse de Saint-Pierre-des-Corps, le 18 octobre 1599. Devenue veuve de Claude-Joseph Martin, fabricant de soieries, elle entra dans le monastère des Ursulines de Tours en 1631, après avoir confié son fils, Claude, alors âgé de douze ans, aux soins de sa sœur, résidant dans la même ville. En 1639, elle s'embarqua pour le Canada, pour s'y consacrer à l'éducation des jeunes filles et à la conversion des sauvages. Elle fonda, à Québec, un couvent de son ordre, dont elle fut la supérieure pendant trente-trois ans. Elle mourut en odeur de sainteté, le 30 avril 1672. Dans ces derniers temps, des démarches ont été faites près de la cour de Rome, pour obtenir un décret de béatification. Voici quelques passages d'une lettre adressée à cette occasion au Souverain Pontife par les chefs et les guerriers de la tribu des Hurons que Marie Guyart avait convertis au christianisme :

« Très Saint-Père,

« Nous sommes les plus petits de vos enfants; mais vous êtes le représentant de Celui qui a dit : « Laissez venir à moi les petits enfants, » et nous venons avec confiance nous prosterner à vos pieds.

« Nous, les chefs et guerriers de la tribu huronne, t'apportons et te présentons à genoux un parfum précieux, le parfum des vertus de la révérende mère Marie de l'Incarnation. Ce parfum a été cueilli dans nos cœurs et se compose de nos sentiments de vénération et de reconnaissance. Veuillez le faire monter au ciel, afin que, passant par tes mains, il soit plus agréable à Dieu.

« La révérende mère Marie de l'Incarnation nous a appelés du fond de nos bois pour nous apprendre à connaître et à adorer le vrai Maître de la vie.

« Par ses soins, nous avons appris à être doux : les loups et les ours lui ont léché les mains. Ceux qui ne savaient que rugir dans la colère se sont mis soudain à chanter des hymnes de paix et de reconnaissance. Nos mères ont baisé les traces de ses pas et elles ont ensuite déposé sur nos fronts une poussière bénie et féconde pour l'éternité.

« De sa main elle a marqué nos cœurs du signe de la foi, et la foi est restée gravée dans nos cœurs. Grâce à elle, il nous est donné de lire les livres qui rappellent ses œuvres de charité et ses bienfaits. Nous pourrions remplir bien d'autres livres des témoignages de notre vénération et de notre reconnaissance envers elle.

« Elle nous a aimés pour elle-même, autant peut-être qu'elle nous a aimés pour Dieu. Elle a été deux fois notre mère.

« Bien des lunes ont passé depuis cette première aurore de la vraie lumière, qui a lui sur nous; notre nation, grande alors, menace même de disparaître. Mais, très Saint-Père, nous vous prions de recueillir, avec le dernier vœu et le dernier souffle de la tribu huronne, le témoignage de sa profonde reconnaissance et de sa vénération pour la révérende mère Marie de l'Incarnation.

« Les os de nos pères tressailliront dans la tombe, si votre voix proclame le bonheur éternel de notre Mère, à qui nous devons notre foi en Jésus-Christ.

« Elle a trouvé parmi nos femmes des vierges dignes du sanctuaire, parmi nos guerriers des missionnaires et des martyrs qui lui tresseront une couronne au ciel.

« Il ne nous reste plus, à nous, qu'une dernière goutte de sang huron; mais si cette dernière goutte de sang pouvait orner la couronne que la mère Marie de l'Incarnation recevrait au ciel, nous l'offririons de tout cœur.

« Prosternés à vos pieds, très Saint-Père, nous vous demandons votre bénédiction. »

Nous avons de Marie Guyart les ouvrages suivants : *Retraites avec une brève exposition du Cantique des cantiques et un catéchisme à l'usage des pensionnaires et des novices*, 1682, in-8°. — *L'École Sainte, ou Explication des mystères de la foi*, Paris, J.-B. Coignard, 1684, in-12. — Ses lettres ont été publiées en 1681 et en 1857.

Charlevoix, *La vie de la mère Marie Guyart*, Paris, Cl. Briasson, 1724, in-8°. — Claude Martin, *La vie de la vénérable mère Marie de l'Incarnation*, Paris, Billaine, 1677, in-4°. — Casgrain, *Histoire de la mère Marie de l'Incarnation*, Québec, G.-E. Desbarrats, 1865, in-8°. — Chalmel, *Hist. de Tour.*, IV, 234. — *L'Union* du 25 octobre 1877. — *Semaine religieuse du diocèse de Tours* du 1er décembre 1877. — D. Housseau, XXIII, 177, 414. — *Almanach de Touraine*, 1756.

Guyards (île des), dans la Vienne, paroisse de Sazilly. — Elle faisait partie du domaine du roi. Elle fut vendue en 1768. — (Arch. d'I.-et-L., C, 336.)

Guyaudière (la), c^{ne} de Neuvy-Roi. V. *Guiauguère*.

Guyennais (le lieu de la), près de Lémeré. — Il devait une rente à la collégiale de Champigny, suivant des actes des 25 janvier 1607 et 25 février 1745. — (Arch. d'I.-et-L., G, 282.)

Guyet (Charles), né à Tours en 1601, décédé dans cette ville le 30 mars 1664, était entré dans la Compagnie de Jésus en 1631. Après avoir enseigné les belles-lettres et la théologie morale pendant quelques années, il se consacra à la prédication. On a de lui les ouvrages suivants : *Ordo generalis et perpetuus divini officii recitandi*, Parisiis, 1632, in-8°. — *Horlologia, sive de festis propriis locorum*, Parisiis, Cramoisy, 1657, in-f°; Venise, 1729, in-f°.

Moréri, *Diction. historique*, V, 472. — *Journal des savants*, 1707-8. — Sothwel, *Bibl. scrip. Soc. Jesu.* — Chalmel, *Hist. de Tour.*, IV, 236. — Didot, *Biographie générale*, XXII, 930. — *Almanach de Touraine*, 1776.

Guymont (le fief), paroisse de Bléré. — *Gimont*, carte de Cassini. — (*Rôle des fiefs de Touraine*.)

Guyonnière, f., c^{ne} de Saint-Paterne.

Guyonnière (la), c^{ne} d'Artannes. V. *Puits-Herbault*.

Guyonnière (la), ham., c^{ne} d'Orbigny, 15 habit. — *Guionnière*, carte de Cassini.

Guyottière (la), c^{ne} de Joué. V. *Guillotière*.

Guy-Rivière, c^{ne} de Luynes. V. *Guériaudière*.

Guytonnière (la), c^{ne} de Seuilly. V. *Guitonnière*.

Gyé. V. *Gié*.

Gytonnière (la), c^{ne} de Corelles. V. *Gitonnière*.

H

Habarderie (la), ou **Haberderie**, f., c^{ne} d'Artannes. — *Habarderie*, carte de l'état-major.

Habéau (les Grand et Petit-), vil., c^{ne} de Saint-Pierre-des-Corps, 26 habit. — *Métairies de la Behuault*, XVIIe siècle (Bibl. de Tours, titres de Saint-Julien). — *La Grande-Habeau*, carte de l'état-major.

Habeau (croix de l'), c^{ne} de Saint-Pierre-des-Corps, près du Chemin de Tours à la Bonde.

Habert (le moulin d'), c^{ne} de Châteaurenault. — Il dépendait du marquisat de Châteaurenault. — (Arch. d'I.-et-L., *Biens nationaux*.)

Habert (le fief), paroisse de Lignières. — Il relevait de Fontenay. Le 30 septembre 1658, Pierre Chopin le vendit à André Quentin, Éc., trésorier de France à Tours. — (Arch. d'I.-et-L., E, 24, 218.)

Habert (la), f., c^{ne} de Saint-Laurent-en-Gatines. — *Habert*, carte de Cassini.

Habert (Guillaume), sieur de la Couture, maire de Tours, succéda à Jean Falaiseau en 1554. Il eut pour successeur, en 1556, Robin Fichepain, sieur de la Goguerie. — (Chalmel, *Hist. des maires de Tours* (manuscrit), p. 117. — Lambron de Lignim, *Armorial des maires de Tours*.)

Habit (l'), vil., c^{ne} de Bossay, 23 habit. — *L'Habit*, carte de Cassini. — Ancien fief, relevant de la baronnie de Preuilly. Il existait, dans ce village, une chapelle dédiée à saint Jean et qui est mentionnée dans un titre de 1705. — (Arch. d'I.-et-L., *titres de l'abbaye de Preuilly*.)

Habit (chapelle de **Saint-Jean-de-l'**), à Rives, paroisse d'Abilly. — Elle dépendait du prieuré de Rives. — (D. Housseau, XII, 6039.)

Hachellerie (la), f., c^{ne} de Saunay. — *Bordage de la Hachellerie*, 1724. — *L'Achellerie*, carte de l'état-major. — Ce domaine relevait du fief de Saunay dont l'abbaye de Saint-Julien était propriétaire et appartenait, en 1724, à François Valois, notaire à Beaumont-la-Ronce. — (Arch. d'I.-et-L., *Inventaire des titres de Saint-Julien*.)

Hachereau (le), ham., c^{ne} de Sublaines, 15 habit. — *Hachereau*, carte de Cassini.

Hachereau (le lieu du), c^{ne} de la Tour-Saint-Gelin, près du bourg.

Hacherie (la), f., cⁿᵉ de Noyant. — Près de cette ferme, sur une éminence d'où l'on découvre un magnifique point de vue, se trouve un assez beau dolmen. La table, longue de quatre mètres environ et large de deux mètres, repose sur plusieurs pierres fichées en terre. Un de ses bords touche le sol. — (*Mém. de la Soc. archéol. de Tour.*, I, 62, 63. — A. Joanne, *Géographie d'Indre-et-Loire*, 102.)

Hacquetterie (la), paroisse de Chambray. V. *les Fossés-Blancs*.

Hadebert, cⁿᵉ de Saint-Paterne. V. *Haudbert*.

Haguenière (la), cⁿᵉ de Saint-Paterne. V. *Normandie*.

Haha (le lieu d'), près de Beauvais, cⁿᵉ de Ballan.

Haia, Haie. V. *Haye-Descartes (la)*.

Haie (la), paroisse d'Auzouer. V. *la Haye*.

Haie (la), ou **Haye**, ou **Haie-Dupuy**, ham., cⁿᵉ de Bueil, 12 habit. — *La Haie*, cartes de Cassini et de l'état-major. — Ancien fief. — Il relevait censivement du Plessis-Barbe et appartenait, en 1403, à Pierre de Villeblanche; — en 1571, à Astremoine Dubois. En 1793, il fut vendu nationalement sur N. Rolland des Escotais, émigré. — (Arch. d'I.-et-L., *Biens nationaux*.)

Haie (fontaine de la), à Châteaurenault, près de la rivière du Boisseau et du lieu appelé les Recollets. — *La Haye*, carte de Cassini.

Haie (la), ou **Haie-Piette**, f., cⁿᵉ de Nouzilly. — *La Haie*, carte de l'état-major. — Elle relevait censivement du fief de Saint-Laurent et appartenait à l'abbaye de Marmoutier, suivant un bail du 24 août 1452. — (Arch. d'I.-et-L., *Inventaire des titres de Saint-Laurent*.)

Haie (la), f., cⁿᵉ de Saint-Aubin. — *La Haie*, carte de l'état-major. — Elle fut vendue nationalement, en 1793, sur N. Grimont, comte de Moyon, émigré. — (Arch. d'I.-et-L., *Biens nationaux*.)

Haie (la), cⁿᵉ de Saint-Cyr. V. *Haye*.

Haie (la), f., cⁿᵉ de Saint-Ouen. — *La Haye*, cartes de Cassini et de l'état-major.

Haie-Bonnard (le lieu de la), près de Murger, cⁿᵉ de Saint-Germain-sur-Vienne.

Haie-Bruneau (le lieu de la), cⁿᵉ de Savigny, près du chemin de Candes à Savigny.

Haie-Deschamps (la), vil., cⁿᵉ de Saint-Nicolas-des-Motets. — *Haye-des-Champs*, carte de Cassini.

Haie-Dupuy (la), cⁿᵉ de Bueil. V. *Haie*.

Haie-Guillon (le lieu de la), cⁿᵉ de la Roche-Clermault.

Haie-Martin (la), f., cⁿᵉ de Louestault. — *Haie-Martin*, carte de l'état-major. — Ancien fief. En 1566, il appartenait à Nicolas du Buchet, archer du duc de Montpensier; — en 1608, à Jehan le Froitier, écuyer du duc d'Alençon; — en 1618, à Nicolas le Ferme; — en 1630, à René le Ferme. — (Note communiquée par M. Nobilleau.)

Haie-Morons (la), f., cⁿᵉ de Bueil. — *Haie-Morons*, carte de l'état-major. — *La Haye*, carte de Cassini.

Haie-Traversaine (la), f., cⁿᵉ de Cléré.

Haies (les), cⁿᵉ d'Ambillou. V. *Hayes*.

Haies (les), cⁿᵉ d'Autrèche. V. *Hayes*.

Haies (les), cⁿᵉ de Beaumont-la-Ronce. V. *Hayes*.

Haies (les), cⁿᵉ de Channay. V. *Hayes*.

Haies (les), cⁿᵉ de Neuillé-le-Lierre. V. *Hayes*.

Haies (les Petites), f., cⁿᵉ de Neuvy-Roi. — *Haies*, ou *Haies-le-Roi*, xvııᵉ siècle. — *Petites-Haies*, carte de l'état-major. — *Les Hayes*, carte de Cassini. — Ancien fief. En 1520, il appartenait à Jacques de Beaune; — en 1637, à Anne de Bueil, veuve de Roger, duc de Bellegarde. — (Arch. d'I.-et-L., E, 82. — *Rôle des fiefs de Touraine*.)

Haies (les), cⁿᵉ de Neuville. V. *Hayes*.

Haies (les), f., cⁿᵉ de Nouzilly. — *La Haie*, carte de l'état-major. — *Les Hayes*, carte de Cassini. — Ancienne propriété de l'abbaye de Beaumont. — (Arch. d'I.-et-L., *titres de la Roche*.)

Haies (les), f., cⁿᵉ de Restigné.

Haies-Berthereau (le lieu des), cⁿᵉ de Montlouis, près du chemin du Cormier à la Forêt.

Haies-de-Druyes (les), vil., cⁿᵉ de Druyes, 33 habit. — *Hayes-de-Druyes*, cartes de Cassini et de l'état-major.

Haies-Martel (le lieu des), près des Marais-Pallu, cⁿᵉ de Cravant.

Haies-Rouges (les), f., cⁿᵉ de Luynes. — *Hayes-Rouges*, carte de Cassini.

Haillon (les landes du), cⁿᵉ de Chanceaux, cⁿᵒⁿ de Loches.

Haillonnerie (la), f., cⁿᵉ de Lémeré, près du bourg.

Haime (Auguste), docteur en médecine, né à Tours, le 11 novembre 1790, fit ses classes et ses études médicales à Tours. Chirurgien aux armées d'Espagne, de 1808 à 1814, il fut reçu docteur en médecine, à Paris, le 27 juillet 1816 et revint ensuite à son pays natal, où il remplit les fonctions de médecin des prisons (de 1837 à 1873), de professeur de pathologie interne à l'École de médecine de Tours (1841), de chirurgien-major de la garde nationale (1842). Il fut aussi membre du jury médical d'Indre-et-Loire, du comité de vaccine et du conseil d'hygiène. En 1849, la croix de la Légion d'honneur lui fut décernée pour les services qu'il avait rendus et pour le dévouement dont il avait preuve en soignant de nombreux cholériques dans le département d'Indre-et-Loire. Il reçut successivement six médailles d'argent pour ses travaux de vaccine dans le même département. Membre de la Société médicale d'Indre-et-Loire depuis 1817 et nommé président de cette société en 1833, il fut réélu sept fois (de 1833 à 1873) et présenta à cette assemblée plus de cent cinquante articles dans lesquels étaient discutées et approfondies des questions importantes relatives à la médecine. Il était membre correspondant des Sociétés de médecine de l'Eure, de Toulouse, de la Moselle, de Madrid, de Valence et de l'académie de médecine de Paris. En 1873, il fut nommé professeur honoraire à l'École de médecine de Tours. Il mourut dans cette ville le 27 septembre 1877, dans sa quatre-vingt-septième année. Un discours fut prononcé sur sa tombe par M. le docteur Danner qui, au nom de l'association des médecins d'Indre-et-Loire, rendit hommage aux éminentes qualités du défunt, à sa science et à son dévouement constant dans sa vie professionnelle.

Auguste Haime est auteur d'un très grand nombre de travaux fort importants, parmi lesquels on remarque une thèse intitulée : *Théorie nouvelle concernant l'ossification du cal*, Paris, Didot, 1816, in-4°; — *Relation du premier cas de choléra-morbus asiatique, observé à Tours en 1832*; — *Des causes des fièvres intermittentes, dans le département d'Indre-et-Loire*, Tours, 1839, in-8°; — *Relation de l'épidémie du choléra asiatique qui a ravagé le pénitencier de Tours dans le mois de juillet 1849*; — *Rapport sur un mémoire de M. Debron, d'Orléans, relatif à l'emploi de l'appareil à incubation dans le traitement de la pourriture d'hôpital*; — *Discours sur la médecine morale*, Tours, 1845, in-8°, etc.

La plus grande partie des ouvrages d'Auguste Haime ont été insérés dans le *Recueil de la Société médicale d'Indre-et-Loire*; un certain nombre ont été reproduits en brochure. — (*Journal d'Indre-et-Loire* du 3 octobre 1877. — *Recueil des travaux de la Société médicale d'Indre-et-Loire* (1877), p. 152 et suivantes. — Notes communiquées par M. Guiot, membre de la Société archéologique de Touraine.)

Haime (Jules), fils du précédent, né à Tours, le 28 mars 1824, fit ses classes au collège de Tours, dont il fut un des élèves les plus distingués, et entra ensuite à l'École de médecine de la même ville. Mais bientôt il abandonna les études médicales pour s'occuper de l'histoire naturelle, sous la direction du savant Milne-Edwards qui, par la suite, l'associa à ses travaux. En 1850, il fut nommé prosecteur à la Faculté des sciences, et, en 1855, professeur d'histoire naturelle au lycée Napoléon. En janvier 1856, la Société géologique de France le choisit pour l'un de ses vice-présidents. Il mourut le 28 septembre de cette même année, âgé de trente-deux ans. Il était membre de la Société d'agriculture, sciences et belles-lettres d'Indre-et-Loire, de la Société des sciences, de l'agriculture et des arts de Lille, de la Société royale des sciences de Liège et de la Société d'histoire naturelle de Dresde. Nous avons de lui des travaux importants dont voici la liste qui a été dressée par O. Leseble, ami de Jules Haime :

1° En collaboration avec M. Milne Edwards : *Recherches sur la structure et la classification des polypiers récents et fossiles*, 2 vol. in-8°, publiés d'abord dans les *Annales des sciences naturelles* de 1848 à 1853, en huit mémoires, accompagné de planches. — *A Monograph of the British fossil corals*, en cinq parties, 1850-1855, publié par la Société paléontographique de Londres, in-4°, avec cinquante-six planches. — *Monographie des polypiers fossiles des terrains paléozoïques*, précédée d'un *Tableau général de la classification des polypes*, in-8° avec vingt planches (*Archives du Muséum d'histoire naturelle*, 1851). — *Histoire naturelle des Coralliaires*, t. II, 1856.

2° En collaboration avec M. d'Archiac : *Description des animaux fossiles du groupe nummulitique de l'Inde*, précédée d'une *Monographie des Nummulites* et d'un *Résumé géologique*, grand in-4°, avec trente-six planches, 1853-1854. Les parties de cet ouvrage dues à J. Haime sont l'étude microscopique du test des Nummulites, les considérations physiologiques qui s'y rattachent, puis la description des polypiers, des échinides et des crustacés.

3° Seul : *Observations sur la* MILNIA, *nouveau genre de l'ordre des échinides* (*Annales des sciences naturelles*, 3° série, t. XII, 1849). — *Note sur le polypiéroide d'un Leiopathe* (*Annales des sciences naturelles*, 3° série, t. XII, 1849). — *Polypiers et briozoaires nummulitiques du comté de Nice* (In Bellardi, *Mém. de la Société géologique de France*, 2° série, une planche, t. IV, 1852). — *Observations sur la morphologie des Tubuliporides* (*Société phil.*, séance du 27 mars 1852; *l'Institut*, n° 954, t. XX, p. 117, 1852). — *Analyse du Cours élémentaire de paléontologie et de géologie stratigraphique et du Prodrome de paléontologie stratigraphique universelle des animaux mollusques, par* Alc. d'Orbigny (*Athenæum français*, 7 et 28 août 1852). — *Le Gorille* (*Ibid.*, 4 décembre 1852). — *Lettre sur la géologie de la Lorraine* (*Ibid.*, 18 septembre 1852). — *Mémoire sur le Trichoda Lynceus* (*Annales des sciences natu-*

relles, 3ᵉ série, t. XIX, 1853). — *Analyse de l'ouvrage de L. Figuier sur les découvertes modernes (Athenæum français,* 8 janvier et 19 février 1853). — *Les grottes de Majorque (Ibid.,* 17 décembre 1853). — *Mémoire sur le Cérianthe (Annales des sciences naturelles,* 4ᵉ série, t. I, 1854). — *Description des bryozoaires fossiles de la formation jurassique (Mém. de la Société géologique de France,* 2ᵉ série, six planches, t. V, 1854). — *Note sur le développement des Actinies (Compte rendu de l'Académie des sciences,* t. XXX, p. 437-439). Traduction anglaise (*Ann. and Maj. of natur. History,* 2ᵉ série, t. XIV, p. 295-297, 1854). — *Observations sur l'organisation des Actinies (Compte rendu,* t. XXX, p. 595-598, 1854). — *La pisciculture (Revue des Deux-Mondes,* 1ᵉʳ juin 1854). — *Note sur l'état de la pisciculture chez les anciens Romains (Bulletin de la Société zoologique d'acclimatation,* t. I, p. 245 et 246, 1854). — *Analyse de l'ouvrage de M. Isid. Geoffroy-Saint-Hilaire (Histoire naturelle générale des règnes organiques (Athenæum français,* 6 mai 1854). — *Analyse du rapport fait au Ministre par M. Isid. Geoffroy-Saint-Hilaire sur l'introduction, la domestication et la naturalisation des animaux utiles (Ibid.;* 19 août 1854). — *Analyse des souvenirs d'un naturaliste,* de M. de Quatrefages (*Ibid.,* 18 novembre 1854). — *Notice sur la géologie de l'île Majorque (Compte rendu,* t. XXXII). *Bulletin de la Société géologique de France,* 2ᵉ série, t XII, p. 734-752, une planche de fossiles, 1855). — *Durée de la vie humaine (Revue des Deux-Mondes,* 1ᵉʳ juin 1855). — *Rapport sur une proposition du docteur Haxo, relative à la famille de Joseph Remy (Bulletin de la Société zoologique d'acclimation,* t. II, 1855].

O. Lesèble, *Notice sur J. Haime, naturaliste de Tours,* Tours, 1857, in-8° de 13 pages. — D'Archiac, *Notice sur la vie et les travaux de Jules Haime,* lue à la Société géologique de France, dans la séance du 15 décembre 1856, Paris, imp. Martinet, in-8° de 12 pages. — *Annales de la Société d'agriculture d'Indre-et-Loire* (1857), p. 28.

Hairie (le lieu de la), près du Bout-des-Champs, cⁿᵉ de Chaumussay.

Haisière (la), f., cⁿᵉ d'Ambillou.

Haistrie (la), f., cⁿᵉ de Saint-Ouen, près du bourg. — *Retterie,* carte de Cassini.

Halais (fontaine des), cⁿᵉ de Bournan. — Ses eaux se jettent dans la Riolle.

Halbarde (prairie de la), près de la Vienne, cⁿᵉ de Chinon.

Halbardière (la), f., cⁿᵉ de Savigny. — Elle devait à la collégiale de Candes une rente de six boisseaux de blé, un chapon, un pain de chasse et un ché d'ail. En 1654, elle appartenait à Marguerite Le Sueur, veuve de Jacques Berthe-lot, avocat du roi au bailliage de Chinon; — en 1733, à Geneviève de Villeneuve. — (Arch. d'I.-et-L., C, 260.)

Haleme (le lieu de), près de la Basse-Vau, cⁿᵉ de Faye-la-Vineuse.

Halguegné (le lieu do), près de la Villière, cⁿᵉ de Thilouze.

Halier (le), cⁿᵉ de Monthodon. V. *Hallier.*

Hallaudière (la), f., cⁿᵉ de Beaumont-la-Ronce.

Hallaut, ou **Halleau** (le Bas-), f., cⁿᵉ de Loches. — *Hallaut,* carte de Cassini.

Hallaut (le), f., cⁿᵉ de Saint-Laurent-en-Gâtines. — *Halot,* carte de Cassini. — *Hallaut,* carte de l'état-major.

Hallebardeaux (les), ham., cⁿᵉ de Truyes, 12 habit. — *Alvardeaux,* carte de Cassini. — *Albardeaux,* tabl. de recens. de 1872.

Hallebarderies (les), ou **Allebarderies,** f., cⁿᵉ de Truyes.

Hallebardière (la), f., cⁿᵉ de La Riche.

Hallebardière (la), f., cⁿᵉ de Neuillé-le-Lierre. — *Hallebardière,* carte de l'état-major.

Hallebuterie (la), f., cⁿᵉ d'Athée.

Hallegrenière (la), f., cⁿᵉ de Neuillé-Pont-Pierre. — *Hallegrenière,* carte de Cassini. — Ancien fief. — (*Rôle des fiefs de Touraine.*)

Hallemandière (métairie de la), paroisse de Nouzilly. — Elle relevait du fief de la Roche-aux-Dames (1318). — (Arch. d'I.-et-L., titres de la Roche.)

Halleraye (la), f., cⁿᵉ de Saint-Épain. — *Halleraye,* carte de Cassini.

Halles-et-du-Palais (le fief des), paroisse du Grand-Pressigny. — Il se composait de cens et de rentes et appartenait, en 1568, à René Brochard, conseiller au Grand-Conseil. — (Arch. d'I.-et-L., E, 102.)

Halles (le fief des), dans la ville de la Haye. V. *la Haye-Descartes.*

Hallier (le lieu du), paroisse d'Autrèche. — *Hallier,* carte de Cassini. — Ancienne propriété de l'abbaye de Fontaines-les-Blanches. — (Arch. d'I.-et-L., titres de Fontaines-les-Blanches.)

Hallier (le), f., cⁿᵉ de Cerelles. — *Hallière,* carte de Cassini. — *Hallier,* carte de l'état-major.

Hallier (le lieu du), près de Montfort, cⁿᵉ de Chançay.

Hallier (le), f., cⁿᵉ de Luynes. — *Hallier,* cartes de Cassini et de l'état-major.

Hallier (le), f., cⁿᵉ de Marray. — *Hallier,* carte de l'état-major. — Près de là est une croix.

Hallier (le), f., cne de Mouthodon. — *Halier*, carte de Cassini.

Hallier (le), cne de Morand. V. *Allier*.

Hallier (le lieu du), près des Vallées, cne de Neuillé-Pont-Pierre.

Hallier (le), f., cne de Nouzilly. — *Hallier*, carte de l'état-major.

Hallier (le), et le **Petit-Hallier**, f., cne de Saint-Laurent-en-Gâtines. — *Hallier*, carte de l'état-major.

Hallier-Talin (le lieu du), près de la Rouletière, cne de Parçay-Meslay.

Hallière (la), f., cne de Nouzilly. — *Hallière*, carte de Cassini. — *Hallier*, carte de l'état-major. — Au mois d'octobre 1207, Payen Chesère et Geoffroy, son fils, la donnèrent à l'abbaye de Saint-Julien, qui l'aliéna plus tard, tout en conservant le droit de dîme. En 1755, elle appartenait à Philippe Taboureau, veuve de Gabriel Taschereau de Baudry. — (Arch. d'I.-et-L., titres de Châtenay.)

Hallotière (la), cne de Sainte-Radegonde. V. *Halotière*.

Hallotrie (la), cne de Saint-Branchs, 15 habit. — *Hallotterie*, carte de Cassini. — *Halatrie*, carte de l'état-major.

Hallouzerie, Hallouzière. V. *Halousière*, cne de Nouzilly.

Haloires (les), f., cne de Saint-Antoine-du-Rocher. — *Halouère*, XVIIIe siècle. — *Haloire*, carte de Cassini. — En 1793, elle fut vendue nationalement sur Adélaïde-Jacquette Robien, veuve de N. de Riquetti de Mirabeau. — (Arch. d'I.-et-L., Biens nationaux.)

Haloterie (la), cne de Saint-Branchs. V. *Hallotrie*.

Halotière, ou **Hallotière** (la), f., cne de Sainte-Radegonde. — *Hallotière*, ou *Savigné*, 1596. — *Allotière*, 1737. — Elle relevait de la châtellenie de Marmoutier et appartenait, en 1639, à Georges de Bosredon. — (Arch. d'I.-et-L., abbaye de Marmoutier; mense séparée.)

Halousière, ou **Hallouzerie** (la), f., cne de Nouzilly. — *Hallouzerie*, 1457. — *Hallouzière*, 1492. — *Halousière*, carte de Cassini. — Elle relevait censivement de la Roche-d'Ambille et appartenait, en 1697, à Louis Lasneau. — (Arch. d'I.-et-L., titres de la Roche.)

Halte (la), f., cne de Luynes, près de la Loire.

Hamarderie (la), f., cne de Lerné.

Hamardières (les), f., cne de Fondettes. — *Hamardières*, carte de l'état-major. — En 1716, elle appartenait à Nicolas Patas, maire de Tours. De la maison d'habitation dépendait une chapelle qui est mentionnée dans le *Registre de visite des chapelles du diocèse de Tours*, en 1787. — (Arch. d'I.-et-L., G, 14. — Chalmel, *Hist. des maires de Tours*, 151.)

Hamardières (les), ou **Amardières**, f., cne de Luynes.

Hamelinière (la), f., cne de Loché. — *Aleminière*, carte de Cassini. — En 1590, elle appartenait à Claude de Percy; — en 1600, à François de Percy. Le 3 avril 1686, elle fut adjugée, par décret, à François d'Aligé. Elle passa ensuite à Antoine de Boutillon (1702), puis à la famille de Folleville. — (Arch. d'I.-et-L., E, 112; G, 92. — *Fief de Biardeau*.)

Hamelinière (la), f., cne de Lublé. — *Hamelinière*, carte de l'état-major. — Ancien fief, relevant du duché de Château-la-Vallière. Le 26 août 1748, Marie-Augustine de Vaugirault, veuve de Louis Legoux, Éc., seigneur du Plessis-le-Vicomte, rendit aveu pour ce domaine. — (Bibl. de Tours, fonds Salmon, *titres de la Vallière*.)

Hamelinière (l'étang de la), cne de Lublé.

Hamelinière (la), f., cne de Luynes.

Hamelinière (le lieu de la), cne de Neuvy-Roi. — Il relevait du fief du Chêne (1728). — (Arch. d'I.-et-L., G, 257.)

Hamelotière (la Petite-), f., cne de Villiers-au-Boin.

Hammenerie (la), f., cne de Langeais.

Hamonnière (la), f., cne d'Artannes.

Hamonnière (la), f., cne de Saché. — *Hammonière*, carte de Cassini.

Han, villa, in vicaria Cainonense, partim in pago Turonico, partim in pago Pictavensi sita. — Elle est citée dans une charte de Frédéric, abbé de Saint-Florent de Saumur (XIe siècle). — (Bibl. de Tours, manuscrit no 1171. — Mabille, *Notice sur les divisions territoriales de la Touraine*, 76.)

Handrie (la), f., cne de Ports.

Haqueterie (la), f., cne de Gizeux. — *Haquerie*, carte de l'état-major.

Harambourg (le lieu de), cne de Saint-Mars. — Il dépendait de la Salle (1699). — (Arch. d'I.-et-L., *fief de la Salle*.)

Harancherie (la), f., paroisse de Bueil. — Ancien fief, relevant de Villebourg. En 1737, il appartenait au Chapitre de Bueil. — (Arch. d'I.-et-L., terrier d'Oé et Chapitre de Bueil.)

Haranges (les), f., cne de Saint-Laurent-en-Gâtines. — *Harenges*, carte de l'état-major.

Haranière (le lieu de la), près de Champlong, cne de Rochecorbon.

Haraudière (la), cne de Sainte-Maure. V. *les Raudières*.

Haraudières (les), f., c^{ne} de Rillé.

Harault (le moulin), c^{ne} de Rillé.

Harcourt (Jean de), comte d'Aumale et de Mortain, capitaine du château de Chinon, lieutenant-général pour le roi en Touraine (1422), fut tué à la bataille de Verneuil le 17 août 1424. Il était né le 9 avril 1396. — (La Roque, *Hist de la maison de Harcourt*, I, 748; II, 1886; III, 21, 22; IV, 1684-85, 2133. — P. Anselme, *Hist. généal. de la maison de France*, V, 126; VII, 847. — J. Bouchet, *Annales d'Aquitaine*, 215. — Delort, *Hist. de Charles VII*, 246. — Chalmel, *Hist. de Tour.*, III, 380. — La Chesnaye-des-Bois et Badier, *Diction. de la noblesse*, II, 265.)

Hardellière (la), vil., c^{ne} d'Esvres, 81 habit. — *Hardelière*, carte de Cassini. — Ancien fief, relevant du château de Montbazon. — (D. Housseau, XII, 7001.)

Hardellière (la), f., de Luynes. — *Hardillière*, 1785. — Elle relevait du fief de Bréhémont. Le 20 septembre 1697, Michel Serceau le vendit à Louise Moisant, veuve de Jacques Orceau, seigneur du Tremblay. — (Arch. d'I.-et-L., G, 1, 84.)

Hardière (la), ham., c^{ne} d'Autrèche, 10 habitants.

Hardière (la), f., c^{ne} de Chargé.

Hardière (la), paroisse de Manthelan. V. *Petit-Tremblay*.

Hardière (la), ham., c^{ne} de Saint-Christophe.

Hardillière (la), f., c^{ne} de Charentilly. — *Redillière*, tabl. de recens. de 1872. — *Ardillère*, carte de Cassini. — *Hardilière*, carte de l'état-major. — Ancien fief. Le logis seigneurial fut détruit vers 1830. — (Rôle des fiefs de Touraine. — Lambron de Lignim, *Châteaux et fiefs de Touraine*.)

Hardinières (les), f., c^{ne} de Saint-Michel-sur-Loire.

Hardion (Jacques), né à Tours le 17 octobre 1686, secrétaire du comte de Morville, ministre de la marine puis des affaires étrangères (1721), fut nommé membre de l'Académie des inscriptions en 1728, garde des livres du cabinet du roi et membre de l'Académie française en 1730. Huit ans après, il fut appelé à diriger l'instruction de mesdames de France. Il mourut à Versailles le 18 septembre 1766. On a de lui les ouvrages suivants : *Nouvelle histoire politique, précédée de deux traités abrégés, l'un de la poésie, l'autre de l'éloquence*, Paris, Guérin, 1751, 3 vol. in-12. — *Histoire universelle sacrée et profane*, Paris, 1754-69, 20 vol. in-12. Elle a été traduite en italien (Turin, Saint-Reale, 1759, 13 vol. in-12). Les dissertations, traductions et discours suivants du même auteur, ont été insérés dans les *Mémoires de l'Académie des inscriptions et belles-lettres* : *Dissertation sur l'oracle de Delphes; Histoire de la ville de Cyrène* (t. III); *Quatre idylles de Théocrite*, traduites en vers français (t. IV); *Discours sur les bergers de Théocrite* (t. IV); *Histoire du berger Daphnis* (t. V); *Dissertation sur le saut de Leucade* (t. VI); *Dissertation où l'on examine s'il y a eu deux Zoïle, censeurs d'Homère* (t. VIII); *Discours sur la Médée et sur l'Andromaque d'Euripide; Dissertation sur le chœur d'Andromaque; Dissertation sur l'origine et les progrès de la rhétorique en Grèce* (t. XI, XII, XIII, XIV.)

Éloge de M. Hardion, in-12 de 13 p. (extrait des *Mémoires de l'Académie des inscriptions*). — *Almanach de Touraine*, 1768. — Larousse, *Grand diction. universel du XIXe siècle*, IX, 72. — Quérard, *La France littéraire*, IV, 29. — Didot, *Biographie universelle*, XXIII, 356. — Moréri, *Diction. historique* (supplém.), I, 6. — Chalmel, *Hist. de Tour.*, IV, 236.

Hardionnerie (la), ham., c^{ne} de Bléré, 10 habit. — *Hardionnerie*, cartes de Cassini et de l'état-major.

Hardionnerie (la), ou **Hardonnière**, vil., c^{ne} de Civray-sur-Cher, 22 habit.

Hardis (les), f., c^{ne} de Saint-Jean-Saint-Germain.

Hardis (le lieu des), c^{ne} de Saint-Pierre-des-Corps. — Il relevait du fief de Saint-Loup (1775). — (Arch. d'I.-et-L., abbaye de Saint-Julien.)

Hardonnière (la), f., c^{ne} d'Auzouer. — *Hardonnière*, cartes de Cassini et de l'état-major. — Elle relevait censivement de Bourrot. — (Arch. d'I.-et-L., E, 119.)

Hardonnière (le lieu de la), c^{ne} de Bossée, près du chemin de la Bulottière aux Maisons-Neuves.

Hardonnière (la), f., c^{ne} de Cravant. — *Hardonnière*, carte de Cassini.

Hardonnière (la), f., c^{ne} de Crotelles. — *Hardonière*, carte de Cassini.

Hardonnière (la), f., c^{ne} des Hermites. — *Hardonnière*, carte de l'état-major.

Hardonnière (la), c^{ne} de Liège. V. *Courbat*.

Hardonnière (la), f., c^{ne} de Mazières. — *Hardonnière*, carte de l'état-major. — Ancien fief, relevant de la châtellenie des Écluses, à foi et hommage simple et six deniers de service annuel. En 1751, il appartenait à Jean-Louis-Abel de Petitjean, chev.; — en 1776, à Jean-Paul Courier, bourgeois de Tours; — en 1789, à la famille Duvau. — (Titres de la châtellenie des Écluses.)

Hardonnière (la), f., c^{ne} de Mettray.

Hardonnière (la), f., c^{ne} de Montreuil.

— *Hardoinera*, 1222. — *Hardonnière*, carte de Cassini. — Elle relevait de la châtellenie de Pocé. En 1611, elle appartenait à Rolland de l'Étang, Éc.; — en 1761, à Jeanne Rouer, veuve de Henri Gaillard de la Dalbenne, Éc.; — en 1788, à Charles-Paul de Regnard. — (Arch. d'I.-et-L., E, 38; *titres de la chambrerie de Saint-Julien.*)

Hardonnière (la), f., cne de Neuvy-Roi. — *Hardouinière*, 1750. — *Hardonnière*, carte de Cassini. — Ancien fief, relevant de la prévôté d'Oë. Au XVIIIe siècle, sa justice était réunie à celle de Villebourg. En 1362, ce domaine appartenait à Guillaume de Betz, Éc.; — en 1382, à Pierre de Montbazon, à cause de sa femme, fille du précédent; il rendit aveu le 19 juin; — en 1398, à Robin Sequart, qui rendit aveu le 15 mars; — en 1412, à Jean Gaillard, qui rendit aveu le 4 juillet; — en 1460, à Hardouin de la Touche, qui le vendit à Louis XI. Celui-ci le donna, en juin 1473, aux Carmes de Tours, qui le possédaient encore en 1789. — (*Rôle des fiefs de Touraine.* — *Bulletin de la Soc. archéol. de Tour.*, 1875, p. 177. — Arch. d'I.-et-L., *prévôté d'Oë*; *Biens nationaux*.)

Hardonnière (la), ou **Hardouinière**, f., cne de Noizay. — *Moutonnerie*, ou *Hardonnière*, 1577. — *Hardonnière*, carte de Cassini. — Ancien fief. En 1615, il appartenait à Charles de Brussy. — (Arch. d'I.-et-L., E. — *Cartulaire de Fontevrault.*)

Hardonnière (la), vil., cne de Rouziers, 19 habit. — Il relevait de Rouziers. En 1602, l'abbaye de Beaumont y possédait une métairie. — (Arch. d'I.-et-L., E, 16; *titres de la Roche.*)

Hardonnière (la), f., cne de Saint-Épain.

Hardouin, archevêque de Tours, succéda à Protaire vers 960. Précédemment, il était doyen du Chapitre de la même église. Il légua presque tous ses biens à l'abbaye de Saint-Julien. Il mourut en 980 et eut pour successeur Archambault de Sully.

D. Housseau, I, 197, 200, 201, 203, 204, 216, 217, 227; XV, 96. — *Mém. de la Soc. archéol. de Tour.*, XXIII, 224. — Chalmel, *Hist. de Tour.*, III, 440. — P. Marchegay et E. Mabille, *Chronicon S. Maxentii Pictavensis* (*Chroniques des églises d'Anjou*), p. 385. — Martin Marteau, *Paradis délicieux de la Touraine*, II, 112 — Maan, *S. et metrop. ecclesia Turonensis*, 74.

Hardouinière (la), cne du Liège. V. *le Courbat*.

Hardouinière (la), cne de Noizay. V. *Hardonnière*.

Hardouinière (le fief de la), cne de Pussigny et de Vellèches. — (*Rôle des fiefs de Touraine.*)

Hardouinière (le lieu de la), cne de Saint-Pierre-des-Corps. — Ancienne propriété du Chapitre de l'église de Tours, auquel elle avait été léguée, en 1361, par N. Robin. — (Arch. d'I.-et-L., G, 90.)

Hardouinière (le lieu de la), cne de Saunay. — En 1612, il appartenait à Rolland de l'Étang, Éc. — (Arch. d'I.-et-L., *Inventaire des titres de la chambrerie de Saint-Julien.*)

Hardraye (la), f., cne de Saint-Christophe.

Hardraye (la), f., cne de la Celle-Saint-Avent. — *Hardraye*, carte de Cassini. — Ancien fief. En 1685, elle appartenait à Charles Mathé, procureur fiscal de Nouâtre. — (D. Housseau, *titres de Nouâtre.*)

Hardrie (la), ham., cne de Nouans, 13 habit. — *Hardrie*, carte de Cassini.

Hardy (la fosse), près du Bas-Bourg, cne de Vouvray.

Harembure, vil. et chât., cne d'Yzeures, 52 habit. — *Grangiæ*, XIIIe siècle. — Ancien fief, relevant de la baronnie de Preuilly. Il se nommait autrefois *Granges*. Par ordonnance royale de 1814, ce nom fut remplacé par celui d'Harembure. Le château, qui n'offre rien de remarquable, a été construit au XVIIe siècle, sur les fondements d'une ancienne forteresse. La famille d'Harembure, qui le possède aujourd'hui, y conserve une épée qui fut donnée par Henri IV à Jean d'Harembure, en 1610, à la suite du combat d'Aumale. Une chapelle, dépendant du château, est citée dans le *Registre de visite du diocèse de Tours*, en 1787.

En 1261, le fief de Granges appartenait à un chevalier nommé Thibaud; — en 1490, à Jean Pin, Éc.; — en 1491, à Aimar Chasteigner, par suite de son mariage avec Marie Pin, fille du précédent; — en 1500, à Pierre Chasteigner, Éc.; — en 1581, à Edmond Couraud de Rochevreuse, marié à Louise, fille de Pierre Chasteigner; — en 1623, à Louis de Boislinards; — en 1664, à Hugues de Moussy, chev., marié, le 25 janvier 1693, à Madeleine de Montbel, fille de François de Montbel, chev., seigneur de la Menardière et de l'Hôpital. Granges passa dans la famille d'Harembure par le mariage de Marie-Anne de Moussy, fille du précédent, avec Paul d'Harembure, chev., seigneur de Romefort, des Augères et de la Chevrie, mousquetaire du roi (contrat du 7 novembre 1715).

De ce mariage naquirent vingt et un enfants, entre autres : Jean-Samuel, qui suit; Paul-Bertrand, né le 28 mars 1721, prêtre, vicaire-général de Poitiers, aumônier de mesdames de France, abbé de Saint-Just, décédé le 4 janvier 1778; Pierre-Edmond, enseigne de vaisseau, né le 26 juillet 1722, mort en 1747; Charles, lieutenant de dragons, au régiment de Beauffremont, né le 20 janvier 1725; René-Charles, maréchal de camp, né le 11 septembre 1727, décédé à la

Muette, près Paris, le 20 février 1784; Jacques-Claude, né le 5 mai 1730, décédé en 1755; Charles-Henri-Borromée, chanoine de l'église de Poitiers; Louis-Charles, lieutenant au régiment de Belsunce, chevalier de Saint-Louis; Paul, né le 16 octobre 1716; Louis-François-Alexandre, dont on parlera plus loin; Marie-Madeleine, née le 12 novembre 1717, religieuse au Ronceray d'Angers; Anne-Marguerite, née le 13 février 1719, mariée, par contrat du 20 février 1748, à René-Antoine de Pierres, chev., seigneur d'Épigny et de Fontenailles, officier au régiment de Roussillon; Madeleine-Silvie, née le 3 décembre 1723, mariée à Gabriel-Louis de Feron, Éc., seigneur de Mondion; Antonine-Julitte, née le 20 mai 1726.

Jean-Samuel d'Harembure, chev., page de la reine (1731), gouverneur de Poitiers et chevalier de Saint-Louis, seigneur de Granges, de Pouillé, de Hauterives, etc., épousa Jeanne Sorbière de Bezay. Il comparut, par fondé de pouvoir, en 1789, à l'assemblée de la noblesse de Touraine.

Hist. de la maison de Chasteigner, par A. Duchesne. — Registres d'état civil d'Yzeures et de Preuilly. — D'Hozier, *Armorial général*, reg. 5ᵉ. — Arch. d'I.-et-L., E, 245; G, 14. — Goyet, *Nobiliaire de Touraine*. — *Rôle des fiefs de Touraine*. — Lainé, *Archives de la noblesse de France*.

Harembure (Louis-François-Alexandre, baron d'), né à Preuilly le 13 février 1742, entra au service comme cornette au régiment de Beauffremont-dragons en 1757, passa comme capitaine au régiment de Noë, puis comme colonel au régiment de Royal-Roussillon (1770). Il fut nommé chevalier de Saint-Louis en 1771, brigadier des armées du roi en 1781 et maréchal de camp en 1788. Élu député de la noblesse de Touraine aux États-généraux, il s'opposa à la suppression de la noblesse et des ordres de chevalerie. Général de division le 20 mars 1792, il commanda en chef les armées des Haut et Bas-Rhin. Ce commandement lui fut enlevé en 1793, à la suite d'une dénonciation. Traduit, le 22 avril de cette année, devant le tribunal révolutionnaire de Paris, comme accusé d'avoir entretenu des intelligences avec les princes émigrés, il obtint son acquittement et jura de verser son sang pour le salut de la République. Le ministre de la guerre le mit à la retraite peu de temps après. En 1811, il était membre du Conseil général d'Indre-et-Loire, en 1816, président du collège électoral de Loches. Il mourut à Tours le 27 décembre 1828. On a de lui les ouvrages suivants : *Éléments de cavalerie*, Paris, F. Didot, 1791, in-12 de 78 pages, avec gravures. — *Opinion sur l'instruction des troupes à cheval*, Paris, F. Didot, 1817, in-8° de 32 pages. Une deuxième édition a paru en 1821, suivie de *Principes élémentaires sur l'équitation et l'exécution des principales manœuvres de l'ordonnance*, Paris, Magimel, Anselin et Pechard, in-8° de 25 pages.

Registres d'état civil de Preuilly. — Quérard, *La France littéraire*, IV, 28. — De Courcelles, *Diction. des généraux français*. — *Journal d'Indre-et-Loire* du 9 novembre 1814. — Arnault et Jouy, *Biographie des contemporains*. — Larousse, *Grand diction. historique du xixᵉ siècle*, IX, 68. — Lainé, *Archives de la noblesse de France*. — Didot, *Biographie universelle*, XXIII, 331. — Waroquier, *Dictionnaire militaire de la France*, 1784.

Haret (la maison de), dans le bourg de Fondettes. — Elle relevait censivement de Vallières, suivant une *déclaration féodale* faite, le 11 septembre 1672, par Jeanne Moussard. — (Arch. d'I.-et-L., *titres de Saint-Julien*.)

Hargaudière (la), cⁿᵉ de Saint-Ouen. V. *Argaudière*.

Harlai (Achille de), abbé de Villeloin, succéda à Antoine de Bruyères en 1597. Il fut remplacé, en 1608, par Gaillard de Cornac. Il était évêque de Saint-Malo en 1631. Il mourut en 1646. — (Bibl. de Tours, fonds Salmon, *titres de Villeloin*. — *Gallia christiana*, XIV. — *Mém. de la Soc. archéol. de Tour.*, IX, 361.)

Harlandière (la), f., cⁿᵉ de Cerelles. — *Harlandière*, carte de l'état-major. — Elle relevait du fief du Crochet et appartenait, en 1789, au Chapitre de l'église de Tours. — (Arch. d'I.-et-L., G, 90.)

Harlandière (la), f. et chât., cⁿᵉ de Nouzilly. — Au xivᵉ siècle, ce domaine appartenait à l'abbaye de Beaumont-les-Tours. — (Arch. d'I.-et-L., *titres de la Roche*.)

Harmellerie (ruisseau de l'), ou **Armellerie**, cⁿᵉ de Saint-Étienne-de-Chigny.

Harmerie, ou **Armerie** (l'), f., cⁿᵉ de Véretz.

Harnacherie (la), cⁿᵉ de la Membrolle. V. *Roberdière*.

Harnois (le), f., cⁿᵉ de Dierre. — Elle relevait du fief de la secreterie de Saint-Julien (1779). — (Arch. d'I.-et-L., abbaye de Saint-Julien, *fief de la secreterie*.)

Harotellaria villa. V. *Heurtellière*, cⁿᵉ de Maillé.

Harouart, cⁿᵉ de Luynes. V. *Harroir*.

Harpin (l'étang), cⁿᵉ de Verneuil-sur-Indre.

Harpinière (la), ou **Herpinière**, f., cⁿᵉ d'Autrèche. — *Harpinière*, carte de l'état-major. — Ancien fief, dépendant de la châtellenie d'Autrèche. C'est dans ce lieu que se tenaient les assises de la châtellenie. En 1793, ce fief fut vendu nationalement sur Jean Texier, curé de Genillé, déporté. — (Arch. d'I.-et-L., *Biens nationaux*.)

Harpinière (la), cⁿᵉ d'Azay-sur-Cher. V. *Herpinière*.

Harpinière (la), f., cne de Sonzay. — *Harpinière,* carte de l'état-major.

Harrieria *(terra de),* paroisse de Cerelles. V. *Harrouère.*

Harroir (le), f., cne de Luynes. — *Harouart,* ou *Peau-de-Loup,* xvɪe siècle. — Ancien fief. En 1752, il appartenait à César de Henry d'Auchamp. — (*Rôle des fiefs de Touraine.* — Registres de Saint-Venant.)

Harrouard (le), ou **Harroir,** ham., cne de Pernay, 14 habit. — Ancien fief. Par acte du 14 novembre 1642, Jacques Gatian, seigneur de Lafond, conseiller du roi, juge-magistrat au siège présidial de Tours, l'acheta de Philibert Lebert, prêtre, et de Anne Lebert. (Acte passé devant Olivier Vacher, notaire à Tours.)

Harrouère (le lieu de la), cne de Cerelles. — *Terra de Harrieria,* xɪɪɪe siècle. — En 1207, Payen Chesère et son fils cédèrent à l'abbaye de Saint-Julien tous les droits qu'ils avaient sur cette propriété. — (Arch. d'I.-et-L., charte de Saint-Julien.)

Harrouère (le lieu de la), cne de Saint-Roch. — Il relevait du fief de Saint-Roch (1650). — (Arch. d'I.-et-L., *Inventaire des titres de Saint-Roch.*)

Harrouis (le), f., cne de Continvoir.

Harses (le lieu des Hautes-), près des Roberts, cne de Trogues.

Harteau (le moulin), cne de Saint-Paterne.

Hartelloire (la), et la **Petite-Hartelloire,** ham., cne d'Ambillou, 12 habit. — *Rhetelloire,* 1600. — *Hartelloire,* cartes de Cassini et de l'état-major. — Ancien fief. En 1574, il appartenait à René de Betz, Éc., lieutenant aux gardes du corps, marié à Gabrielle de Castelnau. Il mourut en 1625 et fut inhumé dans l'église d'Ambillou; — en 1626, à Charles de Betz; — en 1650, à René de Betz, marié à Renée-Jacques de la Borde; — en 1726, à François-René de Betz; — en 1728, à Henri de Betz, abbé de la Clarté-Dieu; — en 1733, à Henri-Joseph de Betz; — en 1735, à Claude-Françoise de Betz, veuve de Léon-Pelage-César de Balzac d'Entragues; — en 1741, à Henri, marquis d'Illiers d'Entragues; — en 1744, à Louis-Auguste-Cyr, marquis de Rieux, lieutenant-général des armées du roi, et à Claude-Louise d'Illiers d'Entragues; — en 1764, à Michel-Denis de la Rüe du Can, baron de Champchévrier, seigneur de Cléré, la Chotardière, Houdaigne, Courboin, etc.; — en 1784, à Agathe-Angélique de la Rüe du Can, femme de Jean-Marie Berthelot de Villeneuve; — en 1789, à Anne-Jean-Baptiste de la Rüe du Can de Champchévrier.

Une chapelle, fondée en 1700, dépendait de ce fief. Elle était en ruines en 1843.

Arch. d'I.-et-L., G, 398; *titres de la Clarté-Dieu.* — *Rôle des fiefs de Touraine.* — Registres d'état civil de Souvigné. — Bétancourt, *Noms féodaux,* I, 109. — Lhermite-Souliers, *Hist. de la noblesse de Touraine,* 403. — *Mémoires de Michel de Castelnau,* III, 104. — *Bulletin de la Société archéologique de Touraine* (1873), p. 532. — *Mém. de la Soc. archéol. de Tour.,* X, 107. — J. Guérin, *Notice historique sur Gizeux,* 133. — P. Anselme, *Hist. généal. de la maison de France,* VII. 58.

Harterie (bois de la), cne de Thizay.

Hastæ Comitis *nemus.* V. *les Hattes,* cne de Larçay.

Hate (la), f., de Chezelles. — *Hate,* carte de l'état-major.

Haterie, Haterre. V. *Carroi-Pion,* cne de Genillé.

Hattes (les), f., cne de Bossée. — *Les Hates,* carte de l'état-major.

Hattes (le bois des), paroisse de Larçay. — *Hastæ comitis nemus,* 1276. — *Forêt-de-la-Haste-de-la-Lande-aux-Chevaliers,* 1536. — Par acte du 7 juillet 1781, Henri-Louis-Marie et Jules-Hercule, princes de Rohan, vendirent le bois des Hattes à Élisabeth-Marguerite-Magloire Abraham, veuve de Jean-Baptiste-René Pregent, chev., seigneur du Breuil, et l'érigèrent en fief relevant, à perpétuité, noblement, du duché de Montbazon, à charge de foi et hommage simple, et pour tout devoir un éperon doré du prix de vingt sols. — (Arch. d'I.-et-L., E, 323. — D. Housseau, VII, 3289. — Archives nationales, Q, 328. — Bibl. de Tours, fonds Salmon, *titres de Montbazon et titres de Saint-Martin,* VIII.)

Hatton (le), f., cne de Chemillé-sur-Dême. — *Hatton,* cartes de Cassini et de l'état-major.

Haubarde, ou **Hauberde,** f., cne de Balesmes.

Haubarde, ou **Hauberde** (courance ou ruisseau de l'), cne de Balesmes.

Hauberdière (l'), cne de Brèches. V. *Huberderie.*

Haubier (l'), cne de Saint-Mars. V. *Aubier.*

Hauboiserie (la), f., cne de Damemarie.

Haudbert, f. et chât., cne de Saint-Paterne, 19 habit. — *Hodebert, Hadebert, Audebert,* xvɪe siècle. — *Hosbert,* 1787. — *Hodebert,* cartes de Cassini et de l'état-major. — Ancien fief. En 1782, il appartenait à Jean-Jacques Dunoyer, seigneur de la Touche, lieutenant-général, juge ordinaire et civil et de police du duché de la Vallière. — (Arch. d'I.-et-L., G, 465. — Bibl. de Tours, manuscrit nº 1496. — *Annales de la Société d'agriculture d'Indre-et-Loire* (1864), p. 139.)

Haudinière (la), f., cne de Courcelles.

Haudits (les), f., cne de Genillé.

Haudrie (la), f., cne de Souvigné. — *Hauderie*, carte de l'état-major.

Haudrière (la), maison forestière, cne de Souvigny.

Hauguinière (la), ou **Hoguinière**, f., cne du Boulay. — *Hauguinière*, carte de l'état-major. — Ancien fief, relevant de Châteaurenault. En 1558, il appartenait aux héritiers de Macé Papillon. — (Archives du château de Pierrefitte.)

Haure-de-la-Guinière (le lieu du), cne de Fondettes. — Il est cité dans un titre de 1720. — (Arch. d'I.-et-L., *fabrique de Saint-Martin*.)

Hausse-Pied, f., cne de Langeais.

Haut-Baron (le lieu du), près du Mortier-d'Auchamp, cne de Restigné.

Haut-Benoit (le), ham., cne de Genillé.

Haut-Berger (le), f., cne de Theneuil.

Haut-Berthereau et **Haut-Battereau**, cue d'Artannes. V. *Battereau*.

Haut-Bertin (le), f., cne de Saint-Avertin. — *Grand-Bertin*, carte de l'état-major.

Haut-Bois (les Grand et Petit-), ham., cne de Chemillé-sur-Dême, 12 habit.

Haut-Bois (le), f., cne d'Hommes. — *Hautbois*, carte de l'état-major.

Haut-Bois (le), f., cne de Sainte-Radégonde.

Haut-Bois (le), f., cne de Sonzay.

Haut-Bois-des-Plantes (le), cne de Villandry. V. *Bois-des-Plantes*.

Haut-Bonnard (bois du), cne de Saint-Germain-sur-Vienne.

Haut-Bonnet (le), f., cne d'Orbigny.

Haut-Bourg (le), f., cne d'Avon.

Haut-Bourg (la croix du), près du Haut-Bourg, cne de Bueil.

Haut-Bourg (le), f., près du bourg de Fleuray, cne de Cangy. — Elle dépendait autrefois de la paroisse de Fleuray. En 1725, François Gorron était qualifié de seigneur de Haut-Bourg. — (Arch. d'I.-et-L., E, 53.)

Haut-Bourg (le), f., cne de Chanceaux, cton de Loches.

Haut-Bourg (le), vil., cne de Lussault, 81 habit.

Haut-Bourg (le), f., cne de Semblançay. — *Haut-Bourg*, carte de l'état-major.

Haut-Bout (le lieu du), dans le village de Niollet, cne de Champigny-sur-Veude. — En 1778, ce domaine appartenait à François-Gilles, Charles-Jean et Marie Ragonneau, et à Bertrand Poirier. — (Arch. d'I.-et-L., E, 156.)

Haut-Breton (le lieu du), près de Montifaut, cne de Francueil.

Haut-Brizay (le). V. *Brizay*, cne de Marigny-Marmande.

Haut-Bry (le), cne de Villeperdue. V. *Bry*.

Haut-Buis (le lieu du), près de la Bourgrie, cne de Saint-Patrice.

Haut-Busson (le), f., cne d'Hommes.

Haut-Champ, cne de Restigné. V. *Auchamps*.

Haut-Chanteloup (le), cne de Neuvy-Roi. V. *Chanteloup*.

Haut-Chantier (le), vil., cne de Limeray, près de la Loire, 134 habit. — *Haut-Chantier*, carte de l'état-major.

Haut-Chemin (le), vil., cne de Chouzé-sur-Loire.

Haut-Coudray (le), cne de Channay. V. *Coudray*.

Haut-Cousse (le), cne de Vernou. V. *Cousse*.

Haut-Couzé (le), f., cne de Jaulnay. — *Couzay*, carte de Cassini.

Haut-d'Avril (le), f., cne de Saint-Germain-sur-Vienne.

Haut-de-la-Lande (le lieu du), cne de Tauxigny. — Il devait une rente à l'abbaye de Cormery et appartenait, en 1712, à Jacques Saget, sieur de Rechêne. — (Arch. d'I.-et-L., *Lière des frêches de Cormery*.)

Haut-de-la-Roue (le lieu du), cne de Montlouis, près du chemin de Montlouis à la Ville-aux-Dames.

Haut-de-la-Rue (le), f., cne de Braye-sur-Maulne.

Haut-des-Champs (le), f., cne de Saint-Branchs.

Haut-du-Bourg (le), f., cne de Nouâtre. — Ancienne propriété de l'abbaye de Noyers, sur laquelle elle fut vendue le 6 mai 1791. — (Arch. d'I.-et-L., *Biens nationaux*.)

Haut-Épinay (le), cne de Mazières. V. *Épinay*.

Haut-Fontenay (le), cne de Cigogné. V. *Fontenay*.

Haut-Fourneau (le), f., cne de Chançay. — *Haut-Fourneau*, carte de l'état-major. — En 1675, Michel Collin, bourgeois de Tours et juge-consul, était qualifié de sieur du Haut-Fourneau. — (Registres de Saint-Saturnin de Tours.)

Haut-Fourneau (le lieu du), près de la Rochère, cne de Noizay.

Haut-Lieu (le), ham., cne de Saint-Cyr-sur-Loire, 12 habit.

Haut-Lieu (le), f., cne de Vouvray. — *Haut-Lieu*, carte de Cassini. — En 1793, elle fut vendue nationalement sur Michel-Clément Leduc, prêtre, déporté. — (Arch. d'I.-et-L., *Biens nationaux*.)

Haut-Marin (le lieu du), près de Galisson, cne de Saint-Épain.

Haut-Mesnier (le lieu du), près de la Brelière, cne de Lémeré.

Haut-Midi (le marais du), près de Continvoir.

Haut-Midi (le), f., cne de Lerné.

Haut-Montel (le), ou **Montas**, ham., cne de Marray, 11 habit.

Haut-Moulin (le), sur le ruisseau de Ruau, cne de Pouzay.

Haut-Noyer (le), cne d'Épeigné-sur-Dême. V. *Noyer*.

Haut-Pauvrelay (le), cne de Paulmy. V. *Pauvrelay*.

Haut-Perchêne (le), cne de Neuville. V. *Perchêne*.

Haut-Pertuis (le), cne de Perrusson. V. *Pertuis*.

Haut-Pichon (le), cne de Châteaurenault. V. *Pichon*.

Haut-Pineau (le), f., cne de Vouvray.

Haut-Plessis (le), cne de Chemillé-sur-Indrois. V. *Plessis*.

Haut-Poirier (la croix du), cne de Marray, près du chemin de Chemillé à Marray.

Haut-Ribault (le), f., cne d'Abilly.

Haut-Rongère (le), f., cne de Savigné. — *Rongère*, carte de Cassini.

Haut-Saint-Martin (le), f., cne de Louestault. — *Vau-Saint-Martin*, carte de l'état-major.

Haut-Theneuil (le). V. *Theneuil*, cne de

Haut-Trefoux (le), f., cne de Saint-Mars.

Haut-Village (le), vil., cne d'Artannes, 24 habit. — *Haut-Village*, carte de l'état-major.

Haut-Village (le), ham., cne de Bléré, 10 habit. — *Haut-Village*, carte de l'état-major. — En 1737, Gabriel Tuschereau était qualifié de seigneur du Haut-Village. — (Arch. d'I.-et-L., E, 123.)

Haut-Village (le), f., cne de Cangy. — Elle a fait partie de l'ancienne paroisse de Fleuray.

Haut-Village (le), f., cne de Crouzilles.

Haut-Village (le), vil., cne de Saint-Branchs, 25 habit. — *Haut-Village*, carte de l'état-major.

Haut-Village (le), f., cne de Saint-Épain. — *Haut-Village*, carte de Cassini.

Haut-Village (le), f., cne de Tauxigny. — *Haut-Village*, carte de Cassini.

Haut-Villay (le), cne du Boulay. V. *Villay*.

Haut-Villiers (le), f., cne de Chinon. — *Haut-Villier*, carte de l'état-major. — *Villiers*, carte de Cassini.

Haute-Arche (la), f., cne de Saint-Avertin. — *Haute-Arche*, carte de l'état-major.

Haute-Barrière (le lieu de la), cne de Sazilly, près du chemin de la Pictière au Carroi-Tonneau.

Haute-Boire (le lieu de la), cne de Saint-Symphorien. — Il relevait de l'abbaye de Marmoutier (1733). — (Arch. d'I.-et-L., abbaye de Marmoutier, *mense séparée*.)

Haute-Boisière (la), cne de Saint-Symphorien. V. *Boisière*.

Haute-Borne (la), ham., près du Cher, cne de Bléré, 14 habit. — *La Borne*, carte de Cassini.

Haute-Borne (le lieu de la), près du Boulay, cne de Beaumont-la-Ronce.

Haute-Borne (la), f., cne de Chançay, près du bourg. — En 1766, elle appartenait à Thomas Valleteau, seigneur de Chançay. — (Arch. d'I.-et-L., E.)

Haute-Borne (le lieu de la), cne de Ligueil, près du chemin de Beaucamps à Ligueil.

Haute-Borne (le lieu de la), près de la Morinerie, cne de Marray.

Haute-Borne (la), f., cne de Panzoult. — *Haute-Borne*, carte de l'état-major.

Haute-Borne (le lieu de la), cne de Reignac, près du chemin de Beauvais à Reignac.

Haute-Borne (le lieu de la), près de la Rue-Bafer, cne de Vernou.

Haute-Borne (la), f., cne de Vouvray. — Ancien fief. Vers 1630, il appartenait à Étienne Pallu. — (Arch. d'I.-et-L., abbaye de Marmoutier; *prévôté d'Oë*.)

Haute-Bouchère (la), cne de Veigné. V. *Bouchère*.

Haute-Bourre (la), f., cne de Lerné.

Haute-Boyère (la), cne de Saint-Simphorien. V. *Boisière*.

Haute-Boynière (la), cne de Villedômer. V. *Boisnière*.

Haute-Brosse (la), cne de Saint-Jean-Saint-Germain. V. *Brosse*.

Haute-Bureau, f., cne d'Avon. — *Haute-Bureau*, cartes de Cassini et de l'état-major.

Haute-Claire, ham. et chât., cne de Razines. — *Haute-Claire*, cartes de Cassini et de l'état-major. — Ancien fief. En 1608, il appartenait à François de Chergé, Éc., marié à Anne du Fresnay ; — en 1672, à Pierre Gillier, Éc. ; — en 1780, à Armand-Jean de Blet, Éc., qui le vendit, en juillet 1788, à N. Piballeau. — (Arch. d'I.-et-L., *émigrés*. — Bétancourt, *Noms féodaux*, I, 337. — Beauchet-Filleau, *Diction. des familles de l'ancien Poitou*, I, 645.)

Haute-Coue, cne de Panzoult. V. *Coue*.

Haute-Cour (la), f., cne de Ballan.

Haute-Cour (la), f., cne d'Esvres. — *Haute-Cour*, carte de l'état-major.

Haute-Cour (la), cne de Saint-Benoît. V. *Hautes-Cours*.

Hautée (la), f., cne de Veigné. — *Athée*, xviie siècle. — En 1639, elle appartenait à François Porcher, Éc., seigneur du Puy. Par la suite, elle devint la propriété de la cure de Veigné, sur laquelle elle fut vendue nationalement, le 26 septembre 1791, pour 17,600 livres. — (Arch. d'I.-et-L., *Biens nationaux*.)

Haute-Foi (le lieu de la), près des Maisons-Rouges, cne de Braslou.

Haute-Foi (le lieu de la), cne de Lémeré, près du chemin de Sazilly à Lémeré.

Haute-Forêt (la), cne de Neuil. V. *Forêt*.

Haute-Forêt (landes de la), près des Granges et de Bourgeocu, cne de Saint-Branchs.

Haute-Fuie (la), cne de Braslou. V. *Maisons-Rouges*.

Haute-Guignière (la), cne de Fondettes. V. *Beaumanoir*.

Haute-Jonchère (la), cne de Saint-Branchs. V. *Jonchère*.

Haute-Justonnière (la), cne de Neuillé-Pont-Pierre. V. *Justonnière*.

Haute-Loge (le lieu de la), ou **Moulière**, paroisse d'Ingrandes. — Il est cité dans un titre de 1732. — (Arch. d'I.-et-L., *prévôté de Restigné*.)

Haute-Maison (la), f., cne d'Azay-sur-Cher. — *Haute-Maison*, carte de Cassini. — Elle relevait censivement du château de Véretz et appartenait, en 1711, à N. Pelloquin ; — en 1726, à Nicolas-Jean de Radiollo. — (Arch. d'I.-et-L., E, 150. — Bibl. de Tours, manuscrit n° 1494.)

Haute-Métairie (la), cne d'Auzouer. V. *Métairie*.

Haute-Métairie (la), f., cne de Cangy. — Ancien fief. En 1762, il appartenait à N. Rocherot, Éc. — (Arch. d'I.-et-L., *cure de Fleuray*.)

Haute-Métairie (la), f., cne de Saché. — En 1700, elle appartenait à Marie de la Chesnaie, veuve d'Antoine Drouin, Éc., seigneur de Rogotier. Elle fit une fondation dans l'église de Jaulnay et donna à la cure une rente sur son domaine de la Haute-Métairie. Elle mourut à Jaulnay le 29 septembre 1700. — (Registres de Jaulnay. — Arch. d'I.-et-L., E.)

Haute-Pierre (la), f., cne de Villiers-au-Boin. — Ancien fief. En 1488, il appartenait à Guillemin de Haute-Pierre ; — en 1773-89, à Alexandre-Louis-Michel de Broc. En 1842, la famille de Broc vendit ce domaine à Catherine-Marie-Stellaye Baigneux de Courcival, femme de César-Charles-Florimond-Léopold, comte de Colomb de Battine. — (Arch. d'I.-et-L., *prieuré de Relay*. — *Journal d'Indre-et-Loire* du 4 août 1842.)

Haute-Porte, f., cne de Semblançay. — *Haute-Porte*, cartes de Cassini et de l'état-major. — Ancien fief. En 1774, il appartenait à Gilles Lefebvre-Thoinier, négociant à Tours. — (Arch. d'I.-et-L., E.)

Haute-Riderie (la), ham., cne de Souvigné, 13 habit. — *Riderie*, cartes de Cassini et de l'état-major.

Haute-Roche, f., cne de Bléré.

Hauterives, f., cne d'Yzeures. — *Altæ Ripæ*, 1208 (charte d'Eschivard de Preuilly). — *Les Terrives*, plan cadastral. — Ancien prieuré, de l'ordre de Grandmont. Au commencement du xviie siècle, ses biens furent réunis à ceux du prieuré du Puy-Chévrier, ou d'Entrefins, en Poitou. Il avait été fondé au xiie siècle ; l'église fut reconstruite vers 1450. Elle est en ruines depuis longtemps. On voit encore quelques restes des bâtiments claustraux. Ils appartiennent au style roman de transition.

En 1208, Eschivard II, baron de Preuilly, et son frère, firent des dons aux religieux de Hauterives. Voici le texte de la charte rédigée à cette occasion :

Ego Eschivardus, dominus de Prulliaco, notum sit omnibus presentes litteras inspecturis quod ego, pro eleemosinario, sexaginta quindecim solidos dedi bonis hominibus de Altis Ripis, annuatim persolvendos. Dono et concedo eisdem bonis hominibus decima de Azaio, sex sextaria bladi, tria frumenti et tria siliginis annuatim persolvenda in eleemosina, pro redemptione animæ meæ et parentum meorum consequenda. Dono eisdem bonis ho-

minibus quoddam augmentum in nemore de Allis Ripis proximum suo proprio nemore. Et in testimonium hujus presentes litteras sigilli mei munimine roboravi cùm iter arriperem ad partes transmarinas. Gaufridus etiam frater meus donavit cisdem bonis hominibus duo sextaria bladi, unum frumenti et alterum siliginis ad festum sancti Michaelis persolvenda, pro redemptione animæ suæ et parentum suorum consequenda. Anno ab incarnatione Domini millesimo ducentesimo octavo. Gaufridus verò de Prulliaco assignavit duo sextaria bladi suprà scripta in mediaria de Rupe de Pausayo coram aqua emittente assumenda.

Ces dons furent confirmés, en 1210, par Jean de Faye, archevêque de Tours.

Par un testament, daté du mois de mars 1263, Eschivard III, baron de Preuilly et seigneur de la Rocheposay, légua une somme de dix livres aux religieux de Hauterives.

Ce prieuré constituait un fief relevant de la baronnie de Preuilly, à foi et hommage simple. Il fut supprimé au commencement du XVIIe siècle par suite d'une aventure scandaleuse ou plutôt d'un crime qui est ainsi rapporté par la tradition populaire :

Il paraîtrait que le prieur de Hauterives aurait attiré, la nuit, dans la maison claustrale, une jeune villageoise des environs et l'aurait assassinée, pour s'assurer l'impunité des outrages dont il s'était rendu coupable envers elle. Ce double crime fut bientôt découvert; la nouvelle se répandit dans le pays et y souleva une profonde indignation. Les habitants de Preuilly, voulant devancer la justice seigneuriale, trop lente à leur gré et souvent trop indulgente suivant la position des accusés, se portèrent en masse au prieuré de Hauterives. Là, ils s'emparèrent du prieur, et, l'ayant enfermé dans une barrique hérissée à l'intérieur de pointes de fer, ils roulèrent ce malheureux jusqu'à Preuilly, distant de Hauterives de cinq à six quarts de lieue et le précipitèrent dans la Claise.

Vers 1680, les religieux de Puy-Chévrier vendirent le prieuré de Hauterives et ses dépendances à Claude de Moussy, chev., seigneur de Granges, commandant le bataillon de Normandie. Cette propriété passa ensuite à la famille d'Harembure.

Pouillé de l'archevêché de Tours (1648), p. 84, 85. — Baunier, Recueil historique des archevêchés, évêchés et abbayes de France, I. 187. — Dufour, Diction. historique de l'arrondissement de Loches, II, 476. — D'Espinay, L'architecture dans la Touraine méridionale, 7. — Registres d'état civil d'Yzeures. — D. Housseau, VI, 2295.

Hauterives (étang de), cne d'Yzeures. — *Terrives*, plan cadastral.

Hauterives (le lieu de), paroisse de Mougon. — Le 7 décembre 1576, Claude Fourateau, Éc., et Ysabeau de Gueffron, sa femme, le vendirent à François le Roy. — (Arch. d'I.-et-L., G, 495.)

Haute-Roche, f., cne de Bléré.

Haute-Roche, f., cne de Château-la-Vallière. — Anciennes forges, appelées autrefois *Roche-Fouillère* et dépendant de la terre de Château-la-Vallière. — (*Journal d'Indre-et-Loire* du 23 octobre 1837.)

Haute-Roche, f., cne de Villiers-au-Boin.

Haute-Rue, vil., cne de Beaumont-en-Véron, 98 habit. — En 1790, René Vau de Rivière, Éc., y possédait une métairie. — (Arch. d'I.-et-L., *Biens nationaux*.)

Haute-Rue, f., cne de Jaulnay. — *Haute-Rue*, carte de Cassini.

Haute-Rue, f., cne de Pouzay. — *Maison noble de la Haute-Rue*, 1610. — *Haute-Rue*, carte de Cassini. — Ancien fief, relevant du château de Nouâtre et du fief de Parfond-Fossé. En 1610, il appartenait à Louis d'Aviau, chev., seigneur de Piolant, gentilhomme servant de la reine Louise de Lorraine, douairière de France, marié à Jeanne Martel, fille de Charles Martel, seigneur de Lamarin, maréchal des camps et armées du roi et gouverneur de Châtellerault, et d'Antoinette de Brussac. Louis d'Aviau eut deux filles : Louise, femme de Jean d'Armagnac, et Françoise, mariée, par contrat du 14 avril 1628, à Charles-Martin d'Aloigny, chev., seigneur de la Groye, d'Ingrandes et de Marigny. Il mourut vers 1635. Le 24 août 1637, sa veuve rendit aveu, pour son fief des Trois-Seigneurs, aux chanoines du Plessis-les-Tours, propriétaires du fief du Parfond-Fossé.

Jean d'Armagnac, chev., premier valet de chambre et maître d'hôtel ordinaire du roi, bailli, puis gouverneur de Loudun, devint seigneur de Haute-Rue, par suite de son mariage avec Louise d'Aviau. Il eut deux fils : Jean, chev., seigneur de la Motte-Piolant, qui épousa Catherine Deschamps; et Charles, qui fut sous-lieutenant au régiment des Gardes.

L'abbaye de Noyers possédait à Haute-Rue une métairie qui fut vendue nationalement, le 20 avril 1791, pour 2,300 livres.

Arch. d'I.-et-L., *Biens nationaux*. — D. Housseau, XII, 7135. — *Rôle des fiefs de Touraine*. — Beauchet-Filleau, *Diction. des familles de l'ancien Poitou*, I, 88, 167. — Bibl. de Tours, manuscrit n° 1361.

Haute-Source (la), ham., cne de Nazelles, 13 habit. — *La Source*, carte de Cassini.

Haute-Vesprée (la), cne de Saint-Cyr. V. *Vesprée*.

Haute-Vigne (le lieu de la), cne du Grand-Pressigny. — Il relevait censivement de Sainte-Julitte (1690). — (Arch. d'I.-et-L., E, 4.)

Hautes-Attelles (la maison des), dans le bourg de Ballan.

Hautes-Babinières (les), f., c^ne de Saint-Mars. — *Hautes-Babinières*, carte de l'état-major.

Hautes-Blatières (les). V. *Aitre-Courtin*, c^ne de Saint-Paterne.

Hautes-Bornes (le lieu des), près de la Motte, c^ne de Chouzé-sur-Loire.

Hautes-Bornes (le lieu des), près du chemin de Couture à Chemillé, c^ne d'Épeigné-sur-Dême.

Hautes-Bornes (le lieu des), c^ne de Saint-Branchs, près du chemin de Saint-Branchs à Lorset.

Hautes-Bruyères (les), f., c^ne de Marcilly-sur-Maulne.

Hautes-Cours (les), f., c^ne de Saint-Benoît. — *Hautes-Cours*, cartes de Cassini et de l'état-major.

Hautes-Cours (les), f., c^ne de Theneuil. — En 1653, elle appartenait à Charles du Rosel, Éc. — (Arch. d'I.-et-L., C, 600.)

Hautes-Croix (le lieu des), près de la Maison-Rouge, c^ne de Genillé.

Hautes-Fontaines (les), f., c^ne de Saint-Avertin.

Hautes-Haies (les), f., c^ne de Morand. — *Hautes-Haies*, carte de l'état-major.

Hautes-Lignes (les), vaste étendue de terrain (c^ne d'Avoine) traversée par le chemin de Chinon à Bourgueil.

Hautes-Maisons (les), ham., c^ne de Crouzilles, 12 habit.

Hautes-Maisons (les), vil., c^ne de Saint-Jean-Saint-Germain, 47 habit.

Hautes-Maisons (les), vil., c^ne de Tauxigny, 32 habit. — *Hautes-Maisons*, carte de l'état-major.

Hautes-Marches (les), f., c^ne de La Riche.

Hautes-Rives (le lieu des), près de Paviers, c^ne de Crouzilles.

Hautes-Roches (le lieu des), f., c^ne d'Avon, près du ruisseau de la Quelle.

Hautes-Rues (les), ham., c^ne de Saint-Laurent-de-Lin, 12 habit.

Hautes-Roues (le lieu des), paroisse de Neuilly-le-Brignon. — Ancien fief, relevant de la Haye. — (Arch. d'I.-et-L., E, 4.)

Hautes-Thurinières (les), f., c^ne de Boussay. — *Hautes-Turinières*, carte de Cassini.

Hautonnière (la), ham., c^ne de Bournan, 14 habit.

Hautpied, f., c^ne de Langeais.

Hauts-Barils (le lieu des), près de la Loutière, c^ne d'Avon.

Hauts-Bœufs (le lieu des), près de Vernay, c^ne de Courcoué.

Hauts-Bœufs (le lieu des), près de la Cantinière, c^ne de Noyant.

Hauts-Bois (les), ham., c^ne de Louans, 12 habitants.

Hauts-Bois (le lieu des), près de la Morieterie, c^ne de Monnaie.

Hauts-Bois (les), f., c^ne de Saint-Christophe. — Elle relevait du fief de la Cuinière (1737). — (Arch. d'I.-et-L., *Chapitre de Bueil*.)

Hauts-Bras (la fontaine des), près de la Vallière, c^ne de Bossay.

Hauts-Champs (fontaine et ruisseau des), c^ne de Brizay.

Hauts-Champs (les), f., c^ne de la Chapelle-sur-Loire.

Hauts-Champs (les), c^ne de Restigné. V. *Auchamps*.

Hauts-Champs (le lieu des), c^ne de Saint-Aubin. — Il relevait de la Clarté-Dieu (1753). — (Arch. d'I.-et-L., *titres de la Clarté-Dieu*.)

Hauts-Champs (les), paroisse de Saint-Avertin. — Ancien fief, relevant de Chaumont, à foi et hommage simple et une demi-livre de cire. Le 17 mars 1691, le Chapitre de Saint-Martin de Tours l'acheta de Jacques Guignon et le réunit à sa seigneurie de Chaumont, paroisse de Saint-Cyr-sur-Loire. — (Arch. d'I.-et-L., G, 394.)

Hauts-Champs (les), vil., c^ne de Saint-Pierre-des-Corps, 30 habit.

Hauts-Champs (les), f., c^ne de Theneuil. — *Les Champs*, carte de l'état-major.

Hauts-d'Amour (le lieu des), près de Saint-Rigomer, c^ne de Neuillé-le-Lierre.

Hauts-du-Pas-de-Cordais (les), f., c^ne de Huismes. — *Pas-de-Cordais*, carte de Cassini.

Hauts-Millets (les), c^ne de Genillé. V. *Millets*.

Hauts-Moines (le lieu des), près de l'étang de la Batonnelle, c^ne de Charnizay.

Hauts-Nains (les), c^ne de Couesmes. V. *Nains*.

Hauts-Noyers (les), c^ne de Mosnes. V. *Noyers*.

Hauts-Pichards (le lieu des), c^ne de Sepmes, près du chemin de Sepmes à Bossée.

Hauts-Saint-Fray (le lieu des), près de Bardeau, c^ne de Saint-Germain-sur-Vienne.

Haverie (la), ou **Havrée**, vil., c^ne de Limeray, 39 habit.

Havillon (le), f., c^ne de Continvoir. — *Havillon*, cartes de Cassini et de l'état-major.

Hay (le), vil., c^ne de Vallères, près de l'ancien lit du Cher, 37 habit.

Haya Bodini. V. *la Haye*, c^ne de Saint-Cyr-sur-Loire.

Haye (la), commune. V. *Haye-Descartes*.

Haye (la), f., paroisse d'Auzouer. — Ancien fief, relevant de Châteaurenault et de la Maloire. — (Arch. d'I.-et-L., E, 119. — *Rôle des fiefs de Touraine*.)

Haye (la), f., c^ne de Ballan. — *La Haye*, carte de Cassini.

Haye (la), f., c^ne de Lerné. — Ancien fief. En 1665, il appartenait à Armand-Léon Bouthillier de Chavigny. — (Arch. d'I.-et-L., E, 250.)

Haye (la), c^ne de Nouzilly. V. *les Hayes*.

Haye (la), f., c^ne de Saint-Cyr-sur-Loire. — *Haya Bodini*, xvie siècle. — *Les Hayes*, xviie siècle. — *La Haye*, carte de Cassini. — Ancien fief, relevant de Chaumont. Il appartenait à l'abbaye de Marmoutier, sur laquelle il fut vendu, le 1er février 1791, pour 53,100 livres. — (Arch. d'I.-et-L., *abbaye de Marmoutier*; *Biens nationaux*. — *Chronic. abbat. maj. monasterii*, 331. — *Rôle des fiefs de Touraine*.)

Haye (la), f., c^ne de Saint-Ouen.

Haye-Bodineau (la), c^ne de Pernay. V. *la Tintardière*.

Haye-de-Lerné (la), c^ne de Lerné. V. *la Haye*.

Haye-Descartes (canton de la). — Il se compose des communes d'Abilly, Balesmes, la Celle-Saint-Avent, Civray-sur-Esves, Cussay, Draché, la Haye-Descartes, Marcé-sur-Esves, Neuilly-le-Brignon, Sepmes. — Sa population, en 1876, était de 8977 habitants.

Haye-Descartes (la), commune, chef-lieu de canton, arrondissement de Loches, sur la rive droite de la Creuse, à 31 kilomètres de Loches et à 55 de Tours. — *Haya*, xie siècle (charte de l'abbaye de Beaulieu). — *Castrum quod Haya dicitur*, 1026-47 (*Cartulaire de Cormery*). — *Castrum Haiæ, Achaium*, xiie siècle (*Cartulaires de Noyers et de Fontevrault*).

Elle est bornée, au nord et à l'est, par la commune de Balesmes; au sud, par celle d'Abilly; à l'ouest, par la Creuse. Elle est arrosée par la Creuse, — et par le ruisseau de Vinaigre, qui se jette dans la Creuse au lieu appelé la Grosse-Motte. Elle est traversée par les routes départementales n° 31, de Châteaurenault à Châtellerault, et n° 42, de la Celle-Saint-Avent à Azay-le-Féron. — Station du chemin de fer de Port-de-Piles à Preuilly.

Avant la Révolution, la Haye était dans le ressort de l'élection de Loches et faisait partie de l'archidiaconé d'outre-Vienne et était le chef-lieu d'un doyenné composé des paroisses d'Abilly, d'Antogny, de Balesmes, de Civray, de Saint-Georges et de Notre-Dame de la Haye, de Marcé, de Marigny-sous-Marmande, de Neuilly-le-Noble, de Pussigny, de Saint-Romain et de Vellèches. En 1793, elle dépendait du district de Preuilly.

Superficie cadastrale. — 59 hectares. — Le plan cadastral, dressé par Collet, a été terminé le 23 octobre 1833.

Population. — 750 habit. en 1697. — 160 feux en 1764. — 850 habit. en 1801. — 980 habit. en 1804. — 960 habit. en 1808 — 985 habit. en 1810. — 1123 habit. en 1821. — 1293 habit. en 1831. — 1459 habit. en 1841. — 1663 habit. en 1851. — 1620 habit. en 1861. — 1722 habit. en 1872. — 1735 habit. en 1876.

Foires le premier mardi de chaque mois. — *Assemblée* pour location de domestiques le jour de la Trinité.

Recette de poste. — Chef-lieu de *perception*.

La Haye était divisée autrefois en deux paroisses : Saint-Georges et Notre-Dame.

L'église de Saint-Georges, aujourd'hui église paroissiale, est la plus ancienne. Elle figure parmi celles qui appartenaient à l'abbaye de Preuilly au xie siècle, et que l'on voit énumérées dans une bulle du pape Urbain II, en date du mois de mai 1099. Elle est également mentionnée dans une charte d'Engebaud, archevêque de Tours, en 1155, et dans une autre charte de Barthélemy, archevêque de Tours, en 1184. Cette église offre peu d'intérêt. De nos jours, elle a été restaurée avec beaucoup de soin et de goût. Les seigneurs de la Haye y possédaient une chapelle placée sous le vocable de la sainte Trinité.

Par testament du 8 mars 1573, Barthélemy Henry, curé de Saint-Georges, y fonda une chapelle sous le vocable de la sainte Vierge et de saint Barthélemy.

Le titre curial était à la présentation de l'abbé de Saint-Pierre de Preuilly.

Les registres d'état civil de la paroisse de Saint-Georges commencent en 1570.

CURÉS DE SAINT-GEORGES. — Jean Massot, 1559. — Barthélemy Henry, 1573. — Grison, 1596. — Émery Surault, 1628. — Antoine Berault, 1640-1675. — Jacques Marcadier, 1677. — Jean de la Borde, maître ès-arts de l'Université de Poitiers, 1756. — Jean-Louis Thomas, 1777, 1801. — Koller, 1821. — Jean-Florent Durand, 1835, décédé le 27 octobre 1878, âgé de soixante-quatorze ans.

— Huchet, juillet 1879, actuellement en fonctions (1880).

L'église de Notre-Dame, qui existe encore, fut bâtie en 1104. Primitivement, elle était environnée de douves. Le culte n'y est plus exercé depuis la Révolution. Elle offre quelque intérêt pour l'archéologie. Un des autels, dédié à Notre-Dame-de-Pitié, était orné de belles sculptures, représentant la descente de croix, et qui avaient été exécutées, en 1677, par un artiste de Tours, nommé Vangueil. Dans la même église on voit une inscription de 1665, concernant la famille Brochard, alliée à la famille Descartes.

Les prieurés de Vaugibault et de Saint-Martin de Marchais-le-Rond furent annexés à la cure de Notre-Dame par lettres patentes de juillet 1757. Précédemment, ils appartenaient au Chapitre de l'église de la Rochelle, auquel ils avaient été attribués par bulles des papes Urbain VIII et Innocent X. Le prieur de Vaugibault devait au seigneur de Buxeuil un dîner de franc devoir, pour quatre personnes, le mardi qui suivait le dimanche de la Trinité, et deux sols six deniers tournois de cens, payables à la fête de saint Martin. C'est ce qui résulte d'un aveu rendu au seigneur de la Guerche, le 18 juin 1540, par Joachim de Chergé, seigneur de Buxeuil.

Curés de Notre-Dame. — Jean Vallée, 1220. — Guillaume, 1254, — Jehan Marquet, 1495. — Jacques Marcadier, 1647-66. — Jean Girouard, décédé le 29 juin 1736. — Pierre Thienard, 1736-1768. — Victor Gosselin-Dupré, 1788, 1789.

Les registres d'état civil de la paroisse de Notre-Dame commencent en 1564.

Prieuré de Sainte-Marie-Madeleine. — Il fut fondé près du château de la Haye, en 1124, par Godefroy, abbé de Beaulieu, avec l'autorisation de Gilbert, archevêque de Tours. Les bâtiments où logeait le prieur et la chapelle furent détruits pendant les guerres de religion. Dès le xvie siècle, ce prieuré était annexé à celui de Balesmes.

Près de la chapelle prieurale se trouvaient trois autres chapelles dédiées à saint Ligier, à saint Orphelin et à saint Hippolyte et qui, au xvie siècle, dépendaient du prieuré de Balesmes. Celle de Saint-Ligier était destinée à la sépulture des seigneurs de la Haye.

Deux autres chapelles, l'une, placée sous le vocable de saint Marc, l'autre, dédiée à saint Jacques, étaient situées près de la ville. La première constituait un bénéfice fondé par les seigneurs de la Haye et qui avait été légué à l'archidiacre d'outre-Vienne, à la charge de dire une messe par an pour les fondateurs et d'entretenir la Maison des ladres. La seconde était desservie par le curé de Buxeuil. En 1576, François Souriau fit don à cette chapelle d'une vigne appelée Vigne de la Messe.

Il existait, à la Haye, deux maladreries avec chapelles, l'une, appelée l'Hôtel-Dieu de Notre-Dame, l'autre, la Maison-Dieu de Sainte-Catherine. Par lettres patentes du 11 juillet 1698, leurs biens et revenus furent attribués à l'Hôtel-Dieu de Tours.

Hôtel de la Merci-Dieu. — L'abbaye de la Merci-Dieu possédait, près de l'église Notre-Dame, un hôtel, avec chapelle, qui lui avait été donné par les seigneurs de la Haye. Les bâtiments furent complètement détruits par les protestants, au xvie siècle. L'emplacement qu'ils occupaient porte encore aujourd'hui le nom de la Merci-Dieu.

Hôtel de la Rivière. — Cet hôtel, appelé primitivement commanderie de la Rivière, a été possédé par les commandeurs de la Haye. Il fut détruit pendant les guerres de religion. La métairie de la Maulière et le moulin du Temple en dépendaient. Ces propriétés furent annexées à la commanderie de l'Ile-Bouchard, vers la fin du xvie siècle.

La Haye, d'abord simple châtellenie, devint, on ne sait à quelle époque, une baronnie. Elle relevait du château de Chinon, à foi et hommage lige. Un château y fut construit à la fin du xie siècle, par Foulques, comte d'Anjou, qui en fit une des plus redoutables forteresses du midi de la Touraine. Il était entouré de hautes murailles crénelées, défendues elles-mêmes par des douves profondes. Depuis longtemps toute trace du château, de ses fortifications et des douves a disparu. En 1864, M. Robin, de Buxeuil, a fait faire des fouilles sur l'emplacement de l'ancienne forteresse. On y a trouvé des ossements, des fers oxydés et des bois de cerf. Une pierre, mise à découvert, portait une inscription qu'il n'a pas été possible de lire.

Dans ce château était une chapelle dédiée à saint Nicolas et qui est mentionnée dans un titre de 1340. La nomination du chapelain appartenait à l'archevêque de Tours.

Au mois de janvier 1209, le roi Louis IX s'empara de cette forteresse. Elle fut assiégée et prise deux fois, en 1307 et 1308, par Philippe le Bel. En 1356, le roi Jean y établit son quartier général, se proposant, après avoir grossi ses forces, de marcher contre le prince de Galles.

En 1369, le sénéchal du Poitou, Jean Chandos, voulut s'emparer de la Haye, dans laquelle le maréchal de Sancerre s'était renfermé avec un corps de troupes d'élite. Mais, vigoureusement repoussé, il se replia à la hâte vers le Loudunois.

Les protestants prirent le château d'assaut en 1569 et y établirent pour gouverneur le capitaine La Louve. Le vicomte de Paulmy les en chassa peu de jours après, presque sans coup férir et y attendit Henri, duc d'Anjou, qui commandait l'armée royale. Celui-ci s'installa dans cette ville le 1er septembre de la même année et logea dans les environs son corps de troupes, composé de 10,000 hommes de pied, de 3,000 reistres, de 1,000 italiens et 2,000 espagnols. Le 5, le duc se dirigea sur Ingrandes avec l'intention d'aller assiéger Châtellerault. Il donna l'assaut le 7; mais ses troupes rencontrèrent une très vive résistance qui l'obligea d'abandonner son dessein. Il perdit dans cette affaire plusieurs capitaines, entre autres Octavien de Montalto, d'Ascoli, Galeas de Sienne et de Carlouet. Deux cents hommes furent tués et cinq enseignes tombèrent au pouvoir des assiégés. S'il faut en croire un écrivain contemporain, ceux-ci auraient fait usage de balles empoisonnées. Le 8 septembre, le duc ayant appris que l'armée des protestants arrivait à marches forcées pour secourir Châtellerault, se retira vers Port-de-Piles, où il passa la Creuse. Il laissa 2,000 arquebusiers sur ce point pour protéger sa retraite et alla s'établir entre la Celle-Saint-Avent et la Haye.

Il fut suivi de près par les protestants, à la tête desquels se trouvait l'amiral de Coligny. Celui-ci traversa la Creuse à gué, en amont de Port-de-Piles, et chercha à amener le duc d'Anjou à une action générale. Mais le duc ne se sentant pas en forces pour accepter une bataille, ne sortit pas de ses retranchements, se contentant de répondre aux attaques de l'ennemi par des décharges de mousqueterie et d'artillerie. L'amiral, manquant de vivres, fut contraint de repasser la Creuse (12 septembre 1569) et se retira à Faye. Le duc séjourna à la Celle jusqu'au 15 septembre, pour y attendre des recrues qui lui étaient envoyées de Loches, de Preuilly et de la Rocheposay, et s'en alla camper ensuite à Chinon. Avant de se retirer il fit détruire une partie du pont de la Haye.

En 1587, cette contrée fut ravagée par l'armée du roi de Navarre, depuis Henri IV. Lavardin, qui commandait un corps de troupes catholiques, s'était renfermé dans la ville de la Haye, espérant qu'on ne tarderait pas à lui faire parvenir des secours qui lui permettraient de prendre l'offensive. Le roi de Navarre vint l'assiéger et tenta plusieurs assauts où il perdit beaucoup de monde, sans pouvoir pénétrer dans la place. Au bout de cinq jours il se résolut à battre en retraite. Ses troupes, en s'en allant, mirent tout le pays au pillage.

La baronnie de la Haye fut comprise dans le duché de Montbazon, érigé en mai 1588, en faveur de Louis de Rohan.

Elle avait des droits fort importants. On les trouve énumérés dans l'aveu suivant rendu par Louis de Rohan le 1er juillet 1580 :

« De vous très hault et très puissant prince François, fils de France, frère unique du roy, duc d'Anjou, Alençon, Touraine et Berri, je, Louis de Rohan, comte de Montbason, Sainte-Maure, Nouastre et Rochefort, capitaine de cinquante hommes d'armes, fils aîné de Messire Louis de Rohan, chevalier de l'ordre du roy, prince de Guémené, confesse et advoue à tenir de vous à cause de vos châteaux de Chinon, à foy et hommage lige, et à la charge en tems de guerre et hostilité de vous ayder à garder et deffendre votre dit chastel de Chynon contre vos ennemis, les choses qui s'ensuivent et dont je tiens partie en ma main et à mon domaine, et le surplus est tenu de moy à la dite foy et hommage simple, lige et franc devoir, et les autres à cens, rentes, titres et autres debvoirs seigneuriaux, ainsi que cy-après sera contenu et déclaré.

« Et premièrement tiens en ma main et en mon domaine ma ville de la Haye close d'ancienneté de murailles et grandes douves et fossés, mon chastel et donjon pour ladite ville avecques la ville-fort aussi close de murailles à grandes douves et fossés, où je suis fondé en tout droit de baronnie et chastellenie et es appartenances et deppendances d'iceulx et en tout droit de haulte justice moyenne et basse et es droits, prérogatives et preéminances appartenans à seigneur baron et chastelain, et la justice patibulaire à quatre pilliers garnis par le dedans et par le dehors, droit de ferbonnir et rappeller, avec droit de forest et garenne pour toute ma ville et terre ; foires, marchés, aulmosnerie, maladrerie, sceaulx à contracts et droit de prévosté en madite ville, baronnie et chastellenie, grace, remission et pardon de trois grands cas donnés à mes vassaulx ou à l'ung d'eux qui tiennent de moy à foy et hommage haulte justice, moyenne et basse et avec ce, droit de contraindre mes subjects estrangiers et coutumiers demeurant en madite seigneurie à faire guet et garde à mondit chastel et ville de la Haye, et contribuer aux affaires et réparations nécessaires et autres servitudes à ce convenables quand le cas y advient.

« *Item*, mon droit de péage et de levage en toute madite terre, ville, baronnie et chastellenie de la Haye.

« *Item*, ma prévoté, droit de minage, menues ventes, aulnages, poissonage, moutonnage, piés et nouy de bœufs et pourceaux qui sont tués par les bouchers jurés de ma boucherie, mes eaux et pescheries commencant dez et audessus le prieuré de Rives au bout des caves de la Guierche et descendant controbas jusques à un gros chillou estant allendroit de l'esve de Buisseiul... mes ponts de pierre sur le grand chemin à aller de Paris à Bourdeaux qui ont esté minés et desmolis presque du tout par commandement du roy pour empescher le passaige aux ennemis estant allés en la Guionne et tenant la ville de Chastellerault durant l'année 1560 pour le faict de la religion ; de partout mes dites eaux ai le droit de bordaige d'icelles tant du côté devers Poitou que vers ladite ville et faire tirer la quintaine chacun an le dimanche de la Trinité.

« *Item*, ma dixme générale des blés, vins, lins, chanvres, potaiges et aux fruits croissans audessus de ma dite ville à prendre dez les fossés d'icelle jusques à Roche Belin le long du ruisseau de Vindaurge.

« *Item*, le droit de pontenage et passage sur mesdits ponts de la Haye et rivière de Creuse en madite ville de la Haye.

« *Item*, ès ville fort de mon dit chasteau souloit avoir maisons et mon four à ban qui au moyen des guerres et autres fort mies de long temps a sont tombées en ruyne.

« *Item*, mes épaves sommaires, mobiliaires et mouvantes, droit de marché et de minage, droit de bailler mesures, poids et ballances.

« *Item*, en madite ville je soulois prendre et lever le droit des foyres qui y sont tenues scavoir est à la foire saint Pierre et saint Paul que l'on appelle la foire saint Jehan, le jour de la Magdeleine, le lundy d'avant la saint Ligier, le lundi d'avant la Toussaint et le lundy d'après la saint Georges ; esquelles foires le seigneur de Puygarreau y prennoit aucun droit qu'il tenait de moi à foi et hommage. Et pareillement le prieur de la Magdeleine le jour de la dite foire de la Magdeleine.

« Je tiens l'hostel, terre, lieu, mestairie, fief et seigneurie d'Epiers que souloit tenir feu Guillaume Gueffault de moy et de madite seigneurie de la Haye à foy et hommage lige, à vingt sols tournois aux loyaux aides... le tout situé en la paroisse de Saint-Pierre de Balesme...

« S'ensuivent les choses qui sont tenues de moy en franche aumone et autres debvoirs cy après déclarés :

« Et premièrement au dedans de mon voille fort de mondit chastel où il y a grands fossés et douves est comprinse et enclose la cure et église parrochial de Notre Dame dudit lieu de la Haye, qui est de la fondation de mes prédécesseurs, avecques le presbitaire et appartenances d'iceluy, tenu de moy en franche aulmosne à la charge de par ledit curé faire le service divin chacun jour en ladite église.

« *Item*, en madite ville de la Haye, qui est close d'ancienneté à murailles fossés et fortiffiée de tours, créneaux, portaulx, herses chifefets et autres fortifications, sont assises les églises qui s'ensuivent, scavoir la cure et église parrochial de monsieur Saint Georges dudit lieu de la Haye, ensemble une chappelle de la Trinité fondée en ladite église, laquelle cure et église Saint Georges est aussi de la fondation de mes prédécesseurs.

« *Item*, la maison Dieu et aulmosnerie, droits et profits d'icelle je peus donner à qui bon me semblera si et quand elle est vacante par mort de detempteur et dernier possesseur auquel je l'ay donné, lequel hostel-Dieu et aulmonerie, ensemble les maisons, jardins et rentes d'icelles tient de moy et à la charge du divin service qu'il doit en ladite chappelle qui est une messe basse chacun mois de l'an, et à la charge de loger et heberger les pauvres et les faire gouverner en leurs maladies et nécessités et les faire inhumer et enterrer à ses despens quand le cas advient qu'ils decedent audit hostel-Dieu, et s'ils ont aucune chose ledit monsieur gouverneur les peut retenir pour faire prier Dieu pour lui.

« *Item*, est aussi de madicte ville, l'église et prieuré de la Magdeleine qui est unie avec le prieuré de Balesmes, et les chappelles Saint Ligier, Saint Orphelin et Saint Yppolite à ung même prieur, appartenances et deppendances d'iceulx cens, rentes, dixmes et revenus d'iceulx sont de l'ancienne fondation et dotation de mes prédecesseurs qui ont leur sépulture d'anciennetté en ladite église et chappelle Saint Ligier. Aussi a ledit prieur, à cause de sondit prieuré de Balesme tenement, fief, justice et juridiction desdites choses qu'il tient de moy pour raison dudit prieuré... Ledit prieur a droit de foyre le jour saint Pierre en febvrier qui se tient par ledit bourg.

« *Item*, en madicte ville souloit estre comprins l'hostel appelé la Mercy-Dieu, lequel hostel et deppendances comme ses rentes et domaines séant tant en ma dicte ville que ez environs ledit abbé tient de moy en franche aulmosne, et si me rend et baille part avecques sa déclaration, et audit lieu où souloient être ledit hostel de Mercy Dieu n'y a à présent que jardins, parceque par le tems des guerres anciennes qui ont eu cours au royaulme de France le tout a été mis en ruyne et desmoli, et pour raison d'iceulx et de ce que les dits religieux tiennent de moy en franche aumosne, iceulx religieux, abbé et couvent sont tenus de faire le divin service et prier Dieu pour moi et mes prédécesseurs, lequel service se fait pour le présent en ladite abbaie de la Mercy-Dieu.

« *Item*, le commandeur de Villejesus a plusieurs rentes et domaines en madite ville et seigneurie de la Haye.

« *Item*, et pareillement le commandeur de l'Épinat tient en madite ville un lieu appelé la Commanderie seant derrière l'église de la Magdeleine.

« *Item*, le lieu et église collégial Notre Dame de Ryves avecques les maisons où demeurent les dames et religieuses étant au dedans de la closture dudit prieuré avecques les maisons, tant de cloistres, dortoirs et aultres édifices qui y ont esté de nouvel edifices pour loger et heberger lesdites religieuses étant à présent jusques au nombre de quarante cinq religieuses et nonnes, auquel lieu et prieuré de Rives lesdites dames hors leurs cloistres ont les logis des religieux et confesseurs desdites dames et leurs serviteurs; ensemble la chapelle de l'Habit fondée de monsieur saint Jehan et autres maisons dudit prieuré, granges, estables, teuts à bestes, court et espace de ladicte métairie dudit Habit qui est distant dudit prieuré de Rives d'un arpent de terre ou environ ouquel prieuré lesdites dames ont droit de fief, justice et jurisdiction, droicts de garenne à connils et plusieurs mestairies, moulins, rivières et autres terres qu'ils tiennent en leurs mains que mes prédecesseurs leur ont donné et legué, et le tiennent en franche aulmosne, et à la charge du divin service qu'ils font chacun jour au dit prieuré et église de Rives, comme en l'abbaye de Frontevault de laquelle ils sont membres deppendans.

« La cure et église parrochial monsieur Saint Pierre de Balesme en laquelle y a une chappelle fondée de Monsieur Saint Louis, laquelle cure est de la fondation et dotation de mes predecesseurs.

« *Item*, l'église parrochial de Saint Martin d'Abilly seant en ma dite baronnie, fondée d'ancienneté par mes prédécesseurs.

« *Item*, la cure et église parrochial de Saint Sorin de Neuilly le Noble et l'hostel presbitéral d'icelle est d'ancienne fondation de mes prédécesseurs.

« *Item*, l'église parrochial de Saint Martin de Poizay le Jolly et le presbitaire qui est de la fondation de mes prédécesseurs.

« La chapelle monsieur Saint Marc seant près madite ville de la Haye, qui est de la fondation de mes prédécesseurs dont la collation d'icelle appartient à l'archidiacre d'oultre-Vionne en l'église de Tours, ordinaire collateur, qui autres fois avait été et estoit en patron laye, et à lui donnée et leguée par la main de mes prédécesseurs avec plusieurs rentes et domaines pour la fondation d'icelle, à la charge de dire par chacune semaine de l'an une messe en ladite église ainsi que lui et ses prédécesseurs ont accoustumé de faire tant pour l'ame de moy que de mes prédécesseurs qui l'ont fondée et dotée à la charge aultre, que ledit archidiacre ou chappelain qui sera pourvu de ladite chapelle sera tenu de tenir et entretenir les maisons des ladres qui sont illecques demeurant bien convenablement et aussi leur administrer les sacrements de sainte église quand le cas y advient et aussi de boyre et manger et autres choses nécessaires aux passans.

« *Item*, le prieuré et chappelle monsieur Saint Jacques de la Lande, qui est de bien grand revenu, dont le prieur d'icelle est tenu de dire ou faire dire par chacune sepmaine de l'an une messe en ladicte chapelle, laquelle est de bien notable et ancienne fondation.

« *Item*, le prieuré et la chappelle Sainte Catherine, assise sous l'hostel du Palais qui est tenu à foy et hommage lige de madite seigneurie, de laquelle chappelle mes prédécesseurs sont d'ancienneté fondateurs et augmenteurs tant en domaines doit deut messes par chacune semaine.

« *Item*, le prieur de la Chapelle Blanche.

« *Item*, le commandeur de la Rivière tient de moy l'hopital dudit lieu où j'ai toute justice et juridiction.

« *Item*, la chappelle madame Sainte Radégonde seant au dessous du chastel de la Chatière ou diocèse de Tours, ou souloit être à la présentation dudit seigneur de la Chatière comme ayant le droit de mes prédécesseurs et par deffaut d'y avoir pourra si et quand vocation y est advenue par mort ; ledit sieur de la Chatière y a perdu ledit droit et est à présent de la collation de très reverendissime père en Dieu l'archevêque de Tours... laquelle chappelle est de la fondation de mes prédécesseurs.

« S'ensuivent les choses qui sont tenus à foy et hommage lige ou simple.

« La vicomté de Tours, laquelle s'étend en la ville et vicomté de Tours, mêmement en la grande rue publique appelée la rue de la Tour-feu-Hugon............, et ladite vicomté est de foy et hommage lige. Le seigneur du Chastellier me doit foy et hommage lige et plain et un demy roussin de service du prix de trente sols à muance de seigneur, et les loyaux aides quand elles y adviennent... par raison du chastel et seigneurie du Chastellier ses appartenances, la justice et juridiction haulte, moyenne et basse, droit de guet et pontenage et tous les droits qui en deppendent et peuvent en deppendre fors la suzeraineté, ressort et droit de chatellenie.

« Noble homme René de la Rochefoucauld, seigneur de Nueilly le Noble, me doit foy et hommage lige et cent sols tournois à muance de seigneur et les loyaux aides quand elles adviennent à cause du lieu, hostel, fonds et domaine de Neuilly le Noble en tous ses droits et fiefs, haulte, moyenne et basse justice et tout ce qui en dépend qu'il tient de moy à ladite foy et hommage lige sous laquelle il a droit de tenir ses plaids de mois en mois et ses assises quatre fois l'an.

« *Item*, messire René de Voyer, chevalier de l'ordre du roy, bailly de Touraine, fils aisné de feu monsieur Jehan de Voyer, chevalier de l'ordre, seigneur de Paulmy, me doit foy et hommage lige, service et garde de mon chastel de la Haye et les loyaux aides quand elles y adviennent, pour raison de la chatellenie, hostel, fond, lieu, domaine, terre et seigneurie, haulte, moyenne et basse justice dudit lieu de Paulmy.

« Tient aussi ledit Voyer à foy et hommage lige les fiefs de la Voyrie de la Haye et du moulin du Clos.

« Les doyen, chanoines et chapitre de l'église de Tours me doivent foy et hommage simple, ung rouscin de service à muance de seigneur et vingt cinq sols aux loyaux aides pour les fiefs et seigneuries du Buisson et du Vigneau seant cz paroisse de Serigny.

« L'hostel, fond, domaine et basse justice de Crouzières, paroisse de Veigné, doit au château de la Haye foy et hommage simple et cinq sols aux loyaux aides.

« L'hostel, fond, domaine et hebergement d'Esves et ses appartenances seant en la paroisse de Balesme, la Celle Saint Avent et es environs avec droit de fief, justice et jurisdiction haulte, moyenne et basse, retenu à moy la suzeraineté de droit de chatellenie doit foy et hommage lige, gardes et aydes quand elles y adviennent.

« L'hostel, fond, domaine de la Fournière, appartenances et deppendances séant en la paroisse d'Abilly, doit chacun an, au jour Saint Michel, à ma recepte de la Haye cinq sols tournois de devoir annuel.

« Les fief, terre et seigneurie de Nouys avec ses appartenances, seant en la paroisse de Saint-Martin le beau, avec droit de justice moyenne et basse tenue et mouvant de la Haye, doibvent foy et hommage lige et autres devoirs.

« L'hostel, fond et domaine de Pouvreau en la paroisse d'Abilly, foy et hommage lige.

« Hostel, fief, terre et seigneurie de Pallais, appartenances... seant en la paroisse de Leugny sur Creuze, foy et hommage lige, garde et service selon la coutume du pays.

« Hostel, fief, terre et seigneurie de la Vernoizière avec ses appartenances, seant en la paroisse de Nueilly le noble, doit foy et hommage lige et dix sols tournois aux loyaux aides.

« Hostel, tenement et appartenances de la Radinière, seant en la paroisse de Mons près Montbason, doit foy et hommage lige, aydes et gardes au château de la Haye.

« Le fief du Puy d'Abilly, du Ruau et de la Grange doit foy et hommage. Le lieu, fief, terre et seigneurie de la Fontaine de Beuays, en la paroisse de Poizay le Jolly, enclavé au dedans de la vicomté de Chatelleraud, avec droit de haute justice moyenne et basse et les droits qui en deppendent, doit foy et hommage lige, avec chappeau de roses de franc devoir payables chacun an la vigile de Pentecoste à la recepte ordinaire de la Haye.

« Lieu, hostel, fond, domaine et basse justice de la Gauchère, doit foy et hommage lige, et aydes et gardes.

« Fiefs, terres et seigneuries de Prouzay et de la Barbotinière, seant en la paroisse de Balesme, doivent foy et hommage lige et ung rouscin de service du prix de 60 sols tournois aux loyaux aides quand elles y adviennent.

« Hostel, lieu, terre et appartenances de la Chattière, haute, moyenne et basse justice, en la paroisse de Leugny sur Creuze, doit foi et hommage lige.

« Lieu, domaine et basse justice de Bessé, doit foy et hommage lige, gardes et aydes.

« Hostel, lieu, domaine et fond de la Levraudière doit foy et hommage simple et un gant du prix de quinze deniers tournois à muance de seigneur et cinq sols tournois aux loyaux aides.

« Lieu, fief, terre et seigneurie de Bruneau et droit de basse justice, foy et hommage lige et quarante jours de garde.

« Lieu, hostel, fond, domaine et basse justice de la Coussaye et le fief et terre du Couldray, foy et hommage simple.

« Le fief des Halles seant en la ville de la Haye et ez environs, droit de basse justice et voyrie doit foy et hommage lige, au devoir de gardes et aydes selon raison et la coustume du pays.

« Fief et seigneurie de Puy Rive, séant partie en la ville de la Haye et partie en la paroisse de Balesme, avec droit de basse justice, foy et hommage lige, garde, services et aydes quand il est besoin.

« Le fief du Pin doit foy et hommage lige, aydes et gardes selon la coutume.

« Fief et terre du Borgne Savary, séant partie en la ville de la Haye, foy et hommage plain.

« La grande dixme de la Grezelle et d'Espiers, foy et hommage lige.

« Le seigneur de Puy Garreau me doit foy et hommage plain, et un rouscin de service du prix de cent sols tournois à muance d'hommes, et gardes et aydes selon la coutume à cause et par raison de la rivière de Creuze, à prendre de ça et de là à l'endroit de l'église de Buisseuil et du Chillou qui est de l'autre part, jusques à la rivière de la Vienne et à l'entrée d'icelle, où, il a tout droit de justice et jurisdiction moyenne et basse.

« Le passage et repassage du port de Pilles.

« Le seigneur de Larciz tient à foy et hommage simple et au service d'un gand blanc du prix de douze deniers à muance d'homme pour un quartier de pré seant près le gué Birault.

« Le seigneur et dame de la Tousche près Rives doit foy et hommage plain, aydes et garde selon la coutume un esperon blanc à muance de seigneur et d'homme du prix de cinq sols tournois à cause du lieu et appartenance de la Tousche, en la paroisse d'Abillé.

« La seigneurie de la Noiraye à cause dudit lieu doit foy et hommage plain et un éperon doré à muance de seigneur et d'homme, aydes et gardes quelles elles y aviennent et escheent de droit et de coutume.

« Lieu, fief, terre et seigneurie de Chasse Roue, doit foy et hommage lige.

« Lieu, fief, terre et seigneurie de la Guerrière, ses appartenances et dépendances doit foy et hommage simple et un gant blanc à muance de seigneurs et d'homme, à aydes et gardes quand le cas y advient et selon la coustume du pays.

« Fief et appartenances d'Arthannes, sis en la paroisse de Balesme doit foy et hommage lige.

« Lieu et fief du moulin de Folet doibt hommage simple.

« Lieux, domaines et appartenances de l'Espinette et de la Poterie, seants en la paroisse d'Abillé. »

Voici le texte d'un procès-verbal et de sentences concernant les droits d'éteufs, de quintaine et de oulles, qui étaient dûs au baron de la Haye :

« Roolle des nouveaux mariés espouzés dans les esglises de St Georges et nostre Dame de ce lieu depuis le lundy de la pentecoste dernière mil sept cent douze jusques aux lundy de la pentecoste mil sept cent treize que les esteufs doibvent estre jettés allant à procession qui se fait d'obligation à Nostre Dame de Rives, à ce jour.

« Premierement, Pierre Demont a espouzé la fille de René Migon. Jean Friquet a espouzé Marie Drouet. Louis Lambigau a espouzé Marie Deusse, servante de demoiselle de la Houssière. René Barré a espouzé Marie Cormier. Charles Gardret a espouzé Madeleine Bouchet.

« Auxquels mariés cy dessus dénommés avons donné acte de leurs comparutions, de ce qu'ils ont offert présenter les dits esteufs qui ont été jettés à la manière accoutumée. Dont acte donné et fait par nous Claude Mathé, bailly et juge ordinaire civil et criminel et de police de la ville et baronnye de la Haye en Touraine, le cinq juin 1713. Signé : MATHÉ, GIBOUIN, BARNABÉ.

« Assises de la quintaine tenu par nous Claude Mathé, bailly et juge ordinaire civil et criminel et de police de la ville et baronnye de la Haye en Touraine, contenant les noms des moulins et meusniers dependant de la baronnye de la Haye qui sont obligez de tirer la quintaine dans la rivière de Creuze, du costé du Poitou, nostre territoire, suivant la roolle cy après :

« Le meusnier du moullin de la Saullais a comparu par Jacques Gaucher qui a fait le debvoir.

« Le meusnier du moullin de Follet, a comparu par Valère Pelot qui a fait le debvoir.

« Le meusnier du moulin de Coullombeau, id.

« Le meusnier du moullin de Pouzard, défaillant.

« Le meusnier du moulin d'Esves, a comparu par Remy Leau qui a fait le debvoir.

« Le meusnier du moullin de la ville, id.

« Le meusnier du moullin de Grignon, id.

« Le meusnier du moullin du Temple, défaut.

« Le meusnier du moulin de la Glanchère, id.

« Le meusnier du moulin de Cocqloche, a comparu par Gaucher, qui a fait le debvoir.

« Le meusnier du moulin de Rives, id., par Louis Gautier.

« Le meusnier du moullin de Cuffon, id.

« Le meusnier du moullin de la Garde, id.

« Le meusnier du moulin neuf de la Marche, deffaut.

« Le meusnier du moulin de la Chatière qui a comparu par François Laleron.

« Les meusniers du moullin de Launais, Berault, Bessé, Bruneau, la Fontaine-Benart, Argenson, Chastellyer, Paulmy, deffaut.

« Le meusnier du moullin de Bordelle a comparu par Gautier.

« Nous, juge susdit, avons donné deffaut des non comparutants et pour le proffit d'iceluy les avons condamnés chascun en trois livres d'amende faute par eux d'avoir comparu et s'estre présenté pour faire le debvoir de la quintaine conformement à l'usage et aux droits attribués à Monseigneur de cette cour, ce qui sera exécuté nonobstant opposition ou appellation quelconque. Fait ce unziesme de juin 1713 sur le bord de la rivière de Creuze, du costé du Poitou, en présence des soubsignés. Signé : MATHÉ, REBUFFÉ, LEGEAY, GIBOUIN, PILLOTTE, BARRAUT.

« Troisiesme assise tenu par nous juge susdit le unziesme jour de juin 1713, sur les trois heures de relevée en la grande maison de cette baronnye ou nous nous sommes transportés assisté du procureur de la cour et de nostre greffier pour recevoir les droits et debvoirs deus à Monseigneur de cette cour pour les veuves qui convolent en secondes noces et qui ont espouzé dans les esglises es paroisses de St Georges et Nostre Dame de cette ville depuis nostre dernière assise 1712 jusqu'à présent, les quels droits et debvoirs sont que chasque veufve doit apporter une oulle, la doit casser, à teste couverte, avecq une chanson, suivant le rolle cy-après : (Suivent les noms de veuves qui ont comparu). »

SEIGNEURS ET BARONS DE LA HAYE.

I. — Adelande, premier seigneur connu de la Haye (900), possédait en même temps les terres de Loches et de Villandry.

II. — Garnier, fils du précédent, fut aussi seigneur de la Haye, de Villandry et de Loches. Il eut une fille unique, Roscille, qui épousa Foulques le Roux, comte d'Anjou, fils d'Ingelger, sénéchal du Gâtinais, auquel elle porta en dot la terre de la Haye (930).

III. — Foulques le Roux, comte d'Anjou, seigneur de la Haye, mourut en 938, laissant trois enfants : 1° Ingelger, qui fut tué dans un combat, près de Charolles, en 935 ; 2° Guy, évêque de Soissons (937) ; 3° Foulques II, dit le Bon.

IV. — Foulques II, dit le Bon, comte d'Anjou, seigneur de la Haye, mourut en 958. Ses enfants furent : 1° Geoffroy I, comte d'Anjou ; 2° Guy, évêque du Puy et abbé de Cormery ; 3° Dreux, évêque du Puy après son frère ; 4° Alix, femme d'Étienne, comte de Gévaudan.

V. — Geoffroy I, comte d'Anjou, seigneur de la Haye, rendit de grands services à l'État sous le règne de Lothaire. Il fut tué devant le château de Marson le 21 juillet 987. On lui doit la fondation de la collégiale de Loches. D'Adelaïs de Vermandois, il eut cinq enfants : 1° Maurice, mort sans postérité, en 1012 ; 2° Ermengarde, mariée, en 970, à Conan I, comte de Bretagne ; 3° Blanche, femme de Guillaume Ier, comte de Provence ; 4° Herberge, mariée à Guillaume II, comte d'Angoulême ; 5° Foulques III, comte d'Anjou.

VI. — Hugues de la Haye, dit *Vaïeur*, ou *Voyeur*, seigneur de la Haye, est cité dans un titre de 1010. Il se fit religieux dans l'abbaye de Beaulieu et donna à cet établissement, en prenant l'habit, la moitié de sa propriété de l'Ile, avec les revenus qui en dependaient ; c'est ce que nous apprend une charte dont voici le texte :

Precedentium patrum edoctus exemplis ut quandiu homo miserrimus presentis sæculi prosperitatibus............ externa judicii discussionem jugiter præ oculis habeat et toto nisu totisque desiderans ad æterna suspirans de caducis et perituris rebus peccata sua redimat deumque propicium sibi faciat quo liberius permanentes futuræ beatitudinis valeat adipisci divitias, quapropter ego videlicet Hugo, Sanctionis frater, in Christi nomine fugitiva delinquens et æternis atque mansari miseri cupiens mundum pro supernæ retributionis omnibus derelinquo me ipsum servitio creatoris adopta in monasterio qui dicitur Bellilocus monachorum habitum sumens et pro peccatorum meorum remissione servitoribus ejusdem loci associari desiderans de his igitur quæ michi competunt ne vacuus adventasse videas eidem loco aliquid conferri cum consensu et voluntate amicorum meorum, medietatem Insulæ monachis ibidem communientibus in perpetuum habere concedo et de his omnibus quæ ad eamdem Insulam pertinere......... noscuntur et ut hæc nostra constitutio stabilis et firma perseveral hoc a juniore feci filio meo Sanctionii et filiabus mei Fremburgi videlicet et Sare. Testes exinde existunt hii : Hildricus miles ; Archimbaldus, Nasonius, Ingelandus, Rainaldus, Harduinus filius ejus, Martinus, serviens; Gosfredus, Solfers, Ulgerius vero de Brisco, ea cujus principali beneficio hoc descendere videbatur pro Autrilio habuit autem solidos inter se et matrem suam, et concessit hæc monachis sicut habebat ipse Hugo antequam veniret ad monasterium vicariam videlicet et omnia quæ devovimus.

Hugues de la Haye eut quatre enfants : N., Fremberge, Sare et Sanction qui fut seigneur de la Haye.

VII. — Sanction, ou Sauche de la Haye, seigneur de la Haye et de Balesmes, est mentionné dans un grand nombre d'actes du xie siècle. Vers 1045, il vendit à Étienne, abbé de Beaulieu, la moitié de la sépulture de Saint-Pierre de Balesmes, la moitié des offrandes, le revenu entier de la cure, la dîme, la viguerie de cette localité, etc., ainsi qu'il résulte de la charte suivante :

Notum esse volumus sanctæ Dei ecclesiæ fidelibus tam præsentibus quam futuris quod ego Stephanus Bellocensis emi de Sanctone, milit ide Haye et de filiis ejus videlicet Raynaldo atque Ascelino, et per auctoritatem Gaufridi comitis, medietatem sepulturæ de ecclesia S[ti] Petri de Balesma et medietatem offerendæ et fiscum presbiteri, totum et totam decimam quam in dominio ipse Sanctio habebat, nec non totum burgum et censum et vicariam et forfacta furti, incendii, sanguinis, rapti, et medietatem de omnibus vendis insuper et omnia alia quæ sibi eveniebant extra redditionem pedagii, nec non etiam quartam partem de tribus feriis quæ ibi conveniunt in tribus festivitatibus Sancti Petri ; et de forfactis si forte in ipsis feriis facta fuerint ; similiter quartam partem est quoque in eadem emptione ecclesia Sancti Symphorismi tota et quidquid ei pertinet, scilicet tantum terræ quantum quatuor boves arare possunt duobus lationibus et tres aripenni vineæ et furnus unus et medietas feriæ S[ti] Symphoriani et medietas forfactorum si quá in ea facta fuerint judice monacho qui ibi habitaverit vel eo qui sub eo erit, et tota sepultura de militibus ibi sepultis et uxoribus eorum ; et quartarius prati et decima piscium de ecclusa quæ est ante castellum ; hujus emptionis fuerunt nonagenti et xx solidos, hos ipse Sanctio habuit ; uxor ejus Avelina duas uncias de auro ; Raynaldus filius ejus x solidos ; alter filius ejus Ascelinus v solidos. Qui ad hanc vendicionem atque emptionem affuerunt hic notificantur : Sanctio et filii ejus, Rainaldus comitis filius, Gisbardus presbyter, Constantius, Daniel, Rainardus, Bloceus, Rainaldus Suesnel, Martinus serviens, Rainaldus Meschin, Goscelinus Brito, Ingefaldus, Giraldus Meschin, Gas, serviens, Fainaldus, serviens, Bricus, serviens, Rainaldus Visel, Gosfredus Rosel, Goffredus, serviens, Geraldus filius Bertroni, Lidemarus Rufus, Petrus, miles de Insula-Pagani.

En 1050, Sanction de la Haye restitua quelques propriétés à l'église de Tours et confirma une donation que son père avait faite à l'abbaye de Beaulieu. De son mariage avec Aveline de N., sont issus : Regnaud, Ascelin, Hervé et Romuald.

VIII. — Regnaud de la Haye, seigneur de la Haye, figure dans des chartes de 1045 et de 1050, comme un des bienfaiteurs de l'abbaye de Beaulieu. On ignore s'il eut des enfants de son mariage avec N. de Maillé.

IX. — Gosselin II de Sainte-Maure devint seigneur de la Haye par son mariage avec Cassinotte, héritière de cette terre ainsi que de la vicomté de Tours. Il était fils de Hugues de Sainte-Maure et de Ænor de Berlay de Montreuil. Nous le voyons mentionné, en 1040, dans une charte relative à la fondation de l'abbaye de Vendôme, avec Henri, roi de France, Guillaume, duc d'Aquitaine, Geoffroy Martel, comte d'Anjou, Léon d'Amboise, Geoffroy de Preuilly, Constantin de Mello et autres illustres personnages. Il eut trois enfants : Gosselin III, Hugues de Sainte-Maure et Guillaume.

X. — Gosselin III de Sainte-Maure, seigneur de la Haye et de Sainte-Maure, prit part, avec son frère Hugues, à la guerre que le comte d'Anjou fit à Henri Ier, roi d'Angleterre, et se trouva à la bataille de Séez, en Normandie (1118). Il fut tué dans la ville de la Haye par ses soldats qui s'étaient mutinés contre lui. On croit qu'il eût un fils, Hugues, qui aurait possédé après lui la terre de Sainte-Maure.

XI. — Hugues Mischin, personnage dont l'origine nous est inconnue, possédait la terre de la Haye en 1124. Sa femme, qui se nommait Cassinolle, n'était autre, sans doute, que la veuve de Gosselin II de Sainte-Maure. Par une charte de 1124, le nommé Rainaud Chaluert et ses frères Achille, Arpin, Hector et Foulques, ayant donné aux religieux de l'abbaye de Beaulieu un terrain suffisant pour construire un cloître et des maisons près du marché de la Haye, Hugues Mischin et sa femme s'associèrent à cet acte de libéralité en le confirmant et en y ajoutant la concession d'un marché qui se tiendrait la veille et le jour de la fête de sainte Marie-Madeleine et dont le revenu devait revenir en entier aux donataires. Voici le texte de la charte :

Quoniam nos hortatur a philosophis ut dum tempus habemus operemur bonum ad omnes, maxime autem ad domesticos fidei, ego Rainaldus Chaluert, fratribus meis Arpino, Achille, Hectore, Fulco et sororibus pro patris matrisque animabus juxta forum Haiæ do ecclesiæ Bellilocensi et monachis ibidem Deo servientibus terræ quantum opus est ad ecclesiam, claustra domosque ædificandos quod donum Hugo Mischinus, ejusdem Haiæ dominus, dominaque ejus uxor Quasimota concesserunt, et quia ecclesia illa construenda erat in honore domini sanctæque Mariæ Magdalenæ cujus ipse Hugo homo erat et peregrinus ad auxilium ipsius constituendæ ecclesiæ et ad victum monachorum eisdem concessit ut in vigilia et ipso die festivitatis Beatæ Mariæ Magdalenæ feriam constituerant cujus vendiciones feriæ, costumas, ceteras monachis teste Goscelino de Moseo et nepote ejus Rainaldo ob hoc dedere monachi ipse Hugoni LX solidos quos habuit Guido Catus pro uno palafredo quod debebat ei Hugo, hoc quoque predicta domina datis sibi X solidis pro patris matrisque animas concessit Giraldo priori et Savarico, Giraldo de Bualoo monachis, de stabilicione quam fecerant monachi Sanctæ Trinitati Belliloci cum Hugone Sanctæ Mauræ et cum duobus filiis ejus, scilicet Hugo atque Goscelinus, ecclesiæ Haiæ. Testes sunt Rainaldus Calvus atque Goscelinus Americius, Rainaldus Ribotellus dapifer, Gaufridus Brisac, Paganus de Sancta Maura, Bardinus Vascelinus portitor, Anserius, Achaldus de Molsei et alii plures. His itaque gestis, Giraldus, prior, et Savaricus cum Gaufredo Martino Turonensi, construendæ ecclesiæ mandatum ab archiepiscopo impetraverunt, accepta igitur gratia licentiaque archiepiscopali atque ab eodem archiepiscopo tribus qui in fundamento primitus ponerentur acceptis capillis simul que cum consensu et concessu Guilberti archidiaconi atque Alberici archipresbyteri monachi reversi sunt et deinceps capellam cdificare ceperunt; patet satis quia quidam rerum gestorum thesaurus est memoria ea enim quæ necessaria nostris usibus firmiter tenere utile ducimus curtis memorialibus velut thesauris observanda reponimus huic igitur inserere studuimus cartulæ..... respectu Rainaldus Chaluert infirmitate correptus partem ecclesiæ S^{ti} Petri Balemecensis quam contra Dei sanctorumque decreta patrum........ factus cum uxore sua cum filiis idipsum precantibus dedit hoc autem filius ejus Achilles cui a patre ipsa ejusdem ecclesiæ pars donata fuerat.

Devenue veuve pour la seconde fois, avant 1126, Cassinotte se remaria avec Jean de Montbazon, qui fut par cette alliance seigneur de la Haye et vicomte de Tours.

XII. — Jean de Montbazon, baron de la Haye et vicomte de Tours, est cité avec sa femme, Cassinotte et deux de ses enfants, Renaud et Hugues, dans une charte relative à l'abbaye de Fontevrault. Ce fut du temps de ce seigneur et avec son autorisation qu'un nommé Boson, originaire de la Haye, après avoir quitté la cour de Louis le Gros, se fit moine à Beaulieu et donna à ce monastère la dîme qu'il possédait dans la paroisse de Saint-Pierre de Balesme et le tiers des offrandes qui lui étaient dues dans cette église. L'acte fut passé dans le *monastère* de Sainte-Marie du château de la Haye, en présence de Jean de Montbazon, de Godefroy, abbé de Beaulieu, et d'Étienne de Barrou, prieur de Balesmes. Ce dernier, en retour de l'autorisation donnée par le seigneur suzerain, versa quinze sols à Cassinotte de la Haye, sept sols à Jean de Montbazon et douze sols à chacun de leurs enfants :

Sicut nulla societas est luci ad tenebras ita nil habet commune cum mendacio veritas et ergo certius teneatur, quod destructo mendacio veraciter igitur ad posterorum notitiam presentia gesta scripto mandare curavimus, quatenus ipsis cognita fiant et nos inde memoriter certitudinem teneamus; igitur anno ab Incarnatione Domini MCXXXIII apud Andegavum et Turones et Cenomannum consulatum agente Gauffredo Fulconis Jherolosimorum regis filio et Henrici Anglorum regis genero, apud Bellocense vero cenobium abbatis officium tenente Gauffredo in monasterio S. Mariæ de Castello Haiæ, coram legitimis testibus infra notatis roborata fuit ista concessio quam ne oblivioni traderetur presenti mandavimus scripto. Quidam miles nomine Boso, Gosmeri filius, longeva milicia et senio fessus, consilio dominæ Cassimote, monachus Belliloci fieri postulavit, et totam decimam suam quam in parochia S. Petri de Balesma habebat monasterio Bellilocensi et monachis Deo servientibus ibi dedit, concedentibus patris sui Reginaldo, Gosmeri et Pagano, hoc ipsum etiam volentibus, laudantibus et concentibus illis de cujus fevo videbatur moveri, domino scilicet Johanne de Montebasonis et uxore ejus domina Cassimota et filiis Hugone, Rainaldo et Bartholomeo. Dedit, etiam eis quicquid in ecclesiæ

S. Petri habebat, quintem partem scilicet omnium primitiarum quam a proavis jure hereditario possiderat, quod donum inconcussum munere volens Stephanus Boso qui Belliloci monachus erat prepositus obedientiæ de Baleesma tempore illo in acquirendis....... usu continuo dedit dominæ Cassimotæ pro concessione hac xv solidos et domino Johanni de Montebasonis vii, et Hugoni eorum filio xii, et Reginaldo Espodril, xii nummos, et Philippo, iii, et Bartholomeo... et filiabus ejus parem donavit nummorum quantitatem. Hoc donum et hac concessio in monasterio de S. Mariæ Castello........ domini Gauffredi abbatis facta fuit et hujus rei testes ea utraque parte veritas veraces istos denumeravit, ex parte nostra abbatem Gauffredum, Stephanum Baronum, Stephanum Nigrum, Johannem Goslenum archipresbyterum, Herveum cocum, Amanucum Rainaldum Cherel, Jacquelinum. Ex parte Bosonis hi sunt testes probatissimi: Johannes, dominus Haiæ, Casimota ejus uxor, Hugo eorum filius, Ribotellus Petrus Goscelini, Falco Vigenus, Americus Rogenel, Mauricius de Salmuriis, Ridellus Mestivier, Michael, Robertus Jacquelini, Bernardus de Sancto Valrico et multi alii.

Jean de Montbazon laissa trois fils : Hugues, Renaud et Barthélemy, qui abandonnèrent le nom de leur père pour prendre celui de la Haye.

XIII. — Hugues de la Haye est cité comme étant seigneur de la Haye dans une charte de 1132. Il mourut sans laisser d'enfants.

XIV. — Ribotel, seigneur de la Haye, confirma, en 1133, une donation faite par Geoffroy le Roux, seigneur de Cravant à l'abbaye de Sainte-Marie de Turpenay. Nous ignorons à quel titre ce personnage était devenu propriétaire de la Haye. Il avait un frère nommé André.

XV. — Renaud de la Haye, frère de Hugues, dont nous avons parlé précédemment, est qualifié de seigneur de la Haye, dans une donation qu'il fit en 1159, à l'Hôtel-Dieu de Tours, d'une dime assise sur un domaine voisin de Ruaud-d'Épeigné. D'Hersendis de Colombiers il eut un fils unique, Hamelin de la Haye.

XVI. — Hamelin de la Haye, chev., seigneur de la Haye, est mentionné dans un acte de 1165. Il eut un fils unique, Geoffroy.

XVII. — Geoffroy de la Haye, chev., seigneur de la Haye, fut dépouillé de ses terres, en 1173, par Henri II, roi d'Angleterre, qui les lui rendit l'année suivante. Ses enfants furent Barthélemy et Hugues.

XVIII. — Barthélemy de la Haye, chev., baron de la Haye, mourut sans postérité, vers 1180.

XIX. — Giraud de Couhé, ou de Coé (*de Coheta*), chev., était seigneur de la Haye, en 1195. Il appartenait à l'illustre maison de Lusignan. En 1195, il donna à l'abbaye de Bois-Aubry tout ce qui lui appartenait à la Bruère (aujourd'hui la Lande), paroisse de Neuilly-le-Noble, ainsi que le pré de Neuilly, pour y construire une église sous le vocable de saint Jacques. Geoffroy de Couhé, frère de Giraud, céda au même monastère les serfs, les terrains et les privilèges qu'il avait à Neuilly et trois sols de cens dûs par un nommé Raoul Perequin. C'est ce que nous apprend la charte suivante de Barthélemy, archevêque de Tours, qui approuva ces donations :

Bartholomæus Dei gratia archiepiscopus Turonensis, omnibus ad quos presentes litteræ pervenerint salutem in omnium Salvatore. Noverit universitas vestra quod Giraudus Choetæ, vir nobilis, cum assensu Sibillæ uxoris suæ et Gaufridi Choetæ fratris sui, pro salute animæ suæ et parentum suorum, dedit in eleemosynam ecclesiæ Sanctæ Mariæ de Lucezio (depuis Bois-Aubry) omnia quæ sui juris erant in terra de Brueria et pertinencia ejus a primo........ usque ad quadrimum de Mesnit et usque ad crucem Chevillatam quæ est in via de Haia quæ vadit apud Nuille, et pratum de Nuille, ad construendam basilicam ibidem in honore beati Jacobi Apostoli. Ibidem Gaufredus Choeta dedit integrè cidem ecclesiæ quæcumque ad illum pertinebant tam in hominibus quam in terra et in omnibus pertinenciis de Nuille, et tres solidos censuales minus obolæ quos Radulphus Perequinus debebat, et hæc debet Gaufredus et Giraudus frater ejus. De Giraudo Choeta sunt testes: Henricus, abbas de Nucariis, Bucardus de Mermandia, Hugo de Campo-Bono, Petrus de Alba-Terra, Bucardus, Archambaudus de Mane. De dono Gaufredi Choetæ testes sunt: Hubertus Riboteis et Gallerius de Balema. Quod ut ratum sit presentes litteras sigilli nostri munimine duximus roborandas. Actum anno gratiæ millesimo centesimo nonagesimo quinto.

Giraud de Couhé est mentionné comme témoin dans une charte de la même époque, relative au couvent de Rives, près la Haye, et dans un aveu rendu, en 1529, par Odet Guérin, prieur de Saint-Jacques de la Lande, à Gilles de Laval, baron de la Haye :

« C'est le dénombrement des domaines et héritages que je, frère Odet Guérin, prêtre, religieux de l'ordre de Monsieur St Benoist, prieur du prieuré de Monsieur St Jacques de la Lande jadis appelé le prieuré la Bruère situé et assis au dedans de la paroisse de St Saturnin de Neuilly-le-Noble, membre dépendant de l'abbaye de Bois-Aubry, tiens et advoue tenir de vous noble et puissant seigneur Gilles de Laval, seigneur baron des baronnies et seigneuries de Maillé, Bressuyre, Benais et la Haye en Touraine, et à cause de vostre baronnie de la Haye, lesquels domaines et héritages anciennement furent donnés par deffunt de bonne mémoire *Giraldus Coheta*, chevalier, *seigneur baron du dit lieu de la Haye*, en pure et franche aumosne à l'église Monsieur

S¹ Michel de Luczay, de présent appelé le Bois-Aubry, à la charge de construire et bâtir au dit lieu de la Bruère, de présent appelé en langage vulgaire La Lande, une chapelle en l'honneur de Notre Seigneur J.-C. et de Monsieur S¹ Jacques, en faisant lequel don des dits domaines et héritages fut donné à la dite église entierement droit de justice, fief et juridiction. Le 28 octobre 1529. »

Un semblable aveu relatant les mêmes faits, fut rendu, en 1540, par Jean de la Jaille, prieur de Saint-Jacques de la Lande.

On a vu, par l'une des chartes qui précèdent, que la femme de Giraud de Couhé se nommait Sibille. Nous ignorons s'il eut des enfants et comment la terre de la Haye rentra dans la famille de ce nom.

XX. — Hugues de la Haye, chev., seigneur de la Haye, et frère de Barthélemy, dont nous avons parlé sous le § XVIII, confirma, en 1218, une donation faite par André Barbe à l'abbaye de la Merci-Dieu, et fonda, dans ce monastère, l'anniversaire de sa femme, Eustache, pour lequel il céda aux religieux une rente d'un denier assise sur le fief de Mouzay et qu'André Barbe lui payait chaque année la veille de Pâques. Voici le texte de l'acte qui constata ces donations :

Ego dominus Hugo Haiæ, notum facio omnibus has litteras inspecturis quod concessi abbatiæ de Misericordia-Dei donum quod Andreas Barbe in perpetuam eleemosinam eidem abbatiæ dedit in feodo de Mouse. Ego quoque pro anima uxoris meæ Eustachiæ cujus anniversarium facient fratres ejusdem abbatiæ, unum denarium eis concessi quod idem Andreas singulis annis in vigilia Paschæ pro ejusdem feodi parte mihi reddere tenebatur. Quod ut eisdem fratribus sit magis ratum et inconcussum et stabile perseveret scripti testimonis sigilli mei appositione feci communire. Actum anno Verbi incarnati M° CC° XVIII°.

XXI. — Philippe de la Haye, chevalier-banneret, seigneur de la Haye, et que l'on suppose être le fils du précédent, épousa Isabelle de Passavant, dame de Passavant, dont il eut : 1° Barthélemy; 2° Geoffroy, archevêque de Tours; 3° Maurice, seigneur de Faye-la-Vineuse. En 1245, Philippe de la Haye donna en pure aumône, à la chapelle de Saint-Jacques de la Lande, la part qu'il avait dans un pré situé à Neuilly-le-Noble, à la charge, par le prieur, de célébrer son anniversaire et celui de sa femme Isabelle :

Universis presentes litteras inspecturis Philippus de Haya, miles, salutem in Domino. Noveritis quod cum ego et capella beati Jacobi de Landa haberemus quoddam pratum parcionarium situm in parochia de Nueilleio inter Louvinere ex una parte et Chanteroie ex altera, in quo prato partem habebam ratione cujusdem scanbii seu permutacionis quod vel quia feceramus ad invicem ego et Girardus Guenni, valetus, de predicta parte dicti prati et pluribus rebus aliis et etiam cum ego dedissem jam diù ut in puram et perpetuam helemosynam Deo et capellæ prædictæ pro aniversario meo et Ysabellæ uxoris meæ ibidem faciendo unum sextarium frumenti ad mensuram Hayæ percipiendo a prioribus dictæ capellæ annis singulis apud Nueille in domo mea, tandem affectans et ambiens habere partem majorem in orationibus dictæ capellæ et etiam in orationibus monasterii Luzeciensis cui monasterio dicta capella immediatè est subjecta, cum assensu et voluntate predictæ uxoris meæ, prefatæ capellæ et fratribus ibidem Deo servientibus quitavi, dedi et perpetuò dimisi omnia quæcumque de jure habebam vel quocumque modo habere poteram vel debebam in toto dicto prato vel in partem ejusdem ratione dicti scanbii vel permutacionis seu quacumque alia ratione habenda tenenda possidenda et explectanda de cetero in perpetuum a servitoribus dictæ capellæ quietè et pacifice sine contradictione aliqua......... q...... ego vel hæredes seu quicumque successores mei possumus habere vel facere modo aliquo in predictis. Domnus vero Arnulfus, tunc prior dicti loci, cum assensu et voluntate abbatis et conventus monasterii sui predicti quitavit mihi et heredibus meis predictum sextarium frumenti annuum pro se et successoribus suis qui pro tempore fuerint in capella predicta et etiam de redditione predicti sextarii frumenti penitus et precise ita tamen quod non minus tenebuntur facere meum aniversarium et predictæ uxoris meæ in capella superius nominata si vero per successum temporis aliqui heredes vel successores mei per eorum calumpniam importunam contra hujusmodi quitacionem et donationem predictæ capellæ a me pie et misericorditer factum venire presumpserint seu modo aliquo attemptare, volo et concedo quod ipsi heredes vel successores mei calumpniatores predictorum predictæ capellæ et servitoribus ejusdem in quindecim libris monetæ currentis in...... semel persolvenda ab eisdem heredibus vel successoribus meis teneantur pro predicta parte dicti prati retrahenda et insuper ut ipsi heredes vel successores mei teneantur persolvere et reddere ex tunc predictæ capellæ et de servitoribus suis vel mandato eorumdem in perpetuum nimis singulis unum sextarium frumenti apud Nuille in domo mea de Brunea (Bruneau) in festo sancti Michaelis pro dicto aniversario faciendo ad quas quindecim libras semel dictis de servitoribus reddendas et ad quod sextarius frumenti eisdem annuatim reddendus omnes heredes meos heredumque heredes et etiam quoscumque successori meos qui calumpniatores predictorum extiterint cum assensu et voluntate prelibatæ uxoris meæ omnibus modis quibus de jure possumus obligo et condampno. Hæc vero omnia premissa et singula ego dictus Philippus et dicta Ysabellis volumus et concedimus et firmiter teneri a dictis heredibus seu quibuscumque successoribus nostris percepimus nulla spe vel aliquo posse nobis retendis eadem omnia premissa et singula vel partem ipsorum aliquatenus revocandi, promittentes bona fide nos premissa omnia et singula firmiter tenere et inviolabiliter observare et contra eadem per nos vel per alium de cetero nos venire ad eadem omnia et singula supradicta tenenda ac firmiter observanda nos et heredes nostros et quoscumque successores et omnia bona nostra ubicumque et in quibuscumque rebus existentia specialiter obligando. In cujus rei memoriam et perpetuam firmitatem sepedictæ capellæ et fratribus ibidem Deo servientibus cum assensu et voluntate dictæ Ilysabellis uxoris meæ presentes dedi litteras sigilli mei munimine roboratas. Datum mense februarii anno Domini M° CC° XL° quinto.

Chalmel fait remarquer que des lettres d'Isabelle de Passavant, veuve de Philippe de la Haye, en 1255, portent un sceau qui est le même que celui des seigneurs de Montbazon.

XXII. — Barthélemy de la Haye, chev., seigneur de la Haye et de Passavant, fonda l'anniversaire de sa femme Jehanne, dans l'abbaye de la Merci-Dieu, et constitua, au profit de ce monastère, une rente d'un setier de froment, à percevoir après sa mort sur la terre de la Fontaine, au diocèse de Poitiers. C'est ce qui résulte de l'acte suivant :

Universis presentes litteras inspecturis Bartholomæus de Haya, miles, salutem in Domino. Noverint universi quod ego pro amore Dei et pro salute animæ uxoris meæ, dedi et concessi in puram et perpetuam eleemosinam abbati et conventui de Misericordia Dei Turonensis diocæsis unum sextarium frumenti annui redditus percipiendum annuatim post mortem meam in terra mea de Fonte, Pictaviensis diocæsis. In cujus rei testimonium et munimen ego dedi dictis abbati et conventui presentes litteras sigilli mei munimine communitas. Datum ann° Domini M° CC° XL°.

En février 1272, Barthélemy de la Haye ratifia un acte passé entre Guionnet Peau-de-Loup, valet, et Guillaume et Pierre Veier. Voulant terminer un différent qui existait depuis longtemps entre lui et les religieux de la Merci-Dieu, il renonça, par lettres datées de 1276, au droit d'aubenage qu'il avait sur leurs hommes et reconnut leur droit de haute et basse justice et de petite voirie sur le lieu appelé *Goresius, seu des Chevaux.*

De son mariage avec Jeanne de Lusignan, fille de Guillaume de Lusignan, sont issus : 1° Geoffroy II; 2° Isabelle, femme de Philippe Isoré; 3° Prégent; 4° Eustache, mariée à Gervais de la Porte, chev. (1287).

XXIII, XXIV, XXV. — Guillaume, Pierre et Geoffroy de la Rajace, frères, chev., étaient co-seigneurs de la Haye en 1280. Cette année-là, par acte passé à Chinon, en la cour du roi de France, *le samedi devant Pasques fleuries,* ils cédèrent le droit de pêche sur la Creuse, depuis l'église de Buxeuil jusqu'à la rivière de Vienne, à Guy de Montléon, seigneur de la Roche-Amenon, pour le prix de quarante livres tournois et à charge de foi et hommage plain envers le baron de la Haye, avec redevance d'un roussin de service du prix de cent sols et de trente-quatre sols quatre deniers aux aides.

Le seigneur de la Roche-Amenon avait sur ses tenanciers des droits assez bizarres. Les hommes veufs qui se remariaient devaient lui apporter à son château un coq blanc, le dimanche de la Trinité, après les épousailles. Les femmes veuves qui contractaient un second mariage, devaient lui offrir une houle verte, remplie de caillé. Les filles qui se mariaient étaient tenues de venir lui chanter une chanson à son château, le jour de la cérémonie.

La famille de la Rajace est souvent mentionnée dans des titres des XII° et XIII° siècles. Elle a fourni un abbé de la Merci-Dieu, Geoffroy la Rajace, en 1200.

XXVI. — Geoffroy II de la Haye, chev., baron de la Haye, seigneur de Neuilly-le-Noble, Mouzay, la Croix-de-Bléré, etc., épousa Marie de Maillé, veuve de Péan de Maillé, seigneur de Brezé (1340), et en eut une fille unique, Isabelle, qui fut mariée à Pierre de Marmande.

XXVII. — Pierre de Marmande, chev., baron de la Haye (du chef de sa femme), seigneur de Faye-la-Vineuse et de la Roche-Clermault, fonda quatre chapellenies dans la chapelle de Sainte-Marie du pont de Chinon, le 11 juillet 1343. Voici, d'après la copie du *Liber bonarum gentium,* par D. Bétancourt (p. 219), un extrait des lettres de fondation :

In nomine Domini, amen. Per hoc presens publicum instrumentum............ quod anno Domini MCCCXLIII *die* XI *julii, indictione* XI, *pontificatus sanctissimi in Christo patris ac Domini Clementis divina providentia pape sexti anno secundo, circa hora meridiei illius diei, in domo Johannis dicti Petit Villain apud villam de Caynone, Turonensis diocæsis, coram reverendo in Christo patre ac Domino P., permissione divina archiepiscopo Turonensi in mei notarii....... presentia constitutus nobilis vir dominus Petrus de Mermande, miles, dominus de Rocha Clermau, dicti diocesis, providere sue et nobilis dominæ Ysabellis de Haia ejus uxoris animarum saluti volens, ut dicebat, ad honorem Dei et gloriose virginis Marie et matris ejus et totius curie celestis, augmentationemque cultus divini, de licentia et assensu dicti reverendi patris in hoc consentientis, et dicto militi quo ad infra scripta licentiam concedentis in capella ab eisdem conjugibus apud villam predictam constructa juxta pontes ville ejusdem, videlicet in vico per quem itur ad dictos pontes, in honore gloriose virginis modo predicte, fundavit, ordinavit et instituit quatuor cappellanias perpetuas, videlicet pro se tres, et nomine dicte uxoris sue et pro ipsa unam, perpetuis temporibus deserviendas per quatuor cappellanos instituendos in cappellanos cappellaniarum earumdem, et eas deserviri per quatuor cappelanos perpetuis temporibus ordinavit de autoritate et licentia dicti reverendi, videlicet de tribus missis a quolibet dictorum quatuor cappellanorum in dicta cappella per se vel per alium cappellanum qualibet hebdomada celebrandis; de quibus missis dicti cappellani qualibet die tenebuntur celebrare seu facere celebrari unam missam de Nostra Domina, cantando alta voce, seu cum nota, summo mane in cappella predicta. Et cum hoc ordinavit quod dicti cappellani in eadem cappella similiter perpetuis temporibus in vigilia quinque festorum gloriose Virginis predicte, videlicet Purificationis, Annunciationis, Nativitatis et Conceptionis per se vel per alium vesperas de Nostra Domina tenebuntur alta voce et sollempniter cum nota celebrare et decantare, et quolibet festo festorum predictorum in mane matutinas.*

Ordinavit etiam quod si aliquis capellanorum cappellaniarum predictarum in celebratione trium missarum suarum in cappella predicta, seu alicujus earumdem, qualibet ebdomada predicta deficiat, quod pro defectu cujuslibet misse taliter deficiens tenebitur solvere et reddere domino archiepiscopo Turonensi pro tempore, sex denarios in utilitatem cappellanie ejusdem et quod nihilominus ad supplendum defectum suum celebrandumque missas seu missam in quarum seu cujus celebratione defecerit in eadem cappella seu facienda celebrari. Voluit etiam idem miles et ordinavit quod dicte cappellanie conferentur presbyteris vel talibus personnis que infra annum a tempore institutionis sue in cappellaniis predictis in qualibet earumdem, possint ad sacerdotium promoveri, et quod earumdem cappellaniarum cappellani infra annum a tempore institutionis corumdem in eisdem et qualibet earumdem, ad sacerdotium promoveantur et se facere promoveri teneantur; et quod si cessante legitimo impedimento, dicti cappellani seu aliquis eorumdem infra annum a tempore predicto, nisi sacerdos fuerit autem, non fuerit ad sacerdotium promotus quod cappelliana, talis qui infra dictum annum ad sacerdotium se neglexerit facere promoveri, vacet

ipso jure pure et simpliciter, valeatque tanquam libera et vacans alie ydonee persone, juxta et secundum ordinationem predictam, per illum ad quem collatio ejusdem cappellanie pertinebit libere conferri, poteritque ille cui collata fuerit, institui in eadem et in possessionem corporalem ejusdem induci, dicto taliter non promoto minime evocato.

Voluit etiam et ordinavit quod una cappellianarum predictarum perpetuis temporibus pleno jure spectet et pertineat ad simplicem collationem dicti reverendi patris et suorum successorum archiepiscoporum Turonensium, et alie tres spectent ad presentationem et jus patronatus ejusdem militis, quamdiu vixerit in humanis, et dicte domine Ysabelle uxoris sue si supervixerit post eumdem, tamdiu similiter dicta domina vixerit in humanis, et post mortem militis, et domine Ysabelle predictorum, ad presentationem et jus patronatus principalis heredis dicti militis dominum de Rocha Clermau predictum pro tempore in futurum. Quam presentationem seu jus patronatus idem miles sibi, dicte uxori sue et heredi suo sub forma et modo predicto, de expresso consensu dicti reverendi patris, specialiter reservavit. Ad dotationem vero et sustentationem cappellaniarum predictarum et cappellanorum pro tempore earumdem, coram dicto reverendo patre assignavit, dedit et livravit simpliciter et de presenti seu ex nunc idem miles, tam pro se quam dicta uxore sua, in quantum tangit quemlibet eorum, quatuor viginti sextarios frumenti ad mensuram communem de Caynone, et viginti libras similiter annui et perpetui redditus in denariis, videlicet pro quolibet cappellano viginti sextarios frumenti et centum solidos. . . . .

(*Cetera omissa causa brevitatis (sic)*.)

Une autre charte de la même année (1343) et relative à la chapelle dont il est question dans l'acte précédent, fait encore mention de Pierre de Marmande et le qualifie de *sire de la Roche Clermau, chevalier*.

Pierre de Marmande eut, d'Isabelle de la Haye, une fille unique, qui épousa Jean III, comte de Sancerre.

XXVIII. — **Jean III de Sancerre**, chev., baron de la Haye et de Saint-Michel-sur-Loire, seigneur de Faye-la-Vineuse et de la Roche-Clermault, fils de Louis II de Sancerre, connétable de France, et de Béatrix de Roucy, reçut, en 1377, l'aveu suivant d'Ymbert de Précigné, pour la terre du Châtellier, relevant de la Haye :

« De vous très noble et puissant seigneur, Monsieur le comte de Sancerre, je, Ymbert de Précigné, seigneur du Chatellier, tiens et advoue à tenir de vous, à cause de Madame Marguerite vostre femme, à cause de vostre chastellenye de la Haye, à foi et hommaige plain et deux roussins de service du prix de 30 sols, à muance d'homme, quand le cas y advient, les choses qui s'ensuyvent : c'est à scavoir ma justice et voyrie grande et petite et ce qui en deppend et peut deppendre en toute ma terre du Chatellier. *Item*, la justice, voyrie de Jambes de Préciané mon parent, qu'il tient de moi au dit fief du Chastellier............ Le mercredy après la Chandeleur, 1377. »

De son mariage avec Marguerite de Marmande, Jean de Sancerre III eut deux filles, Marguerite et Jeanne.

XXIX. — Béraud II de Clermont, chev., comte de Clermont, seigneur de Mercœur, dauphin d'Auvergne, fut baron de la Haye à cause de son mariage avec Marguerite de Sancerre, fille de Jean III (juin 1374). En 1390, il reçut l'hommage de Charles de la Chaëre pour le fief Bruneau, relevant de la Haye, et mourut en 1400 (le 17 ou 21 janvier). Ses enfants furent : 1° Beraud III; 2° Louis; 3° Robert, religieux de la Chaise-Dieu, puis évêque de Chartres (1432) et archevêque d'Alby (1433); 4° Jean; 5° Jeanne, mariée, en 1400, à Guillaume de Vienne, seigneur de Saint-Georges; 6° Marguerite, mariée, en 1404, à Jean de Bueil, grand-maître des arbalétriers; 7° Jacquette, abbesse de Saint-Menoux.

Avant d'épouser Marguerite de Sancerre, Beraud II s'était marié deux fois : 1° avec Jeanne, fille de Guigues VIII, comte de Foroz (22 juin 1357); 2° avec Jeanne, fille de Jean I, comte d'Auvergne (juin 1371). Il n'eut pas d'enfants de ce second mariage; du premier était issue Anne, mariée, le 19 août 1371, à Louis II, duc de Bourbon.

XXX. — Béraud III de Clermont, chev., comte de Clermont et de Sancerre, dauphin d'Auvergne, baron de la Haye et seigneur de Mirapont et d'Azay, reçut l'hommage suivant, le 14 mai 1418 :

« Beraut, dauphin d'Auvergne, comte de Clermont et seigneur de Mirapont, à tous ceulx qui verront ces présentes lettres, salut. Savoir fesons que nostre amé et féal escuier, Guillaume de Boufferé est entré en nostre foy et hommaige que à cause de nostre chastellenye de la Haye et à cause et pour raison de son hostel de la Vernoisière et appartenances assis en la paroisse de Nueillé, à laquelle foy et hommaige nous l'avons receu et recogneu par ces présentes comme il est accoustumé de faire, sauf nostre droict et l'autruy. Donné en nostre ville de la Haye, soubs nostre seing le 14ᵉ de may 1418. »

Le 22 novembre 1409, Beraud III consentit à une transaction par laquelle les terres de la Haye et d'Azay appartiendraient désormais à Jacques de Montberon, troisième mari de Marguerite de Sancerre. Il mourut le 28 juillet 1426. Par contrat du 22 juillet 1409, il avait épousé Jeanne, fille de Bertrand de la Tour V, et de Marie, comtesse d'Auvergne et de Boulogne. De ce mariage est issue Jeanne, comtesse de Clermont, de Sancerre et de Montpensier, dauphine d'Auvergne, mariée, en 1428, à Louis de Bourbon I, comte de Montpensier.

Beraud III n'eut pas d'enfants d'un second mariage contracté, le 24 juillet 1426, avec Marguerite de Chauvigni.

XXXI. — Jacques de Montberon, chev., baron de la Haye et seigneur d'Azay, maréchal de France, sénéchal d'Angoulême et chambellan du duc de Bourgogne, vendit la terre de la Haye à Jean de Torsay, vers 1420. Il mourut en 1422. Il avait épousé, en premières noces, Marie de Maulévrier, dont il eut : 1° François, baron de Montberon; 2° Jacques, capitaine de Thouars; 3° Catherine, femme de Renaud de Pons, puis de Jean de Malestroit; 4° Marguerite, mariée, le 18 octobre 1418, à Savary Bouchard, seigneur d'Aubeterre. Il n'eut pas d'enfants de son mariage avec Marguerite de Sancerre.

XXXII. — Jean de Torsay, chev., baron de la Haye, grand-maître des arbalétriers de France, eut deux filles de Marie d'Argenton, veuve de Bertrand de Caselers : N., femme de Jean de Ventadour, et Jeanne, mariée successivement à André de Beaumont, Jean de Rochechouart et Philippe de Melun. Le 10 novembre 1424, l'aveu suivant lui fut rendu :

« De vous noble et puissant seigneur, Messire Jehan de Torsay, chevalier, seigneur de Lezay, la Mothe-St-Héraye et la Haye en Touraine, je, Jehan Veer, seigneur de Paulmy, tiens et advoue à tenir de vous à foy et hommaige lige, au regard de vostre chastel et chastellenye de la Haye et ressort d'icelle au service et loyaux aides, selon la calité (*sic*) des choses que je tiens de vous quand y adviennent, selon droit, usaige et la coustume du pays, le 10 novembre 1424. »

XXXIII. — André de Beaumont, chev., seigneur de Lezay, fils de Guy de Beaumont, seigneur de Bressuire, et de Marie Chabot, devint baron de la Haye et de la Mothe-Saint-Héraye, par son mariage avec Jeanne, fille de Jean de Torsay. Le 1ᵉʳ juin 1427, il rendit hommage au roi pour sa terre de la Haye et reçut l'aveu de Geoffroy de Fougières, pour la dîme de Luigné et le fief de la Chatière, le 16 novembre 1430. Ses enfants furent : 1° Jacques; 2° Antoine, marié à Antoinette Hérignon.

XXXIV. — Jean de Rochechouart I, chev., seigneur de Mortemart, Vivonne, Saint-Germain, baron de la Haye, à cause de Jeanne de Torsay, sa femme, veuve d'André de Beaumont, rendit hommage au roi, pour cette terre, les 16 juin 1432 et 30 juillet et octobre 1433. Un acte de 1426 le qualifie de chambellan du roi et de gouverneur de la Rochelle. Il était mort en 1437. Le 18 octobre de cette année, sa veuve reçut l'hommage de Gillet de Marconnay pour la terre de Neuilly-le-Noble, et celui de Jacques de Thais pour la terre de Couzières.

D'un premier mariage contracté avec Jeanne

Turpin, fille de Lancelot Turpin, seigneur de Vihers et de Crissé, et de Denise de Montmorency, Jean de Rochechouart eut : 1° Pierre, mort jeune; 2° Aymery dont on parlera plus loin; 3° Louise, femme de Jean de Sainte-Maure, seigneur de Néelle et de Montgauger, fils aîné de Jean de Sainte-Maure et de Jeanne des Roches, dame des Hayes-Jouslain, en Anjou; 4° Jeanne, mariée, le 26 janvier 1451, à Jacques de Beaumont. De son mariage avec Jeanne de Torsay, il laissa : 1° Jean de Rochechouart II; 2° Louis, évêque de Saintes, mort en 1505; 3° Radégonde, mariée, en 1458, à Louis de Montberon, seigneur de Fontaines-Chalandry, et décédée en 1479; 4° Marie, mariée, le 14 février 1451, à Jean d'Étampes, seigneur de la Ferté-Nabert.

Jean de Rochechouart I mourut le 26 juillet 1444.

XXXV. — Lancelot Turpin, chev., seigneur de Vihers et de Crissé, acheta la baronnie de la Haye, probablement de Jean de Rochechouart I; c'est ce que rappelle un acte passé au château de Viers (Vihers) le 9 janvier 1451. Lancelot Turpin avait épousé Denise de Montmorency.

XXXVI. — Jacques de Beaumont, chev., seigneur de Bressuire et de Chiché, conseiller et chambellan du roi, sénéchal de Poitou et d'Angoumois, gouverneur de Thouars, possédait, nous ne savons à quel titre, la terre de la Haye en 1437 et 1439. Le 6 mars 1437, il reçut l'hommage de Jacques de Vernon, chev., seigneur de Montreuil-Bonnin, pour la seigneurie du Châtellier, relevant de la Haye.

XXXVII. — Philippe de Melun, chev., seigneur du Châtellier, de la Borde et la Mothe-Saint-Héraye, fut baron de la Haye à cause de son mariage avec Jeanne de Torsay, veuve de Jean de Rochechouart et d'André de Beaumont. Il reçut les hommages de Gillet de Marconnay, pour la terre de Neuilly-le-Noble, relevant de la Haye, les 2 août 1438, 3 décembre 1440 et 10 juin 1445. Le 15 février 1445, il reçut l'hommage de Louis Pouvreau, Éc., pour l'hôtel et hébergement d'Esve, relevant de la Haye.

Le 18 juin 1447, Jehan Isoré, seigneur de Plumartin, lui rendit hommage pour les fiefs de Vigneau et de Rouesson. Ysabeau Thiberde lui rendit l'aveu suivant en 1450 :

« De vous, très redoupté et honnoré seigneur, Messire Philippe de Melun, chevalier seigneur de la Borde, la Mothe-St-Héraye, la Haye, en Touraine, à cause de noble et puissante et très honnorée dame Jehanne de Torsay, vostre femme, je, Ysabeau Thiberde, dame du Palays et de Chantepie (paroisse de Balesmes) tiens et advoue tenir de vous à cause de vostre hostel et seigneurie du Chastellier, à foy et hommage simple et à un roussin de service du prix de 20 sols, à muance de seigneur, etc., le 11 juin 1450. »

XXXVIII. — Jacques de Beaumont, dont nous avons déjà parlé, après avoir été dépossédé, on ne sait comment, de la baronnie de la Haye, en devint de nouveau propriétaire en janvier 1451; c'est ce qui résulte de l'acte suivant :

« Saichent tous que ès cours des scelx establis aux contrats à la Mothe pour très noble et puissant seigneur Messire Phelippes de Melun, seigneur de la Borde, de Lezay, du dict lieu de la Mothe et de Ste Héraye, et en la cour de Bersuyre pour très noble et puissant, messire Jacques de Beaumont, chevalier, seigneur du d. lieu de Bersuyre, et en chacune des dictes cours personnellement établye noble et puissante dame Denyse de Montmorency, veuve de feu Lancelot Tourpin, en son vivant chevalier et seigneur de Crissé, d'une part, et le dict très noble et puissant messire Jacques de Beaumont, chevalier, seigneur du dit lieu de Bersuyre, d'autre part; la dicte dame, de son bon gré, pure, absolue et délibérée volonté, s'est désistée et départie, et par ces présentes désiste, depart dès à présent et au prouffit du dit messire Jacques de Beaumont et de damoiselle Jehanne de Rochechouart, niepce de la dite dame, en faveur du mariage et pour contemplation d'icelluy et pour le mariage faire et accomplyr du dit messire Jacques de Beaumont et de la dite damoiselle et aux leurs procréés de leur char et qui d'eulx auront cause; le dit de Beaumont et la dite damoiselle à ce présents, prenuans et acceptans pour eulx et les susdits : c'est à scavoir, tous les droicts, noms et actions quelsconques que la dite dame avait à avoir, povait et doit en la terre et seigneurie de la Haye en Touraine et ses appartenances et appendances quelsconques par le moien de l'acquiest de la dite terre fait par le dit feu messire Lancelot Tourpin, durant le mariage de lui et d'elle, sans ce que jamais elle ny les siens y puissent aulcune chouse avoir, querre ne demander en aulcune manière que ce soit, cédant et transportant la dite dame pour lié et les siens susdits, aux dits Messire Jacques de Beaumont et damoiselle Jehanne de Rochechouart..... promectant.......... garantir et deffendre au susdit sieur de Bersuire et à la dite damoiselle et aux leurs... .... combien que donateur ne soit tenu de garantir de chose donnée; et a voulu et veult la dicte dame que le dit seigneur de Bersuire et la dite damoiselle aiant les choses susdites par elle à eulx dessus délaissés et dont elle s'est départie à leur prouffit par préciput et avantage sur les autres héritiers et qu'ils soient reçues, eulx et les leurs à la succession de la dite dame sans rien apporter des dites choses en collation avec les autres cohéritiers de la dite dame.......... et en renunçant sur ce à toutes exceptions de déception, de dol, de mal, de fraude, de paour, de barat, de lésion, de machination, de circouvention, à tout ayde de droit canon et civil, escript et non escript, à plus fait et dit et moyns escript et à l'apposite et à la loy Julie de fond dotal, au bénéfice du senat et à l'épistre de divi Adrien et à tout droit et loy en faveur des femmes, introduites et à introduire, et à toutes et chacunes les choses tant de fait que de droit qui aider li pourraient à venir contre la teneur et effet de ces présentes. Fait au chastel de Viers, le 9ᵉ jour du moys de janvier 1451. »

Le 26 mars 1461, Jacques de Beaumont reçut l'aveu suivant :

« De vous, noble et puissant seigneur, Jacques de Beaumont, chevalier, seigneur de Bressuire, de la Motte Sᵗ Heraye et de la Haye, en Touraine, je, Jehan le Maire, escuier, tiens et advoue tenir de vous, à cause de Madame Jehanne de Rochechouart, votre femme, au regard de vostre chastel et chastellenie de la Haye, a foy et hommage simple et un devoir de us, rendu chacun an en vostre chastel du dit lieu de la Haye, c'est à savoir, mon hostel et hébergement de la Froynière, avec toutes ses appartenances, et le droit de basse voyrie, etc.

Le 12 juillet 1465, il reçut cet autre aveu :

« De vous, noble et puissant seigneur, messire Jacques de Beaumont, chevalier, seigneur de Bressuire, de la Motte Sᵗᵉ Heraye et de la Haye en Touraine, je, Jehan Barbin, seigneur de Puygarreau et de Verneuil, tiens de vous, à cause de vostre chastel et chastellenie de la Haye, en Touraine, à foy et hommage lige et 40 jours de garde en vostre dit chastel de la Haye, quand le besoin et necessité est et que je en serai requis, c'est assavoir mon fief et terre de Bruneau, avec ses appartenances, son hostel et hebergement, ma grande voerie et petite et ce qui en dépend, etc. »

Le 17 septembre 1468, il reçut l'hommage de Guillaume Gueffaut, Éc., pour sa terre d'Épiez.

Le 3 janvier 1483, Jacques de Beaumont rendit hommage au roi pour ses terres de la Haye, Bressuire, Chistré, Moncontour, etc. Voici le texte de la reconnaissance d'hommage :

« Charles, par la grâce de Dieu, roy de France, à noz amés et feaulx les gens de nos comptes et trésoriers à Paris, seneschal, bailli, procureur, receveurs et clercs des fiefs en noz païs de Poitou et de Touraine, ou à leurs lieutenans et commis, salut et dilection. Scavoir vous fesons que nostre amé et féal conseiller et chambellan Jacques de Beaumont, chevalier, seigneur de Bressuyre nous a fait aujourdhui es mains de nostre amé et féal chancelier les foy et hommaige que tenu nous estoit faire pour raison des choses et pour les causes qui s'ensuyvent; c'est à scavoir : des baronnies, chastel, chastellenyes, terres et seigneuries de Bressuyre, Chistré, Montconteurs et de Chizay, appartenances et deppendances d'iceux tenus et mouvans de nous à cause de nostre vicomté de Thouars; des chastel, chastellenye, terre et seigneurie de la Mothe-Sᵗ-Héraye, appartenances et deppendances d'icelle tenue de nous à cause de nostre comté de Poictou; de certain terroir ou tenement des Terres-Arses, près la Bosse, en la paroisse de Goux, et de l'hostel de la Mestayrie, ses appartenances et appendances, tenue de nous à cause de nostre baronnie de Sᵗ-Maixent; des hostel, terre et seigneurie de la Roche-Ruffin, de l'hostel de la Paene; des chastel, ville, baronnie et chastellenye de la Haye en Touraine, tenue aussi de nous à cause de nostre baronnie et seigneurie de Chinon………. Donné à Tours le 3 janvier 1483 et de notre règne le premier. »

De son mariage avec Jeanne de Rochechouart, fille de Jean de Rochéchouart et de Marguerite Turpin, sa première femme, Jacques de Beaumont eut quatre filles : 1º Jeanne, mariée à Thibaut de Beaumont, seigneur de la Forêt et de Commequiers; 2º Philippe, femme de Pierre de Laval; 3º Louise, mariée à André de Vivône, seigneur de la Châteigneraie; 4º Béatrix, femme de Louis d'Aviau.

XXXIX. — Aymery, ou Geoffroy de Rochechouart, chev., seigneur de Mortemart, fils de Jean de Rochechouart, seigneur de Mortemart, et de Jeanne Turpin de Crissé, a possédé une partie de la baronnie de la Haye (nous ne savons à quel titre) en 1462. C'est ce que nous voyons par un aveu de Jean de Benais, du 26 avril 1462, pour la terre de la Fontaine, relevant du château de la Haye. Il mourut sans alliance.

XL. — Charles de Sainte-Maure, comte de Néelle et de Benon, seigneur de Montgauger, de Rivarennes et de Lignières, vicomte de Mouchy, possédait une partie de la baronnie de la Haye, en 1468, suivant un acte du 2 mai de cette année.

XLI. — Hardouin IX de Maillé, chev., conseiller et chambellan du roi, seigneur de la Haye, Rochecorbon, Beauçay, Montils-lez-Tours, fonda un chapitre à Maillé en 1486. Il épousa, en premières noces, le 26 novembre 1458, Antoinette de Chauvigny, vicomtesse de Brosse, qui mourut le 22 février 1473; et, en secondes noces, Marguerite de la Rochefoucaud, dame de Barbezieux. Du premier lit sont issus : 1º Jacques, qui suit; 2º François, dont on parlera plus loin; 3º Hardouin, seigneur de Benais et de Fontenai-l'Abattu; 4º Louis, né en 1470; 5º Françoise, dame de la Chatre, mariée, en premières noces, le 5 octobre 1480, à François de Beaujeu; et, en secondes noces, le 14 février 1484, à Jean d'Aumont; 6º Claude, femme de Jean de Rieux, comte d'Aumale.

XLII. — Jacques de Maillé, chev., baron de Maillé et de la Haye, seigneur de Rochecorbon, Beauçay, etc., fils aîné du précédent, mourut sans postérité.

XLIII. — François de Maillé, chev., baron de Maillé, la Haye, Beauçay, seigneur de Rillé, Rochecorbon, la Mothe, Champchévrier, vicomte de Tours, second fils d'Hardouin de Maillé IX, rendit hommage de ses terres au roi en 1500 et mourut à Maillé en 1501, laissant deux enfants de son mariage avec Marguerite de Rohan : 1º Françoise, femme de Gilles de Laval; 2º Françoise, mariée à François de Bastarnay, seigneur du Bouchage, Anthon et Montrésor (19 mai 1502).

XLIV. — Pierre de Laval, chev., propriétaire des terres de Loué et de Benais, était en même temps seigneur de la Haye (en partie) à cause de son mariage avec Philippe de Beaumont, fille de Jacques de Beaumont et de Jeanne de Rochechouart. Il rendit aveu au roi pour sa terre de la Haye le 27 juillet 1496. Le 18 août 148..., il reçut l'aveu de Jean de Benais, Éc., seigneur de la Fontaine « qui avoue tenir du dit seigneur, à franc debvoir, à deux chappeaux de roses payables par chacun an à la recepte du dit lieu de la Haye, la vigile de la Pentecouste, à cause de Philippe de Beaumont, épouse du dit Pierre de Laval, conseiller et chambellan du roi, seigneur de la Haye, sa terre et seigneurie de la Fontaine...... »

Le 10 août 1498, il reçut l'aveu de Louis du Puy, Éc., pour les fiefs de la Barbotinière, Prouzay, la Ridellière, la Guignardière et la Nouraie.

Le 15 octobre de la même année, Pierre Guenant lui rendit aussi aveu pour son fief de la Vernoisière.

« De vous, noble et puissant seigneur, Pierre de Laval, chevalier, seigneur de Loué, de Benays et de la Haye en Touraine, je, Pierre Guenant, chevalier, seigneur de la Selle-Guenant, conseiller et chambellan ordinaire du roi nostre sire et capitaine d'Amboise, tiens et advoue à tenir de vous à cause et au regard de vostre chastel et chastellenie du dit lieu de la Haye en Touraine, à foy et hommage lige, à 10 s. 6 deniers aux loyaux aides quant elles vous adviennent estre faictes suivant la coustume du païs, et à 15 jours de garde à vostre hostel de la Haye toutesfois que mestier en sera et que requis en seray....; premierement, je tiens à mon domaine mon hostel et hebergement, terre, fief et seigneurie du dit lieu de la Vernoysière, tout droit de justice haute, moyenne et basse et les droits qui en dépendent, suivant la coustume du païs, droit et faculté de tenir assises quatre fois l'an et justice patibulaire à deux pilliers, mesure à blé, vin et huile; Item, d'aubenage et d'amende............ Le 15 octobre 1498. »

Le 23 octobre 1519, il reçut l'aveu suivant :

« De vous, noble et puissant seigneur, Pierre de Laval, conseiller et chambellan du roy, seigneur de Bressuyre et de la Haye en Touraine, à cause de noble damoiselle Philippe de Beaumont, votre épouse, je, Jehan des Aubuys, seigneur de Talvois, tiens et advoue à tenir de vous, à cause de votre fief et seigneurie du grand fief d'Aigret, autrefois appartenant à noble damoiselle Alix Aigrette, dame des Hommes St Martin et veufve de feu noble Guillaume de Marans, escuyer, à dix sols tournois de franc devoir payables par chacun an au jour et feste St Maurice, à votre recepte du dit lieu de la Haye, laquelle dame Alix Aigrette le total du dit fief le tenoit de vous mon dit seigneur à foy et hommage et depuis cy avez fait de votre fief et de votre domaine et l'avez uni avec votre chastellenie et seigneurie du dit lieu de la Haye, par retrait féodal..... mon fief appelé vulgairement le petit fief Aigret, avec ses appartenances.....; en toutes lesquelles choses tant en ce que je tiens en ma main et en mon domaine que en ce que les personnes tiennent de moy, je advoue fief, fenge, basse voirie, justice et juridiction foncière...... etc. »

Pierre de Laval comparut à la rédaction de la coutume de Touraine (1507). Il était fils de Guy de Laval et de Charlotte de Sainte-Maure. De son mariage avec Philippe de Beaumont il eut : 1° Gilles I, qui suit; 2° Guy, seigneur de Lezay; 3° François, abbé de Clermont; 4° Marquise, femme de René du Bellay, seigneur de la Lande; 5° Hardouine, mariée à Edmond de Fonsèques, baron de Surgères.

XLV. — Gilles I de Laval, chev., baron de la Haye, vicomte de Brosse, seigneur de Loué, Benais, Bressuire, Maillé, Rochecorbon, mourut en 1552, laissant, de son mariage avec Françoise de Maillé : 1° René, seigneur de Maillé et de Bressuire, mort sans enfants; 2° Gilles II, dont il sera parlé plus loin; 3° Anne, mariée, le 13 juillet 1530, à Philippe de Chambes, seigneur de Montsoreau.

Par acte fait au château de Marcilly, le 10 octobre 1541, Gilles de Laval avait cédé la terre de la Haye à Jeanne de Bretagne, veuve de René de Laval, moyennant une rente annuelle de neuf cents livres tournois, mais avec réserve d'usufruit et de droit de rachat. Cette convention fut annulée par un autre acte du 8 mai 1544.

Le 6 août 1545, Gilles de Laval rendit hommage au roi pour la baronnie de la Haye, et, en 1547, il vendit cette terre à *titre de racquit* et pour la somme de 5777 écus d'or à Guillaume de Morenne, conseiller du roi et son receveur général à Poitiers.

XLVI. — Guillaume de Morenne, Éc., conseiller du roi et son receveur général à Poitiers, prit possession de la baronnie de la Haye le 18 mars 1547. Le 4 octobre 1554, il céda ses droits sur une partie de cette terre à Louis de Rohan V, comte de Montbazon et seigneur de Guémené.

XLVII. — Gilles II de Laval, chev., seigneur de Maillé, Bressuire, Rochecorbon, Benais, baron de la Haye par suite du remboursement des 5777 écus d'or que son père avait reçus pour prix de cette terre vendue à titre de racquit comme nous l'avons dit plus haut, mourut dans les derniers jours de l'an 1559, laissant, de son mariage avec Louise de Sainte-Maure, fille de Jean de Sainte-Maure, comte de Nesle et de Joigny : 1° Jean, marquis de Nesle, né le 25 avril 1542 et décédé le 20 septembre 1578; 2° René, baron de Maillé, qui comparut en cette qualité à la réformation de la coutume de Touraine, en 1559; 3° Gabrielle, né le 29 janvier 1540, femme de François Aux-Épaules, seigneur de Pizy; 4° Anne, née le 25 juin 1543, femme de Claude de Chandion, seigneur de Bussy, en Bourgogne; 5ᵉ Jeanne, née le 3 septembre 1549, mariée à François de Saint-Nectaire, seigneur de la Ferté-Nabert.

Par acte du 4 octobre 1554, Gilles II de Laval avait vendu la baronnie de la Haye à Louis de Rohan V, qui lui céda, en échange, le tiers de la baronnie de Sainte-Maure. Le 4 février suivant, Guillaume de Morenne renonça à certains droits qu'il prétendait avoir conservés sur la terre de la Haye, lors de la vente qu'il en avait faite à Louis de Rohan V.

XLVIII. — Louis de Rohan V, baron de la Haye et de Marigny, seigneur de Guémené, comte de Montbazon, prit possession de la terre de la Haye, par procureur, le 9 février 1555; c'est ce que nous apprend l'acte suivant :

« Aujourdhui, 9ᵉ jour de febvrier, l'an 1555, par devant nous, Mathurinet et Joachin Sauxons, notaires royaux en la ville et baronnie de la Haye, et Bertrand Bon, notaire d'icelle baronnie, à la Haye, sont comparus en personnes nobles. hommes, René de la Jaille, escuier, seigneur de la Rocheramé, et Georges Baudet, escuier, seigneur de Varennes, au nom et comme procureurs especiaux de hault et puissant messire Louis de Rohan, chevalier, seigneur de Guémené, comte de Montbazon, Sainte-Maure et Nouâtre, et à présent seigneur de la baronnie de la Haye, lesquels nous ont informé des délais et transfert fait d'icelle baronnie et seigneurie de la Haye au dit sieur de Rohan par hault et puissant Gilles de Laval, seigneur de Loué, par contrat passé en la court royale de Chinon, pardevant Jehan Bareau et Pierre Barbier notaires royaux au dit lieu le 4ᵉ jour d'octobre dernier passé, et d'autre contrat de recousse, desistement, cession par maître Guillaume de Morenne soy-disant cy-devant seigneur à grace d'icelle baronnie et de la résolution des contractz du dit de Morenne faite au prouffit du dit de Rohan ainsi qu'il nous est apparu par contract passé à Tours, pardevant Martin Couradeau et Honoré Jalloignes notaires royaux au dit Tours, le 4ᵉ jour de ce présent mois de février, disant les dits de la Jaille et Baudet, les dits nommés, qu'ils étaient venus en la terre et baronnie de la Haye pour prendre et appréhender actuellement de fait possession d'icelle baronnie, terre et seigneurie, appartenances et deppendances, pour en jouyr par le dit de Rohan comme à lui appartenant.

« Et se sont trouvés à ce présents, maistre Eustache Sauxon, procureur fiscal de la dite baronnies, Jehan Sans-Raison, appoticaire, Étienne Perret, et René Mocet, greffier de la dite baronnie, tous demeurant au dit lieu et ville de la Haye ; nous requerant, les dits de la Jaille et Baudet ès dits noms, assister à la dite prinse de possession qu'ils entendent faire de la dite baronnie, terre, seigneurie, appartenances et deppendances de la Haye et leur en délivrer instrument valable pour servir au dit de Rohan, ce que leur avons accordé faire.

« Et ce fait, en nostre présence et des dessus dits temoings, se sont les dits de la Jaille et Baudet, esdits noms transporté au chastel et place, et pour prinse du dit chastel du dit lieu de la Haye au dit lieu, ils ont fait ouvrir la porte d'icelluy chastel, y sont entrés, allés et venus, étant dit qu'en ce faisant ils prennent la dite possession réelle et actuelle de la dite baronnie appartenances et deppendances de la Haye et qu'ils y fesoient les dits exploits pour forme de possession ;

« Plus, se sont transportés en l'église Nostre-Dame étant au dessus du dit circuit du dit chastel, et en plusieurs lieux et endroits circonvoisins; de là se sont transportés sur les ports de la dite ville et au moulin banquier de la dite baronnie fait ouvrir et fermer les huis, allé et venu à l'entour des écluses d'icelle baronnie; icelles veues et visitées ont fait plusieurs autres exploits, le tout en prennant la dite possession.

« Oultre, sont allés par la dite ville de la Haye et en l'auditoire du dit lieu auquel on a accoustumé d'exercer la juridiction, soit des assises ou plectz, et ont installé ou fait installer et mectre en possession pour le dit de Rohan, ses bailly, chastelain et procureur en la dite baronnie, et faire lire lettres du dit de Rohan comme seigneur d'icelle baronnie, contenant provision du dit office de bailly ou sénéchal fait par le dit de Rohan à maitre Charles......, le tout en constituant la dite prinse de possession.

« Et davantage, les dits de la Jaille et Baudet, ès dits noms, en continuant la dite prinse de possession ont fait de par le dit de Rohan, assigner les dites assises de la dite baronnie estre à lundi prochain. Et ont fait crier à cri public, par troys fois, et certifié la dite prinse de possession en plein marché de la dite baronnie de la Haye qui tenoit aujourdhui, en présence et assistance de grand nombre de peuple estant au dit lieu, à ce que personne n'en prétendit cause d'ignorance, étant enjoint de par le dit de Rohan aux subjects de la dite baronnie, illec présents et assistants, tant pour eux et les absens, de obéyr aux officiers ainsi que par le dit de Rohan commis et à commectre en la dite baronnie; étant faict deffense aux nottaires et juges de la dite baronnie illec estans de non instrumenter et faire exploict, sinon sous le nom et aucthorité du dit de Rohan à présent seigneur du dit lieu de la Haye.

« Et ont les dits de la Jaille et Baudet, es dits noms, fait plusieurs actes et exploits requis et suffisans avecques les actes ci dessus quant à avoir et prendre possession réelle et actuelle d'icelle baronnie et appartenances et comme il est nécessaire et accoustumé estre fait en tel cas; dont du tout ils nous ont requis acte que nous leur avons octroyé par ces présentes; et certifions tout ce que dessus avoir été fait en notre présence et dessus dicts tesmoings.

« Faict sous le seing de nous nottaires cy devant nommés et soubz le scel tant des sceaux à contracts royaux au dit lieu de la Haye que des sceaux de la dite baronnie, les jour, mois et an que dessus. — Signés : M. SAUXON; J. SAUXON. »

Louis de Rohan V épousa, le 18 juin 1529, Marguerite, dite Catherine de Laval, dame du Perrier, fille de Guy XVI, comte de Laval, gouverneur et amiral de Bretagne et de sa seconde femme, Anne de Montmorency. De ce mariage naquirent : Louis de Rohan VI, qui suit, et Renée, mariée : 1° à François de Rohan, seigneur de Gié et du Verger; 2° à René de Laval, seigneur de Loué; 3° à Louis de Laval, marquis de Néelle.

XLIX. — Louis de Rohan, sixième du nom, baron de la Haye, prince de Guemené, comte de Montbazon, baron de Lanvaux et de Marigny, grand sénéchal d'Anjou, né le 3 avril 1540, mourut le 4 mai 1611 et fut inhumé à Coupvray. La terre de Guemené fut érigé en principauté, en sa faveur, par lettres du mois de septembre 1570. En premières noces il épousa Léonore de Rohan, dame du Verger et de Gié, fille de François de Rohan et de Catherine de Silly de la Roche-Guyon; en secondes noces, Françoise de Laval, fille de René de Laval, seigneur de Bois-Dauphin, et de Catherine de Baïf. Du premier lit sont issus : 1° Louis, qui suit; 2° Pierre, prince de Guémené, comte de Montauban, sénéchal d'Anjou, marié, en premières noces, à Madeleine de Rieux, et, en secondes noces, à Antoinette de Bretagne d'Avaugour; 3° Hercule, dont on parlera plus loin; 4° Alexandre, marquis de Marigny, marié, en 1624, à Lucette Tarneau, fille de Gabriel Tarneau, président au Parlement de Bordeaux; 5°, 6°, 7°, 8° François, Philippe, Jacques et Charles, morts en bas âge; 9° Renée, femme de Jean de Coëtquen, comte de Combourg; 10° Lucrèce, mariée à Jacques de Tournemine, marquis de Coëtemeur; 11° Isabelle, femme de Nicolas de Pellevé, comte de Flers; 12° Léonore; 13° Silvie, mariée, en premières noces, en 1593, à François d'Espinay, baron de Broons, et, en secondes noces, à Antoine de Sillans, baron de Creuilly; 14° Marguerite, mariée : 1° à Charles, marquis d'Espinay, comte de Duretal; 2° à Léonard-Philibert, vicomte de Pompadour.

L. — Louis de Rohan, duc de Montbazon, baron de la Haye, de Sainte-Maure et de Nouâtre, par suite d'une donation que lui firent ses père et mère, Louis de Rohan et Léonore de Rohan, le 13 novembre 1577, mourut le 1er novembre 1589. Ses biens passèrent à son frère, Hercule de Rohan.

LI. — Hercule de Rohan, duc de Montbazon, comte de Rochefort, pair et grand-veneur de France, lieutenant-général de la ville de Paris et de l'Ile-de-France, mourut à Couzières, le 16 octobre 1654, âgé de quatre-vingt-six ans. Il avait épousé, en premières noces, le 24 octobre 1594, Madeleine de Lenoncourt; et, en secondes noces, en 1628, Marie de Bretagne d'Avaugour, fille de Claude de Bretagne et de Catherine Fouquet de la Varenne. Du premier mariage sont issus : 1° Louis, dont on parlera plus loin; 2° Marie, mariée, le 11 septembre 1617, à Charles d'Albert, duc de Luynes; et, en secondes noces, en 1622, à Claude de Lorraine, duc de Chevreuse. Du second mariage naquirent : 1° François, prince de Soubise, né en 1630, décédé le 24 août 1712; 2° Marie-Éléonore, abbesse de Malnoue, décédée le 8 avril 1682; 3° Anne, morte le 29 octobre 1684. Elle avait épousé, en 1661, Louis-Charles d'Albert, duc de Luynes.

LII. — Marie de Rohan, fille d'Hercule de Rohan, mariée, en secondes noces, à Claude de Lorraine, duc de Chevreuse, posséda la Haye, par suite d'une donation de son père, en date du 26 février 1654. Elle prit possession le 7 mars de cette année. Plus tard, cette terre passa à Louis de Rohan VII.

LIII. — Louis de Rohan, septième du nom, duc de Montbazon, prince de Guémené, baron de Coupevray, comte de Rochefort, pair et grand-veneur de France, gouverneur de l'Ile-de-France, né le 5 août 1598, mourut à Paris le 18 février 1667 et fut inhumé à Coupevray. En 1617, il avait épousé Anne de Rohan, princesse de Guémené, fille de Pierre de Rohan, prince de Guémené, et de Madeleine de Rieux-Châteauneuf. De ce mariage sont issus : 1° Charles, qui suit; 2° Louis, grand-veneur de France, mort le 27 novembre 1674. Anne de Rohan mourut à Rochefort le 14 mars 1685.

LIV. — Charles de Rohan, douxième du nom, duc de Montbazon, prince de Guémené, comte de Montauban, baron de la Haye, pair de France, épousa, par contrat du 10 janvier 1653, Jeanne-Armande de Schomberg, fille de Henri de Schomberg, comte de Nanteuil, et d'Anne de la Guiche. Il eut, de ce mariage : 1° Charles, qui suit; 2° Jean-Baptiste-Armand, prince de Montauban, décédé le 4 octobre 1704; 3° Joseph, mort en 1669; 4° Charlotte-Armande, mariée, en premières noces, en 1688, à Guy-Henri Chabot, comte de Jarnac, en secondes noces, le 15 août 1691, à Pons de Pons, comte de Roquefort; 5° Élisabeth, femme d'Alexandre, comte de Melun, et décédée le 27 septembre 1707; 6° Jeanne-Thérèse, morte en 1728.

LV. — Charles de Rohan, troisième du nom, baron de la Haye, prince de Guémené, duc de Montbazon, pair de France, né le 30 septembre 1655 (en octobre, d'après Moréri), mourut au château de Rochefort, en Beauce, le 10 octobre 1727. Par contrat du 19 février 1678, il avait épousé, en premières noces, Marie-Anne d'Albert de Luynes, fille de Louis-Charles, duc de Luynes, et d'Anne de Rohan. Marie-Anne d'Albert mourut sans enfants le 20 août 1679. En secondes noces, Charles de Rohan épousa, le 30 novembre 1679, Charlotte-Élisabeth de Cochefilet, fille unique de

Charles de Cochefilet, comte de Vaucelas et de Vauvineux, et de Françoise-Angélique Aubery. De ce mariage sont issus : 1° Louis-Henri, né en octobre 1681, décédé le 22 janvier 1689; 2° François-Armand, né le 4 décembre 1682, brigadier des armées du roi en 1708, décédé le 26 juin 1717, sans laisser d'enfants de son mariage avec Louise-Julie de la Tour, fille de Godefroy-Maurice, duc de Bouillon, grand-chambellan de France, et de Marie-Anne Mancini; 3° Louis-Charles-Casimir, dit le comte de Rochefort, né le 6 janvier 1686, chanoine de l'ordre de Sainte-Croix-au-Verger, en Anjou, décédé en 1749; 4° Hercule-Mériadec, qui suit; 5° Charles, prince de Rohan-Montauban, gouverneur de Nimes, né le 7 août 1693, décédé le 25 février 1766; 6° Armand-Jules, né le 10 février 1695, archevêque de Reims (1722), mort à Saverne, le 28 août 1762; 7° Louis-Constantin, né le 24 mars 1697, chevalier de Malte, abbé de Lire (1734), aumônier du roi (1748), évêque de Strasbourg (1756), créé cardinal en 1761, décédé le 11 mars 1779; 8° Charlotte, née le 2 septembre 1680, mariée, en premières noces, en 1717, à Antoine-François-Gaspard de Colins, comte de Mortagne, décédé le 24 mars 1720; et, en secondes noces, à Jean-Antoine de Créquy, comte de Canaples. Elle mourut le 20 septembre 1733; 9° Anne-Thérèse, née le 15 octobre 1684, abbesse de Jouare (1729), décédée le 23 novembre 1738; 10° Louise, née en novembre 1687, morte en bas âge; 11° Marie-Anne, née en 1690, abbesse de Ponthémont, décédée le 5 février 1743; 12° Angélique-Éléonore, née le 14 août 1691, abbesse de Préaux (27 novembre 1729), puis de Marquette (8 août 1731), morte en 1753; 13° Charlotte-Julie, née en 1696, religieuse; 14° N. de Rohan, religieuse à Jouare (1715).

LVI. — Hercule-Mériadec de Rohan, prince de Guémené, duc de Montbazon, comte de Montauban, baron de Coupevray, pair de France, né le 19 novembre 1688, mourut le 21 décembre 1757. Par contrat du 3 août 1718, il avait épousé Louise-Gabrielle-Julie de Rohan, fille d'Hercule-Mériadec de Rohan, prince de Soubise, et d'Anne-Geneviève de Levis de Ventadour. De ce mariage sont issus : 1° Jules-Hercule-Mériadec qui suit; 2° Louis-Armand-Constantin, né le 6 avril 1732 (le 19, d'après Moréri), gouverneur et lieutenant-général des Iles-Sous-le-Vent (1766), lieutenant-général des armées navales (1769); 3° Louis-René-Édouard, né le 25 septembre 1734, coadjuteur de l'évêque de Strasbourg, évêque de Canople *in partibus* (1760), membre de l'Académie française, ambassadeur en Hongrie, grand-aumônier de France (1777), commandeur de l'ordre du Saint-Esprit, créé cardinal le 2 juin 1778; 4° Ferdinand-Maximilien-Mériadec, né le 7 novembre 1738, chevalier de Malte, prévôt du Chapitre de Strasbourg, abbé de Mouzon et du Mont-Saint-Quentin, archevêque de Bordeaux (1778); 5° Charlotte-Louise, née le 22 mars 1722, mariée,

par contrat du 28 octobre 1738, à Victor-Amé-Philippe, prince de Masseran, marquis de Crevecœur, grand d'Espagne; 6° Geneviève-Armande-Élisabeth, née le 18 novembre 1724, abbesse de Marquette (1753); 7°, 8°, 9° trois filles, mortes en bas âge.

LVII. — Jules-Hercule-Mériadec de Rohan, prince de Rohan, duc de Montbazon, prince de Guémené, pair de France, né le 25 mars 1726, capitaine de cavalerie (1744), colonel d'infanterie (1745), brigadier des armées du roi (1748), maréchal de camp (1er avril 1759), lieutenant-général des armées du roi (25 juillet 1762), prit part à la campagne de 1744, 1747 et 1759, et y fut blessé. Par contrat du 19 février 1743, il épousa Marie-Louise-Henriette-Jeanne de la Tour d'Auvergne, fille unique de Charles-Godefroy, comte d'Auvergne et d'Évreux, duc de Bouillon, d'Albret et de Château-Thierry, pair et grand-chambellan de France, et de Marie-Charlotte Sobieska. De ce mariage naquit un fils unique Henri-Louis-Marie, qui suit.

LVIII. — Henri-Louis-Marie de Rohan, prince de Guémené et duc de Montbazon, né le 31 août 1745, capitaine des gendarmes de la garde (1767), grand-chambellan de France (1775), épousa, le 15 janvier 1761, Victoire-Armande-Josèphe de Rohan-Soubise, fille de Charles de Rohan, prince de Soubise, maréchal de France, et d'Anne-Thérèse de Savoie-Carignan. De ce mariage sont issus : 1° Charles-Alain-Gabriel, duc de Montbazon, né le 18 janvier 1764; 2° Louis-Victor-Mériadec, né le 20 juillet 1766, duc de Rohan et de Bouillon, feld-maréchal-lieutenant au service de l'Autriche, marié à Berthe de Rohan, duchesse de Bouillon, décédée le 22 février 1841; 3° Jules-Armand-Louis, né le 20 octobre 1768; 4° Charlotte-Victoire-Josèphe-Henriette, née le 7 novembre 1761, décédée le 15 décembre 1771; 5° Marie-Louise-Joséphine, née le 14 avril 1765.

LIX. — Charles-Alain-Gabriel de Rohan, duc de Montbazon, baron de la Haye, émigré, mourut le 24 avril 1836. Par ordonnance du 4 juin 1814, il avait été remis en possession de la pairie.

CAPITAINES DE LA HAYE. — En 1428, ces fonctions étaient remplies par Pierre d'Aloigny, seigneur de la Groye; — en 1650, par Michel de la Roche, Éc., seigneur de la Menardière; — en 1673-1715, par Louis-Claude de la Roche, fils de Michel. Voici le texte des lettres par lesquelles cette charge fut conférée à Louis-Claude de la Roche :

« Anne de Rohan, princesse de Guémené, duchesse douairière de Montbazon, comtesse de Rochefort et de Montauban, marquise de Marigny, tant en notre nom que comme curatrice créée par arrest à la personne et biens de Charles de Rohan, duc de Montbazon, nostre filz aisné, salut. Scavoir faisons que voulant favorablement traitter Louis Claude de la Roche, escuyer, fils de feu Michel de la Roche, escuyer, sr de la Menardière et de luy en considération de ce que le dit feu sr de la Menardière et luy sieur de la Roche-Menardière ses père et ayeul se sont dignement et fidellement comportez dans l'exercisse de la charge de capitaine de la ville et du chasteau de la Haye en Touraine faisant partie du duché de Montbazon, nous avons pourveu et pourvoyons par ces présentes le dit de la Roche de la dite charge de cape de la d. ville, laquelle charge est vacante par la mort du d. Michel de la Roche sr de la Menardière son père, pour l'exercer par le dit Louis-Claude de la Roche aux honneurs, privilèges, prérogatives et prééminence y attribuées dont il jouira lorsqu'il aura atteint l'âge de 20 ans et qu'il aura presté le serment pour la d. charge; comme aussi et pour la même considération nous avons pourveu et pourvoyons par ces présentes le dit Louis-Claude de la Roche de la charge de capitaine de nos chasses dans l'estendue de la baronnye, terre et srie de la Haye, aux droicts et auctorités qui appartiennent à la d. charge dont il jouira lorsqu'il aura prêté le serment et qu'il aura atteint l'âge de vingt ans. Mandons au bailly et aultres officiers de la d. baronnie de la Haye de faire enregistrer ces présentes au greffe de la juridiction de la dite baronnie pour jouir par le d. Louis-Claude de la Roche de l'effet d'icelle, dans le temps y mentionnez, desquelles deux charges de capitaineries il ne jouira néantmoings et ne les exercera qu'autant que nous l'aurons agréable et qu'il nous plaira. En tesmoing de quoy nous avons signé ces présentes de nostre main, fait contresigner par l'un de nos couseillers et secrétaires ordinaires et y apposer le cachet de nos armes, à Paris le premier jour d'avril mil six cent soixante treize. Signé : ANNE DE ROHAN et plus bas, par madame: ARCHAMBAUD, et scellé. »

Par lettres du 29 juin 1692, Charles de Rohan, prince de Guémené, duc de Montbazon, pair de France, ratifia la nomination précédente.

En 1767, René-Pierre Tourneporte était capitaine-gouverneur de la Haye.

LE FIEF DES HALLES. — Il était situé dans la ville de la Haye et relevait de cette baronnie à foi. et hommage lige et quinze jours de garde au château. En 1466, il appartenait à Jean Barbin, seigneur de Puygarreau, qui rendit hommage le 26 juillet; — en 1508, à Joachim Gillier, Éc., qui rendit hommage le 10 juin de cette année et le 14 février 1534.

Le célèbre philosophe René Descartes naquit à la Haye le dernier jour de mars 1596. (V. t. II, p. 460-61.)

D'après Moréri, Diction. historique (t. V, p. 546), Jean de la Haye, baron des Couteaux, lieutenant-général de la sénéchaussée de Poitou qui joua un rôle important dans les guerres religieuses du XVIe siècle, serait originaire de la Haye, de Touraine. C'est une erreur. Ce personnage est né dans le Poitou.

La ville de la Haye portait pour armoiries : *D'or, à la fasce de sinople, chargée de trois tours d'argent.*

En 1555, le sceau à contrats de la même ville portait une grande fleur de lis accompagnée de plusieurs petites.

MAIRIE DE LA HAYE. — L'office de maire de la Haye fut créé par lettres patentes d'avril 1692. Il était héréditaire et aux gages de quatre-vingt-seize livres par an. Le premier maire fut Claude-Charles de Brissac, prêtre. En juillet 1694, il vendit cette charge, pour 2400 livres, à Joseph Charcellay, avocat au Parlement, bailli de la vicomté de la Guerche.

MAIRES DE LA HAYE DEPUIS 1801. — Thierry, 1801. — Ballue, 29 décembre 1807. — Jean-Lazare Marteau-Ballue, 8 mars 1808, 14 décembre 1812. — Ballue-Ballue, 12 avril 1816. — Olivier Mascarel, 12 octobre 1830. — Arnault, février 1874. — Justin Leveillé, octobre 1876, décembre 1877.

D. Housseau, I, 490, 493; IV. 1552, 1565; V, 1714, 1777, 1982; VI, 2341, 2451, VII, 3190, 3287; XII, 5823, 5831, 5832, 5834, 5839, 5843, 5845, 5847, 5848, 5850, 5851, 5852, 5853, 5854, 5856, 5857, 5859, 5860, 5862, 5863, 5864, 5866, 5867, 5868, 5875, 5876, 5877, 5878, 5881, 5882, 5883, 5884, 5885, 5886, 5889, 5890, 5891, 5892, 5893, 5899, 5901, 5914, 5920, 5921-22-23, 5929, 5930, 5934, 5935, 5936, 5937, 5938, 5939, 5940, 5944, 5946, 5950, 5955, 5959, 5960, 5961, 5968, 5983, 5987, 5989, 5990, 5994, 6005, 6006, 6007, 6009, 6011, 6012, 6013, 6018, 6019, 6020, 6022, 6027, 6033, 6034, 6036, 6037, 6039, 6040, 6041, 6043, 6044, 6049, 6051, 6052, 6053, 6054, 6055, 6057, 6064, 6069, 6073, 6074, 7281, 7327, 7329; XIII, 8170; XVIII. — Bélancourt, *Noms féodaux*, II, 837. — *Cartulaire de Noyers.* — Moréri, *Diction. historique*, V, 546. — P. Anselme, *Hist. généal. de la maison de France*, IV, 46, 70; VI, 6; VIII, 71. — Saint-Allais, *Nobiliaire universel de France*, XVI, 269; XVIII, 121. — Borel d'Hauterive, *Annuaire de la noblesse* (1843), p. 197-98. — Manuscrit de D. Fonteneau, I, 360. — De Cougny, *Excursion en Poitou en Touraine*, 128. — *Tableau de la généralité de Tours*, manuscrit 1212, de la bibliothèque de Tours, p. 286. — *Panorama pittoresque de la France* (département d'Indre-et-Loire), p. 15. — La Thaumassière, *Hist. du Berry*, 432-33, 540-41-44. — Le Paige, *Mém. de Miromesnil* (dans le *Diction. topographique du diocèse du Mans*), I, XIX. — *Journal d'Indre-et-Loire* du 20 novembre 1861. — *Mémoires de Michel de Castelnau*, III, 254. — Bruzen de la Martinière, *Diction. géographique*, III, 41. — A. Duchesne, *Hist. des Chanceliers de France*, 305; *Hist. de la maison de Montmorency*, 605. — Arch. d'I.-et-L., C, 654; E, 318; G, 14, 425, 826, 827-28. — Lalanne, *Hist. de Châtellerault*, I, 508, 547. — Désormeaux, *Hist. de la maison de Montmorency*, I, 134. — C. Chevalier, *Promenades pittoresques en Touraine*, 524. — Lainé, *Archives de la noblesse de France*, VI. — Chalmel, *Hist. de Tour.*, I, 335, II, 101; III, 119. — De Marolles, *Généalogie de la maison de Sainte-Maure*. — Joseph Vaissette, *Géographie historique, ecclésiastique et civile*, II, 494. — Gilles Bry, *Hist. du comté du Perche*, 311. — *Journal des communes du département d'Indre-et-Loire*, I, 335; II, 14, 53. — *Bulletin de la Société archéologique de Touraine* (1871), 99, 124, 125; (1872), p. 205; (1875), p. 187: *Mémoires de la même Société*, procès-verbal du 24 février 1864. — Boulainvilliers, *État de la France*, VI, 46. —

Gallia christiana, I, 761. — Belleforest, *Annales et histoire générale de France*, II, 1678. — *Mémoires de Sully*, I. — D'Aubigné, *Hist. universelle*, III, 45, 46. — *Mémoires de Bassompierre*, II, 53. — Mezeray, *Hist. de France*, III, 636. — Martin Marteau, *Paradis délicieux de la Touraine*, 42. — Maan, *S. et metrop. ecclesia Turonensis*, 150. — Piganiol de la Force, *Description de la France*, VII, 67. — *Mémoires de Gaspard de Saulx*, 349. — Miles Piguerre, *Hist. de France*, 622. — *Mémoires de la troisième guerre civile* (1571), p. 407. — *Cartulaire de l'archevêché de Tours*. — Bibl. nationale, Gaignères, 678. — *Rôle des fiefs de Touraine*. — Beauchet-Filleau, *Diction. des familles de l'ancien Poitou*, I, 252. — Bibl. de Tours, fonds Salmon, *titres de Sainte-Maure, de la Haye et de Nouâtre*. — Archives de la Vienne, E, 91. — *Narratio de commend. Tur. prov.*, 293. — A. Duchesne, *Hist. de la maison de Chasteigner*. — *Cartulaire de Cormery*, 72, 74. — A. Joanne, *Géographie d'Indre-et-Loire*.

Haye (Geoffroy de la), archevêque de Tours, succéda à Renaud de Montbazon, en 1312. Il était fils de Philippe de la Haye et d'Isabelle de Passavant, et frère d'André de la Haye, professeur de droit à Angers. Pendant son épiscopat il assista à deux conciles, l'un, tenu à Saumur, le 30 octobre 1315, l'autre à Châteaugontier, en avril 1320. Vers 1322, il présida, à Langeais, un synode dont les actes ne sont pas parvenus jusqu'à nous. Il mourut le 13 avril 1323.

Maan, *S. et metrop. ecclesia Turonensis*, 146. — *Almanach de Touraine*, 1770. — P. Rangeard, *Hist. de l'Université d'Angers*, 136. — Chalmel, *Hist. de Tour.*, III, 457. — D. Housseau, XV, 163.

Haye-Bodin (la), f., c⁽ⁿᵉ⁾ de Saint-Cyr. — *La Haye*, carte de Cassini. — Elle relevait des fiefs de Chaumont et de Marmoutier. — (Arch. d'I.-et-L., G, 394.)

Haye-Bodineau (la), c⁽ⁿᵉ⁾ de Pernay. V. *la Tintardière*.

Haye-de-Lerné (la), c⁽ⁿᵉ⁾ de Lerné. V. *la Haye*.

Haye-Dupuy (la), c⁽ⁿᵉ⁾ de Bueil. V. *Haie-Dupuy*.

Haye-Guillon (le lieu de la), c⁽ⁿᵉ⁾ de la Roche-Clermault. — Il relevait censivement de Chargé. — (Arch. d'I.-et-L., E, 208.)

Haye-Martel (le lieu de la), près du Plat-Loup, c⁽ⁿᵉ⁾ de Panzoult.

Haye-Moreau (le lieu de la), c⁽ⁿᵉ⁾ de Panzoult, près de la Vienne.

Haye-Neuve (le lieu de la), près de la Rebardière, c⁽ⁿᵉ⁾ de Villaines.

Hayes (les), ou **Haies**, ham., c⁽ⁿᵉ⁾ d'Ambillou, 15 habit. — *Hayes-Bodineau*, 1662. — Ancien fief. — (Arch. d'I.-et-L., *titres d'Ambillou*.)

Hayes (les), ou **Haies**, f. et chât. c⁽ⁿᵉ⁾ d'Autrèche. — *Haies*, carte de l'état-major. — *Petites-Hayes*, carte de Cassini.

Hayes (les), ou **Haies**, f., c⁽ⁿᵉ⁾ de Beaumont-la-Ronce. — *Haies*, carte de l'état-major. — *La Haye*, carte de Cassini.

Hayes (les), f., c⁽ⁿᵉ⁾ de Beaumont-Village. — *Hayes*, carte de Cassini.

Hayes (le lieu des), c⁽ⁿᵉ⁾ de Cerelles. — En 1592, il devait une rente à la collégiale de Saint-Martin. — (Arch. d'I.-et-L., *titres de Saint-Martin*.)

Hayes (les), f. et chât. c⁽ⁿᵉ⁾ de Channay. — *Hayes-Rougebec*, xvᵉ siècle. — *Hayes-Champeigné*, 1579. — *Les Hays*, 1620. — *Haies*, carte de l'état-major. — *Hayes*, carte de Cassini. — Ancien fief, relevant de la baronnie de Rillé et du duché de Château-la-Vallière. Vers 1420, il appartenait à la famille de Rougebec; — en 1426, à Jean de Saint-Germain; — en 1529, à Antoine de Saint-Germain; — en 1570, à Antoine de Savonnières, par suite de son mariage avec Renée-Charlotte de Saint-Germain; — en 1683, à Martin de Savonnières, conseiller au Parlement de Bretagne; — en 1686, à François-Martin de Savonnières, marquis de la Troche, lieutenant des gardes du corps du roi; — en 1744, à Jacques de Grandhomme, Éc. — (Arch. d'I.-et-L., E, 318, 319; G, 38. — La Chesnaye-des-Bois et Badier, *Diction. de la noblesse*, XVIII, 374.)

Hayes (les) ou **Haies**, f., c⁽ⁿᵉ⁾ de Neuillé-le-Lierre. — *Haies*, carte de l'état-major. — Ancien fief. En 1670, il appartenait à François Fourneau, Éc.; — en 1743, à Nicolas-Honoré Fourneau, Éc. En 1789, il dépendait du marquisat de Châteaurenault. — (Arch. d'I.-et-L., E, 119, 120; G, 150.)

Hayes (les), f., c⁽ⁿᵉ⁾ de Neuville. — *Les Haies, ou la Chaîne*, xviiᵉ siècle. — *Haies*, cartes de Cassini et de l'état-major. — Ancien fief. — (*Rôle des fiefs de Touraine*.)

Hayes (les), f., c⁽ⁿᵉ⁾ de Saint-Antoine-du-Rocher. — *Le Lieu-des-Hayes*, 1336. — *Haies*, carte de Cassini. — A cette époque, il relevait du fief de Saulay et appartenait à la veuve de Gervais Besnart. — (*Cartulaire de l'archevêché de Tours*.)

Hayes (le lieu des), c⁽ⁿᵉ⁾ de Saint-Règle. — Ancien fief, relevant du château d'Amboise. En 1677, il fut annexé à la seigneurie des Arpentis. — (Arch. d'I.-et-L., G, 555.)

Hayes-Champeigné (les). V. *les Hayes*, c⁽ⁿᵉ⁾ de Channay.

Hayes-de-Châteaurenault (les), paroisse de Saint-Cyr-du-Gault. — *Haiæ Blimartii quæ et Haiæ dicuntur Cyricii*, 1035. — Ancien fief. En 1745, il appartenait à Joseph de Fourateau. En 1789, il dépendait du marquisat de Châteaurenault. — (*Recueil des historiens des Gaules*, XI. — Registres d'état civil de Châteaurenault.)

Hayes-Rougebec (les). V. *les Hayes*, cne de Channay

Hays (les). V. *les Hayes*, cne de Channay.

Heauderie (l'), cme de Vou. V. *l'Herauderie*.

Heberderie (l'), ou **Héberdière**, f., cne de Neuillé-Pont-Pierre. — *Herberdière*, carte de Cassini. — Ancienne propriété de la collégiale de Saint-Martin de Tours. — (Arch. d'I.-et-L., *titres de Saint-Martin*.)

Heberge (Jean), abbé de Bourgueil, succéda à Louis Rouault de Gamaches, en 1475. Il fut ensuite nommé évêque d'Évreux et eut pour successeur Guillaume de Cluny. — (Bibl. de Tours, fonds Salmon, *titres de Bourgueil*.)

Hébergement-de-Saint-Martin-le-Beau. V. *la Côte*, cne de Saint-Martin-le-Beau.

Heberne, ou **Hubert**, archevêque de Tours, et précédemment prieur de Marmoutier, fut appelé au siège de Tours en 890 (en 896, d'après Maan), en remplacement d'Adalard. En 912, il tint un synode dans lequel fut approuvée la fête de la Réversion de saint Martin, instituée par son prédécesseur. L'année suivante, il consacra la nouvelle basilique de Saint-Martin. Il mourut en 916 et eut pour successeur Robert. — (*Gallia christiana*, VII, 1427. — *Hist. littéraire de la France*, VII. — Maan, *S. et metrop. ecclesia Turonensis*, 71. — Martin Marteau, *le Paradis délicieux de la Touraine*, II, 106. — D. Martène, *Hist. de Marmoutier*, I, 176. — D. Housseau, XV, 89.)

Hedera. V. *Neuillé-le-Lierre*.

Héere (Denis de), seigneur de Vaudoy, conseiller au Parlement de Paris, fut nommé intendant de Touraine, le 29 avril 1643, en remplacement de Charles de Besançon. Il remplit ces fonctions jusqu'au 22 octobre 1648, époque à laquelle la charge d'intendant fut supprimée. En 1649, une déclaration du roi ayant rétabli ces mêmes intendances, Denis de Héere reçut une nouvelle commission pour la province de Touraine. Il mourut à Tours en 1656. Son corps fut transporté à Paris. — (La Chesnaye-des-Bois et Badier, *Diction. de la noblesse*, VII, 142. — *Catalogue des conseillers au Parlement de Paris*, 123. — *Étrennes à la noblesse*, IV, 175. — Chalmel, *Hist. de Tour.*, III, 422-23.)

Hégronnière (la), f., cne d'Autrèche.

Hégronnière (la), f., cne de Druyes. — *Égronnière*, carte de Cassini. — *Égronnerie*, carte de l'état-major.

Hégronnière (la), f., cne de Ligré. — *Égronnière*, 1793. — *Hégronnière*, carte de Cassini. — Ancien fief, relevant de la Rocheclermault à foi et hommage simple. Par acte du 21 mars 1771, Marie-Anne Drouin, veuve de Jacques-Philippe Ragonneau, le vendit à Bertrand Poirier, avocat au Parlement. — (Arch. d'I.-et-L., E, 157; *Biens nationaux*.)

Hélas (les), vil., cne de de Chambourg, 46 habit. — *Le Lach, in parochia de Chamborto*, XIIIe siècle. — *Hélas*, cartes de Cassini et de l'état-major. — Ce lieu est cité dans une charte de Gautier de Villette, bailli de Touraine, concernant une vente faite par Émery de Genes à Pierre de la Brosse, en 1269. — (Archives nationales, J, 726.)

Hélas (le Grand-), ham., cne de Chambourg, 10 habit. — *Hélas*, carte de Cassini.

Hélène (Ste-), maison de campagne, cne de Saint-Avertin.

Helleries (le lieu des), près de la Pinguenelière, cne de Civray-sur-Cher.

Heloysière (le lieu de la), cne de Nouzilly. — Il est cité dans une charte de 1326. — (Arch. d'I.-et-L., *prévôté d'Oë*.)

Hemaie (la), f., cne de Seuilly.

Hemaux (le bois des), près du carroi de la Raudière, cne de la Celle-Saint-Avent.

Hemelière (la), f., cne d'Auzouer. — Les bâtiments étaient en ruines au milieu du XVIIIe siècle. Ce lieu relevait de Châteaurenault, et, pour une partie, de Couleurs et de Villedômer. — (Arch. d'I.-et-L., E, 119.)

Hemeris (les), f., cne de Fondettes. — *Emeries*, carte de Cassini.

Hemond (le), f., cne de Villedômer.

Hemonière (la), f., cne de Chanceaux, cton de Loches. — *Emmonière*, carte de l'état-major. — Elle relevait du fief de May et appartenait, en 1662, à Jean Angevin. — (Arch. d'I.-et-L., E, 223.)

Henaudière (la), f., cne de Coussay-les-Bois (Vienne). — Ancien fief, relevant de la baronnie de Preuilly. — (*Rôle des fiefs de Touraine.* — Bibl. nationale, Gaignères, 678.)

Henaudrie (la), ham., cne de Vou, 13 habit. — *Hainaudrie*, carte de Cassini. — *Henauderie*, carte de l'état-major.

Hendria. V. *Indre*, rivière.

Henet (le lieu de), ou **Lienet**, cne de Sublaines. — Ancien fief, relevant du château d'Amboise. En 1523, il appartenait à Jehan Fumée, prévôt de Courçay. — (Arch. d'I.-et-L., C, 634.)

Henda, cne de Limeray. V. *Bois-d'Henda*.

Henri, trésorier de Saint-Martin de Tours, évêque de Beauvais, puis archevêque de Reims, mourut le 13 novembre 1175. — (P. Anselme, *Hist. généal. de la maison de France*, I. —

Bibl. de Tours, fonds Salmon, *titres de Saint-Martin*.)

Henri II, roi d'Angleterre, né au Mans, le 5 mai 1133, fils aîné de Geoffroy le Bel, comte d'Anjou et de Touraine, usurpa ces deux provinces sur son frère et les conserva jusqu'à sa mort, arrivée à Chinon le 6 juillet 1189. La Touraine lui doit la fondation de plusieurs abbayes. Il fit construire les ponts de Chinon, de Saint-Avertin et de Saint-Sauveur, près Tours. — (Moréri, *Diction. historique*, II, 146. — Chalmel, *Hist. de Tour.*, I, 47; II, 22, 47, 49.

Henrière (la), f., cne de Neuvy-Roi. — *Henrière*, cartes de Cassini et de l'état-major. — Ancien fief. — (*Rôle des fiefs de Touraine*.)

Henrière (le lieu de la), près de la Grangellerie, cne de Reugny.

Henrières (les), f., cne de Villebourg. — *Henrières*, carte de l'état-major. — *Henriers*, carte de Cassini.

Henries (les), cne de Reugny. V. *Sêtre*.

Henry (la), f., cne de Restigné, près du bourg. — *Henrie*, carte de Cassini.

Hérable (l'), cne de Pocé. V. *Érable*.

Héral-Menoust (l'), paroisse de Manthelan. V. *Ouche-Marets*.

Hérard fut élu archevêque de Tours en avril 856, en remplacement d'Amaury, décédé. En 857, il fonda et dota le prieuré de Truyes, dépendant de l'abbaye de Cormery. Le 16 mai 858 (et non pas 856, comme le dit Chalmel) il assembla un synode à Tours. Le 18 août 866, il présida un concile tenu à Soissons. Il mourut en 871 et eut pour successeur Actard. — (A. Rivet, *Hist. d'Hérard* (dans l'*Histoire littéraire de France*, V). — Monsnier, I, 115. — *Gallia christiana*, XII, 306; XIV. — Maan, *S. et metrop. ecclesia Turonensis*, 63. — Chalmel, *Hist. de Tour.*, III, 448. — D. Housseau, I, 80, 81, 84 bis; XV, 82. — *Recueil des historiens des Gaules*, VII, 238. — *Cartulaire de Cormery*, f° 23.)

Hérardières (les), ham., cne de Perrusson, 13 habit. — *La Gironnerie*, ou *les Heraudières*, 1770. — Ancien fief. Près de là est une croix appelée *Croix-de-l'Oisillière*. — (*Rôle des fiefs de Touraine*.)

Hérauderie (la), f., cne de Vou.

Héraudière (la), f., cne de Chançay. — *Hérauderie*, carte de l'état-major.

Héraudière (la), vil., cne d'Orbigny, 21 habit. — *Rodière*, carte de Cassini.

Héraudière (la), f., cne de Parçay-Meslay.

Héraudière (la), f., cne de Rillé.

Héraudière (la), f., cne de Saint-Symphorien.

Héraudière (la), ham., cne de Villiers-au-Boin, 14 habit. — *Héraudière*, cartes de Cassini et de l'état-major. — Ancien fief, relevant du duché de Château-la-Vallière, suivant un aveu rendu, le 3 novembre 1775, par Ignace-Vincent-Étienne Lebret, chev. — (Arch. d'I.-et-L., *titres de Château-la-Vallière*.)

Hérault (l'), cne d'Ambillou. V. *Aireau-des-Bodins*.

Hérault (l'), cne de Bossée. V. *Aireau-Pichard*.

Hérault (l'), ham., cne de Cerelles, 12 habit. — *Hereau*, carte de l'état-major. — *Erreau*, carte de Cassini.

Hérault (l'), ou **Aireau**, ham., cne de Continvoir, 16 habit.

Hérault (le Grand-), f., cne de Fondettes. — *Hereau-des-Graslin*, 1663. — (Arch. d'I.-et-L., *titres de Vallières*.)

Hérault (l'), f., cne de Saint-Branchs. — Ancien fief. — (*Rôle des fiefs de Touraine*.)

Hérault (le Grand-), cne de Souvigny. V. *Aireau*.

Herault (René), chev., seigneur de Fontaine-Labbé et de Vaucresson, avocat du roi au Châtelet de Paris en 1712, procureur-général au Grand-Conseil en 1718, maître des requêtes en 1719, fut nommé intendant de Touraine le 23 mars 1722, lieutenant-général de la ville, prévôté et vicomté de Paris, le 29 août 1725, puis intendant de la généralité de Paris, le 30 décembre 1739. Il mourut le 2 août 1749. Il était fils de Louis Hérault, Éc., seigneur de Porche, officier au régiment de Champagne, et de Jeanne-Charlotte Guillard. — (De Courcelles, *Diction. de la noblesse*, I, 358. — D'Hozier, *Armorial général*, généal. *Hérault*. — P. Anselme, *Hist. généal. de la maison de France*, VI, 552. — Chalmel, *Hist. de Tour.*, III, 431-32. — La Chesnaye-des-Bois et Badier, *Diction. de la noblesse*, II, 287. — Dubuisson, *Armorial des principales familles*, I, 185.)

Hérault-Meunier (l'), vil., cne du Louroux, 20 habit.

Héraults (les), f., cne de Chédigny, près de l'Indrois.

Héraults (les), f., cne de Loches.

Héraults (les), vil., cne de Saint-Avertin, 27 habitants.

Héraults (les), f., cne de Sepmes. — *Le Herault*, carte de Cassini. — *Les Heraults*, carte de l'état-major.

Herbault (moulin d'), cne d'Auzouer, sur la Brenne.

Herbault, chef-lieu de canton (Loir-et-Cher). — Ancienne châtellenie, relevant de Châteaurenault. En 1226, elle appartenait à Guillaume de Prunelé II, chev., seigneur de la Porte; — en 1268, à Guillaume de Prunelé III, seigneur d'Alzone et de Montreal; — en 1315, à Guillaume de Prunelé IV, qui rendit hommage au seigneur de Châteaurenault, pour sa terre d'Herbault, en 1317; — en 1345, à Gui de Prunelé, qui rendit également hommage, le 11 avril de cette année; — en 1350, à Jean de Prunelé, seigneur de Marchenainville et de Beauverger; il rendit hommage au seigneur de Châteaurenault au mois de mars 1371. Il était capitaine et bailli d'Orléans. Il mourut en 1417; — en 1420, à Guy de Prunelé, évêque d'Orléans, décédé en 1425; — en 1426, à Guillaume de Prunelé VI, capitaine de Harfleur et de Bonneval, bailli de Caen, décédé en 1461; — en 1462, à Guillaume de Prunelé VII, chambellan de Charles, duc d'Orléans; il rendit hommage, pour sa terre d'Herbault, en 1489; — on 1508, à François de Prunelé, marié à Antoinette le Roy, fille de René le Roy, seigneur de Chavigny, et de Madeleine Gouffier; — en 1540, à René de Prunelé, pannetier ordinaire du roi, décédé en 1543; — en 1559, à Louis de Prunelé, qui comparut à la rédaction de la coutume de Touraine; — en 1570, à Marie de Prunelé, fille du précédent, mariée à Jean de la Personne, Éc.; — en 1620, à Charles de Prunelé, baron d'Esneval et de Pavilly, vidame de Normandie, décédé à Paris, au mois d'avril 1624; — en 1625, à Nicolas de Prunelé, baron d'Esneval et de Pavilly, vidame de Normandie; il rendit hommage pour sa terre d'Herbault, le 14 octobre 1658; — en 1668, à Jean le Bouteiller de Senlis, par suite de son mariage avec Élisabeth de Prunelé, fille de Charles et sœur de Nicolas de Prunelé; — en 1680, à Henri-Auguste d'Orléans, marquis de Rothelin, par suite de son mariage avec Marie, fille de Jean le Bouteiller, décédée le 1ᵉʳ juillet 1669. Il mourut le 28 août 1698. — D. Housseau, XII, 6485. — La Chesnaye-des-Bois et Badier, *Diction. de la noblesse*, XVI, 461. — Moréri, *Diction. historique* (supplém.), II, 122.

Herbault (la fosse), près de la Babinière, cⁿᵉ de Larçay.

Herbelotière (l'hébergement de l'), paroisse de Neuilly-le-Noble. — En 1229, Regnaud, abbé de Boisaubry, le donna à cens à André de la Lande. — (D. Housseau, VI, 2673.)

Herberderie (la), cⁿᵉ de Neuillé-Pont-Pierre. V. *Héberdière*.

Herberdière (la), cⁿᵉ de Saint-Laurent-en-Gatines. —*Huberdière*, carte de l'état-major.

Herbert (le moulin), paroisse de Neuville. — Il est cité dans une charte de 1256. — (Arch. d'I.-et-L., abbaye de Marmoutier, *mense séparée.*)

Herbert, abbé de Fontaines-les-Blanches, en 1170, en remplacement de Thibault, donna sa démission en 1173, et eut pour successeur Robert, prieur de Fontaines. Il fut appelé à l'évêché de Rennes en 1184 et mourut le 10 décembre 1198. Il eut sa sépulture dans le chœur de sa cathédrale. — (*Gallia christiana*, XIV, 321. — Arch. d'I.-et-L., et Bibl. de Tours, fonds Salmon, *titres de Fontaines-les-Blanches*. — *Mém. de la Soc. archéol. de Tour.*, IX, 228.)

Herbes-Blanches (les), f., cⁿᵉ de Vouvray. — *Herbes-Blanches*, carte de l'état-major.

Herbes-Salées (le lieu des), cⁿᵉ de Pouzay, près du chemin de Nouâtre à Sainte-Maure.

Herce (le lieu de la), alias **Vinaigrerie-du-Carroi-Ruau**, ou **Herce-Vinaigrerie**, paroisse de Saint-Pierre-des-Corps. — Il est cité dans un acte de 1775. — (Arch. d'I.-et-L., *titres de Saint-Julien*.)

Hercé (Urbain-René de), né à Mayenne en 1724, fut nommé abbé de Noyers, en 1761, en remplacement de Henri-Jacques d'Aviau du Bois-de-Sanxay, décédé. Quelques années après il fut appelé à l'évêché de Dol. Il conserva l'abbaye de Noyers jusqu'en 1785. Il eut pour successeur Louis-Jules-François d'Andigné de Mayneuf. — (*Gallia christiana*, XIV, 295. — *Mém. de la Soc. archéol. de Tour.*, IX, 286. — Arch. d'I.-et-L., G, 16. — *Almanach royal* de 1785. — C. Chevalier, *Hist. de l'abbaye de Noyers*.)

Herceium. V. *Puy-d'Ersé*, cⁿᵉ d'Azay-sur-Cher.

Hercellière (la), ham., cⁿᵉ de la Chapelle-Blanche, 16 habit. — *Hercellière*, cartes de Cassini et de l'état-major. — Ancien fief. — (*Rôle des fiefs de Touraine*.)

Hercerie (la), f. et chât., cⁿᵉ de la Croix.

Herce-Vinaigrerie (la), cⁿᵉ de Saint-Pierre-des-Corps. V. *Herce*.

Héreau (l'), cⁿᵉ de Cerelles. — *Erreau*, carte de Cassini.

Héreau-Châtillon (l'), cⁿᵉ de Sennevières, V. *Aireau*.

Héreau-des-Graslins (l'), cⁿᵉ de Fondettes. V. *Hérault*.

Héreau-des-Landes (l'), paroisse d'Azay-le-Rideau. — Métairie noble, dépendant de la châtellenie de Colombiers (1629). — (Bibl. de Tours, fonds Salmon, *titres de Colombiers*.)

Héreau-Pichard (l'), cⁿᵉ de Bossée. V. *Aireau-Pichard*.

Héréries (le lieu des), près de la Fenêtrie, cⁿᵉ de Marçay.

Hergan (l'aître), cⁿᵉ de Saint-Denis hors. V. *Huetterie*.

Herie (la), vil., cⁿᵉ de Chouzé-sur-Loire.

Herigot, ham., cⁿᵉ de la Roche-Clermault, 11 habitants.

Hérissaudières (les), f. et chât., c"* de Pernay. — *La Hérissaudière, l'Herissaudière, Hérissaudière*, xvii* et xviii* siècles. — Ancien fief, relevant du duché de Luynes. Il faisait partie autrefois de la paroisse de Sainte-Geneviève de Luynes. En 1641, il appartenait à Anne Lebert, qui reçut l'hommage, le 9 août, de Jean Falaiseau, seigneur de la Poupardière, paroisse de Fondettes. Par acte du 14 novembre 1642, Philibert Lebert, prêtre, et Anne Lebert, vendirent ce domaine à Jacques Gatian, seigneur de Lafond, conseiller du roi, juge-magistrat au siège présidial de Tours. Jacques Gatian fut nommé échevin perpétuel de la ville de Tours le 28 octobre 1652, et maire de Tours en 1659.

La terre de l'Hérissaudière a appartenu successivement par voie d'héritages à : Victor Gatian de Lafond, mort célibataire, en 1693, trésorier-général de France à Poitiers; — Louis-Victor Gatian de Taillé, conseiller du roi, lieutenant-général au bailliage de Tours, qui épousa Louise de Lutz le 11 juin 1682; — François-Jean-Louis Gatian de Clérambault, né le 31 mars 1684, contrôleur-général des finances de la généralité de Tours, qui épousa, en 1711, Thérèse Preuilly; — François-Jean Gatian de Clérambault, contrôleur-général des finances de la généralité de Tours, qui épousa, en 1745, Catherine Cormier de la Picardière; — François-Marie Gatian de Clérambault, contrôleur-général des finances et domaines de la généralité de Tours, qui épousa, le 30 septembre 1797, Françoise-Henriette de Marsay; il comparut, en 1789, à l'assemblée de la noblesse de Touraine, pour l'élection des députés aux États généraux. Il décéda le 16 janvier 1826; — François-Alfred Gatian de Clérambault, qui épousa, le 30 juillet 1830, Mlle Cécile-Euphrasie de Pignol de Rocreuse, et mourut le 20 janvier 1870; — Charles-Henri Gatian de Clérambault, actuellement lieutenant-colonel du 15° de chasseurs, par suite d'un partage fait, le 25 septembre 1876, avec Édouard Gatian de Clérambault, sous-inspecteur des domaines, son frère. — (*Rôle des fiefs de Touraine*. — Chalmel, *Hist. des maires de Tours*. — Notes communiquées.)

Hérissière (la), f., c"* de Sonzay. — Elle relevait du fief de Gast et appartenait, en 1744, à l'abbaye de Marmoutier. — (Arch. d'I.-et-L., abbaye de Marmoutier, *État des prieurés*.)

Hérissonnière (la), f., c"* de Mazières. — *Hérissonnière*, carte de l'état-major. — Ancien fief, relevant, à foi et hommage simple, de la châtellenie des Écluses. — En 1775, il appartenait à Jean-Paul Courier, bourgeois de Tours, père du célèbre Paul-Louis Courier. Jean-Paul Courier rendit aveu au châtelain des Écluses, le 17 août 1775. En 1789, la famille du Vau possédait ce fief. — (*Rôle des fiefs de Touraine*. — Bibl. de Tours, fonds Salmon, *titres de Langeais*.)

Herling, évêque de Tours, succéda à Eusèbe, en 771. Il eut pour successeur, Joseph, en 792 (en 790, d'après Maan). — (*Gallia christiana*, XIV, 33. — Maan, *S. et metrop. ecclesia Turonensis*, 49. — Chalmel, *Hist. de Tour.*, III, 447. — *Mém. de la Soc. archéol. de Tour.*, IX, 332. — D. Housseau, XV, 75.)

Hermandière (le lieu de la), paroisse de Bossée. — Il devait une rente à l'abbaye de Cormery, suivant un déclaration féodale faite, le 25 juin 1697, par François Branger. — (Arch. d'I.-et-L., *Inventaire des titres de l'abbaye de Cormery*.)

Hermansé, c"* du Louroux. V. *Armançay*.

Hermantiacum. V. *Armançay*, c"* du Louroux.

Hermel (chapelle de St-), près du bourg de Beaumont-la-Ronce.

Hermelinière (la), f., c"* de Bourgueil.

Hermenerie (l'), paroisse de Saint-Christophe. — Ancien fief, relevant de la Cuinière. En 1631, il appartenait à René de Vorenoire. — (Arch. d'I.-et-L., *titres de Bueil*.)

Hermenoust, paroisse de Saint-Paterne. V. *Armenoust*.

Hermentariæ. V. *Armentières*, c"* de Rivarennes.

Hermerie (l'), c"* de Sorigny. V. *Armerie*.

Hermerie (le lieu de l'), paroisse de Véretz. — Il est cité dans un titre de 1622. — (Arch. d'I.-et-L., E, 147.)

Hermiaire (île), dans la Loire, paroisse de Langeais. — Elle est citée dans un acte de 1792. — (Arch. d'I.-et-L., *Biens nationaux*.)

Hermilly, ancien fief, situé à Chemillé-sur-Dême. — Il relevait du château de Tours. En 1614, il appartenait à la famille de Rochefort, qui le vendit à Louis de Voyer de Paulmy. — (Arch. d'I.-et-L., E, 182.)

Herminette (le lieu de l'), près du château, c"* de Cravant.

Herminière (l'), ou **Lerminière**, f., c"* du Petit-Pressigny. — *Herminière*, carte de Cassini. — Ancien fief, relevant de la baronnie du Grand-Pressigny, à foi et hommage simple, suivant un aveu rendu, le 3 juin 1673, par la comtesse de Chavigny. — (Arch. d'I.-et-L., E, 103.)

Hermitage (l'), vil., c"* d'Avrillé, 30 habitants.

Hermitage (l'), f., c"* de Cangy. — *Hermitage*, carte de Cassini.

Hermitage (l'), f., c"* de Châteaurenault,

près de la Bransle. — *Ermitage,* carte de l'état-major.

Hermitage (l'), f., c^{ne} d'Épeigné-sur-Dême.

Hermitage (l'), c^{ne} d'Esvres. V. *Villaines.*

Hermitage (l'), f., c^{ne} de Ferrrières-sur-Beaulieu.

Hermitage (l'), ham., c^{ne} de Huismes, 13 habit. — *Hermitage,* carte de Cassini.

Hermitage (l'), f., c^{ne} de Lémeré.

Hermitage (l'), f., c^{ne} de Rillé.

Hermitage (l'), f., c^{ne} de Saint-Avertin.

Hermitage (l'), f., c^{ne} de Saint-Épain.

Hermitage (l'), ham., c^{ne} de Saint-Paterne, 11 habit.

Hermitage (l'), f., c^{ne} de Saint-Symphorien. — En 1791, elle appartenait à Pierre-Jean Pouget de Monsoudun, ancien trésorier des guerres. — (Bibl. de Tours, fonds Lambron, *Châteaux et fiefs de Touraine.*)

Hermitage (l'), f., c^{ne} de Sainte-Radégonde.

Hermitage (le lieu de l'), près de la Fontaine-Morin, c^{ne} de Souilly.

Hermite (le lieu de l'), près de la Muanne, c^{ne} du Grand-Pressigny.

Hermite (le lieu de l'), c^{ne} de Neuil, près du chemin de Saint-Épain à Pont-de-Ruan.

Hermites (les), ou **Ermites,** commune du canton de Châteaurenault, à 36 kilomètres de Tours, à 16 de Châteaurenault et 12 de Montoire. — *Capella Hugonis, seu ecclesiola quæ dicitur Heremitarum, in saltu Wastinensi,* xie et xiie siècles *(Cartulaire de la Trinité de Vendôme).*

Elle est bornée, au nord, par les communes de Montrouveau, des Hayes et de Saint-Martin-des-Bois (Loir-et-Cher); à l'est, par celle de Monthodon; à l'ouest, par Chemillé-sur-Dême; au sud, par la Ferrière et Marray. Elle est arrosée par la Démée, qui prend sa source à Vautourneux. Sur son territoire, au nord, se trouve une partie de la forêt de Gatines.

Les lieux, hameaux et villages suivants dépendent de cette commune : Le Chaillou, ancien fief. — La Petite-Corbinière (11 habit.). — La Guincendrie (24 habit.). — La Grange (11 habit.). — La Gouletterie (18 habit.). — La Guilletrie (12 habit.). — Vallière, ancien fief. — La Pentinière (12 habit.). — La Petitière (20 habit.), ancien fief. — Vautourneux, ancien fief. — La Ruine (11 habit.). — La Musse (22 habit.). — La Fouquerie (13 habit.). — La Chaine (20 habit.). — Les Louettes, la Baillée, la Gautellerie, la Guionnière, la Corbinière, Vaurobray, la Ragonnerie, Belair, la Renardière, Sournais, la Pitonnerie, Baury, la Biquetterie, la Joachimerie, Beauchêne, le Petit-Moulin, la Bougrerie, les Maisons-Neuves, la Pinaudière, la Robillière, la Chaumerie, le Fourneau, la Petite-Brossollerie, le Pertuis-deM-array, la Mulotterie, Salvert, la Maison-Rouge, la Vallée-Gault, le Petit-Vendôme, la Deniellerie, la Pouletterie, l'Épine, le Defas, la Gandonnière, le Chesneau, la Rougerio, la Nogellerie, la Gautellerie, la Sasserie, Bellevue, les Trois-Chênes, la Prenaudière, la Raudrie, la Boissière, la Pinardière, la Vallée-Germain, la Haute-Touche, les Quatre-Vents, la Pousserie, la Borde, la Terrerie, etc., etc.

Avant la Révolution, la paroisse des Hermites était dans le ressort de l'élection de Château-du-Loir et faisait partie du doyenné de la Chartre et de l'archidiaconné de Château-du-Loir, diocèse du Mans. En 1793, elle dépendait du district de Châteaurenault.

Superficie cadastrale. — 3260 hectares. — Le plan cadastral, dressé par Hardion, a été terminé le 19 juillet 1835.

Cette contrée, autrefois couverte de bois et de bruyères, produit aujourd'hui beaucoup de céréales et de vin. On y trouve deux fabriques de chaux et de tuiles et trois moulins à blé. Près du bourg, il existe des carrières de pierre dure. A une époque assez reculée, il y avait des forges dans cette localité. On voit encore, dans divers endroits, des amas de scories.

Population. — 568 habit. en 1762. — 1014 habit. en 1801. — 1010 habit. en 1808. — 1026 habit. en 1810. — 1025 habit. en 1821. — 981 habit. en 1831. — 1009 habit. en 1841. — 987 habit. en 1851. — 940 habit. en 1861. — 863 habit. en 1872. — 876 habit. en 1876.

Assemblée pour location de domestiques le dernier dimanche de mai.

Recette de Poste. — *Perception* du Boulay.

Au commencement du xie siècle, il existait, dans cette localité, une chapelle qui avait été bâtie par des hermites et qui était connue sous le nom de *Capella Hugonis.* En 1122, elle fut remplacée par une église dédiée à saint Benoit et dont on fit un prieuré-cure.

Dès 1036, la chapelle appartenait à l'abbaye de Vendôme, qui l'avait eue en don du comte d'Anjou. En 1137, la possession de l'église fut confirmée à ce monastère par Guy d'Étampes, évêque du Mans.

L'édifice actuel a été remanié dans quelques parties aux xve et xviie siècles. On l'a restauré vers 1750.

Les bâtiments de l'ancien prieuré-cure existent encore. Ils paraissent dater du commencement du xvie siècle. Les caves qui en dépendent semblent appartenir au xiie.

Deux chapelles y étaient desservies et constituaient des bénéfices. L'une était dédiée à Notre-Dame et à sainte Marguerite. On ignore à quelle époque et par qui elle avait été fondée. Le titulaire, présenté par le seigneur des Hermites, était nommé par l'abbé de Vendôme.

La seconde chapelle, placée sous le vocable de saint Jean-Baptiste, fut fondée le 6 août 1630, par Jeanne Fouché, dame de Vautourneux et de Bure, veuve d'Olivier de Silly, et qui donna, pour cette fondation, les métairies de la Guillerie et de la Grange, ou Danerie, et la moitié du fief de la Rossière. La présentation du desservant appartenait aux seigneurs de Vautourneux. Le dernier chapelain fut François des Forges, curé de Saint-Sulpice de Bailly, au diocèse de Chartres.

Le revenu du prieuré-cure était de 800 livres au milieu du XVIII° siècle. Parmi les biens que le prieur possédait se trouvait l'Ouche-de-Saint-Benoît, qui avait été donnée, vers 1600, à l'église, par le seigneur de la Ferrière, à condition que lui et ses successeurs seraient recommandés aux prières des fidèles, aux prônes des messes célébrées le dimanche. Cette obligation est mentionnée dans une déclaration féodale faite au château de la Ferrière, le 24 mars 1763.

CURÉS DES HERMITES. — Coquereau, 1669, 1698. — Pasquier, 1713. — Louis-François Percheron, 1737, décédé le 15 février 1743. — Fresneau, 1744. — Louis Derré, 1748, décédé le 14 mars 1773. — Barreau, 1773. — Nicolas Martineau, juillet 1785. — Loumegnère, 1810. — Derré, 1820. — Moriet, 1831. — Bernard, 1850, actuellement en fonctions (1880).

La paroisse des Hermites formait une châtellenie avec droit de haute, moyenne et basse justice. Dans un titre de 1694 on lui donne, mais assurément à tort, le titre de baronnie.

Au milieu du XIII° siècle, un chevalier, nommé Tancrède le Gautier, possédait cette châtellenie. En 1507, elle appartenait à Michel Lerasble, Éc., marié à Georgette des Préaux; — en 1547, à Jean Fournier, receveur-général des finances et maire de Tours. Vers le milieu du XVIII° siècle, l'abbaye de Vendôme en devint propriétaire.

MAIRES DES HERMITES. — Buron, 1801. — Chrétien, 1804, 29 décembre 1807. — Hue, 1818. — Haubois, 27 avril 1819, 1er août 1831. — Lejay, 1840. — Mulot, 1859. — Chaintron, 1874, 21 janvier 1878.

Arch. d'I.-et-L., C, 336; *titres de la cure des Hermites*. — *Pouillé du diocèse du Mans* (1648), p. 39, 41. — *Tableau de la généralité de Tours*, manuscrit n° 1212 de la Bibl. de Tours. — Cauvin, *Géographie ancienne du diocèse du Mans*, 106, 143, 306, 329-30. — *Gallia christiana* (diocèse du Mans). — Bibl. de Tours, manuscrit n° 1195. — Le Paige, *Diction. topographique du diocèse du Mans*, I, 410. — C. Chevalier, et G. Charlot, *Études sur la Touraine*, 343. — Chalmel, *Hist. des maires de Tours*, 116. — Archives du château de la Ferrière. — Registres d'état civil des Hermites.

Hermites (les), ou **Ermites**, vil., c^{ne} de Nazelles, 23 habit.

Hermites (les), c^{ne} de Saint-Benoît. V. *Caves-des-Hermites*.

Hermitière (l'), f., c^{ne} d'Ambillou.

Hermitière (chapelle de l'), c^{ne} d'Ambillou. (V. t. Ier, p. 18.)

Hermonnière (la), f., c^{ne} de Cravant.

Herneries (les), ham., c^{ne} de Vouvray, 15 habitants.

Heronde (le lieu de l'), près de Varennes, c^{ne} d'Yzeures.

Heronnière (la), f., c^{ne} d'Ambillou. — *Heronnière*, carte de l'état-major. — *Les Héronnières*, carte de Cassini.

Heronnière (la), f., c^{ne} d'Autrèche.

Heronnière (la), f., c^{ne} de Cangy. — *Héronnière*, carte de l'état-major. — Elle relevait du fief de Cottereau et appartenait au chambrier de Saint-Julien, suivant une déclaration féodale faite, le 13 août 1702, par Sandrier, marchand corroyeur à Amboise. — (Arch. d'I.-et-L., *chambrerie de Saint-Julien*.)

Heronnière (la), f., c^{ne} de Verneuil-sur-Indre. — *Heronnière*, cartes de Cassini et de l'état-major.

Heronnière (la), f., c^{ne} de Villedômer.

Herot-Numier (bois de l'), c^{ne} du Louroux.

Heroux (l'), vil., c^{ne} de la Chapelle-Saint-Hippolyte, 21 habit.

Herpenty (l'), f., c^{ne} de Bléré. — *Arpenty*, carte de Cassini. — *Herpenty*, carte de l'état-major. — Ancien fief, relevant d'Amboise. En 1431, il appartenait à Pierre de l'Herpenty, Éc.; — en 1469, à Gonzalve d'Ars; — en 1486, à Étienne Ragueneau; — en 1496, à François Briçonnet, receveur-général des finances; — en 1501, à Jean Ragueneau; — en 1520, à Étienne de la Loue; — en 1523, à Florimond Fortier, trésorier et garde de l'artillerie; — en 1534, à Guillelmine de la Loue, veuve d'Étienne de la Loue; — en 1575, à Philippe de la Loue; — en 1640, à Philippe de Boisgaultier; — en 1649, à Jean Oudin; — en 1668, à Étienne Guillerault; — en 1720, à Étienne-Jacques Guillerault; — en 1723, à Gabriel Taschereau, qui l'avait acheté du précédent; — en 1773, à Nicolas-Charles de Malon de Bercy; — en 1775, à Maximilien-Charles-Emmanuel de Malon de Bercy; — en 1789, à Charles-Jean-François de Malon de Bercy. — (Bétancourt, *Noms féodaux*, I, 425. — Arch. d'I.-et-L., E, 123, 603, 633. — *Rôle des fiefs de Touraine*. — C. Chevalier, *Hist. de Chenonceau*, 97. — Registres d'état civil de Bléré.)

Herpentys (les), c^{ne} de Saint-Règle. V. *les Arpentis*.

Herpinière (l'), c^{ne} d'Autrèche. V. *Harpinière*.

Herpinière (l'), f., c^{ne} d'Azay-sur-Cher.

— *Herpinière,* cartes de Cassini et de l'état-major. — Ancien fief, relevant du château d'Amboise, à foi et hommage lige. En 1507, il appartenait à Regnault Bernard, licencié ès lois ; — en 1523, à Gabriel Miron ; — en 1577-1607, à Philippe Prevost, Éc., gentilhomme de la chambre du roi ; — en 1637, à Pierre Forget, secrétaire de la reine ; — en 1640, à Céleste de Maillé, femme de Daniel de Marsay ; — en 1668, à René Laillier, échevin et prévôt de la monnaie de Tours ; — en 1675, à Jacques Belot, Éc., lieutenant-général au bailliage et siège présidial de Blois, par suite de son mariage avec Anne Laillier, fille de René Laillier et de Anne Girault (contrat du 11 novembre 1675) ; — en 1701, à Jacques-Florent Belot, fils du précédent, qui rendit hommage, pour sa terre de la Herpinière, le 5 août de cette année ; — en 1730, à Michel Belot, fils du précédent ; — en 1744, à N. de Bonnac ; — en 1777, à Denis-Louis Aubry, inspecteur général des manufactures et pépinières royales, marié à Louise-Françoise de Saint-Martin ; — en 1785, à Antoine-Auguste des Herbiers de l'Estenduère, capitaine au régiment Royal-Comtois, marié à Louise-Françoise de Saint-Martin. — (Registres d'état civil d'Azay-sur-Cher. — D'Hozier, *Armorial général,* reg. 2e, 1re partie. — Bétancourt, *Noms féodaux,* I, 100, 424 ; II, 550, 595, 780. — Arch. d'I-et-L., C, 603, 633, 651. — *Rôle des fiefs de Touraine.*)

Herpinière (l'), paroisse de Beaumont-en-Véron. — Ancien fief. En 1684, il appartenait à André Vinet. — (*Rôle des fiefs de Touraine.*)

Herpinière (l'), ham., cne de Cheillé, 16 habit. — *Harpinière,* carte de Cassini. — Ancien fief, relevant de Destilly. — (D. Housseau, XIV.)

Herpinière (bois de l'). — Il fait partie de la forêt de Chinon.

Herpinière (l'), f., cne de Langeais. — *Les Herpinières,* carte de Cassini.

Herpinière (l'), f., cne de Saint-Denis-hors. — En 1781, elle appartenait à Nicolas Tournyer ; — en 1788, à Antoine Tournyer, ancien gendarme de la garde du roi. — (Registres d'état civil de Saint-Florentin d'Amboise. — Bibl. de Tours, fonds Salmon, *titres d'Amboise.*)

Herpinière (l'), f., cne de Saint-Épain. — *Herpinière,* cartes de Cassini et de l'état-major.

Herpinière (l'), f., cne de Savigné. — *Harpinière,* carte de Cassini.

Herpinière (l'), f. et chât., cne de Savigny. — Ancien fief. En 1459, il appartenait à Jean de la Rivière ; — en 1474, à Louis Ruzé ; — en 1542, à Jean Bosnard ; — en 1618, à Jean Prudhomme ; — vers 1720, à Pierre-Marc de Seguin ; — en 1760, à Émilie Chesnon de Rilly ; — en 1789, à Auguste-Pierre Quirit de Coulaines. Au XVIIe siècle, il y avait une chapelle attenant au logis seigneurial. Philippe Auvray en était chapelain en 1692. — (Arch. d'I.-et-L., B, 32 ; E, 165 ; G, 696 ; *Biens nationaux.* — D. Housseau, XIV. — La Chesnaye-des-Bois et Badier, *Diction. de la noblesse,* II, 797 ; XVI, 660-61. — Lhermite-Souliers, *Hist. de la noblesse de Touraine,* 329.)

Hersauderie (la), cne de Chargé. V. *Arsauderie.*

Herse (la), f., cne de Betz. — *Herse,* cartes de Cassini et de l'état-major.

Herse (le lieu de la), près de la Niquetrie, cne de Chançay.

Herse (la), vil., cne de Chouzé-sur-Loire, 85 habit. — *Herse,* carte de Cassini.

Herse (courance de la), près de la Bourelière, cne du Grand-Pressigny.

Herse (le lieu de la), cne de Luynes. — Il relevait du fief de Bréhémont, suivant une déclaration féodale du 12 septembre 1724. — (Arch. d'I.-et-L., *titres de Bréhémont.*)

Herse (les Grande et Petite-), f., cne de Monthodon.

Herse (le lieu de la), près du Petit-Marray, cne de Restigné.

Herse (le lieu de la), près du Petit-Beaugé, cne de Sonzay.

Herse (le lieu de la), près de la Chauvellière, cne de Saint-Épain.

Herse (le lieu de la), près de la Barbinière, cne de Saint-Patrice.

Herse (le lieu de la), près des Girardières, cne de Vouvray.

Hersent-Destouches (Alexandre-Étienne, baron), né à Paris le 30 novembre 1773, fut, en 1802, secrétaire particulier du comte Mollien, directeur de la Caisse d'amortissement, puis chef de bureau dans cet établissement. Sous-préfet de la Rochelle en 1804, préfet du Jura en 1809, de la Haute-Garonne en 1813, il fut appelé à la préfecture d'Indre-et-Loire le 15 novembre 1814, en remplacement du comte de Kergariou. Destitué par l'Empereur, aux Cent-Jours, il fut réintégré à la rentrée des Bourbons et passa à la préfecture de Seine-et-Oise en 1816. Il mourut le 11 juin 1826. Il était commandeur de la Légion d'honneur. — (*Biographie des préfets* (Paris, 1826), p. 174. — Bibl. de Tours, manuscrit n° 1440. — Arch. d'I.-et-L., *État des préfets et sous-préfets d'Indre-et-Loire.*)

Herserie (la), f. et chât., cne de la Croix.

Herserie (la), f., cne de Saint-Laurent-en-Gatines. — *Herserie,* carte de l'état-major.

Herses (les), f., cne de Trogues.

Hervaserie (la), f., cne de Saint-Paterne.

Hervault, cne de Saint-Martin-le-Beau. V. *Coulaines.*

Hervé (le bienheureux), fils de Sulpice de Buzançais, seigneur de Châtillon, fut nommé trésorier de Saint-Martin de Tours en 970. L'église de Saint-Martin ayant été détruite par un incendie, il la fit reconstruire et acheva les travaux en 1014. Dans le même temps, il fonda l'abbaye de Beaumont-les-Tours, où il transféra les religieuses de l'Écrignole (1007). Vers 1012, il donna sa démission de trésorier de Saint-Martin et se retira dans une île, près de Tours, où il bâtit la chapelle de Saint-Côme. Quelques années après, sur les instances des chanoines de Saint-Martin, il revint à Tours et habita une maison située près de l'Écrignole et près de laquelle se trouvait la chapelle de Saint-Basile. Il mourut en 1021 et fut inhumé dans l'église de Saint-Martin. — (*Thes. anecd. novus*, III, 1689. — Chalmel, *Hist. de Saint-Martin de Tours* (manuscrit); *Hist. de Tour.*, IV, 239-40. — Plailly, *Notice sur le prieuré de Saint-Côme*. — *Mém. de la Soc. archéol. de Tour.*, V, 129; IX, 215; XIII, 53. — D. Housseau, I, 273; II, 340, 376.)

Hervé de Villepreux, abbé de Marmoutier, succéda à Pierre de Gascogne, en 1177. Il mourut en 1203 et fut inhumé dans le chœur de l'église abbatiale. En 1187, il avait donné sa démission d'abbé. Il eut pour successeur Geoffroy de Coursol. — (D. Martène, *Hist. de Marmoutier*, II, 144 et suiv. — Bibl. de Tours, fonds Salmon, *titres de Marmoutier*. — *Gallia christiana*, XIV. — *Mém. de la Soc. archéol. de Tour.*, IX, 256.)

Hesdin (Enguerrand de), était capitaine du château de Loches vers 1361. Il reprit l'abbaye de Beaulieu qui avait été occupée par les Anglais. Il figure dans une charte de Jean, roi de France, du 25 août 1361, en faveur du Liget. — (S. Luce, *Histoire de Bertrand Du Guesclin*, 476. — *Ordonnances des rois de France*, XVIII.)

Hesière (la), f., c^{ne} de Souvigné. — Ancien fief, relevant de la Roche-Morier. Pierre de Bordeaux rendit aveu pour ce domaine le 18 mars 1751. — (Bibl. de Tours, fonds Salmon, *titres de Château-la-Vallière*.)

Hêtre (le), f., c^{ne} de Beaumont-la-Ronce. — *Hêtre*, carte de l'état-major.

Hêtre (le) et le **Petit-Hêtre**, f., c^{ne} de Marray. — *Hêtre*, carte de l'état-major.

Hêtre (le), c^{ne} de Saunay. V. *Aître*.

Hêtres (les), f., c^{ne} de Courcelles.

Hêtrie (la), f., c^{ne} de Saint-Ouen. — *Retterie*, carte de Cassini.

Hette (l'), f., c^{ne} de Chouzé-sur-Loire.

Heugnes (châtellenie d'), située en Berry. Elle relevait du château de Tours. En 1525, elle appartenait à René de Prie; — en 1636, à la duchesse d'Elbeuf. — (*Mémoire pour Jean et Victor de Rochechouart*. Paris, 1753, p. 8.)

Heulinière (le lieu de la), paroisse de Monnaie. — En 1293, il appartenait à Raoul de Longueville. — (Arch. d'I.-et-L., *Fief de la Grange-Saint-Jean*.)

Heurrières (le lieu des), ou **Gresles-Noues**, paroisse de Monnaie. — Il relevait de Bourdigal (1567). — (Arch. d'I.-et-L., *Fief de la Grange-Saint-Jean*.)

Heurtellière (la), f., c^{ne} de Maillé-Lailler. — *Villa quæ dicitur Haratellaria*, XIIe siècle. — *Hortellière*, 1483. — *Heurtellière*, carte de Cassini. — Ancien fief, relevant du château de Nouâtre, à foi et hommage lige. En 1593, il appartenait à Jean d'Armagnac, deuxième du nom, Éc., conseiller d'État et maître d'hôtel du roi; — en 1667, à Jean d'Armagnac, troisième du nom, seigneur de la Motte-Piolant; — en 1672, à Charles d'Armagnac, chev., seigneur d'Isoré; — en 1716, à Jean-Joseph-Louis-Bernard d'Armagnac, chev., lieutenant des maréchaux de France; — en 1730, à Mathieu-Pierre d'Armagnac, chev., seigneur de la Mothe-Pressigny; — en 1789, à Charles-François-Pierre-Louis d'Aviau, chev., seigneur du Bois-de-Sanxay, marié à Catherine-Thérèse Perrin. — (*Cartulaire de Noyers*. — *Rôle des fiefs de Touraine*. — Arch. d'I.-et-L., *Biens nationaux*. — D. Housseau, XIII, 8235, 8279.)

Heurteloup (Nicolas, baron), premier chirurgien et inspecteur général du service des armées, né à Saint-Symphorien, près Tours, le 26 novembre 1750, commença ses études médicales à l'hôpital de la Charité et les acheva à Paris. Chirurgien-major à l'hôpital de Toulon, en 1791, il fut nommé, l'année suivante, chirurgien des armées du Midi, puis, en 1800, premier chirurgien des armées, et enfin, en 1804, inspecteur général de santé. Le titre de baron de l'Empire, avec une dotation de 3,000 francs, lui fut décerné. Il se distingua particulièrement dans les campagnes d'Autriche et de Prusse, par son dévouement sur les champs de bataille. En 1809, les chirurgiens militaires firent frapper en son honneur une médaille sur laquelle était son portrait, accompagnée de cette inscription : *N. Heurteloup, Turonensis, exercituum imperator. Gallor. chirurg. primarius. Vindobon.* XVIII *julii* MDCCCIX. Sur le revers on lisait : *Les chirurgiens des armées d'Allemagne.* — SA MAJESTÉ A TÉMOIGNÉ SA SATISFACTION DE LA MANIÈRE DONT LA CHIRURGIE A SERVI ET PARTICULIÈREMENT DES SERVICES DU CHIRURGIEN EN CHEF HEURTELOUP. (XVIIIe *Bulletin de l'armée*.)

Nicolas Heurteloup mourut le 27 mars 1812. Il était officier de la Légion d'honneur et chirurgien consultant de l'Empereur. On a de lui les ouvrages suivants : *Précis sur le tétanos des adultes*, Paris, 1793, in-8°. — *Rapport de la commission chirurgicale de Milan, sur la découverte de la vaccine* (traduction d'un ouvrage italien). — *Notice sur Manne, premier chirurgien en chef, à Toulon*, Berlin, 1808, in-8°. — *Réflexions sur un rapport de chirurgie légale.* — Il a traduit de l'italien un ouvrage du docteur Giannini, intitulé : *De la nature des fièvres et de la meilleure manière de les traiter*, Paris, Collin, 1808, in-8°. En 1811, il a publié une traduction d'une *Instruction sur la culture et la récolte des betteraves*, par C.-F. Achard, Paris, Tastu, 1811, in-8°. Il a collaboré au *Dictionnaire des sciences médicales*.

En 1841, le Conseil municipal de Tours, pour honorer la mémoire du baron Heurteloup, donna son nom à une partie des boulevards de cette ville, depuis la rue Royale jusqu'au canal.

Bulletin de la Société archéologique de Touraine (1870), p. 326. — *Journal d'Indre-et-Loire* du 3 décembre 1843. — *Biographie des fastes de la Légion d'honneur*, V, 454. — *Recueil des travaux de la Société médicale de Tours* (1843), p. 121. — Godefroy, *Notice sur le baron Heurteloup*, Tours, 1843, in-8°. — Chalmel, *Hist. de Tour.*, IV, 241.

Heutterie (la), paroisse de Reugny. V. *Huetterie.*

Hezière (la), f., c^{ne} d'Ambillou.

Hiberdellerie (la), c^{ne} de Perrusson. V. *Huberdellerie.*

Higleis *(nemus de)*. V. *Illeis.*

Hilaire (St-), vil., c^{ne} de Chemillé-sur-Dême, 39 habit. — *Saint-Hilaire*, carte de l'état-major.

Hilaire (le fief du prieuré-cure de **St-**), à Tours. — Il relevait de la baronnie du Palais archiépiscopal. Sa justice s'étendait sur onze maisons. — (Arch. d'I.-et-L., C, 336.)

Hilaire, abbé de Bourgueil, remplaça Aimery, en 1185. Il fit reconstruire les bâtiments claustraux, qui tombaient en ruines. Il mourut à Mirebeau le 17 août 1207 et fut inhumé dans l'église de ce prieuré. Il eut pour successeur, Lucas. — (*Recueil des chroniques de Touraine.* — Bibl. de Tours, manuscrit n° 1494. — *Gallia christiana*, II.)

Hilais (le lieu des), c^{ne} de Ports, près du chemin de Marigny à Ports.

Hildebert de Lavardin, évêque du Mans, né à Lavardin, en Vendômois, en 1057, fut nommé archevêque de Tours en 1125, en remplacement de Gilbert, décédé. En 1127, il présida, à Nantes, un concile composé de ses suffragants. Il mourut le 18 décembre 1134 et eut sa sépulture dans la cathédrale de Tours. On a de lui des écrits forts estimés.

Histoire d'Hildebert (dans l'*Hist. littéraire de France*), XI, 250. — Antoine Baugendre, *Vita Hildeberti, Parisiis*, 1708. — *Gallia christiana*, XII, preuves, p. 31. — Moréri, *Diction. historique*, VI, édit. de 1769. — Maan, *S. et metrop. ecclesia Turonensis*, 103. — Chalmel, *Hist. de Tour.*, III, 452. — *Bulletin de la Société archéologique de Touraine* (1874), p. 95, 103. — Le Paige, *Diction. topographique de la province du Maine*, II, 80. — Martin Marteau, *Paradis délicieux de la Touraine*, II, 124. — P. Rangeard, *Hist. de l'université d'Angers*, I, 16, 18, 19. — D. Housseau, XV, 113.

Hildudel. V. *Mons Hidulfi.*

Hilgodus de Neaulfe, abbé de Marmoutier, succéda à Bernard, en 1100. Nommé évêque de Soissons en 1084, il avait quitté cet évêché pour embrasser la vie monastique. Il mourut le 2 août 1104 et fut inhumé dans l'église abbatiale de Marmoutier, devant l'autel dédié à saint Antoine. — (D. Martène, *Hist. de Marmoutier*, I, 551. — Bibl. de Tours, fonds Salmon, titres de Marmoutier. — *Gallia christiana*, XIV. — *Mém. de la Soc. archéol. de Tour.*, IX, 256.)

Hinardière (la), ham., c^{ne} de Couesmes, 14 habit. — *Hinardière*, carte de Cassini.

Hinaudière (la), f., c^{ne} de Saint-Paterne. — *Pinaudière*, carte de Cassini.

Hiotterie (la), f., c^{ne} de Mosnes.

Hippocrène (la fontaine d'), près de la Haute-Métairie, c^{ne} de Cangy.

Hippolyte (la chapelle **St-**), c^{ne} de Balesmes. V. *Balesmes.*

Hippolyte (la **Chapelle-Saint-**), commune du canton et de l'arrondissement de Loches, à 12 kilomètres de Loches et à 52 de Tours. — *S. Hippolytus, seu Ypolytus, parochia S. Hippolyti, parochia de Capella S. Hippolyti*, XIIIe siècle (*Cartulaires de l'archevêché de Tours et du Liget*, chartes de l'abbaye de Beaulieu). — *La Chapelle-Hippolyte*, 1793. — *Chapelle-Saint-Hippolyte*, carte de Cassini.

Elle est bornée, au nord, par les communes de Saint-Germain, de Sennevières et de Loché ; au sud, par celles de Saint-Cyran et de Fléré-la-Rivière (Indre) ; à l'est, par Loché ; à l'ouest, par le Bridoré et Verneuil. Elle est arrosée par l'Indre ; — par le ruisseau de Vitray, qui fait mouvoir le moulin des Bordes et de Vitray et se jette dans l'Indre, près de Ballon ; — par le ruisseau de Rigny, qui se jette dans l'Indre, près de la Haute-Prône ; — et par le ruisseau de la Grande-Boire. Une partie de la forêt de Baugerais se trouve sur le territoire de la Chapelle-Saint-Hippolyte.

Les lieux, hameaux et villages suivants dépendent de cette commune : Braud (30 habit.). — Ballon (150 habit.). — Les Bordes (101 habit.). — Le Bourg-Neuf (39 habit.). — L'Héroux (21 habit.). — Le Grand-Village (26 habit.). — Les Jusseaumes (25 habit.). — La Fontaine (13 habit.). — Bauregard (10 habit.) — Molleville (10 habit.), ancienne châtellenie, dépendant de l'abbaye de Beaulieu. — Les Haut et Bas-Rigny (65 habit.), ancien fief, relevant de Bridoré. — Villecuit (10 habit.), ancien fief, relevant de la châtellenie de

Saint-Germain, connu dès le IX° siècle. — Les Pins (11 habit.), ancien fief, connu dès 1244 (*feodus de Pinis*). — Vitray (42 habit.), ancien fief, ancienne paroisse. — Saint-Paul (10 habit.), ancien fief. — Pillebourse (10 habit.). — La Roche, ancien fief, propriété, au XVIII° siècle, des religieuses Viantaises de Beaulieu. — La Cossonnière (38 habit.). — Les Bourdeaux (13 habit.). — Le Donjon (23 habit.), connu dès le XIII° siècle (*terra de Donjun*), ancienne propriété de l'abbaye de Baugerais. — L'Ornay, les Moreaux, Donet, Lege, la Couarde, etc.

Avant la Révolution, la Chapelle-Saint-Hippolyte était du ressort de l'élection de Loches et faisait partie du doyenné de Loches et du grand-archidiaconné de Tours. En 1793, elle dépendait du district de Loches.

Superficie cadastrale. — 3313 hectares. — Le plan cadastral, dressé par Alizard, a été terminé en juillet 1825. L'ancienne paroisse de Vifray a été réunie à celle de Saint-Hippolyte.

Population. — 187 feux en 1772. — 681 habit. en 1801. — 760 habit. en 1808. — 808 habit. en 1810. — 796 habit. en 1821. — 1053 habit. en 1831. — 932 habit. en 1841. — 930 habit. en 1851. — 918 habit. en 1861. — 985 habit. en 1872. — 977 habit. en 1876.

Foire le 12 septembre. Elle a été établie par ordonnance royale du 7 août 1836. — *Assemblée* pour location de domestiques le premier dimanche de mai.

Bureau de poste de Loches. — *Perception* de Verneuil.

L'église, construite au XI° ou au XII° siècle, a subi des remaniements importants au XVI° et au XVIII°. Elle offre peu d'intérêt.

Le presbytère relevait du château du Bridoré.

La collation au titre curial appartenait au grand-archidiacre de Tours.

Tous les ans, aux fêtes de saint Michel et de saint Martin, le curé était tenu de se rendre processionnellement à l'église de Saint-Martin-de-Cerçay et d'y célébrer la messe. Le desservant de Saint-Martin-de-Cerçay lui servait, à titre de rémunération, pour ces deux processions et les offices, une rente de deux setiers de seigle.

CURÉS DE LA CHAPELLE-SAINT-HIPPOLYTE. — Guillaume Dupuy, 1511. — Jehan Fillault, 1554. — Jehan Vallères, 1569. — Jehan Frecault, 1572. — Antoine Fillault, 1613. — Gilles Geron, 1625. — Jean Chantelou, 1666-73. — Chauvelon, 1684. — François Delaunay, 1695, 1702. — Charles Viennais, 1717, mort au mois d'août 1755. — Pierre Faix, 1755, 1790. — Goubeau, curé constitutionnel, 1793. — Bizière, 1831. — Renault, 1840. — Leblanc, 1851. — Bouthier, nommé en juin 1868, actuellement en fonctions (1880).

La paroisse de la Chapelle-Saint-Hippolyte constituait un fief relevant du Bridoré et qui appartenait, au XVIII° siècle, aux religieuses Viantaises de Beaulieu. En temps de guerre, les habitants étaient tenus de faire le guet dans le château du Bridoré.

La dîme de la paroisse formait un autre fief qui releva primitivement de l'archevêché de Tours, ensuite de Sennevières et en dernier lieu du château de Loches. Le propriétaire, outre les foi et hommage qu'il devait à l'archevêque de Tours, avait à remplir les fonctions d'huissier, dans le palais archiépiscopal, le jour du sacre du nouveau prélat. De plus, à cette occasion, il avait l'obligation de lui présenter un cierge.

En 1239, le fief de la dîme de Saint-Hippolyte appartenait à Dreux de Mello, seigneur de Loches qui, dans le cours de cette même année, fit aux religieux de Beaulieu la concession suivante :

Universis presentes litteras inspecturis, Droco de Melloto, dominus Locharum, salutem in Domino. Noveritis quod ego dedi et concessi meis in Christo carrissimis abbati et conventui Belliloci ut ipsi possint exemplare, excolere et facere excoli terram et nemus quod habent in parochia de capella S. Hippolyti, si aliquod nemus in dicta terra fuerit et quod de terris suam in perpetuo et sine contradictione aliqua faciant plenariam voluntatem prout sibi melius viderint empedire, ita tamen aliquod in dicta terra herbergamen fuerint ipsi mihi et meis successoribus ad usus et consuetudines patriæ sint subjecti nisi eorum fuerint condonati. In cujus rei testimonium presentes litteras eisdem dedi sigillo meo sigillatas. Datum apud S. Mathurinum, anno Domini MCCXXX° nono.

Trois ans après, le fief de la Dîme était possédé par un chevalier nommé Jean de la Roche, qui engagea à l'abbaye de Villeloin, pour la somme de vingt et une livres tournois qu'on lui avait prêtées, un muid de blé à prendre, sur sa dîme, chaque année, à la fête de saint Michel :

Universis presentes litteras inspecturis Ogis Savari de Seneveris salutem in Domino. Noverint universi quod in presentia mea constitutus Johannes de la Roche, miles, pignori obligavit abbati et conventui Villalupensi unum modium bladi in decima sua quod habet ad Capellam Sancti Ypoliti, singulis annis in festo Beati Michaelis percipiendum, quæ decima est in meo feodo, cum assensu et voluntate Agathæ uxoris suæ, pro XII libris Turonensibus. Ego dominus feodi, ad peticionem supra dictorum Johannis et Agathæ uxoris suæ dedi prædictis abbati et conventui presentes litteras sigilli nostri munimine roboratas. Actum anno Domini MCCXLII mense aprili.

En 1246, la dîme de la paroisse était passée aux mains de Geoffroy de Brenne, chev., qui donna à l'abbaye de Baugerais dix sols de cens à percevoir, à la fête de saint Maurice, sur ses cens de Saint-Hippolyte.

En 1335, la même dîme se trouve partagée entre le seigneur du Bridoré et Pierre Sabart, Éc. Ce dernier rendit hommage, pour sa part, à Nicolas de Menou, chev., seigneur de Sennevières. Au XVIIIe siècle, la dîme entière appartenait aux religieuses Viantaises de Beaulieu.

Maires de la Chapelle-Saint-Hippolyte. — Poitou, 1801. — Dupont, 1804, 1807. — Jean-Pierre Poitou, 14 décembre 1812, 2 janvier 1826. — Benoist, 1841. — Monmousseau, 1850. — Michaud, 1864. — Proust, 1870. — Menou, 1874. — Jean Auger, 21 janvier 1878.

Arch. d'I.-et-L., titres de la Chapelle-Saint-Hippolyte et des Viantaises de Beaulieu; Biens nationaux. — Rôle des fiefs de Touraine. — Archives de la Vienne, H, 3, liasse 513. — Recueil des actes administratifs d'Indre-et-Loire (1836). — Preuves de l'histoire de la maison de Menou, 22. — Cartulaire de l'archevêché de Tours. — D. Housseau, VII, 2888, 2953; XIV. — Mém. de la Soc. archéol. de Tour. IV, 70; IX, 238. — A. Joanne, Géographie d'Indre-et-Loire,. — Dufour, Diction. de l'arrondissement de Loches, 323. — Bibl. de Tours, fonds Salmon, titres de Beaulieu. — Annuaire - almanach d'Indre-et-Loire (1877), p. 174.

Hire (le lieu de la), près de la Davairie, cne des Hermites.

Hirondelle (l'), f., cne de Loché. — L'Hirondelle, XVIIe siècle. — Irondelle, carte de Cassini. — Ancienne propriété de l'abbaye de Baugerais. — (Arch. d'I.-et-L., Biens nationaux.)

His, cne de Genillé. V. Hys.

Hislensis vicaria. V. l'Ile-Bouchard.

Hispaniacus. V. Épeigné-les-Bois.

Hispanus (Sanctus). V. Saint-Épain.

Hiver (l'île), dans la Loire, cne de la Chapelle-sur-Loire.

Hivernière (l'), f., cne du Grand-Pressigny.

Hivonnerie (l'), f., cne d'Autrèche. — Rivonnerie, carte de Cassini. — Rivannerie, carte de l'état-major.

Hoberdière (le lieu de l'), paroisse de Montreuil. — Ancien fief, relevant de Châteaurenault. En 1558, il appartenait à Christine de la Hiraye. — (Archives du château de Pierrefitte.)

Hobresière (l'), f., cne de Luynes.

Hobuis (les), f., cne de Maillé. — Aubuis, carte de Cassini.

Hochinière (le lieu de la), cne de Saint-Branchs. — Il relevait de la châtellenie de Saint-Branchs, d'après une déclaration féodale du 18 mars 1688. — (Arch. d'I.-et-L., G, 68.)

Hocquinière (la), f., cne de Langeais.

Hoctière (la), f., cne de Mazières.

Hoda, paroisse de Cerelles. V. Houde.

Hodes (les), cne de Francueil. V. Oudes.

Hodoux (le moulin), sur la Brenne, cne de Luynes.

Hogue (la), f., cne de Loches. — Les Hogues, carte de Cassini.

Hoguetière (la), ou les **Hocquetières**, f., paroisse de Saint-Paterne. — Ancien fief, relevant de la prévôté d'Oë. En 1394, il appartenait à Jean Peliçon, seigneur de Forges. — (Arch. d'I.-et-L., prévôté d'Oë.)

Hoiries (les), paroisse de Saint-Pierre-des-Corps. V. Oyseries.

Holterie (la), ou **Holletrie**, f., cne de Genillé. — Ancienne propriété des Ursulines de Tours. — (Arch. d'I.-et-L., Biens nationaux.)

Hommais (les Haut et Bas-), ou **Lhommais**, vil., cne d'Esvres, 89 habit. — L'Hommais, carte de Cassini. — Hommais, carte de l'état-major. — Ancien fief. — (Rôle des fiefs de Touraine.)

Hommaye (l'), ou **Lhommaye**, f., cne de Vallères. — Ancien fief, relevant de Colombiers (Villandry), à foi et hommage simple et cinq sols de service. En 1486, il appartenait à Jehan Godeau, Éc. Le 24 août 1520, Marie Rolland, veuve de Jehan Prunier, notaire et secrétaire du roi, rendit hommage pour ce fief qui, par la suite, passa à Anne et à Claude Pommyer. Pierre Filhol et Gilbert, son frère, héritiers de ces derniers, vendirent Lhommaye, par acte du 19 avril 1560, à Scipion de Piovenne, chev., premier écuyer d'écurie du roi. — (Bibl. de Tours, fonds Salmon, titres de Colombiers. — Notes communiquées par M. Schleiter, membre de la Société archéologique de Touraine.)

Homme (l'), vil., cne de Sublaines, 30 habit. — Homme, carte de l'état-major.

Homme (l'), ham., cne de Vouvray, 18 habit. — Hommelaye, XVIe siècle. — Homme, cartes de Cassini et de l'état-major. — Ancien fief. En 1579, il appartenait à Louis Le Boucher; — En 1618, à Jean Le Boucher, Éc.; — en 1666, à Joseph Le Boucher. — (Arch. d'I.-et-L., titres de Vallières; prévôté d'Oë. — Goyet, Nobiliaire de Touraine.)

Homme-d'Or (le lieu de l'), près de la Pile, cne de Saint-Mars.

Homme-Mort (le bois de l'), cne de Reugny.

Homme-Noir (le lieu de l'), près de la Nonefrault, cne de la Croix.

Homme-Noir (hébergement de l'), près des Tonneaux, cne de Saint-Cyr. — Il relevait de Ludulesse. En 1330, Jean Michis et Jeanne, sa femme, le vendirent, pour soixante sols tournois, à Étienne de Mornay, professeur ès-lois. — (Arch. d'I.-et-L., G, 393.)

Homme-Robert (l'), c"" de Tours. V. *Orme-Robert*.

Homme-Tué (le lieu de l'), c"° de Saunay, dans la forêt de Châteaurenault.

Hommeau-de-Saché (l'). V. *Saché* et *la Colassière*, c"" de Saint-Paterne.

Hommeau-des-Guèches (l'), f., c"" de Saint-Paterne. — *Lommeau*, carte de Cassini.

Hommeau - des - Huit - Hommes (l'), c"° de Saint-Cyr. V. *le Temple*.

Hommelaie (l'), f., c"° de Chambray. — *Hommelaie*, carte de l'état-major.

Hommelaie (l'), ou **Lhommelé**, f., c"° de Château-la-Vallière. — Elle a fait partie de l'ancienne paroisse de Chouzé-le-Sec.

Hommelaie (l'), c"° de Saint-Épain. — *Hommelaye*, carte de Cassini.

Hommelaie (l'), f., c"° de Noizay. — *Hommelage*, carte de l'état-major.

Hommelaye (l'), c"° de Vouvray. V. *Homme*.

Hommelerie (le lieu de l'), près de Salvert, c"° de Draché.

Hommeraye (l'), f., paroisse de Bournan. — Elle relevait censivement du château de Loches. — (Arch. d'I.-et-L., G, 336.)

Hommes, commune du canton de Château-la-Vallière, arrondissement de Loches, à 34 kilomètres de Tours et à 14 de Château-la-Vallière. — *Omes* (acte du 14 novembre 1483). — *Houlmes*, 1649 *(Pouillé du diocèse d'Angers)*. — *Hommes*, carte de Cassini.

Elle est bornée, au nord, par les communes de Channay et de Savigné; à l'ouest, par celle de Rillé; au sud, par Continvoir et Avrillé; à l'est, par Savigné. Au nord, elle est arrosée par le Lathan. On y trouve les étangs de la Boissière et des Vinottières. Elle est traversée par le chemin de grande comunication n° 57, de Noyant à Sainte-Maure.

Les lieux, hameaux et villages suivants dépendent de cette commune : Les Maridonneaux (18 habit.). — Le Marais (14 habit.). — La Mortellerie (10 habit.). — La Damnerie (21 habit.). — La Chenaie (10 habit.). — Le Crucheron (24 habit.). — La Choulière (12 habit.). — La Fennetière (14 habit.). — La Faverie (12 habit.). — Le Fossé (33 habit.), ancien fief, relevant de la baronnie de Rillé. — La Fuye (18 habit.). — La Forteserie, ancien fief, relevant de la baronnie de Rillé. — Frenay (21 habit.), ancien fief, relevant de la même baronnie. — La Fourrerie (13 habit.), ancien fief, relevant du duché de Château-la-Vallière. — Gouimois, ancien fief, propriété du prieuré de Saint-Loup. — Le Gué-de-Gré (10 habit.). — Les Girardières (10 habit.). — La Guérinière (17 habit.). — Le Coudray (37 habit.), ancien fief, relevant de la baronnie de Rillé. — Le Rouvre (34 habit.), ancien fief, relevant du duché de Château-la-Vallière. — La Tirelière (36 habit.). — La Vignellerie (38 habit.). — La Pennetrie (10 habit.). — Le Boutemps (16 habit.). — Le Boulay, ancien fief, relevant de la baronnie de Rillé. — La Boissière, ancien fief. — Beauregard (12 habit.). — L'Aireau (10 habit.). — La Briche (32 habit.). — Parmancelle (12 habit.). — La Baraudrie (11 habit.). — Le Hautbois, la Huctière, la Barberie, Tapignon, la Lourdière, le Hautbusson, la Georgère, Jacopeau, Bourgneuf, la Gironnière, la Hottière, le Fourneau, la Touche, la Bretonnière, le Bocage, la Pichardière, etc.

Avant la Révolution, Hommes était dans le ressort de l'élection de Château-du-Loir et faisait partie de l'archiprêtré de Bourgueil, diocèse d'Angers. En 1793, il dépendait du district de Langeais.

Superficie cadastrale. — 2952 hectares. — Le plan cadastral, dressé par Graindelle, a été terminé en 1810.

Population. — 830 habit. en 1801. — 840 habit. en 1808. — 848 habit. en 1810. — 948 habit. en 1821. — 1019 habit. en 1831. — 1039 habit. en 1841. — 925 habit. en 1851. — 961 habit. en 1861. — 877 habit. en 1872. — 909 habit. en 1876.

Foires les deuxièmes lundis d'avril et de novembre. — *Assemblée* pour location de domestiques le dimanche de la Trinité.

Bureau de poste et *perception* de Savigné.

Le nom de cette commune vient probablement de celui des *Ormes* (que l'on prononçait autrefois *Oumes* ou *Oulmes*), qui croissent en grande quantité sur son territoire.

L'ancienne église était primitivement sous le vocable de saint Martin, comme on le voit par un acte du 10 septembre 1398, passé entre le curé et Hugues du Bellay. Vers le milieu du XVe siècle, elle fut dédiée à saint Georges. C'est ce qu'atteste un autre acte du 14 novembre 1483. En 1791, dans un document concernant les biens nationaux, elle était encore sous le même patronage; puis, après la Révolution, elle fut replacée sous son ancien vocable. Au point de vue architectural, elle n'offrait aucun intérêt. Elle a été remplacée par un autre édifice qui a été consacré, le 25 septembre 1877, par Mgr Colet, archevêque de Tours.

Dans l'ancienne église se trouvait une chapelle dédiée à sainte Catherine et qui constituait un bénéfice. En 1789, le curé d'Hommes en était chapelain.

En 1790, le revenu de la cure était évalué à 1,200 livres.

Le droit de présentation au titre curial appartenait au chanoine de la prébende de Saint-Robert, en l'église d'Angers.

Les registres d'état civil de cette commune commencent en 1603.

Curés d'Hommes. — Guillaume Baugé, 1632. — Pierre Moreau, 1717. — Jean Andrieux, 1750-1761. — Jean-Nicolas Renard, 1775-1790, curé constitutionnel, 1793. — Mousset, 1804. — Maille, 1821. — Victor Arnold, 1831. — Alexandre Millet, 1840. — Samson, 1850. — Beillard, 1870. — Lehleu, juin 1873. — David, 1879-80.

En 1793, Jean-Nicolas Renard donna asile à Claude-Thomas Desmé du Buisson, ancien président de la sénéchaussée de Saumur, qui était poursuivi par le tribunal de cette ville, comme contre-révolutionnaire. Il le cacha dans les greniers de la cure. Mais, un soir que Desmé était descendu dans la chambre du curé, dont la fenêtre était entr'ouverte, il fut reconnu par un passant, qui s'empressa d'aller le dénoncer. Renard et Desmé, mis en état d'arrestation, furent conduits à Saumur, où tous deux périrent sur l'échafaud.

Hommes était une châtellenie assez importante. Le château, pourvu de fortifications et flanqué de tours, était entouré de fossés sur lesquels se trouvait un pont-levis. Une chapelle en dépendait.

En 1469, cette seigneurie appartenait à Pierre d'Omes, chev.; — en 1497, à Jeanne de Montheron; — en 1508, à Mathurin d'Hommes; — en 1532, à François d'Hommes; — en 1550, à René d'Hommes; — en 1610, à François de Maillé, chevalier des ordres du roi; — en 1688, à Marie-Anne de Maillé, fille de Donatien, marquis de Maillé-Caumont et veuve de Charles Tiercelin d'Appelvoisin, seigneur de la Roche-du-Maine; — en 1717, à Jeanne de la Roue, veuve de Claude du Bosc, marquis d'Espinay.

Au milieu du XVIII° siècle, la terre d'Hommes fut achetée par René Grandhomme et elle resta annexée à celle de Gizeux jusqu'à la Révolution. En 1793, elle fut vendue nationalement sur Gaspard de Contades, émigré.

Il existait dans le bourg une maison appelée *la frèche du Vivier* et qui relevait du château d'Hommes. Le propriétaire devait à son seigneur : à la fête de saint Étienne, douze sols six deniers, deux chapons et un rameau vert; — au jour des Morts, un bouquet de fleurs odoriférantes et deux pintes d'hypocras rouge; — le jour des Rois, un baiser, un gâteau de la fleur d'un boisseau de froment, et dix-huit deniers; — le premier mai un bouquet et un baiser.

Ces singulières redevances sont mentionnées dans un acte de vente de la *frèche du Vivier*, consenti le 30 mai 1649, par Nicolas Peschard, sieur de la Brillauderie, au profit de Quentin Hervé, sieur de la Barre.

En 1776, le propriétaire auquel incombaient ces devoirs féodaux entreprit de s'y soustraire. Mais, par un jugement du bailli de Gizeux, du 24 avril de cette année, il fut bel et bien condamné à les payer, comme ses prédécesseurs l'avaient fait.

Maires d'Hommes. — Tulasne, 1790. — Borien, 1804, 29 décembre 1807. — Urbain Bourdais, 22 juillet 1808. — Pierre Bordeau, 19 septembre 1808, 14 décembre 1812. — Frédéric Maffray, 18 août 1815, 1er août 1821. — Bodeau, 8 novembre 1830. — Tulasne, 1831. — Duchesne, 1840. — Carré, 1851. — Tulasne, 1864. — Pierre Coudray, 1869; 9 février 1874, 21 janvier 1878.

Arch. d'I.-et-L., B, 19, 23, 28, 39; *titres de la cure d'Hommes; Biens nationaux.* — *Rôle des fiefs de Touraine.* — *Semaine religieuse du diocèse de Tours* du 13 octobre 1877. — J. Guérin, *Notice historique sur Gizeux et les communes environnantes*, 92. — P. Anselme, *Hist. généal. de la maison de France*, VII. — *Annuaire-almanach d'Indre-et-Loire* (1877), p. 104.

Hommes (l'étang d'), c^{ne} d'Hommes. — Il a été desséché et est, depuis assez longtemps, livré à la culture.

Hommes (le bois aux), c^{ne} du Petit-Pressigny.

Hommet (le lieu de l'), près du Petit-Plessis, c^{ne} de Neuillé-Pont-Pierre.

Homon (le fief de), paroisse d'Antogny. — En 1239, il appartenait à Guillaume Baudin. — (Arch. d'I.-et-L., *prévôté d'Antogny*.)

Hopital (l'), c^{ne} de Balesmes. V. *l'Hopitau.*

Hopital (l'), c^{ne} de Cerelles. V. *Puiserie.*

Hopital (l'), f., c^{ne} de Dolus. — *Hôpital,* carte de l'état-major. — Ancien fief et chef-lieu de la commanderie de Dolus, de l'ordre de Malte. En 1440, Jean Jolivet est qualifié de commandeur de l'Hôpital de Dolus, dans un bail concernant la métairie du Petit-Temple. Pierre Pluau prend la même qualité dans un titre de 1485. Au XVIII° siècle, l'Hopital n'était plus qu'une simple ferme dépendant de la commanderie de Ballan. Au XVI° siècle, on y voyait une chapelle où l'on célébrait la messe le dimanche et aux principales fêtes. — (*Rôle des fiefs de Touraine.* — Archives de la Vienne, *titres du prieuré d'Aquitaine.* — Bibl. de Tours, fonds Salmon, *commanderies de Touraine.* — Arch. d'I.-et-L., *Biens nationaux.*)

Hopital (l'), c^{ne} de Notre-Dame-d'Oë. V. *Hopitau.*

Hopital (l'), ou **Hopitau**, f., c^{ne} de Saint-Jean-sur-Indre. — *Hopital-de-Saint-Jean-sur-Indre.* — *Hopital,* carte de l'état-major. — Ancienne commanderie de l'ordre du Temple, puis de celui de Malte. Avant le XVII° siècle, ce domaine avait perdu son titre de commanderie et était annexé à la commanderie de Fretay. En 1724, son étendue était de soixante-sept arpents. Il constituait un fief relevant du château de Loches. — (*Rôle des fiefs de Touraine.* — Bibl. de Tours, fonds Salmon, *Procès-verbal des améliorissements de Fretay.*)

Hopital (l'), f., c^{ne} de Semblançay. — *Hopital-de-Saint-Jean-de-la-Lande*, 1790. — *Ho-*

pitai, carte de Cassini. — Ancienne commanderie de l'ordre de Malte. Jean Rigogne était qualifié de commandeur de l'Hopital-de-Saint-Jean-de-la-Lande, en 1445. Au XVIII° siècle, cette commanderie était réunie à celle d'Amboise. Une chapelle en dépendait. On y célébrait la messe deux fois par semaine. Une foule de pèlerins s'y rendaient le jour de saint Jean. En 1775, le commandeur d'Amboise enleva les vases sacrés et les ornements et fit une bergerie de cette chapelle qui, d'après un procès-verbal de 1791, avait trente-quatre pieds de longueur. Soixante arpents de terre dépendaient de cette commanderie. — (Arch. d'I.-et-L., *Biens nationaux*. — Archives de la Vienne, *titres du prieuré d'Aquitaine*.)

Hopital (François de l'), fils de Jean Galuccio de l'Hopital, originaire du royaume de Naples, et de Jeanne Braque, fut nommé maitre des eaux et forêts de Touraine le 7 janvier 1400, et mourut le 24 novembre 1427. — (La Chesnaye-des-Bois et Badier, *Diction. de la noblesse*, X, 714. — Saint-Allais, *Nobiliaire de France*. — Moréri, *Dict. historique*.)

Hopital-de-Saint-Jean-de-Launay-Bidault (l'), V. *Aunay*, c^{ne} de Ciran.

Hopital-sous-Piagu (l'). V. *Ciran*.

Hopitau (l'), ou **Hopital**, f., c^{ne} de Balesmes. — *L'Hopitaux*, carte de Cassini. — *Hopiteau*, carte de l'état-major. — C'était le siège primitif de l'ancienne commanderie de l'ordre du Temple, appelée *la Rivière*.

Hopitau (l'), f., c^{ne} du Boulay. — *L'Hopitau-de-Saint-Jean-du-Boulay*, 1600. — Ancien fief, relevant de Châteaurenault et dépendant, au XVI° siècle, des commanderies de Perchaye et d'Artins, et, au XVIII°, de la commanderie d'Amboise. — (*Rôle des fiefs de Touraine*. — Archives du château de Pierrefitte. — A. de Maulde, *Essai sur l'armorial du Mans*, 4.)

Hopitau (l'), f., c^{ne} de Cléré. — Ancienne propriété de l'ordre de Malte. — (Arch. d'I.-et-L., *Biens nationaux*.)

Hopitau (l'), ou **Hopital**, f., c^{ne} de Notre-Dame-d'Oë. — *Hopitau*, cartes de Cassini et de l'état-major. — On y voyait une chapelle qui fut interdite en 1787. — (Arch. d'I.-et-L., G, 14, *Registres de visite du diocèse de Tours*.)

Hopitau (closerie de l'), c^{ne} de Saint-Denis-hors. — Ancienne propriété de la commanderie d'Amboise. — (Arch. d'I.-et-L., *Biens nationaux*.)

Hopitau (l'), c^{ne} de Saint-Jean-Saint-Germain. V. *l'Hopital*.

Hopitau (le fief de l'), paroisse de Saint-Nicolas de Bourgueil. — Il relevait du fief du Colombier, à foi et hommage simple et appartenait, en 1691, au curé d'Ingrandes. — (Bibl. de Tours, *terrier du Colombier*.)

Hopitau (le lieu de l'), c^{ne} de Saint-Pierre-de-Tournon. — Près de là est une fontaine appelée *Fontaine-de-la-Chassiouse*, ou *de l'Hopitau*.

Hopitau (le lieu de l'), près de Madré, c^{ne} deSaint-Quentin.

Hopitaux (le lieu des), près de l'Ile-Auger, c^{ne} de Chambourg.

Hoquinière (la), c^{ne} du Boulay. V. *Hauquinière*.

Horaye (la), vil., c^{ne} de Monts, 53 habit. — Près de là naît un ruisseau portant le même nom.

Horloge (moulin de l'). V. *Amboise* (Hôtel-Dieu).

Hors-Duel, f., c^{ne} de Véretz.

Hortanne (l'), vil., c^{ne} de Balesmes, 49 habit. — *Ortanne*, plan cadastral et carte de l'état-major. — Ancien fief, relevant de la baronnie de la Haye, à foi et hommage lige. — (D. Housseau, XII, 6089.)

Hortellière (la), c^{ne} de Maillé-Lailler. V. *Heurtellière*.

Hortier, vil., c^{ne} de Luzillé, 68 habit. — *L'Ortier*, carte de Cassini.

Hortière (l'), ham., c^{ne} de Saint-Laurent-en-Gatines, 18 habit. — *Lortière*, carte de Cassini. — Par acte du 18 janvier 1497, Tanneguy de Montfort, Éc., seigneur de Guignes, le vendit aux religieuses de Beaumont-les-Tours. — (Arch. d'I.-et-L., *titres de la Roche*.)

Hosbert, c^{ne} de Saint-Paterne. V. *Haudbert*.

Hospice (l'), f., c^{ne} de Château-la-Vallière.

Hospice (l'), f., c^{ne} de Lublé. — Ancienne propriété de l'hôpital de Lublé. — (Arch. d'I.-et-L., *Biens nationaux*.)

Hospitaliers (le fief des), dans la ville de Langeais. — Ancienne propriété de la commanderie de Ballan. — (Archives de la Vienne, *prieuré d'Aquitaine*.)

Hôtel-de-la-Baleine (l'), à Veigné. — Ancienne propriété du prieuré de Saint-Côme, d'après un bail du 26 avril 1419. — (Arch. d'I.-et-L., G, 517.)

Hôtel-de-Montbazon. V. *la Massetière*, c^{ne} de Tours.

Hôtel-de-Mosnes (l'). V. *Thommeaux*, c^{ne} de Mosnes.

Hôtel-des-Chaumes (l'), ham., c^{ne} de Caugy, 10 habit.

Hôtel-Dieu (l'), c^{ne} de Fondettes. V. *les Guillets*.

Hôtel-Dieu-d'Amboise (l'), V. *Amboise*.

Hôtel-Noble (l'), près du bourg de Vernou. — *Hôtel-Noble*, carte de Cassini. — Ancien fief, relevant de Pocé. En 1767, il appartenait à Jean de Cop. — (Arch. d'I.-et-L., E, 38.)

Hôtel-Saint-Louis (l'), dans le bourg de Paulmy. — Maison seigneuriale dans laquelle on rendait la justice en 1752. — (Arch. d'I.-et-L., G, 78.)

Hôtellerie (l'), cne de Fondettes. V. *la Guignière*.

Hôtels (les), ou **Autels**, f., cne de Négron. — Ancien fief, relevant d'Amboise. En 1722, il appartenait à N. Avrain; — en 1767, à Jacques Cormier de la Picardière; — en 1790, au Chapitre de Saint-Florentin d'Amboise. Une chapelle, dédiée à Notre-Dame, en dépendait. — (Arch. d'I.-et-L., C, 559, 603, 633, 651; E, 144; G, 145.)

Hotmann (Vincent), chev., seigneur de Fontenay, conseiller au Parlement de Paris, maître des requêtes, fils de Timoléon Hotmann, président des trésoriers de France, fut nommé intendant de Touraine, en 1656, en remplacement de Denis de Heere. En 1657, il passa à l'intendance de Bordeaux, puis, en 1663, à celle de Paris. Conseiller d'État en 1669 et ensuite intendant des finances, il mourut à Paris le 14 mars 1683. — (De Courcelles, *Diction. de la noblesse*, I, 431. — Moréri, *Diction. historique* (supplém.), III, 688. — Chalmel, *Hist. de Tour.*, III, 424. — *Catalogue des conseillers au Parlement de Paris*, 69.)

Hotot (Guillaume de), abbé de Cormery, succéda à Pierre d'Azay en 1412. Il donna sa démission en 1417 et fut remplacé par Humbert. Vers 1420, il fut de nouveau nommé abbé de ce monastère, où il mourut en 1434. Il était évêque de Senlis. On lui éleva, dans l'église abbatiale, près du grand autel, un tombeau de marbre noir sur lequel il était représenté par une statue de marbre blanc, revêtu des insignes épiscopaux. Sur ce tombeau on lisait l'inscription suivante :

CY GIST
NOBLE HOMME ET DE BONNE MEMOIRE MAISTRE GUILLAUME DE HOTOT, DOCTEUR EN THÉOLOGIE, JADIS EVESQUE DE SENLIS, ABBÉ ET ADMINISTRATEUR PERPETUEL DU MOUSTIER DE CEANS ET CONSEILLER DU ROY NOSTRE SIRE, QUI TRESPASSA CEANS L'AN MIL CCCC XXXIIII.

Priez Dieu pour luy.

Bibl. de Tours, fonds Salmon, *titres de Cormery*. — *Cartulaire de Cormery*, CVII.

Hottares (le lieu des), près de la Chardonnière, cne de Vouvray.

Hotte-des-Prés (la), f., cne de Saint-Cyr-sur-Loire. — *Hotte-des-Prés*, carte de Cassini.

Hotterie (le lieu de la), cne de Genillé. — Ancienne propriété des Ursulines de Tours. — (Arch. d'I.-et-L., *Biens nationaux*.)

Hottière (la), f., cne d'Hommes. — *Hottière*, carte de Cassini.

Hottière (la), f., cne de Mazières.

Houallerie (la), f., cne de Neuillé-le-Lierre. — *Houaslerie*, 1742. — Ancien fief, relevant de Couleurs, à foi et hommage simple et deux sols six deniers de services. En 1450, il appartenait à Nicole Boutillier; — en 1472, à Guillemette Montet, veuve du précédent; — en 1507, à Artuse de Ballan; — en 1575, à Laurent le Blanc, seigneur de la Vallière, qui rendit hommage le 21 avril; — en 1742, à Marie-Thérèse de Noailles, duchesse de la Vallière, veuve de Charles-François de la Baume le Blanc, lieutenant-général des armées du roi. — (Bibl. de Tours, manuscrit n° 1440. — Archives du château de Pierrefitte.)

Houarderie (le lieu de la), paroisse de Sennevières. — Il relevait censivement du château de Sennevières. — (Arch. d'I.-et-L., E, 94.)

Houbardière (la), ou **Houberdière**, f., paroisse de Saint-Étienne-lez-Tours. — *Fouberdière*, 1600. — En 1576, elle relevait du fief de Rigny. — (Arch. d'I.-et-L., *titres de Saint-Côme*.)

Houbellerie (la), vil., cne de Saint-Mars, 77 habit. — *Houbellerie*, carte de Cassini. — On y trouve des pierres meulières.

Houcheraye (la), ou **Houcherais**, f., cne de Neuillé-Pont-Pierre. — *L'Oucheraie*, carte de l'état-major. — Ancienne propriété de la collégiale de Saint-Martin. — (Arch. d'I.-et-L., *prévôté d'Oë*.)

Houchette (les Grande et Petite-), f., cne de Monnaie.

Houchinière (la), vil., cne de Saint-Branchs, 19 habit. — *Houssinière*, carte de Cassini. — *Houchinière*, carte de l'état-major.

Houdaigne, f., cne de Cléré. — *Houdaigne*, cartes de Cassini et de l'état-major. — Ancien fief, relevant de Saint-Mars. En 1322, il appartenait à Pierre de Houdaigne; — vers 1350, à Pierre Godescheau; — vers 1360, à Raoul de Sazilly; — vers 1416, à Hardouin de Houdaigne; — vers 1453, à Jean Chopin; — en 1454, à Charles de Surgères; — en 1467, à Blaise Chopin; — en 1505, à Pierre Chopin; — en 1544, à Pierre Perrin; — en 1560, à Jacques de Perronais; — en 1567, à Pierre de Laval; — en 1582, à Honorat d'Acigné, comte de Grandbois; — en 1616, à Françoise de Schomberg et à son mari, François de Daillon, comte du Lude; — en 1655, à Henri de Daillon; — en 1720, à Gaston-Jean-Baptiste-Antoine, duc de Roquelaure, maréchal de France; — en 1728, à Jean-Baptiste-Pierre-Henri de la

Rüe du Can; — en 1766, à Michel-Denis de la Rüe du Can, baron de Champchévrier. — A Houdaigne se trouvait une chapelle qui constituait un bénéfice et dont Jean-François Chevalier, curé de Cléré, était chapelain en 1776. — (Arch. d'I.-et-L., titres de Saint-Martin, C, 582; G, 781; cure de Cléré. — J. Guérin, Notice historique sur Gizeux, 109.)

Houdaigne, c^{ne} de Langeais. V. la Rivière.

Houdairie (la), ou **Houderie**, f., c^{ne} de la Ferrière. — Houdairie, cartes de Cassini et de l'état-major. — Elle relevait de la châtellenie de la Ferrière. Le 2 juillet 1704, Catherine de la Haye, veuve de Charles Raçois, conseiller du roi et grenetier au grenier à sel de Neuvy, la vendit à Gabriel de la Haye, Éc., seigneur de Charreau. En 1764, elle appartenait à Léonor de Regnard, chev., seigneur des Granges, et à Gabriel de la Haye. En 1792, Rosalie-Marc-Marie-Thérèse Rancher de la Ferrière, femme d'Alexandre-Roger-François du Pouget de Nadaillac, en était propriétaire. — (Archives du château de la Ferrière.)

Houdan des Landes (François-Silvain-Denis), né à Vernou, le 6 juin 1754, fit ses études à l'école militaire et fut ensuite admis comme sous-lieutenant dans le régiment de Bretagne. Capitaine en 1790, il continua de servir jusqu'en 1793. Il était chef de brigade lorsque, par ordre de la Convention, il fut mis à la retraite. Il mourut à Usage, commune de Huismes, le 28 juin 1807. On a de lui un poème intitulé La nature sauvage et pittoresque et qui ne fut publié qu'après sa mort (Paris, Gignet et Michaud, 1808, in-18). Ce poème, aujourd'hui complètement oublié, offre quelques passages qui annoncent un talent réel dans le genre descriptif. — Houdan des Landes a également publié une Histoire du siège de Gibraltar (Lyon, 1783, in-8°). A la suite de ce travail se trouve une Ode sur la prise du fort Saint-Philippe.) — (Chalmel, Hist. de Tour., IV, 243. — Quérard, La France littéraire. — Larousse, Grand diction. universel du XIXe siècle, IX, 409. — Didot, Biographie générale, XXV, 246.)

Houde (les Grande et Petite-), f., c^{ne} de Cerelles. — Hoda, XIIe siècle. — Hôtel et gangnerie de la Houde, XVe siècle. — La Houde, carte de Cassini. — Ancienne propriété de la collégiale de Saint-Martin. — (Arch. d'I.-et-L., prévôté d'Oë.)

Houdeau (le), ham., c^{ne} de Monnaie, 13 habit. — Houdeau, carte de l'état-major.

Houderie (la), c^{ne} de la Ferrière. V. Houdairie.

Houdes (les), f. et chât., c^{ne} de Francueil. — Hodes, Hoades, 1282. — Oudes-de-Bléré, 1513. — Oudes, carte de Cassini. — Ancien fief, relevant du château d'Amboise. En 1282, il appartenait à Alise, dame de Pauliac, qui fit un don à l'abbaye de Villeloin; — en 1431, à Jehan Marques, décédé en 1460; — en 1462, à Pierre Marques, qui le vendit, en 1468, à Adam de Hodon, pour 500 écus d'or. Celui-ci le céda, pour 821 écus d'or, à Thomas Bohier. En 1535, Antoine Bohier le vendit au roi François Ier, et, en 1547, Henri II le donna à Diane de Poitiers. Depuis le XVIe siècle jusqu'en 1780, ce domaine est resté incorporé à la châtellenie de Chenonceau. Le logis seigneurial était autrefois fortifié. En 1582, Catherine de Médicis y établit une filature de soie. — (Arch. d'I.-et-L., C, 336, 633, 651; E, 127. — Bibl. nationale, Gaignères, 678. — D. Housseau, VII, 3393; XIII, 11009 — Mém. de la Soc. archéol. de Tour., X, 102; XIII, 20. — C. Chevalier, Hist. de Chenonceau. — De Marolles, Hist. des comtes d'Anjou, 52.)

Houdin, f., c^{ne} de Cussay.

Houdineries (les), f., c^{ne} de Bréhémont.

Houdinière (la), f., c^{ne} de Courcelles. — Houdinière, carte de l'état-major. — Ancien fief, relevant de Chantilly. En 1411, il appartenait à Pierre de la Houdinière; — en 1565, à Antoine de la Houdinière, Éc.; — en 1614, à Antoinette de la Houdinière, femme d'Ambroise des Escotais, chev., seigneur de Chantilly; — en 1709-14, à Michel-Séraphin des Escotais. Le fief de la Valinière en relevait. — (D. Housseau, XIII, 10776. — Arch. d'I.-et-L., B, 23; E, 83, 121, 318.)

Houdinière (la), f., c^{ne} de Luynes. — Ancien fief, relevant du duché de Luynes. — (Arch. d'I.-et-L., E, 367. — Rôle des fiefs de Touraine.)

Houdouinière (la), f., c^{ne} de Bueil.

Houdrau (l'étang d'), c^{ne} de Souvigné.

Houdrie (la), c^{ne} de la Ferrière. V. Houdairie.

Houdrière (la), c^{ne} de Ballan. V. Houdrillère.

Houdrière (la), f., c^{ne} de Pouzay. — Houdrière, carte de Cassini.

Houdrière (la), f., c^{ne} de Souvigné.

Houdrière (la), f., c^{ne} de Villeperdue. — Houdrière, carte de Cassini. — Haudrière, carte de l'état-major. — Elle relevait censivement du fief de Villeperdue. — (Arch. d'I.-et-L., G, 6.)

Houdries (les), f., c^{ne} de Fondettes. — Houdris, 1739. — Houdrières, 1791. — Houdries, carte de l'état-major. — Ancienne propriété des Jacobins de Tours. — (Arch. d'I.-et-L., Biens nationaux.)

Houdrillère (la), f., c^{ne} de Ballan. — Grande-Houdrière, XVIIe siècle. — Houdrillère, carte de l'état-major. — Vers 1610, Étienne de Bonnigal était qualifié de sieur de la Houdrière. — (Arch. d'I.-et-L., E.)

Houdrioux, vil., c^ne de Restigné, 18 habitants.

Houdris (les), f., c^ne de Fondettes. V. *Houdries*.

Houdry (Vincent), né à Tours, paroisse Saint-Hilaire, le 22 janvier 1630, entra dans la Compagnie de Jésus le 9 octobre 1647. Il professa pendant onze ans les humanités, la rhétorique et la philosophie, et exerça ensuite la prédication pendant vingt-cinq ans. Il s'occupa, avec succès, de poésies latines. On a de lui un petit poème intitulé *Ars typographica*, et une autre œuvre poétique, *la Collation*, où il fait preuve d'un talent comparable à celui de Rapin. Il a formé un recueil de sermons considérable : *la Bibliothèque des prédicateurs*, Lyon, Bruisset, 1733, 22 vol. in-4°. Il a publié également un *Traité de la manière d'imiter les bons prédicateurs*, Paris, Boudot, 1702, in-12. Il mourut à Paris, le 19 mars 1729, âgé de quatre-vingt-dix ans et trois mois. — (Moréri, *Dict. historique* (supplém.), I, 147. — Chalmel, *Hist. de Touraine*, IV, 248. — D. Housseau, XXIII, 287-88, 519. — Quérard, *la France littéraire*. — Chandon et Delandine, *Dict. universel, hist. critique et bibliographique*. — *Mémoires de Trévoux*, janvier 1725 et août 1726.)

Houdry (Jacques), sieur des Roulets, fut nommé maire de Tours en 1605, en remplacement de Thomas Bonneau. Il eut pour successeur, en 1606, Jean Gault, sieur de Boisdenier. — (Chalmel, *Hist. des maires de Tours* (manuscrit), p. 130. — Lambron de Lignim, *Armorial des maires de Tours*.)

Hougerie (le lieu de la), c^ne de Sonzay.

Houillères (les), ou **Houllières**, f., c^ne de Marcilly-sur-Maulne.

Houillerie (la), f., c^ne de Villebourg. — *Houlerie*, carte de Cassini.

Houlée (la), f., c^ne de Monthodon.

Houlet (la fontaine de), près des Boutaudières, c^ne de Vou.

Houllerie (la), f., c^ne de Monthodon. — *Houlerie*, carte de l'état-major.

Houlonnerie (la), f., c^ne de Restigné.

Houlzais (le lieu de), près du bois du Bas-de-Chezelles, c^ne de Chezelles.

Houpinière (la), paroisse de Cravant. V. *Champignié*.

Houquinière (la), ou **Bouguinière**, ham., c^ne de Saint-Nicolas-des-Mottets, 12 habit.

Hourière (le lieu de la), c^ne de Berthenay. — Elle relevait de Fontcher (1555). — (Arch. d'I.-et-L., *Inventaire des titres de Foncher*.)

Housarderie (la), f., c^ne de Loché.

Housière (la), f., c^ne de Luynes.

Houssaie (la), f., c^ne de la Chapelle-Blanche. — *Houssaye*, carte de Cassini. — Ancien fief. — (*Rôle des fiefs de Touraine*.)

Houssaie (ruisseau de la). — Il prend sa source près de la ferme de la Houssaie, commune de la Chapelle-Blanche, et se jette dans l'Étang-Neuf, c^ne de Ligueil.

Houssaie (les trois étangs de la), c^ne de Charnizay. — Leur étendue est de quatorze arpents. Ils furent vendus, en 1793, sur Gabriel d'Arsac, émigré. — (Arch. d'I.-et-L., *Biens nationaux*.)

Houssaie (la), f., c^ne de Ferrières-sur-Beaulieu.

Houssaie (moulin de la), sur la Roumer, c^ne de Langeais.

Houssaie (la), f., c^ne de Monthodon. — *Le Houssay*, carte de Cassini.

Houssaie (la), c^ne de Rouziers. V. *Houssaye*.

Houssaie (la), f., c^ne de Saint-Avertin. — *Houssaie*, carte de Cassini. — Elle relevait du fief de Brechenay et appartenait, en 1729, à Catherine Souchay, veuve d'Étienne Benoit de la Grandière. — (Arch. d'I.-et-L., *titres de Saint-Martin*.)

Houssaie (la), vil., c^ne de Villedômer, 23 habit. — *La Houssée*, carte de Cassini.

Houssaie (la), ham., c^ne de Villeloin, 10 habitants.

Houssard (le), f., c^ne de Villandry.

Houssard (Georges-François-Eugène), né à Cerelles (Indre-et-Loire), le 19 octobre 1814, membre du Conseil général pour le canton de Neuillé-Pont-Pierre depuis 1852, fut élu député dans la première circonscription de Tours en 1868. Son mandat lui fut continué en 1869 par 19023 voix, contre 7167 données à M. Rivière ; puis, le 8 février 1871, il fut élu par 64283 suffrages. Nommé sénateur le 30 janvier 1876, il échoua aux élections sénatoriales de janvier 1878. M. Houssard a été successivement maire de Chanceaux et de Sonzay. Il est président de la Société d'agriculture, sciences, arts et belles-lettres du département d'Indre-et-Loire, et chevalier de la Légion d'honneur. — (*Journal d'Indre-et-Loire*, 1852, 1868-69, 1871, 1876-78. — Larousse, *Grand diction. histor. du XIXe siècle* (suppl.), p. 963.)

Houssardière (la), f., c^ne de Louestault. — *Houssardière*, carte de Cassini. — Au XVIIe siècle, elle relevait de la châtellenie de Louestault et appartenait à la famille de Menou. —

(Arch. d'I.-et-L., *trésorerie de Saint-Martin*.)

Houssardières (le lieu des), près de Porcherieux, c⁻ d'Autrèche.

Houssay (le), f., c⁻ de Château-la-Vallière. — Elle a fait partie de l'ancienne paroisse de Chouzé-le-Sec.

Houssaye (étangs de la), c⁻ de Charnizay. V. *Houssaie*.

Houssaye (la), f., c⁻ de Ferrières-Larçon.

Houssais, ou **Houssaye** (le), f., c⁻ de Rouziers. — *Houssaye*, carte de Cassini. — Ancienne propriété du Chapitre de l'église de Tours, auquel elle avait été léguée par Martin Dubois, en 1526. — (Arch. d'I.-et-L., G, 90 ; *Biens nationaux*.)

Housseaux (bois des), f., c⁻ de Thizay.

Houssière (la), f., c⁻ Chaumont-sur-Loire. — Ancien fief, dépendant du Feuillet, paroisse de Souvigny. — (Arch. d'I.-et-L., E, 55.)

Houssière (la), f., c⁻ de Luynes. — *Houssinière*, carte de Cassini.

Houssière (la), paroisse de Souvigny. V. *Villegarné*.

Houssière (la), ham. et chât., c⁻ de Varennes, 12 habit. — *Houssière*, carte de l'état-major. — Ancien fief. En 1641, il appartenait à Benjamin-Jacques de Quinemont ; — en 1791, à Jacques de Pomard. — (Arch. d'I.-et-L., *Biens nationaux*. — Lainé, *Archives de la noblesse de France*, II, généal. de Quinemont.)

Houssières (bois des), près de Malabry, c⁻ de Mazières.

Houstière (la), f., c⁻ de Nouans. — *Huctière*, 1745. — Elle dépendait de la sergenterie royale de Loches, dont le siège était à Loché. — (Arch. d'I.-et-L., E, 112.)

Houstière (ruisseau de l'), c⁻ de Villedômain. — Il se jette dans le ruisseau de Calats.

Houteau (le Grand-), ham., c⁻ de Sepmes, 12 habit.

Houtellerie (la), f., c⁻ de Saint-Mars. — *Houtellerie*, carte de l'état-major.

Houterie (la), c⁻ de Genillé. — V. *Montaigu (le Petit-)*.

Houtes (les), f., c⁻ de Cravant. — *Les Outes*, carte de Cassini.

Houtes (les), f., c⁻ de Saint-Benoît. — *La Houte*, carte de l'état-major.

Houtreau (Guillaume), seigneur du Bouchet et de la Boivinière, fut nommé maire de Tours, en 1539, en remplacement de Victor Barguin. Il eut pour successeur, en 1540, Charles Mesnager, seigneur de Candé. — (Chalmel, *Hist.*

des maires de Tours, 114. — Lambron de Lignim, *Armorial des maires de Tours*.)

Houtrie (la), f., c⁻ de Saint-Nicolas-de-Bourgueil.

Houx (le bois des), près du Vieux-Château, c⁻ de Chemillé-sur-Dême.

Houx (les), f., c⁻ de Continvoir.

Houx (le), f., c⁻ d'Épeigné-les-Bois. — *Les Roux*, carte de Cassini.

Houx (le lieu des), c⁻ de Louans, près du chemin des Rauderies à Louans.

Houx (les), f., c⁻ de Luynes. — *Le Houx*, carte de Cassini. — Propriété du prieuré de Saint-Côme, en 1635. — (Arch. d'I.-et-L., *prieuré de Saint-Côme*.)

Houx (les), f., c⁻ de Marray. — *Houx*, cartes de Cassini et de l'état-major.

Houx (fontaine des), près des bois de Candé, c⁻ de Monts. — Ses eaux se jettent dans le ruisseau de Saint-Laurent.

Houx (le), f., c⁻ de Saint-Paterne.

Houx (le Petit-), f., c⁻ de Sennevières. — Elle relevait censivement du château de Sennevières (1770). — (Arch. d'I.-et-L., E, 94.)

Houx (le), f., c⁻ de Villedômer. — *Houx*, carte de l'état-major. — Ancienne propriété de l'abbaye de Gastines. Elle fut vendue nationalement, le 21 juillet 1791, pour 11,400 livres. — (Arch. d'I.-et-L., *Biens nationaux*.)

Houx (le), f., c⁻ de Villeloin, près de l'Indrois. — *Houx*, carte de l'état-major.

Huan (le bois), près de la Butte, c⁻ de Reugny.

Huanderies (le lieu des), près des Rues, c⁻ de Chanceaux-sur-Choisille.

Huardière (la), *alias* **Huarde**, ou **Petit-Mauléon**, f., c⁻ d'Auzouer. — Ancien fief, relevant de Châteaurenault, à foi et hommage lige. En 1625, il appartenait à Anne-Marguerite Cousinet, veuve de François d'Amboise, chev., conseiller d'État ; — en 1634, à Antoine d'Amboise, lieutenant de l'artillerie de l'Ile-de-France ; — en 1659, à Louis de Crevant. Il passa ensuite à la famille Bergeron de la Goupilière. Jacques de Chauvelin la possédait en 1790. — (*Rôle des fiefs de Touraine*. — Arch. d'I.-et-L., E, 22.)

Huardières (les), f., c⁻ des Essards.

Huaudière (la), f., c⁻ d'Azay-le-Rideau.

Huaudière (la), vil., c⁻ d'Esvres, 49 habit. — *Huaudière*, carte de l'état-major.

Huaudière (la), f., c⁻ de Mosnes. — *Huraudière*, carte de Cassini.

Huaudière (le lieu de la), c⁻ de Saint-

Mars. — Il dépendait de la Salle (1684). — (Arch. d'I.-et-L., *titres de la Salle.*)

Huaulerie (la), f., c^{ne} de Reugny. — *Huauterie*, carte de Cassini.

Huaux (les), c^{ne} de Bléré. V. *Ruaux.*

Hubaillère (la), paroisse de Neuil. — *Hôtel de la Hubaillère*, 1367. — Il relevait de Crissé et appartenait à Guillaume Odart, chev. en 1367. — (*Cartulaire de l'archevêché de Tours.*)

Hubaillerie (la), ham., c^{ne} d'Azay-sur-Cher, 16 habit. — *Hubaillerie*, carte de l'état-major.

Hubaillerie (la), f., c^{ne} de Tauxigny. — *Hubaillerie*, carte de l'état-major. — Elle faisait partie de la commune de Courçay, dont elle fut détachée, par une loi du 15 avril 1833, pour être jointe à la commune de Tauxigny.

Hubaillière (fontaine de la), c^{ne} d'Esves-le-Moutier. — Elle jette ses eaux dans l'Esve.

Hubardellerie (la), c^{ne} de Perrusson. V. *Hubarderie.*

Hubarderie (la), ou **Hubardellerie**, vil., c^{ne} de Perrusson, 20 habit. — *Hiberdellerie*, 1770. — *Hubardellerie*, carte de Cassini. — *Huberdellière*, carte de l'état-major. — Il relevait censivement du Plessis-Savary (1680). — (Arch. d'I.-et-L., C, 602. — Bibl. de Tours, fonds Salmon, *titres de Notre-Dame de Loches.*)

Hubaudière (la), f., c^{ne} de Chédigny. V. *Hubaudières.*

Hubaudière (la), ham., c^{ne} du Louroux, 11 habit. — *Hubaudière*, cartes de Cassini et de l'état-major. — Ancien fief. On y voyait, en 1790, une chapelle qui était desservie par N. Bault. — Le fief et la chapelle appartenaient à la collégiale de Saint-Martin. — (Arch. d'I.-et-L., *Biens nationaux.*)

Hubaudière (le lieu de la), près de la Gafrie, c^{ne} de Mouzay.

Hubaudière (le lieu de la), c^{ne} de Souvigny. — Il relevait du Feuillet. — (Arch. d'I.-et-L., E, 54.)

Hubaudières (les Grandes-), ou la **Hubaudière**, f., c^{ne} de Chédigny. — *Hubaudière*, cartes de Cassini et de l'état-major. — Ancien fief, relevant de la Corroierie, et, pour une partie, de l'abbaye de Villeloin. Il appartenait aux Chartreux du Liget, sur lesquels il fut vendu, en 1791, pour 40,800 livres. Quatre étangs en dépendaient. Il y existait une chapelle, appartenant également aux Chartreux, et dont le desservant était nommé par l'archevêque de Tours. — (D. Housseau, XIV. — *Rôle des fiefs de Touraine.* — Arch. d'I.-et-L., *Biens nationaux.* — *Pouillé de l'archevêché de Tours* (1648), p. 53.)

Hubaudières (les), ou la **Hubaudière**, f., c^{ne} de Chédigny. — Ancien fief. En 1590, il dépendait de la seigneurie de la Folaine. Par la suite, il fut possédé par les Chartreux du Liget, sur lesquels il fut vendu, en 1791, pour 15,882 livres. Une ferme-école a été instituée sur ce domaine le 1er juillet 1852. — (Arch. d'I.-et-L., *Biens nationaux*; E, 133; *titres des Hubaudières.* — *Annales de la Société d'agriculture d'Indre-et-Loire* (1873), p. 126.)

Huberdellière (la), ou **Huberdière**, f., c^{ne} de Ligré. — *Huberdellière*, cartes de Cassini et de l'état-major. — Elle fut vendue nationalement, en 1793, sur François Averne, chanoine de Saint-Mexme de Chinon, émigré. — (Arch. d'I.-et-L., *Biens nationaux.*)

Huberderie (la), f., c^{ne} de Brèches. — Ancien fief. — (*Rôle des fiefs de Touraine.*)

Huberdière (la), c^{ne} de Beaumont-la-Ronce. — *Huberdière*, cartes de Cassini et de l'état-major.

Huberdière (la), f., c^{ne} de Fondettes. — *Huberdière*, carte de l'état-major.

Huberdière (la), c^{ne} de Ligré. V. *Huberdellière.*

Huberdière (la), ham., c^{ne} de Nazelles, 15 habit. — Ancien fief. En 1549, il appartenait à Martin de Verdelay; — en 1712, à Alexandre Jouslin; — en 1761, à Augustin Perceval, fourrier des logis du roi. — (Arch. d'I.-et-L., E, 38, 49. — Registres de Saint-Florentin d'Amboise.)

Huberdière (le lieu de la), c^{ne} du Pont-de-Ruan. — Il relevait censivement du fief de Relay. — (Arch. d'I.-et-L., *prieuré de Relay.*)

Huberdière (la), f., c^{ne} de Saint-Laurent-en-Gatines. — *Huberdière*, cartes de Cassini et de l'état-major. — Ancienne propriété de l'abbaye de Gastines. — (Arch. d'I.-et-L., *titres de Saint-Laurent.*)

Huberdière (la), f., c^{ne} de Villandry. — *Huberdière*, carte de Cassini. — Ancien fief. En 1627, il fut annexé à la châtellenie de Villandry. — (Bibl. de Tours, fonds Salmon, *titres de Colombiers.*)

Hubert (St-), f., c^{ne} de Beaumont-la-Ronce.

Hubert (St-), f., c^{ne} de Brèches.

Hubert (le fief), paroisse de Cigogné. — Ancienne propriété de l'abbaye de Saint-Julien de Tours. — (*Rôle des fiefs de Touraine.* — Arch. d'I.-et-L., *titres de Saint-Julien.*)

Hubert (St-), f., c^{ne} de Panzoult. — Ancien fief. Une chapelle, dédiée à saint Hubert, en dépendait. De nos jours, on a trouvé, dans le voisinage de cette ferme, des débris de tuiles à rebord, d'origine romaine. — (*Rôle des fiefs de Touraine.*)

Hubert (St-), f. et chât., cne de Rillé.

Hubert (St-), f., cne de Saint-Laurent-en-Gatines.

Hubert, abbé de Bourgueil, fut élu en 1212, en remplacement de Lucas, décédé. Il mourut le 12 juillet 1235. — (Bibl. de Tours, fonds Salmon, *Titres de Bourgueil*. — *Gallia christiana*.)

Hubert de Lauberdière (François), trésorier de France à Tours, fut nommé maire de cette ville, en 1686, en remplacement de Michel Gaillard. Sous son administration, on construisit, à l'extrémité nord de la rue Traversaine, en l'honneur des victoires de Louis XIV, un arc de Triomphe qui, aujourd'hui, forme la principale porte d'entrée du palais archiépiscopal. — François Hubert eut pour successeur, en 1689, Philibert Aveline. — (Chalmel, *Hist. des maires de Tours*, 146. — Lambron de Lignim, *Armorial des maires de Tours*.)

Hubertière (la), paroisse de Bléré. — *Hubertia*, 1210 (charte de Sulpice d'Amboise). — *Huberteria*, 1469 (*Martyrol. S. Juliani*). — En 1210, Sulpice d'Amboise donna à l'abbaye de Saint-Julien une rente sur la terre de la Hubertière, à condition que les religieux feraient brûler continuellement une lampe dans leur église, devant l'autel du Crucifix. — (Arch. d'I.-et-L., *Inventaire des titres du fief de Saint-Julien de Bléré*.)

Hubertière (la), f., cne de Champigny. — *Hubretière*, 1551. — *Hubertière*, cartes de Cassini et de l'état-major. — En 1703, elle appartenait à Jean Ragonneau, procureur du roi à Richelieu. — (Arch. d'I.-et-L., E, 157.)

Hubertière (la), f., cne de Chaveignes. — *Hubertière*, carte de Cassini.

Hubretière (la), cne de Champigny. V. *Hubertière*.

Huche (la), ham., cne de la Celle-Guenand, 13 habitants.

Huche (fontaine de la), cne de Monnaie. — Ses eaux se joignent au ruisseau de la Fontaine de l'Orfrasière.

Huchelonnière (la), cne de Luzillé. V. *les Gars*.

Huchepie, f., cne Chemillé-sur-Dême. — *Juspis*, carte de Cassini.

Huchepie, f., cne de Neuvy-Roi.

Huchepie (le lieu de), paroisse de Saunay. — Il relevait du fief de Saunay et devait une rente à l'abbaye de Saint-Julien de Tours (1622). — (Arch. d'I.-et-L., *abbaye de Saint-Julien*.)

Huchepoule, f., cne de Manthelan.

Hucherie (la), f., cne de Parçay-sur-Vienne. — *Jucherie*, carte de Cassini.

Hucherolle (le lieu de), cne de Jaulnay, sur les limites de Saint-Christophe (Vienne).

Huches (les), f., cne de Neuvy-Roi. — *Les Huches*, carte de Cassini.

Huchonnerie (la), cne de Dierre. V. *Huchonnière*.

Huchonnière (la), cne de Luzillé. V. *les Gars*.

Huchonnière (la), ou **Huchonnerie**, f., cne de Dierre. — *Petite-Huchonnière*, xviie siècle. — *Huchonnière*, cartes de Cassini et de l'état-major. — Ancien fief. En 1639, il appartenait à René Moreau. Le 14 germinal an VI, il fut vendu nationalement sur Louise-Marie-Adélaïde de Bourbon-Penthièvre, veuve de Philippe d'Orléans. — (*Rôle des fiefs de Touraine*. — Arch. d'I.-et-L., *Biens nationaux*.)

Huctière (la), cne de Nouans. V. *Houstière*.

Huctière (la), cne d'Hommes. V. *Huetière*.

Huctonnière (la), f., cne de Neuillé-Pont-Pierre. — *Justonnière*, carte de l'état-major.

Hudaudrie (la), f., cne de la Chapelle-sur-Loire. — *Hudaude*, *Hudode*, *Port-de-la Hudaude*, 1614, 1757. — *Hudaudrie*, carte de Cassini. — Ancienne propriété du Chapitre de Saint-Martin de Tours, qui fut maintenu dans cette possession, par lettres patentes du 14 mars 1667. — (D. Housseau, XIV. — Arch. d'I.-et-L., *titres de Saint-Martin*.)

Hudaudrie (la), f., cne de Huismes. — *Hudaudrie*, carte de l'état-major.

Hudault (île), dans la Loire, cne de Rigny.

Hudode (la), cne de la Chapelle-sur-Loire. V. *Hudaudrie*.

Hue de Miromesnil (Thomas), marquis de Miromesnil, seigneur de la Roque, de Tourville, de Burgues et de Beaumetz, président au Grand-Conseil, intendant de Poitou en 1672, puis de Champagne en 1673, fut nommé intendant de Touraine en 1689, en remplacement de Louis de Béchameil, marquis de Nointel. Il donna sa démission en 1704, et eut pour successeur Jacques-Étienne Turgot, marquis de Sousmons. Il mourut à Paris au mois d'août 1712. Il était fils de Michel Hue de Miromesnil, conseiller au Parlement de Rouen, et de Marie Duval de Bonneval. — (Waroquier, *État de la France*, II, 255. — Dubuisson, *Armorial de France*, I, 188. — Chalmel, *Hist. de Tour.*, III, 429. — *Généralité de Touraine* (manuscrit de la Bibl. de Rouen, coll. Leber, n° 5793.)

Huelonnière (la), f., cne de Neuillé-Pont-Pierre. — Elle fut vendue nationalement, en 1793, sur Jacques-Louis-Roland des Escotais, émigré. — (Arch. d'I.-et-L., *Biens nationaux*.)

Huet (l'étang), cne de Bosséo.

Huetière (la), ou **Huctière**, f., cne d'Hommes. — *Hottière*, cartes de Cassini et de l'état-major.

Huetrie (la), ou **Huetterie**, f., cne de Cléré.

Huets (les), f., cne de la Celle-Saint-Avent, près du bourg.

Huetterie (la), f., cne de Reugny. — *Heutterie*, 1757. — Ancien fief, relevant de Pocé, à foi et hommage simple et douze deniers de service. En 1766, il appartenait à Marie-Thérèse de Noailles, veuve de Charles-François de la Baume le Blanc. — (Arch. d'I.-et-L., E, 38.)

Huetterie (la), ou l'**Aître-Hergan**, paroisse de Saint-Denis-hors. — En 1742, ce domaine appartenait à Jérôme Cormier, bailli d'Amboise. — (Arch. d'I.-et-L., *titres d'Amboise*.)

Huetterie (la), f., paroisse de Saint-Paterne. — Ancienne propriété de la collégiale de Saint-Martin de Tours. Les bâtiments étaient détruits avant 1787. — (Arch. d'I.-et-L., *prévôté d'Oë*.)

Huetterie (la), f., cne de Savigné. — *Huetterie*, carte de l'état-major.

Hugues, dit **le Grand**, comte de Paris et de Tours et duc des Français, fut abbé de Marmoutier après son père, Robert. Il mourut à Ording, au mois de juin 956, et fut inhumé dans l'église de Saint-Denis. Plusieurs siècles après, on mit cette inscription sur sa tombe : *Ici gist Hues le Grand, jadis comte de Paris, lequel fut père de Hues Capet, roi de France. Priez Dieu pour l'ame de ly.* En 941, il avait cédé le comté de Tours à son parent Thibault le Vieux, dit le Tricheur. — (D. Martène, *Hist. de Marmoutier*, I, 191, 193. — Bibl. de Tours, fonds Salmon, *titres de Marmoutier*. — Chalmel, *Hist. de Tour.*, I, 286, 294.)

Hugues Capet, fils du précédent, posséda, comme lui, l'abbaye de Marmoutier, dont il fut le dernier abbé séculier. Il mourut en 996. — (D. Martène, *Hist. de Marmoutier*, I, 193. — Bibl. de Tours, fonds Salmon, *titres de Marmoutier*.)

Hugues, chanoine et archidiacre de l'église de Tours, au commencement du xie siècle, est auteur d'un Dialogue entre lui et Fulbert, évêque de Chartres. Ce travail a été publié par D. Mabillon, dans ses *Analecta*. — (Chalmel, *Hist. de Tour.*, IV, 249.)

Hugues de Châteaudun, archevêque de Tours. V. *Châteaudun*.

Hugues d'Étampes, archevêque de Tours. V. *Étampes*.

Hugues, ou **Hugues de Sales**, abbé de Marmoutier, succéda à Guérin, en 1232. Il passa de cette abbaye à celle de Cluny en 1236, et fut nommé évêque de Langres en 1244. Il accompagna le roi saint Louis dans son voyage à la Terre-Sainte et mourut à Damiette en 1250. En 1236, il avait été remplacé, à Marmoutier, par Geoffroy de Conam. — (D. Martène, *Hist. de Marmoutier*, II, 207. — Bibl. de Tours, fonds Salmon, *titres de Marmoutier*. — *Gallia christiana*, XIV.)

Hugues, abbé de Bourgueil, fut élu en 1274, en remplacement de Guillaume, décédé. Il commença, en 1286, la construction de l'église abbatiale, qui fut achevée en 1293, et consacrée le 19 juillet par l'évêque d'Angers, Guillaume Lemaire. Il mourut en 1301 et eut sa sépulture dans son église. — (Bibl. de Tours, manuscrit n° 1494. — Arch. d'I.-et-L., *titres de Bourgueil*.)

Huguet (François-Armand). V. *Armand*.

Huguetaudrie (la), f., cne de Saint-Quentin.

Huguetterie (la), ham., cne d'Artannes, 14 habit.

Huilerie (le lieu de l'), près de la Socraie, cne de Lémeré.

Huilerie (l'), f., cne de Luzillé. — Elle dépendait autrefois de la châtellenie des Brosses. — (Arch. d'I.-et-L., E, 39.)

Huilerie (l'), f., cne de Marray, près du bourg. — *Huilerie*, carte de l'état-major.

Huileries (les), f., cne d'Athée, près du bourg.

Huiliers (les), f., cne de Thizay.

Huis (les), f., cne de Draché. — *Huys*, plan cadastral et carte de l'état-major.

Huis des Bondis (le lieu des), près des Bondis, cne de Louans.

Huismes, commune du canton et de l'arrondissement de Chinon, à 8 kilomètres de Chinon et à 48 de Tours. — *Oximensis villa*, xe siècle (charte de Théotolon). — *Oxima*, xie siècle (charte de la collégiale de Saint-Mexme). — *Oximæ*, 1197 (*Cartulaire de l'archevêché de Tours*.) — *Parochia de Oximia, de Oximis*, xiiie siècle (charte de Bouchard, archevêque de Tours). — *Exmes*, 1473 (*Ordonnances des rois de France*, XVIII.)

Elle est bornée, au nord, par la Loire, qui la sépare de la Chapelle-sur-Loire ; au sud, par la commune de Chinon ; à l'est, par Rigny et Saint-Benoit ; à l'ouest, par Beaumont-en-Véron. Elle est arrosée par l'Indre, — par le Douet, — et par le ruisseau de la Riasse, qui se jette dans le Douet, près du Moulin-Brûlé. Elle est traversée par le chemin de grande communication n° 16, de Chinon à Langeais.

Les lieux, hameaux et villages suivants dépendent de cette commune : Cuzé (94 habit.), ancien fief, relevant du château d'Ussé. — La Cour-Neuve, ancien fief, relevant de la seigneurie d'Huismes. — Couette (15 habit.). — La Chaussée (14 habit.). — Contebault (139 habit.). — Mouzilly (47 habit.). — L'Hermitage (13 habit.). — Les Marais (153 habit.), ancien fief. — Montsigou, ancien fief, relevant d'Ussé. — Mouchaut, ancien fief. — L'Ile-Saint-Martin (130 habit.). — La Varenne (18 habit.), ancien fief, relevant d'Ussé. — La Ville-au-Maire, ancien fief, relevant également d'Ussé. — Le Pas-des-Cordais (22 habit.). — Le Pin (16 habit.), ancien fief. — Les Basses-Rivières (74 habit.), ancien fief, relevant de la châtellenie de Destilly. — Les Places (27 habit.). — Razines (11 habit.). — Riparfonds, ancien fief, relevant d'Usage. — La Bourgesière (10 habit.). — Benais (42 habit.). — La Bruère (15 habit.). — Les Fontaines-d'Auzon (31 habit.). — Belebat, ancien fief. — La Basse-Salle-Verte (12 habit.). — L'Étui (72 habit.). — La Brossardière (20 habit.). — Usage, ancien fief, relevant de Cravant. — Leraut (13 habit.). — La Fosse-aux-Bruns (12 habit.). — Le Grand-Ballay (25 habit.). — La Garenne, la Tourette, Tours, Beaulieu, la Brosse, l'Hermitage, les Caves-Sauty, la Podevinière, le Moulin-Brûlé, les Granges, la Croix-Marion, la Croix-Mazarin, la Chancellerie, les Vignes-Blanches, le Carroi-Collinet, le Vivier, le Puy-Angelier, la Croix-Bureau, la Touche, les Landes, la Croix-Rouge, etc.

Avant la Révolution, Huismes était dans le ressort de l'élection de Chinon et faisait partie du doyenné de Beaumont-en-Véron et de l'archidiaconé d'outre-Vienne. En 1793, il dépendait du district de Chinon.

Superficie cadastrale. — 2381 hectares. — Le plan cadastral, dressé par Masson, a été terminé le 20 novembre 1837.

Population. — 1278 habit. en 1801. — 1260 habit. en 1808 — 1272 habit. en 1810. — 1306 habit. en 1821. — 1452 habit. en 1831. — 1586 habit. en 1841. — 1580 habit. en 1851. — 1646 habit. en 1861. — 1671 habit. en 1872. — 1674 habit. en 1876.

Assemblée pour location de domestiques le deuxième dimanche de mai.

Bureau de poste de Chinon. — *Perception* de Chinon.

Station du chemin de fer de Tours aux Sables-d'Olonne.

D'après la tradition, saint Gatien aurait bâti à Huismes une église qui serait la *huitième* (*octava*) fondée par lui en Touraine. Cette tradition, basée uniquement sur une prétendue ressemblance entre les mots *octava* et *Oxima*, ne mérite pas qu'on s'y arrête un seul instant.

L'église actuelle, dédiée à saint Maurice, paraît dater du xiiᵉ siècle. Elle offre peu d'intérêt. On y comptait trois chapelles placées sous les vocables de saint Hubert, de saint André et de saint Bonaventure. Dans le cimetière se trouvait la chapelle de Saint-Sébastien, qui constituait un bénéfice. Elle tombait en ruines au xviᵉ siècle. Le service fut transféré dans l'église paroissiale, à l'autel Saint-Hubert. Charles Mersaat en était chapelain en 1647 ; — François du Rocher, en 1699 ; — Martin-Charles Bruère, curé de Saint-Laurent-de-Langeais, en 1791.

On voit dans l'église des inscriptions consacrées à la mémoire de Claude de Convers, décédé en 1634 ; de Le Royer de la Sauvagère, mort en 1749 ; et de Benjamin Gault, baron de Bonneval, décédé en 1813.

Le droit de présentation à la cure appartenait au doyen du Chapitre de Saint-Gatien.

CURÉS D'HUISMES. — Jacques Hatton, 1631. — Michel Loiseau, 1665. — François du Rocher, 1699. — Pierre Guillaume, 1715. — Hyacinthe Chartier, 1732. — Pierre Philbert, 1757. — Denis Guillon, 1765. — François Polot, 1776. — N. Gigault, 1789, curé constitutionnel, 1793. — Picault, 1810. — Samson, 1830. — Painparé, 1850. — Balseau, 1864. — Pierre Baudry, novembre 1876, actuellement en fonctions (1881).

Il existe à Huismes une église protestante.

Cette paroisse formait une châtellenie qui, d'après un vidimus de 1287, aurait été donnée par le roi Charles le Simple, au Chapitre de l'église de Tours. Voici un extrait de ce document, recueilli par D. Housseau :

Universis presentes litteras inspecturis et audituris, officialis salutem in Domino. Noveritis nos vidisse ac diligenter inspexisse litteras Caroli gloriosissimi quondam Regis in quibus continebantur inter cætera verba..... « *Et hæc quia nos Dei inspiratione tacti, sed et deprecatione venerabilis Heberni, archiepiscopi S. Turonensis ecclesiæ placuit Celsitudini nostræ quasdam res, hoc est Oximam, in pago Turonico sitam, cum omnibus appenditiis et integritatibus suis..... et omnia quæ ibi pertinent quantumcumque Robertus comes in sua manu habebat tam in burgo quam in omnibus omnino locis et omne quod Robertus vassalus suus tenebat eidem ecclesiæ suæ condonare, et hæc si sine ulla in quietudine res præmonitas sancta Turonensis ecclesia ut dictum est tenendo possideat..... manu propria subter eam firmavimus et annuli nostri impressione assignari jussimus.*

La donation faite par Charles le Simple fut confirmée, en 1157, par le roi Louis VII. En 1215, Jean de Faye, archevêque de Tours, attacha ce domaine au doyenné du Chapitre.

Le logis seigneurial, connu sous le nom de *Doyenné*, était protégé par de hautes murailles et par un donjon. On y arrivait par un pont-levis jeté sur de larges douves, renfermant une vaste enceinte, dans laquelle se trouvait l'église et le presbytère. Au xviiiᵉ siècle, les terrains dépeudant de la châtellenie avaient une étendue de cent quarante-trois arpents. Sur ces terrains était une partie de la forêt de Tolet, appelée aussi *Thelot*, ou *Bois-Chétif*, dans diverses chartes. En 1288 eut lieu, au sujet de la moitié de cette forêt et de la pêche du ruisseau de Leiret, une transaction entre le doyen de l'église de Tours et le seigneur de Montsigou et de Cuzé. Voici le texte de ce document :

Universis presentes litteras inspecturis et audituris, Bucardus Dei gratia Turonensis archiepiscopus, salutem in Domino. Noveritis quod cum inter venerabilem virum Gofridum, decanum ecclesiæ Turonensis, ex una parte, et Guillelmum Oliverii, militem, et Gaufridum dictum Egret ejus filium, ex alia, orta esset materia quæstionis super eo quod idem miles et ejus filius asserebant et dicebant medietatem nemoris ex Toleto siti in parochia de Oximia et omnium pertinentiarum ipsius, in quibuscumque rebus consistant pro indiviso ad ipsos pertinere et dictum nemus pro indiviso, commune esse ipsorum pro medietate, et dicti decani pro alia medietate, et quod ipsi ultra hæc quædam jura habebant in toto nemore prædicto et pertinentiis ejus. Videlicet quod ipsi habebant ibidem et dicebant medietatem magni panagii et totum parvum panagium et medietatem in omnibus Montreis seu les Montouers dicti nemoris, et in quadam aqua quæ vocatur Leirel medietatem piscium et piscata ejusdem et etiam gardam seu custodiam totius nemoris supradicti et pertinentiarum ipsius, et quod ad ipsos pertinebat jus ponendi forestiarios ad custodiendum nemus prædictum et pertinentias ipsius tam in nemore quam in piscariis et aquis et aliis pertinentiis nemoris ante dicti, et quod forestarios quos ponebant ipsi miles et ejus filius et eorum antecessores ad custodiendum nemus prædictum et pertinentias, habere consueverant et debebant ramos seu amellos quercuum cadentium seu scissos in dicto nemore, quodque idem miles et ejus filius habere consueverant et debebant omnes emendas quæ ratione malefactorum seu delictorum in dicto nemore et ejus pertinentiis factorum seu perpetratorum contingebant et eveniebant, nec non de qualibet cha_lando ascendente vel descendente per Ligerim in nemore de Toleto, seu in ripa prope dictum nemus applicante, dum tamen ignis vel candela accenderetur in eo, quatuor denarios, ita quod nautæ ejusdem chalandi poterant capere de branchiis seu ramis dicti nemoris ad calefaciendum se, sed secum portare non poterant ultra unum trosum, seu Tison, et si ultra portarent emenda ex hoc ab eis debita esse debebat et consueverat dictorum militis et ejus filii, et quotiescumque iidem nautæ transferrent logias suas tenebantur solvere ipsis Guillelmo et ejus filio quatuor denarios in quibus dictus decanus nihil accipiebat, dicebant etiam iidem miles et ejus filius quod tempore panagii licebat eis in dicto nemore unum porcum cujusque esset mactare seu interficere; et decanus medietatem, et ipsi Guillelmus et ejus filius medietatem, et ipsi Guillelmus et ejus filius aliam medietatem justi prætii dicti porci duobus solidis minus domino porci solvere tenebantur, et habere debebat idem decanus unum latus ipsius porci, et dicti Guillelmus et ejus filius aliud latus et forestiarius ejusdem militis et ejus filii, caput ipsius porci; dicebant etiam se habere piscateriam seu pisces captos in quolibet fodroy seu ingenio evocato quod ponitur in Ligeri juxta dictum nemus quantum durat nemus prædictum una nocte in anno, et quod eorum forestiarii prædicti capere poterant, et habere semel in anno unam challandalem, seu chargiam unius sentinæ Ligeris de lignis dicti nemoris æstimationis trium solidorum, et eam vendere vel donare et suam ex inde facere voluntatem, et quod præmissa omnia tam ipsi miles et ejus filius quam prædecessorum eorum a tempore, a quo memoria non existit explantaverant et fuerant in possessione, ultra quam omnium præmissorum; dicto decane præmissa negante et in contrarium asserente quod dictum totum prædictum nemus cum omnibus ejus pertinentiis ad ipsum nomine et ratione decanatus sui Turonensis ecclesiæ in solidum pertinebat, et fuit ab antiquo nemus prædictum cum omnibus ejus pertinentiis, quæ ad jus et proprietatem ipsius ecclesiæ Turonensis de pertinentiis villæ de Oximia et quod dicta villa de Oximia cum dicto nemore et aliis pertinentiis ex quadam ordinatione facta in ecclesia Turonensi fuit assignata et concessa dicto decanatui ecclesiæ supradictæ; et quod nec dicti miles et ejus filius, nec prædecessores eorum jus aliquod habuerant nec habeant in dicto nemore nec in pertinentiis ipsius nisi forsan solam gardam, vel custodiam et ratione dictæ gardæ expleetamentum in branchiis et cimis et aliis quæ pertinent ad gardam, ad usum seu usagium suum tantum modo ad manerium de Moncigou, ac demum dictæ partes in nostra præsentia constitutæ confessæ fuissent alias in judicio coram nobis se super præmissis in hanc pacis concordiam et compositionem devenisse et devenerant etiam coram nobis, videlicet quod dicti miles et ejus filius voluerant et expresse consenserant, et adhuc voluerunt et consenserunt coram nobis quod totum nemus de Toleto prædictum, cum omnibus aquis, piscateriis, pasturagiis, pascuis, pratis, arboribus, terris et omnibus juribus, servitutibus, debueriis, justicia, juridictione et districtu quæ eidem miles et ejus filius conjonctim vel divisim dicebant et proponebant se habere in prædicto nemore et ejus pertinentiis pro ut dictum nemus et ejus pertinentiæ continentur *intra fines quæ sequuntur, videlicet a vado quod dicitur vadum Agnetis existente in aqua Indria et protenditur ab inde ad tenemam seu territorium de Namanto et adhæret contingue dicto territorio de Namanto, et distinguuntur territoria de Namanto et Toleti per sepes et fossata procedendo a dicto vado Agnetis ad angulum pratellorum, et ex inde per juxta crallum defuncti Albini quod est juxta parvum Ligetum Namantis, pro ut ipsa aqua quæ dicitur Ligetua existens et pertinentiis ipsius Toleti protenditur prope domum Johannis Guilore, usque ad domum defuncti Gratiani sitam in fedo Hueti Bonneau, et ex inde per ante dictam domum prout per sepes dividuntur per traversum chemini de Namanto quod est inter fedum Hueti Bonneau et insulam Maser, et ab inde per ante et juxta dictam insulam usque ad fluvium Ligeris, et ex inde superius ascendit pro ut Ligeris protenditur usque ad aquam quæ dicitur Magnus Ligetus quæ est inter parvum et magnum Toletum, et ex inde prout ille magnus Ligetus protenditur ad portum qui dicitur portus defunctæ Osanæ Bodarde in prædicta aqua Indriæ existens, et a dicto portu prout dicta Indria fluit et descendit, usque ad dictum vadum Agnetis cum quodam prato quod dicebatur esse proprium dictorum militis et ejus filii, seu alterius eorumdem et quidquid aliud juris Dominii, vel juridictionis justitiæ feodi, et districtus in prædicto nemore et pertinentiis ejus universis, et in omnibus aliis præmissis et singulis præmissorum habebant, et habere poterant iidem Guillelmus et ejus filius quoquo modo, et quaque ea causa quita et libera pleno jure perpetuo, et hereditate Decano et Decanatui Turonensis ecclesiæ remanerent et essent prædictum nemus et ejus pertinentiæ et omnia supradicta et singula Decani et decanorum pro tempore Ecclesiæ Turonensis, promittentes iidem miles et ejus filius, quod nec ipsi nec eorum heredes vel successores, nec causam ab eis vel eorum altero habentes vel habituri in prædictis nemoribus et ejus pertinentiis, et infra fines prædictos aliquid juris, Dominii, servitutis sive desserii Domanii, jurisdictionis, justitiæ, districtus pasturagii, panagii, usagii vel alterius cujuscumque juris modo aliquo reclamerent, sed supradicta omnia et singula quæ se in dicto nemore et ejus pertinentiis et præmissis et singulis præmissorum habere dicebant et asserebant, tenebuntur et promiserunt Decano prædicto ejusque successoribus secundum jus garentire et defendere contra omnes excepta tantum tenema de Cusé, quæ inter fines prædictos dicitur contineri, cedentes et quitantes iidem miles et ejus filius eidem Decano nomine suo, et Decanatus sui omnia jura et omnes actiones, et quidquid juris Dominii seu Domanii, jurisdictionis, justitiæ feodi et districtus, et alterius,*

cujuscumque juris habebat et habere poterant in præmissis omnibus et singulis conjunctim aut divisim ratione præmissorum omnium et singulorum eorumdem et se de omnibus supradictis et singulis, et de omni jure quod habebant et habere poterant in præmissis et singulis eorumdem in manu nostra desesiverunt, et nos ad petitionem eorum prædictum Decanum nomine et ratione decanatus ejusdem investivimus et saisivimus de omnibus et singulis supradictis, pro quibus etiam omnibus, et pro bono pacis et concordiæ iidem miles et ejus filius confessi fuerunt se a dicto Decano recepisce et habuisse trecentum et viginti libras monetæ currentis, de quibus se tenuerunt plenarie pro pagatis et promiserunt quod contra præmissa vel aliquod præmissorum per se, vel per alium seu alias non venerent in futurum, et de præmissis omnibus et singulis tenendum, sequendum, adimplendum et de non veniendo contra præmissa vel aliqua præmissorum iidem miles et ejus filius obligaverunt et astrinxerunt se et heredes suos et successores, et omnia bona sua fide ab eis in manu nostra posita, præstita corporali petentes super hæc iidem Decanus, miles et ejus filius judicari a nobis, et per judicium curiæ nostræ condemnari ad prædicta, quos presentes et volentes ad præmissa omnia et singula tuenda judicio curiæ nostræ condemnavimus....... Datum die dominica ante Purificationem beatæ Mariæ virginis, apud Larcaium manerium nostrum anno Domini millesimo ducentesimo octogesimo octavo, sigillatus duobus sigillis in cera viridi cum duplici cauda.

La partie de la forêt de Tolet qui appartenait à l'église de Tours, fut complètement abattue entre les années 1666 et 1687.

La justice de la châtellenie d'Huismes était rendue par un *maire*. Cette charge était attachée à la possession d'un fief appelé la *Villaumaire*. En 1648, Maurice Aubry possédait ce fief.

En 1791, tous les biens que l'église de Tours possédait à Huismes, furent vendus nationalement au prix de 206,100 livres.

De grands ravages ont été causés dans la commune d'Huismes par l'inondation de 1856. Les dommages furent évalués à 407,000 francs.

MAIRES DE HUISMES. — Gigault, 1801. — Nicolas-Charles-Louis Matrais, 1804, 29 décembre 1807, 14 décembre 1812. — Gault de la Galmandière, 10 juin 1816. — Lemaire, 1831. — Désiré Lemesle, 1850. — Bois de Mouzilly, 1857. — Lemaire, 1867. — Boucher-Charpentier, 17 février 1874, démissionnaire en 1875. — Derruyer-Delavente, 27 octobre 1875. — Louis Boucher-Lemaire, 21 janvier 1878.

Arch. d'I.-et-L., C, 654; G, 37, 38, 42, 43, 90, 160, 814. *Biens nationaux.* — *Cartulaire de l'archevêché de Tours.* — D. Housseau, II, 403; XVIII, XXXI. — Bibl. de Tours, fonds Salmon, *Paroisses de Touraine*, II. — *Pouillé de l'archevêché de Tours* (1648), p. 59. — Maan, *S. et metrop. ecclesia Turonensis*, 3, 133. — Rouillé-Courbe, *Les inondations dans le département d'Indre-et-Loire*, 432. — *Mém. de la Soc. archéol. de Tour.*, I, 9; V, 3; IV, 52; IX, 289. — A. Joanne, *Géographie d'Indre-et-Loire*. — Greg. Tur. *Hist. Lib. X.* — *Annuaire-almanach d'Indre-et-Loire* (1877), p. 105. — H. de Valois, *Notitia Galliarum*, 572.

Huisseau, ou **Husseau**, vil., c^{ne} de Montlouis, 265 habit. — *Ussiau*, 1244. — *Uxeau*, 1314. — *Uysseau, Huisseau*, 1501, 1505. — *Thuisseau*, carte de l'état-major. — *Ussault*, carte de Cassini. — Ancien fief, relevant de la baronnie de Vernou. En 1244, il appartenait à Hugues Bocel qui, dans le cours de cette année, donna une rente à l'abbaye de Beaumont. Dans les premières années du xive siècle, Jeanne de Lavardin, fille d'Aymery de Lavardin, en était propriétaire. Le document suivant constate les redevances auxquelles elle était tenue envers l'archevêque de Tours.

« L'an mil trois cent quatorze, le mercredy
« avant la Magdelaine, entre damoiselle Jehanne
« de Lavardin, fille feu Aymery de Lavardin,
« en l'ommage simple de Monseigneur l'arche-
« vesque pour cinquante et quatre souls que elle
« prand chascun an le jour de la my-aoust à
« Uxeau, en la paroisse de Montloué. *Item*, pour
« vint et un setier de blé ou environ le jour de
« la St Michau à Uxeau et trois souls de menus
« cens ou dit lieu le jour de la St Briz. *Item*,
« pour une gaugnerie séant à Uxeau qui doit
« valloir chacun an quatre sextiers de blé ou
« environ. *Item*, pour la simple vaerie qui vault
« sept saouls six deniers. Et pour ces chouses
« elle doit aide à Monseigneur et demi roussin,
« si comme elle dit. *Item*, feu Aimery de Lavar-
« din, père de la dite Jehanne, vendit à Bacta-
« gent trois sextiers de blé de rente et deux souls
« sur la terre de Grois, en la paroisse de Mont-
« loué, movant du dit fié. *Item*, Jehan de Lavar-
« din, frère de la dite Jehanne, confesse que sa
« dite sœur tenoit de luy soixante et dix souls de
« annuel ferme, lesquelx Jehan et Guillaume
« de Pommier, leur oncle doibvent. »

En 1360, ce fief appartenait à Jean Le Claveurier ; — en 1365, à Gervaise de Cormeri ; — en 1367, à Jean de Lumeré, clerc, demeurant à Tours.

En 1505, il était passé aux mains de Pierre Briand, qui eut pour successeur Louis Briand, avocat au siège présidial de Tours (1534). Jeanne Hennequin, femme de Gilbert Filhet de la Curée, l'acheta, par décret, sur les héritiers de Saladin d'Anglure (1629). En 1656, il était possédé par François le Franc, qui mourut à Montlouis en 1664. Il fit partie du marquisat de la Bourdaisière, érigé, en 1717, en faveur de Philippe de Courcillon, marquis de Dangeau.

Par acte du 7 mai 1740, Jacques Morel de la Motte et Marguerite Le Franc de Beaulieu, veuve de Michel Champion de la Touche, héritiers de ce dernier, seigneur de Huisseau, vendirent ce domaine à Marie-Sophie de Courcillon, femme, non commune en biens, d'Hercule-Mériadec, prince de Rohan.

Huisseau passa ensuite, par héritage, à Charles-Philippe d'Albert, duc de Luynes. Marie-Charles-Louis d'Albert, duc de Luynes et de Chevreuse, fils de ce dernier, vendit ce même fief, par acte du 16 novembre 1768, à Étienne-François de Choiseul, duc de Choiseul-Amboise. — Une chapelle, qui est mentionnée dans un titre de 1740, dépendait du logis seigneurial. — (Arch. d'I.-et-L., E, 57, 60, 65, 68, 70 ; chartes de l'abbaye de Beaumont. — *Cartulaire de l'archevêché de Tours*, 330-37. — *Rôle des fiefs de Touraine*.)

Huisserie (le lieu de l'), près du Chêne-Vert, c^{ne} de Chinon.

Huit-Hommes (les), c^{ne} de Saint-Cyr. V. *le Colombier*.

Hulaudière (la), f., c^{ne} de Rigny.

Hulbonnière (la), f., c^{ne} de Saint-Antoine-du-Rocher. — *Hulonnière*, carte de Cassini. — Elle fut vendue nationalement, en 1793, sur Adélaïde-Jacquette Robien, veuve de N. Riquetti de Mirabeau. — (Arch. d'I.-et-L., *Biens nationaux*.)

Hulin (Léopold), né à Richelieu en 1821, auditeur au conseil d'État, puis préfet, abandonna la carrière administrative en 1848, et se retira dans son château de Richelieu où il établit une fabrique de poudre d'or. Il obtint, pour ses produits, une médaille d'or à l'exposition universelle de 1867. Membre du Conseil général d'Indre-et-Loire depuis un grand nombre d'années, il fut élu député à l'Assemblée nationale par 53,692 suffrages, le 8 février 1871. En 1875, il fut contraint d'abandonner son siège de député, par suite du mauvais état de sa situation commerciale. — (Larousse, *Grand diction. historique du* xixe *siècle* (supplément), p. 967. — *Journal d'Indre-et-Loire* de février 1871.)

Hulinière (le lieu de la), paroisse de Luzé. — Il relevait de Franc-Palais, suivant un aveu rendu, le 6 août 1672, par Louis de Bernabé. En 1575, il appartenait à Charles de Baignan. — (Arch. d'I.-et-L., E, 156.)

Hulonnière (la), f., c^{ne} de Neuillé-Pont-Pierre. — Elle fut vendue nationalement, le 11 prairial an II, sur Rolland des Escotais, émigré. — (Arch. d'I.-et-L., *Biens nationaux*.)

Hultières (les), f., c^{ne} de Saint-Épain.

Humeau, ham. et moulin, sur la Claise, c^{ne} de Boussay, 23 habit. — *Humeau*, carte de l'état-major.

Humeau, ou **Humeaux**, f., c^{ne} de Ligueil. — *Ormeaux*, carte de Cassini. — Près de là sont des fontaines dont les eaux se jettent dans l'Estrigneul, près du moulin de la Touche.

Humeaux, ham., c⁻ᵉ de Tauxigny, 18 habit. — *Humeaux*, carte de l'état-major.

Humelaie (le lieu de la), près de la Croix-Verte, cᵉ de Saint-Michel-sur-Loire.

Humelais (l'), ou **Humelaye**, vil., cⁿᵉ de Bourgueil, 32 habit.

Humelaye (l'), paroisse de Bréhémont. V. *la Prouterie*.

Humelli. V. *les Ormeaux*, cⁿᵉ de Montlouis.

Hunaudaye (la), cⁿᵉ de Pont-de-Ruan. V. *Jean (Saint-)*.

Hunaudière (la), f., cⁿᵉ Château-la-Vallière, près du bourg. — *Hunaudière*, cartes de Cassini et de l'état-major.

Hunault, f. et étang, cⁿᵉ de Villiers-au-Boin. — *Hunault*, carte de Cassini.

Huolerie (la), ham., cⁿᵉ de Reugny, 14 habitants.

Huppe-Chat-Huant (la), ham., cⁿᵉ de Villedômain, 12 habit. — *Hupe-Chat-Huant*, carte de Cassini.

Huppe-Loup (le lieu de), près du Vieux-Château, cⁿᵉ de Chemillé-sur-Dême.

Huppe-Loup, f., cⁿᵉ de Saint-Paterne. — Ancienne propriété de l'abbaye de la Clarté-Dieu. Près de cette ferme et du chemin de Brèches à la Roiserie, se trouve une croix portant le même nom. — (Arch. d'I.-et-L., *titres de la Clarté-Dieu*.)

Huquelinières (les), f., cⁿᵉ de Luynes. — *Huguelière*, carte de l'état-major.

Huraudière (la), f., cⁿᵉ d'Ambillou. — *Huraudière*, carte de l'état-major.

Huraudière (le lieu de la), cⁿᵉ d'Esvres. — Ancien fief, avec moyenne et basse justice, relevant de l'abbaye de Cormery, au devoir de cinq sols de cens et d'un setier de froment. En 1510, il appartenait au prieuré du Grais. Ce domaine avait alors une étendue de soixante-dix-sept arpents. Georges Duval en était propriétaire en 1650. Par acte du 18 mars 1656, il le vendit à Jean Guimier. — (Arch. d'I.-et-L., *titres de Cormery*.)

Huraudière (la), cⁿᵉ de Lussault. V. *Huraudières*.

Huraudière (la), f., cⁿᵉ de Saint-Paterne. — Ancienne dépendance de la prévôté d'Oë. Elle est citée dans un titre du 14 juin 1460. — (Arch. d'I.-et-L., *prévôté d'Oë*.)

Huraudière (la), vil., cⁿᵉ de Thilouze, 29 habitants.

Huraudières (les), ou la **Huraudière**, f., cⁿᵉ de Lussault. — Ancien fief, relevant d'Amboise. Guillaume des Cartes rendit aveu le 11 juin 1431. En 1691, ce domaine appartenait à Jean Bachelier. — (Arch. d'I.-et-L., G, 359. — Bibl. nationale, Gaignères, 678.)

Hurault (la fosse), près de Maupertuis, cⁿᵉ de Reugny.

Hurault de Chiverny (Philippe), abbé de Bourgueil, après Adrien de Gouffier, en 1513, fit reconstruire les bâtiments claustraux et deux chapelles dépendant de l'église abbatiale. En 1523, il fut nommé abbé de Saint-Nicolas d'Angers, et, en 1537, abbé de Marmoutier. Il fut également prieur de Saint-Côme. Il mourut à la Bastille, à Paris, le 11 novembre 1539, et eut sa sépulture dans l'église des Blancs-Manteaux, avec cette épitaphe :

PHILIPPE HURAULT
ABBÉ DE MARMOUTIER, BOURGUEIL ET
Sᵗ NICOLAS D'ANGERS, QUI DÉCÉDA LE XII
NOVEMBRE MDXXXIX
EST CI-DESSOUS ENTERRÉ

Philippe Hurault était fils de Jacques Hurault, seigneur de Chiverny et de la Grange, baron d'Huriel, gouverneur du comté de Blois, conseiller d'État et intendant des finances, et de Marie Garandeau.

Bibl. de Tours, manuscrit nᵒ 1494. — Travers, *Conciles de la province de Touraine*, II. — Duchesne, *Hist. Franc.*, IV, 770. — D. Martène, *Hist. de Marmoutier*, II, 366-67. — *Étrennes à la noblesse*, III, 131. — P. Anselme, *Hist. généal. de la maison de France*, VI, 505. — La Chesnaye-des-Bois et Badier, *Diction. de la noblesse*, X, 890.

Hurault de Chiverny (Philippe), comte de Chiverny, chancelier de France, lieutenant-général pour le roi à Amboise, mourut le 30 juillet 1599. Il était fils de Raoul Hurault, seigneur de Chiverny, général des finances, et de Marie de Beaune. — (P. Anselme, *Hist. généal. de la maison de France*, VI, 501. — La Chesnaye des Bois et Badier, *Dict. de la noblesse*, X, 891.)

Hurault de Saint-Denis (Florimond), seigneur de Saint-Denis et de Villeluisant, était grand-maître-enquêteur et général réformateur des eaux et forêts de France au département de Touraine, Anjou et Maine, en 1677. Il était fils de Anne Hurault, seigneur de Saint-Denis et de la Voue, gentilhomme ordinaire de la chambre du roi, et de Marie Chauvel. — (Arch. d'I.-et-L., *titres de Baugerais*. — La Chesnaye des Bois et Badier, *Dict. de la noblesse*, X, 887.)

Hubaillière (la), ham., cⁿᵉ de Ciran, 10 habit. — *Hurbaillière*, carte de l'état-major.

Hurbaillière (fontaine de la), cⁿᵉ d'Esves-le-Moutier, près du chemin de Ciran à Esves. Ses eaux se jettent dans l'Esves.

Hure (*locus qui dicitur*), *in parochia de Evria*. V. *Hurmet*, cⁿᵉ d'Esvres.

Huriveau (le Grand-), métairie, paroisse

de Saint-Benoît-du-Lac-Mort. — Elle relevait du fief de Pommiers-Aigre. — Les bâtiments n'existaient plus en 1654, époque à laquelle Pierre Dozon, avocat à Chinon, vendit ce domaine à François de Beauvau.—(Arch. d'I.-et-L., E, 239.)

Hurmet (l'), f., c^{ne} d'Esvres. — *Hure*, 1232. — *Hure Mette, alias Hure*, 1415. — *Hurmès*, carte de l'état-major. — Ancien fief. En 1232, il appartenait à Philippe d'Esvres. Il relevait alors de l'archevêché de Tours.—(D. Housseau, VII, 2715. — Bibl. de Tours, fonds Salmon, *titres de Saint-Martin*.)

Hurodières (le lieu des), paroisse de Saint-Mars. En 1555, il dépendait du fief de la Salle. — (Arch. d'I.-et-L., *titres de la Salle*.)

Hurolais (la), f., c^{ne} de Bonais.

Huronnière (la), f., c^{ne} de Saint-Antoine-du-Rocher.

Hurtauderie (la), ou **Hurtaudière**, vil., c^{ne} de Chouzé-sur-Loire, 90 habit.

Hurtaudière (la), f., c^{ne} d'Assay. — *Peguiné*, XVIIe siècle. — *Hurtaudière*, cartes de Cassini et de l'état-major. — Ancien fief, relevant de Beauçay. Le 2 décembre 1573, Gervaise Perrot, veuve de Jean Pavillon, le vendit à Florence Jannay, veuve de Thomas-Étienne Gaby, trésorier de Mgr de Montpensier, pour 3,000 livres. En 1657, il appartenait à Jean de Laisne, Éc., seigneur du Haut-Galion, et à Marguerite Viollet, sa femme ; — en 1660, à Charles Guillau, bourgeois de Paris ; — en 1665, à la famille de Remigeoux, qui le posséda jusqu'à la Révolution. — (Arch. d'I.-et-L., E, 164, 166 ; *Biens nationaux*.)

Hurtellière (la), f., c^{ne} de Maillé-Laillier. V. *Heurtellière*.

Hussardières (les), f. et étang, c^{ne} de Villiers-au-Boin. — *Hussardières*, cartes de Cassini et de l'état-major.

Hussaudière (la), c^{ne} de Beaumont-la-Ronce. — Elle fut vendue nationalement, le 3 floréal an VI, sur N. de Beaumont, émigré.

Husseau, c^{ne} de Montlouis. V. *Huisseau*.

Husset (le lieu de), près des Grandes-Rues, c^{ne} de Sazilly.

Hussière (le lieu de la), près de la Bennerie, c^{ne} de Thilouze.

Hut-Chat-Huant, f., c^{ne} de Bournan.

Hutellerie (la), f., c^{ne} de Bréhémont, près de la Loire.

Hutellerie (la), f., c^{ne} de Saint-Patrice. — Près de là se trouve un lieu appelé la Tour-d'Argent.

Hutière (la), vil., c^{ne} de Genillé, 37 habit.

Hutière (la Petite-), ham., c^{ne} de Genillé, 11 habit. — *Hutière*, carte de Cassini.

Hutière (la), f., c^{ne} de Marigny. — *Hutière*, carte de l'état-major. — Elle relevait censivement de Pont-Amboizé (1765). — (Arch. d'I.-et-L., E, 146.)

Hutte (la), f., c^{ne} de Bueil.

Hutte (le lieu de la), c^{ne} de Chezelles, près du chemin d'Oiré à Chezelles.

Hutte (landes de la), près de la Thibaudière, c^{ne} de Mouzay.

Hutte (le lieu de la), près de la Binellière, c^{ne} de Verneuil-le-Château.

Huttes (les), f., c^{ne} de Jaulnay.

Huttières (les), c^{ne} de Genillé. V. *Hulière*.

Huvet (le), f., c^{ne} de Souvigny. — *Huvet*, carte de Cassini. — Ancienne propriété du Chapitre de Saint-Florentin d'Amboise. — (Arch. d'I.-et-L., G, 345.)

Huys (le), c^{ne} de Draché. V. *Huis*.

Huysseau, c^{ne} de Montlouis. V. *Husseau*.

Hyglas (le ravin et le bois d'), c^{ne} de Villeloin, près du bourg. — Le bois d'Hyglas est cité dans diverses chartes du XIIIe siècle. Il s'étendait dans les paroisses de Villeloin, de Beaumont, d'Orbigny et de Céré. On le trouve aussi désigné sous les noms de *nemus de Higleis, seu de Illeis, boscus d'Iglas, seu de Digleis*. En 1207, Geoffroy d'Aubigny et Guillaume de Saint-Amand, autorisèrent les religieux de Baugerais à prendre dans ce bois un certain nombre d'arbres. Six ans après, Geoffroy d'Aubigny accorda aux religieux de Villeloin la permission de prendre, pour les besoins de leur monastère, une branche dans chaque arbre de la même forêt. — (D. Housseau, VI, 2231, 2356, 2573.)

Hylaire (St-), f., c^{ne} de Chemillé-sur-Dême. — *Saint-Hilaire*, cartes de Cassini et de l'état-major.

Hymegène (le lieu d'), près des Plauderies, c^{ne} de Ligré.

Hys, vil., c^{ne} de Genillé, 29 habit. — *Mansellum cujus vocabulum est Ivis, in vicaria Geniliacensi*, 894 (charte de l'abbaye de Marmoutier). — *Alodium de Ys*, 1156 (charte de l'abbaye de Villeloin). — *Puy d'Iis, Hys, Ys*, XVe siècle. — *Is*, 1690. — *Iis*, 1760. — *His*, carte de Cassini. — Ancien fief, relevant de la baronnie de Sennevières, à foi et hommage lige. En 1482, il appartenait à Mathurin de Pons, Éc. ; — en 1500, à Louis de Pons ; — en 1610, à Charles de Tranchelion ; — en 1680, à René de Hauteour, qui le vendit à Marie-François-Benoist et Marie Dugenest, sa femme ; — en 1770, à N. de Bussy.

Dans ce village se trouvait un prieuré et une métairie dont l'abbaye de Villeloin était propriétaire. L'abbaye de la Bourdillière y possédait également une métairie. Le prieuré et les dépendances furent vendues nationalement, en 1791, pour 17,200 livres.

Près du village est un dolmen, situé sur la rive droite du ruisseau d'Hys.

Lainé, *Archives de la noblesse de France*, X, *généal. du Port d'Aubevoye*. — Arch. d'I.-et-L., C, 336; E, 10, 94, 139; *Biens nationaux; titres de la Bourdillière* et *de Notre-Dame de Loches*. — D. Housseau, I, 121. — Bibl. de Tours, fonds Salmon, *titres de l'abbaye de Villeloin et de Beaulieu*. — *Mém. de la Soc. archéol. de Tour*, I, 32.

Hys (le ruisseau d'), prend sa source dans la commune du Liège, passe à Hys, c^{ne} de Genillé et se jette dans l'Indrois, au lieu appelé les Secherins.

I

Ibbo, évêque de Tours, succéda à Pelage, vers 709 (710, d'après Maan). Il confirma, en 720, le privilège d'exemption que ses prédécesseurs, Crotbert et Bortus, avaient accordé à la collégiale de Saint-Martin. Il mourut en 724 (en 729, d'après Maan). — (Mabillon, *Annal. Benedict.*, II, 603. — Maan, *S. et metrop. ecclesia Turonensis*, 47. — *Gallia christiana*, XIV. — Chalmel, *Hist. de Tour.*, I, 213. — Mabille, *La Pancarte noire*, 457. — D. Housseau, XV, 69.)

Iciodorus vicus, **Iciodorum**. V. *Yzeures*.

Igleis (*nemus de*). V. *Hyglas*.

Ignace (la dîme de St-). — Elle était levée sur des terrains situés aux Pertuis et aux Challonges, à Beaumont-la-Ronce, et appartenait au curé de cette paroisse. — (Arch. d'I.-et-L., *titres de Beaumont*.)

Iis, c^{ne} de Genillé. V. *Hys*.

Ile (l'), c^{ne} de Chambourg. V. *Ile-Auger*.

Ile (fontaine de l'), c^{ne} de Charentilly, près du chemin de Charentilly à la Membrolle.

Ile (l'), f., c^{ne} de Chemillé-sur-Dême, près du bourg. — En 1709, elle appartenait à Michel-Séraphin des Escotais; — en 1758, à Michel-Roland des Escotais. — (Arch. d'I.-et-L., E, 81, 83, 318.)

Ile (l'), f., c^{ne} de Civray-sur-Cher. — *L'Ile*, ou *le Vau*, xviiie siècle. — Ancien fief, relevant du château d'Amboise. Le 29 juillet 1746, Claude Dupin, Éc., secrétaire du roi et fermier général, rendit hommage pour ce fief, qu'il avait acheté, le 4 février 1737, de N. Buzard, prieur de Villeloin. — (Arch. d'I.-et-L., C, 336, 570; E, 39.)

Ile (le lieu de l'), près de l'étang de Rillé. — En 1239, Girard de Chauvessard et sa femme, donnèrent la moitié de ce domaine au prieuré de Rillé et à l'abbaye de Marmoutier — (D. Housseau, VI, 2672.)

Ile (étang de l'), c^{ne} de Mazières.

Ile-à-la-Femme (l'), dans la Loire, c^{ne} de Saint-Mars.

Ile-à-Mazières (l'), paroisse de Mazières.

— *Insula Maser*, 1288. — Ancienne châtellenie, relevant des Écluses, à foi et hommage lige et un épervier attaché avec des liens de soie et portant une sonnette d'argent doré, à muance de seigneur. En 1500, elle appartenait à Antoinette de la Tremoille, comtesse de Tonnerre; — en 1540, à François du Fou, seigneur du Vigan, échanson ordinaire du roi; — en 1750, à Charles-Philippe d'Albert, duc de Luynes; — en 1780, à Louis-Joseph-Charles-Amable d'Albert, duc de Luynes. — (Arch. d'I.-et-L., E, 218; G, 830. — *Rôle des fiefs de Touraine*. — Bibl. de Tours, manuscrit n° 1351.)

Ile-à-Rubait (l'). V. *Ponts de Tours*.

Ilé-Auger (l'), ou *Isle-Auger*, vil., c^{ne} de Chambourg, 58 habit. — *Ile-Augé*, *Ile-Oger*, xive siècle. — *Pont-de-l'Ile-Auger*, 1429. — *Ile-Auger*, cartes de Cassini et de l'état-major. — Ancien fief, relevant du château de Loches. En 1213, il appartenait à Guy Sandebers; — en 1429, à Gillette Roze, veuve de Jean Bernard; — en 1547, à Jean Briand; — en 1576, à Renée de Quincampoix; — en 1611, à Marguerite Brachet, mariée à Valentin de la Croix, Éc., seigneur de la Valinière et de la Deniererie; — en 1662, à René Scarron, chev., maréchal des camps et armées du roi, marié à Jeanne Frangé, qui avait eu cette terre en dot; — en 1670, à Jean Nau, Éc., seigneur de la Brosse, maréchal des logis des archers de Gaston d'Orléans; — en 1680, à Jean Nau, fils du précédent; — en 1691, à François Nau.

Les Ursulines de Loches possédaient, dans ce village, une métairie qui fut vendue nationalement en 1791.

Bétancourt, *Noms féodaux*, I, 193. — D. Housseau, VII 3363. — *Bulletin de la Soc. archéol. de Tour.* (1875), p. 263. — Arch. d'I.-et-L., C, 603, 615; *Biens nationaux*. — *Rôle des fiefs de Touraine*. — Bibl. nationale, Gaignères, 678. — *Cartulaire du Liget*. — Bibl. de Tours, fonds Salmon, *titres de Notre-Dame de Loches*. — Dufour, *Diction. de l'arrondissement de Loches*, I, 203. — C. Chevalier, *Hist. de Chenonceau*, 510.

Ile-Auger (le lieu de l'), près de la Vienne, c^{ne} de Chinon.

Ile-au-Noyer (fief de l'). V. *Ponts de Tours*.

Ile-aux-Beniers (l'), dans la Loire, paroisse de Fondettes. — Elle est citée dans un titre de 1363. — (Arch. d'I.-et-L., *prévôté de la Varenne*.)

Ile-aux-Bœufs (l'), dans la Loire, c^{ne} de Langeais. — *Ile-de-Belair*, 1554. — *Ile-aux-Bœufs*, ou *de Belair*, 1792. — Le 13 avril 1554, une partie de cette île fut vendue à Jean Demazeau par Jean Gateau. En 1790, elle appartenait à Charles-Joseph Berthé de Chailly. — (Arch. d'I.-et-L., *Biens nationaux*.)

Ile-aux-Templiers (l'), dans l'Indrois, c^{ne} de Saint-Quentin. — Il en est fait mention dans une charte de 1298. — (Archives de la Vienne, H, 3, liasse 82.)

Ile-Barbe (l'), f., c^{ne} de Limeray. — *Insula Barbe*, 1265. — *Ile-Barbe*, ou *Launay*, 1508. — *Les Gardes*, 1515. — *Petite-Sainte-Barbe*, ou *Ile-Barbe-de-la-Motte*, xviie siècle. — *Petite-Ile-Barbe*, ou *Launay*, 1740. — Ancien fief, relevant d'Amboise. En 1438, il appartenait à Jean de Courangeon ; — en 1477, à Pierre d'Aspremont ; — en 1508, à Jean Aymar, dit d'Aspremont, et à Antoine Aymar ; — en 1514, à Jacques d'Espinay ; — en 1523, à Jean Binet ; — en 1538, à Jean de Villemar, bailli de Touraine ; — en 1545, à Louis de la Barre ; — en 1546, à Françoise Brethe, veuve de René Jamineau ; — en 1555, à Henri du Pré ; — en 1378, à René Gaudin ; — en 1600, à Anne Hurault de Saint-Denis ; — en 1619, à Jacques de Rigné, Éc. ; — en 1639, à Claude de Rigné, veuve de Joseph de Faverolles ; — en 1690, à Madeleine de la Porte, femme de François de Faverolles ; — en 1740, à Christophe Sain de Bois-le-Comte ; — en 1759, à Claude-Charles Javelle, procureur du roi au grenier à sel d'Amboise. — (Registres de Saint-Florentin d'Amboise. — Bétancourt, *Noms féodaux*, I, 49 ; II, 814. — *Liber compos.*, 232. — Arch. d'I.-et-L., C, 633 ; E, 16.)

Ile-Bastille (le lieu de l'), près de la Loire, c^{ne} de Chouzé-sur-Loire.

Ile-Bénie (l'), dans le Cher, paroisse d'Athée. — Elle est citée dans un acte d'aveu de Louis de Rohan, comte de Montbazon, de 1583. — (D. Housseau, XI 4700.)

Ile-Bertrand (l'), c^{ne} de Langeais. V. *Bertrand*.

Ile-Boireau (le lieu de l'), près de la Gondonnière, c^{ne} de Sepmes.

Ile-Bouchard (canton de l'). — Il se compose des communes d'Anché, Avon, Brizay, Chezelles, Cravant, Crissé, Crouzilles, Ile-Bouchard, Panzoult, Parçay-sur-Vienne, Rilly, Rivière, Sazilly, Tavant, Theneuil et Trogues. — Population, en 1876, 8951 habitants.

Ile-Bouchard (l'), commune, chef-lieu du canton de ce nom, arrondissement de Chinon, à 17 kilomètres de Chinon et à 42 de Tours. — *Vicaria Islensis seu Castri Insulæ, castrum quod vocatur ad Insulam*, xe siècle. — *Castellum in Turonico quod vocatur Insula*, 1040. — *Terra de castelliana Insulæ*, 1064. — *Insulæ castrum in Ismantia*, 1079. — *Castrum quod dicitur Insula Buchardi*, 1189 (Cartul. de Noyers). — *Villa et castelliana Insulæ*, 1257. — *Insula Bucardi*, 1258. — *Ile-Bochard*, 1412.

Elle est bornée, au nord, par la commune de Panzoult ; à l'est, par celle de Crouzilles ; à l'ouest, par Tavant ; au sud, par Theneuil et Brizay. Elle est arrosée par la Vienne ; — par la Manse, qui fait mouvoir les moulins de Fausset, de Saint-Gilles, de la Saussaye et le moulin Girault, et se jette dans la Vienne, en face de l'île des Grands-Moulins ; — par la Bourouse, qui se jette également dans la Vienne, au lieu appelé les Nombreaux. Elle est traversée par les chemins de grande communication n° 8, de Chinon à Tours, et n° 18, de l'Ile-Bouchard aux Ormes.

Avant la Révolution, l'Ile-Bouchard faisait partie de l'archidiaconné d'outre-Vienne et était le chef-lieu d'un doyenné composé des paroisses de Saint-Pierre et Saint-Maurice, Saint-Léonard et Saint-Gilles, Panzoult, Avon, Crissé, Crouzilles, Mougon, Parçay, Liège, Theneuil, la Tour-Saint-Gelin, Tavant, Brizay et Lémeré. En 1793, il dépendait du district de Chinon.

Superficie cadastrale. — 280 hectares. — Le plan cadastral, dressé par Briau et Brutinel, a été terminé le 1er juin 1832. Cette ville est formée des deux anciennes communes de Saint-Gilles et Saint-Maurice, qui ont été réunies en 1832.

Population de Saint-Gilles. — 797 habit. en 1801. — 760 habit. en 1810. — 854 habit. en 1821. — 837 habit. en 1831.

Population de Saint-Maurice. — 805 habit. en 1801. — 749 habit. en 1810. — 799 habit. en 1821. — 861 habit. en 1831.

Population de l'Ile-Bouchard (les deux communes réunies). — 1804 habit. en 1835. — 1708 habit. en 1841. — 1636 habit en 1851. — 1569 habit. en 1861. — 1452 habit. en 1872. — 1393 habit. en 1876.

Foires les deuxièmes samedis de janvier, mars, juin, septembre et novembre. — *Assemblée* pour location de domestiques le premier dimanche d'août.

Recette de poste. — Chef-lieu de *perception*.

L'Ile-Bouchard était, au xe siècle, le chef-lieu d'une viguerie qui est mentionnée dans une charte par laquelle un nommé Amalbert donna à cens une vigne située dans cette localité (*in vicaria Hislensi, in pago Turonico*). Cette charte, datée de 987, se trouve dans le *Livre noir de Saint-Florent de Saumur*.

Le lieu où fut bâtie l'église de Saint-Gilles s'appelait primitivement *Esmantia*. On le trouve mentionné sous ce nom dans diverses chartes de l'abbaye de Noyers des xi° et xii° siècles (..... *in parte castri (Insulæ) quæ vulgo dicitur Esmantia. — Ecclesia S. Egidii quæ est in castro quod Insulam appellatur, in parte videlicet ejusdem castri quæ vulgo Esmantia nuncupatur*).

Une autre partie de la ville se nommait *la Chaîne*. Il en est fait mention dans une charte du xii° siècle, par laquelle Aimery de la Plante, seigneur du Plessis, donna aux religieuses de Beaumont-les-Tours une rente de vingt sols à percevoir chaque année sur ce bourg (*in burgo Cathenæ apud Insulam Buchardi*).

On comptait autrefois à l'Ile-Bouchard quatre paroisses : Saint-Pierre (*ecclesia S. Petri ad Insulam,* 1080); Saint-Gilles (*parochia S. Egidii de Insula Buchardi,* xi° siècle), Saint-Léonard (*prioratus S. Leonardi,* 1108), et Saint-Maurice (*parochia S. Mauricii apud Insulam,* 1380).

Celle de Saint-Pierre se trouvait dans l'intérieur du château et était à la présentation de l'abbé de Maubec. En 1465, le titre de paroisse lui fut enlevé pour être attribué à l'église de Saint-Maurice.

L'église de Saint-Gilles fut construite vers 1067, par Geoffroy, abbé de Noyers, sur une *ouche* donnée à ce monastère par un nommé Guillaume. (*In olca quadam quam habebat Guillelmus, filius Guicherii, juxta rivum Ismantiæ, quam ipse Guillelmus ad ecclesiam faciendam supra dictis monachis dedit pro anima patris sui et matris suæ, qui eam emerant*). Cette fondation fut approuvée par Barthélemy, archevêque de Tours, qui bénit lui-même trois pierres qui furent placées dans les fondements du nouvel édifice. Elle reçut également l'approbation du comte Foulques et de Barthélemy de l'Ile-Bouchard. A cette occasion, Bouchard de l'Ile avait rendu libre le donateur du terrain, qui était un de ses serfs. De plus, il concéda aux religieux de Noyers les droits de viguerie qu'il avait sur cette propriété et la faculté d'y établir une foire à la fête de saint Gilles.

Quelques parties de l'église primitive, notamment les deux portails, qui sont très remarquables, existent encore. L'édifice a été agrandi au xii° siècle. Le chœur a été reconstruit vers 1450, puis reparé vers 1620, au moyen des libéralités des familles de Laval-Montmorency, de Turpin de Crissé et de la Tremoille, dont les armoiries sont aux voûtes.

La présentation au titre curial de cette paroisse appartenait à l'abbaye de Noyers.

Outre la cure, il y avait un prieuré dépendant du même monastère et dont le desservant était un moine de l'ordre de Saint-Benoît.

Ce prieuré portait pour armoiries : *D'azur, à un bâton de prieur, d'or, accosté des lettres S et G, de même.*

CURÉS DE SAINT-GILLES — Hugues, 1233. — Raoul Dubret, 1547. — Hector Joubert, 1578. — Thomas Fouillon, 1618. — Charles Peraudeau, 1645. — René Legier, 1667. — François Amirault, 1696. — Charles-Joseph-Alexis Quillet, 1772-90. — Charles-François Thubert, 1790. — Ragneau, curé constitutionnel, 1793. — Legry, 1810. — Biziou, 1837. — Petit, chanoine honoraire, novembre 1875, actuellement en fonctions (1881).

La construction de l'église de Saint-Léonard eut lieu, comme celle de Saint-Gilles, vers 1067. L'emplacement fut donné, en 1065, par Odila, ses fils Aimery, Girard et Thibault, et ses filles Lizina et Umberge. Le comte Foulques et Bouchard de l'Ile confirmèrent cette donation. Dans le principe, Saint-Léonard était un prieuré, habité par plusieurs religieux. Il dépendait de l'abbaye du Bourg-Dieu, en Berry. Vers le milieu du xiii° siècle, on l'érigea en paroisse. Il ne reste aujourd'hui de l'église, qui était magnifique, que l'abside, où l'on remarque de fort belles sculptures.

Vers 1136, Jacquelin d'Ussé donna aux religieux de Saint-Léonard la dîme et le terrain que Peloquin, seigneur de l'Ile-Bouchard, lui avait concédés dans le bois de l'Ile :

Notum sit omnibus Jacquelinum de Uceio concessisse monachis S. Leonardi decimam et terram quam Peloquinus, dominus Insulæ, ei donaverat in nemore Insulano, salvo tamen dono et decima totius terræ monachorum Turpiniacensium quam eis donaverat sicut et ipse Peloquinus eis autem concesserat. Hoc donum concessit Garnerius filius ejus, videntibus Roberto abbate, Petro de Bennehau, Girberto monacho, Peloquino, Mattheo Roncevallis, Boslart, Wieneo.

PRIEURS-CURÉS DE SAINT-LÉONARD. — Étienne Gouineau, 1652. — Jean Bonneau, principal du collège, 1724, 1766. — Joseph-Martin Michau, 1784. — Nicolas Le Bachelier, 1785-90.

Ce prieuré portait pour armoiries : *D'or, à un lion de sable; à un chef de gueules, chargé d'une croix d'argent.*

L'église de Saint-Maurice, dont une partie date du xiv° siècle, d'autres des xv° et xvi°, n'a de remarquable que sa flèche en pierre, délicatement et habilement ornementée. Cette flèche a été construite vers 1480.

Le titre curial était à la présentation de l'abbé de Maubec, en Berry.

Une chapelle, dédiée à saint Sébastien et qui constituait un bénéfice et un fief, était desservie dans cette église. Jean-Charles Torterue, chanoine de Saint-Martin, en était titulaire en 1789; — François-Antoine Pallu, vicaire de Saint-Épain, en 1790.

CURÉS DE SAINT-MAURICE. — René Grajon, 1636. — François Polletier, 1697. — François-Pierre Veau de Rivière, 1725. — François-Robert Falaise, 1784. — Blanchard, curé constitutionnel, 1793. — Léridon, 1810. — Belliard, 1834. — Gervais, 1851, actuellement en fonctions (1881).

COUVENT DES URSULINES. — Des religieuses de cet ordre s'établirent à l'Ile-Bouchard en 1644. Le couvent fut supprimé par ordonnance de l'archevêque de Tours, en date du 2 mai 1781. Ses biens furent annexés à ceux des Ursulines de Loches. Il portait pour armoiries : *D'argent, à un bœuf de gueules.*

COUVENT DES CORDELIERS. — Il fut fondé en 1634. Le dernier gardien fut L.-P. Lanier, 1790.

PRIEURÉ DE SAINT-AMBROISE. — Ce prieuré et le fief qui en dépendaient appartenaient, au milieu du XVIII° siècle, au séminaire des Missions-Étrangères, établi à Québec. Le fief relevait de la baronnie de l'Ile-Bouchard. Les armoiries du prieuré étaient : *D'azur, à un bâton de prieur, accosté des lettres S et A, de même.*

COMMANDERIE DE L'ILE-BOUCHARD. — *Domus militiæ Templi de Insula*, 1255. — Après avoir appartenu à l'ordre du Temple, elle passa à l'ordre de Saint-Jean de Jérusalem. Le commandeur résidait à Brizay, où se trouvait une chapelle, qui existait encore en 1787. En 1569, les bâtiments furent incendiés par les Huguenots. On les reconstruisit deux ans après. Vers la même époque, on annexa à cette commanderie celles de Nouâtre, de Chinon et de la Rivière, qui avaient également appartenu à l'ordre du Temple. En 1790, la commanderie de l'Ile-Bouchard possédait cinquante arpents de terre, des rentes s'élevant à cinq cents boisseaux de tous grains, la dîme des Courances, paroisse de Theneuil ; la dîme de Migny, paroisse de Parçay ; les dîmes de Cravant et de Razines, la maison du Temple, paroisse de Rivarennes ; la métairie et le moulin du Temple, paroisse de Nouâtre ; la métairie de Tantan, paroisse de Draché ; le moulin du Temple et la métairie de l'Hopital, paroisse de Balesmes. En 1762, le revenu total du commandeur était évalué à 5,500 livres.

COMMANDEURS DE L'ILE-BOUCHARD.

Guy Maloche, 1238.
Jehan de Saint-Benoit, 1273-83.
Philippe de Benon, 1351.
Jehan Arnault, 1403.
Jehan de Vivonne, 1413.
Jehan d'Aulnys, 1538, 1544.
Louis Darrot, 1569, décédé en 1573.
Antoine de Tranchelion, 1573-74.
Aimé du Chesne, 1594.
Toussaint de Terves de Boisgirault, 1616.
Gabriel de Chambes de Bois-Baudran, 1638.
François Petit de la Guerche, 1646.
François de la Rochefoucaud, 1664.
Claude de Brilhac de Nouzières, 1674.
André-Marie de Montécler, 1709.
Jacques de Bessay, 1745.
Jehan de Martel, 1756.
Hardouin de Maillé, 1761.
Joseph-Jacob de Tigné, 1768.
N. de Lejumeaux de Perriers, 1775.

Jean-Charles-François de Meaussé, 1781.
Léon-Hyacinthe Lingier de Saint-Sulpice, 1789, décédé le 3 novembre 1793.

MALADRERIE ET HÔTEL-DIEU. — Par une charte de l'abbaye de Noyers, on constate qu'une léproserie ou maladrerie existait à l'Ile-Bouchard à la fin du XI° siècle. Vers 1640, cet établissement, qui avait été ruiné par les guerres et qui était resté abandonné pendant plusieurs siècles, fut rétabli. On le trouve mentionné dans le *Pouillé du diocèse de Tours*, de 1648. En 1720, les bâtiments furent restaurés et agrandis et on substitua à son nom de *maladrerie* celui d'*Hôtel-Dieu.*

L'Ile-Bouchard, d'abord simple châtellenie (*villa et castelliana de Insula*), commença à porter le titre de baronnie au milieu du XIII° siècle. Cette qualification lui est donnée, pour la première fois, dans une charte de 1256 (*baronia de Insula Buchardi*). Son château, bâti dans une île de la Vienne, datait du IX° siècle. Il fut restauré et agrandi au XII°. Aujourd'hui, il n'en reste aucune trace. On y arrivait par un pont de pierres construit au XI° siècle et dont on voit encore quelques débris. L'église Saint-Pierre se trouvait dans l'enceinte du vieux manoir. Son titre de paroisse lui ayant été enlevé en 1465, comme nous l'avons déjà dit, le bâtiment fut démoli, à l'exception d'une chapelle dédiée à saint Pidoux.

Le château fut plusieurs fois assiégé par les comtes d'Anjou, qui ne purent réussir à s'en emparer. Sous le règne du roi Jean, les Anglais le prirent par ruse, mais ils furent contraints de le restituer, par suite d'une clause du traité de Brétigny. En 1562, un corps de troupes protestant s'y établit et y resta assez longtemps, sans qu'il fut possible de le déloger. En 1568, deux régiments de l'armée des Princes l'assiégèrent pendant trois semaines et furent contraints de se retirer après avoir subi de grandes pertes.

En 1615, le prince de Condé vint s'y installer avec cent hommes d'armes. Il le quitta, au mois de janvier de l'année suivante, pour se rendre à Loudun.

Par lettres patentes du mois d'août 1631, la baronnie de l'Ile-Bouchard fut comprise dans le duché-pairie de Richelieu. Malgré cette union, sa justice particulière lui fut conservée par lettres de décembre 1632. Par un édit du mois d'août 1671, le ressort des justices de Rivarennes et de Bréhémont fut distrait du siège de l'Ile-Bouchard pour être attribué au siège royal de Chinon.

Voici les noms de quelques personnages qui ont rempli les fonctions de capitaine-gouverneur du château de l'Ile-Bouchard : François le Bascle, 1498 ; — Charlot de la Touche, 1504 ; — Henri de Craon de Coulaines, 1557 ; — Charles du Rozel, 1650 ; — Pierre-Joseph Laillault, 1775 ; — Michel Mestayer, 1786.

L'extrait suivant d'un inventaire, dressé au milieu du XV° siècle, donne des détails sur l'état de la baronnie de l'Ile-Bouchard à cette époque, et nous fournit la liste des fiefs qui en relevaient :

« C'est la valeur des terres de Monseigneur de la Trimoille et de Messeigneurs ses frères, estans icelles terres au pays et duchié de Touraine, rapportée par Bertand Potaire et Guillaume Galet, à ce commis.

« Le chastel de l'Isle-Bouchard est une belle place telle que chacun scet, et est le dict lieu de l'Isle baronnie anciepne.

Les dommaines d'icelles :

« La grange en laquelle l'on fait les estables, hors le dict chastel, vault par an XL sols. Le pressouer, qui est vieil et caduque, XX s. Ung jardin sis au dict lieu, appelé le Ruau, X s. Les vignes du dict lieu dont y en a VII arpents en ung clox, trois arpents en ung aultre, et bien VII arpents en autres pièces avec la dime d'Aguillon peuvent valoir le tout, communs ans, XX l.

« Le Plessys fut une belle maison ancienne ou il n'a plus que le logeys au mestayer et la grange. Il y a garenne à connilz telle qu'elle est et des boys taillys esquelx il y a de beaux lais montants, en tout bien cent arpents. Le taillys vault de X ans en X ans XL livres. Le pasnage des grands boys quant ilz y rencontrent vault C s. Ces choses peuent monter C. s. par an. Il y a clox de vigne contenant ung arpent et demi ou environ, vallant XXX sols par an. Il y a belle gaignerie bien garnie de noyers et fruicts et du pré à cueillir VI charrettées de foing, laquelle gaignerie puet valoir communs ans XL sextiers de blez par quart. Il y a d'autres boys assis en bour qui ne sont pas de grand prouffit, et n'y a point de taillys et la glan s'en veut avec les autres et montent environ VII arpents.

« Nays est une petite gaingnerie pouvrement logée d'une maison basse couverte d'ardoyse, une petite grange vieille et caduque couverte de chaume. Il n'y a que environ XXV arpents de terre garniz de noyers jeunes, et y a VI quartiers de pré ; toutes ces choses sont baillées à ferme à XXVI sextiers de blez.

« Le Chastellier est une maison ancienne, fermée à murs, vieille et caduque tellement que personne n'y habite ; qui fust anciennement un hostel de plaisance, couvert d'ardoyse, où il y avoit parc cloz à murs, où il y avait plus de LX arpents de terre, où il y a de présent une belle tousche de haulte fultaye, montant VI arpents ou environ, le surplus est boys taillys ; et y avoit fontaine et trois estangs qui sont aterriz. Et y a une autre maison de gaingnerie ou demeure le mestayer et une grange couverte d'essorne et bien XV arpents de terre labourable hors le dict parc. La dicte gaignerie est à présent affermée à VII sextiers de froment, IIII sextiers de seigle, III sextiers mine d'orge et III sextiers mine d'avoine. Outre le dict lieu y a une pièce de boys appelée la Jarrye dont il y a de boys de haulte fustaye bien LX arpents et de boys tallys de IIII à C arpents. Es dites choses es belles chasses à grosses bestes, et quand il est pasnage la glandaison en puet valloir XL livres. Et y a grand pays de landes contenant plus de LX arpents qui servent de rien.

« Le grand pré de Feularge, contenant X arpents, X livres ; le pré de la Beuvrière, contenant deux arpents, IIII livres ; les gains de Nays contenant IV arpents, VI livres ; les droits de rivière qui sont de chacune sayne le premier saumon, en payant VII deniers, la première aloze, en payant IV deniers. Ceux qui ont combre et non sayne donnent IV deniers par goulot.

Deniers muables :

« Le péage, les foyres et marchés, XX livres ; la prevosté est chargée de faire les depenses de plez et assizes, payer VI livres au chastelain et X livres aux deux procureurs et vault en oultre XX livres.

« La ferme des mailles, XVII s. 6 d. ; le greffe et tabellionage, XXIII livres ; les escluzes IV livres ; le minage, XV livres ; le ban à vin C s. ; los mesurages, bordages et adjustages L s. ; le four à ban X livres ; la petite dime d'Avon, XII s. XVI d. ; vantes, amendes et aubenaiges CX s.

Gaiges d'officiers.

« Au seneschal, X livres ; au chastellain, X s. ; à la crye, XXX s. ; au recepveur, XV livres.

« Tout le revenu par deniers monte III^{c}LXVII livres IIII s. VII deniers, dont fault oster pour les charges CII l. V s. ; sur quoy fault achepter XX sextiers II boisseaux de sel, XXIIII l. ; — reste à cler II^{c}XL livres XIX s. VII d.

Hommaiges du dict lieu de l'Isle.

« La dame de la Beschière, hommaige simple et un rouçin de service, à cause de certaines choses qu'elle tient en la paroisse de Lesnière.

« La dicte dame, hommaige simple et un rouçin de service à cause du Couldray, en la paroisse de Lesnière.

« La dicte dame, hommaige lige à cause du Buisson de la Rajasse, vallans communs ans C livres.

« La dicte dame, hommage lige à cause de Jaulnay, vallans communs ans XC livres.

« Anthoine d'Argy, hommaige lige à cause de Theneuil, vallant communs ans IIII livres.

« Raoul de Sacé, hommaige lige et X livres aux loyaux aides et un an de garde à cause de Sazillé, vallans communs ans LX livres.

« Robert André, hommaige lige et XL sols aux loyaux aides à cause de Roncec, vallans communs ans XXX livres.

« Bertrand de Razilley, hommaige simple, X sols aux loyaux aides et ung rouçin de service à muance de seigneur, à cause de Beauchesne, vallans communs ans XL livres.

« François du Plesseis hommaige simple et ung rouçin de service apprécié à xl sols, à cause de la Charpentière, vallans communs ans l livres.

« Le dict du Plessels, hommaige simple à cause du fief Sauxon, en la paroisse de Parçay, vallant environ xv livres.

« Messire Jean de Faye, chevalier, hommaige simple et v sols d'aides, à cause de la dime de Tillé et de certains prés estans en Brehemont, vallans environ xx livres.

« Christophe Fourateau, hommaige simple et ii sols d'aides à cause de Sermoyses, en la paroisse de Nueil, vallans communs ans x livres.

« Tristan de Sazillé, hommaige lige, i roucin de service de xlv sols d'aides pour la justice de la Court, en la paroisse d'Avon et autres cens et rentes à luy deus ou village d'Oayre, en la paroisse de la Tour St Gelin, vallans communs ans xxv livres.

« Le dict de Sazillé, hommaige simple à cause de son fief du Solier, vallans communs ans c sols.

« Guillaume Gueffault, hommaige simple et v sols de devoir à muance de seigneur, à cause de Savonneau, vallans communs ans xx livres.

« Pierre de la Jaille et Aymard de la Jaille, hommaige simple, ung roussin de service et l sols d'aides, à cause de leur seigneurie de Croizilles, vallans environ lx sols.

« Les dicts de la Jaille hommaige simple à cause de leur disme de Croysilles, vallans communs ans vi livres.

« Olivier de l'Espinay, hommaige simple et ung roucin de service à muance de seigneur vallant lx livres.

« Hardouyn de la Touche, hommage lige et ung roucin de service, à cause de la chastellenie de Villaines, vallant lx livres.

« Le dict de la Tousche, deux hommaiges lige, un roucin de service et xlv sols d'aides à cause des roches d'Ouigné, Mommay, Rochepotet et de la moitié de Ruschart, vallans environ trois cents livres.

« Charles de Ste Maure, hommaige lige et ung roucin de service à cause de la chastellenie de Rivarennes, vallans environ trois cents livres.

« Mexme de Pingeault, hommaige lige et une paire de gants blancs apprecié vi deniers par an, à cause de la Tour d'Avon, vallant environ xlv livres.

« Jehan de Fontenays, hommaige lige, xl sols d'aide, à cause de Paviers, vallant lx livres.

« Jean de Vaulx, hommaige lige à cause de la quarte partie de la disme de Doluz vallant xx livres.

« Charles de Maillé, hommaige lige à cause de sa maison de Négron, tenue du fief d'Aguillon, et à cause de sa justice du dict lieu de Negron.

« Le sire de la Bossaye, hommage simple à cause du dict lieu de la Bossaye, vallant environ xl livres.

« Le dict sire de la Bossaye, hommaige simple, à cause de la Cousture et autres choses qu'il tient du fief d'Aguillon, vallant x livres.

« Les seigneurs de Panzost, hommaige lige à cause dudict lieu de Panzost, vallant xl livres.

« Pierre de Paumiers, hommaige simple à cause du fief Bourreau séant au Chastellier près Loches.

« Pierre Gillier, hommaige simple à cause du fief de Dosse estant en la paroisse de Billy, vallant xx livres.

« Jacques Tourpin, seigneur de Viliers, hommaige simple et xv livres aux aides, à cause de son hostel de Crissé, vallant deux cents livres.

« Jean de la Rochelle, hommaige lige et ix sols d'aides à cause de Coulaine, vallant xx livres.

« La vefve Jehan Soleteau, hommaige simple, ung roucin de service et xl sols aux loyaux aides à cause de son hostel de Creuilly, vallant xx livres.

« Christophe Savary, hommaige lige et v sols de service à cause de son hostel de Saché et des dixmes, vallant c sols.

« Pregent de Brayes, hommaige lige et xl sols d'aides à cause de sa justice du Montet et autres choses vallant xv livres.

« Liennart Jommier, hommaige lige et xl sols d'aides à cause de son hostel de Hault Boizay, vallant xv livres.

« François Chygnart, hommaige lige et xl sols d'aides à cause de la Baudouynière en la paroisse de Brizay, vallant xv livres.

« La vefve feu Guillaume de Rigné hommaige simple, ix sols d'aides, ung roucin de service, à cause de son hostel de la Vrillière, vallant xv livres.

« Silvain des Aubuyes, hommaige simple, ung roussin de service du prix de c sols et xxx sols aux loyaux aides, à cause de son hostel de l'Oyselière, en la paroisse de Marcillé, vallant xv livres.

« Hardouyn de Maillé, hommaige lige, loyaux aides quand elles y adviennent, à cause de son hostel de l'Islette, vallant lx sols.

« Jacques de Bernezay, hommaige lige à cause de son hostel du Petit Nays, xx sols aux loyaux aides, vallant xl livres.

« Jehan Odart, hommaige simple, ung roucin de service du prix de lx sols, à cause de la dime de Feu Large, seant en Brehemont, vallant xv livres.

« Jehan Percyl, hommaige simple, un roucin de service du prix de lx sols, x sols d'aides, à cause de son hostel de la Rochefaron, près Cormery, vallant xx livres.

« Maistre Jehan Travers hommage lige à cause de son hostel de Cossé, séant près Vernou L'Archevêque, vallant l livres.

« Guillaume Dupuy, foy et hommaige lige à cause de son hostel de la Bresche de Parçay, vallant l livres.

« Estour d'Availloles, hommaige simple à cause de sa disme séant entre l'Isle Bouchard et le moulin de la Planche de Parcay et du pré Boursault, vallant xx livres.

« Joachim Paumart, trois hommages, à cause de ses fiefs de la Chaize, la Charresterie, la disme de vins séant à l'Isle Bouchard, foires et marchés, vallant xl livres.

« Jehan Gueffault, hommage simple à cause du Petit Aguillon, vallant xv livres.

« La Sollotelle, hommage simple à cause de la Vieille Grange, sise en la paroisse de Parçay, vallant x livres.

« Le sieur de la Jaille, homaige lige à cause de son fief de Montalays, vallant xx livres.

« Charlot Bec de Lièvre, hommage simple à cause de la quarte partie de la dime de Mausson, vallant c sols.

« La vefve feu Jehan Dufour, hommaige simple à cause de sa quartie de la dime, vallant c sols.

« La vefve feu Gilles Thibert, chevalier, hommage lige à cause de la moictié de la dicte dime de Mausson, vallant x livres.

« Jehan Gobert, hommage lige, un roucin de service, à cause de la gaingnerie de Meigné et autres choses, vallant xx livres.

« Jehan de Faye, chevalier, hommaige lige à cause du Boys Yver, de la paroisse de la Tour S¹ Gelin, vallant c sols.

« Anthoine de Mondion, chevalier, hommaige simple. »

Seigneurs et barons de l'Ile-Bouchard.

I. — Bouchard, vivant en 887, est le premier seigneur connu de l'Ile-Bouchard. Il possédait également les seigneuries de Rivarennes et de Bréhémont.

II. — Vivien, fils du précédent, et Bouchard, son frère, tous deux seigneurs de l'Ile, donnèrent deux de leurs colliberts au Chapitre de Saint-Martin de Tours, vers 930.

III. — Arderand, seigneur de l'Ile et de Villaines, vivait en 965. Il eut un fils, Bouchard, qui suit.

IV. — Bouchard, deuxième du nom, seigneur de l'Ile et de Rivière, figure dans une charte de 1020, concernant le prieuré de Tavant. Il épousa, en premières noces, Hermengarde de Villaines, et, en secondes noces, Aenor, qui eut en dot la terre de Rivière. Du second mariage il eut : Hugues, qui suit ; Hubert ; Aymery, religieux de Marmoutier ; Geoffroy, dit Foucaud ou Fuel, et Mahotte, dame de Villaines.

V. — Hugues, Huon, ou Ivon, seigneur de l'Ile, cité dans une charte de 1030, eut deux enfants : Bouchard III, et Agnès, qui épousa Archambaud, dit Borel.

VI. — Bouchard III, seigneur de l'Ile-Bouchard, donna la moitié du prieuré de la Rivière aux religieux de Marmoutier, pour les dédommager des pertes que leur avait causées Geoffroy Fuel, son oncle (1060). Il fut un des bienfaiteurs de l'église de Saint-Gilles. Il mourut, sans laisser d'enfants, en 1071, et fut inhumé dans l'église de Tavant.

VII. — Geoffroy Fuel, chev., seigneur de l'Ile-Bouchard après la mort de son neveu, Geoffroy III, mourut en 1080. Ses biens passèrent à Archambaud, dit Borel, marié à Agnès de l'Ile. Il est cité dans la charte de fondation de l'église de Saint-Gilles, avec Foulques, comte d'Anjou, et Jean de Chinon. Il donna au prieuré de Tavant six arpents de terre situés dans la paroisse de Lièze.

VIII. — Archambaud, dit Borel, décédé avant 1083, eut quatre enfants : Peloquin, Hugues, Barthélemy et Thomas, ce dernier, religieux à l'abbaye de Cormery.

IX. — Peloquin I*ʳ*, chev., seigneur de l'Ile-Bouchard et de Rivière, est cité dans une charte relative à l'abbaye de Turpenay. En 1137, il approuva une donation que Jacquelin d'Ussé avait faite à cette abbaye. Il eut de son mariage avec Eustache, Peloquin II, Bouchard et Barthélemy.

Vers 1138, il restitua à l'église de Saint-Hilaire de Poitiers ce qu'il avait pris par violence dans le domaine de Nueil :

Universis deum veritatemque diligentibus hoc manifestum me Peloquinum, insule Bucardi dominum, pro Deo et pro anima mea et pro meorum animabus parentum dimisisse et exposuisse quecumq. cum violentia et injuste capiebam et auferrebam in terra et a terra Beatissimi Ylarii Pictaviensis que cognominatur Nuilliacum, exceptis antiquis consuetudinibus meorum parentum, custodia, muragio et charrugio et lomonitione communis exercitus et expeditionis; concedentibus uxore mea Eustochia filiis meis Bucardo et Bartholomeo, audientibusque Matheo Rucevaldis, Pagano Martini, Petro Toileti, Rotberto Martini, Reginaldo Chotardi, Picardo Nicasio, Guillelmo Vitali, Johanne judice de Malliaco, et magistro Rotberto qui scripsit hanc cartam. Audieruntque hec canonici beati Ylarii Engolbert, Theobaldus Buzens, Hugo Radulfi.

X. — Robert de Blo, chev., fut seigneur de l'Ile-Bouchard, du chef de sa femme, Eustache, veuve de Peloquin I*ᵉʳ*. Après sa mort et celle de sa femme, cette terre revint à Peloquin II.

XI. — Peloquin II, chev., seigneur de l'Ile-Bouchard, étant mort en 1150, sans laisser d'enfants d'Hersinde, sa femme, les biens composant sa succession échurent à Barthélemy, son frère.

XII. — Barthélemy, premier du nom, chev., est cité dans un acte de 1160. Sa femme se nommait Gerberge. Il mourut vers 1170, laissant un fils unique, Bouchard, qui suit.

XIII. — Bouchard IV, chev., baron de l'Ile-Bouchard, était mort en 1189. Dans le courant de l'année précédente, il avait donné à l'abbaye de Turpenay, la moitié de ses moulins de l'Ile et son droit de pêche sur la Vienne au prieuré de Tavant. De Pétronille, sa femme, il eut cinq enfants : Bouchard V, Peloquin, Barthélemy, Regnaud, qui partit pour la croisade contre les Albigeois en 1219, et Béatrix.

En 1185, Bouchard IV avait confirmé une rente faite aux religieux de Turpenay, par un chevalier nommé Hugues. Voici le texte de la charte :

Nullus ignorat sapientiam quantum utilitatis conferat usus et scientia litterarum, qualibet enim hominum gesta quæ cicius a mente delere solet oblivio longo tempore memoriter tenemus litterarum suffragiis, cujus rei considertione premonitus, ego Buchardus, dominus Insulæ, rem quedam quæ in presentia mea meo que assensu facta est presente cartula et sigillo dignum duxi confirmare. Res vera de qua agitur talis est : quidam miles Hugo Ginonis nomine vendidit domno Guillelmo abbati Turpiniaci ecclesiæ VIII solidos et IV census denarios quos idem abbas antea reddebat ei super domo sua et terris de Acrifeno. Iterum vendidit eidem abbati II solidos census quos habebat super terram Bosonis Mardelli, et totum jus ac dominium suum quod super eamdem terram habebat.

Præterea vendidit ei XII denarios census quos habebat super terram Pontenarii. Rursum sciendum est quod ipse vendidit jam dicto abbati VI jugum terræ ut estimatur quæ est inter domum de Acrifeno et viam quæ ducit Leziam, census quoque pariter et duas partes decimæ quæ ipse habebat super eamdem terram. Porro pro istorum omnium emptione tradidit ei prefatus abbas DCC solidos. Hanc autem venditionem ego Buchardus concedo, confirmo et testificor et hujus rei testificandæ et conservandæ sum fidejussor. Hoc etiam concessit Philippus Tafeth et Laurentia uxor Mathei Ganonis, Boso quoque filius ejus ac sorores illius. Hoc autem totum factum est presentia mea in domo Petri Savari quæ est in Gallereia, anno scilicet ab Incarnatione Domini MCLXXXV, *Regante Henrico rege Anglorum, et Richardo comite Pictavorum, atque Bartholomeo archiepiscopo presidente sedi Turonicæ. Ut autem sermo iste fidelis habeatur et acceptione dignus in omni deinceps generatione ventura plurimos testes qui supradictæ rei presentes affuerunt in presenti cartula fecimus annotari. Testes igitur isti sunt : Philippus Savari, Petrus et Archambaudus fratres ejus, Radulphus Roncevaux et alii plures.*

XIV. — Bouchard V, dit le Jeune, baron de l'Ile-Bouchard (1220), mourut sans laisser d'enfants. En 1189, à Tavant, le jour de l'enterrement de son père, il avait confirmé, par la charte suivante, une donation faite par ce dernier et par un de ses aïeux nommé Peloquin :

Sciant omnes quod Buchardus de Insula laborans in infirmitate quâ et mortuus est dedit ecclesiæ Turpiniaci in manu Guillelmi abbatis partis suæ decimam, id est medietatem quæ reddebatur ei de molendinis suis. Hoc autem donum fecit in domo suæ apud Insulam, testibus suis : Mantello, Radulpho de Baugentiaco, Aimerico de Brisaio. Hoc etiam concessit Bartholomeus filius ejus et uxor ejus Petronilla et filia ejus Beatrix coram prefatis testibus. Item concessit hoc Buchardus, filius ejus, in capitulo apud Taventum, ipso die sepulturæ ejus coram his testibus : Henrico, abbate de Nucariis, Johanne, abbate de Lucezio, Aimerico filio Ivonis et aliis.

Iterum Buchardus junior concessit tam hæ supra dicta dona patris sui quam omnia dona Peloquini, avi sui, sicuti superius descripta sunt et insuper dimisit tres denarios de muragis domui de Acri Fame. Hoc autem concessit et proprio sigillo confirmavit apud Insulam, in aula sua die illo quo cepit ire Jerusalem, concedente Bartholomeo patre suo et Petronilla matre sua. Huic concessioni affuit Stephanus de Calvo Monte, monachus Turpiniensis. Testes qui audierunt sunt isti : Johannes, abbas de Lucezio, et Johannes, prior ejusdem domus, Hugo de Mota, Guillelmus de Rajacia et Aimericus frater ejus, Bartholomeus de Boceia, Guillelmus de Negrum. Actum ab Incarnatione Domini anno MCLXXXIX.

XV. — Barthélemy II, chevalier-banneret, baron de l'Ile-Bouchard et de Rochefort, frère du précédent, épousa, vers 1200, Élisabeth, fille d'Olivier de Rochefort. Il eut quatre enfants : Bouchard VI, qui suit; Pierre, seigneur de Fondon, en Anjou; Bouchard, seigneur de Rivarennes, et Eustache. En 1205, il donna à l'abbaye de Beaumont un serf nommé Ascelin le Féron :

Notum sit omnibus tam presentibus quam futuris quod ego, Bartholomeus, Insula Buchardi dominus, dedi et concessi in perpetuum, pro Dei misericordia et mei anima et pro animabus antecessorum meorum defunctorum, Ascelinum le Feron, immunem ab omni talceta et equitatione et exercitu, abbatissæ et sanctis monialibus Belli Montis. Hoc donum autem concessit Elisabeth uxor mea et Buchardus filius meus et Eustachia filia mea. Testes hujus rei sunt : Guillelmus de Negrum, Andreas de Vaireze, Ugo Guiberti, Philippus de Sauleta, Assailli de Cathena, Gaufridus, presbyter de Tennil, Johannes Pasquier et plures alii. Et ut ratum haberetur presentem cartam sigilli mei munimine feci roborari. Actum est autem anno ab Incarnatione Domini M° CC° *quinto, Philippo, rege Francorum regnante.*

Vers 1230, il donna à l'abbaye de la Merci-Dieu un serf nommé Pierre Limouzin et ses enfants nés et à naître. Voici le texte de la charte de donation :

Notum sit omnibus tam presentibus quam futuris quod ego Bartholomeus, dominus Insulæ Buchardi, cum assensu Buchardi filii mei et aliorum heredum meorum, abbatiæ Misericordiæ Dei dedi et in eleemosinam concessi Petrum Lemozicum et omnes heredes suos jam natos vel nascituros eternaliter liberos et ab omni consuetudine absolutos. Hujus rei testes sunt : Andreas de Verese, Gaufridus de Turre, Hugo de Boceio, milites; Johannes Sarracenus, Guillelmus Frandrensis, Haimericus de Surmaises, Lucas de Lameriaco, tunc prepositus, et multi alii.

Le sceau de Barthélemy II représentait : *Deux lions passants*, avec cette légende : *S. Bartholomæi de Insula*; au revers on voyait *une aigle* avec ces mots : *Secretum domini de Insula.*

XVI. — Bouchard VI, chev., baron de l'Ile-Bouchard et de Rochefort, épousa Anne de Craon, dont il eut : 1° Barthélemy III, qui suit; 2° Olivier, seigneur de Rivarennes; 3° Alice, femme de Pierre de Brion, seigneur de la Tour de Langeais, frère de Simon de Brion, pape sous le nom de Martin IV; 4° Almurine, abbesse du Ronceray d'Angers. — Anne de Craon se fit religieuse à Moncé, après la mort de son mari, en 1276.

XVII. — Barthélemy III, dit de Bueil, chev., baron de l'Ile-Bouchard, mourut avant 1288. Il avait épousé Eustache de Doué, dame de Gençay, fille de Jodon de Doué, dont il eut : 1° Bouchard, qui suit; 2° Jean, seigneur de Saint-Mars, marié, en 1327, à Isabeau de Montbazon; 3° Barthélemy, seigneur de Gençay; 4° Agnès, abbesse de Beaumont-les-Tours; 5° Almuria, femme de Hugues de Beauçay V.

XVIII. — Bouchard VII, chev., baron de l'Ile-Bouchard, eut trois enfants de son mariage avec Agnès de Vendôme : Barthélemy, qui suit; Olivier et Eustache, mariée à Renaud de Pressigny, seigneur de Lalou.

XIX. — Barthélemy IV, chev., baron de l'Ile-Bouchard (1290), mourut en 1335, laissant quatre enfants de son mariage avec Jeanne de Sainte-Maure : 1° Bouchard, qui suit; 2° Barthélemy; 3° Jeanne; 4° Tiphaine, religieuse à Fontevrault.

XX. — Bouchard VIII, chev., fit le voyage de la Terre-Sainte en 1362. D'Agathe de Beauçay, veuve de Jean de la Porte, il eut : 1° Jean, qui suit ; 2° Bouchard, décédé sans postérité ; 3° Jeanne, femme de Pierre d'Avoir (1360).

En 1365, il délivra un vidimus de deux chartes relatives à des dons faits à l'abbaye de Turpenay par son père et par Bouchard, un de ses ancêtres. Voici le texte de ce document :

« Saichent tous presens et advenir que en la court du roy de Chinon, en droit estably devant nous noble homme Monsieur Bouchart de l'Isle, chevallier seigneur de l'Isle Bouchar, premierement et avant tote œuvre, promettant le dit noble à faire avoir ferme et establi et agreable à sa femme ce fait cy dessous contenu declairé et divisé et luy faire lier et obliger quand elle sera hors du peril où elle est soumettant le dit noble, soy, ses hoirs et ses biens quelconques à la jurisdiction, destroit et cohertion de la chastellenie et ressort de Chinon, sans autre juridiction ne requerir quant à ce qui s'en suit, lequel noble a confessé en la cour que il a heu une lettre saine et entière, sellée du scel de Monsieur Bouchard de l'Isle, jadis seigneur de l'Isle Bouchart, son prédecesseur, laquelle leue de mot à mot et esquelle estoit contenu que le dit feu Monsieur Bouchard, pour la grande amor et devotion qu'il avait aux religieux de Notre Dame de Turpenay et aux messes et oraisons et bienfaits de la dite abbaye, et pour le remede des ames de feu son père et de feu Peloquin son fils et de luy et de tous ses prédecesseurs et parents, qu'il a donné aux dits religieux vingt six setiers de sel, de annuelle et perpetuelle rente à rendre et payer aux dits religieux par chacun an, lesquels xxvi septiers de sel il a assis et assigné sur sa châtellenie de l'Isle-Bouchar.

« Confesse le dit noble avoir veu une autre lettre scellée du scel estably à Chinon pour le roy de France nostre sire esquelle est contenu que feu Barthelemy de l'Isle, jadis seigneur de l'Isle Bouchart, pour la très grande devotion qu'il avoit aux dicts religieux et aux messes et bienfaits en leur ditte abbaye, pour le remede des ames de son père et de sa mère et de feu Jehanne de S'º More jadis sa femme, de feu Olivier son frère, il donna aux dits religieux XIV livres cinq sols d'annuelle et perpetuelle rente, lesquels leur assist et assigna sur son port de l'Isle Bouchard et sur tous ces cens et rentes de l'Isle Bouchard, à rendre et payer au jour de la St Michel, chacun an, lesquelles lettres furent faites le mardy après la St Martin d'hiver l'an de grâce mil deux cent quatre vingt et dix, lesquelles lettres, avec leur teneur et les choses dedans contenus, et aussi totes les graces, dons et privileges quelconques, donné aux dits religieux par ses prédecesseurs en quelque manière que ce soit, le dit noble confirma et aprouva en tous et pour tous aultres titres et encore a confessé le dit noble en la dite cour qu'il doit aux dits religieux, chacun an, à annuelle et perpetuelle rente, deux mines de bled........

« Ce fust faict et jugé à tenir par le jugement de la dite cour royale...... Scellé du sceau estably à Chinon, au premier jour d'aoust l'an de grace mil trois cent soixante et cinq. Signé : J. DE SIENNES. »

XXI. — Jean de l'Ile, baron de l'Ile-Bouchard, seigneur de Doué et de Rochefort, donna à cens l'hôtel de la Mariette, situé à l'Ile-Bouchard, par acte du 15 novembre 1402 :

« A tous ceulx qui ces presentes lectres verront, nous, Jehan, seigneur de l'Isle-Bouchart et de Rochefort et de Doué, salut. Scavoir fesons à tous presens et advenir que nous avons baillé et accensé, pour nous, nos hoirs et successeurs, à tousjours mes perpetuellement par héritage à André Martin et à Jehanne sa femme, à leurs hoirs et à qui cause aura d'eulx une maison en tout son fonds et appartenances et le vergier qui y tient, séant en notre ville de l'Isle-Bouchart vulgairement appelé l'oustel de la Mariette, lequel nous est advenu par la succession de la feue Couarde, laquelle estoit nostre donnée, et est faicte ceste baille pour le pris et somme de vint sous de annuelle et perpetuelle rente, laquelle les dits preneurs leurs hoirs et successeurs paieront et rendront dores en avant à tous jours mes perpetuelment à nous nos hoirs et successeurs au fests de Nouel et de la saint Jehan Baptiste par moitié. Et lesquelles chouses ainsi par nous baillées et accensées, comme dit est nous promettons garantir et deffendre ausdits André et sa femme, à leurs hoirs et successeurs à tous jours mes perpetuellement en nous paiant la dicte rente aux termes dessusdis et en peiant et rendant au prieur et curé de Saint Gile de l'Isle Bouchart autres vingt souls de rentes tout seulement. En tesmoing desquelles chouses nous avons fait mettre et apposer à ces présentes le scel douquel l'en use en nos contraulx de nostre ville et chastellenie de l'Isle Bouchart. Ce fut fait et donné le quinzième jour de novembre, l'an de grâce mil quatre cens et deux, signé BOISCHESNE, du commandement de Monsieur. »

Jean de l'Ile fit une transaction avec les religieux de Marmoutier, au sujet du prieuré de Tavant, en 1407. Il fut tué à la bataille d'Azincourt, en 1415. De Jeanne de Bueil, il eut deux filles : Catherine, dont on parlera plus loin, et Jeanne, dame de Gonnor.

XXII. — Jean des Roches, chev., devint baron de l'Ile-Bouchard par son mariage avec Catherine, fille de Jean, dont nous venons de parler. Il mourut en 1416.

XXIII. — Hugues de Châlons, comte de Tonnerre et de Cruzy, baron de l'Ile-Bouchard, par son mariage avec Catherine de l'Ile-Bouchard, veuve de Jean des Roches, fut tué à la bataille de Verneuil, en 1424.

XXIV. — Pierre de Giac, chev., surintendant des finances, ministre d'État, fut seigneur de l'Ile-Bouchard, du chef de sa femme, Catherine de l'Ile-Bouchard, veuve de Hugues de Châlons et de Jean des Roches. Il fut assassiné à Issoudun, en Berry, en 1426. Sa veuve contracta une quatrième alliance avec Georges de la Tremoille, qui suit.

XXV. — Georges de la Tremoille, comte de Guines, de Boulogne et d'Auvergne, baron de Sully, de Craon, de Sainte-Hermine et de l'Ile-Bouchard, lieutenant-général pour le roi en Bourgogne, ministre d'État, était fils de Guy VI de la Tremoille, garde de l'oriflamme de France, et de Marie de Sully. Il mourut le 6 mai 1442. En premières noces, il avait épousé, le 16 novembre 1416, Jeanne de Boulogne, comtesse de Boulogne et d'Auvergne, fille de Jean, comte de Boulogne et d'Auvergne, et d'Éléonor de Comminges. Il n'eut pas d'enfants de ce mariage. De Catherine de l'Ile-Bouchard, qu'il avait épousée le 2 juillet 1427, il eut : 1° Louis, dont on parlera après son frère; 2° Georges, qui suit; 3° Louise, dame de Bonnières, mariée, le 30 janvier 1444, à Bertrand de la Tour, comte de Boulogne et d'Auvergne et décédée en 1474. Elle fut inhumée dans l'église abbatiale de Vic-le-Comte. — Georges de la Tremoille eut trois enfants naturels : Marguerite, dame de Saint-Fargeau, femme de Jean de Salazar (contrat du 31 octobre 1441); Jacques, seigneur de Civran, et Jean, seigneur de l'Herbergement-Ydreau, mort en 1490. — Catherine de l'Ile-Bouchard mourut le 1ᵉʳ juillet 1472. En elle s'éteignit l'antique maison de l'Ile.

Voici un document qui nous donne de curieux détails concernant ses obsèques qui eurent lieu à l'Ile-Bouchard :

ESTAT DE LA DESPENCE FAICTE IOUR L'ENTERREMENT DE FEUE TRÈS NOBLE ET PUISSANTE DAME MADAME DE LA TREMOILLE, DONT DIEU AIT L'AME, FAICTE PAR MOY, CHARLOT BECDELIÈVRE, LE PENULTIÈME JOUR DE JUILLET L'AN MIL CCCC LXXII.

« Premièrement pour 96 aulnes de bougrain fin de Paris, pour tendre la chapelle en laquelle repose le corps de la dicte dame, au prix de 6 sols 10 deniers obole l'aulne, vallent 33 livres.

« *Item*, pour 48 aulnes de satin noir double, pour faire une sainture en la dite chappelle, au prix de 60 sols l'aune, vallent 144 livres.

« *Item*, pour 191 livres de cire, pour faire le luminaire pour le service de la dicte dame, tant en la dicte chapelle que ès paroisses voisines, au prix de 5 sols la livre, rendue ouvrée, vallent 47 livres 7 sols.

« *Item*, pour 32 aunes de drap noir, pour faire treize robes et treize chapperons à treize pouvres qui ont tinst les torches, au prix de 12 sols 6 deniers tournois l'aune, vallent 20 livres.

« *Item*, pour 11 aulnes de veloux noir à tiers poil, et 2 aunes de damas blanc pour faire une couverte a mettre sur la bière sur le corps de la dicte dame, à 30 livres l'aune, vallent 65 livres.

« *Item*, pour deux aunes et 1 quart de drap d'or pour mettre sur le corps de la dicte dame, à 30 livres l'aune valent 67 livres 10 sols.

« *Item*, pour 112 aunes de bougrain pour doubler le dit drap, 4 livres 2 sols 6 deniers.

« *Item*, pour l'aumoulne, qui estoit de 10 deniers donnez à chascun qui le vouloit prendre, 300 livres.

« *Item*, pour 49 messes célébrées au jour de l'enterrement, 8 livres 7 sols.

« *Item*, pour 14 aunes de drap noir pour faire quatre robes et quatre chapperons à Monsieur de Monts. Monsieur le maistre d'oustel, Monsieur le capitaine de Rochefort et le curé de Sᵗ Morice, au prix de 60 sols l'aune, vallent 42 livres.

« *Item*, pour 34 aunes et demie de drap noir pour faire neuf robes et neuf chapperons à Messire Pierre Robinet, Messire Anthoine, prestres, Pierre Dufour, receveur, Charlot du Poirier, Gaultier, Jehan Baillou, François Herpin, le comte de Rouci, escuiers, et Huguet, tailleur de la dicte dame, au prix de 45 sols l'aune, vallent 73 livres, 2 sols 6 deniers.

« *Item*, pour 12 aunes de noir, pour faire robes à Jehanne de Salezart, Espérance, Charlotte, Mathurine, Brocine; Marie Bourcelle, au prix de 60 sols l'aulne, vallent 37 livres 10 sols.

« *Item*, pour 20 aunes de noir pour faire huit robes à Marie de Houceaux, Jehanne de Houceaux, Mathurine du Cloux, Jehanne Richere, Marie Bassette, Jehanneton, Guilloone, Marion, au prix de 45 sols l'aune, vallent 45 livres.

« *Item*, pour 37 aunes de noir, pour faire 13 robes et 13 chaperons à Thomas Bry, Palu, Colin, Ernoul, Guillaume de la Cuysine, le Boulenger, Jehan, Macé, le petit Tapon, au prix de 30 sols l'aune, vallent 15 livres 10 sols.

« *Item*, pour 12 aunes de noir, pour faire 5 robes à Laurence, Jehanne Paniote, la Boulengère, Gervesote, la petite Seville, au prix de 30 sols l'aune, vallent 18 livres.

« *Item*, pour 2 aunes et demie de noir, pour faire cinq chaperons, au prix de 45 sols l'aune, vallent 5 livres 12 sols 6 deniers.

« *Item*, 5 aunes et quart de noir pour faire trois robes aux gens de Monsieur de Monts, au prix de 30 sols l'aune, vallent 7 livres 12 sols 6 deniers.

« *Item*, pour 45 aunes de drap noir pour faire doubler partie des robes dessus dictes, à 12 sols 6 deniers l'aune, vallent 28 livres 12 sols 6 deniers.

« *Item*, est deu au dict Becdelièvre par la dicte dame, pour parties a elle baillées par avant son trespas, la somme de 218 livres 2 sols 6 deniers.

« *Item*, pour 4 aunes de drap noir pour faire robe à Monsieur le chantre, au prix de 4 escus l'aune vallent 22 livres.

« *Item*, pour trois trantaines qui seront celebrez après le trespas de la dicte dame, au prix de 75 sols vallent 11 livres 5 sols.

« *Item*, pour le service à l'uytiesme jour après son trespas, 10 livres.

« *Item*, pour le curé 20 livres.

« *Item*, en despence de bouche faicte depuis le mercredi jusques au samedi au soir 22 livres.

« *Item*, pour deux prestres qui ont dit par cinq fois le Sautier 1 livre 10 sols.

« *Item*, pour huict curez, c'est assavoir : S¹ Morice, S¹ Lienort, Tavent, Parçay, S¹ Gilles, Crousilles, Panzoult et Avon, pour dire par huit jours vigilies et une messe à mort 32 livres.

« *Item*, pour trois aunes et demie de drap noir pour faire robe à frère .... religieux de l'ordre de S¹ Benoit et serviteur de Monseigneur de Craon, à 45 sols l'aune, vallent 7 livres 17 sols 6 deniers.

« *Item*, pour une aune et demie noir pour faire trois chapperons aux troys femmes de chambre de ma dicte dame, au prix de 60 sols l'aune, vallent 4 livres 10 sols.

« *Item*, pour demie aune de damas blanc, pour parachever la croix du drap de veloux qui est sur le corps de la dite dame, pour ce 2 livres 10 sols.

« *Item*, a esté baillé à deux messaigers, l'un pour aller devers mondit seigneur de Craon et l'autre vers le recepveur de Rochefort, la somme de 1 livre 17 sols 6 deniers.

« Somme toute des dictes partyes : 1364 livres 17 sols 6 deniers.

« Ont signé : P. DE BRISSAC, BRETÉ, J. MELON, P. DE SALLEIGNAC, P. DUFOUR, AIMERY, C. BECDELIEVRE. »

XXVI. — Georges de la Tremoille, baron de Craon et de l'Ile-Bouchard, comte de Ligny, gouverneur de Touraine, de Champagne et de Brie, lieutenant-général des armées du roi, assista aux États-généraux de Tours, en 1467. En 1473, il eut le commandement des troupes envoyées au secours de l'empereur Frédéric III. Il mourut en 1481, sans laisser d'enfants de son mariage avec Marie de Montauban, veuve de Louis de Rohan de Guémené, et fille de Jean de Montbazon, amiral de France, et de Jeanne de Kerenrais.

XXVII. — Louis de la Tremoille, prince de Talmont, comte de Guines et de Benon, vicomte de Thouars, baron de l'Ile-Bouchard, après la mort de son frère, chambellan héréditaire de Bourgogne, mourut en 1483, laissant sept enfants de son mariage, contracté, le 22 août 1446, avec Marguerite d'Amboise, fille de Louis d'Amboise, vicomte de Thouars, et de Marie de Rieux : 1° Louis, qui suit; 2° Jean, archevêque d'Auch, évêque de Poitiers, cardinal du titre de Saint-Martin-aux-Monts en 1505, décédé en 1507; 3° Jacques, seigneur de Gençay et de Mauléon, capitaine de cinquante hommes d'armes, marié à Avoye de Chabannes, fille de Jean de Chabannes, comte de Dammartin, et veuve d'Aymar de Prie, baron de Buzançais; 4° Georges, seigneur de Jonvelle, lieutenant-général pour le roi en Bourgogne, marié à Madeleine d'Azay; 5° Anne, femme, en premières noces (contrat du 26 novembre 1464), de Louis d'Aujou, bâtard du Maine, et, en secondes noces (contrat du 16 janvier 1494), de Jacques de Rochechouart, seigneur de Charroux; 6° Antoinette, mariée, par contrat du 8 juillet 1473, à Charles de Husson, comte de Tonnerre; 7° Catherine, abbesse du Ronceray d'Angers.

XXVIII. — Louis II de la Tremoille, prince de Talmont, comte de Guines, vicomte de Thouars, baron de l'Ile-Bouchard, de Sully, de Craon, de Marans, etc., amiral de Guienne et Bretagne, général des armées françaises en Italie, fut tué à la bataille de Pavie en 1524. Il fut inhumé dans la chapelle du château de Thouars. En premières noces il avait épousé, le 9 juillet 1485, Gabrielle de Bourbon, fille de Louis de Bourbon, comte de

Montpensier, et de Gabrielle de la Tour; en secondes noces, le 7 avril 1517, Louise Borgia, fille de César Borgia, duc d'Urbin et de Valentinois, et de Charlotte d'Albret. Du premier mariage, il eut Charles, dont on parlera plus loin.

En 1529, un tombeau, construit et sculpté par Martin Claustre, tailleur d'images à Grenoble, fut élevé dans la chapelle de Thouars à la mémoire de Louis de la Tremoille et de Gabrielle de Bourbon, sa première femme. Les défunts étaient représentés par deux statues, de grandeur naturelle, couchées sur la tombe, autour de laquelle on lisait cette inscription :

CY GISENT LE CORPS DE TRÈS HAULT ET ILLUSTRE PRINCE LOYS DE LA TREMOILLE II DU NOM, QUI FUST TUÉ A LA BATAILLE DE PAVIE LE XXIII FEBV. MDXXIIII AGÉ DE LXIII ANS IIII MOIS, — ET DE TRÈS HAULTE ET ILLUSTRE PRINCESSE GABRIELLE DE BOURBON SON ESPOUSE QUI MOURUT LE XXX NOV. MDXV. — *Priez Dieu pour le repas de leurs âmes.*

XXIX. — Charles de la Tremoille, prince de Talmont et de Mortagne, comte de Taillebourg, baron de l'Ile-Bouchard, du vivant de son père, gouverneur de Bourgogne, fut tué à Marignan le 13 septembre 1515. Il avait épousé, le 7 février 1501, Louise de Coétivy, fille de Charles de Coétivy, comte de Taillebourg, et de Jeanne d'Orléans-d'Angoulême. De ce mariage naquit un fils unique, François, qui suit.

XXX. — François de la Tremoille, prince de Talmont, comte de Guines, vicomte de Thouars et baron de l'Ile-Bouchard, lieutenant-général du roi en Poitou, mourut à Thouars le 5 janvier 1541, laissant dix enfants de son mariage avec Anne de Laval, fille de Guy XVI, comte de Laval, et de Charlotte d'Arragon : 1° Louis, qui suit; 2° François, comte de Benon, baron de Montaigu, marié à Françoise du Bouchet, et décédé en 1555; 3° Charles, baron de Marans et de Mauléon, protonotaire du Saint Siège, abbé de Saint-Laon de Thouars et de Notre-Dame de Chambon; 4° Georges, baron de Royan et d'Olonne, grand-sénéchal du Poitou, marié à Madeleine de Luxembourg, et décédé en 1584; 5° Claude, baron de Noirmoutier et de Mornac, gentilhomme ordinaire de la chambre du roi, marié, le 23 février 1557, à Antoinette de la Tour-Landri, fille de Jean de la Tour-Landri, comte de Châteauroux, et de Jeanne Chabot. Il mourut en 1566; 6°, 7° Anne et Guy, morts en bas âge; 8° Louise, dame de Rochefort, qui épousa, par contrat du 15 septembre 1588, Philippe de Lévis, seigneur de Mirepoix; 9° Jacqueline, baronne de Sainte-Hermine et de Marans, mariée, en 1599, à Louis de Bueil, comte de Sancerre, et décédée en 1599; 10° Charlotte, religieuse à Fontevrault.

XXXI. — Louis de la Tremoille, prince de Talmont, duc de Thouars, comte de Taillebourg et de Benon, baron de l'Ile-Bouchard, de Sully, de Craon, etc., capitaine de cent hommes d'armes, fut tué au siège de Mello le 25 mars 1577. Par contrat du 29 juin 1549, il avait épousé Jeanne de Montmorency, fille d'Anne de Montmorency, grand-maître et connétable de France, et de Madeleine de Savoie. De ce mariage sont issus : 1° Claude, qui suit; 2°, 3° Anne et Louis, morts en bas âge; 4° Louise, 5° Charlotte-Catherine, comtesse de Taillebourg, mariée, le 15 mars 1586, à Henri de Bourbon, prince de Condé.

XXXII. — Claude de la Tremoille, prince de Talmont, duc de Thouars, baron de l'Ile-Bouchard, pair de France, général de la cavalerie française, mourut le 25 octobre 1604. Par contrat du 11 mars 1598, il avait épousé Charlotte-Barbantine de Nassau, fille de Guillaume II de Nassau, prince d'Orange, et de Charlotte de Bourbon. Il eut quatre enfants de ce mariage : 1° Henri, qui suit; 2° Frédéric, comte de Laval et de Benon, mort en février 1642; 3° Charlotte, femme de Jacques Stanley, comte de Derby, prince souverain de l'île de Man; 4° Élisabeth, morte en bas âge.

XXXIII. — Henri de la Tremoille, prince de Talmont et duc de Thouars, baron de l'Ile-Bouchard, mestre de camp de la cavalerie légère de France, né en 1599, mourut le 21 janvier 1674, laissant cinq enfants de son mariage avec Marie de la Tour, fille de Henri de la Tour, duc de Bouillon, prince de Sedan, vicomte de Turenne, et d'Élisabeth de Nassau : 1° Henri-Charles, prince de Tarente, mort le 14 septembre 1672; 2° Louis-Maurice, abbé de Charroux et de Talmont, décédé le 25 janvier 1681; 3° Armand-Charles, comte de Montfort et de Taillebourg, mort le 13 novembre 1663; 4° Marie, femme de Bernard, duc de Saxe-Weymar, décédée le 24 août 1682; 5° Élisabeth, morte en 1640. — Par acte du 18 décembre 1629, Henri de la Tremoille et sa mère, duchesse de Nassau, vendirent la baronnie de l'Ile-Bouchard, pour 180,000 livres, à Armand-Jean du Plessis.

XXXIV. — Armand-Jean du Plessis, cardinal, duc de Richelieu, baron de l'Ile-Bouchard, pair de France, mourut en 1642. Par son testament du 13 mai 1642, il avait substitué son nom, ses armes et son duché-pairie à Armand-Jean Vignerot du Plessis, petit-fils de René Vignerot, et de Françoise du Plessis. Cette dernière était sœur du cardinal.

XXXV. — Armand-Jean Vignerot du Plessis, duc de Richelieu et de Fronsac, prince de Mortagne, baron de l'Ile-Bouchard, pair de France, né le 3 octobre 1629, mourut le 10 mai 1715. Il avait épousé : 1° le 26 décembre 1649, Anne Poussart, fille de François Poussart, marquis de Fors, et d'Anne de Neubourg, 2° le 30 juillet 1685, Anne-Marguerite d'Acigné, fille de Jean-Léonard d'Acigné, comte de Grandbois, et de Marie-Anne d'Acigné; 3° le 30 mars 1702, Marguerite-Thérèse Rouillé, fille de Jean Rouillé, baron de Meslay, conseiller d'État, et de Marie de Cornans d'Astric. De son second mariage sont issus : 1° Louis-François-Armand, qui suit; 2° Catherine-Armande, mariée, le 23 avril 1714, à François-Bernardin du Châtelet, comte de Clermont; 3° Élisabeth-Marguerite-Armande, religieuse à Saint-Remy-des-Landes; 4° Marie-Gabrielle-Élisabeth, abbesse du Trésor.

XXXVI. — Louis-François-Armand Vignerot du Plessis, duc de Richelieu et de Fronsac, baron de l'Ile-Bouchard, comte de Chinon, pair et maréchal de France, membre de l'Académie française, né le 13 mars 1696, mourut le 8 août 1788. Il fut marié trois fois : 1° le 12 janvier 1711, avec Anne-Catherine de Noailles, fille de Jean-François de Noailles, maréchal de camp, lieutenant-général au gouvernement d'Auvergne, et de Marguerite-Thérèse Rouillé de Meslay; 2° par contrat du 7 avril 1734, avec Élisabeth-Sophie de Lorraine-Guise, fille d'Anne-Marie-Joseph de Lorraine, prince de Guise, et de Marie-Louise-Christine Jeannin de Castille; 3° en 1780, avec Jeanne-Catherine-Josèphe Lavaulx, fille de Gabriel-François, comte de Lavaulx, et de Charlotte de Lavaulx de Pompierre. Du second lit il eut deux enfants : 1° Louis-Antoine-Sophie, qui suit; 2° Jeanne-Sophie-Élisabeth-Louise-Armande-Septimanie, mariée, le 10 février 1756, à Casimir, comte d'Egmond-Pignatelli, duc de Bisache, grand d'Espagne. Elle mourut en 1769.

XXXVII. — Louis-Antoine-Sophie Vignerot du Plessis, duc de Richelieu, baron de l'Ile-Bouchard, pair et maréchal de France, gouverneur de Guienne, membre de l'Académie française, né le 4 février 1736, mourut en 1791. En premières noces, il avait épousé, le 25 février 1764, Adélaïde-Gabrielle de Hautefort de Juillac, dont il eut Armand-Emmanuel-Sophie-Septimanie, duc de Richelieu, pair de France, ministre, né le 25 septembre 1766, mort le 18 mai 1822. D'un second mariage, contracté le 20 avril 1776, avec Marie-Anne de Galliffet, fille de Philippe-Christophe-Amateur de Galliffet, baron de Dampierre, et de Marie de Lévis, il eut : 1° Armande-Marie, femme de Hippolyte, marquis de Montcalm-Gozon ; 2° Armande-Simplicie-Gabrielle, mariée à Antoine-Pierre-Joseph de Chapelle, marquis de Jumilhac, lieutenant-général des armées du roi, dont les enfants furent substitués, par lettres patentes du 10 septembre 1822, aux noms et armes des Richelieu.

Maires de Saint-Gilles. — Antoine Granger, 1791. — N. Contencin, 1804. — Pierre-François Torterue-Dupuy, 16 mai 1807, 14 décembre 1812. — Gabriel-Jules Voisine, 10 juin 1816. — Jean Deserre, 24 septembre 1816. — Frédéric Loisillon, 1820. — Jean-Baptiste Limbert, 27 octobre 1830. — Bouchet, 1831.

Maires de Saint-Maurice. — Berge, 1804, 29 décembre 1807. — Élie Jehan, 3 décembre 1814. — Étienne Horsant, 1825. — Giron, 16 août 1830. — Fillieu, 1831.

Maires de l'Ile-Bouchard, depuis 1832. — Fillieu, 1832. — Payen, 1852, décédé en 1867. — Jean-Eugène Guiet, 8 juin 1867, 1870. — Justin Girault-Banne, février 1874, 21 janvier 1878.

La ville de l'Ile-Bouchard portait pour armoiries : *Écartelé : aux 1 et 4 de sinople, à la fasce d'or; aux 2 et 3 d'or à la bande de sinople. — Alias : De gueules, à deux lions passants, d'argent.*

Au XVIIIe siècle, le sceau des officiers de la baronnie de l'Ile-Bouchard était : *D'argent, à trois chevrons de gueules.* — Couronne de duc.

En 1867, on a découvert, dans un champ situé près de la route de l'Ile-Bouchard à Brizay, les restes d'un aqueduc de construction romaine.

La Chesnaye-des-Bois et Badier, *Diction. de la noblesse*, XVII, 389. — Bétancourt, *Noms féodaux*, I, 197, 526. — *Le Magasin pittoresque* (1846), p. 305; (1847), p. 72. — D. Fonteneau, XXVI, 789. — De Cougny, *Excursion en Poitou et en Touraine*, 229, 233. — *Revue de l'Anjou*, II, 168. — Lhermite-Souliers, 126, 127, 545. — Simon Luce, *Hist. de Bertrand du Guesclin*, 476. — Bibl. nationale, Gaignères, 678, p. 41. — D. Martène, *Hist. de Marmoutier*, I, 222, 370, 544. — *Pouillé de l'archevêché de Tours* (1648), p. 72, 79, 81, 117. — *Bulletin de la Société archéologique de Touraine* (1868), p. 54. — *Almanach de Touraine*, 1778, 1784. — Bibl. de Tours, manuscrits n°s 1171, 1212, 1216, 1405, 1494. — Ménage, *Hist. de Sablé*, 405. — Archives de la Vienne, G, liasse 632-47. — C. Chevalier, *Promenades pittoresques en Touraine*, 471, 508-9. — *Liber de Servis*, charte XLVII. — La Thaumassière, *Hist. du Berry*, 437. — Lainé, *Archives de la noblesse de France*, VIII, généal. de Brizay. — P. Anselme, *Hist. généal. de la maison de France*, I, 433; IV, 454; VII, 849. — Chalmel, *Hist. de Tour.*, II, 90; III, 101. — A. Noël, *Souvenirs pittoresques de la Touraine*. — Le Paige, *Mém. de Miromesnil* (dans le *Diction. topographique du diocèse du Mans*), I, 19. — M. Z., *Topographia Galliæ, Francofurti, apud Gaspardum Merianum*, 1657, in-4°. (On y trouve une vue de l'Ile-Bouchard, dessinée par Jehan Peetera). — De Marolles. *Généalogie de la maison de Montbazon.* — *Gallia christiana*, II, 404, 1356; XIV, 48, instrum. — Jagu, *Topographie, géologie et minéralogie du département d'Indre-et-Loire*. — *Panorama pittoresque de la France* (département d'Indre-et-Loire), p. 13. — *Recueil des historiens des Gaules*, X, 137. — *Cartulaire de Cormery*, 74, 75, 76, 96, 98. — *Cartulaire de Noyers*, 9, 36, 40, 41, 42, 51, 53, 54, 55, 58, 62, 67, 68, 73, 77, 80, 93, 104, 112, 120, 125, 127, 133, 137, 142, 143, 145, 186, 199, 202, 204, 232, 257, 262, 284, 289, 310, 317, 318, 322, 329, 302, 457, 464, 488, 536, 615, 618, 623, 625, 632, 652. — Monsnier, I, 206. — A. Duchesne. *Hist. des chanceliers de France.* — Bibl. de Rouen, *Généralité de Tours*, coll. Leber, n° 5793. — Beauchet-Filleau, *Diction. des familles de l'ancien Poitou*, II. — Arch. d'I.-et-L., C, 600; D, 9; E, 103, 285; G, 13, 14, 15, 123, 852-53, 854-55 ; *Biens nationaux*. — D. Housseau, I, 233, 235, 272, 273, 294; II, 373, 533; III, 803; IV, 1320, 1572, 1590, 1593, 1594, 1505, 1596; V, 1634, 1728, 1791, 2001, 2025, 2029, 2031; VI, 2176, 2219, 2199, 2230, 2244, 2245, 2258, 2264, 2319, 2395, 2399, 2494, 2645; VII, 2710, 2972, 3015, 3017, 3020, 3022, 3031, 3053, 3078, 3122, 3125, 3172, 3202, 3239, 3329, 3374, 3376; VIII, 3611; IX, 3796, 4014, 4089; XII, 6090, 6434, 6435, 6760, 6762, 6763, 6765, 6766 *bis*, 6770, 6820, 6833, 7214, 7218 *bis*, 7248, 7264; XIII, 8327; 11033; XVIII, XXXI, XXXVI. — *Chartrier de Thouars*, *documents historiques et généalogiques*, 272. — J.-J. Bourassé et C. Chevalier, *Recherches sur les églises romanes en Touraine*, 20, 35, 116. — E. Mabille, *Notice sur les divisions territoriales de la Touraine*, 213. — *Mém. de la Soc. archéol. de Tour.*, IV, 17, 50, 216; V, 38, 111, 171; VI, 9; VII, 181, 250; IX, 39, 41, 237; X, 18, 186, 135; XI, 254, 298. — *Annuaire-almanach d'Indre-et-Loire* (1877), p. 106. — A. Joanne, *Géographie d'Indre-et-Loire*, 99. — Expilly, *Diction. des Gaules et de la France*.

Ile-Bourdon (le lieu de l'), près du Grand-Moulin, c^{ne} de Benais.

Ile-Bourdon (l'), f., près du Changeon, c^{ne} de Bourgueil.

Ile-Bourdon (l'), vil., c^{ne} de Chouzé-sur-Loire, 135 habit.

Ile-Bourgeon (l'). V. *Isle-Bourgeon*.

Ile-Brûlée (le lieu de l'), dans la grande Ile-de-Saint-Martin, c^{ne} de la Chapelle-sur-Loire.

Ile-Carrée (le lieu de l'), près de l'Indre, c^{ne} de Rivarennes.

Ile-Chapelain (le lieu de l'), près de l'Indre, c^{ne} de Huismes.

Ile-Credo (le lieu de l'), dans la grande Ile-de-Saint-Martin, c^{ne} de la Chapelle-sur-Loire.

Ile-de-Courçay (le fief de l'), paroisse de Courçay. — En 1455, il appartenait à Martin Hubaille. — (Arch. d'I.-et-L., *fabrique de Saint-Martin*.)

Ile-de-la-Folie (le lieu de l'), près de la Loire, c^{ne} de la Chapelle-sur-Loire.

Ile-de-la-Sagerie (le lieu de l'), près de la Loire, c^{ne} de la Chapelle-sur-Loire.

Ile-de-Moulinet (le lieu de l'), près de la Claise, c^{ne} du Grand-Pressigny.

Ile-de-Ports (le lieu de l'), près de la Vienne, c^{ne} de Nouâtre.

Ile-de-Saint-Louans (le lieu de l'), près du Négron, c^{ne} de la Roche-Clermault.

Ile-des-Farces (le lieu de l'), dans la grande Ile-de-Saint-Martin, c^{ne} de la Chapelle-sur-Loire.

Ile-des-Moulins (l'), dans la Vienne, c^{ne} de l'Ile-Bouchard. — C'est là que s'élevait le château bâti au xe siècle par Bouchard de l'Ile.

Ile-des-Plesses (le lieu de l'), près de la Loire, c^{ne} de Rigny.

Ile-des-Renards (le lieu de l'), près de la Loire, c^{ne} de Rigny.

Ile-du-Canada (le lieu de l'), dans la grande Ile-de-Saint-Martin, c^{ne} de la Chapelle-sur-Loire.

Ile-du-Chevalier (le lieu de l'), près de l'Indre, c^{ne} de Rivarennes.

Ile-du-Moulin (le lieu de l'), près de l'Indre, c^{ne} de Huismes.

Ile-du-Porteau (le lieu de l'), près de la Loire, c^{ne} de la Chapelle-sur-Loire.

Ile-Éton (le lieu de l'), près du Lane, c^{ne} de Chouzé-sur-Loire.

Ile-Fumine (le lieu de l'), près de l'Indre, c^{ne} d'Esvres.

Ile-Jean (le lieu de l'), près de l'Indre, c^{ne} de Rigny.

Ile-Madeleine (l'), V. *Madeleine*, c^{ne} de Saint-Pierre-des-Corps.

Ile-Marchand (l'). V. *Marchand*.

Ile-Martin (le lieu de l'), près de l'Indre et de la Fosse-aux-Bruns, c^{ne} de Huismes.

Ile-Montravers (le lieu de l'), près de la Loire, c^{ne} de Chouzé-sur-Loire.

Ile-Noire (l'), dans la Loire, près de Saint-Côme, c^{ne} de la Riche. — Ancienne propriété du prieuré de Saint-Côme et de la collégiale de Saint-Martin. Elle fut vendue nationalement, avec la métairie de la Fuie, le 21 décembre 1791, pour 26,000 livres. — (Arch. d'I.-et-L., G, 198; *prévôté de la Varenne; Biens nationaux*.)

Ile-Oger, c^{ne} de Chambourg. V. *Ile-Auger*.

Ile-Outre-les-Prés (l'), dans l'Indre, c^{ne} de Lignières.

Ileaux (le fief des), paroisses de Pocé et de Limeray. — Il se composait de droits de pêche sur la Cisse et de prés, et relevait d'Amboise. En 1507, il appartenait à Raymond Dezest, bailli d'Amboise; — en 1523, à Jean Dezest; — en 1546, à Pierre Forget, fils de Pierre Forget, bourgeois d'Amboise, et de Jeanne Dezest; — en 1600, à Claudo de Plais. — (Bibl. nationale, Gaignères, 678. — Bibl. de Tours, fonds Salmon, *titres d'Amboise*. — Bétancourt, *Noms féodaux*, I, 369, 423-24.)

Ile-Perchette (le lieu de l'), près de la Loire, c^{ne} de Noizay.

Ile-Polet (l'). V. *les Bordes*, paroisse de la Riche.

Ile-Rebuffeau (le lieu de l'), près de la Loire, c^{ne} de Chouzé-sur-Loire.

Ile-Rideau (le lieu de l'), près de la Loire, c^{ne} de Chouzé-sur-Loire.

Ile-Rolland (le lieu de l'), près de la Loire, c^{ne} de la Chapelle-sur-Loire.

Ile-Saint-Jacques (l'). V. *Jacques (Saint-)*.

Ile-Saint-Jean (l'), f., c^{ne} de Villedômer.

Ile-Saint-Martin (le lieu de l'), c^{ne} de la Chapelle-sur-Loire.

Ile-Saint-Martin (l'), vil., c^{ne} de Huismes, 130 habit. — *Ile-Saint-Martin*, carte de l'état-major.

Ile-Saint-Martin (l'), vil., c⁰ᵉ de Rigny, 191 habit.

Ile-Saint-Sauveur-d'Amboise (l'). V. *Amboise*.

Ile-Samson (le lieu de l'), près du Cher, cⁿᵉ de Saint-Pierre-des-Corps.

Ile-Savary (l'), chât., cⁿᵉ de Clion (Indre). — Ancienne châtellenie, relevant du château de Mézières-en-Brenne et du château de Tours. Avant la Révolution, elle dépendait de l'élection de Loches. En 1234, elle appartenait à Jean Savary, chev.; — en 1281, à un autre Jean Savary; — en 1339, à Alix de Brabant, dame d'Harcourt, qui fonda la collégiale de Sainte-Marie-Madeleine de Mézières; — en 1426, à Jean, comte d'Harcourt; — en 1450, à Charles, comte d'Anjou, qui la céda à Jean le Meingre, dit Boucicaut; — en 1470, à Charles de Gaucourt, baron de Preuilly; — en 1474, à Pierre d'Oriolle, chancelier de France, qui rendit hommage au seigneur de Mézières le 12 septembre; — en 1508, à Guillaume de Varie; — en 1547, à Charles de Varie; — en 1580, à Jean de Varie, fils du précédent, et de Renée de Prie. Il eut deux filles : Denise, mariée à Paul de Couhé de Lusignan, et Charlotte, femme de Jonathan de Thianges, seigneur du Roulet.

Paul de Couhé de Lusignan, vicomte de Bridiers, seigneur de la Roche-Aguet, Maillé, la Bussière, gentilhomme de la chambre du roi et chevalier de son ordre, seigneur de l'Ile-Savary, du chef de sa femme, eut trois enfants : 1° Louis, qui suit; 2° Charles, seigneur de la Roche-Aguet, marié à Suzanne de Thianges; 3° Renée.

Louis de Couhé de Lusignan, chev., seigneur de l'Ile-Savary, vendit cette terre, en 1624, à Roger de Buade de Frontenac, abbé d'Angles, fils d'Antoine de Buade et de Jeanne de Secondat. Après sa mort, l'Ile-Savary passa, par héritage, à Louis de Buade, comte de Frontenac, son neveu, marié à Anne de la Grange de Trianon. Celle-ci, devenue veuve, donna cette châtellenie, en 1680, à Madeleine Blondel d'Outrelaize, qui la vendit, en 1706, à Jacques, marquis de Beringhen, et à Marie d'Aumont, sa femme.

L'Ile-Savary passa ensuite aux mains de Françoise de Courtarvel de Pezé, puis, en 1725, à la famille de Vassé; et, en 1775, dans les maisons de Jouffroy et de Courtemanche.

D. Housseau, XII, 5028. — Arch. d'I.-et-L., C, 336. — Goyet, *Nobiliaire de Touraine*. — P. Anselme, *Hist. généal. de la maison de France*, VIII, 480. — Lhermite-Souliers, *Hist. de la noblesse de Touraine*, 124. — *Esquisses pittoresques du département de l'Indre*, 199. — Bibl. de Tours, manuscrit n° 1308. — Chalmel, *Hist. de Tour.*, III, 216. — Bétancourt, *Noms féodaux*, I, 512. — *Arrêt du Conseil de Blois*, du 31 décembre 1772, Blois, imp. Charley. — *Mém. de la Soc. archéol. de Tour.*, IV, 233; X, 239; XIII, 203.

Ile-Tapecul (le lieu de l'), dans la grande Ile-de-Saint-Martin, cⁿᵉ de la Chapelle-sur-Loire.

Ile-Thimé (l'), vil., cⁿᵉ de Chambourg, 99 habit. — *Ile-Thimé*, carte de l'état-major.

Ile-Trepied (le lieu de l') cⁿᵉ de Rivarennes. — Il est cité dans un titre de 1634. — (Arch. d'I.-et-L., *fabrique de Saint-Martin*.)

Iles (les), ham., cⁿᵉ de Genillé, 19 habit.

Iles (le lieu des), près du moulin d'Épigny, cⁿᵉ de Liguell.

Iles (les), vil., cⁿᵉ de Véretz, 23 habit. — *Les Iles*, carte de l'état-major.

Iles-Villemaine (le lieu des), près de l'Indre, cⁿᵉ de Reignac.

Ilette (l'), vil., cⁿᵉ de Chouzé-sur-Loire. 175 habitants.

Illeis (*nemus de*). V. *Hysglas*.

Image (moulin de l'), cⁿᵉ de Saint-Paterne.

Image-Saint-Jean (l'), vil., cⁿᵉ de la Chapelle-aux-Naux, 30 habit.

Imaginoires (les), f., cⁿᵉ de Saint-Paterne.

Imbaudière (l'), f., cⁿᵉ de Dierre. — *Gaignerie de l'Imbaudière*, 1382. — A cette époque, elle appartenait à Macé de Villemereau. — (Arch. d'I.-et-L., E, 31; *titres de Saint-Julien*.)

Imbaudrie (l'), f., cⁿᵉ de Crotelles.

Imbert (Jacques), trésorier de France à Tours, fut nommé maire de cette ville en 1723, en remplacement Jean Taschereau de Baudry. Il eut pour successeur, en 1724, Jean-Jacques Rabasche. — (Chalmel, *Hist. des maires de Tours*, 152. — Lambron de Lignim, *Armorial des maires de Tours*.)

Imbertière (l'), f. et four à chaux, cⁿᵉ de Souvigné. — *Limbertière*, carte de l'état-major.

Imbertières (les), ham., cⁿᵉ du Grand-Pressigny, 13 habit.

Impériale (l'), f., cⁿᵉ de Saint-Avertin.

Incrementum. V. *Morand*.

Indienne (le lieu de l'), près de la Choisille, cⁿᵉ de Cerelles.

Indignes-Chiens (le lieu des), près de la Cantée, cⁿᵉ de Saint-Paterne.

Indre (l'), rivière. — *Agner*, 841 (*Cartulaire de Cormery*). — *Fluvius Angeris, Anger*, 915 (charte de Théotolon). — *Endria*, xi° siècle (*De gestis Amb. dom.*). — *Indria, Andria, Hendria, Aindre, Ayndre, Eindre*, xiii° siècle (chartes du Liget). — Elle prend sa source près de Saint-Priest-la-Marche (Cher), passe à Sainte-Sévère, la Châtre, Ardentes, Châteauroux, Buzançais, Châtillon, et entre dans l'Indre-et-Loire, près du Bridoré. Elle arrose, en traversant de magnifiques et fécondes prairies, les communes de la Chapelle-Saint-Hippolyte, Saint-Jean-Saint-

Germain, Perrusson, Loches, Chambourg, Azay, Reignac, Courçay, Esvres, Veigné, Montbazon, Monts, Artannes, Pont-de-Ruan, Saché, Azay-le-Rideau, et se jette dans la Loire, près de l'île Buteaux, c^{ne} d'Avoine. Elle reçoit, à Azay-sur-Indre, l'Indrois; à Esvres, l'Échandon. Elle a une pente de 1 mètre 30 par 1,948 mètres. Son parcours, dans l'Indre-et-Loire, est de 87,677 mètres; sa largeur moyenne est de 29 mètres. En 1770, elle éprouva une crue de 3 mètres 70, qui détruisit plusieurs ponts, entre autres celui de Loches.

Cartulaire de Cormery et du Liget. — Recueil des historiens des Gaules, VI, 331; X, 440; XI, 256. — D. Housseau, V, 1634; VI, 2520; VII, 3270. — *Narratio de commend. Tur.*, 293. — D. Martène, *Hist. de Marmoutier*, I, 104. — R. de Croy, *Études statistiques sur le département d'Indre-et-Loire*, 26, 28. — A. Joanne, *Géographie d'Indre-et-Loire*, 24. — Dufour, *Diction. historique de l'arrondissement de Loches*, II, 213. — Monsnier, II, 229. — Chalmel, *Hist. de Tour.*, I, 89. — C. Chevalier et G. Charlot, *Études sur la Touraine*.

Indre-et-Loire (le département d'), créé en vertu des décrets de l'assemblée nationale des 28 et 30 juin 1790, a été composé d'une grande partie de l'ancienne Touraine (564,195 hectares), d'une partie du Blésois (33,401 hectares), de 28,253 hectares pris sur le Poitou, et de 16,770 hectares pris sur le Maine et l'Anjou. Il se trouve entre 47°42'42" et 46°44'18" de latitude septentrionale, et entre 0°58'20" et 2°17' de longitude ouest. Il est borné, au nord, par le département de la Sarthe; au sud-est, par celui de l'Indre; à l'est et au nord-est, par Loir-et-Cher; à l'ouest, par Maine-et-Loire; au sud-ouest, par la Vienne. Sa longueur, du nord au sud, est de cent dix kilomètres; sa largeur, de l'est à l'ouest, est de cent kilomètres. Sa superficie est de 611,370 hectares. Ses principaux cours d'eau sont : la Loire, le Cher, la Vienne, la Creuse et l'Indre.

Autrefois, on divisait la Touraine en cinq cantons appelés les Varennes, la Champaigne, la Brenne ou Petite-Sologne, la Gatine et le Véron.

Sous le nom de Varennes étaient compris tous les terrains situés entre la Loire et le Cher. Ces terrains, d'une culture facile, produisent des céréales de très bonne qualité et d'excellents légumes.

La Champagne était formée du territoire situé entre le Cher, l'Indre et l'Indrois, et comprenait les paroisses d'Athée, Truyes, Courçay, Cigogné, Reignac, Bléré, Sublaines, Chédigny, Saint-Quentin, Luzillé, Franceuil, Genillé, le Liège, Épeignè-les-Bois, Chemillé, Montrésor, Beaumont, Orbigny, Céré, Saint-Georges-sur-Cher, Faverolles, Saint-Julien-de-Chédon, Mareuil, Pouillé, Augé, ces six dernières faisant aujourd'hui partie du département de Loir-et-Cher. Dans ces contrées, la récolte principale est le froment et le vin.

La Brenne, ou Petite-Sologne, dont la plus grande partie s'étend dans le département de l'Indre, n'occupe, en Touraine, que quatre ou cinq paroisses situées à l'est entre l'Indre et la Claise. Les terres, autrefois très marécageuses, ont été beaucoup assainies de nos jours.

La Gatine formait une partie du Bas-Vendômois et comprenait quatorze paroisses environ, parmi lesquelles figurent celles de Chemillé, des Hermites et de Monthodon, qui dépendent actuellement du département d'Indre-et-Loire.

La contrée appelée le Véron se trouve entre les rivières de l'Indre, de la Vienne et de la Loire. On y compte six ou sept communes. Le terrain, extrêmement fertile, y est cultivé avec beaucoup de soin.

Les forêts les plus importantes du département sont celles d'Amboise, de Chinon, de Loches, de Preuilly, de Châteaurenault, de Villandry et de Château-le-Vallière.

On rencontre du minerai de fer dans les communes de Saint-Cyr, de Château-la-Vallière, d'Ambillou, de Rillé, de Souvigné, de Neuillé-Pont-Pierre, de Monthodon, de Montreuil, de la Ferrière, de Joué, de Chambray, de Bossay et de Saint-Pierre-de-Tournon. Dans cette dernière commune on a découvert, il y a une trentaine d'années, en creusant un puits, des morceaux d'antimoine et une substance assez semblable au charbon de terre.

Vers la fin du XVIIe siècle, on commença à exploiter, près de l'abbaye de Noyers, une mine de cuivre, d'or et d'argent; mais l'entreprise, qui paraissait devoir entraîner des frais considérables, fut bientôt abandonnée.

Les communes de la Membrolle et de Saint-Mars fournissent des pierres meulières de bonne qualité.

Dans les communes de Trogues et de Ports, il existe des carrières de pierres avec lesquelles on fabrique de la chaux hydraulique fort estimée et qui est expédiée dans les contrées les plus lointaines.

On trouve de la tourbe à Langeais, à Mettray, à Damemarie, à Autrèche et à Épeigné-sur-Dême.

Sur le plateau dit de Sainte-Maure, on extrait, pour l'amendement des terres, des immenses quantités de falun, formé par des mollusques et des polypiers déposés sur le sol par la mer, qui recouvrait autrefois la Touraine. L'étendue des falunières est évaluée à 15,000 hectares, partagés entre les communes de Sainte-Maure, de Manthelan, de la Chapelle-Blanche, de Bossée, de Sainte-Catherine-de-Fierbois, de Louans, et autres. Dans certains endroits, l'épaisseur du dépôt est de vingt à vingt-cinq mètres.

Le département d'Indre-et-Loire produit une grande quantité de céréales, dont une partie est livrée à l'exportation. En 1876, la production a été ainsi évaluée : froment, 974,880 hectolitres; — méteil, 83,500; — seigle, 120,000; — orge,

132,825; — sarrazin, 5,130; — maïs et millet, 7,680; — avoine, 571,500.

Dans les contrées situées entre la Loire, l'Indre et la Vienne, on s'occupe spécialement de la culture du chanvre, de la réglisse, de la coriandre et de l'anis. Les légumes que l'on y récolte sont excellents.

Quelques vignobles ont acquis une juste célébrité. Citons entre autres ceux de Bourgueil, de Vouvray, de Rochecorbon, de Joué-les-Tours, de Saint-Avertin, de Chinon et de Restigné. D'après l'enquête de 1862, on aurait récolté dans le département 785,000 hectolitres de vin.

On trouve à Joué, à Antogny, dans le canton de Sainte-Maure, à Marigny, à Richelieu et à Saint-Pierre-de-Tournon des truffes qui ont la valeur et la saveur de celles du Périgord.

Population. — 268,924 habit. en 1801. — 275,292 habit. en 1810. — 282,372 habit. en 1821. — 297,016 habit. en 1831. — 306,328 habit. en 1841. — 315,641 habit. en 1851. — 323,572 habit. en 1861. — 316,997 habit. en 1872. — 324,875 habit. en 1876.

De 1801 à 1876, la population du département a augmenté de 55,951 habitants.

Superficie cadastrale. — 611,370 hectares, qui se divisent en 351,967 hectares de terres labourables; 35,346 de prés; 33,540 de vignes; 90,800 de bois; 60,370 de landes, pâtis et bruyères; 4,700 de vergers et jardins; 1,700 d'étangs; 18,043 de routes, rues et promenades; 3,500 de propriétés bâties, etc.

DIVISIONS ECCLÉSIASTIQUES.

Avant la Révolution, le diocèse de Tours était divisé en trois archidiaconés : le grand-archidiaconné ou archidiaconné de Tours, l'archidiaconné d'outre-Vienne et l'archidiaconné d'outre-Loire, qui eux-mêmes étaient divisés en doyennés ainsi composés :

GRAND ARCHIDIACONNÉ.

Doyenné d'Amboise. — Saint-Denis, Saint-Florentin, Chargé, Saint-Règle, Souvigny, Montlouis, Saint-Martin-le-Beau, Dierre, Civray, Chenonceau, Négron, Nazelles, Pocé, Saint-Ouen, Limeray, Lussault.

Doyenné de Bléré. — Bléré, la Croix-de-Bléré, Athée, Cigogné, Reignac, Saint-Pierre de Chédigny, Saint-Michel de Chédigny, Saint-Quentin, le Liège, Luzillé, Sublaines, Francueil.

Doyenné de Montrichard. — Montrichard, Chissé, Chisseaux, Saint-Georges-sur-Cher, Faverolles, Saint-Julien de Chédon, Épeigné, Céré, Angé, Pouillé, Mareuil, Laleu, Bourré.

Doyenné de Saint-Avertin. — Saint-Avertin, Larçay, Véretz, Azay-sur-Cher, Chambray, Joué, Ballan, Miré, Saint-Jean de Beaumont-les-Tours.

Doyenné de Montbazon. — Montbazon, Veigné, Esvres, Truyes, Courçay, Cormery, Saint-Branchs, Tauxigny, Louans, Sorigny, Monts.

Doyenné d'Azay-le-Rideau. — Azay, Cheillé, Rivarennes, Bréhémont, Lignières, Vallères, Berthenay, Saint-Genouph, Villandry, Savonnières, Artannes, Pont-de-Ruan, Saché, Thilouze, Villaines, Druyes.

Doyenné de Loches. — Saint-Ouen, Saint-Pierre, Saint-André et Saint-Laurent de Beaulieu, Ferrières, Perrusson, Saint-Jean-sur-Indre, Verneuil, le Bridoré, Saint-Martin de Cerçay, Saint-Germain-sur-Indre, Sennevières, Genillé, Chambourg, Azay-le-Chétif, Chanceaux, la Chapelle-Saint-Hippolyte.

Doyenné de Villeloin. — Villeloin, Orbigny, Montrésor, Beaumont, Coulangé, Nouans, Loché, Chemillé, Aubigny, Villedômain, Vitray, Écueillé.

Doyenné de Ligueil. — Ligueil, Ciran, Esves-le-Moutier, Varennes, Saint-Senoch, Vou, Mouzay, Dolus, Saint-Baud, le Louroux, Manthelan, la Chapelle-Blanche, Bournan, Cussay.

ARCHIDIACONNÉ D'OUTRE-VIENNE.

Doyenné de Chinon. — Saint-Mexme, Saint-Étienne, Saint-Maurice et Saint-Jacques de Chinon, Couziers, Lerné, Seuilly, la Roche-Clermault, Cravant, Cinais, Parilly, Rivière, Anché, Sazilly, Ligré.

Doyenné de Beaumont-en-Véron. — Beaumont, Avoine, Huismes, Rigny, Thizay, Savigny, Saint-Benoit, Saint-Louans, Candes, Saint-Germain.

Doyenné de l'Ile-Bouchard. — Saint-Maurice, Saint-Léonard et Saint-Gilles de l'Ile-Bouchard, Panzoult, Avon, Crissé, Crouzilles, Mougon, Parçay, Lièze, Theneuil, la Tour-Saint-Gelin, Tavant, Brizay, Lémeré.

Doyenné de Sainte-Maure. — Sainte-Maure, Plaix, Draché, Sepmes, Bossée, Pouzay, Noyant, Saint-Épain, Trogues, Neuil, Villeperdue, Sainte-Catherine-de-Fierbois.

Doyenné de Noyers. — Noyers, la Celle-Saint-Avent, Maillé-Lailler, Argenson, Nouâtre, Rilly, Verneuil, Chezelles, Luzé, Marcilly, Ports, Pouzay.

Doyenné de la Haye. — Saint-Georges et Notre-Dame de la Haye, Balesmes, Marçay, Civray, Neuilly-le-Noble, Abilly, Saint-Romain, Vellèches, Marigny-sous-Marmande, Autoigny, Pussigny.

Doyenné du Grand-Pressigny. — Le Grand-Pressigny, Saint-Martin d'Étableaux, la Guerche, Barrou, Chambon, Chaumussay, la Celle-Draon, le Petit-Pressigny, Betz, Ferrières-Larçon, Paulmy.

Doyenné de Preuilly. — Notre-Dame, Saint-Pierre et Saint-Melaine de Preuilly, Charnizay, Boussay, Bossay, Saint-Michel-du-Bois, Sainte-Julitte, Saint-Flovier, Saint-Michel-des-Landes, Saint-Pierre-de-Tournon, Yzeures.

ARCHIDIACONNÉ D'OUTRE-LOIRE.

Doyenné de l'archidiacré. — Sainte-Radégonde, Saint-Georges-sur-Loire, Rochecorbon, la

Ville-aux-Dames, Mettray, Charentilly, Saint-Antoine-du-Rocher, Saint-Cyr, Vallières, Fondettes, Saint-Roch.

Doyenné de Luynes. — Sainte-Geneviève, Saint-Venant et Notre-Dame-du-Saint-Sépulcre de Luynes, Saint-Étienne-de-Chigny, Saint-Mars, Saint-Jean et Saint-Laurent de Langeais, la Chapelle-aux-Naux, Saint-Michel-sur-Loire, Saint-Patrice, Ingrandes, les Essarts, Mazières, Cléré, Ambillou, Pernay.

Doyenné de Saint-Christophe. — Saint-Christophe, Saint-Paterne, Neuillé-Pont-Pierre, Sonzay, Saint-Aubin, Brèches, Souvigné, Semblançay, le Serrain.

Doyenné de Neuvy. — Neuvy, Beaumont-la-Ronce, Saint-Laurent-en-Gatines, Chenusson, Louestault, Nouzilly, Rouziere, Marray, Bueil, Villebourg.

Doyenné de Châteaurenault. — Châteaurenault, Saint-Cyr-du-Gault, Morand, Dame-marie, Autrèche, Saint-Nicolas-des-Mottets, Saint-Gourgon, Villeporcher, Saunay, Villechauve, Montreuil, Neuville, Villedômer, Saint-Étienne-des-Guérets, le Boulay, Auzouer, Crotelles.

Doyenné de Vernou. — Vernou, Vouvray, Noizay, Chançay, Reugny, Neuillé-le-Lierre, Monnaie, Parçay, Cerelles, Chanceaux, Notre-Dame-d'Oë.

Les suffragants de l'archevêché de Tours, avant la Révolution, étaient les évêques du Mans, d'Angers, de Rennes, de Nantes, de Quimper, de Vannes, de Saint-Pol-de-Léon, de Tréguier, de Saint-Brieuc, de Saint-Malo et de Dol.

En 1790, les vicaires-généraux de l'archevêque de Tours étaient au nombre de onze : De la Prunarède, d'Orsin, de la Sepouze, de Jaucourt, Cossart, Dufrementel, de Keransquer, d'Advisard, de Regnaud de Bissy, de Baraudin, de Lombard de Bouvens.

En 1792, sous l'administration de l'évêque constitutionnel, Pierre Suzor, on comptait également onze vicaires-généraux dont voici les noms : Bruneau, Cornet, Boret, le jeune, Boret, l'aîné, Marchandeau, Labaume, Angevin, Suzor, l'aîné, Suzor, le jeune, Lannuier, Besselle.

A cette époque, les divisions par doyennés avaient été supprimées. Les paroisses étaient classées par districts.

Aujourd'hui, comme autrefois, le diocèse est divisé en trois archidiaconés : l'archidiaconé de Tours, celui de Loches et celui d'Amboise.

L'archidiaconé de Tours comprend les doyennés d'Amboise, de Bléré, de Château-la-Vallière, de Châteaurenault, de Cormery, de Neuillé-Pont-Pierre, de Neuvy-Roi, de Tours-centre, de Tours-nord, de Tours-sud et de Vouvray.

L'archidiaconé de Loches est formé des doyennés de la Haye, de Ligueil, de Loches, de de Montrésor, du Grand-Pressigny, de Preuilly.

L'archidiaconé de Chinon comprend les doyennés d'Azay-le-Rideau, de Bourgueil, de Chinon, de l'Ile-Bouchard, de Langeais, de Richelieu et de Sainte-Maure.

Dans le diocèse on compte trente-six cures de première et de seconde classe et deux cent cinquante succursales, qui forment deux cent quatre-vingt-six paroisses.

DIVISIONS ADMINISTRATIVES.

Le décret du 22 décembre 1789, qui partagea la France en départements, subdivisa en même temps ceux-ci en districts. Il y eut sept districts dans le département d'Indre-et-Loire : Tours, Amboise, Châteaurenault, Loches, Chinon, Preuilly, Langeais. (Pour la composition des districts voyez chacun de ces noms.)

Le département était administré par un Conseil formé de trente-six membres élus qui choisissaient parmi eux plusieurs citoyens pour composer un pouvoir exécutif appelé *Directoire*. Voici les noms des administrateurs en 1790 :

Administrateurs. — Gervaize, Cormery, Martel de Gaillon, Gilles Marchandeau, De Saint-Denis, Guyot, Malvaut, Chenantais, Peltereau, Bluche, Pottier, Moreau, de Jussy, Pottier de la Borthellière, Nau, Legrand, Dupuy, Cesvet de la Clemencerie, Herpin, Champoigné, Faucon, Dauphin, Maillard, Godeau de Nogent, Hardouin, Champigny-Aubin, Poitevin.

Directoire. — Salmon-Deschamps, Lorin de la Croix, Dunoyer-Martin, Torterue, Bardoul de la Lande, Belle.

Voici la composition de l'administration départementale en 1793 :

Directoire.

Riffaut, directeur des poudres et salpêtres, président;

Berger (Michel-Louis);

Veau (Pierre-Louis-Athanase), homme de loi;

Leroux (Jean-Baptiste), de Loches, homme de loi;

Texier-Olivier (Louis), homme de loi;

Poitevin (Pierre-Lambert), de Saint-Mars-la-Pile;

Lebarbier, ancien membre du district d'Amboise;

Perré;

Vaulivert (Louis-François).

Membres du Conseil.

Cormery (Pierre), ancien juge de paix, à Tours;

Peltereau (René), propriétaire, à Morand;

Bourguin (Vincent), professeur de philosophie, à Tours;

Goupy (Louis-Jacques), curé de Nouans;

Gardien-Réaumur (Nicolas), ancien secrétaire du district de Châteaurenault;

Malvost (Nicolas), chirurgien, à Amboise;

Riffault, directeur des poudres et salpêtres;

Dien (Jean-Louis), receveur de la Régie-Nationale, à la Haye;

Lemoine (Florent), salpêtrier, à l'Ile-Bouchard;

Voyer (Antoine), ancien administrateur du district de Loches;

Chaillou (Jean-Alexandre), commandant de bataillon, à Bourgueil;

Turquand (Dieudonné), propriétaire, à Sainte-Maure;

Gerboin, médecin, à Amboise;

Piballeau (Joseph), propriétaire, à Richelieu;

Guizol (Pierre), commandant de bataillon, à Rougemont;

Worms (Maximilien-Joseph), ancien maire de Tours;

Person (Jean-Simon), juge du tribunal de Langeais;

Godefroy, maître de forges, à Château-la-Vallière;

Fouchardière (Jean), notaire, à la Guerche;

Marcombe (Joseph), propriétaire, à Tours;

Farré (Jean-Baptiste), président du tribunal criminel du département;

Clément (Louis), négociant, à Chinon;

Gorteau, père, à Tours;

Couesean, avoué au tribunal du district de Tours;

Clément de Ris (Dominique), propriétaire, à Azay-sur-Cher;

Fouchault (Pierre), propriétaire, à Richelieu;

Chenantais (François-Paul), receveur à la Régie-Nationale.

Jean-Louis Chalmel était secrétaire-général du Conseil, mais il n'avait ni voix délibérative ni voix consultative.

La loi du 22 août 1795 supprima les divisions par districts, qui furent remplacées par les divisions en arrondissements et cantons. D'autre part, la loi du 28 pluviôse an VIII enleva, pour le donner aux préfets, le pouvoir exécutif aux administrateurs départementaux. C'est le système qui existe encore aujourd'hui.

Tours est le chef-lieu du 9ᵉ corps d'armée et de la 9ᵉ région du commandement territorial; — de la 9ᵉ légion de gendarmerie; — de la 19ᵉ conservation des forêts; — de la 15ᵉ inspection des ponts et chaussées.

Le département ressortit : pour les tribunaux de première instance à la Cour d'appel d'Orléans; — pour l'instruction publique, à l'Académie de Poitiers. Il comprend : trois arrondissements (Tours, Loches et Chinon), vingt-quatre cantons et deux cent quatre-vingt-deux communes.

ARRONDISSEMENT DE TOURS. — Il est formé des 11 cantons suivants et de 127 communes, dont l'étendue totale est de 262,923 hectares.

Canton d'Amboise. — (15 communes, 23,744 hectares). — Amboise, Cangy, Chargé, Limeray, Lussault, Montreuil, Mosnes, Nazelles, Négron, Pocé, Saint-Denis-hors, Saint-Martin-le-Beau, Saint-Ouen, Saint-Règle, Souvigny.

Canton de Bléré. — (15 communes, 33,650 hectares). — Athée, Azay-sur-Cher, Bléré, Céré, Chenonceau, Chisseaux, Cigogné, Civray-sur-Cher, Courçay, la Croix, Dierre, Épeigné-les-Bois, Francueil, Luzillé, Sublaines.

Canton de Château-la-Vallière. — (15 communes, 33,802 hectares). — Ambillou, Braye-sur-Maulne, Brèches, Channay, Château-la-Vallière, Couesmes, Courcelles, Hommes, Saint-Laurent-de-Lin, Lublé, Marcilly-sur-Maulne, Rillé, Savigné, Souvigné, Villiers-au-Boin.

Canton de Châteaurenault. — (15 communes, 33,722 hectares). — Autrèche, Auzouer, le Boulay, Châteaurenault, Crotelles, Damemarie, les Hermites, Saint-Laurent-en-Gatines, Monthodon, Morand, Neuvillo, Saint-Nicolas-des-Mottets, Nouzilly, Saunay, Villedômer.

Canton de Montbazon. — (14 communes, 31,982 hectares). — Artannes, Ballan, Saint-Branchs, Chambray, Cormery, Druye, Esvres, Montbazon, Monts, Pont-de-Ruan, Sorigny, Truyes, Veigné, Villeperdue.

Canton de Neuillé-Pont-Pierre. — (10 communes, 23,716 hectares). — Saint-Antoine-du-Rocher, Beaumont-la-Ronce, Cerelles, Charentilly, Neuillé-Pont-Pierre, Pernay, Saint-Roch, Rouziers, Semblançay, Sonzay.

Canton de Neuvy-Roi. — (11 communes, 26,985 hectares). — Saint-Aubin, Bueil, Chemillé-sur-Dême, Saint-Christophe, Épeigné-sur-Dême, la Ferrière, Louestault, Marray, Neuvy-le-Roi, Saint-Paterne, Villebourg.

Canton de Tours-centre. — (1 commune, 1,076 hectares).

Canton de Tours-nord. — (9 communes, 15,326 hectares). — Saint-Cyr, Saint-Étienne-de-Chigny, Fondettes, Luynes, la Membrolle, Mettray, Sainte-Radégonde, Saint-Symphorien, la Ville-aux-Dames.

Canton de Tours-sud. — (11 communes, 16,518 hectares). — Saint-Avertin, Berthenay, Saint-Genouph, Joué-les-Tours, Larçay, Montlouis, Saint-Pierre-des-Corps, la Riche-extra, Savonnières, Véretz, Villandry.

Canton de Vouvray. — (11 communes, 22,402 hectares). — Chançay, Chanceaux-sur-Choisille, Monnaie, Neuillé-le-Lierre, Noizay, Notre-Dame-d'Oë, Parçay-Meslay, Rougny, Rochecorbon, Vernou, Vouvray.

ARRONDISSEMENT DE LOCHES. — Il est formé des 6 cantons suivants et de 68 communes, d'une étendue totale de 181,890 hectares.

Canton de la Haye-Descartes. — (10 communes, 20,505 hectares). — Abilly, Balesmes, la Celle-Saint-Avent, Civray-sur-Esvres, Cussay, Draché, la Haye, Marçay-sur-Esves, Neuilly-le-Brignon, Sepmes.

Canton de Ligueil. — (13 communes, 28,358 hectares). — Bossée, Bournan, la Chapelle-Blanche, Ciran, Esves-le-Moutier, Ligueil, Louans, le Louroux, Manthelan, Mouzay, Saint-Senoch, Varennes, Vou.

Canton de Loches. — (18 communes, 40,914

hectares). — Azay-sur-Indre, Saint-Bauld, Beaulieu, Bridoré, Chambourg, Chanceaux, Chédigny, Dolus, Ferrières-sur-Beaulieu, Saint-Hippolyte, Saint-Jean-Saint-Germain, Loches, Perrusson, Saint-Quentin, Reignac, Sennevières, Tauxigny, Verneuil-sur-Indre.

Canton de Montrésor. — (10 communes, 37,315 hectares). — Beaumont-Village, Chemillé-sur-Indrois, Genillé, le Liège, Loché, Montrésor, Nouans, Orbigny, Villedômain, Villeloin-Coulangé.

Canton du Grand-Pressigny. — (9 communes, 28,668 hectares). — Barrou, Betz, la Celle-Guenand, Ferrière-Larçon, Saint-Flovier, la Guerche, Paulmy, le Grand-Pressigny, le Petit-Pressigny.

Canton de Preuilly. — (8 communes, 26,130 hectares). — Bossay, Boussay, Chambon, Charnizay, Chaumussay, Preuilly, Saint-Pierre-de-Tournon, Yzeures.

ARRONDISSEMENT DE CHINON. — Il se compose de 7 cantons et de 87 communes, dont l'étendue totale est de 168,250 hectares.

Canton d'Azay-le-Rideau. — (12 communes, 25,875 hectares). — Azay-le-Rideau, Saint-Benoît, Bréhémont, la Chapelle-aux-Naux, Cheillé, Lignières, Rigny, Rivarennes, Saché, Thilouze, Vallères, Villaines.

Canton de Bourgueil. — (6 communes, 15,818 hectares). — Benais, Bourgueil, la Chapelle-sur-Loire, Chouzé-sur-Loire, Saint-Nicolas-de-Bourgueil, Restigné.

Canton de Chinon. — (13 communes, 21,261 hectares). — Avoine, Beaumont-en-Véron, Candes, Chinon, Cinais, Couziers, Saint-Germain-sur-Vienne, Huismes, Lerné, la Roche-Clermault, Savigny Seuilly, Thizay.

Canton de l'Ile-Bouchard. — (16 communes, 23,844 hectares). — Anché, Avon, Brizay, Chezelles, Cravant, Crissé, Crouzilles, l'Ile-Bouchard, Panzoult, Parçay-sur-Vienne, Rilly, Rivière, Sazilly, Tavant, Theneuil, Trogues.

Canton de Langeais. — (11 communes, 29,308 hectares). — Avrillé, Cléré, Continvoir, les Essarts, Gizeux, Ingrandes, Langeais, Saint-Mars-la-Pile, Mazières, Saint-Michel, Saint-Patrice.

Canton de Richelieu. — (17 communes, 29,237 hectares). — Assay, Braslou, Braye-sous-Faye, Champigny, Chaveignes, Courcoué, Faye-la-Vineuse, Jaulnay, Lémeré, Ligré, Luzé, Marcay, Marigny-Marmande, Razines, Richelieu, la Tour-Saint-Gelin, Verneuil-le-Château.

Canton de Sainte-Maure. — (12 communes, 22,907 hectares). — Antogny, Sainte-Catherine, Saint-Épain, Maillé, Sainte-Maure, Marcilly-sur-Vienne, Neuil, Nouâtre, Noyant, Ports, Pouzay, Pussigny.

Voici la liste des communes qui ont été réunies à d'autres communes depuis 1801 :

Fleuray, réunie à Cangy ;
Le Sentier, à Monthodon ;
Chenusson, à Saint-Laurent-en-Gatines ;
Chouzé-le-Sec, à Château-la-Vallière ;
Miré, à Ballan ;
Le Serrain, à Semblançay ;
Les Pins et Rorthres, à Épeigné-sur-Dême ;
Vallières, à Fondettes ;
Beaumont-les-Tours, à Saint-Étienne-extra ;
Saint-Georges-sur-Loire, à Rochecorbon ;
Vitray, à Saint-Hippolyte ;
Coulangé, à Villeloin ;
Aubigny, à Loché ;
Saint-Martin-d'Étableaux, au Grand-Pressigny ;
Sainte-Julitte, à Saint-Flovier ;
Saint-Michel-du-Bois, à Boussay ;
Saint-Philibert, à Saint-Nicolas-de-Bourgueil ;
Saint-Maurice et Saint-Gilles, réunies sous le nom de l'Ile-Bouchard ;
Saint-Symphorien, à Avrillé ;
Noyers, à Nouâtre ;
Grazay, à Assay ;
Le Sablon, à Champigny ;
Nancré et Pontçay, à Marigny-Marmande ;
Mougon, à Crouzilles ;
Lièze, à Chezelles ;
Saint-Jean, à Saint-Germain.
Saint-Étienne, à Tours.

VOIES DE COMMUNICATION. — L'Indre-et-Loire est traversé par les routes nationales : n° 10, de Paris à Bayonne (longueur, dans le département : 79,615 mètres) ; — n° 76, de Nevers à Tours (longueur : 33,958 mètres) ; — n° 143, de Clermont à Tours (longueur : 49,573 mètres) ; — n° 152, de Briare à Angers (longueur : 85,354 mètres) ; — n° 158, de Tours à Caen (longueur : 30,732 mètres) ; — n° 159, de Tours à Rennes (longueur : 38,176 mètres).

On y compte 65 chemins de grande communication :

Chemin N° 1, de Vouvray à Monteaux (Loir-et-Cher), par Nazelles, longueur 20,264 mètres ;

N° 2, de Tours à la Chartre (Sarthe), par Rouziers et Neuvy-le-Roi, 30,940 ;

N° 3, de Tours à Meigné (Maine-et-Loire), par Fondettes et Ambillou, 37,374 ;

N° 4, de Tours à Montoire (Loir-et-Cher), par Nouzilly et Monthodon, 23,973 ;

N° 5, d'Amboise à Château-du-Loir (Sarthe), par Monnaie, Neuvy-Roi et Villebourg, 47,156 ;

N° 6, de Luynes à Château-du-Loir (Sarthe), par Sonzay et Saint-Christophe, 29,149 ;

N° 7, de Tours à Lignières, par Villandry, 23,640 ;

N° 8, de Chinon à Tours, par l'Ile-Bouchard, Saint-Épain et Villeperdue, 40,356 ;

N° 9, de Loches à Écueillé (Indre), par Loché, 15,765 ;

N° 10, de Montrésor à Cormery, par Genillé et Chédigny, 23,968 ;

N° 11, de Montrichard (Loir-et-Cher) à Châtillon-sur-Indre, par Montrésor et Loché, 29,753 ;

N° 12, de Liguoil à Écueillé (Indre), par Saint-Hippolyte et Loché, 27,289;

N° 13, de la Guerche à Châtillon-sur-Indre, par le Grand-Pressigny et Saint-Flovier, 24,412;

N° 14, de Preuilly au Blanc (Indre), par Saint-Pierre-de-Tournon, 12,774;

N° 15, de Langeais à Beaugé (Maine-et-Loire), par les Essards et Gizeux, 20,686;

N° 16, de Chinon à Langeais, par Huismes et Bréhémont, 23,169;

N° 17, d'Azay-le-Rideau à Saumur (Maine-et-Loire), par Rivarennes et Candes, 30,838;

N° 18, de l'Ile-Bouchard aux Ormes et à Châtellerault (Vienne), par Marcilly et Antogny, 25,551;

N° 19, de Loches à Azay-le-Rideau, par Dolus, Villeperdue et Thilouze, 40,092;

N° 20, de Richelieu à la Haye-Descartes, par Marigny et les Ormes (Vienne), 22,358;

N° 21, de Chinon à Villeperdue, par Panzoult et Saint-Épain, 33,521;

N° 22, de Richelieu à Monts (Vienne), 1,959;

N° 23, d'Amboise à Pontlevoy (Loir-et-Cher), par Souvigny, 6,685;

N° 24, de Chinon à Vezières (Vienne), par Seuilly, 6,569;

N° 25, de Loches à Bléré, par Chédigny, 15,509;

N° 26, de Chinon à Richelieu, par la rive gauche de la Veude, 9,125;

N° 27, de Tours à la route nationale n° 143, par Saint-Avertin, 5,300;

N° 28, de Tours à Loudun, par Chinon, 50,060;

N° 29, de Tours à Rouen, par Beaumont-la-Ronce, 31,581;

N° 30, de Tours à Orléans, par Amboise, 31,948;

N° 31, de Châteaurenault à Châtellerault, 88,934;

N° 32, de Tours à Angers, par Beaugé, 8,650;

N° 33, de Chinon à Châtellerault, 32,946;

N° 34, de Château-la-Vallière à la Loire, 23,640;

N° 35, de Tours à Saumur, par Bourgueil, 18,661;

N° 36, de Saumur à Bourges, par Sainte-Maure, Loches et Nouans, 101,313;

N° 37, de Tours au chemin n° 28, 7,364;

N° 38, de Chinon à Château-du-Loir, par le Port-Boulet, Bourgueil et Château-la-Vallière, 58,540;

N° 39, de Blois au Blanc, 19,800;

N° 40, de Tours à Saint-Aignan, par Montlouis et Bléré, 20,670;

N° 41, de Loches à la Rocheposay, par Preuilly, 41,610;

N° 42, de la Celle-Saint-Avent à Azay-le-Féron, par le Grand-Pressigny, 39,530;

N° 43, de Châteaurenault à Montoire, par Neuville, 3,000;

N° 44, de Neuillé-Pont-Pierre à Blois, par Châteaurenault et Herbault, 38,230;

N° 45, d'Azay-le-Rideau à Bléré, par Montbazon et Cormery, 41,470;

N° 46, de Vouvray à Châteaurenault, par Vernou et Auzouer, 25,528;

N° 47, de Neuillé-Pont-Pierre à Vouvray, 25,540;

N° 48, de Langeais à Neuvy-Roi, par Neuillé-Pont-Pierre, 29,060;

N° 49, de Luynes à Beaugé, par Noyant, 31,495;

N° 50, de Tours au Blanc, par Montbazon, Ligueil et Preuilly, 61,500;

N° 51, de Loches à Montrichard, 20,305;

N° 52, de Bléré à Buzançais, par Montrésor, 28,580;

N° 53, d'Azay à Richelieu, par l'Ile-Bouchard, 26,470;

N° 54, de Châteaurenault à Château-la-Vallière, par Neuvy-Roi, 48,120;

N° 55, d'Amboise à Herbault, par Autrèche et Damemarie, 8,070;

N° 56, de la Haye-Descartes au Blanc, par Saint-Pierre-de-Tournon, 31,750;

N° 57, de Sainte-Maure à Noyant (Maine-et-Loire), par Azay et Langeais, 48,500;

N° 58, de Bléré à Loudun, par Sainte-Maure et Richelieu, 47,500;

N° 59, de Sainte-Maure à Châtillon, 40,238;

N° 60, de Ligueil à Plumartin, par le Grand-Pressigny et Lesigny, 20,662;

N° 61, d'Amboise à Montrichard, 11,090;

N° 62, des Hermites à Tours, 21,600;

N° 63, de Richelieu à Dangé, par Jaulnay, 2,875;

N° 64, de Tours à Château-la-Vallière, 15,840;

N° 65, de Richelieu à Poitiers, 6,682.

Huit chemins de fer traversent le département :

1° Le chemin de fer de Paris à Tours, par Orléans, a, dans l'Indre-et-Loire, un parcours de trente-quatre kilomètres. Il dessert les stations de Limeray, Amboise, Noizay, Vernou, Vouvray et Tours;

2° Le chemin de fer de Tours à Nantes (d'une longueur de cinquante kilomètres dans le département), dessert les stations de Savonnières, Saint-Mars, Langeais, Saint-Patrice, la Chapelle-sur-Loire et Port-Boulet;

3° Le chemin de fer du Mans à Tours (d'une longueur de trente-trois kilomètres dans le département), dessert les stations de Mettray, Saint-Antoine-du-Rocher, Neuillé-Pont-Pierre et Saint-Paterne;

4° Le chemin de fer de Paris à Tours, par Vendôme (d'une longueur de vingt-neuf kilomètres dans le département), a trois stations : Fondettes-Notre-Dame-d'Oë, Monnaie et Châteaurenault;

5° Le chemin de fer de Tours à Bordeaux (d'une longueur de quarante-trois kilomètres dans le département), dessert les stations de

Monts, Villeperdue, Sainte-Maure, la Celle-Saint-Avent-Port-de-Piles;

6° Le chemin de fer de Tours à Vierzon (d'une longueur de vingt-quatre kilomètres dans le département), a quatre stations : Véretz, Saint-Martin-le-Beau, la Croix-de-Bléré et Chenonceau;

7° Le chemin de fer de Tours aux Sables-d'Olonne (d'une longueur de cinquante-sept kilomètres dans le département), dessert les stations de Joué-les-Tours, Ballan, Druyes, Rivarennes, Huismes, Chinon, la Roche-Clermault.

8° Le chemin de fer de Tours à Châtillon (d'une longueur de cinquante-six kilomètres dans le département), dessert les stations de Joué-les-Tours, Montbazon, Esvres, Cormery, Reignac, Chambourg, Loches, Verneuil-Saint-Germain.

Des chemins de fer de Port-Boulet à Port-de-Piles et de Port-de-Piles à Tournon-Saint-Martin, sont actuellement en construction.

CANAL DE JONCTION DU CHER A LA LOIRE. — C'est un prolongement du canal du Berry. Il part du Cher à la Rochepinard, et forme la limite entre les communes de Tours et de Saint-Pierre-des-Corps. Il a été livré à la navigation le 4 novembre 1829.

INDUSTRIE. — Parmi les établissements les plus importants du département on remarque les fonderies de Pocé, d'Abilly et de Portillon; les forges de Château-la-Vallière; les fabriques d'instruments agricoles de Tours, d'Abilly, de Saint-Branchs, de Langeais, de Saint-Bault, de Sainte-Maure, de Tauxigny; la poudrerie du Ripault; les fabriques d'étoffes de soie et de passementerie de Tours; les filatures du Bourroux, d'Amboise, d'Artannes, de Loches et de Vernou; la manufacture de limes d'Amboise; les tanneries de Beaulieu, de Bourgueil, de Châteaurenault, de Sainte-Maure, de Saint-Christophe et de Preuilly; les papeteries de Marnay et de Balesmes; l'imprimerie de la maison Mame, à Tours; la minoterie de Rives; les manufactures de poteries de Langeais et de Benais; les fours à chaux de Paviers et du Vieux-Ports, etc.

PRÉFETS D'INDRE-ET-LOIRE.

Graham (Jean-Robert), nommé le 28 floréal an VIII.

Pommereul (François-René-Jean), 9 frimaire an IX.

Lambert (Paul-Augustin, baron), 31 janvier 1806.

Kergariou (Joseph-François-René, comte de), 1ᵉʳ février 1812.

Hersent-Destouches (Alexandre-Étienne-Guillaume, baron), 15 novembre 1814.

Miramont (Jean-Gaspard-Louis, comte de), 6 mai 1815.

Hersent-Destouches, déjà nommé, mai 1815.

Bacot (Claude-René, baron), 2 mars 1816.

Waters (Ferdinand-Marie-Louis, comte de), 14 mars 1817.

Tassin de Nonneville (André-Louis-Marie, vicomte), 2 janvier 1823.

Beaumont (Christophe-Armand-Paul-Alexandre, vicomte de), 12 novembre 1828.

Leclerc de Juigné (Antoine-Éléonore-Victor, comte), 1ᵉʳ novembre 1829.

Godeau-d'Entraigues (Alexandre-Pierre-Amédée), 2 août 1830.

Romieu (François-Auguste), 4 janvier 1847.

Marchais (André-Louis-Auguste), 14 mars 1848.

Gauja (Jean-Raimond-Prosper), 31 novembre 1848.

Sivry (Alphonse-Joseph-Constant de), 31 décembre 1848.

Brun (Jean-Adrien), 11 mai 1850.

Podevin (Cyrille-Marie-Louis), 26 novembre 1856.

Le baron Pougeard-Dulimbert, septembre 1865.

H. Sohier, mars 1866.

Th. Pastoureau, mai 1869.

R. Paulze d'Ivoy, février 1870.

Durel (Henri), septembre 1870, démissionnaire en mars 1871, décédé le 4 janvier 1878.

Albert Decrais, mars 1871.

Ferrand (Joseph), 1874.

Du Pouget, marquis de Nadaillac, 21 mars 1876.

Daunassans (Léon), nommé le 18 décembre 1877.

Annales statistiques françaises et étrangères, III. — R. de Croy, *Études statistiques, historiques et scientifiques sur le département d'Indre-et-Loire*, Tours, 1838, in-18. — A. Duveau, *Notice sur trois dépôts coquillers situés dans les départements d'Indre-et-Loire et des Côtes-du-Nord*, 1825, in-8°. — Ludovic de Ferrière Le Vayer, *Études sur le régime des chemins vicinaux dans le département d'Indre-et-Loire, de la Sarthe*, Paris, H. Fournier, 1846, in-8°. — Théobald Piscatory, *Rapport sur l'achèvement des routes cantonnales*, Tours, 1832, in-4°. — Ch. de Sourdeval, *Statistique agricole d'Indre-et-Loire*, Paris, 1863, in-8°. — Moreau, *Statistique commerciale du département d'Indre-et-Loire*, Tours, Mame, in-8°. — E. Dormoy, *Carte géologique d'Indre-et-Loire* (cantons de Tours-nord, Tours-centre et Tours-sud). — Logeais, *Diction. des communes du département d'Indre-et-Loire*, Mame, 1835, in-12. — A. Joanne, *Géographie d'Indre-et-Loire*, Paris, 1870. — Ch. de Chergé, *Promenades dans l'Indre-et-Loire*, Poitiers, in-8°. — R. Barnsby, *Opérations de pisciculture dans le département d'Indre-et-Loire*, 1866. — G. Touchard-Lafosse, *La Loire historique*, t. IV. — Rouillé-Courbe, *Inondations du département d'Indre-et-Loire*, 1846-56, Tours, Guilland-Verger, 1858, in-8°. — D. de la Chavignière, *Inondations de la Loire et de ses affluents*, Paris, 1846, in-8°. — E. Mame, *Rapport sur les inondations*, Tours, 1856, in-8°. — A. Duveau, *Essai statistique sur le département d'Indre-Loire*. Paris, 1828, in-8°. — Haime, *Des causes des fièvres intermittentes dans le département d'Indre-et-Loire*, Tours, 1839, in-8°. — Archambault-Reverdy, *Mémoire sur la santé publique dans Indre-et-Loire*, Tours, 1837, in-8°. — *Observations météorologiques et médicales recueillies dans le département d'Indre-et-Loire*, Tours, Vauquer, 1812, in-8°. — *Flore complète d'Indre-et-Loire*, Tours, Mame, 1833, in-8°. — Chalmel, *Hist. de Tour.*, I, 18 et suiv. — *Annuaire du département d'In-*

dre-et-Loire, 1880. — Raulin, *Examen des coquilles et du tuf de la Touraine*, Amsterdam, 1876, in-12. — Félix Dujardin, *Mémoire géologique sur la Touraine*, Paris, 1836, in-4°. — C. Chevalier, *La Touraine avant les hommes, histoire de ses révolutions géologiques*, Tours, 1858, in-8°. — C. Chevalier et G. Charlot, *Etudes sur la Touraine*, Tours, 1858, in-8°. — C. Chevalier, *De la distribution des eaux en Touraine, au point de vue géologique*, Tours, 1848, in-8°. — Du Petit-Thouars, *Notice sur les vignobles de Touraine*, 1829. — G. Charlot, *Essai sur la sériciculture de Chenonceau*, Tours, 1860, in-8°. — *Le service vicinal dans Indre-et-Loire*, par Gayard, Tours, 1846, in-8°. — *Travaux du conseil d'hygiène publique et de salubrité du département d'Indre-et-Loire*, Tours, 1853, in-8°.

Indria. V. *Indre*.

Indrie (l'), f., c⁻ᵉ de Braslou.

Indrois (l'), rivière. — *Andriscus*, ix° siècle. — *Fluviolus qui Angeliscus vocatur*, 1085. — *Endrasius, Andreis*, 1090. — *Andricula*, 1188. — *Anderiscus, Angeriscus, Androis, Androex*, xiii° siècle. — *Aindrois*, 1365. — *Androys*, 1486. — Elle prend sa source près de Préaux (Indre), passe dans les communes de Villedômain, de Loché, de Villeloin-Coulangé, de Montrésor, de Chemillé, de Genillé, de Saint-Quentin, de Chédigny, et se jette dans l'Indre, à Azay. Elle reçoit les ruisseaux de la Tourmente et d'Olivet. Elle fait mouvoir vingt-six usines. Son parcours est de cinquante et un kilomètres.

D. Housseau, IV, 1553; V, 2007; VII, 3162. — Dufour, *Diction. de l'arrondissement de Loches*, II, 67. — Bibl. de Tours, manuscrit n° 1311. — *Recueil des historiens des Gaules*, XI, 256. — *Cartulaire de Cormery*, 35. — *Cartulaire de Noyers*, 686. — *Cartulaire de l'archevêché de Tours et du Liget.* — A. Joanne, *Géographie d'Indre-et-Loire*, 24. — C. Chevalier, et G. Charlot, *Etudes sur la Touraine*, 94. — E. Mabille, *Notice sur les divisions territoriales de l'ancienne Touraine*, 157, 162. — Chalmel, *Hist. de Tour.*, I, 17.

Indrois (le Petit-), ruisseau, — prend sa source vers Orbigny, arrose Beaumont-Village et se jette dans l'Indrois, à Montrésor.

Infernalis. V. *Infernet* (bois d').

Infernet (le fief d'), paroisse de Souvigny. — *Fief du Fernet*, 1523. — *Les Infernes*, 1683. — *Anfernet*, 1742. — Au xv° siècle, ce fief appartenait à la famille Marques. Le 3 juin 1496, Pierre Marques le vendit à Thomas Bohier, qui le réunit à la châtellenie de Chenonceau. Il relevait du château d'Amboise. En 1503, Catherine Marques, fille de Guillaume, en devint propriétaire. En 1773, il passa aux mains du duc de Choiseul. — (Arch. d'I.-et-L., C, 633, 634, 651. — C. Chevalier, *Diane de Poitiers au Conseil du roi*, vi; 87; *Hist. de Chenonceau*, 518.)

Infernet (le bois d'), c⁻ᵉ de Tauxigny. — *Nemus de Inferneto, Boscus Infernalis*, 1256. — Il est situé entre le chemin de Bellevue à Saint-Baud et le chemin de Carré aux Loges. — (*Cartulaire de Cormery*, 106. — D. Housseau, VII, 3081.)

Inferneto (*nemus de*). V. *Infernet*.

Infirmerie (l'), f., c⁻ᵉ d'Ingrandes. — Ancienne propriété de l'abbaye de Bourgueil. Elle était attachée à l'office claustral d'infirmier. Elle fut vendue nationalement, le 6 juin 1791, pour 4,225 livres. — (Arch. d'I.-et-L., *Biens nationaux*.)

Ingelger, comte d'Anjou, vicomte d'Orléans, seigneur d'Amboise, de Loudun, de Buzançais et de Châtillon-sur-Indre, fut nommé sénéchal de Touraine en 885. En 887, il entreprit de faire rendre à la Touraine les reliques de saint Martin, qui étaient restées à Auxerre depuis plus de trente ans. Il les ramena à Tours et reçut, en récompense de ce service, la dignité de trésorier de la collégiale de Saint-Martin. De son mariage avec Adélaïde, nièce d'Adalaud, archevêque de Tours, il eut Foulques, qui fut la tige des comtes d'Anjou. — (D'Achery, *Spicil.*, X, 402. — *Recueil des chroniques de Touraine*, 102. — Chalmel, *Hist. de Tour.*, I, 276-80.)

Ingranda. V. *Rorthres*.

Ingrande, ham., c⁻ᵉ de Chemillé-sur-Dême, 13 habit. — *Ingrande*, carte de Cassini.

Ingrande, vil., c⁻ᵉ de Couziers, 28 habit. — *Ingrande*, carte de Cassini.

Ingrandes, commune du canton de Langeais, arrondissement de Chinon, à 12 kilomètres de Langeais, 25 de Chinon et 36 de Tours. — *Ecclesia de Ingrandia*, 1188 (charte de Barthélemy, archevêque de Tours). — *Prioratus S. Romani de Ingrandia*, 1210 (charte de Philippe, archidiacre d'outre-Loire). — *Parochia de Ingrandia*, xiii° siècle (*Cartulaire de l'archevêché de Tours*).

Elle est bornée, au nord, par les communes de Saint-Michel et de Continvoir ; à l'est, par celle de Saint-Patrice ; à l'ouest, par Restigné ; au sud, par la Chapelle-sur-Loire. Elle est arrosée par le Lane, — par le Douet, qui traverse la partie méridionale, de l'est à l'ouest, — et par la Marche, qui prend sa source à la Fontaine-des-Trois-Veaux et va dans la commune de Restigné. Elle est traversée par le chemin de grande communication n° 35, de Saumur à Tours. Cette commune, très fertile et très commerçante, produit beaucoup de céréales et d'excellent vin rouge.

Les lieux, hameaux et villages suivants sont compris dans son territoire : L'Ouche-d'Or (40 habit.). — L'Infirmerie, ancienne propriété de l'abbaye de Bourgueil. — La Noiraie (40 habit.). — La Rue-des-Mauvillains (76 habit.). — La Fontaine (21 habit.). — Les Chantreaux (17 habit.). — La Grande-Varenne (11 habit.). — Fontenai (28 habit.). — Le Noyer-Bouju (30 habit.), ancien fief. — Le Carroi-des-Boireaux (80 habit.). — La Galotière (11 habit.), ancien fief. — La Rue-Ferrée (34 habit.). — Varennes (11 habit.). — Les Chenaies (10 habit.). — La Galichère (18 habit.). — La Perrée (44 habit.). — La Barbinière (33 habit.). — La Baronnerie, l'Ormeau, le Rochereau, les Perrés, le Moulin-Barbin, les Blottières, la Barillerie, la Cave-Couée, etc.

Avant la Révolution, Ingrandes était dans le ressort de l'élection de Chinon et faisait partie de l'archidiaconné d'outre-Vienne et du doyenné de Luynes. En 1793, il dépendait du district de Langeais.

Superficie cadastrale. — 820 hectares. — Le plan cadastral, dressé par Pallu, a été terminé le 24 décembre 1829.

Population. — 599 habit. en 1804. — 818 habit. en 1810. — 788 habit. en 1821. — 755 habit. en 1831. — 694 habit. en 1841. — 690 habit. en 1851. — 688 habit. en 1861. — 651 habit. en 1872. — 662 habit. en 1876.

Foire le 25 août. — *Assemblée* pour location de domestiques le deuxième dimanche de juillet.

Bureau de poste de Restigné. — Chef-lieu de *perception.*

L'église, dédiée à saint Romain, appartenait à l'abbaye de Bourgueil, à laquelle elle avait été donnée, avec d'autres biens, par Raymond d'Ussé, à la fin du XIIe siècle. La donation faite par Raymond d'Ussé fut confirmée, en 1200, par son seigneur suzerain, Jean de Montoire.

L'abbé de Bourgueil avait le droit de présentation au titre curial.

Dans l'église, se trouvait une chapelle placée sous le vocable de sainte Barbe et qui constituait un bénéfice. Le dernier chapelain fut Charles-René Tendron, curé de Chalonnes (1790).

A cette même époque, les biens attachés à la cure étaient d'une valeur de 7,100 livres environ. A la fin du XVIIe siècle, le curé possédait le fief de l'Hopitau, situé dans la paroisse de Saint-Nicolas-de-Bourgueil et relevant du Colombier.

L'église actuelle a été construite en 1850, sur les plans de M. Guérin, architecte à Tours.

Les registres d'état civil de cette paroisse commencent en 1608.

CURÉS D'INGRANDES. — Auceau de Villeneuve, 1559. — François Lidon, 1634. — Guillaume Foucher, 1646. — Charles le Boucher, 1713. — François-Antoine Decault, 1721. — Joseph Castel, 1723. — Adam Chauffour, 1736. — Henri-Étienne Pichery, 1790. — Royer, 1810. — Guérard, 1831, 1851. — Rousseau, 1864. — Hallouard, 1869, actuellement en fonctions (1881).

La paroisse d'Ingrandes formait un fief dont l'abbaye de Bourgueil était propriétaire et qui était attaché à l'office d'aumônier. Il avait le droit de haute, moyenne et basse justice et de patronage dans l'église. Le logis seigneurial était entouré d'un clos d'une étendue de huit arpents.

MAIRES D'INGRANDES. — Archambault, 1801. — Louis Guérin, 29 décembre 1807. — Pierre-Henri-Martial, vicomte du Soulier, 16 janvier 1817, 1er août 1821. — Rambur, 16 août 1830. — Guérin-Lenoble, 13 septembre 1830. — Cruchet-Chereau, 1841. — Constant Belguise, 1870, 20 février 1874, 21 janvier 1878.

Arch. d'I.-et-L., G, 17, 815; *cures; Biens nationaux.* — D. Housseau, V, 2009, 2111, 2112, 2144, VI, 2292. — *Cartulaire de l'archevêché de Tours.* — *Journal d'Indre-et-Loire* du 29 juillet 1876. — *Mém. de la Soc. archéol. de Tour.,* IX, 237; XIII, 66. — *Annuaire-almanach d'Indre-et-Loire* (1877), p. 106. — Bibl. de Tours, fonds Salmon, *titres de Bourgueil.*

Inguenières (les Petites-), f., c^{ne} de Pernay.

Injuriosus, évêque de Tours, né dans cette ville, succéda à Francilion en 529. Pendant son épiscopat, plusieurs églises furent fondées dans son diocèse. Celle de Luzillé fut bâtie à ses frais. Il assista au concile d'Orléans en 533 et mourut en 539. Il fut inhumé dans l'église de Saint-Martin. — (*Almanach de Touraine* de 1761 et de 1773. — *Greg. Tur. Hist. Franc., lib. X.* — Chalmel, *Hist. de Tour.,* I, 129; III, 445. — Maan, *S. et metrop. ecclesia Turonensis,* 35. — Martin Marteau, *Le Paradis délicieux de la Touraine,* II, 69. — *Mém. de la Soc. archéol. de Tour.,* IX, 332. — D. Housseau, XV, 44.)

Insula, Insula Buchardi. V. *Ile-Bouchard.*

Insula Archiepiscopi. V. *Archevêque* (Ile de l'), c^{ne} de Saint-Pierre-des-Corps.

Inviolata (la dîme de l'), ou de **Balan.** — Elle se levait dans la paroisse de Sérigny, en Poitou, et appartenait, au XVIIIe siècle, à la collégiale de Saint-Mexme de Chinon. Elle était affermée pour la somme de cent livres. — (Arch. d'I.-et-L., G, 648.)

Ionnière (l'), c^{ne} d'Azay-le-Rideau. V. *Lionnière.*

Ionnière (l'), f., c^{ne} de Rivarennes. — *Lionnière,* cartes de Cassini et de l'état-major.

Ippolitus *(Sanctus).* V. *Hippolyte (Chapelle-Saint-).*

Irais, ou **Iray** (le fief d'), paroisse de Mazières. — Il relevait de Rillé. Au XVIIe siècle, il était réuni au fief de Crémille. — (Arch. d'I.-et-L., E, 318.)

Is. V. *Hys,* c^{ne} de Genillé.

Isaac (la fontaine d'), au lieu appelé Tête-des-Prés, c^{ne} de Faye-la-Vineuse.

Isabeau-d'Ussé (le fief d'). V. *Chinon* (t. II, p. 260).

Isabellière (l'), f., c^{ne} de Varennes.

Isambardières (les), f., c^{ne} de Saint-Patrice. — *Isemberdières,* carte de l'état-major. — Ancienne propriété de l'abbaye de la Clarté-Dieu. — (Arch. d'I.-et-L., *Biens nationaux.*)

Isernay, c^{ne} de Chambray. V. *Izernay.*

Iseures, commune. V. *Yseures.*

Isiodorensis *pagus*. V. *Yzeures*.

Isle (le lieu de l'), près du Petit-Beussa, cne de Ferrières-Larçon.

Isle-Auger (l'), cne de Chambourg. V. *Ile-Auger*.

Isleaux (le fief des). V. *Ileaux*.

Isle-Bourbon (l'), vil., ene de Chouzé-sur-Loire.

Isle-Bourgeon (l'), f., cne de Villedômer. — *Lisle-Bourjon*, carte de Cassini. — En 1773, elle appartenait à Jean-Baptiste-Alexandre de Chapuiset. — (Bibl. de Tours, fonds Salmon, titres de Châteaurenault.)

Isle-du-Moulin (l'), cne de l'Ile-Bouchard. V. *Ile-des-Moulins*.

Isle-Thimé (l'), cne de Chambourg. V. *Ile-Thimé*.

Islette (le port de l'), près des Brechetières, cne de Balesmes.

Islette (l'), f. et chât., cne de Cheillé. — *Herbergamentum quod vocatur Islete*, XIIIe siècle. — *Islette*, cartes de Cassini et de l'état-major. — Ancien fief, relevant de l'Ile-Bouchard, à foi et hommage lige. En 1295, ~~Jean~~ Pannetier, bailli de Touraine, possédait ce fief. Dans un manuscrit intitulé : *Querimoniæ contra baillivos*, on lit ce qui suit au sujet d'une rente assignée sur la terre de l'Islette, et dont l'église de Colombiers avait été dépouillée par ce bailli :

Prior et parrochiani de Columberiis dicunt quod a sexdecim citra Adam Panaterius (ballivus regis in Turonia) eos et ecclesiam suam de Columberiis injuste spoliavit et spoliatos tenet a dicto tempore uno sextario nucum quod dicta ecclesia annui redditus habere solebat ad luminare cujusdem lampadis super quodam herbergamentum quod vocatur l'Islete, quod dictus Adam modo et a sexdecim annis citra habet et possidet; quas nuces estimant ad valorem quatuor librarum Turonensium et hoc se offerunt probaturos.

En marge du manuscrit on lit : *Restituit Adam coram nobis possessionem dicti redditus, salvo jure proprietatis et ex explectis pacificatum fuit pro xx solidos.*

En 1350, l'Islette appartenait à Guy de Maillé, seigneur de la Guéritaude; — en 1372, à Guillaume Turpin; — en 1389, à Jubez de Maillé; — en 1403, à Jean de Maillé; — en 1450, à Gilles de Maillé; — en 1461, à Yvon de Maillé; — en 1464, à Hardouin de Maillé; — en 1480-1507, à Abel de Maillé, seigneur de Villeromain; — en 1520, à René de Maillé, mort en 1531; — en 1531, à Charles de Maillé; — en 1583, à Charles de Nossay. — Par la suite, ce fief passa dans la famille Tiercelin d'Appelvoisin. Charles-Gabriel-René Tiercelin d'Appelvoisin, marquis de la Roche-du-Maine, seigneur de l'Islette, brigadier de cavalerie, député suppléant aux États généraux de 1789, périt sur l'échafaud en 1793. Il avait épousé Adélaïde-Louise-Félicité Chaspoux de Verneuil, dont il eut plusieurs enfants. — Le château actuel de l'Islette a été construit au XVIe siècle.

P. Anselme, *Hist. généal. de la maison de France*, VII, 505; VIII, 251. — Bétancourt, *Noms féodaux*, II, 595. — Bibl. de Tours, manuscrits nos 1308 et 1348. — A. Duchesne, *Hist. de la maison de Dreux*, 186. — Lainé *Archives de la noblesse de France*, V, *généal. de Maillé*. — La Thaumassière, *Hist. du Berry*, 548-49. — Moréri, *Diction. historique* (suppl.), II, 125. — *Cartulaire de Cormery*, 240. — D. Housseau, XI, 3702, 4700. — Bibl. nationale, Gaignères, 678. — Arch. d'I.-et-L., *prieuré de Relay*. — *Rôle des fiefs de Touraine*.

Islette (l'), vil., cne de Chouzé-sur-Loire.

Islette (le lieu de l'), cne de Cinais.

Islette (le lieu de la Grande-), paroisse de Fondettes. — Ancienne propriété de la collégiale de Saint-Martin. Elle est citée dans des actes de 1352, 1512 et 1755-57. — (Arch. d'I.-et-L., *prévôté de la Varenne*.)

Islette (le lieu de l'), dans le bourg de Montbazon. — En 1639, il appartenait à François Porcher, Éc., qui l'avait acheté de René de Maillé. — (Arch. d'I.-et-L., *titres de Montbazon*.)

Islette (le lieu de l'), près du bourg de Vou.

Ismantia. V. *Ile-Bouchard* (l') et la *Manse*.

Isoré, f. et chât., cne de Beaumont-en-Véron, 10 habit. — Ancien fief, relevant d'Ussé. En 1581, il appartenait à Jean d'Armagnac, Éc., capitaine du château du Plessis-les-Tours; — en 1593, à Jean d'Armagnac II, conseiller d'État, maître des eaux et forêts au ressort de Chinon; — en 1666, à Henri d'Armagnac; — en 1670, à Jean d'Armagnac III; — en 1672, à Charles d'Armagnac; — en 1695, à Jean-Joseph-Louis-Bernard d'Armagnac; — en 1714, à Marc-René-Alexis de Valory; — en 1766, à Gabrielle-Élisabeth des Escotais, veuve du précédent.

Bibl. de Tours, manuscrit n° 1420. — D. Housseau, XII, 7135; XIV. — Bétancourt, *Noms féodaux*, I, 28. — Lhermite-Souliers, *Hist. de la noblesse de Touraine*, 50, 52, 395. — Goyet, *Nobiliaire de Touraine*. — Beauchet-Filleau, *Diction. des familles de l'ancien Poitou*, I, 88. — Lalanne, *Hist. de Châtellerault*, I, 459.

Isoré (Antoine), abbé de Saint-Pierre de Preuilly et prieur de l'église collégiale de Loches, fonda le collège de cette dernière ville, en 1575. — (Dufour, *Diction. de l'arrondissement de Loches*, II, 225. — C. Chevalier, *Promenades pittoresques en Touraine*, 392. — Arch. d'I.-et-L., *titres de l'abbaye de Preuilly*.)

Isoré (Georges), marquis d'Hervaut, seigneur de Plumartin, conseiller d'État, fut nommé lieutenant-général pour le roi, en Touraine, par lettres du 2 août 1644, en remplacement de Jean de Gassion. François de l'Aubépine, qui avait quitté ce même poste pour s'enfuir à Leyde, lors de l'arrestation de son frère, fut réintégré par deux arrêts du Conseil des 12 juin et 2 septembre 1650 ; mais il y eut un nouvel arrêt, du 9 juin 1651, qui rendit définitivement cette charge à Georges Isoré. Celui-ci était fils de René Isoré II, baron d'Hervaut. De son mariage avec Marie de Roncherolles, il eut un fils, René, qui suit.

Mémoires de Michel de Castelnau, III, 189. — La Chesnaye-des-Bois et Badier, *Diction. de la noblesse*, III. 492 ; XV, 951. — *Extrait des registres du Parlement de Paris* (manuscrit), II, 497. — Chalmel, *Hist. de Tour.*, III, 389. — Lalanne, *Hist. de Châtellerault*.

Isoré (René), marquis d'Hervaut et de Plumartin, fut nommé lieutenant-général de Touraine, en survivance de son père, en 1661. Il mourut en 1676 et fut remplacé par Gabriel de Launay de Razilly. La terre de Plumartin avait été érigée pour lui en marquisat, au mois de janvier 1652. — (La Chesnaye-des-Bois et Badier, *Diction. de la noblesse*, III, 692. — Beauchet-Filleau, *Diction. des familles de l'ancien Poitou*, I, 615. — Chalmel, *Hist. de Tour.*, III, 390-91. — Lalanne, *Hist. de Châtellerault*.)

Isoré d'Hervaut (Mathieu), né au château de Bossay, près Preuilly, en 1647, nommé à l'évêché de Condom en 1693, fut transféré, avant d'avoir reçu ses bulles, à l'archevêché de Tours, le 17 novembre de la même année. Il fut sacré dans l'église des Jésuites, à Paris, le 27 février 1694, par l'archevêque de Paris, assisté des évêques de Laon et de Saint-Brieuc. Il obtint deux arrêts du Parlement qui dépouillaient la collégiale de Saint-Martin du privilège d'exemption dont elle avait joui jusque là, et qui la déclarait placée sous la juridiction directe de l'archevêque de Tours. Il mourut à Paris le 9 juillet 1716 (et non pas en 1719, comme le dit Chalmel) et fut inhumé dans l'église des Augustines. Cette date du 9 juillet 1716 est indiquée sur la tombe du prélat.

Lalanne, *Hist. de Châtellerault*, I, 385. — *Notice historique sur M. Ysoré d'Hervaut*, par Dreux de Radier (dans la *Bibl. de Poitou*, IV, 374. — Jean Foucher, *Oraison funèbre de M. Isoré d'Hervaut*, Tours, Masson, 1717, in-4. — *Gallia christiana*, II, 1108. — Bibl. de Tours, manuscrit n° 1264. — Chalmel, *Hist. de Tour.*, III, 466. — *Pièces en faveur de la Constitution Unigenitus*, Bruxelles, 1717, in-12.

Issard (l'), f., c^{ne} de Nouans.

Issard (ruisseau de l'). — Il prend sa source près du Plessis, c^{ne} de Nouans, et se jette dans le ruisseau de Reau, près de Genillé.

Ithier, chancelier de l'empereur Charlemagne, abbé de Saint-Martin de Tours, gouverna cette abbaye pendant vingt et un ans, de 770 à 791. Dans cette dernière, il fonda le monastère de Cormery. Il donna au nouvel établissement divers biens situés en Poitou, des métairies situées à Chambourg et à Esvres et la terre de Courçay. Il mourut peu de temps après et eut sa sépulture à l'entrée de la nef de l'église abbatiale qu'il avait bâtie. Sur sa tombe on lisait ces mots : *Sanctus Iterius*. Pendant plusieurs siècles, on l'honora comme saint. Un office particulier lui était consacré. — (Monsnier, *Hist. eccles. S. Martini Turon.*, 150. — Chalmel, *Histoire et antiquités de Saint-Martin*. — *Cartulaire de Cormery*, VII. — Bibl. de Tours, fonds Salmon, titres de Saint-Martin et de Cormery.)

Ithier, abbé de Bourgueil, succéda à Bernard, en 1126. Il fut nommé évêque de Nantes en 1142 et mourut dans cette ville le 28 décembre 1147. Dès 1134, il avait donné sa démission d'abbé de Bourgueil. — (Bibl. de Tours, manuscrit n° 1494. — *Gallia christiana*, II. — Arch. d'I.-et-L., *titres de Bourgueil*.)

Ivis, c^{ne} de Genillé. V. *Hys*.

Ivonnière (le lieu de l'), c^{ne} de Louestault, près de la route de la Chartre à Tours.

Izernay, f. et chât., c^{ne} de Chambray. — *Ysernaium*, 1258 (charte de Bois-Rahier). — *Isernay*, 1283 (charte du prieuré du Grais). — *Ysarnay*, *Izernay*, xvie et xviiie siècles. — *Iznay*, carte de Cassini. — Ancien fief, relevant du château de Montbazon, à foi et hommage simple et un épervier pourvu de longes de soie et de clochettes d'argent. Il devait cent sols d'aides à l'archevêque de Tours. On voit, par un titre du xvie siècle, qu'à cette époque le logis seigneurial était en ruines. Son étendue était, en ce temps-là, de dix arpents de terre labourable et de vingt arpents de bois. En 1219, ce fief appartenait à Pierre Faitmau ; — en 1258, à Foulques Faitmau, Éc. ; — en 1263, à Jean Faitmau ; — en 1265, à François et Henri Faitmau ; — en 1306, à Jean Faitmau ; — en 1311, à Clément le Roy ; — en 1326, à Jean Faitmau ; — en 1328, à F. Faitmau, frère du précédent ; — en 1330, à Barthélemy de Montbazon, seigneur de Montbazon et du Brandon ; — en 1328, à Hardouin de Maillé ; — en 1350, à Barthélemy II, seigneur de Montbazon et de Colombiers ; — en 1365, à Renaud, chev., seigneur de Montbazon ; — en 1410, à N. Baudet ; — en 1465, à Antoine Baudet, Éc. ; — en 1500, à N. Baudet ; — en 1559, à Georges Baudet, fils du précédent ; — en 1583, à Charles de Nossay ; — en 1585, à Louis Gingot ; — en 1640, à Pierre Mesnard, qui fut maire de Tours en 1664 ; — en 1719, à Pierre-Antoine Cougny. — Par acte du 12 juillet 1759, Françoise Mesnard, veuve de Antoine Cougny du Parc, receveur des tailles de l'élection de Chinon, vendit Izernay à Joseph-Jean Aubry, chev., seigneur du Plessis. Ce domaine passa ensuite à Bernard Coussillan (1768) ; — à Pierre-Bernard Coussillan, vers 1780.

D. Housseau, XI, 4700. — Arch. d'I.-et-L., *chartes du*

prieuré du Grais; fabrique de Saint-Martin: G, 5, 447. — Cartulaire de l'archevéché de Tours — Rôle des fiefs de Touraine. — Conférence de la rédaction de la coutume de Touraine, 486. — Chalmel, Hist. des maires de Tours (manuscrit), p. 142. — Bibl. de Tours, fonds Salmon, titres de Montbazon; fonds Lambron de Lignim, Châteaux et fiefs de Touraine — Registres de Saint-Vincent de Tours, 1668.

Izernay (le Petit-). V. *la Bouchardière*, c^{ne} de Joué.

Izernay (le fief d'), situé dans la ville de Tours. — *Feodus de Ysernaio*, 1350. — Il consistait en maisons situées entre le château et la tour feu Hugon. Il relevait de l'archevêque de Tours, auquel il devait, tous les ans, une livre de cire, payable à la fête de tous les Saints. En 1300, il appartenait à Guy de Maillé; — en 1336, à Guillaume de Sainte-Maure, qui le légua au Chapitre de l'église de Tours. A partir de cette époque, il fut plus généralement connu sous le nom de *fief de Saint-Maurice*. Vers 1350, il y eut, au sujet de ce fief, un accord entre l'archevêque de Tours et le Chapitre de son église. Voici le texte de ce document :

Noverint universi quod cum contentio moveretur seu moveri spectaretur inter nos P. permissione divina archiepiscopum Turonensem et nos decanum et capitulum Turonenses ex altera, super eo quod nos archiepiscopus proponebamus et dicebamus quod dictus decanus et capitulum debebant nobis facere fidem et homagium, aut saltem dare hominem de feodo de Ysernaio, de illa parte quam ipsi tenent in quo consistunt res que secuntur : scilicet, quatuor astagia in eadem domo juxta posternam, que vulgariter nuncupatur posterna Bodin; item, omnes domus dicti Gaufridi Bodin consistentes in vico per quem itur de castro regio apud turrim defuncti Hugonis; item, una domus que facit cuinum ruelle per quam itur de dicto vico versus Ligerim; item, quedam alia domus sita juxta domum Le Saule, item, quedam alia domus que fuit defuncti Andreæ Boyum, ratione capellanie quam solebat tenere, et quam Guillelmus Marchegay tenet ecclesia Turonensi; item, domus Michaelis Le Besson; item, domus que est Margarita La Ductesse; item, in vico per quem itur de eleemosina Beati Mauricii versus pontem; due domus que sunt Johanne la Richarde; item alie due domus que sunt ad presens Johannis Perrigault; que fuerunt deffuncti Rolandi Bocachon; item, una domus que est liberorum deffuncti Yvonis de Pontijon, que fuit deffuncti Mathæi Le Pore; item, una domus que est Johanni de Lovigne que fuit deffuncti Aimerici de Camera; item, unum operatorium quod ad presens Miletus barbitonsor tenet; item domus Petri Le Chiche, excepta tamen quadam parte dicte domus, videlicet introitu hæstis et duobus pedibus cum quatuor digitis dicte domus existentibus ad oppositum castri regii Turonensis, que quidem pars est et fuit ab antiquo de feodo nostri capituli predicti; item, tria domus ad unam festam que sunt Bartholomei Goudeau; item, una domus in qua moratur ad presens Yvo Cousturarii que modo est Guillemini le Saintre. Dicti decano et capitulo contrarium dicentibus et asserentibus quod deffunctus Guido de Malliaco, deffunctus Guillelmus de Sancta Maura quondam canonici Turonenses, et eorum predecessores dictum feodum et omnia dependentia et pertinentia ad eumdem, cum suis juribus et pertinentiis universis tenuerant bona fide, justo titulo, per non nulla tempora videlicet quinquaginta annos et amplius, et etiam a tanto tempore de cujus contrario non est memoria, libere et quiete absque fide de homagio; qui defunctus Guillelmus de Sancta Maura ultimus possessor dicti feudi, dictum feudum excuta et legitima causa dimiserat nobis capitulo Turonensi.

Quare dicebatur ex parte ipsorum decani et capituli, nos archiepiscopum predictum ipsos non debere nec posse impetere ad prestationem homagii, ratione premissorum. Tandem post multos tractatus inter nos habitos super premissis, composuimus et transegimus in modo qui sequitur et in forma videlicet quod nos archiepiscopus predictus volumus et consentimus quod dicti decanus et capitulum teneant et possideant et eorum successores dictum feudum prout superius declaratur, et omnia et singula dependentia et pertinentia ad partem feudi predicti, cum suis juribus et pertinentiis universis cum omni jurisdictione alta, bassa et media, ad servicium seu liberum deverium unius libre cire in festo omnium Sanctorum anno quolibet a dictis decano et capitulo nobis archiepiscopo Turonensi predicto persolvendum pro recognitione superioritatis; nichil aliud in premissis retinendo nisi in casu ressorti, in casu appellationis, in casu quod appellans contingeret ab eisdem occasione jurisdictionis predicte, et in aliis casibus in quibus per modum ressorti secundum consuetudinem patriæ, et ad superiorem recurrendum. Eo attenta quod dum contigerit, solitis temporibus, per gentes nostras archiepiscopi predicti facere guetum seu custodiam de nocte ponere in villa Turonensi, quod gentes illius feudi faciant guetum seu custodiam ut est solitum.

Acto nichilominus quod si forte conventio hujus modi confirmatione sedis apostolice indigeat, quod nos decanus et capitulum predicti istam confirmationem debeamus procurare. Nos vero predictus decanus et capitulum pro nobis et nostris successoribus promittimus archiepiscopo Turonensi et ejus successoribus libram cere futuris temporibus solvere terminis supra dictis et dictam confirmationem si necesse fuerit procurare. Et nos predicti archiepiscopus decanus et capitulum promittimus bona fide omnia promissa et singula pro parte sua integre observare. In quorum testimonium........ etc. — (Arch. d'I.-et-L., G, 5, 90. — Cartulaire de l'archevêché de Tours.)

J

Jabiellerie (la), f., c^{ne} de Faye-la-Vineuse. — *Jabiellerie, carte de Cassini.*

Jabinières (le lieu des), c^{ne} de Sonzay. — Ancienne propriété de l'abbaye de Marmoutier. — (Arch. d'I.-et-L., chartes de Marmoutier.)

Jable (le ruisseau de), prend sa source au lieu appelé Vallée-de-la-Fontaine-de-Jable, c^{ne} de Champigny ; il porte ensuite le nom de Cachemouche, puis celui de Battereau, et se jette dans la Veude, à Champigny. Il fait mouvoir une usine.

Jable (le) et le **Petit-Jable**, f., c^{ne} de Lémeré. — *Feodus de Jablers*, XIIIe siècle. — *Jable, carte de Cassini.* — (*Cartulaire de l'archevêché de Tours.*)

Jablers. V. *Jable*, c^{ne} de Lémeré,

Jabotterie (la), f., c^{ne} de Saint-Laurent-en-Gatines. — Elle a fait partie de l'ancienne paroisse de Chenusson.

Jabotterie (la), c^{ne} de Saint-Senoch. V. *Sabotterie.*

Jacoberie (la), f., c^{ne} de Château-la-Vallière.

Jacobins (les), f., c^{ne} de Montlouis. — Ancienne propriété des Jacobins de Tours. Elle fut vendue nationalement, le 15 février 1791, pour 9,400 livres. — (Arch. d'I.-et-L., *Biens nationaux*.)

Jacobins (couvent des), à Tours. V. *Tours.*

Jaconnerie (la), f., c^{ne} de Villedômer.

Jacopeau, f., c^{ne} d'Hommes. *Jacopeau, carte de Cassini.*

Jacopinière (la), f., c^{ne} de Chanceaux-sur-Choisille. — Ancienne propriété de l'abbaye de Marmoutier, suivant un bail du 27 mai 1479. — (Arch. d'I.-et-L., *titres de Marmoutier.*)

Jacopinière (la), c^{ne} de Sainte-Radégonde. V. *Grattechien.*

Jacottins (les), f., c^{ne} d'Épeigné-sur-Dême.

Jacquelinière (la), f., c^{ne} de Bourgueil.

Jacquelinière (la), vil., c^{ne} de la Chapelle-sur-Loire, 200 habit.

Jacquelinière (le lieu de la), c^{ne} de Chisseaux. — Elle relevait censivement de Chissé. — (Arch. d'I.-et-L., E, 42.)

Jacquelinière (la), c^{ne} de Neuillé-le-Lierre. V. *Métairie-Neuve.*

Jacquelinière (la), f., c^{ne} de Reignac. — *Domus quæ dicitur Jaquelinière*, 1273. — *Jaquelinière*, cartes de Cassini et de l'état-major. — Ancien fief, relevant du château de Loches. Vers 1250, il appartenait à Guillaume d'Azay ; — en 1254, à Pierre de la Brosse, sergent d'armes de saint Louis. En 1269, sa veuve, Perronnelle Pinet, donna cette terre à Pierre de la Brosse, troisième du nom, son fils, chambellan de France, qui fut condamné à mort et exécuté en 1278. Vers 1276, Pierre de la Brosse avait vendu la Jacquelinière au Chapitre de Notre-Dame de Loches. Celui-ci la vendit, à réméré, le 14 mars 1676, à Jean Boureau, curé de Fondettes, et aux Minimes de Saint-Grégoire de Tours. Il la reprit, vers 1680, et la posséda jusqu'à la Révolution. — (Arch. d'I.-et-L., C, 336, 603, 702 ; *Biens nationaux*. — P. Anselme, *Hist. généal. de la maison de France*, VIII, 440. — Bibl. de Tours, *titres de Notre-Dame de Loches.*)

Jacquelinière (la), c^{ne} de Sainte-Radégonde. V. *Prouterie-Jacquelinière.*

Jacquemin (Jean-Bernard), géomètre du Chapitre de l'église de Tours, né à Amboise, en 1720, et décédé à Tours, en 1786, a laissé, à l'état manuscrit, quatre ouvrages intitulés : *Essai sur la structure, percussion et suspension des cloches* ; — *Traité de constructions de diverses espèces* ; — *Traité de charpenterie* ; — *Traité de constructions diverses*. — (Chalmel, *Hist. de Tour.*, IV, 251-52. — S. Bellanger, *La Touraine ancienne et moderne.*)

Jacquemin (Maxime-François), général de brigade, né à Tours le 1er avril 1795, entra au régiment des gardes d'honneur vers 1813, fit la campagne de Saxe, où il fut blessé d'un coup de lance, et celle de Hanau, en 1814. Nommé sous-lieutenant de dragons de la Manche, en 1819, il prit part à la campagne d'Espagne, en 1825, et fut plus tard capitaine-instructeur à Saumur. Il passa, quelques années après, comme chef d'escadrons au 7e de hussards, et retourna à Saumur avec le grade de lieutenant-colonel. Promu ensuite colonel et officier de la Légion d'honneur, puis général de brigade et commandeur de la Légion d'honneur (28 décembre 1855), il passa dans le cadre de réserve le 2 avril 1857 et s'établit à Tours, où il mourut le 10 juillet 1863. Il était officier de Saint-Georges de la Réunion de Sicile et de l'Épée de Suède, président honoraire de la Société d'agriculture d'Indre-et-Loire et membre de la Société archéologique de Touraine. On a de lui les ouvrages suivants : *Abrégé d'extérieur, à l'usage des officiers et sous-officiers des dragons de la Manche*, Cambray, 1820, in-12 de 56 pages. — *Cours d'hippiatrique, à l'usage des officiers et sous-officiers de cavalerie*, Paris et Strasbourg, Levrault, 1828, in-32. — *Précis anatomique du cheval*, Châlons, Boniez-Lambert, 1821, in-12. — *Notions de thérapeutique vétérinaire*, Strasbourg, Levrault, 1829, in-32. — (Quérard, *La France littéraire*, IV, 195. — *Journal d'Indre-et-Loire* du 10 juillet 1863.)

Jacquerie (la), ham., c^{ne} de Ports, 18 habit. — *Jaquerie*, carte de Cassini.

Jacques (St-), f., c^{ne} de Bléré.

Jacques (chapelle de **St-**), c^{ne} de Bourgueil. V. *Bourgueil*.

Jacques (maison de **St-**), dans le bourg de Bueil. — Ancienne propriété du Chapitre de Bueil. Il y avait autrefois une chapelle. — (Arch. d'I.-et-L., *titres de Bueil*.)

Jacques (faubourg **St-**), dans la ville de Chinon.

Jacques (île **St-**), située dans la Vienne, c^{ne} de Chinon. — *Ile-Godeau*, 1695. — Le 28 juillet de cette année, il y eut, entre les religieuses de Noyers et le curé de Saint-Jacques de Chinon, une transaction, par laquelle il fut décidé que ce dernier prendrait la dîme de cette île. — (Bibl. de Tours, fonds Salmon, *titres de Noyers*.)

Jacques (St-), f., c^{ne} de Chouzé-sur-Loire.

Jacques (les prés de **St-**), près des Cormiers, c^{ne} de Cléré.

Jacques (la chapelle de **St-**), c^{ne} de Lerné. — Elle est mentionnée dans un acte de 1791. — (Arch. d'I.-et-L., *Biens nationaux*.)

Jacques (chapelle de **St-**), c^{ne} de Ligueil. V. *Ligueil*.

Jacques (faubourg **St-**), dans la ville de Loches. — *Saint-Jacques*, carte de Cassini.

Jacques (chapelle de **St-**), paroisse de Restigné. — Elle était située près de l'église de Restigné. On la trouve mentionnée dans un titre du XIIe siècle. Le droit de présentation appartenait à l'évêque d'Angers. — (*Rituale B. Martini*.)

Jacques (chapelle de **St-**), c^{ne} de Souvigné. — *Saint-Jacques*, carte de l'état-major. — Au XVIIe siècle, on l'appelait chapelle de Saint-Jacques-de-Boisneuf. Elle est mentionnée dans le *Registre de visite des chapelles domestiques du diocèse de Tours*, en 1787. On ignore l'époque de sa fondation. Tous les ans, le jour de la fête de saint Jacques, le curé de Souvigné était tenu de s'y rendre processionnellement et d'y célébrer une messe. Cette procession se faisait encore en 1789. La chapelle constituait un bénéfice peu important et dont la collation appartenait au seigneur de Châteaux. N. Fauceillon en était chapelain en 1787. — (Arch. d'I.-et-L., G, 14 ; *cure de Souvigné*. — *Pouillé de l'archevêché de Tours* (1648), p. 55.)

Jacques (île **St-**), dans la Loire, c^{ne} de Tours. — *Insula Ecclesiæ S. Jacobi*, 1222 (charte de Marmoutier). — Elle s'étendait depuis l'ancien pont de Tours, situé en face du château, jusqu'au Carroi des Tanneurs. Au milieu du XVIIe siècle, on y comptait de 1000 à 1200 habitants, presque tous pêcheurs, blanchisseurs ou mariniers. Çà et là se trouvaient des cabarets et guinguettes établis sous des ombrages et qui, dans la belle saison, étaient le rendez-vous d'un grand nombre de bourgeois et d'ouvriers de Tours. Des festins et plusieurs jeux tels que celui de paume, avaient lieu sur divers points, tandis qu'ailleurs la jeunesse se livrait à la danse au son de la cornemuse. Une chapelle, dédiée à saint Jacques et qui existait dès le commencement du XIIIe siècle, était au centre de l'île. Primitivement, elle dépendait de l'église Saint-Jacques, placée près de l'abbaye de Saint-Julien et que l'on démolit vers 1590. A cette époque, l'île Saint-Jacques fut annexée à la paroisse Saint-Saturnin. La chapelle appartenait et continua d'appartenir au monastère de Saint-Julien. Elle était attachée à l'office claustral du cellerier.

Un arrêt du Conseil, du 19 mai 1757, décida qu'en raison de la construction d'un nouveau pont, l'île Saint-Jacques serait détruite. Sept années furent employées à estimer les bâtiments et terrains frappés d'expropriation et à indemniser les propriétaires. En 1764, les habitants qui étaient restés dans les maisons, furent sommés de les abandonner. Un certain nombre refusèrent et il fallut employer la force armée pour triompher de leur résistance. L'île fut ensuite livrée à un millier de soldats, qui enlevèrent les terres, dont on se servit pour élever une chaussée du côté de Saint-Symphorien de Tours, et pour former les terrasses de Saint-Julien et des Carmélites. On ne laissa subsister qu'une petite île, située au-dessous du pont de pierre actuel et qui depuis s'est beaucoup accrue. Elle a porté le nom d'île Moisant auquel a succédé celui d'île Simon. En amont du même pont de pierre l'île s'est reformée par suite des crues qui ont amené de grandes quantités de sable. Elle porte le nom d'île Aucard. — (Arch. d'I.-et-L., *terrier de Saint-Julien*; *Inventaire des titres de Saint-Julien*. — Benoist de la Grandière, *Hist. de la mairie de Tours* (manuscrit). — *Mém. de la Soc. archéol. de Tour.*, XI, 80-90.)

Jacques (la fosse St-), près du Glandier, c⁻ᵉ de Vernou.

Jacques-de-la-Lande (St-), cⁿᵉ de Neuilly-le-Brignon. — *Oratorium de Brureia*, 1195 (charte de l'abbaye de Boisaubry). — *Prioratus de Landeia*, 1229. — *Capella S. Jacobi de Landa, Domus de Brureia apud Nuilleium*, 1245. — *Saint-Jacques-de-la-Lande*, cartes de Cassini et de l'état-major. — Le lieu de la Bruère fut donné par Girard de Coué, à l'abbaye de Boisaubry, vers 1165, à condition qu'elle y ferait construire un prieuré sous le vocable de saint Jacques. Par la suite, cette chapelle fut érigée en prieuré. Dès sa fondation, elle devint le but de nombreux pèlerinages et reçut de riches offrandes. Le curé de Neuilly, nommé Renaud, prétendit que cet état de choses lui portait préjudice et qu'il occasionnait une notable diminution dans les revenus de la cure. Une plainte qu'il forma à ce sujet en justice se termina par une transaction passée entre lui et Guillaume, abbé de Boisaubry (1166). Dans le siècle suivant, Philippe de la Haye, chev., donna au prieuré un pré situé dans la paroisse de Neuilly, en stipulant, dans l'acte passé à cette occasion, que la donation était faite à condition que le prieur et ses religieux célébreraient son anniversaire et celui de sa femme Isabelle. Au XVᵉ siècle, Saint-Jacques-de-la-Lande fut érigé en bénéfice dont la collation appartenait à l'abbé de Boisaubry. Jacques Odet en était prieur en 1529 ; — Jean de la Jaille, en 1540 ; — Gabriel de Voyer, évêque de Rodez, en 1666. Il mourut le 11 octobre 1682. — Ce prieuré constituait un fief qui relevait de la baronnie de la Haye. Près du prieuré se trouvait une métairie appelée Saint-Jacques-des-Landes et dont Pierre Baratte, vicaire-général du diocèse d'Angers, était propriétaire en 1790. — (*Pouillé de l'archevêché de Tours* (1648), p. 82. — D. Housseau, V, 2082, 2673 ; VII, 3190 ; XII, 5927-28, 6057. — Arch. d'I.-et-L., *Biens nationaux*.)

Jacques-Molay, maison forestière, dans la forêt de Chinon, cⁿᵉ de Saint-Benoît.

Jacquet (le bois), près de la Ricardière, cᵒᵉ de Betz.

Jacquet (le bois), cⁿᵉ de Saint-Senoch, près du chemin de la Glometerie à Barbeneuve.

Jacquet (Pierre), né à Grenoble et mort dans cette ville en 1766, a publié un *Abrégé du commentaire de la coutume de Touraine*, Auxerre, 1761, 2 vol. in-4°. Il était avocat au Parlement de Paris. — (Feller, *Dictionnaire*. — Rochas, *Biographie du Dauphiné*. — Didot, *Biographie générale*, XXVI, 270.)

Jacquet-Pierre (le lieu de), près des Minières, cⁿᵉ de Restigné.

Jacquet-Delahaye (L.-V.-M.-J.), avocat, ancien secrétaire de Jérôme, roi de Westphalie, membre de la Société royale de Gottingue, membre du Conseil général pour le canton de Montrésor (élection du 10 novembre 1845), a publié un ouvrage intitulé : *Du rétablissement des églises en France, à l'occasion de la réédification projetée de celle de Saint-Martin de Tours*, Paris, Égron, 1822, in-4° avec quatre planches. — (Quérard, *La France littéraire*, IV, 197.)

Jacqueterie (la), f., cⁿᵉ d'Esvres, près de l'Indre.

Jacqueterie (la), ou **Jacterie**, f., cⁿᵉ de La Riche. — *Jacquetière*, dans un titre de 1723. — Ancienne propriété du prieuré de Saint-Côme. — (Arch. d'I.-et-L., *titres de Saint-Côme*.)

Jacquetière (la), cⁿᵉ de La Riche. V. *Jacqueterie*.

Jacquetière (la), f., cⁿᵉ de Paulmy. — *Jacquettière*, carte de Cassini. — Elle faisait partie, autrefois, de la paroisse de Neuilly-le-Brignon. Elle fut comprise dans le territoire de la paroisse de Paulmy, créée par lettres patentes du 2 septembre 1757. Vers 1570, François de la Noue, seigneur du Châtelier, l'acheta de Bruère-Châtelain, de Loches. — (Dufour, *Diction. de l'arrondissement de Loches*, II, 349. — R. d'Ornano, *Promenade dans la vallée du Brignon*.)

Jacterie (la), f., cⁿᵉ de La Riche. V. *Jacqueterie*.

Jacunciacus. V. *Joué-les-Tours*.

Jaerie (le lieu de la), près de la Sainjoirie, cⁿᵉ de Chaumussay.

Jagée (la), f., cⁿᵉ de Cheillé.

Jageniguère (le lieu de la), près de la Belterie, cⁿᵉ de Charnizay.

Jagon (le lieu du), cⁿᵉ du Louroux, près du chemin de Sainte-Maure à Tauxigny.

Jagotterie (le lieu de la), paroisse de la Chapelle-sur-Loire. — En 1748, il devait une rente à la prévôté de Restigné. — (Arch. d'I.-et-L., *prévôté de Restigné*.)

Jahan (la boire), près du Port-Buron, cⁿᵉ de Lignières.

Jahan (Louis-Pierre), né à Tours le 11 février 1777, payeur divisionnaire en Espagne, sous les ordres du général Bonnet, a composé divers morceaux de poésies qui ont été insérés dans le *Journal d'Indre-et-Loire*. Il s'est occupé de recherches pour une *Histoire du château du Plessis-les-Tours*, qui n'a pas été livrée à l'impression. Il mourut à Tours le 20 mars 1837. — (*Journal d'Indre-et-Loire* du 23 mars 1837.)

Jahans (les), f., cⁿᵉ de Sainte-Maure. *Jahans*, carte de Cassini.

Jaille (le fief de la), cⁿᵉ de Loches. V. *Montains*.

Jaille (le lieu de la), près de la Vienne, c^{ne} de Pouzay.

Jaille (le lieu de la), c^{ne} de Saint-Germain-sur-Vienne. — La chapelle dite *de la Jaille*, desservie dans l'église de Candes, y possédait un arpent de vigne au xviie siècle. — (Arch. d'I.-et-L., G, 271.)

Jaille (la), f., c^{ne} de Saint-Senoch. — *La Jaille*, cartes de Cassini et de l'état-major. — Elle relevait censivement du Plessis-Savary (1600). — (Arch. d'I.-et-L., C, 602.)

Jaille (le fief de la), c^{ne} de Trogues. V. *Profond-Fossé*.

Jaillère (le lieu de la), près du Buchet, c^{ne} de Charnizay.

Jalafry (le lieu de), près de Vertenay, c^{ne} de Chambon.

Jalais (le lieu des), c^{ne} de Saint-Benoît, près du chemin de Saint-Benoît à Azay.

Jalesse, c^{ne} de Damemarie. V. *Jarriège*.

Jaletières (les), f., c^{ne} de la Roche-Clermault. — *Jacquères*, carte de Cassini.

Jalière (le lieu de la), près de la Lardière, c^{ne} de Chaumussay.

Jallais (le), ou **la Jallaye**, ham., c^{ne} de Chanceaux, c^{ton} de Loches. — *La Jallaye*, carte de Cassini. — *Jallais*, carte de l'état-major. — Ancien fief. Il relevait de Chanceaux et devait quinze sols de rente au curé de cette paroisse. En 1636, il appartenait à Honorat de Baraudin, Éc.; — en 1739, à Marie-Marguerite de la Vallée de Pimodan, veuve de Louis Barberin, comte de Reignac; — en 1749, à Charles-Yves-Thibault, comte de la Rivière. — (Arch. d'I.-et-L., C, 602; E, 110; G, 37. — *Rôle des fiefs de Touraine*. — D'Hozier, *Armorial général*, reg., 1re partie, p. 378. — Lainé, *Archives de la noblesse de France*, X, généal. Odart, p. 39.)

Jallais (la), partie de la forêt de Chinon.

Jallanges, f. et chât., c^{ne} de Vernou, 33 habit. — *Jallanges-les-Étangs*, xviie siècle. — *Jalanges*, cartes de Cassini et de l'état-major. — Ancien fief, qui fut érigé en châtellenie en octobre 1631, avec union des domaines de la Galinière, de Rochereau et de Villemereau. Il relevait du château d'Amboise. Au xive siècle, la dîme de cette terre était levée au profit de l'archevêque de Tours. En 1213, Jallanges appartenait à René du Perray, chevalier-banneret; — en 1462, à Jean Gaudin, chanoine de Tours; — en 1474, à Thomas de Saint-Paul; — en 1485, à Robert le Hudan, du chef de sa femme, veuve de Perrot de Sainte-Marthe; — en 1503, à Nicolas Gaudin, argentier de la reine; — vers 1510, à Jean Ruzé; — vers 1515, à Guillaume Barthélemy, contrôleur des finances en Bretagne; — en 1520, à Philibert Babou; — en 1522, à Blanche-fort; — en 1552, à Michel de Bouillon; — en 1575, à Françoise Bertherault, veuve du précédent; — en 1617, à François de Bouillon; — en 1629, à Jean le Royer; — en 1640, à Denis le Royer, conseiller au Parlement de Paris; — en 1643, à Jean de Mons, secrétaire du roi; — en 1648, à René Peyrat, Éc., maître d'hôtel du roi, marié à Marthe Le Posson, dont il eut un fils, qui épousa, le 6 janvier 1649, dans la chapelle de Jallanges, Anne-Louise Collinet, fille de Paul Collinet, juge-magistrat au siège présidial de Tours. — La terre de Jallanges passa ensuite, en 1663, à Françoise d'Esperonnet, veuve de Jean de Peyrat, — à Nicolas Lefebvre, conseiller au Parlement de Bretagne, 1672; — à Claude Lefebvre de la Fallurée, Éc. (1696); — à Claude-Pierre Lefebvre, Éc. (1732); — à un autre Claude-Pierre Lefebvre (1748); — à Pierre-Claude Lefebvre de la Fallurée, sur lequel elle fut vendue nationalement, le 9 floréal an VI. — Sous le n° 1200, il existe, à la bibliothèque de Tours, un plan de la châtellenie de Jallanges, dressé par Chenon, en 1774.

Cartulaire de l'archevêché de Tours. — Registres d'état civil de Vernou, 1649. — Chalmel, *Hist. de Tour.*, II, 103. — Bétancourt, *Noms féodaux*, I, 386, 400, 458, 520; II, 656, 859. — *Rôle des fiefs de Touraine*. — Arch. d'I.-et-L., C, 336, 603, 633, 651; E, 59, 60, 89; G, 14, 123. — Bibl. de Tours, manuscrits n°s 1200 et 1420. — Bib. nationale, Gaignères, 678.

Jallanges (la fontaine de), près de Jallanges, c^{ne} de Vernou.

Jallanges-les-Étangs, c^{ne} de Vernou. V. *Jallanges*.

Jallaye (la), c^{ne} de Chanceaux. V. *Jallais*.

Jallet (le lieu de), paroisse de Neuil. — En 1708, on y voyait une chapelle qui appartenait à la famille de Gannes. — (Arch. d'I.-et-L., *titres de Neuil*.)

Jalletière (la), ou **Jaltière**, f., c^{ne} de Cussay. — *Jaltière*, carte de Cassini. — En 1654, François de Pierres de Fontenailles en était propriétaire. — (Arch. d'I.-et-L., E, 144.)

Jalletière (la), f., c^{ne} de Noyant. — *Jametière*, xive siècle. — *Jailletière*, carte de Cassini. — En 1336, elle appartenait au Chapitre de l'église de Tours. — (Arch. d'I.-et-L., *Inventaire des titres de Saint-Épain*.)

Jallière (la), f., c^{ne} de Beaumont-la-Ronce.

Jallière (la), paroisse de Savigny. — Ancien fief. Vers 1650, il appartenait à François Desprez. — (Goyet, *Nobiliaire de Touraine*.)

Jalousie (la), f., c^{ne} de Saint-Épain. — *Jalousie*, carte de l'état-major.

Jalousie (la), ham., c^{ne} de Saint-Paterne, 11 habitants.

Jaltière (la), c^{ne} de Cussay. V. *Jalletière*.

Jaltière (la), f., c⁻ᵉ de Sepmes. — Ancien fief. — (*Rôle des fiefs de Touraine.*)

Jaltières (les), f., c⁻ᵉ de Monnaie.

Jambaudières (le lieu des), paroisse de Chaumussay. — Il relevait censivement de la baronnie du Grand-Pressigny (1737). — (Arch. d'I.-et-L., E, 103.)

Jambus (le lieu des), paroisse de Saint-Mars. — Il dépendait de la Salle, appartenant à la collégiale de Saint-Martin. — (Arch. d'I.-et-L., *titres de la Salle.*)

Jamelleries (les), f., c⁻ᵉ de Cussay.

James (la chapelle de St-), près du carroi des Boucheries, c⁻ᵉ de Rochecorbon.

Jametière (la), f., c⁻ᵉ de Braye-sur-Maulne.

Jametière (la), c⁻ᵉ de Saint-Épain. V. *Jalletière*.

Jametière (la), f., c⁻ᵉ de Villiers-au-Boin. — *Jannetière*, carte de l'état-major.

Jametrie (le lieu de la), paroisse de Nouzilly. — Il est cité dans un titre de 1494. — (Arch. d'I.-et-L., *titres de la Roche.*)

Jamin (Nicolas), tourangeau, est auteur d'une pièce en vers intitulée : *Le Paranymphe du Roy*, Paris, Nicolas Gasse, 1649, in-4° de 11 pages. Cette brochure est très rare. — (*Catalogue de la bibliothèque de J. Taschereau*, 210.)

Jaminerie (le lieu de la), près de la Rue-des-Prés-Vernault, c⁻ᵉ de Bréhémont.

Jaminerie (la), f., c⁻ᵉ de Saint-Laurent-en-Gâtines. — *Jaminière*, carte de l'état-major. — Ancienne propriété de la cure de Saint-Laurent. — (Arch. d'I.-et-L., *Biens nationaux.*)

Jaminerie (la), f., c⁻ᵉ de Verneuil-sur-Indre.

Jaminière (la), f., c⁻ᵉ de Rillé. — *Jaminière*, cartes de Cassini et de l'état-major.

Jaminière (la), vil., c⁻ᵉ de Saint-Germain-sur-Vienne, 15 habit.

Janay (le), f., c⁻ᵉ de Cléré.

Jandelleries (le lieu des), près des Jaux, c⁻ᵉ de Sainte-Catherine-de-Fierbois.

Janelleries (les), ou **Jannelleries**, f., c⁻ᵉ de Cussay. — *Johanneaux*, XVIᵉ siècle. (Arch. d'I.-et-L., *titres de Saint-Martin.*)

Janière (la), f., c⁻ᵉ de d'Abilly, près du bourg. — Ancien fief, propriété d'Alexis de Château-Châlons, Éc., en 1783. — (*Rôle des fiefs de Touraine.* — Arch. d'I.-et-L., E, 108.)

Janière (la), ou **Jasnière**, f., c⁻ᵉ de Ligueil. — *Jasnière*, carte de l'état-major. — *Janière*, carte de Cassini. — Ancien fief. — (*Rôle des fiefs de Touraine.*)

Janin (Étienne-Fulgence), officier général, né à Tours le 10 février 1780, commença ses humanités au collège des Oratoriens, à Tours, et les acheva sous la direction de deux professeurs renommés, dont un, M. Guyot, avait été précepteur des enfants du duc d'Orléans. Résolu d'abord à étudier la médecine, il abandonna bientôt cette voie pour entrer à l'École polytechnique, d'où il sortit avec le grade de sous-lieutenant, pour être incorporé à la 104ᵉ demi-brigade qui se trouvait alors en Suisse (décembre 1801). Nommé, un peu plus tard, lieutenant au 94ᵉ régiment de ligne, il prit part à la campagne d'Austerlitz, aux batailles d'Iéna, de Hall et de Pinau, et au combat de Lubeck. Capitaine en 1807, il fut aide-de-camp du général Razout, fit partie, l'année suivante, de l'expédition d'Autriche et se distingua particulièrement à la bataille de Wagram. Le 23 septembre 1809, il reçut le grade de chef de bataillon. Il fut nommé officier de la Légion d'honneur le 24 juin 1811 et colonel le 2 août 1813. Fait prisonnier, peu de temps après, et conduit en Hongrie, il recouvra sa liberté en juillet 1814 et se retira dans les environs de Tours. En 1815, il reprit les armes et combattit à Waterloo, où il reçut plusieurs blessures. Tombé aux mains de l'ennemi, il fut emmené prisonnier en Angleterre. A son retour en France, il se livra à l'étude et fut un des rédacteurs d'un journal militaire. Rappelé à l'activité à l'avènement du gouvernement de Juillet, il commanda le 43ᵉ de ligne et fut nommé maréchal de camp au mois d'avril 1831, et commandeur de la Légion d'honneur en 1834. Il passa dans la section de réserve le 11 février 1842 et quitta le commandement de la subdivision du Finistère qu'il exerçait depuis dix ans. Il mourut à Tours le 10 août 1847. Il était membre de la Société d'agriculture, sciences, arts et belles-lettres du département d'Indre-et-Loire et de la Société archéologique de Touraine. Cet officier général a publié plusieurs mémoires sur le recrutement de l'armée et sur le remplacement militaire. — (E. Perraud de Thoury, *Le musée biographique, panthéon universel*, Paris, 1856. — G. Sarrut et B. Saint-Edme, *Biographie des hommes du jour*, V, 2ᵉ partie. — *Annales de la Société d'agriculture d'Indre-et-Loire* (1867), p. 134. — *Journal d'Indre-et-Loire* du 1ᵉʳ mars 1842 et du 20 août 1847.)

Jannaie (la), c⁻ᵉ de Marcé-sur-Esves. V. *Jaunaie*.

Jannay (le), f., c⁻ᵉ de Cléré.

Janneau, f., c⁻ᵉ d'Avrillé.

Janneaux (les), f., c⁻ᵉ de Cléré. — *Janneaux*, carte de l'état-major.

Janneraie (la), f., c⁻ᵉ de Saint-Épain.

Jannière (la), vil., c⁻ᵉ de Saint-Mars, 40 habit. — *Les Jasnières*, carte de l'état-major. — *Janière*, carte de Cassini.

Janninière (la), f., c⁽ⁿᵉ⁾ de Saint-Germain-sur-Vienne.

Janotière (la), f., c⁽ⁿᵉ⁾ de Saint-Antoine-du-Rocher.

Janons (les), f., c⁽ⁿᵉ⁾ de Restigné.

Janverie (la) f., c⁽ⁿᵉ⁾ de Murray. — *Janverie*, carte de Cassini.

Janverie (la), f., c⁽ⁿᵉ⁾ de Restigné.

Janverie (la), vil., c⁽ⁿᵉ⁾ de Saint-Denis-hors, 24 habit.

Janvière (le lieu de la), près de la Mauquinière, c⁽ⁿᵉ⁾ de Neuillé-le-Lierre.

Janvrie (la), c⁽ⁿᵉ⁾ de Channay. V. *Jenvrie*.

Jarbaud, f., c⁽ⁿᵉ⁾ de Vou.

Jarcy, vil., c⁽ⁿᵉ⁾ de Marcé-sur-Esvres, 25 habit. — *Jarcy*, ou *Jarcy-du-Gué*, 1783. — *Jarcy*, carte de l'état-major. — *Jarsis*, carte de Cassini. — Il relevait du château de la Louère. — (Arch. d'I.-et-L., E, 15.)

Jard (le), f., c⁽ⁿᵉ⁾ de Cinais. — *Le Jard*, carte de Cassini.

Jard (le lieu du Petit-), c⁽ⁿᵉ⁾ de la Ferrière. — Il relevait censivement du château de la Ferrière, suivant une déclaration féodale du 30 décembre 1762. — (Arch. d'I.-et-L., archives du château de la Ferrière.)

Jard (la fontaine du), c⁽ⁿᵉ⁾ de Ligré, près du chemin de la Rajace à l'Étang-Martin.

Jard (le lieu du), c⁽ⁿᵉ⁾ de Saint-Épain, près du chemin de la Couronnière à Villeperdue.

Jard (le), f., c⁽ⁿᵉ⁾ de Saint-Étienne-de-Chigny.

Jard (le), vil., c⁽ⁿᵉ⁾ de Rigny, 19 habit. — *Jard*, carte de l'état-major.

Jard-de-Milly (le lieu du), près des Houdineries, c⁽ⁿᵉ⁾ de Bréhémont.

Jard-des-Bondes (le), f., c⁽ⁿᵉ⁾ de Bréhémont.

Jardellerie (la), paroisses de Chisseaux et de Chissé. — Elle fut vendue par François Lasscray, le 24 janvier 1740, à Claude Dupin et à Louise-Marie-Madeleine-Guillemine de Fontaine, sa femme. — (Arch. d'I.-et-L., E, 39.)

Jarderie (la), ou **Jardrie**, vil., c⁽ⁿᵉ⁾ de Braye-sur-Maulne, 31 habit. — *Jarderie*, carte de l'état-major.

Jardin (le), c⁽ⁿᵉ⁾ de Cerelles. V. *Châteigner*.

Jardin (le), f., c⁽ⁿᵉ⁾ de Fondettes. — *Jardin*, carte de l'état-major.

Jardin (le), vil., c⁽ⁿᵉ⁾ de Verneuil-le-Château, 48 habit. — *Jardin*, cartes de Cassini et de l'état-major.

Jardin (les Grand et Petit-), ham., c⁽ⁿᵉ⁾ de Vou, 11 habit. — *Jardin*, cartes de Cassini et de l'état-major.

Jardin-Anglais (le lieu du), près de la Vienne, c⁽ⁿᵉ⁾ de Chinon.

Jardin-aux-Caves (le lieu du), c⁽ⁿᵉ⁾ de Villedômer. — Ancienne propriété de l'abbaye de Gastines. — (Arch. d'I.-et-L., *Biens nationaux*.)

Jardin-d'Alencé (le), f., c⁽ⁿᵉ⁾ de Saint-Pierre-des-Corps. — *Alencé*, 1634. — Ancienne propriété du Chapitre de l'église de Tours à qui elle fut léguée, en 1634, par M. d'Alencé. Son étendue était de sept arpents. Elle fut vendue nationalement, le 27 juin 1791, pour 15,100 livres. — (Arch. d'I.-et-L., G, 90; *Biens nationaux*.)

Jardin-des-Bois-Morts (le lieu du), près du bourg de la Ferrière. — Il relevait censivement de la châtellenie de la Ferrière, suivant une déclaration féodale du 28 mai 1788. — (Archives du château de la Ferrière.)

Jardin-des-Cordeliers (le lieu du), c⁽ⁿᵉ⁾ de Chanceaux, c⁽ᵗᵒⁿ⁾ de Loches, près du chemin de Beaurepaire à Bussières.

Jardin-des-Demoiselles (le lieu du), près de la Fosse, c⁽ⁿᵉ⁾ de la Celle-Saint-Avent.

Jardin-Grajon (le lieu du), près de Saint-Jean-des-Choux, c⁽ⁿᵉ⁾ de Saint-Pierre-des-Corps. — Ancienne propriété du Chapitre de l'église de Tours, auquel elle fut léguée, en 1631, par N. Grajon. — (Arch. d'I.-et-L., G, 90.)

Jardinet (le), f., c⁽ⁿᵉ⁾ de Lublé.

Jardins (les), f., c⁽ⁿᵉ⁾ de Continvoir.

Jardins (les), f., c⁽ⁿᵉ⁾ de Preuilly.

Jardins (le bois des), c⁽ⁿᵉ⁾ de Vou.

Jards (les), f., c⁽ⁿᵉ⁾ de Noizay, près de la Loire.

Jarie (la), **Jarrie**, ou **Jarry**, vil., c⁽ⁿᵉ⁾ d'Athée, 20 habit. — *Garria*, IXᵉ siècle. — *Jarrii*, carte de l'état-major. — Ce lieu se trouvait au nombre des domaines dont la possession fut confirmée à l'abbaye de Marmoutier en 852. — (*Recueil des historiens des Gaules*, VIII, 500. — D. Housseau, I, 75.)

Jarie (la), f., c⁽ⁿᵉ⁾ de Lémeré. — *Jarie*, carte de Cassini.

Jaries (bois des), c⁽ⁿᵉ⁾ de Panzoult.

Jariolle (la), f., c⁽ⁿᵉ⁾ de Loché. — Ancienne propriété du prieuré de Villiers. — (Arch. d'I.-et-L., G, 336; *Biens nationaux*.)

Jarnelle (le lieu de la), près des Maisons-Neuves, c⁽ⁿᵉ⁾ de Bossée.

Jarnière (les Haute et Basse-), vil., c⁽ⁿᵉ⁾ de la Chapelle-Saint-Hippolyte, 20 habit.

Jarnière (la), f., c⁽ⁿᵉ⁾ de la Croix. — *Barbe-*

Jarnière, fief *Barbe*, 1684. — *Jarinière*, carte de Cassini. — Ancien fief, relevant d'Amboise, à foi et hommage lige. En 1684, il appartenait à Philippe Sallier, Éc., qui rendit hommage le 21 février. Antérieurement, Marie Le Vacher en était propriétaire. Ce domaine passa ensuite à Armand de Cullon de Brandy (1722); — à Louis de Cullon de Brandy (1736); — à N. Taschereau de Baudry (1746). — Dans le même lieu se trouvait une métairie qui avait été affectée à la fondation d'une chapellenie dans l'église de Tours. — (Arch. d'I.-et-L., C, 559, 603, 633, 651. — *Rôle des fiefs de Touraine*. — *Mém. de la Soc. arch. de Tour.*, XVII, xix.)

Jarnottrie (la), ham., c^{ne} de Saint-Nicolas-de-Bourgueil, 12 habit.

Jaronde (le lieu de la), près d'Azay-sur-Indre. — Il est cité dans une charte de 1305. — (*Cartulaire du Liget.*)

Jarossais (les), ou **Jarossay**, f., c^{ne} de Brèches. — *Jarossais*, carte de l'état-major. — Ancien fief, relevant du château de Tours. En 1738, il appartenait à Charles-Auguste de Rochechouart. — (Arch. d'I.-et-L., C, 336.)

Jarosse (la), f., c^{ne} de Neuillé-Pont-Pierre. — Ancien fief, relevant du duché de Château-la-Vallière, à foi et hommage simple et cinq sols de service annuel. Louis Durand, chev., seigneur de Genneteuil, rendit hommage le 12 juin 1745; — Mathurin Durand, auditeur à la Chambre des comptes, le 8 juillet 1754. Charles-Nicolas Le Pellerin de Gauville possédait ce fief en 1779. — (Bibl. de Tours, fonds Salmon, *titres de Châteaux*.)

Jarosserie (la), f., c^{ne} de Souvigné.

Jarossière (le lieu de), près de la Villette, c^{ne} de Chaumussay.

Jarossin (le lieu de), près des Chemaudières, c^{ne} de Noizay.

Jarot (le lieu du), c^{ne} de Neuvy-Roi. — Ancien fief, relevant de la châtellenie du Bois. Il appartenait aux religieuses de l'Encloître. — (Arch. d'I.-et-L., E, 16.)

Jarretrie (la), f., c^{ne} de Cléré.

Jarriais (la), c^{ne} de Damemarie. V. *Jarrièze*.

Jarriais (la), c^{ne} de Neuvy-Roy. V. *le Chêne*.

Jarriais (la), c^{ne} de Saint-Épain. V. *Jarrie*.

Jarriais (bois de la), paroisse de Saint-Paterne. — Il est mentionné dans une charte de 1258. Il appartenait à l'abbaye de la Clarté-Dieu. — (Arch. d'I.-et-L., *titres de la Clarté*.)

Jarriau (le lieu du). V. *Croix-Lelu*, c^{ne} d'Azay-sur-Indre.

Jarrie (la), f., c^{ne} de Barrou.

Jarrie (la), c^{ne} de Chédigny. V. *Jarry*.

Jarrie (la), vil., c^{ne} du Grand-Pressigny, 25 habit. — *Jarry-Ferru*, 1737. — *Jarrerie*, carte de Cassini. — Ancien fief. En 1673, il appartenait à Antoine de Lestang. — (Arch. d'I.-et-L., E, 23, 123.)

Jarrie (la Grande-), vil., c^{ne} du Grand-Pressigny, 21 habit.

Jarrie (la Petite-), ham., c^{ne} du Grand-Pressigny, 10 habit.

Jarrie (le lieu de la), près de la Rarie, c^{ne} de Noyant.

Jarrie (la), f., c^{ne} de Saint-Épain. — *Jarriais*, xviie siècle. — Ancien fief. En 1638, il appartenait à Louis Peguineau, Éc. — (*Rôle des fiefs de Touraine*. — Arch. d'I.-et-L., titres de Saint-Épain.)

Jarrie (le lieu de la), près de la Caltière, c^{ne} d'Yzeures.

Jarriée (la), c^{ne} de Damemarie. V. *Jarrièze*.

Jarrier (le), vil., c^{ne} de Chouzé-sur-Loire, 71 habit. — *Jarie*, carte de Cassini.

Jarrière (la), c^{ne} d'Abilly. V. *Janière*.

Jarrières (les), f., c^{ne} de Saint-Mars.

Jarriers (le lieu des), c^{ne} de Cléré, près de la route de Savigné à Souvigné.

Jarries (les), f., c^{ne} de Marcé-sur-Esves.

Jarriet (le bois de), près du Boulay. — *Boscus de Jarrieto, prope Booletum*. — Au mois d'avril 1232, Richard de Beaumont, seigneur d'Amboise, et Mathilde, sa femme, donnèrent à l'abbaye de Pontlevoy tout ce qui leur appartenait dans ce bois. — (D. Housseau, VII, 2732.)

Jarrièze (la), f., c^{ne} de Damemarie. — *Jarriais, Jarriée*, 1300. — *Jariais*, carte de Cassini. — *La Jarrière*, carte de l'état-major. — Ancien fief, relevant de Châteaurenault. En 1300, il appartenait à Hubert de Fontenay; — en 1315, à Jehan de Saint-Amand. Le 21 avril 1760, Gatien Rangeard de la Boissière, Éc., procureur-général en la Chambre des comptes, à Blois, rendit aveu pour ce fief, qu'il avait acheté, le 5 mars 1757, des créanciers de Nicolas-Charles Prévost de Saint-Cyr. — (Arch. d'I.-et-L., E, 119. — Bibl. de Tours, fonds Salmon, *titres de Châteaurenault*.)

Jarris (le lieu des), frêche des *Jarris*, des *Cousins-Jarris*, des *Cousins*, paroisse de Neuillé-Pont-Pierre, xve siècle. — (Arch. d'I.-et-L., *prévôté d'Oë*.)

Jarry, c^{ne} d'Athée. V. *Jarie*.

Jarry, ham., c^{ne} de Chédigny, 13 habit. —

Jarrie, xvii⁰ siècle. — *Saint-Jean-de-la-Jarrie*, ou *de Jarry*, xviii⁰ siècle. — *Jarry*, carte de l'état-major. — *Saint-Jean-de-Jarrie*, carte de Cassini. — Ancien prieuré, appartenant à l'abbaye de Beaulieu. Le prieur devait un diner, le jour de saint Jean-Baptiste, au seigneur d'Azay-sur-Indre et à ses officiers, suivant un aveu de 1572. Il était tenu de dire la messe une fois par semaine dans la chapelle prieurale. En 1787, cette chapelle tombait de vétusté. La porte avait été enlevée, la charpente était en ruines. Les offices dus par le prieur étaient célébrés dans l'église paroissiale. Le prieuré constituait un fief ui relevait d'Azay-sur-Indre. — (Arch. d'I.-et-L., G, 336; E, 131; G, 14. — D. Housseau, XIV.)

Jarry, f., près de Corbery, cⁿᵉ de Loches. — *Ydoitre*, 1400. — *La Jarrie*, ou *Jarry*, xviii⁰ siècle. — Ancien fief, relevant du château de Loches, à foi et hommage lige. En 1670, il appartenait à Louis de Baraudin; — en 1761, à Louis-Honorat de Baraudin, qui rendit hommage le 7 avril. — (Arch. d'I.-et-L., C, 581, 582.)

Jarry (le lieu du Bas-), près de Corbery, cⁿᵉ de Loches. — *Vaugreffier*, 1401. — *Bas-Jarry*, ou *Vaugreffier*, 1723. — Il devait une rente au Chapitre de Loches. — (Bibl. de Tours, fonds Salmon, titres de Notre-Dame de Loches.)

Jarry (le bois), cⁿᵉ de Rivarennes.

Jarry-Ferru, cⁿᵉ du Grand-Pressigny. V. *la Jarrie*.

Jasnière (la), cⁿᵉ de Ligueil. V. *Janière*.

Jatréa (le lieu de), près de la Bourdillère, cⁿᵉ de Cinais.

Jau (le) ou le **Coq**, cⁿᵉ de Saint-Cyr. V. *Coq*.

Jauchet (le lieu de), près de Parigné, cⁿᵉ de Draché.

Jaucourt (Jacques de), abbé de Cormery, succéda à Jean du Bellay, en 1545. Il mourut le 17 avril 1547 et fut remplacé par Charles de Lorraine. — (*Cartulaire de Cormery*, cxv. — *Gallia christiana*, XIV. — Bibl. de Tours, fonds Salmon et Arch. d'I.-et-L., *titres de Cormery*.)

Jaudellerie (les Haute et Basse-), f., cⁿᵉ de Langeais.

Jaudellerie (la), f., cⁿᵉ de Saint-Michel-sur-Loire.

Jaudinières (les), f., cⁿᵉ d'Épeigné-les-Bois.

Jaugeau (la fontaine), près de Frou, cⁿᵉ de Langeais.

Jauget, f., paroisse d'Obterre. — *Jauget*, carte de Cassini. — Ancien fief, relevant de la baronnie de Preuilly. En 1444, il appartenait à Guillaume Martin, Ec., qui rendit hommage le 15 juillet; — en 1500, à François Châteigner; — en 1564, à René Châteigner; — en 1597, à Renée Châteigner, veuve de Prégent Ancelon; — en 1600, à Gabriel Ancelon; — en 1762, à Marc-François de Menou, qui rendit aveu au baron de Preuilly le 21 mai; — en 1783, à Jean-Antoine de Charry des Gouttes. — (*Rôle des fiefs de Touraine*. — Bibl. nationale, Gaignères, 678. — A. Duchesne, *Hist. de la maison de Chasteigner*. — Registres d'état civil de Bossay et de Charnizay.)

Jaujupière (la). V. *Candé*, cⁿᵉ de Sorigny.

Jaulnay, commune du canton de Richelieu, arrondissement de Chinon, à 68 kilomètres de Tours, 32 de Chinon et 11 de Richelieu. — *Parochia de Jounayo, Pictavensis diocesis*, xi⁰ siècle (*Cartulaire de Noyers*). — *Jaunaium*, 1156. — *Jausnay*, 1191. — *Jonnay*, 1640. — *Jaunay-sous-Faye*, 1721. — *Jaunay*, carte de Cassini.

Elle est bornée, au nord, par les communes de Braslou et de Razines; à l'est, par celles de Marigny et de Mondion; à l'ouest, par Faye-la-Vineuse; au sud, par Saint-Gervais et Saint-Christophe (Vienne). Elle est arrosée par la Veude, — par le ruisseau de Chezeau, qui prend sa source près de la Rivagère, fait mouvoir le moulin de Chezeau, et se jette dans la Veude; — et par le ruisseau de la Fontaine-de-Norioux, qui se jette également dans la Veude. Elle est traversée par le chemin de grande communication n° 33, de Chinon à Châtellerault.

Les lieux, hameaux et villages suivants dépendent de cette commune : Guené (51 habit.), ancien prieuré, dépendant de l'abbaye de Noyers. — Charçay (28 habit.). — Le Chillou (29 habit.), ancien fief, relevant de Faye-la-Vineuse. — L'Épinette (10 habit.). — Relay (19 habit.). — La Poirière (15 habit.). — Tampignons (17 habit.). — La Voirie, ancien fief, relevant de Faye-la-Vineuse. — Le Pin (13 habit.). — Soudun, ancien fief, relevant de Faye-la-Vineuse. — Chezeau, la Bonde, Beauregard, Bard, la Zuzalière, le Murier, Château-Neuf, la Chaume-Segault, la Rivagère, la Quenallière, la Mousselière, Haute-Rue, Forland, les Vallées, etc.

Avant la Révolution, Jaulnay faisait partie de l'élection de Richelieu et de l'archiprêtré de Faye-la-Vineuse, diocèse de Poitiers. En 1793, il dépendait du district de Chinon.

Superficie cadastrale. — 1476 hectares. — Le plan cadastral, dressé par Alizon, a été terminé le 5 octobre 1836.

Population. — 258 habit. en 1801. — 240 habit. en 1808 — 260 habit. en 1810. — 267 habit. en 1821. — 307 habit. en 1831. — 334 habit. en 1841. — 375 habit. en 1851. — 401 habit. en 1861. — 401 habit. en 1872. — 369 habit. en 1876.

Foire, le mercredi des Cendres.

Bureau de poste et perception de Richelieu.

L'église, dédiée aux saints Gervais et Protais, paraît dater du xv° siècle. Elle a été restaurée dans les deux siècles suivants. Elle n'offre rien de remarquable.

Curés de Jaulnay. — Jacques Tudoit, 1490. — Thomas Richard, 1622. — Toussaint Basty, 1632. — Jean Callaud, 1656, décédé en 1695. — Jean de la Fouchardière, 1695. — Pierre Coudreau, décédé en 1739. — Jacques Garnier, mort le 26 mars 1757. — Vincent Michau de la Mitonnière, 1757, décédé en 1766. — Claude Richard, 1766-86. — Augustin Rivière, 1790. — Dubois, curé constitutionnel, 1793. — Dubois, 1804. — Guérineau, 1820. — Fremondeau, 1852, actuellement en fonctions (1881).

Le fief de Jaulnay relevait de Saumur à foi et hommage lige. Il appartenait au Chapitre de Sainte-Radégonde de Poitiers, qui rendit aveu le 11 juillet 1721.

Les registres d'état civil de cette commune commencent en 1710.

Maires de Jaulnay. — Louis Martinet, 1804, 29 décembre 1807, 14 décembre 1812. — Michel Monnereau, 10 juin 1816. — Guellerin, 1837. — Souriau, 1852. — Deguin, 1869. — Ambroise Gauvin, 21 février 1874. — Charles Deguin-Durand, 21 janvier 1878.

Dugast-Matifeux, *Etat du Poitou sous Louis XIV*, 182. — Bibl. de Tours, manuscrit n° 1308. — Arch. d'I.-et-L., *cure de Jaulnay*; G, 816; *Biens nationaux*; C, 560, 600. — *Rôle des fiefs de Touraine*. — *Cartulaire de Noyers*. — Archives de la Vienne, E, 37. — Registres d'état civil de Jaulnay.

Jaulnay, la **Girardière**, ou **Petit-Jaulnay**, f., paroisse d'Assay. — Ancien fief. Le 28 juin 1650, les religieuses de Notre-Dame-de-Bonne-Espérance de Champigny le vendirent à Pierre de Baignan. — (Arch. d'I.-et-L., C, 600, *titres de Champigny*.)

Jaulnay, cne de Brizay. V. *Jaunaies*.

Jaulnay (le Petit-), fief situé dans la ville de Chinon. — Le clocher de l'église de Saint-Étienne et le couvent des Augustines étaient bâtis sur des terrains dépendant de ce fief, qui relevait de la baronnie de Chinon. Vers 1490, il appartenait à Geoffroy de la Mort; — en 1500, à Pierre Turineau, enquêteur à Chinon; — en 1501, à Jean de Garguesalle; — en 1552, à Pierre Paumart; — en 1559, à Philippe Paumart. — (Arch. d'I.-et-L., *baronnie de Chinon*.)

Jaulnay, ham., cne de Saint-Benoit, 17 habit. — *Jaunay*, ou *Lac-Mort*, 1555. — *Puy-du-Jaunay*, *Grand-Jaunay*, 1600-50. — *Jaunay*, carte de Cassini. — Ancien fief, relevant de la Roche-Clermault, à foi et hommage lige. Il a été possédé par René Gillier, vers 1370; — par Marguerite, dauphine d'Auvergne (1402); — par la famille du Breuil (1515); — par N. Turmeau (1556); — par Antoine de Meaussé (1571); — par les familles de Garguesalle, Paumart, de Beauvau, de Vaillant et d'Aubery (xvi°, xvii° et xviii° siècles). Il fut vendu nationalement, le 24 prairial an VII, sur la veuve d'Aubery. — (Arch. d'I.-et-L., *titres de Pommiers; baronnie de Chinon; Biens nationaux*. — *Rôle des fiefs de Touraine*.)

Jaulroux, cne d'Avon. V. *Jaulrou*.

Jaultières (le lieu des), près de Mocrate, cne de la Tour-Saint-Gelin.

Jaumeau, f., cne de Rillé.

Jaumeraie (la), cne de Trogues. V. *Joumeraie*.

Jauna (le lieu de), près de la Maison-Brûlée, cne de Cormery.

Jaunaie (la), f., cne de Marcé-sur-Esvres. — *Jaunais*, 1698. — Ancien fief, relevant de la Louère. En 1666, il appartenait à Georges de Mauléon, marié à Marie-Anne des Housseaux; — en 1696, à René de Mons, Éc.; — en 1698, à Côme de Mons; — en 1764, à la famille de Préaux; — en 1782, à Jean-Baptiste Fey de la Grange. — (Arch. d'I.-et-L., *Rôle des 20es*; E, 15. — Goyet, *Nobiliaire de Touraine*. — Lainé, *Archives de la noblesse de France*, VI.)

Jaunaie (la), cne de Saint-Épain. V. *Jauneraie*.

Jaunaie-Porcherons, cne de Savigné. V. *les Aulnaies*.

Jaunaies (les), f., cne de Brizay. — *Jaunais*, carte de Cassini. — Ancien fief. En 1674, il appartenait à Étienne de Pindray, Éc., seigneur de la Touche. — (Arch. d'I.-et-L., *cure de Brizay*.)

Jaunaies (le lieu des), près de la Maison-Brûlée, cne de Saint-Patrice.

Jaunais, ou **Jaunay**, f., cne de Lémeré. — Ancien fief. En 1462, il appartenait à Eustache de Montfort; — en 1465, à Annette de Fontenay; — en 1499, à René de Beauvau; — en 1536, à Gabriel de Beauvau, marié à Françoise Le Picard, qui vivait encore en 1596; — en 1623, à Jacques de Beauvau; — en 1718, à Eustache-Henriette de Buade, veuve de Charles Lecesne de Ménilles, dame du Rivau. — en 1757, à Françoise Martineau; — en 1771, à Michel-Ange, comte de Castellane. — (Arch. d'I.-et-L., C, 602; E, 219, 230, 223.)

Jaunais (les), f., cne de Marcilly-sur-Maulne.

Jaunau (le), ou **Jauneau**, ham., cne de Brèches, 18 habit. — *Jauneau*, carte de Cassini.

Jauneaux (les), ham., cne de Cléré, 12 habitants.

Jaunay (le Petit-), f., cne de Benais.

Jaunay, c^ne de Chinon. V. *Jaulnay*.

Jaunay, f., c^ne d'Épeigné-sur-Dême. — *Le Jaunay*, cartes de Cassini et de l'état-major. — Elle a fait partie de l'ancienne commune de Rorthres, réunie à celle d'Épeigné, en 1823.

Jaunay, paroisse de Prinçay (Vienne). — Ancien fief, relevant de Faye-la-Vineuse. — (Arch. d'I.-et-L., C, 600.)

Jaunay (le), ham., c^ne de Saint-Paterne, 13 habit. — *Jaunay*, carte de Cassini.

Jaunay (Isaïe), bénédictin, né à Tours, en 1561, appartenait à une famille de marchands, résidant dans la paroisse de Saint-Clément. Il prit l'habit monastique dans l'abbaye de Marmoutier, le 7 janvier 1583. Prieur de ce monastère, en 1594, il eut plus tard la charge de provincial de la province de Bourges. Il mourut à Marmoutier, le 24 octobre 1619. — (D. Martène, *Hist. de Marmoutier*, II, 441.)

Jaunay-sous-Faye. V. *Jaulnay*, commune.

Jaunays-Porcherons (les), c^ne de Savigné. V. *les Aulnaies*.

Jauneau, c^ne de Brèches. V. *Jaunau*.

Jauneau (le), f., c^ne de Cerelles. — *Jauneau*, carte de l'état-major. — Elle relevait censivement du fief de Châtenay, 1755. — (Arch. d'I.-et-L., *fief de Châtenay*.

Jauneau (le), f., c^ne de Montreuil.

Jauneau (le), ou les **Jauneaux**, f., c^ne de Reugny. — *Jauneaux*, carte de l'état-major. — *Jaunou*, carte de Cassini.

Jauneau (bois de), près de la Rabatrie, c^ne de Rochecorbon.

Jauneaux (les), c^ne de Reugny. V. *Jauneau*.

Jauneraie (la), ou **Jaunaie**, f., c^ne de Saint-Épain. — *Jauneraie, alias la Tour*, XVIe et XVIIe siècles. — *Jauneraye*, carte de l'état-major. — Ancien fief, relevant de Noyant. — Ancienne propriété du Chapitre de Saint-Martin. — (Arch. d'I.-et-L., *Inventaire des titres de Saint-Épain*.)

Jaunes (le lieu des), c^ne de Sainte-Maure, près de la route de Bordeaux à Paris.

Jaunipière-de-Candé (la). V. *Candé*, c^ne de Souvigny.

Jaupus (le lieu des), près de la Barberonnerie, c^ne de Langeais.

Jautrou, vil., c^ne d'Avon, 70 habit. — *Jaulrou*, plan cadastral. — *Jautrou*, carte de l'état-major. — *Jantrou*, carte de Cassini.

Jaux (les), f., c^ne de Sainte-Catherine-de-Fierbois. — *Jaux*, carte de l'état-major.

Javelle (la), f., c^ne de Montrésor.

Javenon et le **Petit-Javenon**, ham., c^ne de Cheillé, 14 habit.

Jay (moulin du), sur la Brenne, c^ne de Luynes.

Jay (Charles Le), baron de la Maison-Rouge et de Tilly, seigneur de Saint-Fargeau, fils de Jacques Le Jay, conseiller d'État. Conseiller au Grand-Conseil, intendant de Limoges en 1634, il fut pourvu de l'intendance de Tours en 1661. En 1663, il fut nommé intendant de Bordeaux et mourut à Paris au mois de novembre 1671. Il avait succédé, à Tours, à Thomas de Morant; son successeur, dans la même intendance, fut Charles Colbert, marquis de Croissy. — (Blanchard, *Éloges des premiers présidents*, 89. — De Courcelles, *Diction. de la noblesse*, VII, 324. — Moréri, *Diction. historique* (supplém.), I, 162. — Chalmel, *Hist. de Tour.*, III, 426.)

Jean (île St-), dans la Loire, c^ne d'Amboise. — En 1791, on y voyait une chapelle qui dépendait de la commanderie d'Amboise. — (Arch. d'I.-et-L., *Biens nationaux*.)

Jean (bois de St-), près de la Bernetterie, c^ne de Braye-sous-Faye.

Jean (la fontaine St-), c^ne de la Celle-Saint-Avent, près de la Creuse et du chemin du Bec-des-Deux-Eaux à Port-de-Piles.

Jean (hôpital et chapelle de St-). V. *Chinon*.

Jean (maladrerie royale de St-). V. *Chinon*.

Jean (le pré de St-), près de l'Indre, c^ne de Huismes.

Jean (chapelle de St-), c^ne de Pont-de-Ruan. V. *Jean-de-la-Hunaudaye (Saint-)*.

Jean (moulin de St-), c^ne de Saint-Jean-Saint-Germain. — *Moulin-de-Saint-Jean*, carte de Cassini.

Jean (ruisseau de St-), c^ne de Saint-Jean-Saint-Germain. — Il se jette dans l'Indre.

Jean (église ou chapelle de St-), paroisse de Sainte-Radégonde. — Elle fut construite au commencement du VIIe siècle. Dans le courant du XVIIe, on la remplaça par un autre édifice dont on voit encore les restes près de l'escalier de Rougemont. — (Mém. de la Soc. archéol. de Tour., XXIV, 8.)

Jean, abbé de Bourgueil, fut élu en 1045, en remplacement de Théodon. Il mourut le 14 février 1048 et eut pour successeur Rainaud. — (*Gallia christiana*. — Bibl. de Tours, fonds Salmon, titres de Bourgueil.)

Jean, moine de Marmoutier, vivait dans la première partie du XIIe siècle. Il est auteur d'une histoire de Geoffroy le Bel, comte de Touraine et duc de Normandie, qui a été publiée sous ce titre : *Joannis monachi majoris monasterii qui rege Ludovico junior vixit, historiæ Gauffridi ducis Normanorum et comitis Andegavorum, Turonorum et Cænomanorum, libri duo, Parisiis,* N. Dufossé, 1610. Chalmel lui attribue également la *Grande chronique de Tours.* Mais son opinion est combattue par André Salmon, qui serait porté à croire que cet ouvrage a été composé par Péan Gatineau, chanoine de Saint-Martin. — (A. Salmon, *Chroniques de Touraine,* XVII. — Chalmel, *Hist. de Tour.,* IV, 253.)

Jean, dit de Faye, abbé de Beaulieu, fut élu le 1er décembre 1226, en remplacement de Hugues Ier, décédé. Il mourut le 11 juillet 1233 et eut pour successeur Renaud. — (Bibl. de Tours et Arch. d'I.-et-L., *titres de Beaulieu.* — *Gallia christiana,* XIV. — *Mém. de la Soc. archéol. de Tour.,* IX, 175.)

Jean, abbé de Beaulieu, succéda à Pierre en 1363. Il mourut en 1383 et fut remplacé par Guillaume de Valère de Basile. — (*Gallia christiana,* XIV. — Bibl. de Tours, *titres de Beaulieu.* — *Mém. de la Soc. archéol. de Tour.,* IX, 175. — Arch. d'I.-et-L., *Titres de Beaulieu.*)

Jean, abbé de Beaulieu, fut nommé en 1482, en remplacement de Hugues de Poissy. Il mourut le 27 mai 1485. Il eut pour successeur Hugues Fumée, élu le 5 juin 1485. — (Bibl. de Tours, *titres de Beaulieu.* — Arch. d'I.-et-L., *titres des Viantaises de Beaulieu.* — *Mém. de la Soc. archéol. de Tour.,* IX, 175.)

Jean-Baptiste (chapelle de **St-**), cne de Betz. V. *Betz.*

Jean-Baptiste (chapelle de **St-**), cne de Châteaurenault. V. *Châteaurenault.*

Jean-Baptiste (closerie de **St-**), paroisse de Rochecorbon. — Ancienne propriété de la fabrique de l'église de Tours. — (Arch. d'I.-et-L., G, 90.)

Jean-d'Artannes (le fief), paroisse d'Artannes. — Il relevait de la Motte-d'Artannes et appartenait, en 1577, à Jean Le Coustelier, Éc.; — en 1639, à François Porcher, Éc., seigneur du Puy; — en 1772, à Claude-François Jahan, Éc., contrôleur des guerres. — (*Rôle des fiefs de Touraine.* — Arch. d'I.-et-L., *titres d'Artannes.*)

Jean-de-Beaumont (St-), paroisse. V. *Beaumont-lez-Tours.*

Jean-de-Bois (le lieu de), cne de Nouâtre, près du chemin de Nouâtre à Maillé.

Jean-de-la-Côte (St-), f., cne de Ballan. — Il y existait une chapelle dont les ruines sont indiquées sur le plan cadastral (section E, n° 99).

Jean-de-la-Hunaudaye (St-), cne de Pont-de-Ruan. — *Métairie et chapelle de la Hunaudaye,* 1500. — *Métairie de Relay,* 1603. — *Chapelle de Saint-Jean,* 1700. — Cette chapelle et la métairie, cette dernière composée de quatre-vingts arpents de terre, appartenaient au prieuré de Relay. Au XVIIe siècle, la chapelle était desservie par plusieurs religieux. — (Arch. d'I.-et-L., *prieuré de Relay.*)

Jean-de-la-Jarrie (St-), cne de Chédigny. V. *Jarry.*

Jean-de-la-Lande (St-), cne de Semblançay. V. *Hopital (l').*

Jeandellière (la), f., cne de Sorigny. — *Giraudellière,* carte de Cassini. — *Géraudellière,* carte de l'état-major.

Jean-des-Choux ou **Saint-Jean-des-Coups** (chapelle de **St-**). V. *Tours.*

Jean-du-Désert (la chapelle de **St-**), V. *Chinon,* collégiale de Saint-Mexme.

Jean-du-Grais (St-). V. *Grais.*

Jean-du-Jarry (St-), cne de Chédigny V. *Jarry.*

Jean-du-Liget (St-). V. *Liget.*

Jean-Jouffray (le lieu de), cne de Vouvray, près du bourg.

Jean-Le-Lait (île), dans la Loire, cne de la Chapelle-sur-Loire.

Jean-Marques (le fief de). V. *Gentil* (fief).

Jeannay, f., cne de Cléré. — *La Jounay,* carte de Cassini.

Jean-Saint-Germain (St-). commune du canton et de l'arrondissement de Loches, à 6 kilomètres de Loches et à 46 de Tours.

Elle est bornée, au nord, par la commune de Perrusson; au sud, par celles de Verneuil-sur-Indre et de la Chapelle-Saint-Hippolyte; à l'est, par Sennevières; à l'ouest, par Perrusson. Elle est arrosée par l'Indre, — et par les ruisseaux des Fourneaux, de Saint-Jean et de Sennevières. Elle est traversée par la route nationale n° 143, de Clermont à Tours.

Les lieux, hameaux et villages suivants dépendent de cette commune : La Foulonnerie (10 habit.). — La Bauchetière (10 habit.). — Le Village-du-Gué (46 habit.). — Le Fourneau (72 habit.), ancien fief. — Montfélix (15 habit.). — L'Auvernière (10 habit.). — La Baugerie (36 habit.). — Le Coudray (18 habit.). — L'Hopital, ancienne dépendance de la commanderie de Fretay. — La Guiffaudière, ancien fief, relevant du château de Loches. — Les Hautes-Maisons (47 habit.). — La Baudière (27 habit.). — La Vincendrie (17 habit.) — La Pinerie (10 habit.). — Rouvray (24 habit.), ancien fief, relevant du château de Loches. — Sambonne (25 habit.), connu dès le x⁰ siècle. — Le Village-aux-Denis (17 habit.). — La Roche, ancien fief, relevant du château de Loches. — Champceniers (12 habit.). — Les Places, la Cour, la Ploterie, Gatines, les Hardis, la Pinière, la Sabardière, Bordebure, la Maison-Neuve, etc.

Cette commune a été formée en vertu d'une ordonnance royale du 19 mars 1834, par la réunion des deux anciennes paroisses de Saint-Germain et de Saint-Jean. V. *Germain (Saint-)* et *Jean (Saint-)*.

Superficie cadastrale. — 1225 hectares.

Population. — 649 habit. en 1835. — 657 habit. en 1841. — 638 habit. en 1851. — 735 habit. en 1861. — 717 habit. en 1872. — 721 habit. en 1876.

Assemblée pour location de domestiques le 24 juin.

Bureau de Poste de Loches. — *Perception* de Verneuil.

Station du chemin de fer de Loches à Châtillon-sur-Indre.

Curés de Saint-Jean-Saint-Germain. — Pareau, 1850. — Thomas Girard, 1859. — Joubert, actuellement en fonctions (1881).

Maires de Saint-Jean-Saint-Germain. — Fissour, 1834. — Bonvallot, 1850. — Smitts, 1852. — Faré, 1859. — Auguste Corset, 1869, 21 janvier 1878.

Dufour, *Diction. de l'arrondissement de Loches*, I, 324. — *Recueil des actes administratifs d'Indre-et-Loire* (1830), p. 151. — *Annuaire-almanach d'Indre-et-Loire* (1877), p. 174. — A. Joanne, *Géographie d'Indre-et-Loire*, p. 99.

Jean-sur-Indre (St-), vil., c⁹⁸ de Saint-Jean-Saint-Germain, 87 habit. — *Parochia S. Johannis super Indriam*, 1219. — *Parochia S. Johannis super aquam quæ dicitur Ayndra*, 1273. — *Saint-Jean-sur-Indre*, 1478 (chartes du Liget et titres de N. D. de Loches. — *Saint-Jean*, carte de Cassini.)

Ancienne paroisse et commune, qui fut réunie à celle de Saint-Germain, sous le nom de *Saint-Jean-Saint-Germain*, par ordonnance royale du 19 mars 1834.

Avant la Révolution, elle était dans le ressort de l'élection de Loches et faisait partie du doyenné de Loches et du grand-archidiaconné de Tours. En 1793, elle dépendait du district de Loches.

Le plan cadastral, dressé par Alizard, a été terminé en décembre 1826.

Population. — 91 feux en 1764. — 461 habit. en 1801. — 450 habit. en 1804. — 466 habit. en 1810. — 422 habit. en 1821. — 411 habit. en 1831.

L'ancienne église paroissiale appartient à diverses époques. Quelques parties paraissent être du xi⁰ siècle, d'autres des xii⁰ et xiii⁰. Le porche, assez remarquable, est du xv⁰ siècle.

Le presbytère relevait du fief de la Roche-Saint-Jean, appelé aussi Rochebreuil, ou Roche-Maron.

Par acte du 24 avril 1663, Gaillard de Coriziers, seigneur de la Gautrie, président au grenier à sel de Loches, donna une maison à la cure de Saint-Jean.

Le curé était tenu de se rendre processionnellement, tous les ans, le lundi des Rogations, à l'église de Perrusson.

Sur cette paroisse se trouvaient plusieurs chapelles domestiques, entre autres celle du Coudray, qui est mentionnée dans le *Registre de visite du diocèse de Tours*, en 1787.

Curés de Saint-Jean-sur-Indre. — Jacques de Tougnac, 1528. — Antoine de Baraudin, chanoine de Loches, 1586. — René Chicoisneau, 1587. — Jean Garnier, 1656. — Albert Coutan, 1667. — François Garnier, 1689. — Nicolas Brissault, 1698. — Jacques Garnier, 1727. — François Gautier, 1759-90. — Nivet, curé constitutionnel, 1792.

Ce bourg était le chef-lieu d'une commanderie de l'ordre du Temple, et depuis, de Saint-Jean-de-Jérusalem, qui fut annexée à celle de Fretay avant le xvii⁰ siècle. On la trouve mentionnée dans une charte du grand-prieuré d'Aquitaine, de 1256 (*Domus militiæ Templi S. Johannis super Indriam*). D'autres titres, alors qu'elle était annexée à celle de Fretay, la désignent sous le nom d'*Hopital-de-Saint-Jean-sur-Indre*. Au xviii⁰ siècle, l'étendue des terrains composant ce domaine était de soixante-cinq arpents.

Le fief de Saint-Jean-sur-Indre appartenait au propriétaire du fief de la Roche qui, à ce titre, avait les droits honorifiques dans l'église paroissiale. En 1219, Raoul de Précigny, qui en était seigneur, donna aux religieux de Baugerais la moitié de sa dîme de Saint-Jean, à condition que l'on prierait pour lui à toutes les messes qui seraient dites à l'autel de Saint-Benoit, dans l'église abbatiale.

Trois ans après, Guy de la Poste, successeur de Raoul de Précigny, donna à la même abbaye une rente de six setiers de blé à prélever sur sa dîme de Saint-Jean.

En 1777, François-Louis Boullay, lieutenant particulier au siège royal de Loches, était qualifié de seigneur de Saint-Jean-sur-Indre.

Maires de Saint-Jean-sur-Indre. — Charles Potier, 1790. — Jacques-Guillaume Gaboré, 1801, 29 décembre 1807, 14 décembre 1812. — Hubert-Antoine Gibé, 17 août 1815, 1821, 1826, 1831.

Arch. d'I.-et-L., C, 336; E, 229; G, 14; *cure de Saint-Jean*. — Registres de Saint-Saturnin de Tours (1777). — Archives nationales, J, 728. — *Recueil des actes administratifs d'Indre-et-Loire* (1834), p. 151. — Archives de la Vienne, H, 3, liasse 513. — Bibl. de Tours, manuscrit n⁰ 1317. — D. Housseau, VI, 2478; VII, 3270. — *Cartulaires du Liget et de l'archevêché de Tours*. — Dufour, *Diction. de l'arrondissement de Loches*, I, 324-25.

Jeau (le), c⁽ⁿᵉ⁾ de Saint-Cyr. V. *Coq (le)*.

Jeau-Pillard, c⁽ⁿᵉ⁾ de Faye-la-Vineuse. V. *Château-Pillard*.

Jéhan (Louis-François), dit **de Saint-Clavien**, né à Plestan (Côtes-du-Nord) le 24 août 1803 et mort à Tours le 17 septembre 1871, était bibliothécaire-archiviste de la Société archéologique de Touraine. Il s'est occupé de travaux sur la géologie, l'astronomie, l'histoire naturelle et la linguistique, et a publié un grand nombre d'ouvrages qui attestent de profondes connaissances et un remarquable talent. En outre, nous avons de lui les publications suivantes qui concernent l'histoire de Touraine : *Saint Gatien, ou les origines de l'église de Tours*, Tours, 1869, in-8° de 20 pages. — *Les légendes vengées, ou Saint Grégoire de Tours, historien des traditions apostoliques de nos églises*, Tours, J. Bouserez, 1870, in-12. — *Saint Gatien, premier évêque de Tours, époque de sa mission dans les Gaules* (inséré dans le t. XXI des *Mémoires de la Société archéologique de Touraine*, à la suite d'un ouvrage de M. l'abbé Chevalier, intitulé : *Origines de l'église de Tours*). Une *Note sur un cippe funéraire trouvé dans la rue de la Caserne et sur le stylobate dit de la Diane de la rue du Petit-Séminaire à Tours*. — (*Semaine religieuse du diocèse de Tours* du 28 octobre 1871, p. 451. — *Bulletin de la Société archéologique de Touraine* (1872), p. 218-21.)

Jehan-d'Azay (le fief de), situé près de Montbazon. — Il relevait de Montbazon et appartenait, en 1483, à Jean Goyet. — (D Housseau, XI, 4700. — Bibl. de Tours, fonds Salmon, *titres de Montbazon*.)

Jehan-de-Saintré, maison forestière, c⁽ⁿᵉ⁾ de Rivarennes.

Jeliannes (les), f., c⁽ⁿᵉ⁾ de Parçay-sur-Vienne. — *Les Geleaumes*, carte de Cassini. — *Jeliannes*, carte de l'état-major.

Jencinières (les), c⁽ⁿᵉ⁾ d'Esves-le-Moutier. V. *Gencinières*.

Jennerie (la), f., c⁽ⁿᵉ⁾ de Villedômer. — *Jennerie*, carte de l'état-major.

Jenson (Nicolas), ou **Janson**, graveur et imprimeur, né à Tours vers 1410, était maître de la Monnaie de cette ville en 1458. A cette époque, l'imprimerie commençait à se faire connaître et attirait l'attention générale. Louis XI, désireux de faire profiter ses états de cette découverte, jeta les yeux sur Jenson pour l'envoyer à Mayence, afin d'y étudier le nouvel art. Mais celui-ci, après s'être instruit pendant quelque temps dans cette ville, chez Faust et Schæffer, ne revint pas en France. Il alla s'établir à Venise et y créa une imprimerie importante, d'où on vit sortir un grand nombre d'éditions d'une exécution parfaite, et qui furent très recherchées. En 1475, il reçut, du pape Sixte IV, le titre de comte Palatin. Il mourut en 1481. — (*Mémoires de l'Académie des inscriptions et belles-lettres*, XIV, 227. — Baillet, *Journal des savants* (1772), t. I. — A.-F. Didot, *Essai sur la typographie*. — A. Bernard, *De l'origine et des débuts de l'imprimerie en Europe*. — *La Touraine*, p. 600. — L. Grégoire, *Diction. encyclopédique*, 1050. — Larousse, *Grand diction. historique du* XIX⁽ᵉ⁾ *siècle*, IX, 894. — Didot, *Biographie générale*, XXVI, 352. — Chalmel, *Hist. de Tour.*, IV, 253. — J.-B. Égnatius, *De exemplis illustrium virorum*.)

Jenvrie (la), ou **Janvrie**, f., c⁽ⁿᵉ⁾ de Channay. — *Jehvrie*, carte de l'état-major.

Jérémie (moulin de), c⁽ⁿᵉ⁾ de Genillé. — Il était en ruines en 1781. — (Arch. d'I.-et-L., E, 99.)

Jérémie, abbé de Marmoutier, administrait ce monastère en 814. Il avait succédé à Baïdilus. A sa prière, Louis le Débonnaire prit l'abbaye sous sa protection et l'exempta de tous les droits que le fisc pourrait exiger. On ne connaît pas positivement la date de la mort de cet abbé. On sait seulement qu'il eut pour successeur Théoton. — (D. Martène, *Hist. de Marmoutier*, I, 162. — *Mém. de la Soc. archéol. de Tour.*, XI, 250.)

Jéricho, vil., c⁽ⁿᵉ⁾ de Saint-Pierre-des-Corps, 39 habit. — *Jherico*, 1504. — *Jerico*, 1785. — *Jéricho*, carte de l'état-major. — Ancienne propriété du Chapitre de l'église de Tours, auquel elle avait été léguée, le 30 juillet 1504, par N. Lefuzelier, chanoine. — (Arch. d'I.-et-L., G, 90, 145 ; *Biens nationaux*.)

Jérier (le lieu du), c⁽ⁿᵉ⁾ de Saint-Pierre-des-Corps. — Ancienne propriété du Chapitre de l'église de Tours. — (Arch. d'I.-et-L., G, 79.)

Jerins (le lieu des), près de la Penière, c⁽ⁿᵉ⁾ de Bossée.

Jermoire (le lieu de la), c⁽ⁿᵉ⁾ de Parçay-Meslay, près du chemin de Meslay à la Vallée.

Jermonerie (la), f., c⁽ⁿᵉ⁾ de Saint-Benoît.

Jérôme (chapelle de St-), dans la paroisse de Saint-Louans, aujourd'hui dans la paroisse de Beaumont-en-Véron. — *Saint-Jérôme*, carte de Cassini. — Cette chapelle appartenait aux Bénédictins de Saint-Florent de Saumur. On y célébrait la messe le dimanche. Elle fut interdite en 1788, en raison de son état de délabrement. Gatien Tortereux en était chapelain en 1599. Elle fut vendue nationalement, avec ses dépendances, le 17 janvier 1791, à Jean-Louis Renault, pour 6,300 livres. — (Arch. d'I.-et-L., E, 164 ; G, 14 ; *Biens nationaux*.)

Jertru, f., c⁽ⁿᵉ⁾ de Bossée. — *Jertru*, carte de Cassini.

Jérusalem, f., c⁽ⁿᵉ⁾ de Saint-Symphorien. — *Jherusalem, alias Beauregard, ou le Pressoir*, 1271, 1440, 1585. — *Jérusalem*, carte de l'état-major. — Propriété de l'abbaye de Marmoutier. — (Arch. d'I.-et-L., abbaye de Marmoutier, *mense séparée*.)

Jesna. V. *Genes*, c⁽ⁿᵉ⁾ de Saint-Christophe.

Jetourne (la), f., c⁽ⁿᵉ⁾ de Châteaurenault.

Jeu (le Grand-). V. *Randonnière*, c⁽ⁿᵉ⁾ d'Azay-sur-Cher.

Jeu (le bois de), c⁽ⁿᵉ⁾ de Villedômer.

Jeu-de-la-Bille (le lieu du), près des Plaudières, c⁽ⁿᵉ⁾ du Petit-Pressigny.

Jeu-de-Paume (le), c⁽ⁿᵉ⁾ de Limeray. V. *Roche-Limeray*.

Jeuffrain (André), né à Tours, paroisse de Saint-Pierre-du-Boile, le 12 mars 1783, membre de la Société archéologique de Touraine, de la Société des antiquaires de France et de la Société d'agriculture, sciences et belles-lettres d'Indre-et-Loire, fut un de nos plus érudits numismates. Il forma une collection de monnaies et de médailles très importante et qui avait une certaine renommée dans le monde savant. Il mourut à Tours le 30 avril 1862. Nous avons de lui les ouvrages suivants : *Observations numismatiques à l'occasion de quelques monnaies françaises des XIᵉ et XIIᵉ siècles*, Tours, Mame, 1832, in-8° de 15 pages. — *Essai d'interprétation des types de quelques médailles muettes émises par les Celtes-Gaulois*, Tours, Mame, 1846, in-8° de 90 pages. — *Essai sur la théorie des parallèles*, Paris, A. Égron, 1808, in-8° — *Observations sur le projet d'ouverture d'une rue le long du mail de la ville de Tours*, Tours, Goishault-Delebreton, 1829, in-8°. — *Des vrais royalistes*, Tours, Chanson, 1830, in-8°. — *Le Pressoir hydraulique*, Tours, Mame, in-8° de 14 pages. — (*Journal d'Indre-et-Loire*, 1862. — *Mém. de la Soc. archéol. de Tour.*, III (21). — Registres d'état civil de Tours.)

Jeulon (bois de), près de Lougny, c⁽ⁿᵉ⁾ d'Azay-sur-Cher. — Il est cité dans une charte de l'abbaye de Saint-Julien de décembre 1259. — (Bibl. de Tours, manuscrit n° 1278.)

Jeu-Maloche, c⁽ⁿᵉ⁾ du canton d'Écueillé (Indre). — Ancien fief, relevant de Châtillon-sur-Indre. — En 1211, il appartenait à Guillaume Maloche, chev.; — en 1682, à Charles-Léon de Fornier de Carles. Il a été possédé également par les familles Jossier et Constantin. — (Bétancourt, *Noms féodaux*, I, 432. — Lhermite-Souliers, *Hist. de la noblesse de Touraine*, 243. — Bibl. nationale, Gaignères, 678. — Arch. d'I.-et-L., C, 563. — Lainé, *Archives de la noblesse de France*, X, généal. Fornier. — Goyet, *Nobiliaire de Touraine*. — *Cartulaire de l'archevêché de Tours*.)

Jeune-Jouet (le), ham., c⁽ⁿᵉ⁾ de Saint-Ouen, 11 habit. — *Jeune-Joué*, carte de Cassini.

Jeunerie (la), f., c⁽ⁿᵉ⁾ de Villedômer. — *Jeunerie*, carte de l'état-major.

Jeunesse (la), f., c⁽ⁿᵉ⁾ de Faye-la-Vineuse.

Jeunière (la), f., c⁽ⁿᵉ⁾ de Neuillé-Pont-Pierre. — *Jeunière*, carte de l'état-major.

Jeunière (le lieu de la), près de la Chambaudière, c⁽ⁿᵉ⁾ de la Tour-Saint-Gelin.

Jeunoires (le lieu des), c⁽ⁿᵉ⁾ des Hermites. — Il relevait censivement de la châtellenie de la Ferrière, suivant une déclaration féodale du 23 février 1763. — (Archives du château de la Ferrière.)

Joachimerie (la), f., c⁽ⁿᵉ⁾ des Hermites. — *Jonchinerie*, carte de l'état-major.

Joanets (los), c⁽ⁿᵉ⁾ de Paulmy. V. *Jouannets*.

Joannière (la), c⁽ⁿᵉ⁾ de Saint-Symphorien. V. *Jouannière*.

Jobin (le bois), c⁽ⁿᵉ⁾ de Marçay.

Jochet, c⁽ⁿᵉ⁾ de Nouans, V. *Joichet*.

Jochets (les), f., c⁽ⁿᵉ⁾ de Draché.

Jocundiacensis *domus*, **Jocundiacus**. V. *Joué*.

Jodellière (la), f., c⁽ⁿᵉ⁾ d'Assay. — *Jodellière*, carte de l'état-major. — Elle relevait de Baschė et appartenait, en 1697, à Henri de Bidé de Pommeuse. — (Arch. d'I.-et-L., C, 601.)

Joe, **Joetum**, **Joeyum**. V. *Joué-les-Tours*.

Johanneaux (les), c⁽ⁿᵉ⁾ de Cussay. V. *Jannelleries*.

Joiacum. V. *Joué-les-Tours*.

Joichet, ou **Jochet** (moulin de), paroisse de Nouans. — Il est cité dans des chartes de 1214 et 1247. — (D. Housseau, XIII, 11014. — Bibl. nationale, Gaignères, 678.)

Joindières (les), f., c⁽ⁿᵉ⁾ de Panzoult. — *Joindières*, carte de l'état-major.

Joineaux (les), f., c⁽ⁿᵉ⁾ de Saint-Épain. — Près de là se trouve une croix portant le nom de cette ferme.

Joinet (le), f., c⁽ⁿᵉ⁾ d'Épogné-sur-Dême.

Joinière (la), f., c⁽ⁿᵉ⁾ de Mantelan.

Joinière (la), f., c⁽ⁿᵉ⁾ de Souvigné. — *Joinière*, carte de l'état-major. — *Joannière*, carte de Cassini.

Jolicœur (île), dans la Loire, c⁽ⁿᵉˢ⁾ de Langeais et de Sainte-Maure.

Joliet (le), f., c⁽ⁿᵉ⁾ de Nouville.

Jolimont (le lieu de), c⁽ⁿᵉ⁾ de Saint-Pierre-des-Corps. — Ancienne métairie, d'une étendue de trois arpents, relevant censivement du fief des Bains et appartenant au Chapitre de l'église de Tours. Elle fut vendue nationalement, le 20 juillet 1791, pour 10,200 livres. — (Arch. d'I.-et-L., G, 79, 170; *Biens nationaux.*)

Jolinière (la), vil., c^{ne} de Saint-Paterne, 13 habitants.

Jolis (les bois), c^{ne} de Neuvy-Roi.

Jolisse (la), f., c^{ne} de Bréhémont.

Joliverie (la), f., c^{ne} de Charnizay. — *Jolivrie,* carte de Cassini.

Joliverie (la), f., c^{ne} de Cléré.

Jolivet (ruisseau de). — Il prend sa source dans la commune d'Avon, arrose celle de Villaines, et se jette dans le ruisseau de la Vallée.

Jolivet, vil., c^{ne} de Villaines, 109 habit. — *Jolivet,* cartes de Cassini et de l'état-major.

Jolivière (la), ham., c^{ne} d'Avon, 15 habit. — *La Jolivière,* carte de Cassini. — *Joinilière,* carte de l'état-major.

Jolivière (la), f., c^{ne} de Saint-Nicolas-des-Mottets. — *Jolivière,* carte de Cassini.

Jolletières (les), f ; c^{ne} de Loches. — *Joletières, Georgetières, alias les Daveaux,* ou les *Grands-Bournais,* XVIIe et XVIIIe siècles. — *Jolletières,* carte de Cassini. — Elle relevait censivement du chapitre de Notre-Dame-de-Loches. En 1764, André Garreau était qualifié de sieur des Jollétières. — (Arch. d'I.-et-L., *Viantaises de Beaulieu.* — Bibl. de Tours, fonds Salmon, *titres de Notre-Dame de Loches.*)

Jollies (le lieu des), c^{ne} du Grand-Pressigny, dans le bourg. — Il est cité dans un acte de 1789. — (Arch. d'I.-et-L., E, 103.)

Jonc (le lieu du), c^{ne} de Montlouis, près du chemin de la Barre à Saint-Martin-le-Beau.

Jonc (le lieu du), c^{ne} de Saint-Benoît, dans la forêt de Chinon.

Jonceray (le), f., c^{ne} de Reignac. — *La Jonchère, Juncheria,* XIIIe siècle. — (D. Housseau, VII, 3060.)

Jonché (le), ou **Joncher**, vil., c^{ne} de Chouzé-sur-Loire, 69 habit.

Jonché (le lieu du), près de Pouillé, c^{ne} de Saint-Pierre-de-Tournon.

Joncheraie (la), f., c^{ne} de Noizay. — *Joncheraye,* carte de Cassini. — Ancien fief, relevant de la châtellenie du Bas-Pocé et de la prévôté de la Rochère. Par acte du 28 janvier 1766, Pierre Lenoir de Villepain la vendit à Jacques-Noël Perceval, gouverneur de Montrichard et chevalier des ordres du roi. — (Arch. d'I.-et-L., E, 38.)

Joncherais, c^{ne} de Saint-Christophe. V. le *Joncheray.*

Joncheray (le), vil., c^{ne} de Saint-Branchs, 19 habit. — *Joncheray,* carte de l'état-major.

Joncheray (le), ou **Joncherais**, f., c^{ne} de Saint-Christophe. — *Joncheray,* cartes de Cassini et de l'état-major. — Ancien fief, propriété de l'abbaye de la Clarté-Dieu. — (*Rôle des fiefs de Touraine.* — Arch. d'I.-et-L., *titres de la Clarté.*)

Jonchère (le lieu de la), c^{ne} de Lerné, sur les limites de Vezières (Vienne).

Jonchère (la Haute-), vil., c^{ne} de Saint-Branchs, 25 habit. — *Juncheria,* XIe siècle. — *Jonchère,* carte de Cassini et de l'état-major. — Ancien fief. Vers 1100, il fut donné à l'abbaye de Cormery par un clerc de Saint-Martin de Tours, nommé Sulion. Il relevait de la châtellenie de Saint-Branchs. — *Cartulaire de Cormery.* — D. Housseau, IV, 1184. — (Arch. d'I.-et-L., G, 68.)

Jonchère (la Petite-), f., c^{ne} de Veigné. — *Jonchère,* carte de l'état-major. — Ancien fief, relevant du château d'Esvres. Il existait dans le logis seigneurial une chapelle qui est mentionnée dans le *Registre de visites du diocèse de Tours,* en 1787. — En 1448, ce fief appartenait à Guillaume de Maillé, Éc.; — en 1561, à Galiot Mandat, échevin de Tours; — en 1576, à Marie Brodeau; — en 1668, à Nicolas Lefebvre, maire de Tours; — en 1692, à Alexandre Lefebvre, trésorier de France, à Tours; — en 1732, à Dominique du Casse, marié à Marie Bouchet; — en 1750, à Pierre Lawernhes, contrôleur des guerres; — en 1774, à Françoise du Casse, veuve de René-Louis de la Barre, décédée à Tours, le 15 juillet 1775; — en 1787, à Marie-Louise du Casse, veuve de Pierre Lawernhes, décédée le 25 janvier 1789.

D. Housseau, XI, 4700; XII, 6901. — *Rôle des fiefs de Touraine.* — Registre de l'état civil de Tours. — Chalmel, *Hist. des maires de Tours,* 144. — Arch. d'I.-et-L., G, 14. — Bibl. de Tours, fonds Lambron, *Châteaux et fiefs de Touraine.* — Registres d'état civil de Monts. — Saint-Allais, *Nobiliaire universel de France,* III, 341. — P. Anselme, *Hist. généal. de la maison de France,* VII, 505. — Lhermite-Souliers, *Hist. de la noblesse de Touraine,* 308.

Jonchères (la croix des), c^{ne} de Rouziers, près du chemin de Rouziers à Saint-Antoine.

Joncherie (la), ou **Jonchère**, f., c^{ne} de Ballan.

Joncherie (la), f., c^{ne} de Fondettes. — *Joncherie,* carte de l'état-major.

Jonchet (le Haut-), V. *Pile* (fief de la), c^{ne} de Saint-Mars.

Joncs (le ravin des), c^{ne} de Civray-sur-Cher. Il sépare cette commune de celle de Francueil et aboutit au Cher.

Joncs (les), f., c^{ne} de Druyes. — *Les Joncs,* carte de l'état-major.

Joncs (le ruisseau des). — Il prend sa source près des Joncs, cne de Druyes et se jette dans le ruisseau de Moulin-Taureau, près de Roujoux.

Joncs (les), f., cne de Lémeré.

Joncs (la courance des), près de la Fuie, cne de Monts.

Jone (le lieu de la), cne de Lignères, près du chemin de Vallères à Marnay.

Jonnayum. V. *Jaulnay*.

Jonzac, cne de Saint-Épain. V. *Beauregard*.

Joscelin, abbé de Bourgueil, fut élu, au mois de mars 1361, en remplacement de Bertrand de Vignac, décédé. Son église abbatiale fut incendiée le 30 avril suivant. Il mourut le 5 septembre de la même année et eut pour successeur Pierre le Voyer. — (Bibl. de Tours, manuscrit n° 1491. — *Chronica monasterii Burguliensis* (supplément aux *Chroniques de Touraine*), p. 45. — *Gallia christiana*.)

Joscion, archevêque de Tours, succéda à Engebaud en 1157. Le 10 mai 1163 il assista à un concile tenu à Tours et qui se composait de cent quarante et un prélats et de quatre cent vingt abbés. En 1166, sa cathédrale fut détruite par un incendie. Il mourut le 11 février 1174 et eut pour successeur Barthélemy de Vendôme. — (*Gallia christiana*, IV, 471; VIII, 1538; XIV. — Maan, *S. et metrop. ecclesia Turonensis*, 123. — Chalmel, *Hist. de Tour.*, II, 34; III, 452. — D. Housseau, XV, 134. — *Mém. de la Soc. archéol. de Tour.*, III, 201; IV, 255; IX, 163, 346.)

Joseph (chapelle de St-), cne de Chinon. V. *Chinon*.

Joseph (St-), f., cne de Saint-Cyr.

Joseph Ier, évêque de Tours, succéda à Herling en 792. Quatre ans après, il tint, à Tours, un concile dans lequel on s'occupa principalement de questions relatives à la discipline ecclésiastique. Il mourut en 815 et fut remplacé par Landran. — (*Gallia christiana*, XIV. — D. Housseau, XV, 75 bis. — Chalmel, *Hist. de Tour.*, III, 447. — *Mém. de la Soc. archéol. de Tour.*, IX, 332. — Maan, *S. et metrop. ecclesia Turonensis*, 51.)

Joseph II, archevêque de Tours, succéda à Théotolon en 945. Il mourut le 18 juin 957 (959 d'après Maan) et fut remplacé par Frotaire. — (*Martyrol. S. Juliani*. — *Mém. de la Soc. archéol. de Tour.*, IX, 332; XXIII, 225. — *Gallia christiana*, III, 1276; XIV. — *Livre noir de Saint-Florent de Saumur*. — D. Housseau, I, 176; XV, 95. — A. Duchesne, *Hist. de la maison de Montmorency* (Preuves, 5.) — Chalmel, *Hist. de Tour.*, III, 449.)

Josseraye (la), f., cne de Bourgueil.

Jotterie (la), ham., cne de Saint-Étienne-de-Chigny, 11 habitants.

Jouan (Guillaume), chanoine de l'église de Tours. — Il est auteur, en collaboration avec Victor d'Avannes, d'un catalogue des manuscrits de la bibliothèque appartenant au Chapitre de l'église de Tours. — (*Bibliotheca S. et Metrop. ecclesiæ Turonensis, compendiose et ordinate digesta, seu catalogus mss qui in eadem bibliotheca asservantur, juxta rectum ordinem dispositus, Cæsaroduni Turonum, apud Jacobum Poinsot*, 1706, in-8°.)

Jouandières (le lieu des), paroisse de Sonzay. — Propriété de la collégiale de Saint-Martin en 1508. — (Bibl. de Tours, *titres de Saint-Martin*, IX.)

Jouanneaux (les), vil., cne de Cinais, 34 habit. — *Jouanneaux*, carte de Cassini.

Jouannes (le lieu des), près de la Martinière, cne de Cussay.

Jouannets (les), f., cne d'Orbigny. — *Les Jouannais*, carte de Cassini.

Jouannets (les Grands et Petits-), f., cne de Paulmy. — *Jounets*, carte de Cassini. — Ils faisaient partie autrefois de la paroisse de Neuilly-le-Brignon, dont ils furent séparés pour être réunis à celle de Paulmy, créée par lettres patentes du 24 septembre 1757. La métairie des Grands-Jouannets appartenait aux Augustins de Paulmy. — (Arch. d'I.-et-L., *Biens nationaux*.)

Jouannière (la), f., cne de Manthelan.

Jouannière (le lieu de la), paroisse de Saint-Symphorien. — Il relevait censivement de l'abbaye de Marmoutier. — (Arch. d'I.-et-L., *Abbaye de Marmoutier, mense séparée*.)

Jouannière (la), vil., cne de Souvigné, 25 habit. — *Joinière*, carte de l'état-major. — Ancien fief, relevant du duché de Château-la-Vallière. Michel-Denis de la Rue du Can rendit aveu pour ce fief le 2 juin 1749. — (Bibl. de Tours, fonds Salmon, *titres de Château-la-Vallière*.)

Jouardière (la), f., cne d'Avon.

Jouardière (la), f., cne de la Celle-Saint-Avent. — *Jouardière*, carte de Cassini. — En 1658, Claude Chaudefond était qualifié de sieur de la Jouardière. — (Arch. d'I.-et-L., E, 228.)

Jouardières (les), cne de Saché. V. *Boulay*.

Jouassinnerie (la), f., cne de Braye-sur-Maulne.

Jouaterie (la), cne de Fondettes. V. *Justerie*.

Jouaudières (les), f., cne de Panzoult.

Jouay. V. *Joué-les-Tours*.

Joubarbe (la), f., c^{ne} de Chinon.

Joubardes (le lieu des), près du Moulin-de-Piée, c^{ne} de la Chapelle-Blanche.

Joubardière (la), f., c^{ne} de Betz.

Joubardière (la), c^{ne} de Chédigny. V. *Jouberdière*.

Joubardière (la), c^{ne} de Druyes. V. *Jouberdière*.

Joubardière (la), ou **Jouberdière**, vil., c^{ne} du Grand-Pressigny, 21 habit. — *Jubardière*, xviie siècle. — *Joubardière*, carte de Cassini. — Ancien fief. Antoine François en était propriétaire à la fin du xvie siècle. — (Arch. d'I.-et-L., *titres du Grand-Pressigny*.)

Joubardière (le lieu de la), près de la Petite-Tambre, c^{ne} de Louans.

Joubardière (le lieu de la), près de Marçay, c^{ne} du Petit-Pressigny.

Joubardière (la), f., c^{ne} de Saint-Flovier. — François Hyacinthe était qualifié de sieur de la Joubardière au xviie siècle. — (Registres d'état civil de Saint-Flovier.)

Joubardière (la), c^{ne} de Marcé-sur-Esves. V. *Jouberdière*.

Joubardière (la), c^{ne} de Veigné. V. *Jouberdière*.

Jouberderie (la), f., c^{ne} de Monnaie. — *Joubardière*, carte de l'état-major.

Jouberderie (la), f., c^{ne} de Saint-Patrice. — *Jouberderie*, carte de Cassini.

Jouberdière (la), f., c^{ne} d'Abilly. — Elle fut vendue nationalement en 1793 sur Jean-Barthélemy du Puy, émigré. — (Arch. d'I.-et-L., *Biens nationaux*.)

Jouberdière (la), f., c^{ne} de Bournan. — *Les Jubardières*, carte de l'état-major.

Jouberdière (la), f., c^{ne} de la Celle-Saint-Avent.

Jouberdière (la), f., c^{ne} de Chanceaux-sur-Choisille.

Jouberdière (la), ou **Joubardière**, ham., c^{ne} de Chédigny, 15 habit. Ancien fief. Vers 1666, il appartenait à Charles de Berthé; — en 1697, à Joseph Bodin, procureur au bailliage de Loches; — en 1789, à François Jacquet Baronnière. — (Goyet, *Nobiliaire de Touraine*. — Arch. d'I.-et-L., *Lettres patentes*, 439. — Bibl. de Tours fonds Salmon, *titres de Notre-Dame de Loches*.)

Jouberdière (la), f., c^{ne} de Damemarie. — *Jouberdière*, carte de l'état-major.

Jouberdière (la), ou **Joubardière**, f., c^{ne} de Druyes. — *Jouberdière*, carte de Cassini. — Ancien fief. Il relevait de l'archevêché de Tours au commencement du xive siècle. Par la suite il releva d'Azay-le-Rideau et du fief des Brosses, paroisse de Ballan. En 1314, il appartenait à Jean Chaumont; — en 1623, à Jacques de la Roche, Éc., qui le vendit à François Porcher, Éc., seigneur du Puy de Montbazon. Alexandre-Simon le Normand de la Place en était propriétaire en 1775. — (Arch. d'I.-et-L., *titres d'Arlannes; Prieuré de Relay. — Rôle des fiefs de Touraine. — Cartulaire de l'archevêché de Tours*.)

Jouberdière (la), c^{ne} de Nouans. V. *Jouberdière*.

Jouberdière (la), ou **Joubardière**, f., c^{ne} de Veigné. — *Jouberdière*, carte de l'état-major.

Jouberdière (la), ou les **Jouberdières**, ham., c^{ne} de Vernou, 12 habit. — Ancien fief. Au xviiie siècle, il appartenait à la famille Caillon des Étangs. — (*Rôle des fiefs de Touraine*. — Arch. d'I.-et-L., *titres de Vernou*.)

Jouberdières (les), f., c^{ne} de Berthenay.

Joubert (le bois), c^{ne} de Ligré.

Joubert (le moulin), sur la Veude, c^{ne} de Razines.

Joubert (la croix), près de la Bourdellière, c^{ne} de Reugny.

Joubert (Nicolas), sieur des Touches, fut nommé maire de Tours en 1616, en remplacement de Charles Boutault, seigneur de Beauregard, contrôleur des finances, à Tours. — (Chalmel, *Hist. des maires de Tours.*, 132.)

Joubert (François), né à Huismes en 1809, a été nommé député d'Indre-et-Loire, pour l'arrondissement de Chinon, le 5 mars 1876, par 10,842 suffrages contre 10,069 donnés à M. Podevin. — *Journal d'Indre-et-Loire* du 6 mars 1876.)

Joubert de la Bastide de Châteaumorand (Charlotte), nommée abbesse de Moncé, le 15 août 1705, fut transférée à l'abbaye de Maubuisson au mois de juin suivant et mourut le 13 mai 1740. — (Saint-Allais, *Nobiliaire de France*. — Bibl. de Tours, fonds Salmon, *titres de Moncé. — Mém. de la Soc. archéol. de Tour.*, IX, 271. — *Gallia christiana*, XIV.)

Joubertières (étang des), c^{ne} du Grand-Pressigny.

Jouberts (les), ham., c^{ne} de Marigny, 12 habitants.

Joué-les-Tours, commune du canton de Tours-sud, arrondissement de Tours, à 6 kilomètres de Tours. — *Gaudiacus, Jocundiacensis domus*, vi^e siècle. (Greg. Turon. hist. Franc.) — *Gaudiacus*, 987 (diplôme de Charlemagne). — *Joiacus, ecclesia Joaci*, 1119 (charte de Gilbert, archevêque de Tours). — *Jacunciacus*, 1157 (*Liber comp.*). — *Gaudiacus, Joiacus,* xii⁰ siècle (*Miss. B. Martini*). — *Parochia de Johe, seu Johe, de Joeto*, 1233 (charte d'Albéric, doyen de Saint-Martin de Tours). — *Parochia de Joeio*, 1236, (chartes de Saint-Martin). — *Parochia de Jueto*, 1258, 1296 (chartes du prieuré de Bois-Rahier). — *Johe*, 1300; *Joeyum*, 1342 (chartes de l'abbaye de Beaumont-lès-Tours).

Par arrêté du Président du Conseil des ministres, chargé du pouvoir exécutif, en date du 21 juillet 1848, il a été décidé que cette commune porterait à l'avenir le nom de *Joué-les-Tours*.

Elle est bornée, au nord, par la commune de Tours; à l'est, par celles de Saint-Avertin et de Chambray; à l'ouest, par Ballan; au sud, par Artannes, Monts et Veigné. Elle est arrosée par le Cher et par le Petit-Cher, au nord; — et par les ruisseaux de la Piole et de Saint-Laurent, au sud. Elle est traversée par le chemin de grande communication n° 1, de Tours à Chinon par Loudun. On y récolte d'excellent vin. Sur divers points on rencontre, en assez grande quantité, du minerai de fer. Au nord-ouest, sur le côteau de Joué, se trouve la fontaine de la Carre ou de Limançon, qui alimente, par un canal, construit par l'ordre de Louis XI, les anciens couvents de Beaumont et de Saint-François, le Plessis et l'hospice. V. *la Carre*. — A la fin du xviii⁰ siècle, d'après *les Affiches de Touraine*, les eaux de cette fontaine avaient la réputation d'être excellentes pour la trempe des instruments de fer. — Près de la Rabière est une fontaine qui a des propriétés incrustantes. Les objets que l'on y dépose se recouvrent d'un sédiment de chaux carbonatée.

Les lieux, hameaux et villages suivants dépendent de cette commune : Beaulieu (12 habit.). — La Chaumette (21 habit.), ancienne propriété du prieuré de Saint-Côme. — Château-Gaillard (17 habit.). — Les Étangs (10 habit.). — Les Carmes ou Carmeries, ancienne propriété des Carmes de Tours. — La Bergeonnerie (21 habit.). — La Bloterie ou Blottière (13 habit.), ancienne propriété de la collégiale de Saint-Martin. — La Douzillère (11 habit.). — La Blanchetière, ancienne propriété du prieuré de Relay. — Les Grand et Petit-Boureau, anciens fiefs, relevant de Narbonne. — La Coudraie, ancien fief, relevant également de Narbonne. — Bois-Héry, ancien fief, relevant du château de Montbazon. — L'Aubraye (24 habit.), ancien fief, relevant du château de Tours et appartenant à l'abbaye de Saint-Julien. — La Guillotière (24 habit.). — Les Grand et Petit-Mareuil (22 habit.), ancien fief, relevant de Narbonne. — Les Landes du Passoir (21 habit.). — Le Morier (33 habit.). — Les Mées ou l'Aimé, ancien hébergement relevant de la baronnie de Châteauneuf. — La Grange (15 habit.). — Narbonne (21 habit.), ancien fief, relevant du château d'Amboise et de la baronnie de Châteauneuf. — La Ganneraie (14 habit.), ancien fief, relevant du château de Montbazon. — Le Fourneau (19 habit.). — Le Petit-Fourneau, ancienne propriété du prieuré de Saint-Sauveur. — La Goulettrie (11 habit.). — La Métiverie (11 habit.). — La Priolerie (13 habit.). — Les Quatre-Bornes (16 habit.). — Le Petit-Pressoir, ancienne propriété de la collégiale de Saint-Martin. — Izornay, ancien fief. — Les Grand et Petit-Trizay, anciens fiefs. — Vaugarny (10 habit.). — Le Puits-Tessier (25 habit.). — Les Vaux (48 habit.). La Vieille-Carte (45 habit.). — Le Pont-aux-Oies (30 habit.), ancien fief, appartenant à l'abbaye de Saint-Julien. — Saint-Sauveur (42 habit.), ancien prieuré. — Pontcher (114 habit.), ancien fief. — La Sainterie, ancien fief, relevant de Bois-Héry. — L'Épan (45 habit.), ancien fief, relevant du Plessis-lès-Tours. — La Petite-Carte, ancienne propriété du prieuré de Saint-Côme. — Les Grande et Petite-Rabière, anciennes dépendances de la prévôté de la Varenne. — Les Trois-Croix (38 habit.). — L'Arche-du-Lude (18 habit.). — La Pilletrie, ancienne propriété de l'hôpital Saint-Gatien. — Le Verger (17 habit.). — Les Grand et Petit-Romain (15 habit.). — Le Porteau, ancien fief, relevant de la Carte. — Les Ruaux, ancienne propriété de l'hôpital Saint-Gatien. — Rigny, ancien fief, ancienne propriété du prieuré de Saint-Côme. — Beauregard (13 habit.). — Glatinay, ancien fief, relevant de l'Aumônerie de Saint-Martin de Tours. — La Liodière, ancien fief. — La Marchanderie (16 habit.). — Le Gravier (20 habit.). — Les Barons (14 habit.). — La Bouchardière, ancien fief. — La Bondonnière (16 habit.). — L'Alouette (17 habit.). — La Bruère et la Petite-Bruère, ancienne propriété de l'abbaye de Beaumont. — La Briauderie ou Briaudère (14 habit.). — La Blonnière, ancien fief, relevant du château d'Esvres. — Les Grande et Petite-Bercellerie (17 habit.). — La Borde (20 habit.). — L'Allier, ancien fief, dépendant de la prévôté de la Varenne, et appartenant à la collégiale de Saint-Martin. — Le Clos-Neuf (23 habit.). — Le Moron et le Petit-Moron, ancienne propriété de l'hôpital de la Charité, de Tours. — Les Étangs de Narbonne (11 habit.). — Le Lavoir, ancien fief, relevant de Boureau. — La Rottère, ancienne propriété de la collégiale de Saint-Martin. — Jumeaux, ancien fief. — La Marbellière, Belair, le Pin, l'Arche-du-Pin, Franc-Rosier, les Bretonnières, la Tarinière, Bois-Levé, la Carre, la Petite-Métairie, le Petit-Château-Gaillard, la Bouillarderie, le Mauvais-Chemin, Franc-Palais, les Reutes, le Petit-Montrouge, la Combaudière, le Pont-Volant, la Maucanière, la Grange, le Petit-Clos, le Petit-Signoret, le Breuil, le Petit-Beausoleil, le Genêt, la Réserve, les Champs-Millard, Bois-Bonnevie, la Rouillère, le Petit-Romain, la Guenneraie, la Binetterie, la Ferronnerie, Marganaux, la Petite-Lande, la Billette, le Brulot, les Roucières, Bois-Ripault, Bidron, le Chesne, la Petite-Guillotière, la Bellangerie, la Maisonneuve, la Brosse, la Balarderie, les Maupointières, le Petit-Boucaut, l'Ormeau-du-Bon-Chou, le Carroi-Fourché, Sarcelay, la Burichonnerie, les Chemins, Saint-Léger, la Gitonnière, la Troue, les Marchais, la Croix-Brisette, les Rosiers, Roquille, la Chartrie, la Vicairie, les Vouteaux, la Mauclergerie, la Gautraye, les Champs-Gâchaux, la Mazeraie, Baugé, la Girarderie, le Bas-Buré, le Petit-Porteau, Rouloir, la Lizardière, Bas-Viollet, la Fourbisserie, Toutifaut, la Bourdinière, les Brosseaux, Bellevue, la Bejoderie, la Croix-Perché, le Pavillon, la Patalise, le Petit-Paris, Fantaisie, Penavet, la Faubardière, Taillard, les Granges-Coëtier, la Fosse-Marchais, la Gaudière, etc....

Avant la Révolution, Joué était dans le ressort de l'élection de Tours et faisait partie du doyenné de Saint-Avertin et du grand archidiaconné de Tours. En 1793, il dépendait du district de Tours.

Superficie cadastrale. — 3533 hectares. — Le plan cadastral, a été dressé par Lenoble, en 1826.

Population. — 1614 habit. en 1801. — 1630 habit. en 1804. — 1699 habit. en 1810. — 1700 habit. en 1821. — 1769 habit. en 1831. — 1791 habit. en 1841. — 1802 habit. en 1851. — 2010 habit. en 1861. — 2106 habit. en 1872. — 2302 habit. en 1876.

Assemblée pour location de domestiques le dernier dimanche de mai.

Recette de poste. — Perception de la Riche.

Station du chemin de fer de Tours à Loches et de Loches aux Sables-d'Olonne.

Joué est une des plus anciennes localités de Touraine. Grégoire de Tours en fait mention sous le nom de *Jocundiacum*. Vers 900, Charles le Simple la donna au Chapitre de Saint-Martin qui en fut dépouillé, un peu plus tard, par Thibault, vicomte de Tours. Richilde, veuve de ce dernier légua cette seigneurie au Chapitre de Saint-Martin. Mais après sa mort, et lors du partage de l'héritage maternel, un de ses fils, Richard, archevêque de Bourges, revendiqua ce domaine pour en jouir sa vie durant. Ses frères s'étant opposés à ses prétentions, il s'en empara par la force et le conserva pendant un certain nombre d'années. Au moment de mourir, il voulut réparer l'injustice qu'il avait commise envers les chanoines de Saint-Martin et ordonna, qu'outre la terre de Joué, qui leur serait restituée, on leur donnerait, à titre de réparation du dommage qu'il leur avait causé, plusieurs de ses biens situés dans le comté de Troyes.

En 990, Thibault, comte de Blois, confirma la restitution faite par son frère Richard et y ajouta le don de toutes les coutumes et usages qu'il avait sur les seigneuries de Joué, de Berthenay, de Martigny et de Vençay (Saint-Avertin).

La viguerie de l'église de Joué appartenait en 1118, à Gilbert, archevêque de Tours qui la céda, dans le cours de cette année, au chapitre de Saint-Martin.

Au commencement du XIII° siècle, le fief passa, on ne sait par suite de quelles circonstances, aux mains d'un seigneur laïc, Étienne Bouchard, chevalier. Celui-ci eut pour successeurs Philippe de la Cour (1236), et Robert de la Cour (1252).

En 1412, Pierre d'Amboise, seigneur de Joué, amortit la dîme de cette paroisse, qui relevait alors de Narbonne.

Par la suite, Joué releva du château de Tours.

La haute justice, dans la paroisse, appartenait au roi. Les moyenne et basse justice étaient exercées par le Chapitre de Saint-Martin de Tours. En 1760, ce dernier céda son droit de moyenne justice au roi qui, dix ans après, le vendit, avec celui de haute justice, à Madeleine-Jeanne Février, veuve de Martin Lambron, ancien conseiller des turcies et levées. Voici le texte de l'acte de vente de 1770 :

« Les Commissaires généraux du conseil députés par Sa Majesté par arrêt de son conseil d'État du 14 juillet 1722, 13 mars 1724, et autres intervenus depuis pour procéder aux ventes, reventes et aliénations des domaines, justices et droits domaniaux et appartenances remis à Sa Majesté, circonstances et dépendances.

« A tous ceux qui ces présentes lettres verront, salut. Scavoir faisons que par arrêt du conseil d'État rendu sur la requête de Madelaine Jeanne Fevrier veuve du sieur Martin Lambron, ancien conseiller des turcies et levées, le 30 avril dernier, Sa Majesté a ordonné qu'il serait par nous passé à son profit contract de vente et aliénation de la moyenne justice appartenante à Sa Majesté sur le territoire de la paroisse de Joué, dans l'étendue de la basse justice de Chapitre Saint Martin de Tours, telle que la ditte moyenne justice aurait été cédée à Sa Majesté par le dit chapitre conformément aux lettres pattentes du 8 Xbre 1760 avec tous les droits en dependants, et pouvoir de nommer les officiers necessaires pour l'exercice d'icelle, les quels seraient reçus au Bailliage de Tours, où reporterons l'appel de leur ordonnances et jugements, et connaîtrons des faits de police privativement à tous autres juges, et de toutes autres causes et différents attribués à la moyenne justice par la coutume de Touraine dans l'étendue de la paroisse de Joué soumise à la basse justice du dit chapitre, concuramment et par prevention avec les officiers du bailliage de Tours, sans que la ditte aliénation puisse nuire et préjudicier au droit de basse justice reservé dans le même territoire au chapitre de St Martin de Tours par les dittes lettres pattentes laquelle basse justice ressortira comme par le passé au dit bailliage et siège présidial de Tours ; comme aussi a ordonné Sa Majesté que par le présent contract il serait par nous cédé et delaissé à la ditte dame Vve Lambron les droits attachés à la haute justice appartenant à Sa Majesté dans la ditte paroisse de Joué laquelle continurait neanmoins d'être exercée au nom et par les officiers de Sa Majesté, tels que prières nominalles, d'encens, d'eau benite et pain beni, de banc, fermé de sepultures dans le chœur, droit de chasse et tout autres droits dont jouissent et ont droits de jouir les seigneurs haut justiciers de la province de Touraine, pour du tout en jouir par la dame Vve Lambron ses heritiers et ayant cause a titre d'engagement du jour du dit contract, de même que Sa Majesté aurait droit d'en jouir, à la charge de payer à son domaine a compter du même jour une rente de 40 l. avec le sol pour livre du principal dycelle sur le prix du denier 30 dacquest, les frais decriture, droit criminel et d'indemniser s'il y a lieu les officiers du bailliage de Tours; vû la quitance du sieur Montbazin préposé à la recette du sol pour livre, de la somme de soixante livres et tout considéré.

« Nous, Commissaires généraux susdits, en vertu du pouvoir à Nous donné par Sa Majesté; avons vendu et aliéné, vendons et allienons à la ditte Dame Vve Lambron la moyenne justice appartenant à Sa Majesté sur le territoire de la paroisse de Joué dans l'étendue de la basse justice du chapitre de St Martin de Tours, telle que la ditte moyenne justice a été cedée a Sa Majesté par le dit chapitre conformement aux lettres pattentes de Xbre 1760, avec tous les droits en dependans, et pouvoir de nommer les officiers necessaires pour l'exercice dycelle, lesquels seront reçus au Bailliage de Tours ou ressortira l'appel de leurs ordonnance et jugements, et connaitront de faits de police privativement à tous autres juges et de toutes cours et dans l'étendue du territoire de la paroisse de Joué soumise à la basse justice du dit chapitre concurremment et par prévention avec les officiers du dit bailliage de Tours, sans que la ditte alliénation puisse nuire ny préjudicier au droit de basse justice reservé dans le même territoire au chapitre de Saint Martin de Tours, par les dittes lettres pattentes, laquelle basse justice ressortira comme par le passé au dit bailliage et siège présidial de Tours ; comme aussi avons, au nom de Sa Majesté, cede et allienne, cedons et alliennons a la ditte dame Vve Lambron les droits attachés a la haute justice appartenant à Sa Majesté dans la ditte paroisse de Joué laquelle continuera neanmoins d'être exercée au nom et par les officiers de Sa Majesté tel que prières nominalles, d'encens, deau benite et de pain beni, de banc fermé, de sepulture dans le chœur, droit de chasse et tous autres droits dont jouissent ou ont droit de jouir les seigneurs haut justiciers de la province de Touraine, pour du tout jouir par elle ses heritiers frère sœur ou ayant causes, a titre d'engagement a compter de ce jourdhuy de même que Sa Majesté aurait droit d'en jouir, a la charge de payer au domaine de Sa Majesté aussi a compter du jourdhuy une rente de 40 l. dacquiter les frais de justice de procès criminel et d'indemniser s'il y a lieu les officiers du Bailliage de Tours, et sera la ditte dame Lambron mise en possession tant de la ditte moyenne justice de la paroisse de Joué et droits en dépendans, que de droits attachés à la haute justice du même lieu par les officiers de Sa Majesté, et tous autres qu'il appartiendra, auxquels nous enjoignons de leur faire jouir plénement et paisiblement, promettons pour et au nom de Sa Majesté l'exécution du contenu au présent contract, aux charges clauses et conditions y portées, a leffet de quoy nous l'avons signe à notre assemblée ordinaire au chateau des Thuilleries aujourdhuy sept juin mil sept cent soixante dix, signe DORMESSON, DE BEAUMONT, BOULOGNE, LANGLOIS, BOUTIN, TERRAY COCHIN. — Par nos seigneurs les commissaires généraux du conseil susdits. — Signe THURIN. »

L'église, placée sous le vocable de saint Pierre et de saint Paul, est citée pour la première fois dans une charte de 1117. Elle appartenait alors au Chapitre de Saint-Martin, qui fut maintenu dans cette possession par le pape Alexandre III en 1177, et par le pape Nicolas III en 1278. Elle fut rebâtie, en grande partie, en 1521, aux frais des chanoines de Saint-Martin de Tours.

Le Chapitre du Plessis-les-Tours, qui possédait une partie de la dime de la paroisse était tenu de contribuer à la réparation du chœur.

En 1868, l'ancien édifice, qui n'offrait d'ailleurs absolument rien d'intéressant, a été remplacé par une élégante église construite sur les plans de M. Guérin, architecte à Tours.

On comptait dans cette paroisse un assez grand nombre de chapelles domestiques, qui se trouvent mentionnées dans le *Registre de visites du diocèse de Tours*, en 1787.

Celle de la Marbellière, construite en 1741, par Claude-Jean Rogier, Éc., seigneur de la Marbellière, fut bénite en 1742 et placée sous le vocable de la Visitation de la sainte Vierge.

La chapelle de la Chaumette, dédiée à saint Michel, fut fondée et dotée, en 1748, par Michel Roze, seigneur des Bretonnières, et par Marie Billault, sa femme.

La chapelle de Beaulieu eut pour fondatrice en 1748, Thérèse de Larlen de Kercadio de Rochefort. Elle fut bénite le 30 mai de cette même année.

La chapelle de la Bouchardière, dédiée à saint Claude, fut fondée à la fin du xviiie siècle. On y célébrait la messe le premier lundi de chaque mois et une grand'messe et les vêpres le jour de saint Claude.

En 1787, il existait également des chapelles à la Crouzillère, à la Mauclergerie, à la Mazeraye, à Trizay, à la Grande-Rabière et à Rigny.

La présentation au titre curial de Joué appartenait au prévôt de la Varenne, de la collégiale de Saint-Martin.

La commune de Joué a été dotée d'un hospice

par M. le comte Hector de Mons, décédé à l'Épan. au mois de février 1867.

CURÉS DE JOUÉ. — Hugues, 1211. — Jean Berruyer, 1559. — Pierre Pelé, 1641. — Charles Fontaine, 1694. — Martin-Bernard Bougault, 1725, décédé le 12 septembre 1762. — Laurent-Abel Bruslon, 1782. — Jacques Verdier, février 1783. — Pierre Levêque, novembre 1783, curé constitutionnel, 1793. — Debron, 1804. — Florentin Voisine, 1830, nommé curé de Saint-Saturnin de Tours, en 1839, et ensuite chanoine, décédé à Tours, le 9 mai 1878. — D'André, 1839. — Maufrais, 1850. — Ménier, 1859, actuellement en fonctions (1881).

MAIRES DE JOUÉ. — Nicolas Mabiet, 1801, 29 décembre 1807. — Guerche, 22 mars 1816. — Joseph Desmazis, 17 février 1825. — De la Grange, 8 mai 1828. — Magaud, 1840. — De Moranges, 1850. — Bonnébault, 1852. — Colas de la Noue, 1864, 13 février 1875. — Victor Besnard, 21 janvier 1878.

Arch. d'I.-et-L., C, 336, 650 ; G, 14, 325, 817 ; *Chartes de Beaumont et de Bois-Rahier* ; *Prévôté de la Varenne*. — Monsnier, II, CXLV, CXLIX. — *Recueil des actes administratifs d'Indre-et-Loire* (1848), p. 467. — Bibl. de Tours, manuscrit n° 1224. — A. Longnon, *Géographie de la Gaule au VI° siècle*, 274. — *Panorama pittoresque de la France* (département d'Indre-et-Loire), p. 7. — *Affiches de Touraine* du 12 juin 1777. — *Topographie, géologie et minéralogie du département d'Indre-et-Loire*, p. 74. — A. Joanne, *Géographie d'Indre-et-Loire*, 33. — Chalmel, *Hist. de Tour.*, I, 302. — *Greg. Tur. Hist. Fr. Lib.* V, 14 — *Journal d'Indre-et-Loire* du 29 juillet 1876. — Bétancourt, *Noms féodaux*, I, 14. — Bruzen de la Martinière, *Diction. géographique*, III, 76. — Maan, *S. et metrop. ecclesia Turonensis*, 102. — E. Mabille, *La Pancarte noire*, 451-52. — *Liber compos.* 48. — H. de Valois, *Notitia Galliarum*, 253. — *Défense des privilèges de Saint-Martin*, 19, 39. — *Cartulaire de l'archevêché de Tours*. — Miss. B. Martini (Bibl. de Tours, manuscrit n° 193), f° 195. — *Recueil des historiens des Gaules*, X. — *Chron. Tur. magnum*, III. — D. Housseau, I, 246, 248; IV, 1387; VII, 2746; XIII, 8692; XV, XVIII. — *Annuaire-almanach d'Indre-et-Loire* (1877), p. 108. — *Consultation pour Laurent-Abel Bruslon, curé de Joué, contre Madeleine-Jeanne Fevrier, veuve de Martin Lambron*, 1772. — *Journal d'Indre-et-Loire* du 13 février 1867.

Jouellerie (la), f., c^{ne} de Neuilly-le-Brignon.

Jouet (le Vieux-). V. *Vieux-Jouet*, c^{ne} de Montreuil.

Jouet (le Jeune-), f., c^{ne} de Saint-Ouen. — *Jouez*, 1572, 1751. — *Jeune-Jouel*, carte de l'état-major. — Ancien fief, dépendant de la Chambrerie de Saint-Julien. — (Arch. d'I.-et-L , *titres de Saint-Julien*.)

Joueteau (le lieu de), c^{ne} de Panzoult, près du chemin de Panzoult à Avon.

Jouez. V. *Jouet*, c^{nes} de Montreuil et de Saint-Ouen.

Jouffroy (N. de), né en 1774, député d'Indre-et-Loire en 1815, chevalier des ordres de Malte, de Saint-Louis et de la Légion d'honneur, officier supérieur en retraite, mourut le 3 juillet 1851 au château de la Voûte, commune de Troo (Loir-et-Cher). — (*Journal d'Indre-et-Loire* du 16 juillet 1851).

Jouin-sous-Faye (St-), faubourg de Faye-la-Vineuse. — *S. Jovinus*, 1130 (*Cartulaire de Noyers*). — *Saint-Jouin*, carte de Cassini. *Saint-Jouin-de-Faye*, XVII° siècle. — Ancienne paroisse dépendant de l'élection de Richelieu et de l'archiprêtré de Faye-la-Vineuse, diocèse de Poitiers. Par délibération du Conseil des Cinq-Cents, du 28 messidor an VII, elle fut réunie à celle de Faye-la-Vineuse. Par décret du 22 août 1813, l'église fut vendue et il fut stipulé que le produit de la vente serait employé à consolider l'église de Faye. On la démolit entièrement en 1834. — La cure était desservie par un des chanoines de la collégiale de Faye. Son revenu était peu important. Elle possédait un petit domaine situé à la Coudre, paroisse de Braye-sous-Faye.

M. l'abbé Bourassé, dans une *Notice sur Faye-la-Vineuse*, insérée dans le t. III des *Mémoires de la Société archéologique de Touraine*, a commis une erreur en qualifiant Saint-Jouin de Faye d'*abbaye*. il n'y existait en effet qu'un simple prieuré indépendant de la cure, et qui appartenait à l'abbaye de Saint-Jouin-de-Marnes, en Poitou. Il fut desservi, jusqu'au commencement du XVII° siècle par un religieux de ce monastère. Prégent de Nuchèze, chantre de l'église de Saint-Jouin-de-Marnes était prieur de Saint-Jouin-de-Faye en 1550. Vers 1610, son revenu fut cédé au Chapitre de Faye qui délégua un de ses membres pour exercer les fonctions de prieur. Le dernier titulaire fut Gabriel-David Bernier (1789). Il avait succédé à Nicolas Gilles, sieur du Perron. Ce prieuré constituait un fief qui relevait du château de Faye. — (Dugast-Matifeux, *État du Poitou sous Louis XIV*, 182. — Arch. d'I.-et-L., C, 600; *Biens nationaux* ; titres de la cure de Faye. — *Cartulaire de Noyers*. — *Mém. de la Soc. archéol de Touraine*, III, 169-70-71. — Beauchet-Filleau, *Diction. des familles de l'ancien Poitou*, II, 447. — *Registres d'état civil de Saint-Jouin*.)

Jouisses (le lieu des), c^{ne} de Candes. — Il dépendait de la chapelle Saint-Nicolas ou d'Androuin desservie dans l'église de Candes et que l'on appelait aussi *Chapelle des Jouisses*. — (Arch. d'I.-et-L., *titres de Candes*.)

Jouisses (le lieu des), c^{ne} de Ligré, près du chemin de Ligré à Turpenay.

Joulain, c^{ne} de Rillé V. *Joulinière*.

Joulé (le lieu du Petit-), près de la Barre, c^{ne} de Vernou.

Joulinerie (la), f., c^{ne} de la Ferrière. — *Joulinerie*, carte de l'état-major.

Joulinière (la), f., cne de Courcelles. — Elle fut vendue en 1793, sur N. d'Héliand, émigré. — (Arch. d'I.-et-L., *Biens nationaux*.)

Joulinière (la), f., cne de Gizeux. — *Joulinière*, carte de l'état-major.

Joulinière (la), **Joulain**, ou **Joulissière**, f., cne de Rillé. — Ancien fief, relevant de Baugé (Arch. d'I.-et-L., E, 318.)

Joumeraie (la), ou **Joumeraye**, f., cne de Pont-de-Ruan. — *Joumeraye*, cartes de Cassini et de l'état-major. — Ancien fief, relevant de Vonnes. — En 1552, il appartenait à Louis Le Berruyer; — en 1635, à Marguerite Brochet, veuve de Valentin de la Croix; — en 1648, à N. de la Villate qui le vendit, par acte du 26 février, à N. d'Aloigny; — en 1651, à Louis Le Picard; — en 1660, à François Le Picard de Philippeaux, qui le vendit, en 1667, à Jean Guimier, fourrier des logis du roi; — en 1720, à Jean Guimier, officier du roi. — (Arch. d'I.-et-L., *titres du prieuré de Relay*. — Archives de la famille Voisine de la Fresnaye.)

Joumeraie (la), f., cne de Sainte-Maure. — *Joumeraye*, carte de Cassini.

Joumeraie (la), ham., cne de Sepmes. — *Joumeraye*, cartes de Cassini et de l'état-major. — Ancien fief. Vers 1450, il appartenait à Joachim de Baignan, Éc.; — en 1480, 1526, à Jean de Baignan; — en 1591, à un autre Jean de Baignan; — en 1604, à Charles de Baignan; — en 1666, à Alexis de Baignan; — en 1696, à René de Mons, Éc. La famille de Mons le possédait encore en 1786. — (Arch. d'I.-et-L., *Rôle des 20es*. — Goyet, *Nobiliaire de Touraine*. — *Armorial* de d'Hozier, 1696. — Lhermite-Souliers, *Hist. de la noblesse de Touraine*, 59, 60.)

Joumeraie (la), ou **Jaumeraie**, f., cne de Troguos. — Ancien fief, relevant de Parfond-Fossé. En 1556, il appartenait à N. le Barbier; — en 1610, à Louis Durasteau, Éc.; — en 1722, à Claude-Henri Odart, chev., seigneur de Prezault, Rilly, la Tour-du-Reynier; — en 1770, à Claude-Henri Odart, fils du précédent, marié à Jeanne-Amable Chabert de Praille, fille de Louis-François Chabert de Praille, président-trésorier de France, à Tours. — Dans les dépendances de ce fief se trouvait une métairie appelée Lespain, et dont les bâtiments étaient ruinés au XVIIe siècle. — (*Rôle des fiefs de Touraine*. — Arch. d'I.-et-L., *titres de Turpenay*. — Beauchet-Filleau, *Diction. des familles de l'ancien Poitou*, II, 460.)

Joumeraie (la), ham., cne de Villandry, 16 habit. — *Joumeraie*, carte de l'état-major. — Ancien fief, relevant de Montbazon, à foi et hommage simple. — En 1523, il appartenait à Melchior Girault et à Jean de Tartier; — en 1741, au prieuré de Saint-Côme. — (*Rôle des fiefs de Touraine*. — Arch. d'I.-et-L., *titres de Saint-Côme*. — D. Housseau, XI, 4700.)

Joumier (le lieu du), près de la Cartaudière, cne de Charnizay.

Jouneaux (Thomas), originaire de Vannes, entra dans l'ordre de St-Benoît le 17 janvier 1657. Élu prieur de l'abbaye de Cormery le 27 mai 1684, il passa, quelques années après, avec les mêmes fonctions au monastère de Saint-Martin de Vertou, où il mourut le 23 novembre 1702. — (*Cartulaire de Cormery*, CXXXIII.)

Jour (le), f., cne de Rochecorbon.

Jourdain, ancien fief, relevant de Faye-la-Vineuse. — En 1617, il appartenait à Charles de Vaucelles, chev., seigneur de Bilazay, capitaine de cavalerie, marié le 23 mars 1641 à Anne du Chatelet, fille de Charles du Chatelet, gouverneur de Marmoutier, et de Jeanne de Gaschinard. — (Arch. d'I.-et-L., E, 324. — Beauchet-Filleau, *Diction. des familles de l'ancien Poitou*, II, 778.)

Jourdain (la fontaine), cne de Preuilly. — Elle forme un petit ruisseau qui se jette dans la Claise, au lieu appelé Prés de Vilas.

Jourdelin (fontaine de), cne de Bournan, près du chemin de Bournan à la Gesnière.

Jourdinerie (la), f., cne d'Azay-sur-Cher.

Jourdinière (la), f., cne de Monthodon. — *Jourdinière*, cartes de Cassini et de l'état-major.

Jouslain, sénéchal de Touraine. V. *Gosselin*.

Jousselinière (la), cne de Nouzilly. V. *le Carroi*.

Jousseraie (la), f., cne de Bourgueil.

Jousserie (la), f., cne de Cangy. — *Jousserie*, carte de Cassini. — Ancien fief. En 1648, il appartenait à N. de Raffin. — (*Rôle des fiefs de Touraine*. — Arch. d'I.-et-L., E, 34.)

Jousserie (le lieu de la), près des Échelleries, cne de Saint-Michel-sur-Loire.

Joussinière (la), f., cne de Charentilly. — *Joussinière*, carte de l'état-major. — *Jousselinière*, carte de Cassini.

Joûtes (le carroi des), cne de Bossay, près du chemin de Preuilly à Obterre.

Jouvence (la maison de), paroisse de Saint-Pierre-des-Corps. — Propriété du Chapitre de l'église de Tours. Elle fut vendue nationalement le 20 juillet 1791, pour 10,400 livres. — (Arch. d'I.-et-L., *Biens nationaux*.)

Jouze (la), f., cne de Cléré. — En 1553, elle appartenait à Pierre de Laval; — en 1583, à Honoré d'Acigné, comte de Grandbois qui la vendit à Françoise de Schomberg, veuve de François de

Daillon, dame de Champchévrier. — (J. Guérin, *Notice sur Gizeux*, 111.)

Jouzière (la), f., cⁿᵉ de Saint-Pierre-de-Tournon. — Ancien fief. — (*Rôle des fiefs de Touraine*.)

Joyeuse (François de), abbé de Marmoutier, succéda à Jacques d'Avrilly, en 1583. Il était fils de Guillaume II, vicomte de Joyeuse, maréchal de France, et de Marie de Bastarnay. Lorsqu'on le nomma abbé de Marmoutier, il n'était âgé que de 25 ans, et déjà il était pourvu de l'archevêché de Narbonne. Le 15 décembre 1583, le pape Grégoire XIII le créa cardinal du titre de Saint-Silvestre. Par la suite, il fut archevêque de Toulouse et de Rouen et obtint la concession d'importants bénéfices, entre autres, les abbayes de Saint-Florent de Saumur, de Fécamp, d'Aurillac et du Mont-Saint-Michel. Cette accumulation déplorable de bénéfices ecclésiastiques dans les mêmes mains, était malheureusement très fréquente à cette époque. — François de Joyeuse prit possession de l'abbaye de Marmoutier le 18 novembre 1584. Il ajouta une chapelle à la maison abbatiale de Rougemont et fit reconstruire, du côté sud, les murs de clôture du monastère, qui avaient été renversés par une crue de la Loire. En 1614, il présida l'assemblée du clergé. Bien qu'il eut des revenus énormes, ceux-ci ne pouvaient suffire à son luxe et à ses prodigalités. Son abbaye de Marmoutier et d'autres furent plusieurs fois saisies par ses créanciers. Vers la fin de sa carrière, il eut une existence moins fastueuse et résigna la plus grande partie de ses bénéfices. Il mourut à Avignon le 27 août 1615 et eut sa sépulture dans l'église des jésuites de Pontoise. — (La Chesnaye-des-Bois et Badier, *Diction de la noblesse*, XI, 134. — D. Martène, *Hist. de Marmoutier*, II, 395.)

Joyeuse (Henri de), comte du Bouchage, frère du précédent, pair et maréchal de France, fut nommé gouverneur général de Touraine, d'Anjou et du Maine, en 1584, en remplacement de Jacques d'Avrilly. Au commencement de l'année suivante, il quitta cette charge pour celle de gouverneur de Languedoc et eut pour successeur Louis du Bois des Arpentis. Il se fit capucin le 4 septembre 1587, et fut connu sous le nom de P. Ange. Cinq ans après, il quitta cet ordre, pour gouverner de nouveau le Languedoc pendant la Ligue, puis il reprit définitivement l'habit religieux. Il mourut à Rivoli le 8 septembre 1608 et fut inhumé dans l'église des Capucins de la rue Saint-Honoré, à Paris. — (La Chesnaye-des-Bois et Badier, *Diction. de la noblesse*, XI, 134. — P. Anselme, *Hist. généal. de la maison de France*, III, 835 ; VII, 390. — Moréri, *Diction. historique* (édit. de 1769), VI. — Chalmel, *Hist. de Tour.*, III, 355.)

Jozillons (les), f., cⁿᵉ de Marigny. — *Les Oisillons*, carte de Cassini.

Jubardière (la), cⁿᵉ du Grand-Pressigny. V. *Joubardière*.

Joubaudières (le lieu des), près de la Francerie, cⁿᵉ d'Esves-le-Moutier.

Jubeau (le), f., cⁿᵉ de Monthodon. — *Le Gibau*, carte de Cassini.

Juberdière (la), ham., cⁿᵉ de Loché. — *Gilberdière* ou *Gilbertière*, XVIᵉ siècle. — Elle relevait censivement de la sergenterie royale de Loches, dont le siège était à Loché. Elle fut vendue le 7 décembre 1503 à l'abbaye de Beaugerais, par Pierre Doucet. — (Arch. d'I.-et-L., E, 112 ; *titres de Beaugerais*; *Biens nationaux*.)

Juberdière (la), ou **Joubardière**, ham., cⁿᵉ de Marcé-sur-Esves, 12 habit. — *Joubardière*, carte de Cassini. — Il relevait du fief de la Louère. Une partie des bâtiments était détruite en 1782. — (Arch. d'I.-et-L., E, 15.)

Juberdière (la), ou **Joubardière**, f., cⁿᵉ de Nouans. — *Jouberdière*, carte de Cassini. — Ancien fief. Au XVIIᵉ siècle, il appartenait à la famille Grand. — (*Rôle des fiefs de Touraine*.)

Juberdière (ruisseau de la), ou **Joubardière**. — Il prend sa source à la Juberdière, passe au Tuffeau, à Trompe-Souris et se jette dans l'Indrois entre Villeloin et Coulangé.

Jubergin, ou **Jubergein**, f., cⁿᵉ d'Abilly. — Ancienne propriété du prieuré de Rives. — (Arch. d'I.-et-L., *Biens nationaux*.)

Jubert (les bruyères de), cⁿᵉ d'Orbigny.

Jubilé (le lieu du), près de la Carte, cⁿᵉ de Bossée.

Jubilé (la croix du), cⁿᵉ de Charentilly, près du bourg.

Jubilé (la croix du), cⁿᵉ de Continvoir, près du bourg.

Jubilé (la croix du), près de la Rongerie, cⁿᵉ de Crotelles.

Jubilé (la croix du), près d'Orbigny.

Jubillette (la), f., cⁿᵉ de Lerné.

Jubinière (la), f., cⁿᵉ de Saint-Aubin.

Jubinière (le lieu de la), près de la Moutonnerie, cⁿᵉ de Saint-Germain-sur-Vienne.

Jucaudrie (la), f., cⁿᵉ de Cravant, près de la Vienne.

Juche (bois de), près des Fosselles, cⁿᵉ de Chambourg.

Jucheperdrix, f., cⁿᵉ de Veigné.

Juchepie, vill., cⁿᵉ de Francueil, 105 habit. — *Huchepie*, 1554. — Ancien fief, relevant du château des Oudes à un demi-roussin de service. Le 15 janvier 1587, Antoine de Lemery, seigneur du Coudray, le vendit à Thomas Bohier pour 320 livres tournois. — (Arch. d'I.-et-L., C, 336,

633. — C. Chevalier, *Diane de Poitiers au Conseil du roi*, VII. — *Hist. de Chenonceau*, 117. — *Mém. de la Soc. archéol. de Tour.*, IX, III.)

Juchepie, ou **Juspie**, f., c^{ne} de Cnillé. — *Guchepie*, carte de Cassini. — Ancien fief. — (*Rôle des fiefs de Touraine.*)

Juchepie, ou **Juspie**, f., c^{ne} de Luzé.

Juchepie (le fief de), paroisse de Neuvy-Roi. — Il relevait de la prévôté d'Oë. Jean Rahier rendit aveu le 25 juin 1501. — (*Rôle des fiefs de Touraine.* — Arch. d'I.-et-L., *prévôté d'Oë.*)

Juchepie, ou **Juchespie**, f., c^{ne} de Panzoult.

Juchepie, f., c^{ne} de Saint-Antoine-du-Rocher. — Ancien fief. — (*Rôle des fiefs de Touraine.*)

Juchepie, f., c^{ne} de Saunay. — *Guchespie*, 1790. — *Juchepie*, carte de l'état-major. — *Huchepie*, carte de Cassini. — Elle faisait partie du marquisat de Châteaurenault. — (Arch. d'I.-et-L., *Biens nationaux.*)

Juchepoule, f., c^{ne} de Manthelan.

Juchonnière (le lieu de la), paroisse de Loché. — Propriété de l'abbaye de Baugerais. — (Arch. d'I.-et-L., *titres de Baugerais.*)

Juclière (la), f., c^{ne} de Chaveignes. — En 1790, elle appartenait à Jean-Jacques-René de Thubert. — (Arch. d'I.-et-L., *Biens nationaux.*)

Judas (le lieu de), près de la Boutarderie, c^{ne} de Thilouze.

Judassière (la), c^{ne} de Chambon. V. *Morcellière.*

Judeau (moulin de), c^{ne} de Lémeré. — Il devait une rente à la collégiale de Champigny, et appartenait, en 1756, à N. Poirier, président en l'élection de Richelieu. — (Arch. d'I.-et-L., G, 282.)

Juderie (la), ou **Judie**, f., c^{ne} de Braslou. — *Judrie*, carte de l'état-major. — Ancien fief. Le fief de la Varenne en relevait pour une partie. — (Arch. d'I.-et-L., E, 146.)

Jugée (la), f., c^{ne} de Cheillé.

Jugera, c^{ne} de Sainte-Maure. V. *Jugeraie.*

Jugeraie (le lieu de la), paroisse de Saint-André de Beaulieu. — Il appartenait au Chapitre de Loches, en 1723. — (Bibl. de Tours, fonds Salmon, *titres de Notre-Dame de Loches.*)

Jugeraie (la), f., c^{ne} de Sainte-Maure. — *Jugera Sanctæ-Mauræ*, 1188. — *Jugeraie*, carte de l'état-major. — Ancien fief, relevant du château de Sainte-Maure. En 1558, il appartenait à Philippe Jouye, receveur des tailles de l'élection de Chinon ; — en 1750, à Jean-Charles-Gabriel Cantineau de Commacre, décédé le 22 janvier 1785 ; — en 1786, à Louis-Charles Cantineau de Commacre, capitaine au régiment de Royal-Roussillon. — (*Rôle des fiefs de Tour.* — D. Housseau, V, 2010 ; XIII, 8056, 8059. — Lainé, *Arch. de la noblesse de France*, III, généal. de Cantineau.)

Jugeraie (ruisseau de la). — Il prend sa source au lieu appelé Gué de Pierre-Lambert, c^{ne} de Sainte-Maure, passe aux Aulnais, au Grand-Menasson, à la Jugeraie, et se jette dans la Manse de Sainte-Maure, près de Vauvert.

Jugerie (le lieu de la), paroisse de la Chapelle-Saint-Hippolyte. — Il relevait du fief de la Roche, 1772. — (Arch. d'I.-et-L., *Terrier de la Roche.*)

Jugerie (la), f., c^{ne} de Saint-Michel-sur-Loire.

Juibertières (les), f., c^{ne} du Grand-Pressigny.

Juigné (le comte de), préfet d'Indre-et-Loire. V. *le Clerc de Juigné.*

Juillotrie (la), f., c^{ne} de Saint-Paterne.

Juiverie (le lieu de la), ou la **Burellerie**, paroisse de Gizeux. — En 1662, il appartenait à Charles de Lestenou. — (Arch. d'I.-et-L., E, 113.)

Julianus *juxta Chesiam (Sanctus)*. V. *la Chaise*, c^{ne} de Saint-Georges-sur-Cher.

Julien (le fief de **St-**), dans le bourg d'Azay-sur-Cher. — Il appartenait à l'abbaye de Saint-Julien de Tours. — (Arch. d'I.-et-L., *abbaye de Saint-Julien.*)

Julien (le fief de **St-**), à Bléré. V. *Bléré* (t. 1er, p. 261).

Julien (**St-**), ou la **Secreterie**, paroisse de Dierre. V. *Secreterie.*

Julien (bois de **St-**), près de l'étang de la Gongonnière, c^{ne} de Dierre.

Julien (le lieu de **St-**), près du Petit-Filet et de Groux, c^{ne} de Montlouis.

Julien (la chapelle de **St-**), près de Pernay.

Julien (le lieu de **St-**), près du château de Reignac.

Julien (la fosse **St-**), près de Treilleul, c^{ne} de Saint-Épain.

Julien (le fief de **St-**), ou **Fief-du-Corps-de-l'Abbaye-de-Saint-Julien**, dans la ville de Tours. — Il avait droit de haute, moyenne et basse justice et s'étendait sur 646 maisons. Vers 1730, sa justice fut réunie au bailliage de Tours. Il appartenait à l'abbaye de Saint-Julien. — (Arch. d'I.-et-L., *abbaye de Saint-Julien.*)

Julien (René-François), né à Tours, le 10 avril 1703, avocat, juge-suppléant au tribunal de première instance de Tours, fut nommé maire de Tours, en 1848. Dans la même année il fut élu député d'Indre-et-Loire par 66,655 voix. Il mourut à Tours le 18 novembre 1871. Il était chevalier de la Légion d'honneur. — (C.-N. Lesaulnier, *Biographie des 900 députés à l'Assemblée nationale* (1848). — *Journal d'Indre-et-Loire*.)

Julien-de-Chédon (St-), cne du canton de Montrichard (Loir-et-Cher). — *Capito*, 1107; *Chedo, Chedun*, 1216; *territorium de Chedo*, 1217 (chartes de l'abbaye de Villeloin). — *Parochia S. Juliani de Chedon*, xiiie siècle (*Cartulaire de l'archevêché de Tours*). — Ancienne paroisse du diocèse de Tours. Elle dépendait de l'élection d'Amboise, du doyenné de Montrichard et du grand-archidiaconné de Tours. Le prieuré-cure appartenait au prieuré de Saint-Côme. Guillaume de Chanteloup, en était prieur en 1366; — Regnault de Mauny, en 1455; — Michel Barbin, en 1580; — Pierre de Mouzay, en 1590; — Jean de la Roche, en 1604.

La paroisse formait un fief relevant de Montrésor. Un chevalier nommé Joubert en était seigneur en 1177; — Geoffroy de Palluau, en 1214; — Jacques Douin, en 1559; — Antoine-Jean Rattier, trésorier de la guerre de la généralité de Tours, en 1775. Par acte du 18 février 1786, ce dernier le vendit à Angélique-Marie-Josèphe Le Juge, femme de Louis-Charles, comte de Sampigny, qui comparut, par fondé de pouvoir, à l'assemblée électorale de la noblesse de Touraine, en 1789. — (Arch. d'I.-et-L., C, 336, 675; G, 515; charte de Villeloin.) — *Gallia christiana*, XIV. — *Rôle des fiefs de Touraine*. — *Cartulaire de l'archevêché de Tours*, — D. Housseau, IV, 1273. — *Martyrol. S. Juliani* (manuscrit de la Bibl. de Tours, n° 1278).

Julien-de-la-Chaise (St-). V. *la Chaise*, cne de Saint-Georges-sur-Cher.

Julinière (la), f., cne de Cerelles. — Ancien fief, relevant du fief de Châtenay. En 1491, il appartenait à Guillaume Chauvet; — en 1625, à Élie Chambellin; — en 1671, à Catherine Chambellin, veuve de Louis Provost, marchand à Tours; — en 1672, à Françoise Preuilly, veuve de François Provost; — en 1682, à Claude Porée. — (Arch. d'I.-et-L., *fief de Châtenay*. — Bibl. de Tours, fonds Salmon, *titres de Saint-Julien*.)

Juliotterie (la), f., cne Semblançay.

Juliotterie (la), ou **Juliottière**, ham., cne de Saint-Paterne, 12 habit. — Il relevait de la prévôté d'Oë. — (Arch. d'I.-et-L., *prévôté d'Oë*. — Bibl. de Tours, fonds Salmon, *titres de Saint-Martin*.)

Julitte (Ste-), vil., cne de Saint-Flovier, 56 habit. — *Luigniacus*, xie siècle. — *Sainte-Julitte*, carte de Cassini. — Ancienne paroisse, dépendant de l'élection de Loches, du doyenné de Preuilly et de l'archidiaconné d'outre-Vienne. Elle a été réunie à la commune de Saint-Flovier en 1830.

Population. — 148 habit. en 1726. — 45 feux en 1764. — 188 habit. en 1801. — 193 habit. en 1810. — 180 habit. en 1821.

L'église était sous le vocable de saint Pierre et de sainte Julitte. En 1092, un nommé Girard la donna, par la charte suivante, à l'abbaye de Saint-Pierre de Preuilly :

*Auctor humane restaurationis Deus, etc......
Ideo, ego Girardus, peccatorum meorum recordatione perterritus, non tamen desperans de divina misericordia, ut merear consortium cum celestis patriæ civibus simul que veniam consequar meorum actuum......... abbati ac domui de Prulliaco, in honore S. Petri apostolorum principis consecratæ, trado de mei patrimonii rebus sub testamenti legibus ecclesiam Sancti Petri nec non Sanctæ Julittæ quæ est constructa in vico cognomine Luigniaci, cum omni sacerdotali........; terram Otberti et vineam que est retro....... ecclesiæ et unum quartenium terræ ad ortum faciendum, pratum quoque Radulfi presbyteri, et boscum meum, ad domos monachorum qui ibi fecerint faciendas et ad calefaciendum et ad omne opus eorum, excepta venditione. Et testes hujus donationis fuerunt Gaufridus frater ejus et Gaufridus Rufus. Ipse quoque comes Andegavensis Fulco, hanc donationem concessit Deo et Sancto Petro nec non et abbati Constantio, vidente Gaufrido Prulliacensi, in sessione Ambaciensi castri, et cujus honorem ipse Girardus habet. Ipsi quoque milites viderunt, id est Harduinus Malliacensis, Elinardus; archiepiscopus quoque Radulphus qui illic erat, et archidiaconus Ranulfus, capellanus que Isembaudus viderunt, auctorizaverunt et signum Sanctæ crucis manibus suis fecerunt. Facta est hæc donatio temporibus Philippi regis Francorum, et Gregorii papæ Romani anno millesimo octogesimo xiie ab Incarnatione Domini. S. Radulfi archiep. S. Fulconi, comitis; S. Ranulfi archid.; S. Gofridi Jordanis. S. Gaufridi fratris ejus; S. Harduini Malliacensis.*

On voit, par cette charte, que la localité dont nous nous occupons s'est appelée *Luigniacus* (Leugny), avant de se nommer Sainte-Julitte.

L'abbaye de Preuilly fut maintenue dans la possession de l'église de Sainte-Julitte, par le pape Urbain II en 1199, et par Barthélemy de Vendôme, archevêque de Tours, en 1184 :

Par son testament du mois d'avril 1480, un habitant de Sainte-Julitte, nommé Guillaume de Fontenay, donna à la cure la métairie de la Pinaudière et fit en même temps d'autres legs assez singuliers. Nous extrayons de ce testament les passages suivants :

« Au nom du Père, du filz et du Sainct Esprit, Amen. Moy, Guillaume de Fontenay, paroissien de Saincte Julitte, considérant en moi que de ce monde n'est rien et que une fois fault mourir et n'est chose si certaine que la mort est....... et la vie est incertaine....... ay ordonné mon testament en la forme et manière qui cy après sensuit :

« Premièrement, je donne mon âme à Dieu, mon créateur. Le corps je veux qu'il soit mis et ensepulturé en l'église de Saincte Julitte, davant l'ymage de N.-Dame ou en autre lieu en la dicte eglyse là ou semblera bon a mes exécuteurs.

« Item, je veux et ordonne que au jour de mon obiit soit fait dire le nombre cinquante messes avec vigilles des morts........

« Item, je veux et ordonne que au septieme jour soit fait dire et celebrez en l'eglyse de Ste Julitte le nombre de cinquante messes pour l'âme de moy.......

« Item, je veux et ordonne de que au bout de l'an soit fait dire en la dicte église le nombre cinquante messes pour l'ame de moy.......

« Item, je veux et ordonne qu'il soit employé huict livres de cire pour faire mon luminaire, lequel luminaire servira à tous les services.

« Item, plus je donne à la boyte de Notre Dame six bourroys d'abeilles pour entretenir le luminaire de l'eglyse, lequel servira aux messes cy après déclarées........

« Item, je donne au curé et au prieur de Saincte Julitte une mestairie appelée le Village de la Pinaudière....... aveucques autres pièces de terre appelée la Bigotière....... et quatre bourroyes d'abeilles lesquelles quatre bourroyes sont du tout à moy, pour dire et célébrer par chacune sepmaine de l'an deux messes........

« Plus je donne au dict curé la moictié de ma maison, laquelle est assise au bourg de Saincte Julitte avec les appartenances et deppendances d'icelle.......

« Item, je donne dix escus avec un signet d'argent et fillet d'or et une autre verge d'argent doré, un fermail de matines pour faire ung calice et pour acheter une chesuble et tous aultres ornements, lesquels ornements serviront à dire les messes dessus dittes.

« Et en oultre je donne deux escus d'or vallant soixante dix sols pour avoir un missel pour servir à dire les messes dessus dittes.

« Item, je donne à ma niepce Marie, fille de Jehan Loyseau pour ayder à la marier la somme de cinquante livres, avec une Heures de fame lesquelles sont fermées de deux fermetz d'argent.

« Item, je donne le mariage de quatre pauvres filles lesquelles prieront Dieu pour moy.

« Et premierement je donne à la fille de Jehan Fournier, laquelle est ma filleule, un lit garni de couessins, six draps et une couverte de thoille, deux touailles, deux horilliers et quatre serviettes, une pinte, deux escuelles, un plat d'estain, un chaudron, une pelle, une vache, six brebis et un grand chandelier de cuivre.

« Item, je donne à la fille de George Hilairon laquelle a nom Jehanne, un lit garni de six draps, un couessin, une couverte de futaine, un coffre, deux touailles, deux horilliers, quatre serviettes, une pinte, deux escuelles d'estain, un grand chaudron, une pelle d'azain au choys de la fille, une vache, un veau et six chez de brebis, avec un septier de froment de rente, mesure de Loche, laquelle m'est deue sur l'héritage de la Grimaudière.

« Item, plus je donne à deux autres filles pour ayder à les marier voire à la délibération de mes exécuteurs la où ils verront qu'il sera bien employé à chacune d'elles filles six draps de lit aveucque un horillier ; à chacune deux touailles, quatre serviettes, à l'une un chaudron, à l'autre une pelle, à chacune une vache et à chacune six chez de brebis ; à une une pinte, à l'autre une choppine, à chacune un chandelier de cuivre.

« Item, je donne à Hilairon une robbe doublée de blanchet, un pourpoint de peau de bische.

« Item, je delaisse à Monsieur mon maistre deux arbalestes, une tiloire, un trait et un piot pour en faire à son bon plaisir.

« Item, je delaisse à Madomoiselle ma metresse mes harnoys pour en faire à son bon plaisir.

« Item, je donne une robbe tannée, fourrée de renard, qui sont en mon marchepied pour mettre et employer à avoir un mantheau rouge pour prester aux mariés, lequel mantheau sera mis entre les mains des procureurs de la paroisse pour le garder et prester à ceux qui en auront nécessité. »

Charles Jouanneau était curé de Sainte-Julitte en 1664 ; — Claude de Bunon en 1689.

Cette paroisse formait une châtellenie relevant de la baronnie de Prouilly à foi et hommage lige. Vers 1320, elle appartenait à Godemar de Lignières, qui eut une fille, Florie, dame de Sainte-Julitte, mariée à Jean le Meingre, dit Boucicaut, premier du nom, maréchal de France. Celui-ci mourut à Dijon en mars 1368. Son corps, transporté à Tours, fut inhumé dans l'église collégiale de Saint-Martin. Florie de Lignières décéda en 1406 et eut sa sépulture dans le même lieu (V. *Boucicaut*, t. I, p. 322). — Jean le Meingre, dit Boucicaut, fils du précédent, comte de Beaufort et vicomte de Turenne, fut aussi seigneur de Sainte-Julitte. Il mourut au château d'Esbeck, en Angleterre, en 1421. Vers 1390, il avait vendu la terre de Sainte-Julitte à Guy de Craon, chambellan du roi Charles VI, fils de Guillaume de Craon, premier du nom, et de Marguerite de Flandre.

Guy de Craon fit son testament le 14 octobre 1401 et mourut, sans enfants, peu de temps après. Il fut inhumé dans l'église des Cordeliers de

Châteaudun. Il avait légué la châtellenie de Sainte-Julitte à sa femme, Jeanne de Chourses.

Jean de Chourses, seigneur de Malicorne, frère de Jeanne, hérita de ce domaine vers 1420.

Guillaume de Chourses, fils de Jean, était seigneur de Sainte-Julitte en 1425. Il avait épousé Jeanne de Tucé.

La châtellenie passa ensuite à Baudouin de Champagne, seigneur de Tucé, grand-bailli de Touraine (1430), par suite de son mariage avec Jeanne de Tucé, veuve de Guillaume de Chourses.

Anne de Champagne de Tucé, fille unique de Baudouin et dame de Sainte-Julitte, épousa Louis de Bueil, fils de Jean IV de Bueil et de Marguerite Dauphine, qui fut tué dans une joûte, à Tours, en 1446.

Louis de Bueil n'eut pas d'enfants. Les biens de sa femme, qui mourut peu de temps après lui, échurent, par héritage, à la famille de Saint-Père.

Le 20 janvier 1486, Jehan de Saint-Père, seigneur de Clainchamp et de Sainte-Julitte, rendit hommage, pour cette dernière terre, au baron de Preuilly.

Voici le texte de l'aveu :

« De vous noble et puissant seigneur, Pregent,
« baron de Preuilly et seigneur du Blanc en
« Berry, je, Jehan de Saint-Père, écuyer, sei-
« gneur de Clainchamp et de Ste-Julitte, tiens et
« advoue à tenir de vous, à cause de votre chas-
« tel, chastellenie, baronnie de Preuilly, à foi et
« hommage-lige et aux loyaux aydes, telles
« comme ceux dont la cause vous ont acoustumé
« faire quand elles y adviennent droit, selon la
« coustume du pays, et je tiens à mon domaine,
« mon chastel, chastellenie..... fief et seigneurie
« du dit lieu de Ste-Julitte, avec la justice, juri-
« diction et droits qui appartiennent et doivent
« appartenir à la dicte chastellenie, à scavoir est,
« justice patibulaire à quatre piliers fournis et
« garnis de liens par dedans et par dehors, et
« quatre pomelles sur les dicts pilliers, droict de
« pleds, assises, guet, péage, aulmonerie, mala-
« drerie, scel à contrats et aultres droicts appar-
« tenant à la dicte seigneurie et chastellenie :
« c'est à scavoir : mon chastel de Ste-Julitte avec
« la clôture, fosses et forteresses. *Item*, ma pré-
« vôté et péage du dit lieu, mes mesures à blé,
« à vin, aulnage, mesures d'aulnes à toiles et
« draps, poids de crochets et de balance, pour
« bailler et faire bailler à tous mes hommes sub-
« jects, et par toute ma dicte chastellenye et mon
« sep pour les faire ajuster, et de les faire appor-
« ter pour les faire visiter, ajuster : et ny de faire
« depencher tous chemins empêchés au dedans
« de sa dite chastellenie..... »

Jehan de Saint-Père mourut vers 1495, laissant un fils unique, Adam, qui fut seigneur de Sainte-Julitte, et épousa Charlotte de la Haye.

Antoinette de Saint-Père, fille d'Adam, fut mariée, en 1515, à Louis le Roy, chev., et eut cette châtellenie en dot. Louis le Roy était capitaine des gardes du corps et gentilhomme ordinaire de la chambre du roi. Il eut deux enfants : François, qui suit, et Madeleine, qui épousa, le 1er juin 1550, Jean de Rouville, lieutenant au gouvernement de Normandie.

François le Roy, chev., comte de Clainchamp, seigneur de Sainte-Julitte, lieutenant-général de Touraine, capitaine-gouverneur du château de Chinon, épousa, en premières noces, Antoinette de la Tour, fille de François de la Tour III, vicomte de Turenne, et de Louise de Bologne; et, en secondes noces, Renée de Bretagne, fille d'Odet de Bretagne, comte de Vertus, et de Renée de Coesmes. Il mourut sans postérité le 18 février 1606. Vers 1593, il avait vendu la châtellenie de de Sainte-Julitte à Louis Brisson, avocat au Parlement de Paris.

Louis Brisson mourut vers 1630. Ses biens passèrent à sa sœur, Louise Brisson, que l'on voit qualifiée de dame de Sainte-Julitte, dans plusieurs actes d'état civil de la paroisse de Saint-Flovier.

En 1700, la seigneurie de Sainte-Julitte appartenait à Bernard de Saint-Jean, chev., baron de Pointis, chef d'escadre des armées navales du roi.

Ses héritiers, par actes des 2 novembre 1707 et 21 novembre 1708, vendirent ce domaine à Claire Renaudot, veuve de Jacques Chaspoux, seigneur de Verneuil, et qui rendit hommage au baron de de Preuilly, le 4 avril 1710.

Voici le texte du procès-verbal qui fut dressé à cette occasion par le bailli de la baronnie de Preuilly :

« Aujourduy quatre avril mil sept cent dix, par devant nous Jean Mestivier, advocat au parlement, bailly et juge ordinaire de la baronnie de Preuilly, première de Touraine.

« A comparu en personne dame Clerc Renodot, veuve de deffunt Messire Jacques Chaspoux chevallier seigneur de Verneuil, en son vivant lieutenant des gardes de son altesse Royalle Monseigneur le duc d'Orleans et trésorier de France honnoraire au bureau des finances de Tours, assistée de Maître Louis Villeret son advocat laquelle nous a remontré que par contrat et transaction des deux novembre 1707 et vingt un novembre 1708 reçu par Bouchard nottaire royal a Loches, elle avait acquit des heritiers de deffunt Messire Bernard de Saint Jean, chevallier, baron de Pointis, chef descadres des armées navalles du Roy,

« La chastellenie terre et seigneurie de Sainte Julite, relevant nuement de cette baronnie a foy et hommage lige, de sorte que pour satisfaire a la coutume elle se serait transportée par devant nous dans cette ville, aux fins de rendre a Monseigneur de cette cour la foy et hommage quelle luy doit a cause de la ditte chastellenie de Sainte

Julitte, a quoy elle requère dêtre reçue, offrant pour cette effet de faire des soumissions en tel cas requis.

« Sur quoy faisant acte a la dite dame Renodot de sa comparution, dire et réquisition de sorte quelle est recue a faire la dite foy et hommage lige, pour raison de la dite chastellenie terre et seigneurie de Sainte Julitte quel fait après sestre mise en devoir de vassal lequelle a fait observer les solemnités au tel cas requises en présence du procureur de la cour. Elle a fait entre nos mains pour mondit seigneur de cette cour foy et hommage lige de ladite chastellenie terre et seigneurie de Sainte Julite et ensuite fait le serment de fidélité tel que le vassal doit a son seigneur, le tout sauf le droit de mon dit seigneur et l'autruy et ce a la charge de le payer et acquiter tels quils sont deus et de donner par la dite dame son adveu dans le temps de la coutume.

« Donné et fait par nous bailly et juge sur ce requis le jour et an que dessus ainsy signé : MESTIVIER, C. RENAUDOT, MICHELLE, VILLERET et ROY, greffier. »

Eusèbe-Jacques Chaspoux, fils de Jacques Chaspoux et de Claire Renaudot, obtint, en avril 1746, l'érection, en marquisat, de la terre de Verneuil avec union de celles de Sainte-Julitte, de Chaumussay, Saint-Flovier et autres. Il mourut le 2 janvier 1747, laissant, de son mariage avec Louise-Françoise de Bigres, un fils unique, Eusèbe-Félix, marquis de Verneuil, comte de Loches, seigneur de Sainte-Julitte, Saint-Flovier, Chaumussay, etc., grand-échanson de France et introducteur des ambassadeurs, marié, le 24 juin 1743, à Anne-Adélaïde de Harville.

Eusèbe-Félix Chaspoux, dernier seigneur de Sainte-Julitte, comte de Loches, grand-échauson de France, comparut à l'assemblée électorale de la noblesse de Touraine en 1789.

MAIRES DE SAINTE-JULITTE. — Denis-Jacques Bureau-Desclaux, 1804, 29 décembre 1807, 14 décembre 1812. — Louis Arnault, 1820. — René-Louis Dard, 3 janvier 1826.

Arch. d'I.-et-L., E, 23, 103, 108, 260; cure de Sainte-Julitte. — D. Housseau, III, 931, 1033; IX, 4100; XI, 4867; XIII, 7331 7332, 8208. — Registres d'état civil de Saint-Flovier. — Preuves de l'histoire de la maison de Menou, 93. — Pouillé de l'archevêché de Tours (1648), p. 45, 74. — Dufour, Diction. de l'arrondissement de Loches, I, 325. — Étrennes à la noblesse, VIII, 86. — La Chesnaye-des-Bois et Badier, Diction. de la noblesse, V, 234. — Mémoires de Michel de Castelnau, III, 99. — Saint-Allais, Nobiliaire universel de France, XIV, 378. — Ménage, Hist. de Sablé, 269. — Mém. de la Soc. archéol. de Tour. XI, 28, 30, 285. — P. Anselme, Hist. génér. de la maison de France, VII, 289; VIII, 571. — Cartulaire de l'archevêché de Tours. — Rôle des fiefs de Touraine. — Dictionnaire universel de la France, III, 582.

Julitte (forêt de **Ste-**). — Une partie se trouve sur le territoire de Saint-Flovier, l'autre sur la commune de la Celle-Guenand.

Jullien (Amable), né à Rouen le 15 juillet 1810, vint s'établir à Tours, où il travailla dans une imprimerie, puis dans les ateliers du chemin de fer d'Orléans comme mécanicien-chauffeur. En 1848, il fut nommé député du département d'Indre-et-Loire par 39,036 voix. — (C.-M. Lesaulnier, Biographie des 900 députés à l'Assemblée nationale. — Biographie des membres de l'Assemblée nationale, par une société de littérateurs, Paris, Krabbe, 1849, in-8°. — Journal d'Indre-et-Loire, 1848.)

Jumeau ou les **Jumeaux**, f., c^{ne} de de Saint-Aubin. — Jumeau, cartes de Cassini et de l'état-major.

Jumeau (le), f., c^{ne} de La Ferrière.

Jumeau (l'étang), ou des **Jumeaux**, c^{ne} de Saint-Roch. — Étangs-des-Jumeaux, carte de l'état-major. — Il relevait du fief de Saint-Roch, et appartenait, en 1524, à Jacques de Beaune, baron de Semblançay. Par acte du 11 octobre 1669, le duc de Luynes le vendit à Nicolas Chauvereau à condition qu'il le tiendrait féodalement de lui à foi et hommage simple et 6 deniers de franc-devoir, (Arch. d'I.-et-L., C, 585; fief de Saint-Roch.)

Jumeau (Altin), né à Orléans en 1659, entra dans l'ordre de Saint-Benoît, à Saint-Florent de Saumur le 21 juillet 1677. Élu prieur de l'abbaye de Cormery le 15 juin 1696, il passa, quelques années après, à l'abbaye de Saint-Sauveur de Redon, où il mourut le 18 septembre 1721. — (Cartulaire de Cormery, CXXXIV. — Arch. d'I.-et-L., titres de Cormery.)

Jumeaux (les), f., c^{ne} d'Avrillé.

Jumeaux (bois des), c^{ne} de Bossée.

Jumeaux (les), vil., c^{ne} de Bournan, 19 habit. — Les Jumeaux, carte de Cassini.

Jumeaux (l'étang des), ou **Grand-Étang**, c^{ne} de Civray-sur-Cher. — Il formait un fief relevant d'Amboise et pour lequel Jean Goussard rendit aveu en 1482. Par la suite il fit partie du domaine royal. Son étendue, en 1764, était de 78 arpents. — (Arch. d'I.-et-L., C, 336, E, 26. — Bibl. nationale, Gaignères, 678. — Bibl. de Tours, fonds Salmon, titres d'Amboise.)

Jumeaux (les), f., c^{ne} de Joué. — Ancien fief. En 1676, il appartenait à N. Fouquet, sieur de la Sagerie, président trésorier de France, à Tours. — (Arch. d'I.-et-L., G, 23.)

Jumeaux (les), c^{ne} de Saint-Aubin. V. Jumeau.

Jumeaux (l'étang de), c^{ne} de Saint-Roch. V. Jumeau.

Jumeaux, f. et étang, c^{ne} de Souvigny. — Petit-Étang-de-Jumeaux, XVIIe siècle. — L'étendue de l'étang était de 17 arpents en 1764. En 1790, il dépendait de Chanteloup. — (Arch. d'I-et-L., C, 336; E, 26; *Biens nationaux*. — Bibl. de Tours, fonds Salmon, *titres d'Amboise*.)

Joumeaux (le lieu des), près de Givraizay, c^{ne} de Thilouze.

Jumelière (la), f., c^{ne} de Langeais. — En 1771, elle appartenait à Henri Quirit, Éc. — (Arch. d'I.-et-L., E, 114.)

Jumelle (la), f., c^{ne} de Semblançay.

Jument (la), f., c^{ne} du Grand-Pressigny.

Juncheria. V. *la Jonchère*, c^{ne} de Saint-Branchs.

Juneuil, Junolio (*vinea de*). — Cette vigne, située près de l'abbaye de Saint-Julien de Tours, est mentionnée dans l'*Histoire de Saint-Julien*, insérée dans les *Chroniques de Touraine*, publiées par A. Salmon, p. 221.

Junot (Joseph), chanoine de l'église de Cambray, aumônier des gardes françaises, fut nommé abbé d'Aiguevive au mois d'avril 1745, en remplacement de Jacques Tuffet. Il donna sa démission en 1760 et eut pour successeur Antoine Noguier, docteur de Sorbonne. — (Bibl. de Tours, fonds Salmon, *titres d'Aiguevive*. — *Mém. de la Soc. archéol. de Tour.*, VIII, 79; IX, 161.)

Jupault, ham., c^{ne} de Saint-Ouen. — *Jupeau* ou *Jupeaux*, XVIIe et XVIIIe siècles. — *Jupault*, carte de l'état-major. — *Jupaux*, carte de Cassini. — Ancien fief, relevant de Pocé à foi et hommage simple. En 1521, il appartenait à Jacques Malon; — en 1605, à Claude Malon; — en 1652, à Edme de Taillevis; — en 1615, à François-Paul de Taillevis, Éc.; — en 1763 à Jean Hubert, marchand-cirier à Amboise, qui rendit aveu le 24 avril. — (*Rôle des fiefs de Touraine*. — Arch. d'I.-et-L., E, 38, 44, 131. — Registres d'état civil de Saint-Florentin d'Amboise. — Lainé, *Archives de la noblesse de France*, X, 38, 41, 51. — Bibl. de Tours, fonds Salmon, *titres d'Amboise*.)

Jupeau, f., c^{ne} d'Auzouer. — *Juppeaux*, 1626. — Ancien fief, relevant de Châteaurenault. En 1558, il appartenait à Jacques Morin; — en 1626, à César Forget; — en 1715, à Hercule-Charlemagne des Tailleaux. — (Arch. d'I.-et-L. — Archives du château de Pierrefitte. — Bibl. de Tours, fonds Salmon, *titres de Châteaurenault*.)

Jupeau, f., c^{ne} de Morand. — *Jupeau*, carte de l'état-major. — Ancien fief. — (*Rôle des fiefs de Touraine*.)

Juperie (la), f., c^{ne} de Saint-Paterne.

Jupilles, ham., c^{ne} de Mazières, 10 habit. — *Jupille*, carte de l'état-major.

Jupilles (le lieu de), paroisse de Chanceaux-sur-Choisille. — Il est cité dans un acte du 19 mai 1267. — (Arch. d'I.-et-L., *prévôté d'Oë*.)

Juppeau, c^{ne} d'Auzouer. V. *Jupeau*.

Juquellerie, ou **Juquellière** (la), f., c^{ne} de Nouzilly. — *Gagnerie de la Juquelerie*, 1330, 1528, 1631. — *Juquelerie*, carte de Cassini. — Elle dépendait du fief de la Roche. Par acte du 6 décembre 1631, Pierre Martin la vendit à l'abbaye de Beaumont-les-Tours. — (Arch. d'I.-et-L., *titres de la Roche et de l'abbaye de Beaumont-les-Tours*.)

Jusalière (la), fief relevant de Faye-la-Vineuse. — Le 30 mars 1473, Guillaume le Roy, Éc., rendit hommage à Jean de Bueil, seigneur de Faye. — (Bibl. de Tours, manuscrit n° 1436.)

Juscorps, f., c^{ne} de Saint-Règle.

Juspie (bois de), c^{ne} de Brizay.

Juspie, c^{ne} de Genillé. V. *Juchepie*.

Juspie, c^{ne} de Luzé. V. *Juchepie*.

Juspie, c^{ne} de Panzoult. V. *Juchepie*.

Juspillard, vil., c^{ne} de Larçay, 21 habit. — *Jusse-Pillard*, 1656. — *Juspillard*, carte de l'état-major. — Ancien fief. Il relevait du château de Larçay et appartenait, en 1656, à Jacques Guillery, administrateur de l'Hôtel-Dieu de Tours; — en 1761, à Charles Audebert, fabricant à Tours. — (Arch. d'I.-et-L., E, 140; G, 16. — *Minimes du Plessis*. — *Rôle des fiefs de Touraine*.)

Jussai, c^{ne} de Chaumussay. V. *Jussay*.

Jussannière (la), ou **Jusseaumière**, f., c^{ne} de Villiers-au-Boin.

Jussans (les), c^{ne} de la Chapelle-Saint-Hippolyte. V. *Jusseaumes*.

Jussay (le fief de), paroisse de Barrou. — Il relevait de la baronnie du Grand-Pressigny, à laquelle il fut réuni vers 1600. — (Arch. d'I.-et-L., E 103.)

Jussay, ou **Jussai**, f., c^{ne} de Chaumussay. *Jussé*, 1777. — *Jussée*, carte de Cassini. — Ancien fief, relevant de la châtellenie de Sainte-Julitte à foi et hommage plain. En 1786, il appartenait à Jean-Samuel d'Harembure, seigneur de Granges, gouverneur de Poitiers, chevalier de Saint-Louis, fils de Paul d'Harembure, chev., seigneur de Romefort, de la Chèvrie, de la Roche-Aguet, mousquetaire du roi, et de Marie-Anne de Moussy. Jean-Samuel d'Harembure comparut, par fondé de pouvoir, à l'assemblée électorale de la noblesse de Touraine, en 1789. — (Registres d'état civil de Chaumussay. — Arch. d'I.-et-L., C, 602; F, 23. — *Rôle des fiefs de Touraine*. *Mém. de la Soc. archéol. de Tour.*, X, 106.)

Jusseaumes (les), ou **Jussiaumes**, vil., c^{ne} de la Chapelle-Saint-Hippolyte, près du ruisseau de Vitray, 25 habit. — *Les Jussans*, carte de Cassini.

Jusseaumière (le lieu de la), paroisse de Fondettes. — Il relevait censivement de Charcenay (1588). — (Arch. d'I.-et-L., *fief de Charcenay*.)

Jussée, cne de Chaumussay. V. *Jussay*.

Justerie (les Haute et Basse-), f., cne de Fondettes. *Jouaterie*, 1429. — *Justerie*, carte de l'état-major. — Elles relevaient du fief de Martigny et appartenaient au prieuré de Saint-Côme. — (Arch. d'I.-et-L., *titres de Saint-Côme*.)

Justerie (la), f., cne de Saint-Roch. — Elle relevait censivement de la Chapelle-Saint-Remi (1672.) — (Arch. d'I.-et-L., *titres de Saint-Roch*.)

Justice (la), f., cne de Bossay.

Justice (la), f., cne de Brèches.

Justice (croix de la), cne de Brèches, près du chemin dit des Césars, ancienne voie romaine.

Justice (la), cne de la Chapelle-Blanche. V. *Justrie*.

Justice (le lieu de la), cne de Chédigny. — *La Justice*, carte de Cassini.

Justice (le lieu de la), près des Perrés, cne de Chemillé-sur-Dême.

Justice (le lieu de la), près de la Donnerie, cne de Chemillé-sur-Indrois.

Justice (le lieu de la), près de la Riffaudière, cne du Grand-Pressigny.

Justice (le lieu de la), cne de Luzé, près du chemin de Luzé à Marigny.

Justice (le lieu de la), cne de Noizay, près du chemin de Chançay à Gaugaine.

Justice (le lieu de la), près du moulin du Temple, cne de Nouâtre.

Justice (le lieu de la), près de Guillemidi, cne de Noyant.

Justice (le lieu de la), près du Carroir, cne de Rouziers.

Justice (le lieu de la), près de Vrillé, cne de Saint-Épain.

Justice-de-Thais (le lieu de la), près de Thais, cne d'Yzeures.

Justices (le lieu des), cne de Beaulieu.

Justices (le lieu des), près de la Vallée-de-Raye, cne de Chançay.

Justices (le lieu des), près du Petit-Bouqueteau, cne de Chinon.

Justices (le bois des), près des Vérons, cne de Faye-la-Vineuse.

Justices (le lieu des), près du Moulin-Girault, cne de l'Ile-Bouchard.

Justices (le lieu des), cne de Lerné, près des limites de Vezières (Vienne).

Justices (le lieu des), cne de Ligré, près du chemin de Ligré à Chinon.

Justices (le lieu des), cne de Montlouis, près chemin de la Ville-aux-Dames à Montlouis.

Justices (le lieu des), près du Grand-Village, cne de Nouans.

Justices (le lieu des), près de Saint-Gilles, cne de Saint-Christophe.

Justices (le lieu des), cne de Saint-Pierre-des-Corps, près de la Loire.

Justices (le lieu des), près de Trogues.

Justonnière (le fief de la), paroisse de Marcilly-sur-Maulne. — Il relevait du duché de Château-la-Vallière. Le 26 août 1748, Marie-Augustine de Vaugirault, veuve de Louis du Plessis, rendit hommage pour ce fief. — (Bibl. de Tours, fonds Salmon, *titres de Châteaux*.)

Justonnière (la), ou **Haute-Justonnière**, f., cne de Neuillé-Pont-Pierre. — *Justonnière*, ou *Boutenay*, 1738. — *Justonnière*, carte de l'état-major. — Ancien fief, relevant de la baronnie de Saint-Christophe et, pour une partie, de la collégiale de Bueil. — En 1506, il appartenait à Pierre de Maillé, qui rendit hommage le 17 septembre ; — en 1789, à N. le Pellerin de Gauville. — (*Rôle des fiefs de Touraine*. — D. Housseau, XIII, 10773 *bis*. — (Arch. d'I.-et-L., G, 257 ; *Chapitre de Bueil ; terrier d'Oë*. — Bibl. de Tours, manuscrit n° 1346.)

Justrie (la), ou **Justice**, f., cne de la Chapelle-Blanche.

Juyé de Morie (Isaac de), conseiller au Grand-Conseil, échevin de Paris, maître des requêtes (1616), conseiller d'État, fils de Pierre de Juyé, seigneur de Forges, fut nommé intendant de Tours en 1632. Il épousa, en premières noces, Madeleine de Champrond, fille de Jacques de Champrond, président aux Requêtes, et de Madeleine de Montmirail ; et, en secondes noces, Françoise Giroult, fille de Claude Giroult, trésorier de France à Soissons, et de Marie Targay. Il mourut à Paris le 25 septembre 1651. — (De Courcelles, *Diction. de la noblesse*. III, 340. — La Chesnaye-des-Bois et Badier, *Diction. de la noblesse*, XI, 178. — P. Anselme, *Hist. généal. de la maison de France*, II, 124.)

Juyère (la), cne de Saint-Pierre-de-Tournon. V. *Jouzière*.

ADDITION

A LA NOTICE SUR HUISMES

Les épitaphes suivantes, qui se trouvent dans l'église de Huismes, ne nous ont été envoyées qu'après le tirage de la feuille contenant l'article relatif à la commune de Huismes :

Hic jacent
Franciscus Leroyer de la Sauvagere
Dominus Darteze
prœnobilis Scutatus
Eques Ordinis S. Ludovici ingeniarius militaris
Prœfectus pro Rege munimentorum Salmuri
Necnon Andegavi et Pontis Saii.
Nobilior morum nobilitate fuit,
Integer ingenus, verax Deique Cultor
Generosus fere per sexaginta annos.
Pro rege et patria tulit arma.
Obiit nonis Septemb. Die Veneris
In domo sua De la Bretaudière
Anno mdccxlix
A Christo nato 21° Maii 1674
Et
Maria Gertruda Mazilles de Fouqueroul
Uxor
Dotibus eximiis conspicua
Omnibus flebilis et defleta
Diem Supremum obiit vi calend. Februarii

Die Sabati anno ætat⁸ lxviii. m.dcclix.
In amaritudine animæ suæ
Patri et matri
Hunc tumulum erexit

Extrema officia solvens
Felix Franciscus
Filius primogenitus
R. P.

Cette épitaphe était accompagnée d'armoiries, aujourd'hui mutilées. La devise seule est restée lisible : *Pro fide et patria*.

Ici repose le cœur de Mre Benjamin Gault, Baron de Benneval, Général de Brigade et Commandant de l'Ordre de la Légion d'Honneur, né a Tours le 9 mai 1772 et décédé a Dantzig, le 6 avril 1813, pendant le siège de cette place, par l'armée des alliés. Militaire aussi brave que généreux, il sut se concilier l'attachement, l'admiration de ses compagnons d'armes et l'estime des ennemis. Bon fils, bon frère, bon ami, il posséda a un dégré éminent, les qualités qui constituent l'homme.

FIN DU TROISIÈME VOLUME.

K

Kaino, Kainonense *(castrum)*, **Kainonensis** *vicaria*. V. *Chinon*.

Karus V. *Cher (le)*.

Katherinæ *(burgus Sanctæ)*. V. *Catherine-de-Fierbois (Sainte-)*.

Kercio, *villa*, ou **Kerutio**. — Ce domaine figure parmi ceux que Théotolon, archevêque de Tours, donna à l'abbaye de Saint-Julien, au mois d'août 943. Il était peu éloigné de Chanceaux (sur Choisille), mentionné dans le même acte de donation (*villa Cancellis*). — (Bibl. de Tours, fonds Salmon, n° 1278.)

Kergariou (Joseph-François-René-Marie-Pierre de), comte de l'Empire, né à Lannion (Côtes-du-Nord) le 25 février 1779, était fils d'un magistrat du Parlement de Rennes. Après avoir rempli les fonctions de chambellan de l'Empereur, puis celles de sous-préfet de l'arrondissement du Hâvre, il fut nommé préfet d'Indre-et-Loire, par décret du 26 décembre 1811, en remplacement du baron Lambert. Le 6 août 1814, il reçut solennellement, à Tours, le duc d'Angoulême, et lui adressa, à la tête des autorités de la ville, un chaleureux discours dans lequel il se félicitait du retour des Bourbons, retour qui comblait les vœux de tous les Français. Le 14 septembre de la même année, il prêta serment de fidélité au roi, à la mairie de Tours, avec MM. Bacot, sous-préfet du premier arrondissement, Lemaître, sous-préfet de Loches, et le baron Deslandes, maire. Appelé, le 13 du mois suivant, à la préfecture de Strasbourg, il adressa aux fonctionnaires du département d'Indre-et-Loire une lettre d'adieux où on lisait : « Les temps de mon ad-
« ministration ont été difficiles. Je suis bien loin
« d'avoir pu faire tout le bien que j'aurais désiré;
« mon successeur sera plus heureux. Cependant
« j'ai obtenu quelques résultats importants. La
« construction des écuries du château, l'assai-
« nissement du ruau Sainte-Anne, dont la plan-
« tation doit avoir lieu incessamment, la libé-
« ration de la dette de l'hospice de Tours, etc.,
« telles sont les entreprises exécutées. De grandes
« communications vicinales doivent être pour-
« suivies. Tout est préparé pour faire les planta-
« tions de la levée du Cher, depuis Sainte-Anne
« jusqu'à Montlouis, travail qui sera aussi agréa-
« ble pour les environs de Tours qu'avantageux
« pour les communes et les propriétaires rive-
« rains. J'aurais voulu faire plus encore : le Roi
« en a ordonné autrement et m'appelle à la pré-
« fecture de Strasbourg. »

Il donna sa démission de préfet du Bas-Rhin lorsque Napoléon revint de l'île d'Elbe et reprit ses fonctions le 8 juillet 1815. Il passa ensuite à la préfecture de la Seine-Inférieure, le 2 août de la même année, fut nommé député des Côtes-du-Nord en 1820, puis pair de France le 5 novembre 1827. Il mourut à Grandville (Côtes-du-Nord) le 15 juin 1849. Il était officier de la Légion d'honneur et chevalier de l'ordre royal de Westphalie.

Lardier, *Hist. biographique de la Chambre des pairs* (1829). — *Biographie des préfets*, Paris, 1828 (p. 268). — Bibl. de Tours, manuscrits n° 1440. — Saint-Maurice-Cabany, *Le nécrologe universel*, VII, — *Mémorial administratif d'Indre-et-Loire* (1816), p. 35. — *Le Moniteur universel*, 1489.

Kerleroux, f. et chât., c^{ne} de Manthelan, 12 habit. — *Kerleroulx*, carte de l'état-major.

Kinonis *castrum*. V. *Chinon*.

Koetquis (Philippe de). V. *Coetquis*.

fier de la sénéchaussée d'Anjou, en 1538, puis trésorier de France, à Tours, naquit dans cette ville. Il était fils de Bernard de Fortia, seigneur de Paradis, de la Branchoire et des Touches, président de la chambre des comptes de Bretagne, et de Jeanne Miron. Par acte du 20 novembre 1581, il donna à sa ville natale trois cents livres de rente, pour la fondation d'un collège. Cette donation était faite à la condition expresse que la direction du nouvel établissement ne serait pas mise aux mains de la compagnie de Jésus. Ce collège fut bâti dans la rue Saint-Pierre. — (Lainé Arch. de la noblesse de France, II, généal. Fortia. — Chalmel, Hist. de Touraine, II, 390. — La Chesnaye-des-Bois et Badier, Diction. de la noblesse, VIII, 388.)

Fortière (la), f., c⁰ᵉ de Saint-Aubin. — Fortière, carte de l'état-major.

Fortin, archevêque de Tours. V. Frotier.

Fortin (François), surnommé le Solitaire inventif, religieux de l'ordre de Grandmont, naquit à Tours en 1592. Il résida, pendant une quarantaine d'années, au prieuré de Bois-Rahier, près Tours, et il y mourut le 21 juillet 1661. On a de lui un ouvrage curieux et intitulé : Les ruses innocentes, dans lesquelles se voit comment on prend les oiseaux passagers et les non passagers et plusieurs sortes de bestes à quatre pieds, avec les plus beaux secrets de la pêche.... Paris, Pierre Lamy, 1660, in-4°, avec planches. Cette édition était dédiée à l'archevêque de Tours. Il existe trois autres éditions : Paris, Ch. de Sercy, 1688, in-4°; Amsterdam, Daniel de la Feuille, 1695, in-8°; Amsterdam, Georges Gallet, 1700, in-12. Le titre a été un peu modifié dans cette dernière édition. Il commence ainsi : Les Délices de la campagne, ou les ruses de la chasse et de la pêche, où l'on voit, etc. — (Rich. Lallemand, Biblioth. Thereuticographique. — Almanach de Touraine, 1781. — Chalmel, Hist. de Touraine, IV, 181-82. — Larousse, Grand Diction. univ. du XIXᵉ siècle, VIII, 624. — Didot, Biographie générale, XVIII, 223-24. — D. Housseau, XXIII.)

Fortineries (les), vil., c⁰ᵉ de Gizeux, 40 habit. — Fortinière, carte de Cassini.

Fortinière (la), f., c⁰ᵉ de Charentilly. — Ancien fief, dépendant de la terre de Charentilly. — (Arch. d'I.-et-L., Châtellenie de Charentilly.)

Fortinière (la Grande-), f., c⁰ᵉ de Neuvy-Roi. — Fortunière, 1536. — Elle relevait de la seigneurie du Bois et de la prévôté de Neuvy-Roi. — (Arch. d'I.-et-L., E, 16, 82.)

Fortinière (la), f., c⁰ᵉ de Rillé. — Ancien fief, relevant de la baronnie de Rillé. — (Arch. d'I.-et-L., E, 318. — Rôle des fiefs de Touraine.)

Fortinière (la), f., c⁰ᵉ de Reugny.

Fortinière (la), f., c⁰ᵉ de Saint-Flovier.

— En 1619, Jean de Tanchoux, Éc., était qualifié de seigneur de la Fortinière. — (Registres d'état-civil de Saint-Flovier.)

Forts (les), f., c⁰ᵉ de Montreuil. — Fort, carte de Cassini.

Forts-Abeille (le lieu des), près des Marteaux, c⁰ᵉ de Céré.

Forts-en-Bois (le lieu des), près des Ecoins, c⁰ᵉ de Sazilly.

Fort-Signou (le lieu du), près du Chillou, c⁰ᵉ de la Roche-Clermault.

Fortune (le lieu de la), près du ravin de Prix, c⁰ᵉ de la Chapelle-Blanche.

Fortune (le lieu de la), c⁰ᵉ de Charnizay, près du chemin de Charnizay à Ferrières.

Fortune (la), f., c⁰ᵉ de Courcoué, dans le bourg.

Fortunes (le lieu des), c⁰ᵉ de Chaumussay, près du chemin de Chambon à Preuilly.

Fortunerie (la), f., c⁰ᵉ de Saint-Nicolas-des-Motets.

Fortunière (la), c⁰ᵉ de Neuvy-Roi. V. Fortinière.

Fort-Vent, f., c⁰ᵉ de Nazelles. — Forvent, ou Frovent, xviiiᵉ siècle. — Forivent, carte de Cassini. — Elle fut vendue nationalement sur N. Ouvrard de Martigny, en 1793. — (Arch. d'I.-et-L., Biens nationaux.)

Fortville, ou **Forville**, f., c⁰ᵉ de Noyant. — Forville, carte de l'état-major. — Fréville, carte de Cassini.

Foslarde (terra de). V. Feuillarde, c⁰ᵉ de Saint-Pierre-des-Corps.

Fossa-Mora. V. Fossemore, c⁰ᵉ de Luzillé.

Fossardière (la), ham., c⁰ᵉ de Gizeux, 12 habit.

Fossardière (la), f., c⁰ᵉ de Villedômer.

Fosse (la), f., c⁰ᵉ de Balesmes.

Fosse (la), f., c⁰ᵉ de Braye-sur-Maulne. — La Fosse, carte de Cassini.

Fosse (la), f., c⁰ᵉ de la Celle-Saint-Avent. — La Fosse, carte de l'état-major.

Fosse (la), c⁰ᵉ de la Chapelle-sur-Loire. V. Fosses-Mercier.

Fosse (la Grande-), f., c⁰ᵉ de Fondettes.

Fosse (la), c⁰ᵉ de Francueil. — Ancien fief, relevant du château de Tours. — (Arch. d'I.-et-L., C, 650.)

Fosse (la), c⁰ᵉ de La Riche. V. Esse-au-Gras.

Fosse (la), c⁰ᵉ de Luzillé. V. Fossemore.

Fosse (la), ham., c⁰ᵉ de Marcé-sur-Esves,

14

11 habit. — *La Fosse*, carte de Cassini. — Il relevait du fief de la Louère (1782). — (Arch. d'I.-et-L., E, 15.)

Fosse (la), ou le **Fossé**, f., cⁿᵉ de Marcilly-sur-Maulne. — En 1789, elle appartenait à la cure de Marcilly-sur-Maulne. — (Arch. d'I.-et-L., *Biens nationaux*.)

Fosse (la), f., cⁿᵉ de Neuil. — *La Fosse*, carte de Cassini. — C'est là que le ruisseau de Pont prend sa source.

Fosse (la), ham., cⁿᵉ de Neuillé-le-Lierre, 12 habit. — *Fosse*, carte de Cassini.

Fosse (la), f., cⁿᵉ de Nouzilly. — Ancien fief. Il appartenait aux religieuses de Beaumont-les-Tours, en 1492. — (Arch. d'I.-et-L., *titres de la Roche*. — *Rôle des fiefs de Touraine*.)

Fosse (la), f., cⁿᵉ du Pont-de-Ruan. — *La Fosse*, ou *Fromageau*, ou *la Roussardière*, 1629, 1704. — *La Fosse*, carte de l'état-major. — Ancienne propriété du prieuré de Relay. — (Arch. d'I.-et-L., *Prieuré de Relay*.)

Fosse (le moulin de la), sur le ruisseau de Rochette, cⁿᵉ de Reignac. — *Molendinum de la Fousse, in parochia Vallis de Brays in feodo Monasterii S. Juliani*, XVᵉ siècle. — *Moulin de la Fosse*, carte de l'état-major. — Vers 1470, Pierre de Montplacé, abbé de Saint-Julien, donna à son monastère une rente de six setiers de froment à prendre sur ce moulin à la fête de la Toussaint. — (*Martyrol. S. Juliani*.)

Fosse (le bois de la), près du Boulay, cⁿᵉ de Rouziers.

Fosse (la), f. et moulin, sur le ruisseau de la Fontaine des Vallées, cⁿᵉ de Saint-Aubin. — *La Fosse*, cartes de Cassini et de l'état-major. — Ancien fief, relevant de Saint-Aubin. En 1793, il fut vendu nationalement sur N. Grimont, comte de Moyon, émigré. — (Arch. d'I.-et-L., *Biens nationaux*. — *Rôle des fiefs de Touraine*.)

Fosse (la), f., cⁿᵉ de Saint-Avertin.

Fossé (le), vil., cⁿᵉ d'Hommes, 33 habit. — *Le Petit-Fossé*, ou *Fossay*, ou la *Pelletrie*, 1619, 1759. — *Les Fossez*, carte de Cassini. — Ancien fief, relevant de la baronnie de Rillé. Il appartenait au prieuré de Channay, suivant des déclarations rendues en 1619 et le 27 novembre 1759. — (Arch. d'I.-et-L., B, 29 ; E, 318 ; G, 38 ; *cure de Channay*.)

Fossé (le), f., cⁿᵉ de Monnaie.

Fosse-à-la-Calline (le lieu de la), près de la Petite-Maison, cⁿᵉ de Courcoué.

Fosse-à-la-Calline (le lieu de la), cⁿᵉ de Verneuil-le-Château, près du chemin de Saint-Blaise au Poitou.

Fosse-à-la-Cane (la), près des Malpièces, cⁿᵉ de Veigné.

Fosse-à-la-Fille (la), près de Villiers, cⁿᵉ de Dierre.

Fosse-à-l'Ane (le lieu de la), cⁿᵉ de Ferrières-Larçon, près du chemin de Ferrières au Pont-Malheureux.

Fosse-à-la-Roue (le lieu de la), cⁿᵉ de Civray-sur-Esves, près de l'Esves.

Fosse-Arneau (la), près de la Billardière, cⁿᵉ de Neuillé-le-Lierre.

Fosse-Arrault (le lieu de la), près du Vau, cⁿᵉ de Vallères.

Fosse-au-Bray (la), ou **Breuil**, ham., cⁿᵉ de Savonnières, 14 habit.

Fosse-au-Brun (la), ham., cⁿᵉ de Huismes, 12 habit. — *Fosse-au-Brun*, carte de Cassini.

Fosse-au-Chat (le lieu de la), près de Boutais, cⁿᵉ de Ligueil.

Fosse-au-Chat (le lieu de la), près de la Peraudrie, cⁿᵉ de Parçay-Meslay.

Fosse-au-Chat (la), près de la Cave-à-la-Biche, cⁿᵉ de Vouvray.

Fosse-au-Fresne (le lieu de la), près des Landes, cⁿᵉ d'Auzouer.

Fosse-au-Gras (la), f., cⁿᵉ de La Riche. — *La Fosse*, 1791. — Ancienne propriété de l'hôpital de la Charité, de Tours. — (Arch. d'I.-et-L., *Biens nationaux*.)

Fosse-au-Lait (le lieu de la), cⁿᵉ de Noizay, près du chemin des Quarts au Carroi du Petit-Noyer.

Fosse-au-Lait (le lieu de la), près des Coteaux, cⁿᵉ de Saint-Michel-sur-Loire.

Fosse-au-Loup (le lieu de la), près de la Copinière, cⁿᵉ de Charentilly.

Fosse-au-Loup (le lieu de la), près de Thoré, cⁿᵉ de Civray-sur-Cher.

Fosse-au-Loup (la), f., cⁿᵉ de Nouans.

Fosse-au-Loup (le lieu de la), cⁿᵉ de Nouâtre, près du chemin des Maisons-Rouges à Port-de-Piles.

Fosse-au-Loup (le lieu de la), près de la Chillerie, cⁿᵉ de Saint-Senoch.

Fosse-au-May (le lieu de la), près des Rouères, cⁿᵉ de Saint-Épain.

Fosse-au-Poulain (la), f., cⁿᵉ de Ports.

Fosse-au-Prêtre (le lieu de la), près de l'étang de Simolières, cⁿᵉ de Saint-Flovier.

Fosse-au-Seigneur (le lieu de la), ou le **Lac-Capreau**, cⁿᵉ de Luzé, près du chemin de Luzé à Boisaubry. — Il relevait du fief de Franc-Palais, suivant un aveu rendu au baron de

www.ingramcontent.com/pod-product-compliance
Lightning Source LLC
Chambersburg PA
CBHW051829230426
43671CB00008B/889